Gerhard Wietek

SCHMIDT-ROTTLUFF
Oldenburger Jahre 1907–1912

Herausgegeben von der Stiftung Kunst und Kultur
der Landessparkasse zu Oldenburg

Gerhard Wietek

SCHMIDT-ROTTLUFF

Oldenburger Jahre 1907–1912

VERLAG PHILIPP VON ZABERN · GEGRÜNDET 1785 · MAINZ

INHALTSVERZEICHNIS

Seit ihrer Gründung im Jahre 1986 hat die Stiftung Kunst und Kultur der Landessparkasse zu Oldenburg eine umfangreiche und vielseitige Fördertätigkeit entfaltet. Zu den Schwerpunkten zählen die Monographien „200 Jahre Malerei im Oldenburger Land“, herausgegeben 1986 zum zweihundertjährigen Jubiläum der Landessparkasse, sowie das Buch „Franz Radziwill – Wilhelm Niemeyer / Dokumente einer Freundschaft“, das 1990 erschienen ist. Verfasser beider Bände ist Professor Dr. Gerhard Wietek.

Der Landessparkasse und ihrer Stiftung ist es ein weiteres Mal gelungen, Gerhard Wietek, den hervorragenden Kenner des deutschen Expressionismus wie der oldenburgischen Kunstgeschichte, als Autor eines Werkes zu gewinnen, das in der Reihe der genannten Bücher einen besonderen Rang einnehmen wird. In seinen Forschungsarbeiten und Veröffentlichungen hat er sich seit mehr als vier Jahrzehnten mit der Kunst des deutschen Expressionismus vor allem aber mit dem Œuvre Karl Schmidt-Rottluffs befaßt. Mit diesem Buch legt Wietek jetzt eine Dokumentation sämtlicher Arbeiten des Künstlers vor, die in den Oldenburger Jahren Schmidt-Rottluffs zwischen 1907 und 1912 überwiegend in Dangast und Dangastermoor geschaffen wurden. Seine gründliche Kenntnis des oldenburgischen Kunstgeschehens und die Tatsache, daß er Karl Schmidt-Rottluff unmittelbar erlebt hat, ihm auch persönlich verbunden war, erwiesen sich als glückliche Fügung für ein Werk, das die umfassendste Schmidt-Rottluff-Veröffentlichung sein dürfte, die bisher erschienen ist.

Nach einer Bearbeitungszeit von mehreren Jahren gibt die Stiftung mit der Monographie „Schmidt-Rottluff, Oldenburger Jahre 1907 – 1912“ ein Buch heraus, dessen bibliophile Ausstattung dem hohen inhaltlichen Anspruch gerecht wird.

Ein solches Werk ist ohne die Mitwirkung und das Engagement vieler Beteiligter nicht denkbar. So danke ich herzlich dem Autor und allen, die dazu beigetragen haben, dieses Buch entstehen zu lassen. Möge es bei dem interessierten Leser wie in der kunstgeschichtlichen Forschung viel Resonanz finden.

Oldenburg, im Dezember 1994 — Dieter Schlecht

„Es ist eigentümlich, wie starke und ich möchte behaupten, heimatliche Gefühle mich mit dem Oldenburger Land verbinden – nicht mit meiner eigentlichen Heimat habe ich solchen inneren Zusammenhang . . . . “.

Karl Schmidt-Rottluff am 4. September 1921 an Ernst Beyersdorff in Oldenburg.

Die Oldenburger Jahre Karl-Schmidt-Rottluffs von 1907–1912 bezeichnen eine zeitlich wie geographisch genau definierbare und für die künstlerische Entwicklung außerordentlich bedeutsame Lebens- und Schaffensperiode des Mitbegründers und Namengebers jener revolutionären Künstlergemeinschaft Brücke, welche der deutschen Kunst am Anfang dieses Jahrhunderts wieder zu übernationaler Geltung verhalf. Zwischen ihrer Entstehung im Jahre 1905 in Dresden und dem Beginn der Oldenburger Aufenthalte Schmidt-Rottluffs liegen nur zwei Jahre, während zum Zeitpunkt der freiwilligen Auflösung der Künstlergruppe 1913 erst ein Jahr seit der endgültigen Abreise des Malers aus seinem Gastland vergangen war. Aus der eingehenden Untersuchung dieser, in der kunsthistorischen Forschung noch weitgehend unbekannt gebliebenen, von ihm selbst jedoch immer als entscheidend für seine Wegfindung empfundenen Lebensspanne, lassen sich daher auch neue Aufschlüsse und Erkenntnisse über das Frühwerk des Künstlers gewinnen, über sein Verhältnis zu den anderen Brücke-Gefährten ebenso, wie darüber, auf welche Weise sich der schon bald einsetzende und konsequent verfolgte Prozeß der Individualisierung in seinem Werk zu erkennen gibt und welche unmittelbaren und mittelbaren Auswirkungen auf die Kunstsituation Oldenburgs von diesen vorübergehenden Aufenthalten ausgingen. Da zwischen 1907 und1910 zeitweilig auch Erich Heckel mit ihm in Dangastermoor und Dangast arbeitete,1910 Max Pechstein hier erschien und die heimische Malerin Emma Ritter bei Schmidt-Rottluff Anschluß fand, kam es zu zahlreichen Wechselbeziehungen in ihrem künstlerischen Schaffen, welche in die Untersuchungen mit einbezogen werden.
Das im nordwestlichen Deutschland liegende Oldenburger Land – vom Ausgangsort Dresden etwa eine Eisenbahn-Tagesreise entfernt – war damals noch als Großherzogtum ein relativ selbständiges, stark bäuerlich strukturiertes Territorium, dessen Kunstleben im wesentlichen auf die beschauliche Haupt- und Residenzstadt Oldenburg beschränkt blieb. Vorhandene künstlerische Traditionen, die in der Malerei gerade ein Jahrhundert zurückreichten und noch immer von den Maß-

stäben des Hofes bestimmt wurden, dürften die Entscheidung des zweiundzwanzigjährigen Malers, hier sechs aufeinanderfolgende Sommer zu verbringen, indessen weniger beeinflußt haben, als die durchaus zeitgemäße Erwartung, in diesem weitgehend unbekannten, fernab liegenden Land noch jene Unberührtheit und Ursprünglichkeit vorzufinden, die den meisten Angehörigen der Expressionisten-Generation als Voraussetzung unakademischen künstlerischen Schaffens ebenso unabdingbar schien, wie deren Vorgängern, die inzwischen der Freilichtmalerei zugewandt und in den zahlreichen Künstlerkolonien seßhaft geworden waren.
Nachdem 1906 eine Einladung von Emil Nolde, bei ihm auf der abgelegenen Ostseeinsel Alsen einige Wochen zu malen, gewisse Maßstäbe für Schmidt-Rottluff gesetzt hatte, standen Dangastermoor und Dangast dann für den Beginn jener selbstbestimmten Aufenthalte, die den zwischen Stadt und Land pendelnden Schaffensrhythmus sämtlicher Brücke-Maler entscheidend prägten und denen später Orte oder Landschaften wie Nidden auf der Kurischen Nehrung, die Insel Fehmarn, die Moritzburger Teiche bei Dresden oder der Darß in Mecklenburg-Vorpommern folgten. Von ihnen, wie von weiteren Sommerstandorten, unterscheidet sich das oldenburgische Dangast indessen vor allem dadurch, daß hier eine ungewöhnlich weitgehende Identifizierung mit der neu gewonnenen Umgebung angestrebt wurde, die auch die Seßhaftigkeit nicht völlig ausschloß, obwohl sie sich damit in einen offensichtlichen Gegensatz zur vorher programmatisch verkündeten Unabhängigkeit und Bindungslosigkeit begab. In einem Holzschnitt Erich Heckels von 1907 wurde Dangastermoor – dessen Name sich auch auf gedruckten Visitenkarten Schmidt-Rottluffs entdecken ließ – sogar als Standort der Künstlergemeinschaft Brücke angegeben. Und auch darin erweist sich das Verhalten der jungen Maler als beispiellos, daß sie in den heimischen Künstlervereinigungen sogleich die Mitgliedschaft erwarben und sich regelmäßig – und noch weit über die Zeit ihrer Aufenthalte hinaus – an den örtlichen Kunstausstellungen beteiligten. Die wiederabgedruckten Zeitungsberichte bestätigen deutlich, daß sich hier an ihren vorgewiesenen Arbeiten die lebhaft geführten Auseinandersetzungen über die Moderne nicht später und auch nicht weniger intensiv entzündeten, als in den großen Metropolen der Kunst.
Es war ein vorrangiges Anliegen des Verfassers, sämtliche im Oldenburger Land geschaffenen Werke Schmidt-Rottluffs zu ermitteln und – soweit durch Abbildungen belegbar – zu veröffentlichen, unabhängig davon, ob es sich dabei um Gemälde, Aquarelle, Zeichnungen, Graphik, Plastik oder Kunsthandwerk handelt. Die mehr als dreihundert Objekte, die nun als Ergebnis vieljähriger Nachforschungen dargeboten werden können, bestätigen die überwältigende schöpferische Kraft der frühen Jahre und belegen den beinahe lückenlos faßbaren Stilwandel von seinen spätimpressionistischen Anfängen bis hin zum „Experiment Kubismus“ (Thiem) und dessen Integration in den eigenen Ausdrucksstil. Darüber hinaus offenbaren sie die erstaunliche Vielfalt eines Künstlers, der seine Gestaltungsaufgaben meist in zusammenhängenden, konzentrierten Arbeitsphasen bewältigte.
So heben sich während der oldenburgischen Aufenthalte zum ersten Mal deutlich bestimmte Werkgruppen heraus, wie eine hier gedruckte, vehement auf den Stein geschriebene Lithographienreihe von 1907 oder die früheste geschlossene Holzschnittfolge von 1909, so zeigt sich zur selben Zeit eine fast ausschließliche Konzentration auf die zur Autonomie geführte Aquarellmalerei und beginnt gleichzeitig das genial abkürzende Zeichnen auf Postkarten, von denen die meisten zwischen 1909 und 1911 aus dem Oldenburgischen versandt werden. Auch auf die monu-

mentalen Dangaster Landschaftsgemälde wäre zu verweisen, von denen während des Sommers 1910 in einem wahren Schaffensrausch mehr als dreißig entstanden oder auf die ebenfalls damals einsetzende intensive Gestaltung von plastischen und kunsthandwerklichen Arbeiten.

Da nicht wenige von ihnen erstmalig veröffentlicht werden, lassen sich die noch immer lückenhaften Kenntnisse und Informationen über die Brücke-Zeit dieses verschlossenen Einzelgängers wesentlich erweitern, nachdem die frühesten Anfänge seiner Malerei bereits in den letzten Jahren durch das Wiederauffinden lange verloren geglaubter Werke neu beleuchtet werden konnten. Damit wird auch die Notwendigkeit von kritischen Neubearbeitungen der vorhandenen Werkkataloge zum Gesamtœuvre evident, allen voran der ersten Gemälde-Bestandsaufnahme in der 1956 erschienenen Schmidt-Rottluff-Monographie Will Grohmanns, der die im Grunde seither nicht entscheidend veränderte Forschungssituation in seinem Vorwort folgendermaßen beschrieb:

„Das Leben und das Werk des Malers Schmidt-Rottluff sind bisher monographisch noch nicht dargestellt worden. Vor mehr als einem Menschenalter hat Wilhelm Valentiner in der Sammlung „Junge Kunst“ einen kurzen Abriß bis 1920 gegeben, 1924 Rosa Schapire die Graphik bis 1923 katalogisiert, beides Arbeiten von hohem Wert, aber weit zurückliegend. Sonst gibt es kürzere und ausführlichere Aufsätze über ihn, aber nicht einmal viele. Ein merkwürdiges Phänomen, daß ein Maler, der die Siebzig überschritten hat und allgemein anerkannt ist, in der Kunstliteratur kaum vorkommt. Die Tatsache, daß Schmidt-Rottluff zu den Schweigsamen gehört, ungern redet und schreibt, und der Umstand, daß auch sein Werk alles andere als beredt ist, dürfte eine bedingte Erklärung dieses Mangels sein.

Die vorliegende Biographie kann leider nicht viel an dokumentarischem Material verwenden, da Schmidt-Rottluff selbst wenig aufgezeichnet und wenig Briefe geschrieben hat; das wenige von ihm Aufbewahrte ist zudem durch Kriegseinwirkung und Auslagerung ebenso verloren gegangen wie das von seinen Freunden Gesammelte. Auch die Notizen über sein Œuvre sind dem Krieg zum Opfer gefallen. Am schwersten wiegt der Verlust an Werken. Schmidt-Rottluff hat bei der Vernichtung seiner Berliner Wohnung circa zweitausend Zeichnungen und viele Gemälde und Aquarelle eingebüßt, im Haus eines Berliner Freundes eine Gruppe von Bildern aus der Zeit um 1920, außerdem einen Teil des Werkes, den er während des Krieges nach Schlesien ausgelagert hatte, nach Schloß Kreisau und Schloß Gröditzberg. Diese Arbeiten müssen zunächst wenigstens als verschollen gelten. Die Liste ist verbrannt“.

Grohmann zeigte damit einige jener Schwierigkeiten auf, mit denen jeder konfrontiert ist, der sich dem ursprünglich umfassenderen Lebenswerk dieses Künstlers zu nähern sucht, auch der Verfasser, der sich eingehender damit zu beschäftigen begann, als er 1957 in Oldenburg die Ausstellung „Maler der Brücke in Dangast von 1907–1912“ aufbaute und darin zusammentrug, was ein Jahrzehnt nach Kriegsende wieder erreichbar war. Obwohl der Ausstellung als solcher – nicht dem dazu herausgebrachten Katalog – die Priorität zukam, enthielt letzterer bereits eine erste Zusammenstellung jener zu diesem Zeitpunkt ermittelbaren Arbeiten, die von den Brücke-Malern während ihrer Aufenthalte in Oldenburg geschaffen worden sind. Darunter befanden sich von Schmidt-Rottluff mehr als zweihundert, wobei in den meisten Fällen allerdings nur der Titel angegeben werden konnte, da das Schicksal vieler Werke noch immer ungewiß war. Die gegebenen Hinweise auf die Entstehung im Oldenburgischen beruhten noch sämtlich auf den persönlichen – wenn auch nicht in jedem Falle sicheren – Angaben des Künstlers, aus dessen Eigenbesitz auch solche Bilder für die Ausstellung zur Verfügung gestellt wurden, die im gerade erschienenen Gemäldekatalog Grohmanns gar nicht enthalten waren.

Über dreihundert als Arbeiten der Oldenburger Jahre Schmidt-Rottluffs bestimmte Kunstwerke werden nach den – nur durch wenige Wintermonate voneinander getrennten – Aufenthalten von 1907–1912 chronologisch gegliedert, im Abbildungsteil und den zugehörigen Legenden ebenso, wie in einem detailliert erarbeiteten Diarium dieses Zeitabschnitts und in der Einführung, welche zusätzlich noch durch zahlreiche, bisher weitgehend unbekannte bildliche Wiedergaben von eingebundenen Zeitzeugen, aufgesuchten oder dargestellten Örtlichkeiten und weiteren Dokumenten der Oldenburger Aufenthalte Schmidt-Rottluffs und deren Auswirkungen auf die dortige Kunstsituation bereichert werden können.

Die 227 „Oldenburger Briefe" des Künstlers, die durch ausführliche Anmerkungen erschlossen sind, bilden einen weiteren wesentlichen Bestandteil der Publikation und vermitteln der kunsthistorischen Forschung bisher unbekannte Selbstaussagen des Malers, die den größten Teil seiner langen Schaffenszeit begleiten und die ihm zugesprochene Mitteilungsunwilligkeit und Wortkargheit zumindest relativieren. Sie werden durch zusätzlich aufgefundene dokumentarische Texte ergänzt, in denen sich die höchst unterschiedlichen Reaktionen auf die Kunst Schmidt-Rottluffs von den beginnenden Oldenburger Jahren bis zur Ausstellung „Maler der Brücke in Dangast von 1907–1912" wiederspiegeln. Da der Künstler in dieser folgenreichen Veranstaltung von 1957 letztmalig in Oldenburg zu sehen war, wird ihr ebenfalls eine eingehendere Behandlung gewidmet.

Das Werk Karl Schmidt-Rottluffs hat den Verfasser sein ganzes Berufsleben hindurch begleitet und dabei zu mehreren Ausstellungen und zu Veröffentlichungen über ihn und sein Umfeld geführt, von denen die meisten noch zu Lebzeiten des Malers erschienen sind. Auch diese Arbeit hätte ohne die vorangegangene persönliche Verbundenheit mit ihm nicht entstehen können, welche zum Verständnis seiner Werke erheblich beitrug, durch den unmittelbaren Umgang mit ihnen und ihrem Urheber dennoch niemals den Gefahren subjektiver Eigeninterpretation ausgesetzt war. Insofern hat sich die Grundeinstellung des Autors zum Künstler und seiner Kunst auch durch die sukzessive Zunahme neuer Kenntnisse und Erkenntnisse im Laufe der vergangenen Jahrzehnte nur unwesentlich verändert.

Die nun vorgelegte Publikation konnte in diesem außergewöhnlichen Umfang und mit einer so reichen Ausstattung nur infolge des einzigartigen Engagements der Stiftung Kunst und Kultur der Landessparkasse zu Oldenburg erscheinen, die sich bereits in der kurzen Zeit ihres Bestehens große Verdienste um die Förderung ihrer Wirkungsbereiche im Oldenburger Land erwarb und namentlich zu deren Erforschung erheblich beitrug. Der Verfasser hat insbesondere dem Vorsitzenden der Stiftung, Dieter Schlecht, sehr herzlich zu danken, der die Finanzierung dieses wissenschaftlichen Projekts durch sein persönliches Engagement erreicht und mit allen sich aus der mehrjährigen Bearbeitung ergebenden Folgen gemeinsam mit seinen Vorstandskollegen getragen und verantwortet hat.

Als direkter Ansprechpartner, unentbehrlicher Vermittler und effizienter Organisator stand sämtlichen Beteiligten Harry Lukas zur Verfügung, der in diese zusätzlich übernommene Aufgabe ein weiteres mal ungewöhnliches Interesse, bemerkenswerte Sensibilität und seine beständige Hilfsbereitschaft einbrachte.

Für die Druckerei Hugo Prull in Oldenburg bedeutete die Herstellung eines so voluminösen und differenziert gegliederten wissenschaftlichen Werkes eine glänzend bestandene Herausforderung, wobei die Betreuung durch Heinke Hachmeister sehr segensreich war.
Die unermüdliche Beschaffung und die großzügige Überlassung wertvollen archivalischen und dokumentarischen Materials über den langen Bearbeitungszeitraum hinweg fordert einen besonders nachdrücklichen Dank des Verfassers an Roswita Stubbe und an Hans Georg Buchtmann.
Den zahlreichen in- und ausländischen Museen, Galerien und privaten Sammlern, die Bildvorlagen und andere Unterlagen zu den bei ihnen befindlichen Schmidt-Rottluff-Arbeiten zur Verfügung stellten und die in den jeweiligen Bildlegenden genannt sind, wird für ihr Entgegenkommen ebenso gedankt, wie allen jenen wissenschaftlichen und kulturellen Einrichtungen, die der Verfasser im Laufe der Jahre mehr oder weniger häufig benutzen konnte, insbesondere in Oldenburg. Darunter bedarf das Brücke-Museum zu Berlin mit der ihm angeschlossenen Karl und Emy Schmidt-Rottluff-Stiftung, das seit der Eröffnung im Jahre 1967 den künstlerischen Nachlaß des Malers hütet und dessen Rechte wahrnimmt, deshalb besonderer Erwähnung, weil es die Publikation auch noch zusätzlich förderte.
Wie bei einer durch häufige Recherchen, Autopsien und mündliche wie schriftliche Erörterungen geprägten Untersuchung dieses Umfangs garnicht anders möglich, war der Autor auf das Entgegenkommen, den Rat und die konkrete Hilfe vieler Personen angewiesen, denen er sich zu Dank verpflichtet fühlt und deren Namen im folgenden alphabetisch aufgeführt werden:
Jan A. Ahlers, Prof. Dr. Hartwig Altenmüller, Dr. Susanne Anna, Prof. Dr. Kurt Asche, Johann Christoph Beindorff, Dagmar Böge, Gerda Braune, Karl Brix, Diethild und Lothar Günther Buchheim, Gustav Delbanco, Jörg Deuter, Lucy Dew, Carl Wolfgang Dingwort, Prof. Dr. Wolf-Dieter Dube, Udo Elerd, Lux Feininger, Dr. Andrea Firmenich, Prof. Dr. Hanns Theodor Flemming, Dr. Dr. Ummo Francksen, Hans Friedl, Wolfgang Friemerding, Dr. Ulrike Gärtner, Dr. Ewald Gäßler, Heinrich Gerdes, Hermann Gerlinger, Dr. Wilhelm Gilly, Eva Hagemann, Dr. Bärbel Hedinger, Jörg Michael Henneberg, Dr. Wolfgang Henze, Sabine Herrle, Volker Detlef Heydorn, Prof. Dr. Hanns C. Hopf, Prof. Dr. Wilhelm Hornbostel, Ingrid Hutton, Gabriele Juppe, Florian Karsch, Roman Norbert Ketterer, Wolfgang Ketterer, Dr. Egbert Koolman, Ruth Koopmann, Christian Kracht, Dr. Günter Krüger, Dr. Bernd Küster, Dr. Helmut R. Leppien, Dr. Mario-Andreas von Lüttichau, Dr. Roland März, Stephan Mann, Franz Marcus, Elisabeth Meyer, Elisabeth Michaelis, Dr. Hermann Mildenberger, Prof. Dr. Magdalena M. Moeller, Prof. Dr. Paul Neurath, Ernst Nolte, Max K. Pechstein, Peter Pohl, Dr. Christian Rathke, Dr. Peter Reindl, Gisela Rohlsen, Prof. Dr. Eberhard Roters †, Claus Runkel †, Gerhard Schack, Dr. Harald Schieckel, Ottilie Schiefler †, Hubert Schlegl, Hildegard Schmidt, Bernd Schultz, Ruth Schulz-Anker, Dr. Kurt Schulze, Eva Seidel-Kalies, Elisabeth Seitz, Dr. Knut Soiné, Werner Spieker, Prof. Dr. Heinz Spielmann, Dr. Helmuth Steenken, Friedrich-Wilhelm Tapken, Annalise Tappert, Prof. Dr. Gunther Thiem, Prof. Dr. Peter Vergo, Dr. Gert Voltz, Lorenz von der Vring.

Die nachhaltigste Hilfe verdankt der Verfasser auch bei dieser Publikation dem teilnehmenden Zuspruch und der selbstlosen Kritik seiner Frau.

Herkunft – Voraussetzungen – Anfänge

In dem nahe bei Chemnitz gelegenen und damals zum Königreich Sachsen gehörenden Dorf Rottluff, dessen Namen er seit 1905 dem eigenen hinzufügen sollte, wurde Karl Schmidt am 1. Dezember 1884 als Sohn eines Müllers geboren. Die ländliche Abstammung mit ihrer Naturnähe und überkommenen sozialen Ordnung blieben ebenso maßgeblich für seine spätere Entwicklung, wie die Herkunft aus einem protestantischen Elternhaus, in dem die vor allem nahestehende Mutter die Wege zu den nicht in Frage gestellten, festgefügten Idealen von verpflichtender Religion, frei erwerbbarem Wissen und einer, den heimatlichen Horizont übersteigenden, allgemeinen Lebensbildung wies, mit der sich auch die Zugänge zu ästhetischen Werten öffnen ließen. Im Jahre vor seiner Geburt war Karl Marx verstorben, der die philosophischen Begründungen für den unaufhaltsamen Aufstieg des Sozialismus bereitgestellt und nach dem Zweiten Weltkrieg Veranlassung dazu gegeben hatte, der Stadt Chemnitz, in der Karl Schmidt das Königliche Gymnasium besuchte, für einige Jahrzehnte den Namen Karl-Marx-Stadt zu verordnen. Im gleichen Jahr starb auch der um das „Gesamtkunstwerk“ ringende Komponist Richard Wagner, während sein Antipode Friedrich Nietzsche gerade den „Zarathustra“ beendete, in welchem er den Begriff des „Übermenschen“ prägte. Was alle diese meist nur in ihrer Gegensätzlichkeit begriffenen Leitfiguren in der deutschen Geistesgeschichte des endenden 19. Jahrhunderts eint, ist ihr Drang zum Absoluten, das durch die Übersteigerung der romantischen Ideale von dessen Beginn erreicht werden sollte und das eben dadurch nicht unwesentlich zu den entscheidenden Grundlagen des im neuen Säkulum aufbrechenden Expressionismus beitrug. Mit diesen Strömungen hat sich Schmidt-Rottluff auf seine Weise ebenso auseinandersetzen müssen wie viele seiner Altersgefährten, zu denen der in Oldenburg geborene Philosoph Karl Jaspers nicht anders gehört wie der Politiker Theodor Heuß oder – und vor allem – jene Vertreter einer besonders fruchtbaren Künstlergeneration, die ihre Lebensauffassung und Weltsicht am vollkommensten in der Gestaltung des Sichtbaren zum Ausdruck zu bringen vermochten. „Ich weiß nur noch“, äußerte sich Schmidt-Rottluff 1914, „daß das Dinge sind, denen ich mit den Mitteln der Kunst nahe kommen kann, aber weder gedanklich noch durch das Wort“.[1] Der Weg zu dieser Erkenntnis begann bereits in seiner Chemnitzer Gymnasialzeit, deren vielfältigen Anregungen und Einflüssen vor allem Karl Brix in seinen Untersuchungen vor Ort nachgehen konnte.[2] Unter ihnen kommt der Freundschaft mit dem um ein Jahr älteren Mitschüler Erich Heckel (1883–1971) die größte Bedeutung zu, wobei die Förderung durch einen verständnisvollen Zeichenlehrer ebensowenig unterschätzt werden soll, wie jene Anregungen, die er schon früh in den Ausstellungen des Chemnitzer Kunstvereins „Kunsthütte“ empfing, wo er auch erstmalig eigene Arbeiten zeigen durfte.[3] Vor allem auf Erich Heckel läßt sich beziehen, was Schmidt-Rottluff in einem Brief vom 8. Juni 1908 an den in Oldenburg neu gewonnenen Freund Ernst Beyersdorff (1885–1952) schrieb: „Am ehesten wird man von denen verstanden, die der eigenen Generation angehören, es ist derselbe Zug, dieselbe Welt der Vorstellungen".[4] Spätestens 1901 hat die Freundschaft mit Heckel begonnen, die trotz aller von Schmidt-Rottluff früh betonten Eigenständigkeiten in den folgenden Jahren manche seiner wesentlichen Entscheidungen bis hin zum gemeinsamen Aufbruch nach Dangast im Jahre 1907 beeinflußt hat. Heckels innovative Offenheit, sein lauteres Wesen und seine unvoreingenommene Begeisterungsfähigkeit wirkten sich fördernd auf den jüngeren Freund, dessen stärkere Verschlossenheit, sein ausgeprägtes Problembewußtsein und die nicht immer leicht zu ertragende Kompromißlosigkeit aus, vermittelten ihm oft genug wichtige Anregungen, und ließen ihn damals auch freundschaftliche Kritik ertragen. So folgte Schmidt-Rottluff nach seiner Reifeprüfung in Chemnitz zu Ostern 1904 Heckel auch in die Landeshauptstadt Dresden, um hier ebenfalls mit dem Studium der Architektur an der Technischen Hochschule zu beginnen und einem dort von Heckel gebildeten Freundeskreis beizutreten, der aus den um einige Jahre älteren Kommilitonen Fritz Bleyl (1880–1966) und Ernst Ludwig Kirchner (1880–1938) bestand.[5] Hier beschloß man am 7. Juni 1905 die Gründung einer Künstlergemeinschaft, die den von Schmidt-Rottluff vorgeschlagenen Namen „Brücke" erhielt.[6] Damit unterschied sie sich zunächst nur wenig von den zahlreichen anderen Künstlergruppen, die in Deutschland um 1900 an vielen Orten aus dem Boden sprossen und mit mehr oder minder beziehungsvollen Namen versuchten, gegenüber der abgelehnten akademischen Malerei ein eigenes Profil und die ersehnte Unabhängigkeit zu gewinnen. Und auch insofern bildete die junge Gründung keine Ausnahme, als sie sich mit deutscher Gründlichkeit zunächst ein Programm gab, das vorab in gedruckter Form (Abb. S. 14) vorgestellt und 1906 von Kirchner in Holz geschnitten wurde, um sich unmittelbar „an eine neue Generation der Schaffenden wie der Genießenden" zu wenden und „Arm- und Lebensfreiheit gegenüber den wohlangesessenen älteren Kräften zu verschaffen". Wie wenig die Gruppe jedoch nur auf den Generationskonflikt fixiert war, sollte sich bald durch die Hinzugewinnung aktiver und passiver Mitglieder aus dem In- und Ausland, durch eine ungewöhnlich große Anzahl selbst organisierter Ausstellungen, vor allem jedoch durch die erreichte Übereinstimmung zwischen dem erhobenen künstlerischen Anspruch und dem erbrachten Ergebnis beweisen. In der für neue Entwicklungen seismographisch aufgeschlossenen Gemeinschaft überwandt auch Schmidt-Rottluff bald seine durchaus herkömmlichen Anfänge, beim gemeinsamen Aktzeichnen etwa oder in seinen frühen Holzschnitten, die sich dann in Dangast zu seinem wesentlichsten graphischen Ausdrucksmittel entwikkeln sollten. Er bedurfte der hier empfangenen Anregungen ebenso wie der hinreichenden Zeit zu ihrer Verarbeitung, die nur selten so spontan wie bei seinen Künstlerfreunden, sondern bis zur erreichten Bewältigung des gesteckten Zieles meist in späteren, konzentrierten Arbeitsschüben vor sich ging.

Unter denjenigen Malern, die der jungen Gemeinschaft 1906 als aktive Mitglieder hinzugewonnen werden konnten, war – weitaus stärker als der Schweizer Cuno Amiet (1868–1961) oder der erfolgreiche Max Pechstein (1881–1955) – der aus dem deutsch-dänischen Grenzgebiet stammende und wesentlich ältere Emil Nolde (1867–1956) vor allem für Schmidt-

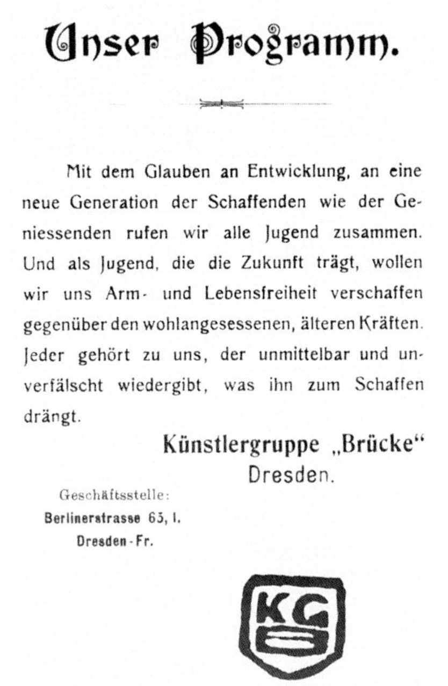

Unser Programm.

Mit dem Glauben an Entwicklung, an eine neue Generation der Schaffenden wie der Geniessenden rufen wir alle Jugend zusammen. Und als Jugend, die die Zukunft trägt, wollen wir uns Arm- und Lebensfreiheit verschaffen gegenüber den wohlangesessenen, älteren Kräften. Jeder gehört zu uns, der unmittelbar und unverfälscht wiedergibt, was ihn zum Schaffen drängt.

Künstlergruppe „Brücke"
Dresden.

Geschäftsstelle:
Berlinerstrasse 65, I.
Dresden-Fr.

Das gedruckte Brücke-Programm von 1906, mit geschnittenem Signet-Stempel von Schmidt-Rottluff

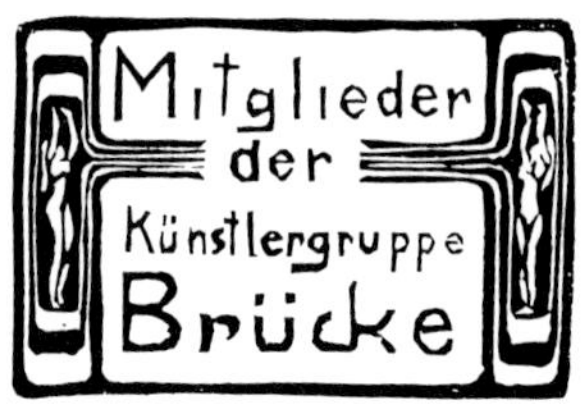

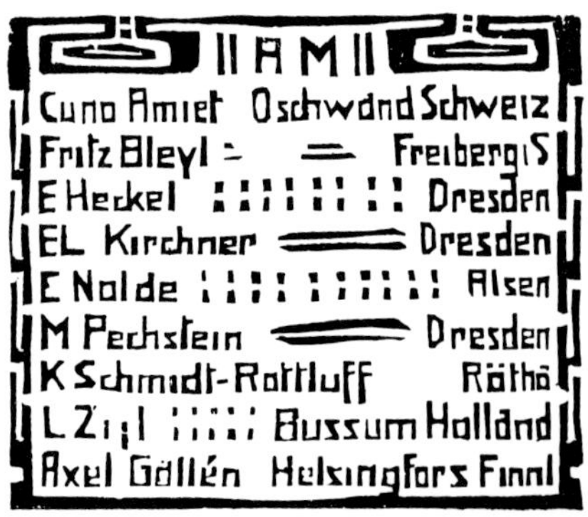

E. L. Kirchner: Signet und Verzeichnis der aktiven Brücke-Mitglieder II, 1907, Holzschnitt (Dube 697, 700–705)

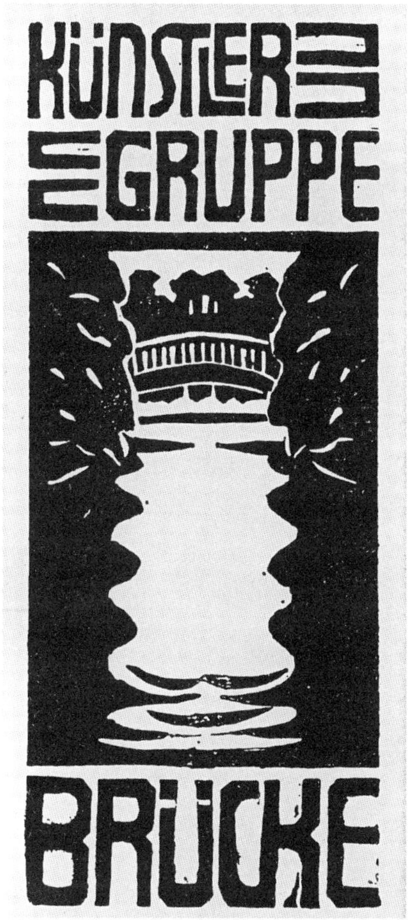

E. L. Kirchner: Titel für das Manifest der Künstlergruppe Brücke, 1906, Linolschnitt (Dube 694)

Rottluff von erheblicher Bedeutung. Dieser forderte ihn nach einem Besuch der Nolde-Ausstellung in der Dresdener Galerie Arnold am 4. Februar 1906 mit der Bemerkung zum Beitritt auf, ihm damit den Zoll für seine „Farbenstürme" entrichten zu wollen. Nolde wurde daraufhin Mitglied – wenn auch nur für anderthalb Jahre – und lud Schmidt-Rottluff wenig später dazu ein, während des kommenden Sommers in seinem Arbeitsdomizil auf der heute dänischen Ostseeinsel Alsen sein Gast zu sein. Diese Einladung nahm der Einundzwanzigjährige dankbar und erfreut mit den Worten an: „So soll ich denn eher als ichs gedacht, das Land meiner Sehnsucht, das Meer wiedersehen, das ich vor zwei Jahren zum ersten Male sah".[7] Er bezieht sich damit auf eine – später nicht mehr wiederholte – Reise zur Insel Sylt, bei der ihm jene Hingezogenheit zu den herben Küstenlandschaften des Nordens erstmalig bewußt geworden sein mag, die im folgenden Jahr zur Wahl Dangasts als nicht nur vorübergehendem Aufenthaltsort führte. Die Sommermonate bei Emil Nolde waren jedoch nicht nur eine wichtige, Dangast vorangehende Lebenserfahrung, sie verbanden sich auch mit künstlerischen Einflüssen aus dem Werk des Älteren auf Schmidt-Rottluffs Sujets und ihre Malweise und förderten die erstmalige Hervorbringung einer in sich geschlossenen Gruppe charakteristischer Arbeiten.[8] Zu ihnen gehörte das früheste gemalte Selbstporträt, das er Emil Nolde als Dank zum Geschenk machte und in dem er die bei seinem Gastgeber vorgefundenen Einflüsse Vincent van Goghs kühn übersteigerte. Daß er sich auch weiterhin zu den auf Alsen entstandenen Bildern bekannte, ist daraus ersichtlich, daß er sie in den folgenden Oldenburger Jahren mehrfach ausstellte, als er sich längst auf dem Wege zu neuen Ausdrucksmitteln befand. Zu den von Nolde und van Gogh empfangenen Anregungen kamen 1906 auch solche aus dem Werk des Norwegers Edvard Munch (1863–1944) hinzu.[9] Von diesem hatte er erst am Jahresbeginn eine Ausstellung zu sehen bekommen, die sowohl in Dresden als auch in Chemnitz gezeigt wurde. Hier besaß Munch in dem Fabrikanten Herbert Esche einen wichtigen Auftraggeber und Sammler seiner Kunst, deren Ausstellungsverbot 1892 in Berlin zur Gründung der Sezession geführt hatte. Wie kein anderer von seinen Gefährten hat sich Schmidt-Rottluff schon seit Oktober 1906 um eine Verbindung mit Munch bemüht, wiewohl die Einflüsse dieses Malers in seinem Werk weniger deutlich als bei seinen Freunden und erst in den Lithographien von 1907 in Erscheinung treten. Hinter der brüsken Distanzierung von seiner Kunst, die er in einem Brief an Ernst Beyersdorff vom 15. November 1912 in Zusammenhang mit der Kölner Sonderbund-Ausstellung „zwischen Genialität und Kitsch"[10] einstufte, verbirgt sich deshalb vor allem seine Enttäuschung über den nicht zustande gekommenen Kontakt mit einem bewunderten Vorbild, dem er sich trotz der Vermittlungen Schieflers nicht zu nähern vermochte. Dem Juristen Gustav Schiefler (1857–1935), einem Freund Munchs (Abb. S. 26) und Herausgeber des ersten Oeuvrekataloges seiner Graphik,[11] war die passive Brükke-Mitgliedschaft im Herbst 1906 ebenfalls durch Schmidt-Rottluff angetragen worden. In der auf künstlerischem Gebiet eher als konservativ geltenden Hansestadt war er der erste, der sie annahm und der dann die Kunsthistorikerin Rosa Schapire ebenfalls dazu veranlaßte. Durch ihren Einsatz kam es in den folgenden Jahren dazu, daß Hamburg die mit Abstand größte Zahl von Passiven Mitgliedern aufzuweisen hatte und sich vor allem der Kunst Schmidt-Rottluffs öffnete.[12] Dieser besuchte Schiefler von Dangast aus erstmalig am 23. Juli 1907, nachdem die Erwerbung mehrerer Lithographien vorausgegangen war, von denen er auch Munch und dem wiederum mit diesem befreundeten Dichter Richard Dehmel (1886–1920) Kenntnis gab (Abb. S. 66). Die Freundschaft dieses bewunderten Poeten konnte der junge Maler dann einige Jahre später in Hamburg gewinnen und im Krieg vertiefen. Schiefler war nicht nur als Sammler einer der besten damaligen Kenner zeitgenössischer Graphik, er widmete sich dieser Kunstgattung auch durch die Bearbeitung mehrerer Werkverzeichnisse von Künstlern wie Max Liebermann, Wilhelm Laage und Edvard Munch, denen Nolde und Kirchner folgten und für die er ein geachteter und begehrter Sachwalter ihrer Interessen war. Mit ihnen entwickelten sich intensive Korrespondenzen und die Vermittlungen von interessierten Käufern und geeigneten Ausstellungsgelegenheiten, zu denen auch die beiden frühesten Hamburger Brücke-Ausstellungen von 1906 und 1907 gehören. Nachdem sich Rosa Schapire zur Bannerträgerin der Kunst Schmidt-Rottluffs in Hamburg machte, vertieften sich zwar die Beziehungen Schieflers zu Heckel und Kirchner, doch blieb die Verbindung mit Schmidt-Rottluff, der als erster der Brücke-Maler den Zugang zu ihm gefunden hatte, auch weiterhin erhalten. Inzwischen war deutlich geworden, daß es dieses Mitglied der Gruppe über Hamburg eher in den, auch in der zeitgenössischen Literatur von ihm gesuchten, Norden als in den entgegenkommenderen Süden zog, was wiederum 1907 zur Entscheidung für Dangast als Sommerdomizil wesentlich beitrug.

Zwei Jahre nach ihrer Gründung waren die Aktivitäten der jungen Künstlergemeinschaft durch die Zunahme der Mitgliederzahlen und die selbst organisierten Ausstellungen bereits so stark angewachsen, daß die Entscheidung über die eigentliche Lebensaufgabe unausweichlich wurde. Schmidt-Rottluffs Vernachlässigung des Architekturstudiums nahm damals im gleichen Maße zu, in dem sich die Umrisse seines eigenen Oeuvres festigten, das die Öl- und Aquarellmalerei ebenso umfaßte, wie die ersten Ergebnisse in sämtlichen graphischen Techniken, in denen sich bei ihm auch die Spuren einer eigenen Handschrift am frühesten entdecken ließen.[13]

Die Kunstsituation des damaligen Großherzogtums Oldenburg vor dem Eintreffen Schmidt-Rottluffs und Heckels im Lande war zunächst ein Ergebnis seiner jüngsten historischen und territorialen Entwicklung, die erst ein Jahrhundert früher zu einem gewissen, wenn auch wiederum nur vorübergehenden Abschluß gelangte.[14] Nachdem die seit dem frühen Mittelalter eingesessene Oldenburger Grafenfamilie mit dem kunstsinnigen Anton Günther (1603–1667) ausstarb, waren ihre Stammlande für mehr als ein Jahrhundert an das verwandte dänische Königshaus gelangt, um erst in der Zeit des ausgehenden Absolutismus mit dem bis dahin in Eutin residierenden Fürstbischof Friedrich August von Holstein-Gottorp (1773–1785) zum Herzogtum und nach dem Wiener Kongreß zum Großherzogtum erhoben zu werden. Der auf diese Weise durch größere Mächte neu ins Leben gerufene deutsche Teilstaat war jedoch durchaus kein einheitliches Gebilde, er reichte von der friesisch besiedelten Nordseeküste über die niedersächsisch geprägten Geestlandschaften um die Stadt Oldenburg bis zu den Ausläufern der Mittelgebirge im Süden, die mit ihrer katholischen Bevölkerung vorher dem westfälischen Niederstift Münster zugehörig waren. Hinzu kamen das holsteinische Fürstbistum Lübeck mit der noch lange bevorzugten Residenz Eutin und das abgelegene kleine Fürstentum Birkenfeld an der Nahe. Die Grundlagen für eine Wiederbelebung der als notwendig erachteten Künste legte der Nachfolger des ersten Landesherrn, Herzog Peter Friedrich Ludwig (1785–1829), ein Angehöriger der Goethe-Generation, unter dem die ländliche Resi-

Das Oldenburger Land in den Grenzen seines Bestehens seit 1946

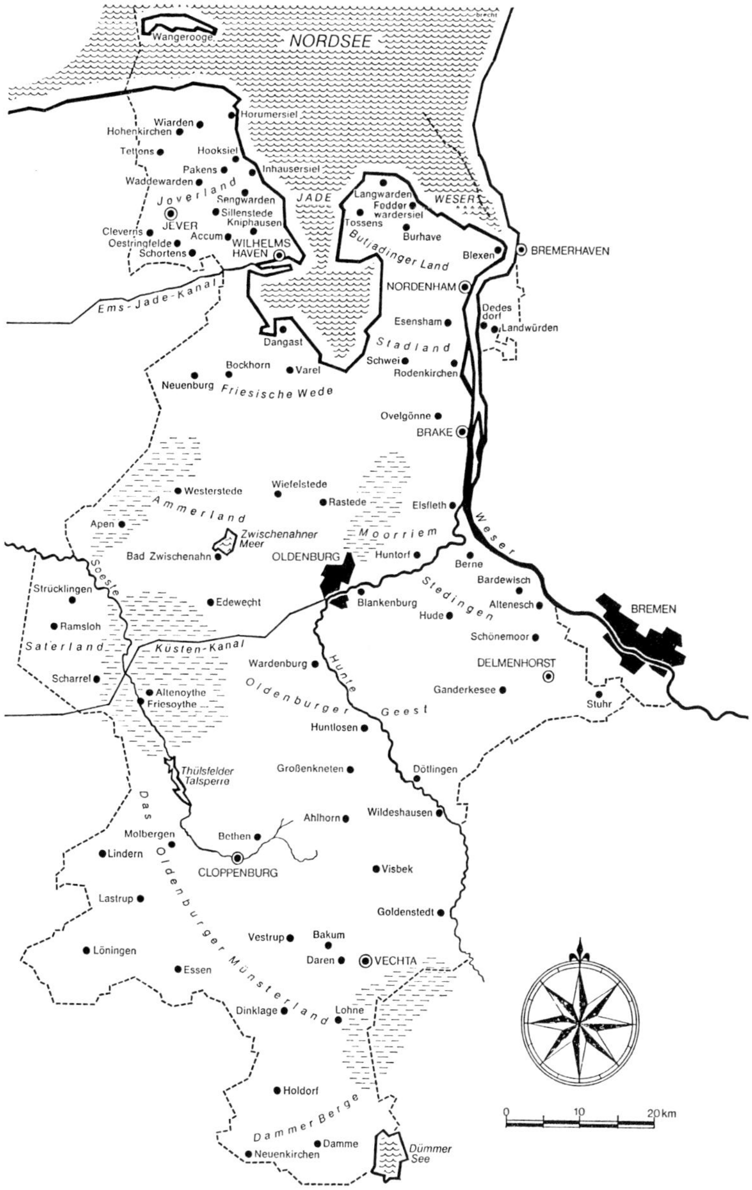

denzstadt ihr bis heute erkennbares klassizistisches Antlitz erhielt und die Tradition einer von diesem Stil ausgehenden Malerei begann.[15] Der als ernst, nüchtern und pflichtbewußt geltende Fürst hatte gleichwohl als Grundstock einer eigenen Galerie die in Italien entstandene Gemäldesammlung des mit Goethe befreundeten Malers Johann Heinrich Wilhelm Tischbein (1751–1829) erworben, den er ebenso wie dessen jüngeren Vetter Ludwig Philipp Strack (1751–1836) in seine Dienste nahm. Damit war ein Anspruch zum Ausdruck gebracht worden, dem sich auch seine Nachfolger zu stellen hatten. Obwohl sich in der Reihe der späteren Hofmaler nur wenige befanden, die das Niveau ihrer Vorgänger überstiegen, läßt sich nicht leugnen, daß auch die späteren Landesherren ehrlich bemüht waren, Kunst und Kultur in ihren Territorien über die eigenen Bedürfnisse hinaus zu fördern. So wurde unter dem Patronat des in der Biedermeierzeit regierenden Großherzogs Paul Friedrich August (1829–1853) bereits 1843 der Oldenburger Kunstverein mit Filialen in

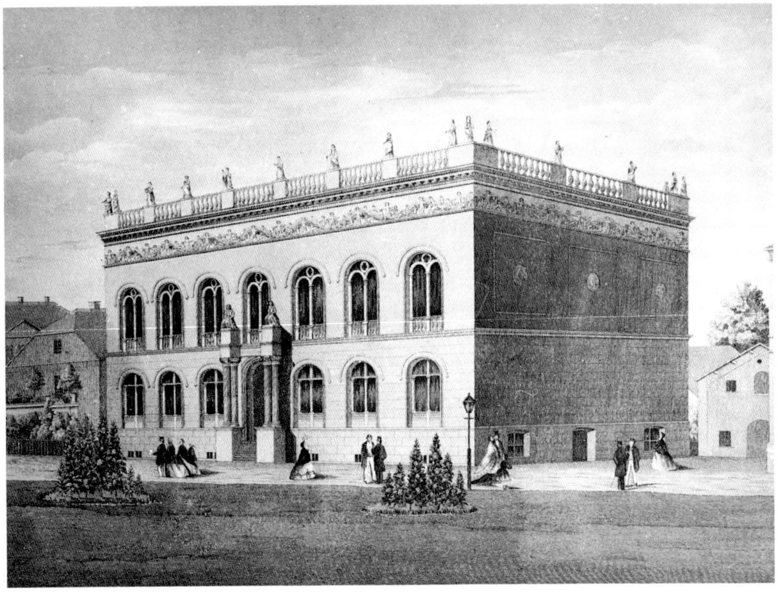

Das Augusteum zu Oldenburg, Kupferstich um 1870. Errichtet 1867 von Ernst Klingenberg (1830–1917) nach Vorbildern der florentinischen Renaissance, mit Historienbildern von Christian Griepenkerl (1839–1916) im Treppenhaus. Das Gebäude, dessen Figurenbalustrade nicht mehr erhalten ist, diente den Ausstellungen des 1843 gegründeten Kunstvereins im Parterre und der Unterbringung der Großherzoglichen Galerie im Obergeschoß. Im Keller befanden sich Wohnung und Arbeitsräume des Konservators der Großherzoglichen Galerie Richard tom Dieck (1862–1943). Schmidt-Rottluff und Heckel zeigten 1908 im Augusteum ihre erste gemeinsame Ausstellung.

Jever und Varel gegründet, der bis zum Eintreffen der Brücke-Maler im Lande mehr als 320 Ausstellungen veranstaltete.[16] Sie wurden größtenteils von auswärts beschickt und unterschieden sich nach Herkunft und Zusammensetzung der Exponate nur wenig von denjenigen größerer Städte. Bei lediglich 28000 Einwohnern der Landeshauptstadt zählte der Oldenburger Kunstverein bereits damals etwa 700 Mitglieder, die zum überwiegenden Teil längst nicht mehr der Hofgesellschaft sondern dem gebildeten Bürgertum angehörten, das hier sein wachsendes Verlangen nach künstlerischer Bildung und eigenem Kunstbesitz befriedigen konnte. Als 1867 das nach dem letzten Großherzog benannte Augusteum in den historisierenden Formen der florentinischen Renaissance errichtet wurde (Abb. S. 18), waren damit sowohl die Bedürfnisse des Kunstvereins als auch diejenigen des Hofes erfüllt worden, da der zum Eigentümer gewordene Kunstverein im Untergeschoß seine Ausstellungen veranstaltete, während das Obergeschoß eine die alten Italiener und Niederländer favorisierende Auswahl der großherzoglichen Gemäldesammlung aufnahm, die vor allem durch den lange regierenden Nikolaus Friedrich Peter (1853–1900) – unter anderem durch Ankäufe aus dem Schönbornschen Schloß Pommersfelden – um bedeutsame Stücke erweitert worden war.[17] Bis dahin existierten bereits mehrere gedruckte Kataloge der Sammlung, denen 1888 ein erstes Galeriewerk folgte, das von Wilhelm Bode (1845–1929), dem späteren Generaldirektor der Staatlichen Berliner Museen, verfaßt und 1888 in Wien herausgebracht wurde. An der Präsentation der fürstlichen Sammlung hatte sich seit ihrer ersten Hängung bis zum Eintreffen der Brücke-Maler im Lande, – die in diesem Gebäude 1908 ihre erste gemeinsame Ausstellung zuwege brachten –, jedoch nur wenig verändert wie ein Berichterstatter am 31.1.1907 in der Nordwestdeutschen Morgenzeitung vermeldete: „Der Gemäldesaal ist ein hoher schwerer Raum von guten Verhältnissen. Alle Wände sind mit Bildern bis unter die Decke behängt und Querwände stehen noch zwischen den Fenstern. Aber viele Gemälde liegen fast unsichtbar in den Schatten der tiefen Ecken und viele hängen so hoch, daß man ihre Einzelheiten nicht zu fassen vermag“. An diesen veralteten Zuständen vermochte auch ein opulentes Mappenwerk wenig zu ändern, an das sich die Oldenburger Hof-Kunsthandlung Oncken heranwagte und deren ersten

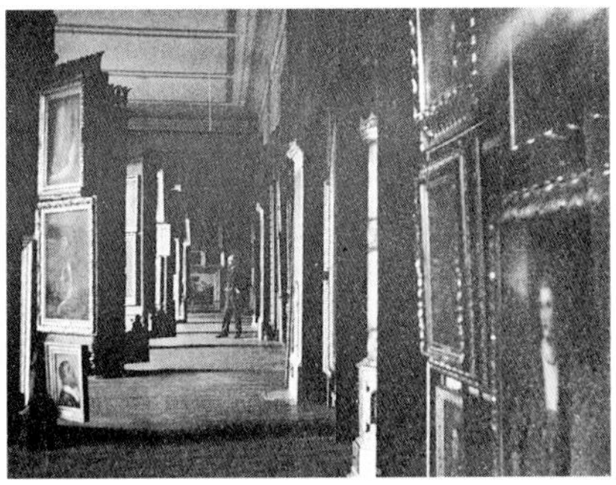

In der Großherzoglichen Galerie des Augusteums um 1908 (Bildarchiv Oldenburger Stadtmuseum)

Im oberen Treppenhaus des Augusteums um 1908 (Bildarchiv Oldenburger Stadtmuseum)

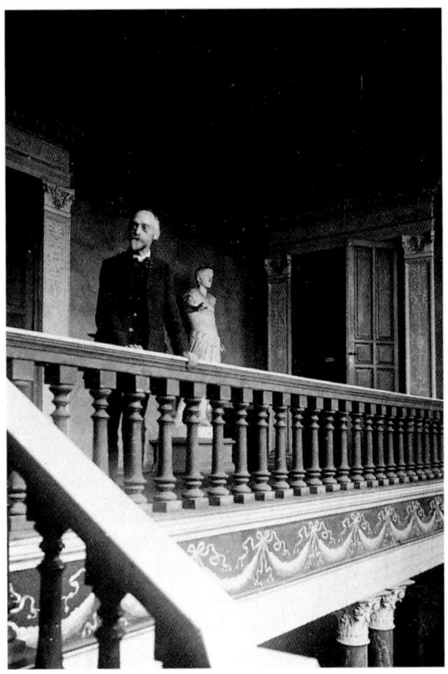

Mitglieder des Kunstausschusses der Oldenburger Landesausstellung von 1905. Von links 1) der Maler Bernhard Winter, 3) Friedrich Wilhelm Freiherr von Bothmer (Vorsitzender), 4) der Maler Richard tom Dieck, 6) der Maler Gerhard Bakenhus, 8) die Malerin Marie Stein-Ranke. Im Hintergrund die von Peter Behrens erbaute Kunsthalle (Bildarchiv Oldenburger Stadtmuseum)

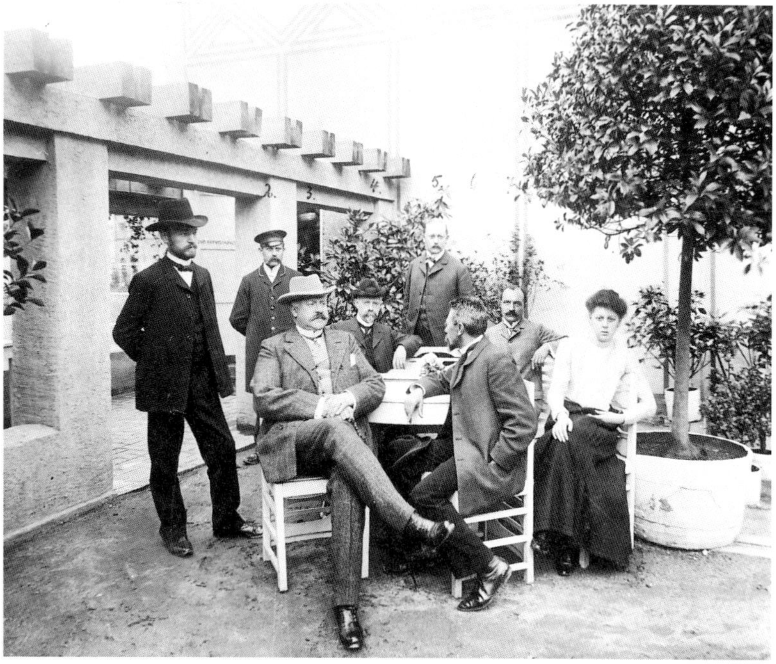

Band sie 1906 herausbrachte. Erst 1912 folgte der zweite Band, dessen Bearbeitung der mit Schmidt-Rottluff gleichaltrige Gustav Friedrich Hartlaub (1884–1963) übernommen hatte.[18] Er war damals als Assistent bei Gustav Pauli (1866–1938) an der Bremer Kunsthalle tätig und sollte nur 19 Jahre später in seiner Mannheimer Ausstellung „Neue Sachlichkeit“ die Überwindung des Expressionismus verkünden. Oncken hatte gleichzeitig noch einen handlicheren Führer durch die Großherzogliche Galerie herausgebracht, worin mit Vorrang auf die Glanzpunkte, wie „Rembrandts Mutter“, eingegangen wurde.[19]. Sein Verfasser mußte erneut aus dem nahen Bremen geholt werden, da in Oldenburg noch keine Kunsthistoriker tätig waren. Karl Schäfer hatte bis dahin das Bremer Gewerbemuseum geleitet und gemeinsam mit Rainer Maria Rilke bereits 1905 Beiträge für eine Publikation geliefert, die anläßlich der Nordwestdeutschen Kunstausstellung in Oldenburg als Sonderheft der angesehenen Zeitschrift „Kunst und Dekoration“ in Darmstadt erschienen war (Abb. S. 21). Ehe er 1911 Bremen und damit die von dort beeinflußte Oldenburger Kunstszene verließ, um das Museum in Lübeck zu übernehmen, war er ein beliebter Referent bei den Vorträgen des Oldenburger Kunstvereins, wobei er die Großherzogliche Galerie nicht unzutreffend als „Magazin wertvoller Bilder“ bezeichnete. Außerdem befand er sich seit 1909 mit Gustav Pauli von der Bremer Kunsthalle im Beirat des Oldenburger Galerievereins und betätigte sich auch als Ratgeber für den seit 1887 bestehenden Kunstgewerbeverein. Dieser trug das seit 1891 in einem gründerzeitlich-historisierenden Gebäude am Stau untergebrachte Landes-Kunstgewerbemuseum (Abb. S. 20), das 1899 auch die mittelalterlichen Bestände aus den großherzoglichen Sammlungen übernommen hatte. Hier begann am 1. Januar 1910 Theodor Raspe aus dem Kunstgewerbemuseum in Hamburg als erster wissenschaftlicher Museumsleiter seine Tätigkeit, der – soweit übersehbar – 1911 auch erstmalig eine kunsthandwerkliche Arbeit Schmidt-Rottluffs in einem Museum ausstellte. Die Verstaatlichung dieses Museums war bereits seit längerem durch den ersten Vorsitzenden des Kunstgewerbevereins, den Oldenbur

Im Oldenburger Kunstgewerbemuseum um 1905. Am Tisch der Direktor und Bildhauer Georg Hermann Narten und der Architekt Ludwig Klingenberg (Bildarchiv Oldenburger Stadtmuseum)

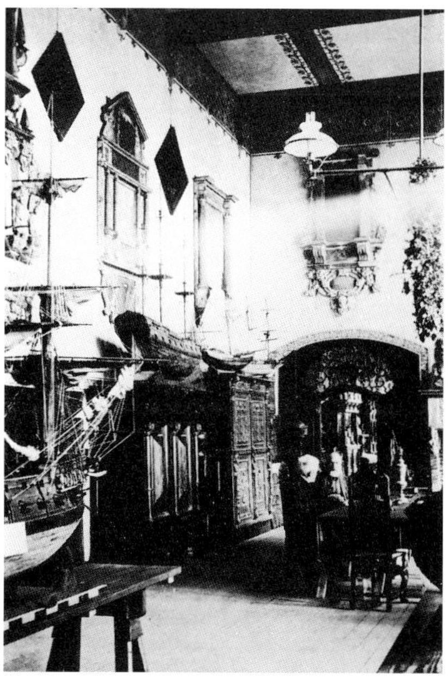

gischen Generalstaatsanwalt und Fayencensammler Gustav Riesebieter, gefordert worden. Nachdem sie 1914 schließlich zustandekam und Raspe 1916 gefallen war, wurde Walter Müller-Wulckow (1886–1964) nach dem Ersten Weltkrieg zunächst als dessen Nachfolger berufen, zugleich jedoch mit der Aufgabe betraut, die im Landesbesitz befindlichen Sammlungen im freigewordenen ehemaligen Residenzschloß (Abb. S. 90) zum Oldenburger Landesmuseum für Kunst und Kulturgeschichte zu vereinigen.

Diese hier vorauseilende skizzierte Entwicklung wurde durch die Nordwestdeutsche Kunstausstellung von 1905 eingeleitet, in welcher der Worpsweder Maler Heinrich Vogeler (1872–1942) eine umfasssende Sonderschau erhalten hatte. Sie war Bestandteil der nicht zum ersten Mal veranstalteten „Landes-, Industrie- und Gewerbe-Ausstellung", eines regionalen Nachfahren der das fortschrittsbesessene 19. Jahrhundert allumfassend beherrschenden Weltausstellungen mit ihren, vor allem die Gründerzeit bestimmenden, positivistischen Leistungsbilanzierungen. Das ehrgeizige Oldenburger Unternehmen, für das der letzte regierende Großherzog Friedrich August (1900–1918) lediglich das Protektorat übernommen hatte, während Idee und Organisation von der Oldenburgischen Industrie- und Handelskammer und mehreren Ausschüssen ausgingen, wurde ein ungewöhnlicher Publikumserfolg. Seine kunsthistorische Bedeutung konzentriert sich im Rückblick vor allem auf die Mitwirkung von Peter Behrens (1868–1940), der erst wenige Jahre zuvor in der Darmstädter Künstlerkolonie vom Maler zum Architekten geworden war. Seine für Oldenburg entworfenen, jedoch nicht erhalten gebliebenen Ausstellungsgebäude (Abb. S. 21), in denen er den Jugendstil durch Geometrisierung überwand, konnten inzwischen zwar ausführlich publiziert werden,[20] doch steht eine separate Behandlung der eigentlichen Kunstausstellung noch aus. Da die Ausstellung sich nicht nur auf oldenburgische Künstler beschränkte, vermittelte sie einen aufschlußreichen Überblick über die in Nordwestdeutschland herrschenden Tendenzen impressionistischer Freilichtmalerei, wobei die nicht mehr gemeinsam auftretenden Worpsweder und die in und um Hamburg tätigen Landschafter dominierten. Als Organisator zeichnete sich hierbei der künstlerisch weniger hervortretende, in Bremen lebende und mit Behrens gleichaltrige Maler Wilhelm Otto (1868–1950) aus, dem auch viele der Impulse zu verdanken waren, die von der Landesausstellung auf die bildende Kunst Oldenburgs vor dem Eintreffen der Brücke-Maler im Lande ausgingen. Zunächst noch an den Maßstäben und Bedürfnissen des Hofes orientiert, war hier im Laufe des 19. Jahrhunderts eine an auswärtigen Akademien geschulte Anzahl von Malern, Graphikern und Bildhauern herangewachsen – darunter bemerkenswert viele Frauen – die sich sowohl in ihrem Herkunftsland, wie auswärts Geltung verschaffen konnten. So gehörten zu den in der Fremde zu Ansehen oder Erfolg gelangten Künstlern der Spätromantiker Ernst Willers (1803–1880), dem der Titel eines Oldenburgischen Hofmalers verliehen wurde, obwohl er fast drei Jahrzehnte seines Lebens in Italien verbrachte, der für die Ausmalung des Treppenhauses im Augusteum herangezogene Historienmaler Christian Griepenkerl (1839– 1916), unter dessen Schülern an der Wiener Akademie sich noch Egon Schiele (1890– 1918) befand, oder der Delmenhorster Arthur Fitger (1840– 1909), welcher von Bremen aus zahlreiche Wand- und Deckenmalereien ausführte, die ihm den Ruf eines „norddeutschen Makart" einbrachten. Von ihm stammt auch die erst 1898 vorgenommene Ausmalung des großen Saales im Oldenburger Schloß, des

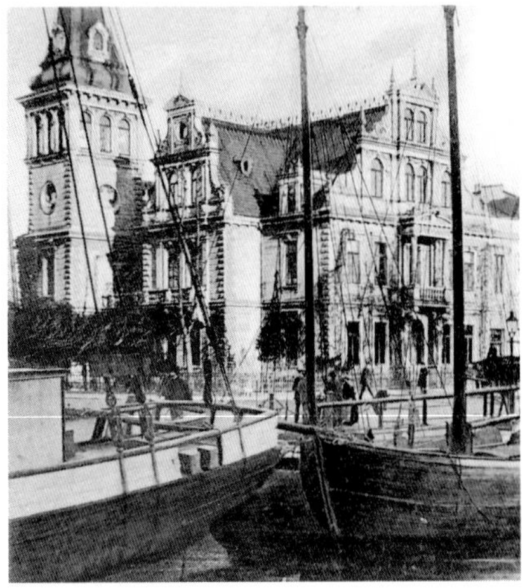

Das ehemalige Landes-Kunstgewerbemuseum am Oldenburger Hafen, dem „Stau", erbaut 1901 von Ludwig Klingenberg (1840–1924), abgerissen 1914. (Bildarchiv Oldenburger Stadtmuseum)

Paul Müller-Kaempff: Plakat für die Oldenburger Landesausstellung von 1905, Farblithographie gedruckt bei Lambrecht & Sohn in Oldenburg, wo 1907 auch mehrere Lithographien Schmidt-Rottluffs hergestellt wurden. Bei dem 1904 für das Plakat veranstalteten Wettbewerb erhielt Emma Ritter den 2. Preis.

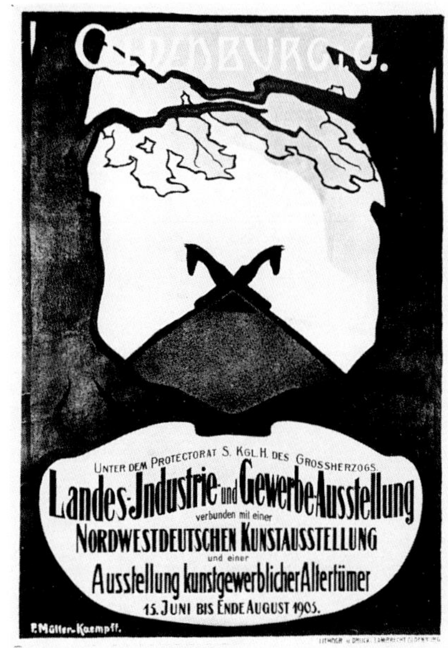

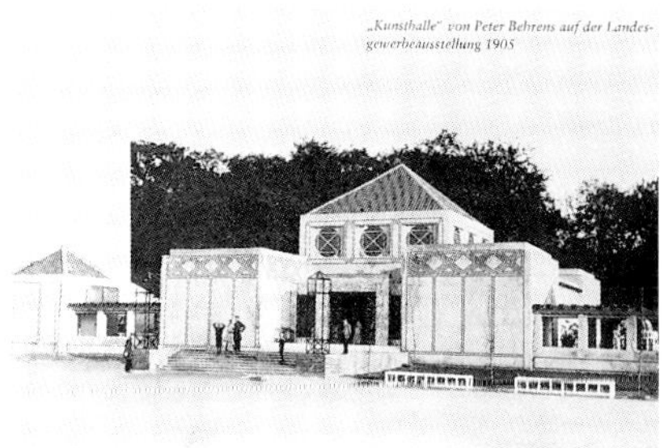

Die von Peter Behrens für die Oldenburger Landesausstellung von 1905 entworfene Kunsthalle, die nach Beendigung der Ausstellung wieder abgebrochen wurde (Bildarchiv Oldenburger Stadtmuseum)

letzten repräsentativen Beispiels der Historienmalerei im Lande. Ein Teil der hier verbliebenen Künstler hatte noch während der Vorbereitungen zur Landesausstellung von 1905 den Oldenburger Künstlerbund und kurz danach in Bremen die Vereinigung nordwestdeutscher Künstler gegründet, deren Mitgliedschaft 1907 auch von Schmidt-Rottluff und Heckel erworben wurde.[21] Das 1908 gedruckte erste Verzeichnis des Oldenburger Künstlerbundes (Abb. S. 32) nennt 31 ordentliche Mitglieder, während im zweiten Jahresbericht der Vereinigung nordwestdeutscher Künstler (Abb. S. 28) 125 Namen aufgeführt sind, die das größere Wirkungsfeld wiederspiegeln, jedoch auch die meisten Oldenburger enthalten. Die Brücke-Maler gehörten hier wie dort zu den Jüngsten, wobei sich ihre Aktivitäten über 1912 hinaus allerdings nur beim Oldenburger Künstlerbund verfolgen lassen, da archivalische Nachlässe der Vereinigung bisher nicht aufzufinden waren. Diese veranstaltete 1925 noch eine Jubiläumsausstellung, die in Hannover und Oldenburg gezeigt wurde und je ein Dangaster Gemälde Heckels und Schmidt-Rottluffs aus dem Oldenburger Landesmuseum enthielt.[22]

Die Oldenburger Künstler hatten damals vor Ort eine Reihe gravierender Änderungen und Maßnahmen durchsetzen können, die zu einer Stärkung ihrer Position und ihres öffentlichen Ansehens führten, wie die Aufnahme von Künstlern in den Vorstand des Oldenburger Kunstvereins im Jahre 1904, oder die Bildung und Vertretung in einer auch Stipendien vergebenden Staatlichen Ankaufskommission 1906, die zwei Jahre später nicht unwesentlich zur Begründung einer Staatlichen Galerie zeitgenössischer Malerei beitrug, obwohl ihr vorerst ein eigenes Domizil fehlte. Dies alles geschah in stets wägender, Voreiligkeiten vermeidender oldenburgischer Bedächtigkeit, die den hinzugekommenen Schmidt-Rottluff, wie seinen Briefen zu entnehmen ist, zwar anfangs mitunter ungeduldig werden ließ, ihm andererseits jedoch wesensgemäße Wirkungsmöglichkeiten bescherte, für die er später dankbar war.

Titel der Publikation „Nordwestdeutsche Kunstausstellung, Oldenburg 1905“, erschienen in Darmstadt 1905, nach Entwurf von Peter Behrens mit Beiträgen von Rainer Maria Rilke und Karl Schaefer.

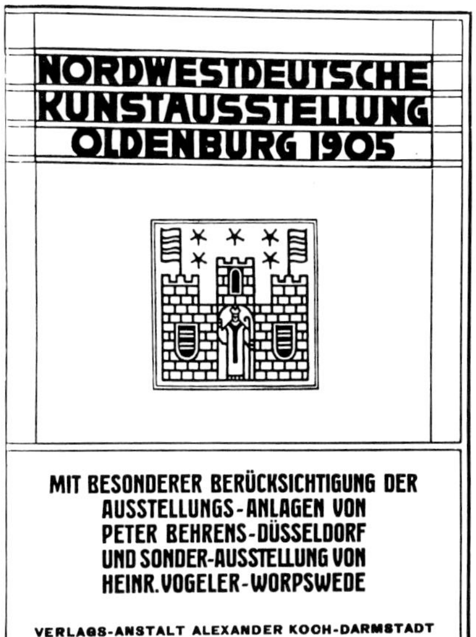

1907 – Alternative Dangastermoor

Das in seiner Tragweite wichtigste Ereignis im Leben Schmidt-Rottluffs vor seinem Eintreffen im Oldenburger Land war zweifellos seine erst kurz davor getroffene Entscheidung, das Architekturstudium an der Technischen Hochschule in Dresden endgültig aufzugeben, um von jetzt an nur noch künstlerisch tätig zu sein. Mit diesem Entschluß war die Wahl Dangasts zum ersten frei gewählten Sommerdomizil auf das engste verbunden, und es ist deshalb nicht auszuschließen, daß sie bereits feststand, als der Verzicht auf eine Fortsetzung des Studiums realisiert wurde. Der dem Verfasser 1956 von Erich Heckel gegebene, daraufhin publizierte und häufig übernommene Bescheid,[23] wonach Dangast mit dem Finger auf der Landkarte gefunden worden sei, fügt sich zwar gut in die mit dem künstlerischen Aufbruch zum Expressionismus verbundenen Vorstellungen von Spontaneität, Unbekümmertheit und impulsivem Denken, Handeln und Gestalten ein, er bedarf nach fast vierzig Jahren weitergeführter Forschung und erheblich vermehrter biographischer Kenntnisse jedoch der Relativierung. So ließen sich bisher nicht weniger als 15 Gruppenausstellungen der Brücke sowie mehrere Einzelbeteiligungen ihrer Mitglieder ermitteln, die bereits vor dem Eintreffen Heckels und Schmidt-Rottluffs in Oldenburg verzeichnet werden können und die sich danach ohne jede Unterbrechung mit gesteigerter Intensität fortsetzten.[24] Sie forderten von allen daran Beteiligten neben ihrer damals unwahrscheinlich großen künstlerischen Produktivität auch einen erheblichen Organisationsaufwand, die ökonomische Aufteilung von Zeit und begrenzten Mitteln, sowie überlegte Reaktionen, die bei einer so wesentlichen Entscheidung wie der Wahl eines nicht nur vorübergehenden Aufenthaltsortes, trotz ausgeprägter Intuition und Entschlußfreudigkeit, gar nicht dem Zufall allein überlassen werden konnten. Daher sollte davon ausgegangen werden, daß der Ankunft in Dangast nicht nur Empfehlungen bisher unbekannter Dritter, sondern auch persönliche Erkundungen und die Quartiersuche vor Ort vorausgegangen sind. Wie aus einer am 15. Juni 1907 aus Dresden abgesandten Karte Heckels an den im Vorjahr für die Brücke gewonnenen Schweizer Maler Cuno Amiet hervorgeht, war die Gewißheit, daß es hier billig zu leben sei, bereits vor seiner Abreise nach Dangastermoor vorhanden.[25] Derartige Vorbereitungen könnten mit mehreren der Brücke-Ausstellungen im Zusammenhang gebracht werden, die im ersten Drittel des Jahres 1907 im nordwestlichen Deutschland stattfanden und die von den jungen Malern nicht nur beschickt, sondern – wenn irgend möglich – auch besucht oder selbst arrangiert worden sind. So stellten sie während dieser Zeit unter anderem in Braunschweig, Hannover und gleich zu Jahresbeginn in Bremen aus, dessen Name sich mit dem anfangs progressiven Wirken von Gustav Pauli an der dortigen Kunsthalle und mit der benachbarten Künstlerkolonie

Die Gastwirtschaft „Zum Fürsten Bismarck“ in Dangastermoor 1906. Schmidt-Rottluffs Domizil befand sich von Mai 1907 bis zum Umzug nach Dangast im Mai 1909 im teilweise ausgebauten Dachgeschoß des langgestreckten, straßenseitig mit einer angebauten Veranda versehenen Backsteinhauses. 1907 wohnte auch Erich Heckel hier, dessen Gemälde „Dorftanz bei Kracke“ 1908 entstand.
Johann Heinrich Diedrich Kracke (1878–1964) hatte das vormals Düne'sche Gasthaus in Dangastermoor erst ein Jahr vor dem Eintreffen Schmidt-Rottluffs und Heckels erworben und ihm auf dem Höhepunkt der Bismarck-Verehrung in Norddeutschland den Namen des verstorbenen Reichskanzlers Fürst Bismarck gegeben (Bildarchiv Heimatverein Varel)

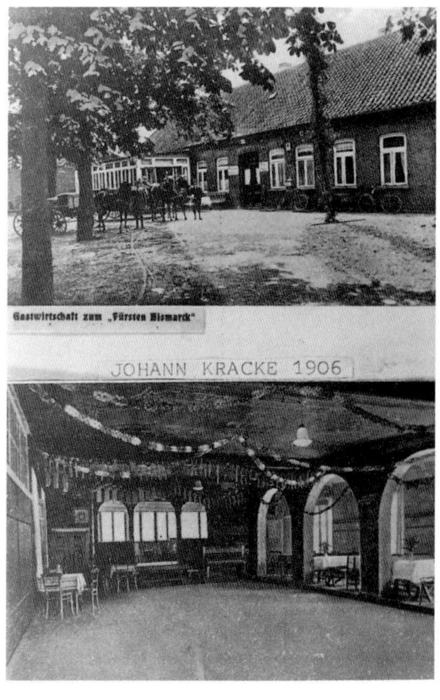

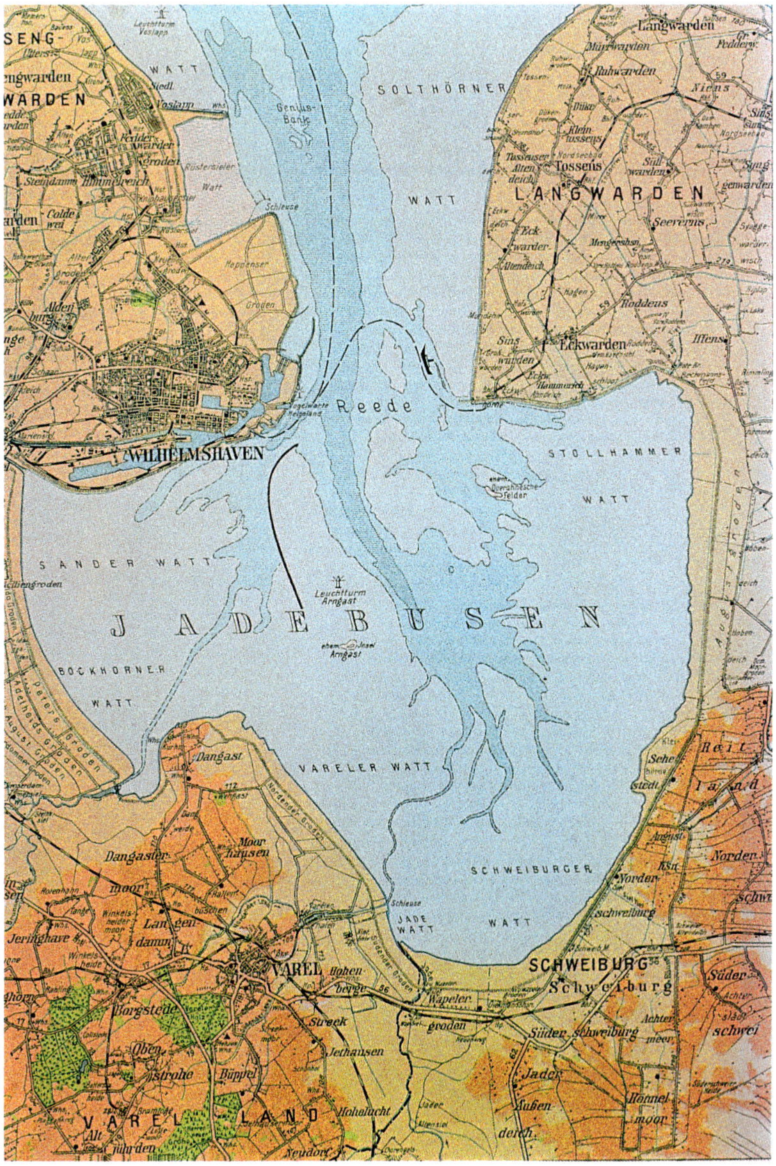

Karte des Jadebusens in seinem gegenwärtigen Zustand.
Der ca. 200 km^2 große Jadebusen, benannt nach der von Süden einfließenden Jade, war ursprünglich besiedeltes Festland. Nach der letzten Jahrtausendwende durchbrachen mehrere Sturmfluten die geschlossene Küstenlinie und drangen durch eine fünf Kilometer breite Öffnung tief in das Land ein, von dem ein Teil in späteren Jahrhunderten durch Eindeichungen der nunmehrigen Wattgebiete zurückgewonnen werden konnte. Im Nordwesten entstand während der zweiten Hälfte des 19. Jahrhunderts die Doppelstadt Wilhelmshaven-Rüstringen mit dem preußischen Kriegshafen und Werftstandort, die im Zweiten Weltkrieg weitgehend zerstört wurde. Dangast befindet sich südlich davon auf einem höher gelegenen Geestvorsprung, noch weiter südlich liegen Dangastermoor, wo Schmidt-Rottluff von 1907–1909 Quartier bezog und die einstige Residenz Varel, beide an der Bahnlinie Oldenburg-Wilhelmshaven gelegen. Westlich von Dangast befand sich der längst verschwundene Hafen Ellenserdammersiel, wo Schmidt-Rottluff ebenso häufig malte, wie im östlich von Varel erhalten gebliebenen Varelerhafen. Zwischen den von beiden Häfen ausgehenden tieferen Fahrrinnen überdauerte die Leuchtturminsel Arngast, wo 1909 ein Aquarell des Malers entstand.

Worpswede im Teufelsmoor verband.[26] Deren Blütezeit war zwar inzwischen vorüber, doch entfaltete sie als künstlerische Daseinsform gerade jetzt ihre stärksten Wirkungen. Davon dürften die aus einer Großstadt kommenden Maler nicht ganz unberührt gewesen sein, als sie sich in dem von hier nicht allzu weit entfernten, völlig unbekannten Dangastermoor niederließen und am 22. Juli 1907 in der Künstlerzeitschrift „Werkstatt der Kunst" bekanntgaben: „Maler E. Heckel, Dresden, hat seinen Wohnsitz nach Dangastermoor in Oldenburg verlegt und ist daher die Geschäftsstelle der Künstlergruppe Brücke gleichfalls vom 1. Juli ab in Dangastermoor bei Varel, Oldenburg, wohin alle Sendungen erbeten werden". Heckel hatte den Namen des Ortes mit demjenigen der Künstlergruppe zudem schon in einem vorher geschaffenen Anschriften-Holzschnitt verbunden, noch ehe er selbst hier eintraf (Abb. S. 24).
Die ehemalige Moorkolonie liegt halbwegs zwischen Varel im Süden – 1907 mit gut 7000 Einwohnern gleichwohl einer der gewerbereichsten Orte des Landes – und dem einige Kilometer nördlich davon unmittelbar

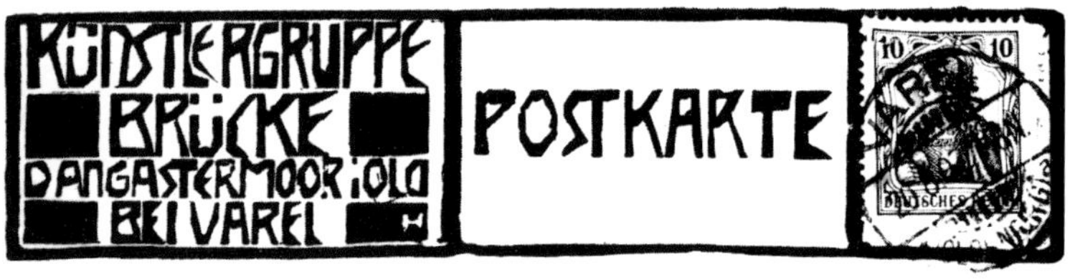

Erich Heckel: Im Stock signierter Holzschnitt auf einer Postkarte Heckels an den finnischen Maler Axel Gallén-Kallela (1865–1931) mit dem Vareler Poststempel vom 20. August 1907 (nicht bei Dube).

am Wattenmeer liegenden Dangast, wohin Heckel bereits 1908 umzog, während Schmidt-Rottluff erst 1909 nachfolgte. Mit der edlen Herrschaft Varel war 1667 ein natürlicher Sohn des letzten Oldenburger Grafen begabt worden, in dessen Erbfolge das kleine Territorium später an die Reichsgrafen von Bentinck fiel, die in Dangast nach englischem Vorbild um 1800 eine der frühesten Seebadeanstalten an der deutschen Nordseeküste errichteten. Nach langen Erbstreitigkeiten fiel die Herrschaft dann 1854 an das nunmehrige Großherzogtum Oldenburg zurück. Als die beiden Malerfreunde mit ihren Aufenthalten in Dangastermoor begannen, hatte sich das ursprünglich durch ungenutztes Ödland und starken Heidewuchs geprägte Landschaftsbild infolge zunehmender Neubebauung bereits zu ändern begonnen. Allerdings dominierten noch die aus dem vorigen Jahrhundert stammenden, nicht übermäßig großen Kolonistenhäuser, die sich in einigem Abstand von der Landstraße meist hinter hohen Laubbäumen verbargen. Unter tiefreichenden Reetdächern vor dem beständigen Wind geschützt, konnten sie ebenso als Fachwerkbauten wie ausschließlich aus dem dunkelroten Backstein errichtet sein, der in zahlreichen Ziegeleien der Umgebung gebrannt wurde. Diese unterschiedlichen Haustypen, die auch in den Darstellungen Schmidt-Rottluffs auszumachen sind, markieren den Grenzbereich zwischen niedersächsischem und friesischem Siedlungsgebiet. Die südliche Gemarkung des Ortes wurde bereits seit 1868 von der Eisenbahnlinie durchschnitten, die Bremen und Oldenburg mit dem an Preußen abgetretenen Wilhelmshaven verband. Daß die Station Dangastermoor seit 1907 auch für den Gepäck-, Expreß- und Eilgutverkehr zugelassen war, dürfte die Niederlassung der Maler in der Nähe des Bahnhofs mit beeinflußt haben. Der einzige Gasthof des Ortes, in dem Schmidt-Rottluff und Heckel nacheinander Quartier bezogen, ein langgestreckter Ziegelbau mit festem Dach, war erst im Vorjahr durch Johann Heinrich Diedrich Kracke (Abb. S. 22) erworben worden und hatte den Namen des 1898 verstorbenen und von ihm hoch verehrten Fürsten Bismarck erhalten (Abb. S. 22). Da der neue Gastwirt das ehemalige Dünesche Gasthaus gründlich um- und ausbaute, war für die beiden Maler im Dachgeschoß Platz für zwei getrennte Wohnungen mit genügend Abstellraum. Im renovierten großen Saal malte Heckel 1908 den „Dorftanz bei Kracke" während Schmidt-Rottluff hier gleichzeitig seinen Schlafraum (Abb. 27) und die verschollenen „Bänke" im Wirtshausgarten festhielt. Sein erster Aufenthalt in Dangastermoor begann spätestens am 26. Mai 1907 – da an diesem Tage ein Brief von hier an den Hamburger Sammler Gustav Schiefler abgesandt wurde – und er endete frühestens am 2. November, als vom Postamt in Varel für die bevorstehende Ausstellung des Oldenburger Künstlerbundes ein Paket mit zehn Lithographien abging. Da Heckel, dem in diesem Jahr die Brücke-Geschäftsführung oblag, erst vier Wochen nach Schmidt-Rottluff am Ort eintraf und diesen auch wieder früher verließ, deuten sich damit bereits die stärkeren Bindungen Schmidt-Rottluffs an die neu gewonnene Umgebung an, die er schon in einem Brief an Gustav Schiefler vom 28. Juli

Titel eines 1891 in Würzburg und Wien erschienenen Dangast-Führers, der nicht mehr nachweisbar und wohl nur in dieser einen Auflage erschienen ist (Wiedergabe nach Fotokopie um 1950 in Privatbesitz)

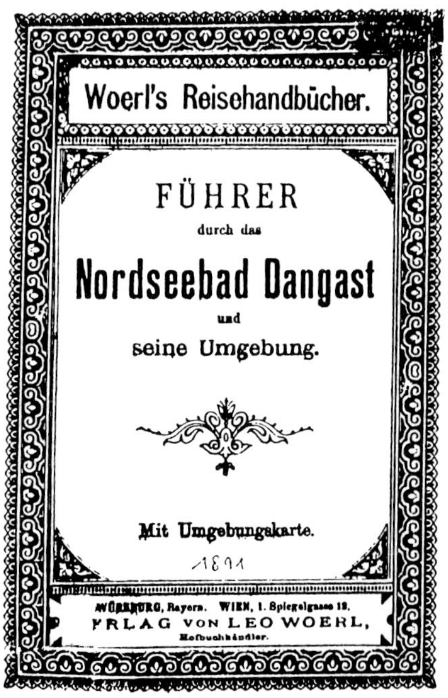
Woerl's Reisehandbücher.

FÜHRER
durch das
Nordseebad Dangast
und
seine Umgebung.

Mit Umgebungskarte.

1891

WÜRZBURG, Bayern. WIEN, I. Spiegelgasse 18.
VERLAG VON LEO WOERL,
Hofbuchhändler.

Preis [illegible] Pfennige.

Gedruckte Visitenkarte Karl Schmidt-Rottluffs mit Ortsangabe Dangastermoor, wohl 1907 in Varel oder Oldenburg gedruckt.

Titel des um 1913 im Verlag von J. W. Acquistapace in Varel herausgebrachten Führers mit Illustrationen von Wilhelm Morisse (1870–1936). Bei Aquistapace ließ Schmidt-Rottluff seine in Dangast entstandenen gebrauchsgraphischen Arbeiten und möglicherweise auch Postkarten nach eigenen Gemälden oder Holzschnitten drucken.

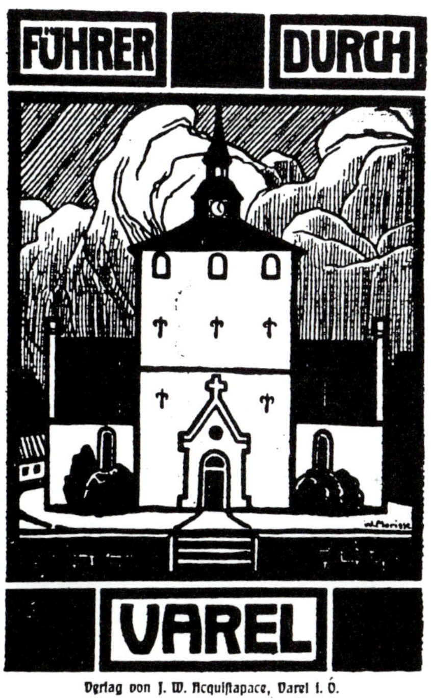

1907 als „meine stille Heimat“ bezeichnete. Die Reise hierher hatte er in Dresden angetreten, um sie mit Sicherheit in Braunschweig, wahrscheinlich aber auch in Hannover, Bremen und Oldenburg zu unterbrechen und dort laufende Ausstellungen zu sehen oder neue vorzubereiten. In Bremen waren erst am Jahresbeginn zwei Ausstellungen zu Ende gegangen, für die Schmidt-Rottluff Interesse haben mußte: die erste große Präsentation der am Ort gegründeten Vereinigung nordwestdeutscher Künstler, deren Mitgliedschaft der Maler erwarb, und eine gleichzeitige Gemälde-Ausstellung der Brücke, über die bislang nur wenig bekannt wurde.[27] In Oldenburg hatte der 1904 gegründete Oldenburger Künstlerbund am 12. Januar 1907 einen neuen Vorstand erhalten, nachdem der konservative Maler Bernhard Winter (1871–1964) turnusgemäß zurückgetreten und Paul Müller-Kaempff (1861–1941), der als Begründer der Künstlerkolonie Ahrenshoop an der Ostsee gilt,[28] an dessen Stelle gelangt war und eine stärkere Öffnung verhieß. Stellvertreter war der allseits geschätzte Konservator der Großherzoglichen Galerie Richard tom Dieck (1862–1943) geworden (Abb. S. 27), während Gerhard Bakenhus (1860–1939) die Rolle des Schriftführers übernahm. In Karlsruhe und Berlin ausgebildet, betätigte er sich auch publizistisch, wobei er keineswegs mit allem einverstanden war, was Schmidt-Rottluff hervorbrachte. Dennoch respektierte dieser ihn und seine ernsten Moorlandschaften, die sich nur schwer unter dem vagen Begriff von Heimatmalerei einordnen lassen.[29] Nach vorheriger Kontaktaufnahme mit Richard tom Dieck richtete Schmidt-Rottluff am 12. August 1907 ein förmliches Gesuch um Aufnahme in den Oldenburger Künstlerbund an dessen Vorstand, wobei er u.a. bemerkte: „Am Anfang dieses Jahres habe ich meinen Wohnsitz dauernd nach dem Großherzogtum verlegt“. Dem Antrag wurde auf Empfehlung von Müller-Kaempff bereits wenige Tage später ebenso entsprochen, wie einem gleichzeitigen Gesuch Erich Heckels, womit dann auch die Voraussetzungen für eine Teilnahme an der nächsten Graphik-Ausstellung des Oldenburger Kunstvereins gegeben waren. Für diese vom 17. November bis zum 15. Dezember 1907 dauernde Ausstellung hatte Schmidt-Rottluff noch vor seiner Rückkehr nach Sachsen Anfang November die schon genannten zehn Lithographien übersandt, von denen bereits mehrere in Dangast entstanden und in Oldenburg gedruckt worden waren. In einer Zeitungsbesprechung wird zwar die Ablehnung dieser, wie der von Heckel gezeigten Arbeiten durch das allgemeine Publikum vermerkt, doch schwingt sich der die Oldenburger Kunstkritik beherrschende und im Grunde seines Herzens konservative Chefredakteur Wilhelm von Busch in den Oldenburger Nachrichten vom 23.11.1907 auch zu der Feststellung auf, „daß da eigenartige Talente im Auf-

blühen sind". Damit hatten die beiden Brücke-Maler, die in der heimischen Presse infolge ihrer ungebärdigen Kunst bald auch als „Moorteufel" apostrophiert wurden, in Oldenburg immerhin ein gewisses Entree erhalten, das dann in der folgenden, ersten eigenen Bilderschau des Oldenburger Künstlerbundes sogar zu einer positiven Beurteilung ihrer Arbeiten führte und damit wesentliche Voraussetzungen für ihre 1908 im Augusteum durchgesetzte eigene Ausstellung schuf.
Die Geschichte des Oldenburger Künstlerbundes, der erst am 6. Juni 1907 offiziell ins Vereinsregister eingetragen wurde, ist noch nicht geschrieben, obwohl Ewald Gäßler 1989 aus den im Oldenburger Stadtmuseum bewahrten Archivalien die auf Schmidt-Rottluff bezogenen Vorgänge bekanntmachen und damit nachweisen konnte, daß die Oldenburger Verbindungen des Malers wesentlich stärker waren, als bis dahin angenommen.[30] Tatsächlich hat Schmidt-Rottluff seine Mitgliedschaft darin auch nach seinem Fortgang aus Dangast bis 1933 nicht aufgegeben und die durch den Ersten Weltkrieg unterbrochene Verbindung sogar von sich aus neu geknüpft.
Unter den deutschen Künstlervereinigungen, die – ebenso wie die mit ihnen nicht identischen Künstlerkolonien – dem 19. Jahrhundert entstammten und zur soziologischen wie stilistischen Entwicklung der bildenden Kunst auf unterschiedlichste Weise beitrugen, gehört der Oldenburger Künstlerbund zu den späten Gründungen. Sein 1908 gedrucktes erstes Mitgliederverzeichnis (Abb. S. 32) führt lediglich 31 Namen auf, gut die Hälfte davon mit auswärtigem Wohnsitz. Die Landesteile Eutin und Birkenfeld sind durch je einen Maler vertreten, hinter zwei Namen verbergen sich Bildhauer, während nicht weniger als ein Drittel aus weiblichen Mitgliedern besteht. Altersmäßig stellen die in den 60er und 70er Jahren Geborenen den Hauptanteil. Am ältesten ist der schon 1843 im Holsteinischen geborene Hinrich Wrage, am jüngsten der am Beginn seiner Künstlerlaufbahn stehende Schmidt-Rottluff. Dieser hatte sich nach seiner Aufnahme in einem ausführlichen, noch 1907 in Chemnitz geschriebenen Brief an Richard tom Dieck gewandt, der durch seine Funktionen in Künstlerbund, Kunstverein, Nordwestdeutscher Künstlervereinigung und der Großherzoglichen Galerie eine gewisse Schlüsselstellung im Oldenburgischen Kunstleben besaß, die er – selbst eine kultivierte Freilichtmalerei pflegend – vorurteilsfrei zu bewältigen versuchte. In seinem engagierten Brief schlägt Schmidt-Rottluff, „auf einen kräftigen Aufschwung des Bundes" hoffend, unter anderem eine Erhöhung des drei Mark betragenden Mitgliederbeitrages und künstlerische Jahresgaben an die außerordentlichen Mitglieder vor, von denen im ersten Verzeichnis neun genannt werden. Er gibt damit Erfahrungen weiter, die bei der Werbung Passiver Brücke-Mitglieder gewonnen worden waren, obwohl deren Zahl zu diesem Zeitpunkt auch noch nicht wesentlich darüber lag.
Während sich Schmidt-Rottluff 1907 in Dangast aufhielt, hat er von den in dieser Zeit stattgefundenen Ausstellungen außerhalb Oldenburgs mit Bestimmtheit die Brücke-Ausstellung in der Hamburger Galerie Clematis gesehen.[31] Dies geschah in Zusammenhang mit seinem von hier aus unternommenen ersten Besuch Gustav Schieflers, der die Galerie bei ihrer Gründung beraten hatte und auch bei Vermittlung der Brücke-Wanderkollektion an sie tätig geworden war. Da bei dieser Gelegenheit erstmals auch ein einfacher Katalog gedruckt worden war, könnte dies die Anregung zur Herausgabe eines ähnlichen Druckwerkes für die 1908 im Oldenburger Augusteum veranstaltete Heckel-Schmidt-Rottluff-

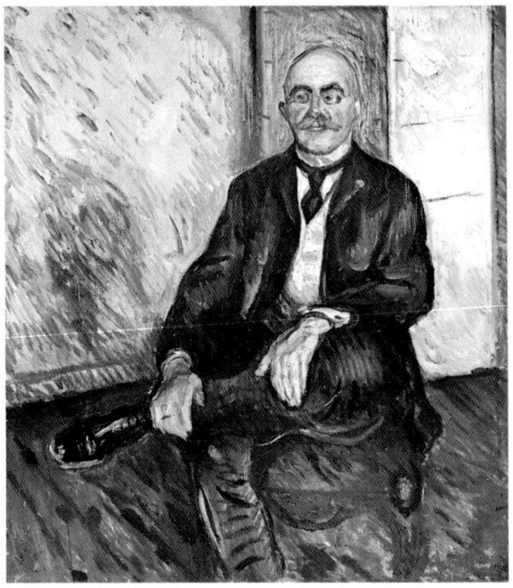

Edvard Munch: Porträt Gustav Schiefler, 1905. Kunstmuseum Athenäum Helsinki. Eine Studie zu diesem Gemälde ehemals im Besitz des Dargestellten.
Den Juristen und Sammler Gustav Schiefler (1857–1935) lernte Schmidt-Rottluff zwei Jahre nach der Entstehung des Porträts in Hamburg kennen und besuchte ihn hier erstmalig von Dangast aus am 23. Juli 1907.

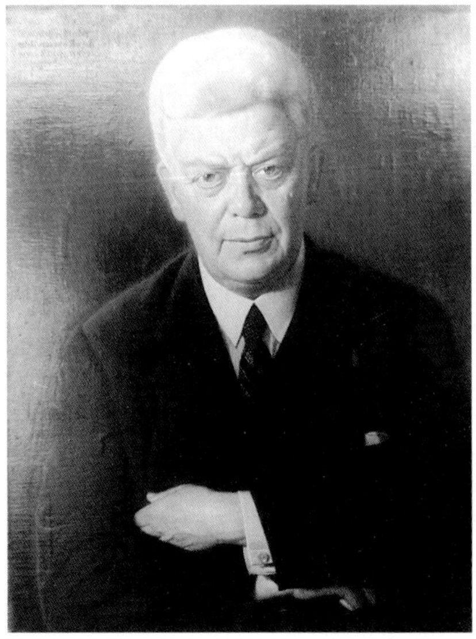

Bernhard Winter (1871–1964): Porträt Wilhelm von Busch, 1933, Oldenburger Stadtmuseum. – Bis 1898 Lehrer, wurde Wilhelm von Busch (1868–1940) im Jahre 1904 Chefredakteur der führenden Oldenburger Zeitung „Nachrichten für Stadt und Land", wo er sich vor allem des Kulturressorts annahm. Schmidt-Rottluff anfangs offen zugewandt, wandelte sich seine Einstellung ab 1910 in eine ausgesprochen negative, die Grenzen objektiver Beurteilung überschreitende Haltung, die auf das Verhältnis des Künstlers zum Oldenburger Kunstleben nicht ohne Einfluß blieb.

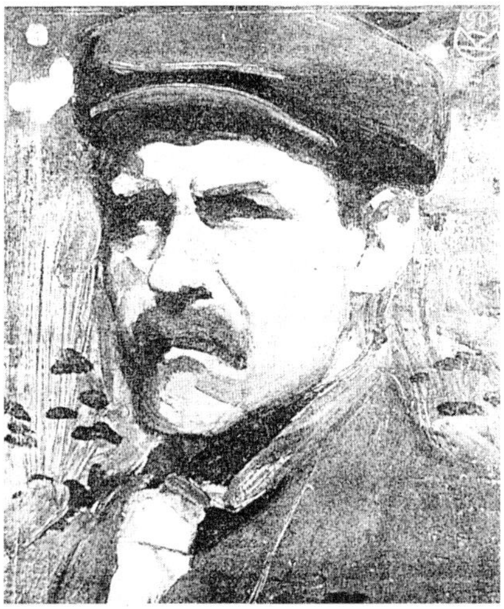

Axel Gallén-Kallela (1865–1931): Selbstporträt 1908, Gallén-Kallela-Museum Tarvaspää/Finnland. – Der Munch nahestehende finnische Maler war von Schmidt-Rottluff bereits 1906 zur Teilnahme an einer Brücke-Ausstellung aufgefordert und im März 1907 zum Mitglied der Künstlergemeinschaft ernannt worden. Nachdem er für die Brücke-Jahresmappen nur einen älteren Holzschnitt von 1895 zur Verfügung stellte, welcher der Mappe von 1909 beilag, lösten sich die Verbindungen mit ihm.

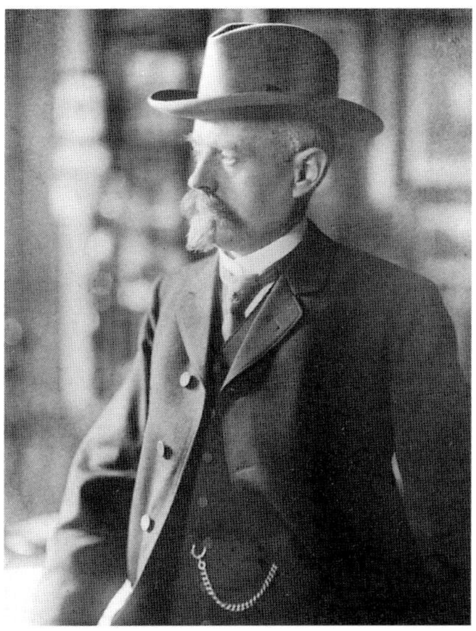

Der Maler Richard tom Dieck (1862–1943), um 1907.
Seit 1893 mit der Betreuung der Großherzoglichen Sammlungen betraut und 1900 offiziell zu deren Konservator ernannt, gehörte tom Dieck zu den Gründungsmitgliedern des Oldenburger Künstlerbundes und war seit 1906 auch im Vorstand des Oldenburger Kunstvereins. Mit seiner Unterstützung erwarben Schmidt-Rottluff und Heckel 1907 die Mitgliedschaft im Oldenburger Künstlerbund und stellten 1908 gemeinsam im Augusteum aus. (Bildarchiv Oldenburger Stadtmuseum)

Ausstellung gegeben haben. Weil die Brücke-Kollektion in der Hamburger Galerie bereits im Frühjahr zusammengestellt wurde, befinden sich Dangaster Arbeiten Schmidt-Rottluffs noch nicht darunter, doch wird hier erstmals in einem Katalog „Dangastermoor in Oldenburg“ als sein Wohnsitz genannt, während bei Heckel weiterhin Dresden angegeben ist. Anläßlich seines auf mehrere Tage verteilten Besuches in Hamburg hatte Schmidt-Rottluff unter anderem auch versucht, Alfred Lichtwark, den Direktor der Hamburger Kunsthalle zu erreichen, den er jedoch nicht antraf. Dieser war zwar mit Schiefler befreundet, lehnte indessen im Gegensatz zu ihm die Arbeiten der im Aufbruch befindlichen Expressionistengeneration kategorisch ab. 1914 wurde Gustav Pauli aus Bremen sein Nachfolger, der die junge Kunst nach anfänglicher Zugänglichkeit ebenfalls reserviert betrachtete und sie eher aus Pflicht denn aus Neigung in die Sammlungen aufnahm. Wenn sie sich dennoch relativ früh in der als konservativ geltenden Hansestadt durchsetzen konnte, dann war dies vor allem privaten Sammlern und Initiatoren zu verdanken. Ihnen ist es auch zuzuschreiben, daß Hamburg für Schmidt-Rottluff und seine Kunst eine größere Bedeutung erhielt als jeder andere Ort in Deutschland, vor allem seit der wiederum durch Schiefler vermittelten Passiven Brücke-Mitgliedschaft von Rosa Schapire im Juni 1907.[32] Zur ersten Begegnung zwischen der hier frei wirkenden Kunsthistorikerin und dem Maler kam es jedoch erst bei einem erneuten Besuch Schmidt-Rottluffs in Hamburg am 23. März 1908, zu ihrem erstmaligen Aufenthalt in Dangast schließlich im August desselben Jahres. Damit war gleichzeitig die Abwendung von Nolde und ihre Entscheidung verbunden, sich von nun an leidenschaftlich und kompromißlos vor allem der Kunst der jüngeren Brücke-Maler zu widmen.
Schmidt-Rottluffs künstlerischer Ertrag des ersten Sommers in Dangastermoor bestätigt eindrucksvoll das Freiwerden künstlerischer Kraft in einer landschaftlichen Umgebung, die gerade durch ihre einfachen Strukturen und ursprünglichen Elemente zur Gestaltung herausforderte. Von den etwa zwanzig bisher für das Jahr 1907 benennbaren Gemälden wurden allenfalls zwei nicht in Dangast gemalt. Hier entstanden vor allem Landschaften, in denen sich der schöpferische Überschwang in jubilierenden Farben, dem eingefangenen Licht und temperamentvollen Farbauftrag zu erkennen gibt, wobei ein erregt und heftig geführter Pinsel die Leinwand in ein loderndes Relief zu verwandeln scheint. Diese Entwicklung war zwar bereits im Vorjahr bei Nolde auf Alsen eingeleitet worden, doch erwies sich dort zunächst noch das Vorbild van Goghs als bestimmender, während die Einwirkungen des älteren Gastgebers erst in diesen Bildern von 1907 zu vollem Ausdruck gelangt sind. Ein Gemälde wie „Rote Blüten“ (Abb. 6) scheint direkt aus Noldes Blumengarten zu stammen, wobei stärker noch als das Sujet die Malweise des Vorbildes auf ihn einwirkte. Diese führte schon bald vom summierenden Mosaik zu einer mit- und ineinanderwogenden Farbigkeit, die den monumentalen Impressionismus seiner frühen Dangaster Jahre nicht nur in der Malerei sondern auch in der Graphik bestimmte. Hier galt anfangs die tonige Lithographie als seine Domäne, nachdem er bereits 1906 eine Folge von mindestens 13 Blättern vorlegen konnte, deren Kühnheit auch Edvard Munch beeindruckte. Heftige Kreidestriche bündeln sich darin zu bedrohlich wirkenden Dunkelheiten, während im Kontrast dazu jähes Licht in sie eindringt. Von den im Werkverzeichnis von Rosa Schapire für 1907 aufgeführten 16 Lithographien lassen sich sieben mit Dangast und mit der Oldenburger Steindruckerei Lambrecht & Sohn verbinden, aus

deren Nachlaß 1957 noch ein weiteres, bei Schapire nicht aufgeführtes Blatt erworben werden konnte (Abb. 16). Diese Druckerei war bereits 1845 von Georg Ludwig Lambrecht, einem Schüler Otto Speckters in Hamburg, in Oldenburg gegründet worden. Erst im Februar 1907 hatte sie das Prädikat einer „Hof-Stein-Druckerei Sr. Kgl. Hoheit des Großherzogs von Oldenburg“ erhalten, nachdem 1905 hier unter anderem auch das von Paul Müller-Kaempff entworfene Plakat für die Landesausstellung von 1905 hergestellt worden war. (Abb. S. 20).

Bei den für Dangast gesicherten Lithographien von 1907 handelt es sich ausschließlich um Landschaften, von denen einige mit gleichzeitigen Gemälden in Verbindung stehen. Mehrfach vorkommende Bauernhausmotive sind zwar der unmittelbaren Umgebung in Dangastermoor entnommen, doch geht aus anderen Blättern hervor, daß Schmidt-Rottluff auch schon in seinem ersten Oldenburger Jahr an den Ufern des Wattenmeeres und im westlich davon gelegenen Binnenhafen von Ellenserdammersiel malte (Abb. S. 51), welcher später mehrfach auf Bildern erscheint. Wenn in den Steindrucken dieses Jahres – am deutlichsten bei dem hier nicht aufgenommenen, aber möglicherweise ebenfalls in Dangast entstandenen Blatt „Kleines Mädchen“ (Schapire 24) – stilistische Einflüsse Edvard Munchs erkennbar werden, dann dürften sie unmitelbar auf die bei Schiefler gesehenen Arbeiten des bewunderten Norwegers zurückzuführen sein. Die starken Eindrücke, die sie bei ihm hinterließen, bestätigte Schmidt-Rottluff ausdrücklich in seinem Dankesbrief an den Gastgeber vom 28. Juli 1907.[33]

Für eine aus unbekannten Gründen ebenfalls nicht in das Werkverzeichnis von Rosa Schapire aufgenommene, gleichwohl aber als einziges bekanntes Exemplar in den Besitz des Oldenburger Landesmuseums gelangte Radierung (Abb. S. 20) gab der Künstler 1907 als Entstehungsdatum an, wobei er auch bemerkte, daß nach näherem Kennenlernen dieser graphischen Technik bei Emil Nolde, in Dangast auch noch weitere, nicht im Werkkatalog befindliche Radierungen entstanden wären. Von diesen hätten nur Probedrucke existiert, die jedoch mit den Platten früh verlorengegangen seien.

Schmidt-Rottluffs ureigenstes graphisches Ausdrucksmittel, der Holzschnitt, blieb in den beiden ersten Dangaster Jahren noch völlig unberücksichtigt. Der Künstler widmete sich ihm erst wieder im Jahre 1909 – gleichzeitig mit den ebenso eruptiv hervorgebrachten Aquarellen und Postkartenzeichnungen – und sicherte ihm durch eine eindrucksvolle Folge souverän gestalteter Arbeiten auch sogleich die Priorität.

VEREINIGUNG NORDWESTDEUTSCHER KÜNSTLER

II. JAHRESBERICHT

DEZEMBER 1907

Schiff, Paula, Malerin
Elsfleth a. Weser.
Schiffmann, Bernh., Maler
Bremen, Im krummen Arm 13.
Schmarje, Walther, Bildhauer
Berlin, Kunstgewerbe-Museum.
Schmidt-Rottluff, Maler
Dangastermoor b. Varel.
Scholkmann, Wilhelm, Maler
Alt-Geltow a. Havel.
Scholz, Richard, Maler
München, Schwanthalerstr. 11.
Schröter, Paul, Maler
Bremen-Horn.
Stein-Ranke, Marie, Malerin
Steglitz, Sedanstr. 41 III.
Ströver, Ida, Malerin
Bremen, Olbersstr. 29.
Vogeler, Heinr., Maler
Worpswede.
Weddig, Heinz, Bildhauer
Flensburg, Margarethenstr. 22.

21

Der 2. Jahresbericht der Vereinigung nordwestdeutscher Künstler von 1907 nennt 125 Mitglieder, darunter Schmidt-Rottluff und Erich Heckel, deren Aufnahme zunächst umstritten war. Die Gründung der Vereinigung 1906 in der Bremer Kunsthalle gehörte zu den unmittelbaren Folgen der Oldenburger Landesausstellung von 1905. Zu ihrem ersten Vorsitzenden wurde der in Bremen wohnhafte, jedoch in Oldenburg gebürtige Maler Wilhelm Otto (1868–1950) gewählt. Anläßlich des 25-jährigen Bestehens der Vereinigung 1931, wurde in Hannover und Oldenburg eine Jubiläumsausstellung mit Beteiligung Schmidt-Rottluff und Heckel veranstaltet.

Die Dangaster Steilküste bei der Sturmflut von 1962. Sturmfluten gehören zu den beständig wiederkehrenden Naturereignissen, die den Verlauf der Nordseeküste bestimmten. Im Mittelalter wurden sie nach den Namenstagen der Heiligen benannt, wie die Julianenflut von 1134, die das Land um die Jade auseinanderriß oder die Antoniflut von 1511, durch die der so entstandene Jadebusen seine größte Ausdehnung erhielt (Foto Heinrich Gerdes)

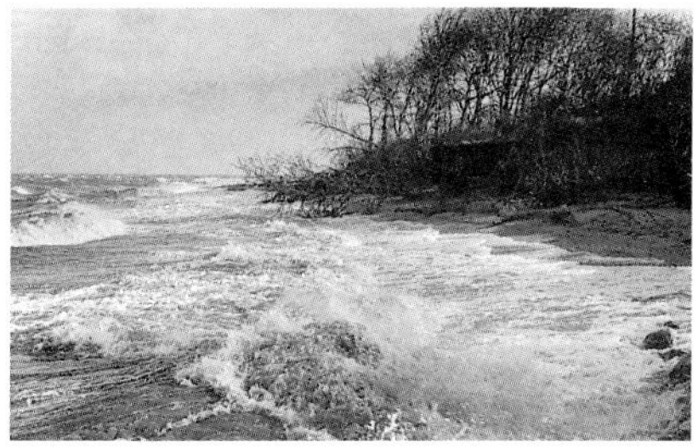

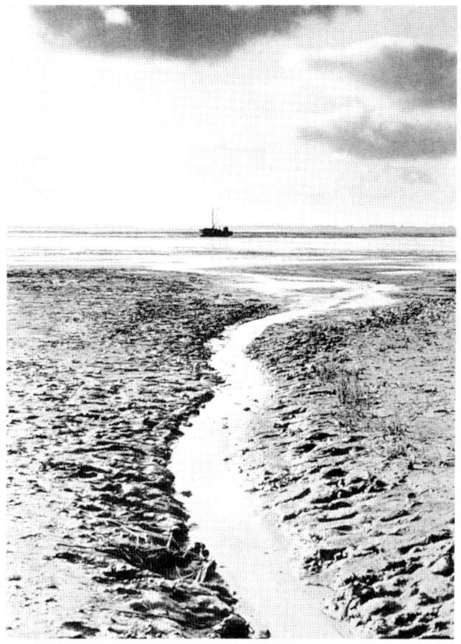

Wattlandschaft bei Dangast.
Der Dangaster Sandstrand ist relativ schmal, da ihm schon bald schlickiges Watt folgt, in dem bei Ebbe unterschiedlich große Rinnen mit stark reliefierten Rändern sichtbar werden. Die reiche Kleintierwelt an Muscheln, Würmern und Schnecken bietet zahlreichen Rastvögeln Nahrung, weshalb diese Landschaft seit 1986 als Nationalpark ausgewiesen wurde (Foto Harald Busch 1955)

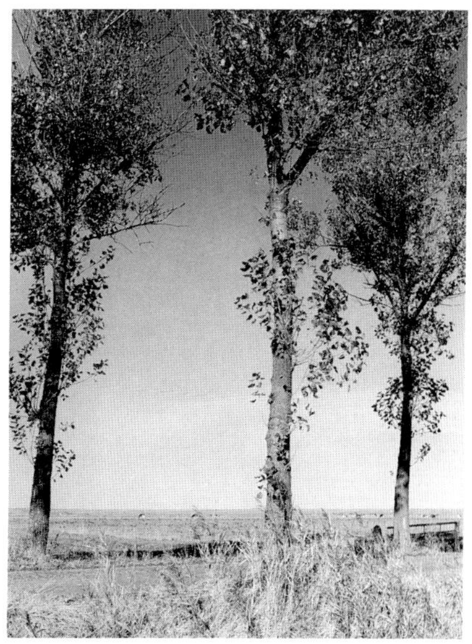

Marschenlandschaft bei Dangast.
Der bis zu einer Höhe von etwa zehn Metern ansteigende Dangaster Geestrücken ist der einzige Abschnitt an der nordwestdeutschen Nordseeküste, der für einige hundert Meter den Deich überflüssig macht. Bald danach beginnen zu beiden Seiten die tiefergelegenen, fast baumlosen Marschwiesen, in deren endloser Weite sich die weidenden Kühe zu verlieren scheinen, seewärts abgeschlossen durch die unaufhörlichen Horizontalen grasbewachsener Deiche (Foto Lothar Klimek)

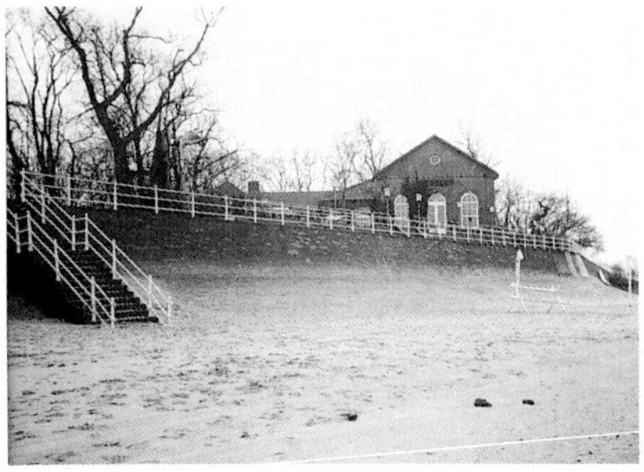

Strandmauer und Kurhaus in Dangast.
Im Kurhausbereich wird die hohe Abbruchkante seit dem 19. Jahrhundert auf etwa 200 m Länge durch eine Backsteinmauer geschützt, die sämtlichen Brücke-Malern und auch Franz Radziwill als Bildmotiv diente (Foto G. W. 1993)

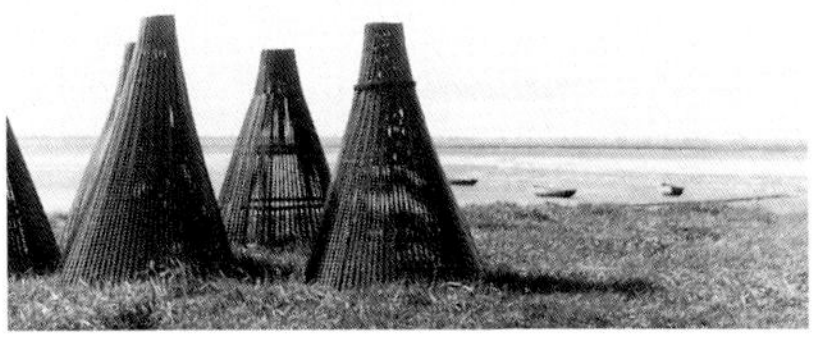

Granatkörbe am Dangaster Strand um 1955.
Die ursprünglich aus Weidenruten, später aus Bandleisten hergestellten, etwa zwei Meter hohen Körbe waren noch nach dem Zweiten Weltkrieg allenthalben am Dangaster Strand zu finden, ehe sie die Netzfischerei überflüssig machte. Sie waren für den Granat- oder Krabbenfang bestimmt und wurden bei Ebbe im Watt aufgestellt (Foto G. W.)

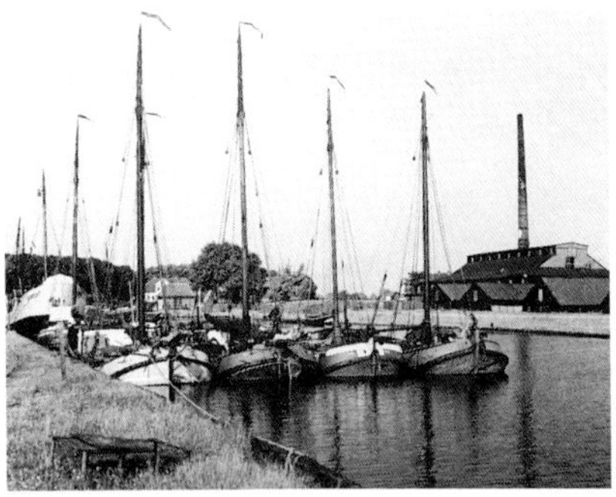

Varelerhafen um 1910.
Der von der Stadt ca. 2,5 km entfernte, ursprünglich offene Sielhafen wurde nach Eindeichung des Vorlandes im 19. Jahrhundert mit einer zum Jadebusen vermittelnden Schleuse versehen. Als die Fotografie entstand, beherrschten noch hölzerne Frachtensegler das Bild, die von Schmidt-Rottluff ebenso verewigt wurden, wie die nicht mehr vorhandenen Gebäude der Brumund'schen Ziegelei am rechten Bildrand (Bildarchiv Heimatverein Varel)

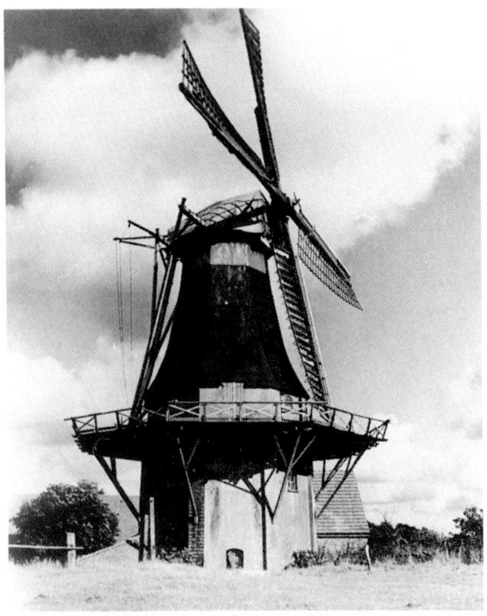

Die Dangaster Windmühle 1955.
Von Schmidt-Rottluff und Heckel mehrfach dargestellt, liegt die längst ihrer Flügel beraubte Windmühle holländischen Typs mit festem Unterbau und umlaufender Galerie, halbwegs zwischen Dangast und Dangastermoor in der Nähe des hier bogenförmig nach Süden geführten alten Deiches. In den die Mühle umgebenden Gebäuden befand sich damals auch eine Gastwirtschaft (Foto G. W. 1955)

1908 – Neue Kunstwege und Begegnungen

Die vielfältigen, in mehrere Richtungen zielenden Aktivitäten der Brükke-Maler während der ersten Jahre des Bestehens der Gruppe beruhten zwar auf keiner vereinsrechtlichen Basis mit entsprechender Satzung, Vorstandschaft und Jahresversammlung, wie sie beim Oldenburger Künstlerbund ab 1907 oder in der später von der Brücke mitgetragenen Neuen Sezession in Berlin seit deren Gründung im Jahre 1910 bestand, doch bedurfte es zu ihrer Bewältigung dennoch bindender Vereinbarungen und Aufgabenverteilungen, die unabdingbar waren. Diese organisatorischen Grundstrukturen wurden über die Jahre hinweg weitgehend vom ursprünglichen Kern der Künstlergemeinschaft getragen, der aus Heckel, Kirchner und Schmidt-Rottluff bestand. Die Verständigung untereinander war relativ problemlos, so lange in Dresden während des gemeinsamen Studiums auch eine Ateliergemeinschaft vorhanden war und anstehende Fragen, wie die Erweiterung der aktiven und passiven Mitgliedschaften, gemeinsame Ausstellungsbeteiligungen oder werbende Maßnahmen vor Ort besprochen und entschieden werden konnten. Die Umsetzung dieser zunehmenden Pflichten übernahm jeweils eines der aktiven Mitglieder im jährlichen Wechsel als Geschäftsführer. Nachdem 1907 Erich Heckel mit der Funktion betraut war, der dem Freundeskreis durch sein verbindliches Wesen, Organisationstalent und Verhandlungsgeschick trotz der inzwischen eingetretenen Trennung der Arbeitsorte manche neuen Verbindungen und Wirkungsmöglichkeiten eröffnete, übernahm mit Beginn des Jahres 1908 der eigenwilligere und in jeder Beziehung weniger kompromißbereite Schmidt-Rottluff diese Aufgabe, der er sich gleichwohl nach Kräften zu widmen suchte. Die Anfang Mai von Dangast aus erfolgte Versendung des Brücke-Berichts für 1907, der von Kirchner radierten Mitgliedskarte, sowie der aus Holzschnitten von Heckel, Kirchner und Pechstein bestehenden Jahresgaben für die Passiven Mitglieder, hatte jedoch auch weiterhin Heckel übernommen, der 1908 in die Rolle des Kassenwarts wechselte. Die Gruppenausstellungen der Brücke erreichten nach einem imponierenden Auftakt bereits 1907 mit etwa 18 Veranstaltungen ihren Höhepunkt, um 1908 auf 13 Ausstellungen zurückzugehen, die zum Teil noch im Vorjahr zusammengestellt worden waren.[34] Innerhalb dieser Entwicklung spiegelt sich der früh einsetzende Individualisierungsprozeß der Maler, am stärksten fraglos bei Schmidt-Rottluff. Von dem insbesondere durch Kirchner initiierten Dresdener Bohéme-Dasein hielt er sich ebenso fern wie von den gemeinsamen Malfahrten nach Goppeln 1907 oder später nach Moritzburg, nachdem er sich einmal für Dangast entschieden hatte. Insofern verwundert es auch nicht, daß er diese Domäne für einige Jahre nur mit dem toleranten, auf Ausgleich bedachten Heckel, nicht aber mit dem egozentrischen und leicht erregbaren Kirchner teilen konnte, der sich entgegen geäußerten Vermutungen[35] auch niemals in Dangast aufhielt, sondern 1908 auf der Ostseeinsel Fehmarn ein Sommerdomizil gefunden hatte. Von den Schmidt-Rottluff wesensverwandten, jedoch älteren Nordländern, die er vorrangig für die Künstlergemeinschaft zu gewinnen suchte, war Nolde schon 1907 wieder ausgeschieden, sodaß sich seine Bemühungen nun auf die Teilnahme des Norwegers Edvard Munch und des Finnen Axel Gallén-Kallela an der Brücke-Ausstellung in der Dresdener Galerie Richter im September 1908 konzentrierten, die indessen nicht zum Erfolg führten.

1908 waren sowohl Heckel als auch Schmidt-Rottluff schon ungewöhnlich früh zu ihrem zweiten Aufenthalt in Oldenburg eingetroffen, wobei Schmidt-Rottluff vorher noch in Hamburg Station machte. Am 22. März 1908 trug er sich in das Gästebuch Gustav Schieflers ein und widmete ihm bei dieser Gelegenheit sein eben erst entstandenes lithographisches Selbstbildnis (Abb. 34), während am folgenden Tag das erste Zusammentreffen mit Rosa Schapire stattfand, der er „in freundlicher Erinnerung an die Teestunde vom 23.3.08“ mit der Dangaster Lithographie „Die Pappel“ von 1907 auch erstmalig eine eigene graphische Arbeit überließ (Abb. 18). Die aus einer gebildeten jüdischen Familie stammende, erst seit kurzem in Hamburg lebende, promovierte Kunsthistorikerin hatte 1907 durch Vermittlung Schieflers zunächst Emil Nolde kennengelernt und seiner Kunst mehrere Aufsätze und Vorträge gewidmet. Nachdem es dann Anfang 1908 zu einem Zerwürfnis mit ihm und seiner Frau Ada gekommen war, begann die stärker werdende Bindung an Schmidt-Rottluff, die auch zahlreiche Besuche in Dangast zur Folge hatte. Die temperamentvolle Ausschließlichkeit ihres Eintretens für den um ein Jahrzehnt jüngeren Maler blieb längerfristig auf sein Verhältnis zu Gustav Schiefler, den frühesten Förderer seiner Kunst in Hamburg, nicht ohne Einfluß und verstärkte die Hinwendung des kenntnisreichen Sammlers zu Heckel und Kirchner. 1924 katalogisierte er Kirchners Graphik, nachdem die Publizierung des graphischen Werkes von Munch und Nolde vorausgegangen war.

Noch ehe Schmidt-Rottluff am 24. oder 25. März 1908 von Hamburg kommend in Dangastermoor eintraf, hatte er sich in Oldenburg an zwei weiteren Ausstellungen des Kunstvereins beteiligt, von denen die 322. als Veranstaltung des Oldenburger Künstlerbundes durchgeführt wurde. In ihr konnte sich die organisierte Oldenburger Künstlerschaft zum ersten Mal selbst präsentieren, wobei – aus welchen Gründen auch immer – zusätzlich noch Gäste eingeladen wurden, wie die Worpsweder am Ende, Modersohn, Overbeck und Vinnen sowie Eitner, Feddersen, Illies, Kayser und Schaper aus Hamburg und Schleswig-Holstein. Da Bernhard Winter, dem letzten Vorsitzenden des Oldenburger Künstlerbundes, mit sieben und Wilhelm Otto, dem Initiator der Nordwestdeutschen Künstlervereinigung, mit sechs Titeln dabei die meisten Exponate zugestanden wurden, kam darin auch eine Würdigung ihrer Verdienste um die heimische Künstlerschaft zum Ausdruck, zumal Winters großes Triptychon „Die Flachsbereitung“ bereits auf der Nordwestdeutschen Kunstausstellung von 1905 ausgestellt und danach durch den Oldenburger Sammler Theodor Francksen erworben worden war.[36]. Die zwischen der fotografischen Akribie dieses historisierenden Volkslebenbildes und den zwei von Schmidt-Rottluff aufgenommenen Gemälden – einem „farbenjauchzenden Stilleben“ (Abb. 28) und dem verschollenen „brennendroten Moorgehöft“[37] von 1907 – bestehenden Gegensätzlichkeiten hätten größer gar nicht sein können, obwohl die jeweiligen Arbeiten nur durch

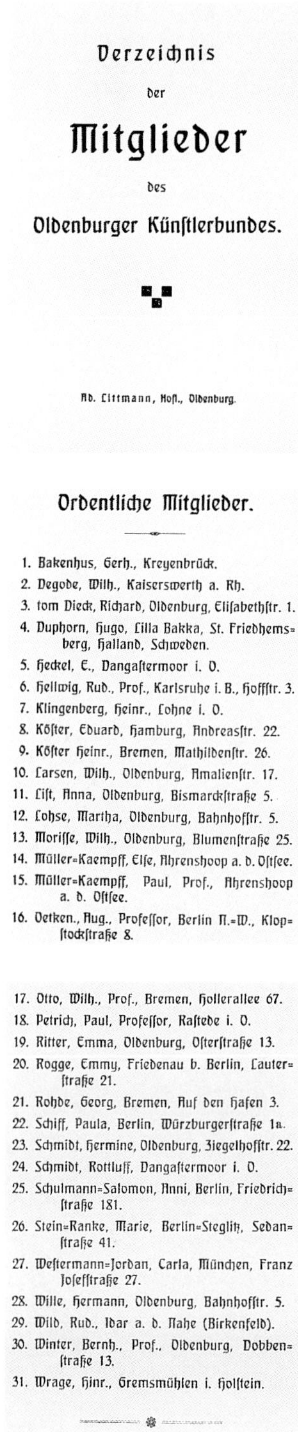

Verzeichnis
der
Mitglieder
des
Oldenburger Künstlerbundes.

Ad. Littmann, Hofl., Oldenburg.

Ordentliche Mitglieder.

1. Bakenhus, Gerh., Kreyenbrück.
2. Degode, Wilh., Kaiserswerth a. Rh.
3. tom Dieck, Richard, Oldenburg, Elisabethstr. 1.
4. Duphorn, Hugo, Lilla Bakka, St. Friedhemsberg, Halland, Schweden.
5. Heckel, E., Dangastermoor i. O.
6. Hellwig, Rud., Prof., Karlsruhe i. B., Hoffstr. 3.
7. Klingenberg, Heinr., Lohne i. O.
8. Köster, Eduard, Hamburg, Andreasstr. 22.
9. Köster Heinr., Bremen, Mathildenstr. 26.
10. Larsen, Wilh., Oldenburg, Amalienstr. 17.
11. List, Anna, Oldenburg, Bismarckstraße 5.
12. Lohse, Martha, Oldenburg, Bahnhofstr. 5.
13. Morisse, Wilh., Oldenburg, Blumenstraße 25.
14. Müller-Kaempff, Else, Ahrenshoop a. d. Ostsee.
15. Müller-Kaempff, Paul, Prof., Ahrenshoop a. d. Ostsee.
16. Oetken., Aug., Professor, Berlin N.-W., Klopstockstraße 8.
17. Otto, Wilh., Prof., Bremen, Hollerallee 67.
18. Petrich, Paul, Professor, Rastede i. O.
19. Ritter, Emma, Oldenburg, Osterstraße 13.
20. Rogge, Emmy, Friedenau b. Berlin, Lauterstraße 21.
21. Rohde, Georg, Bremen, Auf den Hafen 3.
22. Schiff, Paula, Berlin, Würzburgerstraße 1a.
23. Schmidt, Hermine, Oldenburg, Ziegelhofstr. 22.
24. Schmidt, Rottluff, Dangastermoor i. O.
25. Schulmann-Salomon, Anni, Berlin, Friedrichstraße 181.
26. Stein-Ranke, Marie, Berlin-Steglitz, Sedanstraße 41.
27. Westermann-Jordan, Carla, München, Franz Josefstraße 27.
28. Wille, Hermann, Oldenburg, Bahnhofstr. 5.
29. Wild, Rud., Idar a. d. Nahe (Birkenfeld).
30. Winter, Bernh., Prof., Oldenburg, Dobbenstraße 13.
31. Wrage, Hinr., Gremsmühlen i. Holstein.

Erstes Verzeichnis der Mitglieder des Oldenburger Künstlerbundes von 1908, gedruckt bei Adolf Littmann in Oldenburg in der Behrensschrift, die ebenso beim Katalog der Heckel-Schmidt-Rottluff-Ausstellung im Augusteum 1908 Verwendung fand. Von den genannten 31 Mitgliedern gehörten die meisten auch der Vereinigung nordwestdeutscher Künstler an.

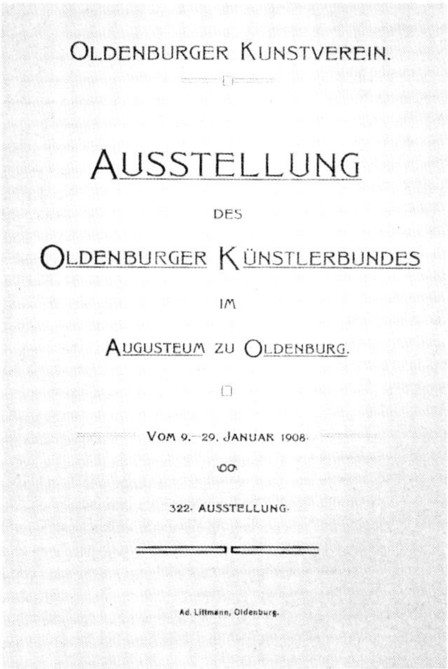
OLDENBURGER KUNSTVEREIN.

AUSSTELLUNG

DES

OLDENBURGER KÜNSTLERBUNDES

IM

AUGUSTEUM ZU OLDENBURG.

VOM 9.–29. JANUAR 1908.

322. AUSSTELLUNG.

Ad. Littmann, Oldenburg.

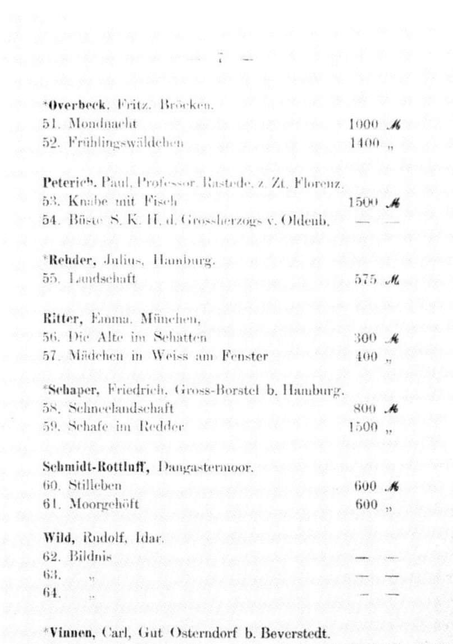
— 7 —

***Overbeck**, Fritz, Bröcken.		
51. Mondnacht	1000	ℳ
52. Frühlingswäldchen	1400	„
Peterich, Paul, Professor, Rastede, z. Zt. Florenz.		
53. Knabe mit Fisch	1500	ℳ
54. Büste S. K. H. d. Grossherzogs v. Oldenb.	—	—
***Rehder**, Julius, Hamburg.		
55. Landschaft	575	ℳ
Ritter, Emma, München,		
56. Die Alte im Schatten	300	ℳ
57. Mädchen in Weiss am Fenster	400	„
***Schaper**, Friedrich, Gross-Borstel b. Hamburg.		
58. Schneelandschaft	800	ℳ
59. Schafe im Redder	1500	„
Schmidt-Rottluff, Dangastermoor.		
60. Stilleben	600	ℳ
61. Moorgehöft	600	„
Wild, Rudolf, Idar.		
62. Bildnis	—	—
63. „	—	—
64. „	—	—
***Vinnen**, Carl, Gut Osterndorf b. Beverstedt.		
65. Erster Frühlingstag	3000	ℳ

Katalog der Ausstellung des Oldenburger Künstlerbundes 1908 im Oldenburger Kunstverein.
Die erste größere Ausstellung des Künstlerbundes fand als 322. Kunstvereins-Ausstellung im Augusteum statt, da der Bund über keine eigenen Räumlichkeiten verfügte. Hierzu waren zusätzlich Maler des Worpsweder Umkreises eingeladen worden, darunter Carl Vinnen (1863–1922), dessen „Protest deutscher Künstler" 1911 in Deutschland heftige Auseinandersetzungen um die moderne Kunst auslöste.

einen Zeitabstand von zwei Jahren voneinander getrennt waren und der Altersunterschied ihrer Urheber nur 13 Jahre betrug. Hier prallten diametral entgegengesetzte Auffassungen eines Nachzüglers des 19. und eines Vorreiters der Kunst des 20. Jahrhunderts so unvermittelt aufeinander, daß es fast an ein Wunder grenzt, wenn der Chefredakteur der Oldenburger Nachrichten, Wilhelm von Busch, der sich 1933 von Bernhard Winter porträtieren ließ (Abb. S. 26) , in den Bildern des Jüngeren „Mark, Persönlichkeit, Begeisterung und Selbstvertrauen " erkennt und den Dangaster Malerfreunden in seiner Ausstellungsbesprechung vom 18. Januar 1908 zuruft: „Wir begrüßen diese jungen Stürmer als eine willkommene Ergänzung unserer heimischen Künstlerfamilie". Die Ausstellung wurde zu einem unerwarteten Publikumserfolg, wobei indessen auch das Erscheinen der von den Herren des Vorstandes empfangenen Großherzogin seinen Teil dazu beigetragen haben mag.
Auch in der folgenden, mit dem Titel „Schwarz-Weiß-Kunst" versehenen Ausstellung des Oldenburger Kunstvereins, die vom 22. Februar bis zum 15. März 1908 stattfand, war Schmidt-Rottluff vertreten. Für eine internationale Beteiligung ausgeschrieben, enthielt sie mit Vorrang Druckgraphik mit zusätzlichen Zeichnungen und Aquarellen, insbesondere von französischen, holländischen und englischen Künstlern. Unter den deutschen Malern war Max Liebermann mit über 50 Blättern am stärksten präsent – die Einsendungen seines späteren Antipoden Emil Nolde waren zurückgewiesen worden – während sich unter weiteren deutschen Künstlern wie Fritz Boehle und Philipp Franck auch die damals in Berlin tätige, wegen ihrer subtilen Bildnisradierungen geschätzte Oldenburgerin Marie Stein-Ranke befand. Von Heckel und Schmidt-Rottluff wurden mehrere in Dangast entstandene Lithographien gezeigt, von letzterem auch farbige Blätter, die wahrscheinlich schon früher gemalt wurden. Eine auf fünf Fortsetzungen verteilte, außerordentlich engagierte Besprechung dieser Ausstellung in den Oldenburger Nachrichten stammte diesmal nicht aus der Feder Wilhelm von Busch's, sondern war einem seine Identität nicht preisgebenden, mit „E-f" unterzeichnenden Rezensenten überlassen worden. Hinter diesen Buchstaben verbirgt sich der angehende Jurist Ernst Beyersdorff (1885–1952), der sich hier erstmalig über die Kunst der Brücke-Maler äußert, sie „eine befreiende Erscheinung in unserem Oldenburger Kunstleben" nennt und prophetisch hinzufügt: „Den beiden fehlt nichts als ein klangvoller Name. Hätten sie den, ich bin überzeugt, man würde sich um ihre Sachen reißen".[38] Nachdem Beyersdorff diese Besprechung an Schmidt-Rottluff gesandt und damit die Initiative zu einer persönlichen Bekanntschaft ergriffen hatte, erhielt er von diesem am 8. Juni 1908 die Antwort: „Als mir Ihre Besprechung in die Hände kam, war mir das eine erneute Bestätigung einer alten Erfahrung. Am raschesten wird man von denen verstanden, die der eignen Generation angehören, es ist derselbe Zug, dieselbe Welt der Vorstellungen".[39] Damit war der Grundstein für eine intensive Korrespondenz und herzliche Freundschaft gelegt, die sich in den kommenden drei Jahrzehnten bewähren und als der eigentliche Angelpunkt in den Beziehungen Schmidt-Rottluffs zu Oldenburg und seinem Kunstleben erweisen sollte. Ihre erste Bewährung bestand sie schon anläßlich der im Herbst des gleichen Jahres mit Arbeiten Heckels und Schmidt-Rottluffs im Oldenburger Augusteum veranstalteten Sonderausstellung, die bisher noch nicht eingehender untersucht wurde, obwohl sie unter den Veranstaltungen der frühen Brücke-Jahre einen besonderen Stellenwert besitzt.

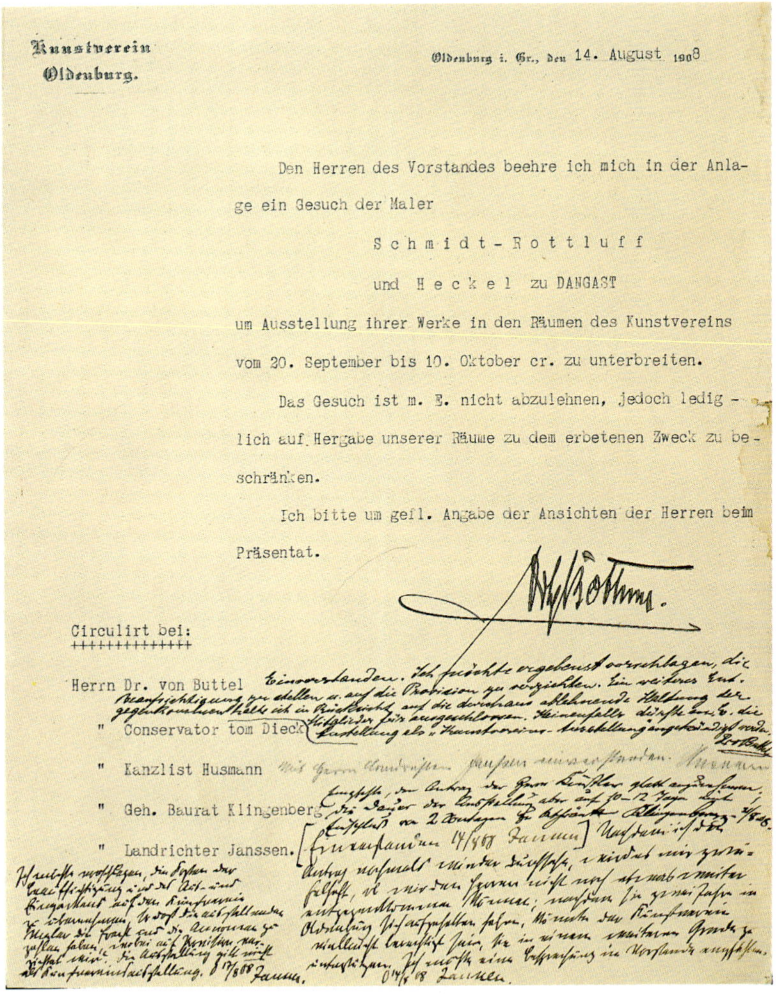

Kunstverein Oldenburg.

Oldenburg i. Gr., den 14. August 1908

Den Herren des Vorstandes beehre ich mich in der Anlage ein Gesuch der Maler

S c h m i d t - R o t t l u f f

und H e c k e l zu DANGAST

um Ausstellung ihrer Werke in den Räumen des Kunstvereins vom 20. September bis 10. Oktober cr. zu unterbreiten.

Das Gesuch ist m. E. nicht abzulehnen, jedoch ledig - lich auf Hergabe unserer Räume zu dem erbetenen Zweck zu beschränken.

Ich bitte um gefl. Angabe der Ansichten der Herren beim Präsentat.

Bothmer.

Circulirt bei:

Herrn Dr. von Buttel

" Conservator tom Dieck

" Kanzlist Husmann

" Geh. Baurat Klingenberg

" Landrichter Janssen.

Circular des Vorstandes des Oldenburger Kunstvereins vom 14.8.1908 nach Eingang des Antrages von Schmidt-Rottluff und Heckel auf Genehmigung einer Ausstellung im Augusteum (Archiv Oldenburger Kunstverein)

In einem undatierten, wahrscheinlich Anfang August 1908 von Schmidt-Rottluff in Dangastermoor verfaßten, von Heckel mit unterschriebenen und unpersönlich an den Vorstand des Oldenburger Kunstvereins gerichteten Brief heißt es: „Nachdem wir seit zwei Jahren unseren Aufenthalt im Oldenburger Lande genommen haben und gedenken weiter hier zu bleiben, haben wir den Wunsch, unsre hier entstandenen Arbeiten dem Oldenburger Publikum in einem geschlossenen Ganzen vorzuführen". Darauf folgt die Bitte um Überlassung der Ausstellungsräume des Kunstvereins im Augusteum für die Zeit vom 20. September bis 10. Oktober 1908 und um Übernahme der Kosten für einmalige Fracht des Ausstellungsgutes und die Beaufsichtigung, die durch eine Verkaufsprovision von 10 % und die eigene Hängung kompensiert werden sollen. Sie führte zur Ausfertigung eines Rundschreibens an die weiteren Vorstandsmitglieder durch den seit März dieses Jahres amtierenden ersten Vorsitzenden des Oldenburger Kunstvereins, Ober-Hofmarschall Freiherr von Bothmer, das mit den darauf enthaltenen Reaktionen als aufschlußreiches Dokument für das Kunstverständnis in einer abgelegenen deutschen Residenz während der Jahre vor dem Ersten Weltkrieg gelten kann (Abb. S. 34). Bothmer selbst empfiehlt zwar eine positive Reaktion des Kunstvereins, die indessen auf die bloße Hergabe der Räume beschränkt bleiben sollte, während die übrigen Mitglieder des Vorstandes

Dauerkarte zum Besuch der Heckel – Schmidt-Rottluff-Ausstellung im Oldenburger Augusteum 1908. Druck Adolf Littmann, Oldenburg in der Behrensschrift (Originalgröße).

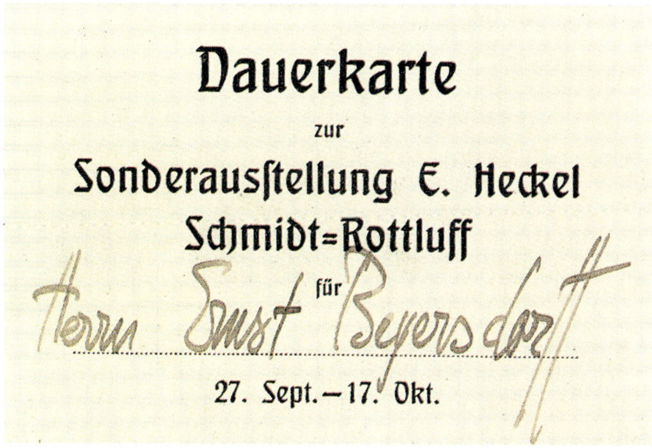
Dauerkarte
zur
Sonderausstellung E. Heckel
Schmidt-Rottluff
für
Herrn Ernst Beyersdorff
27. Sept. – 17. Okt.

vorsichtig zu einigen weiteren Zugeständnissen raten. Einigkeit besteht jedoch darüber, daß diese Ausstellung keinesfalls als Kunstvereins-Ausstellung gelten dürfe. Somit ergeht schließlich am 13. September – nur eine Woche vor dem beantragten Ausstellungsbeginn – „an die Herren Kunstmaler Schmidt-Rottluff und Heckel in Dangastermoor“ folgender Bescheid: „Antwortlich Ihres Gesuchs vom August d.J. beehrt sich der Kunstverein ergebenst mitzuteilen, daß derselbe zu der von Ihnen beabsichtigten Ausstellung bereit ist, seine Ausstellungsräume herzugeben, die Beaufsichtigung der Ausstellung zu den für dort üblichen Stunden, sowie das Ein- und Auspacken der Gemälde etc. zu übernehmen. Dagegen wird bedauert, Frachtfreiheit nicht gewähren zu können, wogegen aber auch auf Eintrittsgelder und Provision bei ev. Verkäufen diesseits verzichtet wird. – Oldenburger Kunstverein, Ober-Kammerherr Frh. von Bothmer, Vorsitzender“.
Auf diese Nachricht reagierten die Maler mit der nachgeschobenen Frage, ob ein auch grundsätzlich für sinnvoll gehaltenes Eintrittsgeld nicht von ihnen selbst erhoben und zur Deckung der anstehenden Kosten verwendet werden könne. Diesem Begehren scheint der Kunstverein nachgegeben zu haben, wobei gleichzeitig auch einer, infolge der fortgeschrittenen Zeit notwendigen Verschiebung des Ausstellungstermins zugestimmt wurde, der nunmehr für die Zeit vom 27. September bis zum 17. Oktober galt. Der vor der üblichen Oldenburger Ausstellungssaison liegende, allerdings in die Zeit des beliebten Kramermarktes fallende Termin und die technischen Modalitäten dürften vorher mit Richard tom Dieck abgestimmt worden sein, da sich nach der Ausstellung jeder der Maler mit der Widmung einer graphischen Arbeit bei ihm bedankte (Abb. 39). Am 25. und 26. September 1908 brachten beide – sich damals heftig befehdenden – Oldenburger Zeitungen ausführliche und ungewöhnlich wohlwollende Ankündigungen der Ausstellung, für welche die Künstler offensichtlich nicht mehr vorhandene Einzeleinladungen zu einer Vorbesichtigung versandt hatten. Diese fand am Sonnabend, dem 26. September um die Mittagszeit statt, wobei die Maler ihre Gäste selbst durch die Ausstellung führten und die Bilder erläuterten. In der Oldenburger Druckerei Adolf Littmann hatten sie neben dem – das Format der Kunstvereinskataloge deutlich übersteigenden – achtseitigen Katalog eigens auch Dauerkarten für den Besuch ihrer Ausstellung anfertigen lassen, beide in der Behrens-Schrift, die seit der Nordwestdeutschen Kunstausstellung von 1905 in mehreren Oldenburger Druckereien eingeführt war (Abb. S. 35). Der

Katalog, von dem sich nur noch wenige Exemplare erhielten und der hier deshalb vollständig abgedruckt wird, zeigt auf dem Titel in größerer Schrift das Wort „Augusteum", dem allerdings keine Ortsangabe hinzugefügt wird. Der Begriff „Sonderausstellung" und die Künstlernamen mit den dazugehörenden Wohnorten sind in einem vierzeiligen Block darunter zusammengefaßt, wobei Erich Heckel – wohl aus typographischen Gründen – zuerst genannt wird. Nach unten verwiesen ist das wiederum kleinere Ausstellungsdatum, bei dem die Monatsnamen abgekürzt werden und auf die Jahreszahl ganz verzichtet wird.
Einige Wochen zuvor hatte Heckel in der Druckerei Littmann bereits das in Dangast geschaffene Holzschnittplakat für die Brücke-Ausstellung in der Dresdener Galerie Richter drucken lassen (Abb. S. 41), von dem er am 28. August 1908 einen Abzug mit der Bemerkung an Gustav Schiefler sandte: „Wir haben etwas über 200 Exemplare für den Plakatsäulenanschlag drucken lassen und der Stock hat den Druck sehr gut ausgehalten, er hätte wohl noch sehr viel mehr Abzüge gegeben". Ein Jahr später schnitt Heckel dann auf der Rückseite des heute im Oldenburger Landesmuseum befindlichen Stockes das Plakat für die Kunsthandlung Oncken im Oldenburger Lappan (Abb. S. 56). Auch dieses wurde bei Littmann gedruckt, ebenso wie das Plakat Pechsteins mit den vier Brücke-Malern für die Dresdener Brücke-Ausstellung von 1909 (Abb. S. 45).
Der Ausstellungskatalog nennt insgesamt 83 Arbeiten, davon 23 Ölbilder, 18 Aquarelle und Zeichnungen sowie 42 graphische Blätter, wobei 49 Titel von Schmidt-Rottluff und 44 von Erich Heckel stammen. So umfangreiche Kollektionen waren in den bisherigen, in der Regel sämtliche Mitglieder und oft auch noch Gäste umfassenden Brücke-Ausstellungen verständlicherweise kaum unterzubringen. Da ein finanzieller Erfolg indessen völlig ausblieb, diente die engagierte Unternehmung den beiden Malern vor allem als Standortbestimmung und früher Rechenschaftsbericht. Die in dem Antrag an den Kunstverein zum Ausdruck gebrachte Absicht, „die hier entstandenen Arbeiten vorzuführen", wurde von Schmidt-Rottluff allerdings nur partiell realisiert. Von seinen elf Gemälden lassen sich nur die Nummern 3–10 als diesjährige Dangaster Arbeiten identifizieren, da der als Nr. 2 genannte kauernde Akt schon 1905 entstand und die an erster Stelle verzeichneten Obstbäume wahrscheinlich dem Jahr 1906 entstammen. Diesem sind – bis auf die ersten zwei – auch sämtliche aufgeführten Zeichnungen zu verdanken, von denen mehrere durch ihre Titel direkt auf Schmidt-Rottluffs Alsen-Aufenthalt bei Emil Nolde bezogen werden können. Bei den elf ausgestellten Lithographien unterscheidet die sonst unverständliche Trennung in zwei separate Blöcke möglicherweise zwischen den in Dangast (32–39) und den anderswo entstandenen Blättern (24–26), wobei von den ersteren mit Sicherheit vier bei Lambrecht in Oldenburg gedruckt wurden. Nicht mehr zu bestimmen sind die in den Katalog aufgenommenen fünf Radierungen, da bei ihnen nur Nummern angegeben werden. Aufschlußreich ist jedoch, daß hier die höchste Zahl bis elf reicht, während im Werkverzeichnis von Rosa Schapire bis zum Jahr 1908 nur insgesamt zehn Arbeiten angegeben werden. Die Frage, weshalb Schmidt-Rottluff seiner Kollektion auch ältere Arbeiten hinzufügte, läßt sich nicht ohne weiteres klären. Möglich, daß er Rücksicht auf noch nicht entwickelte Sehgewohnheiten der Ausstellungsbesucher nehmen wollte, denkbar aber auch, daß er infolge Beschickung der kurz davor stattgefundenen Brükke-Ausstellung bei Richter in Dresden nicht mehr über genügend Oldenburger Arbeiten verfügte und Ergänzungen vornehmen mußte.

Katalog der Heckel – Schmidt-Rottluff-Ausstellung von 1908 im Oldenburger Augusteum. Druck Adolf Littmann, Oldenburg in Behrensschrift, 8 Seiten 22 x 14 cm.
Der Katalog, von dem sich nur noch vereinzelte Exemplare erhielten und dessen Auflage unbekannt ist, wurde von den Künstlern selbst in Auftrag gegeben und finanziert.

Augusteum

Sonderausstellung
E. Heckel-Dangast
Schmidt - Rottluff -
· Dangastermoor ·

27. Sept. – 17. Okt.

Schmidt-Rottluff.

Ölgemälde.

1.	Obstbäume	600 Mk.
2.	Kauernder Akt	600 „
3.	Bunter Mohn	300 „
4.	Am Bahnhof	900 „
5.	Töpfe	200 „
6.	Mittag im Moor	600 „
7.	Bänke im Garten	400 „
8.	Die gelbe Öljacke	700 „
9.	Geschlichteter Torf	70o „
10.	Blauer Blumenbusch	300 „
11.	Einsames Haus	500 „

Aquarelle.

12.	Zwei Äpfel	200 Mk.
13.	Birken	120 „

Zeichnungen.

14.	Blick hinter die Häuser	150 Mk.
15.	Lesender Mann	200 „
16.	Haus aus dem Norden	150 Mk.
17.	Blühender Morgen	200 „
18.	Nordisches Dorf	150 „
19.	Lichter Vormittag am Strand	120 „
20.	Felder	100 „
21.	Stimmung des Vormittags	120 „
22.	Ostseestimmung	80 „
23.	Alsener Dorf	100 „

Lithographien.

24.	Bubenbildnis	20 Mk.
25.	Mann mit Pfeife	20 „
26.	Frauengesicht	20 „

Radierungen.

27.	Rad. 3	20 Mk.
28.	Rad. 11	20 „
29.	Rad. 9	20 „
30.	Rad. 8	20 „
31.	Rad. 6	20 „

Lithographien.

32.	Mönch	20 Mk.
33.	Junger Bauer	20 „
34.	Fischerdorf	20 Mk.
35.	Landschaft in Dangast	20 „
36.	Strohfeimen	20 „
37.	Hafen bei Ebbe	20 „
38.	Bildnis	20 „
39.	Bauernfrau	20 „

E. Heckel.

Ölbilder.

40.	Watt bei Ebbe	400 Mk.
41.	Mittag in der Marsch	300 „
42.	Landschaft im Herbst	300 „
43.	Blühende Kressen	300 „
44.	Junge Bäume	300 „
45.	Roter Mohn	250 „
46.	Füße in Holzschuhen	200 „
47.	Zwölfjähriger Junge	300 „
48.	Blühender Ginster	300 „
49.	Stilleben: Strandvogel	300 „
50.	Lupinen in Vasen	300 „
51.	Gelbes Segel	400 „

Aquarelle.

52.	Bierflaschen	60 Mk.
53.	Fischerjunge	60 „
54.	Weg zum Moor	60 „
55.	Kressen und Georginen	60 „
56.	Schiffe im Watt	60 „
57.	Fischer	60 „

Lithographien.

58.	Frau in einer Gasse	25 Mk.
59.	Fischerkopf	25 „
60.	Jan Blank	25 „
61.	Haus im Moor	25 „
62.	Mädchen	25 „
63.	Weiblicher Kopf	25 „

Radierungen.

64.	Sich beißende Pferde	15 Mk.
65.	Liegendes Pferd	15 „
66.	Fischerkopf	15 „
67.	Mühle in Dangast	15 „
68.	Stürmischer Tag	15 „
69.	Weide	15 „
70.	Boote bei Ebbe	15 „
71.	Boote mit Granatkörben	15 „
72.	Snakende Fischer	15 „
73.	Weidendes Pferd	15 „

Holzschnitte.

74.	Fischerkopf	20 Mk.
75.	Der alte Harm	20 „
76.	Der Alte	20 „
77.	Kopf des Geigers	20 „
78.	Wintertag	20 Mk.
79.	Hedi	20 „
80.	Der Träumer	20 „
81.	Bauernhaus	20 „
82.	Der Richter	20 „
83.	Weibliches Gesicht	20 „

Die ersten Besprechungen der Augusteums-Ausstellung erschienen in den beiden führenden Oldenburger Zeitungen bereits am 27. September 1908, dem ersten offiziellen Ausstellungstag. Seltsam genug, stimmten sie nicht nur in der Ausführlichkeit, sondern auch in dem offensichtlich ernsthaften Bemühen überein, dieser, alle bisherigen Seherfahrungen in Frage stellenden Kunst, Gerechtigkeit widerfahren zu lassen und das weitgehend konservativ eingestellte Publikum an sie heranzuführen. Der sonst nicht näher bekannt gewordene Verfasser der in der Nordwestdeutschen Morgenzeitung erschienenen Besprechung, Dr. Richard Mamroth, gab seinen Ausführungen sogar die positiv gemeinte Überschrift „Heimatkunst". Er versuchte zu erläutern, daß diese Malerei zwar jeder Tradition spotten würde, jedoch aus einer echten Naturverbundenheit entstanden und selbst Natur geworden sei. Am Ende wagte er gar die prophetische Prognose: „Wir freuen uns des Tags, da Oldenburg auf sie wird stolz sein dürfen".[40] Ganz so weit wagte sich Wilhelm von Busch in den Oldenburger Nachrichten nicht vor, obwohl er der Ausstellung sogar zwei nacheinander erschienene Besprechungen widmete und wenige Tage vor ihrer Beendigung auch noch Ernst Beyersdorff die Möglichkeit zu zwei weiteren ausführlichen Berichten gab. Wilhelm von Busch, im Verzeichnis der fördernden Mitglieder des Oldenburger Künstlerbundes an erster Stelle genannt und über die Dangaster Maler und ihre Herkunft inzwischen besser informiert, sah die Starkfarbigkeit ihrer Bilder zunächst in der Natur des gewählten Standortes vorgegeben, ehe er ihnen den Empfehlungsbrief ausstellte: „Man mag ihre Bilder seltsam oder unleidlich finden, man mag sich ablehnend zu ihren Grundsätzen stellen, aber man muß sie als redliche Schönheitssucher ernst nehmen und versuchen, mit ihren Augen zu schauen".[41] Damit hatte er auch den Boden für die von Schmidt-Rottluff direkt erbetene Ausstellungsbesprechung Ernst Beyersdorffs bereitet, die erst wenige Tage vor Ausstellungsschluß unter einem Pseudonym erschien. Sie konnte bereits 1957 im Katalog der Oldenburger Dangast-Ausstellung abgedruckt werden und ist seither als eine der wenigen positiven Kritiken aus der Frühzeit der Brücke häufig zitiert worden, wenn von der Wirkungsgeschichte der Brücke die Rede war. Daher braucht auf diese mit Enthusiasmus, sprachlicher Eloquenz und kunsthistorischem Wissen geschriebene Abhandlung eines kunstbegeisterten Juristen hier nicht erneut näher eingegangen zu werden.[42] Festzuhalten wäre jedoch, daß ihre kritischen Passagen mitunter über diejenigen seiner publizistischen Vorgänger hinausgehen und daß auch er damals noch das Verhältnis des Künstlers zur Natur als den entscheidenden Punkt ansieht, wenn er seine Charakterisierung beider Maler und ihrer Werke mit dem beschwörenden Satz beschließt: „Ein Beweis für ihre innere Gesundheit ist ihr enger Zusammenhang mit der Natur, den kein Künstler aufgeben darf, ohne in den leeren Träumereien einer reinen Phantasiekunst zu versinken". Zu negativen Reaktionen führten indessen seine Anmerkungen zur lokalen Kunstsituation, vor allem dort, wo er schrieb, daß sich Oldenburgs künstlerische Produktion bisher nur auf zahmen, ausgetretenen Bahnen bewegt habe und der Losung des Tages völlig fern stünde. Damit löste er am 16. Oktober unter anderem auch eine Leserzuschrift des von Schmidt-Rottluff respektierten Malers Gerhard Bakenhus aus, der sich solche „Rempeleien" verbat.[43] Ihr folgte jedoch schon zwei Tage später eine anonyme weitere Stimme aus dem Leserpublikum, die um die Vorgeschichte der Ausstellung wußte und unter anderem so auf sie einging: „Ich glaube, daß der Kunstverein es wohl noch einmal bereuen wird, die Ausstellung nicht (selbst) arrangiert

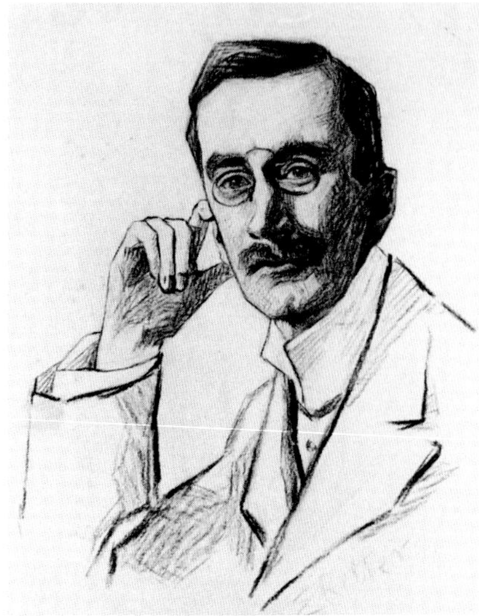

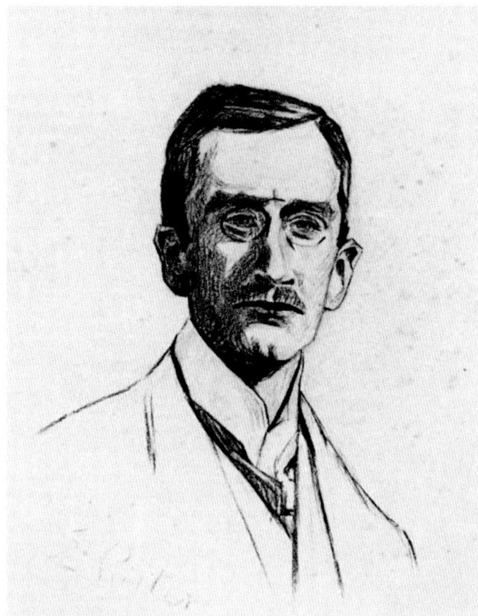

Emma Ritter: Zwei Porträts des Oldenburger Sammlers Theodor Francksen (1875–1914), Kohlezeichnungen um 1910, je 48 x 57,5 cm, Oldenburger Stadtmuseum.
Francksen hatte Emma Ritter 1909 auf Schmidt-Rottluff in Dangast hingewiesen und mehrere seiner graphischen Arbeiten erworben.

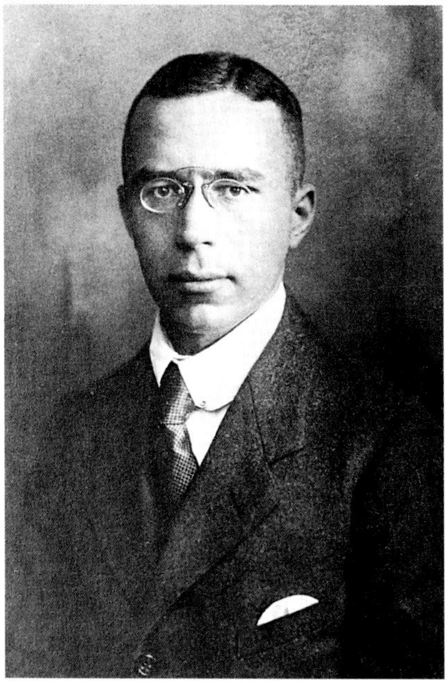

Ernst Beyersdorff (1885–1952), um 1911.
Der Oldenburger Jurist war seit 1908 mit Schmidt-Rottluff befreundet, für dessen Kunst er sich vehement einsetzte. Die passive Brücke-Mitgliedschaft erwarb er spätestens 1909 und begründete 1922 die Oldenburger Vereinigung für junge Kunst, deren erste Ausstellung den Dangaster Malern Schmidt-Rottluff, Heckel und Radziwill gewidmet wurde. Der erhaltene Teil seines Kunstbesitzes, darunter sämtliche Brücke-Mappen, gelangte 1984 als Vermächtnis an das Oldenburger Landesmuseum (Fotoarchiv Oldenburger Landesmuseum)

zu haben, denn das steht fest: die beiden Maler werden eine große Zukunft haben und wenn es dann heißt, der Oldenburger Kunstverein war derjenige, der die Werke dieser Künstler zuerst dem Publikum zugänglich machte, wäre das meiner Ansicht nach eine sehr ehrenvolle Sache".[44] Die Zuschrift erschien erst am letzten Tag der dreiwöchigen Ausstellung, auf welcher nach späteren mündlichen Angaben Schmidt-Rottluffs und Heckels nichts verkauft wurde. Zwar gelang es Schmidt-Rottluff, dem Oldenburger Sammler Theodor Francksen (Abb. S. 38) nach vorheriger Absprache sechs Gemälde aus der Ausstellung übersenden zu lassen, von denen jedoch keines erworben wurde. Der wohlhabende, durch eine Erkrankung gezeichnete Kunstliebhaber Francksen war damals Oldenburgs einziger Sammler von Bedeutung, der in das breite Spektrum seiner Interessen auch die gegenwärtige Malerei und vor allem die Graphik mit einbezog. Wie eine erhaltene Rechnung der Oldenburger Kunsthandlung Oncken vom 24. November 1908 beweist, in der sechs von Heckel und drei von Schmidt-Rottluff geschaffene graphische Blätter genannt werden, verhielt er sich der Kunst der jungen Maler gegenüber zwar aufgeschlossen, doch waren der Erwerbung solcher Bilder, in denen Schmidt-Rottluff schon vor 1912 von der Farbe her zur stärksten Abstraktion gelangte, gleichsam natürliche Grenzen gesetzt. Dennoch blieb die Verbindung des Künstlers mit diesem noblen Kunstfreund, der ihm 1909 Emma Ritter zuführte, bis zu dessen frühem Tod im Jahre 1914 erhalten. Aus seinem hinterlassenen Kunstbesitz entstand das Oldenburger Stadtmuseum. Jene sechs Gemälde, die Schmidt-Rottluff ihm nach der Augusteums-Ausstellung zur Ansicht überlassen hatte, erbat der Künstler nach dem Ausbleiben einer Reaktion am 5.12.1908 wieder zurück, um einer negativen Entscheidung zuvorzukommen.

Schon kurz davor hatte er allerdings in Hamburg durch Vermittlung von Luise Schiefler erstmalig zwei Dangaster Gemälde verkaufen können, mit denen sein Einzug in die, für seine Durchsetzung wesentlichen, Privatsammlungen der Hansestadt eröffnet wird. Es handelt sich um zwei Landschaften von 1907 (Abb. 2 und 3), die in der Augusteums-Ausstellung deshalb nicht zu sehen waren, weil sie vorübergehend bei Gustav Schiefler und seiner Frau deponiert wurden. Bertha Rohlsen, die Käuferin beider Gemälde, hatte auf Veranlassung von Rosa Schapire von Schmidt-Rottluff bereits im September 1908 die letzte Brücke-Mappe zugesandt erhalten und daraufhin die Passive Mitgliedschaft erworben. – Die begüterte Witwe eines Hamburger Großkaufmanns war eine Schwester des Rechtsanwalts Paul Rauert, der gemeinsam mit seiner Frau zur gleichen Zeit ebenfalls Passives Brücke-Mitglied wurde. Das Ehepaar baute im Laufe der folgenden Jahre die umfassendste Schmidt-Rottluff-Sammlung in Hamburg auf und übernahm später auch diese beiden Gemälde aus dem ehemaligen Besitz von Bertha Rohlsen, in deren norwegischem Landhaus sich der Künstler im Sommer 1911 aufhielt (Abb. S. 69). Seine an die Sammlerin gerichteten Briefe und Karten konnten 1962 vom Oldenburger Landesmuseum erworben werden.[45]

1908 hatte Schmidt-Rottluff das Oldenburger Land noch vor Beendigung der Augusteums-Ausstellung verlassen und längere Station in Hamburg eingelegt. Am 15. Oktober erscheint sein Name im Gästebuch Gustav Schieflers, der Edvard Munch von den täglichen Besuchen des auch menschlich geschätzten Künstlers ausführlich berichtete.[46] Für die von Beyersdorff übersandten Besprechungen der Oldenburger Ausstellung bedankte er sich gemeinsam mit Erich Heckel am 27. Oktober

aus dem Atelier Max Pechsteins in Berlin, ehe er sich für die folgenden Wochen zu seinen Eltern nach Rottluff begab.
Damit neigte sich für ihn ein Jahr dem Ende zu, in dem er sowohl bestehende Verbindungen festigen, wie solche neu knüpfen konnte, die für seine weitere Entwicklung von großer Bedeutung waren. In Hamburg galten sie zunächst weiterhin Gustav Schiefler und seiner Frau, die dann von Rosa Schapire gleichsam abgelöst wurden. Durch sie konnten seiner kompromißlosen Kunst die meisten Freunde und Sammler hinzugewonnen werden, die hier schließlich auch zuerst in öffentlichen Besitz überführt wurde. In Dangast war Rosa Schapire im August 1908 erstmalig erschienen, um dann regelmäßig während der Anwesenheit des Künstlers zu längeren Aufenthalten dorthin zurückzukehren, wo auch die meisten ihrer frühen Bildnisse entstanden. In Oldenburg selbst war es die gleichzeitig begonnene Freundschaft mit Ernst Beyersdorff, die seine Bindungen an das Gastland verstärkte und seiner Kunst hier im Laufe der folgenden Jahrzehnte den Boden bereiten half.
Für das Entstehungsjahr 1908 können bisher nur fünf erhaltene Gemälde nachgewiesen werden, während weitere vier in schwarz-weißen Abbildungen vorliegen und etwa sieben bis acht lediglich durch ihre Titel bekannt sind. Sie entstanden allesamt in Dangastermoor und Dangast und lassen thematisch wie stilistisch divergierende Tendenzen erkennen, die das Suchen und Erproben neuer Ausdrucksmöglichkeiten belegen. Ausgesprochene Landschaften kommen dabei nur selten vor, da neben einem Innenraum auf den meisten von ihnen Baulichkeiten wiedergegeben sind und die Übergänge von der Landschaft zum Stilleben dominieren, bei denen es dem Maler auf die farbig verwandelbare Gegenständlichkeit ankommt. Hierzu gehören insbesondere mehrere verschollene, zum Teil jedoch durch vorhandene Beschreibungen faßbare Bilder wie „brennend rot gemalte Torfhaufen", senkrecht „an die rote Hauswand des Gasthofes Kracke gelehnte blaue Bänke", ein „in blauen Flammen züngelnder Blumenbusch" oder „ein toter Truthahn, in dessen Gefieder die ganze Palette leuchtet".[47] Von den drei für dieses Jahr benennbaren Porträts läßt sich nur die bis 1937 im Oldenburger Landesmuseum befindliche und Erich Heckel darstellende „Gelbe Öljacke" (Ab. 26) – von Beyersdorff als „Clou" der Augusteums-Ausstellung bezeichnet – in einem Schwarz-Weiß-Foto wiedergeben, während ein „Kind aus Dangast" ebenso verschollen ist, wie das Porträt des Landwirts Heinrich Gröning, der im Sommer mit seinem Kutschwagen die Badegäste von Varel und Dangastermoor nach Dangast beförderte und dabei regelmäßig in Schmidt-Rottluffs Domizil „Fürst Bismarck" Station machte. Doch ebenso wie die motivische, verblüfft auch die stilistische Spannweite dieses Jahres, in dem neben dem erregt gesteigerten Pinselstakkato von „Mittag im Moor" (Abb. 22) auch solche Bilder wie „Am Bahnhof" (Abb. 23) entstehen konnten, in denen die nicht minder leuchtenden Farben unversehens zu gerinnen und in größeren Feldern zusammenzufließen scheinen. Dadurch bestätigt sich, was Schmidt-Rottluff am Ende dieses zweiten Dangaster Sommers am 25.9.1908 an Luise Schiefler in Hamburg schrieb: „Meine malerischen Anschauungen haben sich dieses Jahr in einer Weise geändert und einen neuen Weg genommen, von dem ich selbst nicht weiß, wohin er eigentlich führen soll. Mit dieser Verwandlung war aber auch verbunden, daß ich wenig gemalt habe und das Wenige tastend und suchend".
In der graphischen Produktion lag das Schwergewicht auch 1908 bei der Lithographie, die in diesem Jahr mit einundzwanzig in das Werkver-

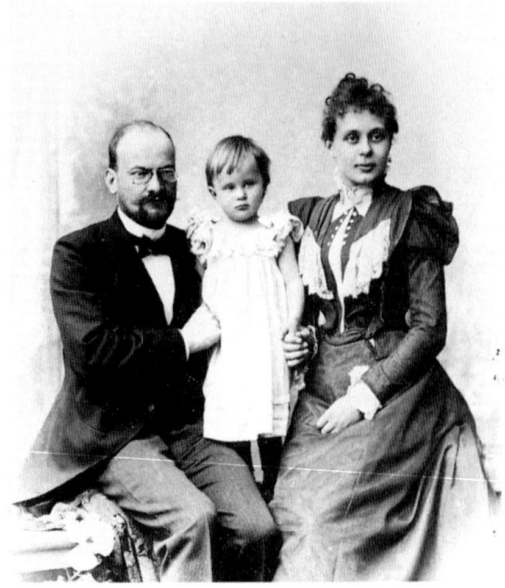

Das Hamburger Sammler-Ehepaar Martha und Paul Rauert (1863–1938) mit Tochter.
In der Sammlung Rauert befanden sich zuletzt etwa 20 Gemälde und zahlreiche weitere Arbeiten Schmidt-Rottluffs. Dieser schuf 1911 von Paul Rauert auch sein erstes Auftragsporträt, das sich jetzt mit weiteren Arbeiten aus dessen Besitz in der Hamburger Kunsthalle befindet.

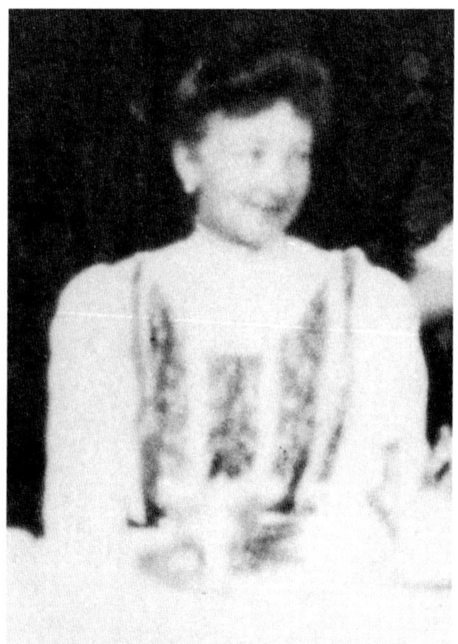

Bertha Rohlsen geb. Rauert (1852–1928) war die ältere Schwester des Sammlers Paul Rauert in Hamburg und Witwe des Kaufmanns und Konsuls Gustav Rohlsen. Sie erwarb 1908 zwei Dangaster Landschaften Schmidt-Rottluffs von 1907, die später von ihrem Bruder übernommen wurden. 1911 verbrachte der Maler vier Wochen in ihrem norwegischen Landhaus. Die an sie gerichteten Briefe Schmidt-Rottluffs im Besitz des Oldenburger Landesmuseums (Ausschnitt aus einer Fotografie um 1907 im Nachlaß)

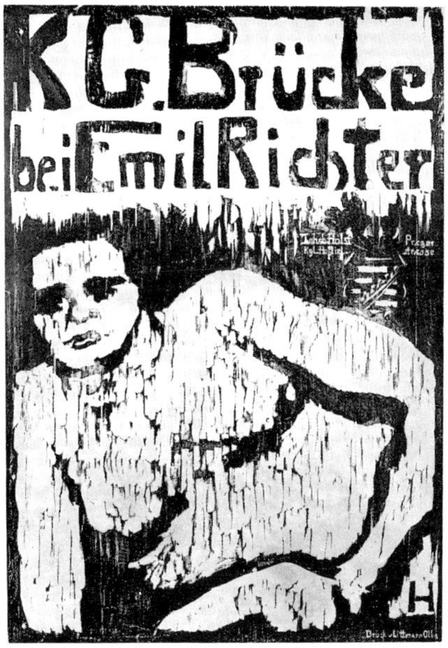

Erich Heckel: Plakat der Brücke-Ausstellung bei Richter in Dresden 1908, Holzschnitt (Weißtanne), 84 x 59,6 cm, Auflage lt. Brief Hekkels an Schiefler vom 28.8.1908 über 200 Exemplare. Druck Adolf Littmann, Oldenburg. Auf der Rückseite des im Oldenburger Landesmuseums befindlichen Holzstockes der Schnitt von Heckels Lappan-Plakat von 1909 (Abb. S. 41)

Max Pechstein: Porträt Schmidt-Rottluff, Federzeichnung auf einer Postkarte an Rosa Schapire, Poststempel Berlin-Halensee 11.3.1909, Brücke-Museum Berlin. Rückseitig Grüsse Pechsteins und Schmidt-Rottluffs. Von den gezeichneten Postkarten, die Rosa Schapire von den Brücke-Malern erhielt, ist dies die früheste.

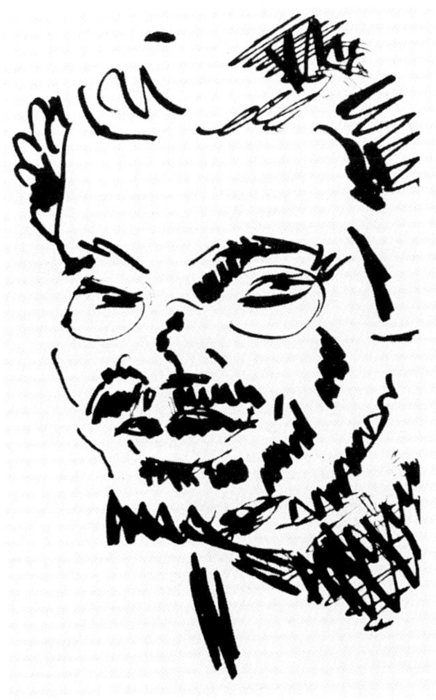

zeichnis aufgenommenen Blättern sogar ihren Höhepunkt erreichte. Allerdings lassen davon nur acht Oldenburger Motive erkennen, während die übrigen Blätter vorwiegend während der Winterwochen in Chemnitz geschaffen wurden. Bei den mit Oldenburg verbundenen Lithographien wird die für 1907 angegebene Steindruckerei Lambrecht allerdings nicht mehr genannt, weshalb dafür die Inanspruchnahme einer anderen Druckpresse in Varel oder Oldenburg angenommen werden kann. Die mittelalterliche Kirche von Varel mit ihrem wuchtigen Westwerk (Abb. 31) findet sich auf einer der eindrucksvollsten Lithographien dieses Jahres, in denen im übrigen eine stärkere Einbindung der Linien in die toniger gewordenen Flächen zu beobachten ist. – Mit insgesamt zehn für 1907 und 1908 im Werkverzeichnis aufgeführten Titeln spielt die Radierung zwar nur eine untergeordnete Rolle, doch existieren Hinweise auf eine umfangreichere Produktion. Auch bei den etwa zur Hälfte in Dangast radierten Arbeiten führt das Experimentieren mit der kalten Nadel – die dann erst wieder 1915 herangezogen wurde – zu unterschiedlichen, wenig Gemeinsamkeiten aufweisenden Ergebnissen. – 1908 datierte Zeichnungen von Schmidt-Rottluff ließen sich bisher ebensowenig nachweisen wie Aquarelle oder Holzschnitte mit diesem Datum. Sie sollten jedoch 1909 gegenüber allen anderen Gestaltungsmitteln die Priorität erringen.

Der künstlerische Ertrag des zweiten Dangaster Jahres von 1908 hatte sich gegenüber dem Vorjahr bei Schmidt-Rottluff nur unwesentlich erhöht, während Erich Heckel nach seinem Umzug von Dangastermoor an den Dangaster Strand mit etwa hundert anscheinend mühelos hervorgebrachten Arbeiten seine fruchtbarste Schaffensperiode erlebte. Hier zeigte sich deutlich, daß Schmidt-Rottluff bei der Auseinandersetzung mit unbekannten Gegebenheiten und der Verarbeitung neuer Eindrücke grundsätzlich eine längere Anlaufzeit benötigte, bevor er dann zu umso zwingenderen Resultaten gelangte.

1909 – Selektion und Konzentration in Dangast

Nachdem Schmidt-Rottluff den Jahreswechsel wiederum in seinem Elternhaus verbracht hatte, waren die ersten Monate des neuen Jahres durch mehrfachen Ortswechsel und mancherlei Kurzreisen geprägt, wie er Ernst Beyersdorff am 27. Januar 1909 aus Leipzig mitteilte. Ausdrücklich erwähnte er hierbei Berlin, Hamburg, Jena und Weimar, um gleichzeitig auf die bevorstehende Rückkehr nach Dresden in Verbindung mit der Herausgabe der Brücke-Mappe von 1909 zu verweisen. Die Jahresgabe für die in jüngster Zeit gewachsene Zahl der Passiven Brücke-Mitglieder war erstmals einem der Maler allein, und zwar Schmidt-Rottluff, gewidmet worden, der dazu drei graphische Blätter beisteuerte, während Kirchner den Mappentitel in Holz schnitt (Abb. S. 43). Diese bis zur Auflösung der Brücke im Jahre 1913 weitergeführten Jahrespublikationen waren vor allem Dokumente des gestiegenen Selbstbewußtseins der jungen Malerfreunde, die damals eine Erweiterung ihrer Gemeinschaft um international bereits bekannte Maler wie Munch, Matisse und van Dongen diskutierten. Die Gestaltung der Mappe von 1909 gehört darüber hinaus zu den wenigen Zeugnissen unmittelbaren Zusammenwirkens zweier Künstler, die sich auch selbst vorwiegend als gegensätzliche Naturen empfanden. Ihre befristete Gemeinschaft zwischen Januar und März 1909 wurde auch dadurch indirekt gefördert, daß Erich Heckel am 8. Februar zu seiner ersten Auslandsreise nach Italien aufgebrochen war, von welcher er erst vier Monate später zurückkehrte. Die sich daraus ergebende Notwendigkeit verbundenen Handelns führte unter anderem zu einer gemeinsamen Fahrt zu Pechstein nach Berlin mit dem Besuch der dortigen Matisse-Ausstellung, als auch zur Koordinierung der laufenden Brücke-Ausstellungen, der Versendung der von Kirchner neu geschnittenen Mitgliederverzeichnisse und schließlich zur Fertigstellung und Zustellung der jüngsten Brücke-Mappen. In dieser Periode könnte daher auch eine bisher nicht publizierte Porträtzeichnung Kirchners von Schmidt-Rottluff entstanden sein. (Abb. S. 44).

Mit der Gestaltung des Umschlages für die Brücke-Mappe 1909 hat Kirchner nicht nur Maßstäbe für alle folgenden Titel gesetzt, sondern auch eine Deutung des Dargestellten vorgenommen, die sich dem Betrachter allerdings erst im Vergleich mit den folgenden Mappenumschlägen ganz erschließt.[48] So scheint es kein Zufall zu sein, daß der Name der Künstlergemeinschaft Brücke und derjenige des Künstlers hier am weitesten voreinander entfernt sind und daß später kein anderer der Gefährten mehr im Porträt wiedergegeben wird. Kirchner hat den Kopf Schmidt-Rottluffs jedoch nicht in die Mitte sondern an den überschneidenden rechten Bildrand gesetzt, über den er ihn, vom Betrachter abgewandt, gleichsam hinaussehen läßt. Vorausschauend verleiht er ihm dabei die Form der alles Physiognomische auf die Grundstrukturen reduzierenden

E. L. Kirchner: Titel der Schmidt-Rottluff gewidmeten Brücke-Mappe 1909 (Dube H 706), Holzschnitt in Rot-Orange, 39,8 x 30,1 cm, monogrammiert unten rechts.
Diese erste, auf einen Künstler allein bezogene Mappe enthielt zwei Lithographien und eine Radierung Schmidt-Rottluffs, ferner wurde ihr noch ein verspätet eingetroffener Holzschnitt des finnischen Malers Gallén-Kallela beigelegt.
Auf dem Mappentitel rückt Kirchner den als Maske charakterisierten, streng und abweisend wirkenden Kopf des verschlossenen Gefährten so weit nach rechts, daß er vom Bildrand überschnitten wird. Sein Name erscheint – vom darüber gesetzten Begriff „Brücke 1909" getrennt – am untersten Bildrand, während links drei Hauptgebiete seines Schaffens – Landschaft, Porträt und Akt – apostrophiert werden. Die sichtbar gebliebene Holzmaserung betont die Material- und Werkgerechtigkeit und trägt damit ein weiteres mal zur Deutung des Beteiligten bei.

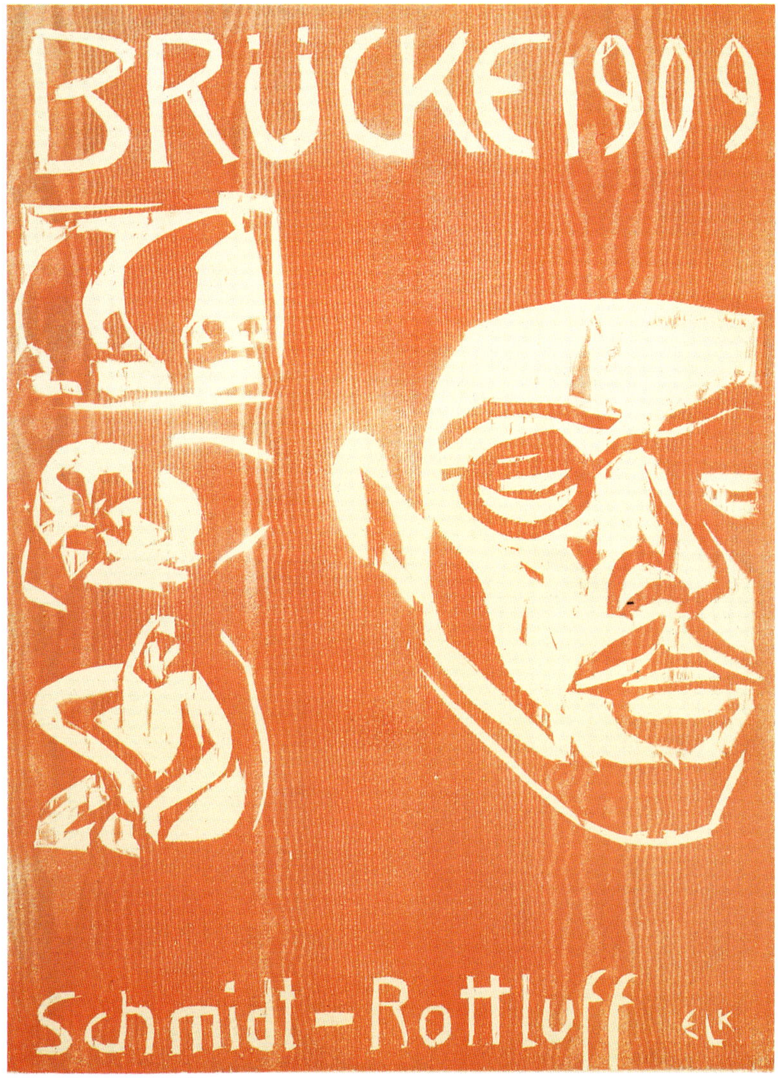

Maske, die der Dargestellte nur wenig später selbst als eigene Gestaltungsaufgabe betrachten sollte. In seinem kontrastbetonten Gesichtsausdruck hebt er die monumental wirkende, abweisende Strenge hervor und bindet sie in jene, in sich ruhende und nur schwer zu durchdringende Geschlossenheit ein, die für die Persönlichkeit Schmidt-Rottluffs charakteristisch ist. Am linken Bildrand erscheinen übereinander noch drei Umsetzungen von Hauptmotiven seines Schaffens: zuoberst eine durch Bäume bestimmte Landschaft, darunter die Themen Porträt und Akt, deren wichtigste Gestaltungsphasen allerdings erst noch bevorstanden. Für den Druck verwandte Kirchner ein für Schmidt-Rottluff signifikantes Rot, wobei er die Maserung des Holzes ebenso deutlich durchscheinen ließ wie Edvard Munch, dessen Vorbild dem Dargestellten damals am nächsten stand.
Auf die bevorstehende Abreise zu seinem dritten Oldenburger Aufenthalt hatte Schmidt-Rottluff in mehreren erhaltenen Briefen und Karten bereits seit Februar 1909 hingewiesen, doch scheint sie tatsächlich erst Mitte März erfolgt zu sein, früher immerhin, als in den vorangegangenen beiden Jahren. Noch am 11. März findet sich seine Mitunterschrift auf einer von Max Pechstein aus Berlin an Rosa Schapire gesandten Postkarte,

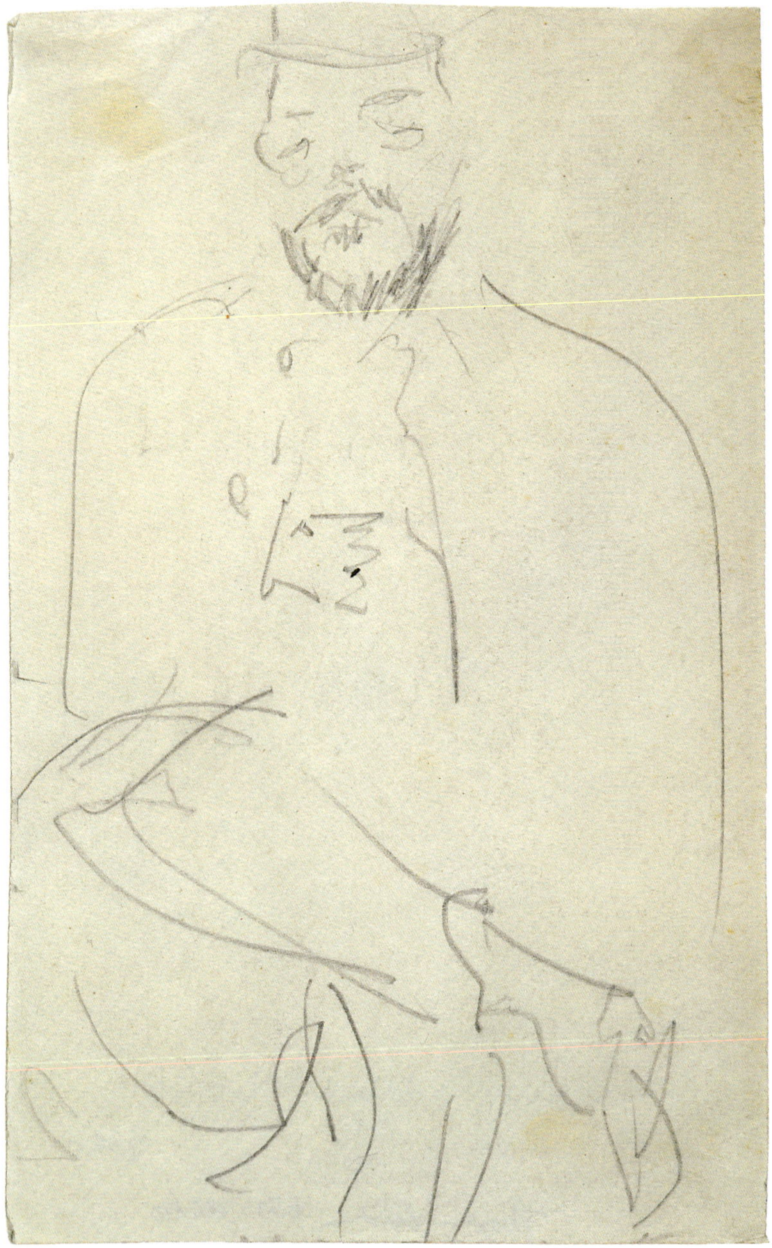

E. L. Kirchner: Schmidt-Rottluff sitzend, Bleizeichnung um 1909, Privatbesitz.
Die Zeichnung befand sich ehemals im Besitz von Schmidt-Rottluff, der sie in späteren Jahren über den Kunsthandel aus dem Nachlaß von Lise Gujer erwarb. Möglicherweise handelt es sich um Kirchners einzige unmittelbare Darstellung des Gefährten, dessen Kopf er im Holzschnitt der Brücke-Mappe von 1909 (Abb. S. 43) als stilisierte Maske behandelte, während er seine Gestalt in dem 1926 entstandenen großen Bildnis der Brücke-Maler Heckel, Kirchner, Mueller und Schmidt-Rottluff (Gordon 855) lediglich aus der Erinnerung wiedergab.

der frühesten mit einer Zeichnung, die sie von einem Brücke-Maler erhielt. Es handelt sich um ein Porträt Schmidt-Rottluffs (Abb. S. 41), das Pechstein gleichzeitig mit den Köpfen Heckels, Kirchners und seinem eigenen für das Plakat der Brücke-Ausstellung bei Richter in Dresden in Holz geschnitten hatte (Abb. S. 41). Da auch dieses, das Verhältnis der vier Brücke-Maler zueinander vorzüglich charakterisierende Plakat bei Littmann in Oldenburg gedruckt wurde, scheint Schmidt-Rottluff den Stock bei dieser Gelegenheit mitgenommen zu haben als er nach Dangast zurückkehrte. Noch von Dresden aus hatte er am 9. Februar Richard tom Dieck darum gebeten, seine im Oldenburger Augusteum lagernden Bilder nach Dangastermoor zu expedieren, wo sie nach dem bewahrten Frachtbrief am 23. Februar bei Gastwirt Johannes Kracke eintrafen. Gleichzeitig gab er tom Dieck die Zusage, sich an der Stiftung von graphischen Blättern zu beteiligen, zu welcher der Oldenburger Künstlerbund

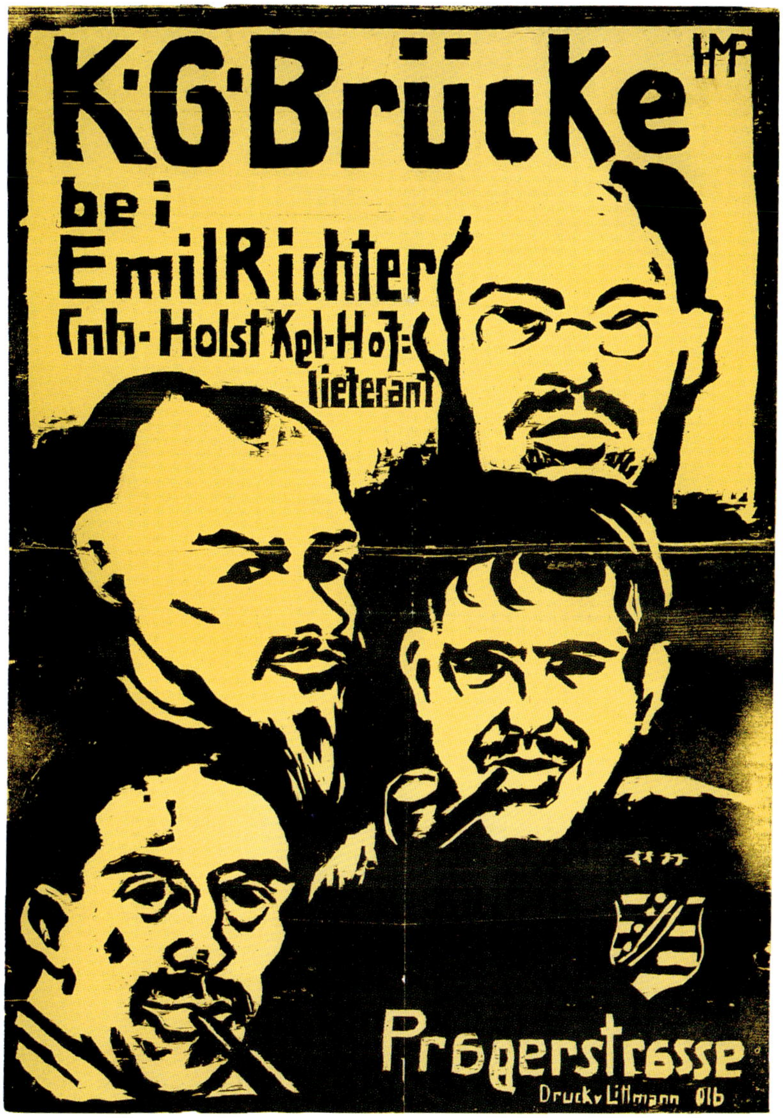

Max Pechstein: Plakat für die Brücke-Ausstellung bei Emil Richter in Dresden 1909, zweifarbiger Holzschnitt, 83 x 60 cm, gedruckt bei Adolf Littmann in Oldenburg (Krüger H 85).
Auf dem im Stock signierten Plakat sind folgende Brücke-Maler dargestellt: unten links Max Pechstein, darüber Erich Heckel, rechts neben ihm Ernst Ludwig Kirchner und zu oberst Karl Schmidt-Rottluff. Da das Plakat fast die gleiche Größe besitzt wie Heckels Plakat der vorjährigen Brücke-Ausstellung bei Richter, könnte die Holzplatte von Heckel beschafft worden sein, während der unten rechts vermerkte Druck bei Littmann darauf schließen läßt, daß Schmidt-Rottluff den bearbeiteten Stock von Berlin mit nach Oldenburg nahm und hier die Ausführung überwachte. Heckel war 1909 erst im August nach Dangast zurückgekehrt, als die Dresdener Ausstellung schon vorüber war, Pechstein selbst hielt sich erst 1910 hier auf.

seine Mitglieder als Beitrag für die Erhaltung einer alten Rauchkate in Neuenburg – nicht weit von Dangast entfernt – aufgerufen hatte (Abb. S. 58). Bei dieser frühesten musealen Bewahrung und Nutzung eines ländlichen Baudenkmals im Oldenburger Land war sogar die Übernahme des Protektorats durch den Großherzog erreicht worden, nachdem einige der Heimatbewegung nahestehende Künstler die Initiative dazu ergriffen hatten. Von ihnen engagierte sich im nächsten Jahr insbesondere der Maler Bernhard Winter bei der Gründung eines nach skandinavischen Vorbildern errichteten bäuerlichen Freilichtmuseums in Zwischenahn, wobei sich Schmidt-Rottluff an der wiederum veranstalteten Künstlertombola erneut ohne alle Berührungsängste beteiligte (Abb. S. 58).
Als er im März 1909 – möglicherweise wieder auf dem Wege über Hamburg – nach Oldenburg zurückgekehrt war, bezog er zunächst sein bisheriges Domizil im Gasthof „Fürst Bismarck“ in Dangastermoor und erledigte von hier aus im April noch die Absendung der jüngsten Brücke-Mappen an mehrere Passive Mitglieder. Am 11. Juni teilte er dann Ernst Beyersdorff mit, daß er schon seit mehreren Wochen wegen seines Umzuges von Dangastermoor in das vier Kilometer entfernte Dangast nicht

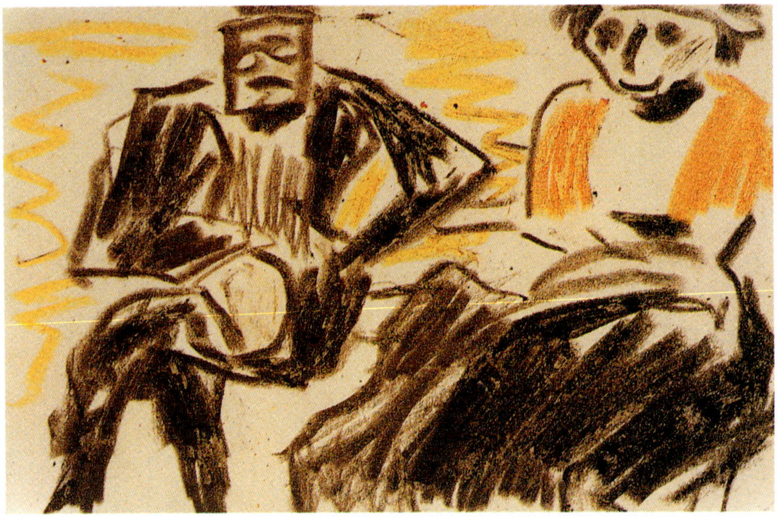

Erich Heckel: Schmidt-Rottluff und Rosa Schapire nebeneinander sitzend, Farbstiftzeichnung auf einer Postkarte an Rosa Schapire in Dangast, Stempel der Bahnpost Bremen-Wilhelmshaven 13.9.1909, Kunsthalle Mannheim. Wie der rückseitige Text verrät, entstand die Zeichnung anläßlich eines gemeinsamen Ausfluges der Künstler mit der in Dangast weilenden Kunsthistorikerin zum ca. 15 Kilometer südwestlich zwischen den Orten Neuenburg und Bockhorn liegenden und auch mit der Bahn erreichbaren Neuenburger Urwald. Das ca. 600 ha. große Naturschutzgebiet bestand ursprünglich vorwiegend aus alten Eichenbeständen, in die zunehmend Buchen eindrangen. Es ist von mehreren großen Ziegeleien umgeben, in denen der harte, bläulich sinternde Bockhorner Kinker hergestellt wird.

mehr zum Arbeiten gekommen sei, so daß sein Wohnungswechsel im Laufe des Monats Mai erfolgt sein müßte. Als sich Rosa Schapire am 28. Mai in das Gästebuch des Dangaster Kurhauses eintrug, dürfte Schmidt-Rottluff seine neue Bleibe im Logierhaus „Parkschloß" inmitten des alten Kurbereichs jedenfalls schon bezogen haben. Das von ihm mehrfach dargestellte Gebäude – dem Typus der in Badeorten des 19. Jahrhunderts weit verbreiteten bürgerlichen „Villa" zugehörig (Abb. S. 48) – befindet sich zwar noch an seinem alten Platz, ist jedoch seiner ursprünglichen Proportionen und Gliederungen durch höhere und niedrigere Risalite und differenzierte Fensterfolgen so gründlich beraubt worden, daß es heute kaum noch wiederzuerkennen ist. Die darin vorhandenen sechs bis acht Zimmer mit etwa zwanzig Betten befanden sich in Obhut einer nicht näher bekannten Witwe Hensel und boten in den meisten Fällen auch Gelegenheit zur Unterbringung von Besuchern und Gästen des Künstlers, der in Dangast von Erich Heckel getrennt wohnte. Dieser verfügte seit dem Vorjahr in einem schräg gegenüber liegenden Privathaus über ein Sommerquartier, in dem er 1909 allerdings erst nach seiner Romreise Anfang August eintraf. Am 6. September 1909 zeichnete er in Dangast eines seiner seltenen Schmidt-Rottluff-Porträts auf eine bisher nicht publizierte Postkarte (Abb. S. 47) und eine Woche später verewigte er seinen Malerfreund dann auf die gleiche Weise noch einmal gemeinsam mit Rosa Schapire (Abb. S. 46).

Der ins Wattenmeer vorstoßende sandige Geestrücken, auf dem das heutige Dangast liegt, war von den mittelalterlichen Sturmfluten, die den Jadebusen aus dem ehemals besiedelten Land gerissen hatten, verschont geblieben, weshalb er dem mit englischen Vorbildern vertrauten Landesherrn als ein günstiger Platz zur Anlage einer See-Badeanstalt erschien. Die von den Grafen von Bentinck veranlaßte Gründung reicht noch in die letzten Jahre des 18. Jahrhunderts zurück und führte zur Errichtung eines bescheidenen Conversationshauses mit Spiel- und Speiseräumen, des unmittelbar über dem hohen Ufer liegenden, erwärmtes Seewasser verabreichenden Badehauses und zunächst nur eines einzigen Logiergebäudes, alles eingebettet in einen Park mit vielen, vor dem Wind Schutz bietenden Bäumen. Bei einem Brand 1813 angerichtete Schäden konnten relativ bald beseitigt werden, so daß 1820 eine Wiederbelebung des Badebetriebes möglich war, zu der neun neu beschaffte Badekarren beitrugen. Nachdem das kleine Bentincksche Territorium dann 1854 an Oldenburg

Erich Heckel: Zwei Köpfe, 1909, Holzschnitt 33,3 x 26,3/25,7 cm (Dube H 166).
In diesem Holzschnitt stellt Heckel ein weiteres mal Schmidt-Rottluff und Rosa Schapire dar, die sich 1909 mindestens zweimal in Dangast aufhielt. Einen, nur ihren Kopf zeigenden Ausschnitt daraus druckte Heckel auf eine am 4.6.1910 aus Dangast an die Dargestellte gesandte Postkarte, wobei er sich bei ihr „für die gute Mithilfe für Brücke" bedankte.

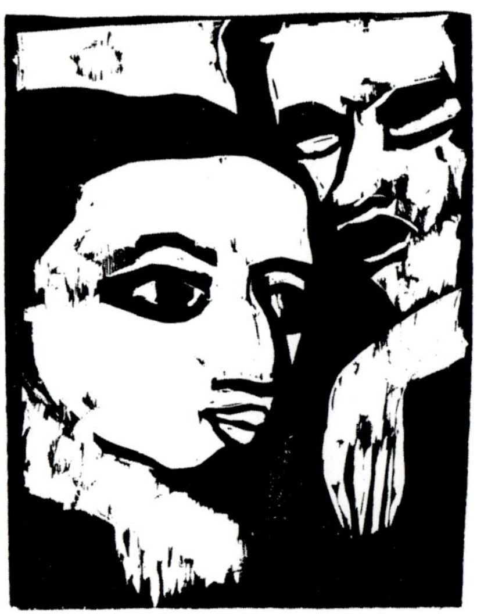

Erich Heckel: Porträt Schmidt-Rottluffs auf einer Postkarte an Paul Holstein, Kesselsdorf/Sa., Pfarrei, Poststempel Varel 6.9.1909.
Rückseitiger Text: „Lieber Paul, bin nun für den Herbst in Dangast. Hoffe, daß Du im Winter mich besuchst. Gruß Dein Erich. – Besten Gruß Dein Schmidt-Rottluff" (Privatbesitz).
Paul Holstein (geb. 1884), Chemnitzer Jugendfreund der beiden Maler und eines der frühesten passiven Brücke-Mitglieder, studierte evangelische Theologie und befand sich damals als Pfarrvikar in Kesselsdorf. Er hatte bereits am 27. 9.1904 eine in Dresden abgestempelte Postkarte mit der Kreidezeichnung eines Mädchens mit Kopftuch und den ohne weitere Mitteilungen gleichrangig daneben angebrachten Unterschriften „E. Heckel – Karl Schmidt" erhalten. Bewahrt blieb ferner eine in Dresden am 31.1.1910 abgestempelte Postkarte Schmidt-Rottluffs an ihn mit der Tuschpinselzeichnung eines Kirchturmes über Häusern, welche die Fortdauer der Freundschaft bestätigt. –
Heckels hier abgebildetes Schmidt-Rottluff-Porträt entstand nach seinem späten diesjährigen Wiedereintreffen in Dangast, dem ein gemeinsamer Aufenthalt mit Kirchner an den Moritzburger Teichen und seine Romreise vorausgingen. Es gehört zu den wenigen frühen Darstellungen Schmidt-Rottluffs, die von anderen geschaffen wurden.

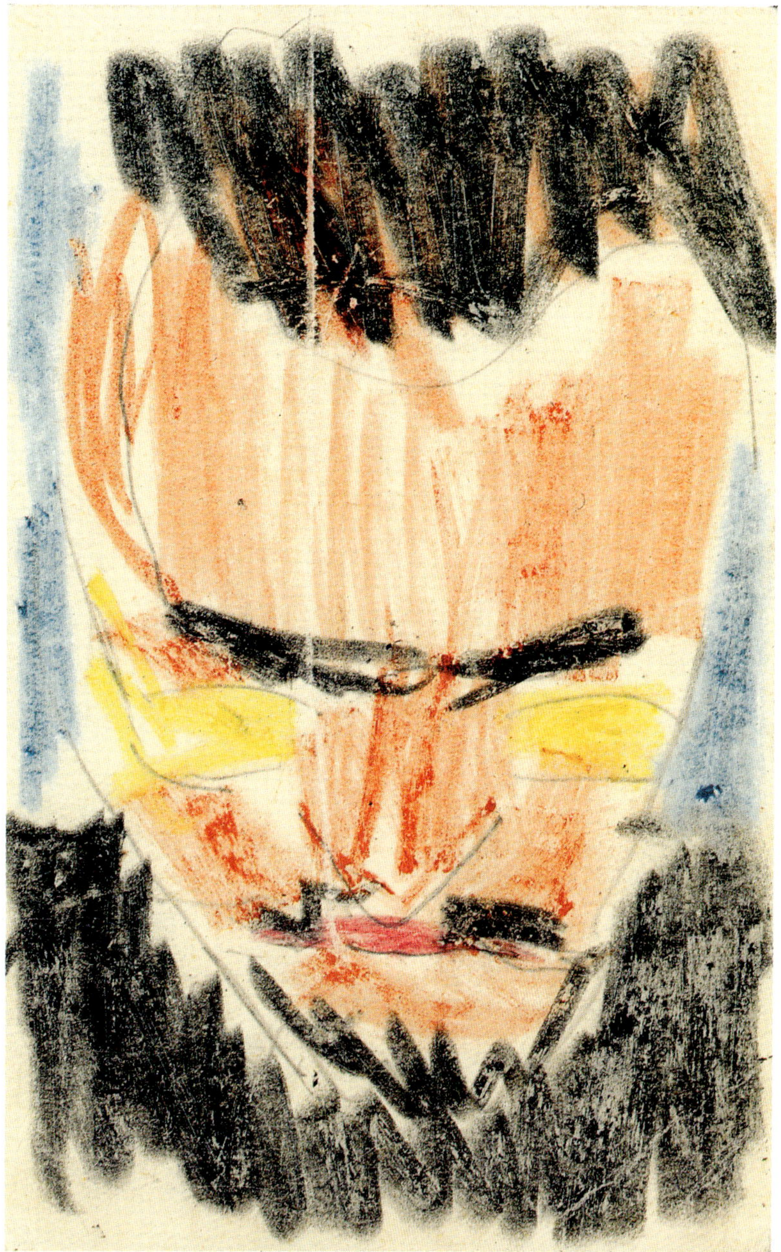

fiel, erlebte das Bad unter wechselnden privaten Besitzern einen Niedergang, dem erst die Übernahme durch Carl Gramberg im Jahre 1882 ein Ende bereitete. Dieser baute um und an, erweiterte die Parkanlagen durch Neuanpflanzungen und erreichte 1891 sogar das Erscheinen eines eigenen, heute jedoch nicht mehr nachweisbaren Dangast-Führers in einem renommierten Fachverlag (Abb. S. 24).[49] Der darin befindliche Lageplan, gibt die Situation des gesamten Kurbereiches so wieder, wie ihn die Brücke-Maler vorgefunden hatten, als sie hier 1907 erstmalig auftauchten und begannen, daraus ihre Bildmotive zu beziehen (Abb. S. 49)
Weit davon entfernt ein Modebad zu sein, besaß Dangast dennoch einen sicheren Stamm von regelmäßig wiederkehrenden Gästen, die gerade dasjenige daran schätzten, was anderswo als Mangel empfunden worden

wäre und was einer von ihnen 1907 im Gästebuch des Kurhauses einigermaßen treffend so in Versen ausdrückte:

In Dangast giebts keine Börse
auch Autos sah ich noch nicht,
im Fremdenbuch stehn keine Verse,
Du findest darin kein Gedicht.

Kein einsam verlassener Dichter
verhauchte hier seinen Geist,
kein eifriger Sittenrichter
hat je am Strande gekreist.

Man spricht nicht von Jesuiten,
man spricht nicht von Politik,
nicht von Franzosen und Briten,
nein - höchstens von Wetter und Schlick.

Man geht hier in kein Theater,
man hört keine Kurmusik
und ohne moralischen Kater
vergißt man Kunst und Kritik.

So wolle ruhig hier weilen
ermüdeter Wanderer Du –
die Nerven kannst Du hier heilen –
Du findest hier Frieden und Ruh

In das Grambergsche Gästebuch trugen sich damals alljährlich zwischen 300–400 Personen ein, von denen zwar die meisten aus dem Lande selbst, aus Bremen und dem benachbarten Niedersachsen kamen, viele aber auch aus Berlin, Westfalen und den Rheinlanden stammten. Sogar aus dem Sächsischen trafen regelmäßig Gäste ein, wie 1906 der Arzt Emil Mäcke und 1908 Charlotte Baldauf aus Chemnitz – bei denen Verbindungen zu den Malern bestanden haben könnten – oder 1907 der Leipziger Verleger Artur Seemann mit seiner Familie. Im Jahre 1909, in dem Schmidt-Rottluff nach Dangast umgezogen war, finden sich darin unter anderem die Namen des Dresdener Architekten Robert Born, des aus Bern angereisten Universitätsprofessors August Oncken, der zu den Vorbesitzern des Bades Dangast gehörte, des Verlagsbuchhändlers Löwenthal aus Berlin oder der Frau des Vareler Buchhändlers Aquistapace, bei dem Schmidt-Rottluff später einige seiner gebrauchsgraphischen Arbeiten drucken ließ. Unter den Stammgästen befand sich auch die Familie des oldenburgischen Ober-Kammerherrn Freiherr von Bothmer, der den Vorsitz des Oldenburger Kunstvereins innehatte, sowie zahlreiche Juristen, Kaufleute, Ärzte und Offiziere, von denen viele mit Dienstpersonal anreisten. Selbst die großherzogliche Familie erwies Dangast in gewissen Abständen die Reverenz und pflegte dann mit ihrem Gefolge im Kurhaus zu tafeln. Falls somit persönliche Kontakte oder Gesprächspartner gesucht wurden – was allerdings bei Heckel und Pechstein eher vorstellbar ist als bei dem verschlossenen Schmidt-Rottluff – dann konnten sie während der regelmäßig erlebten Badesaison auch gefunden werden, weshalb die hier und dort aufgekommenen Vorstellungen von völliger Abgeschiedenheit und Weltenferne der Brücke-Maler in Dangast sich nicht ganz

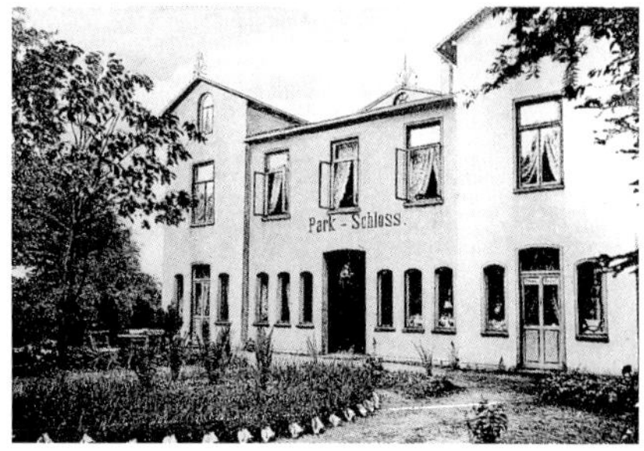

Das „Parkschloß“ in Dangast, Schmidt-Rottluffs Domizil von 1909–1912, damals vom Besitzer des Kurhauses an Frau Hensel verpachtet. Die Gästezimmer befanden sich im oberen Stockwerk, während die seitliche Tür rechts zu einem Geschenk-Bazar führte. Das noch vorhandene Gebäude wurde in späterer Zeit bis zur Unkenntlichkeit verändert (nach alter Postkarte aus Privatbesitz).

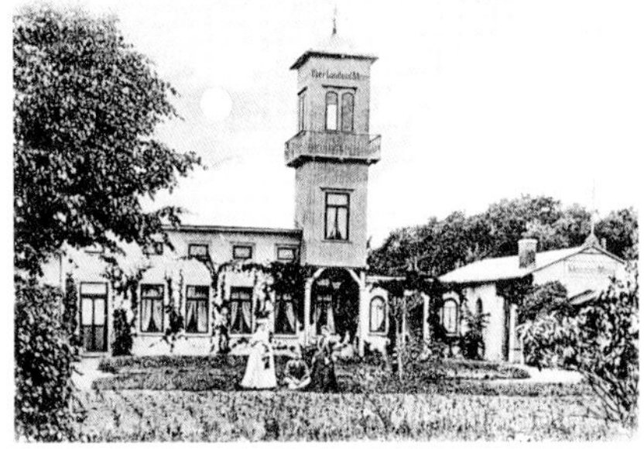

Die „Villa Wobick“ – Schmidt-Rottluffs „Villa mit Turm“, um 1900.Der inmitten der Parkanlagen liegende Gebäudekomplex wurde Ende des 19. Jahrhunderts vom „Particulier“ Wilhelm Wobick erworben und mit einem zweigeschossigen hölzernen Turm versehen, von dessen umlaufender Balustrade man auf das 200 Meter entfernte Meer sehen konnte. Für Schmidt-Rottluff stellte der 1922 abgebrochene Turm ein Hauptmotiv der Dangaster Zeit dar, an dem sich sein Stilwandel deutlich ablesen läßt (Nach Postkarte im Archiv des Heimatvereins Varel).

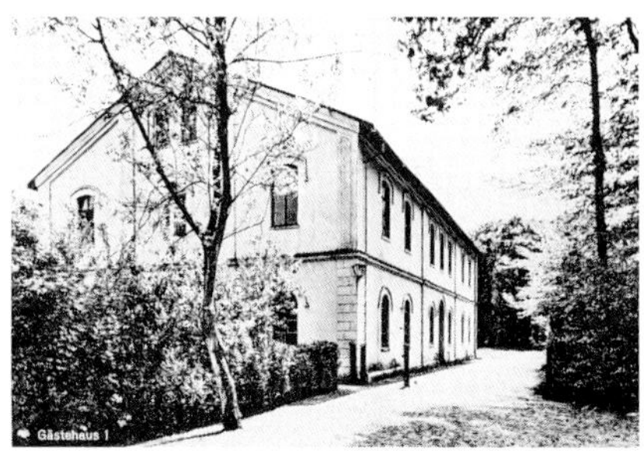

Das auf einer alten Postkarte als „Gästehaus I“ bezeichnete ehemalige Post- und Logierhaus ist das stattlichste Gebäude im einstigen Dangaster Kurgebiet. Später als die beiden anderen Gästehäuser wurde es erst 1865 errichtet und mit 30 Zimmern ausgestattet, die von langen Mittelgängen aus zugänglich sind. Nach Beendigung der Badesaison bezog der Besitzer des Kurhauses hier seine Winterwohnung. Das Haus findet sich in mehreren Darstellungen der Brücke-Maler (Bildarchiv Heimatverein Varel).

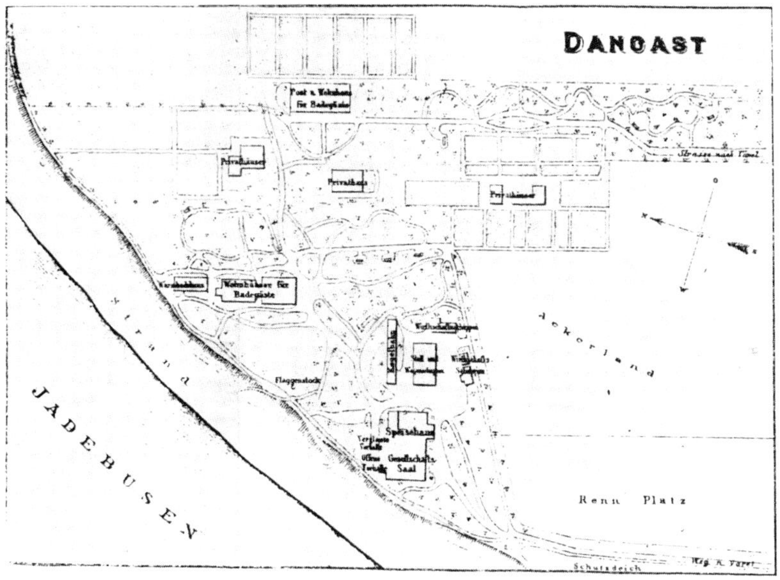

Lageplan des Dangaster Kurgebietes um 1890. Nach einer alten Fotokopie aus dem verschollenen Dangast-Führer von Wörl, Würzburg/ Wien 1891.
Auf dem nicht genordeten Plan erscheint zu unterst in unmittelbarer Strandnähe das sogenannte Kurhaus mit den Conversations- und Speiseräumen sowie einer nach Norden offenen Vorhalle oder Veranda. Darüber befinden sich die zugehörigen, auf Bildern Schmidt-Rottluffs als „Gutshof" bezeichneten Wirtschafts- und Stallgebäude mit einer Kegelbahn. Am weitesten links hat das oberhalb des Strandes mit Meereswasser betriebene Warmbadehaus seinen Platz, an das sich in der gleichen Achse zwei Logierhäuser anschließen. Darüber stehen in einigem Abstand die erst später so genannten „Hullmannschen Häuser" und ganz zu oberst das ebenfalls häufig gemalte Post- und Logierhaus. Bei dem „Privathaus" in der Mitte darunter handelt es sich um das ehemalige „Parkschloß", in dem Schmidt-Rottluff von 1909 bis 1912 wohnte, während sich in dem rechts davon mit „Privathäuser" bezeichneten Komplex die „Villa mit Turm" verbirgt, die ihr Wahrzeichen zu diesem Zeitpunkt allerdings noch nicht besaß. Sämtliche Gebäude sind von regelmäßig oder frei gestalteten Parkanlagen mit zahlreichen verschlungenen Wegen umgeben.

Carl Gramberg (1855–1934), um 1910. Seit 1882 Besitzer des Bades Dangast, dem er nach Jahrzehnten des Niedergangs unter wechselnden Eigentümern, zu neuer Blüte verhalf. Er renovierte die vorhandenen Baulichkeiten, erweiterte die Parkanlagen und erreichte vor allem wieder eine höhere Gästezahl.

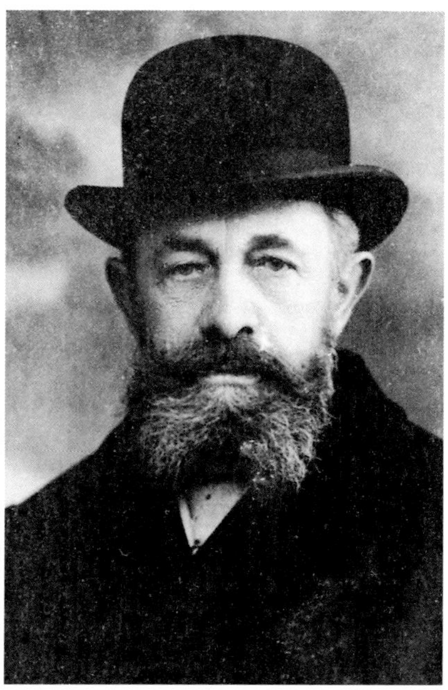

mit der Wirklichkeit decken. Da Erich Heckel 1909 nach seiner Rückkehr aus Rom, der darauf folgenden Hängung der Brücke-Ausstellung bei Richter in Dresden und einem anschließenden Malaufenthalt mit Kirchner an den Moritzburger Teichen[50] erst wieder Anfang August in Dangast erschien, befand sich Schmidt-Rottluff die meiste Zeit über allein hier und konnte so erstmalig seine Produktivität frei und ohne Rücksichtnahme auf gleichzeitige Intentionen des Freundes entfalten. Sie galt weniger den Gemälden, von denen für 1909 gegenwärtig insgesamt lediglich fünf benannt werden können, als vielmehr den Aquarellen, denen in einem eruptiven Schaffensrausch die Gleichwertigkeit mit den Gemälden gesichert wurde, den Holzschnitten, die nun mit dreiundzwanzig Blättern unter den graphischen Verfahren dominierten und den gezeichneten Postkarten, die bei Schmidt-Rottluff, wie bei seinen Freunden, 1909 fast unvermittelt einsetzten und in kürzester Zeit zu einer Sonderleistung des deutschen Expressionismus führten. Bei Schmidt-Rottluff rückten 1909 die Gemälde und Aquarelle auch in ihrer Malweise enger zuammen, da sich die kraftvollen Pinselsträhnen hier wie dort in geschlossenere Farbfelder zu verwandeln begannen, ohne dabei der das Licht und die Bewegung einfangenden Strukturierungen verlustig zu gehen.
Die lokalisierbaren Landschaften, die in diesem Jahr motivisch an erster Stelle stehen, verraten zunächst, daß sich sowohl Sujets der nächsten Umgebung als auch Bildvorwürfe von weiter entfernten Zielen darunter befinden. So boten sich unmittelbar vor seiner Haustür die mehrfach wiedergegebenen Kur- und Logierhäuser (Abb. 46, 50, 61, 86) ebenso an, wie die nun erstmalig erscheinende Villa mit Turm (Abb. 52, 98) oder Partien aus dem alle diese Gebäude umgebenden Park (Ab. 60, 70), während am nahegerückten Strand die ihn schützende Backsteinmauer (Abb. 44), die seinem Ufersaum schon bald folgenden Deiche (Abb. 42, 47) oder mehrere, sich in seiner Weite verlierende Strandkörbe (Abb. 62, 63, 88, 96) zur Darstellung aufforderten. Nur einige Schritte vom Kurgebiet entfernt reihten sich schon einmal 1907 festgehaltene und längst verschwundene Fischerhäuser (Abb. 17), während die baumumstandenen Bauernhöfe und der Dorfkrug noch immer am südlichen Ortsrand zu finden sind (Abb. 71) und die nicht minder häufig festgehaltene, nun ihrer Flügel beraubte Windmühle, vor den Resten des alten Deiches auf halbem Wege

nach Dangastermoor, auch weiterhin über einige niedrigere Häuser hinausragt (Abb. 77, 78). Sofern die verstreuten Höfe mit den ihnen zugehörigen Feldern passiert waren, befand man sich in der endlos scheinenden Weite der Moore und Marschen, in denen vereinzelte Bäume oder Sträucher unversehens eine monumentale Gestalt erhielten (Abb. 95). Um zu den in Schmidt-Rottluffs Aquarellen und Zeichnungen erst jetzt vorkommenden Ziegeleien mit ihren weithin sichtbaren Schornsteinen zu gelangen (Abb. 68, 69, 82, 94), bedurfte es schon längerer Fußmärsche. Sie waren in der näheren Umgebung Dangasts nicht zu finden, sondern über den tonreicheren Böden im Umkreis von Varel errichtet worden. Ihre Produkte wurden größtenteils über die beiden Sielhäfen Varelerhafen (Abb. 64, 97) und Ellenserdamm (Abb. 41) ausgeführt, die beide in den Arbeiten des Malers einen festen Platz behaupten. Am häufigsten tauchen darin die urtümlichen Frachtensegler aus Ellenserdammersiel (Abb. 74) auf, das von Dangast aus auf dem Deich in gut anderthalb Stunden zu erreichen war. Als die Deichlinie später vorverlegt wurde, hörte auch der einst rege Hafenplatz auf zu existieren. In doppelt so weiter Entfernung wie Ellenserdamm liegt weiter landeinwärts das alte Wasserschloß Gödens, das auf einem Holzschnitt Schmidt-Rottluffs erscheint (Abb. 101), und von einem mehrere Kilometer entfernten Bahnhof aus erreichbar war, während die inmitten des Jadebusens übriggebliebene Insel Arngast, deren noch im Bau befindlichen Leuchtturm der Maler 1909 aquarellierte (Abb. 55), nur mit einem Boot angesteuert werden konnte. Damit ist der ungefähre Radius der in den Arbeiten dieses Jahres deutbaren Landschafts- und Architekturmotive bereits abgesteckt, deren Wert für den Künstler ja nicht in sich selbst, sondern in ihrer Gestaltungsfähigkeit bestand. Diese war von Sehenswürdigkeiten im herkömmlichen Sinne ebenso unabhängig wie von ihrer räumlichen Nähe oder Entfernung und vermochte dem bescheidenen Holztürmchen eines Landhauses größere Monumentalität zu verleihen, als dem auch von der Historie geadelten Turm oder Portal eines Schlosses. Die Verwandlung des am nächsten Liegenden durch das Stilleben setzte sich 1909 insbesondere in den Aquarellen und Zeichnungen fort, in denen häufig einfache keramische Erzeugnisse und Gläser für sich allein oder mit Blumen und Obst gefüllt, auf eine als Binnenrahmen wirkende Tischplatte gesetzt sind (Abb. 48, 49, 53, 66, 76, 83). Die grundsätzlich erstrebte Architektonik des Bildaufbaues kommt darin besonders deutlich zum Ausdruck.
Nach den Landschaften behaupten sich 1909 die Porträts als die stärkste Motivgruppe. Nicht alle Dargestellten sind identifizierbar, zumal sich Namenshinweise ursprünglich allenfalls auf die Anfangsbuchstaben beschränken, womit die Erkennbarkeit bewußt an die zweite Stelle verwiesen wird. Zwar befinden sich unter den wenigen Gemälden keine Porträts, die indessen unter den Aquarellen, Zeichnungen und Holzschnitten wesentliche neue Akzente setzen. Ein weiteres mal geben zwei von ihnen Erich Heckel wieder, wobei die der Brücke-Mappe von 1909 beigelegte Lithographie (Abb. 112) noch vor, das bildmäßige Aquarell (Abb. 51) jedoch erst nach der Rückkehr des Freundes aus Italien entstand. Vier gleichzeitige Porträts – zwei Aquarelle und zwei Holzschnitte – eröffnen die Reihe der Bildnisse von Rosa Schapire (Abb. 65, 73, 91, 92), die sich in diesem Jahr mindestens zweimal in Dangast aufhielt, und etwa ebenso häufig diente Schmidt-Rottluffs Schwester Gertrud als Modell, während sie ihm gegenübersitzt, einen Brief schreibt oder sich mit Handarbeiten beschäftigt (Abb. 47, 56, 57, 79, 80). Mehrere Darstellungen ortsansässiger Fischer und Handwerker (Abb. 85, 99, 100), bei denen neben der

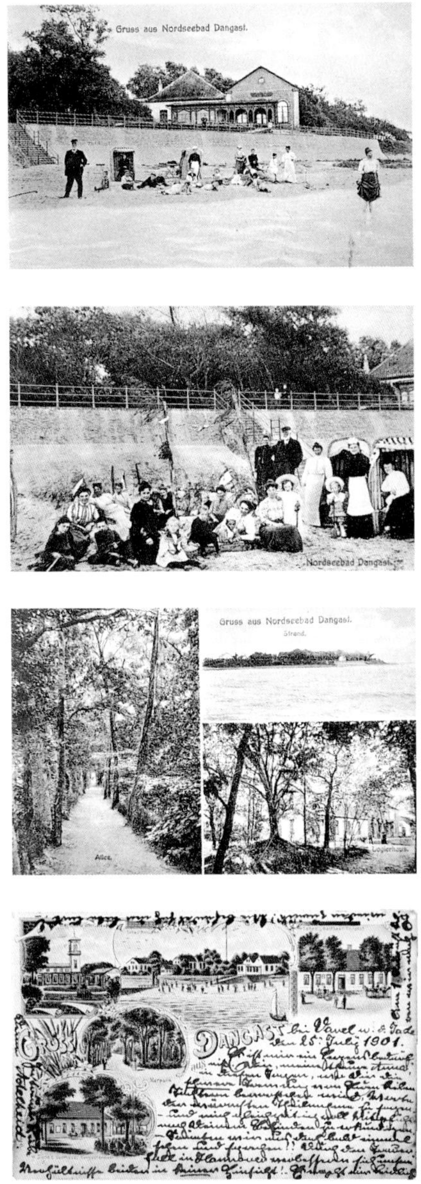

Vier Dangaster Ansichts-Postkarten von 1912 (Bildarchiv Oldenburger Stadtmuseum und Archiv des Heimatvereins Varel)

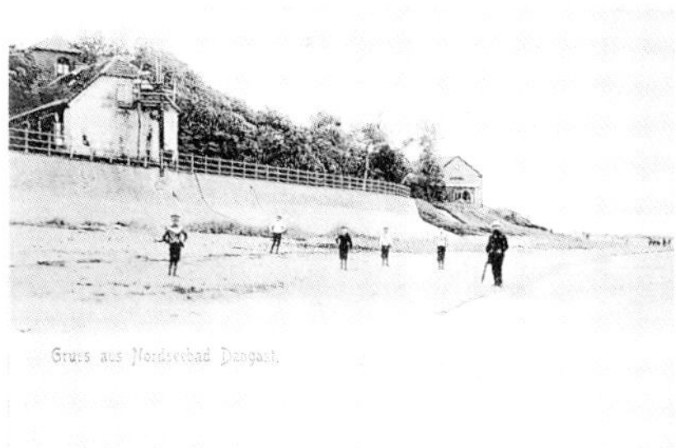

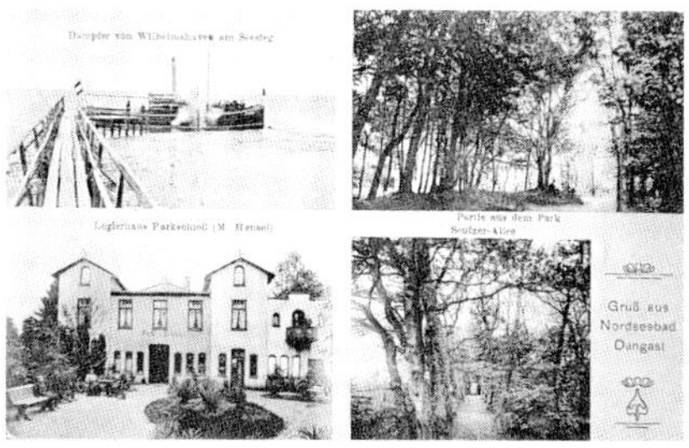

Zwei Dangaster Ansichts-Postkarten vor 1912 (Bildarchiv Oldenburger Stadtmuseum)

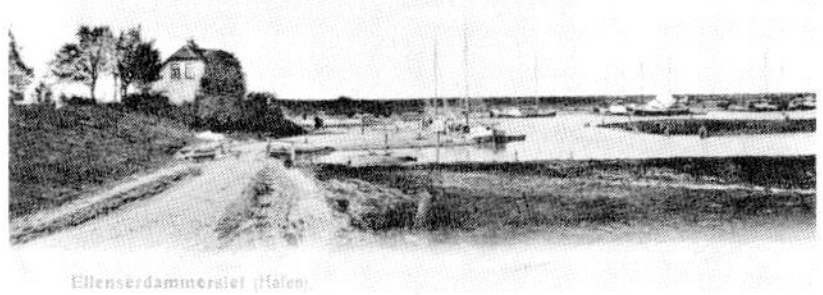

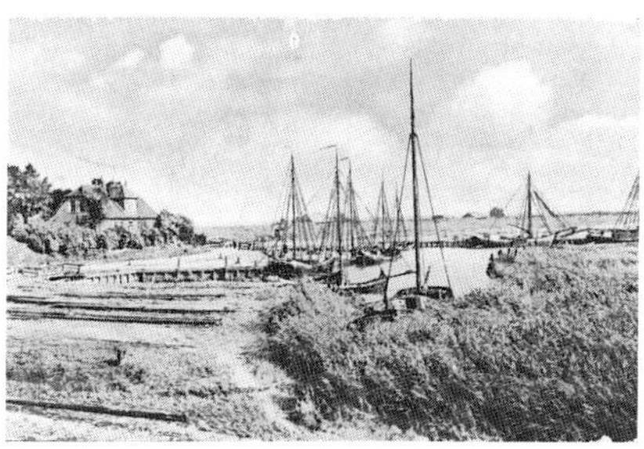

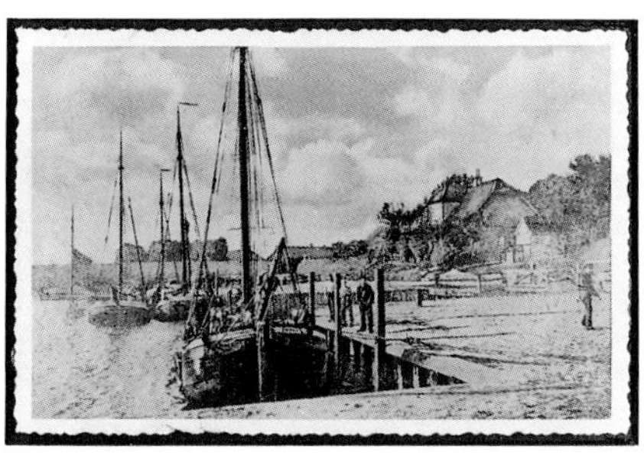

Drei Ansichten des Hafens von Ellenserdammersiel nach Fotos und Postkarten um 1910 (Bildarchiv Meyer). – Der westlich Dangast an einem Tief gelegene Hafen war einst ein wichtiger oldenburgischer Umschlagplatz. Nach der Vorverlegung der Deiche wurde er am Beginn der 20er Jahre aufgegeben. An ihn erinnert nur noch das auf einem verbliebenen Stück des alten Deiches stehende einstige Zollhaus.

Individualität vor allem der Typus getroffen werden sollte und einige nicht mehr identifizierbare weibliche Porträts (Abb. 67, 109, 111) beweisen, daß der Künstler in seinem neuen Domizil keineswegs isoliert war und hier neue menschliche Kontakte gefunden hatte. Zu den verschollenen Porträts von 1909 gehörte nach Angabe Schmidt-Rottluffs auch ein Aquarellbildnis Ernst Beyersdorffs, der in diesem Jahr die Passive Brücke-Mitgliedschaft erwarb und dessen Name den Abschluß des letzten von Kirchner in Holz geschnittenen Mitgliederverzeichnisses bildet (Abb. S. 63). In einer Zeichnung und in mehreren graphischen Blättern lassen sich 1909 dann die frühesten mit Dangast verbundenen Aktdarstellungen konstatieren (Abb. 89, 104, 105, 106, 108, 110), die sich allerdings erst während der kommenden Aufenthalte des Malers in Hamburg zu einem Hauptthema seiner Kunst entwickeln sollten. Mit der Zeichnung eines ornamentalen Kissenentwurfs für Rosa Schapire (Abb. 81) kündigt sich erstmalig die Beschäftigung mit kunsthandwerklichen Arbeiten an, die schon bald gleichberechtigt neben der malerischen Produktion existieren sollte.

In diesem Jahr widmete sich Schmidt-Rottluff in Dangast mit Vorrang der Aquarellmalerei, die er mit etwa dreißig nachweisbaren und annähernd zehn mit ihren Titeln benennbaren Blättern zu einem so nicht wieder erreichten Gipfel führte. Nach einigen stimmungsvoll und anmutig in der Tradition verbliebenen Anfängen um 1904/1905 brachte die rasche Entscheidungen fordernde und kaum korrigierbare Wasserfarbenmalerei bei ihm mit einem Schlage völlig autonome und aller Beiläufigkeiten enthobene Schöpfungen hervor, denen damals nur wenig Gleichwertiges an die Seite zu stellen war. Die erheblich größer gewordenen Formate, mitunter an diejenigen der Ölbilder heranreichend, verkünden den Anspruch auf Selbständigkeit, der sich noch deutlicher in der Tatsache zu erkennen gibt, daß diese Blätter motivisch wie stilistisch als unmittelbare Voraussetzungen für die im folgenden Jahr in gleicher Intensität und Fülle hervorgebrachten Gemälde gelten können. An die Aquarelle von 1909 wurde bislang auch eine Folge von ähnlich großformatigen , zum Teil aquarellierten Tuschpinselzeichnungen mit der Darstellung von Katzen angeschlossen, die nach der Auffindung eines ihnen zugehörigen, mit 1913 datierten Blattes künftig jedoch neu eingeordnet werden müssen.[51] In der großzügigen Erfassung der Körpervolumina stehen sie den Niddener Aktzeichnungen, sowie den nach ihnen geschaffenen Holzschnitten, deutlich näher als den im Verhältnis zu den Aquarellen ungleich kleinteiligeren und datierten Tuschpinselarbeiten von 1909.

Ein weiteres Novum, das mit dem diesjährigen Aufenthalt in Dangast auf das allerengste verbunden ist, sind die relativ unvermittelt auftauchenden Postkartenzeichnungen. Schmidt-Rottluffs früheste bekannt gewordene Karte, die er von hier am 11. August 1909 an den Chemnitzer Arzt und Sammler Adolf Thiele sandte (Abb. 77), besitzt zwar auch bei den Brücke-Malern einige Vorläufer, doch setzt erst jetzt jene geschlossene Produktion gemalter Postkarten ein, mit denen die Gefährten in den folgenden beiden Jahren eine geniale Variante expressionistischer Zeichenkunst hervorbrachten. Wie Schmidt-Rottluff selbst in einem Brief vom 6. August 1958 mitteilte, „dienten die Karten als kurze Mitteilungen über unsere Arbeit, besonders legte Rosa Schapire großen Wert darauf, die Arbeit zu verfolgen und so sind die meisten Karten und Skizzen von Bildern oder Beobachtungen".[52] Von den etwa 75 mit Zeichnungen der Brücke-Künstler versehenen Postkarten, die Rosa Schapire während des Bestehens der Künstlergemeinschaft zugesandt wurden – in einer Auswahl schon 1958 publiziert[53] – erhielt sie die meisten von Schmidt-Rottluff, der ihr anläßlich des in Dangast verbrachten 35. Geburtstages am 9. September 1909 als Auftakt gleich drei zukommen (Abb. 79–81) und bis 1910 noch weitere zwanzig von hier folgen ließ. Ihnen stehen indessen mehr als dreißig auch an andere Adressaten gerichtete Dangaster Karten gegenüber, von denen die meisten hier erstmalig publiziert werden können. Sie stehen mit größeren Arbeiten in einem, in den meisten Fällen erkennbaren Zusammenhang, übernehmen jedoch oft die Rolle der in den Postkartenjahren eingeschränkten eigenständigen Zeichnung. Für das Jahr 1909 lassen sich bisher dreizehn solcher Postkarten Schmidt-Rottluffs an vier verschiedene Empfänger nachweisen, davon sechs Tuschpinsel- und sieben Farbstiftzeichnungen, die wegen der einfacheren Anfertigung und Verwendbarkeit auch künftig den Hauptanteil stellen sollten.

Den zweiten Schaffensschwerpunkt dieses Jahres bezeichnen die Holzschnitte, die – bis auf eine Ausnahme – sämtlich erst nach dem Umzug von Dangastermoor nach Dangast geschaffen wurden. Schmidt-Rottluff befand sich damit in einer ähnlichen Stituation wie bei den gleichzeitig entstandenen Aquarellen, da er wiederum ein ihm bereits geläufiges, in den vorangegangenen Jahren jedoch nicht herangezogenes Gestaltungsmittel aufgriff, um auch ihm in einem kraftvollen Angang sogleich sämtliche Ausdrucksmöglichkeiten zu entreißen. Ihre beträchtliche Spannweite bestätigt die Gleichwertigkeit von Experiment und Ergebnis, da Linien und Flächen im kontrastierenden Schwarz-Weiß um die Vorherrschaft ringen, während gleichzeitig Druckstöcke unterschiedlicher Größen und Holzarten erprobt werden. Hierbei bleibt der ursprüngliche Charakter des Werkstoffes in allen Fällen erhalten, dessen gewachsenen Strukturen das Messer folgt und den der Eigendruck fördert, indem er jede Gleichförmigkeit und Perfektion als unnatürlich verwirft. Das Ausmessen des in ihm beschlossenen Gestaltungspotentials gibt sich aber auch in den ergriffenen Motiven zu erkennen, da Landschaft, Porträt und erstmalig wieder der Akt, gleichermaßen herangezogen werden. Unter den Landschaften befindet sich neben einem so bekannten und häufig reproduzierten Blatt wie „Varelerhafen“ (Abb. 97) auch die weniger geläufige erste Holzschnittfassung der „Villa mit Turm“ (Abb. 98), deren zahlreiche Wiedergaben und Verwandlungen fast eine eigene Ausstellung rechtfertigen würden.[54]

Die Porträts setzen mit einer der eindrucksvollsten Selbstdarstellungen des Künstlers ein: dem drohenden Dunkelheiten entrissenen Kopf des gerade Fünfundzwanzigjährigen (Abb. 90). Ihm folgen schon bald die beiden frühesten Holzschnittbildnisse der Kunsthistorikerin Rosa Schapire (Abb. 91, 92), in denen sich zwei völlig unterschiedliche Seiten ihres Wesens offenbaren. Sie wurde von nun ab zur kritischen Sachwalterin seines graphischen Oeuvres, dessen Werkverzeichnis sie 1924 herausgab. Die erste geschlossene Gruppe von Aktdarstellungen in den Holzschnitten von 1909 leitet die Entwicklung eines weiteren zentralen Darstellungsbereiches ein (Abb. 104 ff.). Aus Vorbildern der Kunst wie der Natur entstehen auch hier eigenständige Schöpfungen und bleibende Ergebnisse, die dem Künstler vor allem die Gewißheit vermitteln, damit das seinem Wesen und Können gemäße graphische Medium gefunden zu haben.

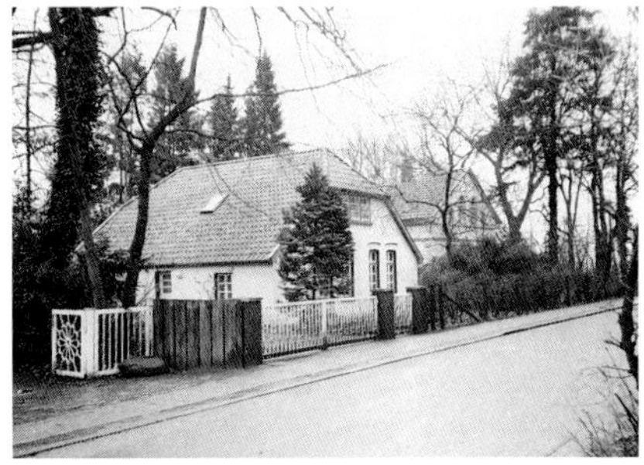

Ehem. Hullmann'sche Häuser in Dangast (Foto G. W. 1993)

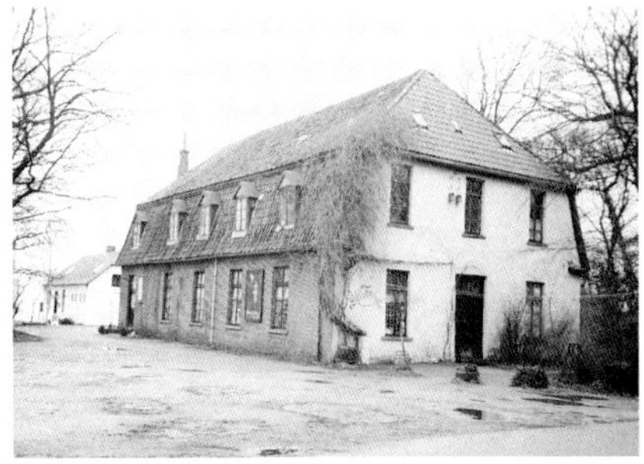

Altes Dangaster Logierhaus von 1805 (Foto G. W. 1993)

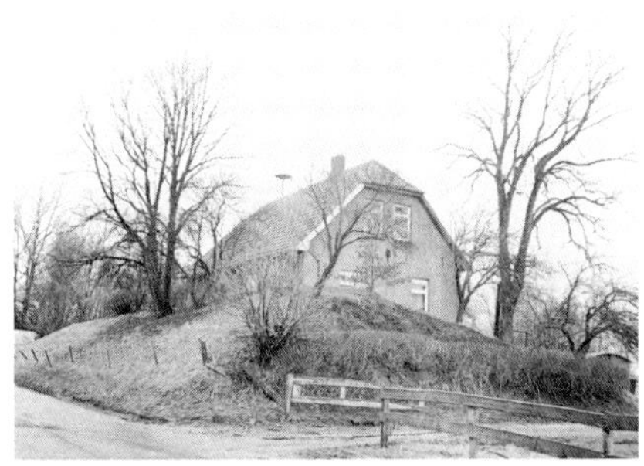

Altes Zollhaus am einstigen Hafen Ellenserdammersiel (Foto G. W. 1993)

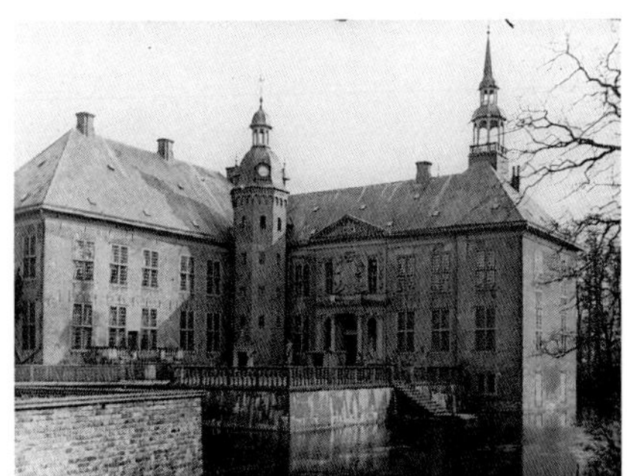

Das Wasserschloß Gödens bei Wilhelmshaven. Von dem Winkelbau des 17. Jahrhunderts schuf Schmidt-Rottluff 1909 einen Holzschnitt (Abb. 101)

1910 – Sommer der monumentalen Landschaften

Ein nach außen hin nur wenig hervortretendes, für den Künstler selbst jedoch sehr bedeutungsvolles Ereignis leitete das Jahr 1910 ein, in welchem Schmidt-Rottluffs vierter Aufenthalt in Oldenburg bevorstand: seine erste Einzelausstellung in der Hamburger Galerie Commeter. Die Tatsache, daß diese Ausstellung weder in Dresden – dem Ursprungsort der Künstlergemeinschaft Brücke – noch in seinem Heimatort Chemnitz stattfand, ist ein deutliches Indiz für die künftige, auf eine stärkere Eigenständigkeit bedachte Entwicklung des Künstlers. Mit der renommierten, bereits 1824 gegründeten Hamburger Galerie, zu der sowohl Gustav Schiefler als auch Rosa Schapire gute Verbindungen besaßen, waren bereits im Herbst 1908 erste Kontakte aufgenommen worden, die zunächst auf eine Übernahme oder Neuauflage der vorangegangenen Heckel-Schmidt-Rottluff-Ausstellung im Oldenburger Augusteum hinausliefen, dann aber nicht realisiert wurden. Während des Jahres 1909 konnte Rosa Schapire der Brücke in Hamburg nicht nur die mit Abstand meisten Mitglieder hinzugewinnen, sie hatte sich damals auch für Schmidt-Rottluff als ihren Favoriten entschieden, so daß die Vermittlung seiner ersten Commeter-Ausstellung – bei der es zu Differenzen mit Emil Nolde kam – vor allem auf sie zurückgehen dürfte. Der Maler bewahrte dieser Galerie sein ganzes Leben hindurch die Treue und stellte sich hier bis ins hohe Alter in etwa zwanzig Einzelausstellungen vor. Seine erste Präsentation im Januar 1910 enthielt ausschließlich Aquarelle und damit auch die Hauptergebnisse seines vorangegangenen Dangaster Sommers. Ob er zur Hängung dieser für ihn wesentlichen Ausstellung selbst nach Hamburg kam – wie mit Sicherheit ein Jahr später anläßlich seines zweiten Erscheinens bei Commeter – ist zwar kaum mehr eruierbar, jedoch wahrscheinlich, zumal sich hier in letzter Zeit sowohl die Zahl seiner Sammler vermehrt hatte, als auch seit Jahresbeginn mit dem Kunsthistoriker Wilhelm Niemeyer nach Gustav Schiefler und Rosa Schapire noch ein weiterer wichtiger Mentor seiner Kunst in der Hansestadt lebte.[56] Der als Dozent an die Hamburger Kunstgewerbeschule berufene Gelehrte (Abb. S. 71) war vorher an der von Peter Behrens geleiteten Schule in Düsseldorf tätig, wo er zu den maßgeblichen Initiatoren des „Sonderbund westdeutscher Kunstfreunde" gehörte.[56] Im Sonderbund stellte er früh Arbeiten von Schmidt-Rottluff aus (Abb. S. 55) und knüpfte von da aus dessen Verbindung mit Karl Ernst Osthaus, dem Schöpfer des Folkwang-Museums in Hagen. Im September 1911 hielt sich Niemeyer mehrere Tage bei Schmidt-Rottluff in Dangast auf und fertigte bei dieser Gelegenheit ausführliche Aufzeichnungen zu den dort gesehenen Bildern an. Diese, für das zum Teil verschollene Frühwerk des Künstlers höchst aufschlußreichen Quellen werden für die hier vorgelegte Publikation erstmalig herangezogen.

Max Pechstein: Plakat für die Ausstellung Zurückgewiesener der Secession Berlin 1910, Farblithographie 69,5 x 93 cm (Krüger L 110).
Das gleiche Motiv wurde auch als Titel des Kataloges verwandt, in dem von „Schmidt-Rottluff, Dangast a. Nordsee" zwei hier entstandene Arbeiten aufgeführt werden.

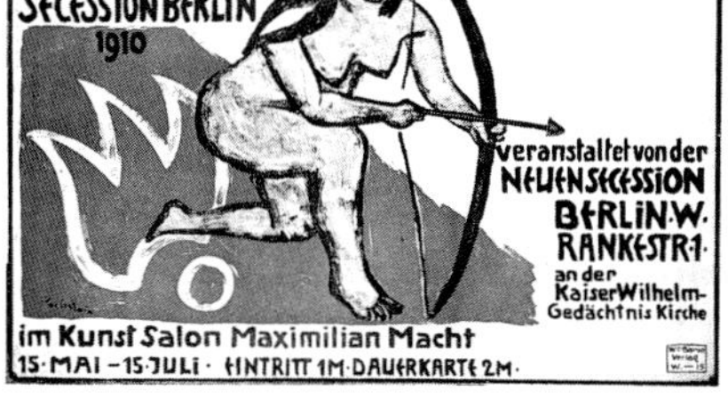

Neben Düsseldorf, Hamburg und Dresden gewann seit 1910 auch Berlin zunehmend für den Maler an Bedeutung, nachdem er in der 19. Ausstellung der Sezession drei Dangaster Arbeiten von 1909 unterbringen konnte: zwei Aquarelle von Varelerhafen, von denen sich lediglich eines erhielt (Abb. 64), sowie die Tuschpinselzeichnung eines Tischstillebens (Abb. 76), die sogar im Katalog abgebildet wurde. Er besuchte diese Ausstellung in den ersten Januartagen 1910, ehe er sich für die folgenden Wochen nach Dresden begab, von wo aus im Februar die von Erich Heckel geschnittene und E. L. Kirchner gewidmete Jahresmappe an die Passiven Mitglieder versandt wurde. Mitte Februar suchte Rosa Schapire die drei in Dresden versammelten Maler auf, von denen Kirchner und Heckel nur wenig später für mehrere Wochen bei Max Pechstein in Berlin Quartier bezogen, während Schmidt-Rottluff allein in Dresden bzw. Chemnitz zurückblieb, um dann von hier im April nach Dangast zurückzukehren. In Berlin hatten inzwischen mehrere Ereignisse stattgefunden, die für die Entwicklung der modernen Kunst in Deutschland – und damit auch für Schmidt-Rottluff – bedeutsam werden sollten, wie die Begründung von Verlag und Zeitschrift „Der Sturm" durch Herwarth Walden Anfang März, sowie die Konstituierung der Neuen Sezession am 21. April, nachdem die jüngeren und fortschrittlichen Maler von der nunmehr alten Sezession zurückgewiesen worden waren. Max Pechstein hatte die Präsidentschaft, Georg Tappert den Vorsitz der oppositionellen Vereinigung übernommen, der die Brücke-Maler mit dem neu hinzugewonnenen Otto Mueller bis Ende 1911 geschlossen beitraten. Schmidt-Rottluff zeigte in ihrer ersten, am 15. Mai 1910 begonnenen Ausstellung, zwei Dangaster Gemälde, von denen er das im Katalog abgebildete Stilleben von 1908 (Abb. 28) zu seiner eigenen Überraschung auch verkaufen konnte.

Inzwischen waren auch im Oldenburger Kunstleben Veränderungen eingetreten, von denen Schmidt-Rottluff und Erich Heckel – der 1910 zum letzten Mal nach Dangast kam – ebenfalls nicht unberührt blieben. So hatte bereits im Dezember 1909 die seit 1867 bestehende Hof-Kunsthandlung Oncken im aufwendig restaurierten, mittelalterlichen Turm der ehemaligen Heiliggeistkirche, dem sogenannten „Lappan", ein neues Quartier bezogen, wobei Erich Heckel den Auftrag zu einem später auch als Signet verwendeten Plakat erhielt (Abb. S. 56). Diesem mutigen Auftakt folgten indessen nur wenige vergleichbare Unternehmungen, da Wilhelm Oncken (Abb. S. 57) zwar einige Arbeiten der Dangaster Maler in sein Lagerangebot aufnahm, sie in seiner Eröffnungsausstellung aber nicht berücksichtigte. Die gezeigten graphischen Blätter stammten vielmehr von bereits anerkannten Malern wie Leistikow, Baum, Böhle, Behrens, Leibl, Klemm und französischen Radierern, deren vom Realismus bis zum Jugendstil reichende Ausdrucksweise beim Oldenburger Publikum keine negativen Reaktionen erwarten ließ. Immerhin kann den Briefen Schmidt-Rottluffs entnommen werden, daß Oncken, ein Bruder des Historikers Hermann Oncken, sich sowohl um eine erneute gemeinsame Ausstellung der beiden Dangaster, als auch um eine Brücke-Kollektion bemühte, damit jedoch nicht ans Ziel kam. Ebenso scheiterte sein Versuch einer repräsentativen Vorstellung der die Brücke-Maler einschließenden Neuen Sezession in Oldenburg, auf die er zwar früh aufmerksam wurde, von deren Mitgliedern er jedoch nur die kaum bekannten Maler Moritz Melzer, Heinrich Richter und Arthur Segal gewinnen konnte. Als noch weniger avantgardistisch erwiesen sich seine folgenden Veranstaltungen, wie im März 1910 sein gleichzeitiges Angebot von englischen Radierun-

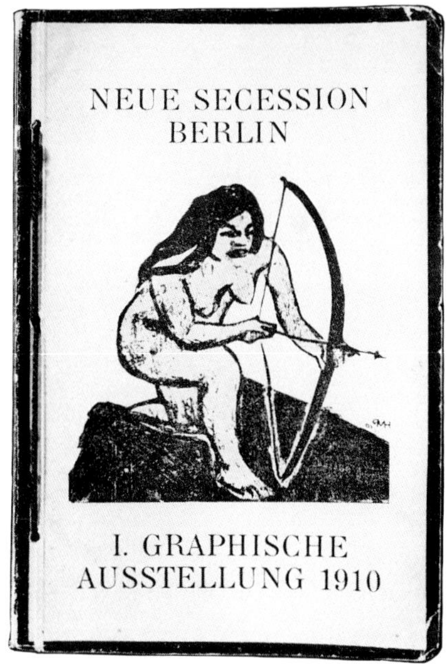

SCHÄFER, Kurt, Berlin
geb. 1886. Merseburg
91. Aufbruch

SCHMIDT-ROTTLUFF
Dangast (Oldenburg)
geb. 1880. Bez. Chemnitz
92. Gelbes Tuch
93. Ausfahrende Boote
94. Porträt des Herrn Dr. W.
95. Kühe im Stall
96. Birnen
97. Leute am Tisch
98. Häuser am Berghang
99. Elbhafen

SCHÜTZ, Berta, Berlin
geb. 1868. Lippstadt (Westf.)
100. Holzschnitt

SEGAL, Arthur, Berlin
geb. 1875.
101. Brücke
102. Landschaft
103. Porträt
104. do.

Katalog der Ersten graphischen Ausstellung der Neuen Sezession, Berlin 1910, mit Titel von Pechstein und der auf Schmidt-Rottluff bezogenen Seite. Von den dort genannten Arbeiten waren die beiden ersten offenbar Aquarelle oder Zeichnungen, die nicht mehr nachgewiesen werden können. Bei Nr. 94–97 handelt es sich um Lithographien, bei 98, 99 um – auch auf Postkarten gedruckte – Holzschnitte, die im Katalog abgebildet waren.

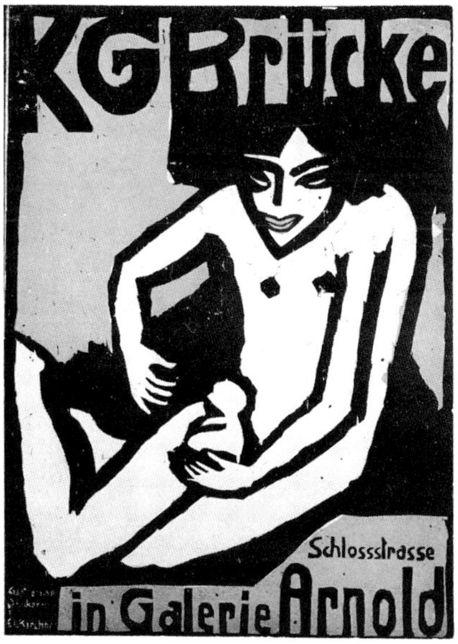

E. L. Kirchner: Plakat der Brücke-Ausstellung in der Dresdener Galerie Arnold 1910, Holzschnitt 82,2 x 59,2 cm, schwarz und rot auf gelben Karton gedruckt (Dube 715).
Schmidt-Rottluff war in dieser Ausstellung mit 20 Arbeiten vertreten, die sämtlich im Oldenburger Land entstanden.

Titel des Kataloges „Sonderbund-Ausstellung Düsseldorf 1910“ mit einer Einführung von Wilhelm Niemeyer. Diese kunsthistorisch wichtige Ausstellung, in der deutsche und französische Künstler gemeinsam gezeigt wurden (u.a. Barlach, Braque, Denis, Derain, van Dongen, Hofer, Jawlensky, Kandinsky, Kirchner, Liebermann, Matisse, Nolde, Pechstein, Picasso, Rohlfs, Signac, Vlaminck), war weitgehend das Werk Niemeyers, der von Schmidt-Rottluff dafür das später von ihm selbst erworbene und jetzt im Oldenburger Landesmuseum befindliche Gemälde „Mittag im Moor“ von 1908 erbat.

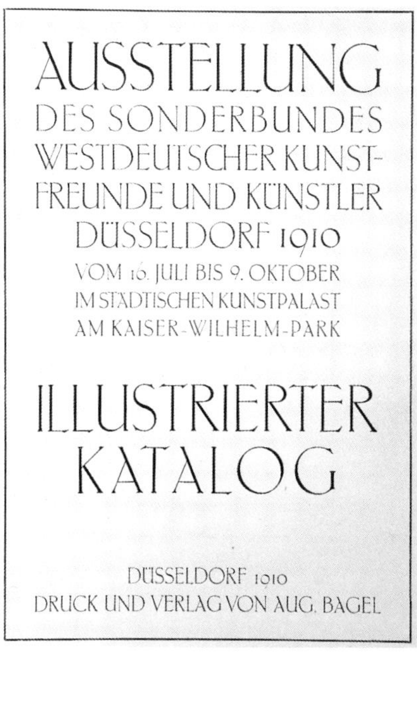
AUSSTELLUNG
DES SONDERBUNDES
WESTDEUTSCHER KUNSTFREUNDE UND KÜNSTLER
DÜSSELDORF 1910
VOM 16. JULI BIS 9. OKTOBER
IM STÄDTISCHEN KUNSTPALAST
AM KAISER-WILHELM-PARK

ILLUSTRIERTER
KATALOG

DÜSSELDORF 1910
DRUCK UND VERLAG VON AUG. BAGEL

gen, Zeichnungen für den „Simplizissimus“ und Porträts des südoldenburger Malers Heinrich Klingenberg, der noch ganz in der Tradition des 19. Jahrhunderts verharrte und 1911 den Auftrag zu einem Bildnis des regierenden Großherzogs Friedrich August erhielt. Im Mai 1910 stellte Oncken dann die von der oldenburgischen Künstlerschaft zugunsten des Ammerländer Bauernhausmuseums gestifteten Arbeiten aus, unter denen sich auch mehrere Holzschnitte von Schmidt-Rottluff befanden (Abb. S. 57).

Der Oldenburger Künstlerbund hatte die Zahl seiner Mitglieder inzwischen auf vierunddreißig aktive und neunzehn fördernde Personen steigern können, jedoch in seiner Jahresversammlung vom 5. Januar 1910 die korporative Beteiligung des Bundes an den Ausstellungen des Oldenburger Kunstvereins beschlossen. Die daraus vor allem für die beiden Brükke-Maler entstehende Hürde einer zusätzlichen Jurierung wurde bereits in der am 15. Februar beginnenden 329. Kunstvereins-Ausstellung sichtbar, in der Heckel lediglich ein Gemälde zugestanden wurde, während Schmidt-Rottluff zwei Bilder plazieren konnte. Nach einer im Rückblick erstaunlich frühen Bereitschaft zur Entgegennahme neuer Ausdrucksformen hatten sich im Oldenburger Kunstleben damals wieder die Traditionalisten um den Maler Bernhard Winter durchgesetzt, dessen im Mai 1910 fertiggestelltes großes Volkslebenbild „Die letzte Ehre“ die uneingeschränkte Bewunderung der meisten Kunstliebhaber auf sich zog.[57] In der Besprechung der 329. Kunstvereins-Ausstellung in den Oldenburger Nachrichten vom 19. Februar 1910 wandte sich deren Chefredakteur Wilhelm von Busch dann erstmalig eindeutig gegen die zwei Jahre zuvor als „willkommene Ergänzung unserer heimischen Künstlerfamilie“ begrüßten Brücke-Maler. Dabei berief er sich auf einen nicht genannten „bekannten Kunsthistoriker“, der den Malern wegen ihrer starken Farben „abnorme Augen“ bescheinigt hätte. Er schloß seine eigene Stellungnahme mit dem Satz: „Solche Bilder werden unseres Erachtens nur als Kuriositäten eine Rolle spielen können“.[58] Obwohl den von diesem Verdikt Betroffenen derartige Einordnungen nicht ganz fremd waren, dürften sie auf ihr atmosphärisches Verhältnis zum erwählten Arbeitsdomizil nicht ohne Einfluß geblieben sein. Selbst wenn der aktualitätsferne Hauptort eines kleinen Agrarlandes als Schauplatz der Künste gegenüber der immer stärker in den Blickkreis rückenden Reichshauptstadt keine ernsthafte Alternative darstellte, konnten die noch immer am Beginn ihrer Künstlerlaufbahn stehenden Dangaster der in Oldenburg empfangenen Zustimmung oder Ablehnung nicht gleichgültig gegenüberstehen und mußten sie in ihre künftigen Entscheidungen mit einbeziehen. Jedenfalls wirkten sich die Qualifizierungen und Urteile Wilhelm von Busch's – des wichtigsten Sprachrohrs der veröffentlichten Kunstmeinung in Oldenburg – auf die Situation und Entwicklung der bildenden Künste im Lande nicht unerheblich aus. Unter den fördernden Mitgliedern des Oldenburger Künstlerbundes, in dessen Veranstaltungen und Entscheidungen er sich zunehmend einband, stand sein Name nicht nur aus alphabetischen Gründen obenan, so daß er auch an der erstmaligen Zurückweisung von Einsendungen Schmidt-Rottluffs an den Oldenburger Kunstverein nicht unbeteiligt gewesen sein dürfte. Als sich der Künstler in einem noch am 14. November 1910 in Dangast verfaßten Schreiben an dessen ersten Vorsitzenden, Freiherrn von Bothmer, darüber beschwerte, wurden in die gleichzeitige 331. Ausstellung des Kunstvereins allerdings noch fünf graphische Arbeiten und in die folgende 332. Ausstellung vier Gemälde von ihm aufgenommen. Dies konnte aber gar

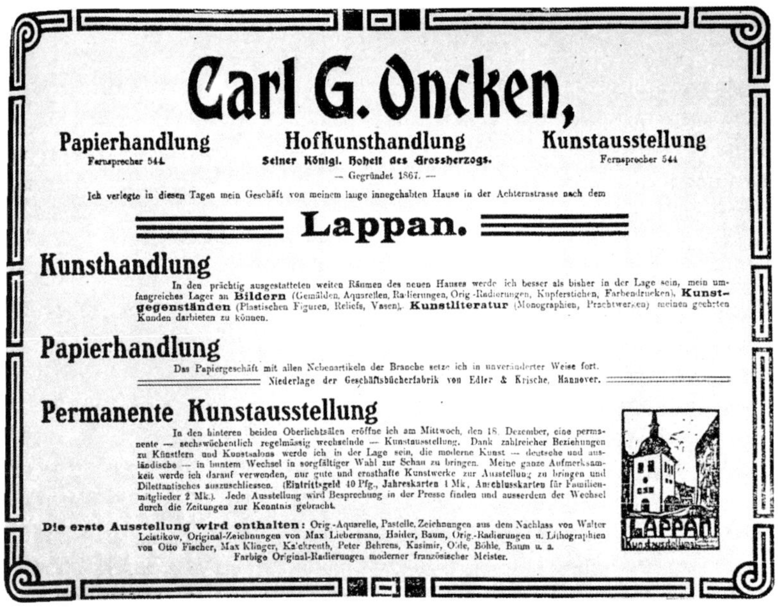

Carl G. Oncken,

Papierhandlung Fernsprecher 544 — **Hofkunsthandlung** Seiner Königl. Hoheit des Grossherzogs. — **Kunstausstellung** Fernsprecher 544

— Gegründet 1867. —

Ich verlegte in diesen Tagen mein Geschäft von meinem lange innegehabten Hause in der Achternstrasse nach dem

Lappan.

Kunsthandlung

In den prächtig ausgestatteten weiten Räumen des neuen Hauses werde ich besser als bisher in der Lage sein, mein umfangreiches Lager an **Bildern** (Gemälden, Aquarellen, Radierungen, Orig.-Radierungen, Kupferstichen, Farbendrucken), **Kunstgegenständen** (Plastischen Figuren, Reliefs, Vasen), **Kunstliteratur** (Monographien, Prachtwerken) meinen geehrten Kunden darbieten zu können.

Papierhandlung

Das Papiergeschäft mit allen Nebenartikeln der Branche setze ich in unveränderter Weise fort.

Niederlage der Geschäftsbücherfabrik von Edler & Krische, Hannover.

Permanente Kunstausstellung

In den hinteren beiden Oberlichtsälen eröffne ich am Mittwoch, den 18. Dezember, eine permanente — sechswöchentlich regelmässig wechselnde — Kunstausstellung. Dank zahlreicher Beziehungen zu Künstlern und Kunstsalons werde ich in der Lage sein, die moderne Kunst — deutsche und ausländische — in buntem Wechsel in sorgfältiger Wahl zur Schau zu bringen. Meine ganze Aufmerksamkeit werde ich darauf verwenden, nur gute und ernsthafte Kunstwerke zur Ausstellung zu bringen und Dilettantisches auszuschliessen. (Eintrittsgeld 40 Pfg., Jahreskarten 1 Mk., Anschlusskarten für Familienmitglieder 2 Mk.). Jede Ausstellung wird Besprechung in der Presse finden und ausserdem der Wechsel durch die Zeitungen zur Kenntnis gebracht.

Die erste Ausstellung wird enthalten: Orig.-Aquarelle, Pastelle, Zeichnungen aus dem Nachlass von Walter Leistikow, Original-Zeichnungen von Max Liebermann, Haider, Baum, Orig.-Radierungen u. Lithographien von Otto Fischer, Max Klinger, Kalckreuth, Peter Behrens, Kasimir, Olde, Böhle, Baum u. a.

Farbige Original-Radierungen moderner französischer Meister.

Anzeige zur Neueröffnung der Kunsthandlung Oncken im Lappan mit Verwendung von Heckels Holzschnitt (Oldenburger Nachrichten, 12.12.1909)

nichts daran ändern, daß von nun an die Kritik an Schmidt-Rottluff das Verständnis für ihn deutlich überwog und Wilhelm von Busch sich gegenüber seiner so vehement gegen bisherige Sehgewohnheiten anstürmenden Malerei auf die Verteidigungslinien derjenigen zurückzog, die in Oldenburg auch auf diesem Gebiet alles beim bewährten Alten lassen wollten. Solche Widerstände verstärkten sich auch überall dort, wo Einflüsse von außen in die gewachsenen Strukturen eindrangen, wie beim 1909 gegründeten Galerieverein, der während des Monats April 1910 im Augusteum zum zweiten Mal eine Auswahl von neunundvierzig Arbeiten nordwestdeutscher Künstler vorstellte, aus denen die Ankäufe für eine Staatliche Oldenburger Galerie bestimmt werden sollten. Da sich unter den neunundzwanzig vertretenen, meist in den 60er Jahren des 19. Jahrhunderts geborenen Künstlern außer dem in Ahrenshoop wirkenden Paul Müller-Kaempff und dem damals in Rastede tätigen Bildhauer Paul Peterich kein Oldenburger befand, setzte von Busch seine bereits im Vorjahr vehement geführte Kritik an den in der Ankaufskommission dominierenden Bremer Kunsthistorikern fort und lobte stattdessen die 1910 dem Großherzog ohne Auflagen gestiftete und übernommene Sammlung Rösicke, obwohl unter den 74 Bildern von Malern aus der zweiten Hälfte des 19. Jahrhunderts noch weniger einheimische Künstler zu finden waren. Die sich bei Wilhelm von Busch wie in einem Focus bündelnden Kontroversen über die Aufgaben der Schönen Künste in Oldenburg resultierten ebenso aus unterschiedlichen Bedürfnissen und Möglichkeiten des Hofes und einer erst in den letzten Jahren erheblich angewachsenen, gebildeten Gesellschaft, wie dem gleichzeitig damit gestiegenen Selbstbewußtsein der zwar vermehrten, vorwiegend jedoch auf sich selbst bezogenen und nach der Rückkehr von auswärtigen Lehr- und Wanderjahren großenteils in der Heimatbewegung ihre Grenzen findenden Künstlerschaft, der es zudem gerade damals an progressivem Nachwuchs mangelte. Hinzu kam, daß die keineswegs unbedeutenden Einrichtungen zur Pflege der bildenden Künste in Oldenburg noch immer mehr oder minder ehrenamtlich von Nichtfachleuten wahrgenommen wurden. Im Kunstgewerbemuseum begann Theodor Raspe seine Tätigkeit daher mit einer stärker wissenschaftliche Kriterien berücksichtigenden Neuord-

Erich Heckel: Plakat der Eröffnungsausstellung der Kunsthandlung Oncken im Oldenburger Lappan, 1909, Holzschnitt (Weißtanne), 84,2 x 60,1 cm, Druck Adolf Littmann, Oldenburg (Dube 172).
Auf der anderen Seite des Holzstocks der Schnitt für das Plakat der Brücke-Ausstellung bei Richter in Dresden 1908 (Abb. Seite 41). Wilhelm Oncken verwandte dieses Motiv, das mehreren Oldenburger Künstlern Anregungen gab, über Jahrzehnte hinweg als Signet seines Unternehmens.

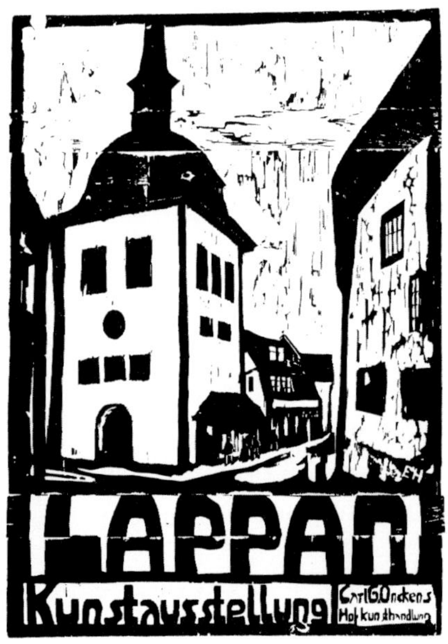

nung des als Vorbildersammlung für das heimische Handwerk angelegten und durch kunstgewerbliche Objekte der großherzoglichen Altertümersammlung bereicherten Bestandes, der im Beisein des Großherzogs am 9. Dezember 1910 erneut für die Öffentlichkeit zugänglich gemacht werden konnte. Hier stellte Schmidt-Rottluff im folgenden Jahr in einer vorwiegend durch Künstlerinnen beschickten Sonderausstellung dann die bereits erwähnte kunsthandwerkliche Arbeit aus, den verschollenen Wandbehang mit einer Aktdarstellung in Flachstickerei, dessen Ausführung durch Schmidt-Rottluffs Schwester Gertrud – oder auch schon durch Emma Ritter – übernommen worden sein dürfte.[59]

Während Schmidt-Rottluffs Dangaster Aufenthalt von 1910 Ende April begann und nach einer seiner fruchtbarsten Schaffensperioden erst Mitte November zu Ende ging, traf Erich Heckel letztmalig Anfang Mai hier ein, um bereits knapp zwei Monate später gemeinsam mit Max Pechstein wieder abzureisen. Dieser hielt sich annähernd vier Wochen bei Heckel in Dangast auf, nachdem sich Kirchners Absicht zerschlagen hatte, seinem Freunde dieses eine Mal an der Nordsee Gesellschaft zu leisten. Die drei Maler, die sich damals menschlich wie künstlerisch besonders nahe standen, verbrachten die folgenden Wochen gemeinsam an den Moritzburger Teichen, so daß sich Schmidt-Rottluff während des Hochsommers und im Herbst erstmalig ohne die Gesellschaft von Brücke-Gefährten in Dangast befand.

Nach Angaben Heckels entstanden während seines letzten Dangaster Besuchs im Mai und Juni 1910 neben mehreren Holzschnitten acht Gemälde, von denen die erst 1957 wieder freigelegte Darstellung des schlafenden Pechsteins im Liegestuhl fraglos zu seinen Hauptwerken gehört.[60] Das Bild dokumentiert eindrucksvoll Pechsteins einzigen Aufenthalt in Dangast, zu dem er sich nach der Gründung und Eröffnung der ersten Ausstellung der Neuen Sezession in Berlin auf Vorschlag Heckels relativ kurzfristig entschlossen hatte. Näheres über diese Exkursion Pechsteins nach Dangast wurde erst 1957 bekannt, als im Katalog der Oldenburger Ausstellung „Maler der Brücke in Dangast" ein darauf bezogener Auszug aus den vom Künstler nach dem Zweiten Weltkrieg niedergeschriebenen, zu diesem Zeitpunkt aber noch nicht publizierten Erinnerungen wiedergegeben werden konnte (siehe S. 230).[61] Darin finden sich mehrere, das Verhältnis der Künstler zueinander und zu ihrem Aufenthaltsort betreffende Passagen, die zwar nicht alle korrekt im Gedächtnis bewahrt blieben, in ihrem Kern jedoch Wesentliches treffen. So hielten sich Heckel und Schmidt-Rottluff damals nicht mehr in Dangastermoor – wie Pechstein schreibt – sondern in Dangast auf, wohin Pechstein auch nicht nach, sondern vor dem gemeinsamen Sommer in Moritzburg gelangte. Auch war er, wie die erhaltene Korrespondenz beweist, Anfang Juni nicht gemeinsam mit Heckel, sondern allein von Berlin nach Dangast gereist, um es in den allerersten Julitagen allerdings in seiner Gesellschaft wieder zu verlassen. Besonders aufschlußreich ist Pechsteins Hinweis auf die nach seiner Ankunft in Dangast von Schmidt-Rottluff vorgewiesenen Arbeiten, den er mit der Bemerkung verband, daß die gesehenen Motive damit für ihn und Heckel blockiert gewesen seien. Tatsächlich läßt sich aus dieser gegenseitigen Respektierung gefundener Sujets die auffallende Differenzierung der jeweiligen Bildauffassungen ableiten. Zutreffend ist auch Pechsteins Hinweis auf die stilistischen Gestaltungsunterschiede der Gefährten, wobei Schmidt-Rottluffs eben erst entstandene Landschaften noch dem Ausklang des überwunden geglaubten Impressionismus zugeordnet werden. Ihr Vergleich mit Heckels gleichzeitigem Gemälde

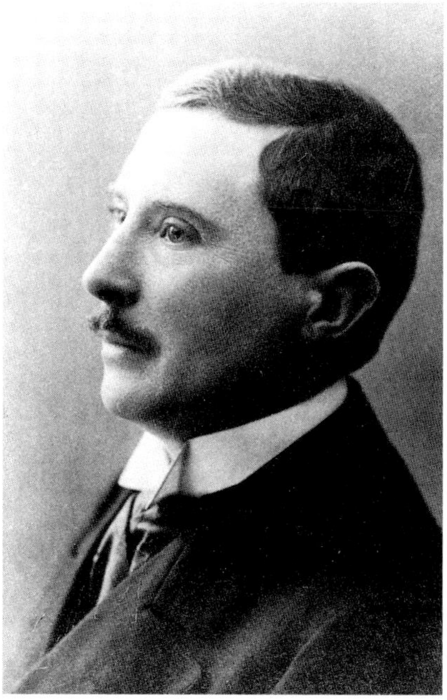

Wilhelm Oncken (1870–1953), um 1910, Inhaber der bereits 1867 begründeten Hof-Kunsthandlung Carl Gerhard Oncken, die ihre Lokalitäten vorher in der Achternstraße und am Markt besaß und ab 1909 im Lappan – dem Turm der ehemaligen Hl. Geist-Kirche – domizilierte. Wilhelm Oncken war ein Bruder des Historikers Hermann Oncken (1869–1945).

Anzeige „Gemälde-Ausstellung im Lappan". Wie im Vorjahr bei der Neuenburger Rauchkate, wurden die Oldenburger Künstler 1910 auch zur Stiftung von Kunstwerken zum Besten des Ammerländer Bauernhauses in Zwischenahn aufgerufen. Die Künstlergaben wurden in der Oldenburger Kunsthandlung Oncken ausgestellt, die aus diesem Anlaß die hier gezeigte Anzeige veröffentlichte. Unter den aufgeführten Spendern befinden sich auch Schmidt-Rottluff, Heckel und Emma Ritter (Nordwestdeutsche Morgenzeitung, Oldenburg 19.5.1910)

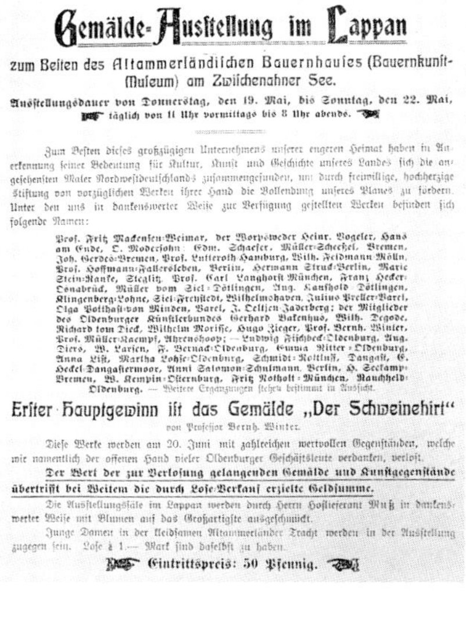

Gemälde-Ausstellung im Lappan

zum Besten des Altammerländischen Bauernhauses (Bauernkunst-Museum) am Zwischenahner See.

Ausstellungsdauer von Donnerstag, den 19. Mai, bis Sonntag, den 22. Mai, täglich von 11 Uhr vormittags bis 8 Uhr abends.

Zum Besten dieses großzügigen Unternehmens unserer engeren Heimat haben in Anerkennung seiner Bedeutung für Kultur, Kunst und Geschichte unseres Landes sich die angesehensten Maler Nordwestdeutschlands zusammengefunden, um durch freiwillige, hochherzige Stiftung von vorzüglichen Werken ihrer Hand die Vollendung unseres Planes zu fördern. Unter den uns in dankenswerter Weise zur Verfügung gestellten Werken befinden sich folgende Namen:

Prof. Fritz Mackensen-Weimar, der Worpsweder Heinr. Vogeler, Hans am Ende, O. Modersohn, Edm. Schaefer, Müller-Scheeßel, Bremen, Joh. Gerdes-Bremen, Prof. Lutteroth-Hamburg, Wilh. Feldmann-Mölln, Prof. Hoffmann-Fallersleben, Berlin, Hermann Struck-Berlin, Marie Stein-Ranke, Steglitz, Prof. Carl Langhorst-München, Franz Hecker-Osnabrück, Müller vom Siel-Dötlingen, Aug. Kaufhold-Dötlingen, Klingenberg-Lohne, Siel-Freystedt, Wilhelmshaven, Julius Preller-Varel, Olga Potthast-von Minden, Varel, J. Oeltjen-Jaderberg; der Mitglieder des Oldenburger Künstlerbundes Gerhard Bakenhus, Wilh. Degode, Richard tom Dieck, Wilhelm Morisse, Hugo Zieger, Prof. Bernh. Winter, Prof. Müller-Kaempf, Ahrenshoop; — Ludwig Fischbeck-Oldenburg, Aug. Diers, W. Larsen, F. Bernack-Oldenburg, Emma Ritter-Oldenburg, Anna List, Martha Lohse-Oldenburg, Schmidt-Rottluff, Dangast, E. Heckel-Dangastermoor, Anni Salomon-Schulmann, Berlin, H. Seekamp-Bremen, W. Kempin-Osternburg, Fritz Rotholt-München, Rauchheld-Oldenburg. — Weitere Ergänzungen stehen bestimmt in Aussicht.

Erster Hauptgewinn ist das Gemälde „Der Schweinehirt"

von Professor Bernh. Winter.

Diese Werke werden am 20. Juni mit zahlreichen wertvollen Gegenständen, welche wir namentlich der offenen Hand vieler Oldenburger Geschäftsleute verdanken, verlost.

Der Wert der zur Verlosung gelangenden Gemälde und Kunstgegenstände übertrifft bei Weitem die durch Lose-Verkauf erzielte Geldsumme.

Die Ausstellungssäle im Lappan werden durch Herrn Hoflieferant Muß in dankenswerter Weise mit Blumen auf das Großartigste ausgeschmückt.

Junge Damen in der kleidsamen Altammerländer Tracht werden in der Ausstellung zugegen sein. Lose à 1.— Mark sind daselbst zu haben.

Eintrittspreis: 50 Pfennig.

„Elgernder Mann“ (Abb. S. 111), das 1957 für das Oldenburger Landesmuseum erworben wurde, bestätigt diese frühere Durchsetzung flächiger Malweise bei Heckel, die bei Schmidt-Rottluff erst im Laufe des Jahres 1911 vollzogen wurde. Hinweise auf Pechsteins eigene Dangaster Arbeiten lassen sich dort in seinen Erinnerungen finden, wo er von Bekanntschaften mit Einheimischen und Sommergästen berichtet, unter denen sich für ihn und Heckel manches Modell gefunden hätte. Daß er sich jedoch nicht allein auf figürliche Motive beschränkte, sondern der Dangaster Landschaft auch solche Sujets entnahm, die von Schmidt-Rottluff bereits gestaltet worden waren, beweisen zahlreiche Gemälde, Aquarelle und Zeichnungen von ihm, die erst in den letzten Jahren identifiziert wurden. Anläßlich der Oldenburger Dangast-Ausstellung von 1957 konnten als hier geschaffene Arbeiten Pechsteins lediglich vier Gemälde und zwei Aquarelle benannt werden, während die seither fortgeschrittene Erforschung seines Oeuvres es gegenwärtig erlaubt, etwa zehn Gemälde, mehr als vierzig Aquarelle und Zeichnungen, mindestens fünf gezeichnete Postkarten und einige graphische Blätter mit seinem kurzen Aufenthalt im Oldenburgischen in Verbindung zu bringen und damit seine spontane Produktivität zu bestätigen. Selbstporträts, Darstellungen Heckels und Bildnisse weiblicher Modelle befinden sich ebenso darunter, wie Impressionen vom Dangaster Pferderennen oder Wiedergaben des alten Posthauses und des Conservationsgebäudes von der Wasserseite her (Abb. S. 60). In einer Postkarte an Rosa Schapire vom 6. Mai 1911 zog Pechstein zwar eine Rückkehr nach Dangast in Erwägung, um sich dann aber doch wieder für Nidden auf der Kurischen Nehrung zu entscheiden. Wie wenig berechtigt es indessen wäre, sich den zurückhaltenden Schmidt-Rottluff nach Abreise seiner lebhafteren Malerfreunde als abgeschiedenen Eremiten vorzustellen, beweist schon die Tatsache, daß Rosa Schapire bereits einige Tage später in Dangast eintraf. Sie bezog für vier Wochen bei Bäcker Ihnken Quartier und kehrte Ende August – als auch die Schwester des Künstlers ankam – noch einmal hierher zurück. Damals schuf Schmidt-Rottluff noch einen weiteren Holzschnitt von ihr (Abb. 196) und begann zugleich mit der Arbeit an ihrem frühesten Gemäldeporträt (Abb. 214), die er erst Anfang 1911 in Hamburg abschloß. Noch während der Anwesenheit von Rosa Schapire kam es auch zu einem Besuch der von ihr für die Brücke gewonnenen Sammlerin Elsa Hopf in Dangast, die ebenso von hier, wie von anderen Aufenthaltsorten Schmidt-Rottluffs zahlreiche Postkarten-Zeichnungen von ihm erhielt. Vor allem traf in diesem Sommer von 1910 aber die Oldenburger Malerin Emma Ritter (Abb. S. 73) zu ihrem ersten Aufenthalt in Dangast ein, die einzige Künstlerin, die sich noch während der Blütezeit der Brücke einem ihrer Mitglieder anschloß und bis zu ihrem Lebensende vor allem mit Schmidt-Rottluff befreundet blieb. Er malte sie schon bald nach ihrer Ankunft als „Guitarrespielerin“ (Abb. 139) und schnitt für sie und ihre Schwester Lulu je eines seiner frühen Exlibris (Abb. 255). Obwohl einige Jahre älter als Schmidt-Rottluff und in Düsseldorf, Berlin und München akademisch gründlich ausgebildet, stieß ihre mutige Hinwendung zur revolutionären expressionistischen Malerei in der heimischen Kunstszene überwiegend auf Ablehnung, so daß ihr späterer Umzug nach Berlin auch von daher verständlich wird. Da indessen fast alles, was sie in engem Kontakt mit den Brücke-Malern und mit Lyonel Feininger hervorbrachte, dem Zweiten Weltkrieg zum Opfer fiel, sind einer zuverlässigen Beurteilung ihrer Entwicklung und künstlerischen Leistung auch weiterhin schwer überwindbare Grenzen gesetzt, während ihre 1946 nie-

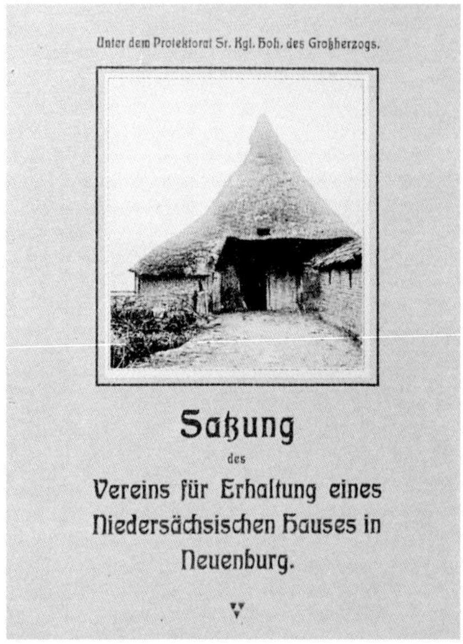

Unter dem Protektorat Sr. Kgl. Hoh. des Großherzogs.

Satzung
des
Vereins für Erhaltung eines
Niedersächsischen Hauses in
Neuenburg.

Titelblatt der Vereinssatzung von 1909 mit Abbildung der Neuenburger Rauchkate.
Die oldenburgische Künstlerschaft trug durch Stiftung von Kunstwerken zu ihrer Erhaltung bei. Schmidt-Rottluff stellte zu diesem Zweck zwei graphische Arbeiten zur Verfügung.

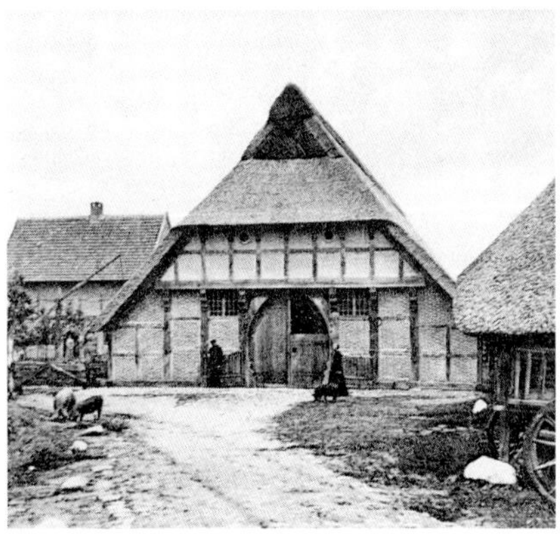

Museum Ammerländer Bauernhaus in Bad Zwischenahn, Zustand um 1911.
Die museale Bewahrung eines der damals allenthalben zum Abbruch gelangenden Ammerländer Bauernhäuser geht auf Vorschläge des Malers Bernhard Winter (1871–1964) zurück, der skandinavische Vorbilder - vor allem Bygdöy in Norwegen – gesehen und bereits 1905 die vorübergehende Errichtung eines solchen Hauses auf der Oldenburger Landesausstellung erreicht hatte. Das 1910 als Idealtypus errichtete Haupthaus besteht aus dem Material von zwei verschiedenen, vorher in der Umgebung des Ortes abgebrochenen Hofstellen. Es wurde im Laufe der folgenden Jahrzehnte durch 14 weitere ländliche Baulichkeiten ergänzt, die jetzt in die Kuranlagen integriert sind (Bildarchiv Oldenburger Stadtmuseum).

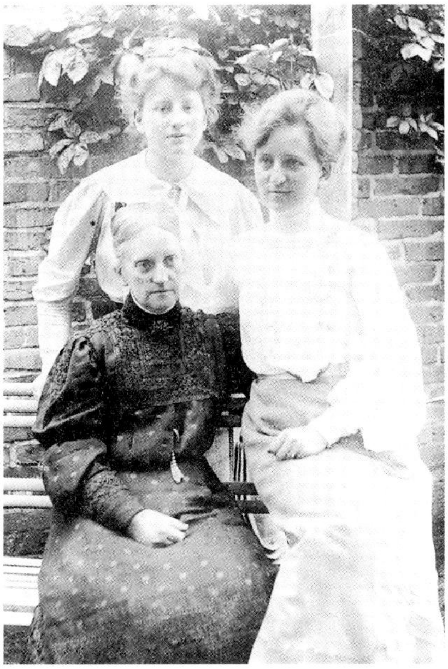

Die Malerin Emma Ritter (1878–1972), damals 28 Jahre alt (rechts), mit ihrer Mutter Marie Ritter geb. Bödeker und der jüngeren Schwester Lulu. Ihr Vater, der Geheime Ober-Medizinalrat Dr. Fritz Ritter (1841–1914), war Chefarzt des Peter-Friedrich-Ludwig-Hospitals und des Kinder-Krankenhauses in Oldenburg, zu ihren Vorfahren gehörte der seit 1782 in Eutin wirkende Homer-Übersetzer und Herausgeber des Göttinger Musen-Almanachs Johann Heinrich Voß (1751–1826).
Die Fotografie entstand am 31. Mai 1906, als sich Emma Ritter während ihrer Münchener Akademiezeit vorübergehend in Oldenburg aufhielt. 1903 hatte sie bei Lovis Corinth in Berlin gearbeitet und davor die Malschule von Willi Spatz in Düsseldorf besucht. Erst vier Jahre später sollte sie in Dangast Schmidt-Rottluff kennenlernen.

dergeschriebenen „Dangaster Erinnerungen“ (siehe S. 230) ihren Wert als ein Dokument für den unvermittelten Einbruch der Moderne in die beschauliche Ruhe einer Kunstprovinz behalten werden.
In Oldenburg war es inzwischen zu einer weiteren Intensivierung der seit 1908 bestehenden Verbindungen Schmidt-Rottluffs mit Ernst Beyersdorff gekommen, der den Künstler 1910 mehrfach in Dangast traf und ebenso häufig von ihm in Oldenburg besucht wurde. Beyersdorff hatte in diesem Jahr seine juristische Referendarzeit abgeschlossen und sich in seiner Heimatstadt als wichtigster Fürsprecher der modernen Kunst profiliert, für die er sich angesichts zunehmender Widerstände auch in auswärtigen Zeitungen vehement einsetzte. In Schmidt-Rottluffs Briefen an ihn spiegeln sich mehrere der herausragenden Ereignisse der Brücke-Zeit, etwa die im September 1910 in der Dresdener Galerie Arnold gezeigte Brücke-Ausstellung mit ihrem erstmalig durch originale Holzschnitte der beteiligten Maler und das Verzeichnis der Passiven Mitglieder bereicherten Katalog.[62] Da Beyersdorff offensichtlich kritische Anmerkungen zu den Holzschnitten Heckels und Kirchners gemacht hatte, wies Schmidt-Rottluff diese Kritik mit der als notwendig erachteten Unterscheidung zwischen „einer wahren und einer richtigen Zeichnung“ zurück.[63] Von ihm selbst waren zwei Holzschnitte in den Katalog aufgenommen worden, der Dangast als seinen Wohnsitz nennt und im übrigen ausschließlich hier geschaffene Arbeiten von ihm aufführt. Dabei handelt es sich um acht, nicht mehr in allen Fällen nachweisbare Gemälde von 1910, die somit bereits während der ersten Hälfte seines diesjährigen Oldenburg-Aufenthaltes gemalt wurden, um drei Landschaftsaquarelle von 1909 sowie um neun Holzschnitte aus dem selben Jahr, denen noch die beiden im Katalog vom Stock gedruckten und kurz vorher entstandenen Blätter hinzugerechnet werden können, so daß mit diesen insgesamt zweiundzwanzig Arbeiten auch so etwas wie ein Extrakt oder erstes Resümee der bisherigen Oldenburger Zeit geboten wurde.
Schmidt-Rottluff hatte 1910 in Dangast einen ersten Gipfel seines künstlerischen Schaffens erreicht, als er in einer unerhört intensiven Arbeitsphase mehr als dreißig Gemälde, ebensoviele Postkartenzeichnungen und zwanzig graphische Blätter hervorbrachte, mit denen sich seither vorrangig die Vorstellung seines individuellen Ausdrucksstiles verbindet. Bei den Gemälden handelt es sich bis auf einige Porträts oder Figurenbilder sämtlich um Landschaften, deren Motive auch weitgehend identifizierbar sind. Die meisten stammen wiederum aus der unmittelbaren Umgebung seines Dangaster Domizils, wobei die hier stehenden Logier- und Privathäuser jeweils mehrfach und in unterschiedlicher Sicht wiedergegeben wurden (Abb. 115 ff.) und die seit 1909 zu einem Leitmotiv seiner Malerei und Graphik gewordene „Villa mit Turm“ gleich dreimal in höchst unterschiedlich gestalteten Ölbildern auftaucht (Abb. 122, 124, 136). Das Konglomerat der, vom Maler als „Gutshof“ bezeichneten, dem Kurhaus zugehörigen Wirtschaftsgebäude wird ein willkommener Anlaß zur Bindung und Trennung konträrer farbiger Flächen (Abb. 121) und der am südlichen Ortsausgang gelegene Dorfkrug mit seiner angebauten Kegelbahn (Abb. 119, 120) zum Vorwand für die Entfesselung glühender Farbströme. Dem weiter entfernten Ellenserdamm, dessen in die Wiesen eingetiefter Sielhafen mit den hölzernen Frachtschiffen den Künstler besonders anzog, waren 1910 ebenfalls drei Bilder gewidmet (Abb. 114, 131, 140), darunter der damals noch zum Hafenbereich gehörende „Deichdurchbruch“ (Abb. 114), den es inzwischen ebensowenig mehr gibt, wie den Hafen selbst. Gerade dieses Bild macht deutlich, mit welcher Kom-

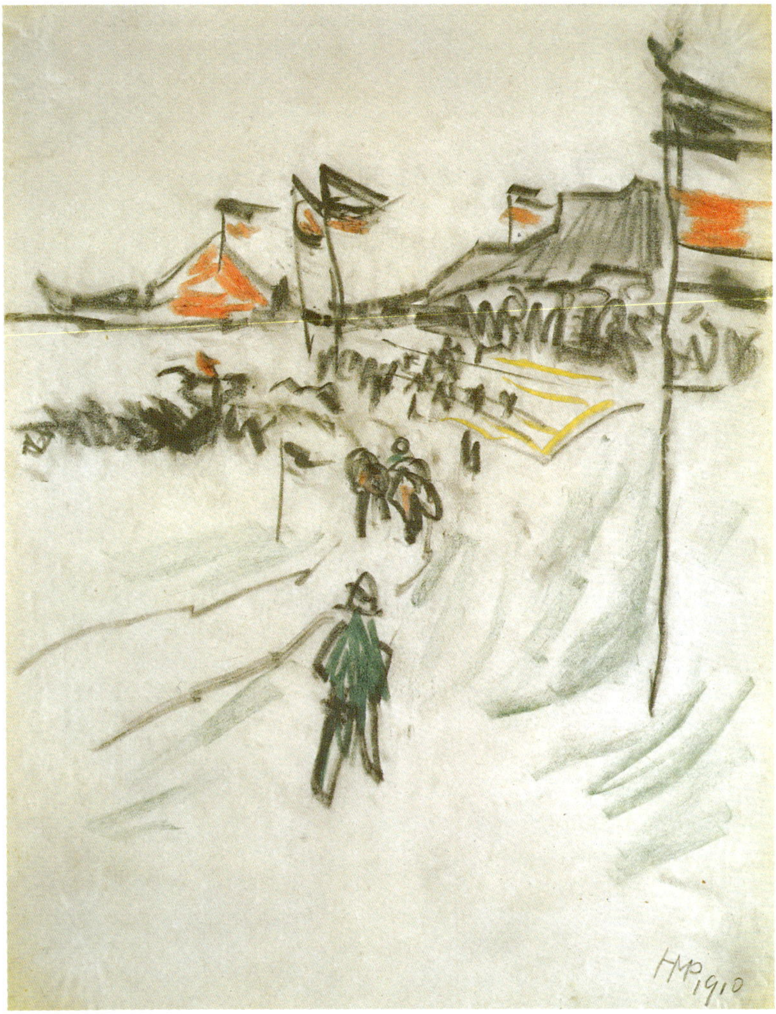

Max Pechstein: Zwei Zeichnungen vom Pferderennen in Dangast 1910, Farbstifte und Graphit, 22,3 x 28,4 und 28,3 x 22,5 cm (Nachlaß des Künstlers).
Diese und die beiden folgenden Zeichnungen gehören zu den Ergebnissen des außerordentlich produktiven Juli-Aufenthaltes von Pechstein in Dangast. Sie entstanden während des am 12. Juni 1910 veranstalteten Pferderennens, das in der Zeit zwischen 1906 und 1956 regelmäßig auf der seither so genannten Rennweide stattfand und mit einem Schlicklaufen der Fischer verbunden wurde. Die Rennweide war erst nach 1874 durch das Abgraben von Sand aus dem hohen Geestrücken entstanden, der zum Bau des Kriegshafens mit Schiffen nach Wilhelmshaven transportiert worden ist. Nach der Erwerbung durch den Kurhausbesitzer Carl Gramberg wurde das Gelände – auf dem sich heute ein Campingplatz befindet – so hergerichtet, daß darauf Rennbahnen, Zuschauerränge und Festzelte Platz finden konnten. Die populären Veranstaltungen wurden jeweils von 2–3000 Zuschauern besucht und mit einem Festball im Kurhaus abgeschlossen. Pechstein haben solche spektakulären Ereignisse mit ihrer vibrierenden Unruhe und gesellig-fröhlichen Atmosphäre damals häufig angezogen, während Schmidt-Rottluff ihnen grundsätzlich fernblieb. Obwohl er sich während des Stattfindens sämtlicher Pferderennen zwischen 1907 und 1912 in Dangast aufhielt, existiert keine darauf bezogene Arbeit von ihm.

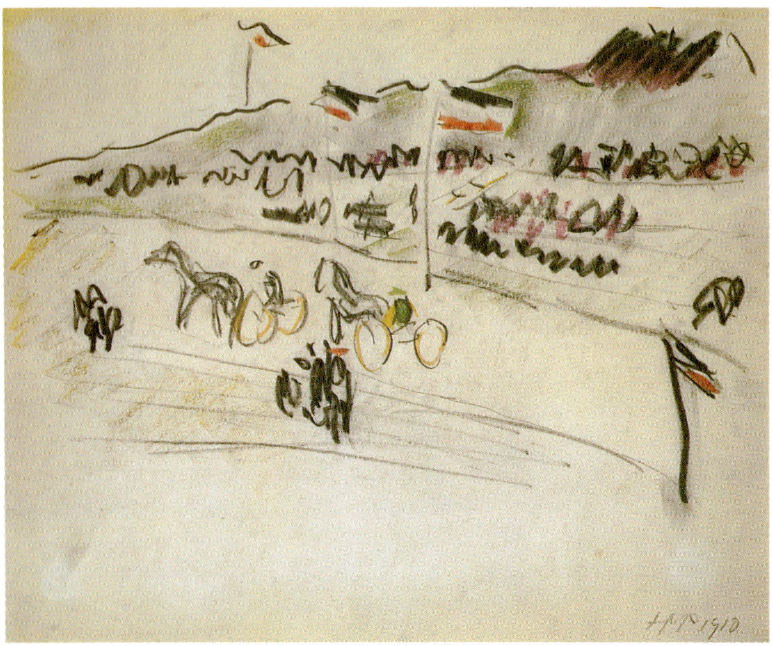

Max Pechstein: Altes Posthaus in Dangast, aquarellierte Federzeichnung auf einer Postkarte an Rosa Schapire in Hamburg, Poststempel Dangast 26.6.1910.
Text: „Sehr geehrtes Frl. Schapire, meinen herzlichsten Dank für Ihre Karte und freundlichen Gruß Ihr M. Pechstein. – Herzl. Gruß Ihr E. Heckel". (Privatbesitz und nicht bei Presler). Ein Aquarell mit dem gleichen, nur wenig veränderten Motiv befindet sich in den Bayerischen Staatsgemäldesammlungen München.

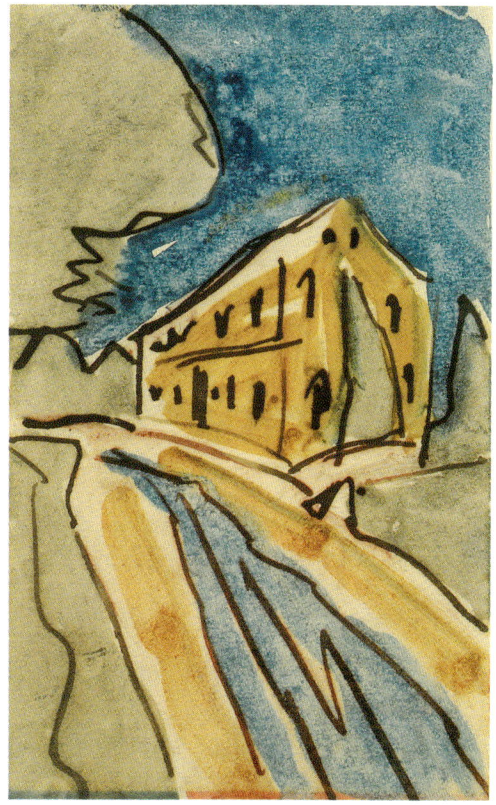

Max Pechstein: Fischer am Tief, Aquarell über Kreide 11,5 x 14,5 cm, Brücke-Museum Berlin. Die zu einem Konvolut von sieben Skizzenblättern gehörende Zeichnung entstand am Ellenserdammer Tief, das bei Dangast ins Wattenmeer mündet. Sie zeigt einen Fischer während der Beschäftigung mit aufgestellten Reusen oder Körben und Segelschiffe im Hintergrund.

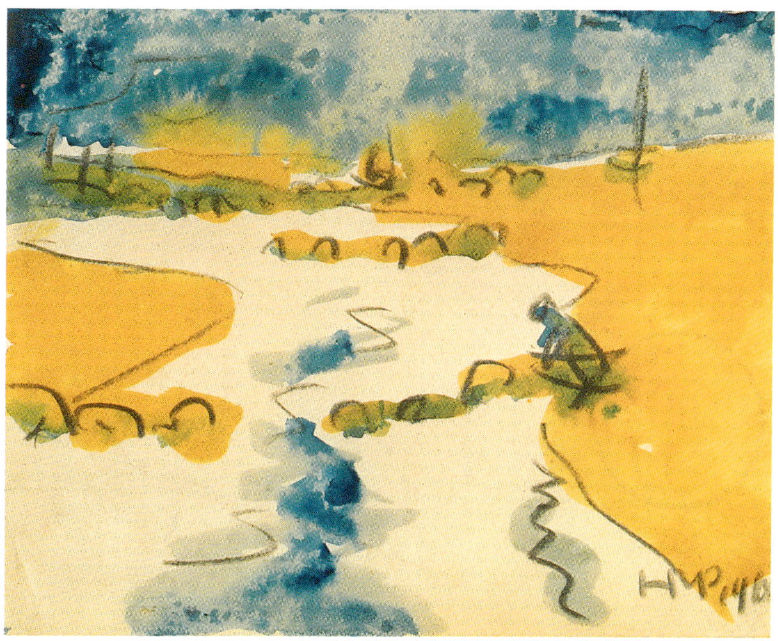

promißlosigkeit die Farbe zu ihrem intensivsten Ausdruck gezwungen, die Form lapidar zu den Ursprüngen zurückgeführt und gleichzeitig so komprimiert wird, daß sich eine Heroisierung und Monumentalisierung der Landschaften ergibt, von deren innewohnendem Pathos die Sentimentalität gleichwohl ferngehalten bleibt. Auch deshalb fehlen bei Schmidt-Rottluff die auf Gefühlswerte zielenden, klassischen See- und Strandbilder, die im Repertoire der gleichzeitigen expressionistischen

Malerei durchaus vorkommen. Was die Dangaster Landschaften Schmidt-Rottluffs jedoch – mehr als ihr weitgehend einheitliches, dem Quadrat angenähertes äußeres Format – miteinander verbindet, ist die dynamische Niederschrift des Gesehenen, die ohne die geringste Unterbrechung ausgeführt worden zu sein scheint. Der erste Eindruck und seine gestaltende Fixierung durch kurze oder gedehnte, nur leicht angedeutete oder breit hingewischte Pinselzüge oder Schraffuren liegen ganz nahe beieinander und übertragen die Erregung des schöpferischen Augenblicks unmittelbar auf den Betrachter.

In den erhaltenen Figurenbildern von 1910 ist eine stärkere, bei den Porträts auch psychologisch bedingte Differenzierung zu erkennen, die ohne die in diesem Jahr überwiegend angebrachte Datierung nicht sogleich auf eine gleichzeitige Entstehung schließen lassen würde. So scheint ein Gemälde wie „Der Besuch" (Abb. 123) eher der zarteren Aquarellmalerei, das distanzierende Selbstporträt mit der grünen Jacke (Abb. 129) hingegen dem zeitlebens angestrebten, aber niemals realisierten Wandbild näherzustehen. Die frühe Beschreibung des letzteren durch Wilhelm Niemeyer deutet allerdings darauf hin, daß der Künstler zu einem späteren Zeitpunkt nicht unwesentliche Änderungen daran vornahm. Bei einem anderen, erst nachträglich mit 1910 signierten Figurenbild, der „Atelierpause" in der Hamburger Kunsthalle, bestätigte der Künstler seinen Irrtum und die tatsächliche Entstehung im Jahre 1911 in Hamburg. Das einzige Dangaster Aquarell (Abb. 144), das nach Überlieferung für 1910 in Anspruch genommen wird, ist zwar nicht datiert, jedoch – ebenso wie mehrere Zeichnungen – aus stilistischen Gründen nur in dieser Zeit denkbar.

1910 war für Schmidt-Rottluff insbesondere das herausragende Jahr der Postkartenzeichnungen, von denen die meisten von Dangast aus auf den Weg gebracht wurden. Zwar steht Rosa Schapire unter den Empfängern unverändert an erster Stelle, doch ließen sich für dieses Jahr bisher noch elf weitere Adressaten ausfindig machen, die vom Künstler mit diesen heute hoch begehrten, spontanen Mitteilungen versehen wurden und dadurch die zunehmenden Kontakte ihres Urhebers bezeugen. Neben seinen Künstlerfreunden und mehreren, zum Teil von Rosa Schapire gewonnenen Sammlern in Hamburg, befinden sich darunter erstmalig auch die Dangaster Ferienbekanntschaft Ella Kohlstedt aus Berlin und seine spätere Frau Emy Frisch. Bei vielen Postkartenmotiven, die in den meisten Fällen mit Farbstiften und nur ganz selten mit Tusche gezeichnet wurden, lassen sich Verbindungen zu gleichzeitigen oder späteren Gemälden und graphischen Arbeiten herstellen.

Von den für 1910 registrierten vierundzwanzig Holzschnitten und dreizehn Lithographien entstand der überwiegende Teil erneut in Dangast, wobei auch hier die Landschaft als dominierendes Thema bestätigt wird. Zu den Holzschnitten gehören auch zwei weitere, in der Auffassung völlig unterschiedliche Gestaltungen der „Villa mit Turm" (Abb. 194, 198) und das bereits erwähnte dritte Porträt von Rosa Schapire (Abb. 196), das die Kunsthistorkerin lesend – gleichsam in einem Berufsbild – wiedergibt. Tatsächlich kennzeichnet es ziemlich exakt den Beginn ihrer sammelnden, vermittelnden und registrierend erfassenden Tätigkeit für das graphische Werk Schmidt-Rottluffs, der in diesem Jahr deshalb auch nicht zufällig eine erhalten gebliebene Graphikmappe für sie schuf (Abb. 206).

Auch die ersten Hinweise zur Schmuckgestaltung, der sich Schmidt-Rottluff zeitlebens und in stärkerem Umfang als seine Brücke-Gefährten

E. L. Kirchner: Die Verzeichnisse der Passiv-Mitglieder der Brücke 1906–1910, Holzschnitte aus dem Katalog der Brücke-Ausstellung in der Dresdener Galerie Arnold 1910, 17 x 10,5 / 17 x 10,7 / 17 x 10,3 / 17,2 x 10,6 cm.
Die Verzeichnisse wurden nicht gleichzeitig geschnitten, sondern entstanden sukzessiv in der annähernden Reihenfolge des Eintritts der nicht vollständig aufgeführten Mitglieder. Diese erhielten für einen anfangs 12, später 25 Mark betragenden Jahresbeitrag die graphisch gestalteten Mitgliedskarten, Jahresberichte und Mappen mit jeweils 3–4 graphischen Blättern.
Die Namenszusammenstellungen gehören zu den wichtigsten Dokumenten der Entwicklungs- und Wirkungsgeschichte der Brücke, da sie die Anteile aller ihrer aktiven Mitglieder ebenso wiederspiegeln wie die im ganzen noch nicht untersuchten Einflüsse einzelner Sammler, Freunde und Weggefährten, die sich um die Künstlergemeinschaft besondere Verdienste erwarben. Als Beispiel sei Rosa Schapire hervorgehoben, der es vor allem zu verdanken war, daß die mit Abstand meisten passiven Mitglieder in Hamburg gewonnen werden konnten. An letzter Stelle und als einziger aus Oldenburg, erscheint darin der Name von Ernst Beyersdorff.

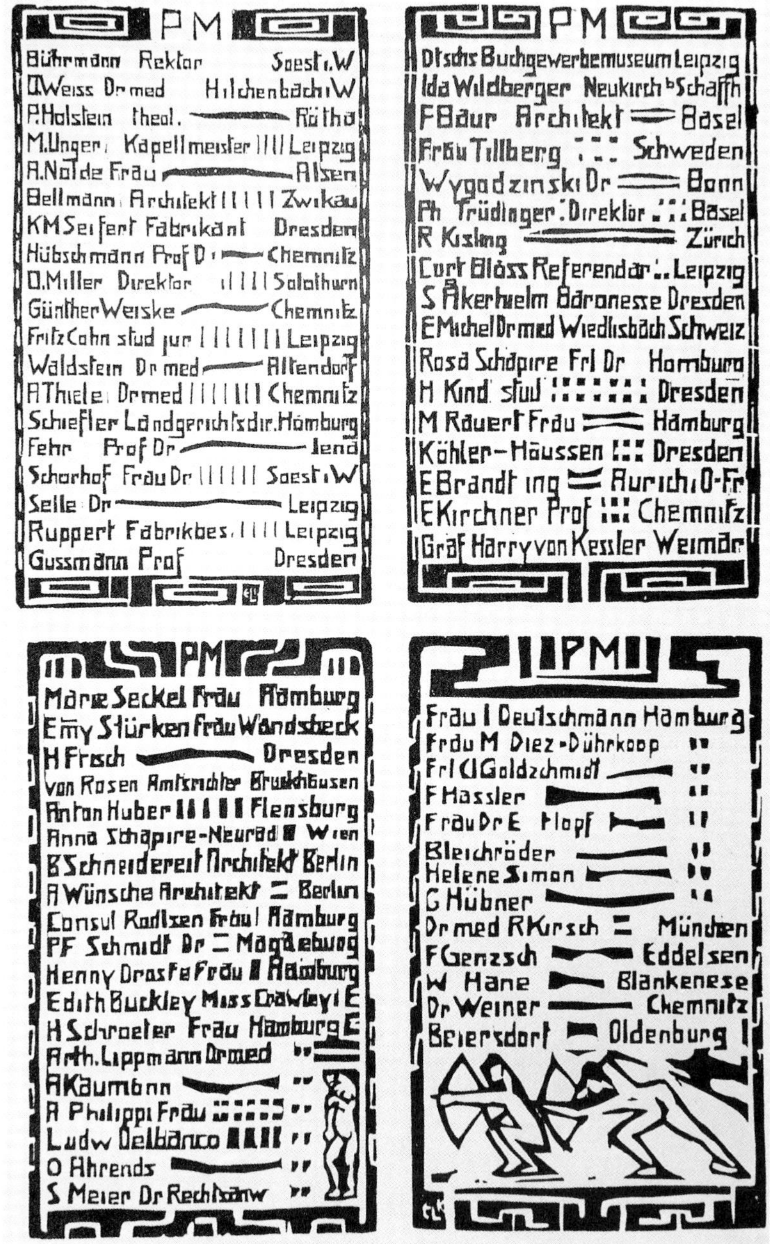

widmete, führen nach Dangast. So bedankte sich der Künstler auf einer Postkarte vom 20. August 1910 bei Rosa Schapire für die Übersendung von Silber, dessen Verarbeitung in diesem Jahr auch durch Emma Ritter bestätigt wurde. Für beide Frauen schuf Schmidt-Rottluff die bisher frühesten bekanntgewordenen, zum Teil auch datierten Schmuckstücke (Abb. 207–209). Ihre Grundformen bestehen jeweils aus einem im gewünschten Umriß herausgeschnittenen Metallstück, das dann mit den einfachsten Mitteln und Werkzeugen seine getriebene, gehämmerte, ziselierte oder geätzte Gestalt erhielt, wobei nicht selten auch in ihrem Rohzustand belassene, edle Steine eingefügt wurden, die durch spitze, aus dem Stück wachsende Krallen festgehalten werden. Die Signatur wurde anfangs nur rückseitig eingeritzt und erst später mit einem Schriftzug-

Stempel eingeschlagen, der nachträglich auch noch bei einigen früher gefertigten Objekten Verwendung fand. Da Schmidt-Rottluff solche kunsthandwerklichen Arbeiten nur relativ selten auf Ausstellungen zeigte und die meisten von ihnen an ihm nahestehende Menschen verschenkte, stellen sie den am wenigsten bekannten und noch der Publikation harrenden Teil seines Oeuvres dar.

1911 – Erweiterung der Horizonte

Am letzten Tage des Jahres 1910 teilte Schmidt-Rottluff Ernst Beyersdorff aus Hamburg mit, daß er in der Galerie Commeter die Hängung von Bildern vorgenommen habe, mit 36 Gemälden in zwei Sälen sowie graphischen Arbeiten in einem dritten Saal „eine sehr stattliche Ausstellung“. Nach der genau ein Jahr zurückliegenden Präsentation seiner Dangaster Aquarelle in der Hansestadt wurde dies seine früheste umfassende Einzelausstellung, durch den Verkauf von vier Gemälden und 15 graphischen Blättern zugleich ein außerordentliches Erfolgserlebnis für den Sechsundzwanzigjährigen. Es war für ihn auch deshalb wesentlich, weil sowohl die Ausstellung selbst, als auch der von Rosa Schapire darin am 8. Januar gehaltene Einführungsvortrag, von der Zeitungskritik weitgehend negativ beurteilt wurden, zwar weniger ernsthaft und eindringlich als gleichzeitig noch in Oldenburg, dafür im Tenor überheblicher Ironie jedoch umso distanzierender: „Was Fräulein Schapire von ihrem Günstling sagte, war sehr unverbindlich und konnte für jeden Maler gelten. Ihre Prophezeihung, daß Schmidt-Rottluff sich einen Platz in der Kunstgeschichte errang oder erringen wird, bildete einen hübschen, aber kühnen Schluß“. Hingegen teilte Gustav Schiefler nach dem Besuch der Ausstellung in einem Brief vom 13. Januar 1911 Edvard Munch beeindruckt mit: „Es sind ganz starke Sachen dazwischen“. Die seit 1906 bestehende Korrespondenzverbindung Schmidt-Rottluffs mit Munch, bei welcher die Vermittlung durch Schiefler eine wesentliche Rolle spielte, war im Sommer 1909 endgültig zu Ende gegangen, nachdem der Norweger auf Vorschläge zu einer gemeinsamen Ausstellung in Weimar nach anfänglicher Zustimmung nicht mehr reagiert hatte.
Die drei ersten Monate des Jahres 1911 bezeichnen den längsten zusammenhängenden Aufenthalt Schmidt-Rottluffs in Hamburg, das für ihn damals die bisherige Rolle Dresdens übernommen hatte und das nach den vergangenen vier Sommern im abgeschiedenen Dangast auch als ein notwendiges Regulativ begriffen werden muß. Wie seine Hamburger Postkartenzeichnungen aus dieser Zeit beweisen, nahm er hier insbesondere die in Dangast vernachlässigte Aktmalerei wieder auf, deren Ergebnisse zunächst in der Zeichnung und Graphik und erst im folgenden Jahr in der Ölmalerei voll sichtbar wurden. Über Freunde von Rosa Schapire hatte Schmidt-Rottluff unter dem Dach des inmitten der Hamburger Innenstadt liegenden Hauses Kleine Johannisstraße 6 ein Atelier mieten können, in dem während dieser Zeit unter anderem auch die heute in der Hamburger Kunsthalle befindliche „Atelierpause“ aus der Sammlung Rauert entstand. Bevor dieser Hamburger Aufenthalt zu Ende ging, lud der Maler auf einer eigens gedruckten Karte mit handschriftlich eingefügten Namen für den 24. und 25. März von elf bis ein Uhr zu einer Atelierausstellung ein. Der überraschende Verkaufserfolg seiner Januar-Präsen-

tation in der Galerie Commeter mochte ihn dazu ermuntert haben, doch ist nicht bekannt, welche Resonanz ihm diesmal beschieden war. Anfang April hielt er sich bereits wieder in Chemnitz auf, wo der Kunstsalon Gerstenberger Arbeiten von ihm zeigte – erstmals in größerem Umfang in seiner Vaterstadt. Bei diesem Anlaß erhielt er die Gelegenheit, sich im Chemnitzer Tageblatt vom 28. April 1911 in bisher nicht herangezogenen, und deshalb hier wörtlich zitierten Passagen selbst über seine Kunst zu äußern. (siehe S. 224). Im Laufe des Monats druckte er in Chemnitz die noch in Hamburg entstandenen großformatigen Holzschnitte und hielt die Verbindung zu seinen Freunden durch mehrere Postkarten mit zum Teil ebenfalls noch dort entstandenen Zeichnungen aufrecht. Zwei von ihnen gingen an die Frau des Dichters Richard Dehmel, bei der er sich für die ihm anläßlich seines letzten Besuches übereigneten Dichtungen ihres Mannes bedankt,[64] weitere an andere Hamburger Sammler und die meisten wiederum an Rosa Schapire, die von nun an systematisch mit allen neu entstehenden graphischen Arbeiten des Malers versorgt wurde. Ende April gab er dann Gustav Schiefler die Nachricht, daß er sich vom 4. Mai ab wieder in Dangast aufhalten würde.

Im Oldenburger Kunstleben hatten sich während der Abwesenheit Schmidt-Rottluffs mehrere Veränderungen vollzogen, die sich indirekt auch auf seine persönliche Situation auswirken sollten. So vermeldet das Protokoll der Hauptversammlung des Oldenburger Künstlerbundes den Wechsel des Vorstandes von Paul Müller-Kaempff, der unter den deutschen Freilichtmalern immerhin einen geachteten Platz behaupten konnte, auf den weniger bekannten Hugo Zieger, einem noch in der späten Düsseldorfer Historienmalerei des 19. Jahrhunderts verwurzelten Künstler, der sich seit seiner erst 1908 erfolgten Übersiedlung nach Oldenburg hauptsächlich auf Wald- und Heidebilder spezialisiert hatte. Der von ihm eingebrachte Vorschlag zur Herausgabe eines Sammelwerkes oldenburgischer Maler und Dichter, zu dem auch Schmidt-Rottluff seine Beteiligung zusagte, erwies sich schon bald als nicht realisierbar und ließ sich auch durch die Hinzuziehung des Chefredakteurs Wilhelm von Busch als Berater nicht retten. Dessen weiterhin ablehnende Haltung gegenüber Schmidt-Rottluff läßt sich seiner Besprechung der 332. Ausstellung des Oldenburger Kunstvereins entnehmen, in der Schmidt-Rottluff vier Gemälde unterbringen konnte. Davon stammten zwei noch aus dem Jahre 1906 und waren jener farbenaddierenden, spätimpressionistischen Sehweise verpflichtet, die auch durch von Busch längst akzeptiert wurde. Ohne zu differenzieren, kanzelte er sie nun in seinem Bericht vom 29. Januar 1911 in der Oldenburger Zeitung ab: „Die Landschaften des Dangasters Schmidt-Rottluff vermag man, so sehr gerade an dieser Stelle versucht wurde, ihm zu folgen, nicht mehr ernst zu nehmen".[65] Das Verdammungsurteil wog umso schwerer, als die in dieser Ausstellung gezeigten Werke der Mitglieder des Oldenburger Künstlerbundes die Grundlage für eine erstmalig organisierte Wanderausstellung abgaben. Sie wurde nacheinander in den Städten Wilhelmshaven, Jever, Varel und Brake gezeigt, wobei Busch mehrfach die Eröffnungsvorträge übernahm und auch damit die Meinungsbildung beeinflußte. In einer ausführlichen Besprechung der „Ersten Wilhelmshavener Kunstausstellung", die während eines Kaiserbesuchs in der preußischen Marinestadt stattfand und dort zur baldigen Gründung eines Vereins der Kunstfreunde und 1913 zur Eröffnung der Kaiser-Friedrich-Kunsthalle führte, heißt es: „Am schwersten wird man sich mit den Arbeiten des Dangaster Malers Karl Schmidt-Rottluff befreunden können, weil seine Werke so völlig aus dem

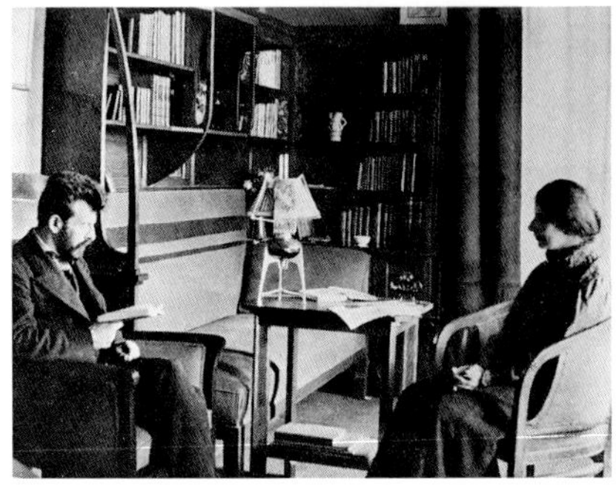

Richard Dehmel (1863–1920) mit seiner zweiten Frau Ida Dehmel (1870–1942) im Blankeneser Haus Parkstraße 40 mit den von Peter Behrens entworfenen Möbeln, um 1905

Die Zeitungsanzeige der Hamburger Galerie Commeter weist auf Schmidt-Rottluffs erste größere Einzelausstellung im Januar 1911 hin (ohne Katalog). Gezeigt wurden darin 36 Gemälde in zwei Sälen sowei graphische Arbeiten in einem dritten Saal, wovon vier Gemälde und fünfzehn graphische Blätter verkauft werden konnten.

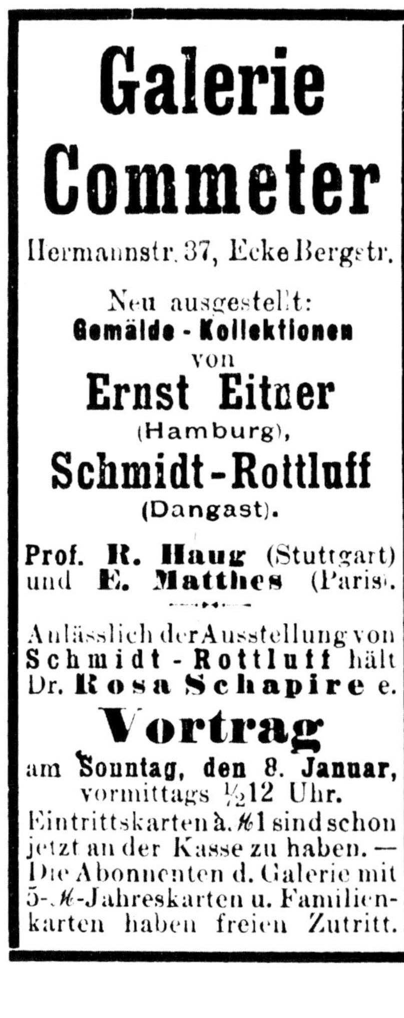

Oldenburg i. Gr., im Juni 1911.

Der Oldenburger Künstlerbund beabsichtigt ein künstlerisch ausgestattetes ::

Sammelwerk

von Arbeiten seiner Mitglieder

herauszugeben, unter Hinzuziehung der namhaftesten oldenburgischen Dichter und Schriftsteller. Neben einer Anzahl kleinerer Abbildungen im Text soll möglichst von jedem Mitgliede ein größeres Blatt (24 zu 35 cm) gebracht werden.

Wünschenswert ist es, daß die Darstellungen in Beziehung zum Oldenburger Lande stehen. ::

Die Arbeiten müßten bis zum 1. Oktober d. J. in Händen des Vorstandes sein. Ob sie sich zur Aufnahme in das Werk eignen würden, wäre von einer Jury zu entscheiden. ::

Wir bitten, uns gütigst umgehend mitzuteilen, ob Sie geneigt sind, sich hieran zu beteiligen. ::

Der Vorstand
des Oldenb. Künstler-Bundes.

Aufruf des Oldenburger Künstlerbundes zur Beteiligung seiner Mitglieder an einem Sammelwerk oldenburgischer Künstler und Dichter im Juli 1911. Schmidt-Rottluff stellte dafür mehrere Zeichnungen zur Verfügung, die 1912 mit den weiteren Einsendungen in einer eigenen Ausstellung präsentiert wurden. Obwohl bereits mit mehreren Druckereien verhandelt worden war, konnte der Plan nicht realisiert werden.

Anzeige aus Wilhelmshavener Tageblatt vom 26.2.1911. – Die erste, in Wilhelmshaven gezeigte Kunstausstellung fand vom 26.2.–19.3.1911 statt. Sie wurde vom Oldenburger Künstlerbund zusammengestellt und durch Wilhelm von Busch eröffnet. Zu sehen waren 112 Arbeiten von 26 Künstlern, darunter fünf Bilder von Schmidt-Rottluff, welche die Kritik am stärksten auf sich zogen. Die Ausstellung erfreute sich starken Zuspruchs und führte zur Gründung eines Kunstvereins und zur Errichtung der bereits am 23.2.1913 eingeweihten Kaiser-Friedrich-Kunsthalle.

Erste Wilhelmshavener

Kunst-Ausstellung

(Sonderausstellung des Oldenburger Künstler-Bundes)

10. Viktoriastr. 10.

Geöffnet von 11 bis 5 Uhr täglich.
Eintrittspreis 50 Pfg.
Dauerkarten für Familien M. 3,—
Dauerkarten für Einzelperson „ 1,50
Karten sind erhältlich an der Kasse und in der Kunsthandlung von Carl Lohse Nachf. (Hornemann & Eissing), Roonstraße 74.
Eröffnung am Sonntag, 26. Febr., 2 Uhr nachmittags.

Rahmen der übrigen, auf der Ausstellung gezeigten, herausfallen".[66] Bei der anschließenden Präsentation in der ehemaligen Residenzstadt Jever, die auf eine bescheidene eigene Kunsttradition verweisen konnte, änderte sich am Tenor der Berichterstattung nur wenig, da allenfalls treuherziger bemerkt wurde: „K. S. Rottloff ist mit fünf Werken vertreten, die in unserer Ausstellung das meiste Aufsehen erregen. Daß sie gefallen, darf man nicht sagen; aber vielleicht fehlt den Besuchern die richtige Auffassungsgabe. Ohne den Katalog wird schwerlich jemand erraten, wie der Titel der Werke heißt".[67] In Varel schließlich, von dessen Kirchturm man Dangast sehen konnte, bezog ein Rezensent in der alt-ehrwürdigen Zeitung „Der Gemeinnützige" am deutlichsten Position, als er schrieb: „Die auffallendsten Gemälde hat der Dangaster Maler Karl Schmidt-Rottluff ausgestellt. Sie sind weitaus am meisten von den Besuchern der Ausstellung besprochen und haben wohl die wenigste Anerkennung gefunden. Man fragte sich: Was soll das bedeuten? Was will der Maler?" Der unbekannte Kritiker ordnete Schmidt-Rottluff sodann der neo-impressionistischen Richtung zu und gelangte zu dem Urteil: „Ein solches Streben kann man keinem Künstler verübeln, und deshalb hat man auch wohl Schmidt-Rottluff den Eintritt in den Künstlerbund nicht verweigert. Solange aber das Neuland nicht besser gefunden ist, solange die Gemälde nur solches Farbengewimmel zeigen, kann der Künstler eine Anerkennung vom Publikum nicht erwarten. Da ziehen wir denn doch noch das entgegengesetzte Extrem vor, das der Natur peinlich genau folgt und möglichst jeden Baum und jeden Stein so naturgetreu malt, wie die Technik es erlaubt".[68]

So wenig sich die negativen Tendenzen in der Beurteilung der Kunst Schmidt-Rottluffs in allen diesen Zeitungskritiken leugnen läßt, so wenig darf übersehen werden, daß durch die Teilnahme des Malers an der allenthalben gut besuchten Wanderausstellung des Oldenburger Künstlerbundes erstmalig expressionistische Kunstwerke außerhalb der Landeshauptstadt zu sehen waren und die Auseinandersetzung mit ihnen zur Entstehung veränderter, in Oldenburg allerdings erst nach dem Weltkrieg wirksam werdender Beurteilungsmaßstäbe beitrug. Insofern könnte man es auch als symptomatisch für die vorherrschende Einstellung zu Kunst und Leben ansehen, daß hier nur wenige Tage nach Beendigung der Ausstellungstournee eines der frühesten Denkmalschutzgesetze in deutschen Landen verabschiedet und darin der Stellenwert des Überkommenen, der Vergangenheit und Tradition, festgeschrieben wurde.

In Deutschland hatten die Auseinandersetzungen zwischen alter und neuer Kunst, die bald auch zu einer Gleichsetzung mit eigener und fremder Kunst führten, 1911 einen gewissen Höhepunkt erreicht. Zu ihren Auslösern gehörte der Ankauf eines van Gogh-Bildes für die Bremer Kunsthalle, der den offenen Protest des Worpsweder Malers Carl Vinnen und Gegenproteste von Künstlern, Kunsthistorikern und Kunstfreunden zur Folge hatte.[69] Sie führten zu erregten Debatten über die avantgardistischen Kunstausstellungen, die weiterhin von der Brücke in Dresden, seit 1909 vom Sonderbund westdeutscher Kunstfreunde und Künstler in Düsseldorf, und ab 1910 von der Neuen Sezession in Berlin veranstaltet und sämtlich von Schmidt-Rottluff beschickt wurden. So nennt der Katalog der von Februar bis April 1911 gezeigten dritten Ausstellung der Neuen Sezession zwei Dangaster Gemälde von ihm und mit einem am 16. Mai in Dangast verfaßten Brief meldet er bei Georg Tappert in Berlin vier Bilder für eine Wanderausstellung der Neuen Sezession an, „die ersten beiden aus Chemnitz, die anderen von hier kommend".[70]

Obwohl Schmidt-Rottluffs Rückkehr nach Dangast am 4. Mai 1911 in eine Schönwetterperiode fiel, scheint er in diesem Jahr nicht gleich seinen gewohnten Arbeitsrhythmus gefunden zu haben. In einer an Elsa Hopf in Hamburg gerichteten Postkarte vom 3. Juni, in der auch erstmalig Wasserfarben anstelle von Farbstiften verwendet werden (Abb. 235), verbindet er die Frage nach einem Besuch der Adressatin in Dangast mit der Feststellung: „Es gibt allerdings noch nichts zu sehen, da ich mich sehr mit den Dingen rumquäle. Hat keinen Zug dies Jahr". Der Maler hatte sich erst kurz nach seinem Wiedereintreffen in Dangast endgültig dazu entschieden, die von der Hamburger Sammlerin Bertha Rohlsen bereits im Oktober 1909 ausgesprochene Einladung zu einem Aufenthalt in ihrem norwegischen Landhaus für den Monat Juli 1911 anzunehmen. Die knappen zwei Monate, die ihm bis dahin noch zur Arbeit verblieben und die auch für einige Reisevorbereitungen genutzt werden mußten, reichten für einen zusammenhängenden Arbeitsschub offenbar nicht mehr aus, so daß der Künstler während dieser Wochen sehr unterschiedliche Vorhaben in Angriff nahm. So berichtet eine Postkarte vom 3. Juni an Martha Rauert in Hamburg von einem für ihren Mann gefertigten Plakatentwurf, während auf einer weiteren Postkarte vom 12. Juni an Anna Goldschmidt mehrere Holzkästen wiedergegeben werden, die von ihm in jüngster Zeit in Dangast geschaffen wurden (Abb. 238). Von den stilistisch sehr unterschiedlichen Gemälden von 1911 scheint damals lediglich das Bild „Vorfrühling" (Abb. 210) gemalt worden zu sein, das unmittelbarer als die anderen an die Landschaften von 1910 und das am Jahresbeginn in Hamburg fertiggestellte Porträt von Rosa Schapire angeschlossen werden kann. Auch gebrauchsgraphische Arbeiten lassen sich für diesen Zeitabschnitt konstatieren, wie der Schnitt des eigenen Namenszuges (Abb. 259), der sich erstmalig bereits auf dem Umschlag eines Briefes vom 21. Juni 1911 an Ernst Beyersdorff findet oder derjenige für den Briefkopf von Richard Dehmel (Abb. S. 137), von dem der erste Abzug am 30. Juni von Dangast nach Hamburg abging, während der Stock hierzu auf die Reise nach Norwegen mitgenommen und nach Vornahme einer Korrektur von dort an den Dichter übersandt wurde.
Da über Schmidt-Rottluffs von Dangast aus angetretene erste Auslandsreise bisher nur wenig bekannt wurde, mögen jene damit zusammenhängenden Fakten, die bislang zu ermitteln waren, an dieser Stelle wenigstens in aller Kürze aufgeführt und kommentiert werden.
Bertha Rohlsen (1852–1928), die Schmidt-Rottluff nach Norwegen einlud, war die Witwe des verunglückten Hamburger Exportkaufmanns und österreichisch-ungarischen Generalkonsuls von Havanna Gustav Rohlsen (1836–1890). Nachdem sie den Künstler persönlich kennenlernte, wurde ihre Einladung nach Norwegen von Schmidt-Rottluff am 11. Oktober 1909 mit großer Freude bestätigt, zugleich aber auch mit der Bitte verbunden, die endgültige Zusage erst im kommenden Jahr geben zu dürfen. Aus den weiteren Briefen und Karten des Malers an Bertha Rohlsen,[71] geht eine erneute Verschiebung seiner Entscheidung, aber auch die Fortsetzung des persönlichen Kontaktes mit seiner Gönnerin hervor. Als Schmidt-Rottluff ihr dann Ende April 1911 seine letzten großen Holzschnitte zusandte, verband sie deren Erwerbung mit einer Wiederholung ihrer schon anderthalb Jahre zurückliegenden Einladung, deren Annahme der Künstler schließlich am 15. Mai 1911 bestätigte. Obwohl es für diese ungewöhnlich späte Reaktion keine sichere Erklärung gibt, wird davon ausgegangen werden können, daß sich das unbekannte Norwegen für Schmidt-Rottluff zunächst mit der Kunst Edvard Munchs

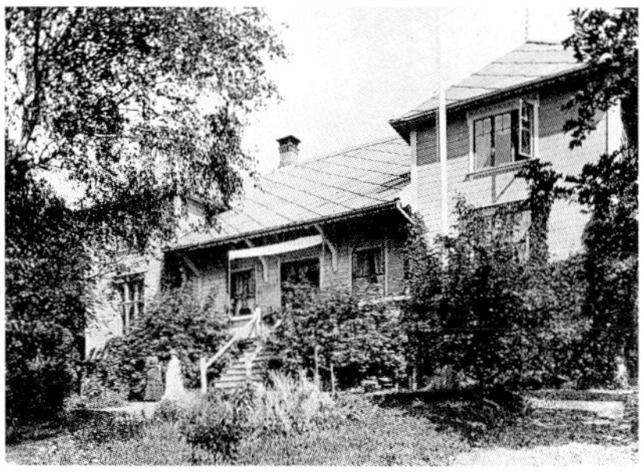

Haus Ringolfnaes, Lofthus/Hardanger in Norwegen, Zustand um 1900.
In diesem Haus hielt sich Schmidt-Rottluff als Gast von Bertha Rohlsen in der Zeit vom 12.7.–11.8.1911 auf. Es wurde später mehrfach verändert und beherbergt gegenwärtig eine Privatbank. – Lofthus liegt ca. 140 km östlich von Bergen an einem nach Süden gerichteten Ausläufer des Hardangerfjords.

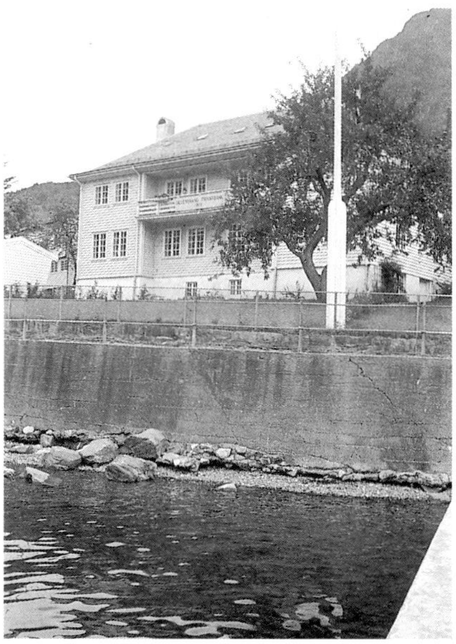

Das ehemalige Haus Ringolfnaes in Lofthus/ Norwegen im Jahre 1970 (Foto G. W.)

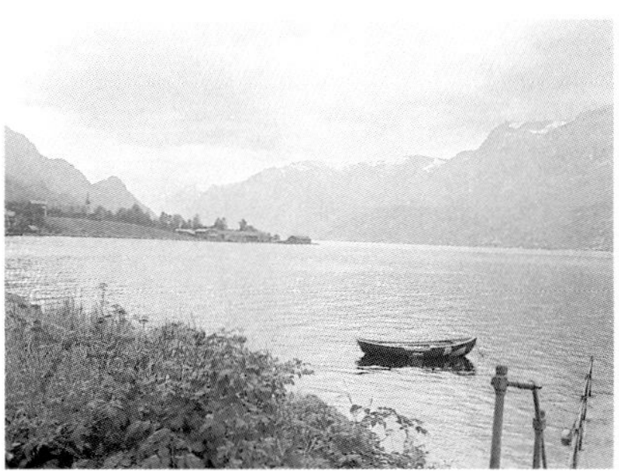

Landschaft am Hardangerfjord bei Lofthus/ Norwegen (Foto G. W. 1970)

verband, dessen im magischen Licht des Nordens entstandene Landschaften ihm von mehreren Ausstellungen her vertraut waren und die seinem eigenen Wesen entgegenkamen. Als er 1909 die Einladung dorthin erhielt, hatte sich die greifbar nahe gewesene gemeinsame Ausstellung in Weimar indessen ebenso zerschlagen wie Munchs erhoffte Beteiligung an der Dresdener Brücke-Ausstellung der Galerie Arnold, so daß ihm der bewunderte Norweger und mit ihm das Land, dem er entstammte, im Laufe des Jahrs 1910 ferner rückten. Hinzu kam, daß er gerade in einer besonders fruchtbaren Schaffensperiode mit seinen monumentalen Dangaster Landschaften zu sich selbst gefunden und auch andere zeitweilige Vorbilder, wie van Gogh und Nolde, hinter sich gelassen hatte. Insofern dürfte Munch zum Zeitpunkt seiner späten Reiseentscheidung keine Triebfeder mehr für seine Nordlandreise gewesen sein, die vielmehr als Gelegenheit dazu benutzt wurde, nach mehreren Jahren selbstverordneter Seßhaftigkeit neue Gestade kennenzulernen. Daß diese nicht, wie zuvor bei Heckel und Pechstein, im gelobten Italien oder begehrten Frankreich, sondern im weniger bekannten Norden lagen, der für deutsche Künstler erst in der nächsten Generation zum erstrebenswerten Ziel wurde, charakterisiert ein weiteres mal den eigenwilligen Einzelgänger.

Das norwegische Lofthus mit dem noch existierenden Landhaus Ringolfnaes, liegt östlich von Bergen an einem Ausläufer des tief in das felsige Land einschneidenden Hardangerfjords. Die Gastgeberin hatte die mit der Eisenbahn über mehrere Fähren nach Bergen führende Landroute empfohlen, die den Maler durch sämtliche drei skandinavischen Länder geführt und auch Kopenhagen und Christiania-Oslo berührt hätte, wo die Brücke 1908 eine ihrer Wanderausstellungen unterbringen konnte. Schmidt-Rottluff entschied sich jedoch für den direkten, wenn auch zeitlich längeren Weg auf dem Wasser, der ihm zugleich seine erste richtige Seereise bescherte. Aus den erhaltenen Quellen geht hervor, daß er Dangast am 6. Juli verließ, um nach einem kurzen Zwischenaufenthalt in Hamburg, am 8. Juli um Mitternacht hier mit dem Dampfer in Richtung Bergen abzulegen. Von dort ging es dann mit einem anderen Schiff durch den Hardangerfjord nach Lofthus, wo er am 12. Juli eintraf. In einer sieben Tage nach Ankunft an Ernst Beyersdorff abgesandten Ansichts-Postkarte hebt er zwar die „wundervolle Meer- und Fjordfahrt" hervor, fügt jedoch hinzu: Es gibt manches Schöne, aber im allgemeinen ist Norwegen großer Stuss". Einige Tage später begnügt er sich auf einer weiteren Karte an den Chemnitzer Arzt Adolf Thiele mit dem einzigen Satz: „Bin jetzt in Norwegen". Die Gründe für seine später zurückgenommene negative Beurteilung lassen sich nur aus der deutlichen Diskrepanz erklären, die zwischen seiner schon früh durch Bücher und Bilder genährten Vorstellung und der vorgefundenen Wirklichkeit bestand. Nachdem die norwegischen romantischen Maler des 19. Jahrhunderts die herb-anmutige Landschaft um Lofthus entdeckten und Sommergäste aus den Städten nachzogen, hatte auch hier die Ursprünglichkeit der Zivilisation weichen müssen. Neue Ferien- und Logierhäuser verdrängten die alten Fischerhütten und bäuerlichen Anwesen sogar in stärkerem Maße als dies in Dangast der Fall war und auch das seither nur wenig veränderte Ringolfnaes (Abb. S. 69), in welchem der Künstler nun für vier Wochen zu Gast war, stellte sich als Resultat norwegischer Stadtarchitektur des 19. Jahrhunderts dar. Das stattliche Holzhaus, vorher „Fröken Monsens Pension" und heute Domizil einer Privatbank, liegt – inzwischen seines parkartigen Gartens beraubt – nahe am Wasser und ist von mehreren ähnlichen Gebäuden umgeben. In einem von ihnen steht noch immer der Flügel, an dem der norwegische Komponist Edvard Grieg einst während der hier verbrachten Sommerwochen zu musizieren pflegte. Obwohl Schmidt-Rottluff Bertha Rohlsen mitgeteilt hatte, daß er auf seine Reise ein bis zwei Kisten mit Malgerät mitnehmen würde, lassen sich nur vier hier entstandene Gemälde und zwei Holzschnitte mit norwegischen Motiven nachweisen. Davon gelangte das der Gastgeberin als Geschenk übergebene Bild „Oppedal" später an die Stuttgarter Staatsgalerie, während das den Namen des Aufenthaltsortes tragende „Lofthus" von der Hamburger Kunsthalle erworben werden konnte.[72]. Diese starkfarbigen Gemälde aus der großformig gegliederten Landschaft Norwegens leiten Schmidt-Rottluffs Flächenstil ein, der anschließend in Dangast bis an die Grenzen der Abstraktion getrieben wird. Nach einer „unvergleichlichen Fjordfahrt" war der Maler auf seiner Rückreise wieder am 10. August in Bergen angekommen, von wo aus er Bertha Rohlsen seinen Dank beziehungsvoll auf einer Ansichtskarte der „Deutschen Brücke", des einstigen Quartiers der hansischen Kaufleute, abstattete. Die erfolgreiche Rückkehr nach Dangast bestätigt eine Postkarte an Martha Rauert vom 18. August, aus der hervorgeht, daß sich während seines Aufenthaltes in Lofthus, neben der Gastgeberin mit ihrer Tochter, auch die beiden Söhne des Sammler-Ehepaares Rauert dort befanden. Des weiteren apostrophiert der Maler die noch immer anhaltende, lange Hitzeperiode von 1911, die nicht nur in der umgebenden Natur, sondern auch in den nach seinem Wiedereintreffen gemalten Bildern deutliche Spuren hinterließ. Ein bisher nicht vorkommendes branstiges Braun-Gelb, das sich am auffallendsten in dem Gemälde „Allee" (Abb. 218), jedoch auch in weiteren gleichzeitigen Arbeiten findet, ist unmittelbar darauf zurückzuführen.

Da das Ende der ungewöhnlichen Hitzewelle für den 31. August verbürgt ist, müssen diese Bilder und Blätter somit noch davor geschaffen worden sein. Auf jeden Fall kann als sicher gelten, daß der weitaus überwiegende Anteil dessen, was 1911 in Dangast gemalt wurde, erst nach Norwegen entstand. Dabei hatten die Besuche und Begegnungen während dieses zweiten Oldenburger Schaffensabschnittes von 1911 eher zu- als abgenommen. Belegt ist das mehrfache Zusammentreffen mit Ernst Beyersdorff, die erneute Anwesenheit von Emma Ritter, sowie die Ankunft von Rosa Schapire in Dangast am 6. September. Auch das plötzliche Auftauchen Alfred Flechtheims mit dem Segelboot in Dangast, über das Schmidt-Rottluff 1956 berichtete, dürfte in dieser Zeit zum ersten persönlichen Kontakt mit dem Kunsthändler geführt haben, der damals bereits stark in die Sonderbund-Verhandlungen zwischen Düsseldorf und Köln involviert war. Einer der geistigen Väter des Sonderbundes, der Kunsthistoriker Wilhelm Niemeyer, besuchte den Maler in Dangast während der Zeit vom 12. bis 14. September in Begleitung seiner Frau. Er fertigte bei dieser Gelegenheit ausführliche Aufzeichnungen über die gesehenen Bilder an, die in der vorliegenden Publikation bei den entsprechenden Bildbeschreibungen mit herangezogen werden konnten.

An dieser Stelle soll zusätzlich auch noch eine Aufstellung der von Niemeyer damals beim Künstler in Dangast vorgefundenen und mit Titeln zitierten Arbeiten vorgelegt werden, da die darin gemachten Angaben nicht nur für die Entstehungsgeschichte der genannten Kunstwerke von Interesse sein dürften. Hierbei wurden die festgehaltenen Bildbezeichnungen mit den beigegebenen Jahreszahlen und gelegentlichen Anmer-

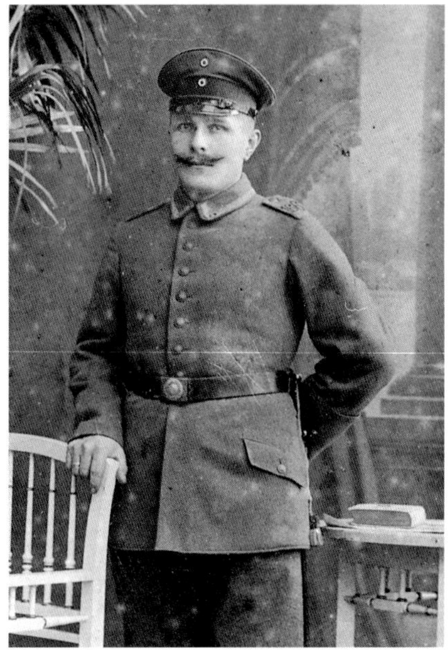

Der Tischler Wilhelm Voge (1879–1970) aus Dangastermoor als Soldat um 1900.
Bei Voge ließ Schmidt-Rottluff während der Dangaster Jahre die Grundformen von Bilderrahmen und Holzkästen anfertigen, die er dann mit Schnitzmesser und Pinsel plastisch und farbig gestaltete. Noch bis gegen 1960 benutzte Voge einen von Schmidt-Rottluff bearbeiteten Kasten als Behältnis für Hühnerfutter. Er wurde Schmidt-Rottluff einige Jahre später zum Geschenk gemacht, war in dessen Nachlaß jedoch nicht mehr vorhanden.

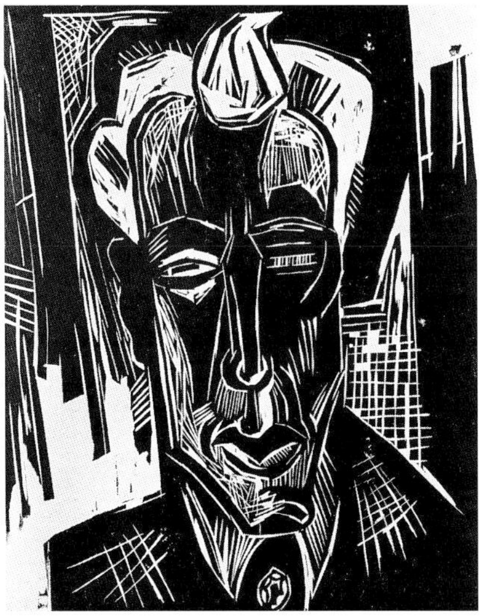

Karl Schmidt-Rottluff: Bildnis Niemeyer, 1922, Holzschnitt (Schapire H 270).
Der Kunsthistoriker und Dichter Wilhelm Niemeyer (1874–1960) gehörte zu den Begründern der Sonderbund-Ausstellungen in Düsseldorf, wo er von 1905–1909 als Dozent an der von Peter Behrens geleiteten Kunstschule wirkte. Seine „Denkschrift des Sonderbundes auf die Ausstellung 1910" gehört zu den frühesten Beispielen moderner Kunstgeschichtsschreibung in Deutschland. In diesem Jahr wechselte er an die Hamburger Kunstgewerbeschule und befreundete sich mit Schmidt-Rottluff, von dessen Arbeiten er eine umfangreiche Sammlung besaß. – Der Holzschnitt entstand nach einem verschollenen Gemälde-Porträt, dem 1921 ein weiteres folgte (National-Galerie Berlin), das vom Dargestellten jedoch nicht akzeptiert wurde. Im Zusammenhang mit dessen Entstehung und der gleichzeitigen stärkeren Hinwendung Niemeyers zum jüngeren Radziwill kam es zur zeitweiligen Unterbrechung der Freundschaft Schmidt-Rottluffs mit Niemeyer, der in Oldenburg 1922 auch zur Gründung der Vereinigung für junge Kunst beitrug.

kungen Niemeyers wörtlich übernommen und lediglich in eine mit Nummern versehene chronologische Abfolge gebracht:

Gemälde
1 Bahndamm im Winter, 1905
2 Vorfrühlingstag, 1906
3 Weiden, 1906
4 Am Meer (Alsen), 1906
5 Landhaus in Österholm, 1906
6 Der Holzschneider, 1907
7 Hinter den Schneegruben, 1907
8 Dorfhaus mit Weiden, 1907
9 Blaue Bänke, 1908 (bei Schapire)
10 Dangaster Moor, 1908 (Sonderbund)
11 Dangaster Park, 1910
12 Binnenhafen, 1910
13 Dame im Sofa, 1910
14 Dorfweg, 1910
15 Vorfrühling, 1911
16 Rotes Haus, 1911
17 Lofthus, 1911 (Norwegen, Hardanger)
18 Skrygedal, 1911
19 Landschaft mit Feldern (Rote Furchen), 1911
20 Tannen vor weißem Haus, 1911
21 Allee, 1911
22 Lesendes Mädchen, 1911
23 Parkweg, 1911

Aquarelle
24 Straße mit Turmhaus, 1909
25 Kopf Schapire, 1909
26 Mädchen, das stickt, 1909
27 Topf mit Blumen, 1909
28 Zwei Häuserstirnen mit Verbindungsmauer, 1909
29 Mehrere Blätter von 1911 summarisch behandelt

Die Aufstellung bezeugt, daß sich zum genannten Zeitpunkt mindestens 23 Gemälde und eine größere Anzahl von Aquarellen, von denen lediglich fünf betitelt werden, im Dangaster Domizil des Künstlers befanden. Die meisten davon sind identifizierbar, wobei erstaunlicherweise noch sieben Gemälde aus der Vor-Dangaster Zeit stammen und von den hier gemalten drei in den beiden ersten Jahren 1907 und 1908, vier 1910, die meisten aber – nämlich neun – erst in diesem Jahr entstanden. Die vorgewiesenen Aquarelle von 1909 und 1911 gehören alle nach Dangast. Da Niemeyer auch an der Materialbeschaffung für die letzte und bedeutendste Ausstellung des Sonderbundes 1912 in Köln maßgeblich beteiligt war, wird sein Besuch bei Schmidt-Rottluff - ebenso wie derjenige bei Picasso am Jahresende – auch unter diesem Aspekt zu betrachten sein.
Ähnliche – und ähnlich schwer entzifferbare – Aufzeichnungen wie hier, hinterließ Niemeyer auch vom Besuch einer weiteren Ausstellung, die unmittelbar nach Beendigung des diesjährigen Dangast-Aufenthaltes von Schmidt-Rottluff in der Hamburger Galerie Commeter stattfand. Dabei handelte es sich um 15 jener beschnitzten und farbig bemalten Holzkästen, deren Entstehung in Dangast – nicht in Norwegen – sich inzwischen

mehrfach belegen läßt (Abb. 262 ff.). Bei Tischler Wilhelm Voge in Dangastermoor, der damals die Grundformen dieser Kästen herstellte, konnte noch 1964 ein von Schmidt-Rottluff hinterlassenes und von Voge als Behältnis für Hühnerfutter benutztes Exemplar aufgefunden und dem Künstler zum Geschenk gemacht werden. „Sie sind von einer starken, eindringlichen Schönheit, und es dürfte schwer halten, ihnen in der gesamten europäischen Kunst etwas Verwandtes an die Seite zu stellen schrieb Rosa Schapire darüber.[73].

Für die am 15. November 1911 eröffnete Herbstausstellung des Oldenburger Kunstvereins hatte Schmidt-Rottluff am 5. November aus Berlin sechs Aquarelle übersandt, für die aus ungeklärten Gründen zunächst die Annahme verweigert wurde. Daß er dennoch in dieser Ausstellung vertreten war, beweist eine Besprechung durch Wilhelm von Busch in den Oldenburger Nachrichten vom 7. Dezember 1911, worin er sich allerdings gar nicht erst die Mühe macht, auf das Ausgestellte einzugehen, sondern stattdessen ein weiteres Mal die Brücke-Künstler zu treffen versucht, wenn er schreibt: „Die Dangaster Haeckel und Schmidt-Rottluff haben ihre eigenartigen Zeichnungen und Bilder wieder zur Schau gestellt. In graphischer Beziehung schloß sich ihnen Emma Ritter vollständig an und teilt damit auch ihr Schicksal der Verurteilung“. In zeitlicher Parallele dazu hatte das Kunstgewerbemuseum die schon erwähnte Ausstellung kunsthandwerklicher Arbeiten heimischer Künstlerinnen und Künstler arrangiert, an der Schmidt-Rottluff teilnahm. Wie die Oldenburger Nachrichten vom 14. November 1911 berichteten, handelt es sich hierbei um „eine Flachstickerei, der als Muster ein menschlicher Akt zugrunde liegt. Als Teppich oder Wandbehang wirkt es sehr kräftig“. Wo diese erstmals in einem Museum ausgestellte kunsthandwerkliche Arbeit Schmidt-Rottluffs verblieben ist, war bisher nicht zu klären. Die unmittelbar nach Beendigung der Ausstellung an gleicher Stelle erfolgte Gründung der Oldenburgischen Museumsgesellschaft war zwar mit der ausdrücklichen Ankündigung verbunden, nunmehr in Oldenburg auch modernes Kunstgewerbe zu sammeln, doch fehlen Hinweise darauf, ob auch Schmidt-Rottluffs Stickerei durch diesen Entschluß positiv betroffen wurde.

1911 hatte der Künstler Dangast bereits Anfang Oktober verlassen, um sich nach einem kurzen Zwischenaufenthalt in Hamburg nach Dresden zu begeben und – wie gleichzeitig auch Heckel und Kirchner – von dort nach Berlin umzuziehen. Im Katalog der im November 1911 eröffneten vierten Ausstellung der Neuen Sezession, die der kritische Schmidt-Rottluff in einem Brief an Beyersdorff als „große und sehr gute Ausstellung“ bezeichnete,[74] war als sein Wohnort erstmalig nicht mehr Dangast sondern Berlin-Friedenau, Niedstraße 14 angegeben. Die darin genannten Künstlernamen bestätigten Schmidt-Rottluffs Einschätzung dieser bedeutendsten Veranstaltung der Neuen Sezession und im Rückblick zugleich den inzwischen erreichten Rang Berlins als Hauptstadt auch der modernen Kunst in Deutschland. Unter den Mitgliedern der Neuen Sezession befanden sich neben den Brücke-Malern Heckel, Kirchner, Mueller, Pechstein und Schmidt-Rottluff schließlich auch Freundlich und Lehmbruck aus Paris, Kubista und Stückgold aus Prag, sowie Klein, Morgner, Nolde und Tappert, unter denjenigen der beteiligten Neuen Künstlervereinigung München Jawlensky, Kandinsky mit seinen frühesten abstrakten Bildern, Kanoldt, Marc, Münter, Werefkin sowie mehrere Franzosen, die den noch jungen Kubismus vertraten. Von Schmidt-Rottluff wurden sechs Landschaften aus den Jahren 1910 und 1911 gezeigt,

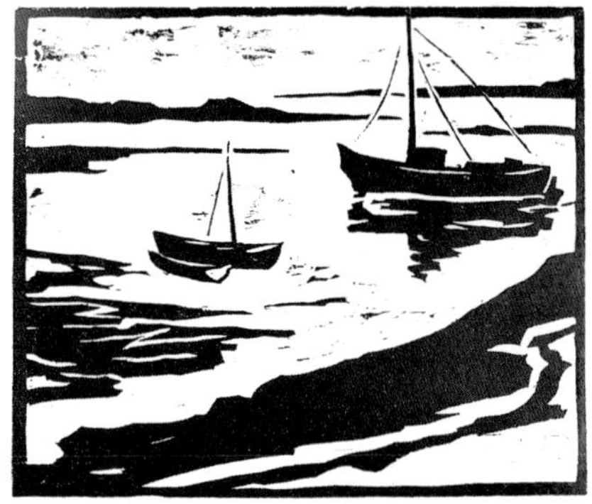

Emma Ritter: Schiffe im Watt, 1910, Holzschnitt 28 x 34 cm, Oldenburger Landesmuseum

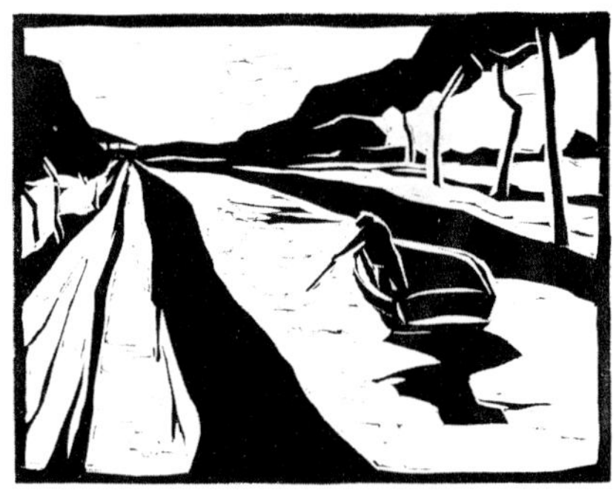

Emma Ritter: Am Kanal, 1910, Holzschnitt 26 x 34 cm, Privatbesitz

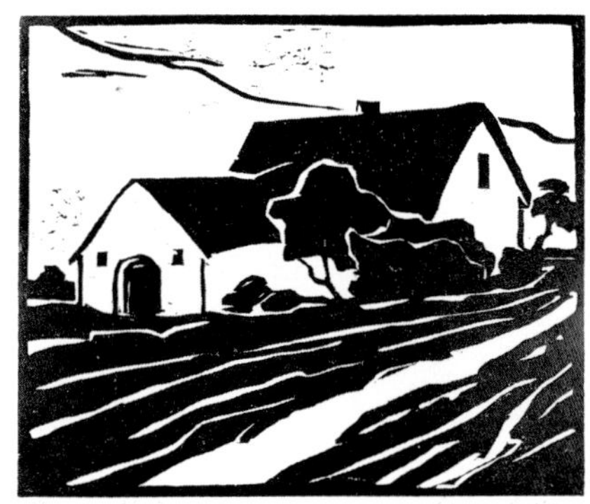

Emma Ritter: Haus am Weg, 1910, Holzschnitt 28 x 34 cm, Oldenburger Stadtmuseum

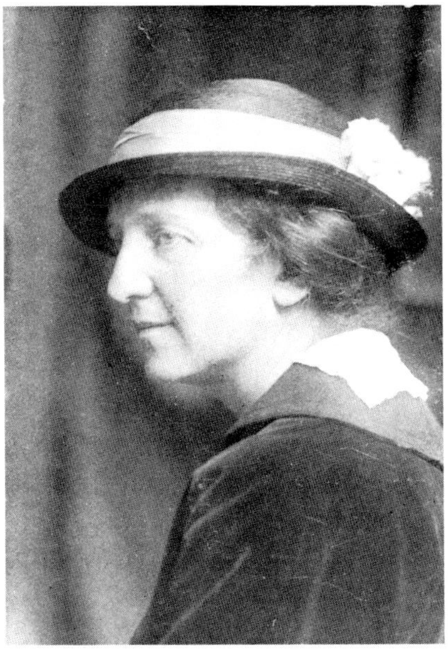

Porträtfoto der Malerin Emma Ritter, um 1912. Emma Ritter war bereits 1910, während ihres ersten Aufenthaltes in Dangast, von Schmidt-Rottluff als „Guitarrespielerin“ dargestellt worden. Das Bild ist verschollen und nur noch in einer Fotografie nachweisbar (Abb. 139). Ein gleichzeitig von Emma Ritter gemaltes Porträt Schmidt-Rottluffs fiel mit ihrem gesamten übrigen Besitz 1943 ebenso dem Krieg zum Opfer, wie zu Beginn des Ersten Weltkrieges in Berlin entstandene Wiedergaben Feiningers und ein Bildnis von Siddi Heckel, der Frau des Malers Erich Heckel. Aus ihrer Dangaster Zeit erhielten sich lediglich einige Gemälde und nur wenige Holzschnitte.

davon fünf aus Dangast. Die erst in diesem Jahr entstandenen Gemälde lassen bereits einen hohen Grad der Formenvereinfachung erkennen, der zwar als Abstrahierung, jedoch noch nicht als Geometrisierung begriffen werden kann, die zu den Wesensmerkmalen des Kubismus gehört. Ihm läßt sich erst das durch Hermann Gerlinger als Else Lasker-Schüler identifizierte Porträt „Lesende“ zuweisen, das auf die ersten Tage des Jahres 1912 datiert werden kann.[75] Insofern begann das von Gunther Thiem zutreffend benannte „Experiment Kubismus“[76] für Schmidt-Rottluff bereits während der Laufzeit der vierten Ausstellung der Neuen Sezession, deren kritische Bearbeitung noch immer aussteht.[77] Ob sich in dieser zeitlich begrenzten Experimentierphase bei einem so eigenwilligen Künstler jedoch tatsächlich direkte Ableitungen von Bild zu Bild ergeben haben, wird vorerst noch ebenso offen bleiben müssen, wie die Frage nach anderen Vermittlungswegen des neuen Stils. So ist etwa die Rolle, die der Tscheche Bohumil Kubista (1884–1918) für die Künstler der Brücke spielte, in die er 1911 als letzter aufgenommen wurde, überhaupt noch nicht untersucht worden. Ihm waren die Anfänge des französischen Kubismus, der sich auch in sämtlichen von ihm in der Neuen Sezession gezeigten Arbeiten wiederspiegelt, von seinen vorangegangenen Paris-Aufenthalten her längst bekannt. Auf die zwischen französischer und deutscher Kunst vermittelnde Position Wilhelm Niemeyers, der Picasso und die Fauves bereits 1910 in Düsseldorf ausstellte, wurde schon hingewiesen, nicht jedoch auf eine wohl auf seine Anregung hin über Düsseldorf erfolgte Reise von Rosa Schapire nach Paris, die ihm von dort am 18. Juni 1911 begeistert über ihre Kunsteindrücke berichtete. Sie wird sie auch Schmidt-Rottluff nicht vorenthalten haben.

Ein Gesamtüberblick über die künstlerische Ernte seines fünften – durch die Norwegenreise erstmals unterbrochenen – Dangaster Aufenthaltes, läßt jedenfalls eine ungewöhnliche Vielfalt der Aufgaben erkennen, hinter der sich das Suchen nach neuen Ausdrucks- und Gestaltungsmöglichkeiten verbirgt. Während sich die Zahl der Gemälde und der von hier versandten Postkarten-Zeichnungen deutlich verringerte, stieg diejenige der Aquarelle, Zeichnungen und graphischen Blätter leicht an. Insgesamt dominieren bei letzteren wieder die Holzschnitte, von denen jedoch nur noch neun nach Dangast gehören, während der überwiegende Teil bereits aus den Aufenthalten in Hamburg hervorging. Um Holzschnitte handelt es sich auch bei den gebrauchsgraphischen Arbeiten, unter denen die anspruchsvolle Mitgliedskarte für die passiven Brücke-Mitglieder und der Brücke-Bericht über 1909 und 1910 sich besonders herausheben (Abb. 254, 256). Gleich zweimal wurde der eigene Name Objekt der Gestaltung, einmal als monumentale Signatur, von der Kraft und Selbstbewußtsein ausgehen (Abb. 257), das andere mal als Schriftleiste, in der die eigenwilligen Buchstaben dem Gesetz der Gesamtform unterworfen werden (Abb. 259). Besonders auffallend ist die Zunahme plastischer und kunsthandwerklicher Schöpfungen in diesem Jahr. Darunter stehen die nur vereinzelt figural, in der Regel jedoch ornamental gestalteten Holzkästen an erster Stelle, deren Entstehen sich ebenso eng mit Dangast verbindet wie diejenige der Aquarelle von 1909. Zwei Holzreliefs und eine Metallmaske verbürgen das Einsetzen plastischer Arbeiten vor 1912 und mehrere Schmuckstücke aus unterschiedlichem Material, sowie einige textile Objekte dokumentieren überzeugend die vom Künstler erstrebte Gleichrangigkeit und Autonomie der Gestaltungsarten.

Mit dem Oldenburger Aufenthalt von 1911 sind zwölf Gemälde in Verbindung zu bringen, bis auf zwei Porträts sämtlich Landschaften. Zwei von ihnen entstanden nicht in Dangast, sondern im südoldenburgischen Damme (Abb. 213), das Schmidt-Rottluff in diesem Jahr gemeinsam mit Emma Ritter aufsuchte. Unter den benennbaren fünf Aquarellen und vier Zeichnungen lassen sich zwei Motive aus Varel (Abb. 325) und eines aus Rastede (Abb. 227) ausmachen, wo der Künstler auch noch im folgenden Jahr ein Sujet fand (Abb. 294). Von den zehn nach Dangast gehörenden graphischen Blättern dieses Jahres lassen die letzten Holzschnitte bereits die beginnende Geometrisierung der Formen erkennen (Abb. 252), die dem anschließend in Berlin vollzogenen Schritt zu den Stilmerkmalen des Kubismus unmittelbar vorausgingen. Mehrere ihrer Sujets finden sich auch auf gleichzeitigen oder späteren Gemälden wieder, keine Wiederholungen, sondern jeweils neue Fassungen und eigenständige Resultate der gleichen Ausgangssituation. Unter den diesjährigen Dangaster Postkartenzeichnungen werden einige erstmalig aquarelliert, andere ausgesprochen bildhaft aufgefaßt. Da sich ihre Motive anderweitig nicht anschließen lassen, dürfen sie als Hinweise auf verlorene größere Arbeiten verstanden werden, deren Zahl nach Aussagen des Künstlers beträchtlich war.

1912 – Herausforderung Kubismus

Schmidt-Rottluff hielt sich in diesem Jahr zum sechsten und letzten Mal im Oldenburger Land auf, wobei vor allem solche Arbeiten entstanden, die dem Kubismus hinzuzurechnen sind. Die Auseinandersetzung mit diesem Stilphänomen, das sich in der französischen Malerei vornehmlich nach dem Vorbild Cézannes zur herrschenden Kunstrichtung entwickelt hatte, vollzog sich in Deutschland im wesentlichen während der Jahre 1911 und 1912. Obwohl die Geschichte seiner Rezeption noch nicht geschrieben wurde, läßt sich deutlich erkennen, daß die Beteiligung Schmidt-Rottluffs daran bedeutsamer, engagierter und intensiver war als bei seinen Brücke-Gefährten, die sich der neu hinzugewonnenen Ausdrucksmöglichkeiten eher sporadisch bedienten, wie beispielsweise Erich Heckel im „Hamburger Hafen" von 1912 oder „Gläserner Tag" von 1913.[78] Schmidt-Rottluff überließ auch gegenüber dieser Herausforderung nur wenig dem Zufall oder der beiläufigen Gelegenheit, verwandelte sie vielmehr in eine selbst gestellte Aufgabe, die innerhalb eines bestimmten Zeitraumes nach Bewältigung verlangte. Infolge der jüngsten Forschungsergebnisse ist diese herausgehobene Stilphase, von der lange angenommen wurde, daß sie erst durch den Besuch der Sonderbund-Ausstellung in Köln, Ende September 1912, ausgelöst worden sei, jetzt relativ genau eingrenzbar. Da kubistische Bilder mit dem Datum 1911 nicht existieren, bezeichnet das für den Jahresbeginn 1912 gesicherte Porträt von Else Lasker-Schüler, der damaligen Frau des „Sturm"-Begründers Herwarth Walden, den grandiosen Auftakt dieser Kubismus-Periode, die dann bereits während des letzten Dangast-Aufenthaltes im Sommer 1912 ihr Ende fand. Da es Schmidt-Rottluff hierbei wiederum vorrangig um die Beherrschung der Gestaltungsprinzipien ging, wird zunächst nach den allgemeinen Voraussetzungen, Ereignissen und Begegnungen zu fragen sein, die seine Auseinandersetzung mit diesem neuen europäischen Stil ausgelöst und nach etwa einem halben Jahr wieder beendet haben.

Die gravierendste Veränderung, die seine persönliche wie künstlerische Entwicklung beeinflußt hat, war fraglos sein Umzug nach Berlin im Oktober 1911. Obwohl er die Reichshauptstadt bereits zehn Wochen später wieder verließ, um erneut sein Hamburger Atelier zu beziehen, war er in dieser kurzen Zeit mit so vielen neuen Eindrücken und Bekanntschaften konfrontiert worden, daß sich Auswirkungen auf seine Kunstanschauungen ergeben mußten. Die noch bis Ende Januar 1912 laufende vierte Ausstellung der Neuen Sezession mit der jeweils geschlossenen Beteiligung von Brücke und Blauem Reiter wurde bereits genannt. Vorausgegangen war ihr die am 14. Oktober 1911 eröffnete und von Schmidt-Rottluff ebenfalls beschickte erste juryfreie Ausstellung in Berlin, in der sich die divergierenden jüngsten und ältere Kunstrichtungen wie in einem Kaleidoskop überschnitten. Ihr folgten die Ausstellungen des anfangs mit der

Neuen Sezession kooperierenden „Sturm“, wo Herwarth Walden schon im April 1912 die italienischen Futuristen präsentierte. Das Porträt, das Schmidt-Rottluff von dessen Frau im Januar 1912 in Berlin zu malen begann und das er in Hamburg oder noch später in Dangast vollendete, will nicht nur als sein frühester Beitrag zur kubistischen Malerei, sondern auch als sein „Großstadtbild“ begriffen werden, in dem sich die vielfältigen geistigen Strömungen der Metropole mit erregenden Farben und bewegten Formen in der Figur der Dargestellten konzentrieren und durchkreuzen. Von den weiteren Begegnungen während dieses ersten Aufenthaltes des Künstlers im neuen Standort Berlin mögen hier nur noch diejenigen mit Lyonel Feininger und mit Franz Marc hervorgehoben werden, deren Namen ebenso eindeutig für den neuen Stil stehen. Marc hielt sich um die Jahreswende 1911/12 für einige Wochen in Berlin auf und knüpfte persönliche Verbindungen mit den Brücke-Malern, die bei Schmidt-Rottluff allerdings keine Fortsetzung erfuhren. Als einziger von ihnen war er an der im Februar 1912 in München gezeigten Graphik-Ausstellung des Blauen Reiters nicht beteiligt.[79] Anders gestaltete sich das Verhältnis zu Feininger, das sich schon bald in eine lebenslange Freundschaft verwandelte. Schmidt-Rottluff, der ihn damals noch für die Brücke zu gewinnen suchte,[80] schrieb ihm am 14. August 1912 aus Dangast auf einer Postkarte mit der Fotografie seiner jüngsten Holzskulptur (Abb. 288): „Es ist lange her, seit ich Ihren Brief erhielt. Ich bin sehr gespannt, von Ihren Arbeiten dann im Winter zu sehen. Ich spüre es auch sehr, wie schwer es ist, den eingeschlagenen Weg immer gerade zu verfolgen. Mit so manchen Dingen habe ich mich die Zeit über gequält, leider ohne rechte Erfolge“.[81] Schmidt-Rottluffs letzter Oldenburg-Aufenthalt neigte sich damals ebenso dem Ende zu wie seine kubistische Stilphase, die mit dem Lasker-Schüler-Porträt in Berlin begonnen hatte und sich in Hamburg fortsetzte. Von Januar bis März 1912 entstand hier eine Gruppe von etwa zehn kubistischen Aktbildern, die größtenteils bereits in der am 2. April bei Fritz Gurlitt in Berlin eröffneten Brücke-Ausstellung zu sehen waren. Wilhelm Niemeyer notierte ihre im Katalog nicht angegebenen Titel, als er die Ausstellung nur wenige Tage nach Ernst Beyersdorff besuchte. Der bei Littmann in Oldenburg gedruckte 42-seitige Katalog mit einem Titelholzschnitt Kirchners (Abb. S. 77), der in einer Variante auch für die vom 12. August bis 10. September von Commeter in Hamburg übernommene letzte große Ausstellung der Künstlergruppe Verwendung fand, nennt summarisch zehn Gemälde und vier Zeichnungen Schmidt-Rottluffs, der im Werkdruckteil außerdem noch mit drei vom Stock gedruckten und ebenfalls in Hamburg entstandenenHolzschnitten von 1912 vertreten war. Nach Niemeyers Aufzeichnungen handelte es sich bis auf ein nicht näher beschriebenes Porträt und eine Landschaft mit Häusern und Sonnenscheibe, sämtlich um Aktdarstellungen aus jüngster Zeit.

In Hamburg hatte Schmidt-Rottluff bereits seit Mitte Januar 1912 ein weiteres mal das Atelier in der Kleinen Johannisstraße mieten und die inzwischen zahlreich bestehenden persönlichen Kontakte am Ort fortsetzen können. So sandte er am 26. Januar von hier eine schon im Vorjahr in Dangast angefertigte Postkartenzeichnung (Abb. 242) an den Kunsthändler Alfred Flechtheim in Düsseldorf, wobei er ausdrücklich bemerkte: „Der Niemeyer ist ein ausgezeichneter Kerl“. Der seit Anfang 1910 an der damaligen Hamburger Kunstgewerbeschule lehrende Kunsthistoriker – einer seiner Nachfolger war ein halbes Jahrhundert später Werner Haftmann – hatte einen noch immer unterschätzten Anteil an der

Titel des Kataloges der Brücke-Ausstellung im Kunstsalon Fritz Gurlitt in Berlin vom 2.4.–27.4.1912, mit einem Holzschnitt von E. L. Kirchner, dessen unterer Teil über einen aufgeklebten roten Papierstreifen gedruckt wurde (ohne Monogramm ELK). In dieser bisher noch nicht näher erforschten, letzten größeren Brücke-Ausstellung wurden 78 Arbeiten gezeigt: Amiet 2, Heckel 19, Kirchner 20, Mueller 11, Pechstein 12 und von Schmidt-Rottluff 10 Gemälde und 4 Zeichnungen, die allesamt nicht mit ihren Titeln bezeichnet sind. Die Ausstellung wurde mit dem bei Littmann in Oldenburg gedruckten Katalog vom 19.8.–10.9.1911 auch in der Hamburger Galerie Commeter gezeigt, wobei Pechstein nach seinem Ausschluß aus der Gemeinschaft nicht mehr vertreten war. Aufzeichnungen Niemeyers ist zu entnehmen, daß es sich bei den Gemälden Schmidt-Rottluffs bis auf eine Landschaft und ein Porträt ausschließlich um Aktbilder handelte, die am Jahresbeginn in Hamburg entstanden waren.

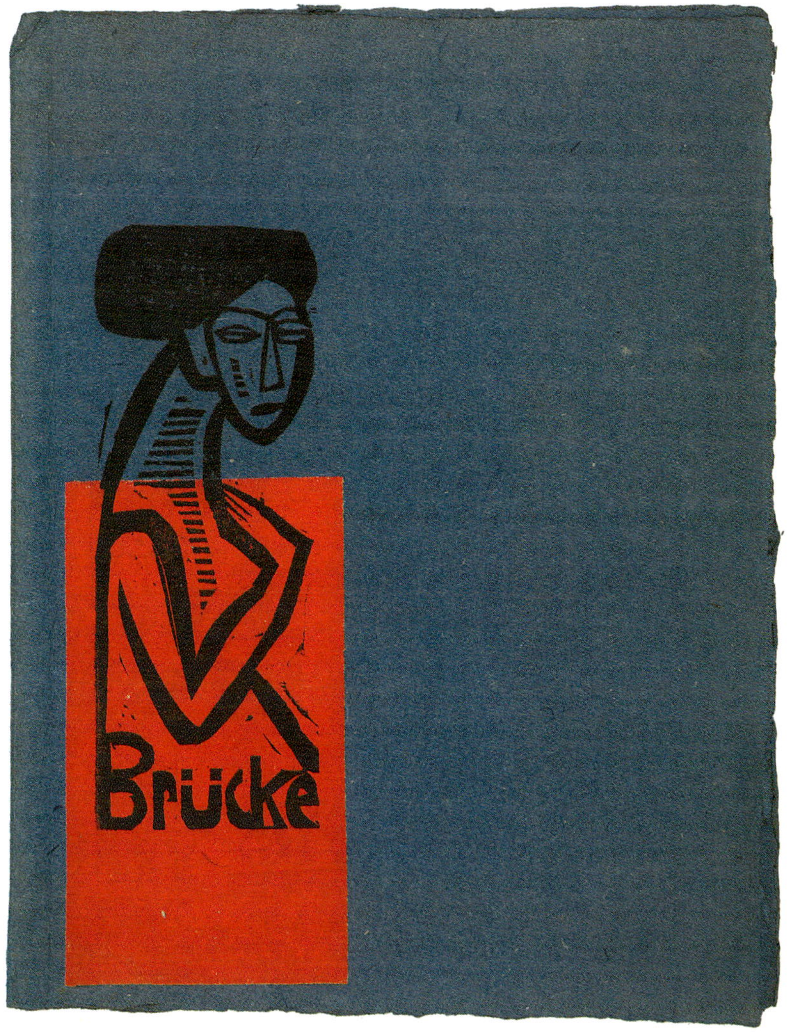

Vermittlung und Durchsetzung moderner Kunst in Deutschland, insbesondere als Katalysator und Übersetzer der für Schmidt-Rottluff neuen kubistischen Formensprache. Als Indiz hierfür kann eine Mitteilung des Künstlers vom 21. November 1969 gelten, wonach dem spätestens 1911 für Niemeyer in abstrakten Formen applizierten Vorhang (Abb. 272) ein gegenständlicher Entwurf vorausgegangen sei, der vom Besteller verworfen wurde. Von hier und den verwandten Gestaltungen der gleichzeitig geschaffenen numinosen Holzkästen (Abb. 263 ff.) war es nur noch ein kurzer Schritt zu den kubistischen Bildern von 1912. Als Niemeyer zwei Jahre früher – in der Sonderbund-Ausstellung von 1910 – Schmidt-Rottluffs dynamisch-impressionistisches Gemälde „Mittag im Moor" aus dem Jahre 1908 (Abb. 22) zeigte, stellte er auch schon die gleichaltrigen jungen Franzosen aus, mit denen er dann weiterhin in Kontakt blieb. So besuchte er in den letzten Tagen des Jahres 1911 Pablo Picasso in Paris, gemeinsam mit dem befreundeten Maler-Bildhauer Otto Freundlich. Die positive Beurteilung Picassos durch Schmidt-Rottluff in einem Brief vom 15. November 1912 an Ernst Beyersdorff ist somit durch Niemeyer vorgeprägt. Es war vor allem sein Verdienst, den in Düsseldorf begonnenen Ausstellungen des Sonderbundes westdeutscher Kunstfreunde und Künstler das geistige Profil gegeben und damit eine Standortbestimmung der zeitgenössischen Kunst vorgenommen zu haben, welche die Maß-

stäbe für alle folgenden Diskussionen und Beurteilungen hergab. Von der dominierenden Rolle der französischen Malerei überzeugt, ließ er auf die Vorstellung der Impressionisten in der ersten Sonderbund-Ausstellung von 1909, bereits im folgenden Jahr die „heutige Jungpariser Kunst" folgen. Darin zeigte er unter anderem Arbeiten von Braque, Denis, Derain, van Dongen, Friesz, Matisse, Maillol, Picasso, Vlaminck und Vuillard, denen er solche von Hofer, Jawlensky, Kandinsky, Kirchner, Nolde, Pechstein, Purrmann, Rohlfs und Schmidt-Rottluff gegenüberstellte. Seine „Denkschrift des Sonderbundes auf die Ausstellung 1910: Malerische Impression und koloristischer Rhythmus. Beobachtungen über Malerei der Gegenwart", die im Mai 1911 herauskam, trug – ebenso wie der gleichzeitige van Gogh-Ankauf Gustav Pauli's – zum „Protest deutscher Künstler" des Worpsweder Malers Carl Vinnen und den seit langem heftigsten Diskussionen über die Situation der zeitgenössischen Kunst in Deutschland bei. In die Ausstellung von 1910 hatte Niemeyer auch Skulpturen, sowie kunsthandwerkliche und gebrauchsgraphische Arbeiten internationaler Künstler mit einbezogen, so daß hier ein Zusammenhang mit dem zeitgleichen Einsetzen ebensolcher Gestaltungen bei Schmidt-Rottluff erkannt werden sollte.
Für die letzte und größte Ausstellung des Sonderbundes, die 1912 nicht mehr in Düsseldorf sondern in Köln stattfand, trug Niemeyer zwar keine Verantwortung mehr, doch folgte auch sie den bereits vorher gefundenen Prinzipien. Sie war nach Ländern geordnet, mit Sonderarrangements für van Gogh, Cézanne, Gauguin, Picasso, Gross, Signac, Munch und Deusser verbunden und bezog kunstgewerbliche Arbeiten deutscher Künstler mit ein. Mit ihren 1347 Katalognummern sprengte sie den äußeren Rahmen normaler Kunstausstellungen bei weitem und konnte den Ruhm für sich in Anspruch nehmen, vor dem Ersten Weltkrieg in Deutschland die umfassendste Übersicht über die zeitgenössische europäische Kunst und deren Vorläufer gegeben zu haben.[82] Von den deutschen Künstlern waren die Maler von Brücke, Blauem Reiter und Neuer Sezession neben mehr oder weniger bekannten Einzelgängern vertreten, wobei von Schmidt-Rottluff drei Gemälde von 1910 und in der kunstgewerblichen Abteilung ein Armband, eine Halskette und vier Mantelknöpfe ausgestellt wurden, denen der Vermerk „ausgeführt vom Künstler" beigegeben war. In einem Brief an Ernst Beyersdorff vom 15. November 1912 bedauerte der Künstler, daß die Ausstellungsjury von seinen eingesandten Bildern die älteren ausgewählt hatte, während sich keine Bemerkung darüber finden läßt, weshalb die von ihm ebenfalls für diese Ausstellung geschaffenen Metallreliefs der vier Evangelistenköpfe nicht genannt wurden.[83] Als diese letzte Sonderbund-Ausstellung, Vorläuferin der Armory-Show von 1913 in New York, am 25. Mai 1912 in Köln mit großem Aufwand und bei Anwesenheit vieler beteiligter Künstler eröffnet wurde, hielt sich der Maler bereits wieder an der oldenburgischen Nordseeküste auf.
Die Kontroversen über die an ihren bisher gültigen Kriterien nicht mehr meßbare Entwicklung der Künste und den ihr dienenden Einrichtungen, waren inzwischen auch im abgelegenen Oldenburg in Bewegung geraten. Auf die eingedrungene Kunde von der Ersten juryfreien Ausstellung in Berlin – an der sich Schmidt-Rottluff beteiligt hatte – reagierte der Oldenburger Künstlerbund in seiner Jahresversammlung vom 13. Januar 1912 mit einer strikten Ablehnung. Gleichzeitig wurde beschlossen, die Herausgabe des geplanten und auch von Schmidt-Rottluff bedachten Sammelwerkes oldenburgischer Künstler und Dichter auf 1913 zu verschie-

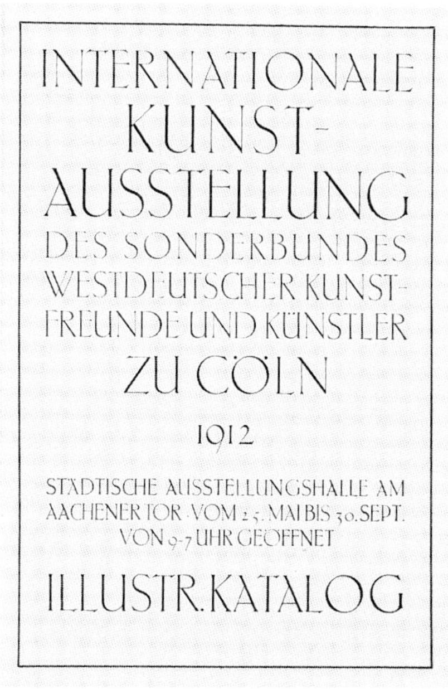

INTERNATIONALE
KUNST-
AUSSTELLUNG
DES SONDERBUNDES
WESTDEUTSCHER KUNST-
FREUNDE UND KÜNSTLER
ZU CÖLN
1912
STÄDTISCHE AUSSTELLUNGSHALLE AM
AACHENER TOR · VOM 25. MAI BIS 30. SEPT.
VON 9-7 UHR GEÖFFNET
ILLUSTR. KATALOG

Innentitel des Kataloges der Sonderbund-Ausstellung von 1912 in Köln mit Schrift von F. H. Ehmcke. Der Katalog der letzten und umfassendsten Ausstellung des Sonderbundes zählt insgesamt 1347 Nummern einschließlich der kunsthandwerklichen Arbeiten und Sonderkollektionen für acht Künstler. Von Schmidt-Rottluff werden darin drei Gemälde von 1910 – davon zwei aus Dangast – sowie sechs Schmuckstücke genannt. Kontroversen unter den Veranstaltern verhinderten die Fortsetzung der Sonderbund-Ausstellungen, für die sich auch Niemeyer vergeblich einsetzte.

ben. Die am 17. Februar 1912 eröffnete 336. Ausstellung des Oldenburger Kunstvereins fand ohne Schmidt-Rottluff statt, der sich dann jedoch im April gemeinsam mit Heckel an der folgenden 337. Ausstellung beteiligen konnte. Die eingesandten Zeichnungen der beiden Brücke-Maler veranlaßten Wilhelm von Busch zu der bis dahin schroffesten Ablehnung ihrer Kunst, die von nun ab in der Oldenburger Zeitungskritik mit keiner positiven Beurteilung mehr rechnen konnte. In einer ungewöhnlich ausführlich geratenen Besprechung vom 17. April 1912 kennzeichnet er sie als „eine unerhörte Herausforderung des Publikums und zugleich eine bedauerliche Diskreditierung der Kunst", charakterisierte ihre Urheber als „kindische Stammler, die das Recht, vor die Öffentlichkeit zu treten, nicht nachweisen", als „die Verbohrten, künstlerisch in eine Sackgasse Verrannten, aus der sie nur die größte Offenheit erlöst".[84] Gegen diese Kritik des selbstgerechten Journalisten, der sich als Stadtrat auch für die Kunstbelange Oldenburgs verantwortlich fühlte, vermochte der junge Assessor Ernst Beyersdorff nicht anzukommen, obwohl er sich in dem engen Rahmen der gegebenen Möglichkeiten auch weiterhin für die gegenwärtige Kunst einsetzte. Als er am 31. Mai 1912 in den Oldenburger Nachrichten einen Aufsatz „Zur Ausstellung des Deutschen Künstlerbundes in der Bremer Kunsthalle" unterbringen konnte, wobei er Gustav Pauli's „Bekenntnis zu den Jungen" lobte und hierbei „die Dangaster" apostrophierte, mußte er sich folgende Fußnote des Chefredakteurs gefallen lassen: „Die hier geäußerten Ansichten weichen von denen, die wir in den Nachrichten vertreten, zum Teil erheblich weit ab. Wir glauben aber doch, ihnen Raum geben zu sollen, um auch einmal eine Stimme laut werden zu lassen, die begeistert mit den Jüngsten geht".[85]

Busch bezog ebenso in den 1912 kulminierenden Differenzen im Vorstand des Oldenburger Galerievereins, die zum Austritt des Kunsthistorikers Karl Schaefer und des Malers Wilhelm Otto führten, Position gegen den Bremer Kunsthallendirektor, obwohl dessen Einsatz für die moderne Avantgarde in moderaten Grenzen verblieb. Die Wirksamkeit der staatlich geförderten Einrichtung, bei der damals noch niemand an eine Einbeziehung der Expressionisten zu denken wagte, war ganz unmittelbar mit der „Zukunft der oldenburgischen Galerien" verbunden. Unter dieser Überschrift hatte Beyersdorff am 21. Februar 1912 einen Zeitungsartikel veröffentlicht, in dem er zur Behebung der Raumnot einen Galerieneubau oder – falls dieser aus finanziellen Gründen nicht realisierbar sei – einen rechtwinkligen Erweiterungsbau des Augusteums zum Damm hin vorschlug, um damit sowohl für die alten, wie für die modernen Bestände ausreichende Unterbringungsmöglichkeiten zu erhalten. Vor allem forderte er hierbei die „feste Anstellung eines Direktors, in dessen Hand die Leitung der Galerien, sowie aller weiteren auf die bildende Kunst sich beziehenden Angelegenheiten des Landes zu legen wäre". Den historisch begründeten Aversionen gegen die benachbarte Hansestadt trug er mit den Worten Rechnung: „Ein weiterer Vorteil wäre, daß der Schwerpunkt der Galerie, der zur Zeit stark nach Bremen hinzieht, mit der Ernennung eines Direktors dauernd nach Oldenburg verlegt würde". Mit diesen, der Entwicklung um ein Jahrzehnt vorauseilenden Überlegungen hat Beyersdorff auch Schmidt-Rottluff vertraut gemacht, der sich über viele Jahre hinweg ebenfalls an der Diskussion über die Problematik der Oldenburger Kunstsituation beteiligte.

Parallel zu diesem, vom Primat der Galerien ausgehenden Erörterungen hatte der als Träger des Oldenburger Kunstgewerbemuseums fungierende Kunstgewerbeverein die Verstaatlichung seines Museums und dessen Vereinigung mit der Großherzoglichen und Staatlichen Galerie gefordert, eine Lösung, die auch von den Museumsdirektoren Gustav Pauli und Max Sauerlandt – wenn auch aus unterschiedlichen Gründen – unterstützt wurde. Die Notwendigkeit einer wissenschaftlichen Erschließung der heterogenen Oldenburger Sammlungsbestände war 1912 durch die Herausgabe mehrerer Publikationen offensichtlich geworden, neben den der Gemäldegalerie gewidmeten Werken auch der erstmaligen Veröffentlichung des kirchlichen Kunstbesitzes im Kunstgewerbemuseum, die Theodor Raspe dem ansonsten nicht übermäßig kunstbegeisterten Großherzog Friedrich August zu dessen 60. Geburtstag widmete.[86]

Die Kürze des Aufenthaltes Schmidt-Rottluffs an der oldenburgischen Nordsee ist eine der Ursachen dafür, daß sich für 1912 wesentlich weniger hier entstandene Arbeiten benennen lassen, als in den vorangegangenen Jahren. Der überwiegende Teil der Gesamtproduktion wurde erstmals nicht in Dangast, sondern andernorts geschaffen, vor allem in Hamburg, wo die kubistischen Aktdarstellungen am Jahresbeginn und die vom Kubismus befreiten Stadtlandschaften in den beiden letzten Monaten entstanden. Immerhin lassen sich noch acht Gemälde angeben, die hier begonnen oder vollendet wurden, die meisten davon Landschaften. Sie bestätigen, daß der im Porträt von Else Lasker-Schüler erstmalig angewandte prismatische Kubismus weitergeführt und so definiert wurde, daß sich nicht nur die diesem Stil am stärksten entgegenkommenden Architekturmotive, sondern auch Erde und Himmel in körperhaft-zyklopische Formblöcke verwandeln (Abb. 279), die von der kristallinen Transparenz der Arbeiten Lyonel Feiningers allerdings sehr weit entfernt sind. Selbst dort, wo ein Objekt sein Gewicht und die Standfestigkeit verloren zu haben scheint, wie bei der „Vase mit Georginen“ (Abb. 280), behält es eine substanzielle Gegenständlichkeit. Dies gilt auch für solche Landschaften wie die letzte Gemäldefassung der „Villa mit Turm“ (Abb. 283), mit ihrer dem Primat der Formen rigoros unterworfenen Wirklichkeit und ebenso für die in der Stadt Oldenburg gemalten „Häuser am Kanal“ (Abb. 282), deren aufeinanderstoßende Farbflächen auch noch in der Widerspiegelung ihre haptische Substanz behalten. Nur in einem Schwarz-Weiß-Foto nachweisbar ist ein vom Künstler mit „Lektüre“ betiteltes Porträt (Abb. 286), das im Anschluß an das Lasker-Schüler-Bildnis in Hamburg gemalt worden sein muß. Im formalen Aufbau und der geometrisierenden Gliederung ist das Rosa Schapire darstellende Porträt mit jenem nahe verwandt, auch darin, daß es einer geistigen Tätigkeit die adäquate Form gibt. Mit dem Gemälde „Frauenkopf und Maske“ (Abb. 281) dürfte es den Arbeiten vom Beginn des Jahres 1912 hinzuzurechnen sein, die vom Künstler nach eigener Aussage in Dangast vollendet wurden. Wie Kunst und Leben, Ideal und Wirklichkeit werden in diesem Bild zwei Realitätszustände einander gegenübergestellt. Die ausgesprochene Vermutung, daß es sich dabei um ein Selbstporträt mit der späteren Frau des Künstlers handeln könnte,[87] dürfte nicht nur aus biographischen Gründen ebenso schwer zu beweisen sein, wie die Deutung der vier Evangelistenreliefs (Abb. 295) als Bildnisse der vier Brücke-Maler Heckel, Kirchner, Pechstein und Schmidt-Rottluff.[88] Obwohl der zeitliche und stilistische Zusammenhang zwischen diesen Arbeiten nicht zu leugnen ist, scheint es notwendig, sich dabei ihrer noch entschiedener abstrahierten Vorgänger von 1911 (Abb. 261, 262) ebenso zu erinnern, wie der zeitgleichen, typisierenden Holzskulpturen, an die der Künstler dann vier Jahre später in Rußland wieder anknüpfen sollte.

Emma Ritter: Dangaster Bauernhäuser, 1911/12, Aquarell über Blei auf einer Postkarte an Lyonel Feininger, Altonaer Museum in Hamburg.
Die weder abgestempelte noch datierte Karte aus dem Nachlaß Feiningers enthält Geburtstagswünsche für den deutsch-amerikanischen Maler. Sie wurde um 1914 beschrieben, als Emma Ritter in Berlin bereits mit ihm und seiner Frau befreundet war, während das Aquarell noch anläßlich der bis 1912 währenden Aufenthalte Emma Ritters mit Schmidt-Rottluff in Dangast entstand. Seine Malweise steht dem Stil der Dangaster Landschaften Schmidt-Rottluffs von 1911 am nächsten.

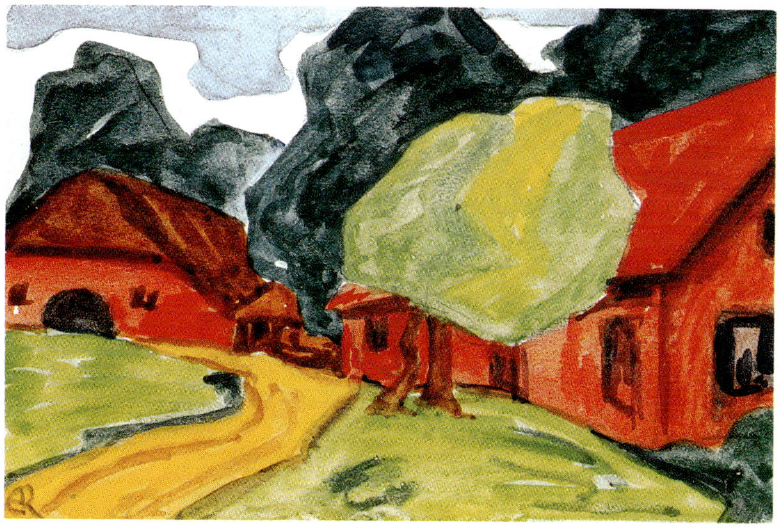

Die Möglichkeiten und Grenzen der Abstraktion werden auch in den wenigen Graphiken erprobt, die 1912 noch in Dangast geschaffen wurden. Es handelt sich dabei um den farbig überdruckten Holzschnitt mit einem Hafenmotiv aus dem so oft aufgesuchten Ellenserdammersiel (Abb. 290), in dem die Formen der Segel die Geometrisierung begründen und um eine zusammengehörende Gruppe von vier Landschaftslithographien, bei denen äußerste Reduktion und Wiederannäherung an den Gegenstand einander gegenüberstehen (Abb. 291–294).
Das Zeichnen auf Postkarten wurde von Schmidt-Rottluff 1912 ebenso unvermittelt unterbrochen, wie es 1909 begann. Nicht einmal im Bestand von Rosa Schapire finden sich Beispiele aus diesem Jahr. Die Zeichnungen auf zwei 1912 gestempelten Postkarten mit Dangaster Motiven (Abb. 242, 287) entstanden bereits 1911. Hingegen versandte der Künstler in dieser Zeit des öfteren Foto-Postkarten nach eigenen Arbeiten, die er in Varel oder Oldenburg anfertigen ließ und von denen einige auch verschollene Werke wiedergeben (Abb. 288). Ein Grund für das Ausbleiben von Zeichnungen und für den geringen Dangaster Graphikanteil scheint darin zu liegen, daß sich Schmidt-Rottluff damals weitaus stärker mit der Herstellung von kunsthandwerklichen Arbeiten, vor allem mit der Anfertigung von Silberschmuck, befaßte.
Nachdem er Anfang des Jahres 1912 ein für Luise Schiefler gearbeitetes vergoldetes Armband (Abb. 299) aus noch ungeklärten Gründen zurückerbeten hatte, übersandte er Gustav Schiefler im September 1912 zum Ausgleich „verschiedene Schmucksachen, die ich im Verlauf eines kalten Sommers gemacht habe“.[89] Da er die anfängliche Datierung seiner Metallarbeiten nicht weiterführte, sondern schon bald einen Signaturstempel ohne zusätzliche Zeitangaben benutzte, sind die meisten der von ihm erwähnten frühen Schmuckstücke nicht mehr identifizierbar. Aus diesem Grunde können hier nur wenige Beispiele (Abb. 298 ff.) aus einem ebenso umfangreichen, wie kaum bekannten Schaffensgebiet vorgewiesen werden, das im übrigen fast konkurrenzlos blieb. Mit Jahrensangaben wurden hingegen die meisten der von ihm seit 1911 in Dangast und später auch in Berlin hergestellten Messing-Brieföffner versehen, gewichtige Gaben der Zuneigung an nur wenige Freunde (Abb. 300).
Ende August 1912, nach einem ungewöhnlich kühlen und regnerischen Sommermonat, verließ Schmidt-Rottluff Dangast noch in der Absicht,

im kommenden Jahr zurückzukehren. Anfang September machte er zunächst Erich Heckel auf Fehmarn einen Besuch und unternahm dann mit dem Schiff eine Erkundungsreise, die sich vor allem in mehreren Holzschnitten niederschlug. Einer von ihnen zeigt das Stadttor im mecklenburgischen Ribnitz (Schapire 81), das im gleichen Jahr auch auf einer Radierung Feiningers erscheint. Dieser hielt sich gerade in Heringsdorf/Usedom auf, weshalb nicht auszuschließen ist, daß Schmidt-Rottluff bei ihm damals eine Station einlegte. Zur Sonderbund-Ausstellung in Köln begab er sich erst Ende September, kurz bevor sie geschlossen wurde. Was er darüber am 15. November 1912 und am 11. Dezember 1912 an Ernst Beyersdorff schrieb, gilt heute als eine seiner aufschlußreichsten Standortbestimmungen. Nach einem anschließenden Zwischenaufenthalt in Berlin bezog er dann von Anfang November bis Weihnachten noch einmal sein Atelier in Hamburg und malte hier jene Stadtlandschaften, deren Stil sich wieder stärker mit den davor entstandenen Gemälden verbindet und zu dem des Jahres 1913 überleitet. Da sich unter den bekannt gewordenen Dangaster Gemälden von 1912 eine Landschaft befindet – „Watt bei Ebbe“ (Abb. 285) – welcher im Gegensatz zu allen übrigen die Stilmerkmale des Kubismus fehlen, kann davon ausgegangen werden, daß dieser bereits wähend des letzten Aufenthaltes in Oldenburg aufgegeben wurde. Geht man weiter davon aus, daß Schmidt-Rottluff während des verregneten Monats August vor allem mit Silberarbeiten beschäftigt war, dann läßt sich das „Experiment Kubismus“ auf die ersten sieben Monate dieses Jahres eingrenzen. Die Berechtigung zu solch wertender Charakterisierung ergibt sich im übrigen auch aus der Tatsache, daß der Künstler die in seinem Besitz verbliebenen kubistischen Bilder erst wieder für die Oldenburger Dangast-Ausstellung von 1957 freigab, weil sie ihm innerhalb seiner künstlerischen Entwicklung über eine lange Zeit hinweg als nicht wesensgemäß erschienen.

Als er Dangast im Herbst 1912 verließ, war es keineswegs ausgemacht, daß dies ein Abschied für immer werden würde. Aus dem Briefwechsel mit Ernst Beyersdorff geht deutlich hervor, daß er sich nach der Selbstauflösung der Künstlergemeinschaft Brücke im Mai 1913 erst sehr kurzfristig dazu entschloß, den Sommer in diesem Jahr auf der Kurischen Nehrung zu verbringen,[90] um im Anschluß daran erneut nach Dangast zurückzukehren. Wie einer Eintragung im Grambergschen Gästebuch zu entnehmen ist, war seine Schwester Gertrud noch einmal im Juni 1913 in Dangast erschienen, wo sie sich möglicherweise um die noch hier befindlichen Hinterlassenschaften ihres Bruders – zu denen auch Bilder gehörten – kümmern sollte. Erst am 28. Oktober 1913 teilte Schmidt-Rottluff Ernst Beyersdorff mit: „Ich werde wohl diesen Herbst nicht mehr nach Oldenburg kommen, wie ichs gehofft hatte“. In der Zeit danach scheint sich der Künstler mit dem Gedanken an eine nochmalige Rückkehr nach Dangast jedoch nicht mehr beschäftigt zu haben, da er den Monat Juni 1914 im holsteinischen Hohwacht an der Ostsee verbrachte und sich im Anschluß daran ebenso unvermittelt nach München begab, von wo aus er Beyersdorff am 14. Juli eine bevorstehende Fahrt nach Innsbruck ankündigte. Der Tod des Vaters forderte dann die vorzeitige Rückkehr nach Rottluff, der Ausbruch des Ersten Weltkrieges seine notwendige Anwesenheit in Berlin. Hier entstanden in den kommenden Monaten bis zu seiner Einberufung am 12. Mai 1915 einige seiner eindrucksvollsten Porträts und Figurenbilder, darunter Rosa Schapire, Lyonel Feininger, die „Frau mit Tasche“ und – nach Wiederaufnahme der Radierung – auch ein Bildnis von Emma Ritter (Abb. S. 82), die nach dem Beginn seines Militär-

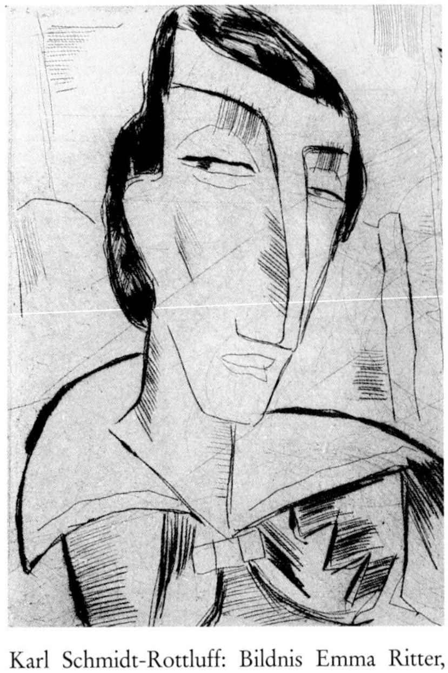

Karl Schmidt-Rottluff: Bildnis Emma Ritter, 1915, Radierung (Schapire R 15).
Das Blatt entstand nach Wiederaufnahme der seit 1908 vom Künstler nicht mehr ausgeübten Radiertechnik in Berlin, als dort die Kontakte zwischen Schmidt-Rottluff, Feininger und Emma Ritter besonders eng waren. Die Dargestellte trägt die Silberbrosche, die Schmidt-Rottluff fünf Jahre zuvor mit zwei weiteren Schmuckstücken in Dangast für sie gearbeitet hatte (siehe Abb. 207).

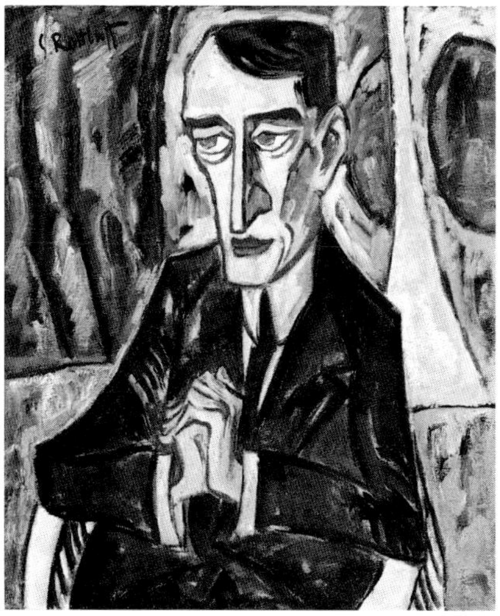

Karl Schmidt-Rottluff: Porträt Lyonel Feininger, 1915, Germanisches National-Museum Nürnberg.
Schmidt-Rottluff lernte Feininger kurze Zeit nach seinem Ende 1911 vorgenommenen Umzug nach Berlin kennen und befreundete sich mit ihm. Dieser schloß sich trotz der vorhandenen guten persönlichen Kontakte damals weder der Brücke noch dem Blauen Reiter an, war ab 1918 jedoch Mitglied der Novembergruppe und von 1919–1933 Meister am Bauhaus, ehe er 1937 endgültig nach Amerika zurückkehrte. Sein Porträt entstand kurz vor der Einberufung Schmidt-Rottluffs zum Heeresdienst.

dienstes zeitweilig die nicht aufgegebene Berliner Atelierwohnung hütete. „Ich habe jetzt sehr den Druck, noch möglichst Starkes zu schaffen, der Krieg hat mir richtig alles Vergangene weggefegt, alles kommt mir matt vor und ich sehe die Dinge plötzlich in ihrer furchtbaren Gewalt. Ich habe nie die Kunst gemocht, die ein schöner Augenreiz war und sonst nichts und doch merke ich elementar, daß man zu noch stärkeren Formen greifen muß, so stark, daß sie der Wucht eines solchen Völkerwahnsinns standhalten" schrieb er im März 1915 an den inzwischen an der Front befindlichen Ernst Beyersdorff. Solche Briefe an ihn dokumentieren nicht nur die anhaltende Verbindung des Malers mit dem Oldenburger Land, sie sind auch als Quellen für die persönliche und künstlerische Entwicklung Schmidt-Rottluffs in den vier entscheidenden Jahrzehnten seines Lebens von unschätzbarem Wert.

Schmidt-Rottluffs Nachwirkungen in Oldenburg

Wie stark und nachhaltig sich Schmidt-Rottluff auch nach seinem letzten Dangaster Aufenthalt von 1912 mit Oldenburg verbunden fühlte, kommt besonders deutlich in einem bereits zitierten Brief an Ernst Beyersdorff vom 4. September 1921 zum Ausdruck: „Ich glaube, wenn ich öfter etwas von Oldenburg hörte, würde ich schon längst wieder dort sein – wenigstens es längst wieder besucht haben. Es ist eigentümlich, wie starke und ich möchte behaupten, heimatliche Gefühle mich mit dem Oldenburger Land verbinden – nicht mit meiner eigentlichen Heimat habe ich solchen inneren Zusammenhang. – Was mich hierherzieht ist die Weite des Landes und seine Verwandtschaft mit der Natur Litauens – oder Rußlands – wenn schon es nicht jedem leicht fallen wird, da einen Zusammenhang zu sehen. Also, ich muß doch bald wieder nach Oldenburg kommen und meiner Frau das Land meiner Jugend zeigen".

Solche Bekenntnisse sind bei einem Künstler nicht eben häufig, der sein Herz am allerwenigsten auf der Zunge trug und Zuneigungen eher verbarg als offen zu erkennen gab. Vom „lieben Oldenburg" sprach er gar in einem vorangegangenen Brief vom 21. November 1920 an Richard tom Dieck, der nach Abdankung des Oldenburgischen Fürstenhauses gerade erst von seinen Pflichten als Conservator der Großherzoglichen Galerie entbunden worden war, jedoch im Vorstand von Kunstverein und Künstlerbund, sowie in der Betreuung der hinterlassenen, den Grundstock des Städtischen Museums bildenden Sammlungen von Theodor Francksen auch weiterhin verantwortlich tätig blieb. Durch Herkunft, Beruf und Neigung stellte er in den ersten Jahrzehnten des Jahrhunderts so etwas wie eine graue Eminenz im Oldenburger Kulturleben dar, ebenso zuverlässig wie selbstlos zwischen den oft divergierenden Interessen der Kunstinstitutionen und Kultureinrichtungen vor deren Beherrschung durch „Fachleute" vermittelnd. Er stand bereits Pate, als Schmidt-Rottluff und Heckel 1907 in den Oldenburger Künstlerbund eintraten und hatte 1908 ihre gemeinsame Ausstellung im Augusteum betreut, wo seither auch deren zur Ausstellung oder Deponierung bestimmte Bilder durch seine Hände gelaufen waren. Deshalb wandte sich Schmidt-Rottluff in einem Brief vom 21. November 1920 auch wieder an ihn, als er von sich aus die während des Krieges unterbrochene Mitgliedschaft im Oldenburger Künstlerbund erneuern wollte: „Ich würde sehr gern dem Künstlerbund wieder beitreten . . . es verknüpfen sich soviele wertvolle Jahre mit Oldenburg, daß ich dieses Bewußtsein sehr gern äußerlich wieder aufrecht erhalten möchte". Ob er schon bald darauf wieder an den weiterhin im Kunstverein gezeigten Ausstellungen des Künstlerbundes teilnahm, war nicht eruierbar, da einschlägige archivalische Unterlagen nur sehr lückenhaft vorhanden sind. Erhalten blieb eine Anmeldung von fünf Aquarellen am 7. November 1929 und eine weitere

von drei Aquarellen für eine der letzten Winterausstellungen des 1933 aufgelösten Künstlerbundes, dem Schmidt-Rottluff somit bis zuletzt angehörte. 1932 sandte er aus Berlin ein Glückwunschtelegramm anläßlich des 70. Geburtstages von tom Dieck, der unverändert im Kellergeschoß des Augusteums seine Wohnung besaß und vor seinem Tod 1943 noch die Diffamierung Schmidt-Rottluffs durch die in Oldenburg früh siegreichen Nationalsozialisten erlebte.
Anders als beim Oldenburger Künstlerbund verloren sich aber die Spuren seiner ebenso seit 1907 bestehenden Mitgliedschaft in der Vereinigung nordwestdeutscher Künstler, von der 1909 die Gründung des Oldenburger Galerievereins ausgegangen war. Auch in dieser größeren Gruppierung, die in ihrer Blütezeit mit bekannteren Namen aufwarten konnte und den Maler-Dichter Wilhelm Busch zur Feier seines 75. Geburtstages zum Ehrenmitglied erwählt hatte, gehörte Schmidt-Rottluff zu den jüngsten Künstlern. Als sie 1932 in Hannover und Oldenburg anläßlich ihres 25jährigen Bestehens eine Jubiläumsausstellung veranstaltete, wurde sein Gemälde „Kühe am Deich" von 1910 (Abb. 142) gezeigt, das inzwischen dem 1923 im Oldenburger Schloß eröffneten Landesmuseum gehörte. Die unter dem Zwang der historischen Verhältnisse neu geschaffene zentrale Institution für die Kunstsammlungen des Landes kam somit erst etwa zwei Jahrzehnte vor dem Ende seiner Selbständigkeit zustande, nachdem das Fürstenhaus abdanken mußte und das bisherige Residenzschloß sich dafür anbot, die nach Herkunft und Zusammensetzung heterogenen Kunstbestände unter einem nunmehr republikanischen Dach zu vereinigen. Bereits 1913 – nachdem im preußischen Wilhelmshaven die „Kaiser-Friedrich-Kunsthalle" eingeweiht worden war – hatte der Oldenburger Kunstverein, dessen Vorsitzende von 1856 bis 1930 traditionsgemäß Träger adeliger Namen waren, zum Neubau eines Museums für bildende Kunst aufgerufen.[91] Es sollte – analog zur Bezeichnung des Augusteums – dem Gedenken an den Großherzog Nikolaus Friedrich Peter (1853–1900) gewidmet sein, dem die fürstliche Galerie wesentliche Neuerwerbungen verdankte. Der heftig diskutierte Aufruf war auch von mehreren Einzelpersonen, darunter Ernst Beyersdorff, unterzeichnet worden, der sich seit längerem in zahlreichen Zeitungsartikeln für die dringend notwendige Neuordnung des oldenburgischen Museumswesens eingesetzt und Schmidt-Rottluff regelmäßig darüber informiert hatte. Dieser lag ganz auf seiner Linie, als er ihm am 6. Juni 1914 antwortete: „Soweit ich Oldenburg nun kenne, glaube ich nicht mehr, daß da was vernünftiges rauskommt. Solange sich Oldenburg nicht zur Selbständigkeit entschließen kann, sich womöglich einen jungen Kunsthistoriker zum Museumsdirektor holt und den eine moderne Galerie gründen läßt – das einzige, was für so kleine Städte mit geringen Mitteln möglich ist – nun solange gibts wohl auch kein Kunstleben dort. Aber ich will Ihre Stadt nicht schlecht machen, ich weiß auch, daß es einem geborenen Oldenburger dort nie gelingen wird, Zug und Bewegung zu schaffen".
Nach der Rückkehr aus dem Krieg und einer kurzen Tätigkeit am Amtsgericht in Elsfleth hatte Ernst Beyersdorff die Initiative dazu ergriffen, im Februar 1922 zur Gründung einer „Vereinigung für junge Kunst" aufzurufen, die der unverändert konservativen Politik des Kunstvereins entgegenwirken sollte. In der Einladung zur Gründungsversammlung am 20. Februar 1922 heißt es unter anderem: „Die materielle Not unserer Zeit zwingt wachsam zu sein auf die Entwicklungsmöglichkeit der Künste. Von jeher mußte werdende Kunst schwer um ihr Dasein ringen. Heute kann äußere Not diesen an sich gesunden Kampf zur Unmöglichkeit

machen. Zudem stehen ihr viele heute noch feindlich gegenüber, geschreckt von der Furchtbarkeit ihres Antlitzes, das doch nicht versteinern, sondern erlösen will. Da will die Vereinigung ein Herold sein aller jungen Kunst. Sie will das Neue nicht um des Neuartigen willen. Sie sucht das Bleibende im Schaffen des Tages. Alle Zweige der Kunst seien ihr Arbeitsgebiet, soweit sie jung sind und ewigen Lebensodem haben. So wollen wir in enger Fühlungnahme mit den anderen kunstfördernden Bestrebungen des Oldenburger Landes ein Gebiet pflegen, das brach liegt und das zu betreuen uns ethisches und zeitnotwendiges Gebot erscheint".

In dem Jahrzehnt ihres Bestehens bis zur Auflösung 1933 war es vor allem diese, auf über 200 Mitglieder angewachsene Vereinigung, die in Oldenburg die Vermittlung zur zeitgenössischen bildenden Kunst, zur modernen Musik, dem Tanz und Theater übernahm, wobei Schmidt-Rottluff bei den Ausstellungen eine Favoritenrolle erhielt. Nachdem der archivalische Nachlaß der Vereinigung im Anschluß an die Dangast-Ausstellung von 1957 in die Obhut des Landesmuseums überführt werden konnte und die ersten Darstellungen ihrer Geschichte erschienen sind,[92] sollen hier lediglich die wichtigsten auf Schmidt-Rottluff bezogenen Fakten herangezogen werden.

Die erste Ausstellung der Vereinigung war sogleich ihre bedeutendste. Bereits im Gründungsaufruf als „Ausstellung der ehemaligen Dangaster Künstlergruppe (Schmidt-Rottluff, Heckel, Pechstein, Radziwill u.a.)" angekündigt, erhielt sie nach Einbeziehung in eine von der Stadt Oldenburg veranstaltete „Oldenburger Woche" schließlich den Titel „Ausstellung Dangaster Künstler – Schmidt-Rottluff, Heckel, Radziwill" und wurde – mangels eigener Räumlichkeiten und der begreiflichen Unzugänglichkeit der Kunstvereinslokalitäten im Augusteum vom 20. Mai bis zum 10. Juni 1922 in der Kunsthandlung Oncken im Lappan gezeigt. Weshalb auf Pechstein - von dem Beyersdorff ein Niddener Gemälde von 1911 besaß – und möglicherweise auch auf Emma Ritter – verzichtet wurde, die damals noch in Berlin wohnte, ist nicht mehr zu eruieren, doch könnten die begrenzten Hängeflächen die Beschränkung geboten haben. Da das Lappan-Plakat Heckels von 1909 in Oldenburg inzwischen populär geworden war, bemühte sich Beyersdorff um dessen erneutes Engagement, das jedoch aus Zeitmangel versagt werden mußte. Ein darauhin von Radziwill gemachter Entwurf (Abb. S. 86) schien jedoch wenig attraktiv und wurde zugunsten eines Schriftplakates verworfen. Am 20. Mai hielt Wilhelm Niemeyer, dessen Verdienste um die Sonderbundausstellungen in der Presse besonders hervorgehoben wurden, einen Einführungsvortrag über „Die jüngste Kunst als Ausdruck der Zeit" und stellte sich am 22. Mai auch noch für eine erste Führung durch die Ausstellung zur Verfügung. Niemeyer hatte bereits im Herbst 1920 in Oldenburg über moderne Kunst gesprochen und damit einen entscheidenden Anstoß zur Gründung der Vereinigung für junge Kunst gegeben. Da kein Katalog gedruckt werden konnte, die gezeigten Exponate jedoch aus den Unterlagen der Vereinigung und aus Briefen Schmidt-Rottluffs zu ermitteln waren, mag die Wiedergabe einer Zusammenstellung und Identifizierung der Arbeiten Schmidt-Rottluffs zu rechtfertigen sein:

Gemälde
Haus im Park (Turm im Park), 1910 SR (Abb. 124)
Kühe am Strand (Kühe am Deich), 1910 SR (Abb. 142)
Parkecke aus Dangast (Parkweg), 1910 SR (Abb. 126)

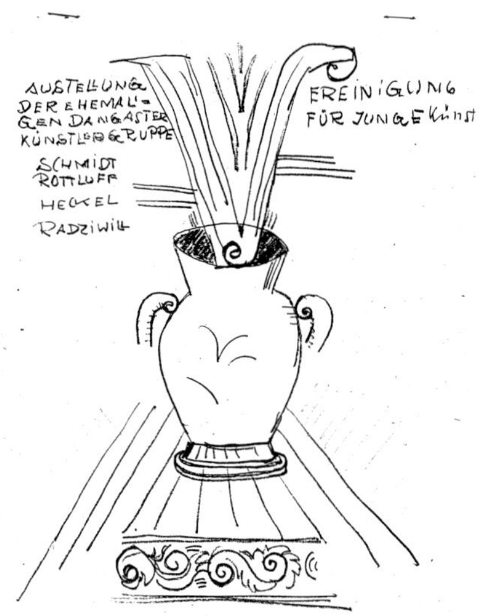

Franz Radziwill: Plakatentwurf für die Ausstellung „Dangaster Künstler" von 1922, Radziwill-Nachlaß.
Nachdem ein zunächst von Heckel erbetener Plakatentwurf nicht zu erlangen war, stellte Radziwill diesen Vorschlag zur Verfügung, der offenbar nicht akzeptiert wurde. Die von ihm gewählte Bezeichnung „Ehemalige Dangaster Künstlergruppe" mit den Namen Schmidt-Rottluffs, Heckels und Radziwills war insofern nicht zutreffend, als er selbst zu keiner Zeit mit den Brücke-Malern gemeinsam in Dangast malte, wo er erstmalig frühestens 1920 auftauchte.

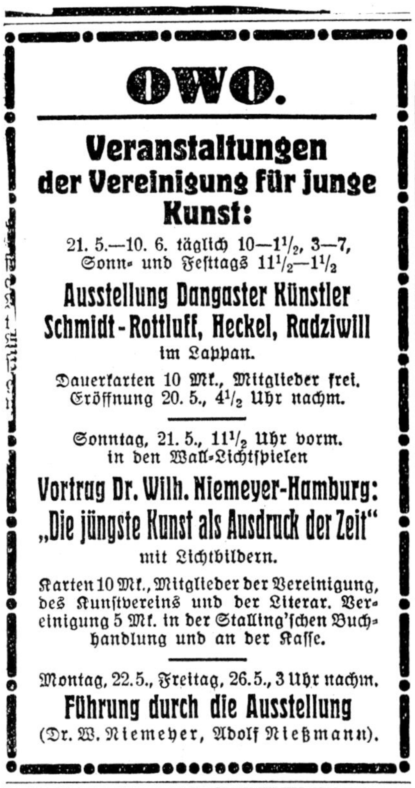

OWO.

Veranstaltungen der Vereinigung für junge Kunst:

21. 5.—10. 6. täglich 10—1½, 3—7,
Sonn- und Festtags 11½—1½

Ausstellung Dangaster Künstler
Schmidt-Rottluff, Heckel, Radziwill
im Lappan.

Dauerkarten 10 Mk., Mitglieder frei.
Eröffnung 20. 5., 4½ Uhr nachm.

Sonntag, 21. 5., 11½ Uhr vorm.
in den Wall-Lichtspielen

Vortrag Dr. Wilh. Niemeyer-Hamburg:
„Die jüngste Kunst als Ausdruck der Zeit"
mit Lichtbildern.

Karten 10 Mk., Mitglieder der Vereinigung, des Kunstvereins und der Literar. Vereinigung 5 Mk. in der Stalling'schen Buchhandlung und an der Kasse.

Montag, 22.5., Freitag, 26.5., 3 Uhr nachm.
Führung durch die Ausstellung
(Dr. W. Niemeyer, Adolf Nießmann).

Anzeige der Ausstellung „Dangaster Künstler" in den Oldenburger Nachrichten vom 17./18. Mai 1922.
Die erste Ausstellung der durch die Initiative Ernst Beyersdorffs gegründeten Vereinigung für junge Kunst in Oldenburg fand in den Räumen der Kunsthandlung Oncken im Lappan statt und wurde mit einem Vortrag von Wilhelm Niemeyer eröffnet. Schmidt-Rottluff war darin mit 45 Arbeiten am stärksten vertreten, von denen ein erheblicher Teil allerdings nicht während seiner Oldenburger Aufenthalte entstand. Zu den Folgen der Ausstellung gehörte die Erwerbung von zwei Dangaster Gemälden des Künstlers für das Oldenburger Landesmuseum, sowie eines weiteren Bildes für eine Oldenburger Privatsammlung (Abb. 26, 142, 126).

Aquarelle
Kurhäuser im Seenebel, 1909 FM (Abb. 46)
Watt bei Ebbe, 1909 FM
Herbstmorgen, 1909 ER (Abb. 59)
Park, 1909 ER
Stickendes Mädchen, 1909 ER (Abb. 56)
Haus im Nebel, 1909 ER (Abb. 61)
Park am Mittag, 1909 ER (Abb. 60)
Stilleben mit Äpfeln, 1909 ER (Abb. 49)
Frau mit rotem Tuch, 1913 HM
Aktstudie, 1913 BEY (Abb. S. 92)

Zeichnungen
Liegender Akt, 1913 BEY (Abb. S. 92)
Viehmarkt, o.J. BEY
Drei Zeichnungen auf Postkarten o.J. BEY

Holzschnitte
Ziegelei, 1909, Schap. 7 (Abb. 94)
Strandkörbe, 1909 Schap. 10 (Abb. 96)
Varelerhafen, 1909 Schap. 11, HM (Abb. 97)
Landhaus, 1910, Schap. 38 (Abb. 194)
Dangast Dorf, 1911, Schap. 58 (Abb. 250)
Köpfe I, 1911, Schap. 66
Bedrückte Frauen, 1912, Schap. 95, BEY
Akte, 1912 (ohne nähere Angaben), HM
Straße, 1913, Schap. 99, HM
Die Tanne, 1914 Schap. 145 BEY
Freundinnen, 1915, Schap. 170
Russische Landschaft, 1919, Schap. 236
Russische Landschaft mit Sonne, 1919, Schap. 237
Unterhaltung, 1922, Schap. 272
Die Lebensgeschichte, Schap. 273

Lithographien
Herbstliches Meer, 1907, Schap. 19, HM (Abb. 14)
Dorfstraße, 1907, Schap. 20, HM (Abb. 17)
Bubenbildnis, 1907, Schap. 23, HM
Mann mit Pfeife, 1907, Schap. 27, BEY
Bildnis Heckel, 1909, Schap. 56, BEY (Abb. 112)
Berliner Straße in Dresden, 1909, Schap. 57, BEY
Männerkopf (ohne nähere Angaben), BEY

Radierungen
Mühle in Dangast, 1907, nicht bei Schapire, OKV (Abb. 20)
Straßenecke, 1907, Schap. 2, HM
Selbstbildnis, 1908, Schap. 6, DIE
Häuser aus Chemnitz, 1908, Schap. 8, HM
Altdresdener Häuser, 1908, Schap. 9, BEY

Abkürzung der Herkunftsangaben:
BEY = Beyersdorff, DIE = Richard tom Dieck, ER = Galerie Emil Richter, Dresden, FM = Galerie Ferdinand Möller, Berlin, HM = Heimatmu-

seum Oldenburg, OKV = Oldenburger Kunstverein, SR = Schmidt-Rottluff, Berlin.

Mit den genannten 45 Titeln war Schmidt-Rottluff in der Ausstellung am stärksten vertreten, während von Heckel 41 und von Radziwill – der erst seit kurzem in Dangast arbeitete und an den Vorkriegsaufenthalten der Brücke-Maler keineswegs beteiligt war – 24 Werke gezeigt wurden. Gegenüber der Augusteums-Ausstellung von 1908 hatte sich die Präsenz Schmidt-Rottluffs somit um sechs Nummern erhöht, wobei mit 20 entsprechenden Titeln auch ein vermehrter Dangaster Anteil vorgewiesen werden konnte. Insgesamt handelt es sich um 3 Gemälde, 10 Aquarelle, 5 Zeichnungen, 15 Holzschnitte, 7 Lithographien und 5 Radierungen, von denen einige nicht mehr nachgewiesen werden können. Bei den meisten dieser Arbeiten läßt sich jedoch die Herkunft der Leihgaben belegen und zwar stammten die drei Gemälde direkt vom Künstler, zwei Aquarelle von der Berliner Galerie Ferdinand Möller und sechs weitere von der Kunsthandlung Emil Richter in Dresden. Aus dem Nachlaß Theodor Francksens im nunmehrigen Oldenburger Heimatmuseum waren ein Aquarell und acht graphische Blätter entliehen worden, während je eine weitere Graphik durch Richard tom Dieck und den Oldenburger Kunstverein zur Verfügung gestellt wurden. Ernst Beyersdorff gehörten davon ein Aquarell, eine Tuschpinselzeichnung, drei Zeichnungen auf Postkarten und sechs zum Teil aus den Brücke-Mappen stammende graphische Blätter, womit wohl auch sein damaliger Schmidt-Rottluff-Besitz bezeichnet wird.[93] Nicht geklärt ist die Herkunft von zehn weiteren Holzschnitten, die möglicherweise aus Lagerbeständen der Kunsthandlung Oncken hergegeben worden waren.
Zweifellos bestand das wichtigste Ergebnis dieser Ausstellung darin, daß neben einem Bild von Heckel drei Gemälde Schmidt-Rottluffs in Oldenburger Besitz verblieben: die „Kühe am Strand“ von 1910 (Abb. 142), die von der Vereinigung für junge Kunst angekauft und dem noch im Aufbau befindlichen Landesmuseum überwiesen wurden, die nicht in der Ausstellung gezeigte, jedoch im Anschluß daran aus Essen hierher expedierte und mit staatlichen Mitteln für das Landesmuseum gekaufte „Gelbe Öljacke“ von 1908 (Abb. 26), sowie das ebenfalls in Dangast entstandene Gemälde „Parkecke“ von 1910 (Abb. 126), welches der dem Vorstand der Vereinigung angehörende Verleger Martin Ventzky-Stalling erwarb. Es entbehrt nicht einer gewissen Tragik, daß keines dieser frühen Hauptwerke Schmidt-Rottluffs in Oldenburg überdauerte, da die beiden erstgenannten 1937 im Museum beschlagnahmt wurden und das dritte nach seinem Verkauf in die Bayerischen Staatsgemäldesammlungen in München gelangte.
Von der heimischen Presseresonanz der Ausstellung mag hier lediglich eine Besprechung in den Oldenburger Nachrichten vom 27. Mai 1922 durch Wilhelm von Busch zitiert werden, der zwischen mühsam verborgener Anerkennung und fortwährender Ablehnung unter anderem schrieb: „Die ehemaligen Dangaster haben sich durch eine trotzige, kämpferische Energie durchgesetzt, und ihren reifen Leistungen fehlt es nicht an Beachtung und Schätzung. Sie reißen Himmel und Erde zusammen und nehmen die Schöpfung noch einmal vor nach ihrem Eigenwillen. Mit wenig Strichen, mit ein paar Farben regieren sie souverän die Welt der Erscheinungen. Aber es ist wahrhaftig nicht jedermanns Sache und kann es nicht sein, die Dinge so zu sehen, wie sie. Inbrünstige Na-

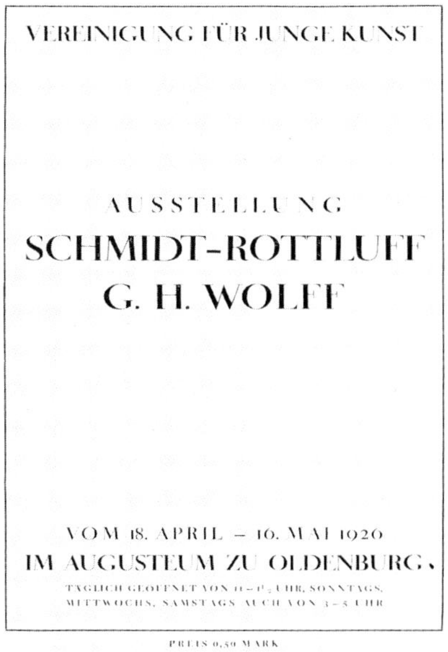
VEREINIGUNG FÜR JUNGE KUNST

AUSSTELLUNG
SCHMIDT-ROTTLUFF
G. H. WOLFF

VOM 18. APRIL – 16. MAI 1926
IM AUGUSTEUM ZU OLDENBURG.
TÄGLICH GEÖFFNET VON 11–1½ UHR, SONNTAGS,
MITTWOCHS, SAMSTAGS AUCH VON 3–5 UHR

PREIS 0,50 MARK

Katalogtitel der Oldenburger Schmidt-Rottluff-Ausstellung von 1926. Druck Gerhard Stalling-Oldenburg, 8 Seiten mit 3 Abbildungen, 22,5 x 14,5 cm.
In der einzigen größeren Einzelausstellung Schmidt-Rottluffs in Oldenburg, die in den Kunstvereinsräumen des Augusteums stattfand, wurden 37 Gemälde und 28 Aquarelle von ihm gezeigt, von denen der überwiegende Teil erst aus den letzten Jahren stammte. – Von Gustav Heinrich Wolff (1886–1934) waren lediglich neun Bildhauerarbeiten in die Ausstellung einbezogen worden.

turen, wie Dr. Niemeyer, finden in ihnen ihr Ideal. Andere ertragen das Verbot nicht: Du sollst nicht andre Götter haben neben mir".
In allen übrigen Ausstellungen der Vereinigung war Schmidt-Rottluff ebenfalls vertreten, soweit sie seine Arbeitsgebiete betrafen, wie „Aquarelle und Kleinplastik" 1923, „Graphik der Gegenwart" 1924, „Malerei unserer Zeit" 1929 oder „Das Gesicht der Grafik" 1932. Da sich seine Beteiligung weitgehend in den Briefen an Beyersdorff widerspiegelt, kann hier auf eine nähere Behandlung verzichtet werden. Hingegen muß seine Einzelausstellung von 1926 – die einzige größere Präsentation, die ihm in Oldenburg allein gewidmet wurde – stärker beleuchtet werden. Sie fand in der Zeit vom 30. Oktober bis 22. November 1926 im Augusteum statt, das inzwischen auch für die konkurrierende Vereinigung zugänglich geworden war, somit am gleichen Ort, an dem sich der Künstler 18 Jahre früher, gemeinsam mit Heckel, erstmalig dem Oldenburger Publikum vorgestellt hatte. In die Ausstellung waren mit seinem Einverständnis noch neun Plastiken von Gustav Heinrich Wolff (1886–1934) integriert worden, welcher Schmidt-Rottluff die Einführung in die Technik des Holzschneidens verdankte.
Der achtseitige Katalog zählte 37 Gemälde Schmidt-Rottluffs auf, bei denen auf ausdrücklichen Wunsch Beyersdorffs die Entstehungsjahre angegeben wurden. Nur acht davon waren schon vor dem Ersten Weltkrieg entstanden und lediglich zwei von ihnen wurden in Dangast gemalt: „Die gelbe Öljacke" von 1908 (Abb. 26) aus dem Landesmuseum und die „Parkecke" von 1910 (Abb. 126) als Leihgabe von Martin Ventzky-Stalling. Sämtliche übrigen Bilder stammten erst aus den letzten Jahren, wobei der Anteil von Darstellungen arbeitender Fischer, Bauern und Handwerker besonders groß war. Eine Gruppe für sich stellten jene Bilder dar, die anläßlich einer Reise mit den Bildhauern Georg Kolbe und Richard Scheibe 1923 nach Italien entstanden, auch sie Nachwirkungen eines integrierten, nicht mehr von Vorbildern abhängigen Kubismus. Von den datierten 28 Aquarellen gehörten die drei frühesten in das Jahr 1913. Sie waren unverkäuflich, stammten aus Oldenburger Besitz und dürften bereits 1922 ausgestellt worden sein. Auch bei ihnen, die größtenteils noch nachweisbar sind, fällt der starke Anteil figürlicher Motive auf. Doch obwohl diese Ausstellung, die ohne die Freundschaft zwischen Beyersdorff und dem Künstler nicht zustandegekommen wäre, den bislang eindringlichsten Überblick über Schmidt-Rottluffs Kunst der frühen 20er Jahre bot, war ihr in Oldenburg selbst nur eine relativ geringe Resonanz beschieden. „Es tut mir natürlich sehr leid, daß die Austellung sozusagen eine Privatausstellung für Sie geblieben ist" schrieb der Maler an Beyersdorff, nachdem dieser ihm die „hoffnungslose Besprechung" aus den Oldenburger Nachrichten vom 24. April 1926 übersandt hatte. Schon der erste Satz wird zum Beleg für die Intransigenz ihres Verfassers Wilhelm von Busch, der noch einmal alle Register seiner Abneigung gegen Schmidt-Rottluff zieht: „In unbegreiflicher Starrheit steht das Werk des 42-jährigen Künstlers da, ohne Vorläufer, aber auch ohne Entwicklung und ohne Zukunft".
Sechs Jahre zuvor war in Leipzig die erste Einzelpublikation über den Maler erschienen, die der Kunsthistoriker Wilhelm R. Valentiner mit der Bemerkung abgeschlossen hatte: „Schmidt-Rottluff ist einer der geistigen Führer der Kunst unserer Tage".
Über die Präsenz Schmidt-Rottluffs im Oldenburger Landesmuseum während der 30jährigen Amtszeit ihres ersten Direktors Walter Müller-Wulckow (1886–1964) lassen sich nur wenige Angaben machen, da die

1922 erworbenen Gemälde damals keine Nachfolger mehr fanden. Im Grunde war die dem aus Frankfurt hierher berufenen Kunsthistoriker gestellte Aufgabe, eine eben noch funktionierende Residenz mit geringen Etatmitteln und ohne größere Umbauten in ein kunst- und kulturgeschichtliches Museum zu verwandeln, gar nicht lösbar, zumal seiner Eröffnung die Versteigerung von 68 Gemälden der Großherzoglichen Galerie in Amsterdam nur um kurze Zeit vorausging. Soweit sich erkennen läßt, hat das Museum von sich aus vor dem Zweiten Weltkrieg auch keine anderen Arbeiten Schmidt-Rottluffs mehr erwerben können. 1924 erhielt es noch zwei Holzschnitte als Geschenk der Vereinigung für junge Kunst, sowie 1923 und 1929 als Leihgaben aus der Francksen-Stiftung ein Aquarell und sieben graphische Arbeiten.
In einem erst 1959 veröffentlichten Resümee über die Neuerwerbungen und Sammlungsbestände des Oldenburger Landesmuseums von 1921–1951 teilte Walter Müller-Wulckow jedoch folgende aufschlußreiche Begebenheit mit: „Nach dem Tode des Frankfurter Kunstfreundes (Ludwig Fischer) hätte dessen Sammlung (Expressionisten und Blauer Reiter) zu sehr günstigen Bedingungen erlangt werden können. Seine Witwe kam nach Oldenburg, um die Durchführung des Testaments zu besprechen. Da mußte ich bekennen, daß trotz der Dangaster Episode fünfzehn Jahre zuvor das Land noch nicht aufgeschlossen sei für die jüngste Kunstentwicklung. Ich schlug daher das Moritzburg-Museum in Halle vor, für das Dr. Sauerlandt schon 1913 Bilder von Nolde erworben hatte. So kam diese Sammlung nach Halle".[94] Durch die Erwerbung dieser in relativ kurzer Zeit aufgebauten Privatsammlung, zu der auch Schmidt-Rottluffs „Selbstporträt mit dem Einglas" von 1910 (Abb. 128) gehörte, rückte das Museum in Halle tatsächlich mit einem Schlage in die vorderste Reihe der avantgardistischen öffentlichen Sammlungen in Deutschland.[95]
Müller-Wulckow bemühte sich indessen auf andere Weise um den Maler, wie der Fund eines Briefes von Schmidt-Rottluff in seinem Nachlaß durch Peter Reindl beweist. Daraus geht hervor, daß er sich bereits kurz nach Eröffnung des Oldenburger Landesmuseums mit der Frage an ihn gewandt hatte, ob dieser zur Ausmalung eines nicht näher bezeichneten Raumes im Museum bereit wäre. Die auf dem Höhepunkt der Inflation gestellten Forderungen Schmidt-Rottluffs vereitelten diesen Plan, dessen Realisierung Oldenburg das einzige Wandbild des Künstlers beschert hätte. Hinzu kamen allerdings auch gewisse, durch die persönliche Bekanntschaft genährte Aversionen des kurz und bestimmt agierenden Malers gegenüber dem eher umständlich und zögerlich handelnden Kunstbeamten, die in Briefen an Ernst Beyersdorff auch in keiner Weise unterdrückt wurden. Ob der Museumsmann sich daher 1945 noch einmal direkt an Schmidt-Rottluff wandte, um auch mit seiner Hilfe den Verlust der 1937 von den Nationalsozialisten im Museum beschlagnahmten 141 Titel auszugleichen, bleibt fraglich. Heckel bestätigte 1957 mündlich, daß er dem Museum 1949 auf Wunsch vier Dangaster Gemälde zwischen 1000 und 1800 Mark angeboten habe, für die jedoch trotz möglicher Monatsraten auch diesmal die Mittel fehlten. Wie sehr sich Müller-Wulckow jedoch der Bedeutung der Dangaster Zeit der Brücke-Maler für die neuere Kunstgeschichte Oldenburgs bewußt war, belegen nicht zuletzt seine mehrfachen Erwerbungen von Bildern Emma Ritters, die er 1946 auch dazu aufforderte, ihre inzwischen so oft zitierten Dangaster Erinnerungen niederzuschreiben.

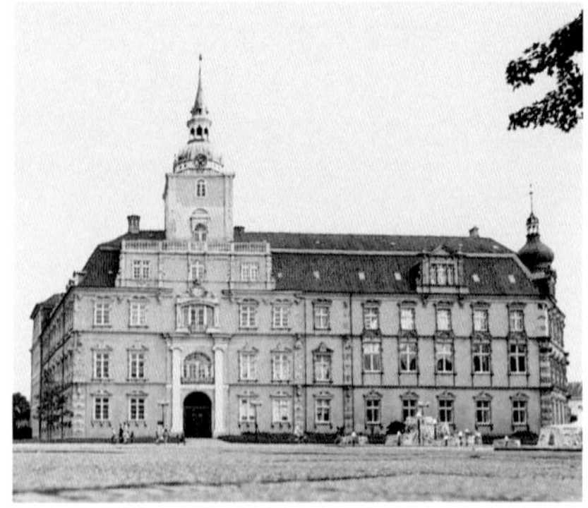

Das Oldenburger Schloß von Nordosten, Zustand um 1985 (Foto Wöltje)
Dem unregelmäßigen und noch Spuren der mittelalterlichen Ringanlage tragenden Bauwerk, das den Oldenburger Grafen, Herzögen und Großherzögen bis 1918 als Residenz diente, haben mehrere Jahrhunderte und Architekten seine jetzige Gestalt gegeben, wie Jürgen Reinhardt und Andrea Speza, die kurz nach 1600 den frühbarocken Winkelbau links errichteten, Claus Stallknecht, der während der Dänenzeit um 1740 die barocke Portaleinfassung schuf, Georg Greggenhofer mit dem Holmerschen Flügel um 1775 oder Ludwig Freese, welcher von 1894–1897 anstelle eines älteren Kanzleigebäudes den historisierenden Theatertrakt rechts hinzufügte. Nach dem Ersten Weltkrieg wurden im Schloß die vorhandenen heterogenen Kunstsammlungen zum Landesmuseum für Kunst- und Kulturgeschichte vereinigt. Die Ausstellung „Maler der Brücke in Dangast von 1907–1912" fand in den damals vom Oldenburger Kunstverein genutzten Räumen im Erdgeschoß des rechten Flügels, die Ausstellungseröffnung im darüber befindlichen Großen Schloßsaal mit der Ausmalung Arthur Fitgers von 1898 statt. Die Museumsbestände zur Malerei des 20. Jahrhunderts mit den Arbeiten der Brücke-Maler haben seit 1981 im 200 Meter vom Schloß entfernten Augusteum ihr Domizil.

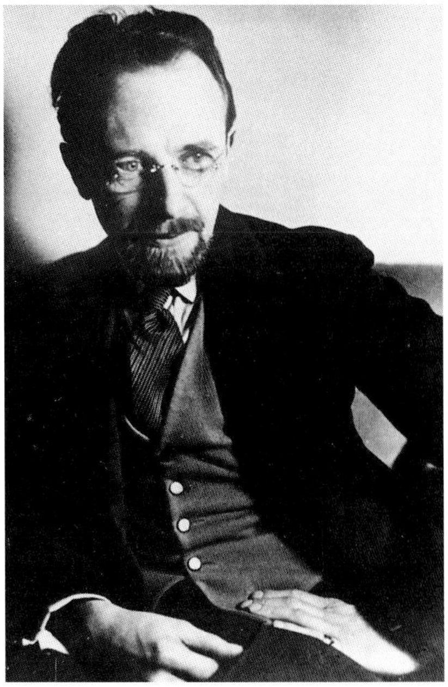

Der Kunsthistoriker Walter Müller-Wulckow (1886–1964), Gründungsdirektor des Oldenburger Landesmuseums von 1920–1951 (Foto um 1922 Bildarchiv Oldenburger Stadtmuseum)

Der Dehio-Schüler hatte den Zugang zur Moderne während seiner Frankfurter Zeit vor allem über die Architektur gefunden, deren jüngsten Ergebnissen er mehrere, zum Teil erst in Oldenburg entstandene Publikationen widmete. Auf dem Gebiet der neueren Malerei hat er – obwohl zwei Jahre jünger als Schmidt-Rottluff – den auf der Oldenburger Kunst lastenden Bannkreis Worpswedes nur selten überwunden, sodaß er auf diesem Gebiet über Pflichtveröffentlichungen zu Gerhard Bakenhus und Bernhard Winter nicht hinauskam und sich eher bei historischen Themen – wie seiner wichtigen Wilhelm-Tischbein-Ausstellung von 1930 – auswirken konnte.[96] Dabei umgab er sich persönlich jedoch mit frühen Arbeiten von Kirchner, Rohlfs, Seewald, Otto Lange und vor allem solchen des in Norddeutschland kaum bekannten, eigenwillig zwischen Tradition und Fortschritt seinen Weg findenden August Babberger (1885–1936), der zum Direktor der Karlsruher Akademie avanciert war. So überwand er gleichsam in den eigenen vier Wänden die ihm mehr oder minder von Amts wegen im Museum gesetzten Grenzen, für das er ein riesiges Volkslebenbild Bernhard Winters nun einmal leichter erlangen konnte als eine bescheidene Arbeit von Schmidt-Rottluff. Es entbehrt nicht einer gewissen Tragik, daß selbst die am Ende seines Lebens der heimischen Volkskunst gewidmeten Arbeiten – er befaßte sich mit der Anlage eines Werkkatalogs der Ammerländer Bauernmöbel – unvollendet blieben. Eine objektive Biographie des Gründungsdirektors des Oldenburger Landesmuseums, mit dessen Wirksamkeit auch ein wesentliches Kapitel der neueren Kulturgeschichte des Landes verbunden ist, steht noch immer aus.[97]

Der erneute Einzug eines Schmidt-Rottluff-Gemäldes in die Oldenburger Galerie ließ sich erst wieder 1954 unter Müller-Wulckows Nachfolger Herbert Wolfgang Keiser erreichen: das furios gemalte Dangaster Bild „Mittag im Moor“ von 1908 (Abb. 22), das nicht nur im Hinblick auf seine Entstehung, sondern auch über den Vorbesitzer Wilhelm Niemeyer besonders eng mit seinem nunmehrigen Standort verbunden ist. Ihm folgten die – gesondert behandelten – Erwerbungen aus der Dangast-Ausstellung von 1957, sowie als Vermächtnis des Ehepaares Beyersdorff die von Schmidt-Rottluff noch im Nachlaß verbliebenen graphischen Arbeiten einschließlich sämtlicher Brücke-Mappen. Noch während der Drucklegung dieses Buches überwies dessen Herausgeberin, die Stiftung Kunst und Kultur der Landessparkasse zu Oldenburg, dem Landesmuseum als Dauerleihgabe die „Allee“ von 1911 (Abb. 218) und bereicherte dessen Schmidt-Rottluff-Bestand damit um ein Dangaster Hauptwerk aus der Periode seiner „heraldisch-sinnbildlichen Landschaften“[98]

Soweit in den übrigen Städten des Landes vor dem Zweiten Weltkrieg Museen bestanden, blieb darin das Sammeln moderner, überregionaler Kunst meist ausgespart. Eine Ausnahme bildete das noch preußische Wilhelmshaven-Rüstringen, für dessen Städtische Kunstsammlung ab 1915 auch nichtheimische Werke angekauft wurden. Ein gegebener Hinweis darauf, daß sich darunter auch Arbeiten von Schmidt-Rottluff befunden hätten, war bisher allerdings nicht verifizierbar.[99]

Unter den wenigen Oldenburger Privatsammlern mit Arbeiten von Schmidt-Rottluff stand Ernst Beyersdorff an erster Stelle, nachdem Emma Ritter erst 1943 ihren nicht unbeträchtlichen Kunstbesitz bei einem Luftangriff in Berlin verloren hatte. Da mit der „Schenkung Ernst und Hanneliese Beyersdorff“ 1984 aber nur ein Teil des ursprünglichen Kunstbesitzes in das Oldenburger Landesmuseum gelangte, mag von

Interesse sein, welche weiteren Arbeiten Schmidt-Rottluffs sich 1955 noch in dieser Sammlung befanden:

Liegender weiblicher Akt I, 1913, Tusche und Wasserfarben
Liegender weiblicher Akt II, 1913, Tusche und Wasserfarben
Kurenkähne in Nidden, 1913, Tuschfeder
Fabrik am Meer, 1921, Blei (mit Widmung an B.)
Kähne im Schilf, 20er Jahre, Wasserfarben
Sitzender Mann, 1922, Aquarell auf Postkarte an B.
Drei weitere gezeichnete Postkarten, verschiedene Techniken
Stehende Männer (Viehmarkt), o.J., Kreide (mit Widmung an B.)
Bedrückte Frauen, 1912, Holzschnitt (Schap. 95)
Die Tanne, 1914, Holzschnitt (Schap. 145)
Die heiligen drei Könige, 1917, Holzschnitt (Schap. 196)
Russische Landschaft m. Wasserträger, 1919, Holzschnitt (Schap. 240)
Mann mit Pfeife – Selbstbildnis, 1907, Lithographie (Schap. 27)
Bildnis Heckel, 1909, Lithographie (Schap. 56)
Berliner Straße in Dresden, 1909, Lithographie (Schap. 57)
Altdresdner Häuser, 1908, Radierung (Schap. 9)
Mitgliedskarte für Brücke, 1911, Holzschnitt (Schap. 13)
Brückenbericht, 1911, Holzschnitt (Schap. 14)
Gruß zum Neujahr 1925, 1924, Holzschnitt (Rath. 79)

Hierbei fällt auf, daß sich unter den genannten Werken kein Gemälde von Schmidt-Rottluff befand, obwohl Beyersdorff je ein frühes Bild von Heckel und Pechstein erworben hatte. Auch war das Aquarellporträt nicht darunter, das Schmidt-Rottluff nach eigener Angabe 1909 von ihm angefertigt hatte. Da von einigen der in den Kunsthandel gelangten Arbeiten vorher Aufnahmen angefertigt worden sind, können diese hier wiedergegeben werden (Abb. S. 92). Im erhalten gebliebenen Gästebuch Beyersdorffs stammen die beiden letzten, schon nach seinem Tod vorgenommenen Eintragungen von Ernst Hauswedell und Wilhelm F. Arntz, zwei der bekanntesten deutschen Kunsthändler nach 1945. Die einzige Eintragung Schmidt-Rottluffs in diesem Gästebuch – die einzige auch, die nicht in Oldenburg geschah – bringt das unverändert herzliche Verhältnis zwischen dem Künstler und Beyersdorff auf den Punkt: „Erste Liebe rostet nicht: In diesem Sinne Gruß und Handdruck – S. Rottluff" (Abb. S. 94).
1956 konnte sich der Maler nur noch an einige, bereits während seiner Dangaster Zeit in Oldenburger Privatbesitz gelangte Arbeiten erinnern, wie die Landschaft von 1910, welche die Druckerfamilie Littmann besaß (Abb. 138), ein Aquarell von 1909, das der Sohn des Weinhändlers Hoyer geschenkt erhielt oder mehrere, nicht näher bezeichnete Arbeiten, die der später emigrierte Arzt Georg Rosenthal aus Bad Zwischenahn erworben hatte, der auch noch Radziwill in seine Sammlung aufnahm. Völlig unbekannt ist hingegen, welche Bilder oder Blätter durch den Kunsthändler Wilhelm Oncken vermittelt wurden, der noch nach 1945 tätig war, aber offensichtlich keinen entsprechenden Nachlaß hinterließ.[100] Bei ihm kaufte der Sammler Theodor Francksen schon 1908 die ersten graphischen Blätter von Heckel und Schmidt-Rottluff. Da Oncken im Hinblick auf das Angebot überregionaler moderner Kunst in Oldenburg keine Konkurrenz besaß, wäre sein Archiv eine weitere wichtige Quelle für ihre Rezeption am Ort. Aufschlüsse über jene Arbeiten, die ein offensichtlicher Kunstkenner aus Wilhelmshaven im Dangaster Quartier Schmidt-

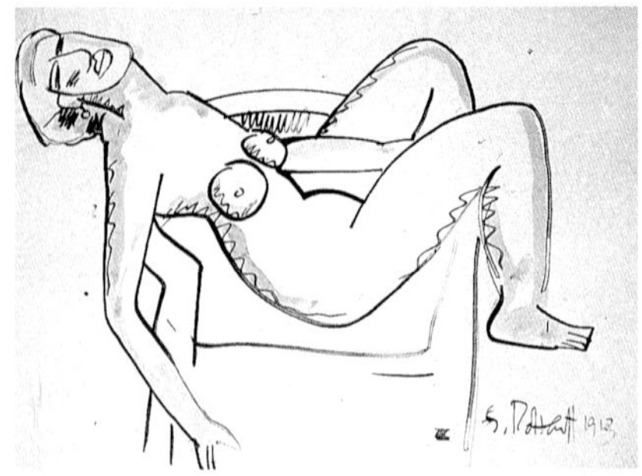

Karl Schmidt-Rottluff: Weiblicher Akt, quer im Stuhl liegend, 1913, aquarellierte Federzeichnung, ehemals Sammlung Beyersdorff, Verbleib unbekannt.

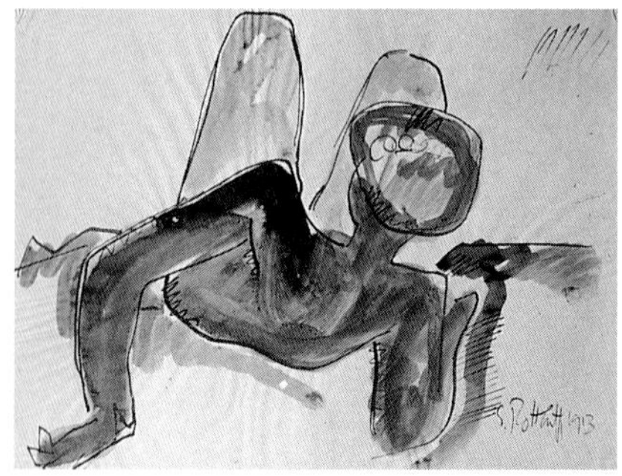

Karl Schmidt-Rottluff: Liegender weiblicher Akt vom Rücken gesehen, 1913, aquarellierte Federzeichnung auf gelbem Papier, ehemals Sammlung Beyersdorff, Verbleib unbekannt.

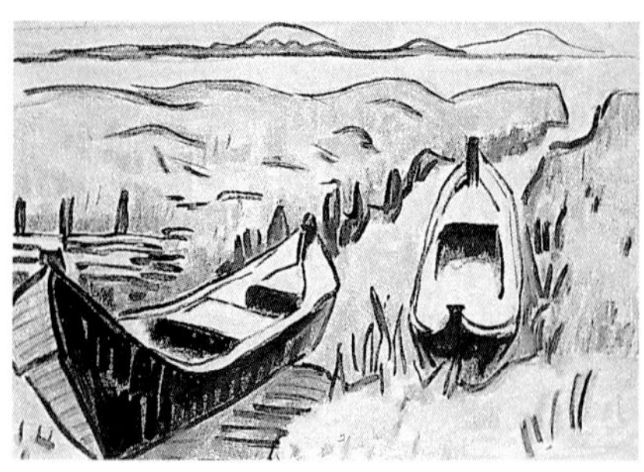

Karl Schmidt-Rottluff: Boote im Schilf am Lebasee, 20er Jahre, Aquarell und Tuschpinsel, ehemals Sammlung Beyersdorff, Verbleib unbekannt.

Karl Schmidt-Rottluff: Küstenlandschaft, 1921, Graphit oder Kreide, mit Widmung „Für E. Beyersdorff in alter Treue". Ehem. Sammlung Beyersdorff, Privatbesitz

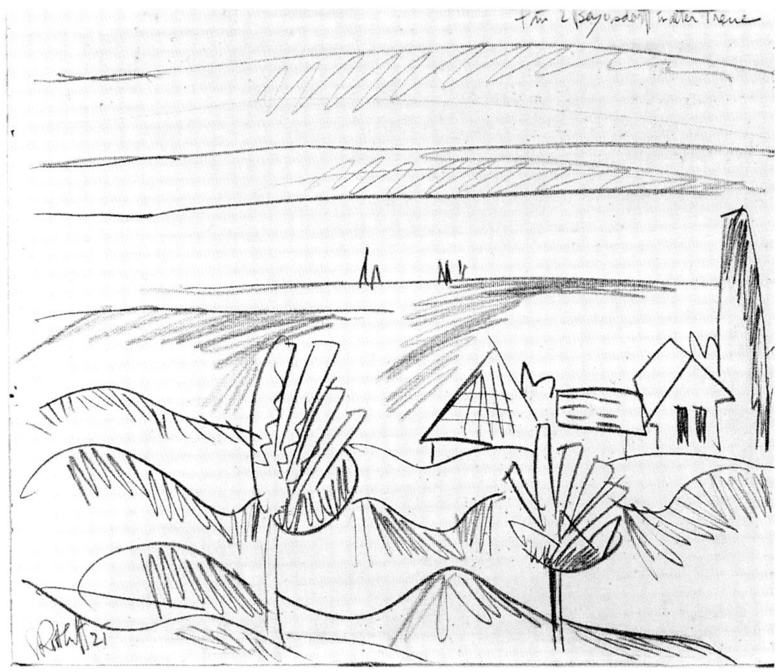

Rottluffs widerrechtlich an sich nahm und nach denen der Künstler mit Hilfe Ernst Beyersdorffs vergeblich fahndete, dürften indessen auch daraus nicht zu erwarten sein.
In der oldenburgischen Künstlerschaft haben sich persönliche Verbindungen zu Schmidt-Rottluff mit gleichzeitigen Auswirkungen auf das eigene Werk vor allem bei Emma Ritter (1878–1972), Jan Oeltjen, (1880–1968) und dem jüngeren Franz Radziwill (1895–1983) ergeben, wobei Emma Ritter insofern eine Sonderstellung einnimmt, als sie sich bereits in seiner Dangaster Zeit an ihn und seine Malweise anschloß.[101] Bei allen individuellen und notwendigen Differenzierungen drängt sich hier der Vergleich mit der fast gleichaltrigen Gabriele Münter und ihrem Verhältnis zu Kandinsky auf, deren Weg die Oldenburgerin während ihrer Ausbildungsjahre in Düsseldorf, Berlin und München mehrfach kreuzte. Nach dem letzten gemeinsamen Aufenthalt in Oldenburg 1912 folgte sie Schmidt-Rottluff nach Berlin, wo sie von ihm in einer vor Einberufung zum Kriegsdienst entstandenen Radierung (Abb. S. 82) noch einmal verewigt wurde. Während sie hier vorübergehend in seiner verwaisten Atelierwohnung arbeitete, intensivierte sie vor allem die Freundschaft mit Lyonel Feininger und seiner Frau, die ebenso wie diejenige mit Schmidt-Rottluff lebenslang erhalten blieb. Eine damals an Feininger gerichtete, undatierte Geburtstagskarte gibt ein Dangaster Bauernhausmotiv mit der kraftvollen Farbigkeit der letzten Aquarelle Schmidt-Rottluffs,[102] drei Dangaster Gemälde von 1912 mit voneinander abgesetzten und in sich bewegten Farbfeldern im Oldenburger Landesmuseum, sowie ein transparentes Berliner Großstadtbild von 1915 zeigen ihre Malerei auf der Höhe der Zeit. Ebenso machen die wenigen erhaltenen Holzschnitte der Dangaster Jahre mit ihrer sicheren Verteilung von Schwarz und Weiß begreiflich, daß sich Feininger in dieser bisher nicht geübten Technik durch sie unterweisen ließ. Aus allen diesen Arbeiten spricht das Selbstbewußtsein einer Frau, die sich zu ihren großen Vorbildern bekennen konnte ohne sich selbst aufzugeben. Bewegt, aber selbstgewiß und

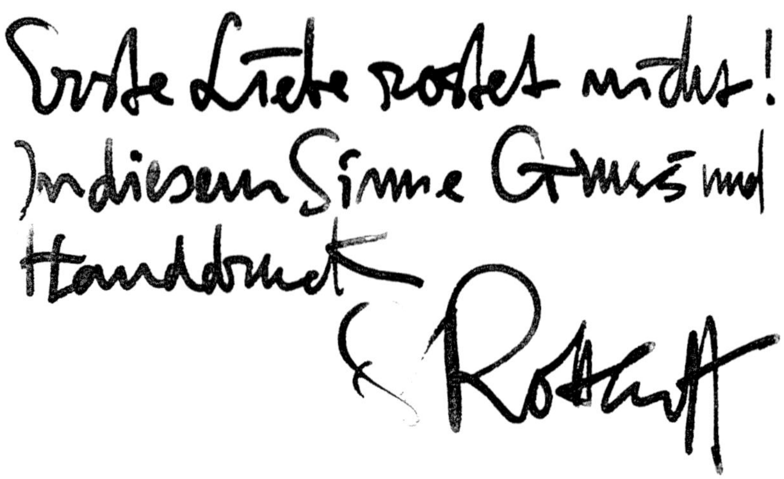

Karl Schmidt-Rottluff: Eintragung im Gästebuch von Beyersdorff, Jahreswende 1928/29. Die einzige Eintragung im Gästebuch Beyersdorffs, die nicht in Oldenburg vorgenommen wurde, erfolgte nach Zusendung des Buches an den Künstler, der es Beyersdorff mit Brief vom 27.1.1929 aus Berlin wieder zustellte. Das in Privatbesitz erhalten gebliebene Gästebuch beginnt mit einer Eintragung und Zeichnung Franz Radziwills 1922 und endet mit dem Namenszug des Kunsthändlers Wilhelm F. Arntz 15 Jahre nach Beyersdorffs Tod 1967. Die meisten Eintragungen stammen von Persönlichkeiten, die zu Vorträgen oder Darbietungen in der Vereinigung für junge Kunst eingeladen worden waren, darunter Gottfried Benn, Alban Berg, Bert Brecht, E. R. Curtius, Alfred Döblin, Paul Hindemith, Erich Kästner, Georg Muche, Wilhelm Niemyer, J. J. P. Oud, die Palucca, Hans Prinzhorn, Edwin Redslob, Bruno Taut, Paul Tillich, Georg von der Vring, Franz Werfel und Mary Wigman.

gelassen, erlebte sie 1957 noch die gemeinsame Präsentation ihrer Arbeiten mit denjenigen Schmidt-Rottluffs, Heckels und Pechsteins, zu denen sie vor der Dangast-Ausstellung die ersten Fäden geknüpft hatte.
Nicht sehr viel später als Emma Ritter dürfte auch der Maler Jan Oeltjen Arbeiten von Schmidt-Rottluff zu Gesicht bekommen haben, als er fast gleichzeitig mit ihm 1910 ebenfalls erstmalig in der Hamburger Galerie Commeter ausstellte und noch am Ende dieses Jahres Bilder bei Oncken im Oldenburger Lappan zeigte, mit dem er in den folgenden Jahrzehnten eng verbunden blieb. Sein Lebenswerk ist erst kürzlich ausführlich dargestellt worden.[103] Einige Jahre älter als Schmidt-Rottluff, war er 1880 auf einem Bauernhof südlich von Varel zur Welt gekommen und hatte zunächst wie dieser mit dem Architekturstudium begonnen, ehe er sich ab 1900 in Berlin ganz der Malerei zuwandte. Die nächsten Jahre sahen ihn unstet an vielen Orten Europas, darunter schon 1909 in Paris, bis er sich 1911 in der Kirche seines Geburtsortes mit der österreichischen Kunststudentin Elsa Kasimir (1887–1944) trauen ließ, mit der er die Jahre bis zum Ausbruch des Weltkrieges in Wien verbrachte. Seine Frau geriet hier in den Bannkreis von Oskar Kokoschka, dem sie sich über Jahre hinweg ebensowenig zu entziehen vermochte, wie Oeltjen dem Einfluß seiner Malerei, mit der er sich zwischen Bewunderung und Ablehnung auseinanderzusetzen versuchte. Ein unentschiedenes Suchen und eine merkwürdige Ambivalenz durchziehen sein gesamtes, vielschichtiges Lebenswerk, wobei der barocke österreichische und der seinem ursprünglichen Wesen näherstehende norddeutsche Brücke-Expressionismus um die Vorherrschaft in seiner Malerei kämpfen. Die größte Annäherung an den letzteren läßt sich kurz nach dem Ersten Weltkrieg konstatieren, als er von sich aus in Berlin die Brücke-Maler aufsuchte. In seinem Tagebuch ist der erste Besuch bei Schmidt-Rottluff, den er schon seit den Dangaster Jahren kannte und mit dem er persönlich offensichtlich harmonierte, am 7. Februar 1920 eingetragen. Am 11. Februar vermerkt er darin, daß er von ihm gezeichnet worden sei und er ihn gemalt habe. Schmidt-Rottluffs Zeichnung (Abb. S. 95) verrät eine verblüffende Sicherheit in der lapidaren Erfassung seines kantigen Gegenübers, bei dem Hell und Dunkel, Distanz und Nähe ganz nahe beieinander liegen.

Karl Schmidt-Rottluff: Porträt des Malers Jan Oeltjen (1880–1968), 1920, Bleistiftzeichnung, 6,9 x 51,7 cm, Oldenburger Landesmuseum, erworben 1957 aus Anlaß der Ausstellung „Maler der Brücke in Dangast" durch die Oldenburgische Museumsgesellschaft.
Laut Tagebucheintragung Oeltjens entstand die ihm zum Geschenk gemachte Zeichnung anläßlich seines Besuches bei Schmidt-Rottluff in Berlin am 11. Februar 1920. Derartig großformatige, autonome Porträtzeichnungen erlangten im Werk des Künstlers erst nach dem Ende des Weltkrieges Bedeutung, etwa in einem gezeichneten Selbstporträt von 1919 im Museum für Kunst und Gewerbe in Hamburg. Es steht diesem Blatt am nächsten, im kantig-linearen Umriß ebenso, wie in der Einbeziehung tonig-flächiger Partien, die dazu beitragen, solche Arbeiten von der flüchtigen Skizze deutlich abzuheben.

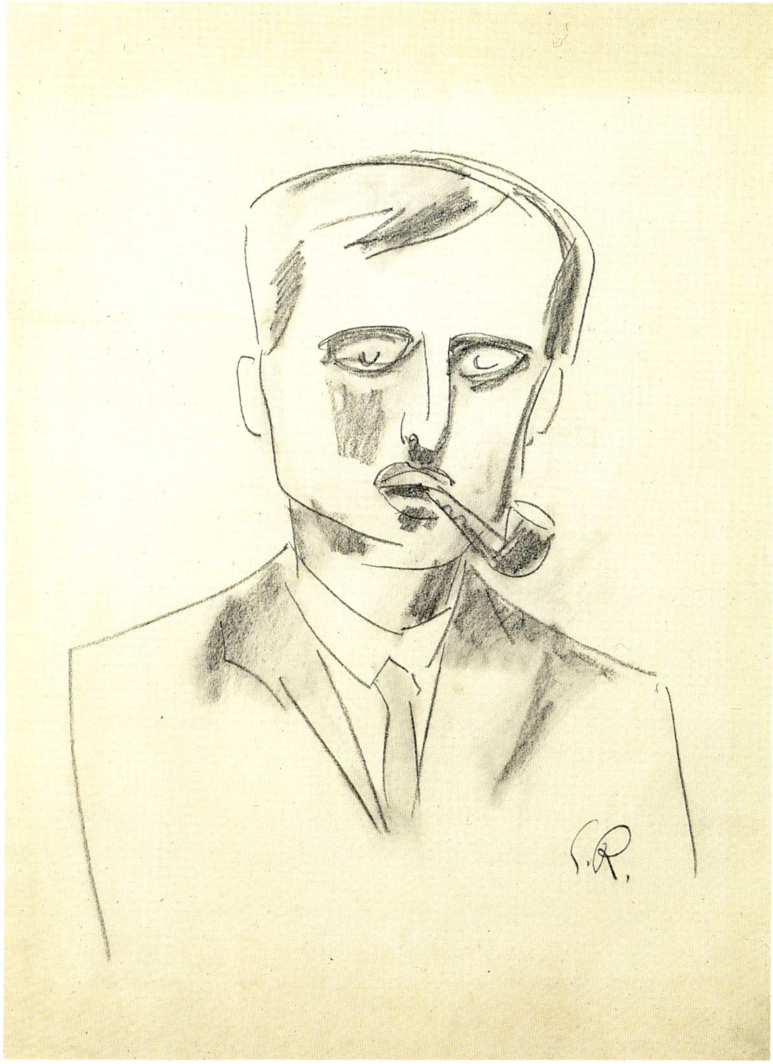

Oeltjen benötigte einen größeren Aufwand, um seinem ähnlich verschlossenenen Gastgeber von der Vorzeichung bis zur mehrfarbigen Charakterisierung in zwei Blättern gerecht zu werden. Da Schmidt-Rottluff nur höchst ungern anderen Malern oder Fotografen Modell saß, handelt es sich hier um einen ungewöhnlichen Vertrauensbeweis. Oeltjens Tagebucheintragung vom 24. März spricht allerdings von „Gewaltsamkeiten" in den Arbeiten Schmidt-Rottluffs, den er gleichwohl am 6. Mai 1920 ein weiteres mal besuchte und dessen Ausstellung in der Kestner-Gesellschaft Hannover er zwei Tage später sah. Mit ihren 45 Gemälden und 21 Aquarellen erschien sie ihm als ein sehr guter Überblick des bisherigen Schaffens, wobei ihn vor allem die Porträts und Figurenbilder von 1914/15 beeindruckten. Am 2. Mai 1920 sah er in Hamburg erstmalig Holzskuplturen der Brücke-Maler ausgestellt, noch ehe sich auch die Gestalten seiner eigenenen Bilder in hölzern-ungelenkige Lebewesen zu verwandeln schienen – und nur zwei Tage später versuchte er erneut, aber vergeblich, Schmidt-Rottluff in Berlin zu erreichen. In der ab 24. Mai 1922 von Beyersdorff im Oldenburger Lappan gezeigten Ausstellung der Dangaster Maler fand er dann – wiederum in seinem Urteil schwankend –

„die Arbeiten von Heckel und Schmidt-Rottluff aus ihrer Dangaster Zeit sehr gut, teils fad, mehr hübsch als tief und Radziwill unmöglich". 1929 traf er noch einmal Erich Heckel und seine Frau in Berlin. Mit Schmidt-Rottluff, dem er in seinen Bildern vor und nach 1920 am nächsten war, scheint er danach nicht mehr zusammengetroffen zu sein.
In diesem Jahr bereiteten sich auch die ersten Kontakte von Franz Radziwill (1895–1983) zu Schmidt-Rottluff vor, deren Vermittler Wilhelm Niemeyer gewesen ist. Der um ein Jahrzehnt jüngere Maler, der sich damals selbstbewußt und unbekümmert in die Kunstszene einflocht, besaß in dem Hamburger Kunsthistoriker den wichtigsten Mentor und Förderer nicht nur seiner frühen Jahre. Da das Verhältnis zwischen diesen ungleichen Freunden auch im Hinblick auf Schmidt-Rottluff 1989 ausführlich aufbereitet werden konnte, sollen hier nur dessen wichtigste Stationen Erwähnung finden.[104] Radziwill lernte Niemeyer im Herbst 1920 in Hamburg kennen, wo er sogleich auch die Gelegenheit erhielt, in der gemeinsam von Niemeyer und Rosa Schapire mit einem Titel Schmidt-Rottluffs herausgebrachten Zeitschrift „Kündung" mehrere Holzschnitte unterzubringen. Schon im Januar 1921 erschien aus der Feder von Rosa Schapire der erste gedruckte Aufsatz über ihn, am 5. Februar 1921 eröffnete Niemeyer die Schmidt-Rottluff-Ausstellung in der Hamburger Galerie Commeter, während sich Radziwill auf den Spuren seines Vorbildes bereits in Dangast befand. Am 9. März 1921 teilte er Rosa Schapire mit, daß er mit Niemeyer bei Schmidt-Rottluff in Berlin gewesen sei und dort viele neue Bilder gesehen habe. Ende April 1921 war er gemeinsam mit Schmidt-Rottluff bei Niemeyer in Hamburg zum Tee eingeladen, als gleichzeitig die von Schmidt-Rottluff entworfenen Möbel für die Wohnung von Rosa Schapire entstanden. Diese wurde eben nun mit zahlreichen gezeichneten Postkarten Radziwills bedacht, der auch damit eine Tradition der Brücke-Maler aufnahm. Im Juli 1921 suchte Niemeyer den wieder in Dangast arbeitenden Radziwill dann erstmalig auf – ein Jahrzehnt, nachdem er dort bei Schmidt-Rottluff zu Gast war – und am 20. August 1921 trug sich der noch in Bremen wohnhafte Künstler als „Maler aus Hamburg" im Gästebuch des Dangaster Kurhauses ein. In einem Brief an Beyersdorff vom 4. September 1921 bezeichnete Schmidt-Rottluff ihn als einen „famosen, prächtigen Kerl" und traf damit den jungenhaften-rustikalen Charme, mit dem der aufstrebende Maler damals die meisten seiner zunehmenden Gönner zu gewinnen wußte. Er gab ihm in der Folgezeit Anregungen für dessen Berliner Ausstellungen, zeigte sich gegenüber Niemeyer jedoch verstimmt, als er am Jahresende in dessen Wohnung anstelle seiner Bilder nur solche von Radziwill entdeckte. Niemeyers Erklärung, daß diese in regelmäßigen Abständen ausgetauscht würden, da man ihn und Radziwill nicht zusammenhängen könne, überzeugte Schmidt-Rottluff jedoch ebensowenig, wie die von Niemeyers Freund Wilhelm Pinder übernommene These, wonach in der Kunstgeschichte alle 15 Jahre ein Generationswechsel stattfände.[105] Daraufhin kündigte Niemeyer am 5. März 1922 seine seit über einem Jahrzehnt mit Schmidt-Rottluff bestehende Freundschaft und schenkte Radziwill im Anschluß daran das von ihm erst 1920 erworbene Selbstporträt des Brücke-Malers mit Zigarre von 1919 (Abb. S. 97), mit dessen Keilrahmen Radziwill dann 1924 sein eigenes Porträt (Abb. S. 97) und als Gegenstück dazu dasjenige seines Freundes Niemeyer malte. Trotz dieser aufgetretenen Spannungen blieb das Verhältnis der beiden Maler, die Beyersdorff in der Lappan-Ausstellung dieses Jahres gemeinsam zeigte, zunächst jedoch weiterhin freundschaftlich, wobei es sich bei der wieder-

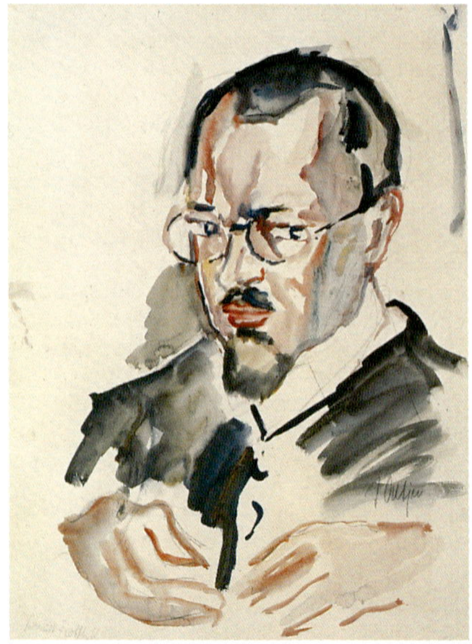

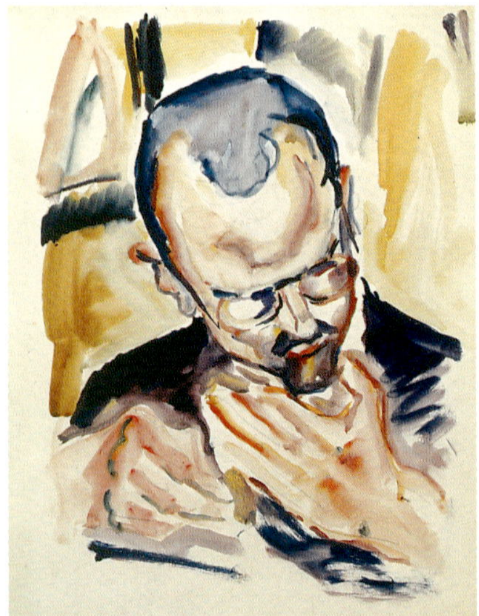

Jan Oeltjen: Zwei Porträts von Schmidt-Rottluff, 1920, Aquarelle von je 50 x 37 cm, Oldenburger Landesmuseum, erworben 1957 anläßlich der Ausstellung „Maler der Brücke in Dangast" durch die Oldenburgische Museumsgesellschaft.
Wie das Oeltjen-Porträt von Schmidt-Rottluff (Abb. S. 95), entstanden auch diese beiden Blätter nach Oeltjens Tagebuch-Eintragungen während seines Besuches bei Schmidt-Rottluff in Berlin am 11. Februar 1920. Sie geben den um vier Jahre jüngeren Künstler-Kollegen einmal annähernd en face, sein Gegenüber durch die Brillengläser hindurch kritisch betrachtend, das andere mal mit geneigtem Kopf wieder, wobei die Wölbung der gelichteten Stirn sich im Blickpunkt befindet. Wie in den meisten Bildnissen Oeltjens werden auch hier beide male die Hände des Dargestellten als Raumgeber und Charakterisierungsmittel benutzt, Barrieren der Distanz in einem, Träger der Argumentation im anderen Falle. Darstellungen Schmidt-Rottluffs durch andere Künstler sind besonders aus dieser Zeit selten.

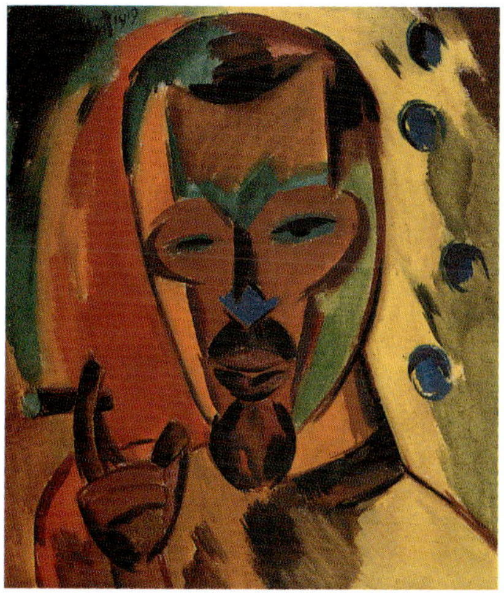

Karl Schmidt-Rottluff: Selbstbildnis mit Cigarre, 1919, Öl auf Leinwand, Museum Wiesbaden.
Das im holsteinischen Hohwacht gemalte Bild gelangte wenig später in den Besitz Wilhelm Niemeyers, nachdem ihm der Verkauf eines Gemäldes von Othon Friesz die Erwerbung ermöglichte., Als es infolge seiner emphatischen Hinwendung zu Radziwill im Frühjahr 1922 zu einem Zerwürfnis mit Schmidt-Rottluff kam, machte Niemeyer das Bild in einer symbolhaft aufgefaßten Geste Radziwill zum Geschenk, den es dazu herausforderte, über dessen Keilrahmen das Porträt seines Mentors und Freundes Niemeyer zu malen. Schmidt-Rottluffs Gemälde wurde nach einiger Zeit von Radziwill verkauft.

Franz Radziwill: Selbstporträt mit weißer Mütze, Öl auf Leinwand, 1924, Schleswig-Holsteinisches Landesmuseum Schleswig.
Das Gemälde entstand gleichzeitig mit einem verschollenen Bildnis Niemeyers, in dessen Besitz es sich ebenfalls befand. Es kann als Reaktion auf die Schenkung des Selbstporträts Schmidt-Rottluffs durch Niemeyer begriffen werden, der noch ein weiteres ihm gewidmetes Selbstporträt des Brücke-Malers besaß und der damit auch in den Besitz einer Selbstdarstellung des jüngeren Malers kommen sollte.

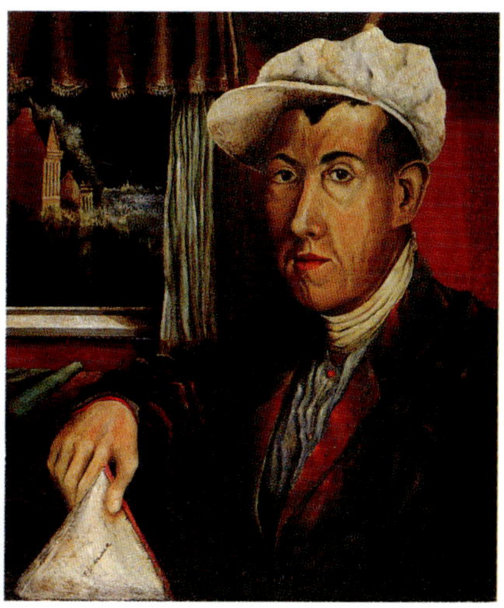

holt aufgestellten Behauptung einer zwischen ihnen bestandenen Duzfreundschaft um einen Irrtum handelt. Als Radziwill 1923 heiratete und Schmidt-Rottluff sein inzwischen in Dangast erworbenes Haus zu einem vorübergehenden Aufenthalt anbot, lehnte Schmidt-Rottluff dies höflich aber bestimmt ab. Doch obwohl Radziwill damals bereits seinen seit 1920 stark an Schmidt-Rottluff orientierten Malstil geändert und sich der Neuen Sachlichkeit zugewandt hatte, verfaßte er noch im November 1924 einen von der Juryfreien Kunstschau zur Veröffentlichung bestimmten Text, wo es in der ihm zu Gebote stehenden, dem Vorbild Niemeyers nachempfundenen Sprache unter anderem heißt: „In der Malerei Schmidt-Rottluffs löste sich für mich eine neue Anschauung, der in der Stille mir der größte Maler seiner Zeit und Lehrer wurde. Seine Farben erschlossen mir mit der Malerei der alten Niederländer das Gesetz von Licht und Schatten (Dunkelheit) oder die unendliche Dehnbarkeit einer jeden Farbe zu Licht und Dunkelheit. Licht und Dunkelheit die gleichmäßigen Zertrümmerer ihrer beiderseitigen Formen, in ihrer Tiefe wieder Formvollender. Jedes Leben (Form) kommt von dem Licht in die Dunkelheit. Daher ist es mein Wille, dem Leben so nahe wie als möglich zu sein. Dem Leben soll meine Malerei gehören“.[106]
Die letzten nachweisbaren Briefe Schmidt-Rottluffs an Radziwill vor 1950 stammen aus dem Jahre 1925, als die Vereinigung für junge Kunst in Oldenburg eine erstmals von einem Katalog begleitete Einzelausstellung von Radziwill veranstaltete. Dieser wurde 1933 Professor an der Düsseldorfer Akademie, hier 1935 jedoch schon wieder entlassen, ohne indessen seine Ausstellungstätigkeit nennenswert einschränken zu müssen. Sein Name findet sich erst wieder in einem Brief Schmidt-Rottluffs vom 16. Januar 1936 an Ernst Beyersdorff erwähnt, der wegen seiner halbjüdischen Abstammung inzwischen zu den Verfolgten gehörte. Als er dem Maler berichtete, daß sich Radziwill von ihm distanziert habe, erhielt er die Antwort: „Daß Sie sich in Radziwill getäuscht haben, tut mir leid – aber er ist halt so. Es sollte mich nicht wundern, wenn er eines Tages ganz harmlos bei Ihnen auftauchte“.[107] Schmidt-Rottluffs Einschätzung bestätigte sich, als er selbst nach Jahren des Schweigens 1950 unvermittelt von Radziwill Fotografien seiner letzten Bilder zugesandt erhielt, auf deren Erhalt der nach seiner Verfemung wieder im kriegszerstörten Berlin arbeitende Maler antwortete: „Wenn Sie bei den Fotos – die mich natürlich sehr interessiert haben – daran gedacht hatten, es könne hier mal eine Ausstellung gemacht werden, muß ich Sie leider sehr enttäuschen – zur Zeit ist hier das Interesse ganz am Nullpunkt. Wir hoffen alle auf eine Besserung“.[108] Eine indirekte Reaktion auf das Gesehene findet sich jedoch in seinem Brief an Emma Ritter vom 24. August 1955, in dem Schmidt-Rottluff schreibt: „Bilder von Radziwill habe ich in der letzten Zeit nur in Abbildungen oder Fotos gesehen. Es mag krauses Zeug sein – etwas spinnert. Wenn einem die Literatur so direkt geboten wird, werde ich leicht etwas kopfscheu. Man kann ihm eine gewisse Fantasie nicht absprechen und manches mag auch ganz interessant sein – aber Originale habe ich nicht wieder von Radziwill gesehen“.[109]
Die wahrscheinlich letzte Nachricht von Schmidt-Rottluff erhielt Radziwill am 5. Oktober 1961, als dieser sich kurz nach Errichtung der Berliner Mauer im Haus am Waldsee die dort gezeigte Radziwill-Ausstellung ansah und ihm schrieb: „Ich hoffe, der Berliner Bann ist für Ihre Bilder gebrochen“. Radziwill hatte sich zur Eröffnung dieser Ausstellung in Berlin aufgehalten, wobei es nach Mitteilung des Künstlers jedoch zu keiner persönlichen Begegnung mehr kam.

Mit Franz Radziwill ist bereits ein Vertreter jener zwischen 1890 und 1905 geborenen Künstlergeneration genannt, die von Rainer Zimmermann dem expressiven Realismus zugeordnet wird.[110] Dieser tritt bei ihm allerdings nicht simultan sondern sukzessiv auf, weshalb sich Radziwills Werk besonders deutlich in mehrere Stilphasen teilen läßt. In der übrigen oldenburgischen Malerei ist die Zahl seiner Altersgefährten zwar keineswegs gering, doch wurde ihr mitunter durch politische Verwicklungen belasteter Beitrag bisher ebensowenig zusammenfassend untersucht, wie derjenige der Angehörigen der eigentlichen Expressionisten-Generation, die durch die Teilnahme am Ersten Weltkrieg wertvolle Jahre verlor. Mehreren von ihnen setzte er ein frühes Ende, wie Fritz Notholt (1884–1914) und Walter Heye (1883–1914), von dem nicht einmal bekannt ist, weshalb er sich 1911 in Dangast niederließ und was er dort bis zu seinem frühen Tod hervorbrachte. Mehr ist über jene zu erfahren, die ihr Werk nach der, ihre Entwicklung unterbrechenden Kriegsteilnahme fortsetzen konnten, wie Georg von der Vring (1889–1968), dessen bislang nur wenig beachteter Doppelbegabung erst kürzlich mehrere aufschlußreiche Untersuchungen gewidmet werden konnten, in die auch seine ebenfalls malende Frau Therese (1894–1927) einbezogen wurde.[111] Aus ihnen geht deutlich hervor, daß der Maler-Dichter, der gewiß nicht ohne innere Beziehungen dazu in späteren Jahren ein Stilleben Schmidt-Rottluffs von 1913 erwarb, die entscheidenden Anregungen für seine expressionistische Gestaltungsweise weniger in Oldenburg, als von 1912–1914 auf der Königlichen Kunstschule in Berlin empfing, wo bereits damals ein so fortschrittlicher Lehrer wie Georg Tappert (1880–1957) wirkte. Dieser unterrichtete auch noch mehrere jüngere Maler, welche – wie Adolf Niesmann, Johannes Mangels, Hein Bredendiek, Gerhard Georg Krüger oder Reinhard Pfennig – die künstlerische Tätigkeit mit der lehrenden zu verbinden suchten.

Niesmann hatte sich in der ersten Ausstellung der Vereinigung für junge Kunst im Lappan zwar stark engagiert, sich vom direkten Vorbild der darin vertretenen Brücke-Maler jedoch bald befreit. Ihr Einfluß schlug sich vor allem in seinen Holzschnitten nieder, von denen beispielsweise das Blatt „Baumgartenstrasse" von 1920 deutliche Bezüge zu Schmidt-Rottluffs „Haus in Oldenburg" von 1912/13 (Abb. 289) erkennen läßt.[112] Als er 14 Jahre nach dem Scheitern der Wandbilder-Verhandlungen mit Schmidt-Rottluff die Möglichkeit erhielt, einen Raum des Oldenburger Landesmuseums mit dem Ikarus-Thema auszumalen, vertrat er darin einen seit längerem in Italien favorisierten heroisierenden Neuklassizismus, der nach 1945 von neuen Ausdrucksformen abgelöst wurde.

Auf den ersten Blick scheint die unmittelbare Weiterführung expressionistischer Gestaltungselemente bei Willi Oltmanns (1905–1979) am deutlichsten erkennbar zu sein, zumal sich dem Lebenslauf des im Gründungsjahr der Brücke in Wilhelmshaven Geborenen auch zahlreiche Besuche in Dangast entnehmen lassen. Er selbst hat Einwirkungen der Älteren auf sein Werk nie geleugnet, aber auch darauf hingewiesen, daß sie nicht der Kontinuität, sondern später Reflektion zu verdanken waren.[113]

Mit Sicherheit lassen sich die Einflüsse und Einwirkungen, die vom Werk Schmidt-Rottluffs und seiner Brücke-Gefährten auf die Malerei im Oldenburger Land ausgingen, nicht nur auf Arbeiten der genannten Künstler beschränken, weil sie sich zu unterschiedlichen Zeiten und aus verschiedenen Anlässen ereigneten und auch nicht nur generationsgebunden waren. Hier sind gewiß noch Entdeckungen zu erwarten, die

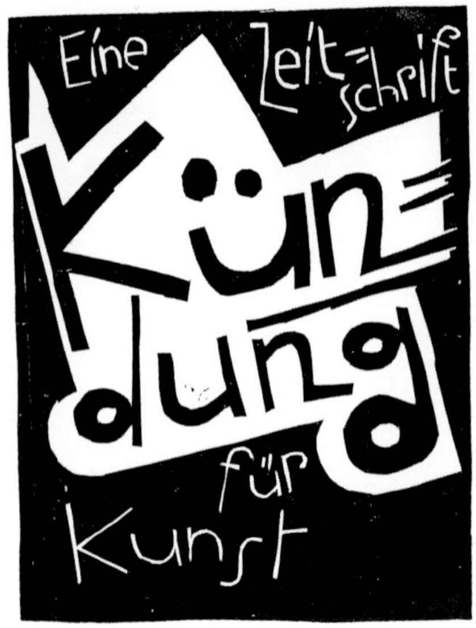

Karl Schmidt-Rottluff: Titel von „Kündung – eine Zeitschrift für Kunst", herausgegeben von Wilhelm Niemeyer und Rosa Schapire, Hamburg 1921/22.
Der Holzschnitt wurde für die jeweiligen Hefttitel unterschiedlich zweifarbig gedruckt (Schapire Gebr. 52/53). In der anspruchsvollen expressionistischen Kunstzeitschrift erhielt Radziwill erstmalig Gelegenheit zur Publizierung von fünf, am Vorbild Schmidt-Rottluffs orientierten Holzschnitten.

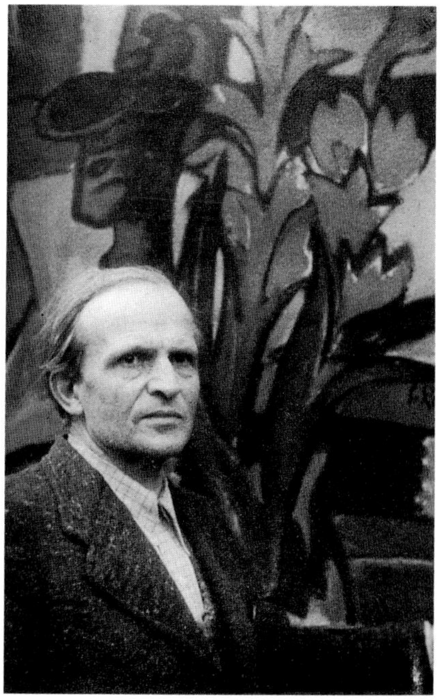

Georg von der Vring (1889–1968) vor Schmidt-Rottluffs Gemälde „Rote Gladiolen auf blauem Grund“ von 1913 (Privatbesitz).
Von der Vring war vor dem Ersten Weltkrieg in Berlin zunächst als Maler und Kunsterzieher ausgebildet worden, ehe er sich in den 20er Jahren ganz der Dichtung zuwande und 1927, vor allem mit seinem „Soldat Suhren“, bekannt wurde. Das großformatige Stilleben Schmidt-Rottluffs erwarb er erst in späteren Jahren.

durch die Zunahme des historischen Abstandes in einer auch weiterhin auf Kontinuität bedachten Kulturlandschaft eher gefördert als benachteiligt werden. Ihnen kann an dieser Stelle nicht nachgegangen werden, wo stattdessen im Rückblick noch einmal jene Veranstaltung näher betrachtet werden soll, in der sich sämtliche Fäden, die Schmidt-Rottluff mit der neueren oldenburgischen Kunstgeschichte verbinden, letztmalig miteinander verknüpfen ließen: die Ausstellung des Oldenburger Kunstvereins von 1957 „Maler der Brücke in Dangast von 1907–1912“.
Da das Thema der vorliegenden Publikation aus dieser Ausstellung hervorging, in der die Arbeiten bestimmter Künstler gerade nicht unabhängig von Zeit und Ort der Entstehung ihrer Werke, sondern bezogen auf historisch wie geographisch fixierbare Abschnitte ihrer Biographie und künstlerischen Entwicklung vereinigt wurden, erscheint es 37 Jahre später sinnvoll, zunächst daran zu erinnern, daß die Expressionismus- und vor allem die Brücke-Forschung sich damals noch in den Anfängen befanden und sowohl Lothar Günther Buchheims erste zusammenfassende Darstellung der Künstlergemeinschaft, wie die Schmidt-Rottluff-Monographie von Will Grohmann nur wenige Monate zuvor erschienen waren. Die früheste umfassende Brücke-Ausstellung nach dem Zweiten Weltkrieg wurde im Museum Folkwang in Essen erst 1958,[114] also nach der Oldenburger Ausstellung und der damit zeitgleichen Präsentation ihrer Graphik durch Martin Urban in Schleswig[115] veranstaltet und bezog von ihren Vorgängern einen nicht unwesentlichen Teil der Exponate.
Für die Oldenburger Kunstsituation nach 1945 war die Tatsache von Bedeutung, daß mit der Stadt selbst auch ihre Kultureinrichtungen den Krieg im wesentlichen unbeschadet überstanden hatten und der über hundert Jahre alte Kunstverein, trotz der unvermeidbaren Gleichschaltungen nach 1933, überleben konnte. Seinem neugebildeten ersten Vorstand gehörte – bis 1948 – nun auch Ernst Beyersdorff an, der damit den Verzicht auf eine Wiederbelebung der 1933 aufgelösten Vereinigung für junge Kunst signalisierte und mit der ersten nach dem Kriege organisierten Ausstellung „Kunst der Gegenwart“ die Hoffnung auf eine Regenerierung der von ihm einst wegen ihrer Rückständigkeit bekämpften Vereinigung verbinden konnte. Die Ausstellung war von Gustav Vriesen aufgebaut worden, der als Assistent des Landesmuseums bis zu seiner Berufung nach Bielefeld 1954 auch die Kunstvereinsausstellungen betreute. Wie seinen damals an Heckel und Schmidt-Rottluff gerichteten Briefen zu entnehmen ist, in denen er dem Verhältnis zu Edward Munch nachzugehen versuchte,[116] begann auch ihn zunächst die Geschichte der Brücke zu interessieren, an deren Stelle aber schon bald August Macke und der Blaue Reiter, später auch noch Delaunay traten. Sein Einsatz für die von den älteren Oldenburger Malern nach wie vor als eine negative Erscheinung aufgefaßte Moderne, ließ die alten Kontroversen sogleich wieder aufleben und in den weiteren Veranstaltungen erneut hervortreten. Während die ersten Nachkriegsausstellungen – Radziwill 1946 und Schmidt-Rottluff-Aquarelle 1947 – noch den Intentionen Beyersdorffs zu verdanken waren, gingen die der nächsten Künstlergeneration gewidmeten – Blumenthal, Gilles, Heiliger, Nay, Camaro und Hartung – bereits weitgehend auf die Initiative Vriesens zurück, der bis 1953 in dem kunstverständigen Arzt Werner Stein als erstem Vorsitzenden verständnisvolle Unterstützung für seine Pläne fand. Dieser wurde von dem tatkräftigen und risikobereiten Wilhelm Michaelis – Vorstand des alteinge-

sessenen Stalling-Verlages – abgelöst, dem der als Nachfolger Vriesens ans Landesmuseum berufene und ebenfalls die Ausstellungen des Kunstvereins betreuende Verfasser dann nach kurzer Zeit eine Präsentation der in Dangast tätig gewesenen Brücke-Maler vorschlug, nachdem sich die zunächst angestrebte Trägerschaft des Landesmuseums, das keine Ausstellungsräume dafür besaß, nicht realisieren ließ. In dem an Michaelis gerichteten Brief vom 27. November 1955 wurden Sinn und Ziel dieser Aufgabe unter anderem so dargelegt:
„Seit dem Beginn meiner Tätigkeit in Oldenburg habe ich Nachforschungen über die Bedeutung der „Malerkolonie Dangast“ angestellt, in der vor einem halben Jahrhundert mehrere, inzwischen zu Klassikern der Moderne gewordene deutsche Maler (Heckel, Schmidt-Rottluff, Pechstein, Emma Ritter) wirkten und wo sie, vor allem aus dem Erlebnis der oldenburgischen Küstenlandschaft, bedeutende Arbeiten geschaffen haben. Soweit diese Kunstwerke aus durchgearbeiteter Literatur und Ausstellungskatalogen eruierbar waren, sind sie in einer Kartei vereinigt worden, die als Grundlage für die angestrebte Ausstellung dienen soll.
Eine solche Ausstellung, in welcher lediglich in Dangast und seiner Umgebung entstandene Bilder zu zeigen wären, würde nicht allein ein wesentliches Kapitel der modernen deutschen Kunstentwicklung erhellen, sondern vor allem auch die Verbindung dieser Entwicklung mit dem Oldenburger Lande aufzeigen.
Zum Aufbau dieser Ausstellung wäre eine Oldenburger Institution in erster Linie berufen. Ich darf mir daher die Frage erlauben, ob der Oldenburger Kunstverein zur Durchführung der Ausstellung bereit ist, die folgende Arbeitsvorhaben erfordert: Von den in Dangast tätig gewesenen Künstlern starb kürzlich Max Pechstein, Emma Ritter lebt noch in Oldenburg, Erich Heckel in Karlsruhe bzw. Hemmenhofen und Schmidt-Rottluff in Berlin. Das persönliche Aufsuchen der beiden letztgenannten Künstler müßte gewährleistet sein, während die Verhandlungen mit den Leihgebern schriftlich geschehen könnten. Da die für die Ausstellung benötigten Bilder größtenteils verstreut sind, wäre ein Sammeltransport nur bedingt möglich. Die aus diesem Umstand erwachsenden Mehrkosten könnten jedoch bei Mitwirkung anderer Kunstvereine reduziert werden.
Eine Veranschlagung der für die Unternehmung notwendigen Mittel ist zurzeit nicht möglich. Sie richtet sich naturgemäß nach ihrem Umfang, der in weiteren Verhandlungen festgelegt werden müßte. Jedoch würde ich eine grundsätzliche Entscheidung für oder gegen Unterstützung meines Vorschlages allein schon im Hinblick auf künftige Arbeitsvorhaben für notwendig halten, weshalb ich mir erlaube, um Vorlage bei der nächsten Vorstandssitzung zu bitten.“
Nachdem der Vorstand des Kunstvereins dem vorgelegten Plan grundsätzlich zugestimmt hatte, konnten die Vorarbeiten für die Ausstellung beginnen, wofür noch ein gutes Jahr zur Verfügung stand. Zwar hatte das Phänomen des vor allem auf die deutsche Kunst bezogenen Expressionismus schon früh zu sehr unterschiedlichen Definitionen herausgefordert, die indessen für eine Ausstellung nur wenig hilfreich waren, bei der das konkrete Wissen um die erreichbaren Exponate und deren Zuweisung an Zeit und Ort wesentlicher erschien. Obwohl den Brücke-Malern in den davorliegenden Jahren bereits mehrere Einzel-Ausstellungen gewidmet wurden, war ihr Gesamtoeuvre zu diesem Zeitpunkt noch nicht publiziert und das schon 1924 erschienene Verzeichnis der Graphik Schmidt-

Rottluffs von Rosa Schapire als Ausnahme zu betrachten. Eine Zusammenstellung seiner eruierbaren Gemälde fand sich immerhin in der Monographie Will Grohmanns von 1956, während entsprechende Werkkataloge von Erich Heckel erst 1964/65 herauskamen.[117] Bei Pechstein konnte nach den Aufzeichnungen Paul Fechters von 1921 ein vollständiges Verzeichnis der Graphik zwar 1988 herausgebracht werden,[118] doch steht der Katalog seiner Gemälde noch ebenso aus, wie eine hinlängliche Werkübersicht von Emma Ritter, die nach ihren Kriegsverlusten allerdings nur als Torso denkbar ist. Insofern mußte mit der Ausstellung Neuland betreten werden, eine terre incognita auch für den Bearbeiter, der seine Aufgabe nur zu erfüllen vermochte, wenn er die unmittelbare Unterstützung der Künstler gewinnen konnte. Nach positiven Reaktionen auf den schriftlich dargelegten Ausstellungsplan wurden Anfang April 1956 die ersten persönlichen Kontakte zu den beiden Brücke-Malern hergestellt, die sich erst kurz davor von ihren Akademieverpflichtungen gelöst hatten und dadurch einen neuen und nachhaltigen Arbeitsschub bei sich auszulösen vermochten.

Auf der Fahrt zu Erich Heckel an den Bodensee wurde in Hofheim im Taunus Station eingelegt, wo sich Schmidt-Rottluff mit seiner Frau – wie meistens um diese Zeit seit 1932 – im Blauen Haus von Hanna Bekker vom Rath aufhielt.[119] Der Kontrast zwischen der mit viel Holz angereicherten, gründerzeitlichen Architektur des in einem parkartigen Garten liegenden Hauses und den bis zur Abstraktion reichenden modernen Bildern, die von der gerade abwesenden Sammlerin, Malerin und Kunsthändlerin hineingehängt worden waren, prägte sich ein, noch ehe der Tee unter Schmidt-Rottluffs Gemälde „Nächtlicher Mittelmeerhafen" von 1930 serviert wurde. Der Künstler hörte aufmerksam zu, gab auf die gestellten Fragen jedoch nur kurze, sehr bestimmte und Rückfragen fast ausschließende Antworten. Von dem, was man gemeinhin Konversation nennt, konnte jedenfalls weder bei ihm noch bei seiner zurückhaltenden Frau die Rede sein, sodaß die Verweisung aller übrigen Wünsche auf das nächste Zusammentreffen in Berlin als der eigentliche Erfolg dieser Unterredung gelten konnte. Ihr sollten dann aber noch viele weitere in Zehlendorf und in Sierksdorf an der Ostsee folgen, die durch eine zunehmende und nicht selten anrührende Herzlichkeit bestimmt waren und die sich tief in der Erinnerung einprägten.

Ganz anders dann die ersten Eindrücke bei Erich Heckel, der sich mit seiner Frau Siddi in Hemmenhofen ein nicht sehr aufwendiges Haus am hohen Ufer des hier nach Westen schmaler werdenden Bodensees gebaut hatte. Der zierliche, leicht gebeugte Mann mit den lebendigen Augen rief im ersten Augenblick den Eindruck eines den Realitäten enthobenen chinesischen Weisen hervor, obwohl er seinem angeborenen Temperament schon bald freien Lauf ließ und über die Dangaster Aufenthalte von 1907–1910 soviel zu berichten wußte, daß der Chronist Mühe hatte, ihm mit seinen Aufzeichnungen zu folgen. Von seiner Frau und ihm waren bereits handschriftliche Listen der in Dangast entstandenen Arbeiten angefertigt und davon jene bereitgestellt worden, die noch in seinem Besitz waren und die nun für die Ausstellungen zur Verfügung standen. Wie bei Schmidt-Rottluff befanden sich nicht wenige darunter, die noch nie ausgestellt worden waren, wobei sich hier und da vereinzelte Irrtümer begreiflicherweise ebensowenig vermeiden ließen, wie bei Schmidt-Rottluff. Als Beispiel mag hier ein weiteres Mal dessen „Lesende" von 1912 angeführt werden, die der Künstler selbst als Dangaster Arbeit zur Verfü-

gung stellte und die mehr als 30 Jahre später als in Berlin gemaltes Porträt von Else Lasker-Schüler identifiziert wurde.
Andere für notwendig gehaltene Besuche galten dann jenen älteren Kollegen und Sammlern, welche die Arbeiten der Brücke-Maler als Zeitzeugen noch gleichsam enstehen sahen. Carl Georg Heise sei hier genannt, der die in der Hamburger Kunsthalle eingetretenen Verluste durch den Aufbau einer neuen Brücke-Sammlung aus dem reichen Hamburger Privatbesitz wettgemacht hatte, Will Grohmann, dessen Schmidt-Rottluff-Material zu berücksichtigten war, der einstige Reichskunstwart Edwin Redslob in Berlin, der in der Dangaster Zeit Schmidt-Rottluffs an der Bremer Kunsthalle arbeitete oder Paul Fechter, der damals in Dresden mehrere der frühesten Brücke-Kritiken schrieb. Besonders wichtig schien die Verfolgung jener Spuren, die Schmidt-Rottluffs erst 1954 in London verstorbene langjährige Freundin und Chronistin Rosa Schapire (1874–1954) hinterlassen hatte, welche die an sie gerichteten Postkartenzeichnungen der Brücke-Maler mehreren deutschen und ausländischen Museen vermachte.[120] Sie führten zu Leopold Reidemeister in Köln, Walter Passarge in Mannheim und zu Adolf Jannasch nach Berlin, der in Zusammenarbeit mit Klaus Leonhardi aus Kiel 1954 die Schmidt-Rottluff-Ausstellung zum 70. Geburtstag des Künstlers zusammengetragen und die Galerie des 20. Jahrhunderts in Berlin aufgebaut hatte. Ihre entsprechenden Bestände wurden später in das erst 1967 eröffnete Brücke-Museum überführt. Von den älteren Schmidt-Rottluff-Sammlern, die damals noch lebten und aufgesucht wurden, mögen in Hamburg Martha Rauert, deren legendäre Brücke-Sammlung noch beisammen war, und Wilhelm Niemeyer genannt werden, dessen Freundschaften mit Schmidt-Rottluff und Franz Radziwill unerschöpflichen Stoff boten.[121] Zu erwähnen sind schließlich noch die Sammler Marcus Kruss und Richard Waltsgott in Berlin, sowie Horst Kadelbach in Hannover. Ohne ihre bereitwillig zur Verfügung gestellten Leihgaben – die damals noch großenteils im eigenen Auto transportiert wurden – wäre die Ausstellung kaum zu verwirklichen gewesen. Im Grunde überstieg eine solche Unternehmung, die entgegen den sonst üblichen Gepflogenheiten nicht übernommen, sondern in allen ihren Einzelheiten neu erarbeitet werden mußte, die organisatorischen und finanziellen Möglichkeiten eines Kunstvereins, der damals nur etwa 500 Mitglieder besaß und neben den Ausstellungen auch noch ein anspruchsvolles Vortragsprogramm anbot, in dem nicht nur Themen der bildenden Kunst Berücksichtigung fanden. Der Expressionismus war darin nach dem Krieg nur einmal angesprochen worden, in einem Vortrag von Wolfgang Schöne aus Hamburg 1949. Wenn es trotz alledem zur „schlechthin erfolgreichsten Ausstellung“[122] in Oldenburg kam, dann war dies dem ungewöhnlich guten und reibungslosen Zusammenwirken aller daran Beteiligten zu verdanken. So konnten mit den Ergebnissen eines Spendenaufrufs des Oldenburger Kunstvereins nicht nur die relativ hohen Kosten für Transport, Versicherung, Reisen, Katalog und Plakat gedeckt, sondern auch dazu beigetragen werden, daß eine erhebliche Anzahl von Kunstwerken in Oldenburg verblieb. Die Ausstellung selbst fand nicht wieder im Augusteum statt, da dieses seit 1948 vermietet und zur wichtigsten Einnahmequelle des Kunstvereins geworden war, sie wurde vielmehr in den Erdgeschoßräumen des um 1900 errichteten Theaterflügels im Oldenburger Schloß gezeigt , die dem Verein für seine Veranstaltungen zur Verfügung gestellt worden waren. Es handelte sich dabei um mehrere unterschiedlich große Räume von insgesamt über 300 qm, die durch einen eigenen Zugang vom Schloßhof her erreichbar waren

Grundriß der Ausstellungsräume des Oldenburger Kunstvereins im Erdgeschoß des 1894–1897 errichteten Theaterflügels des Oldenburger Schlosses, in denen 1957 die Ausstellung „Maler der Brücke in Dangast von 1907–1912" stattfand.
Auf dem Plan ist oben rechts der im Südwesten liegende Zugang vom Schloßhof erkennbar. Er führt in einen Vorraum, der für Dokumentationen genutzt werden konnte und durch eine weitere Tür links in die eigentlichen Ausstellungsräume. Hier begann die chronologisch aufgebaute Präsentation mit den Kunstwerken der Jahre 1907 und 1908 auf der rechten Seite, während in den größeren Räumen zur Linken die Zeit von 1909 bis 1912 mit den dominierenden Arbeiten Schmidt-Rottluffs unter Einbeziehung Pechsteins und Emma Ritters zur Darstellung kam und außerdem als „Ausstellung in der Ausstellung" die Brücke-Mappen und -kataloge aus der Sammlung Beyersdorff gezeigt wurden. Die erstmalige Präsentation des größten Teiles der an Rosa Schapire gerichteten Postkaren der Brücke-Maler erfolgte in dem korridorartigen, langen Mittelraum.

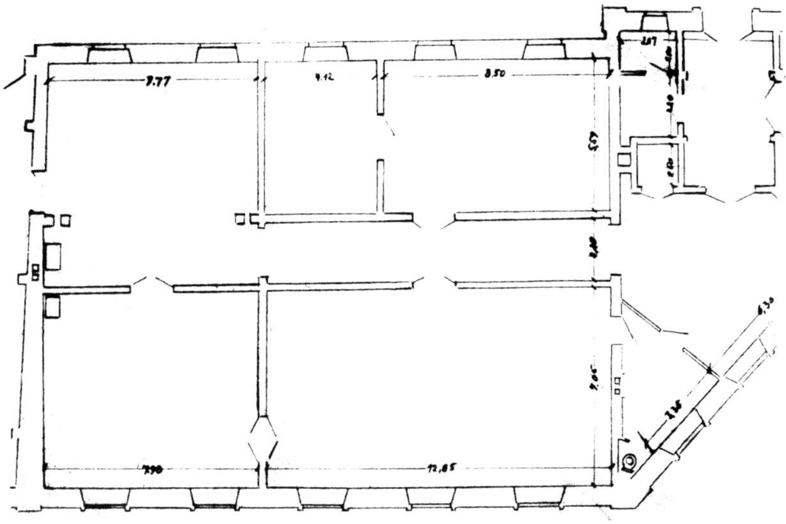

und im Eingangsbereich zusätzlich die Möglichkeit boten, eine dokumentarische Einführung in die Ausstellung zu geben (Abb. S. 103). Die über zweihundert Exponate – Gemälde, Aquarelle, Zeichnungen, Graphik und Schmuck – wurden so angeordnet, daß sich die Räume vom Eingang her rechts im wesentlichen auf die drei ersten Dangaster Jahre von 1907–1909 und die Räumlichkeiten zur Linken auf die Zeit von 1910–1912 bezogen, in der auch die Bilder Pechsteins und Emma Ritters entstanden sind. Für die zusätzliche Unterbringung der Graphik waren langgestreckte, niedrige Bildträger angefertigt worden, welche auf alle Räume verteilt waren. Die erstmalig in einer Ausstellung gezeigten Brükke-Postkarten an Rosa Schapire, die wegen zu späten Eintreffens nicht mehr alle im Katalog aufgeführt werden konnten, waren im langen Mittelraum zu einem Ensemble vereinigt worden. Ebenfalls nicht in den Katalog aufgenommen wurden die vollständigen Brücke-Mappen, gebrauchsgraphischen Arbeiten und frühen Brücke-Kataloge aus dem Nachlaß von Ernst Beyersdorff, die im letzten der Ausstellungsräume gemeinsam mit Fotografien und Dokumenten aus dem ehemaligen Besitz von Rosa Schapire zu einer kleinen Sonderschau vereinigt waren. Auch der von Erich Heckel beidseitig geschnittene große Holzstock für die Plakate der Brücke-Ausstellung bei Richter in Dresden 1908 und für die Oldenburger Kunsthandlung Oncken im Lappan 1909 wurde im Katalog nicht genannt. Beide Plakate waren – ebenso wie Pechsteins Brücke-Plakat von 1909 – bei Littmann in Oldenburg gedruckt worden, von wo der – in der Ausstellung auf einem eigenen Sockel präsentierte – Stock später ins Oldenburger Landesmuseum gelangte. Von ihm wurden mit Einverständnis des Künstlers eine Anzahl schwarzer und roter Abzüge hergestellt, die auf einer im Schloßhof aufgestellten großen Tafel auf die Ausstellung hinwiesen und dort der Sonne und dem Regen überlassen blieben. Da der Entwurf Heckels für ein Schriftplakat, der sich an einen sehr viel früheren von 1906 anlehnte,[123] nicht umsetzbar war (Abb. S. 104), wurde in der Druckerei Stalling, die damals noch Holzschneider beschäftigte, ein stärker auf die Gestaltungsformen der Dangaster Zeit ausgerichtetes Plakat angefertigt (Abb. S. 105), das für die Ausstellungswer-

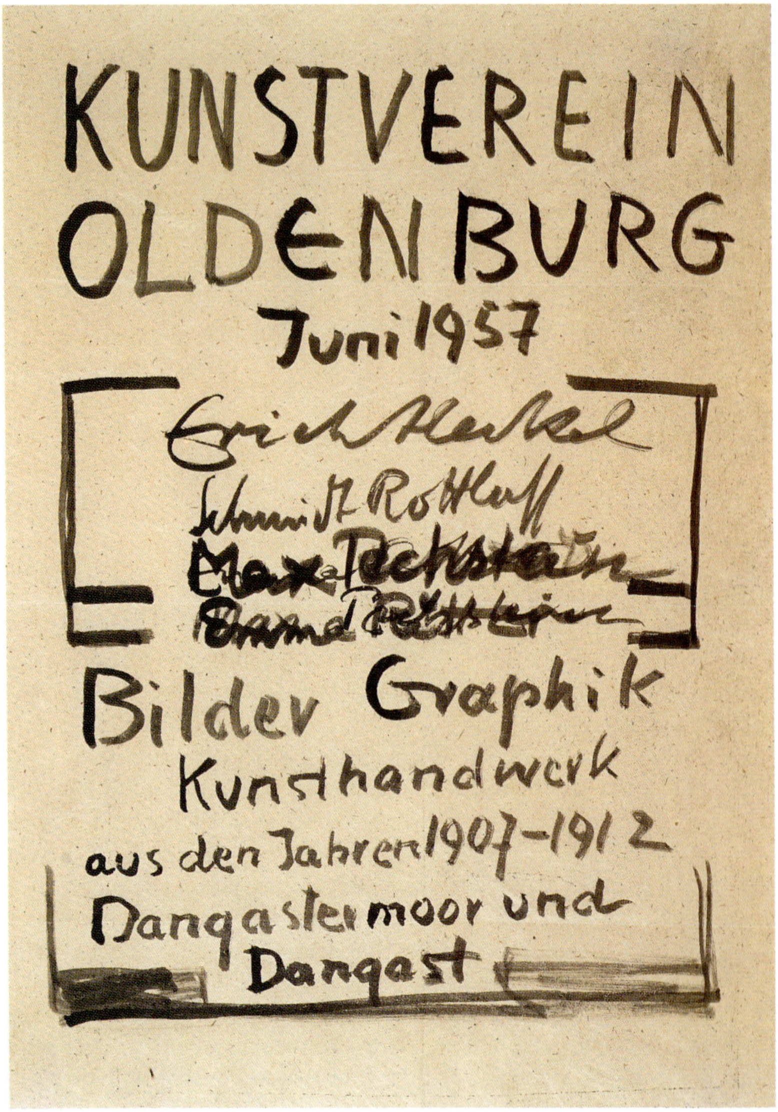

Erich Heckel: Entwurf für ein Plakat der Oldenburger Ausstellung „Maler der Brücke in Dangast" von 1957. Tuschpinsel, 50 x 37,5 cm, Privatbesitz.
Heckel verwandte bei seinem Entwurf nicht den damals bereits feststehenden obigen Ausstellungstitel, sondern setzte an dessen Stelle untereinander die signaturartig wiedergegebenen Namen der beteiligten Künstler, wobei er die Reihenfolge derjenigen von Emma Ritter und Max Pechstein nochmals korrigierte. Auch fügte er – sachlich zutreffend – noch den Begriff „Kunsthandwerk" und die Ortsangabe „Dangastermoor" hinzu. Da die unmittelbare Umwandlung dieses Entwurfs Schwierigkeiten bereitete, gelangte ein in Oldenburg neu entworfenes Holzschnittplakat zur Ausführung (Abbildung S. 105). In der typographischen Anordnung erinnert Heckels ebenfalls ohne ornamentale Zugaben auskommender Vorschlag an einen seiner frühesten, jetzt im Brücke-Museum befindlichen Plakatentwürfe für die Ausstellung von Beleuchtungskörpern in den Kunstwerkstätten von Karl Max Seifert in Dresden im Jahre 1906, wo gleichzeitig einige der ersten Brücke-Ausstellungen stattfanden (Abbildung bei Reinhardt a.a.O. S. 66).

bung in- und außerhalb Oldenburgs besser geeignet schien und das von Schmidt-Rottluff und Heckel toleriert wurde.
Das Gesicht der Ausstellung ist leider nur durch einige Amateurfotos überliefert, die hier trotz aller Unzulänglichkeiten wiedergegeben werden, weil sie doch eine gewisse Vorstellung von der Wirkung der starkfarbigen Bilder unter den gründerzeitlichen Stukkaturen vermitteln. Ebenfalls bei Stalling gedruckt wurde der längst vergriffene, mit annähernd hundert Seiten für damalige Verhältnisse opulente Katalog, bei dessen dem Quadrat angenäherten Format auf die noch teuren Leihklischees Rücksicht zu nehmen war. Er enthielt insgesamt 45 Abbildungen mit vier Farbtafeln – für jeden Künstler eine. Für die bei Isensee gedruckte Einladung – eine hochformatige Klappkarte mit dem Holzschnitt „Fischermädchen aus Dangast" von 1908 – war ein kräftiges Bütten gewählt worden, das Heckel zu einer Sonderbestellung beim Hersteller veranlaßte. Er druckte darauf unter anderem einen seiner bekanntesten späten Farbholzschnitte – „Ziegelei", 1957 (Dube 424) – wozu er durch ein in der Ausstellung befindliches Dangaster Aquarell angeregt wurde.

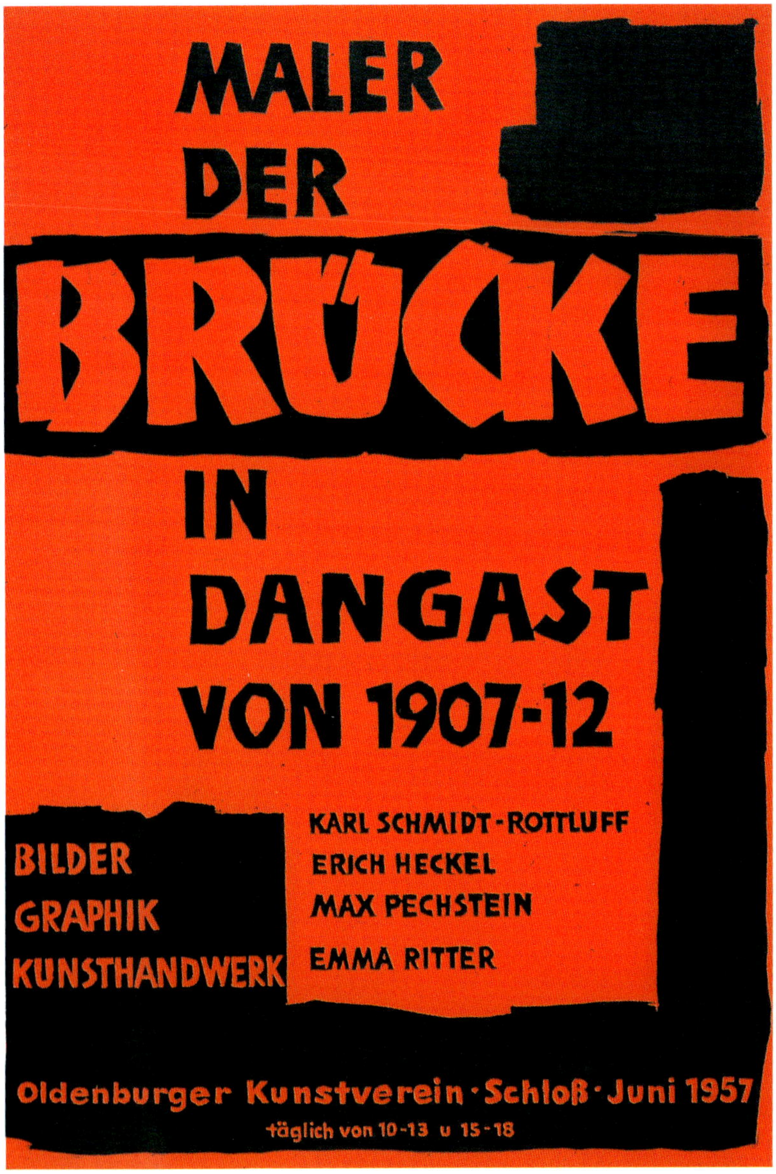

Plakat für die Dangast-Ausstellung von 1957, nach Vorentwürfen im Druck- und Verlagshaus Stalling in Oldenburg in Holz geschnitten und zweifarbig gedruckt, ca. 84 x 59 cm.
In der während des Monats Juni 1957 im Oldenburger Schloß gezeigten Ausstellung befanden sich über zweihundert Exponate, von denen ein Teil infolge verspäteten Eintreffens jedoch nicht mehr in den Katalog aufgenommen werden konnte. Mit über 4000 Besuchern und zahlreichen daraus getätigten Erwerbungen war es die bis dahin erfolgreichste Veranstaltung des 1843 gegründeten Oldenburger Kunstvereins.

Die Eröffnungsveranstaltung fand wegen der erwarteten starken Beteiligung nicht in den Ausstellungsräumen, sondern im darüber befindlichen großen Schloßsaal statt, dem Hauptwerk des Historismus im Lande. Die Wand- und Deckenbilder mit Darstellungen aus der oldenburgischen Geschichte von Arthur Fitger (1840–1909), waren von den gezeigten frühesten Arbeiten der Brücke-Maler nur durch acht Jahre getrennt. Die Apostrophierung als Jubiläumsausstellung bezog sich darauf, daß das Erscheinen Schmidt-Rottluffs und Heckels in Dangast genau 50 Jahre zurücklag, womit gleichzeitig die historische Dimension verdeutlicht werden sollte, in welche die damals geschaffenen Werke seither gerückt waren. Da Oldenburg inzwischen seiner territorialen Selbständigkeit verlustig gegangen und 1946 dem neuen Bundesland Niedersachsen eingegliedert worden war, wurde der jetzige Repräsentant des einstigen Territoriums, Verwaltungspräsident Dannemann, durch den Vorsitzenden des Kunstvereins um die Eröffnung der Ausstellung gebeten. Die Veranstal-

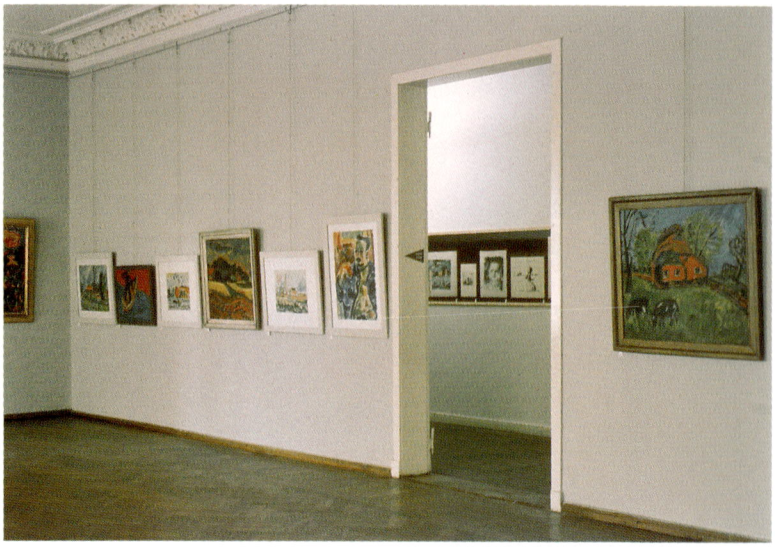

Blick in die Ausstellung „Maler der Brücke in Dangast" von 1957.
Von rechs: Heckel: Bauernhof, 1909 (Gemälde), Schmidt-Rottluff: Bildnis Heckel, 1909 (Aquarell), Heckel: Ziegelei mit Schornstein, 1909 (Aquarell), Pechstein: Vor dem Gewitter, 1910 (Gemälde), Heckel: Karren vor Ziegelei, 1908 (Aquarell), Heckel: Elgernder Mann, 1910 (Gemälde), Schmidt-Rottluff: Ziegelei, 1909 (Aquarell), im Nachbarraum graphische Arbeiten Heckels von 1908 (Foto G. W.).

tung hatte eine Reihe von Persönlichkeiten anzuziehen vermocht, in denen sich auf unterschiedliche Weise noch einmal die politische und kulturelle Eigenständigkeit des Landes verkörperte, wie den letzten Erbgroßherzog Nikolaus von Oldenburg (1897–1970), dessen Vater Friedrich August der Bauherr des großen Schloßsaales war und der anschaulich von Pflichtbesuchen mit seinen Eltern im Dangast der Brücke-Zeit zu berichten wußte, der 86jährige Nestor der heimatgebundenen oldenburgischen Malerei Bernhard Winter (1871–1964), dem der Professorentitel noch vom letzten Großherzog verliehen wurde und der den jugendlich-ungestümen Museumsmann leise, aber eindringlich und aufrecht, darauf verwies, daß Kunst ohne Natur und Vergangenheit nicht lebensfähig sei, oder die nur um einige Jahre jüngere, jetzt zwar stark gehbehinderte, aber unverändert allem Lebendigen gegenüber aufgeschlossene Emma Ritter (1878–1972), die ein halbes Jahrhundert nach ihrer Hinwendung zu Schmidt-Rottluff und seiner Kunst keine strafenden Blicke der Oldenburger Gesellschaft mehr zu befürchten brauchte. Erwähnt sei aber auch die Anwesenheit von Walter Müller-Wulckow, des Gründungsdirektors des Oldenburger Landesmuseums, der 1922 die ersten, der Initiative Ernst Beyersdorffs zu verdankenden Arbeiten der Brücke-Maler entgegennahm und sie fünfzehn Jahre später den Nationalsozialisten ausliefern mußte, sowie die von Hanneliese Beyersdorff, deren noch verfügbarer Kunstbesitz nach ihrem Tode 1985 endgültig dem Landesmuseum zufiel. Auch Franz Radziwill war erschienen, von dem das Museum Folkwang in Essen und die Nationalgalerie in Ost-Berlin 1957 zwei große Ausstellungen zeigten, und Adolf Niesmann, der 1922 in der Eröffnungsausstellung der Vereinigung für junge Kunst mit den Arbeiten Heckels, Schmidt-Rottluffs und Radziwills Führungen übernommen hatte, sowie Reinhard Pfennig, dessen eindrucksvolle tachistische Bilder eben entstanden. Vergangenheit und Gegenwart, Heimat und Ferne, Bodenständigkeit und Avantgarde waren hier in einer denkwürdigen, anscheinend so nur in Oldenburg möglichen Symbiose miteinander vereinigt, deren Geschichtsträchtigkeit von den meisten Anwesenden stark empfunden wurde. Wahrscheinlich sah auch Jan Oeltjen die Ausstellung noch, der erst seit 1953 wieder nach Deutschland reisen konnte

Blick in die Ausstellung „Maler der Brücke in Dangast“ von 1957.
Von links: Heckel: Bauernhaus, 1909 (Gemälde), Schmidt-Rottluff: Blühende Bäume, 1909 (Gemälde), Heckel: Windmühle in Dangast, 1909 (Gemälde), Schmidt-Rottluff: Bauerngarten, 1910 (Gemälde). Auf den niedrigen Bildträgern Graphik Heckels und Schmidt-Rottluffs von 1909 und 1910 (Foto G. W.).

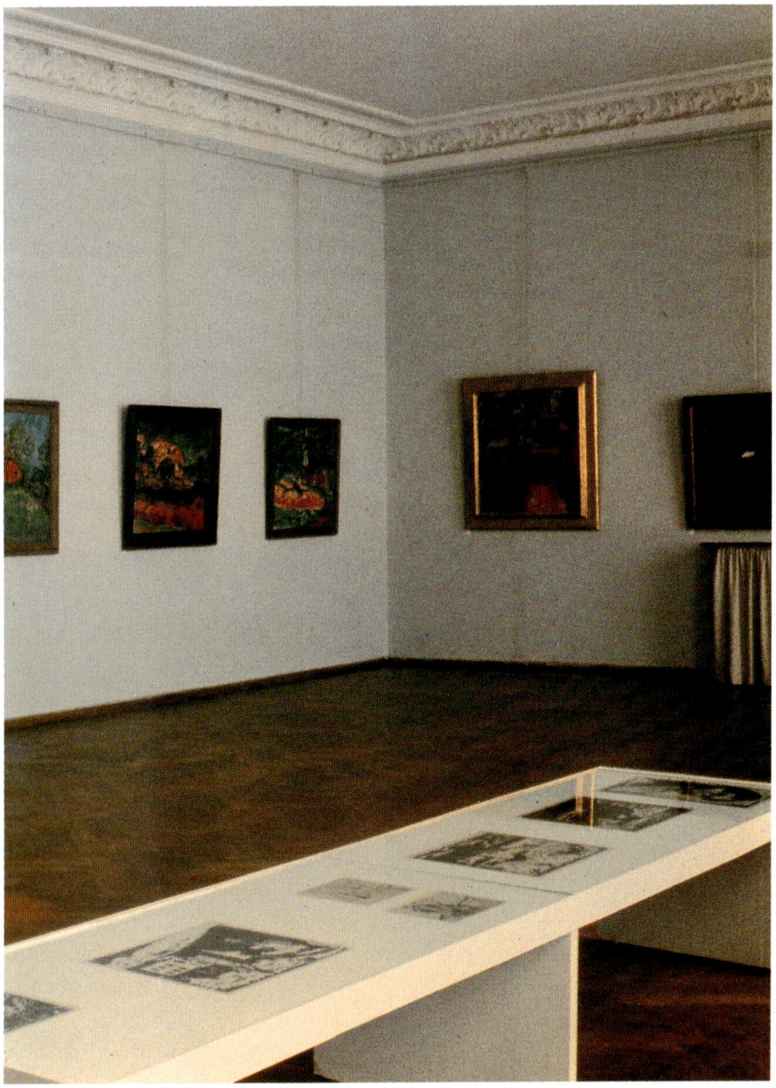

und dem der Kunstverein anläßlich des 75. Geburtstges 1955 eine eigene Ausstellung gewidmet hatte.
Unter den mehr als 4000 Ausstellungsbesuchern mit einem starken Anteil von Auswärtigen befand sich damals auch Ella Kohlstedt aus Berlin, die Schmidt-Rottluff kennenlernte, als sie mit ihren Eltern die Ferien in Dangast verbrachte. Der Künstler hat sie mehrfach gemalt und auch ein Exlibris für sie geschnitten. Sie war 1952 nach Bad Zwischenahn in die Nähe Oldenburgs gezogen und hinterließ ihre von Schmidt-Rottluff erhaltenen und besonders farbenfrohen Postkartenzeichnungen (Abb. 180, 237, 240) nach ihrem Tod 1979 dem inzwischen gegründeten Brücke-Museum in ihrer Heimatstadt.
Da die Werkverluste bei Schmidt-Rottluff größer waren als bei Heckel, hatten von letzterem – trotz seiner weniger häufigen Aufenthalte in Dangast – mehr Arbeiten für die Ausstellung erlangt werden können. Im Katalog sind 114 Titel von ihm aufgeführt, darunter manche seiner bekanntesten, erst später verkauften Frühwerke und sein gerade freigelegter „Schlafender Pechstein“ von 1910. Von Schmidt-Rottluff waren insgesamt 74 Objekte für die Ausstellung erreichbar, mehr als jemals in Olden-

burg von ihm gezeigt wurden, darunter viele, die überhaupt erstmalig in einer Ausstellung zu sehen waren. Unvergeßlich der mächtige Auftakt mit einer Gruppe von drei Landschaften von 1907 aus der Hamburger Sammlung Rauert, von denen zwei noch die ursprünglichen, vom Künstler beschnitzten und bemalten Holzrahmen besaßen oder die vereinigte Phalanx der Gemälde von 1910 mit dem vom Künstler übersandten rotflutenden „Deichdurchbruch" in der Mitte (Abb. 114). Mehrere Arbeiten aus der nunmehrigen DDR waren damals nicht erreichbar, wie die am Ort ihrer Entstehung noch unbekannten Oldenburger „Häuser am Kanal" von 1912 (Abb. 282). Den 18 Gemälden standen etwa ebensoviele Dangaster Aquarelle und Zeichnungen gegenüber, die größtenteils ebenfalls vom Künstler zur Verfügung gestellt wurden und die sich heute im Brücke-Museum befinden. Bei der meist aus öffentlichen Sammlungen entliehenen Druckgraphik war so ausgewählt worden, daß die Anteile von Holzschnitt, Lithographie und Radierung etwa der Dangaster Produktion entsprachen. Demzufolge dominierten die Holzschnitte, von denen ein Leitmotiv – die „Villa mit Turm" von 1910 (Abb. 198) – auch als Katalogtitel diente, gefolgt von den zum Teil in Oldenburg gedruckten Lithographien und einigen Radierungen. Erstmalig war in Oldenburg Schmuck von Schmidt-Rottluff ausgestellt, mit dessen Anfertigung er in Dangast begann. Er stammte aus seinem eigenen, nach dem Tod von Rosa Schapire vermehrten Besitz und wurde durch Arbeiten ergänzt, die noch immer von Emma Ritter getragen wurden (Abb. 207).
Sieht man von der bemerkenswerten Resonanz der Ausstellung einmal ab, die den Namen Dangast auch in der kunsthistorischen Forschung heimisch werden ließ, dann besteht ihr wesentlichstes Resultat für Oldenburg jedoch in den Erwerbungen, die damals in ihrer Folge gemacht werden konnten. Da sie bisher noch nicht zusammengefaßt publiziert wurden, mag dies hier mit einer durch Abbildungen ergänzten Aufstellung geschehen, die zeitlich nach Künstlern, aber unabhängig vom Zeitpunkt der Erwerbung geordnet und jeweils durch Erwerbungshinweise ergänzt wurde:

Karl Schmidt-Rottluff
1 Strand mit Körben, 1909, Aquarell OKV
2 Porträt Jan Oeltjen, 1920, Zeichnung OMG
3 Mann mit Schnauzbart, 1922, Aquarell-Postkarte OLM
4 Liegender Akt, 1906, Holzschnitt (Schap. 3) RS
5 Bäume in der Marsch, 1909, Holzschnitt (Schap. 9) RS
6 Herbst, 1909, Holzschnitt (Schap. 16) RS
7 Junge im Matrosenanzug, 1910, Holzschnitt (Schap. 32) RS
8 Elbhafen, 1910 Holzschnitt (Schap. 44), RS
9 Dünenlandschaft mit Sonne, 1912, Holzschnitt (Schap. 82) RS
10 Liegendes Mädchen, 1912, Holzschnitt (Schap. 96) RS
11 Akte unter Bäumen, 1913, Holzschnitt (Schap. 110) RS
12 Landschaft m. Pappeln, 1913, Holzschnitt (Schap. 113) RS
13 Mädchen mit aufgestütztem Arm, 1913, Holzschnitt (Schap. 126) RS
14 Liebespaar, 1918, Holzschnitt (Schap. 207) RS
15 Lesender Mann, 1922, Holzschnitt (Schap. 274) RS
16 Kopf eines Mannes, 1922, Holzschnitt (Schap. 277) RS
17 Die Pappel, 1907, Litho (Schap. 21) RS
18 Einsames Haus, 1907 Litho (nicht b. Schap.) KMH
19 Mönch, 1908, Litho (Schap. 33) RS
20 Bildnis Erich Heckel, 1909, Litho (Schap. 56) RS

Blick in die Ausstellung „Maler der Brücke in Dangast" von 1957.
An der Wand gegenüber von rechts: Schmidt-Rottluffs Sommerlandschaft 1910, Deichdurchbruch 1910 und Parkecke 1910, im Durchblick zum nächsten Raum Schmidt-Rottluffs Lesende von 1912. Auf den niedrigen Bildträgern Holzschnitte Schmidt-Rottluffs und Heckels von 1909 und 1910, links angeschnitten der Sockel für Heckels doppelseitigen Holzstock für die Plakate der Brücke-Ausstellung bei Richter in Dresden 1908 und zur Eröffnung der Kunsthandlung Oncken im Oldenburger Lappan 1909 (Foto G. W.).

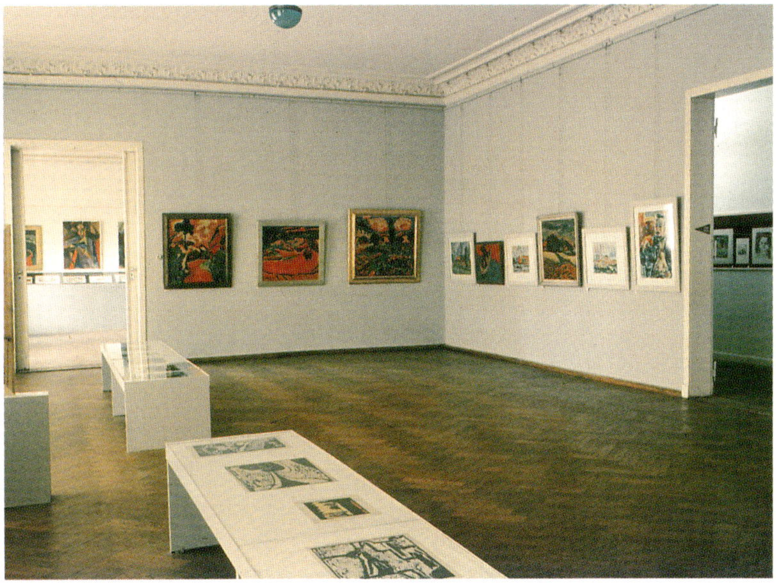

21 Parkmotiv aus Dangast, 1910, Litho (Schap. 69) RS
22 Dangaster Mühle, 1907, Radierung (nicht b. Schap.) RS
23 Männer mit Wagen, 1924, Radierung (nicht b. Schap.) RS

Erich Heckel
24 Mittag in der Marsch, 1907, Gemälde (Vogt 1907,2) OKV
25 Spätnachmittag, 1907, Gemälde (Vogt 1907,5) OKV
26 Elgernder Mann, 1910, Gemälde (Vogt 1910,6) OKV
27 Schiff mit rotem Segel, 1908, Aquarell OKV
28 Segelboot am Landungssteg, 1908, Aquarell OKV
29 Ziegeleidächer, 1907, Farbzeichng. (Rs. von 31) OKV
30 Rote Dächer, 1908, Aquarell u. Zeichnung EH
31 Ziegelei mit Schornstein, 1909, Aquarell OKV
32 Fischermädchen, 1908, Holzschnitt (Dube 148) OKV
33 Landstraße, 1907, Litho (Dube 62) OKV
34 Segelboot, 1907, Litho (Dube 64) OKV
35 Elgernder Mann, 1910, Radierung (Dube 74) OKV

Max Pechstein
36 Dangaster Landschaft mit Bauernhof, 1910, Aquarell KMH

Emma Ritter
37 Überschwemmung, 1911, Holzschnitt OKV

Jan Oeltjen
38 Porträt Schmidt-Rottluff I, 1920, Aquarell OMG
39 Porträt Schmidt-Rottluff II, 1920, Aquarell OMG

Abkürzungen der Erwerbungshinweise: EH = Geschenk Erich Heckel, KMH = Kultusministerium Hannover, OMG = Oldenburger Museumsgesellschaft, OKV = Oldenburger Kunstverein, OLM = Oldenburger Landesmuseum, RS = Nachlaß Rosa Schapire

Die Oldenburger Neuerwerbungen von 1957 als Folge der Ausstellung „Maler der Brücke in Dangast von 1907–1912" (nach Künstlern geordnet und auf die Nummern des vorangegangenen Verzeichnisses bezogen).

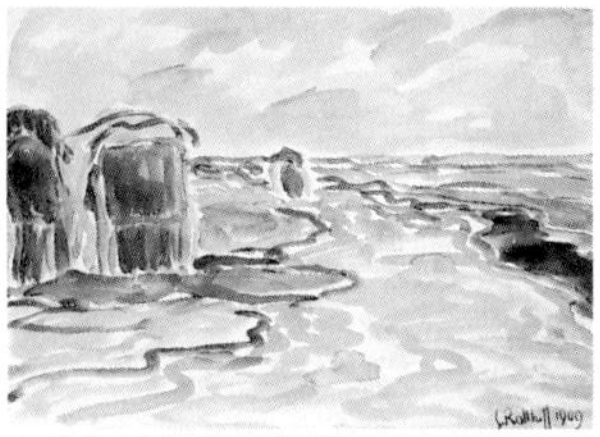
1 Schmidt-Rottluff

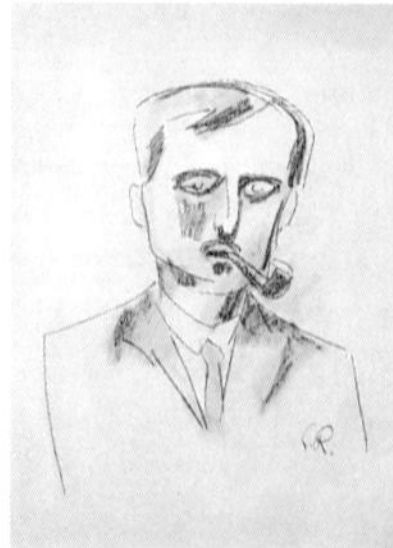
2 Schmidt-Rottluff

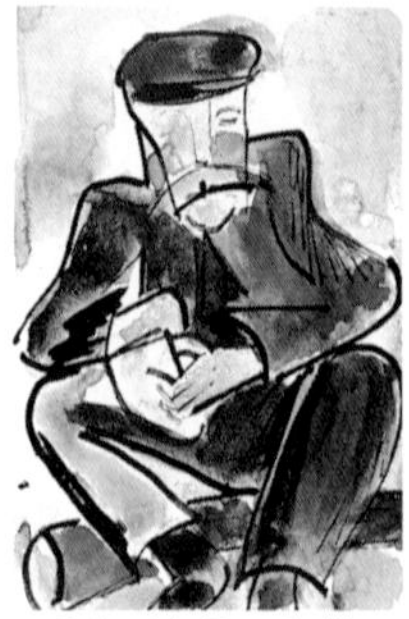
3 Schmidt-Rottluff

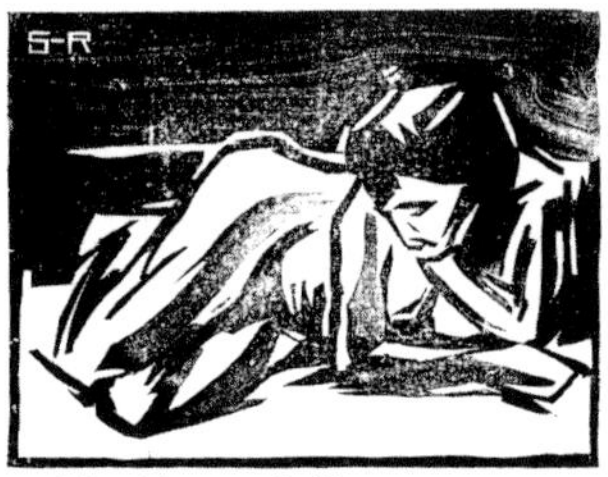

4 Schmidt-Rottluff

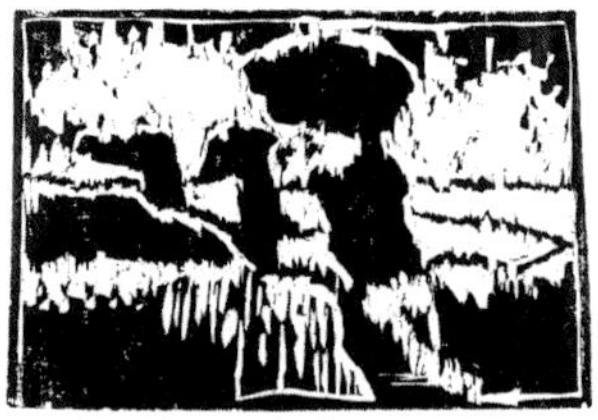
5 Schmidt-Rottluff

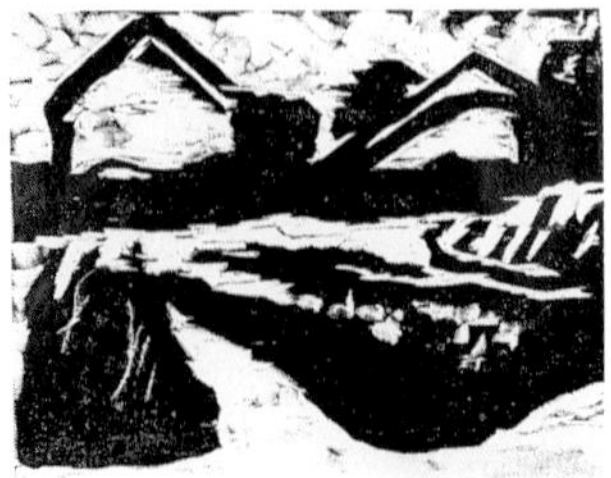
6 Schmidt-Rottluff

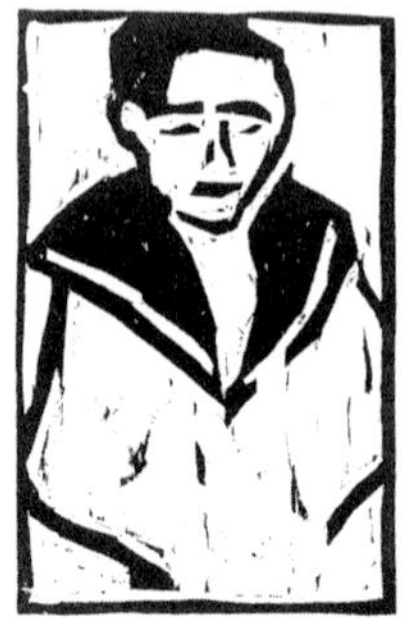
7 Schmidt-Rottluff

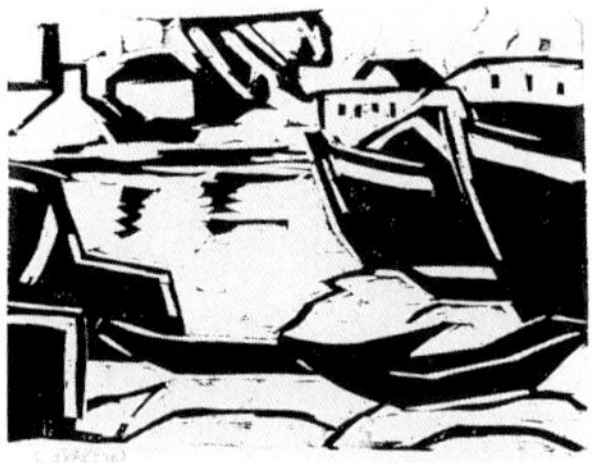
8 Schmidt-Rottluff

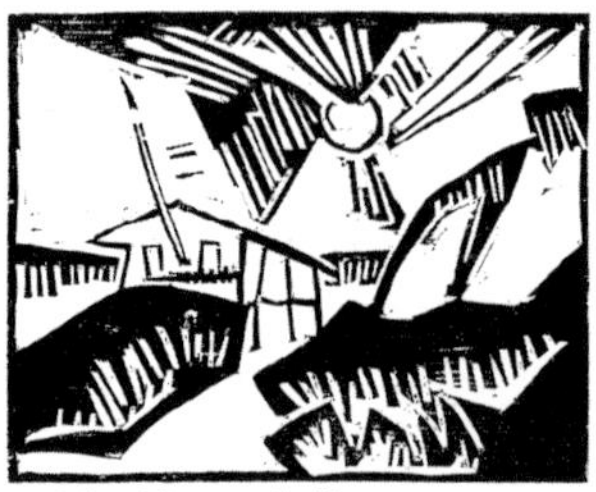
9 Schmidt-Rottluff

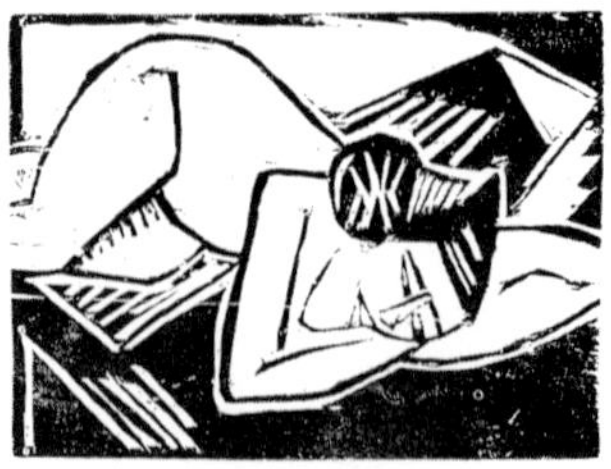
10 Schmidt-Rottluff

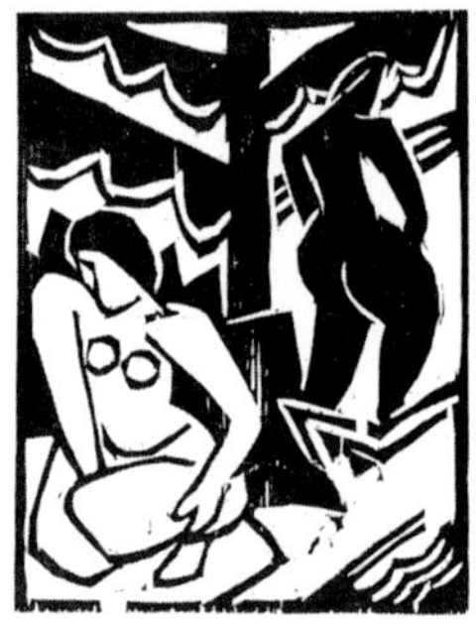
11 Schmidt-Rottluff

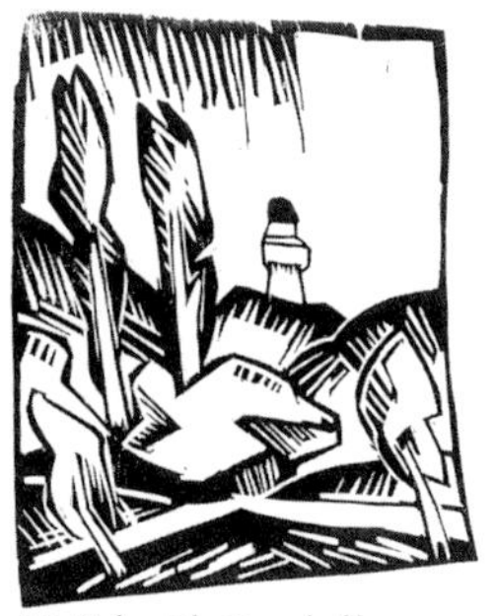
12 Schmidt-Rottluff

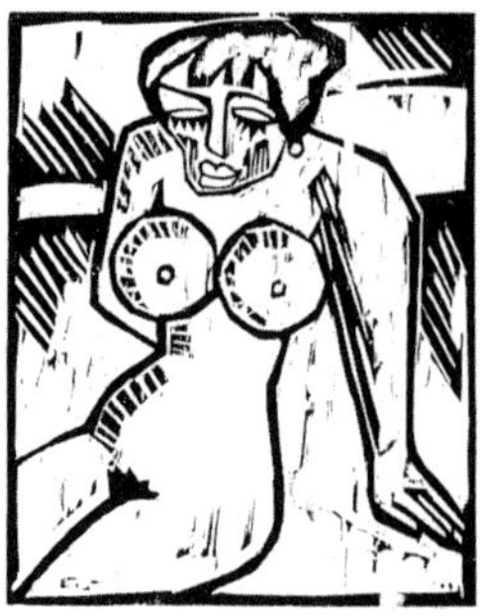
13 Schmidt-Rottluff

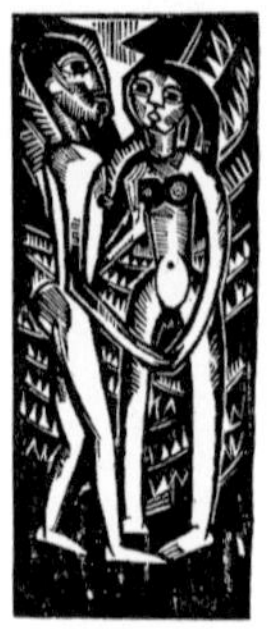
14 Schmidt-Rottluff

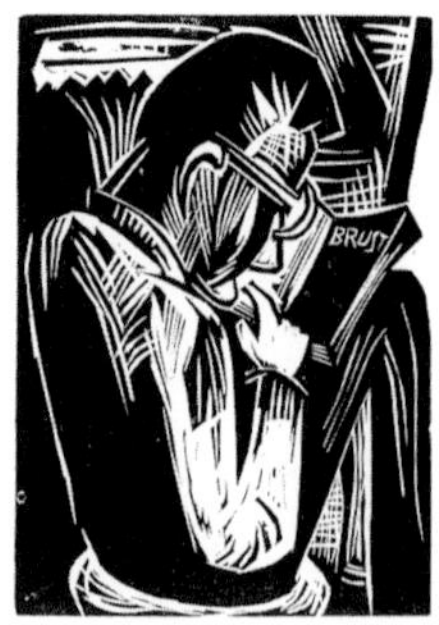
15 Schmidt-Rottluff

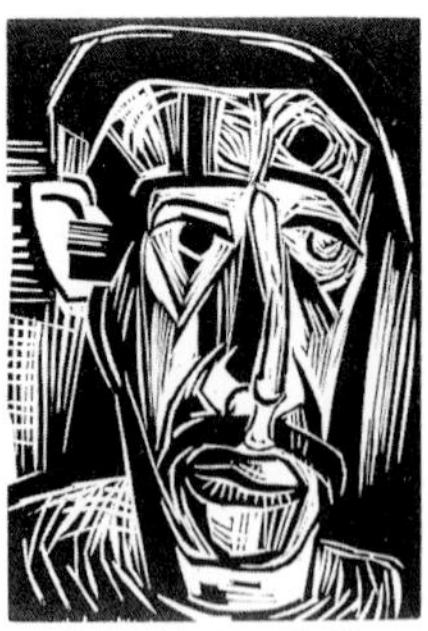
16 Schmidt-Rottluff

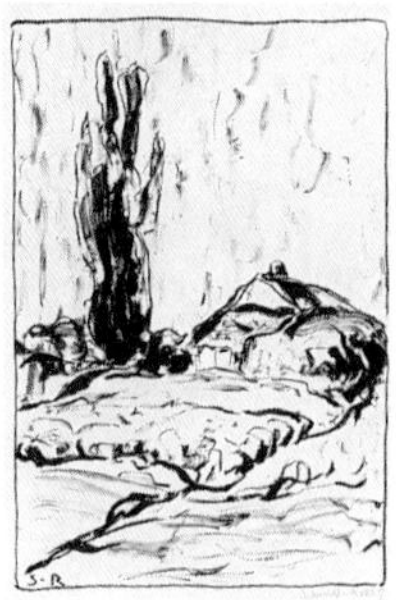
17 Schmidt-Rottluff

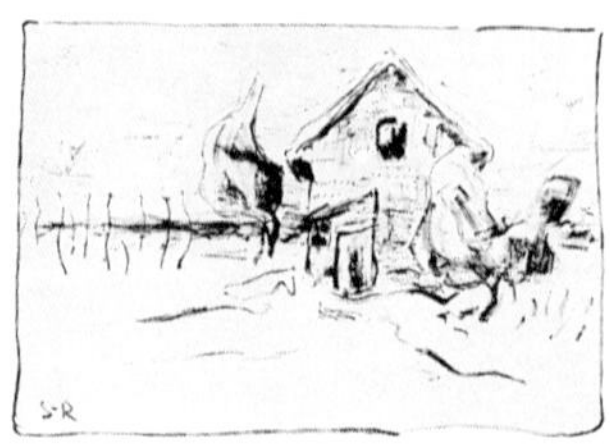
18 Schmidt-Rottluff

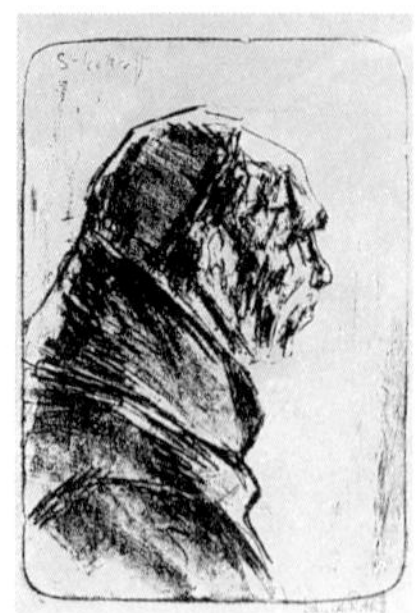
19 Schmidt-Rottluff

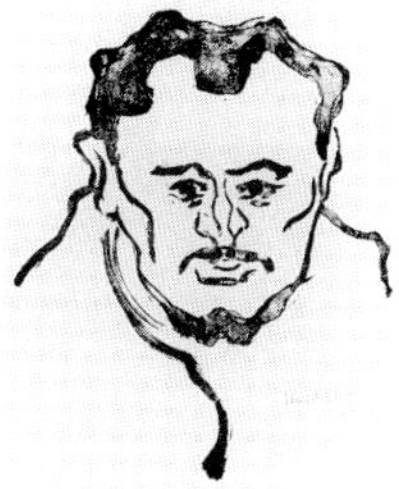
20 Schmidt-Rottluff

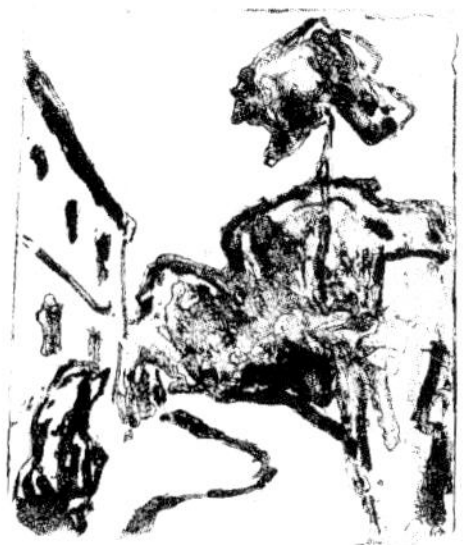
21 Schmidt-Rottluff

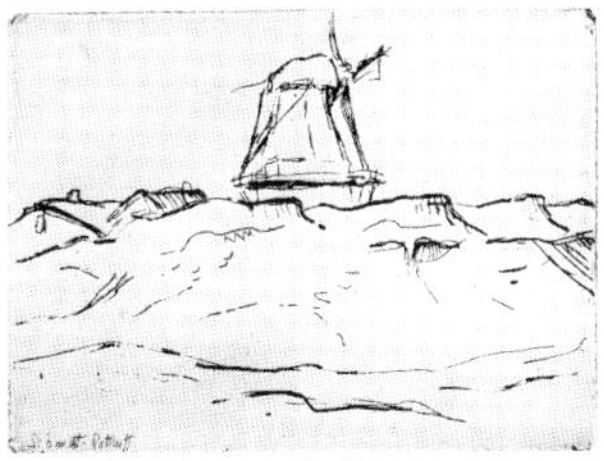
22 Schmidt-Rottluff

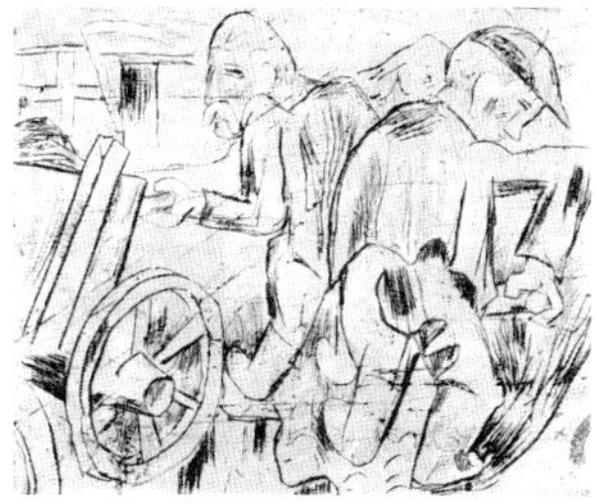
23 Schmidt-Rottluff

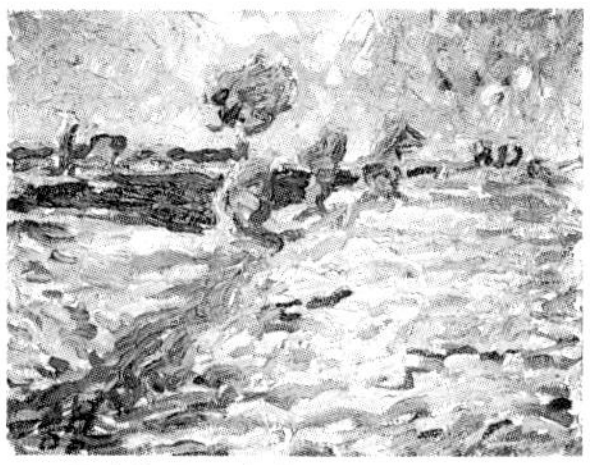
24 Erich Heckel

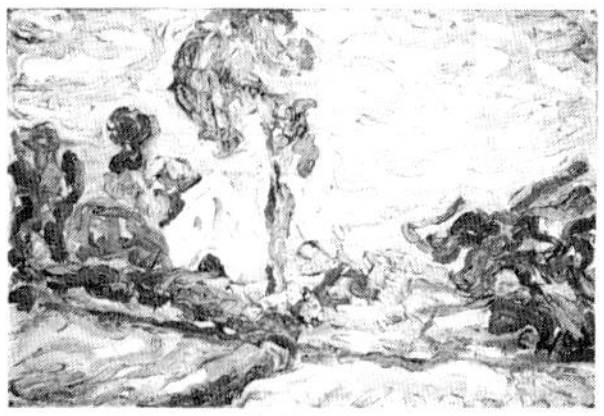
25 Erich Heckel

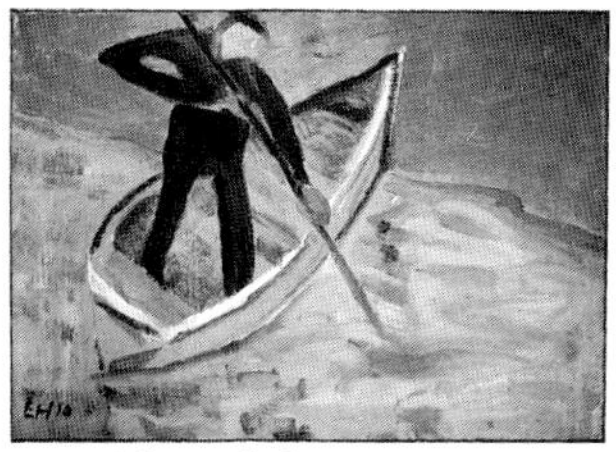
26 Erich Heckel

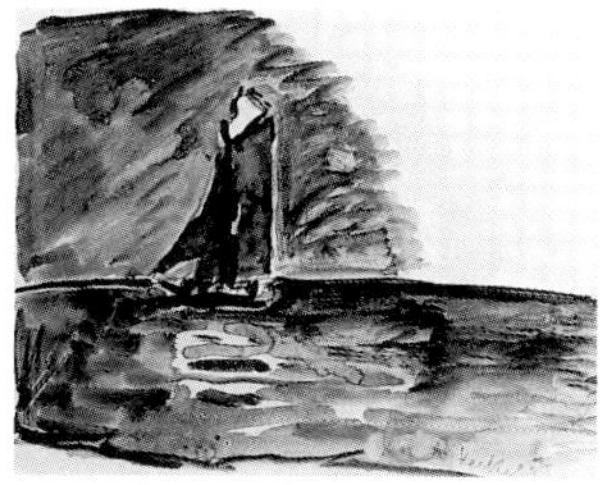
27 Erich Heckel

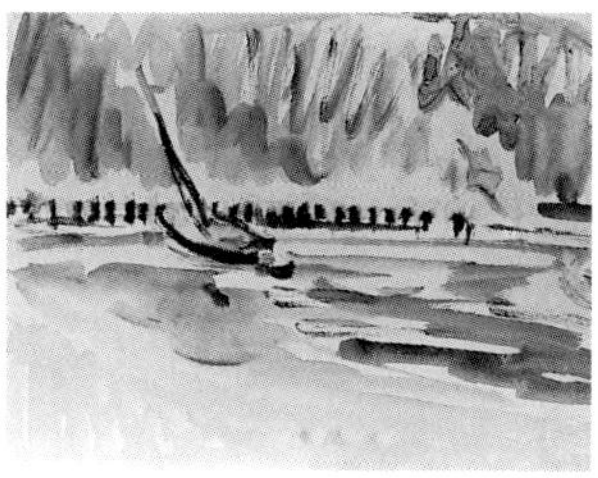
28 Erich Heckel

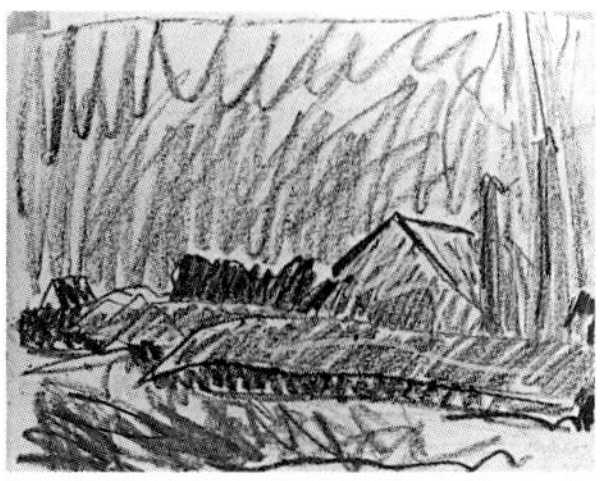
29 Erich Heckel

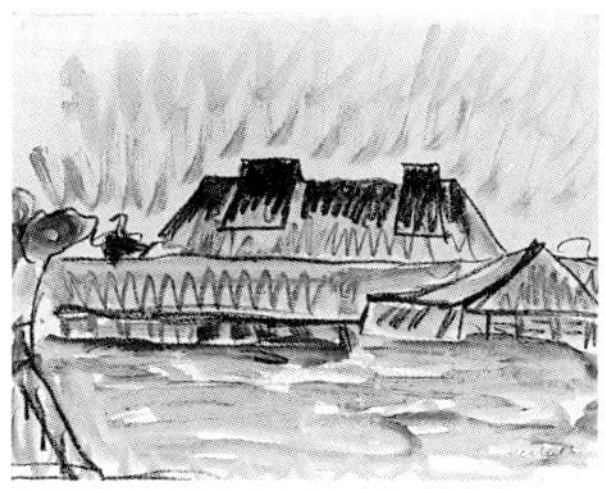
30 Erich Heckel

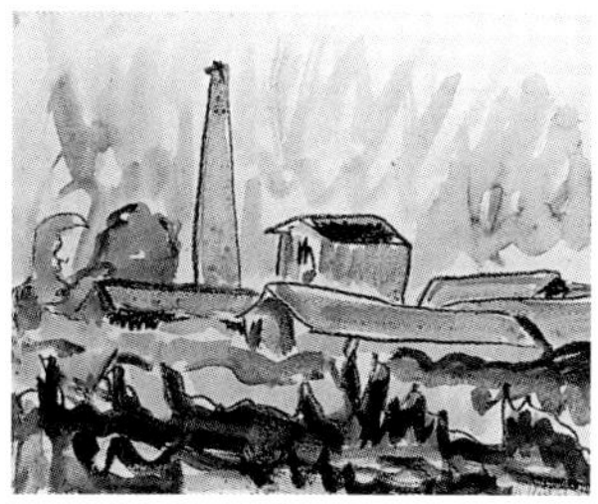
31 Erich Heckel

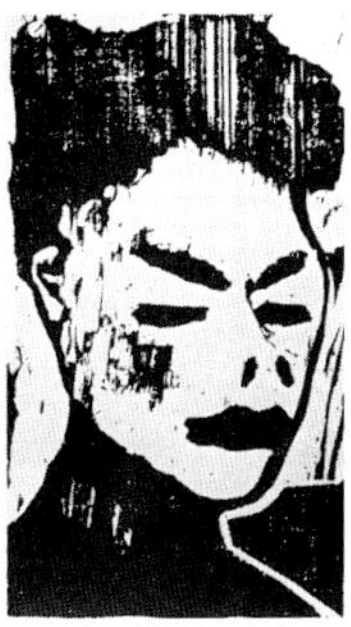
32 Erich Heckel

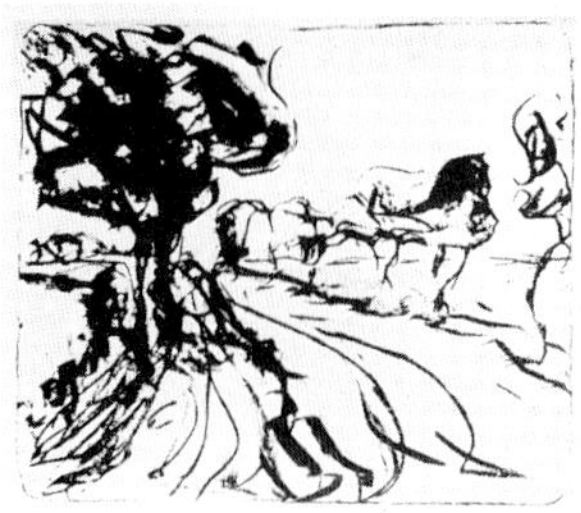
33 Erich Heckel

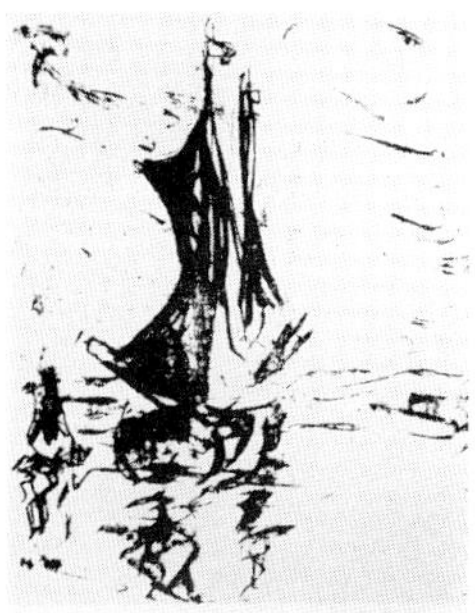
34 Erich Heckel

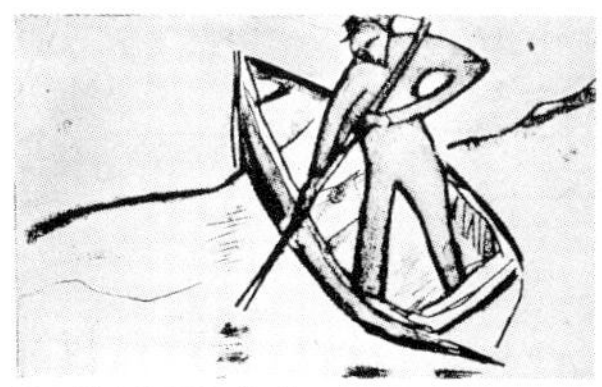
35 Erich Heckel

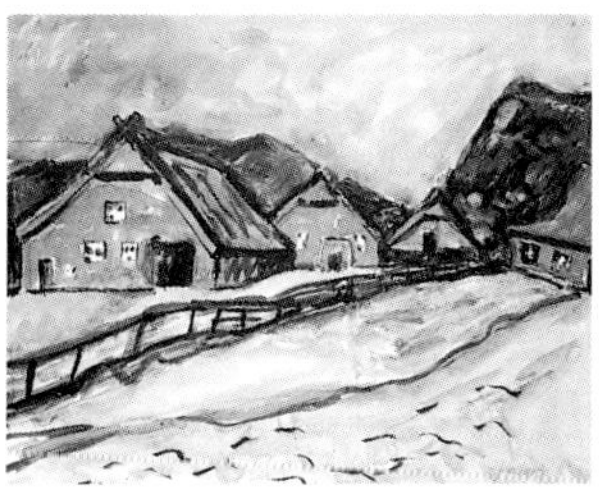
36 Max Pechstein

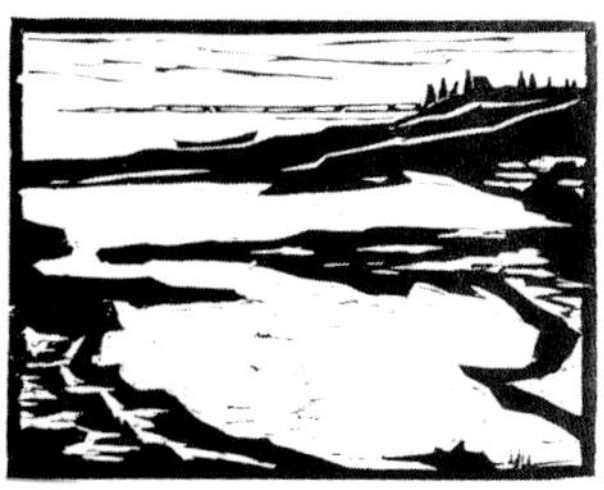
37 Emma Ritter

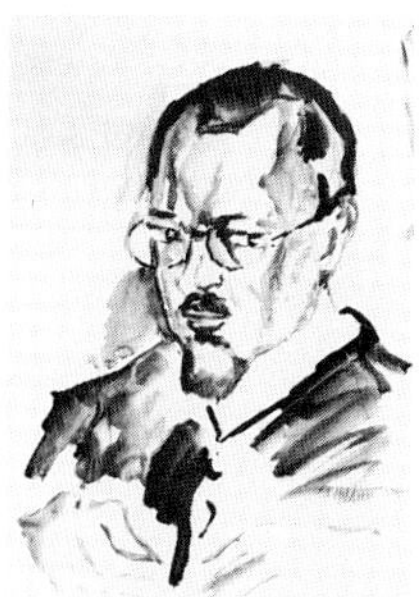
38 Jan Oeltjen

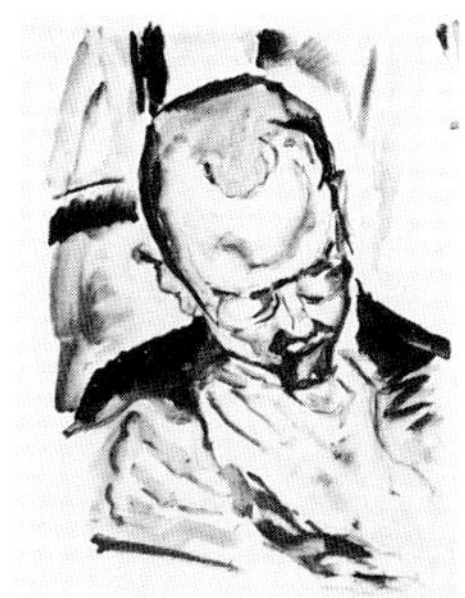
39 Jan Oeltjen

Der Erfolg der Ausstellung hatte die Staatliche Kreditanstalt Oldenburg-Bremen dazu veranlaßt, dem veranstaltenden Oldenburger Kunstverein eine Spende von DM 10.000,– zur Verfügung zu stellen. Sie war zum Ankauf gezeigter Arbeiten bestimmt, von denen noch mehrere verfügbar waren. Nachdem der vom Verfasser gemachte Vorschlag, die gesamte Summe für Schmidt-Rottluffs damals erreichbares Bild „Die Lesende" von 1912 zu verwenden, jedoch keine Mehrheit fand, wurden die aufgeführten drei Gemälde, drei Aquarelle und vier graphischen Arbeiten von Heckel erworben, der gleichzeitig ein großformatiges Aquarell als Geschenk überwies, des weiteren Schmidt-Rottluffs Aquarell „Strandkörbe", das aus der Hamburger Sammlung von Martha Rauert kam, sowie einer der wenigen erhaltenen Holzschnitte von Emma Ritter.
Das Kultusministerium in Hannover stellte die Mittel für das aus dem Nachlaß erworbene Aquarell Max Pechsteins und die bei den Erben der Oldenburger Druckerei Lambrecht aufgefundene, bei Schapire nicht verzeichnete Lithographie „Einsames Haus" von Schmidt-Rottluff aus dem Jahr 1907 zur Verfügung, während die seit 1956 mit dem Oldenburger Galerieverein verschmolzene Oldenburger Museumsgesellschaft sich zum Ankauf der Jan Oeltjen darstellenden Zeichnung Schmidt-Rottluffs und der beiden Aquarelle entschloß, die Oeltjen 1920 von ihm angefertigt hatte. Die zwei Jahre später entstandene, besonders ausdrucksvolle Postkartenzeichnung an Beyersdorff konnte erst einige Zeit später erworben werden.
Zu dieser mehr oder minder regulären Erwerbungen kam eine Schenkung hinzu, die den relativ schmalen Museumsbestand an Arbeiten Schmidt-Rottluffs in erfreulicher Weise mehrte und ihm darin wieder einen angemessenen Platz zuwies. Sie ist insofern eine unmittelbare Folge der Ausstellung, als bei deren Vorbereitung auch der Kontakt zum Nachlaßverwalter von Rosa Schapire in London hergestellt worden war. Gustav Delbanco, dessen Eltern noch in Hamburg die Passive Brücke-Mitgliedschaft und zahlreiche Arbeiten Schmidt-Rottluffs erworben hatten, ließ sich nach Abschluß seines Kunstgeschichtsstudiums 1930 als Kunsthändler in London nieder, wo er Rosa Schapire neun Jahre später bei der Emigration aus Deutschland außerordentlich hilfreich sein und nach ihrem Tod die Auflösung und Verteilung der von ihr geretteten Schmidt-Rottluff-Sammlung übernehmen konnte. Die Verbindung mit ihm war über die Dangast-Ausstellung hinaus auch deshalb fortgesetzt worden, weil die darin gezeigten Postkartenzeichnungen die Anregung zu einem dem Andenken an Rosa Schapire gewidmeten Inselband gegeben hatten.[116] Deshalb mag die Veröffentlichung seines Londoner Briefes vom 24. August 1958 an den Verfasser die Erinnerung an einen verdienstvollen Mann wachhalten, der die Präsenz Schmidt-Rottluffs in vielen europäischen Museen im Sinne von Rosa Schapire so nachhaltig und überlegt förderte:
„Ich muß noch folgendes meinem Brief vom 22. d.M. hinzufügen: Es sind noch eine Anzahl Blätter Schmidt-Rottluffs aus der großen graphischen Sammlung Rosa Schapire's unverteilt geblieben und es kam mir der Gedanke, daß eine Gruppe dieser Blätter (und sie enthält eine gute Zahl aus der Dangaster Zeit) eine gute Gabe an das Landesmuseum wäre, da Sie sich so sehr bemühen, dort die Erinnerung an die vergangenen lebendigen Tage im nahen Dangast festzuhalten und darüber hinaus in Ihrem Katalog und dem beabsichtigten Inselbande Rosa Schapire's Wirken für die „Brücke" ein kleines Denkmal zu setzen.

Aus der beiligenden Liste ersehen Sie, um welche Blätter es sich handelt. Die Rubrik „Nummer“ enthält die Nummernfolge, die Schmidt-Rottluff in jedem Jahre von 1913 an begann (1927 = 27. Blatt entstanden 1919), für die früheren habe ich Rosa Schapire's Nummer aus ihrem Oeuvrekatalog angeführt.
Lassen Sie mich bitte wissen, ob das eine oder andere Blatt in der Oldenburger Sammlung bereits vorhanden ist.
Ihr sehr ergebner Gustav Delbanco“

Die dem Brief beigegebene Liste enthielt neunzehn graphische Arbeiten Schmidt-Rottluffs, die – wie hätte es anders sein sollen – sämtlich nicht vorhanden waren, so daß die dort genannten Blätter wenige Tage später in Empfang genommen, in einer Sonderausstellung präsentiert und publiziert werden konnten.[124]
Im Rückblick wird deutlich, daß nicht nur diese Zuwendung, sondern der gesamte, damals nach Oldenburg gelangte Komplex expressionistischer Kunstwerke infolge der rasanten Preisentwicklung, der erheblich veränderten Sicherheitsbedingungen und des raschen Wechsels der Besitzverhältnisse bereits wenige Jahre später nicht mehr hätte erreicht werden können und daß auch die den Erwerbungen vorausgehende Ausstellung „Maler der Brücke in Dangast 1907–1912“ in vergleichbarem Umfang und adäquater Zusammensetzung am Ort kaum noch realisierbar gewesen wäre. So wurde die inzwischen längst zu einem historischen Begriff gewordene Moderne, deren erste Sendboten ein halbes Jahrhundert zuvor mit den Brücke-Malern ins Land kamen und der eigenen Kunst vor allem durch Schmidt-Rottluff neue Maßstäbe vermittelten, erst jetzt endgültig in eine hier nicht ohne Tradition denkbare, die Identifizierung voraussetzende Entwicklung eingebunden.

Literaturhinweise

1
Das neue Programm (Antwort auf eine Rundfrage über künstlerische Programme mit Beteiligung Schmidt-Rottluffs), Kunst und Künstler, Jg. 12, Berlin 1914

2
K. Brix: Karl Schmidt-Rottluff, Leipzig 1972 sowie im Katalog Karl Schmidt-Rottluff – Der Maler, Düsseldorf/Chemnitz/Berlin 1992 (Biographie)

3
G. Juppe/S. Pfalzer: Der Verein Kunsthütte zu Chemnitz, Mitteilungen des Chemnitzer Geschichtsvereins, Jhrb. 62, NF 1, 1992

4
Siehe Brief Nr. 18

5
L. G. Buchheim: Die Künstlergemeinschaft Brücke, Feldafing 1956. – H. Jähner: Künstlergruppe Brücke, Berlin 1984

6
Vgl. Katalog Die Jahresmappen der Brücke 1906–1912, Brücke-Museum Berlin 1989, hrsg. von M. M. Moeller mit Beiträgen von H. Bolliger, A. Firmenich, S. v. Wiese

7
Zitiert nach Brix: Biographie a.a.O. 1992 S. 254

8
Vgl. W. Grohmann: Karl Schmidt-Rottluff, Stuttgart 1956 (mit Werkverzeichnis der Gemälde)

9
Vgl. M. Werenskiold: Die Brücke und Edvard Munch, Ztschr. d. Deutschen Vereins für Kunstwissenschaft XXVIII 1–4, Berlin 1974

10
Siehe Brief Nr. 110

11
Vgl. Edvard Munch – Gustav Schiefler, Briefwechsel 1902–1914, Bd. I, hrsg. von Arne Eggum, Hamburg 1987

12
Vgl. G. Wietek (G. W.): Schmidt-Rottluff in Hamburg und Schleswig-Holstein, Neumünster 1984

13
Vgl. Katalog Schmidt-Rottluff-Retrospektive, hrsg. von G. Thiem und A. Zweite mit Beiträgen weiterer Autoren, Bremen/München 1989

14
Vgl. A. Eckhardt/H. Schmidt (Hrsg.): Geschichte des Landes Oldenburg, Oldenburg 1987

15
Vgl. G. W.: Oldenburger Land, Deutsche Lande – Deutsche Kunst, München 1956 sowie Peter Friedrich Ludwig und das Herzogtum Oldenburg, Beiträge zur oldenburgischen Landesgeschichte um 1800, hrsg. von H. Schmidt, Oldenburg 1979

16
J. Weichardt: 125 Jahre Oldenburger Kunstverein – Beiträge zu seiner Geschichte, Oldenburg 1968

17
Vgl. H. W. Keiser: Gemäldegalerie Oldenburg, München 1967

18
A. Bredius/F. Schmidt-Degener: Die Großherzogliche Gemäldegalerie im Augusteum zu Oldenburg, Band I, Oldenburg 1912 sowie Band II von G. F. Hartlaub, Oldenburg 1912

19
K. Schaefer: Führer durch die Großherzogliche Gemäldegalerie im Augusteum zu Oldenburg, Oldenburg 1912

20
K. Asche: Peter Behrens und die Oldenburger Ausstellung 1905, Berlin 1992

21
Vgl. G. W.: 200 Jahre Malerei im Oldenburger Land, Oldenburg 1986

22
Katalog Jubiläumsausstellung 25 Jahre Vereinigung Nordwestdeutscher Künstler, Hannover/Oldenburg 1932

23
G. W.: Maler der Brücke in Dangast 1907–1912, Oldenburg 1957

24
G. Reinhardt: Die frühe Brücke, Beiträge zur Geschichte und zum Werk der Dresdner Künstlergruppe Brücke der Jahre 1905–1908, Brücke-Archiv 9/10, Berlin 1977/78

25
G. Reinhardt a.a.O. 1977/78 S. 134

26
Vgl. G. Pauli: Paula Modersohn-Becker, Leipzig 1919 sowie K. V. Riedel: Worpswede im Teufelsmoor bei Bremen, Deutsche Künstlerkolonien und Künstlerorte, Hrsg. von G. W., München 1976

27
G. Reinhardt a.a.O. 1977/78 S. 192. – Vgl. auch S. Salzmann: Schmidt-Rottluff und Bremen, Katalog Schmidt-Rottluff-Retrospektive, Bremen/München 1989

28
E. Venzmer: Ahrenshoop und die Halbinsel Darß an der Ostsee, Deutsche Künstlerkolonien a.a.O. 1976 S. 122 ff.

29
Zu tom Dieck und Bakenhus vgl. Biographisches Handbuch zur Geschichte des Landes Oldenburg, Oldenburgische Landschaft, Oldenburg 1992 sowie J. Kastler: Heimatmalerei – Das Beispiel Oldenburg, Oldenburg 1988

30
E. Gäßler: Schmidt-Rottluff, der Kunstsammler Francksen und der Oldenburger Künstlerbund, Katalog Schmidt-Rottluff-Retrospektive a.a.O. 1989

31
Vgl. G. W.: Der finnische Maler Axel Gallén-Kallela als Mitglied der Brücke, Brücke-Archiv 2/3, Berlin 1968

32
Vgl. G. W.: Dr. phil. Rosa Schapire, Jahrbuch der Hamburger Kunstsammlungen 9, 1964

33
Siehe Brief Nr. 5

34
G. Reinhardt a.a.O. S. 193

35
Katalog Künstler der Brücke, Moderne Galerie des Saarland-Museums, Saarbrücken 1980, S. 265

36
Abb. in G. W.: 200 Jahre Malerei im Oldenburger Land a.a.O. S. 132

37
W. v. Busch: Ausstellung des Oldenburger Künstlerbundes, Oldenburger Nachrichten vom 18.1.1908

38
E. Beyersdorff: Schwarz-Weiß-Kunst im Kunstverein, Oldenburger Nachrichten vom 13.3.1908

39
Siehe Brief Nr. 18

40
R. Mamroth: Heimatkunst – Heckel und Schmidt-Rottluff, Nordwestdeutsche Morgenzeitung 27.9.1908

41
W. v. Busch: Sonderausstellung der Dangaster Künstler, Oldenburger Nachrichten 27.9.1908

42
Siehe Seite 216

43
Oldenburger Nachrichten 16.10.1908

44
Oldenburger Nachrichten 18.10.1908

45
Vgl. A. Eckhardt: Karl Schmidt-Rottluff zum 80. Geburtstag, Berichte der Oldenburgischen Museumsgesellschaft VI, 1963/64

46
Edvard Munch – Gustav Schiefler, Briefwechsel 1902–1914 a.a.O.

47
E. Beyersdorff in Oldenburger Nachrichten 13./14.10.1908

48
S. v. Wiese: Die Jahresmappen der Künstlergruppe Brücke als kollektiver Zyklus, Katalog Die Jahresmappen der Brücke a.a.O. 1989

49
Führer durch das Nordseebad Dangast und seine Umgebung, Woerls Reisehandbücher, Würzburg/Wien o.J. (1891)

50
Vgl. L. Reidemeister: Künstler der Brücke an den Moritzburger Seen, Brücke-Museum Berlin 1970

51
Vgl. G. Thiem: Karl Schmidt-Rottluff – Aquarelle und Zeichnungen, München 1963 S. 32

52
Siehe Brief Nr. 213

53
G. W.: Maler der Brücke – Farbige Kartengrüße an Rosa Schapire von Erich Heckel, Ernst Ludwig Kirchner, Max Pechstein und Karl Schmidt-Rottluff, Wiesbaden 1958

54
Vgl. S. v. Wiese: Graphik des Expressionismus, Stuttgart 1976 S. 19

55
Vgl. G. W.: Wilhelm Niemeyer und Karl Schmidt-Rottluff, Nordelbingen 49, Heide 1979

56
Vgl. M. M. Moeller: Der Sonderbund – Seine Voraussetzungen und Anfänge in Düsseldorf, Köln 1984

57
Abb. b. J. Kastler: Heimatmalerei a.a.O. S. 256

58
Siehe Seite 219

59
Oldenburger Nachrichten 24.11.1911

60
Abb. b. P. Vogt: Erich Heckel, Recklinghausen 1965, Nr. 1910,8

61
Max Pechstein – Erinnerungen, hrsg. von L. Reidemeister, Wiesbaden 1960

62
Vgl. M. A. von Lüttichau: Künstlergemeinschaft Brücke, Dresden 1910. Kommentarband zu Stationen der Moderne – Kataloge epochaler Kunstausstellungen in Deutschland 1910–1962, Köln 1988

63
Siehe Brief Nr. 69

64
Siehe Brief Nr. 76

65
Siehe Seite 223

66
Siehe Seite 223

67
Jeversches Wochenblatt 2.4.1911

68
Der Gemeinnützige, Varel 16.4.1911

69
C. Vinnen: Ein Protest deutscher Künstler, Jena 1911 sowie Im Kampf um die Kunst – Die Antwort auf den Protest deutscher Künstler, München 1911 (unter den Autoren auch Niemeyer)

70
Schmidt-Rottluff-Brief im Nachlaß von Georg Tappert

71
Siehe Anmerkung 45

72
Abb. bei Grohmann a.a.O. S. 31 und 256

73
R. Schapire: Zu Schmidt-Rottluffs Ausstellung bei Commeter, Der Hamburger I, 1911

74
Siehe Brief Nr. 96

75
H. Gerlinger: Schmidt-Rottluff und der Prinz von Theben, Schmidt-Rottluff-Retrospektive a.a.O. 1989

76
G. Thiem: Karl Schmidt-Rottluff 1912 – Experiment Kubismus, Städel-Jahrbuch NF 13, 1991

77
Vgl. G. Krüger: Die Rolle von Brücke und Blauem Reiter beim Durchbruch zur Moderne in Deutschland, Katalog der Blaue Reiter, Kunstmuseum Bern 1986

78
Abb. bei Vogt: Erich Heckel a.a.O. Nr. 1912,43 und 1913,21

79
Vgl. Katalog Der Blaue Reiter, Kunstmuseum Bern 1986 S. 161 ff.

80
Nach P. Selz: German expressionist painting, Berkeley/Los Angeles/London 1957 S. 131

81
Abb. in Berichte des Schleswig-Holsteinischen Landesmuseums 1983, S. 27

82
Katalog Internationale Kunst-Ausstellung des Sonderbundes westdeutscher Kunstfreunde und Künstler zu Cöln 1912. Photomechanischer Nachdruck aus Anlaß der Gedächtnisausstellung Europäischer Kunst 1912, Wallraf-Richartz-Museum Köln 1962 (eigener Katalog)

83
Vgl. L. Reidemeister: Die vier Evangelisten von Karl Schmidt-Rottluff und die Sonderbundausstellung in Köln 1912, Brücke-Archiv 8, Berlin 1975/76

84
Siehe Seite 228

85
Oldenburger Nachrichten 21.2.1912

86
T. Raspe: Kirchlicher Kunstbesitz des Oldenburgischen Museums, Zeitschrift für kirchliche Kunst 25/8, Düsseldorf 1912

87
Siehe Anmerkung 76

88
D. E. Gordon: Deutscher Expressionismus, Primitivismus in der Kunst des 20. Jahrhunderts, München 1984, S. 395

89
Siehe Brief Nr. 106

90
Vgl. G. W.: Karl Schmidt-Rottluff – Bilder aus Nidden 1913, Stuttgart 1963

91
Oldenburger Nachrichten 2.6.1913

92
P. Reindl: Schenkung Ernst und Hanneliese Beyersdorff – eine Oldenburger Sammlung, Oldenburg 1985. – Ders. Katalog Die Künstlergruppe Brücke – Druckgraphik, Zeichnungen und Aquarelle aus dem Niedersächsischen Landesmuseum Oldenburg, Oldenburg 1990. – Ders. Ernst Beyersdorff und die Vereinigung für junge Kunst in Oldenburg, Avantgarde und Publikum, hrsg., von H. Junge, Köln 1992

93
Siehe Aufstellung Seite 92

94
W. Müller-Wulckow: Die Sammlungsbestände des Landesmuseums und Neuerwerbungen 1921–1951, Berichte der Oldenburgischen Museumsgesellschaft II, 1959

95
Vgl. C. Frowein: Die Sammlung Rosy und Ludwig Fischer in Frankfurt am Main, Avantgarde und Publikum a.a.O., 1992

96
W. Müller-Wulckow: Katalog Wilhelm Tischbein-Gedächtnisausstellung im Oldenburger Landesmuseum,. Oldenburg 1930

97
Vgl. K. V. Riedel: Walter Müller-Wulckow, Biographisches Handbuch zur Geschichte des Landes Oldenburg a.a.O., 1992

98
W. Grohmann a.a.O. 1956

99
P. Hopp: Die städtische Kunstsammlung Wilhelmshaven, Kunst an der Jade 1987, S. 81 ff.

100
Vgl. J. M. Henneberg: Rund um den Lappan – Das Wahrzeichen der Stadt Oldenburg und die Hofkunsthandlung Carl Oncken, Der Oldenburgische Hauskalender 1994

101
Vgl. G. W.: Emma Ritter und ihr Verhältnis zur Malerei des deutschen Expressionismus, Oldenburger Jahrbuch 58, Oldenburg 1959

101
Abb. in G. W.: Gemalte Künstlerpost, München 1977 S. 77

103
Katalog Jan Oeltjen 1880–1968 – Ein Maler zwischen Jaderberg und Ptuj, Oldenburger Kunstverein und Landesmuseum Oldenburg 1993

104
G. W.: Franz Radziwill – Wilhelm Niemeyer, Dokumente einer Freundschaft, Oldenburg 1990

105
W. Pinder: Das Problem der Generation in der Kunstgeschichte Europas, Leipzig 1927

106
G. W.: Franz Radziwill – Wilhelm Niemeyer a. a.O. 1990, S. 106

107
Siehe Brief Nr. 189

108
Siehe Brief Nr. 206

109
Siehe Brief Nr. 209

110
R. Zimmermann: Die Kunst der verschollenen Generation – Deutsche Malerei des expressiven Realismus 1925–1975, Düsseldorf/Wien 1980

111
J. H. Henneberg: Georg von der Vring, Oldenburg 1993

112
Abb. in Katalog Adolf Georg Niesmann, Oldenburger Stadtmuseum 1992, S. 25

113
Vgl. Wandschneider/Arnold/Scheffler:
Willi Oltmanns 1905–1979,
mit einem Vorwort von Rainer Zimmermann, Bremen 1991

114
Katalog Brücke 1905–1913 – eine Künstlergemeinschaft des Expressionismus, Museum Folkwang Essen 1958

115
Katalog Graphik der Brücke 1905–1913, Schleswig-Holsteinisches Landesmuseum Schleswig 1957

116
Briefe Heckels und Schmidt-Rottluffs über Munch und Brücke an Gustav Vriesen, Die Schanze 1, Münster 1951

117
P. Vogt: Erich Heckel, Recklinghausen 1965 sowie A. und W. D. Dube: Erich Heckel – Das graphische Werk, 2 Bände, New York 1964

118
G. Krüger: Das druckgraphische Werk Max Pechsteins, Tökendorf 1988

119
Vgl. Katalog 40 Jahre Frankfurter Kunstkabinett Hanna Bekker vom Rath (mit Jubiläumsausstellung Karl Schmidt-Rottluff), Frankfurt 1987

120
Vgl. G. Presler: Brücke an Dr. Rosa Schapire, Elztal-Dallau 1990

121
Siehe Anmerkung 103

122
J. Weichardt: 125 Jahre Oldenburger Kunstverein a.a.O. S. 42

123
Abb. bei G. Reinhardt a.a.O. 1977/8, S. 66

124
G. W.: Graphik Schmidt-Rottluffs aus dem Nachlaß von Dr. Rosa Schapire, Berichte der Oldenburger Museumsgesellschaft I, Oldenburg 1958

SCHMIDT-ROTTLUFFS OLDENBURGER BRIEFE

Als Oldenburger Briefe Schmidt-Rottluffs werden hier jene Korrespondenzen des Künstlers verstanden, die sich aus seinen Aufenthalten im Lande von 1907–1912 und aus deren unmittelbaren wie mittelbaren Auswirkungen auf das Oldenburger Kunstleben ergaben. Sie stellen eine Auswahl aus dem wesentlich umfangreicheren Fundus dar, den der Verfasser ursprünglich mit dem Ziel einer Gesamtausgabe der Briefe Schmidt-Rottluffs im Laufe mehrerer Jahrzehnte zusammentrug und aus dem er mit dem Einverständnis des Künstlers schon früh Auszüge publizierte. Viele von ihnen sind seither, oft ohne Herkunftshinweis, nachgedruckt und – mitunter zu bloßen Schlagworten reduziert – auch ihrer ursprünglichen Zusammenhänge beraubt worden. Insofern stellen die hier vollständig wiedergegebenen 224 Briefe und Karten des Malers aus der Zeit von 1906–1970 Erstveröffentlichungen dar, mit denen zugleich auch der bislang umfassendste Komplex solcher, für den Werdegang des Malers wesentlicher Quellen vorgelegt wird.
Das Etikett abweisender Verschlossenheit und Unzugänglichkeit, das Schmidt-Rottluff schon früh verliehen worden ist und die wenigen bekannt gewordenen Aussagen zum eigenen Werk, die zugleich Absagen an jede Selbstinterpretation bedeuteten, waren einer intensiveren Erforschung neuer dokumentarischer Quellen nicht eben förderlich. Soweit es hierbei um Briefe ging, wurden die allmählich dennoch in größerem Umfang als erwartet aufgefundenen Korrespondenz-Hinterlassenschaften erst in den letzten Jahren häufiger herangezogen, etwa von Gunther Thiem in der Dokumentation der Schmidt-Rottluff-Retrospektive von 1989, worin er u. a. Briefe an den Kunsthistoriker Wilhelm R. Valentiner und an die Bildhauerin Emy Roeder vorstellt, oder von Karl Brix, welcher im Katalog der dem Maler Schmidt-Rottluff gewidmeten Ausstellung von 1992 vor allem aus Briefen an den Chemnitzer Museumsleiter Friedrich Schreiber-Weigand zitiert.
Obwohl diejenigen Verluste nicht wettzumachen sind, die durch eine in gegenseitigem Einvernehmen erfolgte Vernichtung von Korrespondenzen entstanden, wie der frühen mit Rosa Schapire (ab 1908) oder der späteren mit Hanna Bekker vom Rath (ab 1931), läßt sich die eingebürgerte Vorstellung eines kontaktscheuen und mitteilungsunwilligen Künstlers allein schon durch die hier möglich gewordene Bekanntgabe von 20 Briefempfängern korrigieren, die ihn auf Teilabschnitten seines ungewöhnlich langen Schaffensweges begleitet haben: Künstler, Sammler, Förderer, Kunsthistoriker und Museumsleute, mit denen es nicht selten zu lebenslangen Freundschaften und zu den gleichen Erfahrungen kam, die Emil Nolde im Hinblick auf einen Aufenthalt des Malers bei ihm im Jahre 1906 so formulierte: „Ich bewunderte seinen Scharfsinn und sein Wissen und wußte nur wenig zu sagen, wenn von Nietzsche und Kant oder Größen dieser Art gesprochen wurde“.

Karl Schmidt-Rottluff schrieb, wie er malte und sprach: Feststellungen und Resultate dominieren gegenüber offen bleibenden Erörterungen oder Ungewißheiten, die Interpunktion weist häufiger Ausrufungs- als Fragezeichen auf. Spielerische Wortarabesken sind ihm ebenso fremd wie Formulierungen um ihrer selbst willen oder fragmentarische, nicht abgeschlossene Denkvorgänge. Das Mitgeteilte erscheint in einer lateinischen Schreibschrift, die schon früh die am humanistischen Gymnasium erlernten Normen verließ und eine unverwechselbar eigene, sich gegenüber anderen stark einprägende und nicht zu übersehende Form entwickelte. Mit dem verfügbaren Raum geht sie großzügig um, läßt selten die klar erkennbare Gliederung vermissen und gelangt als Ganzes – bei der eng beschriebenen Postkarte nicht anders wie auf dem manchmal übergroßen Briefbogen – zu monumental wirkender Geschlossenheit und Ausdruckskraft. Große Anfangsbuchstaben werden meist hervorgehoben, doch beeinträchtigen sie den einheitlichen graphischen Duktus ebensowenig, wie es die eigenwilligen Satztrennungen tun oder die nicht seltenen Abkürzungen, unter denen die abschließende, nur aus den Initialen bestehende Unterschrift am prägnantesten ist. Diese findet sich besonders häufig bei den in den späteren Jahren mitunter auch in Schreibmaschine geschriebenen Briefen, nachdem degenerative Veränderungen an den Händen des Künstlers das Schreiben und Malen erschwerten.

Die chronologische Anordnung der Briefe und Karten richtet sich nach der in der Regel vorhandenen eigenhändigen Datierung oder dem Poststempel. Wo beides fehlt, wurden die erschlossenen Orte und Daten in Klammern gesetzt. Im Originaltext häufig vorkommende Abkürzungen sind zur Erreichung besserer Verständlichkeit überwiegend ausgeschrieben. Mitteilungen, die sich auf den im Bildteil wiedergegebenen gezeichneten Postkarten des Künstlers befinden, wurden – von einigen begründeten Ausnahmen abgesehen – in den zugehörigen Legenden abgedruckt. Die in den Briefen vorkommenden und identifizierbaren Namen, Örtlichkeiten, Begriffe oder Ereignisse werden in den im Anhang zusammengefaßten Anmerkungen erläutert.

1

An Gustav Schiefler, Hamburg[1]

Dresden, Berliner Str. 65 I, (November 1906)[2]

Sehr geehrter Herr,
wir gestatten uns, Ihnen die Passive Mitgliedschaft der Künstlergruppe Brücke anzutragen, da wir glauben, bei Ihnen auf ein Interesse für die Brücke hoffen zu dürfen.[3]
Wir würden uns sehr freuen, wenn Sie uns darin nicht enttäuschen würden, sondern durch Ihren Beitritt den Kreis unserer Freunde erweitern.
Unser Programm, sowie eine Einladung zum Besuch unserer Holzschnittausstellung (3. Dezember bis Ende Januar) gestatten wir uns, Ihnen zu übersenden. – An graphischen Blättern hat Brücke Ihren P. M. 1906 überwiesen: je einen Holzschnitt von F. Bleyl, E. Heckel, E. L. Kirchner. Für 1907 sind als Gabe in Aussicht genommen: ein Holzschnitt von Cuno Amiet, eine Steinzeichnung von Schmidt-Rottluff, eine Radierung von Emil Nolde.[4]
Wir erwarten ergebenst freundlich Bescheid von Ihnen.
Hochachtungsvoll „Brücke"
Schmidt-Rottluff i.A.

(Mit Stempel in Schildform, darin KG und eine Brücke)[5]
Beigelegt: ein gedrucktes, von Schmidt-Rottluff unterschriebenes Blatt mit der Aufforderung, Brücke beizutreten[6] und das gedruckte Programm Künstlergruppe Brücke, Dresden 1906.[7]

2

An Gustav Schiefler, Hamburg[1]

(Dresden, Mitte Mai 1907)

Sehr geehrter Herr,
es hat mich sehr gefreut, was Sie da geschrieben haben[2] und war mir sehr interessant, wie sich Dehmel[3] und besonders Munch meinen Sachen gegenüber verhalten haben. Ich schätze Munch sehr.[4]
Rhythmisierung – für das Wort bin ich Ihnen besonders dankbar. Der Rhythmus, das Rauschen der Farben, das ist das, was mich immer bannt und beschäftigt. Wenn Ihnen bei einigen Blättern das Gegenständliche noch nicht ganz zur Vorstellung gekommen ist, so ist es freilich schwer, darüber etwas zu sagen, wo mit einer Bewegung der Hand alles gesagt ist. Aber vielleicht sind Ihnen auch diese Blätter inzwischen schon zugänglicher geworden.
Sie dürfen die Blätter sehr gern noch eine Weile behalten. Da ich bald von hier weg gehe, würde ich dann von meinem neuen Aufenthalt aus bitten, mir die Arbeiten dahin zuzustellen.
Ich kann Ihnen mit Dank den Empfang des Betrags bestätigen und bin ich für das Interesse und Verständnis, das Sie für die Lithographien gehabt haben, und für ehrendes Wohlwollen Ihnen sehr verbunden.
Mit besten Grüßen Ihr ergebener
Schmidt-Rottluff.

3

An Gustav Schiefler, Hamburg

Dangastermoor, 26.5.1907

Sehr geehrter Herr,
nachdem ich nun wieder etwas zur Ruhe gekommen bin, kann ich Ihnen angeben, wohin ich Sie bitte, die Lithographien zu schicken. Sollten Sie aber die Arbeiten noch etwas behalten wollen so können Sie es sehr gern. Sonst bitte nach Dangastermoor.[1]
Ich habe viel Hoffnungen auf diesen Sommer gesetzt und denke, daß hier in dieser Abgeschiedenheit, sich manches erfüllen soll. Wenn ich einmal nach Hamburg komme, früher oder später, würde ich mir gestatten, Sie aufzusuchen.
Ergebenst grüßend Ihr
Schmidt-Rottluff.

4

An Gustav Schiefler, Hamburg

Dangastermoor, 18.7.1907

Sehr geehrter Herr,
sehr erfreut über Ihren Brief, sage ich Ihnen meinen Dank. Ich hatte es schon vorige Woche im Sinne, nach Hamburg zu reisen, nun will ich nächste Woche hin. Sie schreiben, daß Sie Dienstag, das wäre der 23., dort sind. Da würde ich mich freuen, Sie am Nachmittag besuchen zu dürfen, doch könnte das auch vormittags sein, wenn Ihnen das lieber und angenehmer ist.
Ich freue mich sehr, Sie, sehr geehrter Herr, bald kennen zu lernen und zu sprechen.[1]
Laage will ich auch besuchen, auf der Rückreise von Hamburg.[2] Für Ihre liebenswürdige Einladung vielmals dankend, bin ich grüßend,
Ihr Schmidt-Rottluff.

5
An Gustav Schiefler, Hamburg[1]
Dangastermoor, 28.7.1907

Sehr geehrter Herr Schiefler,
wieder in meiner stillen Heimat angekommen, möchte ich Ihnen für Vieles danken, was hier noch lange fortleben wird. Diese Munchs, die beiden Holzschnitte und einige Lithographien, beschäftigen mich noch stark, lange nicht so die Liebermänner,[2] so fein auch einige waren. Aber die Munchs, die Munchs, das war doch mächtig.[3]
Es war sehr liebenswürdig von Ihnen, mich bei Laage anzumelden. Freilich war diese Bekanntschaft von recht kurzer Dauer und ich glaube nicht, dass Laage einen ungefähren Eindruck von mir gehabt hat, wie ich mir nun auch nicht einbilde, ihn zu kennen.[4]
Lichtwark habe ich leider nicht getroffen.[5]
Die überaus freundliche Aufnahme, die Sie mir in Ihrem Haus bereitet haben, besonders die Stunden des Abends, die so mächtiges in der Seele wachriefen, werden mir wohl immer in der Erinnerung bleiben. Man sagt damit ja nicht zu leicht zu viel, aber ich glaube, ich kann das sagen.[6]
Nehmen Sie dafür meinen Dank.
Mit herzlichen Grüßen Ihr
Schmidt-Rottluff.

6
An Richard tom Dieck, Oldenburg[1]
Dangastermoor, 1.8.1907

Sehr geehrter Herr und College,
Anfang dieses Jahres habe ich mich hier im Grossherzogtum niedergelassen und möchte nun in Verbindung zum Oldenburger Künstlerbund[2] treten. Wollen Sie mir gütigst mitteilen, welchen Bedingungen ich genügen muss, um die Mitgliedschaft des Bundes zu erwerben.[3]
Ihrem geschätzten Bescheid sieht entgegen mit grösster Hochachtung
Schmidt-Rottluff, Maler

7
An Richard tom Dieck, Oldenburg
Dangastermoor, 7.8.1907

Sehr geehrter Herr College,
für freundliche Auskunft über den Künstlerbund und Zusendung der Statuten meinen Dank. Ich würde allerdings des persönlichen Intresses halber im Winter dann und wann in einer grösseren Stadt leben müssen. Doch wird mein gewöhnlicher Aufenthalt hier im Oldenburger Lande sein. Ein Gesuch um Aufnahme in den Bund möchte ich wohl nun noch an den Vorstand richten?
Darf ich Ihnen, sehr geehrter Herr College, meinen Besuch im Lauf des August in Aussicht stellen? Ich würde dann meinen Freund und Collegen Heckel mit vorstellen können, der voraussichtlich auch ständig seinen Wohnsitz im Grossherzogtum nimmt.[1]
Mit collegialem Gruss begrüsst Sie
Ihr Schmidt-Rottluff

8
An den Vorstand des Oldenburger Künstlerbundes, Oldenburg
Dangastermoor, 12.8.1907

Sehr geehrter Herr,
am Anfang dieses Jahres habe ich meinen Wohnsitz dauernd nach dem Grossherzogtum verlegt. Ich gestatte mir daher, dem geehrten Vorstand die höfliche Bitte um Aufnahme in den Bund auszusprechen. Auf öffentlichen Ausstellungen war ich vertreten: Bremen Graphik 1906, Berliner Secession Winterausstellung 1906, Grosse K. A. Hannover 1907.[1]
Ich ersuche Sie höflichst, dem weiteren Vorstande des Bundes meine Bitte vorzulegen und sehe Ihrem freundlichen Bescheid entgegen.[2]
In vorzüglicher Hochachtung
Schmidt-Rottluff, Maler

Herr G. Bakenhus[3] war bereits so freundlich, mir die Statuten des Bundes zukommen zu lassen.

9
An Richard tom Dieck, Oldenburg
Dangastermoor, 17.8.1907

Sehr geehrter Herr College,
für Ihr letztes Schreiben mit der Bestätigung meiner Aufnahme in den Bund meinen ergebnen Dank.
Würde es Ihnen wohl recht sein, wenn wir uns nächsten Donnerstag am 22. so gegen 1/2 10 Uhr gestatten würden, bei Ihnen vorzusprechen?
Wollen Sie sich, wenn Ihnen Tag und die frühe Stunde geeignet ist, das Schreiben sparen, sonst würde ich sehr um eine kurze Mitteilung auf Postkarte bitten.
Wir könnten ja auch am Nachmittag Sie aufsuchen.
Mit collegialem Gruss Ihr ganz ergebner
Schmidt-Rottluff

10
An Gustav Schiefler, Hamburg
Dangastermoor, 21.8.1907

Sehr geehrter Herr Landgerichtsdirektor,
verzeihen Sie, daß ich Ihren Brief so lange unbeantwortet gelassen habe. Ihre Worte haben mich sehr gefreut; es tut einem ordentlich wohl, wenn jemand einmal ahnt, was einem im Inneren alles leben mag.[1]
Die Sonne ist mir recht wenig wohlgesinnt und sie enthält mir viel vor, was ich eigentlich erhofft hatte.
Es soll mich sehr freuen, wenn ich das nächste Mal auch mit Ihrer Frau Gemahlin bekannt werden darf.
Ihnen und Ihrer Frau Gemahlin meine besten Grüsse
Ihr Schmidt-Rottluff

11
An Richard tom Dieck, Oldenburg
Dangastermoor, 2.11.1907

Sehr geehrter Herr College,
zur Ausstellung des Kunstvereins lasse ich an Ihre Adresse als Postpaket 10 Lithographien zugehen: „Dampfer auf der Elbe", M 30. – „Holbeinplatz", „Nächtliche Strasse", „Gehöft im Moor", „Bubenbildnis", „Herbstliches Meer", „Mann mit Pfeife", „Hafen bei Ebbe", „Kleines Mädchen", „Park" – jedes Blatt M 15.[1]
Die Rücksendung wollen Sie bitte an Herrn Joh. Kracke,[2] hier, veranlassen, oder wenn es angängig ist, die Blätter lagern, bis ich Sie gelegentlich abholen kann.
Ergebenst grüssend
Ihr Schmidt-Rottluff

12
An Richard tom Dieck, Oldenburg
Dresden, (November 1907)

Sehr geehrter Herr College,
verzeihen Sie, wenn ich heute erst dazu komme, Ihnen einige Worte zu schreiben.
Es freut mich sehr zu hören, dass der Bund an festem Boden in Oldenburg gewonnen hat. Es wird schon noch soweit kommen, dass der Bund unbedingt die Stellung einnimmt, die ihm künstlerisch zukommt, auch ausserhalb von Oldenburg.
Ich habe es sehr bedauert, dass ich die Ausstellung nicht habe sehen können, vielleicht sehe ich aber die graphische Ausstellung noch.[1]
Dass meine Bilder im Augusteum lagern können, ist mir natürlich doppelt lieb.[2] Ich schicke hier Ausstellungspapiere mit, von denen ich Sie bitte, Gebrauch machen lassen zu wollen.[3] Spätestens Mitte März möchten die Bilder an die Berliner Secession abgehen.[4]
Es ist rein schrecklich, mit wieviel Widerstand man hier zu kämpfen hat und wieviel da an Kraft verloren geht – und eigentlich nutzlos.
Ich hoffe, Sie im Frühjahr nun bald wieder zu sehen und manches über die Ausstellung und sonst allerhand zu hören.
Bis dahin seien Sie bestens gegrüsst von
Ihrem ergebnen Schmidt-Rottluff

Dangastermoor, z. Zt. Dresden, Wölfnitzstr. 7 II[5]

13
An Richard tom Dieck, Oldenburg
Chemnitz, (Ende Dezember 1907)[1]

Sehr geehrter Herr College,
zur Generalversammlung des Bundes ist es mir dieses Jahr nicht möglich zu erscheinen.[2]
Doch hätte ich manches angeregt. Da ist zunächst der Jahresbeitrag. Ich würde bitten, doch ernstlich in Erwägung zu ziehen, ob nicht eine Erhöhung des Beitrages angebracht wäre. Es ist ja natürlich sicher, dass es für den Einzelnen eine Mehrausgabe ist, aber schliesslich gibt es jeder doch im eignen Intresse aus und sollte der Bund wirklich mal nicht mehr bestehen können, kommt's doch an den Einzelnen zurück. Eine grössere Einnahme gibt dem Bund aber grössere Bewegungsfreiheit.[3]
Wegen der ausserordentlichen Mitglieder[4] möchte ich den Vorschlag aufs Tablett bringen, diese irgendwie auszuzeichnen. Da wäre vielleicht alljährlich ein graphisches Blatt willkommen – Sonderdrucke einer Radierung, Lithographie etc. eines ordentlichen Mitgliedes.[5] Solange die Zahl der ausserordentlichen Mitglieder gering ist, würde sicher jeder Künstler ein Blatt stiften, unter Umständen auch die Druckkosten tragen. Später könnte die Sache anders geregelt werden. Für die ausserordentlichen Mitglieder müsste ausserdem ein Mindestbeitrag festgesetzt werden, damit keiner am Mehrzahlen gehindert wird. Ich bin der Ansicht, dass der Bund sich nur dann kräftig entwickeln kann, wenn die nötigen Gelder von ausserordentlichen Mitgliedern aufgebracht werden und die Zahl der ausserordentlichen Mitglieder wird sich leichter vergrössern, wenn sie sehen, dass ihre Mitgliedschaft nicht blosser Idealismus ist. – Von weiteren geschäftstechnischen Vorschlägen will ich mal vorläufig absehen. Es spricht sich über solche Dinge auch leichter als es sich drüber schreibt.

Nur einen Scherz hätte ich gern noch vorgebracht, der freilich längst keiner mehr ist, wohl aber ein arger Sprachfrevel. Das ist die Bezeichnung „Kunstmaler". Man sage sich bloss mal: der Kunstdichter – Kunstmaler Rembrandt – oder Kunstmaler Tizian – das ist einfach absurd. Hoffentlich brauchen in Zukunft die Collegen des fortschrittlichen Oldenburg untereinander die schlichte Bezeichnung „Maler". Wenn einer sich selber das üble Prädikat beilegt, dann mag er sich damit charakterisieren.[6]
Ihnen, sehr geehrter Herr College, für das neue Jahr alle guten Wünsche und Ihnen und Frau die besten Grüsse.
Wollen Sie auch die am 7. versammelten Collegen herzlich von mir grüssen und hoffen wir im neuen Geschäftsjahr auf einen kräftigen Aufschwung des Bundes
Ihr Schmidt-Rottluff

14
An Richard tom Dieck, Oldenburg
Dresden, 5.2.1908

Sehr geehrter Herr College,
meine 4 Gemälde können Sie wohl nicht bis Ende Februar etwa lagern. Wollen Sie diese dann bitte Ihrem Spediteur zur Lagerung übergeben.[1]
Bakenhus schreibt von einem idealen Erfolg dieser Ausstellung; worin der bestanden hat, sagt er nicht. Nun, ich erfahre es wohl noch. Wollen Sie B. freundlichst grüssen. Ich komme so gegen Ende März zurück.
Ihr sehr ergebner Schmidt-Rottluff

15
An Gustav Schiefler, Hamburg[1]
Dangastermoor, 6.4.1908

Verehrter Herr Direktor,
die schönen Stunden, die ich in Ihrem Hause verbringen konnte, sind mir hier eine angenehme Erinnerung.[2] Haben Sie und Ihre verehrte Frau Gemahlin meinen freundlichsten Dank dafür. Es hat hier eine ganze Weile gedauert, ehe ich mich in meinen häuslichen Balken wieder behaglich zurechtgerückt hatte.[3] Aber jetzt wirds nun allmählich, wenn schon noch manches fehlt, da der Schaffensfuror inzwischen mal über mich kam.[4]
Merkwürdig ist, daß die Natur jetzt drei Stunden länger zu schlafen scheint als ich, früher war das auch mal umgekehrt, aber ich fürchte, sie wird mich bald überholen. Der Wind fegt noch kalt durch die leeren Bäume und alle Knospen und all das sprossende Grün der Ziersträucher wollen noch keinen Frühlingsglauben wecken. – Das kleine Mädchen, von dem ich Ihnen erzählt hatte, hat mich mit rührender Ungeduld erwartet und sobald sie konnte, kam sie ins Moor und da habe ich dann einen sehr feinen Nachmittag mit ihr verlebt.[5]
Behalten Sie mich in angenehmer Erinnerung, verehrter Herr Direktor und seien Sie und ihre liebe Familie ganz ergebenst gegrüßt von Ihrem
Schmidt-Rottluff.

16
An Axel Gallén-Kallela, Helsingfors[1]
Dangastermoor, 26.5.1908

Sehr geehrter Herr Gallén,
die Brücke wird ab 1. September in Dresden ausstellen.[2] Können Sie uns dafür einige Gemälde zur Verfügung stellen? Und welche? Auch Zeichnungen, Radierungen sollten mit ausgestellt werden. Vor allem aber wäre es uns lieb, wenn wir Gemälde von Ihnen bekommen könnten.
Ihre Antwort erwarte ich.
Mit bestem Gruß. Ihr S. R.

17
An Edvard Munch, z. Zt. Warnemünde[1]
Dangastermoor, 8.6.1908

Sehr geehrter Herr,
die Künstlergruppe „Brücke" wird im September bei E. Richter in Dresden ausstellen. Wollen Sie uns die Ehre geben, unser Gast zu sein und sich mit 3, 4 Bildern an der Ausstellung beteiligen.[2]
Ich bitte um Ihren Bescheid
Ergebenst Schmidt-Rottluff
i. A. der „Brücke"

18
An Ernst Beyersdorff, Oldenburg[1]
Dangastermoor, 8.6.1908

Sehr geehrter Herr Beyersdorff,
ich komme erst heute dazu, auf Ihren Brief zu antworten. Leider haben Sie sich damals vergeblich bemüht, mich in Oldenburg noch ausfindig zu machen; ich fuhr am Abend wieder zurück.[2]
Doch werde ich Sie ja wohl gelegentlich noch kennen lernen. Ich komme vielleicht in einiger Zeit wieder nach Oldenburg und dann passt es am Ende besser.

Vorher gebe ich Ihnen auch Nachricht.
Als mir Ihre Besprechung[3] in die Hände kam, war mir das eine erneute Bestätigung einer alten Erfahrung. Am raschesten wird man von denen verstanden, die der eignen Generation angehören, es ist derselbe Zug, dieselbe Welt der Vorstellungen.
Ihr Besuch hier würde mich sehr freuen und würde es mir an einem Sonntag auch am besten passen – wenn Sie ihn noch ein Stück hinausschieben, habe ich vielleicht wieder etwas hinter mir – vielleicht.
Von Herrn Heckel kann ich Sie wieder grüssen[4] und seien Sie von mir selbst bestens gegrüsst.
Ihr Schmidt-Rottluff

19
An Richard tom Dieck, Oldenburg
Dangastermoor, 8.6.1908

Sehr geehrter Herr tom Dieck,
Professor Müller-Kaempff[1] ist neulich bei mir vorbei gekommen. Er hat leider seine Oldenburger Adresse nicht zurückgelassen. Wollen Sie so freundlich sein, wenn Sie mit ihm zusammenkommen, ihn bestens von mir zu grüssen und ihm zu sagen, dass ich unendlich bedauert hätte, seinen Besuch zu verpassen, war eben zur Flut an den Strand gefahren.[2]
Vielleicht komme ich in nächster Zeit wieder mal nach Oldenburg und dann wohl bei ihnen mit vor. – Die warmen Tage jetzt waren ganz herrlich, Farben, alles wie Feuer, um so trüber siehts jetzt aus.
Mit bestem Grusse
Ihr Schmidt-Rottluff

20
An Edvard Munch, z. Z. Warnemünde
Dangastermoor, 18.6.1908

Sehr geehrter Herr,
es freut mich sehr, dass Sie mit „Brücke" ausstellen wollen – und hat es mit Ihrer endgültigen Entscheidung Zeit bis Mitte August – doch wäre ich Ihnen sehr verbunden, wenn ich es dann wissen könnte.
Ihre Gemälde müssten spätestens 29. August in Dresden bei Emil Richter eintreffen. Wir würden uns ausserordentlich freuen, wenn Sie es doch arrangieren könnten.[1]
In vorzüglichster Hochachtung ergebenst
Schmidt-Rottluff
i.A. der „Brücke"

21
An Axel Gallén-Kallela, Helsingfors
Dangastermoor, 22.6.1908

Sehr geehrter Herr Gallén,
ich schicke Ihnen gleichzeitig als Drucksache das diesjährige Rundschreiben an die passiven Mitglieder der Brücke.[1] Falls es Ihnen möglich wäre, uns passive Mitglieder im Norden zu erwerben, würden wir uns sehr freuen.[2]
Warum hören wir nichts von Ihnen? Auch wegen der September-Ausstellung in Dresden?[3]
Besten Gruß Schmidt-Rottluff.

22
An Ernst Beyersdorff, Oldenburg
Dangastermoor, 22.6.1908[1]

Sehr geehrter Herr Beyersdorff,
ich werde jedenfalls nächsten Donnerstag (25.) nach Oldenburg fahren und würde mich sehr freuen, könnte ich Sie nachmittag 1/2 5 Uhr etwa sprechen und Sie persönlich kennen lernen. Sollte es Ihnen mit der Zeit nicht passen, bitte ich um freundliche Mitteilung. Ich werde abends, 7 Uhr, zurückfahren.
Mit bestem Grusse Ihr S. R.

23
An Gustav Schiefler, Hamburg
Dangastermoor, 7. 7. 1908

Verehrter Herr Direktor,
Sie sind mir nun doch zuvorgekommen – ich hatte Sie eigentlich bitten wollen, sich nicht die Mühe des Verschickens zu machen, da ich doch wohl wieder einmal nach Hamburg kommen werde. Doch haben Sie nun herzlichen Dank dafür. Ich habe es gern gelesen, daß Sie so viel Gefallen an der Mappe gefunden haben.[1] – Die Luft ist hier etwas trübe geworden, so daß ich glaube zur Ruhe zu kommen – bei trübem Wetter bin ich nun einmal nicht so tätig als bei Sonnenlicht.
Seien Sie herzlich gegrüßt von Ihrem ergebenen Schmidt-Rottluff.

NS. Den Empfang des Beitrages kann ich mit bestem Dank bestätigen.

24
An Luise Schiefler, Hamburg[1]
(Dangastermoor, Juli 1908)

Sehr verehrte Frau Direktor,
Es freute mich sehr, Ihren freundlichen Brief zu erhalten, er brachte mir eine angenehme Anregung in meine nicht eben sehr glücklichen Tage. An Schönheiten waren sie reich und an jubelnden jauchzenden Farben – Ginster hat hier geblüht, eine wogende rauschende Flut von Gelb, durch das das Rot eines Weges floß und darüber irre vibrierende Luft. – Aber es ist immer nur beim Schauen geblieben und das brachte mir auch nicht die rechte Freude.
Doch hoffe ich jetzt noch, daß mir der Sommer die Freiheit bringt, von all dem Kleinen und Widerlichen, das einen hemmt. Ich habe eben ein Bild ausgepackt, das zurückgekommen ist – der Rahmen ist mit Inschriften bedeckt: „Es sind die schlechtesten Früchte nicht, woran die Wespen nagen". Das stand früher schon drauf, ich hatte es stehen lassen. Jetzt steht groß darüber: „Preisrätsel", weiter: „miserables Bild", weiter „Idiot", weiter „blödsinnig" . . .[2]
Sieht das nicht aus, als sollte das Bild seine Geschichte haben, na, ich bin auf das weitere gespannt.
Für Ihre liebenswürdige Einladung, verehrte Frau Direktor, Sie wieder zu besuchen, bin ich Ihnen sehr verbunden. Ich werde immer sehr gern Ihr Haus aufsuchen.
Sie, verehrte Frau Schiefler, Ihren Herrn Gemahl und Ihre Familie herzlich grüßend, bin ich Ihr ganz ergebener Schmidt-Rottluff.

25
An Ernst Beyersdorff, Oldenburg
Dangastermoor, 26.7.1908

Sehr geehrter Herr Beyersdorff,
immer hatte ich dieser Tage gehofft, von Ihnen ein paar Zeilen zu erhalten, die mir Ihren Besuch in Aussicht stellen sollten. Leider vergeblich. Ich möchte daher nicht versäumen, Sie nochmals freundlichst zu einem Besuch einzuladen und Ihnen zu versichern, dass Sie mir sehr willkommen sind. Mein Freund und College Heckel lässt Sie grüssen und die gleiche Einladung an Sie ergehen.[1]
Mit der Bitte, mich Ihrer Frau Mutter bestens zu empfehlen, bin ich mit den besten Grüssen an Sie
Ihr ergebner Schmidt-Rottluff

26
An den Vorstand des Kunstvereins zu Oldenburg i. Gr.[1]
(Dangastermoor, August 1908)

Nachdem wir seit 2 Jahren unsern Aufenthalt im Oldenburger Lande genommen haben und gedenken, weiter hier zu bleiben, haben wir den Wunsch, unsre hier entstandnen Arbeiten dem Oldenburger Publikum in einem geschlossnen Ganzen vorzuführen.
Wir richten deshalb an den Vorstand des Oldenburger Kunstvereins[2] die höfliche Bitte, uns seine Räume zu diesem Zwecke gütigst zur Verfügung zu stellen. Als Zeitpunkt wäre vielleicht geeignet die Zeit vom 20. September bis 10. Oktober. Den Kunstverein möchten wir ferner bitten, uns insofern zu unterstützen, daß er einmalige Fracht und die durch Ausstellung und Beaufsichtigung entstehenden Kosten trägt, während wir gern die Anordnung der Werke übernehmen und dem Kunstverein für ev. Verkäufe eine Provision von 10 % vorschlagen wollen.
Indem wir dem freundl. Bescheid des Vorstandes entgegensehen,[3] verbleiben wir in vorzüglicher Hochachtung
Schmidt-Rottluff, Dangastermoor
E. Heckel, Dangast

27
An Gustav Schiefler, Hamburg
Dangast, 20.8.1908

Lieber Herr Direktor,
wir fanden uns häufig im Gespräch bei Ihnen und senden Ihnen mit Familie die herzlichsten Grüße
Ihr ergebenster Schmidt-Rottluff.

Viel freundliche Grüße Rosa Schapire.[1]
Wir haben hier feine Tage. Hoffentlich werden wir Sie hier auch mal begrüßen können. Herzlichste Grüße von Ihrem getreuen E. Heckel[2]

28
An Theodor Francksen, Oldenburg[1]
Dangastermoor, 28.8.1908

Sehr geehrter Herr,
nachdem ich von verschiednen Seiten über Ihre Sammlung gehört habe, möchte ich mit dem Wunsche an Sie herantreten, Sie persönlich kennen lernen zu dürfen und mit Ihrer Sammlung vertraut zu werden.[2]
Leider habe ich auch gehört, dass Ihr schwerkranker

Zustand[3] es Ihnen wenig gestattet, Besuch anzunehmen. Sollten Sie mir aber doch die Freude machen wollen, mich gelegentlich zu empfangen, möchte ich Sie höflichst bitten, mir durch ein paar Zeilen freundlichst mitzuteilen, wann Ihnen mein Besuch angenehm wäre.
Indem ich Ihnen im voraus verbindlichst danke, bin ich in vorzüglicher Hochachtung ganz ergebenst
Schmidt-Rottluff

29
An Theodor Francksen, Oldenburg
Dangastermoor, 1.9.1908

Sehr geehrter Herr,
für Ihre freundlichen Zeilen meinen besten Dank. Eine weitere Nachricht von Ihrer Seite wird mich sehr verbinden.
Ich möchte Ihnen allerdings schon jetzt mitteilen, dass ich voraussichtlich Ende September von hier weggehe und erst im nächsten Frühjahr wieder hier sein werde. Sollte ein Besuch und eine Bekanntschaft in diesem Jahre nicht mehr möglich sein, würde ich dies dann vom nächsten erhoffen.[1]
Ihr ganz ergebner
Schmidt-Rottluff

30
An Axel Gallén-Kallela, Helsingfors
Dangastermoor, (September 1908)

Sehr geehrter Herr Gallén,
das wäre sehr gut, wenn Sie mit Brücke einmal ausstellen könnten und würde uns das sehr freuen. Am besten würde es vielleicht sein, wenn Sie uns Gemälde zuschickten, die Sie gerade frei haben. Brücke veranstaltet doch jedes Jahr ein oder mehrere Ausstellungen und sind uns dann markante Sachen von Ihnen immer willkommen. – Wie steht es nun? Brücke gibt jedes Jahr eine graphische Publikation heraus. Wollen Sie sich etwa mit einem Holzschnitt oder Radierung daran beteiligen?[1] Dann möchte ich Sie bitten, mir die Platte zu schicken, der Druck wird von Brücke besorgt. Das wäre sehr fein. –
Mein Freund Heckel hat sehr bedauert, Sie dieses Jahr nicht getroffen zu haben.[2] Er und ich haben jetzt eine sehr starke Ausstellung in Oldenburg gerüstet. Zwei große Räume.[3]
Ich glaube, Brücke wird 1909 in Berlin ausstellen.[4]
Herzlichst grüßt Sie
Ihr Schmidt-Rottluff

31
An den Vorstand des Oldenburger Kunstvereins
Sr. Exz. Herrn Oberkammerherrn Freiherrn von Bothmer zu Händen[1]
Dangastermoor, 19.9.1908

In Sachen unsrer Ausstellung in den Räumen des Kunstvereins möchten wir uns nochmal eine Anfrage erlauben.
Da der Vorstand davon abgesehen hat, ein Eintrittsgeld zu erheben, möchten wir unsrerseits ein solches in Höhe von 0,30 M. erheben. Wir würden dadurch einen Beitrag zur Deckung der Fracht und sonstigen Kosten gewinnen, was uns sehr willkommen wäre. Es sprechen ja auch andere Gründe dagegen, eine Ausstellung ganz dem freien Besuch zu öffnen.
Sollte aber der Vorstand des Kunstvereins gewichtige Bedenken gegen unsern Vorschlag haben, so würden wir selbstverständlich davon abstehen.
Wir bitten höflichst, uns recht bald über die Meinung des Vorstandes zu benachrichtigen[2] und zeichnen hochachtungsvoll und ergebenst
Schmidt-Rottluff
E. Heckel

32
An Richard tom Dieck, Oldenburg
(Dangast, ca. 20.9.1908)
Text von Erich Heckel

Sehr geehrter Herr College,
Wir gestatten uns höflichst, Sie zur Eröffnung unserer Ausstellung, für deren Verwirklichung wir Ihnen wohl am meisten Dank schulden, einzuladen.[1] Es wird uns sehr freuen, Sie Sonnabend den 26. September, Mittags 12 Uhr, in den Ausstellungsräumen begrüssen zu können.[2]
Es grüsst Sie Ihr sehr ergebener E. Heckel
und Schmidt-Rottluff

33
An Ernst Beyersdorff, Oldenburg
Dangastermoor, 24.9.1908

Sehr geehrter Herr Beyersdorff,
gestatten Sie mir und meinem Collegen Heckel zunächst, Sie und Ihre verehrte Frau Mutter hiermit ganz ergebenst zur Eröffnung unsrer Ausstellung einzuladen. Es würde uns sehr freuen, dürften wir Ihre Frau Mutter wie Sie Sonnabend den 26. Mittags 12 Uhr, im Augusteum begrüssen.[1] Es ist nun doch, wie Sie sehen, zu dieser Ausstellung gekommen.

Wir hätten nun auch eine Bitte an Sie: Wollen Sie im Verein mit unsrer Ausstellung uns helfen, eine Bresche in alt gewordne Kunstanschauungen zu schlagen? Das heisst, wenn Sie Zeit und Lust finden, einiges zu schreiben.[2] Vielleicht könnten wir uns darüber noch sprechen.
Mit den besten Grüssen von meinem Freund und mir und den besten Empfehlungen an Ihre Frau Mutter
Ihr ergebenster
Schmidt-Rottluff

34
An Luise Schiefler, Hamburg[1]
Dangastermoor, 25.9.1908

Verehrte Frau Direktor,
ich schreibe heute mit sehr schlechtem Gewissen an Sie. Der Sommer ist hingegangen und ich muß Ihnen nun offen sagen, ich habe mich meiner Verpflichtung Ihnen gegenüber, die mich doch damals so glücklich machte, nicht würdig gezeigt. Ich habe keinen Sonnenuntergang gemalt. Mich darum zu entschuldigen, wie ichs nun eigentlich recht sehen müsste, das bringe ich nicht so ganz fertig – ich selber kann vielleicht wenig dafür. Es lag mehr außerhalb. Meine malerischen Anschauungen haben sich dieses Jahr in einer Weise geändert und einen neuen Weg genommen, von dem ich selbst nicht weiß, wohin er eigentlich führen soll. Mit dieser Verwandlung war aber auch verbunden, daß ich wenig gemalt habe und das Wenige tastend und suchend. Wohl habe ich mich mit einer untergehenden Sonne beschäftigt, aber es war nicht das rechte und ich zweifle fast, daß es mich wieder interessieren wird.[2]
Dürfte ich nun verehrteste Frau, meinem beschwerten Gewissen eine Ausflucht schaffen? Ich hoffe, in einiger Zeit in Hamburg zu sein. Könnte ich Ihnen einige Bilder zugehen lassen und sagt Ihnen eines zu, so nehmen Sie es in Besitz, wobei wir uns darüber einig wären, daß Sie eventuell später dafür ein anderes übernehmen – möglicherweise dann eine untergehende Sonne?
Was meinen Sie, verehrteste Frau Direktor, zu dieser Ausflucht? Indem ich Sie bitte, mich Ihrem Herrn Gemahl angelegentlichst zu empfehlen, wie Ihre werte Familie herzlichst zu grüßen, bin ich
Ihr ergebenster
Schmidt-Rottluff

35
An Bertha Rohlsen, Hamburg[1]
Dangastermoor, 28.9.1908

Sehr geehrte Frau,
Frl. Dr. Schapire schrieb mir, dass Sie sich für die „Brücke" interessieren und schicke ich denn auch auf ihre Veranlassung hin die diesjährige graphische Publikation an Ihre Adresse ab.[2] Den Beitrag von 12 M wollen Sie gütigst an den Kassenwart der „Brücke" Maler E. Heckel, Dangast einsenden.
Von früheren Veröffentlichungen ist von 1907 nur noch ein Exemplar vorhanden mit Beiträgen von Cuno Amiet (Holzschnitt), Emil Nolde (Radierung), Schmidt-Rottluff (Lithographie). Dies Exemplar wie ein solches von 1906 stünde Ihnen gegen einen Beitrag von je 30 M zur Verfügung, falls Sie dafür Interesse hätten. – Die Publikation 1906 enthält je einen Holzschnitt von F. Bleyl, E. L. Kirchner, E. Heckel.[3]
Ich hoffe, dass die diesjährige Publikation Ihren Beifall findet.
In vorzüglichster Hochachtung ergebenst
Schmidt-Rottluff
i. A. der „Brücke"

36
An Theodor Francksen, Oldenburg
Dangastermoor, 1.10.1908

Sehr geehrter Herr Francksen,
ich schicke Ihnen heute als Drucksache unseren Katalog.[1]
– Es hat mich sehr gefreut, dass ich Sie noch in diesem Jahr kennen lernte, besonders da mir es war, als ob ich Sie schon lange kennte – nun, Ihnen schien es ja auch so zu gehen. – Nach Schluss der Ausstellung dachte ich Ihnen etwa 4 Bilder zuschicken zu lassen, falls Ihnen das nicht etwa schon zu viel ist.[2]
Sie verbindlichst grüssend
bin ich Ihr ergebner
Schmidt-Rottluff

37
An Axel Gallén-Kallela, Helsingfors
Dangastermoor, (Oktober 1908)

Sehr geehrter Herr Kollege,
immer hatte ich gehofft, von Ihnen wegen der graphischen Publikationen der Brücke zu hören. – Wenn Sie gewillt sind, etwas beizutragen, möchte ich es bald wissen. Sie könnten den Holzstock oder die radierte Platte in dem Falle an meine Adresse gehen lassen.

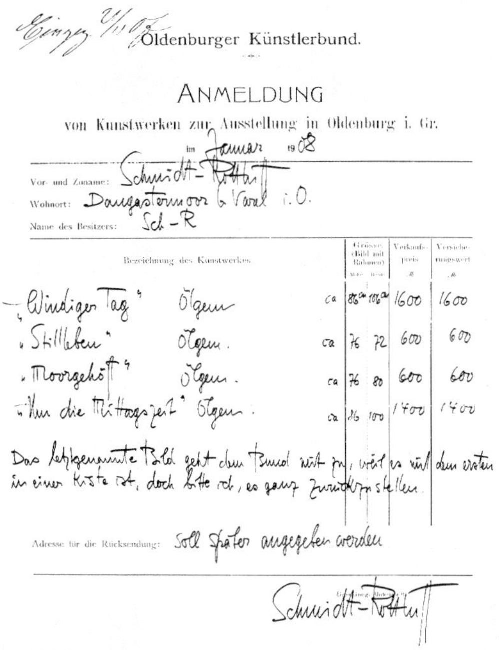

Oldenburger Künstlerbund.

ANMELDUNG

von Kunstwerken zur Ausstellung in Oldenburg i. Gr.

im Januar 1908

Vor- und Zuname: Schmidt-Rottluff

Wohnort: Dangastermoor b. Varel i. O.

Name des Besitzers: Sch-R

Bezeichnung des Kunstwerkes		Grösse (Bild mit Rahmen)		Verkaufspreis ℳ	Versicherungswert ℳ
„Windiger Tag" Ölgem.	ca	86 cm	106 cm	1600	1600
„Stillleben" Ölgem.	ca	76	72	600	600
„Moorgehöft" Ölgem.	ca	76	80	600	600
„Um die Mittagszeit" Ölgem.	ca	86	100	1400	1400

Das letztgenannte Bild geht dem Bund mit zu, weil es mit dem ersten in einer Kiste ist, doch bitte ich, es ganz zurückzustellen.

Adresse für die Rücksendung: Soll später angegeben werden

Schmidt-Rottluff

Anmeldung Schmidt-Rottluffs zur Ausstellung des Oldenburger Künstlerbundes, November 1907

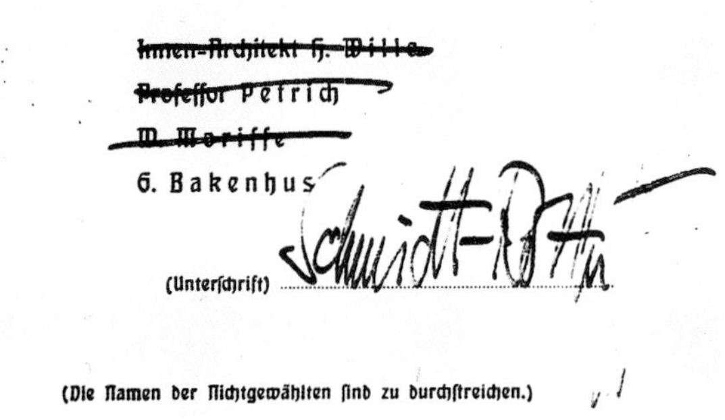

Jury-Wahlkarte Oldenburger Künstlerbund, 1908

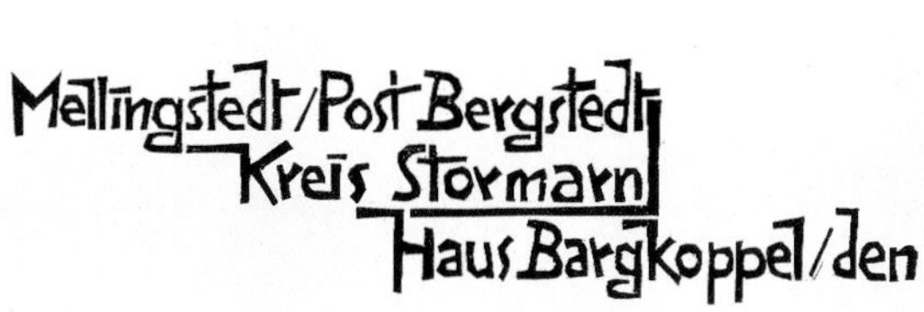

Briefkopf der Landhausadresse von Familie Schiefler, 1911/12 (nicht bei Schapire)

Heckel und ich stellen Januar/Februar in Hamburg aus.[1]
Mit kollegialem Gruß
Schmidt-Rottluff

38

An Theodor Francksen, Oldenburg

Berlin, 21.10.1908

Sehr geehrter Herr Francksen,
ich lasse Ihnen nach unserem Gespräche 6 Bilder von der Ausstellung im Augusteum ins Haus bringen.[1] Und zwar habe ich damit den Spediteur Hotes beauftragt. Es würde mich sehr intressieren, was Sie zu den Bildern sagen.
Etwa Mitte Dezember würde ich sie wahrscheinlich wieder abholen lassen. – Legen Sie nur fürs Erste den nötigen Raum zwischen sich und den Bildern.
Mit ergebnem Gruss
Ihr Schmidt-Rottluff

Dangastermoor i. O.,
z. Zt. Berlin W Kurfürstendamm 152[2]

39

An Ernst Beyersdorff, Oldenburg

Berlin-W, Kurfürstendamm 152, 27.10.1908

Lieber Herr Beyersdorff,
haben Sie Dank für die übersandten Besprechungen.[1] Schmidt-Rottluff und ich sind hier in Berlin bei einem Collegen zusammen getroffen und es ist ganz fidel. Herzliche Grüsse an Ihre Frau Mutter und Sie, Ihr ergebner E. Heckel.
Mit der Bitte, mich Ihrer Frau Mutter bestens zu empfehlen, grüsst Sie Ihr ergebner
Schmidt-Rottluff

40

An Luise Schiefler, Hamburg[1]

Rottluff, (November 1908)

Verehrteste Frau Direktor,
aus einem Briefe von Frl. Schapire erfahre ich, daß Ihr Mann mit einem gefährlichen Augenleiden zu schaffen hat. Es geht mir das sehr nahe und kann ich nur sagen, dass mich Besorgnis erfüllt. Ich hoffe, daß das Schlimmste vorbeigeht und das Leiden bald behoben werden mag.[2]
Wegen meiner Bilder, wegen der beiden größeren, schreibt mir Dr. Schapire, daß Frau Konsul Rohlsen

sie eventuell erwerben möchte.[3] Nun weiß ich nicht, wieweit Sie verehrteste Frau, sich für eins davon interessieren oder wieweit Sie vielleicht die Absicht haben, erst noch andere zu sehen. Schließlich haben Sie am Ende an einem anderen größere Freude und dann sollen Sie eben auch eins haben, das Ihnen ganz gefällt. Verzeihen Sie bitte, daß ich Sie jetzt gerade damit in Anspruch nehme, wo Sie anders beschäftigt sind. Mich selber interessiert jetzt das Leiden Ihres Mannes auch mehr als meine Bilder.
Mit den besten Wünschen und Grüßen für Ihren Mann grüßt Sie und Ihre liebe Familie herzlichst
Ihr ergebener Schmidt-Rottluff,
zur Zeit Rottluff, Bezirk Chemnitz

41
An Bertha Rohlsen, Hamburg
Rottluff, 14.11.1908

Sehr geehrte gnädige Frau,
empfangen Sie für Ihre gütigen Zeilen meinen wärmsten Dank. Es hat mich wahrhaft glücklich gemacht, dass Ihnen meine Bilder soviel Freude bereiten können.[1]
Den Betrag wollen Sie bitte dem Conto Schmidt-Rottluff bei der Oldenburgischen Landesbank, Oldenburg i.Gr. überweisen.[2]
Mit der Bitte, Ihre gnädige Frl. Tochter verbindlichst von mir grüssen zu wollen,[3] bin ich mit herzlichen Grüssen an Sie Ihr ganz ergebener
Schmidt-Rottluff

42
An Theodor Francksen, Oldenburg
Rottluff, 29.11.1908

Sehr geehrter Herr Francksen,
ich liess Ihnen nach Schluss unserer Ausstellung im Augusteum einige Bilder durch den Spediteur Hotes zustellen.[1] Immer schon hatte ich gehofft, von Ihnen ein Wort darüber zu hören und fürchte nun, dass es Ihnen Ihr Gesundheitszustand nicht erlaubt hat. Falls es Ihnen noch möglich ist, würde ich sehr darum bitten. Sollten Ihnen die Bilder nicht zuviel Platz wegnehmen, kann ich sie noch eine Weile in Ihrem Hause wissen. Mit der höflichen Bitte, mich Frl. Knoche[2] empfehlen zu wollen, bin ich
ergebenst grüssend
Ihr Schmidt-Rottluff

Dangastermoor, z. Zt. Rottluff Bez. Chemnitz Sa.

43
An Theodor Francksen, Oldenburg
Rottluff, 5.12.1908

Sehr geehrter Herr Francksen,
es freute mich ausserordentlich, von Ihnen über die Bilder einiges zu hören und es wird mich noch mehr intressieren, mit Ihnen gelegentlich davon sprechen zu können. Spricht sichs ja über viele Dinge auch so viel leichter, als es sich drüber schreibt. Die Häuser am Bahnhof halte ich auch für das stärkere, wenn schon die Öljacke die grössere Ausgeglichenheit für sich hat.[1]
Leider muss ich Sie nun bitten, die Bilder weitergehen zu lassen. Ich hatte nicht wieder daran gedacht, dass ich in Weimar ausstellen sollte.[2] Es handelt sich um die Gemälde: Am Bahnhof, Öljacke; Mittag im Moor, Bänke im Garten; Geschl.-Torf, Bunter Mohn.[3] Ich füge einfachheitshalber den Frachtbrief bei. Dass Zeichnungen mit bei Ihnen sind, überraschte mich, da ich dem Spediteur nur über die Bilder Auftrag gab.[4]
Wollen Sie mir nun bitte meine rasche Entschliessung nicht verübeln, die Angelegenheit drängt aber nun.
Ihnen meinen Dank für Ihr freundliches Intresse und Brief. Besten Gruss Ihnen und gütige Empfehlung an Frl. Knoche.
Ihr ergebenster Schmidt-Rottluff

44
An Ernst Beyersdorff, Oldenburg
Leipzig, 27.1.1909

Sehr geehrter Herr Beyersdorff,
da ich jetzt immer hin und her gereist bin, fand ich leider nicht die gehörige Ruhe, Ihnen einmal des längeren zu schreiben. In Hamburg und Berlin hatte ich sehr intressante Tage, neulich war ich in Jena und Weimar.[1]
Von Oldenburg habe ich seit meiner Abreise wenig gehört. Herr Francksen schrieb mal, dass er gern ein Bild gekauft hätte, doch hätte sich der Ankauf seines Nachbarhauses zerschlagen und wäre er daher im Platze sehr beschränkt.[2]
Von hier gehe ich nach Dresden, wo ich in einer Publikationsangelegenheit der „Brücke" beschäftigt bin. Es soll in diesem Jahre eine graphische Mappe mit Arbeiten von mir herausgegeben werden.[3]
Wie geht es Ihnen? Grüssen Sie Ihre Frau Mutter verbindlichst und Ihren Herrn Bruder. Ich hoffe, dass ich Sie diesen Sommer wieder einmal bei mir sehen werde.[4]
Ihr Schmidt-Rottluff

Leipzig-Gohlis, Breitenfelderstrasse 68

45
An Richard tom Dieck, Oldenburg
Dresden (9.2.1909)

Sehr geehrter Herr tom Dieck,
ich erhielt die Quittungskarte und den Jahresbericht und freute es mich sehr, dass der Künstlerbund ganz hübsch gewachsen ist.[1] Zur Verlosung würde ich gern etwas mit stiften.[2] Bis wann soll das geschehen sein? Ich fahre nächsten Monat nach Oldenburg zurück.[3]
Diesen Winter habe ich sehr viel Unruhe gehabt und hoffe, dass nun der Sommer besser wird.
Ich weiß gar nicht mehr, was von mir noch im Augusteum lagert – wollen Sie vielleicht die Weisung geben, dass alles an Herrn. Joh. Kracke Dangastermoor gesandt wird[4] –. Heckel ist gestern nach Italien abgereist.[5]
Grüssen Sie Bakenhusen[6] wenn Sie ihn treffen, und Ihnen selber verbindliche Grüsse von
Ihrem Schmidt-Rottluff

46
An Ernst Beyersdorff, Oldenburg
Dresden, Löbtauer Str. 9, 28.2.1909[1]

Sehr geehrter Herr Beyersdorff,
Ihr Brief ging mir nach Dresden nach und freute mich sehr. Mit der Gründung einer Galerie scheint es ja nun energisch vorwärts zu gehen und ich fürchte nur, die Gelder werden vor der Hand zu den Worpswedern fliessen, was ich ja nicht gerade gut heissen möchte.[2] Man ist sich über die Worpsweder schliesslich doch klar geworden, sie sind in der deutschen Kunst eine herzlich temporäre Erscheinung und nur hier und da in der Provinz hat man noch eine heimliche Liebe für sie. Wir wollen von unsrer künftigen Oldenburger Galerie hoffen, dass sie nicht zuviel Raum beanspruchen.[3]
Von dem Onckenschen Unternehmen weiss ich schon von Oncken selber.[4] Das kann ohne Zweifel sehr gut werden und gibt vielleicht eine Verbindung mit dem übrigen Kunstschaffen in Deutschland. Leider scheint Oncken nicht eben von robuster Gesundheit, er schrieb mir, dass er in Badenweiler im Sanatorium um Genesung suchte. Trotz seines zaghaften Handelns ist Oncken ein Mann, den Oldenburg braucht.[5]
In einigen Wochen hoffe ich mich wieder auf der Reise nach dem Norden zu befinden.[6] Heckel hat sich inzwischen schon nach Rom gewandt.[7] Dann hoffe ich, Sie sicher wieder zu sehen.
Ihr Schmidt-Rottluff

47
An Bertha Rohlsen, Hamburg
Dresden (März 1909)

Sehr geehrte gnädige Frau,
im Auftrage der „Brücke" übersende ich Ihnen die graphische Publikation 1909.[1] Einige Drucksachen sind leider noch nicht fertiggestellt,[2] ich werde sie Ihnen später zustellen, ebenso die Mitteilung, wo der diesjährige Beitrag zahlbar ist. – Gnädige Frau haben auch noch die Brückenpublikation 1907 zu bekommen, ich hoffe, sie Ihnen Anfang April aus Oldenburg zusenden zu können.[3]
– Frl. Schapire schrieb mir von einem Vortrag, den sie in Ihrem Hause gehalten habe.[4] Für das Zustandekommen des Erfolges, an dem Sie auf diese Weise mitgewirkt haben, bin ich, gnädige Frau, Ihnen besonders verbunden.
Ganz ergebenst grüssend
Schmidt-Rottluff

48
An Bertha Rohlsen, Hamburg
Dangastermoor, 21.4.1909

Sehr geehrte gnädige Frau,
ich sandte heute an Ihre Adresse die „Brücken"-Publikation 1907 ab, auf die Sie vielleicht schon gewartet haben. Es ist dies das letzte Exemplar, das noch dazu nicht weggegeben werden sollte – doch freut's mich, dass ich es gerade Ihnen, verehrte gnädige Frau, zustellen kann.[1]
Die Mitgliedskarte und einige Drucksachen sollen Sie später erhalten.
Mit der Bitte mich in freundlicher Erinnerung zu behalten, bin ich
Ihr ergebenster Schmidt-Rottluff

49
An Gustav Schiefler, Hamburg
(Dangast, Ende April 1909)

Lieber Herr Direktor,
ich sandte Ihnen heute die diesjährige Publikation der „Brücke" zu.[1] Ein Gallén wäre ja nun dabei,[2] ob er freilich das Niveau zu heben vermag, das mag ich nicht beurteilen. Die neue Mitgliedskarte sowie einige Drucksachen sollen Sie später haben, es ist noch nicht alles fertig, eine Zahlkarte kann ich wohl gleich mit beifügen.

Wie geht es Ihnen und Ihrer Familie? Ich wäre gern jetzt im Frühjahr nach Hamburg gekommen, doch läßt mich ein Zopf voller Dinge nicht weg und da ists besser man fügt sich.
Herzlichste Grüße an Sie, Ihre Frau und Kinder
Ihr ergebener Schmidt-Rottluff

50
An Edvard Munch, Kopenhagen
Dangastermoor, (Anfang Mai 1909)

Sehr geehrter Herr Munch,
aus unserer gemeinschaftlichen Ausstellung in Weimar dürfte wohl nichts mehr werden – Ich vermute, dass meine Bilder schon ausgestellt sind.
Der Hofrat Koetschau, der die Sache anregte, verlässt mit dem 1. April seine Stellung in Weimar.[1]
„Brücke" wird aber von Mitte Juni an in Dresden bei Emil Richter ausstellen. Dürfte ich Sie da bitten, uns 2 Gemälde mit zur Ausstellung zu überlassen, da ja letztes Jahr es nicht so passte.[2]
Es wäre sehr nett, wenn Sie das machen könnten.
Ihr ergebenster Schmidt-Rottluff

51
An Gustav Schiefler, Hamburg
Dangastermoor, (Mai 1909)

Lieber Herr Doktor,
haben Sie vielen Dank für Ihren Brief. Die Weimarer Ausstellung ist mir von neuem durch Dr. v. d. Gabelentz gekündigt worden.[1] Da ich jetzt keine Zeit habe, grob zu werden, bleibts dabei. Die Radierung tausche ich Ihnen gelegentlich sehr gern um, zumal der Auflagendruck als Druck überraschend gut ist. Ich schicke Ihnen heute den „Dr. W."[2] Da ich mir geschworen habe, im Jahr nicht mehr denn zwei Dedikationen zu schreiben, ist das unterblieben. Sie sind bereits vergeben – doch sehen Sie's hoffentlich als geschehen an und freuen sich vielleicht darüber – wenn wohl auch nicht so sehr, wie ich mich über Ihre Worte darüber gefreut habe.
Den großen Munch-Erfolg finde ich ganz in der Ordnung, nur meine ich, hätte es der längst schon können sollen.[3]
Der Kirchner-Umschlag ist nur eine Umschlagkomposition. Das Schwergewicht ist auf eine Seite gedrängt, so daß man nach dem Gegengewicht sucht und umwendet – doch ist die Holzmaserung wohl das Interessanteste dran.[4]

Grüssen Sie bitte Ihre Frau und Kinder herzlich von mir und seien Sie selbst gegrüsst
von Ihrem ergebenen Schmidt-Rottluff

52
An Ernst Beyersdorff, Oldenburg
Dangast, Parkschloss, 11.6.1909

Sehr geehrter Herr Beyersdorff,
es freut mich ausserordentlich, dass Sie mich aufsuchen wollen. Ich hatte schon immer die Absicht, Sie darum zu bitten, oder auch Sie in Oldenburg aufzusuchen. Seit Wochen bin ich nicht zur Arbeit gekommen, da ich vom Moor nach Dangast umgezogen und hier noch nicht völlig eingerichtet bin.[1]
Ich werde Sie gern in meiner neuen Wohnung,[2] die in vieler Beziehung günstiger ist, begrüssen.
Verbindlichsten Gruss Ihrer Frau Mutter und Ihnen.
Ihr ergebner Schmidt-Rottluff

53
An Gustav Schiefler, Hamburg[1]
(Dangast, Juni 1909)

Lieber Herr Direktor,
es wäre sehr schade, wenn wir diesmal wieder auf Munch verzichten sollten. Haben Sie aber für Ihre Bemühung meinen und der Brücke herzlichsten Dank.[2]
Durch Ihre freundliche Geldsendung, für die ich Ihnen verbindlich danke, setzen Sie mich freilich in eine fatale Lage, noch mehr dadurch, daß Sie mir die Wahl überlassen wollen. Abgesehen davon, daß mein Urteil schließlich nur für mich selber Geltung hat, sind von den drei gemeinten Blättern nur noch von dem einen Drucke vorhanden – ich hatte nur etwa vier Drucke.[3] Wenn Sie sich nach dieser Skizze daran erinnern können. Von einem zweiten ist der einzige noch vorhandene Druck bei Gutbier in Dresden,[4] auf den eigentlich Dr. Schapire spekuliert hatte, doch würde ich gern die Spekulation zu Ihren Gunsten ausfallen lassen, wenn ich das Blatt von Dresden zurück habe. Ich werde Ihnen dann beide Blätter zuschicken.
Einen schönen Sonntagnachmittag zu füllen, fuhr ich heute durch die Landschaft ringsum. Es ist unglaublich, wie stark man die Farben hier findet, eine Intensität, wie sie kein Pigment hat, fast scharf für das Auge. Dabei sind die Farbenakkorde von großer Einfachheit. Malen kann hier eigentlich nur heißen: Verzicht leisten vor der Natur, und es an der rechten Stelle tun, ist vielleicht eine Definition für Kunst.

Verzeihen Sie, lieber Herr Direktor, daß mir der Brief liegengeblieben ist. Herzlichen Gruß Ihrer Frau, Ihnen und Ihrer Familie Ihr ergebenster
Schmidt-Rottluff

54
An Gustav Schiefler, Hamburg
Dangast, 1.7.1909

Lieber Herr Direktor,
ich sandte heute ein Paket nach Hamburg und habe es den Weg über Dr. Schapire nehmen lassen,[1] damit sie die Lithographie „Leute am Tisch" beipacken kann. Sie würden also außerdem die Lithographie „Kritik" und „Dame nach der Seite blickend" erhalten.[2] Die andere Lithographie mit Figuren konnte ich nicht wieder erhalten. Verzeihen Sie mir, daß ich Sie so lange darauf habe warten lassen. Ich bin vom Moor nach dem Strande umgezogen. Der angenehmen Dinge gibt es hier mehr – nur auch das Unangenehme, daß ich aus meinen Arbeiten sehr herausgekommen bin.
Wollen Sie bitte Ihre Frau und Kinder freundlichst von mir grüßen. Ihnen selbst besten Gruß
von Ihrem ergebensten Schmidt-Rottluff

55
An Ernst Beyersdorff, Oldenburg
Dangast, 2.7.1909

Sehr geehrter Herr Beyersdorff,
voraussichtlich fahre ich nächsten Montag mal nach Oldenburg und würde Nachmittags, nach 4, bei Ihnen vorkommen.[1] Doch wäre es mir lieb, wenn sie nicht auf mich warten wollten, für den Fall, dass mich irgend etwas abhält, zu fahren.
Leider vergass ich Ihnen das letzte Mal die Radierungen zu zeigen, damit Sie davon wählen. Ich habe irgendwie beim Umzug oder während des Winters die Platten versiebt. Sie haben sich bis jetzt nicht gefunden, so dass ich also nicht eben viel Drucke mehr habe.[2]
Ein Wort meines Freundes Leibl, den Sie mir so furchtbar gern zum Seelenmacher machen wollten, ist mir unter die Hände gekommen: „Wenn man einen Menschen sehr treu abschildert, dann kommt schon von selbst alles in das Bildnis hinein, was in diesem Menschen lebt".[3]
Somit denn freundlichsten Gruss an Sie, mit gütiger Empfehlung an Ihre Frau Mutter
Ihr Schmidt-Rottluff

56
An Ernst Beyersdorff, Oldenburg
Dangast, 12.7.1909

Lieber Herr Beyersdorff,
ich habe dem Kunstverein Leipzig die Weisung gegeben, Ihnen einige Radierungen und Lithographien zuzustellen.[1] Wollen Sie davon vielleicht ein Blatt wählen, damit ich Sie mit dieser Aussicht nun eben nicht allzulang hinhalte.
Das nun einmal angeschnittne Thema von der Seelenmalerei ist leider noch nicht so ganz zur Ruhe zu bringen. Ich möchte vor allem nicht, dass Sie mich in meiner Weise, Malerei zu geben, als äusserlich fassen, wozu meine Bemerkung von der malerischen Aussenseite vielleicht führen könnte. Wenn ichs genauer sagen sollte, könnte ich nur die angezognen Worte Leibls gebrauchen.
Es fällt mir eine Bemerkung ein, die ich früher mal gemacht habe, eben über den Zusammenhang zwischen Psyche und Körper: Jeder Mensch schafft sich sein Gesicht selber. Es ist natürlich auch für mich keine Frage, ob mich ein geistig entwickelter Mensch mehr intressiert als ein Urbild der Stupidität oder gar die flache Physiognomie des nichtssagenden Durchschnitts.
Mit verbindlichstem Gruss
Ihr Schmidt-Rottluff

57
An Ernst Beyersdorff, Oldenburg
Dangast, 24.8.1909

Lieber Herr Beyersdorff,
ich vergass ganz Ihnen zu schreiben, falls Sie Sonntag eher kommen sollten, Sie natürlich zum Mittagessen hier geladen sind.[1] Nur wüsste ich gern Bestimmtes. Das Wetter ist ja in den 8 Tagen nicht eben viel besser geworden.
Freundlichen Gruss Ihr S. R.

58
An Bertha Rohlsen, Lofthus (Norwegen)[1]
Dangast, 14.9.1909

Viele herzliche Grüsse Ihnen liebe und verehrte gnädige Frau und Frl. Gudrun aus Dangast. Ich habe hier schon schöne Stunden verlebt.
Ihre Rosa Schapire[2]

Ihnen, gnädigste Frau und Frl. Tochter einen ergebenen Gruss nach Ihrem Sommersitz.[3]
Schmidt-Rottluff, Dangast

59
An Theodor Francksen, Oldenburg
Dangast, 28.9.1909

Sehr geehrter Herr Francksen,
vielen Dank für Ihre Mühe, mir die Graphik zurückzusenden.[1] Ich wollte schon immer nach Oldenburg kommen, hatte aber in der letzten Zeit Besuch von meiner Schwester,[2] die nur leider hier krank wurde, so dass ich nicht gut weg konnte. Dann steckte ich auch sehr in Arbeit. Doch hoffe ich in den nächsten Tagen wieder einmal bei Ihnen vorsprechen zu können.[3]
Freundlichen Dank auch für den intressanten Besuch, den Sie mir vor einiger Zeit zuwiesen. Ich darf dann wohl von Ihnen etwas über die Dame erfahren.[4]
Empfehlen Sie mich bitte angelegentlich Frl. Knoche. Mein College Heckel erwidert Ihren Gruss.[5]
Verbindlichst grüssend Ihr ergebenster
Schmidt-Rottluff

60
An Bertha Rohlsen, Hamburg
Dangast, 11.10.1909

Sehr geehrte gnädige Frau,
verzeihen Sie mir, dass ich erst heute dazu komme, Ihnen zu antworten. Mit Ihrer liebenswürdigen Einladung nach Norwegen haben Sie mir eine ungeheure Freude gemacht, und ich weiss nicht, wie ich Ihnen, gnädige Frau, für diesen erneuten Beweis Ihres Wohlwollens danken soll. Ich werde stolz sein, Sie auf Ihrem nordischen Sommersitz näher kennen lernen zu dürfen.[1]
Doch möchte ich Sie, gnädige Frau, um die Erlaubnis bitten, meine endgültige Zusage erst im nächsten Frühjahr machen zu können. Ich habe für den Winter manche Arbeitspläne und weiss nicht, wie weit ich damit zustande kommen werde. Indes hoffe ich bestimmt, Ihrer gütigen Einladung folgen zu können.[2]
Seien Sie überzeugt, gnädige Frau, dass ich Ihnen für Ihre Güte immer dankbar sein werde.
Ihnen und Ihrer Fräulein Tochter herzliche Grüsse von Ihrem ergebensten
Schmidt-Rottluff

61
An den Oldenburger Kunstverein, z. Hd. Richard tom Dieck
Dangast, 11.10.1909

Sehr geehrter Herr tom Dieck,
für den Kunstverein möchte ich zur Ausstellung[1] 6 graphische Blätter anmelden. Ich werde der Sendung jene Blätter beifügen, die ich für die Neuenburger Kate stiften wollte.[2]. Hoffentlich ist es dann nicht zu spät.
Mit bestem Grusse
Ihr Schmidt-Rottluff

Auf einem Beiblatt:
Für die Ausstellung innerhalb des Künstlerbundes:
„Varelerhafen", „Ziegelei", „Strandkörbe", „Wattenmeer" (Holzschnitte je 25,–)[3]
Für die Neuenburger Kate zur Verlosung:
1 Radierung „Gehöft im Moor"; Lithogr. „Herbstliches Meer"[4]

62
An Ernst Beyersdorff, Oldenburg
Dangast, 23.10.1909

Sehr geehrter Herr Beyersdorff,
vielen Dank für Ihre Karte. Ich werde gewiss Dienstag nach Oldenburg kommen und würde ich am Spätnachmittag mit Heckel zu Ihnen kommen. Bin sehr in Arbeit, da ich meine Abreise beschleunigen möchte.[1]
Freundlichste Grüsse von Heckel und Ihrem
Schmidt-Rottluff

63
An Gustav Schiefler, Hamburg
(Berlin, Januar 1910)

Lieber Herr Direktor,
mein Brief kommt leider erst nach Einzug des neuen Jahres, doch nehmen Sie hoffentlich meine verspäteten Neujahrswünsche, die für Sie und Ihre Familie die besten sind, noch an. Hoffentlich wird Ihnen gesundheitlich das neue Jahr ein besserer Freund sein, als das verflossene. Sonst wirds am Ende doch noch Wahrheit, daß Sie Ihre berufliche Tätigkeit an den Nagel hängen und einen Kunsthandel eröffnen. Jedenfalls aber, wir Künstler werden Sie als Reformator dann freudig begrüßen.
Munchs „Alpha und Omega",[1] das Sie mir zuletzt zeigten, sah ich in Berlin wieder. Es machte mir einen bedeutend stärkeren Eindruck als in Hamburg, wo mir das unverkennbar Novellistische zu sehr mit-

sprach. Vielleicht lags auch an der Umgebung in Berlin: die Blätter sämtlich nebeneinander, an der anderen Wand Slevogts Illustrationen,[2] an der anderen Corinths Judith-Dummheiten[3] – ja, Munch, das waren große dekorative Buchstaben, die schlicht und eindringlich von dem sprachen, was er sagen wollte – eine dekorative Epik.
In den nächsten Tagen soll es nach Dresden gehen.
Mit den besten Grüßen an Sie Ihre Frau und Familie
Ihr Schmidt-Rottluff

64
An Ernst Beyersdorff, Oldenburg
Dresden, Berliner Str. 20, 6.2.1910

Lieber Herr Beyersdorff,
da ich heute mal dabei bin, Post gleich in summa zu erledigen und Sie schon länger auf meiner Liste stehen, sollen Sie auch von mir hören.
Seit einigen Wochen bin ich in Dresden, arbeitshalber, was aber just nicht so wird, wie ichs gedacht.[1] Allerdings gabs und gibts eine Menge geschäftliche Dinge zu erledigen, ohne die es nun einmal nicht abgeht. In Hamburg bringt jetzt die Galerie Commeter eine Ausstellung von mir, die erste seit langer Zeit, auf die ich Wert lege, trotzdem sie von mir mit grösster Liederlichkeit vorbereitet worden ist.[2]
Was machen Sie in Oldenburg? Noch am Dr. schwitzen? Es ist ja ein kleines Epitheton zum Namen von lediglich gesellschaftlichem Wert und sonst nichts weiter.[3] – Aber vielleicht sehen Sie es anders an, vielleicht aber auch nur solange, bis Sie sichs besorgt haben.
Im übrigen aber herzliche Grüsse auch an Ihre Frau Mutter.
Ihr Schmidt-Rottluff

65
An Richard tom Dieck, Oldenburg
Dresden, (Februar 1910)

Sehr geehrter Herr tom Dieck,
es ist wohl angängig, dass meine beiden Bilder ein paar Tage vor Schluss aus der Ausstellung genommen werden.[1] Vielleicht am 10. – Sie sind zur Leipziger Secession angemeldet.[2] Wollen Sie so freundlich sein, beim Kunstverein das Weitere zu veranlassen. Die Begleitpapiere schicke ich gleich mit an Ihre Adresse.
Wie gehts sonst in Oldenburg?
Hier ist brillantes Wetter, doch trotz des prächtigen Sonnenscheins empfindlich kalt noch.
Mit kollegialem Gruss
Schmidt-Rottluff

66
An Ernst Beyersdorff, Oldenburg
Chemnitz, 23.3.1910

Lieber Herr Beyersdorff,
freut mich, dass Sie meine freie Äusserung nicht übel genommen haben, allerdings ist so ein Doktorexamen eine Einrichtung, die im sozialen Leben einen Faktor bildet, mit dem sich's rechnen lässt.[1]
Diese Ausstellung in Bremen scheint ja so ungefähr unter Ausschluss der Öffentlichkeit stattgefunden zu haben. Ich hörte wenigstens von Ihnen das erste Wort darüber und bin sonst in Ausstellungsdingen eigentlich leidlich gut unterrichtet.[2]
Auf den Lappan bin ich gespannt.[3] Von einer gemeinsamen Ausstellung dort mit Heckel weiss ich nichts, doch hat mir Oncken vor langem in unbestimmten Vorstellungen davon gesprochen.[4] Ich dürfte jedenfalls für die nächste Zeit nichts von Bedeutung zur Verfügung haben. Heckel ist augenblicklich in Berlin;[5] er schrieb, dass er von Oncken auch nicht Bestimmtes wüsste.
Ende April denke ich, wieder in Dangast einzutreffen.[6] Im Allgemeinen war dieser Winter für mich wenig ereignisvoll, leider auch für meine Arbeit, da für andere Dinge zuviel Zeit draufgehen musste. Hoffentlich gibt's nun einen guten Sommer.
v. Buschs und Bakenhusens Kritik über die Kunstvereinausstellung[7] kam mir auch in die Hände. Das etwas zweideutige Verhalten machte mir viel Spaß, es ist ja schliesslich auch nicht einfach, über die Dinge zu schreiben, die man schon nicht mehr empfinden kann, wenn man schon zu alt dazu ist.[8]
Herzlichen Gruss noch von Ihrem
Schmidt-Rottluff

67
An Gustav Schiefler, Hamburg
Dangast, 29.6.1910

Lieber Herr Direktor,
haben Sie freundlichen Dank für Ihren Brief. Ich steckte nur dieser Tage sehr in Arbeit, daß ich zum Schreiben kaum gekommen bin. Es waren unglaublich schöne Tage, voll soviel Sonne, wie noch nie hier.[1]
Daß Sie in Berlin in der Neuen Sezession gewesen sind, freut mich, besonders daß Sie auch sagen, das Gewicht läge auf Brücke.[2]
Pechstein ist seit Anfang Juni hier bei Heckel. Sie reisen aber beide nächstens ab, um der Hochsaison zu entfliehen.[3]

Wollen Sie Ihre Frau Gemahlin und Kinder schönstens von mir grüßen, Ihnen selbst verbindlichsten Gruß von Ihrem ergebenen
Schmidt-Rottluff

68
An Ernst Beyersdorff, Oldenburg
Dangast, 17.7.1910

Lieber Herr Beyersdorff,
natürlich wird es mich sehr freuen, Sie am Sonntag hier zu sehen.[1] Vielleicht kommen Sie schon vormittag, um die grösste Hitze zu vermeiden und wir sind dann den ganzen Tag zusammen.
Freundlichst grüssend Ihr S. R.

69
An Ernst Beyersdorff, Oldenburg[1]
Dangast, 20.9.1910

Lieber Herr Beyersdorff,
freundlichen Dank für Ihren Brief und Ihre Einladung. Ich wäre schon längst mal zu Ihnen gekommen, wenn ich nicht die ganze Zeit Besuch gehabt,[2] da laufen einem die Tage zwischen Arbeit und Bummeln schrecklich davon. Nächsten Freitag denke ich jedoch nach Oldenburg zu kommen und bin 1/2 6 ev. bei Ihnen, doch bitte ich nicht auf mich zu rechnen, wenn ich Ihnen nicht noch kurzen Bescheid gebe. Möglicherweise fahre ich auch Donnerstag.[3]
Natürlich würde ich Sie auch sehr gern nochmal hier sehen, wo's inzwischen sehr still geworden ist.[4]
Ihr Entsetzen über die Holzschnitte im Brückenkatalog[5] verstehe ich nicht ganz. Ich sah ihn mir direkt auf diese Knochenbrüche hin an, doch müssen Sie mir die entschieden noch nachweisen. Ganz abgesehen davon, dass ich nicht auf dem Standpunkt der korrekten Zeichnung stehe, sondern der Meinung bin, dass es eine wahre und eine richtige Zeichnung gibt. Eine wahre, die gewisse Verhältnisse verschiebt und von der richtigen abweicht, dafür aber Gesehenes im Kern des Wesens gibt, und somit überzeugender und wahrer den Eindruck gibt.
Dass Sie sich mit Verdruss abgewandt haben, tut mir sehr leid. Ich glaube Heckel und Kirchner soweit zu kennen, dass ich weiss, es handelt sich für sie nur um den Ausdruck des eignen Wesens und nie etwa darum, einer fremden Art näher zu kommen.[6] Natürlich ist eine ganz andere Frage, ob man mit diesem Wesen sympathisiert oder nicht, aber darauf kommt's meiner Ansicht nach bei einer künstlerischen Bewertung nicht an.
Aus dem Oncken-Gerede wird kaum etwas, ich glaube nicht, dass er je eine Brückenkollektion bekommen wird.[7]
Über das mir gespendete Lob kann ich wohl drüber weglesen, – es sei denn, dass man sich um so zweifelhafte Komparative wie „persönlicher“ und „sicherer“ zanken wolle, aber das wollen wir ja wohl nicht tun.
Somit freundlichsten Gruss von
Ihrem S. Rottluff

70
An Ella Kohlstedt, Berlin[1]
Dangast, 8.10.1910[2]

Liebe Ella,
nach Berlin komme ich vielleicht schon in nächster Zeit, ist aber noch nicht ganz bestimmt. Wenn, komme ich natürlich Dich besuchen. Das Exlibris könntest Du übrigens billig bei Acquistapace Varel drucken lassen.[3] Der ist nun für meine Sachen eingedrillt. Selber drucken macht aber ja auch Spass!
Grüsse Deine Schwestern und Mutter.
Dir viele herzlichste Grüsse und bald auf Wiedersehen
Dein S. Rottluff

71
An Frh. v. Bothmer, Oldenburger Kunstverein
Dangast, 14.11.1910

Ew. Exzellenz
in einer Sache des Kunstvereins anzugehen, kann ich leider nicht umhin. Die Jury des Kunstvereins hat meine 3 eingelieferten Bilder sämtlich refüsiert.[1] Dieses Vorgehen hat mich sehr überrascht, umsomehr, als es das erste Mal ist, dass ich an die offiziellen Ausstellungen Bilder geschickt habe, seitdem ich meinen Wohnsitz im Oldenburger Lande habe.[2]
Wenn der Kunstverein die Absicht hat, die Künstler des Landes zu fördern, so verdient das Vorgehen der Jury alles andre als Billigung. Ich habe jedenfalls nichts dagegen und erwarte auch nichts anderes, dass das eine oder andre nicht genommen wird, aber sämtliche Bilder abzuweisen halte ich für eine höchst einseitige Jurierung.[3]
Aus angeführten Gründen bitte ich Ew. Exz. höflichst, gegen das Urteil der Jury Einspruch zu erheben und mir die Ausstellung möglichst eines Bildes doch zu verschaffen.
Mit größter Hochachtung und Ergebenheit
Schmidt-Rottluff

72
An Ernst Beyersdorff, Oldenburg
Hamburg, 17.11.1910

Lieber Herr Beyersdorff,
freundlichen Dank für Ihre Karte.
Die Onckenausstellung sah ich noch. Eine jedenfalls sehr einseitige Einführung der Neuen Sezession in Oldenburg.[1] Segal begabt? Halten Sie diese Weihnachtszuckerkuchen für Äusserungen einer malerischen Begabung? Ich nicht.[2]
Bei Richter ist's wohl möglich, dass er zu etwas kommt, wenn er von der Kunowskischen Methode frei wird – waren nicht die Worpsweder Landschaften von ihm? Sie waren bedenklich schlecht.[3]
Freundlichste Grüsse
Ihr S. Rottluff

73
An Gustav Schiefler, Hamburg
Hamburg, (Ende November 1910)

Lieber Herr Direktor,
haben Sie nochmals schönsten Dank für Ihre gestrige Einladung. Es tat mir furchtbar leid, daß ich nicht zu Ihnen hinkommen konnte, ich war leider bereits versagt.[1]
So werde ich sie diesmal nun doch nicht wiedersehen können. Wollen Sie mich aber freundlichst Ihrer Frau Gemahlin und Ihrem Frl. Tochter empfehlen. Das Bild, das noch immer vergessen wurde, wollen Sie das gelegentlich an die Kunsthandlung Oncken Oldenburg gehen lassen.[2] Es tut mir sehr leid, daß ich Ihnen diese Mühe mache, aber es kann durchaus gelegentlich geschehen.
Mit verbindlichsten Grüßen
Ihr ergebenster Schmidt-Rottluff

74
An Ernst Beyersdorff, Oldenburg
Hamburg, 31.12.1910

Lieber Herr Beyersdorff,
Ihnen und Ihrer Frau Mutter herzliche Neujahrsgrüsse.
Ich habe gestern 36 Bilder in 2 Sälen gehangen, ausserdem einen Saal mit Grafik, eine sehr stattliche Ausstellung.[1]
Vielen Dank, dass Sie mir die Kisten gelagert haben.[2]
Verbindlichst Ihr S. Rottluff

75
An Ernst Beyersdorff, Oldenburg[1]
Hamburg, 18.2.1911

Lieber Herr Beyersdorff,
Ihr Brief liegt schon wer weiss wie lang zur Beantwortung auf meinem Schreibtisch.
Sie sind inzwischen gewiss mit Ihrer Assessorarbeit fertig geworden.[2] Ich habe hier mit Macht die Zeit totgeschlagen mit Einladungen, Arbeit, Besuchen und sonstigem verteufelten Zeug, habe auch ein Porträt gemalt, so zwischenrein. Damit ist's aber immer eine zwiespältige Sache, man steckt seine eignen Ansichten tiefer und gefällt dann weder sich noch dem Besteller, doch war jetzt das zweite mal nicht der Fall.[3]
Die Ausstellung[4] hat hier unglaublich Leben hervorgerufen, die Reporter spuckten, doch hatte ich selber dies mal nicht auf dem Gewissen, sondern der Vortrag Dr. Schapires, der eine Zeitungskritik[5] angriff und dann halten Reporter plötzlich zusammen – eine Erfahrung, die mir leider nicht zur rechten Zeit einfiel.
Der Erfolg der Ausstellung war günstig: 4 Bilder, 15 Grafiken fort.[6]
Was hat das mit Oncken auf sich? Mir ist von dieser Ausstellung, Heckel, Kirchner, Pechstein, nichts bekannt. Ist daraus was geworden?[7]
Die Festschrift der Neuen Sezession, das hat ja wohl vorläufig noch gute Wege.[8]
Bei Commeter war jetzt eine Ausstellung der Impressionisten,[9] ein gutes Strassenbild mit Fahnen von Monet, ein Cezanne, von Pissarro waren 2 Bilder gut, sonst alles sehr schwach, Monet wirkte höchst unangenehm virtuos.
Vielleicht höre ich gelegentlich wieder von Ihnen. Bis dahin herzliche Grüsse
Ihr S. Rottluff

76
An Ida Dehmel, Blankenese b. Hamburg[1]
Chemnitz, Weststr. 46^{II}, 7.4.1911[2]

Sehr geehrte gnädige Frau,
vielen Dank für Ihre Karte und tausend für die Dehmels, die mir Ihr Mann gestiftet.[3] Ich habe mich maßlos darüber gefreut. Erhielt die Sendung kurz vor der Abreise, so daß mir Hamburg den schönsten Augenblick ganz zuletzt schenkte. Im Sommer oder Herbst hoffe ich Sie dann wiederzusehen.
Mit vielen Grüßen und herzlichstem Dank an Sie und Ihren Mann
S. Rottluff

77
An Rosa Schapire, Hamburg[1]
Chemnitz, 22.4.1911

Sind wohl noch da: „Dangaster Park" Litho.,[2] „Liegendes Mädchen" Holz.,[3] „Bahnüberführung",[4] „Blumenpflückende Frauen" kl. Holzschnitt,[5] „Dangaster Park" (hier folgt Motivskizze) – einen vollen Druck möglichst.
Könnte ich die wohl haben, damit ich hier austauschen kann?
Mit vielem, vielem Dank.
Herzlichst S.-Rottluff

78
An Gustav Schiefler, Hamburg
Chemnitz, (April 1911)

Sehr geehrter Herr Direktor,
ich sandte Ihnen gestern noch die größeren Holzschnitte zu, die ich nun endlich gedruckt habe.[1] Neue Holzschnitte sind hier nicht entstanden, ich denke aber, daß ich in Dangast dazu komme, da ich noch einiges im Kopf habe.[2] Hier war auch das Wetter viel zu schön, um Holz zu schneiden und zu drucken. Vom 4. Mai ab bin ich wieder in Dangast[3] und zum Herbst wohl wieder in Hamburg.
Mit vielen Grüßen an Sie, Ihre Frau und Kinder
Ihr S-Rottluff

79
An Ida Dehmel, Blankenese b. Hamburg
Chemnitz (Ende April 1911)

Sehr geehrte gnädige Frau,
was mögen Sie wohl denken, daß ich nie auf Ihre Karten reagiert habe. Dehmels Bücher habe ich natürlich bekommen, und mit welcher Freude darüber ich aus Hamburg fortging, das mögen Sie kaum glauben.[1] Wenn ich auch nicht ganz Ihrer Meinung bin, daß menschlicher Verkehr auf gegenseitigem Danke beruhen sollte, so ist doch das Schönste, wenn man einander etwas geben und voneinander nehmen kann. Sie wissen nicht, was es mir bedeutet, oft nur ein paar Zeilen Dehmel zu lesen. Ich fühle dann immer etwas Dithyrambisches in mir, den Rausch des Bluts. Und dann freut es mich wieder, wenn Ihnen meine Dinge etwas vom eigenen Leben sagen.[2]
Hier ist seit acht Tagen mit einem Male warmer Frühling geworden; ich werde jeden Tag ungeduldiger, da ich nach Dangast möchte. Aber nächste Woche bin ich bestimmt dort.[3]
Grüßen Sie Dehmel vielmals und seien Sie selber freundlichst gegrüßt
von Ihrem ergebenen S. Rottluff

80
An Bertha Rohlsen, Hamburg
Dangast, 15.5.1911

Verehrteste gnädige Frau,
vielen Dank zunächst für Ihren Brief und Ihre Karte, die mich noch in Chemnitz erreichten. Es hat mich sehr gefreut, dass Ihnen die Holzschnitte gefallen haben; habe ich doch so das Bewusstsein, Ihnen keinen unangenehmen Vorschlag damals gemacht zu haben.[1] So unendlich gütig von Ihnen, verehrte gnädige Frau, mich nochmals nach Ihrem Sommersitz einzuladen.[2] Dass ich mit tausend Dank und Freude dies Jahr komme, wissen Sie schon.[3] Darf ich mich aber nun nach einigen Dingen erkundigen, die für mich immerhin von Wichtigkeit sind. Wie lange darf ich wohl bei Ihnen bleiben? Ich müsste mich ja entsprechend mit Malgerät versehen, da ich, wenn ich dort künstlerisch gut gestellt bin, natürlich dann nicht untätig sein möchte.[4]
Zwar habe ich noch Ihren Brief, wo Sie mir die Landroute genau angeben, ich möchte aber hin den Weg lieber auf dem Wasser machen.[5] An welche Schiffsgesellschaft muss ich mich wenden, auch wegen des eventuellen Transports von einer oder 2 Kisten mit Malgerät?[6]
Verzeihen Sie vielmals, gnädige Frau, dass ich Sie damit belästige, aber schliesslich finde ich bei Ihnen die beste Auskunft.
Es hat mir sehr leid getan, von Ihnen hören zu müssen, dass Sie sich nicht ganz wohl fühlen. Die besten Wünsche für Ihren Kissinger Aufenthalt!
Im übrigen kann ich Ihnen, verehrte gnädige Frau, immer nur meine Ergebenheit und Dankbarkeit versichern.
Mit verbindlichsten Grüssen
Ihr ergebenster Schmidt-Rottluff

81
An Bertha Rohlsen, Hamburg
Dangast, 18.6.1911

Sehr geehrte gnädige Frau,
ich habe mir nun von Reimers für den 8. Juli einen Dampferplatz belegen lassen. Am Dienstag den 11. würde ich dann in Bergen sein, und am Mittwoch in

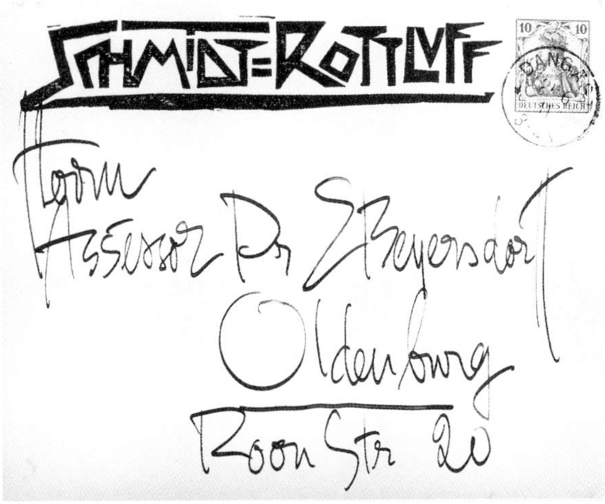

Briefumschlag mit Poststempel Dangast 21.6.1911 (Schap. 31)

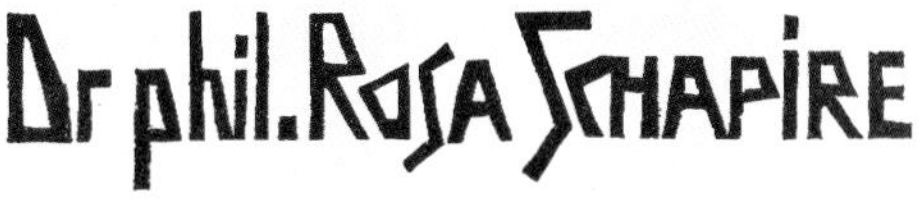

Besuchskarte von Rosa Schapire, 1912 (Schap. 29)

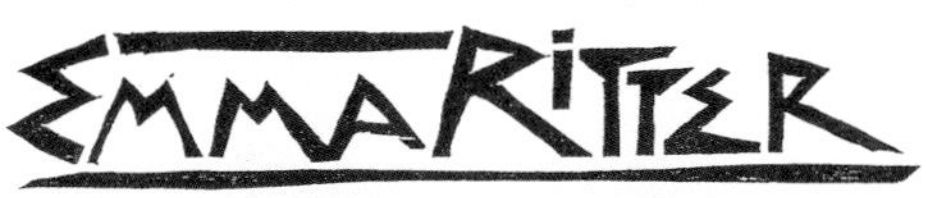

Briefbogenkopf Emma Ritter, 1911 (Schap. 17)

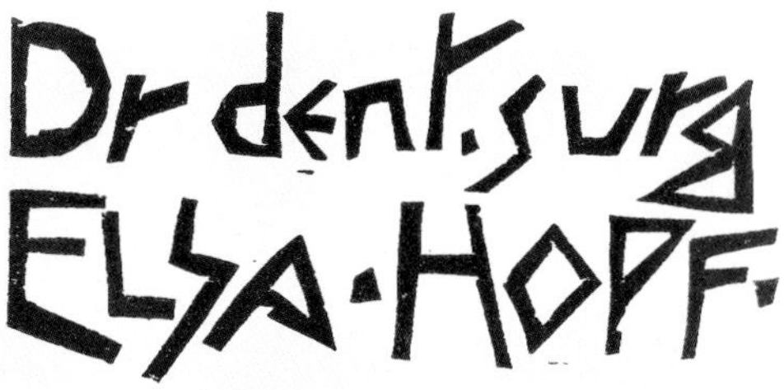

Besuchskarte von Elsa Hopf, 1912 (Schap. 28)

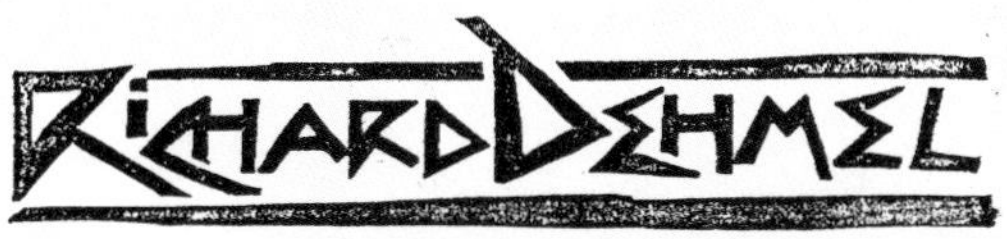

Briefbogenkopf für Richard Dehmel, 1911 (nicht bei Schapire)

Lofthus. Ich freue mich riesig, Norwegen und vor allem Ihren Sommersitz nun kennen zu lernen.[1]
Hoffentlich haben Sie in Kissingen einen guten Erfolg Ihrer Kur gehabt.
Tausend Dank gnädige Frau, für Ihre Plakatidee.[2] Leider hatte ich dieses Jahr keine Möglichkeit gehabt, im Juni zu reisen. Ausserdem müsste ich mit Reimers mal persönlich darüber sprechen.
Ich kann Ihnen nur immer wieder sagen, dass ich mich furchtbar freue, dies Jahr zu Ihnen kommen zu können.
Ihr ergebenster S-Rottluff

82
An Ernst Beyersdorff, Oldenburg[1]
Dangast, 21.6.1911

Lieber Herr Beyersdorff,
zunächst herzlichen Glückwunsch zum Doktor.[2]
Vermutlich komme ich nächsten Sonnabend Nachmittag nach Oldenburg.[3] Ich würde entweder 1/2 3 oder 1/2 5 bei Ihnen vorkommen können. 1/2 5 wahrscheinlicher. – Ich würde mich sehr freuen, wenn Sie Ihre Mutter mal mit nach Dangast bringen würden.
Nächsten Sonntag habe ich vermutlich dreifachen Besuch.[4] Da sich die Menschen noch nicht gegenseitig kennen, würde ich mich sehr freuen, wenn Sie vielleicht Sonntag darauf kommen wollten, mit Ihrer Frau Mutter, doch davon können wir noch am Sonnabend sprechen.[5]
Am 8. Juli fahre ich nach Norwegen, am 15. August bin ich jedenfalls wieder hier.[6]
Ihren Herrn Dr. Rumpf würde ich natürlich sehr gern hier sehen.[7]
Herzliche Grüsse Ihr S. Rottluff

83
An Richard tom Dieck, Oldenburg[1]
Dangast, 27.6.1911

Sehr geehrter Herr tom Dieck,
an dem Sammelwerk will ich mich sehr gern beteiligen.[2] Wahrscheinlich komme ich Donnerstagvormittag mal zu Ihnen hin, um weiteres darüber zu erfahren – den Beitrag werde ich dann gleich mit abliefern.[3]
Verbindlichst grüssend S-Rottluff

84
An Ida Dehmel, Blankenese b. Hamburg
Dangast, 30.6.1911

Sehr geehrte gnädige Frau,
darf ich Ihnen heute wohl mit einer Bitte kommen? Wollen Sie Ihren Mann fragen, ob ihm die beifolgenden Buchstaben als Briefkopf gefallen könnten?[1] Den scheußlichen Bogen müssen Sie allerdings entschuldigen. Ich bekam den Druck heute so vom Drucker.[2]
Wie weit sind Sie wohl mit Ihrem Haus? Wenn ich wieder in Hamburg bin, möchte ichs wohl mal sehen.[3]
Mit herzlichen Grüßen an Sie und Dehmel
Ihr S. Rottluff

85
An Richard tom Dieck, Oldenburg
(Dangast, Ende Juni 1911)

Sehr geehrter Herr tom Dieck,
leider komme ich die nächste Zeit wohl nicht nach Oldenburg. Ich hätte aber gern Näheres über das Sammelwerk oldenburg. Kunst gehört.[1]
Könnte ich wohl dort im Augusteum für einige Wochen ein paar Kisten (mit Bildern) unterstellen? Ich muß sie dann doch wieder weiterschicken und brauche sie hier nicht. Es sind nur zwei oder drei.[2]
Frau Magnussen (Schiff) hat mir Grüsse an Sie aufgetragen.[3]
Mit bestem Gruss Ihr S. Rottluff

86
An Ida Dehmel, Blankenese bei Hamburg
Lofthus/Hardanger (Norwegen), 14.7.1911

Sehr geehrte gnädige Frau,
Tausend Dank für Ihren Brief. Es freut mich sehr, daß ich Dehmel und Ihnen mit der Schrift eine kleine Freude machen konnte. Die kleine Änderung ist, glaube ich, sehr gut gewesen; das Ganze klingt so besser aus.
Der Druck direkt in Bücher würde mit einer Kopierpresse schon gehen, die üblichen Buchdruckpressen eignen sich nicht gut dazu. Mit meiner Freude über Ihre Freude und herzlichen Grüßen
Ihr S. Rottluff

N.S. Den Stock sende ich heute mit ab.[1]

87
An Ernst Beyersdorff, Oldenburg[1]
Lofthus (Norwegen), 19.7.1911

Lieber Herr Beyersdorff,
Ihnen und Ihrer Frau Mutter beste Grüsse aus Norwegen. Ich hatte eine wundervolle Meer- und Fjordfahrt. Es gibt manches Schöne, aber im allgemeinen ist Norwegen grosser Stuss.
Hoffentlich fangen Sie an, sich jetzt zu erholen.
Ihr S. Rottluff

88
An Martha Rauert, Hochkamp b. Hamburg
Dangast, 18.8.1911

Sehr geehrte gnädige Frau,
vielen Dank für Ihre Karte, die mich sehr gefreut hat. – Dangast sieht geradezu trostlos aus, wie November, fast kein Laub mehr an den Bäumen und alles Gras rotgelb![1]
In Lofthus wars allerdings sehr still geworden und Heinz-Paul und Oswald fehlten bei manchem Spass.[2] – Meine Rückreise war unvergleichlich schön, Fjord und Meer – gleich wundervoll.
Sie nehmen gewiss aus dem tönereichen Bayreuth manche schöne Stunde mit fort. – Hoffentlich hatten sie noch eine glückliche Autofahrt bis Hamburg! – Herzliche Grüsse an Sie, Ihren Mann und die beiden Jungens nicht zu vergessen.
Ihr ergebener S-Rottluff

89
An Ernst Beyersdorff, Oldenburg
Dangast, 20.8.1911

Lieber Herr Beyersdorff,
bin jetzt wieder in Dangast. Komme nächsten Mittwoch wahrscheinlich nach Oldenburg, nachmittags.[1]
Kann ich Sie um irgendeine Zeit zu Haus treffen? Wenn Sie nicht unbedingt meinetwegen zu Haus bleiben, wäre es mir das angenehmste.
Habe neulich auch ein Papiermesser gemacht.[2]
Herzlichen Gruss Ihr S. Rottluff

Grüssen Sie bitte Ihre Frau Mutter

90
An Bertha Rohlsen, Hamburg
Dangast, 23.8.1911

Sehr geehrte gnädige Frau,
seit ich wieder in Dangast bin, will ich Ihnen immer schreiben, von all den schönen Erinnerungen erfüllt, die nun mit Ihnen und Ihrem Ringolfnaes verknüpft sind. Die Fjordfahrt nach Bergen, dieser letzte Tag in „Ihrem" Norwegen, war noch ein Tag voll Schauens, – Schauen und wieder Schauen – und dazwischen tauchte wohl mancher Tag und manche Stunde von Ringolfnaes auf und das alles wob einen schönen Traum. Ihnen vielen herzlichen Dank dafür.
Der erste Tag hier in Dangast zeigte in erbarmungslosem Sonnenlicht ein trostloses Land. Alle Weiden in brandigen Farben, Gärten und Bäume trist wie im November.[1] Glücklicherweise giebts jetzt bewölkte Luft, die zu dem allen besser passt.[2]
Hoffentlich haben Sie dort noch sehr schöne Tage gehabt und noch reiche Ernte in Ihrem Garten gehalten.[3] Es tut mir hier sogar noch leid, dass ich die Champignonzucht nicht mehr einrichten konnte.
Mit vielen Grüssen an Sie und Frau Faulborn
Ihr ergebenster S-Rottluff

91
An Theodor Francksen, Oldenburg
Dangast, 22.9.1911

Sehr geehrter Herr Francksen,
ich glaube mal von Ihnen gehört zu haben, dass Sie einige Radierungen von Otto Fischer[1] besitzen. Wenn Sie O. F. sehr interessiert, möchte ich Ihnen von einem Blatte schreiben, das ich jetzt beabsichtige in den Kunsthandel abzustossen.
Es ist eine Hamburger Hafenradierung, Künstlerdruck, und ein nur einmal vorhandenes Exemplar.[2] Es gibt von der Platte keinen 2ten Druck, da sie nach dem ersten zerstört ist. Das Blatt ist signiert, ich habe es selbst vom Künstler vor paar Jahren gekauft.[3] Da michs jetzt nicht mehr interessiert und ich dafür etwas anderes besitzen möchte, will ich die Radierung jetzt abstossen. Für den Fall, dass Sie etwa Intresse an diesem Unikat haben, wollte ich Ihnen erst davon schreiben.
Mit freundlichen Grüssen an Sie und bester Empfehlung an Frl. Knoche,
Ihr ergebner S. Rottluff

92
An Bertha Rohlsen, Hamburg
Dangast, 29.9.1911

Sehr geehrte gnädige Frau,
da ich jetzt Gelegenheit habe, mich Ihrer freundlichen Absicht zu erinnern, Oppenheimers[1] für meine Bilder zu interessieren, möchte ich Ihnen heute schreiben, dass im Oktober wieder eine Ausstellung in Frankfurt ist. Ich stelle mit „Brücke" dort aus, in der Kunsthandlung Rudolf Bangel, vom 1. Oktober an.[2] Wenn Sie Oppenheimers davon schreiben würden, wäre ich Ihnen sehr verbunden, und ich würde mich sehr freuen, wenn es Ihnen gelänge, dafür Interesse zu wecken.
Vielleicht darf ich mich gleichzeitig mit nach Ihrem Befinden erkundigen. Die Schlaflosigkeit haben Sie hoffentlich im tiefen Hardangerfjord zurückgelassen, dafür aber viel Frische für den bevorstehenden Winter aus Norwegen mitgebracht.
Mit freundlichsten Grüssen Ihr immer verbundener und ergebener
S. Rottluff

93
An Bertha Rohlsen, Hamburg[1]
Berlin Friedenau, Niedstr. 14, 30.10.1911

Sehr geehrte gnädige Frau,
vielen herzlichen Dank, dass Sie an Oppenheimer geschrieben. Bei Commeter habe ich jetzt eine Anzahl Kästen ausgestellt[2] – abstrakte Kunst – die nach meiner Rückkehr von Ihrem Lofthus entstanden ist.[3]
Bin jetzt in Berlin-Friedenau, Niedstr. 14,[4] doch komme ich Anfang nächsten Jahres vermutlich auf einige Wochen nach Hamburg.[5]
Mit verbindlichsten Grüssen und herzlichstem Dank
Ihr ergebener S. Rottluff

94
An den Oldenburger Künstlerbund, Oldenburg
Berlin-Friedenau, 5.11.1911

S. g. H.,
zur Ausstellung des Künstlerbundes[1] melde ich an 6 Aquarelle:[2] Kühler Morgen 200,–,[3] Kornpuppen 200,–,[4] Dangaster Mühle 250,–,[5] Watt bei Ebbe 250,–,[6] Weg im Herbst 200,–,[7] Ausfahrende Boote 200,–.[8]
Die Aquarelle kommen von München.
Hochachtungsvoll Schmidt-Rottluff

Dangast und Berlin-Friedenau, Nied Str. 14

95
An den Oldenburger Künstlerbund, Oldenburg
Berlin-Friedenau, 20.11.1911

S. g. H.,
die Spedition Gondrauel teilt mir mit, dass dort die Annahme meiner Bilder verweigert worden ist, weil Nachnahme darauf lastet, wovon ich erst jetzt etwas erfahre.
Da ich meines Wissens noch keine Zahlung an den Künstlerbund oder Kunstverein schuldig geblieben bin, befremdet mich dies Verhalten, und ich möchte doch bitten, meine Bilder noch in die Ausstellung zu bringen.[1] Ich glaubte, sie wären längst ausgestellt.
Hochachtungsvoll
Schmidt-Rottluff

Dangast und Berlin-Friedenau, Nied Str. 14

96
An Ernst Beyersdorff, Oldenburg
Berlin-Friedenau, 1.12.1911

Lieber Herr Beyersdorff,
vorläufig nur einen flüchtigen Gruss, hoffe, Ihnen bald mal mehr schreiben zu können. Bin seit Ende Oktober hier in Berlin, doch kaum in der Zeit mal zu mir selber gekommen.[1]
Grosse und sehr gute Ausstellung der Neuen Sezession.[2]
Herzlichen Gruss auch an Ihre Frau Mutter
Ihr S. Rottluff

97
An Gustav Schiefler, Hamburg
Hamburg, 2.2.1912

Sehr geehrter Herr Direktor,
ich muß mich heute doch mit einer großen Bitte an Sie und Ihre Frau wenden, trotzdem ich mirs oft hin und her überlegt habe. Ich möchte Sie darum bitten, mir das Armband[1] wieder zurückzugeben. Es war von mir in einer anderen Bestimmung gemacht worden und jetzt ist es mir ein unangenehmer Gedanke, es so einfach für Geld weggegeben zu haben. Ich hätte das zwar vorher wissen sollen, aber ich hoffe sehr, daß Sie und Ihre Frau mir doch den Wunsch und die Bitte erfüllen.
Mit den besten Grüßen Ihres ergebensten
S. Rottluff

98
An Luise Schiefler, Hamburg
Hamburg, Kl. Johannisstr. 6, (Februar 1912)

Sehr geehrte gnädige Frau,
Ich glaube wohl, daß es Ihnen schwer wird, sich von dem Armband zu trennen – aber ich kann Sie nur nochmals dringend bitten: Tun Sie es doch. Sie tun damit sehr viel für mich. Die Widmung Ihres Mannes mag es Ihnen besonders wertvoll machen, doch kann ich Ihnen sagen, daß es meinen Besitz nicht wieder verlassen wird.[1]
Ich bin bereit, Ihnen alles dafür einzutauschen, was Ihnen die Trennung erleichtern könnte, die Stickerei,[2] einen Kasten,[3] oder was Ihnen sonst gefällt, aber lassen Sie meine Bitte nicht unerfüllt.
Ich bitte Sie nochmals dringend darum.
Ihr ergebenster S.-Rottluff

99
An Ernst Beyersdorff, Oldenburg[1]
Hamburg, 25.2.1912

Lieber Herr Beyersdorff,
Ihre Karte liegt schon seit grauen Ewigkeiten bei mir und ist mit mir auf Reisen gewesen. Es waren sehr unruhige Zeiten in Berlin und Kämpfe unter den Künstlern. Reisen hin und her. Kurz, es fehlte mir sehr an Ruhe, nur mal einen Brief zu schreiben. Die Neue Secession ist nur noch ein Fragment und Brücke wird jetzt in Berlin die Führung der Jüngstdeutschen, auch öffentlich, übernehmen.[2]
Ich bin seit Mitte Januar wieder in Hamburg und habe viel gearbeitet.[3] Mitte März bin ich wieder in Berlin. Wenn Sie dann hinkommen, hoffe ich Sie auf jeden Fall zu sehen. Im April gibt's vermutlich eine Brückenausstellung bei Gurlitt.[4] Vielleicht haben Sie schon die neue Brückenmitteilung[5] bekommen, wenn nicht, erhalten Sie sie bald.
Rumpf ist ja wohl schon nicht mehr in Oldenburg. Wenn doch, grüssen Sie ihn und Frau Rumpf.[6]
Hoffentlich haben Sie mir meine lange Correspondenzpause nicht übel genommen.
Herzlichen Gruss Ihr S. Rottluff
Grüssen Sie bitte Ihre Mutter

100
An Richard tom Dieck, Oldenburg
Berlin-Friedenau, 20.3.1912

Sehr geehrter Herr tom Dieck,
dürfte ich Sie jetzt wohl bitten, veranlassen zu wollen,

dass mir meine sämtlichen dort im Augusteum lagernden Bilder zugesandt werden.[1]
Ich hätte Sie schon längst davon befreit, aber ich war Monate verreist und bin vor ein paar Tagen erst nach Berlin zurückgekommen, für ein paar Wochen nur, wie ich hoffe.[2]
Mein Spediteur ist hier Kopania u. Co., Bahnstation: Wilmersdorf-Friedenau.
Mit besten Grüssen Ihr ergebner
S. Rottluff

Dangast und Berlin-Friedenau, Nied Str. 14

101
An Ernst Beyersdorff, Oldenburg
Berlin-Friedenau, 27.4.1912

Lieber Herr Beyersdorff,
entschuldigen Sie bitte die Karte. Aber der rasende Takt des Berliner Lebens lässt mich schon seit Wochen nicht zur Ruhe kommen.[1] Es freut mich, dass Sie eine hübsche Erinnerung an Ihre Tage hier behalten haben.[2] Es freut mich auch, dass man sich in Oldenburg regt in Bezug auf Galerie.[3] Ich bin vermutlich noch über Mitte Mai hier, wenn ich Sie noch mal hier sehe, wäre mir das natürlich sehr angenehm.[4] Brücke ist geschlossen,[5] aber sie könnten wundervollen italienischen Kitsch sehen – Futuristen.[6]
Beste Grüsse Ihr S. Rottluff

102
An Ernst Beyersdorff, Oldenburg
Dangast, 10.6.1912

Lieber Herr Beyersdorff,
schönsten Dank für Ihren Brief und Artikel. Ich hoffe, nächstens mit Ihnen mal drüber sprechen zu können. Ich möchte Ihnen aber empfehlen, sich bei Herrn v. Busch für die Fussnote besonders zu bedanken. Dadurch wird der Ernst Ihres Aufsatzes doch sehr in Frage gezogen und damit jede Wirkung eigentlich illusorisch gemacht.[1]
Ich komme vermutlich Ende der Woche nach Oldenburg. – Leider ist's hier noch reichlich kühl.
Mit herzlichen Grüssen Ihr S. Rottluff

103
An Richard tom Dieck, Oldenburg
Dangast, 15.6.1912

Sehr geehrter Herr tom Dieck,
meine Zeichnungen gingen mir nach hier wieder zu. Ich hätte allerdings gern gewusst, ob etwas davon in das Sammelwerk aufgenommen wird.[1] Ich hoffe Sie bei Gelegenheit mal zu sehen und bin vorläufig mit besten Grüssen
Ihr ergebner S. Rottluff

104
An Bertha Rohlsen, Lofthus (Norwegen)
Dangast, 14.8.1912

Sehr verehrte gnädige Frau
mancher norwegischer Tage gedenkend,[1] sende ich Ihnen freundlichste Grüsse. Meer und Fjord, Felsen und Luft – wie schön wird das Alles, wenn man zurückdenkend das noch mal lebt! Grüssen Sie auch bitte Frau Roth, wenn sie dort ist, und die Norweger.[2]
– Dies eine Holzskulptur von mir.[3] Da musste ich wohl an den schönen norwegischen Granit mitdenken.
Ihr ergebenster S. Rottluff

105
An Lyonel Feininger, Heringsdorf/Ostsee[1]
Dangast, 14.8.1912

Lieber Feininger,
es ist lange her, seit ich Ihren Brief erhielt. Ich bin sehr gespannt, von Ihren Arbeiten dann im Winter zu sehen. Ich spüre es auch sehr, wie schwer es ist, den eingeschlagenen Weg immer gerade zu verfolgen. Mit so manchen Dingen habe ich mich die Zeit über gequält, leider ohne rechte Erfolge.[2]
Hier eine Holzskulptur von mir. Herzliche Grüsse an alle Feiningers
Ihr S. Rottluff

106
An Gustav Schiefler, Hamburg
Friedenau, Niedstr. 14, (September 1912)

Sehr geehrter Herr Direktor,
ich sende heute meinen Silberschatz an Sie ab. Es sind verschiedene Schmucksachen, die ich im Verlaufe

eines kalten Sommers gemacht habe.[1] Leider ist kein Armband dabei, da ich dafür keine neuen Ideen hatte. Aber vielleicht findet sich etwas unter den Stücken, das Ihre Frau Gemahlin den Verlust des Armbandes gern vergessen läßt.[2] Ich bin ihr immer noch sehr dankbar für ihr Entgegenkommen.
In einigen Wochen bin ich vielleicht wieder in Hamburg und dann werde ich sie ja wiedersehen.[3] Den Schmuck habe ich Ihnen zuerst gesandt, bevor ihn kaum ein paar Menschen gesehen haben. Ich wäre Ihnen daher sehr dankbar, wenn ich ihn in einigen Tagen zurück haben könnte.
Hoffentlich geht es Ihnen und Ihrer Familie recht gut. Ich war ein paar Monate wieder in Dangast, nur bin ich gesundheitlich alles andere als auf der Höhe, wie es sich eigentlich gehören sollte.
Mit freundlichsten Grüssen an Sie, Ihre Frau und Familie
Ihr ergebenster S. Rottluff

107
An Ernst Beyersdorff, Oldenburg
Berlin-Friedenau, 9.10.1912

Lieber Herr Beyersdorff,
ich denke eben daran, dass ich ganz vergass, Ihnen einen Gruss von meiner Ostseereise[1] zu senden. Das war eine prachtvolle Zeit. Zwar immer scharfer Ostwind, aber Sonne. Eine famose See, ich war natürlich wieder ganz bei dem Anblick geliefert und ging sehr ungern nach Berlin zurück. Aber zuletzt schlug das Wetter um. Ich hatte dann eine stürmische Seefahrt von Fehmarn nach Lübeck.[2] Wie geht's Ihnen?
Herzlichen Gruss Ihr S. Rottluff

108
An Ernst Beyersdorff, Oldenburg
Hamburg, 5.11.1912

Mein lieber Herr Beyersdorff,
verzeihen, verzeihen Sie! Ihr dickes Opus ist sehr wohl in meine Hände gekommen.[1] Ich hätte auch längst ausführlich drauf geantwortet, es wird auch noch, trotz der Schwierigkeit, manches in den rechten Diskussionston zu rücken, da Sie an einigen Stellen nicht ganz diskussionsfähige Worte gebraucht haben.
Weiss der Teufel, was jetzt alles los war und nirgends was rechtes. Für Ihren Ardinghello-Hinweis danke ich Ihnen sehr.[2] Das will ich seit Jahren schon lesen und nun ist Ihr Brief ein neuer Anstoss. –
Die staatliche Ankaufskommission hat da ja Pech.[3]
Ich bin jetzt in Hamburg, vermutlich bis Weihnachten.[4] Leider in sehr miesepetriger Stimmung. Ich schreibe Ihnen baldigst ausführlicher.
Mit herzlichem Gruss Ihr S. Rottluff

109
An Richard tom Dieck, Oldenburg
Hamburg, (November 1912)

Sehr geehrter Herr tom Dieck,
zur Ausstellung[1] sandte ich Ihnen 10 graphische Blätter zu:[2]

Akt, Litho[3]	30,–
Dangaster Park, Litho[4]	30,–
Fischerdorf, Litho[5]	20,–
Am Kanal, o. Holzschnitt[6]	25,–
Blumenpflückende Frauen, o. H.[7]	20,–
Sonnenuntergang, o. H.[8]	20,–
Junge, o. H.[9]	20,–
Bank im Park, o. H.[10]	20,–
Pappeln am Wasser, o. H.[11]	25,–
Boot im Kanal, o. H.[12]	25,–

Mit der Rücksendung nach Berlin sind Sie wohl so freundlich, bis Januar damit zu warten, da ich erst Januar voraussichtlich wieder in Berlin bin.
Mit freundlichen Grüssen
Ihr ergebner S. Rottluff

110
An Ernst Beyersdorff, Oldenburg[1]
Hamburg, 15.11.1912

Lieber Herr Beyersdorff,
heute endlich mal zu Ihrem umfangreichen Opus.[2]
Ihre rein persönlichen Erlebnisse sind mir begreiflicherweise an sich sympathisch, nicht immer Ihre Urteile! – Es freute mich, mal endlich von einem richtiggehenden Alpinisten etwas über die Alpen zu hören. Sonst kennt man immer nur die Touristenweisheiten: die Schweiz ist schön, na – und damit ist nicht allzuviel anzufangen. Ich glaube allerdings auch, das We-

sentliche an den Alpen ist eben, sie zu bezwingen, wie Sie's getan haben. Und dazu muss man eben rauf und nicht bloss unten die lieblich schneebedeckten Gipfel anäugen.

Ihren Ardinghello habe ich mir nun hier besorgt, aber mir scheint das unlesbar, trotz der erotischen Würze![3]

Bei mir hat seit einiger Zeit eine grosse finanzielle Deroute eingesetzt, infolge von Börsenspekulationen, durch die mir der etwas unerwartete Balkankrieg einen bösen Strich gemacht hat. Jedenfalls war ich auf diese Weise am Balkankrieg mal recht persönlich intressiert.[4]

Es freut mich sehr, dass Sie den Sonderbund in Cöln ermöglicht haben.[5] Dass van Gogh heute noch überschätzt wird, also nicht richtig eingeschätzt, brauchen Sie wirklich nicht zu befürchten. Nur ist es bei van Gogh eben so, dass wenn man von ihm ein gutes Bild hat, dann hat man auch den ganzen van Gogh.[6]

Nun, lieber Beyersdorff, Ihr Picassourteil! Ich will Ihnen nicht schreiben, was ich von Picasso halte und was er für mich präsentiert, das verbieten mir Ihre Bezeichnungen. Aber glauben Sie nicht, dass es recht provinziell und na – direkt komisch wirken muss, wenn ein Mann, den die besten Geister unsrer Zeit ernst nehmen und sich sehr mit ihm beschäftigen, von Ihnen als reif für's Tollhaus und Bluffer bezeichnet wird?[7]

Dass die übrige Ausstellung nicht den Eindruck gemacht hat, den sie hätte machen können, das hat halt ein ganzes Stück mit an der Leitung gelegen. Ich hatte 3 Bilder juryfrei. Ich hatte neuere Sachen ebenfalls mitgeschickt und der Leitung die Wahl überlassen. Sie haben selbst gesehen, man nahm die älteren.[8] Und so ist's nicht nur mir ergangen!

Den Munch haben Sie ganz richtig kapiert zwischen Kitsch und Genialität, aber schon mehr Neigung zum Kitsch, und seine Bilder im Format total vergriffen.[9]

Ich muß jetzt einstweilen mal Schluss machen. Vielleicht kann ich Ihnen bald neue Lebensflächen von mir zukommen lassen.

Mit herzlichen Grüssen
Ihr S. Rottluff

111
An Ernst Beyersdorff, Oldenburg
Hamburg, 11.12.1912

Lieber Herr Beyersdorff,
das ist's ja eben, dass Ihr Standpunkt nicht immer sachlich war. Als Sympathie oder Antipathie-Kundgebung genommen ist dergleichen immer intressant, nur sobald das sachlich genommen werden will, was nicht sachlich ist, dann muss man eben heftig protestieren!
Dieser Cassirer-Präsidentschaft sehe ich freilich etwas skeptischer zu. Es war doch die Bankrotterklärung der Secession.[1]
Gegen Weihnachten verschwinde ich wieder von hier, um einen Milieuwechsel herbeizuführen.[2] Bis ins Frühjahr hinein bin ich dann vermutlich immer in Berlin.[3] Schade, dass Ihre Ausstellung dort so vorbeigelungen ist.[4]
Herzliche Grüsse, auch an Ihre Frau Mutter.
Gratuliere zum Milieuwechsel!
Ihr S. R.

112
An Gustav Schiefler, Hamburg[1]
Berlin-Friedenau, 12.1.1913

Sehr geehrter Herr Direktor,
gestern sandte ich Ihnen einige von den Holzschnitten des vorigen Jahres. Sie sind fast alle in Hamburg entstanden.[2] Ein Teil ist allerdings noch nicht gedruckt, aber ich wollte wenigstens die Vergeblichkeit Ihres freundlichen Besuches vorderhand auszugleichen suchen. Wenn es Sie interessiert, sende ich Ihnen, sobald es möglich ist, auch die anderen.
Mit freundlichsten Grüßen an Sie und Ihre Familie
Ihr ergebenster S.-Rottluff

N.S.: die Preise sind für das Blatt 30 Mark, die kleinen Blätter 20 Mark.

113
An Theodor Francksen, Oldenburg
Berlin-Friedenau, 18.1.1913

Sehr geehrter Herr Francksen,
wenn es Ihnen nicht unbescheiden erscheint, möchte ich Sie fragen, ob es Sie wohl intressieren würde, neuere Grafik von mir zu sehen.
Ich habe im vergangenen Jahr eine Reihe neuer Holzschnitte[1] gemacht und ich würde sie Ihnen gern mal zuschicken, wenn es Ihnen recht ist. Im Augusteum

bekommen Sie von mir doch das wenigste zu sehen.[2]
Wie geht es Ihnen? Seitdem ich in Berlin bin, rast die Zeit noch einmal so schnell dahin. Man muss da ordentlich aufpassen, um etwas aus ihr zu machen.
Mit freundlichsten Grüssen
Ihr ergebner S. Rottluff

114
An Ernst Beyersdorff, Oldenburg[1]
Berlin-Friedenau, 24.1.1913

Lieber Herr Beyersdorff,
Ihre Sendung und Widmung hat mich sehr gerührt.[2]
Haben Sie vielen herzlichen Dank dafür.
Es ist mir sehr intressant, was Sie schliesslich in dem Holzschnitt[3] gesehen haben, dass Sie zu Ihrer Frage kommen. Es ist wirklich sehr treffend, dass Sie es nun so formulieren. Natürlich hat mir diese direkte Vorstellung des Alpdruckes vollkommen fern gelegen, da ich auf so regulär novellistisch zu bezeichnende Empfindungen nie komme. Aber im Wesen stimmt es schon, was Sie meinen. Ein dumpfes ungewisses Lasten auf dem Empfinden, in sich so fest verkettet, dass man keinen Ausweg, keine Möglichkeit der Befreiung sieht.
Ihr Perzynski ist mir schon von früher her bekannt. Obwohl ich nie von den Japanern etwas gehabt oder gehalten habe, freue ich mich doch sehr, die Monografie nun besitzen zu können.[4] Wegen der Fülle der Einfälle und der Leichtigkeit des japanischen Geistes, die sich in diesen Holzschnitten glaube ich besonders dokumentiert, werde ich immer gern in diesem Buche blättern.
Wissen Sie wohl, dass von berufnen Japan-Kennern Ihr Hokusai sehr verworfen wird? Und zwar als unjapanisch! (W. v. Seydlitz.)[5] Wenn man mehr von Japan kennt, und älteres, erscheint einem dieses Urteil als nicht ganz verkehrt.
Übrigens glaube ich an Ihre neujapanische Epoche nie und nimmer. Einmal sind die Japaner kulturell immer 2ten Ranges gewesen, abgeleitete Werte. Ausserdem, wenn's einmal mit einem Volke vorbei ist, und das zeigt sich eben nur in der Kunst, also Kultur, dann ists aus. Dann gibts keine Neubelebung oder sonstigen Schwindel.
Von Goethe gibt es übrigens glänzende Zeichnungen, die einen unglaublich staunen machen, und die in der Zeit damals kaum verständlich sind und natürlich damals auch nie verstanden worden sind. Es gibt eine grosse Monumentalausgabe der Italienischen Reise, dort sind sämtliche Goethezeichnungen, auch solche seiner Zeitgenossen, Hackert etc., aufgenommen.[6] Vielleicht bekommen Sie's dort auf der Bibliothek.
Seien Sie bestens gegrüsst und nochmals vielmals Dank!
Ihr S. Rottluff

115
An Ernst Beyersdorff, Oldenburg[1]
Berlin-Friedenau, 13.5.1913

Lieber Herr Beyersdorff,
es freute mich sehr, wieder von Ihnen zu hören. Leider hat's mit mir länger gedauert, Ihnen darauf zu schreiben. Allerlei Verhandlungen mit Kunsthändlern und dergleichen überflüssiges Zeug, wo dann doch nichts vernünftiges rauskommt, haben mir jetzt immer die Zeit zerstört.[2]
Es ist wohl möglich, dass Sie mich dies Jahr nicht in Dangast sehen.[3] Ich habe Lust, wieder mal an die Ostsee zu gehen. In den nächsten Tagen denke ich eine Wanderung an den östlichen Gestaden auszuführen. Vielleicht finde ich einen Platz, der mir recht erscheint, dort länger zu bleiben.[4] Sonst ist es auch möglich, dass ich den grössern Teil des Sommers in Berlin bleibe und nur zeitweise weggehe.
Es freut mich, dass Sie beim Strindberg sind. Ich schätze dieses ungeheure Gehirn sehr.[5] Ich glaube kaum, dass Anatole[6] ihm das Wasser reichen kann. Ibsen ist wirklich nichts andres als Marlitt sel. Angedenkens.[7] Da hat St. schon grimmig recht.
Ich gratuliere zu Ihrem Lichtbildervortrag. Wann geht es denn auf die niederländische Reise?[8]
Meine Absichten auf Nordafrika habe ich nun vorläufig aufgesteckt,[9] obwohl ich gern mal südliche Sonne sehen möchte und dies Frühjahrswetter macht einen ja besonders reisefiebrig.
Lassen Sie wieder von sich hören, vielleicht sehe ich Sie mal in Berlin wieder, mit Oldenburg wirds wohl dies Jahr etwas zweifelhaft sein.
Herzliche Grüsse Ihr S. Rottluff

116
An Theodor Francksen, Oldenburg
Nidden (Kurische Nehrung), 3.7.1913[1]

Sehr geehrter Herr Francksen,
es hat mich sehr gefreut, aus Ihrem Briefe zu lesen, dass Sie gern wieder mal was von mir sehen mögen. Ich konnte Ihnen gestern eine Kollektion zugehen lassen, die aus den verschiedenen Jahren sich zusammensetzt. Es sind durchgängig Holzschnitte.[2]
In diesem Jahr bin ich Dangast einmal untreu geworden und bin nach der Kurischen Nehrung gegangen. Diesen riesig intressanten Winkel unseres Landes

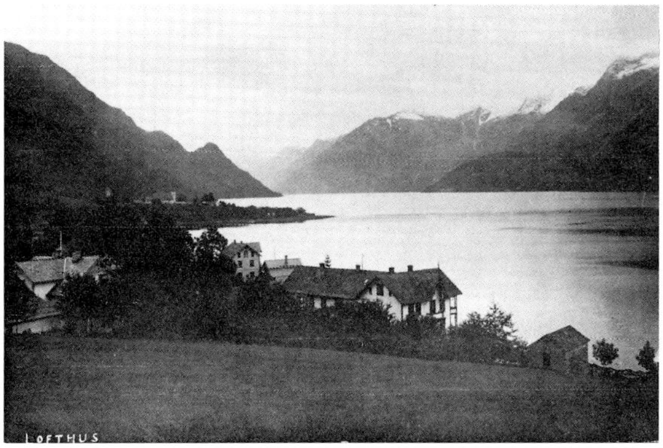

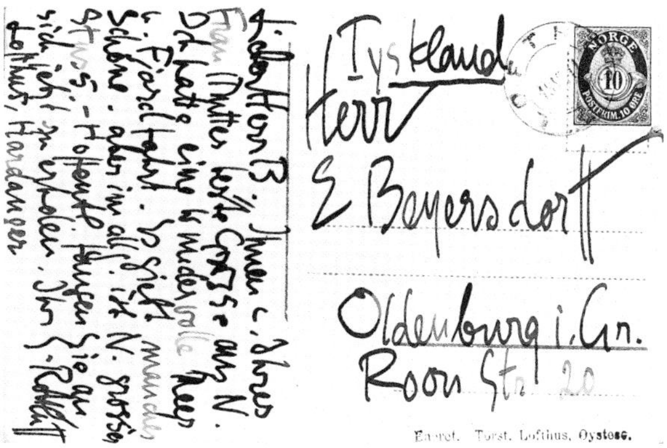

Postkarte aus Lofthus/Norwegen an Beyersdorff, 19.7.1911

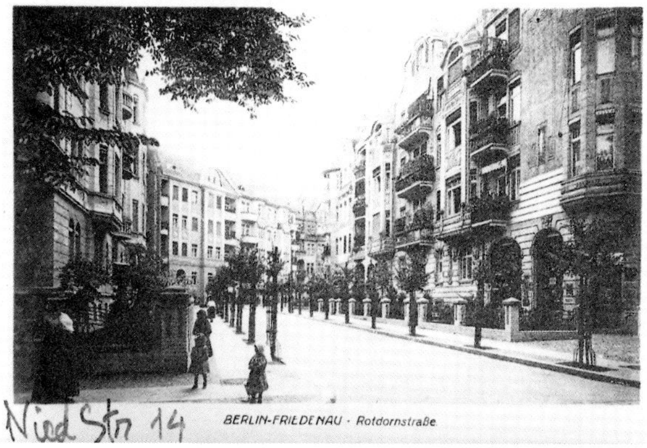

Postkarte aus Berlin-Friedenau an Beyersdorff, 1.12.1911

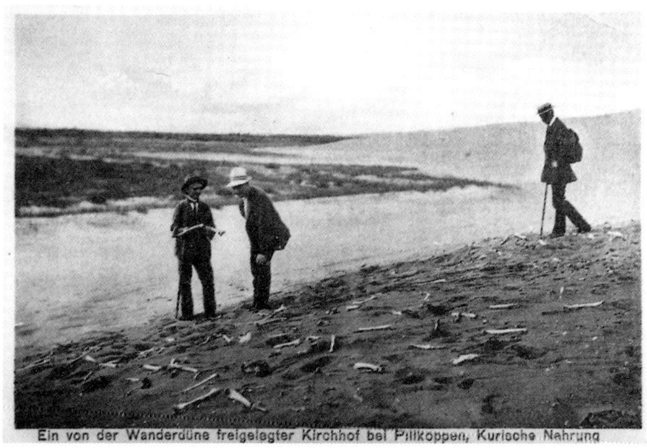

Postkarte aus Nidden an Beyersdorff, 31.5.1913

wollte ich schon lange kennen lernen.[3] Die Nehrung ist in der Tat seltsam und intressant. Ich komme mir hier gar nicht mehr wie im Deutschen Reiche vor. Im Herbst aber denke ich, werde ich Sie in Oldenburg wiedersehen können.[4]
Wie geht es Ihnen sonst? Ihr Garten muss ja bei dieser Jahreszeit herrlich sein. Über die Preise der Blätter möchte ich Sie noch orientieren, falls Sie Ihre freundliche Absicht wahr machen möchten. Mit Ausnahme der grossen Holzschnitte: Köpfe I und II.,[5] Dangast Dorf,[6] Tischgesellschaft,[7] Schiffe,[8] die je 60,– kosten, ist der Preis 30,–.
Mit freundlichsten Grüssen bleibe ich
Ihr sehr ergebner S. Rottluff

117
An Ernst Beyersdorff, Oldenburg[1]
Nidden (Kurische Nehrung), 21.7.1913[2]

Lieber Herr Beyersdorff,
Sie sind nun jetzt vermutlich gerade auf Ihrer Sommerreise und es ist zweifelhaft, ob und wann Sie mein Brief erreicht. Aber ich hab heute mal einen Korrespondenztag und da kann ich schon nicht anders und werde sie heute ganz heimtückisch mit erledigen.
Das ist übrigens ein ganz netter Gedanke, mal zu untersuchen, wie die Kunst sich zu den Bergen gestellt hat. Ich glaube übrigens, dass man von einem tatsächlichen Wechsel nur in der neuesten Zeit sprechen kann. Seit den Impressionisten. Deren Malerei, die in der Hauptsache Luftmalerei war, musste an der dünnen Luft der Alpen, wo man Entfernungen nicht durch die Luftfarbe präzisieren kann, scheitern. Aber das ist mit Cezanne schon wieder anders.[3]
Es tut mir eigentlich immer leid, dass es Ihnen nicht möglich ist, mal einen ganzen Winter in Berlin zu sein. Man kuckt da doch in alle Verhältnisse ganz anders herein und bekommt vor allem eine ganz andere Möglichkeit, Dinge und besonders Kunstdinge, zu beurteilen, als es ohne das möglich ist. Ich will Ihnen nicht etwa Berlin als überlegne Geistesstadt preisen – bewahre – aber man sieht ausserhalb Berlins doch immer nur die Kulissen. Ich lebe hier ohne Bücher und ohne sogenannte geistige Anregung und der Tag ist doch voll.
Mitunter fasst mich wieder der Wandertrieb und da ich einmal in Ostpreussen bin, werde ich wohl bei meiner Abreise noch einiges unternehmen. Eigentlich müsste man einen Abstecher nach Russland machen. Doch habe ich mich leider nicht drauf vorbereitet. Aber die Masurischen Seen sollen wunderschön sein.

Davon möchte ich mich gern selbst überzeugen.[4]
Schöne Reisetage! Ihr S. Rottluff

118
An Theodor Francksen, Oldenburg
Nidden (Kurische Nehrung), 2.8.1913

Sehr geehrter Herr Francksen,
Ihre beiden Sendungen trafen hier richtig ein. Ich habe mich über Ihre Erwerbung riesig gefreut.[1] An Anregung und neuen Kräften scheint dieses Jahr reich für mich werden zu wollen. Ich habe so frisch gearbeitet wie seit langem nicht und bin auch noch mit aller Spannung mitten drin.[2] Hoffentlich geht's noch eine ganze Zeit so fort. Die nötige Elektrizität spüre ich jedenfalls in mir.
Mit verbindlichsten Grüssen
Ihr sehr ergebner S. Rottluff

119
An Ernst Beyersdorff, Oldenburg
Berlin-Friedenau, 28.10.1913

Lieber Herr Beyersdorff,
kommen Sie nicht mal nach Berlin? Ich werde wohl diesen Herbst nicht mehr nach Oldenburg kommen, wie ich gehofft hatte.[1]
Wie geht's Ihnen?
Herzlichen Gruss Ihr S. Rottluff

Besuchen Sie doch mal Frl. E. Ritter, August-Str. 41. Sie ist seit längerer Zeit krank, geht ihr aber jetzt besser, jedenfalls so, dass sie Besuch empfangen dürfte.[2]

120
An Wilhelm Niemeyer, Hamburg[1]
(Berlin, November 1913)

Lieber Herr Doktor
ich muß Ihnen danken für die mir via Bong zugewiesenen 200,– Mark.[2] Ein seltsames Verhängnis, daß Goethe auf diese Weise noch zu einem Künstler in Beziehung tritt, der ihn noch dazu gar nicht so übermäßig und bedingungslos schätzt.
Ich wollte Ihnen schon längst über den geistigen Erfolg Ihrer Sonderbunddenkschrift[3] schreiben. Die Wirkungen kann ich seit geraumer Zeit beobachten. Es ist immer wieder einmal festzustellen, daß nicht bloß alle Kunsthistoriker Ihr Buch gelesen haben, alle Zeitungsschmierer sogar. Freilich bekennen kann das Gesindel nie, wo es sich „informiert" hat. Es sind nicht bloß Ihre Gedanken, die man sich angeeignet hat und für eigenes Gewächs ausgibt, es geht der Diebstahl bis auf einzelne Worte. Osborn:[4] „Der jüngstdeutsche Kirchner" –, „Matisse, kein Mann des Impetus" –. Selbst geringfügige Hinweise auf Oswald Achenbach[5] tun eine seltsame Wirkung. Ich kann richtig beobachten, wie man so langsam anfängt, sich um diesen Mann wieder zu kümmern.
Ihre Schrift ist tatsächlich das Fundamentalwerk der jüngsten Kunstgeschichte geworden – nur zugegeben wirds von Ihren Fachhelden nicht. Man sieht doch wieder mal, wie traurig es mit diesen Kunsthistorikern im allgemeinen bestellt ist.
Meine Sendung Holzschnitte haben Sie hoffentlich bekommen.[6] Sobald wieder einiges gedruckt ist, sollen neue Blättern an Sie abgehen. Ich denke auch, daß noch ein paar Stöcke entstehen – die Malerei wird wohl vorläufig einige Wochen stille sein.
Grüßen Sie Ihre Frau herzlich und freundlich. Ihnen verbleibe ich in Freundschaft verbunden
Ihr S. Rottluff

121
An Gustav Schiefler, Hamburg[1]
Berlin, 3.12.1913

Sehr geehrter Herr Direktor,
ich sandte Ihnen heute wohl den größeren Teil der diesjährigen Holzschnittdrucke zu, denn was noch ungedruckt ist und eventuell noch entsteht, wird doch kaum so viel noch ausmachen.[2]
Es ist mir der Gedanke gekommen, ob Sie wohl Lust und Interesse hätten, einiges über meine Holzschnitte zu schreiben, in irgendeiner Kunstzeitschrift und mit möglichst zahlreichen Abbildungen.[3] Allerdings müßte ich dabei ein größeres Interesse, ja vielleicht mehr als das, bei Ihnen voraussetzen, denn ich glaube, es ist auch eine zweifelhafte Sache, über Dinge zu schreiben, wenns nicht ganz aus der Überzeugung kommt. Halt wie bei der Malerei.
Darum möchte ich Sie natürlich in keiner Weise beeinflussen, obwohl es mich natürlich sehr freuen würde, wenn Sie es tun könnten.
Mit freundlichsten Grüßen Ihr sehr ergebener
S.-Rottluff

122
An Gustav Schiefler, Hamburg[1]
(Berlin, Dezember 1913)

Sehr geehrter Herr Direktor,
natürlich können Sie die Holzschnitte noch dort be-

halten. Ich würde Ihnen ja gern „Erläuterndes" zu den neuen Sachen sagen, wenn ich selber nicht zu sehr davon überzeugt wäre, daß es ein Unding ist, ganz davon abgesehen, daß Ihnen damit kaum geholfen ist. Außerdem verliere ich mich bei allen gedanklichen Auseinandersetzungen leicht in vage Gebiete, was mir bei der bildnerischen Tätigkeit so leicht nicht passiert, da habe ich eine fast reale Welt unter den Fingern.
Ich bin verschiedentlich zu einer Steigerung der Formen gekommen, die zwar den naturwissenschaftlich gefundenen Proportionen widerspricht, die aber in ihren geistigen Beziehungen ausgeglichen und proportioniert ist.
Köpfe habe ich oft im Verhältnis zu den anderen Körperformen ins Ungeheure gesteigert, als einen Sammelpunkt aller Psyche, allen Ausdrucks. Aber alle anderen Körperformen tendieren in ihren geistigen Bewegungen nach dem Kopfe, sammeln sich darin und so wächst die Form ganz von selbst ins Große. Es ist nicht anders mit den Brüsten. Sie sind ein erotisches Moment. Aber ich möchte es loslösen von der Flüchtigkeit des Erlebnisses, gewissermaßen eine Beziehung herstellen zwischen dem Kosmischen und dem irdischen Augenblick. Vielleicht kann man sagen, es ist eine ins Transzendentale gesteigerte Erotik. Das klingt in unserer mit Zynismen durchsetzten Zeit etwas mystisch, aber was uns so im Laufe der Zeit an Kunst der Vergangenheit übrig geblieben ist – Ägypten, Michelangelo – was diesen ihre Unvergänglichkeit verleiht: es ist das Erleben transzendentaler Dinge im Irdischen.
Ich glaube es Ihnen natürlich gern, daß es Ihnen da nicht so leicht ist, über meine Sachen zu schreiben. Aber ich glaube auch, daß Sie zu jener Leichtigkeit der Einfühlung kommen, die Sie den älteren Sachen gegenüber haben.
Mit den besten Wünschen für ein frohes Fest und den freundlichsten Grüssen an Ihre Familie und Sie
Ihr ergebener S.-Rottluff

123
An Ernst Beyersdorff, Oldenburg
Berlin-Friedenau, 20.2.1914

Lieber Herr Beyersdorff,
sind Sie eigentlich in den Besitz der beiden Zeichnungen gekommen, die ich Ihnen ca. Mitte Januar zuschickte?[1] Es würde mir leid tun, wenn sie verloren gegangen wären. Wie geht's Ihnen?
Gruss Ihr S. Rottluff

124
An Ernst Beyersdorff, Oldenburg[1]
Hohwacht, 6.6.1914

Lieber Herr Beyersdorff,
Sie müssen mir schon verzeihen, dass Sie solange nichts Rechtes von mir gehört haben. Ich war Ihnen aber für alle Nachrichten über Ihr persönliches Dasein sehr dankbar und freue mich, wenn es Ihnen gut geht und Ihnen Ihr Beruf zusagt.
Seit ein paar Tagen bin ich in Hohwacht,[2] wohin ich mich fluchtartig aus Berlin zurückgezogen habe. Freilich bestraft sich das bereits, da ich hier in bedenkliches Wetter geraten bin. Die Gegend ist schön, wenn auch nicht übermäßig reich, d.h. landschaftlich. Denn sonst sitze ich mitten in einem adligen Grossgrundbesitz, zu dem auch Hohwacht gehört. Meine Empfindungen schwanken und sind bald für bald gegen Feudalherrschaft. Eigentlich wird es in solchen Gebieten zur Lächerlichkeit, dass die Leibeigenschaft aufgehoben sei. Dabei ist dies noch nicht mal ein's der grössten Güter hier, eher der kleinsten ein's, aber es scheint dem Volke ganz gut zu gehen.
Acht Tage, bevor ich aus Berlin abreiste, hatte ich ein grosses „Tournee" durch Deutschland gemacht, elbwestwärts bis an den Rhein. D. h. ich war nach Cöln zur Werkbunderöffnung[3] gefahren und benutzte die Gelegenheit, nun in verschiedenen Bögen über Hagen, Cassel, Weimar, Jena, Leipzig, Halle zurückzukommen. Es gab eine Menge neuer Erlebnisse, neue Menschen und Beziehungen.[4] Die Werkbundausstellung in Cöln dürfte ein grosser Reinfall werden, in bezug auf Niveau. Es herrscht die Industrie und nicht das Handwerk. Von mir ist in verschiedenen Abteilungen Schmuck ausgestellt,[5] ausserdem im Osthaus'schen Museumssaal ein Schrank, der allerdings nicht ganz in meinem Sinne ausgeführt ist. Später soll dort noch eine Schatulle aufgestellt werden.[6]
Es ist möglich, dass ich diesen Sommer das erste Mal nach München komme, vermutlich Anfang Juli. Wenn's wird, werde ich dort ja bloss die Bestätigung meiner Meinung über München finden.[7]
Was machen Sie denn nur in Oldenburg, Sie persönlich und Sie im Plural. Ich hörte dann und wann von neuen Kunstplänen in Oldenburg. Soweit ich Oldenburg nun kenne, glaube ich nicht mehr, dass da was vernünftiges rauskommt. Solange sich Oldenburg nicht zur Selbständigkeit entschliessen kann, sich womöglich einen jungen Kunsthistoriker zum Museumsdirektor holt und den eine moderne Galerie gründen lässt – das einzige, was für so kleine Städte mit geringen Mitteln möglich ist – nun solange gibt's wohl auch kein Kunstleben dort. Aber ich will Ihre Stadt nicht schlecht machen, ich weiss auch, dass es

einem geborenen Oldenburger dort nie gelingen wird, Zug und Bewegung zu schaffen.[8]
Haben Sie fertige Sommerpläne? Bei mir scheint dies Jahr nichts Sicheres zu sein. Mitte Juli war Travemünde beabsichtigt,[9] aber wie ich heute wieder erfuhr, wird dies wieder zweifelhaft. Nun leben wir einmal ohne feste Pläne!
Mit herzlichen Grüssen, auch an Ihre Frau Mutter,
Ihr S. Rottluff

125
An Ernst Beyersdorff, Oldenburg
Hohwacht, 29.6.1914

Lieber Herr Beyersdorff,
vielen Dank für Ihren Brief und Ihre freundliche Übersendung. Die Begeisterung fürs Naturtheater[1] trotz Mückenstichen gefällt mir sehr – grüssen Sie Dr. Ulrich[2] von mir. Ich lernte ihn einmal flüchtig in Leipzig durch einen damals gemeinsamen Freund kennen. Ihre freundliche Aufforderung nach Kiel zu fahren, hätte ich gern befolgt. Ich musste nur die Zeit hier ausnutzen, da ich noch einiges arbeiten wollte – morgen geht's bereits wieder nach einer nördlichen Kurve küstenwärts zurück.[3] Aber grüssen Sie Ihren Bruder schönstens von mir.[4]
Zur staatlichen Anstellung gratuliere ich![5] Das hat doch allerhand für sich. Ihre Braut- und Frauenfahrten, auch Irrfahrten, geben mir schon Spass! Nach allerhand Etappen auf diesem Gebiet bin ich augenblicklich reichlich gleichgültig, jedenfalls bei einer Erkenntnis angekommen, die nicht eben heiratstreibend wirkt. Die Frauen sind doch im Grunde alle gleich und das, was sie einem vielleicht mal scheinen – man trägt es in Wirklichkeit in sie hinein. Also wählen Sie mal lieber nicht so lange, sonst kommen Sie auch noch auf meinen Standpunkt. Gruss!
Ihr S. Rottluff

126
An Ernst Beyersdorff, Oldenburg (im Felde)
Berlin-Friedenau, 2.11.1914

Lieber Herr Beyersdorff,
ich habe nunmehr Ihre Adresse von Ihrer Frau Mutter erhalten und zugleich gute Nachrichten über Sie.[1] Seit der Mobilmachung war ich mit dem verlassnen Geschäft meines Bruders beschäftigt.[2] Schwere Sache, aber musste gemacht werden. Da mich, leider, die Armee noch immer nicht brauchte, bin ich vorläufig nach Berlin zurückgekommen.[3] Hier ist's nun ein zweifelhaftes Bewusstsein „zu Haus" zu sein, während draussen so viele sind, die um das kämpfen, was wir Deutsch nennen. Sie glauben nicht, was es hier kostet, Ruhe zu halten und das Vertrauen zu bewahren, dass es auch im inneren Dinge gibt, wertvoll genug, dass sie in die neue Zeit hinüber gerettet werden, an der Sie nun draussen mitarbeiten können.
Ich glaube, dass es das wertvollste Ergebnis dieses furchtbaren Kampfes sein wird, dass das Deutschtum Elemente in sich birgt, die unzerstörbar sind und so hoch, dass sie der ganzen Erde schliesslich gehören werden.[4] Aber für Sie ist das momentan vielleicht alles Schmus und die Pflicht des Tages tut man ohne Reflexion, man tut sie einfach. Wenn Sie Lust und Zeit haben, senden Sie mal einen kurzen Gruss!
Ihr S. Rottluff

127
An Ernst Beyersdorff, Oldenburg (im Felde)[1]
Berlin, März 1915

Lieber Beyersdorff,
tausend Dank für Ihren Brief. Es freut mich, dass es soweit ganz gut geht. So schwer es wird, es zu sagen, aber man wird sich des alten Hutten'schen Wortes bewusst.[2]
Die deutsche Politik hat jetzt den gesamten Islam aufgejagt. Völker tauchen jetzt auf, von denen man nur eine dumpfe Geographieerinnerung hatte, wie die Afghanen. Ich selbst traue ja dem Islam wirklich nicht viel mehr zu, um so gespannter bin ich, endlich einmal zu merken, was es eigentlich mit dem Islam auf sich hat. Ich glaube ja, dass er als lebendige Kraft vorbei ist – unsere Politik wird sich das Experiment leisten! Es sind unheimliche Anstrengungen, die die Völker machen, um raus zu kriegen ob wir Deutsche wirklich so lebenskräftig sind. Wenn man nicht so sehr wüsste, dass Kriege eine Notwendigkeit sind und eine Bejahung des Daseins, man könnte über diesen Völkerwahnsinn selbst mit verrückt werden und genug tun's ja auch. Haben Sie wohl erfahren, dass der Gustav Wied[3] über diesen Krieg Selbstmord begangen hat? –
Ich habe jetzt sehr den Druck, noch möglichst Starkes zu schaffen, der Krieg hat mir richtig alles Vergangene weggefegt, alles kommt mir matt vor und ich sehe die Dinge plötzlich in ihrer furchtbaren Gewalt. Ich habe nie die Kunst gemocht, die ein schöner Augenreiz war und sonst nichts und doch merke ich elementar, dass man zu noch stärkeren Formen greifen muss, so stark, dass sie der Wucht eines solchen Völkerwahnsinns standhalten.
In der Zeitung lesen wir immer wieder mal: Reims wird erneut beschossen, von Ihnen höre ich jetzt das

Gegenteil. – Vielleicht bin ich in Kürze auch im Dienst. Heute wird der Landsturm von 20–26 zur Gestellung gerufen. Das nächste Mal bin ich dabei. So angenehm es an sich ist, dass man jetzt auch seinen Teil am grossen Kampfe zutragen kann, so bedrükkend mag es andrerseits auf alle Ernsten wirken, dass wir damit so langsam auf unsre letzten Reserven zurückgreifen. Aber deswegen keine Melancholie. Gott verlässt keinen Deutschen! Herzlichen Gruss!
Morgen schicke ich Cigarren.

128
An Ernst Beyersdorff, Oldenburg (im Felde)
Berlin-Friedenau, 17.3.1915

Lieber Beyersdorff,
zum blauroten Bande gratuliere ich herzlichst – das schwarz-weisse wird wohl nicht auf sich warten lassen![1] Oder ist's bereits da? Hier ist wieder Winterwetter! Ich schicke Ihnen morgen einen kleinen Schnaps ab. Ihrem Frühling dort traue ich doch noch nicht recht. Die Dardanellenforts – das ist solche Sache![2] Ich glaube, es giebt im Balkan noch intressante Überraschungen, denn die Balkanvölker haben das grösste Intresse, dass Stambul weder englisch noch russisch werde.
Mein jüngster Bruder ist jetzt auch im Westen.[3]
Herzlichste Grüsse Ihres S. Rottluff

129
An Ernst Beyersdorff, Oldenburg (im Felde)
Feldpost Rußland, 9.6.1915

Lieber Beyersdorff,
Ihre Karte vom 25. erreicht mich auf russischem Boden, auf dem ich mich seit dem 15. Mai befinde.[1] Ich bin vorläufig einem Armierungs-Bat. zugeteilt und war's so sehr zufrieden, es ging daher gleich mitten in die Weltgeschichte hinein. Was ich bis heute von russischem Boden gesehen habe, ist wundervoll und imposant in Allem – gleich hinter der Grenze begann der neue Eindruck. Leider giebt's keine Möglichkeit, etwas für sich zu arbeiten, immer Dienst und wieder Dienst, anstengend aber intressant und lustig.
Herzlichen Gruss Ihr S. Rottluff
z. Zt. Armierungssoldat Schmidt II
Armicrungs Bat. 90, 2te Komp. 2te Korporalschaft
Post Eydtkuhnen

130
An Ernst Beyersdorff, Oldenburg, (im Felde)
Feldpost Rußland, 4.11.1915

Lieber Beyersdorff,
ich habe leider immer noch versäumt, Ihnen wieder zu schreiben, obwohl es mir eigentlich in letzter Vergangenheit nicht an Zeit gefehlt hätte – leider aber an Licht! Wir bestehen einen harten Kampf mit der Finsternis – kein Teufel hat Kerzen! Und die Post will wie's scheint auch weiter nicht funktionieren.
Von Ihrer Frau Mutter hörte ich von Ihrem Erkranktsein – wenn schon der Gelenkrheuma Ihnen einen Rest hinterlassen hat, der Sie vorläufig noch nicht an die Front bringt, so freue ich mich doch, Sie einstweilen davon weg zu wissen.
Der Krieg ist doch kein Krieg mehr! Wir sind hier auch beim Stellungskrieg angekommen und wenn das auch manches Angenehme für einen hat – schon dass man sich etwas mal wieder erholen kann – aber er ist doch eine überflüssige Sache. Die Schiesserei könnte beim Stellungskampf genau so gut unterbleiben, es ist eigentlich mehr ein grosses Lagerleben geworden. Man kann aber da mal so gründlich merken, wie apathisch und kriegsmüde Alle im Innern sind. Es gibt nur noch ein diskutables Thema, das das Intresse Aller hat: Frieden.
Ich muss auch von mir sagen, dass ich das Lähmende doch verflucht empfinde, trotz aller guten Laune und allem Optimismus', den ich mich bemühe, um mich zu verbreiten – was mir auch tatsächlich gelingt – aber es drückt einen doch innerlich, dass alles was man tut, hier so richtig bloss auf den Tag eingestellt ist und dass dem daher alle eigentliche Kraft und Produktivität fehlt. Na, hoffentlich ist bald alles erledigt und wir können wieder beginnen, friedlich aufzubauen! Vor ca. 2 Monaten bin ich erneut zur Artillerie angesetzt, d. h. ich habe mich wieder dazu gemeldet – es ist wohl möglich, dass ich demnächst wegkomme.
Wir hatten bereits Winter hier, jetzt Regen, das übelste, Misslaune verursachende Wetter.
Seien Sie herzlichst gegrüsst und Alles Gute!
Ihr S. Rottluff
Namossie/Narotsch See[1]

131
An Ernst Beyersdorff, Oldenburg (im Felde)
Feldpost Rußland, 14.3.1916

Lieber Beyersdorff,
ich war sehr erfreut, heute wieder mal von Ihnen zu hören, sowohl, weil mir's die längst von mir erwünschte neue Adresse brachte – schönste Gratula-

tion![1] – als mir den Anstoss gab, wieder mal zu schreiben. Bei uns ist ein toller Betrieb jetzt, man hat uns jäh zu mitternächtiger Stunde aus unsern liebgewordenen Unterständen rausgejagt und eine ganze Division rückte in den Bereich unseres 75. noch hinein – oh weh – Russland-Winter und keine Quartiere! Es ist einfach toll, was in dieser Zeit an körperlicher Widerstandsfähigkeit von unseren Truppen geleistet werden muss!
Der jetzt befürchtete russische Durchstoss ist ja noch immer nicht erfolgt, aber es ist mit einem Male in unser schon recht gleichförmig gewordenes Dasein Leben und Bewegung gekommen, zwar haben wir längst wieder unsere sprichwörtliche militärische Ruhe gewonnen und das ist auch gut so. –
Übrigens Wintersport – ja – soviel Schlitten gefahren wie hier in Russland bin ich in meinem Leben noch nicht, seit ein paar Wochen alle Tage, und dass ich mir in Berlin 4 Pferde und 2 Kutscher leisten konnte, ist mir allerdings auch noch nicht passiert! Sie sehen, auch im wirklich öden Russland – Sie haben und können keinen Begriff haben – haben wir unsre Art zu leben!
Fayencevasen – Mensch, wo treiben Sie sich denn rum? Hier herrscht absolute Primitivität sogar mehr als das – es ist nämlich gar nichts da!
Aktion,[2] ja wenn ich die Adresse noch wüsste! Vielleicht fällt sie mir ein und dann erfülle ich Ihren Wunsch natürlich sehr gern.
Herzlichsten Gruss Ihr S.-Rottluff

132
An Ernst Beyersdorff, Oldenburg (im Felde)
Feldpost Rußland, 17.12.1916

Lieber Beyersdorff,
ich war sehr erfreut, von Ihnen wieder mal zu hören, und besonders, dass Sie Gelegenheit haben, sich für einige Zeit rückwärts zu konzentrieren.
Auch ich bin seit einem Vierteljahr beinahe weg von der Truppe und im Ober-Ost Hauptquartier.[1] Hier kann ich schon recht zivil leben und es bleibt mir manche Zeit auch für mich. In der letzten Zeit machte der Dienst allerdings Ansätze, beschissen zu werden und es sieht fast so aus, als sollte es dabei bleiben. Mitte Januar werden wir vermutlich verlegt nach Bialystok. Diesem neuen Platz sehe ich zunächst mit grossem Misstrauen entgegen. Meine Truppe ist ungefähr solange auch bereits im Westen, sie schimpfen greulich über dortige Verhältnisse. Wie grossartig wir hier es verstanden haben, uns in Missvergnügen bei der Bevölkerung zu setzen, da kann man ausgiebig Studien machen. Das Gebiet wird allerdings nach allen Methoden ausgepowert, so dass hier nach dem Kriege mal buchstäblich nichts mehr vorhanden ist. Es ist vieles, eigentlich alles, unerfreulich, aber wir werden dies Gebiet ja doch nicht behalten.
Einstweilen nur diesen kurzen Gruss. Ich möchte Sie wenigstens mit ihrer neuen Adresse nicht verpassen.
Herzlichste Grüsse Ihr S. Rottluff

133
An Ernst Beyersdorff, Oldenburg (im Felde)
Feldpost Rußland, 6.3.1917

Lieber Beyersdorff,
sehr erfreut, wieder von Ihnen zu hören. Also diesmal Balkan mit allen seinen wilden Freuden und seiner starken Natur.[1] Ich sitze also in Bialystok, allwo es zwar ganz asiatisch ist, aber wogegen unser früherer Standort das reinste Kanaan war.
Zur Abwechslung bin ich wieder mal kv. geworden, fühle mich aber selbst dadurch nicht weiter verändert. – Ihren Optimismus, ja wissen Sie, ich weiss eigentlich nicht recht, was das ist. Als Offizier müssen Sie ja diese Gemütsart pflegen, bei den meisten hat das allerdings bereits zur Gedankenlosigkeit geführt.
Ich gebe Ihnen dorthin einige Daten, damit Sie wieder was zum Nachdenken haben. Ganz Berlin – Damen bis 60 einbegriffen – werden gegen Pocken geimpft. Dass Essen, Kiel, Westfalen, auch wissen, was Pocken sind – nur nebenbei – trotz der in Deutschland herrschenden Kälte! Dass bei Krupp 30.000 den Hungerstreik inszeniert haben und dass darum die grosse Hindenburgoffensive im Februar wohl unterbleiben musste, nur nebenbei. Sie können hier überall ein Plakat finden, nach dem Metallarbeiter jeder Art, Bergleute nach Deutschland gesucht werden unter den selben Arbeits- und Lohnbedingungen wie für deutsche Arbeiter. Verpflichtung für die Dauer des Krieges – mindestens 6 Monate. Was halten Sie nun davon?[2]
Kennen Sie den Almanach der Neuen Jugend 1917? Verlag der Neuen Jugend Berlin.[3] Lassen Sie ihn sich kommen. Sie werden lange nichts so Interessantes gelesen haben! Und sonst einstweilen nichts weiter. Ich wollte Ihnen nur möglichst rasch Ihre Antwortbitte erfüllen. Baldigst mehr!
Herzlichst Ihr S.-Rottluff

134
An Ernst Beyersdorff, Elsfleth[1]
Berlin-Friedenau, 11.2.1920

Lieber Herr Beyersdorff,
es freute mich sehr, von Ihnen zu hören, dass es Ihnen

gut geht und Sie sich dort wohl fühlen. Dass Sie Ihre Frau Mutter inzwischen verloren haben, tut uns sehr leid, da wird es ja auch Zeit, dass Sie Ihre häusliche Vereinsamung wieder ausgleichen.[2] Wie ist es eigentlich Ihrem Marinebruder[3] ergangen?
Von dem Zwischenahner Sammler zu hören, war mir recht interessant.[4] Der Spekulationsgeist, und wohl noch mehr die Absicht, den steuerlichen Zugriffen Erzbergers zu entgehen, hat allerdings in den letzten Jahren heftiges Interesse für Kunstdinge wachgerufen – es ist sehr bedenklich, dass es ohne diese kapitalistische Wertung auch im neuen Deutschland nicht geht.
Dieser Tage war der Maler Oeltjen[5] bei mir – ich hatte schon immer die Absicht, meiner Frau das Oldenburgische Land zu zeigen – der Wunsch ist durch solche Erinnerungen stärker geworden und es ist sehr leicht möglich, dass wir für einige Zeit mal dorthin kommen, vorläufig sind wir immer noch auf der Suche nach einem sommerlichen Standquartier – vorigen Sommer waren wir nicht eben sehr erfreut von unserem Aufenthalt.[6] Berlin ist schrecklich bewegt, mehr als früher und wir sehnen uns sehr nach einem stilleren Ort, wo man ruhiger seiner Arbeit leben kann als hier. Vielleicht sehen wir uns in diesem Sommer!
Mit freundlichsten Grüssen, auch von meiner Frau[7]
Ihr S.-Rottluff

„Brücke" ist seit 1913 schon nicht mehr![8]

135
An Ernst Beyersdorff, Elsfleth[1]
Jershöft, 21.6.1920

Lieber Herr Beyersdorff,
nach Oldenburg sind wir nun doch nicht gekommen. Wir entdeckten auf einer Wanderung Ende April diese Küste und sind nun für den Sommer hergegangen.[2] Ich kam leider in Berlin nicht mehr dazu, auf Ihren Brief zu antworten, der Winter war sehr bewegt und wir haben dann schon fluchtartig Berlin verlassen, um endlich wieder zu uns selber zu kommen. – Wie geht's Ihnen dort? Der Oeltjen aus Jaderberg ist nun auch in Berlin aufgetaucht, etwas mehr wieder Fühlung mit dem nicht vergessenen Oldenburg![3]
Schönsten Gruss! Ihr S.-Rottluff

136
An Richard tom Dieck, Oldenburg
Berlin-Friedenau, 21.11.1920

Sehr verehrter Herr tom Dieck,
Emma Ritter erzählte mir kürzlich,[1] dass Sie der Meinung seien, ich wäre aus dem Oldenburger Künstlerbund ausgetreten. Es wäre eine Aufforderung, den Beitrag zu zahlen, von mir einmal abgewiesen worden.
Ich möchte dazu bemerken, dass ich davon garnichts weiss. Es ist möglich, dass das von der Post einfach zurückgeschickt worden ist, entweder weil ich mal verreist war oder, dass es während des Krieges geschah, wo ich ja vielfach nicht zu erreichen war. Jedenfalls ist es von mir aus nicht geschehen. Ich habe im Gegenteil immer die Beziehung aufrecht erhalten wollen, da ich immer – auch heute noch – den Wunsch habe, nach Oldenburg zurückzukommen. Leider ist das noch nicht möglich gewesen, da ich zuviel an Berlin gebunden war. Ich würde natürlich sehr gern dem Künstlerbund wieder beitreten, auch die versäumten Beiträge nachzahlen, es verknüpfen sich soviele wertvolle Jahre mit Oldenburg, dass ich dieses Bewusstsein sehr gern äusserlich auch aufrecht erhalten möchte.[2]
Ich hoffe, dass es Ihnen im lieben Oldenburg immer gut gegangen ist und noch immer gut geht.
Mit freundlichsten Grüssen
Ihr S. Rottluff

137
An Ernst Beyersdorff, Elsfleth
Berlin-Friedenau, 24.11.1920

Lieber Herr Beyersdorff,
ich weiss nicht,ob ich Ihnen von Jershöft aus schrieb, hier wollte ich es jedenfalls. Zu meinem eigenen Entsetzen werde ich immer weniger schreiblustig, es mag sein, dass ich doch nicht die alte Leistungsfähigkeit mehr habe, und nun Zeit und Kraft auf die Arbeit fast allein verwenden muss.
Glauben Sie aber darum nicht, dass ich Sie und die Oldenburger Zeit vergessen hätte! Wir wollten im Herbst nach Dangast kommen, aber es ist dann doch nichts geworden, ich denke, es wird im kommenden Jahr werden. Wie geht es Ihnen im friedlichen Elsfleth?[1] Man sitzt ja jetzt leider viel fester am Platz als ehemals.
Empfehlen Sie mich bitte Ihrer Gattin, meine Frau lässt unbekannterweise ebenfalls grüssen.
Schönste Grüsse Ihres S. Rottluff

138
An Richard tom Dieck, Oldenburg
Berlin-Friedenau, 11.1.1921

Sehr geehrter Herr tom Dieck,
erhalten Sie schönsten Dank für Ihren Brief. Es freut

mich sehr, dass ich meine Beziehungen zum Oldenburger Künstlerbund als wieder bestehend ansehen kann. Es ist mir nun aus Ihrem Brief auch klar geworden, wieso dieses Missverständnis gekommen ist. Am 30. Dezember 15 sass ich schon längst am Narosz-See.[1] Bei meiner Einberufung hatte ich der Post in Friedenau angegeben, alle Postsachen an meine Mutter zu senden, nach Dorf Rottluff Bez. Chemnitz. Sie hat natürlich bedauerlicherweise alle Geldforderungen an mich abgewiesen, da sie die ja doch nicht nachprüfen konnte.
Leider habe ich vergessen, wie hoch der Mitgliedsbeitrag war. Ich glaube: 3 M.. Falls ich mich irre oder der Beitrag inzwischen erhöht worden ist, bitte ich um kurze Mitteilung, damit ich das richtigstellen kann. Ich füge heute Scheck auf M 21,– (3 x 7) bei.
Dass die besten Stücke der Galerie aus Oldenburg verschwunden sind,[2] habe ich leider schon gehört – es ist furchtbar schade, dass durch den Sturz der Verhältnisse allenthalben der Besitz von guten Werken in Deutschland bedroht ist. Hier wird nun ja leider alle unsere Anstrengung nichts nützen, wenn wir diese Scharten wieder auswetzen wollten!
Von der Zerstörung der schönen Oldenburger Landschaft durch Baumfällen wusste Jan Oeltjen im vorigen Frühjahr schon vieles Traurige zu erzählen,[3] ich hatte immer gehofft, dass man dort nicht an solche Verwüstung gehen würde. Aber es wird halt alles anders, und gewöhnlich nicht besser.
Ich hoffe, diesen Sommer mal nach Oldenburg kommen zu können, freilich scheint mir mit zunehmenden Jahren die Zeit immer weniger aufnehmen zu können, und die Arbeit wächst zu einem immer grösser werdenden Berg, den abzutragen ich oft genug verzweifle.
Freundlichste Grüsse und gute Arbeitszeit!
Ihr S. Rottluff

Grüssen Sie bitte Bakenhus und Frau![4]

139
An Ernst Beyersdorff, Elsfleth[1]
Berlin-Friedenau, 16.1.1921

Lieber Herr Beyersdorff,
es ist leider eine ganze Weile vergangen, ehe ich Ihnen für Ihren freundlichen Brief danken kann. Es freute mich so sehr, wieder einmal allerlei von Ihnen zu hören.
Dass Sie mit Ihrer Juristerei nicht recht zufrieden sind, tut mir sehr leid. Aber sollte es nicht nur ein Moment der Besinnung sein, den man im männlichen Alter erlebt, wo man meint, es hätte alles auch andersrum laufen können? Ich weiss nicht, ob Ihnen nicht der Beruf als Kunsthändler auch recht hart angekommen wäre – denn es gilt da auch zu kämpfen und mit viel Widerständen sich herumbalgen – sofern einer den Ehrgeiz hat, Kunsthändler von Bedeutung und Ruf zu werden – nicht bloss, um nun Geld zu verdienen. Übrigens würde dazu heute auch noch Zeit sein! Ich will aber nicht zugeredet haben!
Ihre Aufsätze habe ich mit grosser Freude gelesen[2] – es freut mich, das sich im Oldenburger Winkel der Kampf um Kunst weiter spinnt und dass Sie dort mit Energie Ihre Auffassung durchsetzen. Das Werden und Kämpfen ist ja nun einmal das beste, das uns im Leben zuteil werden kann, die Vollendung ist für etwas müdere Generationen und danach geht's halt immer abwärts.
Diese jetzt oft und erfreut von manchen austrompetete Meinung vom sterbenden Expressionismus[3] hat mich immer amüsiert. Gewiss war viel „ismus" der sterben kann und sterben musste – zu allen Zeiten hat es Dünger gegeben, damit was wachsen kann. Es ist äusserst drollig, wenn man damit seine eigene Verfassung vergleicht, die einem das Bewusstsein gibt, dass man überhaupt jetzt erst anfängt, ja dass der Berg von Arbeit erst beginnt zu wachsen – von Arbeit, die noch nicht getan ist.
Kennen Sie den Oldenburger Intendanten[4] persönlich? Vielleicht können Sie ihn auf Alfred Brust aufmerksam machen – Verfasser der „Spiele" (bei Kurt Wolff) – ein Freund von mir, und augenblicklich der einzige, den ich als Dichter nennen mag.[5] Vielleicht kann ich ein Exemplar an Sie schicken – ich muss mich erst erkundigen, ob es beim Buchhändler eingetroffen ist. –
tom Dieck schrieb mir kürzlich, dass die Oldenburger Landschaft allenthalben durch Baumfällen sehr verändert sei. Das macht uns traurig – diese Knicks gehörten unbedingt hinein.[6]
Hoffentlich haben Sie inzwischen das Neue Jahr recht gut angefangen und haben Ihre Berufszweifel im alten gelassen.
Schönste Grüsse Ihr S.-Rottluff

140
An Ernst Beyersdorff, Oldenburg[1]
Jershöft (Pommern), 4.9.1921

Lieber Herr Beyersdorff!
Das ist ja famos, dass Sie wieder in Oldenburg sitzen und gar dort in dieser reizenden Elisabethstrasse.[2] – Ja – nach Oldenburg sind wir – leider – noch nicht gekommen in diesem Jahr – das Frühjahr war schreck-

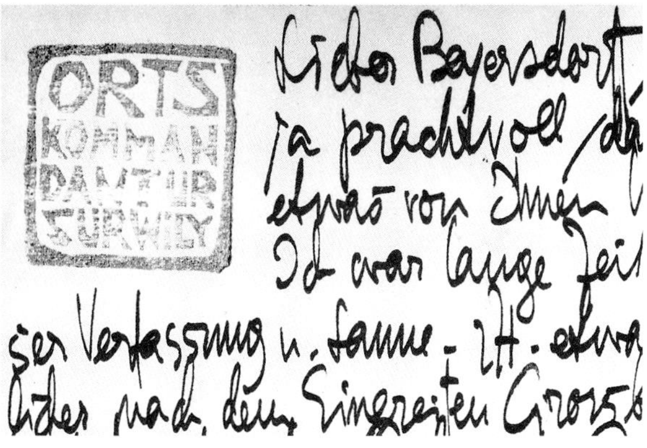

Von Schmidt-Rottluff geschnittener Briefkopf aus einem Feldpostbrief vom 5.9.1916 (nicht bei Schapire und Rathenau)

lich besetzt – dass wir kaum für Tage wegkonnten – dann mussten wir uns beeilen, hierherzukommen, damit ich wenigstens eine geschlossene Zeit zur Arbeit habe. Bald gehts wieder nach Berlin so um den 15.
In Hamburg können Sie sich bei Niemeyer (Hartvikusstr. 14)[3] – fraglich ob Sie ihn antreffen – ist zur Zeit auf Hiddensee, zur Nordischen Woche in Lübeck[4] – bei Frl. Schapire, Osterbeck 43 (Telef.) – ohne weiteres auf mich berufen – auch sie wird zur N.W. in Lübeck sein – aber vielleicht haben Sie Glück. Ich schreibe auch an Frl. Schapire von Ihrem Kommen und an Niemeyer.[5]
Wenn Sie Radziwill aufsuchen, dann bestellen Sie viele Grüsse von mir – ich kenne ihn recht gut – er ist ein famoser prächtiger Kerl.[6]
Ich glaube, wenn ich öfter etwas von Oldenburg hörte, würde ich schon längst wieder dort sein – wenigstens es längst wieder besucht haben. Es ist eigentümlich, wie starke und ich möchte behaupten, heimatliche Gefühle mich mit dem Oldenburger Land verbinden – nicht mit meiner eigentlichen Heimat habe ich solchen inneren Zusammenhang. – Was mich hierherzieht ist die Weite des Landes und seine Verwandtschaft mit der Natur Litauens – oder Russlands – wenn schon es nicht jedem leicht fallen wird, da einen Zusammenhang zu sehen. Also ich muss doch bald wieder nach Oldenburg kommen und meiner Frau das Land meiner Jugend zeigen.
Einstweilen herzlichste Grüsse! Bald mehr!
Ihr S. Rottluff

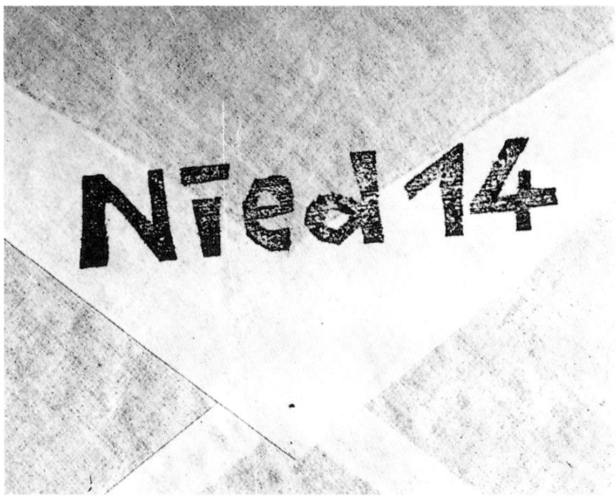

Von Schmidt-Rottluff geschnittener Stempel seiner Berliner Adresse auf einem Briefumschlag vom 9.11.1926 (nicht bei Schapire und Rathenau)

141
An Ernst Beyersdorff, Oldenburg
Berlin-Friedenau, 20.10.1921

Lieber Herr Beyersdorff,
in Westfalen war's fabelhaft[1] – eine herrliche Zeit, die man die romanische nennt.[2] Mit Katholizismus hat sie wohl nicht allzu viel zu tun gehabt, wenigstens nicht mit dem, der jetzt die ewigen Lämpchen elektrisiert hat! So ganz einfach ist heute aber die Angelegenheit Katholizismus doch nicht. Er verfügt über zu überlegene Köpfe, die diese geistigen Vorgänge der Zeit sehr verfolgen und die sich im gegebenen Augenblick nicht scheuen würden, die katholische Kirche auf eine neue Basis zu stellen. Die Leiche Protestantismus wird man gut tun, recht bald einzusargen.[3]
Dass Sie in Hamburg wenig Glück hatten,[4] tut mir leid. Es freut mich, dass Sie die Tanne erworben haben,[5] entstanden ist sie 14 in Berlin in der Erinnerung heimatlicher Tannen.

Warum riskiert man in Oldenburg nicht mal eine grosse Ausstellung und selbst wenn es eine Künstlerbundausstellung wäre (für die ich sonst nichts übrig habe)?[6] An Räumen kann es bei den freigewordenen Schlössern doch nicht fehlen und schliesslich muss die Stadt für ihre residenzliche Vergangenheit doch auch wieder mal was tun.[7]
Noch herzlichste Grüße Ihr S.-R.

142
An Franz Radziwill, Dangast[1]
Berlin-Friedenau, 12.11.1921

Lieber Radziwill,
dass wir mit Ihrem Geburtstag so fabelhaft danebengehauen haben,[2] hat mir viel Spaß gemacht.
Diese Aquarellausstellung bei Cassirer ist freilich eine vertrackte Sache – wichtig ist sie dabei gar nicht.[3] Meiner Meinung nach können Sie hier handeln, wie es Ihnen gerade paßt, schliesslich hat Sie Heller[4] doch auch nicht gepachtet. Von mir aus gehen keine Aquarelle nach Cassirer – das schließt freilich nicht aus, daß er sie anderswoher kriegt!
Wenn Sie übrigens Heller in seinem neuen Laden schon wieder kollektiv zeigen will, ist das für Berlin (und auch für jeden anderen Ort) einfach ein Unfug – nachdem er Sie jetzt eben gebracht hat. Es ist aber ganz gut, wenn er immer etwas von Ihnen auf Lager hat – aber doch nicht immer Ausstellungen.[5] Ich werde ihm das nochmal sagen.
Herzliche Grüsse, auch von meiner Frau. Haben Sie Schnee in Dangast?[6]
Ihr S.R.

143
An Ernst Beyersdorff, Oldenburg
Rottluff, 2.1.1922

Lieber Herr Beyersdorff,
vielen Dank für Ihre Aufforderung zur Aquarellausstellung der Vereinigung für junge Kunst![1] Ich werde natürlich sehr gern was schicken. Es freut mich, dass Sie dort das Interesse wach halten und zu neuen Taten schreiten. Wen werden Sie noch auffordern? Kann ich Ihnen einige Namen noch nennen? Ausser schon allgemein bekannten wie Nolde,[2] Feininger,[3] Klee,[4] Felixmüller,[5] Klotzsche-Dresden, Gartenstr. 10 – W. R. Huth,[6] Sybelstr. 24, Charlottenburg – B. Czobel,[7] M. Kaus,[8], W. Grammatté,[9] – deren Adressen ich allerdings erst in Berlin nachsehen müsste – Ch. Crodel,[10] Jena, Kriegerstr. 3.
Vielen Dank für Ihre Neujahrswünsche. Ich erwidere Sie herzlichst. Mit der Dangaster Landschaft ist mirs merkwürdig gegangen. Ich musste sie schweren Herzens aus ihrem Versteck hervorholen und einem Freund mit nach Amerika geben[11] – ich fürchte, ich sehe sie nicht wieder. Es läßt sich aber leider nicht alles so halten, wie man möchte.
Herzliche Grüße Ihr S.-R.

144
An Ernst Beyersdorff, Oldenburg
Berlin-Friedenau, 5.2.1922

Lieber Herr Beyersdorff,
Ihr Brief aus den letzten Dezembertagen traf mich mitten in der üblichen Grippe und als ich nach Berlin zurückkam, hatte ich soviel gleich um die Ohren, dass ich Ihnen noch nicht schreiben konnte.
Dass Sie mit Ihrem Plan, eine in Oldenburg gewachsene Malerei in grosser Öffentlichkeit zu propagieren,[1] so unerfreuliche Resultate erfahren haben, tut mir leid, muss mich aber nicht wundern. Wenn solche Dinge gelingen sollen, ist's eigentlich Notwendigkeit, dass sich solches bereits in der Stille ereignet hat! Und da glaube ich, wird Ihre Mission in Oldenburg liegen – da Sie nun einmal selbst sich davon getragen fühlen. Wirken und werben Sie still im Kreis von Freunden und freuen Sie sich, wenn Sie anderen etwas vermitteln können.
Dass Sie sich in Müller-Wulckow[2] getäuscht fühlen, ist persönlich schmerzlich – aber hätten Sie wirklich von diesem verkorxten Kristuskopf etwas anderes erwarten können?[3] Das ist kein Kämpfer – die Galerie wäre ihm recht gewesen, wenn sie seine Carriere gefördert hätte. Ausserdem steht er auf einem anderen Pol als Sie. Aber seien Sie froh, dass Sie noch Kampf vor sich haben – wie langweilig wäre die Welt und das Leben, wenn wir den nicht hätten! Ich selbst freue mich, dass es noch manchen Kampf für mich gibt – ja der eigentliche Kampf erst beginnt, zumal ich jetzt in der Lage bin, ihn aufzunehmen und ihn durchzuhalten.
Dass Sie an Radziwill Freude gefunden haben, freut mich ungemein. Er ist ein reiches Talent voll Einfalt und Tiefsinnigkeit, vielleicht ein zu viel „Sonntagskind". Eben darüber kann man jetzt wohl noch nichts sagen.[4]
Lassen Sie sichs im neuen Jahr mit Ihrer Gattin immer gut gehen, meine Wünsche kommen etwas spät, aber nehmen Sie sie trotzdem noch auf.
Herzlichst – und alle Grüße auch von meiner Frau –
Ihr S.-Rottluff

145
An Ernst Beyersdorff, Oldenburg
Berlin-Friedenau, 14.3.1922

Lieber Herr Beyersdorff,
vielen Dank für Ihren Brief, und Entschuldigung, dass ich auf Ihren Gründungsbrief[1] noch nicht schrieb! Es freut mich mächtig, dass Sie mit Ihren Absichten Erfolg gehabt haben. Ich wünsche Ihnen weiter Glück. Natürlich schicke ich gern zu Oncken Bilder aus der Dangaster Zeit,[2] wenn schon die besten Stücke sich andere rausgepickt haben. Mit Bildern aus Privatbesitz wird es sehr schwer werden, da die wenigsten – in Bezug auf Kisten etc. – darauf eingestellt sind. Ein sehr abgeschlossenes Bild „Dangaster Park“[3] von 10 besitzt die Galerie F. Möller[4], Potsdamer 134[c] – Da es da keine Schwierigkeiten mit dem Verpacken gibt, könnte evtl. dies ausgebeten werden. Baldigst mehr.
Ihr S.-Rottluff

146
An Ernst Beyersdorff, Oldenburg
Berlin-Friedenau, 6.4.1922

Lieber Herr Beyersdorff,
ich glaube, Sie denken auch, die versprochenen Briefe bleiben immer ungeschrieben, und dabei wollte ich Sie schon vor langen Zeiten bitten, mir, wenn Sie Gelegenheit haben, einen Freundschaftsdienst zu erweisen.
Ich hatte in meinem Dangaster Quartier immer noch Bilder stehen – was und wieviel, weiss ich natürlich heute nicht mehr.[1] Durch den Krieg war mir auch die Tatsache selbst ganz aus dem Gedächtnis gekommen. Diese Bilder soll im vorigen Jahr ein Herr aus Wilhelmshaven oder Rüstringen abgeholt haben,um sie angeblich reinigen zu lassen! Wenn ich die Geschichte vergessen oder nicht mehr daran gedacht hatte, so kann doch wohl dieser Herr nicht das Recht für sich ableiten, die Bilder an sich zu nehmen, ohne mich vorher gefragt zu haben. Jedenfalls, ich glaube, es könnte wohl mitunter ein solches Bild in Oldenburg wieder mit zum Vorschein kommen. Signiert dürften sie kaum sein (wenigstens nicht von mir), da ich immer erst zu signieren pflegte – auch heute noch – wenn ein Bild fortging.[2] Ich möchte Sie nun bitten, auf solche etwa auftauchenden Bilder zu achten und mir dann davon zu schreiben. Allerdings würde es wohl gut sein, wenn Sie die Geschichte möglichst diskret behandelten – denn sonst tauchen womöglich die Bilder nicht auf![3]
Dass Ihnen die Gründung Ihrer Vereinigung gelungen ist, freute mich natürlich ganz besonders. Ich habe mir dieser Tage überlegt, was ich wohl schicken könnte – es werden wohl nur 4 Bilder sein – aber ich kann vielleicht noch ein paar Aquarelle zusammentrommeln, die sich bei Kunsthändlern befinden, so dass auf diese Weise etwas mehr Material zusammenkommt.[4] Genaues werde ich Ihnen vorher noch schreiben. Hoffentlich wird die kleine Ausstellung ein erster und günstiger Vorstoß sein, das künstlerische Leben in Ihrem sonst so schönen Erdenwinkel zu erwecken.
Dass wir selbst im Mai nach Oldenburg kommen, ist leider ausgeschlossen – nach diesem ekligen Winter, der meiner Frau und mir sehr zugesetzt hat, wollen wir dem Frühling möglichst entgegenfahren und die ersten Maitage nach dem Bodensee fahren.[5]
Ihnen und Ihrer Gattin alles Gute und herzliche Grüsse Ihres S.-Rottluff

147
An Ernst Beyersdorff, Oldenburg
Chemnitz, 27.4.1922

Lieber Herr Beyersdorff,
Ihnen und Ihrer Gattin die herzlichsten Glückwünsche zum jungen Beyersdorff.[1] Ein Ereignis, das mich von Herzen freut.
Natürlich kann die Vereinigung Ihre Ausstellung auch erst zur Oldenburger Woche[2] machen. – Nun muss ich noch zu den Frachtkosten allerdings etwas bemerken, was Sie freilich nicht wissen konnten und woran ich vorher nicht dachte – weil’s mir zu sehr selbstverständlich ist. Es ist allgemein üblich, wenn man Kunstwerke zu einer Ausstellung einlädt, dass der Einladende die Kosten für Hin- und Rücktransport trägt. Ob sie nun der Stadtsäckel übernimmt oder die Vereinigung – oder Oncken – das ist mir gleich. – Ich weiss nun auch nicht, welche Abmachungen die Vereinigung für junge Kunst mit Oncken über Provisionen getroffen hat – in der Liste, die ich Ihnen beilege, habe ich die Preise, die ich angeben kann, netto eingesetzt.
Über die Arbeiten, die von Richter[3] kommen, kann ich erst Preise nennen, falls es Richter unterlässt – dadurch würde R. gewissermassen erklären, dass er die Arbeiten für ausgeschieden aus seinem Geschäftsbereich ansieht. Dann könnte ich auch dafür die Nettopreise angeben und diese Blätter könnten dann ebenfalls an Möller mit zurückgesandt werden. – Bei den Bildern hätte ich gern noch ein Bild dazu geschickt, was ich vor Ostern nicht mehr tun konnte. Da die Ausstellung hinausgeschoben ist, würde ich gern noch ein Bild nachschicken – ich glaube, dass es nicht

zum Nachteil der Ausstellung wäre. Vielleicht schreiben Sie mir ein Wort, ob es Ihnen recht ist. Die Galerie Möller, die den „Dangaster Park" besitzt, hatte ich gebeten, ihn mit zur Ausstellung zu schicken.[4] Ob sie's tut, weiss ich nicht, da Möller wohl nicht daran denkt, das Bild zu verkaufen. Evtl. würde dann von mir aus nicht mehr nötig sein, das Bild zu schicken.
Lieber Herr Beyersdorff, dass Sie sich um diese verschollenen Bilder so viel Mühe machen wollen, rührt mich sehr. Wahrscheinlich werden Ihre Rüstringer Bekannten bald auf die Spur kommen. – Die Kiste mit Bildern beim Bäcker Ammermann in Varel[5] ist mir auch mysteriös. Wahrscheinlich handelt es sich um gerahmte Grafik, wovon allerdings mancherlei verschwunden ist. Wenn Sie ganz gelegentlich – vielleicht dienstlich – (auf ein Jahr kommts ja nach dieser Zeitspanne kaum noch an!) nach Varel kommen und sich einmal danach umhören könnten, wäre ich Ihnen außerordentlich dankbar.[6]
Eben bekomme ich von Richter die Nachricht, dass die Aquarelle an Oncken abgegangen sind – mit Liste – ich kann also selbst nichts mehr darüber bestimmen. Hoffentlich wird Ihre Ausstellung nun einigermassen anschaulich für unsere Dangaster Zeit, und bringt Ihnen und Ihrer Vereinigung den rechten – wenn vielleicht zunächst auch nur moralischen Erfolg!
Ihnen und Ihrer Gattin alles Gute und herzliche Grüsse Ihres S.-Rottluff

Beiblatt zu Brief 147:

Von der Galerie F. Möller, Potsdamerstr. 134[c],
Berlin W9:
Kurhäuser im Seenebel, Aquarell[7]
Watt bei Ebbe, Aquarell[8]
Rücksendung an Möller.

Von der Kunsthandlung Emil Richter Dresden,
Pragerstrasse:
Herbstmorgen, Aquarell[9]
Park, Aquarell[10]
Stickendes Mädchen , Aquarell[11]
Haus im Nebel, Aquarell[12]
Park am Mittag, Aquarell[13]
Stilleben mit Äpfeln, Aquarell[14]

Von mir durch Spedition Kopania u. Co., Friedenau
die Bilder:

Haus am Park[15]	10 000,–
Kühe am Strand[16]	9 000,–
Parkecke aus Dangast[17]	9 000,–

Preise netto, Provision und Luxussteuer[18]

148
An Ernst Beyersdorff, Oldenburg
Jershöft, 6.6.1922

Lieber Herr Beyersdorff,
ich erhalte heute Ihre Karte und hatte gerade gestern geschrieben.[1] Mit dem Bild hab ich mir alles nochmal durch den Kopf gehen lassen – diese eine Dangaster Landschaft ist augenblicklich nicht erreichbar.[2] Ich überlegte, was vielleicht in Frage käme. Können Sie sich noch auf den Mann in der gelben Öljacke[3] besinnen? Falls Sie glauben, dass dieses Bild in Frage kommen könnte, würde ich es schleunigst nach Oldenburg beordern. Schreiben Sie mir bitte kurz Ihre Meinung.
Herzlichst Ihr S.-Rottluff

149
An Ernst Beyersdorff, Oldenburg
Jershöft, 10.6.1922

Lieber Herr Beyersdorff,
vielen Dank für Ihre telegrafische Benachrichtigung. Ich habe sofort dem Kunstmuseum Essen telegr. Auftrag gegeben, das Bild an Oncken zu schicken und ich denke, es trifft vielleicht schon mit diesem Briefe in Oldenburg ein.[1] Es freut mich sehr, dass Sie so gut im Zug sind – aber Sie haben schon recht, man muss das Eisen schmieden, solange es glüht!
Ich gebe für die Gelbe Öljacke wieder den Nettopreis an: 12 000,–.
Herzliche Grüsse Ihres S.-Rottluff

150
An Ernst Beyersdorff, Oldenburg[1]
Jershöft, 12.6.1922

Lieber Herr Beyersdorff,
endlich einmal vielen Dank für Karte und Brief. In Berlin kam ich weder dazu, Ihnen auf beides zu antworten, noch das gewünschte Bild zum Abmarsch zu bringen. Das Bild, das Möller hat, ist meines Erachtens nicht so recht als Museumsstück geeignet.[2] Ich dachte daher, das Ihnen geschilderte Bild solange zurückzuhalten, bis Ihre Vereinigung wieder mit einer neuen Ausstellung ans Licht tritt.[3] Das werden Sie ja weiter pflegen. Dass Ihre Ausstellung so gut und eindrucksvoll abgeschnitten hat, freut mich ausserge-

wöhnlich – besonders, da Sie ja zeitweilig mit Oldenburg etwas pessimistisch gestimmt waren.[4] Auch der Abschluß mit Niemeyer hat mich sehr gefreut.[5]
Nach meinen Dangaster Bildern werde ich nun auch selbst forschen, nachdem Sie so freundlich die Präliminarien übernommen hatten. Ich hoffe, hier etwas mehr Zeit zu haben als in Berlin. – Dass Sie sogar ein Bild von mir dort verkauft haben,[6] war mir eine grosse Freude – darf ich erfahren, wo es geblieben ist? Kann ich gleich mit sagen, dass die anderen Bilder an die Galerie F. Möller, Potsdamer 134[c] nach Berlin geschickt werden. Den Mammon können Sie gleich bei der Oldenburgischen Landesbank auf mein Konto einzahlen lassen.[7]
Seit ein paar Tagen sind wir wieder hier – vorläufig bläst noch ein kräftiger Wind über die weite Ostsee – aber dies unbezeichenbare Blau der Luft ist schon eine grosse Erquickung und die klar und bestimmt gegeneinander gesetzten Farben – vielleicht sind die Farben hier nicht so schwer wie in Oldenburg – aber sie sind ebenso stählern und ohne Zweideutigkeiten. Wie geht es Ihrem Jungen?
Ihnen und Ihrer Gattin herzlichste Grüsse, auch von meiner Frau
Ihr S.-Rottluff

151
An Ernst Beyersdorff, Oldenburg
Jershöft, 11.7.1922

Lieber Herr Beyersdorff,
ich freue mich außerordentlich über Ihren Erfolg und beglückwünsche Sie von Herzen dazu! So hätten Sie endlich die Genugtuung, dass Sie nicht immer vergebens in Oldenburg gewirkt haben und endlich Aussicht, sich weiter aktiv am dortigen Kunstleben beteiligen zu können.[1]
Die erwähnte Dangaster Landschaft werde ich unter allen Umständen zurückhalten.[2] Es ist mir natürlich auch eine grosse Freude, Dangaster Bilder im Lande ihrer Entstehung zu wissen. Übrigens, mein Bankkonto ist bei der Oldenburgischen Landesbank, um Ihnen überflüssige Mühe zu sparen.
Der Kistenfall ist schon ein Problem heute. Ich glaube sie unterschätzen den Wert einer Kiste von heute. Falls die Kiste mir gehört, würde ich doch bitten, Sie an Kopania u. Co., Wilmersdorf-Friedenau, zu meiner Verfügung zu schicken. Leere Kisten haben niedrigsten Tarif. Sonst zurück nach Essen.
Einstweilen herzlichen Gruss und Dank
Ihres S.-Rottluff

152
An Ernst Beyersdorff, Oldenburg
Jershöft, 18.9.1922

Lieber Herr Beyersdorff,
nach Stettin sind Sie wohl infolge des total verregneten hinterpommerschen Sommers gar nicht erst gekommen.[1] Es war eine böse Zeit, auch der Herbst betrügt uns um alles, und wir rüsten nun zum Abmarsch. – Hoffentlich hatten Sie einen angenehmeren Sommer. –
Der Kunsthändler Möller war dieser Tage hier und sagte, dass das Bild „Haus im Park“[2] noch nicht bei ihm eingetroffen sei. Hat das unser Freund Oncken wohl verbummelt?
Ich habe diesen Sommer schrecklich wenig arbeiten können infolge der apokalyptischen Finsternis, die hier fast das tagtägliche Übel war, – ich muss mich in Berlin schrecklich dahinter machen, etwas wenigstens von der versäumten Zeit wieder einzubringen.
Geht es Ihnen und Ihrer Familie gut?
Herzlichst Ihr S.-R.

153
An Franz Radziwill, Dangast
(Berlin, Ende 1922)

Lieber Radziwill,
ich danke Ihnen sehr für Ihren Brief. Dass Sie die Opferung des Mittagessen gehindert hat, zu mir zu kommen, tut mir außerordentlich leid. Ich hätte gern mit Ihnen besprochen, was Sie hier in Berlin bekümmert hat.[1]
Nun möchte ich – soweit ich kann – Ihnen Beruhigung geben über das, was Ihnen hier als unfreundliche Stimmung vorgekommen ist. Zunächst muß ich Ihnen allerdings sagen, dass ich etwas derartiges nicht habe feststellen können. Daß mal paar Leute vielleicht glauben, sich abfällig über Sie äussern zu müssen – das heisst noch nicht, es herrrscht hier eine ungünstige Stimmung für Sie. Das vergeht und ist völlig ohne Belang. Ich habe immer auf dem Standpunkt gestanden und tue es heute noch, wenn ich jemand nicht durch meine Arbeit überzeugen und gewinnen kann – dann habe ich keinen anderen Weg – denn ich bin meine Arbeit. Ich glaube, es wird bei Ihnen nicht anders sein und darum machen Sie sich also keine Gedanken.
Huth[2] ist natürlich auf Heller etwas geladen und wohl auch nicht ohne Grund. Dass Sie in der Juryfreien nicht ausgestellt haben[3], haben wir alle sehr bedauert. Wenn Sie nicht mögen und Ihre Gründe dazu haben, müssen und werden alle das achten. Es lag so, daß ich Heller nochmals gebeten hatte, er möchte von Ihnen

Bilder hingeben, er sagte, er müsse erst bei Ihnen anfragen. Diese Antwort kam von Heller so rasch, dass alle meinten, es sei Hellers Ablehnung, nicht die Ihre, so dass alle sich wohl über Heller etwas ärgerten. Aber das geht ja alles vorüber. Was Ihnen über die amerikanische Ausstellung[4] gesagt worden ist, weiss ich nicht. Ich habe gestern sofort mit Möller gesprochen und liegt die Sache so, dass Sie auf jeden Fall dazu aufgefordert sind. Es sind alle Künstler persönlich dazu aufgefordert und es ist nötig, dass alle Ihre Anmeldung selbst machen und unterschreiben, da sonst Zollschwierigkeiten entstehen. Heller könnte bei Ihnen wohl mit unterschreiben – aber unbedingt erforderlich ist Ihre Unterschrift. – Dies also erst das äußerliche.
Es freut mich, dass Sie uns Ihre Freundschaft bewahren und ich möchte auch Ihnen sagen, dass sich in meinen Beziehungen zu Ihnen nichts geändert hat, falls Sie meinen könnten, dass darin etwas anders geworden sein könnte.[5] Ich schätze in erster Linie den Künstler danach, was er macht und ich freue mich immer, wenn ich Arbeiten von Ihnen sehe, wie Sie Ihren Weg weiter laufen.
Schott[6] sagte mir, dass kürzlich Ihr Vater gestorben sei.[7] Es hat mir furchtbar leid getan, dass Sie so früh diesen Schlag erleben mußten. Es ist alles Schicksal – möge es Ihnen helfen, immer stärker sich bewußt zu werden, was Ihr Leben und Ihre Arbeit ist.
Mit herzlichen Grüssen auch von meiner Frau
Ihr S. Rottluff

154
An Ernst Beyersdorff, Oldenburg
Berlin-Friedenau, 19.3.1923

Lieber Herr Beyersdorff,
es freut mich, das Ihnen die Zeichnung etwas gefällt. Es ist allerdings Jershöft.[1]
Ich gebe Ihnen hier die Nettopreise der Aquarelle:[2]

Ernte	300 000,–
Dorf im Schnee	300 000,–
Abendlandschaft	240 000,–
Bucht	180 000,–
Rettungsstation	240 000,–

Ich habe noch J. Abbo – den Bildhauer[3] – gesprochen, dass er Ihnen einige Zeichnungen schicken solle, hoffentlich hat er es getan. Einen George-Sprecher kann ich Ihnen leider nicht nennen – wenn Sie nicht auf Niemeyer zurückkommen wollen. Er hat ja dem George-Kreis lange Zeit nahe gestanden.[4]
Herzlichste Grüsse Ihr S.-Rottluff

155
An Ernst Beyersdorff, Oldenburg
Berlin-Friedenau, 7.4.1923

Lieber Herr Beyersdorff,
es freut mich ausserordentlich, dass Sie meine Arbeit dort so ehren und ihr eine eigene Koje eingeräumt haben.[1]
Die Frage nach einem Preisnachlass ist nun allerdings sehr schwierig – im allgemeinen lehne ich das grundsätzlich ab, da ich bei der Preisstellung sehr kritisch bin und wirklich nur das äusserste Minimum haben will, was bei der heute längst überall festzustellenden Berechnung auf Goldparität gerade noch möglich ist. Nun möchte ich Ihnen gern die Freude machen und auf Ihre Anfrage eingehen.
Ich würde mich also für das Landesmuseum zu einem kleinen Nachlass bereit erklären, aber Herr Müller-Wulckow müßte mir schon positive Vorschläge machen, um welche Blätter es sich für das Museum handelt und welchen Preis er meint, durchsetzen zu können. Ich will dann sehen, ob es meinerseits möglich ist.[2]
Dass Ihnen die Arbeit, die Sie in Oldenburg leisten müssen, recht gigantisch erscheint, nimmt mich nicht wunder – es liegt zum grossen Teil auch mit daran, dass wir heute leidlich erwachsen sind und die reale Welt gewissermassen sachlicher, mit ihren Widerständen, erkennen. Aber das wird halt unsere Aufgabe sein, dafür zu kämpfen, was heute unser Glaube ist – nicht bloss um eine andere Kunstform, sondern überhaupt um eine neue Welt. Um nichts Geringeres geht es. Und da giebt's kein Zurück in den gewohnten Schlendrian – das ist hoffnungslos – erledigt. Meinen Sie nicht, dass wir ein grosses Glück haben, einer Generation anzugehören, die aufbauen will, weil sie das Schauen einer neuen Welt hat?
Es freut mich, dass es Ihnen und Ihrer Familie sonst gut geht. Meine Frau und ich waren leider den Winter über nicht so ganz auf der Höhe, es giebt eben mitunter so Zeiten, wo man nicht mit allem Impuls an der Arbeit sein kann, aber das wird sich wieder einstellen, wenn wir wieder in der freien Natur sein können. Aber vor Ende Mai werden wir wohl kaum wegkommen.
Herzlichste Grüsse, auch an Ihre Gattin und von meiner Frau, Ihr getreuer S.-Rottluff

156
An Ernst Beyersdorff, Oldenburg
Berlin-Friedenau, 22.4.1923

Lieber Herr Beyersdorff,
es ist z. Zt. ein Katalog über meine Grafik in Bearbeitung.[1] Ich habe in der Dangaster Zeit verschiedene Li-

tografien in Oldenburg drucken lassen, kann aber nicht mehr auf den Namen der Firma kommen.[2] Es war eine kleine litografische Druckerei und damals jedenfalls die einzige dort. Könnten Sie das eventuell ermitteln? Das wäre famos. Wie geht's mit der Ausstellung?
Herzlichst Ihr S.-R.

Schicken Sie die Aquarelle dann bitte an die Kunsthütte Chemnitz, König-Albert-Museum[3]

157
An Ernst Beyersdorff, Oldenburg
Berlin-Friedenau, 29.4.1923

Lieber Beyersdorff,
vielen Dank für die Feststellung der lithographischen Anstalt. Es ist Lambrecht und Sohn[1]. Ich weiss es jetzt wieder. Furchtbar nett, dass Sie sich diese Mühe gemacht haben.
Über das gute Interesse, das Ihre Ausstellung[2] findet, freue ich mich sehr. Mit der „Rettungsstation"[3] will ich nun gern dem Museum mit 200000 netto entgegenkommen. Schwieriger ist der Fall mit dem mir völlig unbekannten Privatmann.[4] Es wird mir schwer, Ihnen etwas abzuschlagen, da ich weiss, wie sehr Sie mit der Ausstellung verbunden und wie sehr sie Ihr Werk ist. Ich will Ihnen also den Nachlass von 10% zugestehen, nur möchte ich Sie bitten, im Verkaufsfall – auch beim Museum – auf sofortige Zahlung zu dringen.
Und dann: Könnten Sie dafür sorgen, dass die Aquarelle baldigst nach Schluss Ihrer Ausstellung nach Chemnitz geschickt werden?[5] Es soll hier am 15. eröffnet werden und da würde es mit der Zeit gerade so auskommen.
Von Kolbe[6] hörte ich, dass Sie auch Plastiken von ihm dort haben und das freut mich sehr. Ich hatte unglücklicherweise Ihren Ausstellungsplan „Kleinplastik"[7] nicht recht überdacht, da die Transportkosten hier schon eine Rolle spielen, sonst hätte ich Ihnen gern noch einige Namen geben können.
Noch alles Gute und vielen Dank
Ihres S.-Rottluff

158
An Ernst Beyersdorff, Oldenburg
Chemnitz, 11.5.1923

Lieber Beyersdorff,
die 4 Aquarelle sind rechtzeitig in Chemnitz eingetroffen. Vielen Dank für Ihre rasche Besorgung.
Dass die „Ernte"[1] nun doch in Oldenburg bleiben soll, freut mich natürlich sehr. Wie ich Ihnen schon schrieb, würde ich zu einem 10 % Nachlass auf den Nettopreis bereit sein, das müsste ich wohl auch heute noch aufrecht halten, obwohl ja die Papiermark inzwischen mächtig bergab gerutscht ist. – Oldenburgische Landesbank. – Einstweilen alle herzlichsten Grüsse.
Ihr S.-Rottluff

159
An Ernst Beyersdorff, Oldenburg
Berlin-Friedenau, (Juni 1923)

Lieber Herr Beyersdorff,
vielen Dank für Ihren Brief mit den famosen Bildern. Leider kann ich Ihnen nicht mit ähnlichen erwidern. Der Junge sieht ja prachtvoll aus und scheint Ihnen sehr ähnlich zu sein.[1]
Nun zu Ihrer Frage. Ich muss ja im voraus gestehen, dass ich mich um den Kunstmarkt nie gekümmert habe, sehr zu meinem eigenen grossen Schaden in diesem Winter – aber das Hellersche Angebot[2] halte ich allerdings auch für „unter". Ich weiss nicht, ob diese Preisbasis von Mai 50 $ = 1000000 M, damals schon so ganz stimmte. Denn damals war der $ krampfhaft gedrückt und die Kaufkraft von 50 $ war weit grösser als die von 1000000, wie man damals allenthalben feststellen konnte. Und so glaube ich auch, dass die Bewertung von Bildern in $ heute nicht mehr stimmt, denn wie alle geistige Arbeit hat sich auch Kunst bei weitem nicht auf der Goldbewertung halten können. – Um Ihnen aber eine positive Antwort geben zu können, nach der Sie Ihre Entscheidung treffen können, habe ich eben bei Heller angeläutet, wo ich als Reflektant auf ein Radziwillsches Bild nun gelte: 4 Millionen (brutto). Aber bitte, wissen Sie nun nichts durch mich. – Ich bin noch in Berlin, allerdings auf dem Sprunge, nach Italien zu fahren,[3] – im Herbst bin ich sicher wieder hier und wenn Sie herkommen, dann sehe ich Sie doch![4]
Herzlichen Gruss und beste Empfehlung an Ihre Gattin
Ihr S.-Rottluff

160
An Ernst Beyersdorff, Oldenburg
Berlin-Friedenau, 29.6.1923

Lieber Herr Beyersdorff,
es stellt sich gestern bei der Galerie Möller heraus, dass mein Bild „Haus im Park" immer noch nicht von

Oncken bei Möller angekommen ist.[1] Wenn das Onkken wieder verbummelt hat, dann ist das allerdings der Gipfel der Unverschämtheit. Bitte, lieber Herr Beyersdorff, nehmen Sie dem Oncken den Kopf ab und in die Hunte damit. Bitte forschen Sie nach.
Mit herzlichem Gruss Ihr S.-Rottluff

161
An Walter Müller-Wulckow, Oldenburg[1]
(Berlin), 5.10.1923

Sehr geehrter Herr Direktor,
vielen Dank für Ihre freundliche Zuschrift! Es freut mich sehr, dass Sie dort solche Pläne haben und dabei an mich gedacht haben. Eine solche Aufgabe würde mich wohl interessieren – falls man mich nicht dabei drängen würde und mir Zeit liesse.[2]
Über eine Forderung ist begreiflicherweise nichts bestimmtes zu sagen, zumal ich die Grössenverhältnisse des Raumes garnicht kenne – was ja hierbei eine nicht unwesentliche Rolle spielt.
Ich könnte nur als Anhalt vielleicht sagen, dass für einen nicht allzu großen Raum z.Zt. etwa 10000 Goldmark und Vergütung aller Materialien und sonstigen Erforderlichkeiten in Betracht gezogen werden müssten.[3]
Mit verbindlichen Grüssen Ihr ergebener
S. Rottluff

162
An Franz Radziwill, Dangast
(Berlin, Dezember 1923)

Mein lieber Radziwill,
vielen Dank für Ihren Brief und ihr freundliches Anerbieten. Es ist ganz famos, dass Ihre Italienreise[1] so bald vonstatten gehen kann – das freut mich ganz besonders. Es wird eine herrliche Reise für Sie werden.
Ihr Anerbieten hat mich sehr gerührt[2] – und auch etwas traurig gemacht. Ich hatte mir früher das so schön gedacht, wenn die Maler mal alle ihr Haus auf dem Lande hätten, dass man dann so untereinander für den Sommer tauschen könnte – und nun, wo Sie mir das so greifbar, wenn auch einseitig, – nahe rükken, muss ich leider wohl oder übel verzichten. Es ist augenblicklich so, dass wir mit unseren Finanzen völlig in der Luft hängen und daher gar nicht in der Lage sind, Sommerpläne oder Entscheidungen dafür zu machen. Es ist ja möglich, dass es in der 2. Winterhälfte besser wird – wenigstens hoffen wir das – aber solange hier eben immer nur soviel verkauft wird, dass wir gerade von Woche zu Woche leben können und solang ich keine große Summe in den Händen habe, so heisst's eben die Finger von allen Unternehmungen lassen. Und so tut mirs sehr leid, dass ich Ihnen nein sagen muss. – Der fehlende Küchenschrank hätte uns gewiß nicht gestört – dergleichen gab's in Jershöft auch nie. Ich glaube auch nicht, dass wir Sie am Sommerbeginn besuchen können. Wir fahren alljährlich über Weihnachten zu meiner Mutter[3] und wenn ich dann wieder nach Berlin zurückkomme, muss ich immer das neue Jahr mit den löblichen Vorsätzen zu arbeiten anfangen.
Ich wünsche Ihnen und Ihrer Frau die schönsten Weihnachten und ein hoffnungsvolles Neues Jahr, das ja mit der Aussicht nach Italien zu kommen, recht verheissungsvoll für Sie aussieht. Vielen herzlichen Dank für Ihr Weihnachtsgeschenk,[4] das ist zu freundlich! Ich muss mir's aber erst im Januar abholen. Augenblicklich ist Rosa Schapire zu Besuch bei uns[5] und da gibt's leider für mich keine Zeit mehr, in die Stadt zu fahren. Am Freitag wollen wir weg nach Chemnitz.
Über Ihre Radierung, die ich mir bei Heller abgeholt habe, freuen wir uns sehr – Sie ist sehr gut komponiert – es ist die mit der Frau, die man vom Rücken sieht.[6]
Vielen Dank dafür. Ihnen und Ihrer lieben Frau allerschönsten Gruss – auch von meiner Frau –
Ihr S-Rottluff

163
An Ernst Beyersdorff, Oldenburg
Berlin-Friedenau, 22.2.1924

Lieber Herr Beyersdorff,
ich bin immer sehr erfreut, wenn ich wieder von Ihnen höre, und ich empfinde es dankbar, dass Sie ausdauernder unsere Beziehungen unterhalten, als es mir von hier aus möglich ist.
Was freilich Radziwill so des öfteren über mich zu berichten weiss,[1] verursacht mir ein Kopfschütteln, denn ich wusste nicht, dass ich ihm zu solchen Berichten Veranlassung gegeben hätte. Und so muss ich Ihnen leider vorläufig noch sagen, dass ich irgendwelche Pläne, mich in Dangast festzusetzen z. Zt. nicht habe, zumal ich derartige Pläne für die nächste Zeit überhaupt nicht haben kann. Dass ich freilich in Berlin nur gezwungenermassen festhake, das stimmt allerdings. Aber da vorderhand keine Möglichkeit besteht, einen Entschluss nach ausserhalb Tat werden zu lassen, so lass ich als höchst überflüssige Abschweifung alles Plänemachen.

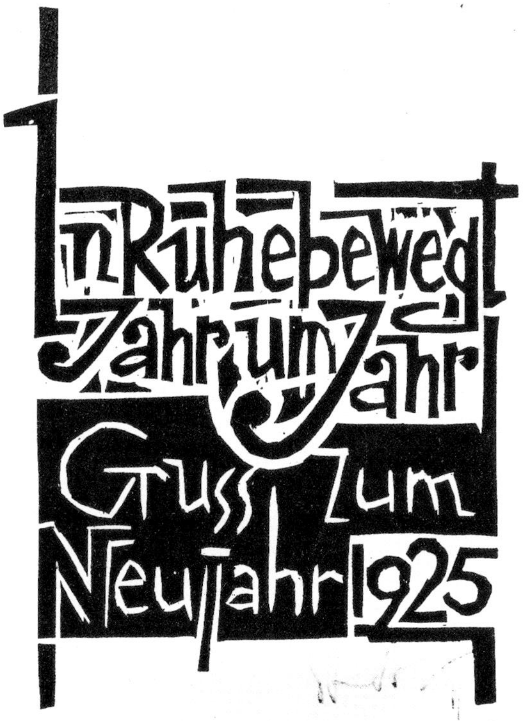

Jahresgruß-Holzschnitt Schmidt-Rottluffs für 1925 (Rathenau 78), den er Ende 1924 Freunden und Bekannten übersandte. Sein Motto stammt von dem ostpreußischen Dichter Alfred Brust (1891–1934), der sein Kriegskamerad in Rußland war. Der Künstler porträtierte ihn 1918 in einem Holzschnitt (Schap. 210) und schuf für sein ebenfalls 1918 im Verlag der "Aktion" erschienenes „Spiel Christa" neun weitere Holzschnitte (Schap. 219–227)

Dass Sie Gioli[2] nach Oldenburg ziehen wollen, freut mich besonders – er muss ein ganz besonders tüchtiger Intendant sein – leider lese ich gerade heute in der Zeitung, dass er nach Mannheim geht. Hoffentlich holen Sie ihn darum um so sicherer!
Vielen Dank für Ihre Einladung zur grafischen Ausstellung![3] Selbstverständlich werde ich Sie mit der Beschickung nicht im Stich lassen. Es scheint ja ein recht ausstellungsreiches Jahr zu werden. Lübeck macht demnächst eine grosse Ausstellung von mir[4] und die Akademie hier hat mich zu einer Kollektivausstellung eingeladen – der alte Liebermann! – trotzdem ich ihn keine Minute darüber im Zweifel gelassen habe, wie ich über die Akademie denke.[5]
Emma Ritter besuchte uns neulich[6] und erzählte auch, dass das musikalische Interesse sehr lebhaft in Oldenburg geworden sei.[7] Das ist doch famos. Und über die Oldenburger Galerie[8] sprach sich der Dresdner Kunsthändler Gutbier sehr erfreut aus.[9] Sie können sich denken, dass mich solche Dinge sehr freuen, die doch darauf hindeuten, dass man auch ausserhalb auf Oldenburg aufmerksam wird. Und dass dies zum grössten Teil vielleicht Ihr Verdienst ist, ist doch famos!
Ihnen und Ihrer Gattin alle herzlichen Grüsse von uns beiden
Ihr S.-Rottluff

164
An Ernst Beyersdorff, Oldenburg
Berlin-Friedenau, 25.3.1924

Lieber Herr Beyersdorff,
vielen Dank, dass Sie nochmals auf die baldige Absendung hinwiesen.[1]
Ich habe gestern abgeschickt:

Herrenporträt (233), 20 $
Dahlien (2329), 20 $
Schreibende (233), 20 $
Strasse (231), 20 $
Porträt (238), 20 $
Zimmerleute (2336), 25 $
Architektur II (2334), 25 $
Soest (235), 25 $

Verkaufspreise in USA-$ – hoffe, die Blätter kommen rechtzeitig und gut bei Ihnen an.
Die Ausstellung in Lübeck ist am 23. eröffnet worden, und soll voraussichtlich zwei Monate hängen.[2]
Die Akademie-Ausstellung ist vermutlich Ende April oder Anfang Mai.[3]
Herzlichst Ihr S.-Rottluff

165
An Ernst Beyersdorff, Oldenburg
Bad Elster, 3.5.1924

Lieber Herr Beyersdorff,
sehr erfreut über Ihre Ausstellung zu hören, vielen Dank.[1] Mit den Preisen ist das solche Sache – die Nettopreise sind minus 33,3 %. Falls sich die Vereinigung mit 13,3 % begnügen könnte, was meines Erachtens möglich sein müsste, da sie ja nur existieren und nicht verdienen will, könnten wir eine Ermässigung von 20 % eintreten lassen.
Ich würde mich sehr freuen, wenn wieder etwas in Oldenburg bliebe. – Wie tüchtig, dass Sie den Reichskunstwart dort hatten![2]
Ich bin seit ein paar Wochen hier, um mich gegen Gicht und Gallenbeschwerden zu wehren.[3] Eine schreckliche Prozedur – diese Woche kommt noch das dickste Ende – und dann bin ich neugierig, obs was genützt hat.
Hoffentlich geht es Ihnen gut. Herzlichsten Gruß
Ihr S.-Rottluff

166
An Ernst Beyersdorff, Oldenburg
Berlin-Friedenau, 22.5.1924

Lieber Herr Beyersdorff,
vielen Dank für Ihre letzte Karte. Es stimmt, das ist der Patroklusturm in Soest.[1] Welches freilich das religiöse Blatt ist, kann ich leider nicht feststellen, denn die genannte No. ist offenbar eine Händlernummer.
Nun hören Sie aber mal – wenn die Vereinigung unter allen Umständen entschlossen ist, das Blatt ins Museum zu bugsieren, dann könnte sie mir eigentlich auch den Betrag jetzt schon übersenden.[2] Denn wenn schon den Verhältnissen Rechnung getragen werden muss, dann ist es richtig, den Händler warten zu lassen, aber nicht den Arbeiter. Von den Verkäufen für die Händler bekomme ich keinen Pfennig mehr zu sehen und Sie haben keine Ahnung, wie beklemmend es mit meinen Moneten jetzt aussieht. Trotz grosser Ausstellungen, die moralisch allenthalben ein grosses Plus waren, ist nicht ein Bild verkauft worden und ich habe keine Ahnung, wovon ich die nächsten Monate existieren soll.[3] Entschuldigen Sie bitte, dass ich Ihnen das so offen schreibe. – Sie werden das ja für sich behalten – aber es ist augenblicklich schauderhaft.
Hoffentlich geht es Ihnen besser und seien Sie bloss froh, dass Sie damals bei der Juristerei geblieben sind.[4]
Herzlichst Ihr S.-Rottluff

167
An Ernst Beyersdorff, Oldenburg
Berlin-Friedenau, 20.1.1925

Lieber Herr Beyersdorff,
dass Sie am Neujahrsblatt[1] Freude hatten, habe ich natürlich sehr gern gelesen und das Gerücht vom Ateliergespräch hat mindestens bei meiner Frau grosse Heiterkeit erregt. Ich würde ja von mir aus immer zugestehen, dass ich auch mal Flauten habe – warum nicht – ist das nicht durchaus in der menschlichen Natur begreiflich?
Dass Sie sonst das Neue Jahr mit Ihrer Familie mit neuen Hoffnungen begonnen haben und neuen Plänen, freut mich sehr. Hoffentlich bringt es viele und mehr zur Erfüllung.
Von Ihren vielen künstlerischen Interessen und Veranstaltungen hörte ich natürlich mit Begierde. Über die Palucca[2] kann ich Ihnen nur berichten, dass ich sie sehr rühmen hörte – gesehen habe ich sie noch nicht – wohl aber kenne ich die Wigman[3] seit ihrem ersten Auftreten in Berlin und finde sie ganz glänzend. Allerdings völlig unerotisch. Wir wollen sie nächste Woche hier wieder sehen – das „Tanzspiel“ kenne ich noch nicht – auch hatte sie voriges Jahr Malheur mit einem Fuß. Das soll ja wieder ganz behoben sein.
Nehmen Sie für heute noch alle herzlichsten Grüsse auch für Ihre Gattin und treuesten Handdruck Ihres
S.-Rottluff

168
An Ernst Beyersdorff, Oldenburg
Jershöft, 1.7.1925

Lieber Herr Beyersdorff,
wie schaut's aus in Oldenburg und wie geht's Ihnen? Hoffentlich recht gut, auch Ihrer Familie. Ich sitze wieder in meinem hinterpommerschen Ostseewinkel, wo dies Jahr der Wind recht lange eisig bleibt, dass man nicht glauben mag, es sei Juli.[1]
Im Winter war Müller-Wulckow mal bei mir – er hat ja wohl manche Pläne – aber da er kaum die Fähigkeit hat, sich Mittel zu verschaffen, werden es wohl Pläne bleiben.[2] Haben Sie etwa irgendeine der Rheinlandfestfeiernden Ausstellungen[3] gesehen? Ich habe noch von niemanden gehört, der sie gesehen hätte.
Lassen Sie mal von sich hören, ich würde mich freuen.
Mit herzlichsten Grüssen Ihr S.-Rottluff

169
An Franz Radziwill, Dangast
(Berlin, Oktober 1925)

Lieber Radziwill,
Sie sind im Irrtum. Über die Verhältnisse des Herrn Stieghorst[1] bin ich ebenso wenig unterrichtet wie Sie. Herr Stieghorst kam voriges Jahr nach Berlin zu mir, mit der Absicht, mein Schüler zu werden. Das musste ich aber ablehnen, da ich kein Schüleratelier habe. Er hat dann für sich gearbeitet und ich habe mir hin und wieder mal seine Sachen angesehen. Anfang Sommer schrieb er mir aus Wilhelmshaven, wo er zu Haus ist, dass er in die Ferien gegangen sei. Ich habe ihm damals geschrieben, dass er Sie in Dangast mal besuchen solle, um eventuell den Sommer mit bei Ihnen zu arbeiten. Er ist jetzt im Herbst wieder nach Berlin gekommen, um hier an der Staatlichen Hochschule zu studieren, ist aber nicht aufgenommen worden. – Was Sie an Honorar fordern können, kann ich nicht beurteilen. In den Schülerateliers – Privatateliers – mit mehreren Schülern und bei 3- oder 4maliger Korrektur in der Woche kostet es hier monatlich 50,–. Vielleicht ist das für Sie irgendein Anhalt. Modellkosten müssten dabei die Schüler tragen. Einstweilen nur diese nüchternen Angaben.
Gruss Ihr S. Rottluff

170
An Franz Radziwill, Dangast
Berlin-Friedenau, 19.10.1925

Lieber Radziwill.
es tut mir leid, dass ich Ihren Brief nicht 8 Tage früher bekommen habe – augenblicklich kann ich in dieser Sache nichts tun, da ich inzwischen von einem neuen Kandidaten für diesen Posten gehört habe, den ich ebenfalls kenne – und so hiesse für den einen oder anderen eintreten, unter allen Umständen Intrige spielen. Der neue Kandidat hat übrigens, wie er mir sagt, nicht viel Aussichten – dagegen liefen für Dr. Holtze die Aussichten nicht ungünstig, soviel ich gehört habe. Sollte der neue Kandidat schon vorher eine Absage von Erfurt bekommen, was ich vermutlich hören würde, dann könnte und würde ich selbstverständlich mit Freude für Dr. Holtze ein paar Kohlen nachlegen – soweit ich das kann – eher aber kann ich, wie Sie begreifen werden, keine Partei nehmen. Acht Tage früher und ich wußte von der neuen Bewerbung nichts![1]
Ich freue mich sehr, von Ihnen wieder mal was zu hören und hoffe, dass es Ihnen unter den allgemeinen belämmerten Verhältnissen noch ganz gut geht.
Mit besten Grüssen auch von meiner Frau
S. Rottluff

171
An Franz Radziwill, Dangast
Berlin-Friedenau, 26.10.1925

Lieber Radziwill,
ich lese heute eben in der Zeitung, dass die Entscheidung für Erfurt gefallen ist – leider nicht für Dr. Holtze, was mir besonders leid tut. Anscheinend hat man einen alttestamentarischen Propheten vorgezogen. Der „Ruck nach rechts"! Man will uns eben wieder auf die Nase treten.[1] – Beyersdorff schickte mir heute Ihren Katalog. Es freute mich sehr. Hoffentlich gibts auch „greifbaren" Erfolg!
Schönsten Gruß S. Rottluff

172
An Ernst Beyersdorff, Oldenburg
Berlin-Friedenau, 8.11.1925

Lieber Herr Beyersdorff,
es freute mich sehr, von Ihnen mal ausführlich zu hören. Dass die Absichten Dr. Holtze's sich leider nicht verwirklicht haben, werden Sie längst wissen. Es ist nicht nur im Interesse Holtze's sehr zu bedauern.[1] Holtze war von Dr. Kaesbach[2], soviel ich hörte, sehr angelegentlich empfohlen, wenn es doch nichts genutzt hat, so liegt das zum größten Teil mit an der heutigen politischen Konstellation, in der die meisten Menschen glauben, mit den Augen nach rechts eher zu ihrer erwünschten Ungestörtheit zu gelangen. Auch diese Konstellation geht vorüber, denn von dieser Seite kommt keine gestaltende Idee mehr – aber leider ist dies ein schwacher Trost für Dritte. – Für den Katalog Ihrer Radziwillausstellung herzlichsten Dank. – Dass sie in den letzten beiden Jahren den Oldenburgern keine Arbeit von mir versetzt haben,[3] finde ich sehr richtig und für Ihren neuen Plan danke ich Ihnen sehr.[4] Ich denke, das wird sich machen lassen und wenn Sie die Ausführung bestimmt planen, werde ich gern so disponieren können, zumal ich wieder einen ganzen Stapel von Bildern aus den letzten Jahren zur Verfügung habe. Auch habe ich Schames in Frankfurt[5] schon davon Mitteilung gemacht.
Dass die Oldenburger allerdings fertig kriegen, Beethoven gut und brav zu nennen, beweist wohl, dass sie noch geringe Ahnung von ihm haben. Es ist wirklich rührend. Aber es ist famos, dass Sie dafür sorgen, Ihre Landsleute in Bewegung zu halten – man müsste meinen, sie würden Ihnen dankbar sein, wenn

Sie ihnen den Geist lebendigen Werdens zuführen – schliesslich sind „Erlebnisse“ nun einmal das, was uns das Leben wertvoll macht – mit Geschichte allein geht's doch nicht so bunt zu!
Ja, Sie haben schon recht, wir müssten uns mal wiedersehen, aber die Zeit ist bei uns immer so angefüllt, dass ich an solche Exkursionen schon gar nicht mehr denken kann – auch muss ich, da die Finanzen natürlich auch bei mir zu eng sind, suchen, meine Zeit so fruchtbar als möglich zu machen – sonst läuft einem die Zeit weg und eines Tages ist's aus – tot ist man doch lange genug.
Ihre Stockholmer Eindrücke[6] hier unterzubringen,ist für mich insofern sehr schwer, da ich keinerlei Beziehungen zu Presseleuten habe und sie auch absichtlich meide, aus mancherlei Erfahrungen heraus. Immerhin können Sie's beim Berliner Tageblatt[7] oder bei der Vossischen[8] mal versuchen – eventuell schicken Sie's dann, – falls es in beiden Fällen nicht gelingt – an Dr. W. Georgi, Halensee, Eisenzahnstr. 64, wo Sie sich auf mich berufen können. Er ist Herausgeber des Deutschen Nordischen Jahrbuches und es wäre so wohl möglich, dass er Verwendung für Ihre Arbeit hätte. Eventuell kann ich dann mit ihm über eine Unterbringung sprechen.[9]
Nehmen Sie einstweilen allerherzlichsten Gruss und Händedruck, auch für Ihre Gattin von meiner Frau,
Ihres S.-Rottluff

173
An Ernst Beyersdorff, Oldenburg
Berlin-Friedenau, 11.2.1926

Lieber Herr Beyersdorff,
für Brief und Ihre Stockholmer Notizen[1] schönsten Dank. Ist das, was Sie Goldene Kammer nennen, die goldene Halle mit den Mosaiken auf Goldgrund von Einar Forseth?[2]
Nun zur Ausstellung: Ich muss ja von mir aus sagen, dass die Ausstellung[3] etwas kurz angeraumt ist und dass ich sie bei einem so kurzen Termin nicht so machen könnte, wie ichs gern möchte. Nun sprach ich dieser Tage mit Schames.[4] Da er nun diese Zeit für die bei ihm befindlichen Bilder keine Disposition getroffen hat, meinte er, dass die Ausstellung zu machen ist. Es befinden sich ca. 40 Bilder bei ihm und auch Aquarelle. Falls die nicht ausreichten, könnte ich noch 10–15 Bilder von hier dafür freimachen. Den Privatbesitz anzugehen, tue ich nicht gern – denn ich weiss wohl, dass ich mir keine Absage holen werde – weiß aber auch, dass man sehr ungern die Bilder ausleiht, weil eben gewisse Gefahren für die Bilder bestehen und sie doch leiden. Ausserdem kommt dazu, dass Privatbesitz wohl oder übel versichert werden müsste und das würde eine reichliche Belastung bedeuten. Nun aber stellt Schames die Bedingung, Transportfreiheit hin und zurück und Druck eines Kataloges.[5] Die Transportfreiheit würde ich gegebenenfalls auch für mich beanspruchen müssen. Ich schreibe Ihnen dies gleich, damit Sie über die Möglichkeit einer Ausstellung klar werden können.
Ich freue mich, dass Sie offenbar guter Laune sind – hier geht's wie es unter den allgemeinen Verhältnissen gehen kann: mit Arbeit und Kampf fliessen die Tage nur allzu rasch dahin.
Mit den herzlichsten Grüssen für Sie und Ihre Gattin und treustem Händedruck bin ich Ihr alter
S.-Rottluff

174
An Ernst Beyersdorff, Oldenburg
Berlin-Friedenau, 14.3.1926

Lieber Herr Beyersdorff,
Ihren Brief vom 14.2. habe ich leider immer noch nicht beantwortet. Nun, ich habe Ihre Bedingungen an Schames weitergegeben und dort das nötige veranlasst. Es werden von Schames etwa 33 Bilder kommen, von hier durch Knauer 17. Ausserdem Aquarelle von Schames. Ich habe zwar die Wandflächen des Augusteums[1] nicht mehr so genau in Erinnerung, aber ich denke, Sie werden die Räume füllen können, evtl. kann ich noch kurz vorher etliche Aquarelle schicken, sobald Sie die Disposition überblicken können. Bloss eines hätte ich gern noch, dass Sie mir die hiesigen Verpackungskosten bewilligen würden. Die bei Schames dürften ja in Wegfall kommen, da er seinen Packer hat, aber das ist leider nicht bei mir der Fall. Falls etwas auf der Ausstellung verkauft wird, will ich sie ja gern übernehmen, aber sonst kann man sich jetzt unmöglich noch Speditionskosten aufpacken. Sie werden das gewiss gern begreifen. Das Verzeichnis der von hier kommenden Bilder schicke ich bereits mit.[2] Hoffentlich ist Ihre Nowo-Duda[3] recht amüsant verlaufen?
Alles Gute und getreuesten Händedruck
Ihres S.-Rottluff

175
An Ernst Beyersdorff, Oldenburg
Paris, 24.3.1926[1]

Lieber Herr Beyersdorff,
vielen Dank für Ihre Karte. Leider ist das natürlich, wie Sie begreifen müssen, unmöglich. Ich kann nicht für den einen Platz die Preise so und für den anderen

so machen. Dagegen bin ich gern bereit, bei irgend einem brauchbaren Gebot mich im Einzelfalle in eine Diskussion einzulassen. Erschweren will ich selbstverständlich Verkäufe nicht.
Mit Klischees sieht es sehr schlecht aus – von den letzten Jahren sind wenige gemacht worden – meistens in Katalogen und meistens schlecht und die Klischees während der Inflation waren ja leider sowieso schlecht.[2] Übrigens sind gute Klischees jetzt auch nicht mehr so teuer. Es tut mir leid, dass ich einen Titel zu schlecht geschrieben habe, leider kann ich ihn hier in Paris nun nicht feststellen – vielleicht ergiebt es sich, wenn die Bilder dort sind.
Ebenso sind Jahreszahlen mir nicht möglich, da ich ja die Bildertitel nicht hier habe. Hat es Zeit bis erste Apriltage? Noch sagen wollte ich: ich bin herzlich gern einverstanden, wenn Sie weniger Arbeiten aufhängen und dafür eine gute und eindringliche Ausstellung machen können. 50 Bilder ist ja eigentlich viel zu viel!
Vorläufig nur noch alle herzlichsten Grüße von Paris – eine verteufelt lebhafte, charmante Stadt – mit verflucht guten Dingen!
Ihr S.-Rottluff

176
An Ernst Beyersdorff, Oldenburg
Berlin-Friedenau, 8.4.1926

Lieber Herr Beyersdorff,
ich finde gestern Ihre Karte und gebe Ihnen die gewünschten Daten[1]. Leider habe ich die Liste der Bilder von Schames nicht, so dass diese wohl unvollständig ist. Über die Aquarelle bin ich gar nicht orientiert. Doch sind hierbei Daten wohl nicht so wesentlich.[2] Zu meinem Erstaunen sehe ich, dass gar keine Bilder aus der Dangaster Zeit dabei sind, aber aus dieser Zeit besitze ich fast nichts mehr, nur ein paar einzelne Stücke noch.[3]
Der Aufenthalt in Paris war mir natürlich sehr wichtig.[4] Über die moderne französische Kunst konnte mein Urteil nicht anders werden – höchstens, dass sie noch unbedeutender ist, als ich hier schon glaubte und das um so deutlicher in Paris, wo man den Massstab an der grossen Epoche der vorangegangenen Künstler hat.[5] Die heutige Malerei dort hat nicht mehr Wert oder Bedeutung als eine neue Krawattenmode. Ganz grosse Klasse Cezanne.[6] Manet erweist sich als ganz oberflächliche und sehr dünne Angelegenheit.[7] Degas fällt unglaublich ab.[8] Ganz überraschend und stark Courbet,[9] ebenso war Millet eine grosse Überraschung.[10] Corot selbst in seinen guten Stücken ein sehr schwacher Fall.[11] Ganz erste Klasse Rodin, der in seinen besten Stücken unmittelbar neben Michelangelo steht![12]
Paris als Stadt freilich fabelhaft – ein ganz grosser Zug, der eigentlich jedem Franzosen einen bedeutenden Hintergrund giebt. Dies einstweilen als kleine Stichprobe
Herzlichst Ihr S.-Rottluff

177
An Ernst Beyersdorff, Oldenburg
Berlin-Friedenau, 23.4.1926

Lieber Herr Beyersdorff,
ich nehme an, dass Sie die Ausstellung eröffnet haben und hoffe, der Katalog ist nett geworden.[1]
Da es wohl auch im Interesse Ihrer Vereinigung ist, wenn sie ausserhalb Oldenburgs etwas bekannt wird, schicken Sie bitte an beiliegende Adressen Kataloge. Ausserdem bitte noch 15 Kataloge an mich, mit denen ich etwas für die Ausstellung werben will.
Ich hoffe, demnächst von Ihnen zu hören und grüsse Sie einstweilen getreustens als Ihr S.-Rottluff

Beiblatt zu Brief 177:
Direktor E. Gosebruch, Kunstmuseum Essen-Ruhr[2]
Direktor Dr. Reiche, Museum Barmen[3]
Dir. Prof. Dr. Creutz, Kaiser Wilhelm Museum Krefeld[4]
Dr. Barth, Kunsthalle Basel[5]
Dr. Warthmann, Kunsthaus Zürich[6]
Geheimrat Prof. Dr. L. Justi, Nationalgalerie Berlin[7]
Reichskunstwart Dr. E. Redslob, Berlin NW, Königsplatz 6[8]
Prof. Dr. G. Pauli, Kunsthalle Hamburg[9]
Prof. Dr. M. Sauerlandt, Museum für Kunst und Gewerbe, Hamburg[10]
Dir. Dr. Posse, Staatliche Gemäldegalerie Dresden[11]
Dir. F. Schreiber-Weigand, König Albert Museum, Chemnitz Sa.[12]

178
An Ernst Beyersdorff, Oldenburg[1]
Berlin-Friedenau, 28.4.1926

Lieber Herr Beyersdorff,
vielen Dank für Brief – die Kataloge. – Sie können unbesorgt sein, ich werde Ihnen wegen der hoffnungslosen Besprechung von Herrn v. Busch[2] keine Schwierigkeiten machen – obwohl es nur allzu leicht wäre, den guten Herren schrecklich zu erledigen. Aber mit Kritikern haue ich mich grundsätzlich nicht herum – ich kann nur Arbeit an Arbeit setzen und wen sie

nicht überzeugen kann, dafür kann ich dann keine Schuld übernehmen. Leider liegt es mir infolgedessen auch nicht, mich selbst über Kunst zu äussern – ich wüsste nicht, was ich da besser sagen sollte, als wenn ich an der Arbeit bleibe. Aber wenn Sie dort so nett, wie die alte Excellenz, Menschen an die Bilder heranbringen können, so freut mich das sehr.
Nehmen Sie einstweilen den treusten Händedruck
Ihres S.-Rottluff

179
An Ernst Beyersdorff, Oldenburg
Jershöft, 30.5.1926

Lieber Herr Beyersdorff,
vielen Dank für Ihre Karte. Wollen Sie bitte veranlassen, dass die Collektion möglichst bald wieder zum Versand kommt. Was von Schames kam, an Schames, was von Knauer – an Knauer. Es tut mir natürlich sehr leid, dass die Ausstellung sozusagen eine Privatausstellung für Sie geblieben ist. Da ich selber keine Hoffnung auf die Ausstellung gesetzt hatte, so ist sie ja für mich keine Enttäuschung gewesen. Es freut mich aber, dass Sie noch guten Besuch hatten, so dass wenigstens Ihre Kosten gemindert worden sind.[1]
Ich bin seit 2 Tagen wieder an der Ostsee, allwo noch zarter Frühling herrscht.
Einstweilen herzlichste Grüsse Ihres
S.-Rottluff

180
An Ernst Beyersdorff, Oldenburg
Rottluff, 30.12.1926

Lieber Herr Beyersdorff,
vielen herzlichen Dank für Ihre Weihnachtswünsche, die ich herzlichst erwidere. Die Frage nach dem Louvre[1] werden wir beide nicht erleben – den preussischen Akademiker habe ich bereits vor 2 Jahren abgelehnt – dafür geht mir das Verständnis ab.[2] Also hoffnungsloser Fall!
Es ist furchtbar freundlich von Ihnen, dass Sie mir eine Weihnachtsgabe zugedacht haben, es ist beinahe peinlich für mich, doch freut es mich sehr als Zeichen Ihrer treuen freundschaftlichen Gesinnung und wähle ich gern den Mussolini. Es wird sicher sehr interessant sein, wenn man wohl auch stillschweigend den Titel so ergänzen muss: so wünsche ich gesehen zu werden![3]
Das Buch von Brust habe ich bereits und schätze es sehr. Ich war daher sehr erfreut, dass sie Kenntnis von dem Buche haben.[4] Nach Berlin müssten Sie schon wieder mal kommen, es gibt ein neues Völkerkundemuseum, in dem man das alte nicht wiedererkennt.[5]
Wir verbringen die Weihnachtstage in gewohnter Weise bei meiner Mutter in Rottluff.
Ihnen und Ihrer Gattin alle herzlichsten Wünsche fürs Neue Jahr Ihr S.-Rottluff

181
An Ernst Beyersdorff, Oldenburg
Rottluff, 27.12.1927

Lieber Freund Beyersdorff,[1]
es tut mir sehr leid, dass ich Ihnen solange nicht geschrieben habe, woraus Sie hoffentlich nicht schliessen mögen, ich hätte nicht an Sie gedacht.
Im Herbst war ich erst an eine grössere Arbeit festgenagelt und dann setzte mir eine überflüssige Blinddarmreizung mit einigen anderen Scherzen zu, was mich monatelang schachmatt machte – doch nun will ich das Jahr nicht zu Ende gehen lassen, ohne dass Sie von mir hören.
Für die Zusendung der Drucksachen über Ihre Vereinigung hätte ich Ihnen sonst auch schon längst gedankt. Ich freute mich sehr darüber, wie gut Sie die Sache dort leiten und aus neuem künstlerischen Geist Interesse nehmen und zu verbreiten suchen. Natürlich werde ich gern auswärtiges Mitglied.[2] Ich habe mir immer überlegt, was Sie vielleicht den auswärtigen Mitgliedern bieten könnten, damit Sie leichter solche werben können, aber es ist sehr schwer, etwas zu finden.[3] Ich hatte wohl auch an ein grafisches Blatt gedacht, doch ist dafür das Interesse noch nicht recht wieder lebendig. Das Interesse ist jetzt mehr auf Farbe gerichtet und das ist recht gut so – selbst mir geht es so, dass ich selten zu grafischer Tätigkeit komme,[4] ich habe mehr das Bedürfnis zur Farbe zu greifen und gehe rascher an ein Aquarell als an eine Grafik. Dass die Deutschen grafisch begabt sind, gesteht man uns auch im Ausland zu, nur langsam erst will man uns die malerische Seite zugestehen. Doch scheint auch das im Umschwung zu sein.
Kürzlich hatte ich von jungen Amerikanern Besuch – einem Kunsthistoriker und einem Sammler[5] – und ich war recht erfreut zu hören, dass man in Amerika schon recht gut über deutsche Kunst Bescheid wusste – ja – ich muss sagen, was Wertbeurteilung anbetrifft, sogar besser als man das in Deutschland beobachtet. Aber die deutschen und besonders offiziellen Stellen, haben wenig Talent, Kulturpropaganda im Ausland zu treiben, da kann ich immer nur die kläglichsten Feststellungen machen. Erst kürzlich hat die Sekretärin Mussolinis sich in Berlin darüber ausgesprochen, was sie an deutscher Kunst endlich mal in Italien se-

hen möchten. Aber die deutschen Offiziellen werden das vermutlich immer besser wissen.
Ich hoffe, es ist Ihnen in diesem Jahr immer gut gegangen. Ich war im Frühjahr einige Zeit im Tessin und die Erinnerungen daran haben mich den Sommer über hauptsächlich beschäftigt.[6]
Ich weiss nicht mehr, wann ich Ihre Karte aus Paris bekam, freute mich aber, dass sie dort sein konnten.[7] Ich konnte mich in Paris nicht zu einer anderen Meinung bringen, dass die neue französische Kunst recht als Ausklang wirkt, einer grossen vorangegangenen Epoche – es ist immer noch viel Grazie und Geschmack und auch viel ernstes Arbeiten vorhanden, aber der Schwung, das rechte Leben, ist nicht mehr da. Dabei ist der Franzose unendlich viel mehr kunstinteressiert als der Deutsche jemals sein wird.
In Berlin ist es ganz munter, es ist so manches in Bewegung und man ist wieder neugierig, was daraus entstehen wird.
Nehmen Sie alle herzlichsten Wünsche fürs Neue Jahr und alle Grüsse
Ihres S.-Rottluff

182
An Ernst Beyersdorff, Oldenburg
Berlin-Friedenau, 27.1.1929

Lieber Herr Beyersdorff,
vielen Dank für Ihren Brief und Neujahrswunsch! Auch von hier ein etwas verspätetes Prosit Neujahr, in das ich alle herzlichen Wünsche für Sie und Ihre Gattin einhülle.
Für Ihre Ausstellung will ich Ihnen gern etwas schikken, nur kann ich im Augenblick noch nicht übersehen was – die neueren Bilder sind alle unterwegs und werden dauernd hin und her verfrachtet, dass ich selbst noch nicht weiss, wie es mit den noch zu beschickenden Ausstellungen klappen wird. Aber ich werde Ihre Wünsche nicht ausser Acht lassen.[1]
Es tut mir leid, von Grippe in Ihrem Haus hören zu müssen – diesen Winter hat sich das wirklich etwas mit diesen anscheinend nicht auszurottenden Bazillen – meine Frau ist auch angegrippt. Hoffentlich ist alles wieder bei Ihnen wohl und die üblichen Nacherscheinungen bereits überwunden.
Ihr Gästebuch sende ich Ihnen hier wieder zurück.[2]
Einstweilen noch alle herzlichsten Grüsse auch von meiner Frau für Sie und Ihre Gattin
Ihr S.-Rottluff

183
An Ernst Beyersdorff, Oldenburg
Berlin-Friedenau, 20.4.1929

Lieber Herr Beyersdorff,
vielen Dank für Ihre freundliche Erinnerung. – Leider hat sich durch sehr traurige Umstände[1] die rechtzeitige Absendung verzögert. Ich konnte erst heute der Spedition Marzillier Auftrag erteilen.

Sie erhalten:	Sonnenblumen	3000,–
	Abendlicher Wald	4500,–
	Strandpromenade	3600,–[2]

Über die von Ihnen besonders gewünschten konnte ich z. Zt. nicht verfügen, nur der Abendliche Wald wird Ihnen von Möller her in Erinnerung sein – die beiden anderen sind aber ebenfalls neuere Bilder.
Ich wünsche Ihnen gutes Gelingen Ihrer Ausstellung und hoffe, sie wird recht schön werden.
Herzlichen Gruss Ihr S.-Rottluff

184
An Ernst Beyersdorff, Oldenburg
Ascona-Locarno, 22.5.1929

Lieber Beyersdorff,
vielen Dank für den Katalog![1] Mit Möller hatte ich s. Zt. gleich gesprochen, er war mit den gewünschten Bildern selber in Druck gekommen. Aber anscheinend hat es noch geklappt. Wie geht's der Ausstellung?
Wir sind für einige Wochen am Lago Maggiore[2] – ich hoffe hier einige Grippebazillen abtöten zu können, die immer wieder mal frech werden.
Alle herzlichen Grüsse Ihres S. R.

185
An Ernst Beyersdorff, Oldenburg
Berlin-Friedenau, 6.12.1930

Lieber Herr Beyersdorff,
ich schicke Ihnen heute einen Katalog der 8 Maler zu – er würde Ihnen sonst kaum unter die Augen kommen, da es Privatdruck in Auflage von 150 Exemplaren ist.[1] Vielleicht interessiert er Sie für die Bibliothek Ihrer Vereinigung. Er ist allerdings etwas teuer geworden – 5 M – doch es sind die puren Herstellungskosten.
Wie geht es Ihnen in Oldenburg? Ich hoffe gut. Alle kulturellen Dinge führen jetzt leider ein etwas merkwürdiges Dasein mit der Entschuldigung des wirtschaftlichen Mangels! Andere Generationen haben in solchen Zeiten gerade Wert auf den Bestand und das

Leben der Kultur gelegt – nun sie wissen ja Bescheid. Sie werden sicher in Ihrer Vereinigung die Idee lebendig halten wie wir ja auch trotz allem an unserer Arbeit weiter bauen.
Wir haben solange nichts voneinander gehört, ich selber war im Frühjahr 3 Monate in Rom[2] – und es war mir sehr wichtig, mich mit einer anderen Natur einmal zu unterhalten – freilich, wenn man 3 Monate dort ist, dann merkt man auch, wie diese Zeit doch noch zu kurz ist, um so manches anzupacken.
Noch alle herzlichen Grüsse für Sie und alle Empfehlungen an Ihre Gattin
Ihr S.-Rottluff

186
An Ernst Beyersdorff, Oldenburg
Berlin-Friedenau, 3.3.1932

Lieber Herr Beyersdorff,
besten Dank für Ihre Karte. Die Aquarelle sind wieder richtig hier angekommen.[1]
Ich freute mich, wenigstens kurz wieder einmal von Ihnen zu hören – und dass es Ihnen – von der allgemeinen Lage abgesehen – gut geht. Für meine Branche ist es allerdings jetzt furchtbar – verkaufen kann man überhaupt nichts – und so ist man schrecklich beengt. Ich möchte mich so gern nur auf die Arbeit konzentrieren und würde die „Stille im Markt" gern ignorieren – indes die Arbeit kostet leider auch Geld und so ist man auch darin behindert. Schön, dass Ihr Verein interessiert und lebendig ist. Die Zeit ist Diskussionen geneigt.[2]
Von der deutschen Ausstellung in Oslo[3] hörten Sie wohl auch – sie hatte grossen künstlerischen Erfolg in Norwegen – und einen ebenso heftigen Protest in Berlin – von seiten aller französisch infizierten Maler. Der Protest lief recht blamabel für die Protestler ab.
Ihnen und Ihrer Gattin herzliche Grüsse von uns beiden. Mit Händedruck
Ihr S. Rottluff

187
An Ernst Beyersdorff, Oldenburg
Siegmar, 8.10.1933[1]

Lieber Herr Beyersdorff,
ich habe mich immer einmal nach Ihnen erkundigen wollen. Freilich waren – und sind's noch – die Zeiten inzwischen so bewegt, besonders auch für meine Branche, dass immer wieder für Abhaltung gesorgt war, um sich nach den alten Freunden gleich umtun zu können.
Ich hoffe, es ist in Oldenburg, wo bereits die Bewegung durchgedrungen war,[2] alles friedlich verlaufen und es sind bei Ihnen selbst keine Veränderungen eingetreten.[3]
Wir waren den Sommer über in Pommern – hatten gehofft, dass sich die Gemüter inzwischen etwas beruhigt hätten – ist indessen nicht der Fall. Was Kunst war, ist verfemt. Indessen wird sich das ja nach einiger Zeit wieder zurechtfinden. Mit Doktrinen kann man keine Kunst machen.[4]
Hoffentlich kann ich bald mal von Ihnen hören. Einstweilen Ihnen und Ihrer Gattin herzliche Grüsse
Ihres S.-Rottluff

188
An Ernst Beyersdorff, Oldenburg
Berlin-Friedenau, 29.10.1933

Lieber Herr Beyersdorff,
ich freute mich recht, von Ihnen zu hören und dass es Ihnen gut geht und soweit alles in Ordnung. Dass Sie Ihren Verein aufgelöst haben,[1] nahm ich ohne weiteres an – erst muss alles eingewalzt werden – nur langsam wird das Eigentliche wieder ans Licht kommen. Augenblicklich hat die Masse das Wort – leider gibt's in der Kultur keine Masse und diese Erkenntnis muss allmählich erst wieder dämmern. In der Kunst ist noch immer Kampf und noch nichts geklärt.
Sie fragen nach der Akademie.[2] Nun, die Sektion Dichtkunst ist längst umgeformt. Mit der Sektion bildende Kunst ist das offenbar etwas schwieriger – da ist noch nichts geschehen. Ich selbst bin allerdings im Frühjahr ausgetreten,[3] da mir die Gehässigkeiten nicht passten – zumal ich mich nie nach der Akademie gedrängt habe – und ich s. Zt. 14 Tage lang erwogen habe, ob ich die Berufung annehmen solle. Ich konnte also gern auf diese Institution verzichten.
Augenblicklich wartet hier alles auf die Wiedereröffnung des Kronprinzenpalais, wo Schardt eine Neugruppierung vornimmt.[4] Sie wird wenig im Sinne der Reaktionäre sein – wie es ausläuft, ist infolgedessen ungewiss. Das Wertvolle wird sich trotzdem wieder durchsetzen, fragt sich nur, wann. In der Kunst ist es der reine Zirkus – der eine kann nicht genug Säulen kriegen und der andere verdammt die Säule als nicht dynamisch und der dritte will die Antike wiedergebären – als ob es je eine Wiedergeburt gäbe und Geburt nicht ein einmaliges wäre. Nun ja – bei Mussolini hat es 8 Jahre gedauert, bis er dahinter kam, dass die modernen Künstler die eigentlichen Repräsentanten waren. Vielleicht geht es bei uns rascher.[5]
Dass Sie solch ausdauernder Radler geworden sind, freut mich – die oldenburgischen Klinkerstrassen sind

allerdings ein wunderbares Terrain und mir gut in Erinnerung. Wenn Sie Ihre kühne Idee, mit dem Rad nach Berlin zu kommen, einmal ausführen, wäre das famos. Alles Gute und herzliche Grüsse – auch an Ihre Gattin und von meiner Frau – Ihr S. Rottluff

189
An Ernst Beyersdorff, Oldenburg
Berlin-W 30, Bambergerstr. 19,[1] 16.1.1936

Lieber Herr Beyersdorff,
es freute mich sehr, von Ihnen zu hören, wenn auch mit Bedauern darüber, dass Sie offenbar in Oldenburg recht singulär leben.[2] Man sollte doch denken, dass es auch dort ein paar Menschen gibt, mit denen Sie öfter zusammenkommen und mancherlei Interessen austauschen könnten. – Ihre Frage nach einer Kunstzeitschrift muss ich freilich mit Nein beantworten – damit ist es erst mal gründlich aus, ob es so bald anders wird, ist schwer zu beurteilen. Doch hat man z. Zt. den Eindruck, dass den Kunstpolitikgewaltigen die zutage getretene Langweiligkeit in der Kunst allmählich auch unbehaglich wird. Es hat sich halt auf der „Gegenseite" so gar nichts als von Belang herausgestellt.
Uns geht es relativ gut, es ist ein ganz interessierter Kreis in Berlin, der Anteil nimmt an der Arbeit – auch die Künstler treffen häufiger zusammen und man freut sich, dass eben doch der Teil der Menschen, den man kannte, Haltung gezeigt hat. Wirtschaftlich ist es freilich „man so" – es dürfte gut etwas mehr gekauft werden, wenigstens bei mir!
Dass Sie sich in Radziwill getäuscht haben,[3] tut mir leid – aber er ist halt so. Es sollte mich nicht wundern, wenn er eines Tages ganz harmlos wieder bei Ihnen auftauchte.
Ich las übrigens kürzlich ein ganz interessantes Büchlein von Ernst Wagner: Wagemut im Schaffen, Wolfg. Jess Verlag.[4] Der Mann hat jedenfalls einen Standpunkt und von da aus auch wirklich die Dinge durchgedacht. Ich hätte Ihnen das Büchlein gern geschickt, habe es aber inzwischen verschenkt.
Im Herbst war ich von Bekannten zu einer Autoreise eingeladen in Holland und konnte auf diese Weise nicht nur den grössten Teil von Holland kennen lernen, auch die Museen und die verschiedenen Ausstellungen sehen.[5] Es war eine sehr eindrucksvolle Reise – sonst habe ich z. Zt. wenig Lust, mal nach dem Ausland zu gehen – man hört da wohl wenig freundliches über Deutschland und das kann ich mir für einen Deutschen nicht gerade als sehr angenehm vorstellen, – aber es gibt genug Leute mit dickerem Fell.
Von Rohlfs – 86 jährig! – hatten wir kürzlich bei Nierendorf eine ganz wunderbare Ausstellung.[6] Hat denn Müller-Wulckow gar keine Initiative mehr, mal wieder in Oldenburg etwas zu zeigen?[7]
Seien Sie und Ihre Gattin herzlich gegrüßt – auch von meiner Frau
Ihr S. Rottluff

190
An Ernst Beyersdorff, Oldenburg
Berlin-W 30, 26.3.1936

Lieber Herr Beyersdorff,
Ihr Brief war mir eine angenehme Überraschung. Wir sind, falls nichts unerwartetes dazwischen kommt, in der nächsten Woche hier.[1] Bitte sagen Sie sich dann telefonisch an: B 6 1887.
Mit besten Grüssen, auch an Ihre Gattin und von meiner Frau,
Ihr Schmidt-Rottluff

191
An Ernst Beyersdorf, Oldenburg[1]
Leba (Pommern), 31.8.1936

Lieber Herr Beyersdorff,
besten Dank für Ihre Karte von Sylt und die Zusendung der Klischees![2] Ich hoffe, Sie haben sich mit Ihrer Familie gut an der Nordsee erholt – trotz Grossstadt Westerland.[3]
Unsere Tage sind hier auch gezählt, am 7. September geht es nach Berlin zurück. Eigentlich ist einem im Herbst hier die Natur erst recht lieb, die Färbung wird ernster und die Formen ruhiger – freilich auch die Tage kurz und nicht immer hell.
Kennen Sie wohl „Die Bauern" von Reymondt?[4] Ich las es hier – es ist eine starke Sache, die die heutige Blut- und Bodenschreiberei wie ein Turm überragt. Die Qualität ist ja in heutigen Tagen verdammt abgerutscht. Die Wehrhaftigkeit steht im Vordergrund, alles andere ist belanglos. Hoffen wir trotz des dunklen politischen Himmels noch auf etwas Ruhe. Seien Sie herzlich gegrüßt – auch Ihrer Gattin unsere herzlichen Grüsse
Ihr S.-Rottluff

192
An Ernst Beyersdorff, Oldenburg
Berlin, 28.1.1937

Lieber Herr Beyersdorff,
das würde ich allerdings ausserordentlich begrüssen, wenn Ihnen eine Versetzung gelingen würde. Da Sie ja

mit Oldenburg endgültig böse sind,[1] wäre es Ihnen doch anderswo wieder möglich, sich etwas Lebensraum und Luft zu schaffen – schliesslich ist man doch mit 50 noch nicht ad acta gelegt, wenn man's nicht selber tut. Trotzdem sind Schlafrock und Pantoffel für Menschen die Zeit haben, ganz gemütlich – von der Zeitung haben wir nie viel Meinung gehabt, die Überschätzung der Zeitung überlasse ich gerne den regierenden Mächten.
Es ist sehr liebenswürdig, mir den doppelten „Genius" überlassen zu wollen – ich nehme ihn sehr gern – soweit ich ihn habe, werde ich ihn auch weitergeben – es ist für jüngere Menschen ganz gut zu sehen, was für Publikationen immerhin hier einmal möglich waren.[2] Ich bekam kürzlich eine französische Publikation über archaische griechische Kunst – von Zervos[3] – fabelhaft gemacht – da kann man so richtig sehen, wo wir hingerutscht sind. Dass Sie Reymond demnächst in Angriff nehmen, freut mich.[4] Ich las kürzlich den neuen Hamsun[5] und hörte, dass der Text von der Schrifttumskammer vorher ausgeschnitten worden sein soll – ad usum Delphini – als ob nun ein Kinderlesebuch daraus geworden wäre. Komische Welt, die öffentlich gegen Moralin predigt. – Ein sehr nettes Buch ist jetzt herausgekommen.: Salar der Lachs von Williamson. (S. Fischer).[6] Man muß wohl etwas Angler sein, um es ganz zu würdigen – aber es ist auch so sehr reizend – es gibt so weniges, das jetzt erscheint und man lesen möchte und so muß man sich mit „Kritik im Manuskript" gegenseitig aushelfen.
Ihnen, Ihrer Gattin unsere herzlichen Grüsse
Ihr S. Rottluff

193
An Ernst Beyersdorff, Oldenburg[1]
Leba (Pommern), 9.6.1937

Lieber Herr Beyersdorff,
das tat mir aufrichtig leid, dass es mit Ihrer Versetzung nicht geklappt hat,[2] ich begreife, wenn man sich da aus Verzweiflung einen Radioapparat anschafft. Hoffentlich haben Sie ihn bald über und damit auch das Verzweiflungsstadium überwunden.
Wir sind seit dem 1. wieder hier, allerdings auch sehr wenig glücklich, denn mit der Einsamkeit ist es hier endgültig aus. Man muss sehen, was man diesen Sommer noch herausholen kann, dann heißt es wieder einmal wandern und suchen. Aber man ist nirgends mehr sicher vor der Rüstung[3], vielleicht muss man schließlich zu den Lappen, freilich ist auch da der Riegel zu fest. Wir lasen gerade ein ausgezeichnetes Buch von Evans: Zug der Rentiere.[4] Wirklich ein heroisches Epos, doch von einem anderen Kontinent.
Sie fragen nach einer neuen Religion. Ich bin überzeugt, dass man sie in den Ordensburgen heranbildet,[5] mit welchem Erfolg werden wir wohl kaum erleben und Einblick darein ist uns nicht gestattet, man kann das nur erahnen. Die Kirche als Imperium ist ja wohl stark im Abrutschen – womit natürlich nicht gesagt ist, dass es weiterhin Christen geben wird. Sie sollten einmal Ferrero „Untergang der antiken Zivilisation"[6] lesen – oder besser, man liest alles nicht und lebt nur sein Leben, die Aufgabe, um die keiner herumkommt. – Freuen Sie sich des schönen Wetters und des Sommers, der unwandelbar immer wiederkommt.
Seien Sie beide herzlich gegrüsst – auch von meiner Frau –
Ihr S.-Rottluff

194
An Ernst Beyersdorff, Oldenburg
Berlin, 31.10.1938

Lieber Herr Beyersdorff,
Dank für Ihre Karte aus Neapel – fein, das Sie das gemacht haben.[1] Sie sollten sich öfter zu solcher Reise aufmachen. Ich war im Oktober bei schönstem Wetter am Bodensee, auf einer Autoreise, eingeladenerweise durch Süddeutschland.[2] Es war ein Aufatmen von allem Druck.[3]
Herzliche Grüsse Ihnen und Ihrer Gattin
Ihr S.-Rottluff

195
An Ernst Beyersdorff, Oldenburg
Berlin-W 30, 29.3.1939

Lieber Herrr Beyersdorff,
wir haben längere Zeit nichts von einander gehört – ich hoffe, es geht alles gut bei Ihnen. Das Rad der Weltgeschichte hat sich mittlerweile mit einem Ruck weitergedreht und wie es sich noch weiter dreht, müssen wir abwarten. Die Rolle des Zuschauers ist z. Zt. recht interessant. Betrachtungen hat man allmählich sein lassen.[1]
Die neue Steuerfülle lässt zunächst für das Kunstgeschäft nicht viel sonnige Perspektiven zu und ich bin reichlich pessimistisch, aber auch da muß man abwarten. In der Arbeit kann man sich dadurch ebensowenig beirren lassen wie bisher durch andere Ereignisse. Ich hoffe bloss, es gibt mal wieder Leinwand – z. Zt. bin ich allerdings noch etwas versehen. Dass unsere

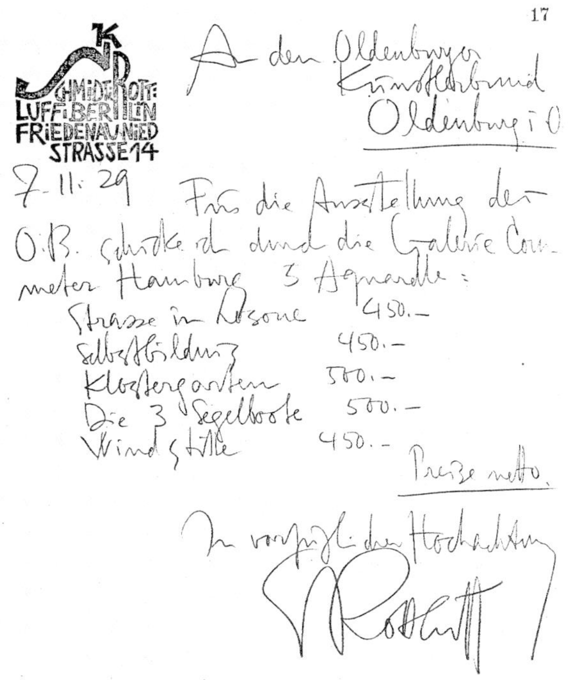
17

SCHMIDT-ROTTLUFF BERLIN FRIEDENAU NIEDSTRASSE 14

An den Oldenburger Künstlerbund Oldenburg i O

7.11.29

Für die Ausstellung des O.B. schicke ich durch die Galerie Commeter Hamburg 3 Aquarelle:

Strasse in Ascona 450.–
Selbstbildnis 450.–
Klostergarten 500.–
Die 3 Segelboote 500.–
Windstille 450.–

Preise netto.

In vorzüglicher Hochachtung
S-Rottluff

Anmeldungsschreiben Schmidt-Rottluffs vom 7.11.1929 mit geschnittenem Briefkopf (nicht bei Rathenau) für eine Ausstellung des Oldenburger Künstlerbundes, dessen Mitgliedschaft der Künstler damals noch immer besaß

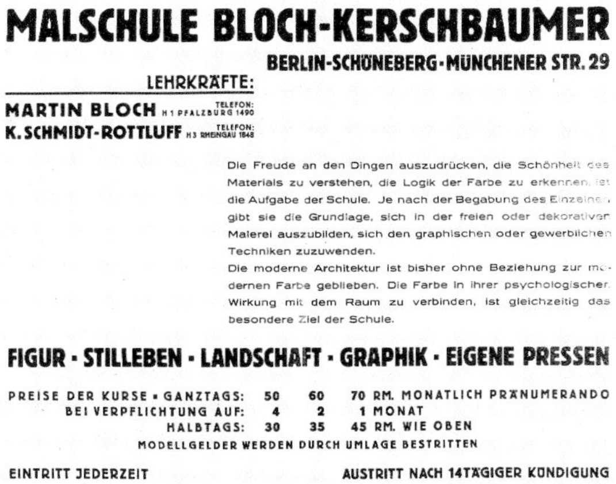

Plakat der Malschule Bloch-Kerschbaumer, an der Schmidt-Rottluff nach dem Tode ihres Begründers Anton Kerschbaumer (1885–1931) Unterricht erteilte. Das Plakat wurde von ihm – zweimal gefaltet und frankiert – ohne Umschlag an Freunde und Bekannte versandt. Das vorliegende Exemplar trägt einen Berliner Poststempel vom 1.10.1932

Bilder bereits flott ins Ausland verkauft werden, gegen Devisen, wissen Sie wohl. Demnächst soll eine Versteigerung in Luzern sein[2] – der Zeitpunkt ist nicht sehr günstig – es gab jedenfalls schon bessere Momente dafür. Alles Anlass, in der Arbeit nicht nachzulassen.
Ich würde mich freuen, mal von Ihnen zu hören. Vor einiger Zeit war Frau Emma Ritter mal hier, sie wusste aber auch nichts über Sie zu berichten.[3]
Herzliche Grüsse, auch Ihrer Gattin
Ihr S.-Rottluff

196
An Ernst Beyersdorff, Oldenburg
Berlin-W 30, 25.9.1939

Lieber Herr Beyersdorff,
Briefdank. Die Schnelligkeit der Erddrehung hat inzwischen heftiger zugenommen. Man sieht plötzlich, dass die letzten 20 Jahre garnichts gewesen sind, womit meine Ansicht, dass der Umbruch der Zeiten 1914 begann und erst nach diesem Kriege zu Ende gehen wird, recht deutlich bestätigt wird.[1] Sieht die Welt heute plötzlich anders aus, nach dem Kriege wird sie nochmal anders aussehen und dieses Aussehen dürfte sie dann eine ganze Weile behalten. Aber alle Betrachtungen sind z. Zt. müssig, wenn die Kanonen reden.
Wie steht es wohl bei Ihnen? Es hat mich immer beunruhigt, ob Sie wohl Ihren alten Rock wieder hervorsuchen mussten, aber zum Schreiben kam man die ersten Wochen schon gar nicht. Es ist schrecklich, alle diese Orte, die man vom letzten Krieg kennt, sind plötzlich wieder da.
Ich hoffe sehr, es geht Ihnen einigermassen gut – wenn sie mal Zeit haben, lassen Sie mal was hören.
Ihnen und Ihrer Gattin herzliche Grüsse – auch von meiner Frau –
Ihres S.-Rottluff

197
An Ernst Beyersdorff, Oldenburg
Berlin-W 30, 11.1.1940

Lieber Herr Beyersdorff,
ich freute mich sehr, von Ihnen zu hören und besonders, dass Ihnen die Zwiespältigkeit des Empfindens erspart geblieben ist und hoffentlich weiter erspart bleibt. Über Ihr Geschenk war ich allerdings so überrascht – eine ganze Kiste Zigarren! Hier gibt's 3 Stück pro Tag. Ich werde im Besitze dieses Schatzes gelassener der Ankunft des Buchenlaubzeitalters entgegensehen können! Sei Ihnen herzlichst Dank dafür.[1]

Mit den Büchern ist's bei mir allerdings auch so, dass ich auf Altes zurückgreife, wenn ich zu anderem Tun nicht mehr aufgelegt bin. Es freut mich, dass Sie auf Giono gestossen sind. Den lesen Sie – ein wunderbarer Kerl.[2] „Die grosse Herde", „Der Träumer", „Lebendige Wasser" sehr zu empfehlen – die späteren Sachen lassen ja leider etwas nach – leider. Aber in diesen wird Sie ein wunderbarer positiver Lebenszauber umgeben – und das ist z. Zt. so wichtig.
Halten wir uns im Neuen Jahr an diese Welt. Alles Gute Ihnen und Ihrer Gattin – auch von meiner Frau – und herzlichsten Dank und Gruss
Ihres S.-Rottluff

198
An Ernst Beyersdorff, Oldenburg
Leba (Pommern), 16.6.1940

Lieber Herr Beyersdorff,
wir haben sehr lange nichts voneinander gehört. Ich hoffe, es geht Ihnen gut und Oldenburg gehört nicht zu dem von Engländern eingeflogenen Nordwestdeutschland.
Wir sind seit kurzem wieder am alten Platz, der hoffentlich noch eine Weile entmilitarisiert bleibt.[1] Ich hoffe, bald an die Arbeit zu können, es geht schwer damit in diesen Zeiten.
Herzlichen Gruss Ihnen und Ihrer Frau
Ihr S.-R.

199
An Ernst Beyersdorff, Oldenburg
Berlin-W 30, 11.2.1941

Lieber Herr Beyersdorff,
ich will Ihnen schon seit etlicher Zeit schreiben. Da ich auch in den Zug der stillen Evakuierung Berlins mit hineingeraten bin – d. h. ich versuche, so einiges zu verteilen, manches wegzudrücken, vieles in den Keller zu stellen usw. – so wollte ich Sie fragen, ob ich Ihnen nicht etliche Aquarelle zuschicken kann. – Sie schreiben davon, Sie würden gern ein Aquarell von mir besitzen. Das würde ich gern im Laufe des Monats mit tun, ich fürchte sonst, wenn Sie doch im Frühjahr hierherkommen, es ist nichts mehr greifbar und vermutlich dann für längere Zeit. So wüsste ich nachher nicht, wie Sie mal zu einem Aquarell kommen sollen.[1]
Wenn Ihnen also eine kleine Sendung nicht unwillkommen ist, wüsste ich ganz gern, was Sie etwa auszugeben sich vorgenommen haben. Es würde mir die Auswahl erleichtern.
Ich hoffe, es geht Ihnen gut, und die Engländer belästigen Oldenburg nicht.[2] Hier ist es seit Weihnachten ruhig gewesen, doch für das Frühjahr erwartet man manches – auch höheren Ortes! Die Schulkinder sind bereits und werden noch in ganzen Zügen verschickt und wer sonst abkommen kann, hat sich bereits nach einer ländlichen Bleibe umgetan. Möglich, dass die ganze Vorsicht überflüssig war – doch niemand traut den nächsten Zeiten.
Seien Sie herzlich gegrüsst – auch von meiner Frau – und beste Grüsse Ihrer Gattin
Ihr S.-Rottluff

200
An Ernst Beyersdorff, Oldenburg
Berlin-W 30, 6.3.1941

Lieber Herr Beyersdorff,
Dank für Ihren Brief. Es schien mir doch das beste, Ihnen gleich etliche Aquarelle zu schicken – ich überlege noch, ob ich Ihnen nicht auch noch Aquarelle, die sich in der Galerie Vömel Düsseldorf[1] befinden, zuleiten lasse. Sie werden sich ja doch in aller Ruhe die Blätter betrachten wollen und das macht sich in den eigenen 4 Wänden angenehmer als anderswo.
Ich hatte nicht daran gedacht, dass Sie inzwischen einen wehrfähigen Sohn haben und für Sie allmählich die Frage heranrückt, holen Sie ihn oder nicht.[2] Beinahe hätten nun in Ihrer Familie Vater und Sohn im Felde stehen können. Hoffentlich ist bis dahin die Weltgeschichte der Entscheidung schon näher gekommen. In Berlin ist richtiges Frühjahrswetter, man sehnt sich bereits aufs Land und doch ist diesem allzu zeitigen Zauber nicht recht zu trauen.
Hier noch das Verzeichnis der Aquarelle:[3]

Gelbe Lupinen	550,–
Limburger Dom	600,–
Sterne überm Haff	650,–
Haffstrand	500,–
Stilleben mit blauer Vase	700,–
Weiden im Wasser	650,–
Bewachsene Düne am Haff	650,–
Pfirsiche	650,–
Mischwald	600,–
Pilze	550,–

Etliche davon sind Ihnen vielleicht bekannt. Ich denke, die Blätter werden bald bei Ihnen ankommen.
Herzlichste Grüsse Ihnen und Ihrer Frau – auch von der meinen
Ihr S.-R.

201
An Ernst Beyersdorff, Oldenburg
Berlin-W 30, 19.3.1941

Lieber Herr Beyersdorff,
Danke für Ihren Brief, der mir die Ankunft der Aquarelle bestätigt. Natürlich können Sie die Blätter in aller Ruhe betrachten – ich verstehe, dass Sie ein Blatt mit dem Platz zusammenbringen wollen.
Die Aquarelle von Vömel sind inzwischen bei mir eingelaufen – da Sie den Wunsch haben, noch mehr zu sehen, hoffe ich, Ihnen demnächst etliche Blätter schikken zu können.
Kondoliere zum Luftschutzwart – ich sollte es hier auch werden – glücklicherweise ging es vorüber. 3 m Beton ist der einzige Schutz – aber wenigstens ist Ihr Platz dort kaum so, dass ihm die Engländer viel Beachtung schenken werden. Hier hat der letzte Angriff viel Unheil angerichtet – auch in unserer nächsten Nähe. Ende März hoffen wir, zunächst nach dem Taunus wegzugehen.
Herzliche Grüsse Ihnen und Ihrer Frau
Ihr S.-R.

202
An Ernst Beyersdorff, Oldenburg
Hofheim (Taunus), 20.4.1941

Lieber Herr Beyersdorff,
besten Dank für Ihren Brief, er ist leider eine Weile liegen geblieben. Wir sind seit Anfang April hier im Taunus bemüht, uns – nach den vielen Plackereien des Winters – etwas zu erholen. Es geht indessen recht langsam damit. Aber wenigstens ist es in der Natur bereits frühlingsmässig.[1]
Sie haben ganz recht, die meisten der Aquarelle sind in Pommern entstanden.[2] Ich möchte Sie bitten, sie noch eine Weile dort zu behalten – ich weiß noch nicht, wann ich nach Berlin zurückkomme. Kriegsrisiko zu übernehmen, mute ich Ihnen selbstverständlich nicht zu. Hoffentlich sind Sie bei den neueren englischen Besuchen nicht gestört worden und Sie brauchten als Luftschutzwart nicht viel in Aktion zu treten.
Herzliche Grüsse Ihres S.-R.

203
An Ernst Beyersdorff, Oldenburg[1]
Leba (Pommern), 27.5.1941

Lieber Herr Beyersdorff,
ich bin endlich nach mancherlei Plackerei und Ärger wieder in Pommern angekommen, mit einem recht wackeligen Herzen und leider müden Augen. Hier hoffe ich, mich endlich einmal erholen zu können – es scheint ja in Deutschland kaum noch einen Platz zu geben, wo das möglich ist – auch hier die Schatten die der Gott des Unfriedens über Gerechte und Ungerechte wirft.
Mittlerweile sind wir ja in der Zeit etwas weiter gekommen und mir fällt ein, dass sich für Ihren Sohn entscheiden sollte, ob oder ob nicht. Hoffentlich ist es günstig ausgefallen.
Ich möche Sie bitten, die beiden Sendungen an Herrn Viktor Bausch, Berlin-Charlottenburg, An der Heerstr. 3, zu senden.[2] Am besten wieder in 2 Paketen und jedes mit Wert: 500 RM, was ohne Siegelei vor sich gehen kann. Vielen Dank für die Mühe!
Hier ist die Vegetation noch sehr weit zurück, alles noch kahl und durchsichtig, Sonne und Wind fegen ungehindert übers Land. So kahl haben wir es noch nicht gesehen, es hat einen eignen Reiz, der einem die Vorstellung arktischen Frühlings wachrufen mag.
Hoffentlich ist bei Ihnen alles gesundheitlich und stimmungsmässig in guter Ordnung.
Seien Sie herzlichst gegrüsst – auch Ihre Gattin
Immer Ihr S.-R.

204
An Rosa Schapire, London[1]
Chemnitz, 5.12.1945

Meine liebe Ro,
Heute traf eine Abschrift Deines Briefes vom 31.8. an Frau Agnes Holthusen[2] bei uns ein. Du kannst Dir denken, in welchem Maße uns das erregt hat. Die erste positive Kunde von Dir klang wie aus einem fernen Zeitalter an unser Ohr. Wir hätten ausrufen mögen: Herzlich willkommen – so nahe glaubten wir Dich. Nun – endlich wiedergefunden – welch ein Tag. Wie oft haben wir uns gefragt, wo mag Ro sein.[3] Ob Sie nach U.S.A. gekommen ist, ob sie am Ende den Krieg in London mitmachen mußte, ob sie am Ende gar diese Welt verlassen hat. Offen gestanden, ich habe immer geglaubt, daß Du lebst und diese Zeiten überdauern wirst und mein Glaube hat sich nicht geirrt. Von Deiner Tätigkeit lasen wir nun auch, dass es schwer für Dich gewesen ist, was leider mein Instinkt auch gesagt hat.
Wir haben auch mancherlei Schicksale hinter uns. Seit April 41 war mir auf Befehl Hitlers die Berufsausübung verboten worden und ich wurde von der Polizei daraufhin kontrolliert. Außerdem schickte mir Hitler seine privaten Spitzel, auf die man leicht hätte hereinfallen können. Im August 43 wurden wir in

Berlin ausgebombt und kamen hierher zu Trude. Im Herbst 44 starb Trude.[4] Die letzten schlimmen Erlebnisse hatten wir bei Kriegsende hier. Dies nur kurz in Andeutungen. Der eiserne Vorhang wird sich hoffentlich langsam heben.[5] Aus unserem gemeinsamen Umkreis noch einiges. Dr. Hagemann[6] ist in der ersten Kriegszeit verunglückt, von der Straßenbahn überfahren. Budczies[7] ist auch tot. Heckel lebt am Bodensee[8]. Daß Frau Rauert[9] lebt, wirst Du von Frau Holthusen[10] gehört haben. Hanna Bekker lebt in Hofheim.[11] Ihr einziger Sohn fiel in Rußland.
Von allen persönlichen Erinnerungsstücken an Dich haben nur überdauert: Ein kleiner Bohrer, an den Du Dich kaum erinnern wirst und der sich seltsamerweise hier anfand und der große Amethyst. Die Erinnerung selbst war ja glücklicherweise nicht so leicht zu reduzieren, so lange sie nicht völlig ausgelöscht worden wäre, obwohl ich mir das Vergessen geradezu zu einer Disziplin gemacht hatte, um überhaupt weiter existieren zu können. Aber all diese Fragen und Zustände können wir hoffentlich in nicht zu ferner Zeit näher erörtern. Zunächst bin ich froh, wenn ich versuchen darf, Dir erst überhaupt einmal zu schreiben.
Alles Gute und herzlichst alle Grüße
Deine K. u. E.

205
An Emma Ritter, Oldenburg[1]
Berlin, Schützallee 136, 5.12.1947

Liebe Emma,
herzlichsten Dank für Dein Geburtstagsgedenken und Deine Wünsche. Ich darf ja wohl gleich meine herzlichsten Wünsche zu Deinem demnächstigen 69. hier mit aussprechen.[2] Es freute mich zu hören, dass Du einigermassen mit den heutigen Realitäten zurecht kommst, freilich, mit der geruhsamen Zeit, die man so gern mit einer kleinen Stadt verbindet, scheint es auch in Oldenburg vorbei zu sein. Wo soll das noch hin, wenn die Menschen nirgends mehr Zeit haben.
Nach Deinem Gerätestecker möchte ich schon gern Umschau halten – es ist leider auch hier nicht so einfach, da ich noch keinen Elektriker kenne – denn ohne dass man die Leute kennt, gibts auch nichts unter dem Tresen. Ich werde aber bemüht sein. Es ist freilich im Hinblick auf solch notwendiges Gebrauchsgerät schon eine Ironie, wenn ich Dir statt dessen ein Inselbändchen schenke.[3] Bücher gehören zwar zu den Raritäten, aber schliesslich heute schon zum Luxus. Von Feininger habe ich noch nichts wieder gehört – man hat in USA auch keine Zeit mehr.[4]
Die Arbeit auf der Hochschule ist ganz erfreulich – trotzdem möchte ich sie lieber wieder los werden. Man hat eigentlich doch nicht mehr die Zeit dafür – und es ist nicht die Korrektur, die einen beansprucht, es stellen sich persönliche Beziehungen ein und man muss ja etwas menschlichen Anteil an den jungen Menschen nehmen – außerdem gibts häufig endlose Sitzungen, die mit der Hochschule allgemein zusammenhängen und wo ich mir ziemlich überflüssig vorkomme. –[5]
Nun sei vielmals herzlich gegrüsst und lass Dirs im neuen Lebensjahr einigermassen erträglich gehen.
Alles Gute und alle Grüsse auch von Emy
Dein Karl

206
An Franz Radziwill, Dangast
Berlin-Zehlendorf, 29.5.1950

Lieber Radziwill,
vielen Dank für Ihren Gruß, der mir vor einiger Zeit übergeben wurde.[1] Wenn Sie bei den Fotos – die mich natürlich sehr interessiert haben – daran gedacht hatten, es könne hier mal eine Ausstellung gemacht werden, muß ich Sie leider sehr enttäuschen – z. Zt. ist hier das Interesse ganz am Nullpunkt.[2] Wir hoffen alle auf eine Besserung.
Mit besten Grüssen
Ihr K. Schmidt-Rottluff

207
An Emma Ritter, Oldenburg
Berlin, 9.9.1953

Liebe Emma,
wir freuten uns sehr, wieder einmal eine Kunde von Dir in Empfang nehmen zu können – und besonders freut uns, dass Du wieder bei Deinen Freunden in Buchschlag sein konntest.[1] Ja, wir sind im Sommer nicht nach dem Taunus gekommen und waren in Sierksdorf, wo uns freilich das Wetter nicht sonderlich wohlgesinnt war – aber es war still und abseits – der Sommerverkehr hat uns nicht viel gestört.[2] Frau B.[3] kam 2 x durch Sierksdorf und versuchte, etwas Unruhe in die Tage zu bringen, was ihr indessen nicht sonderlich gelungen ist. Zum Baden war uns alten Semestern wenig Gelegenheit, das Wasser hatte zeitweise nur 10° aufzuweisen. Auf der Rückreise waren wir noch ein paar Tage im Harz,[4] sahen auch Niemeyer, der schneeweiss in Haar und Augen war, aber sonsten unverändert und rege.[5] – In Berlin sind wir z. Zt. nur zu Besuch, um uns noch für eine Fahrt nach Ascona zu rüsten.[6] Uns ist eigentlich nicht sehr reiselustig zu mute, aber Emy wollte gern nochmal den

Herbst im Tessin erleben und sich noch etwas aufwärmen.
Dass Deine Beine nicht wieder recht funktionieren wollen,tut mir leid,[7] da meine auch recht staaksich geworden sind, kann ich dass sehr nachfühlen – allerdings haben sie sich im Sommer recht ordentlich benommen, aber in Berlin ist es immer gleich wieder da. – Wir waren übrigens einmal auch in Eutin und sind auch durch Lensahn und Oldenburg gekommen. Wie weit das noch oldenburgisch ist, weiss ich nicht.[8] Rastede war mir freilich lieber[9] und mir scheint auch, die Sommer in Oldenburg waren weitaus freundlicher – in Pommern war es geradezu selbstverständlich und die wunderbare Luft an der pommerschen Küste habe ich noch nie wiedergefunden. Hoffentlich findest Du Dich wieder gut zurecht in Oldenburg wo Du ja inzwischen eingetroffen sein mußt und der Winter wird nicht zu ungemütlich.[10] Sei herzlich gegrüsst auch von Emy – mit allen guten Wünschen
Dein alter Karl

208
An Gustav Delbanco, London[1]
Berlin, 7.2.1954

Lieber Herr Delbanco,
ich bin Ihnen ausserordentlich dankbar für Ihren Brief, dass Sie mir gleich Nachricht gegeben haben, wie Rosa aus dem Leben gegangen ist. Der Umstand, dass der Tod sie im Museum erreicht hat, ist geradezu ein symbolischer Abschluß Ihres Lebens[2] – sie war so sehr mit der Kunst verwachsen. Es ist eine Gnade, wenn sie nicht erst hat leiden müssen – denn immer wieder stand in ihren Briefen, wie sehr sie das Ende herbeiwünsche und wie schwer es die letzte Zeit für sie gewesen ist, den täglichen Arbeitspflichten nachzukommen und das bei einem fast nicht mehr zu begreifenden Interesse für alles Geschehen auf künstlerischem Gebiet.
Was es für mich bedeutet, sie nicht mehr am Leben zu wissen, brauche ich Ihnen nicht zu sagen, man erlebt nicht ein 2tes Mal, dass ein Mensch eine so intensive Anteilnahme an einer Entwicklung nimmt – das war der besondere Glücksumstand in meinem Leben, der mich gewiss oft auch bedrückt hat aus dem kritischen Zweifel heraus, ob meine Arbeit wohl einer solchen Anteilnahme gerecht werden kann. Die erste Nachricht von Rosas Tod brachte uns ein Mann von der Presse – inzwischen haben sowohl Berliner Zeitungen wie die Hamburger als auch Frankfurter darüber berichtet, eine Zeitung meldet auch den Tod in der Tate Gallery.[3] Ich glaube, eine besondere Anzeige in den Hamburger Blättern ist daher nicht erforderlich. Rosa hat mir öfter berichtet, wie sich Ihre Mutter[4] um sie gekümmert und ihr hilfreich zur Seite gestanden hat, auch, dass der letzte Arzt, der sich um sie bemüht hat, durch die Vermittlung Ihrer Mutter an sie gekommen ist. Ich möchte Ihnen allen herzlichst dafür danken.
Was aus ihren Bildern wird, ist uns leider nicht bekannt.[5] In der letzten Zeit hat sie mir davon nichts geschrieben – ich weiss, sie hat öfter von diesen Absichten geschrieben – aber sie haben sich immer wieder gewandelt, so dass ich Positives nicht weiss. Nur über die Graphik hatte Rosa wohl eine Bestimmung getroffen. Hoffentlich hat sie darüber Schriftliches niedergelegt.[6] Ich wäre Ihnen sehr dankbar, wenn sie mich gelegentlich informieren würden.
Bitte grüssen Sie Ihre Mutter sehr herzlich von uns, ich freute mich zu hören, sie ist trotz der Jahre wohlauf. Ihnen nochmals vielen Dank für Ihren Brief.
Ihr K. Schmidt-Rottluff

209
An Emma Ritter, Oldenburg
Sierksdorf (Lübecker Bucht), 24.8.1955

Liebe Emma,
es freute mich sehr, von Dir wieder zu hören und anscheinend bist Du ganz mobil. Wir sind wieder in Sierksdorf – diesmal mit mehr Sommer als sonst.[1] Trotz der Wärme musste ich mich 6 Wochen lang mit einem Hexenschuss rumärgern. Er scheint sich aber nun verzogen zu haben.
Nett zu hören, dass sich dieser Dr. Wietek so für unsere Dangaster Zeit interessiert.[2] Na, – Du kennst ja die Oldenburger von anno David und die Frage, ob etwa dorten weitere Arbeiten von mir sind, konntest Du ja selbst negativ beantworten. Theo Francksen hat im Ganzen mal eine Lithographie von mir gekauft – auch das nicht direkt, sondern durch Oncken.[3] Somit dürfte nicht viel von mir zurückgeblieben sein – höchstens verworfene Leinwände – und um die hatten sich schon mal andere gekümmert.[4]
Bilder von Radziwill habe ich in der letzten Zeit nur in Abbildungen oder Fotos gesehen. Es mag krauses Zeug sein – etwas spinnert. – Wenn einem die Literatur so direkt geboten wird, werde ich leicht etwas kopfscheu – man kann ihm eine gewisse Fantasie nicht absprechen und manches mag auch ganz interessant sein– aber Originales habe ich nicht wieder von Radziwill gesehen.[5]
Es freute mich wenn Du in Volksdorf einen Ersatz für Buchschlag gefunden hast und Dich dort gut erholen konntest.[6]
Ende Juni besuchte mich übrigens ein Herr aus Essen, der mit Magnussens befreundet ist und Grüsse von

Dir brachte. So hörte ich dann auch einiges über sie – denn von Magnussen's ist nichts zu hören.[7]
Sei vielmals herzlich von uns gegrüßt – insbesondere von Deinem alten Karl

210
An Gerhard Wietek, Oldenburg[1]
Berlin, 22.2.1957

Sehr verehrter Herr Dr. Wietek,
ich freue mich, Sie wieder ausserhalb des Krankenhauses zu wissen, und hoffe, Sie haben bald die unangenehmen Nacherscheinungen überwunden.
Für die Übersendung Ihres Oldenburg-Buches[2] bin ich Ihnen herzlich dankbar, es ist ein schönes Buch, das viele Erinnerungen lebendig macht, allerdings ich persönlich bedaure sehr, es nicht in meiner Oldenburger Zeit gekannt zu haben! Es hätte mich bestimmt veranlasst, manche Orte anzupeilen. Aber so reise ich doch noch im Bilde dort herum.
Dank auch für die beiden Fotos. Es sind 2 Zustände desselben Steins, der nicht gedruckt worden ist, da zu Vieles bei der Behandlung des Steins ausgeblieben war. Bei Schapire ist das Blatt nicht aufgenommen worden.[3] An Dangaster Postkarten ist hier nichts vorhanden. Kunstgewerbliche Arbeiten konnte ich noch nicht daraufhin durchsehen, was davon in Dangast entstanden ist – soll in Kürze geschehen.[4] Das Bild „Häuser am Kanal" von 1912 ist zwar noch im Besitz meiner Frau, befindet sich aber in der Ostzone, ist mithin für die Ausstellung nicht zu bekommen.[5]
Herr Dr. Gustav Stein Köln/Rh., Bundesverband der Deutschen Industrie, Habsburgerring 2–12, ist der Sekretär des Kulturverbandes der Industrie[6]. Es wäre denkbar, dass von da etwas Geld für den Katalog oder die Ausstellung zu bekommen wäre, freilich dürften kaum Oldenburger Industrielle in dem Club sein.
Einstweilen soviel für heute.
Mit den besten Grüßen Ihr
K. Schmidt-Rottluff

211
An Emma Ritter, Oldenburg
Berlin, 15.12.1957

Liebe Emma,
vielen Dank für Dein Gedenken zum 1.12. Ich darf ja wohl gleich meine herzlichsten Wünsche an Deinem Geburtstag hier mit beipacken – den Du mit der bekannten Rüstigkeit und frohen Mutes feiern magst. Ich freute mich recht, wieder mal von Dir zu hören und dass Du die Gelegenheit hattest, einmal aus Oldenburg herauszukommen. Wir sind diesmal zum Geburtstag hiergeblieben, da wir das Jahr über reichlich viel unterwegs und von der Reiserei etwas müde waren.
Über die Ausstellung in Oldenburg hatte mir Dr. Wietek berichtet, d. h. reichlich Zeitungsmaterial geschickt. Dass Du bei der Ausstellung auch mit zu Worte gekommen warst, hatte mich gefreut und anscheinend hat Oldenburg die Gelegenheit genutzt, etwas von Dir auch anzukaufen.[1] Das wäre ja sehr nett gewesen. Ich weiss nicht, ob ich Dir schon das beiliegende Bändchen geschickt habe oder ob ich es nur vorgehabt hatte. Da Du ja diese Zeit auch mit geteilt hast, mag's Dich vielleicht interessieren.[2]
Von Julie Feininger[3] höre ich auch nichts mehr – freilich mag's an mir liegen. Mit Schreiberei bin ich so überbeansprucht, dass private Dinge leider immer zu kurz kommen.
Noch herzlichst alle Grüsse auch von Emy und gute Weihnachtstage!
Dein alter Karl

212
An Gerhard Wietek, Oldenburg
Berlin, 3.1.1958

Sehr verehrter Herr Dr. Wietek,
herzlichen Dank für Ihr freundliches Gedenken am Jahresende! Ihre guten Wünsche erwidere ich bestens, mögen Sie ein erfolgreiches Jahr vor sich haben.
Es freute mich sehr, zu hören, Sie haben die Erinnerung an Ihre Dangastausstellung durch verschiedene Ankäufe wachhalten können.[1]
Ihren neuen Plan,durch eine Veröffentlichung über die Postkarten, die s. Zt. aus dem Brückekreis an Frau Dr. Schapire gerichtet waren, diese einzigartige Frau zu würdigen, begrüsse ich mit rechter Freude.[2] Ich würde Sie gewiss in jeder Weise darin unterstützen, sehe mich aber leider ausserstande damit. Andere Museumsstellen als die von Ihnen bereits genannten, sind mir nicht bekannt. In der Wohnung von Frau Schapire hatte ich einen Raum ausgestaltet mit von mir entworfenen Möbeln,von mir ornamental bemalt, ebenso den Fussbodenbelag. Der Raum ist auch in verschiedenen Sichten von einer befreundeten Dame photographiert worden, die bei mir vorhanden gewesenen Photos sind aber mit verbrannt. Wer noch Photos haben könnte, ist mir nicht mehr gegenwärtig. So kann ich Ihnen leider gar nicht behilflich sein, so muss ich Sie ganz Ihrem Spürsinn überlassen, den ich ja bei Ihrer Dangastausstellung bereits recht bewundern musste.[3]
Mit den besten Grüssen verbleibe ich
Ihr ergebener K. Schmidt-Rottluff

213
An Gerhard Wietek, Oldenburg[1]
Sierksdorf (Lübecker Bucht), 6.8.1958

Sehr verehrter Herr Doktor,
schönsten Dank für Ihren Brief vom 2.8. – Es ist ja nun schon 50 Jahre her und so ganz zuverlässig ist mein Gedächtnis sicher auch nicht mehr, und manches konstruiert man sich da wohl zurecht. Aber ich glaube, Ihr Satz dürfte stimmen. Es scheint mir, Rosa Schapire wurde auf Anregung von Gustav Schiefler damals Passives Mitglied als erste Kunsthistorikerin,[2] Dr. P. F. Schmidt war dann der zweite Kunsthistoriker.[3] Rosa Schapire hat dann in Hamburg eifrig unter ihren Hörerinnen Passive Mitglieder geworben.[4]
Wann es eigentlich aufkam, dass die Brückeleute Postkarten zeichneten, weiss ich so genau nicht mehr, es war gewiss schon vor 1909.[5] Da wir alle nicht gerade eifrige Briefeschreiber waren, dienten die Karten als kurze Mitteilungen über unsere Arbeit, besonders legte Rosa Schapire grossen Wert darauf, die Arbeit zu verfolgen und so sind die meisten Karten Skizzen von Bildern oder Beobachtungen.[6] Eine grössere Sammlung von Postkarten besass auch die erste Frau von Otto Mueller.[7] Bei mir hörte irgendwann das Interesse, Karten zu zeichnen, langsam auf, bis in neueste Zeit ist es jedenfalls nicht lebendig geblieben.[8]
Einstweilen noch die besten Grüsse Ihres
K. Schmidt-Rottluff

214
An Gerhard Wietek, Oldenburg
Berlin, 9.1.1959

Verehrter Herr Dr. Wietek,
wahrscheinlich habe ich Ihnen für verschiedene Briefe noch nicht gedankt – bestimmt nicht für Ihre freundliche Zusendung der Berichte der Oldenburger Museumsgesellschaft.[1] Die haben mich besonders interessiert und in der netten Abfassung recht gefreut, fast bin ich versucht, das Wort von „Bethlehem, die du klein bist" zu zitieren, möchte aber keineswegs eines Sakrilegs bezichtigt werden – aber der Museumsgesellschaft möchte ich wenigsens eine erfolgreiche Entwicklung wünschen.[2]
Uns erreichte kürzlich die Nachricht vom Tode der Beyersdorfftochter,[3] das hat uns sehr leid getan. Wenn Sie mal gar nichts zu tun haben, würden Sie mal schreiben, an welcher Krankheit sie sterben musste?
Fürs neue Jahr Ihnen alles Gute und herzliche Grüsse
Ihres K. Schmidt-Rottluff

215
An Gerhard Wietek, Oldenburg
Sierksdorf (Lübecker Bucht), 21.6.1959

Lieber, verehrter Herr Dr. Wietek,
Ihr Schreiben vom 8.6. wanderte mir von Berlin nach Hofheim nach, und da wir dort bereits im Aufbruch waren, mit nach Sierksdorf.[1] Ich danke Ihnen vielmals dafür. Ihr Aufsatz ist sehr anschaulich geschrieben, ich habe ihn mit Freude gelesen, habe nichts dabei zu beanstanden und bin überzeugt, er wird im Niederdeutschen Almanach mit Vergnügen gelesen werden.[2]
Nun aber meinen herzlichen Glückwunsch für die gute Nachricht, ich freue mich sehr, dass Sie nun das Altonaer Museum übernehmen werden,[3] das wir übrigens zufällig wiederholt besucht haben, wenn wir von Altona abgefahren sind. – ich freue mich auch recht über den Erfolg des Inselbuches. Dass es ziemlich „eingeschlagen" hatte, wurde mir auch von anderer Seite berichtet.[4]
Die Frage der Grafikreproduktionen wird über Ketterer erörtert werden müssen, der ja auch Heckel, Pechstein, Kirchner in dieser Sparte verwaltet – wird gewiss nicht Schwierigkeiten machen.[5]
Leider kann ich Ihnen nicht mit einem Foto nach mir dienen, zumal es keines gibt – und ausserdem ich gar keinen Appetit auf solche Steckbriefe habe, möchte ich auch darin keine Änderung eintreten lassen.[6]
Besten Dank für die Grüsse von Emma Ritter – es tat mir leid zu hören, sie sei krank gewesen. Bitte grüssen Sie wieder und hoffen wir, der Sommer verschont uns alle mit solchen Anfälligkeiten.
Viele herzliche Grüsse, auch von meiner Frau
Ihr K. Schmidt-Rottluff

216
An Gerhard Wietek, Hamburg
Berlin, 4.11.1959

Sehr verehrter Herr Doktor,
vielen Dank für Ihre freundliche Übersendung des Manuskriptes „Emma Ritter".[1] Ich habe es mit grossem Interesse gelesen und mich recht darüber gefreut. Es ist ein rühmenswertes Verdienst, dass Sie Emma Ritter's Bedeutung aus der engen Beurteilung der Vergangenheit herausgehoben und den heutigen Oldenburgern ins Bewußtsein gebracht haben. Vieles war mir entfallen, wurde aber wieder gegenwärtig – vielleicht ist manches ihren Landsleuten nicht eben angenehm zu lesen.[2]

Gegen das, was mich dabei betrifft, kann ich nichts einwenden – etwas hatte ich den Eindruck, das Gewicht wäre zu sehr auf meine Seite abgerutscht.
Nochmals herzlichen Dank und die besten Grüsse – auch von meiner Frau
Ihr K. Schmidt-Rottluff

N.S. Zur Fussnote Feininger habe ich mir eine Ergänzung erlaubt.

217
An Emma Ritter, Oldenburg
Berlin, 16.12.1959

Liebe Emma,
dass ich bisher nicht zum Schreiben gekommen bin, wirst Du gewiss etwas nachfühlen und somit nachsichtig behandeln können. Solch Geburtstag hat's in sich – und das Ausreissen hat mich wohl vorm Dicksten bewahrt, aber hinterher reicht's immer noch für lange.[1]
Nun weiss ich nicht, soll ich mich erst bedanken oder Dir erst gratulieren. Ich glaube, ich entscheide mich für das 2te. Meine herzlichsten Wünsche, dass Du von den 80ern bereits ein Jahr mit Erfolg hinter Dich gebracht hast[2] – ich hoffe, ohne dass Dich dieses Jahr besonders ungnädig behandelt hat – und Du immer bei bester Gesundheit gewesen bist. Die möge Dir auch für das neue Jahr treu bleiben und mögest Du lange nichts von der „Last der Jahre" merken. Es freut mich, dass Du wieder Ausflugspläne nach dem Ruhrtal hast.
Für Dein Gedenken zu meinem 3/4 Jahrhundert meinen herzlichen Dank – und insbesondere auch für das schöne Buch[3], das besonders sinnvoll in meine Gegenwart eingriff – da ich vor kurzem einen Schüler aus dem Irak übernehmen mußte, der sich ausgerechnet auf mich gespitzt hatte. Es ist zwar kein Iraner – aber eben aus dem islamischen Kulturkreis. Er spricht leidlich deutsch, aber natürlich wird öfter die fachliche Sprache mit Fingern, Hindeuten und Kompositionsgesten gesprochen. Es geht aber ganz gut.
Im Sommer waren wir halt wieder in Sierksdorf – und diesmal war's auch Sommer.[4] Wir hatten uns beide ganz gut erholen können und waren beträchtlich stadtfremd geworden – und sinds auch jetzt noch.
Dr. Wietek hat inzwischen mir seine Emma-Ritter-Biographie geschenkt – ich habe mich recht darüber gefreut – ein bißchen spät ja hat er Dich den Oldenburgern vorgestellt – aber ich hoffe, es hat Dir trotzdem Freude gemacht und die Oldenburger haben inzwischen ihren Frieden mit Dir gemacht. Vieles war mir übrigens entfallen, es wurde aber dann doch alles wieder lebendig.
Sei noch herzlichst gegrüsst – und nochmals alle meine guten Wünsche
Dein alter Karl

218
An Gerhard Wietek, Hamburg[1]
Berlin, 22.12.1960

Lieber, sehr verehrter Herr Dr. Wietek,
leider, leider bin ich erst jetzt dazu gekommen, Ihnen und Ihrer Gattin für den herrlichen Blumengruss und Ihren Brief zu danken.
Es waren so schöne goldgelbe Chrysanthemen, die tags ihr Gold ausstrahlten und bei Lampenlicht einglühendes Rosa, was uns ein besonderes Phänomen war – und ausserdem haben sie sich solange gehalten! Seien Sie beide herzlichst bedankt. – Heute kam wieder ein Gruss von Ihnen mit dem Katalog der Spielzeug-Ausstellung,[2] ich bin sehr erfreut, wie Sie immer wieder verstehen, Ihr Museum lebendig zu machen und damit zu bekunden, daß es kein Mausoleum ist. – Sie entdeckten die Stille in meinen Arbeiten – das habe ich gern gelesen, und Stille finde ich immer ein wunderbares Erlebnis. Wann hat man es noch? Es ist mir stets etwas gegen den Strich gegangen, mich selbst über meine Arbeiten zu äussern – was eine Aussage über eine Aussage wäre. Ich glaube, die meisten Bilder handeln von Vorgängen. Ich wollte immer das „Sein" aufweisen und das stille Leben der Dinge – vielleicht weil ich aus einem sehr unruhigen Volksstamm komme!
Ich danke Ihnen auch dafür.
Noch alles Gute für die Weihnachtstage und für das heranrückende Neue Jahr – auch von meiner Frau
Ihr S. R.

219
An Emma Ritter, Oldenburg
Berlin, 1.10.1962

Liebe Emma,
vielen Dank für Deinen Brief. Er kam erst heute hier an – über Sierksdorf-Hofheim – wir freuten uns, Angenehmes von Dir zu hören – besonders – dass Du unternehmend bist und Deine Ausstellung Dir Erfolg und Freude gebracht hat.[1]
Wir sind noch nicht 8 Tage hier, waren von der Küste für 14 Tage nach dem Taunus gefahren, hofften uns dort etwas aufwärmen zu können – was freilich nur spärlich geschehen ist.

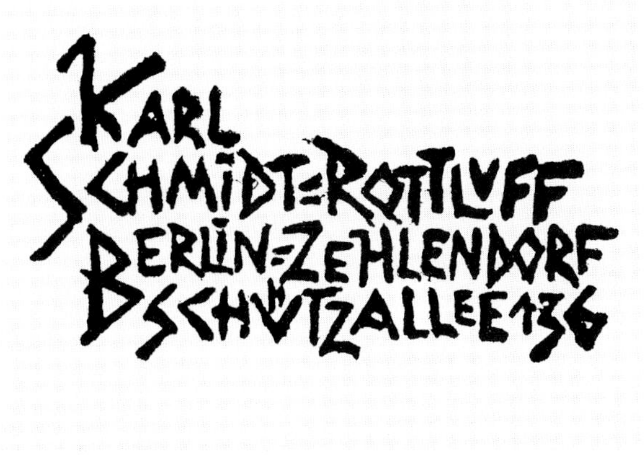

Briefkopf mit der seit Ende 1946 gültigen letzten Adresse Schmidt-Rottluffs (Kreide auf Umdruckpapier, nicht bei Rathenau)

Es freute mich, dass Wietek sich so fein für Dich eingesetzt hat und Dich nach Hamburg-Altona geholt hat.[2] Von Deinen Karten ist leider bei uns nichts erhalten geblieben.[3] – es wäre ganz nett gewesen, wenn Du auch mit vertreten gewesen wärest – wo könnten noch Karten von Dir sein?[4] Wietek will ja noch ein Buch über die Postkarten schreiben.[5]
Augenblicklich suchen wir uns wieder hier zurechtzufinden – die Pakete auszupacken – und ich muß 3 Monate liegengebliebene Post durchsehen, evtl. beantworten. Vorgestern sahen wir auch die Noldeausstellung – die endlich mal in Berlin nun möglich gewesen ist. Leider ist die Kongresshalle eine unmögliche Stätte für Bilder.[6]
Alles Gute Dir, liebe Emma – halt Dich weiter so.
Herzliche Grüsse Deine K. u. E.

220
An Gerhard Wietek, Hamburg
Berlin, 9.1.1963

Lieber, verehrter Herr Dr. Wietek,
ich hoffe, Sie sind wieder gut nach Hamburg zurückgekommen und haben auch Ihre Familie wohlauf vorgefunden. Wir freuen uns weiter, dass Sie bei uns sein konnten und Sie uns so freundlich an Ihren Plänen teilnehmen liessen. Die äusseren Umstände bremsen ja leider immer wieder die Realisierung, aber ohne das scheint es ja nicht abzugehen.
Dank für die hier gelassenen Briefstellen.[1] Die Bemerkung über Munch ist freilich etwas hart und zweideutig, es ging mehr auf seine jugendstilistische Formsprache, für die ich auch heute nicht viel Sympathie haben kann. Sonst, wenn Sie davon etwas anbringen wollen, kann ich mich nicht sträuben.[2]
Etwas mehr hat uns – besonders meine Frau – das Excerpt aus Pechstein beschäftigt. Ich weiss nicht, ob das Pechstein oder auch seinen Erben ganz recht sein könnte, hab' das Gefühl, jetzt wird sogar Pechstein vor seinen Wagen gespannt![3]
Ich habe noch ein paar Fotos bei mir gefunden, ich schicke die hier mit, evtl. ist das eine oder andere eine Ergänzung.[4] Das wieder sichtbar gewordene Bild lasse ich noch fotografieren, aber es kann eine Weile noch dauern.[5]
Herzliche Grüsse von uns beiden Ihnen und der Familie! Hier ist's auch wieder kalt geworden.
Ihr K. Schmidt-Rottluff

221
An Gerhard Wietek, Hamburg[1]
Berlin, 26.3.1963

Lieber, sehr verehrter Herr Dr. Wietek,
ich war neulich zu sehr in Druck, als dass ich Ihnen mehr über Ihre Arbeit schreiben konnte.[2] Etwas hat mich besonders gefreut was bisher Ihnen vorbehalten geblieben ist festzustellen – was Sie über die Aktdarstellung gesagt haben, es sei eine Darstellung des reinen Seins – ohne irgendwelches Absinken in solche oder solche Nebeninteressen. Der Mangel solcher Dinge ist mir allerdings des öfteren bescheinigt worden, ohne dafür das Positive zu sehen. Sehr gefreut hat mich auch Ihre Beobachtung, daß mein Verhältnis zu Schiffen doch das des Landmenschen ist. Trotzdem ich viel am Wasser – auch auf dem Wasser gewesen bin – meine Schiffe, die ich in meiner Jungenszeit gebaut habe, hatten immer Schlagseite und kapitulierten vorm Wind.
Wir beide sind Ihnen so dankbar, wie Sie sich so in den Stoff hineingekniet haben und wie es Ihnen gelungen ist, Ihre Erkenntnisse zu formulieren.
Dies als kleiner Nachtrag – und mit viel herzlichen Grüssen an Sie und Ihre Gattin – auch von meiner Frau – Ihr S. R.

222
An Emma Ritter Oldenburg
Hofheim (Taunus), 17.9.1963

Meine liebe Emma,
vielmals Dank für Deinen Brief nach Sierksdorf – Deine Erfahrungen mit Radziwill haben mich nicht überrascht – wir wissen beide Bescheid.[1]
Wir sind seit 3 Tagen im Taunus – Frau B. v. R. hatte ja den 70. Geburtstag[2] – und da wir natürlich dem offiziellen Trubel aus dem Wege gehen wollten, sind wir erst post festum hergefahren – übrigens in Sommerhitze hinein – zwar sehr angenehm – aber doch überraschend.
In Hamburg waren wir etwas länger geblieben und nur mit Wieteks zusammen. – Sie haben uns alle neuen Veränderungen in seinem Ressort vorgeführt, was sehr interessant war. Bei Commeter ist z. Zt. eine Aquarellausstellung von mir – wir haben sie uns heimlich und unbemerkt in Morgenfrühe angesehen. –[3]
Hoffentlich ist es Dir inzwischen einigermassen gut ergangen – das labile Klima hatte uns in Sierksdorf manchmal zu schaffen gemacht.
Alles Gute und alle herzlichen Grüße Deine K. u. E.

223
An Gerhard Wietek, Hamburg
Berlin, 26.3.1964

Sehr verehrter lieber Herr Wietek,
leider ist es nicht so rasch gegangen, Ihnen zu schreiben und für die Zusendung des Manuskriptes zu danken.[1]
Hier ist Ihnen eine ganz grosse Sache gelungen – wie es möglich war, aus den vielen kleinen Steinchen, die mühsam gesucht werden mussten, wieder das Bild eines ganzen Lebens aufzubauen, hat meine ganze Bewunderung gefordert – von aller persönlicher Erschütterung abgesehen. Die durchgehend sachliche Schreibweise hat geradezu etwas statuarisches und bleibt trotzdem lebendig. Dass so das Bild Rosa Schapires der Vergänglichkeit entrissen worden ist, ist ein ganz grosses Verdienst, dafür möchte ich Ihnen meinen herzlichen Dank aussprechen dürfen.
Vieles wäre noch zu sagen und manche Betrachtungen stellen sich ein – hoffentlich werden wir darüber bald sprechen können.
Herzliche Grüsse – auch von meiner Frau – Ihnen und Ihrer verehrten Frau Amai
Ihr alter S. R.

224
An Emma Ritter, Oldenburg
Sierksdorf (Lübecker Buch), 3.9.1964

Liebe Emma,
leider hast Du recht – mit dem Schreiben bin ich sehr träge geworden – teils weil zuviel tägliche Post bei uns ankommt, die unmöglich beantwortet werden kann – teils weil ich wohl abstumpfe und das bisschen Vitalität lieber für die Arbeit verbrauchen möchte.[1]
Es war sehr lieb, dass Du Dich gemeldet hast und wir freuten uns dessen. Augenblicklich ist gerade Packpause und so sollst Du gleich etliche Zeilen haben – am Sonntag wieder ab nach Berlin. – Der Sommer war nicht recht günstig für uns. Ich hatte mit einer Blasensache zu tun, die wohl inzwischen behoben ist – mich aber recht mitgenommen hat. Jedenfalls war mit der Arbeit nicht recht was los – die Konzentration fiel mir recht schwer. Je älter wir werden , umso mehr wird es mit den Altersgefährten immer dünner – es kommt einem immer schmerzlich zum Bewußtsein. – Wieteks waren mal ein paar Stunden hier – brachte mir seine Geschichte Rosa Schapires, die eine imponierende Tat ist – und er hat sie gar nicht gekannt – aber sie ist wieder ganz lebendig geworden.[2] Er hat allerdings immer sehr viel vor und da er es sehr gründ-

lich macht, hat er sich gewiss keine grossen Freunde in der eigenen Branche gemacht.
Es freut mich, wenn Du immer mehr mit Deiner neuen Umwelt zufrieden sein kannst. –[3]
Viele herzliche Grüße – alles Gute von uns beiden
Dein alter Karl

225
An Emma Ritter, Oldenburg
Berlin, 31.3.1968

Liebe Emma,
ich bin sehr gerührt über Deinen Brief und eigentlich unglücklich über mich – denn es hätte mir dergleichen schon längst einfallen dürfen.
Ja – Dangast – wie mitunter ein Ort sich wieder in Erinnerung bringt – vor paar Jahren hat sich der Sohn von frühen Freunden von uns dort ein Haus gebaut,[1] er hatte eine Dangasterin geheiratet – sie ist ihm leider kürzlich gestorben – jedenfalls war Dangast wieder sehr in meinen Gesichtskreis gekommen. Dass Du damals im Krieg um alle Erinnerungsstücke gekommen warst,[2] hatte ich aus dem Gedächtnis verloren – na ja, es war ja alles ein bißchen viel, wenn man Gewesenes nicht gewaltsam aus dem Gedächtnis verbannt hätte, hätte man kaum weiterleben können.
Dir vielmals herzlichst Dank, dass ich Dir eine Freude machen durfte,[3] alle herzlichen Grüsse und guten Wünsche von uns beiden
Dein Karl

226
An Gerhard Wietek, Hamburg
Berlin, 21.11.1969

Lieber, verehrter Herr Wietek,
Überraschung! 1910 oder 11 stimmt aber. Welche gegenständlichen Motive zu Grunde lagen, will mir nicht mehr einfallen. Es war diesem Entwurf ein anderer vorausgegangen, der gegenständlicher war, mit dem Niemeyer aber nicht einverstanden sein konnte.[1]
Ich bin sehr gespannt auf Ihre Kataloge – können hierher geschickt werden.[2] Z. Zt. hier völliger Tiefstand – wie zumeist um diese Zeit.
Herzliche Grüsse Ihnen und Ihrer Gattin.
Ihr S. R.

227
An Harald Schieckel, Oldenburg[1]
Berlin-Zehlendorf, 12.6.1970

Sehr verehrter Herr Doktor,
es hat mich immer sehr bedrückt, dass ich Ihnen immer noch nicht gedankt habe für die liebenswürdige Zusendung Ihres Oldenburger Jahrbuches betr. Mitteldeutsche im Lande Oldenburg.[2]
Es war eine besondere Freude für mich, wieder meine Oldenburger Zeiten lebendig vor mir zu sehen – die haben viel für mich zu bedeuten gehabt und ich habe allen Grund, dem Lande und seinen prachtvollen Menschen dankbare Erinnerung zu bewahren.
Ihnen, sehr verehrter Herr Doktor, nochmals allen Dank für Ihre Aufmerksamkeit.
Mit den besten Grüssen
Ihr K.Schmidt-Rottluff

Anmerkungen zu den Briefen

Die Anmerkungen werden nicht durchgehend gezählt, sondern auf die jeweiligen Briefe bezogen, deren Nummern vorangestellt sind. Auf solche Briefe, die bereits ganz oder zum Teil publiziert wurden, wird entsprechend hingewiesen. Vorkommende Personen werden in der Regel bei der ersten Nennung oder Behandlung mit ihren Lebensdaten angegeben. Soweit im Bildteil vorkommende Arbeiten erwähnt werden, erfolgt ein Abbildungshinweis. Für Literaturangaben wird weitgehend eine Kurzform gewählt; die vollständigen Titel finden sich in der Bibliographie. Künstler (KSR), Autor (GW oder Vf.), Oldenburger Kunstverein (OKV), Oldenburger Landesmuseum (OLM) und Oldenburger Künstlerbund (OKB) werden in der angegebenen Form abgekürzt.

1 [1] Der Jurist Gustav Schiefler (1857–1935) gelangte durch Anregung Alfred Lichtwarks, des Direktors der Hamburger Kunsthalle, zur Beschäftigung mit der bildenden Kunst. In Verbindung mit einer ausgedehnten Sammeltätigkeit gewann er zahlreiche Künstlerfreundschaften und gab u.a. die Œuvre-Kataloge der Graphik von Liebermann, Munch, Nolde, Laage und Kirchner heraus. Zu seinem umfangreichen Nachlaß, um dessen Bewahrung und Erschließung sich seine jüngste Tochter Ottilie S. (1899–1992) große Verdienste erwarb, erhielt der Vf. 1960 Zugang. Er excerpierte damals die an Schiefler gerichteten Briefe der Brücke-Maler, von denen hier eine Auswahl derjenigen KSRs publiziert wird. Von der umfangreichen Schiefler-Literatur mögen hier genannt sein:
G. Schiefler: Meine Graphiksammlung, Hamburg 1927 (neu hersg. und ergänzt von G. Schack, Hamburg 1974) – G. Schiefler: Eine Hamburgische Kulturgeschichte 1890– 1920, Hamburg 1985 – Briefwechsel Munch-Schiefler, 2 Bd., Hamburg 1987 – Briefwechsel Kirchner-Schiefler, Stuttgart 1990

[2] Die angegebene Adresse der Brücke-Geschäftsstelle ist identisch mit derjenigen von Heckels Vater. Die Berliner Straße erscheint in einer Lithographie KSRs von 1909 (Schap. 57), die der Brücke-Mappe desselben Jahres beigegeben war

[3] Schiefler war das erste der in Hamburg gewonnenen sog. Passiven Mitglieder, die für ihren Beitrag eine jährlich wechselnde Graphikauswahl erhielten. In den folgenden Jahren wurde deren Versendung von Dangast aus vorgenommen

[4] Mit dieser Ausstellung, an der auch 6 Gäste teilnahmen, wurde schon früh die Bedeutung des Holzschnitts als graphisches Ausdrucksmittel für die Mitglieder der Künstlergemeinschaft apostrophiert. Die Einladungskarte wurde von Pechstein geschnitten

[5] Der Stempel wurde wahrscheinlich von KSR – dem Namensgeber der Brücke – geschnitten. Er ist als adäquater Vorgriff auf seine erst 5 Jahre später zu eigenständiger Bedeutung gelangte Gebrauchsgraphik zu betrachten. Vgl. G. Reinhardt a.a.O.

[6] Die Beitrittsaufforderung ist – wie das zugehörige „Programm" – in zeitgemäßer Typographie gedruckt, wobei die Überschriften durch Jugendstilelemente herausgehoben sind. Beide Drucksachen können als Belege für den Stellenwert angesehen werden, den die Brücke-Künstler geschäftlich-organisatorischen Fragen beimaßen

[7] Das hier noch als typographisches Produkt versandte Brücke-Programm wurde nur wenig später von Kirchner in Holz geschnitten (Dube 696)

2 [1] Vom Vf. auszugsweise publiziert in: KSR in Hamburg und Schleswig-Holstein, Neumünster 1984

[2] Nach einer im Nachlaß erhaltenen Abschrift des Absenders lautet Schieflers Brief vom 4.5.1907 an KSR:
„Sehr geehrter Herr, ich danke Ihnen sehr für die Übersendung Ihrer Lithographien. Wenn ich Ihnen nicht eher geantwortet habe, so hat das seinen Grund darin, daß ich Ihnen gern mehr über den Eindruck schreiben wollte, als ich nach dem ersten Schein konnte. Sie werden es begreiflich finden, daß diese starke Vereinfachung oder Rhythmisierung – oder wie ich es nennen soll – erst verarbeitet werden muß. Man muß in diesem Garten erst einmal spazierengehen, ehe man anfängt sich in ihm heimisch zu fühlen.
Schon gleich anfangs wurde ich von einigen Blättern, dem „Dampfer auf der Elbe", „am Fenster" und der „Münzgasse" allein durch die Verteilung von Schwarz und Weiß und die rein materielle Seite der Technik angezogen, als ich noch Mühe hatte, die dargestellten Gegenstände zu erkennen, und je mehr ich mich in die letzteren hineingefunden habe, ist dies Empfinden gewachsen. Bei der „Münzgasse" bin ich allerdings noch nicht so weit gekommen, daß das Gegenständliche sich zu einem klaren Eindruck zusammengeschlossen hat. Die Köpfe sind ja riesig interessant und frappant. – Aber ich bin noch nicht zum eigentlichen Genuß durchgedrungen, abgesehen vom dem „Am Fenster".
Ich habe die Blätter einer ganzen Reihe von Bekannten gezeigt, von denen sich natürlich ein Teil ablehnend verhält. Aber mehr als das, was ich von meinem Eindruck sagen kann, wird Sie interessieren, wie Munch und Richard Dehmel sich zu den Sachen stellten. Munch war zuerst, ich möchte fast sagen, erschrocken. Folgenden Tages sagte er, er hätte immer an die Lithographien denken müssen; da steckte etwas sehr Merkwürdiges darin und er wäre sehr gespannt, weiteres von Ihnen zu sehen. Dehmel, der ein ganz feines Kunstempfinden hat, war ganz angetan von den Blättern; gab aber auch den anderen vor den Köpfen den Vorzug.
Ich möchte den „Dampfer", und „Am Fenster" behalten und sende Ihnen gleichzeitig den Betrag. Wenn Sie erlauben, behalte ich die anderen Blätter auch noch ein paar Tage hier, um mich noch weiter in sie hineinzusehen .
Mit bestem Gruß und größter Hochachtung. Ihr sehr ergebener Gustav Schiefler"

[3] Der Dichter Richard Dehmel (1863 – 1920), ein Wegbereiter des literarischen Expressionismus, lebte seit 1901 in Blankenese bei Hamburg. Hier lernte KSR ihn und seine 2. Frau Ida Dehmel (1870 – 1942) kennen und befreundet sich mit ihnen. Der Dehmel-Nachlaß befindet sich in der Staats- und Universitätsbibliothek Hamburg. – Vgl. hierzu u.a. G. Thiem: Herrn Dehmel zu eigen, Festschrift für Ed. Trautscholdt, Hamburg 1965 sowie Katalog Ida Dehmel, Staats- und Universitätsbibliothek Hamburg 1970

[4] Die Bemerkung setzt eine Kenntnis von Werken des norwegischen Malers Edvard Munch (1863 – 1944) voraus, dem u.a. 1906 in Dresden eine anschließend in Chemnitz gezeigte und von KSR besuchte Ausstellung gewidmet worden war. Letztere wurde von Dr. med. Ad. E. Thiele (1867 – 1933) besprochen, der mehrfach gezeichnete Postkarten von KSR erhielt. In Chemnitz befand sich mit dem Fabrikanten Herbert Esche (1874 – 1962) ein bedeutender Sammler der Kunst Munchs. Brieflich hatte sich KSR erstmalig Anfang Oktober 1906 über die Munch vertretende Hamburger Galerie Commeter an den Künstler mit der Frage gewandt, ob dieser sich an der Dresdener Holzschnitt-Ausstellung der Brücke beteiligen würde. – Vgl. Marit Werenskiold: Die Brücke und Edvard Munch, Ztschr. d. Dt. Vereins f. Kunstwissenschaft Bd. 28, H. 1/4, Berlin 1974

3 [1] KSR war wenige Tage zuvor in Dangastermoor angekommen, wo er im Gasthof „Zum Fürsten Bismarck" bei Johannes Kracke Quartier bezog. Heckel folgte ihm an den gleichen Ort erst am 26.6.1907. Da beide reichlich mit Mal- und Arbeitsmaterial versehen waren und ihre Vorhaben und Absichten überdies selten dem Zufall überließen, kann eine vorherige Erkundung von Örtlichkeit und Unterkunft als wahrscheinlich gelten. Das damals nur

aus einer Handvoll ländlicher Anwesen und dem für die Künstler wichtigen Bahnhof bestehende Dangastermoor liegt ca. 4 km südlich des Seebades Dangast, wohin die Künstler in späteren Jahren umzogen

4 [1] Sieht man von Emil Nolde (1867–1956) ab, der damals nur zeitweilig der Brücke angehörte, so handelt es sich hier um den 1. Besuch eines Brücke-Malers bei dem bedeutenden Hamburger Sammler

[2] Der Maler und Graphiker Wilhelm Laage (1868–1930) hielt sich erstmalig während des Sommers 1902 bei Cuxhaven auf. Schiefler besuchte ihn hier 1905 und gab 1912 das Werkverzeichnis seiner Graphik heraus. Ab 1900 stellte Laage auch mehrfach in Oldenburg aus, 1906 beteiligte er sich an der 1. Brücke-Graphik-Ausstellung in Dresden, 1907 ließ er sich in Reutlingen nieder. – Das vollständige Werkverzeichnis seiner Graphik gab A. Hagenlocher 1969 in München heraus

5 [1] Vom Vf. auszugsweise publiziert in: KSR in Hamburg und Schleswig-Holstein, a.a.O.

[2] Max Liebermann (1847–1935), Hauptvertreter des deutschen Impressionismus und langjähriger Präsident der Berliner Sezession und der Preußischen Akademie der Künste, erhielt auf Veranlassung von Alfred Lichtwark zahlreiche Aufträge in und für Hamburg. Hier lernte ihn Schiefler kennen, der seine Graphik sammelte und ihr 1907 ein Werkverzeichnis widmete. – Vgl. G. Schiefler: Meine Graphiksammlung, Hamburg 1927

[3] Die von KSR angesprochenen graphischen Arbeiten sind nicht mehr eruierbar. Schiefler, dessen 1. Werkverzeichnis der Graphik Munchs im Mai 1907 herausgekommen war, besaß damals bereits eine umfassende Kollektion seiner Blätter

[4] Siehe Anm. 4,2

[5] Alfred Lichtwark (1852–1914) war von 1886–1914 erster Direktor der Hamburger Kunsthalle. Er erwarb sich Verdienste um die Kunsterziehung in Deutschland und förderte die Kunst des Impressionismus, während er sich gegenüber den Anfängen des Expressionismus – im Gegensatz zu seinem Freund Schiefler, der KSR einen Besuch bei ihm empfohlen hatte – ablehnend verhielt. L. hatte 1905 an der Eröffnung der Oldenburger Landesausstellung teilgenommen und sich ausführlich dazu geäußert. – Vgl. A. Lichtwark: Briefe an die Commission für die Verwaltung der Kunsthalle, Hamburg, 1918

[6] Nach Auskunft von Schieflers Tochter Ottilie fanden sämtliche Besuche KSRs in Schieflers Hamburger Wohnung in der Oberstraße statt. Dagegen hielt sich Heckel mehrfach auch in Schieflers Sommerhaus an der oberen Alster auf, so mehrere Wochen im Frühsommer 1913

6 [1] Richard tom Dieck (1862–1943), Maler und Konservator der Großherzoglichen Gemäldesammlungen, 1904 Mitbegründer des OKB, seit 1906 im Vorstand des OKV, dessen Ausstellungen weitgehend von ihm betreut wurden. April 1908 Berufung in die Oldenburger Landes-Kunstkommission. Der im Oldenburger Stadtmuseum befindliche Briefwechsel KSRs mit ihm und dem Sammler Theodor Francksen wurde erstmalig herangezogen von E. Gäßler: Schmidt-Rottluff, der Kunstsammler Francksen und der Oldenburger Künstlerbund, KSR-Retrospektive, Bremen/München 1989. – Vgl. auch G. W.: 200 Jahre Malerei im Oldenburger Land, a.a.O., und Biographisches Handbuch Oldenburg, a.a.O. (Riedel)

[2] Die auf 1904 zurückgehende Gründung des OKB gehörte zu den mittelbaren Auswirkungen der erfolgreichen Oldenburger Landesausstellung von 1905, für die Peter Behrens (1868–1940) die Ausstellungsgebäude geschaffen hatte. Mit ihr war eine Nordwestdeutsche Kunstausstellung verbunden, die wenig später zu einem weiteren Künstlerzusammenschluß, der Vereinigung Nordwestdeutscher Künstler führte, deren Mitgliedschaft KSR und Heckel ebenfalls erwarben. Der Vorstand des OKB bestand 1907 aus den Malern Paul Müller-Kaempff (1861–1941), Richard tom Dieck (1862–1943) und Gerhard Bakenhus (1860–1939). Der archivalische Nachlaß des OKB, dessen Geschichte bisher nicht behandelt wurde, befindet sich im Oldenburger Stadtmuseum. Zur Landesausstellung von 1905 vgl. K. Asche: Peter Behrens und die Oldenburger Ausstellung 1905, Berlin 1992 (ohne Behandlung der Kunstausstellung)

[3] Auf diese erste Anfrage beim OKB, die dem 1. Vorsitzenden Müller-Kaempff zur Kenntnis gebracht wurde, reagierte dieser am 6.8.1907 mit der Randbemerkung: „Schmidt-Rottluff kenne ich nicht. Zur Ausstellung auffordern"

7 [1] Die Mitgliedschaft im OKB war laut Satzung an den Wohnsitz im Großherzogtum Oldenburg gebunden

8 [1] Diese von KSR angegebenen Ausstellungsbeteiligungen waren bisher nicht bekannt

[2] Der Antrag war zunächst dem 1. Vorsitzenden des OKB Müller-Kaempff nach Ahrenshoop zur Stellungnahme übersandt worden. Diese lautete: „Sehr geehrter Herr Bakenhus! Nach nebenstehenden Ausführungen steht der Aufnahme des Herrn m.E. gar nichts im Wege. Ich denke, Sie sind alle einverstanden und bitte Sie, ihm mitzuteilen, daß er aufgenommen ist. Wir können ja Stärkung brauchen. Mit bestem Gruß Ihr P. Müller-Kaempff"

[3] Gerhard Bakenhus (1860–1939), Maler und Graphiker, seit 1895 in Oldenburg ansässig, wie sein Freund tom Dieck Mitbegründer des OKB und damals dessen Schriftführer, war auch schriftstellerisch tätig. Sein künstlerischer Nachlaß im Oldenburger Landesmuseum. – Vgl. G.W.: 200 Jahre Malerei im Oldenburger Land, a.a.O. und Biographisches Handbuch Oldenburg a.a.O. S. 42 (Riedel)

10 [1] KSR bezieht sich auf einen Brief Schieflers vom 2.8.1907, vom Vf. publiziert in: KSR in Hamburg und Schleswig-Holstein, a. a.O. S. 58

11 [1] Von den 10 genannten Lithographien, die KSR für die 321. OKV-Ausstellung übersandte, entstanden folgende in Dangast und wurden bei Lambrecht in Oldenburg gedruckt: Gehöft im Moor, 1907 (Schap. 17), Herbstliches Meer, 1907 (Schap. 19), Hafen bei Ebbe, 1907 (Schap. 16). Alle übrigen Blätter, von denen einige im Schapire-Verzeichnis mit veränderten Namen erscheinen, stammen noch aus Dresden (siehe Abb. 12-14)

[2] Johann Heinrich Diedrich Kracke (1878–1964) war seit 1906 Besitzer der Gastwirtschaft „Zum Fürsten Bismarck" in Dangastermoor, wo KSR von 1907–1909 wohnte. Er konnte 1957 vom Vf. noch ausführlich über seine Erinnerungen an KSR und Heckel befragt werden

12 [1] 321. OKV-Ausstellung vom 17.11.–15.12.1907. – Die in seinem Brief aus Dresden geäußerte Hoffnung auf eine Besichtigungsmöglichkeit der Ausstellung könnte mit einer nochmaligen Rückkehr KSRs nach Dangast vor Jahresende zusammenhängen

[2] Das nach dem Großherzog Paul Friedrich August (1829–1853) benannte Augusteum entstand 1864–1866 nach Plänen Heinrich Klingenbergs im Stil der Florentinischen Renaissance. Es diente den Wechselausstellungen des OKV im unteren und der permanenten Präsentation der Großherzoglichen Gemäldegalerie (bis 1918) im oberen Geschoß. Zwischenzeitlich anderweitig genutzt und im äußeren Erscheinungsbild z.T. verändert, beherbergt das Augusteum seit 1981 die Sammlungen des Oldenburger Landesmuseums zur Kunst des 20. Jahrhunderts mit den vorhandenen Dangaster Arbeiten der Brücke-Maler

[3] Die dem Brief beigelegte Anmeldung KSRs zur 322. OKV-Ausstellung im Januar 1908 trägt das Eingangsdatum vom 21.11.1907. Aufgeführt sind die vier bereits im gleichen Jahr in Dangast entstandenen Gemälde „Windiger Tag", „Stilleben", „Moorgehöft" und „Um die Mittagszeit" (siehe Abb. 1, 7, 10, 9)

[4] In den Ausstellungen der 1898 gegründeten Berliner Sezession war KSR im Winter 1908/09 vertreten

[5] Die in Dresden-Friedrichstadt gelegene, von der Löbtauer Straße abgehende Wölfnitzstraße liegt in Nähe der Berliner Straße, wo sich die Geschäftsstelle der KG Brücke befand

13 [1] Die regelmäßigen Weihnachtsaufenthalte im elterlichen Haus seines heute zu Chemnitz gehörenden Geburtsortes Rottluff – den er seit 1906 seinem Familiennamen hinzufügt – sind ein fester Bestandteil in der Biographie des Künstlers
[2] Die 2. Generalversammlung des OKB, bei der dieser Brief KSRs verlesen wurde, fand am 7.1.1908 statt
[3] Das 1. gedruckte Mitgliederverzeichnis des OKB von 1908 nennt 31 ordentliche Mitglieder, die einen Jahresbeitrag von 3 Mark zu entrichten hatten. Dieser blieb bis zum Beginn der Inflation 1922 unverändert
[4] Im Mitgliederverzeichnis von 1908 werden 9 außerordentliche Mitglieder aufgeführt, deren Zahl sich im Laufe der folgenden Jahre auf ca. 20 erhöhen ließ
[5] KSRs Vorschlag von Jahresgaben orientiert sich an der bei Brücke eingeführten Passiven Mitgliedschaft, die um diese Zeit allerdings auch erst mit 16 Namen aufwarten konnte. – Vgl. G. Reinhardt: Die frühe Brücke a.a.O. S. 130
[6] Noch in der 1912 in Leipzig herausgebrachten und weitgehend auf Selbstangaben beruhenden Zusammenstellung von Friedrich Jansa: Deutsche bildende Künstler in Wort und Bild, kommen die Bezeichnungen „Maler" und „Kunstmaler" nebeneinander vor

14 [1] Siehe Anm. 12,3

15 [1] Vom Vf. auszugsweise publiziert in: KSR in Hamburg und Schleswig-Holstein a.a.O. S. 58
[2] Lt. Schieflers Gästebuch fand der Besuch von KSR am 22. 3.1908 statt, wobei der Künstler den Gastgebern sein lithographisches Selbstbildnis von 1908 widmete (siehe Abb. 34)
[3] Hinweis auf die von KSR gemietete Dachwohnung im Gasthof „Zum Fürsten Bismarck" in Dangastermoor. Nach Aussage des damaligen Gastwirts Kracke handelte es sich um 2 ausgebaute Räume, neben denen der Maler noch die Nutzung des anschließenden offenen Dachbodens zur Lagerung von Bilderkisten, Keilrahmen u.ä. überlassen war
[4] In der auf Dangast bezogenen künstlerischen Produktion KSRs von 1908 dominieren die Gemälde, worauf der Hinweis bereits deuten könnte
[5] Mit dieser Dangaster Bekanntschaft KSRs zusammenhängende Darstellungen waren bisher nicht nachweisbar

16 [1] Axel Gallén-Kallela (1865 - 1931), Hauptvertreter der finnischen Nationalromantik, auf dessen impressionistisch-symbolistischen Arbeiten die Brücke-Maler in der Zeitschrift „Ver Sacrum" aufmerksam wurden. Die erste Aufforderung zum gemeinsamen Ausstellen erhielt er am 22.10.1906 von KSR. Vgl. G.W.: Der finnische Maler Gallén-Kallela als Mitglied der Brücke, Brücke-Archiv 2/3, Berlin 1968/69
[2] Brücke-Ausstellung im Kunstsalon Richter in Dresden vom 1.–23.9. 1908 mit Beteiligung von Giacometti und Nölcken. Das Holzschnitt-Plakat von Heckel wurde bei Littmann in Oldenburg gedruckt. In der gleichzeitig bei Richter gezeigten Ausstellung junger französischer Maler waren u.a. Denis, Derain, van Dongen, Friesz, Picasso und Vlaminck vertreten

17 [1] Der Brief gehört zu einer Gruppe von 7 Briefen und 2 Postkarten KSRs an Munch aus den Jahren 1906– 1909, die dem Vf. 1966 durch Ragna Stang im Nachlaß Munchs in Oslo zugänglich gemacht wurden. Eine Veröffentlichung unterblieb jedoch, da die noch lebenden Heckel und KSR Verbindungen und Beeinflussungen durch Munch in Abrede gestellt hatten (G. Vriesen: Munch und die Brücke, Die Schanze I, 1, 1951). Diese Briefe wurden dann 1974 von Marit Werenskiold in der Zeitschrift d. Dt. Vereins f. Kunstwissenschaft, Bd. XXVIII, H., 1-4 auszugsweise publiziert
[2] KSR fühlte sich zu dieser Anfrage ermutigt, nachdem Munch am 9.5.1908 Schiefler mitgeteilt hatte, daß er gern mit den Brükke-Malern zusammen kommen würde. Eine Beteiligung Munchs an der Ausstellung kam nicht zustande. Über die Ausstellung selbst und das Verhältnis der Brücke-Maler zu Munch vgl. E. Roters: Beiträge zur Geschichte der Künstlergruppe Brücke in den Jahren 1905–1907, Jhrb. d. Berliner Museen 2, 1960

18 [1] Erster bekannt gewordener Brief KSRs an den Oldenburger Juristen Ernst Beyersdorff (1885–1952), der über die Frühzeit des Künstlers hinaus zu dessen Freunden und Weggefährten gehörte. Er beweist auch, daß der Kontakt bereits vor der Augusteums-Ausstellung KSRs und Heckels im Herbst 1908 durch die direkte Initiative von Beyersdorff zustandekam. – Vgl. P. Reindl: Schenkung Beyersdorf, Oldenburger Landesmuseum 1985 – ders. Ernst Beyersdorff und die Vereinigung für junge Kunst in Oldenburg. Avantgarde und Publikum (Hg. H. Junge), Köln 1992 – Biographisches Handbuch Oldenburg a.a.O. (Vahlenkamp)
[2] KSRs Besuche in der von Dangast ca. 35 Bahnkilometer entfernten Landeshauptstadt fanden relativ häufig statt. Sie galten – neben Beyersdorff und dem Sammler Theodor Francksen – hauptsächlich dem OKB und OKV, den Druckereien Littmann und Lambrecht, Speditionsfirmen und Geschäften für Malerbedarf. Ob auch kulturelle Veranstaltungen – wie Theater und Konzert – besucht wurden, war bisher nicht eruierbar
[3] Besprechung der 323. Ausstellung des OKV von Beyersdorff (Pseudonym „E-f"), die in 6 Teilen am 26.2., 28.2., 4.3., 13.3., 20.3. und 21.3.1908 in den Oldenburger Nachrichten erschien
[4] Wie KSR war sein Jugendfreund und Brücke-Gefährte Erich Heckel (1883–1970) zu seinem 2. Aufenthalt bereits im März 1908 nach Dangast gekommen, um erst im Oktober wieder abzureisen. Die künstlerische Ausbeute dieses Aufenthaltes, zu der annähernd 40 Gemälde gehören, war besonders reich. Eines davon – „Ziegelei", 1908 (Vogt Nr. 13) – erwarb Beyersdorff 1922 vom Künstler, welcher dieses Bild anläßlich der Oldenburger Brücke-Ausstellung von 1957 einer eigenhändigen Restaurierung unterzog.

19 [1] Paul Müller-Kaempff (1861–1941), Maler und Graphiker, Begründer der Malerkolonie Ahrenshoop a.d. Darß, Gründungsmitglied des OKB und von 1907–1911 dessen Vorsitzender. 1912 Übersiedlung nach Berlin. In seiner Geburtsstadt Oldenburg war er vor allem durch sein Plakat zur Landesausstellung von 1905 bekannt geworden. Er malte auch in Dangast. – Vgl. G.W.: 200 Jahre Malerei im Oldenburger Land, a.a.O. S. 27 und Biographisches Handbuch Oldenburg a.a.O. (Kastler)
[2] Die Badegäste wurden von Landwirt Heinrich Gröning (1856–1944) von Varel bzw. Dangastermoor mit Sommerwagen oder Landauern zum ca. 4 km entfernten Strand gefahren, wenn dort die Flut auflief

20 [1] Siehe Anm. 17,2

21 [1] Das angegebene Rundschreiben war im Nachlaß Galléns nicht zu ermitteln
[2] KSRs Hoffnung auf Gewinnung Passiver Mitglieder durch Gallén hat sich nicht erfüllt. Die beiden einzigen skandinavischen Förderer – Frau Tillberg und Baronesse Akerhielm aus Schweden – waren durch Nolde in Dresden gewonnen worden
[3] An der Brücke-Ausstellung im Kunstsalon Richter in Dresden vom 1.–23.9.1908 nahm Gallén nicht teil

22 [1] KSRs Zusammentreffen mit Beyersdorff erfolgte in dem von dessen Mutter und ihm bewohnten Haus Roonstraße 20 in Oldenburg

23 [1] Die Brücke-Jahresmappe 1908 enthielt je einen Holzschnitt von Kirchner, Pechstein und Heckel (letzterer aus Dangast)

24 [1] Dieser erste an Luise Schiefler gerichtete Brief KSRs vom Vf. auszugsweise publiziert in: KSR in Hamburg und Schleswig-Holstein, a.a.O. S. 58. – Luise Schiefler geb. von Roosen (1865–1967) nahm zeitlebens an den künstlerischen Interessen und Vorhaben ihres Mannes Gustav S. regen Anteil. – Vgl. Aus den Erinnerungen von Luise Schiefler. Aufgez. von Hans Platte, Hamburg 1965 (zum 100. Geburtstag)
[2] Bilder KSRs waren in den Wochen zuvor in den Kunstvereinen von Gotha und Jena ausgestellt worden

25 [1] Während KSR 1908 erneut Wohnung in Dangastermoor bezog, hatte sich Heckel in einem in Strandnähe liegenden Haus in Dangast eingemietet

26 [1] Der bisher unveröffentlichte Brief findet sich kurz erwähnt bei G.W.: Maler der Brücke in Dangast, 1957, S. 16. Er wurde von KSR verfaßt und von Heckel lediglich mit unterschrieben
[2] Der Vorstand des 1843 gegründeten OKV bestand damals aus dem Oberkammerherrn Frh. von Bothmer als 1. Vorsitzenden, Dr. A.C. von Buttel, Conservator Richard tom Dieck, Kanzlist Husmann, Architekt Klingenberg und Landrichter Janssen. – Vgl. J. Weichardt: 125 Jahre OKV, Oldenburg 1968
[3] Nachdem der 1. Vorsitzende des OKV mit Schreiben vom 14. 8.1908 die Stellungnahmen der übrigen Vorstandsmitglieder eingeholt hatte, erging am 13.9.1908 folgender Bescheid: „An die Herren Kunstmaler Schmidt-Rottluff und Heckel, Dangastermoor. Antwortlich Ihres Gesuchs vom August d.J. beehrt sich der Kunstverein ergebenst mitzutheilen, daß derselbe zu der von Ihnen beabsichtigten Ausstellung vom 20.9.–10.10. d.J. bereit ist, seine Ausstellungsräume herzugeben, die Beaufsichtigung der Ausstellung zu den für dort üblichen Stunden, sowie das Ein- und Auspacken der Gemälde etc. zu übernehmen. Dagegen wird bedauert, Frachtfreiheit nicht gewähren zu können, wogegen aber auch auf Eintrittsgelder und Provision bei evtl. Verkäufen verzichtet wird. – Oldenburger Kunstverein, Oberkammerherr Frh. v. Bothmer, Vorsitzender“

27 [1] Die in Hamburg lebende Kunsthistorikerin Dr. Rosa Schapire (1874–1954) war von KSR auf Anregung Gustav Schieflers erstmals am 23.3.1908 in ihrer Wohnung in der Schmilinskystraße in Hamburg aufgesucht worden, wobei ihr der Künstler die Dangaster Lithographie „Die Pappel“ von 1907 widmete (siehe Abb. 18). Zu ihrem 1. Besuch bei KSR und Heckel in Dangast kam es im August 1908. – Vgl. G.W.: Dr. phil. Rosa Schapire. Jhrb. d. Hbg. Kunstsammlungen 9, 1964 sowie M. Bruhns: Rosa Schapire und der Frauenbund zur Förderung deutscher bildenden Kunst. Avantgarde und Publikum a.a.O. 1992
[2] Ein Besuch Schieflers in Dangast ist nicht auszuschließen, läßt sich mit Sicherheit aber nicht nachweisen

28 [1] Der Jurist und begüterte Privatier Theodor Francksen (1875–1914) war damals der einzige Kunstsammler von Bedeutung in Oldenburg. Seine Verbindung mit KSR wurde mit Auszügen aus seinen Briefen erstmals behandelt von E. Gäßler: KSR, der Kunstsammler Francksen und der OKB. Kat. KSR-Retrospektive a.a.O. 1989. – Vgl. auch Biographisches Handbuch Oldenburg a.a.O. (Elerd)
[2] Die private Kunstsammlung Francksens, die den Grundstock des heutigen Oldenburger Stadtmuseums bildet, umfaßte neben antiken Vasen und Terrakotten sowie Kunst und Kunstgewerbe mit oldenburgischem Bezug, vor allem deutsche und europäische Graphik vom 16. Jahrhundert bis zur Gegenwart. Dieser Bestand war bis zu seinem Tode auf ca. 7000 Blatt angewachsen. Bestandsüberblicke bei W. Gilly: Oldenburger Stadtmuseum – Theodor-Francksen-Stiftung, Oldenburg 1964 sowie im Führer durch die Städt. Kunstsammlungen, Oldenburg, 1977
[3] Francksen litt an Tuberkulose, woran er 1914 auch verstarb

29 [1] Der erste Besuch KSRs bei Francksen kam im September 1908 zustande, wie sein Brief vom 1.10.1908 bestätigt.

30 [1] Nach mehrfachen Mahnungen und Verzögerungen kam es nur zu einer indirekten Beteiligung Galléns an den Brücke-Mappen, nachdem er dafür einen leicht geänderten, älteren Holzschnitt von 1895 zur Verfügung gestellt hatte. Dieser wurde schließlich der KSR gewidmeten Mappe für 1909 beigelegt (nicht 1907). – Vgl. Hans Bolliger: Die Publikationen und Dokumente der Künstlergruppe Brücke, Philobiblon März 1959 sowie: Die Jahresmappen der Brücke 1906–1912, Brücke-Museum Berlin 1989
[2] Bei einem Besuch Galléns in Dresden im März 1908 war Heckel bereits nach Dangast abgereist
[3] Die Augusteums-Ausstellung von KSR und Heckel dürfte in zwei Räumen des Erdgeschosses rechts vom Eingang stattgefunden haben
[4] Brücke-Ausstellung der Galerie Emil Richter in Dresden vom 15.–30.6.1909

31 [1] Friedrich Wilhelm Frh. von Bothmer (1855–1925) trat nach zahlreichen Reisen durch europäische Länder und Pariser Studiensemestern in oldenburgische Dienste, wurde 1897 Hofmarschall und 1904 Oberkammerherr. Als Vorstand der Großherzoglichen Sammlungen übernahm er auch den Vorsitz im OKV und im Oldenburger Verein für Altertumskunde und Landesgeschichte. – Vgl. Der Oldenburgische Hauskalender, 100. Jg., 1926
[2] Eine Antwort auf diese erneute Eingabe ist nicht nachweisbar. Das hatte zur Folge, daß der von Seiten des OKV bereits am folgenden Tag (20.9.) vorgesehene Ausstellungsbeginn auf den 26. 9.1908 verschoben wurde

32 [1] Bei der praktischen Durchführung ihrer Ausstellung waren die Maler weitgehend auf die Mitwirkung tom Diecks angewiesen, der in seiner doppelten Eigenschaft als Konservator der Großherzoglichen Galerie und als Vorstandsmitglied des ebenfalls im Augusteum domizilierenden OKV die Transporte, Lagerungen und Herrichtungen des Kunstgutes besorgte. Die beiden graphischen Blätter von Heckel (Holzschnitt „Bauernhaus“, 1908, Dube 158) und von KSR (Radierung „Selbstbildnis“, 1908, Schapire R 6), die sich in seinem jetzt im Oldenburger Stadtmuseum bewahrten Nachlaß befinden, scheinen ihm als Dank für seine bei der Ausstellung gewährte Hilfe geschenkt worden zu sein (siehe Abb. 39)
[2] Die Ausstellungseröffnung fand offensichtlich nur für geladene Gäste statt, wobei Heckel und KSR selbst Erläuterungen zu ihren Arbeiten gaben

33 [1] Siehe Anm. 32,2. – Außer dem bei Littmann gedruckten Katalog hatten die Künstler dort auch „Dauerkarten“ zum Besuch ihrer Ausstellung herstellen lassen, auf denen jedoch keine Eintrittspreise angegeben sind (siehe Abb. S. 35)
[2] Die erbetene Besprechung Beyersdorffs erschien am 13. und 14.10.1908 erst kurz vor Beendigung der Ausstellung (bis 17.10.) in den Oldenburger Nachrichten, nachdem deren Chefredakteur Wilhelm von Busch am 27.9. und 3.10. eine eigene Besprechung vorausgeschickt hatte (siehe Abdruck auf S. 213 ff.)

34 [1] Vom Vf. auszugsweise publiziert in: KSR in Hamburg und Schleswig-Holstein a.a.O. S. 58 ff
[2] Luise Schiefler könnte zu ihrem Wunsch durch gleichzeitige Arbeiten Emil Noldes angeregt worden sein, der gegenüber solchen gefühlsbetonten Sujets weniger Hemmungen besaß als KSR. – Vgl. Emil Nolde: Jahre der Kämpfe, 2. Aufl. Köln 1967, Abb. S. 91

35 [1] Bertha Georgine Maria Rohlsen geb. Rauert (1852–1928) war die Witwe des bereits 1890 tödlich verunglückten Hamburger Exportkaufmanns Konsul Gustav Heinrich Christoph Rohlsen (1836–1890) und eine Schwester des bedeutenden Hamburger Expressionistensammlers Dr. Gustav Rauert. Die von KSR an Bertha Rohlsen gerichtete Korrespondenz gelangte in das Oldenburger Landesmuseum. Vgl. Armgard Ekhard: KSR zum 80. Geburtstag. Berichte der Oldenburger Museumsgesellschaft VI, 1963/64
[2] Die Briefstelle bestätigt – ebenso wie eine Anzeige in „Werkstatt der Kunst“ vom 11.5.1908 die damalige Abwicklung aller geschäftlichen Angelegenheiten der Brücke von Dangastermoor bzw. Dangast aus. Bereits 1907 hatte Heckel einen Adressenstempel „Künstlergruppe Dangastermoor“ (nicht bei Dube) in Holz geschnitten, erstmalig publiziert bei G.W.: Axel Gallén-Kallela a.a.O. 1968. Zur Brücke-Graphikmappe 1908 siehe Anm. 23,1
[3] Siehe Anm. 30,1

36 [1] Für ihre Sonderausstellung im Augusteum ließen Heckel und KSR in der Oldenburger Druckerei Ad. Littmann, die für Brücke auch noch weitere Druckaufträge ausführte, eigens einen achtseitigen Katalog in der Behrens-Schrift von 1901/02 herstellen. Nach dem bescheideneren, 1907 von der Hamburger Galerie Clematis herausgebrachten Ausstellungs-Verzeichnis ist dies der 2. gedruckte Katalog, der von den Brücke-Künstlern bekannt wurde (Siehe Abb. S. 37) – Zur Bedeutung von Peter Behrens für die Oldenburger Kunst am Jahrhundertbeginn vgl. K. Asche: Peter Behrens und die Oldenburger Ausstellung von 1905, Berlin 1992

[2] KSR erhöhte die hier genannte Zahl von vier zur Ansicht bestimmten Bildern auf sechs (Vgl. Briefe Nr. 38, 42 und 43)

37 [1] Die erhoffte gemeinsame Ausstellung in Hamburg, um die sich bereits damals Rosa Schapire bemüht haben dürfte, kam nicht zu stande. Ein Jahr später konnte KSR hier jedoch seine 1. Einzelausstellung zeigen

38 [1] Vgl. Anm. 36,2 und 43,3

[2] Die von KSR in diesem und im folgenden Brief angegebene Adresse ist diejenige Max Pechsteins, der hier als erster der Brükke-Maler eine Wohnung besaß. Anläßlich seines Besuches bei ihm dürfte Pechsteins Bildnis-Lithographie von KSR entstanden sein (G. Krüger: Das druckgraphische Werk Max Pechsteins, Tökendorf 1988, L 16)

39 [1] Bei den übersandten Zeitungsbesprechungen handelt es sich um Beyersdorffs Berichte über die Augusteums-Ausstellung in den Oldenburger Nachrichten vom 13. und 14.10.1908, denen möglicherweise auch die Artikel der anderen Autoren beigelegt waren (siehe Abdruck auf S. 216)

40 [1] Vom Vf. auszugsweise publiziert in: KSR in Hamburg und Schleswig-Holstein a.a.O., 1984, S. 59

[2] Schieflers Augenleiden, das mit zunehmendem Alter zur Erblindung führte, kommt in den meisten Bildnisdarstellungen, die Munch, Illies, Nolde, Kirchner, Nesch und Kluth von ihm schufen, mehr oder minder deutlich zum Ausdruck. – Auf die vom Vf. 1957 KSR gestellte Frage nach einer Darstellung Schieflers durch ihn antwortete der Künstler: „Wie konnte ich mich neben Munch stellen?"

[3] Es handelt sich um die beiden Dangaster Gemälde „Das blaue Haus", 1907 und „Der rote Weg", 1907, die sich damals zusammen mit einem weiteren Bild des Künstlers bei Schieflers befanden und durch Vermittlung von Luise Schiefler an Bertha Rohlsen verkauft werden konnten. Schiefler erwähnt die Verwahrung der Bilder auch in einem Brief an Munch vom 18.10.1908 (siehe Abb. 2 und 3)

41 [1] Siehe Anm. 40,3. – Es handelt sich hier um den ersten größeren Verkauf von Dangaster Arbeiten KSRs. Der Verkaufspreis ist nicht bekannt, doch waren vergleichbare Bilder auf der vorangegangenen Augusteums-Ausstellung zwischen 600–700 Mark angesetzt

[2] KSR hatte sich bei der Oldenburger Landesbank bereits am Beginn seiner Dangaster Aufenthalte ein Konto einrichten lassen, das noch in den 20er Jahren bestand. Es kann als Indiz dafür angesehen werden, daß der Gedanke an eine zeitweilige Rückkehr nach Oldenburg erst spät aufgegeben worden war

[3] Bertha Rohlsen besaß 2 Töchter, an die der Kunstbesitz z.T. vererbt wurde: Gudrun, später verh. Faulborn und Irmgard, später verh. Schottelius (Frdl. Auskunft von Frau Gisela Rohlsen in Hamburg)

42 [1] Siehe Brief Nr. 43

[2] Helene Knoche (1854–1938) war die langjährige Hausdame der Familie Francksen, die Theodor F. nach dem Tode seiner Eltern übernahm und die sich Verdienste bei der Bewahrung seines Nachlasses erwarb

43 [1] Im Katalog der Augusteums-Ausstellung von 1908 war das Gemälde „Am Bahnhof" von 1908 mit 900 Mark am höchsten angesetzt. Für die ebenfalls 1908 gemalte „Gelbe Öljacke" wurden 700 Mark angegeben (siehe Abb. 23 und 26)

[2] KSR hatte sich um eine gemeinsame Ausstellung mit Munch in Weimar bemüht, die ebensowenig zustande kam wie der erhoffte Gemäldeankauf durch Francksen (Siehe Brief Nr. 50)

[3] Bei sämtlichen Gemälden, die Francksen aus der Augusteums-Ausstellung übersandt wurden, handelte es sich um jüngste, erst 1908 entstandene Arbeiten, von denen „Bänke im Garten" und „Geschichteter Torf" nicht mehr nachweisbar sind (Siehe Abb. 22, 23, 25, 26)

[4] Die Zeichnungen sind nicht mehr eruierbar. Im Katalog der Augusteums-Ausstellung werden neben 2 Aquarellen 10 Zeichnungen aufgeführt, die – den Titeln nach zu schließen – größtenteils noch 1906 während des Aufenthaltes bei Nolde auf Alsen entstanden waren

44 [1] KSR hatte sich nach der Abreise aus Dangast im Oktober 1908 zunächst kürzere Zeit in Hamburg, danach bei Pechstein in Berlin aufgehalten, ehe er sich im November und Dezember in seinen Heimatort Rottluff begab. Anfang Januar hielt er sich in Dresden auf, danach fand seine Reise nach Jena und Weimar statt. In Jena hatte er sich im Vorjahr an einer Kollektivausstellung des Kunstvereins beteiligt, Februar/März 1910 wurde ebendort eine Brücke-Kollektion gezeigt. – Vgl. V. Wahl: Jena als Kunststadt 1900–1933, Leipzig 1988

[2] Die negative Ankaufsentscheidung Francksens, der KSR in seinem Brief vom 5.12.1908 zuvorgekommen war, dürfte nicht nur äußere Gründe gehabt haben. So bemerkenswert die Heranführung seiner Graphiksammlung an die Gegenwart durch die Erwerbung von Brücke-Arbeiten erscheint, so wenig war zu erwarten, daß sein in der Malerei stärker am 19. Jahrhundert orientierter Geschmack bereits jetzt den Ankauf eines Gemäldes erlauben würde, das den aktuellen Stand moderner Malerei in Deutschland so kompromißlos widerspiegelte, wie die ihm zur Ansicht überlassenen Bilder

[3] Die Brücke-Mappe für 1909 sollte erstmalig einem Künstler allein, nämlich KSR, gewidmet werden. Sie enthielt folgende 3 Arbeiten aus dem Erscheinungsjahr von ihm: Lithographie „Bildnis Heckel", Lithographie „Berliner Straße in Dresden", Radierung „Altdresdener Häuser". Beigelegt wurde von Gallén-Kallela der Holzschnitt „Mädchen und Tod im Wald" von 1895. Der Umschlagtitel bestand aus dem farbig gedruckten Porträtkopf KSRs von Kirchner (siehe Abb. S. 43)

[4] Der ältere, 1882 geborene Bruder Hans Beyersdorff wurde Marineoffizier und war später in Kiel ansässig

45 [1] Während das 1908 gedruckte erste Mitgliederverzeichnis des OKB 31 ordentliche und 11 außerordentliche Mitglieder nennt, waren es im Verzeichnis von 1909 bereits 36 ordentliche und 18 außerordentliche Mitglieder. Letztere waren sämtlich in der Stadt Oldenburg ansässig

[2] In der Hauptversammlung des OKB vom 5.1.1909 war lt. Protokollbuch beschlossen worden, die Mitglieder um Stiftung von Arbeiten zu bitten, deren Verkaufserlös zur Erhaltung einer alten Rauchkate in Neuenburg (ca. 15 km von Dangast) beitragen sollte, nachdem der auswärtige Maler Franz Hoffmann-Fallersleben (1855–1927) bereits Gemälde hierfür gestiftet hatte. Über KSRs Beteiligung siehe Anm. 61,4. – Diese erste museale Erhaltung eines Bauernhauses im Oldenburger Land geht dem ebenfalls unter Mitwirkung des Malers Bernhard Winter (1871–1964) bewahrten Ammerländer Bauernhaus in Zwischenahn (Einweihung am 7.6.1910) zeitlich etwas voraus. Auch hieran beteiligte sich KSR. – Vgl. 75 Jahre Heimatverein Neuenburg o.O. (1988)

[3] KSR teilte dem Brücke-Gefährten Cuno Amiet (1868–1961) seine bevorstehende Abreise nach Dangast bereits am 4.3.1909 mit. Er fuhr über Berlin, wo er Pechstein aufsuchte und gemeinsam mit Rosa Schapire die Marées-Ausstellung ansah, ehe er Mitte März in Dangast ankam

[4] Richard tom Dieck hatte lt. erhaltenem Frachtbrief bereits 3 Kisten mit KSR-Bildern „unter Glas" an Gastwirt Kracke in Dangastermoor gesandt. – Vgl. Anm. 11, 2

5 Der Brief bestätigt Heckels Abreise am 8.2.1909 in Dresden über München, Venedig und Ravenna nach Rom zu seinem 1. Auslandsaufenthalt. Anregungen hierzu mögen von Pechstein gekommen sein, der sich bereits 1907 in Italien und danach in Paris aufgehalten hatte. – Vgl. K. Gabler: Erich Heckel und sein Kreis, Stuttgart 1983, S. 62
6 Siehe Anm. 8,3

46 1 Siehe Anm. 12,5
2 Am 1.3.1909 fand die offizielle Konstituierung eines Oldenburger Galerievereins statt, in dessen Vorstand der Bremer Einfluß überwog (u.a. die Kunsthistoriker Gustav Pauli und Karl Schaefer). Beyersdorff setzte sich in einer Leserzuschrift vom 18.3.1909 in den Oldenburger Nachrichten für sie ein und wies den diskutierten Vorschlag, die vom Galerieverein erworbenen Werke zusätzlich einer heimischen Kommission vorzulegen, u.a. mit dem Bemerken zurück: „Haben wir doch an unseren Dangastern schon schwer genug zu tragen".
3 KSRs frühe Kritik an den Worpswedern muß vor dem Hintergrund gesehen werden, daß diese spätestens seit der Nordwestdeutschen Kunstausstellung von 1905, deren literarische Verewigung Rainer Maria Rilke und Karl Schaefer zu verdanken war, im Oldenburger Kunstleben trotz aller Selbständigkeitsbestrebungen den Ton und die Sichtweise angaben. KSR hatte sich im November 1907 kurz in Worpswede aufgehalten, im Zusammenhang mit der von Malern des Worpsweder Umkreises dominierten Vereinigung nordwestdeutscher Künstler, deren Mitgliedschaft er gemeinsam mit Heckel ebenfalls erworben hatte. – Vgl. J. Kastler: Heimatmalerei – Das Beispiel Oldenburg, Oldenburg 1988 sowie E. Gäßler: Landschaftsmalerei um 1900 – Worpswede und Oldenburg. Mittlg. d. Oldenburgischen Landschaft Nr. 78, 1993
4 Wilhelm Oncken (1870–1953), ein Bruder des Historikers Hermann Oncken (1869–1945), hatte von seinem Vater die bereits 1867 gegründete Hof-Kunsthandlung Carl G. Oncken übernommen, deren Prädikat im Juni 1907 auf ihn übertragen wurde. Da ihm die bisherigen Geschäftsräume in der Achternstraße nicht ausreichten, bemühte er sich mit Erfolg um eine Nutzung des sog. „Lappan", des übriggebliebenen Turmes der mittelalterlichen Hl. Geist-Kirche, der 1909 für seine Zwecke durch den Architekten Heinrich Ritter umgebaut und im Dezember des selben Jahres neu eröffnet wurde. Heckel hatte aus diesem Anlaß das bekannte Lappan-Plakat in Holz geschnitten (siehe Abb. S. 56). Obwohl Oncken seine Kunsthandlung noch bis nach dem 2. Weltkrieg betrieb, erhielten sich anscheinend keinerlei archivalische Unterlagen seines Unternehmens, sodaß auch seine konkreten Beziehungen zu KSR und den Brücke-Malern nicht belegbar sind. Im Oldenburger Staatsarchiv befinden sich lediglich Teile des späten Briefwechsels von Wilhelm Oncken mit seinem Bruder Hermann. – Vgl. J.M. Henneberg: Rund um den Lappan. Das Wahrzeichen der Stadt Oldenburg und die Hofkunsthandlung Oncken. Der Oldenburgische Hauskalender 1994
5 Die Hof-Kunsthandlung Oncken war damals Oldenburgs einzige Galerie, die sich um die Einbeziehung moderner Kunst bemühte. Ludwig Fischbeck (1866–1954), selbst Maler und ebenfalls mit dem Titel eines Hof-Kunsthändlers bedacht, verharrte in der traditionellen Malerei, die Kunstgewerblichen Werkstätten der Gebr. Wille zeigten in ihren Ausstellungsräumen nur zeitweilig heimische Maler, während Moritz Landsberg vor allem Kunstgewerbe anbot, womit in Oldenburg leichter ein gewisses Auskommen zu erreichen war
6 KSR kehrte Ende März 1909 nach Dangast zurück, um es Ende Oktober d. J. wieder zu verlassen
7 Siehe Anm. 45,5

47 1 Siehe Anm. 44,3
2 Die Passiven Mitglieder der Brücke erhielten außer der Jahresmappe noch einen gedruckten Jahresbericht für 1908 sowie eine Mitgliedskarte, die 1908 als Holzschnitt von Pechstein gestaltet wurde (Krüger H 77,78)
3 Siehe Brief Nr. 35 und Anm. 35,2
4 Obwohl zu den ersten promovierten Kunsthistorikerinnen in Deutschland gehörend, besaß Rosa Schapire keine feste Anstellung an einer entsprechenden Institution, die sie als Beeinträchtigung ihrer Unabhängigkeit empfunden hätte. Sie verdiente sich ihren Unterhalt durch publizistische und Übersetzungstätigkeiten. Vor allem war sie aber eine begehrte Vortragende in den zahlreichen privaten Hamburger Bildungszirkeln

48 1 Siehe Brief Nr. 35

49 1 Siehe Anm. 44,3
2 Siehe Anm. 30,1

50 1 Karl Koetschau (1868–1949), als Nachfolger Harry Graf Kesslers von 1907 bis 1909 Direktor des Großherzoglichen Museums für Kunst und Kunstgewerbe und des Goethe-Nationalmuseums in Weimar, 1913 Übernahme der Städt. Kunstsammlungen Düsseldorf, 1933 der Berliner Gemäldegalerie. Mitgründer des Deutschen Museumsbundes
2 Nachdem Munch auch auf diesen Brief nicht reagierte, stellte KSR seine Anfragen an ihn endgültig ein. Seine späteren negativen Äußerungen über Munch dürften auch durch die persönliche Enttäuschung über dessen Verhalten mitbestimmt worden sein. – Vgl. Anm. 110,9

51 1 Dr. Hans von der Gabelentz (1872–1946) war als Nachfolger von Karl Koetschau von 1909 bis 1912 am Weimarer Kunstmuseum tätig
2 Schiefler erwähnt die nicht in Dangast geschaffene Lithographie „Dr. W." von 1908 (Schapire L 42) in seinem Buch „Meine Graphiksammlung", Hamburg 1927, S. 48 als Beispiel für die Behandlung des Steines mit Ätzsäure
3 Im März hatte in Oslo eine der umfassendsten Munch-Ausstellungen stattgefunden, die auch zu mehreren Erwerbungen durch die dortige Nationalgalerie führte
4 Mit „Kirchner-Umschlag" ist die KSR gewidmete Jahresmappe der Brücke für 1909 gemeint, die 3 graphische Arbeiten von ihm enthielt. Das erstmalig verwandte Titelbild besteht aus einem die natürliche Maserung stark zur Wirkung bringenden Holzschnitt von Ernst Ludwig Kirchner (1880–1938) mit dem Porträtkopf KSRs (siehe Abb. S. 43)

52 1 Danach fand der Umzug KSRs vom Gasthof Fürst Bismarck in Dangastermoor nach Dangast nur wenige Wochen nach seiner Rückkehr aus Dresden bzw. Berlin statt. Trotz des Vorteils der Bahnhofsnähe in Dangastermoor scheint auch KSR – wie Heckel bereits im Vorjahr – die Nähe des Meeres und eine damit verbundene größere Landschaftsvielfalt gesucht zu haben. Begünstigt wurde der Ortswechsel zudem durch verbesserte Fahrgelegenheiten mit Pferd und Wagen zwischen beiden Orten
2 Das damalige „Parkschloß" – heute unter dem Namen „Haus Gramberg" existent – liegt im alten Dangaster Kurbereich. Die Entfernung zum tiefer liegenden Strand, der hier von einem der wenigen deichlosen Abschnitte der deutschen Nordseeküste begleitet wird, beträgt ca. 100 Meter. Das in seiner äußeren Erscheinung ursprünglich ansprechendere und von KSR mehrfach dargestellte Haus gehörte Carl Gramberg (1885–1934), der es an eine Frau Hensel verpachtet hatte. Welche Räumlichkeiten KSR hier bis zur Beendigung seiner Dangaster Aufenthalte gemietet hatte, ist nicht mehr eruierbar, da entsprechende Unterlagen fehlen (Siehe Abb. S. 48)

53 1 Vom Vf. auszugsweise publiziert im Katalog KSR-Graphik, Hamburg 1969 sowie in KSR in Hamburg und Schleswig-Holstein, a.a.O. 1984, S. 59
2 Da Munch auch weiterhin nicht reagierte, bat KSR Schiefler um Vermittlung. Nachdem dieser 1907 das 1. Verzeichnis der Graphik Munchs herausgebracht hatte, waren dessen Verbindungen mit dem als schwierig geltenden Norweger besonders eng. – Vgl. Anm. 50,2
3 Hinweis auf die niedrigeren Auflagen der frühen Drucke. Nach Schapire gingen sie bei Holzschnitten und Lithographien

bis 1912 – von geringen Ausnahmen abgesehen – nicht über 8–12 hinaus

[4] Ludwig Gutbier (1873–1951) war Eigentümer der Dresdener Galerie Arnold, in der 1910 eine der wichtigsten Brücke-Ausstellungen stattfand

54 [1] Danach befand sich bei Rosa Schapire bereits damals ein Fundus von graphischen Arbeiten KSRs, der ihre früh einsetzende Beschäftigung mit diesem Zweig seines Schaffens bestätigt. Sie führte 1924 zur Herausgabe des Werkverzeichnisses seiner Graphik.

[2] Die drei genannten Lithographien sind nicht in Dangast entstanden. „Dame nach der Seite blickend" ist bei Schapire nicht nachweisbar

55 [1] Montag, den 5.7.1909

[2] Nach Schapire entstanden nach 1908 und vor 1915 keine Radierungen KSRs. Wahrscheinlich haben die Druckplatten den Umzug nach Dangast nicht mitgemacht, wodurch die Schaffenslücke eine zusätzliche Erklärung erführe. Johannes Kracke, der damalige Wirt des Gasthofes Fürst Bismarck in Dangastermoor, berichtete dem Vf. 1956, daß KSR in seiner ehemaligen Wohnung „allerhand Bilder und anderes Zeug" zurückgelassen habe, was erst nach dem 1. Weltkrieg beseitigt worden sei

[3] Wilhelm Leibl (1844–1900), der als bedeutender Vertreter des Realismus geltende Maler, fand bei den jungen deutschen Expressionisten Bewunderung wegen seines an Courbet geschulten Früh- und des an Frans Hals orientierten Spätwerks. KSRs Zitat bezieht sich auf Leibl's überlieferten Ausspruch: „Man male den Menschen so wie er ist, da ist die Seele ohnehin dabei"

56 [1] KSR beteiligte sich schon früh an Ausstellungen des Kunstvereins, der Sezession und des Deutschen Buchgewerbemuseums in Leipzig. Letzteres war das einzige institutionelle Passive Mitglied der Brücke.

57 [1] Nächster Sonntag war der 29.8.1909. – Das Mittagessen konnte im alten Dangaster Kurbereich im Kurhaus von Gramberg und in Ausnahmefällen im „Parkschloß" eingenommen werden

58 [1] Der Text befindet sich auf einer von KSR gezeichneten Postkarte (siehe Abb. 82)

[2] Rosa Schapire hielt sich nach einem vorangegangenen Besuch Ende Mai in diesem Jahr bereits zum zweiten Mal in Dangast auf

59 [1] KSR hatte Francksen bei einem seiner letzten Oldenburg-Besuche Graphiken zur Ansicht überbracht, die nicht erworben wurden. Hingegen bestätigt eine Rechnung des Kunsthändlers Oncken vom 24.11.1908 den Kauf von 3 KSR-Lithos von 1907 („Herbstliches Meer", „Fischerdorf" und „Bubenbildnis") sowie von 7 graphischen Arbeiten Heckels, die niedriger angesetzt waren. Der Verbleib dieser Erwerbungen ist nicht geklärt (Francksen-Nachlaß im Oldenburger Stadtmuseum)

[2] Die jüngere Schwester des Künstlers, Gertrud oder Trude Schmidt (verst. 1944), hielt sich mehrfach bei ihrem Bruder in Dangast auf und erscheint auch auf mehreren seiner Arbeiten

[3] Der nächste nachweisbare Besuch in Oldenburg fand am 26.10.1909 statt

[4] Gemeint ist die hier erstmalig erwähnte Malerin Emma Ritter (1878–1972), die vorher bei Willi Spatz in Düsseldorf, Lovis Corinth in Berlin und Theodor Hummel in München arbeitete. Vgl. G.W.: Emma Ritter und ihr Verhältnis zur Malerei des deutschen Expressionismus, Oldenburger Jhrb. 58, 1959 sowie Biographisches Handbuch Oldenburg a.a.O. (Henneberg)

[5] Heckel war nach Aufenthalten in Rom und Moritzburg erst im August 1909 in Dangast eingetroffen, wo er dann bis Anfang Dezember blieb. KSR porträtierte ihn in den Wochen nach seiner Rückkehr in einem Aquarell (siehe Abb. 51)

60 [1] Bertha Rohlsen besaß im norwegischen Lofthus am Hardangerfjord ein stattliches Landhaus, in dem sie sich regelmäßig während des Sommers für einige Wochen mit Verwandten aufhielt (siehe Abb. S. 69). In zurückliegenden Jahren hatte sich in unmittelbarer Nachbarschaft der norwegische Komponist Edvard Grieg (1843–1907) aufgehalten, was KSR auf Befragen jedoch nicht bekannt war

[2] Die endgültige Annahme der Einladung findet sich erst in einem Brief KSRs an Bertha Rohlsen vom 15.5.1911

61 [1] Für die 328. OKV-Ausstellung vom 15.11.–15.12.1909

[2] Siehe Anm. 45,2

[3] Alle 4 Holzschnitte entstanden in Dangast, wo sich KSR 1909 erstmalig dieser Technik voll zuwandte. Von den bei Schapire genannten 23 Holzschnitten dieses Jahres gehört nur einer (Schapire H 26) nicht nach Dangast (siehe Abb. 97, 94, 88, 103)

[4] Auch diese beiden Blätter sind Dangaster Arbeiten. Die Radierung „Gehöft im Moor" dürfte mit „Bauernhaus im Sonnenschein" von 1908 identisch sein (Schapire R 4), die Lithographie „Herbstliches Meer" gehört in die Reihe der bei Lambrecht in Oldenburg gedruckten Blätter (siehe Abb. 14 und 38)

62 [1] Eine Postkarte an Rosa Schapire mit dem Oldenburger Poststempel vom 26.10.1909 bestätigt KSRs Aufenthalt in der Stadt an diesem Tag (siehe Abb. 89). Eine weitere Postkarte an sie trägt den Bahnstempel der Dangastermoor passierenden Zuglinie Bremen – Wilhelmshaven vom 30.10.1909, sodaß seine Abreise nach Hamburg in den ersten Novembertagen anzunehmen ist (siehe Abb. 88)

63 [1] Munchs „Alpha und Omega", 1909, 21 Lithographien mit Texten des Künstlers (Schiefler 306–327). Schiefler befaßte sich gerade mit einer Publikation der Lithographienfolge. Sie erschien unter dem Titel „Edvard Munchs Alfa og Omega" in Kunst und Künstler 1910, Heft 8. – Bei der von KSR besuchten Ausstellung handelt es sich um die 19. Ausstellung der Berliner Sezession, Zeichnende Künste, vom 27.11.1909 – 9.1.1910

[2] Max Slevogt (1868–1932): 33 Lithographien zu Sindbad der Seefahrer aus dem Märchen 1001 Nacht, 1908

[3] Lovis Corinth (1858–1925), Mitbegründer der Berliner Sezession, der sich in seiner Spätzeit dem Expressionismus annäherte. KSR bezieht sich auf Corinths Serie der Farblithographien zu „Das Buch Judith" von 1910 (Schwarz 54). – In der Sammlung Schieflers war Corinth – ebenso wie Slevogt – nur peripher vertreten

64 [1] Von der „Berliner Straße in Dresden" schuf KSR 1909 eine Lithographie (Schapire 57), die in der Brücke-Mappe 1909 enthalten war

[2] Es handelt sich um KSRs 1. Einzelausstellung in der bereits 1824 gegründeten Hamburger Galerie, die 1908 einen Neubau am jetzigen Standort bezogen hatte. Die Ausstellung begann im Januar 1910 und ging Anfang Februar zu Ende. Ausgestellt wurden ausschließlich Aquarelle, bei denen es sich nur um Dangaster Blätter von 1909 gehandelt haben kann. Ein Katalog erschien nicht. Ausstellungsverzeichnisse und andere Unterlagen existieren nicht mehr, da die Archivbestände der Galerie beseitigt wurden

[3] Die Bezeichnung des akademischen Doktorgrades als Epitheton (griechisch = Beiwort) kennzeichnet KSRs schon früh vorhandene Abneigung gegenüber Titeln, Auszeichnungen und offiziellen Feierlichkeiten, denen gegenüber er zeitlebens auf Distanz blieb

65 [1] Es handelt sich um die beiden Gemälde „Gasse", 1907 und „Fischerhäuser", 1907 (siehe Abb. 11)

[2] Siehe Anm. 56,1

66 [1] Siehe Anm. 64,3

[2] Die hier diskutierte Bremer Ausstellung ist nicht benennbar

[3] Vgl. Anmerkung 46,4

[4] Eine von Oncken möglicherweise geplante Neuauflage der Augusteums-Ausstellung von 1908 kam nicht zustande. In seiner Eröffnungsausstellung waren die Brücke-Maler nicht vertreten

[5] Heckel hielt sich von Ende Februar bis zum 6.4.1910 in Berlin auf und erschien Anfang Mai zu seinem 4. und letzten Aufenthalt in Dangast

[6] KSR dürfte – wie vorgesehen – in den letzten Apriltagen 1910 noch vor Heckel in Dangast eingetroffen sein

[7] Johann Wilhelm von Busch (1868–1940), Chefredakteur der Oldenburger Nachrichten, hatte die 329. OKV-Ausstellung am 19.2.1910 ausführlich besprochen und hierbei die Bilder der „hochtalentierten Dangaster" als „Kuriositäten" bezeichnet (siehe Abdruck S. 219). Der Maler Gerhard Bakenhus, selbst in der Ausstellung vertreten, formuliert zurückhaltender, zeigt aber Verständnis für die Ablehnung des Publikums (Nordwestdeutsche Morgenzeitung 27.2.1910) – Vgl. Biographisches Handbuch Oldenburg a.a.O. (Friedl)

[8] Wilhelm v. Busch war damals 42 Jahre, Bakenhus 50 Jahre alt

67 [1] Die günstige Wetterlage des Sommers 1910 hat zur Entstehung der ungewöhnlich zahlreichen Landschaften in diesem Jahr nicht unwesentlich beigetragen

[2] Schiefler hatte die 1. Ausstellung der Neuen Sezession in Berlin besucht. Diese war erst am 21.4.1910 durch die Initiative Tapperts und Pechsteins gegründet worden, nachdem die meisten jungen Künstler von der Berliner Sezession zurückgewiesen worden waren. In dieser Ausstellung war neben den übrigen Brücke-Malern auch KSR mit 2 Dangaster Bildern vertreten. – Eine eingehende Behandlung der für die Geschichte der Moderne in Deutschland wesentlichen Neuen Sezession steht noch aus. Teilaspekte finden sich u.a. dargestellt bei G. Krüger: Die Rolle von Brücke und Blauem Reiter beim Durchbruch zur Moderne in Deutschland. Kat. Der blaue Reiter, Kunstmuseum Bern 1986, S. 252 ff.

[3] Hermann Max Pechstein (1881–1955) trat 1906 der Brücke bei und hielt sich während des Monats Juni bei Heckel in Dangast auf. Seine 1957 erstmals publizierten Dangaster Erinnerungen (siehe S. 230) sind Bestandteil seiner 1960 von L. Reidemeister in Wiesbaden herausgebrachten Lebenserinnerungen

68 [1] Beyersdorffs Besuch in Dangast fand am Sonntag, dem 27.7.1910 statt. Zu diesem Zeitpunkt hielt sich auch Rosa Schapire in Dangast auf

69 [1] Vom Vf. auszugsweise publiziert im Katalog KSR-Graphik, Hamburg 1969

[2] Im September 1910 hielt sich erneut Rosa Schapire in Dangast auf, außerdem Emma Ritter und KSRs Schwester Gertrud

[3] Donnerstag den 22. und Freitag den 23.9.1910

[4] Da ein für den 2.10.1910 geplanter Besuch nicht zustande kam, erschien Beyersdorff am Sonntag, dem 9.10.1910 bei KSR in Dangast

[5] Katalog zur Brücke-Ausstellung in der Galerie Arnold, Dresden mit 20 originalen Holzschnitten von Heckel, Kirchner, Pechstein und KSR mit einem in Holz geschnittenen Verzeichnis der Passiven Mitglieder, darunter auch Beyersdorff (siehe Abb. S. 63). Beyersdorffs Kritik bezog sich offenbar auf die Holzschnitte Kirchners und Heckels, in denen einer gegenseitig Gemälde des anderen wiedergibt. KSR hat sich an diesem die Gemeinsamkeit betonenden aber einen gewissen Individualitätsverzicht fordernden Wechselspiel nicht beteiligt. Seine 20 ausgestellten Arbeiten (8 Gemälde, 3 Aquarelle, 9 Holzschnitte) entstanden sämtlich in Dangast, das auch als sein Wohnort angegeben wird. – Die Brücke-Ausstellung bei Arnold wurde in „Stationen der Moderne – Die bedeutenden Kunstausstellungen in Deutschland", Berlinische Galerie 1988, weitgehend rekonstruiert (bearb. v. M.A.v.Lüttichau)

[6] KSR geht hier auf die Wechselseitigkeit der Darstellungen bei Heckel und Kirchner ein, die er in Schutz nimmt

[7] Es ist denkbar, daß sich Oncken nach der Vergrößerung seiner Galerie um eine Brücke-Kollektion bemühte, zumal bei den zahlreichen Wanderausstellungen der vergangenen Jahre auch weniger bedeutende Orte und Veranstalter in Kauf genommen worden waren (Vgl. G. Reinhardt a.a.O. S. 192 ff.) KSRs strikte Ablehnung, die ja von seinen Gefährten mitgetragen werden mußte, ist sicher nicht nur mit dem negativen Verkaufserfolg der Augusteums-Ausstellung von 1908 zu begründen

70 [1] Elisabeth (Ella) Emma Franziska Kohlstedt (1895–1979) aus Berlin-Wilmersdorf verbrachte damals alljährlich mit Mutter und Geschwistern die Sommerferien in Dangast. Ihre Freundschaft mit KSR, von dem sie auch gemalt wurde, ging über die Dangaster Jahre hinaus. 1957 besuchte sie den Vf. in Oldenburg anläßlich der Ausstellung „Maler der Brücke" in Dangast. Sie war 1952 von Berlin nach Bad Zwischenahn gezogen und von dort 1969 nach Oldenburg, wo sie 1979 unverheiratet verstarb. Die an sie gerichteten gezeichneten Postkarten Schmidt-Rottluffs, sowie das Exlibris, das er 1910 für sie schuf, gelangten aus ihrem Vermächtnis an das Brücke-Museum in Berlin

[2] KSRs Mitteilung befindet sich auf der Rückseite einer Postkarte mit dem Druck seines Holzschnittes „Elbhafen" von 1910 (Schapire H 44). Die Karte wurde erstmalig im Katalog der Ausstellung des Brücke-Museums „Expressionistische Grüsse", Berlin 1991, Nr. 57 publiziert, wobei es zu mehreren Unrichtigkeiten kam. So handelt es sich nicht um eine Darstellung aus Varelerhafen sondern aus Dresden. Acquistapace wurde Augustapace gelesen, die Jahreszahl des Poststempels mit 1911 angegeben

[3] Wilhelm Acquistapace (1850–1945), Sproß einer vom Comer See stammenden, mit dem Reichsgrafen W.G.F. Bentinck bekannten und 1806 in Varel eingewanderten Familie, besaß hier eine Buchhandlung und Akzidenzdruckerei, in der – wie hier bestätigt – auch gebrauchsgraphische Arbeiten KSRs gedruckt worden sind. Diese Tatsache war bisher auch deshalb nicht bekannt, weil Rosa Schapire in ihrem Werkverzeichnis von 1924 bei der Gebrauchsgraphik keine Drucker nannte

71 [1] Die von KSR für die 331. OKV-Ausstellung (vom 15.11.–15.12.1910) eingereichten Bilder sind nicht bekannt, eine Beteiligung des Künstlers an dieser Ausstellung wird auch von Gäßler (a.a.O. 1989) nicht erwähnt. Da der gedruckte Katalog jedoch 8 graphische Arbeiten KSRs ausweist, scheint ihm damit ein Äquivalent für die abgelehnten Bilder gegeben worden zu sein

[2] Die bisherigen Beteiligungen KSRs an OKV-Ausstellungen waren über den OKB erfolgt

[3] Lt. Protokoll der OKB-Hauptversammlung vom 5.1.1910, an der auch W. von Busch teilnahm, bestand die Jury für die Ausstellungen von 1910 und die Januarausstellung von 1911 aus Bakenhus, Ed. Köster (gest. 1910), Morisse, B. Winter und einem vom Vorstand delegierten Mitglied (wahrscheinlich W. v. Busch)

72 [1] Die im April 1910 gegründete Neue Sezession, zu deren Mitgliedern die Maler der Brücke gehörten, veranstaltete nach deren Vorbild auch Wanderausstellungen. Oncken zeigte lediglich Arbeiten von drei ihrer nicht in jedem Falle repräsentativen Gründungsmitglieder. – Eine relativ zustimmende Besprechung durch W. v. Busch in den Oldenburger Nachrichten vom 5.11.1910

[2] Arthur Segal (1875–1947) stellte damals in der Neuen Sezession Bilder mit stark dekorativen Tendenzen aus, gegen die sich KSRs Kritik vor allem richtet. 1918 schloß er sich der Novembergruppe an, 1933 begab er sich in die Emigration

[3] Heinrich Richter-Berlin (1884–1981), Mitbegründer der Neuen Sezession 1910 und der Novembergruppe 1918, hatte in der Berliner Privatschule von Lothar Kunowski (geb,. 1866) gemeinsam mit Otto Freundlich (1878–1943) und Lothar Homeyer (1883–1969) Zeichenkurse belegt. Als K. nach Düsseldorf berufen wurde, übernahm Richter vorübergehend den Unterricht. Von einem Aufenthalt Richters in Worpswede ist nichts bekannt. – Vgl. Heinrich Richter, Kunstblätter der Galerie Nierendorf 32, Berlin 1974

73 [1] KSR hielt sich seit Mitte November 1910 zum zweiten mal nicht nur vorübergehend in Hamburg auf, wo sich neben Schiefler, Rosa Schapire und Wilhelm Niemeyer inzwischen ein bemerkenswerter Sammler- und Freundeskreis gebildet hatte,

der die Stadt zum eigentlichen Ort seiner Kunst werden ließ. Schiefler, der wenig später Kirchner und Heckel in Dresden besuchte und engere Kontake zu Nolde besaß, wandte sich von nun ab auch diesen Künstlern verstärkt zu. – Vgl. G.W.: KSR in Hamburg und Schleswig-Holstein, a.a.O.
[2] Welches Bild KSRs sich damals bei Schiefler befand, ist ebensowenig bekannt wie der Grund für die Bitte um dessen Übersendung an die Galerie Oncken

74 [1] Nach der Aquarellausstellung im Vorjahr fand KSRs 1. größere Einzelausstellung in der Hamburger Galerie Commeter vom 1.–20.1.1911 statt. Da ein Katalog nicht gedruckt wurde und die Archivbestände der Galerie zerstört sind, lassen sich aus Presseberichten nur einige der ausgestellten Arbeiten identifizieren. Es kann jedoch davon ausgegangen werden, daß die meisten von ihnen in Dangast entstanden.
[2] Vor seiner diesjährigen Abreise aus Dangast hatte KSR Beyersdorff am 5.11.1910 um die Aufbewahrung von 6 Gemälden gebeten, deren Abholung und Weiterleitung zu seiner Ausstellung nach Hamburg er am 14.12.1910 ankündigte

75 [1] Vom Vf. auszugsweise publiziert in: KSR in Hamburg und Schleswig-Holstein a.a.O.
[2] Beyersdorff beendete seine Referendarzeit in Oldenburg am 30.9.1910 und arbeitete ab 20.3.1911 bei der dortigen Amts- und Staatsanwaltschaft (Nach P. Reindl: Schenkung E. und H. Beyersdorff, Oldenburger Landesmuseum 1985)
[3] Das erste Auftragsporträt KSRs von 1911 stellt den Hamburger Rechtsanwalt und Sammler Dr. Paul Rauert (1863–1938) dar, der gemeinsam mit seiner Frau Martha R. zahlreiche Arbeiten des Künstlers besaß. Frau R. bemerkte 1957 gegenüber dem Vf., daß das Bild nach einiger Zeit doch von der Wand verbannt und abgestellt worden sei. Es gelangte 1961 als Stiftung der Erben an die Hamburger Kunsthalle. – Vgl. Kat. d. Meister d. 20. Jh. in der Hbg. Kunsthalle, Hamburg 1969, S. 113 (Abb.) – Zu den Anfängen der Sammlung Rauert: Kunst und Künstler XVII, 427
[4] Siehe Anm. 74,1
[5] Der Vortrag von Rosa Schapire in der Hamburger Galerie Commeter fand am 8.1.1911 statt. Eine Zeitungskritik des Vortrages abgedruckt bei G.W.: KSR in Hamburg und Schleswig-Holstein a.a.O. S. 77
[6] Es dürfte sich hier um den ersten größeren Verkaufserfolg KSRs in einer Ausstellung handeln, ohne daß es möglich wäre, die verkauften Arbeiten mit Sicherheit zu benennen. – Siehe Anm. 74,1
[7] Über einen solchen Ausstellungsplan wurde bisher nichts bekannt. – Nach ihrem Dangaster Aufenthalt im Juli 1910 malten Heckel und Pechstein gemeinsam mit Kirchner an den Moritzburger Seen bei Dresden, wobei sie ihren Malstil einander stark annäherten. – Vgl. L. Reidemeister: Künstler der Brücke an den Moritzburger Seen 1909–1911, Brücke-Museum Berlin 1970
[8] Die geplante Festschrift der Neuen Sezession kam nicht zustande
[9] Siehe Anm. 64,2

76 [1] Siehe Anm. 2,3
[2] In der Chemnitzer Weststr. 46, II wohnte die Familie von Dr. Arthur Weiske, dessen Sohn Günther ein Schulfreund KSRs und Passives Mitglied von Brücke war (Frdl. Mitteilung von Gabriele Juppe)
[3] Auf einer Postkarte aus Hamburg von 14.3.1911 hatte KSR Rosa Schapire mitgeteilt: „Erhalte eben noch von Dehmel Zwei Menschen, Ausgew. Gedichte, Verwandlungen der Venus – alles mit wundervollen Widmungen – ist das nicht göttlich?"

77 [1] Die Anfrage befindet sich auf der Rückseite einer gezeichneten Postkarte mit einer Landschaft aus Rottluff. Abb. bei Presler: Brücke an Dr. Rosa Schapire, Elztal-Dallau 1990, S. 90
[2] Lithographie „Dangaster Park", 1910, Schapire L 68 (siehe Abb. 205)
[3] Holzschnitt „Liegendes Mädchen", 1910, Schapire H 39 (siehe Abb. 195)
[4] Holzschnitt „Bahnüberführung", 1910, Schapire H. 45. Es handelt sich um keine Dangaster Arbeit
[5] Holzschnitt „Blumenpflückende Frauen", 1910, Schapire H 27 (siehe Abb. 186)

78 [1] 1911 entstanden 3 Holzschnitte mit Hamburger Motiven in der ungewöhnlichen Größe von ca. 50 x 60 cm (Schapire H 62–64)
[2] Während des folgenden Dangaster Aufenthaltes von 1911 schuf KSR 9 Bildholzschnitte sowie mehrere in Holz geschnittene gebrauchsgraphische Arbeiten
[3] Bis Ende März hielt sich KSR in Hamburg, im April in Rottluff-Chemnitz auf, wo die Galerie Gerstenberger eine Ausstellung von ihm zeigte. Siehe Abdruck auf S. 224

79 [1] Siehe Anm. 76,3
[2] Obwohl Dehmel in seinen Dichtungen klassisch-romantische Traditionen ablehnte und gereimte wie ungereimte freie Rhythmen von starker Bildkraft entwickelte, vergleicht KSR sie mit den frühgriechischen, Dionysos gewidmeten Kultliedern
[3] KSR kehrte am 4.5.1911 zu seinem 5. Aufenthalt nach Dangast zurück

80 [1] Wie an Schiefler (Brief 78) hatte KSR im April seine großen Holzschnitte auch an Bertha Rohlsen übersandt, die von ihr offensichtlich erworben wurden
[2] Siehe Anm. 60,1
[3] KSR hatte sich letztmalig in einer Postkarte an Bertha Rohlsen vom 9.8.1910 auf die Einladung nach Norwegen bezogen
[4] KSR hielt sich insgesamt vier Wochen in Lofthus auf (12.7.–10.8.1911)
[5] Die von der Gastgeberin angegebene Landroute nach Lofthus bezog sich auf die durch mehrere Fähren unterbrochene Eisenbahnverbindung über Dänemark und Südschweden, die auch Gelegenheit zum Kennenlernen von Kopenhagen und Oslo gegeben hätte. KSR benutzte jedoch sowohl für den Hin- wie für den Rückweg die Seeroute und gelangte damit zu seiner 1. Schiffsreise
[6] Die Schiffahrtslinie Hamburg-Bergen-Trondheim wurde damals einmal wöchentlich von Det Bergenske Dampskipsselskab Bergen und Det Nordenfjeldske Dampskipsselskab Trondheim betrieben. Diese Überfahrt dauerte mehr als 2 Tage. Die Weiterfahrt von Bergen durch den Hardangerfjord nach Lofthus mit der bis heute tätigen Hardanger-Sunnhordlandske Dampskipsselskab dauerte nochmals ca. 12 Stunden (Auskunft von Bergens Sjöfartsmuseum)

81 [1] Bei „Reimers" könnte es sich um den Hamburger Vertreter der norwegischen Schiffahrtsgesellschaft handeln
[2] Die von Bertha Rohlsen an KSR herangetragene „Plakatidee" scheint im Zuammenhang mit der Schiffahrtslinie zu stehen. – Plakate KSRs aus der Brückezeit wurden bisher nicht bekannt, doch dürfte ein 1993 zur Versteigerung gelangtes Werbeplakat „Hansa-Filter" mit der Signatur des Künstlers – entgegen den Angaben im Katalog – bereits aus dieser Zeit stammen. Vgl. Katalog German and Austrian Art II, Christies London 20.5.1993

82 [1] Der zu diesem Brief gehörende Umschlag trägt erstmalig den Holzschnitt-Schriftzug „Schmidt-Rottluff". Dieser entstand somit bereits 1911 und nicht – wie bei Schapire unter Gebrauchsgraphik Nr. 31 angegeben – 1912. (siehe Abb. 261)
[2] Beyersdorff wurde am 16.6.1911 in Göttingen zum Doktor beider Rechte promoviert. Seine Dissertation „Die Übernahme eines Vermögens nach deutschem bürgerlichen Recht" wurde bei Adolf Isensee in Oldenburg gedruckt (Nach Reindl: Schenkung Beyersdorff a.a.O.)
[3] Sonnabend, den 24. Juni 1911
[4] Die Bemerkung straft die mitunter auftauchende Vorstellung von einem in gänzlicher Abgeschiedenheit verbrachten Leben in Dangast und an anderen Sommerorten Lügen. – Da Rosa Scha-

pire sich zu diesem Zeitpunkt in Paris aufhielt, ist Hamburger Besuch wenig wahrscheinlich. KSR berichtete dem Vf. mündlich, daß der Kunsthändler Alfred Flechtheim 1911 mit einem Segelboot in Dangast aufgetaucht sei und ihn besucht habe
[5] Der von KSR vorgeschlagene Termin für einen Besuch Beyersdorffs und seiner Mutter in Dangast war der 2.7.1911, der Sonntag vor seiner Abreise nach Norwegen
[6] Die genannten Termine bezeichnen den gesamten Zeitraum der Dangaster Abwesenheit KSRs anläßlich seiner Fahrt nach Norwegen, der 1. Auslandsreise, die er unternahm (Die heute dänische Insel Alsen, wo er 1906 Nolde besuchte, gehörte damals zum Deutschen Reich)
[7] Lt. Oldenburger Adreßbuch von 1911 wohnte der Landrichter Dr. Max Rumpf (1878–1952) in der Elisabethstr. 10. Er brachte 1908 in Oldenburg die Publikation „Volk und Recht“ heraus, die zu seiner Berufung auf den Lehrstuhl für Bürgerliches- und Handelsrecht an der Handelshochschule Mannheim im Jahre 1912 beitrug. 1927 folgte er einem Ruf an die Wirtschaftshochschule Nürnberg, wo er 1939 emeritiert wurde. Seine zahlreichen Publikationen dienten der Erarbeitung einer „Deutschen Volkssoziologie“. – Vgl. F. Strahlmann: Oldenburger als Lehrer an deutschen Hochschulen , Oldenburgischer Hauskalender 116, 1942 sowie Max Rumpf: Aus den Erinnerungen eines Oldenburger Gymnasiasten um 1900. Bearb. u. eingeleitet von Harald Schieckel, Oldenburger Jhrb. 86, 1986

83 [1] Die Mitteilung befindet sich auf der Rückseite einer Photo-Postkarte mit KSRs Gemälde „Turm im Park“ , von 1910 (siehe Abb. 124)
[2] Der gedruckte Aufruf des OKB zu einem „Sammelwerk“ seiner Mitglieder siehe Abb. S. 67
[3] Siehe Anm. 13,3

84 [1] Der Holzschnitt ist bei Schapire nicht aufgeführt. Der Stock wurde vom Vf. im Dehmel-Nachlaß aufgefunden und erstmalig publiziert in G.W.: KSR in Hamburg und Schleswig-Holstein a.a.O.
[2] Weiterer Hinweis auf Drucker in Varel oder Oldenburg, die bei Schapire nicht genannt sind. Vgl. Anm. 70,3
[3] Richard und Ida Dehmel hatten 1911 mit dem Bau eines neuen Hauses in Blankenese nach Entwürfen des Architekten Walther Baedecker (1868–1940) begonnen, in das die 1901 von Peter Behrens (1868–1940) entworfenen Möbel eingebracht wurden. Das erforderliche Grundkapital für den Neubau wurde von Freunden des Dichters aus Anlaß seines 50. Geburtstages im Jahre 1913 aufgebracht

85 [1] Siehe Anm. 83,2
[2] KSRs Wunsch nach Unterstellmöglichkeiten für seine Bilder im Augusteum deutet auf Raummangel in seiner Dangaster Wohnung und auf die zunehmende Inanspruchnahme von Speditionen für die notwendigen Transporte. Richard tom Dieck war als Konservator der Großherzoglichen Galerie und Vorstandsmitglied des OKV gleichsam der faktische Hausherr des Augusteums, zumal er selbst auch noch seine eigene Wohnung darin besaß
[3] Paula Sedana Magnussen geb. Schiff (1871–1962), aus einer Elsflether Bankiersfamilie stammende Malerin und Bildhauerin. Nach Malunterweisungen in Worpswede Ausbildung bei Spatz in Düsseldorf und E. Carrière in Paris, wo sie u.a. Rilke und Clara Westhoff kennenlernte. Gründungsmitglied des OKB. In Berlin seit 1909 mit dem Arzt Peter Magnussen verheiratet. Die mit KSR bereits in den Oldenburger Jahren geknüpfte Bekanntschaft hatte bis zu ihrem Lebensende Bestand. Sie selbst war bis ins hohe Alter künstlerisch tätig. – Vgl. A. Schiff: Die Familiengeschichte der Schiffs aus Elsfleth, Augsburg 1993, 3 Bd. (Den Hinweis auf diese als Privatdruck erschienene Publikation verdanke ich Dr. Helmuth Steenken in Oldenburg)

86 [1] Danach hatte KSR den Holzstock für den als Briefkopf bestimmten Namenszug Richard Dehmels mit auf seine Norwegenreise genommen (siehe Abb. S. 137)

87 [1] Die Mitteilung befindet sich auf der Rückseite einer Ansichtskarte von Lofthus (siehe Abb. S. 145)

88 [1] Der Sommer des Jahres 1911 brachte ganz Deutschland eine der längsten Hitze- und Trockenperioden. Die dadurch bedingten Änderungen im farbigen Erscheinungsbild der Natur fanden in den nach der Norwegenreise in Dangast gemalten Bildern KSRs ihren Niederschlag
[2] Heinz Paul und Oswald Rauert waren Söhne des Hamburger Sammler-Ehepaares Martha und Paul Rauert und Neffen von Bertha Rohlsen geb. Rauert. Sie hielten sich gleichzeitig mit KSR im Landhaus in Lofthus auf. – Heinz Paul Rauert schrieb für den Katalog der 1964 in Hannover anläßlich des 80. Geburtstages von KSR veranstalteten Ausstellung eine Grußadresse

89 [1] Der erste Besuch KSRs in Oldenburg nach seiner Norwegenreise fand am 23.8.1911 statt
[2] Ob das hier erwähnte und nicht mehr nachweisbare Papiermesser ähnlich gestaltet war, wie mehrere datierte Messing-Brieföffner von 1912/13 muß vorerst offenbleiben (siehe Abb. 300)

90 [1] Siehe Anm. 88,1
[2] In den Dangaster Landschaften KSRs kam den Wolkenbildungen wesentliche Bedeutung zu, wie überhaupt der Himmel in seinen Bildern bevorzugt der Steigerung seiner künstlerischen Handschrift dient
[3] Bertha Rohlsen hielt sich somit noch einige Zeit nach der Abreise KSRs in ihrem norwegischen Landhaus auf. – Von den 4 nachweisbaren Norwegen-Landschaften KSRs befand sich das Gemälde „Oppedal“, 1911 – möglicherweise als Geschenk des Künstlers – einst in ihrem Besitz (jetzt Staatsgalerie Stuttgart)

91 [1] Otto Fischer (1870–1947), bis 1913 in Dresden tätiger Maler und Graphiker, der in Verbindung mit auswärtigen Reise-Aufenthalten zahlreiche Graphikfolgen schuf, so 1905/06 in Hamburg. 1903 und 1908 fanden Ausstellungen von ihm in der Dresdener Galerie Arnold statt
[2] Ob Francksen das Blatt tatsächlich erwarb, ist nicht mit Sicherheit feststellbar, da sich in seinem Nachlaß mehrere Blätter des Künstlers mit einer ähnlichen Thematik befinden (Frdl. Auskunft von E. Gäßler, Oldenburger Stadtmuseum)
[3] Über KSR als Sammler und seinen Besitz an Arbeiten anderer Künstler wurde bisher nur wenig bekannt. – Hamburger Hafenmotive kommen trotz seiner längeren Aufenthalte hier – im Gegensatz zu Nolde, Heckel, Kirchner und Pechstein – in seinem Werk nicht vor. – Vgl. G.W.: Maler sehen Blankenese und die Elbe, Hamburg 1971

92 [1] In Frankfurt lebten mehrere Träger des Namens Oppenheim-Oppenheimer. Hier käme am ehesten in Frage: Moritz Nathan Oppenheim (1848–1933), Juwelier und bedeutsamer Förderer von Wissenschaft und Kunst in seiner Vaterstadt. – Vgl. P. Arnsberg: Die Geschichte der Frankfurter Juden seit der Französischen Revolution, Darmstadt 1983. – Richard Dehmels erste Frau Paula Dehmel (1862–1918) war eine geborene Oppenheimer
[2] Im Kunstsalon Rudolf Bangel in Frankfurt hatte bereits 1909 eine Brücke-Ausstellung stattgefunden, der 1912 eine weitere folgte

93 [1] Die Mitteilung auf einer Postkarte mit dem verkleinert gedruckten Holzschnitt von KSRs „Elbhafen“, 1910 (Schapire H 44). – Der Künstler ließ diese wie weitere Bildpostkarten der Dangaster Zeit wahrscheinlich bei Acquistapace in Varel drukken
[2] Die Ausstellung von 15 Holzkästen KSRs fand Ende Oktober/Anfang November 1911 in der Hamburger Galerie Commeter statt. Der von Rosa Schapire darüber verfaßte Aufsatz in der Zeitschrift „Der Hamburger“ mit 2 Holzschnitten des Künstlers wieder abgedruckt auf S. 226. Wilhelm Niemeyer fertigte ausführliche handschriftliche Notizen zu den ausgestellten Stücken an

[3] Hiernach waren die ausgestellten Holzkästen nicht in Norwegen sondern in Dangast entstanden, wo KSR auch schon vor seiner Reise mit ihnen beschäftigt war, wie seine Postkartenzeichnung vom 12.6.1911 an Anna Goldschmidt beweist (siehe Abb. 238). Die Grundformen dieser Holzkästen ließ KSR durch den Dangaster Tischler Wilhelm Voge (1879–1970) anfertigen, um dann die künstlerische Gestaltung selbst vorzunehmen. Einen solchen bearbeiteten Holzkasten, den Voge nach dem 2. Weltkrieg noch als Behältnis für Hühnerfutter benutzte, konnte Vf. dem Künstler 1964 in seiner Berliner Wohnung übergeben. Er war in seinem Nachlaß nicht mehr vorhanden
[4] Nachdem Pechstein bereits 1909 vorausgegangen war, zogen auch die übrigen Brücke-Mitglieder und Emma Ritter im Herbst 1911 nach Berlin. KSR behielt seine im Oktober 1911 bezogene Dachwohnung in der Niedstraße 14 in Berlin-Friedenau bis 1933 bei (siehe Abb. S. 153)
[5] KSR bezog sein gemietetes Hamburger Atelier in der Kl. Johannisstraße 6, IV erneut Mitte Januar 1912 und nutzte es bis zum 18. März

94 [1] In die 335. OKV-Ausstellung mit Arbeiten aus dem Nachlaß des verstorbenen Worpsweders Fritz Overbeck (1869–1909) und der gastierenden „Künstlervereinigung Schwaben" war eine im Rolandssaal des Augusteums gezeigte Verkaufsausstellung des OKB integriert, an der KSR teilnahm
[2] Sämtliche genannten Aquarelle sind Dangaster Arbeiten des Jahres 1909
[3] Siehe Abb. 58
[4] Das Blatt ist nicht mehr nachzuweisen
[5] Auch dieses Blatt ist nicht mehr nachweisbar. – Die Dangaster Windmühle erscheint auf mehreren Postkartenzeichnungen KSRs sowie auf einer Radierung (siehe Abb. 20, 77, 78). – Bei Heckel wird sie u.a. in einem Gemälde von 1909 dargestellt (Vogt 1909, 29 Abb.)
[6] Das Aquarell ist nach Auskunft des Künstlers früh verschollen. Ein Gemälde mit der gleichen (tautologischen) Bezeichnung von 1912 siehe Abb. 285
[7] Siehe Abb. 59
[8] Das Aquarell ist nicht mehr nachweisbar

95 [1] Die aus München nach Oldenburg expedierten Aquarelle waren für die 335. OKV-Ausstellung bestimmt, in der KSR vertreten war (Oldenburger Nachrichten 7.12.1911)

96 [1] Siehe Anm. 93,4
[2] In der IV. Ausstellung der Neuen Sezession, an der die Künstler von Brücke und Blauem Reiter teilnahmen, war KSR mit 6 Gemälden sehr gut vertreten. Außer einem norwegischen Bild stammten alle gezeigten Gemälde aus Dangast. Die „Landschaft mit Feldern" von 1911 war im Katalog abgebildet (Abb. 216)

97 [1] Siehe Abb. 299

98 [1] Das auf der Sonderbund-Ausstellung von 1912 in Köln gezeigte Armband (Kat. Nr. 1258) gelangte 1920 als Geschenk des Künstlers in das Hamburger Museum für Kunst und Gewerbe. – Vgl. Aus den Erinnerungen von Luise Schiefler. Aufgez. von Hans Platte, Hamburg 1965, S. 33
[2] Stickereien von KSR waren bisher nicht bekannt. Hier könnte es sich um jene – vielleicht von seiner Schwester ausgeführte – Flachstickerei mit weiblichen Akten handeln, die KSR im November 1911 in einer Ausstellung des Oldenburger Kunstgewerbemuseums zeigte (Oldenburger Nachrichten 24.11.1911)
[3] Im Besitz Schieflers befanden sich keine Holzkästen von KSR. Er erwähnt diese jedoch im Zusammenhang mit einem Besuch im Hamburger Atelier des Künstlers (G. Schiefler: Meine Graphiksammlung, Hamburg 1927, S. 49)

99 [1] Vom Vf. auszugsweise publiziert in: KSR in Hamburg und Schleswig-Holstein a.a.O. S. 60
[2] Nach Scheitern der Wiederwahl Pechsteins in den Vorstand der Neuen Sezession traten die Maler der Brücke noch während der Laufzeit der 4. und bedeutendsten Ausstellung im Dezember 1911 aus der Neuen Sezession aus. Zwischen den Sezessionen, der Brücke und der werdenden Sturm-Galerie Herwarth Waldens wurden damals ungewöhnlich heftige Kämpfe ausgetragen, die auch nach außerhalb Wirkung zeigten. – Der von KSR gebrauchte Begriff der „Jüngstdeutschen" war vorher von dem befreundeten Wilhelm Niemeyer in seiner im Mai 1911 erschienenen „Denkschrift des Sonderbundes" verwendet worden
[3] Siehe Anm. 93,5 – Während dieses Aufenthaltes entstand eine Gemäldegruppe monumentaler Akte von kubistischer Prägung
[4] Die „Ausstellung von Künstlergruppe Brücke im Kunstsalon Fritz Gurlitt, Berlin W, Potsdamer Str. 113, Villa 2" fand vom 2.4.–27.4.1912 statt. Auf ihr wies KSR mit 10 Gemälden und 4 Zeichnungen vor allem die Ergebnisse seines letzten Hamburg-Aufenthaltes vor. – Der auch für die nachfolgende Brücke-Ausstellung in der Hamburger Galerie Commeter verwendete Katalog wurde bei Ad. Littmann in Oldenburg gedruckt (Siehe Abb. S. 77)
[5] Gemeint ist der achtseitige Brücke-Jahresbericht für 1911/12 mit je einem Holzschnitt von Heckel und Kirchner (Abb. im Katalog „Die Jahresmappen der Brücke", Brücke-Museum, Berlin 1989, S. 24)
[6] Siehe Anm. 82,7

100 [1] Siehe Anm. 85,2
[2] KSR kehrte von seinem Hamburger Aufenthalt am 18.3.1912 nach Berlin zurück, um sich von dort ca. 8 Wochen später letztmalig nach Dangast zu begeben

101 [1] Der von KSR apostrophierte „rasende Takt des Berliner Lebens" fand – anders als bei den gleichzeitigen Straßenbildern Kirchners – in seinen eigenen Arbeiten keinen direkten Niederschlag. Er ist jedoch in seinen stilistischen Wandlungen spürbar, die damals vorübergehend zu einem so nur bei ihm vorkommenden ekstatischen Kubismus geführt haben
[2] Der Besuch Beyersdorffs in Berlin dürfte aus Anlaß der Brücke-Ausstellung bei Fritz Gurlitt stattgefunden haben
[3] Beyersdorff hatte in einem ausführlichen Zeitungsaufsatz vom 21.2.1912 über „Die Zukunft der oldenburgischen Galerien" u.a. eine Verstaatlichung und Vergrößerung des Augusteums durch Anbauten sowie die Anstellung eines Direktors nach Hamburger und Bremer Vorbild gefordert, womit dann auch die in Oldenburg kritisierten Bremer Einflüsse gemindert werden könnten
[4] Ob Beyersdorff diesen weiteren Berlin-Besuch ausführte, ist nicht bekannt
[5] Die Brücke-Ausstellung bei Gurlitt vom 2.–27.4.1912. – Vgl. Anm. 99,4
[6] Die 1. Ausstellung der heftig diskutierten italienischen Futuristen in Deutschland fand vom 12.4.–10.5.1912 in Herwarth Waldens Sturm-Galerie statt

102 [1] Von Beyersdorff war in die Oldenburger Nachrichten vom 31.5.1912 ein ausführlicher Artikel „Zur Ausstellung des Deutschen Künstlerbundes in der Bremer Kunsthalle" aufgenommen worden, worin er zur Beurteilung dieser Ausstellung durch Gustav Pauli Stellung nimmt und die Stilentwicklung zum Expressionismus verteidigt. Chefredakteur W. v. Busch hatte dem Artikel eine Fußnote mit folgendem Wortlaut hinzugefügt: „Die hier geäußerten Ansichten weichen von denen, die wir in den „Nachrichten" vertreten, zum Teil erheblich weit ab. Wir glauben aber doch, ihnen Raum geben zu sollen, um auch einmal eine Stimme laut werden zu lassen, die begeistert mit den Jüngsten geht"

103 [1] Nachdem KSR bereits am 27.6.1911 zugesagt hatte, sich an dem vom OKB geplanten Sammelwerk oldenburgischer Künstler zu beteiligen, waren ihm die dafür zur Verfügung gestellten Zeichnungen wieder zurückgesandt worden. Aus den Protokollen der OKB-Vorstandssitzung geht hervor, daß zunächst mit der Druckerei Littmann in Oldenburg und mit dem Buchhändler Acquistapace in Varel als Verleger verhandelt und

dann ein Selbstverlag vorgesehen wurde. Am 28.8.1911 wurde beschlossen, Chefredakteur W. v. Busch zur Beratung hinzuzuziehen, der am 13.1.1912 von einem auswärtigen Verlag abriet ohne einen realisierbaren neuen Vorschlag zu machen. Am 25. 1.1913 wird erwähnt, daß im vergangenen Jahr eine Ausstellung stattgefunden habe, „die zum größten Teil aus Zeichnungen, Studien, Radierungen, Lithographien usw. bestand und Material für das beabsichtigte Sammelwerk liefern sollte. Die Ausstellung entsprach nicht ganz den gehegten Erwartungen". Danach taucht der Sammelwerk-Plan in den Protokollen nicht mehr auf

104 [1] Bertha Rohlsen hielt sich in ihrem norwegischen Landhaus auf, in welchem KSR ein Jahr zuvor ihr Gast gewesen war
[2] Wahrscheinlich die Betreuerin des Landhauses Ringolfnaes und weitere norwegische Nachbarn
[3] Mitteilung auf der Rückseite einer mehrfach versandten Foto-Postkarte mit einer in Dangast geschaffenen Holzskulptur (siehe Abb. 290). – Mit der plastischen Gestaltung von Stein befaßte sich KSR zusammenhängend erst ab 1951

105 [1] Die Mitteilung an Feininger auf der gleichen Foto-Postkarte, wie sie am selben Tag an Bertha Rohlsen und bereits am 9.8.1912 an Rosa Schapire gesandt worden war (siehe Abb. 290). – KSR und der deutsch-amerikanische Maler Lyonel Feininger (1871–1956) lernten sich 1911 in Berlin kennen. Gegenseitige künstlerische Anregungen sind vor allem während der ersten Jahre ihrer lebenslangen Freundschaft zu erkennen. Ein Aquarell-Selbstporträt KSRs von 1913, das er Feininger zum Geschenk machte, befindet sich mit Teilen von dessen künstlerischem Nachlaß im Busch-Reisinger-Museum, Cambridge/USA, das Gemälde-Porträt, das KSR 1915 von Feininger malte, im Germanischen National-Museum in Nürnberg, die Briefe KSRs an Feininger in The Houghton Library Cambridge/USA. – Als sich die damals ebenfalls in Berlin lebende Malerin Emma Ritter nach der Einberufung KSRs um dessen verwaiste Wohnung kümmerte, ließ sich Feininger von ihr die Technik des Holzschneidens vermitteln. 1918 wurde er Mitglied der Novembergruppe, von 1919–1933 war er Meister am Bauhaus, 1937 kehrte er endgültig in die USA zurück. – Vgl. Hans Hess: Lyonel Feininger, Stuttgart 1959
[2] Die selbstkritische Bemerkung dürfte sich auf die Auseinandersetzung mit den Formproblemen des Kubismus beziehen, die KSRs letzten Dangast-Aufenthalt prägte. – Vgl. G. Thiem: KSR 1912 – Experiment Kubismus, Städel-Jhrb. 1991, S. 245 ff.

106 [1] Die Briefstelle bestätigt den starken Anteil von kunsthandwerklichen Arbeiten während des letzten Dangaster Sommers von 1912, der – mit Ausnahme einer kurzen Hitzeperiode im Juli – relativ kühl war
[2] Ob und welche Schmuckstücke damals von Schiefler erworben wurden, ist nicht mehr genau feststellbar. Nachdem KSR das Anfang 1912 von Frau Schiefler erworbene Armband zurückerbeten hatte, war der umgänglichere Heckel im Sommer 1912 um die Anfertigung eines vergoldeten Armbandes gebeten worden (Briefnachlaß Schiefler)
[3] Der letzte Winteraufenthalt KSRs in Hamburg dauerte von Anfang November bis Weihnachten 1912

107 [1] Die Seereise dürfte Ende September 1912 stattgefunden haben, mit wem und welchem Schiff ist nicht bekannt. Mehrere Holzschnitte aus diesem Jahr (Schapire 80–86), unter denen sich auch Darstellungen von Stralsund und Ribnitz in Mecklenburg-Vorpommern befinden, stehen mit der Reise im Zusammenhang. Ein Anlaufpunkt könnte Feininger gewesen sein, der sich damals in Heringsdorf auf Usedom aufhielt
[2] Auf Fehmarn hatte sich im Sommer 1912 Kirchner aufgehalten, den Heckel während der letzten Wochen im August dort besuchte. Als KSR hier erschien, waren beide schon abgereist. – Vgl. A. Dube-Heynig: Ernst Ludwig Kirchner – Postkarten und Briefe an Erich Heckel im Altonaer Museum in Hamburg, Köln 1984

108 [1] Siehe Anm. 110,2
[2] Johann Jakob Wilhelm Heinse: Ardinghello und die glückseligen Inseln, 2 Bände, Lemgo 1787. – Dieser erste deutsche Künstlerroman verherrlicht den Daseinsgenuß in einem erstrebten Idealstaat und steht gleichzeitig am Beginn moderner Kunstbetrachtung. Er erschien neu im Rahmen einer von 1903–1925 herausgebrachten Gesamtausgabe der Werke von Wilhelm Heinse
[3] Seit 1906 existierte in Oldenburg eine Staatliche Ankaufskommission, um deren Besetzung heftige Kontroversen ausgetragen wurden. Nachdem Anfang 1912 Gustav Paulis Rücktrittsgesuch verhindert wurde, traten wenig später der Kunsthistoriker Karl Schaefer und die Maler Wilhelm Otto und Paul Müller-Kaempff aus, was schließlich dazu führte, daß der konservative Maler Bernhard Winter erneut einen Platz darin erhielt
[4] Siehe Anmerkung 106,3

109 [1] 339. OKV-Ausstellung vom 15.11.–15.12.1912
[2] Bei den übersandten Blättern handelt es sich – bis auf die erstgenannte Lithographie – sämtlich um Dangaster Arbeiten
[3] Lithographie „Akt", 1911, Schap. L 75
[4] Lithographie „Dangaster Park", 1910, Schap. L 68 (siehe Abb. 203)
[5] Lithographie „Fischerdorf", 1907, Schap. L 20 (siehe Abb. 17)
[6] Holzschnitt „Abend am Kanal", 1911, Schap. H 52 (siehe Abb. 248)
[7] Holzschnitt „Blumenpflückende Frauen", 1910, Schap. H 27 (siehe Abb. 186)
[8] Holzschnitt „Sonnenuntergang am Meer", 1910, Schap. H 30 (siehe Abb. 189)
[9] Holzschnitt „Junge im Matrosenanzug", 1910, Schap. H 32 (siehe Abb. 191)
[10] Holzschnitt „Gartenbänke", 1910, Schap. H 31 (siehe Abb. 190)
[11] Holzschnitt „Pappeln", 1910 Schap. H 34 (siehe Abb. 192)
[12] Holzschnitt „Boot im Kanal", 1911, Schap. H 51 (siehe Abb. 244)

110 [1] Vom Vf. auszugsweise publiziert in: KSR-Nidden 1913, Stuttgart 1963 sowie im Katalog KSR-Graphik, Hamburg 1969
[2] Das Manuskript Beyersdorffs ist nicht mehr nachweisbar
[3] Siehe Anm. 108,2
[4] Trotz einer zeitlebens bescheidenen und sparsamen Lebensweise hat sich KSR schon relativ früh mit der Anlage seiner finanziellen Mittel befaßt
[5] Internationale Kunstausstellung des Sonderbundes westdeutscher Kunstfreunde und Künstler zu Cöln 1912. Städtische Ausstellungshalle am Aachener Tor vom 25.5.–30.9.1912 – Vgl. Katalog Europäische Kunst 1912 zum 50. Jahrestag der Ausstellung des Sonderbundes in Köln, Wallraf-Richartz-Museum, Köln 1962
[6] Auf der Sonderbund-Ausstellung war dem Maler Vincent van Gogh (1853–1890) eine Sonderschau mit 125 Arbeiten eingeräumt worden. Nachdem KSR und seine Gefährten bereits im November 1905 die van Gogh-Ausstellung der Galerie Arnold in Dresden gesehen hatten, sind in ihren Bildern der folgenden Jahre Einflüsse des Holländers sichtbar. Bei KSR können sie noch am Beginn der Dangaster Zeit konstatiert werden. – Vgl. Katalog Vincent van Gogh und die Moderne, Museum Folkwang Essen 1990, S. 362 ff.
[7] Auch Pablo Picasso (1881–1973) wurde gegenüber seinen Zeitgenossen auf der Sonderbund-Ausstellung mit 16 Werken besonders hervorgehoben. Seine positive Beurteilung durch KSR dürfte durch den mit ihm bekannten Kunsthistoriker Wilhelm Niemeyer (1874–1960) mit beeinflußt worden sein, der Picasso Ende 1911 gemeinsam mit dem Maler Otto Freundlich in Paris besucht hatte

[8] KSR war auf der Sonderbund-Ausstellung mit 3 Gemälden von 1910 vertreten: den beiden Dangaster Bildern „Dorfweg" (siehe Abb. 119), „Landschaft im Herbst" (siehe Abb. 130) sowie „Mädchen mit Spiegel". In der kunstgewerblichen Abteilung wurden von ihm das ursprünglich für Luise Schiefler gearbeitete Armband (siehe Abb. 299), eine Kette mit Metall- und Glasperlen, sowie 4 Mantelknöpfe gezeigt. Die ursprünglich für die Kapelle des Sonderbundes bestimmten metallenen 4 Evangelistenköpfe (siehe Abb. 295) gelangten – wie die von ihm eingesandten jüngeren Bilder – nicht zur Ausstellung

[9] Edvard Munch hatte auf der Sonderbund-Ausstellung ebenfalls eine Sonderschau mit 32 Gemälden aus der Zeit von 1889–1912 erhalten, darunter zahlreiche Großformate, von denen KSR vor allem die überlebensgroßen Ganzfigurenporträts als „vergriffen" vorgekommen sein mögen. Von dieser sachlich begründeten Kritik abgesehen, ist die pauschale Verurteilung eines lange bewunderten Vorbildes – die KSR 51 Jahre später zu mildern suchte (siehe Brief 220) – überraschend. Sie läßt sich nur aus der persönlichen Enttäuschung darüber erklären, auf jahrelange Bemühungen um eine stärkere Annäherung ohne Resonanz geblieben zu sein. – Vgl. Katalog Die Brücke – Edvard Munch, Munch-Museum Oslo 1978 (Arne Eggum)

111 [1] In der letzten Generalversammlung der Berliner Sezession war der Kunsthändler Paul Cassirer (1871–1926) zum neuen Präsidenten gewählt worden. Im folgenden Jahr stellte auch KSR wieder bei der Sezession aus. – Vgl. P. Paret: Die Berliner Sezession, Berlin 1981 sowie G. Brühl: Die Cassirers, Leipzig 1991

[2] Siehe Anm. 13,1

[3] Die vorhandenen Quellen bestätigen KSRs durchgehenden Aufenthalt in Berlin bis zu seiner Abreise nach Nidden Ende Mai 1913

[4] Die angesprochene Ausstellung war nicht zu ermitteln

112 [1] Vom Vf. auszugsweise publiziert in: KSR in Hamburg und Schleswig-Holstein a.a.O. S. 60

[2] Bei den aus dem letzten Hamburg-Aufenthalt hervorgegangenen Holzschnitten handelt es sich um eine Gruppe von Atelierakten, die mit gleichzeitigen Gemälden im Zusammenhang stehen

113 [1] Ob Francksen damals Erwerbungen vornahm und sich an die kubistisch geprägten Aktdarstellungen des letzten Hamburg-Aufenthaltes KSRs heranwagte, war bisher nicht zu klären. – Siehe Anm. 59,1

[2] Hier spielt KSR darauf an, daß offenbar zunehmend weniger Arbeiten von ihm die Jury des OKV zu passieren vermochten (siehe Brief 71)

114 [1] Vom Vf. auszugsweise publiziert in: KSR – Nidden 1913, Stuttgart 1963 sowie im Katalog KSR-Graphik, Hamburg 1969

[2] Was Beyersdorff dem Künstler widmete, läßt sich nicht mehr feststellen – möglicherweise ein Exemplar seiner Dissertation (vgl. Anm. 82,2)

[3] Hier könnte es sich um KSRs Holzschnitt „Bedrückte Frauen" von 1912 (Schap. H 95) handeln, der sich ehemals im Besitz Beyersdorffs befand

[4] Friedrich Perzynski: Hokusai, Bielefeld/Leipzig 1908

[5] Hokusai, Katsushika (1760–1849), japanischer Maler und Meister des Farbholzschnitts

[6] Goethes Italienische Reise. Mit den Zeichnungen Goethes, seiner Freunde und Kunstgenossen. Hrsg. von G. v. Graevenitz, Leipzig 1912. – Vgl. auch Anm. 120,2

115 [1] Vom Vf. auszugsweise publiziert in: KSR-Nidden 1913, Stuttgart 1963 sowie im Katalog KSR-Graphik, Altonaer Museum, Hamburg 1969

[2] KSRs eigenständige Verhandlungen mit Kunsthändlern kündigen die bevorstehende Auflösung der Künstlergemeinschaft Brücke an, die nach Differenzen über den von Kirchner verfaßten Text einer Brücke-Chronik am 27.5.1913 bekanntgegeben wurde

[3] KSRs hier erstmalig angedeuteter Verzicht auf eine Rückkehr nach Dangast bezog sich zunächst nur auf den Sommer 1913. Im Juni 1913 tauchte seine Schwester Gertrud Schmidt (Gästebuch Gramberg) noch einmal in Dangast auf, die wohl in der von ihrem Bruder noch nicht aufgegebenen Wohnung nach dem Rechten sehen sollte

[4] Nachdem KSR im vergangenen Jahr die südliche Ostseeküste kennengelernt hatte, begab er sich Ende Juni 1913 nach Nidden auf der Kurischen Nehrung

[5] Die Wertschätzung des schwedischen Dichters August Strindberg (1849–1912) reicht in KSRs Chemnitzer Gymnasialzeit zurück, als im Debattierklub „Vulkan" neben Nietzsche besonders die zeitgenössische skandinavische Literatur diskutiert wurde. – Vgl. G. Reinhardt: Die frühe Brücke a.a.O. S. 18

[6] Eine erstmalig 1893 gedruckte Szenenfolge von Arthur Schnitzler (1862–1931), die in Berlin 1910 uraufgeführt wurde

[7] Henrik Ibsen (1828–1906), norwegischer Dichter und Dramatiker, Wegbereiter des Naturalismus und – in seinem Spätwerk – des Symbolismus in Skandinavien und Deutschland. KSR nahm die Lektüre seiner Werke nach dem 2. Weltkrieg wieder auf.

Eugenie (John) Marlitt (1825–1887), Verfasserin sentimental-naiver Unterhaltungsromane, die häufig in der Zeitschrift „Die Gartenlaube" erschienen

[8] Beyersdorff, der in diesem Jahr ein Praktikum bei der Oldenburger Industrie- und Handelskammer absolvierte, unternahm damals mehrere, meist schriftlich dokumentierte Erlebnis- und Bildungseisen. Zu ihnen gehört auch diese in die Niederlande, wohin KSR erst 1936 reiste (siehe Anm. 189,5)

[9] Von der Absicht einer Nordafrika-Reise KSRs war bisher nichts bekannt. Die afrikanische Mittelmeerküste war damals vor allem über die Franzosen ins Blickfeld der europäischen Künstler gerückt. So bestand ebenfalls 1913 bei Klee und Macke der Plan zu einer Tunisreise, die dann jedoch auf 1914 verschoben wurde

116 [1] Zum Nidden-Aufenthalt KSRs G.W.: KSR – Nidden 1913, Stuttgart 1963

[2] Diese Ansichtssendung, diesmal mit Holzschnitten aus verschiedenen Entstehungsjahren, dürfte durch Rosa Schapire besorgt worden sein

[3] Informationen über die Kurische Nehrung hatte KSR vor allem von Pechstein erhalten, der sich bereits 1909 erstmalig dort aufhielt. Vgl. Katalog Nidden und die Kurische Nehrung (Norddeutsche Künstlerkolonien I), Altonaer Museum, Hamburg 1976/77

[4] Offenbar hatte KSR seine Dangaster Wohnung zu diesem Zeitpunkt noch nicht aufgegeben. Die Absicht zu einer erneuten Rückkehr wurde jedoch nicht realisiert (siehe Brief 119)

[5] Die Holzschnitte „Köpfe I" und „Köpfe II" von 1911 (Schap. H 66 und 67)

[6] Holzschnitt „Dangaster Dorf", 1911 , Schap. H 58 (siehe Abb. 250)

[7] Holzschnitt „Abendunterhaltung", 1911 (Schap. H 65)

[8] Wahrscheinlich der Holzschnitt „Segler auf der Elbe I", 1911 (Schap. H 60)

117 [1] Vom Vf. auszugsweise publiziert in: KSR – Nidden 1913 a. a.O. sowie im Katalog KSR-Graphik 1969 a.a.O.

[2] Der große Vorläufer der europäischen Moderne und des Kubismus Paul Cézanne (1839–1906) übte auf die Brücke-Maler und besonders auf KSR, der ihn hier deutlich von den Impressionisten absetzt, einen nachhaltigen Einfluß aus. KSR sah u.a. die Cézanne-Ausstellung bei Paul Cassirer in Berlin, von wo er Heckel am 29.11.1909 eine gezeichnete Postkarte nach Dangast sandte (siehe auch Brief 176)

[3] An die Masurischen Seen war KSR während der Rückreise von Nidden nach Berlin Ende August 1913 gelangt. Davon zeugen u.a. die Holzschnitte „Masurische See", 1913 (Schap. H 109) und „Motiv aus Lötzen", 1913 (Schap. H 117)

118 [1] Welche Holzschnitte Francksen damals von KSR erwarb, ist nicht mehr feststellbar. Auch der Künstler konnte sich 1957 nicht mehr daran erinnern (Vgl. Brief 209)
[2] Die künstlerische Ernte – Gemälde, Tuschpinselzeichnungen, Graphik – dieses dreimonatigen Aufenthaltes war ungewöhnlich reich. Ihre im Anschluß daran notwendige Auswertung in Berlin trug dazu bei, daß eine nochmalige Fahrt nach Dangast unterblieb

119 [1] Siehe Anmerkung 115,3
[2] Emma Ritter, die etwa zur gleichen Zeit wie KSR 1911 nach Berlin umgezogen war, hielt sich damals nur vorübergehend in Oldenburg auf

120 [1] Der Kunsthistoriker und Dichter Wilhelm Niemeyer (1874–1960) war seit 1910 mit KSR bekannt, als er ihn auf der 1. Ausstellung des Sonderbundes in Düsseldorf zeigte. Vom 12.–14.9.1911 besuchte er KSR in Dangast und machte sich hierbei ausführliche Notizen über die dort gesehenen Bilder. Er besaß eine bedeutende KSR-Sammlung, von der sich ein Teil im Schleswig-Holsteinischen Landesmuseum in Schleswig befindet. – Vgl. G.W.: Wilhelm Niemeyer und KSR, Nordelbingen 49, 1979
[2] Es handelt sich um einen Teil des Honorars für Niemeyers Mitarbeit an der Goethe-Ausgabe des Berliner Bong-Verlages von 1913, worin er die Bearbeitung und Kommentierung der Schriften zur Kunst übernommen hatte. Niemeyer benutzte diesen Honoraranteil zur Erwerbung von KSRs Niddener Gemälde „Drei badende Frauen", 1913 (Schleswig-Holsteinisches Landesmuseum)
[3] Wilhelm Niemeyer: Malerische Impressionen und koloristischer Rhythmus – Beobachtungen über Malerei der Gegenwart. Denkschrift des Sonderbundes auf die Ausstellung 1910, Düsseldorf 1911
[4] Max Osborn (1870–1976), damals bekannter Kunstkritiker und Redakteur mehrerer Berliner Zeitungen
[5] Oswald Achenbach (1827–1905), Düsseldorfer Landschaftsmaler des Realismus
[6] Niemeyer besaß nach Rosa Schapire die umfangreichste Sammlung der Graphik KSRs. Der verbliebene Bestand im Schleswig-Holsteinischen Landesmuseum

121 [1] Vom Vf. auszugsweise publiziert in: Schmidt-Rottluff in Hamburg und Schleswig-Holstein a.a.O. S. 60. Dieser Auszug in englischer Übersetzung bei Rose-Carol Washton Long: German Expressionism. Documents from the End of the Wilhelmine Empire to the Rise of National Socialism, New York 1993
[2] Nach Schapire entstanden 1913 insgesamt 31 Holzschnitte, die meisten von ihnen als Ergebnisse des Aufenthaltes in Nidden
[3] Der von KSR erhoffte Beitrag Schieflers kam nicht zustande. Von seinen Graphik-Werkverzeichnissen abgesehen, hatte sich Schiefler in den vorangegangenen Jahren mehrfach zu Themen der zeitgenössischen Graphik geäußert. – Vgl. G. Schiefler: Meine Graphiksammlung, erg. und hrsg. von Gerhard Schack, Hamburg 1974, S. 75 ff.

122 [1] Vom Vf. auszugsweise publiziert in: KSR in Hamburg und Schleswig-Holstein, a.a.O. S. 60 – Daß sich KSR in diesem Brief gegen seine sonstige Gewohnheit so relativ ausführlich zu seinen Gestaltungsprinzipien äußert, läßt sich nur aus seiner noch bestehenden Hoffnung erklären, Schiefler würde doch noch über ihn schreiben

123 [1] Im Nachlaß von Beyersdorff befanden sich noch 1957 zwei mit Tuschpinsel und Wasserfarben ausgeführte Zeichnungen KSRs von 1913 auf gelbem Papier

124 [1] Vom Vf. auszugsweise publiziert im Katalog KSR-Graphik a.a.O. 1969 sowie in: KSR in Hamburg und Schleswig-Holstein a.a.O. 1984, S. 60
[2] In dem ehemaligen Fischerort Hohwacht – an der schleswig-holsteinischen Ostseeküste südwestlich von Fehmarn gelegen – hielt sich KSR im Juni 1914 und erneut im Sommer 1919 auf
[3] Die Eröffnung der Deutschen Werkbundausstellung von 1914, in der eine Symbiose von Architektur und Kunstgewerbe angestrebt wurde, fand am 16.5.1914 in Köln statt. Obwohl diese umfassendste Schau des 1907 gegründeten Bundes den Anspruch universaler Selbstdarstellung noch erfüllen konnte, hat sie die von KSR auf den Punkt gebrachten Gegensätze nicht beseitigen können. Seine Beteiligung daran ging vor allem auf den Wunsch von K.E. Osthaus, den Gründer des Folkwang-Museums in Hagen zurück. Von ihm wurden in der Ausstellung zwei Intarsienschränkchen und Schmuck gezeigt. – Vgl. J. Campbell: Der Deutsche Werkbund 1907–1934, Stuttgart 1981 und die zur gleichnamigen Ausstellung erschienene Publikation: Die Deutsche Werkbund-Ausstellung Cöln 1914, Köln 1984
[4] Während seiner Rückreise aus Köln dürfte KSR in Hagen K.E. Osthaus und seine Sammlung und in Jena den Kunstverein besucht haben, der ab 19.7.1914 eine Gemälde-Ausstellung von ihm zeigte. In Halle wird sein Besuch Max Sauerlandt gegolten haben, der erst im Vorjahr gegen starke Widerstände Emil Noldes „Abendmahl" von 1913 erworben hatte
[5] Die von KSR auf der Ausstellung gezeigten Schmuckstücke sind nicht mit Sicherheit identifizierbar
[6] K.E. Osthaus hatte bei KSR für die Ausstellung ein Intarsienschränkchen in Auftrag geben, das bei ihm keine Billigung fand. Die Ausführung hatte der Hannoversche Kunsttischler und Intarsienschneider August Schulze übernommen
[7] Die kurz vor Kriegsausbruch ausgeführte Reise, aus der auch einige Arbeiten hervorgingen, ist u.a. durch eine Postkarte KSRs aus München vom 14.7.1914 an Beyersdorff belegt, worauf eine Fahrt nach Innsbruck am folgenden Tag angekündigt wird. Ihr eigentlicher Anlaß ist unklar. KSRs Vorbehalte gegenüber München hängen mit seinen gestörten Verbindungen zu den Künstlern des Blauen Reiters zusammen, in deren Ausstellungen er – im Gegensatz zu seinen ehemaligen Gefährten – nicht vertreten war. – Vgl. Katalog Der Blaue Reiter, Kunstmuseum Bern, 1986
[8] Auf die Notwendigkeit eines neuen Kunstgebäudes für Oldenburg und die Anstellung eines hauptamtlichen Museumsdirektors hatte Beyersdorff bereits in einem Zeitungsartikel über „Die Zukunft der oldenburgischen Galerien" am 21.2.1912 hingewiesen
[9] Einen Besuch von Travemünde – wo Munch während seiner Lübecker Jahre 1902–1907 mehrfach gemalt hatte – scheint KSR im Anschluß an seinen Hohwachter Aufenthalt von 1914 geplant zu haben. In der Nähe Travemündes hielt sich der Künstler dann erst zwischen 1951–1973 auf, als er Sierksdorf an der Lübecker Bucht zu seinem letzten Sommerdomizil wählte

125 [1] Peter Reindl weist darauf hin, daß Beyersdorff 1913 bei einer Liebhaberaufführung von H. Eulenbergs „Die Welt will betrogen sein" Brücke-Arbeiten aus seinem Besitz zur Dekoration benutzte. – Vgl. Katalog Schenkung Beyersdorff a.a.O. S. 14 ff.
[2] Gemeint ist Dr. Franz Ulbrich, der bis 1915 am Großherzoglichen Theater in Oldenburg als Dramaturg wirkte
[3] Die von KSR gewählte nördliche Route ist unklar. Denkbar wäre ein Besuch Heckels in seinem Sommerdomizil an der Flensburger Förde, zumal ein 1915 gedruckter Holzschnitt die Bezeichnung „Sonnenuntergang auf der Föhrde" (Schap. H 179) trägt und auf diese Landschaft bezogen werden kann
[4] Siehe Anm. 44,4
[5] Beyersdorff war ab 1.7.1914 als Gerichtsassessor am Oldenburger Landgericht tätig

126 [1] Beyersdorff war unmittelbar nach Kriegsausbruch einberufen und an die Westfront kommandiert worden
[2] Außer seiner Schwester Gertrud besaß KSR noch die beiden jüngeren Brüder Friedrich August (Fritz) und Kurt, die sich nach dem inzwischen erfolgten Tode des Vaters Friedrich Au-

gust Schmidt (1852–1914) zunächst um ihre Mutter Auguste Marie (1856–1936) und die verwaiste väterliche Mühle kümmern mußten

[3] KSR kehrte in seine Berliner Wohnung in der Niedstraße 14 zurück, die er auch in der Zeit seines Kriegsdienstes nicht aufgab

[4] Selbst wenn man die psychologische Situation berücksichtigt, die zwischen dem Daheimgebliebenen und dem Frontsoldaten bestand, ist nicht daran zu zweifeln, daß auch KSR vom Patriotismus des Kriegsbeginns erfaßt wurde

127 [1] Vom Vf. auszugsweise publiziert in: KSR – Nidden 1913 a.a.O. 1963 sowie im Katalog KSR-Graphik, Hamburg 1969

[2] Der Wahlspruch des streitbaren deutschen Humanisten Ulrich von Hutten (1488–1523) lautete: „Ich habs gewagt"

[3] Gustav Wied (1858–1914), dänischer Schriftsteller

128 [1] Mit dem blauroten Bande ist das nach dem letzten Oldenburgischen Großherzog benannte Friedrich-August-Kreuz 2. Klasse, mit dem schwarz-weißen das Eiserne Kreuz 2. Klasse gemeint (Frdl. Hinweis von Dr. Wilhelm Gilly de Montaut)

[2] Die Europa von Kleinasien trennende und die Verbindung vom Schwarzen zum Mittelmeer bildende befestigte Meerenge der Dardanellen wurde 1915 heftig umkämpft. Die Angriffe der Alliierten konnten mit deutscher Hilfe abgeschlagen werden

[3] KSRs jüngerer Bruder Kurt Schmidt

129 [1] KSR hatte seinen Gestellungsbefehl am 12.5.1915 erhalten und war sogleich an die Ostfront transportiert worden. In den Monaten vor der Einberufung entstanden einige seiner großartigsten Bildnisse (Feininger, Schapire, Rosenberg, Thiersch u. a.), ebenso eine Bildnisradierung von Emma Ritter, die nach seinem Fortgang bis ins kommende Jahr hinein seine Atelierwohnung in der Niedstraße 14 hütete und hier auch arbeitete

130 [1] Der Narotsch-See liegt zwischen Wilna und Minsk im heutigen Weißrußland. Hierher war 1915 auch Franz Radziwill verschlagen worden, dessen Gemälde „Der Unterstand am Naroczsee" 1929 im Rückblick entstand

131 [1] Beyersdorff war kurz vorher vom Vize-Wachtmeister und Offiziers-Stellvertreter zum Leutnant befördert worden

[2] „Die Aktion. Wochenschrift für freiheitliche Politik und Literatur" war 1911 von Franz Pfempfert (1879–1954) in Berlin begründet worden und brachte regelmäßig auch zeitgenössische Graphik u.a. vom Stock gedruckte Holzschnitte von KSR. Die Ausgabe vom 20.3.1915 zeigte als Titelbild sein Selbstporträt nach einer Zeichnung. – Die Kriegsjahrgänge der „Aktion" von 1915–1918 liegen in einem von Paul Raabe kommentierten Nachdruck von 1967 des Münchener Kösel-Verlages vor. – Vgl. ferner: Die Aktion 1911–1918. Eine Auswahl von Thomas Tietzschel, Berlin und Weimar 1986

132 [1] In der Presse-Abteilung des von Ludendorff geführten Stabes Ober-Ost waren 1916 eine Anzahl von Künstlern zusammengezogen worden, zu denen außer KSR die Maler Magnus Zeller und Hermann Struck sowie die Schriftsteller Richard Dehmel, Herbert Eulenberg, Arnold Zweig und Alfred Brust gehörten. – Vgl. Hans Frentz: Brücke im Krieg. Der Maler Schmidt-Rottluff und seine Gefährten. Die Furche Nr. 14, Wien 5.4.1958

133 [1] Beyersdorff war inzwischen an die Balkanfront kommandiert worden. KSRs freier Vorstellung von Land und Leuten dieser Region folgte die Wirklichkeit erst 1925 als er sich im Frühjahr für einige Wochen in Dalmatien aufhielt

[2] Der von KSR anfangs noch geteilte Glaube an die Unvermeidbarkeit des Krieges hatte sich längst in das Gegenteil verkehrt. Bereits im Vorjahr hatten sich Wilhelm Niemeyer und Rosa Schapire um seine Befreiung vom Heeresdienst bemüht, der jedoch nicht stattgegeben wurde (ablehnender Bescheid am 12.6.1917). Seine unter primitivsten Verhältnissen dennoch fortgesetzte künstlerische Tätigkeit konzentrierte sich damals auf die Gestaltung von Holzskulpturen, die von afrikanischer Plastik inspiriert waren. – Vgl. G.W.: KSR. Skulptur des Expressionismus, Hrsg. von Stephanie Barron, Los Angeles/München 1983/84

[3] Im „Almanach der Neuen Jugend auf das Jahr 1917", Berlin 1916 war KSR unter den graphischen Beiträgen nicht vertreten. – Vgl. P. Raabe: Die Zeitschriften und Sammlungen des literarischen Expressionismus, Stuttgart 1964, Nr. 177

134 [1] Beyersdorff war seit dem 1.4.1919 als Amtsrichter in der Stadt Elsfleth a.d. Weser tätig.

[2] Seit Anfang Dezember 1919 war Beyersdorff mit Johanna Elisabeth Brandstätter (1896–1985) verlobt, die er am 7.7.1920 in Bad Zwischenahn heiratete

[3] Siehe Anm. 44,4

[4] Wahrscheinlich der damals in Zwischenahn tätige Arzt Dr. Georg Rosenthal (geb. 1886), der 1928 nach Oldenburg verzog und 1937 nach Südamerika emigrierte. Er erwarb u.a. auch frühe Arbeiten Franz Radziwills. – Vgl. G.W.: Franz Radziwill – Wilhelm Niemeyer, Oldenburg 1990

[5] Der oldenburgische Maler Jan Oeltjen (1880–1968) besuchte KSR in Berlin nach seinen z.T. erhaltenen Tagebüchern am 7.2., 11.2, und 6.5.1920. Sein Porträt (siehe Abb. S. 95) zeichnete KSR anläßlich des 2. Besuchs, während Oeltjen gleichzeitig zwei Bildnisse von KSR aquarellierte. Oeltjens Geburtsort Jaderberg, wo er am 29.4.1911 die mit Kokoschka befreundete Malerin Elsa Kasimir (1887–1944) heiratete, liegt nur wenige Kilometer südlich von Varel. 1909 stellte er im OKV, 1910 in der Oldenburger Galerie Oncken aus, wo er am 24.5.1922 auch die von der Vereinigung für junge Kunst veranstaltete Ausstellung der Dangaster Künstler sah. Anläßlich des 150jährigen Bestehens des OKV wurde ihm in Oldenburg 1993 eine umfassende Ausstellung gewidmet. – Vgl. Katalog Jan Oeltjen, Oldenburg 1993 (mit Beiträgen von R.I. Dalinghaus, P. Reindl und J. Weichardt) sowie Biographisches Handbuch Oldenburg a.a.O. (Henneberg) und K. Stöver: Jan Oeltjen, Bremen 1992

[6] KSR hielt sich in den Monaten Juni bis September 1919 zum 2. mal in Hohwacht auf und war dort – trotz der zahlreichen, Unruhe verbreitenden Besuche – außerordentlich produktiv. – Vgl. Curt Stoermer: Begegnungen mit Karl Schmidt-Rottluff. Der Wagen – ein lübeckisches Jahrbuch, 1957

[7] KSR hatte am 21.3.1919 die Fotografin Emy Frisch (1884–1975) geheiratet, die von nun ab auf zahlreichen Darstellungen von ihm erscheint

[8] Vgl. Anm. 115,2

135 [1] Vom Vf. auszugsweise publiziert in: KSR – Nidden 1913, Stuttgart 1963 sowie im Katalog KSR-Graphik, Hamburg 1969

[2] Nachdem sich das 1914 und 1919 aufgesuchte Hohwacht als zu unruhig erwies, erwählte KSR das Fischerdorf Jershöft in Hinterpommern zu seinem Domizil bis 1931. Sein 1. Aufenthalt hier fand vom 20.5. – Ende September 1920 statt

[3] Siehe Anmerkung 134,5

136 [1] Emma Ritter wohnte noch bis 1923 in Berlin, ehe sie wegen Erkrankung ihrer Mutter nach Oldenburg zurückkehren mußte

[2] Auf diesen, ein weiteres mal die anhaltende Verbundenheit KSRs mit Oldenburg dokumentierenden Brief wies E. Gäßler erstmalig hin in: Schmidt-Rottluff, der Kunstsammler Francksen und der Oldenburger Künstlerbund, a.a.O. S. 22

137 [1] KSRs Charakterisierung läßt auf eine Kenntnis der oldenburgischen Hafenstadt schließen, die durch den hier von 1623–1823 erhobenen Weserzoll zu historischer Bedeutung gelangte

138 [1] Siehe Anm. 130,1

[2] Nach Abdankung des Oldenburgischen Fürstenhauses im Jahre 1918 wurden einige Hauptwerke der Großherzoglichen Gemäldegalerie – deren Konservator tom Dieck bisher gewesen war – ins Ausland verkauft. – Vgl. O. Holtze: Die Neuordnung

der alten Galerie im Oldenburger Landesmuseum, Oldenburger Jhrb. 31, 1927
[3] Siehe Anm. 134,5
[4] Bakenhus war bei der Aufnahme von KSR in den OKB dessen Schriftführer. Er lebte seit 1905 im damals noch einsamen Kreyenbrück vor den Toren Oldenburgs und befand sich auch nach Heirat mit Emma B. (1870–1963) in wirtschaftlich bedrängten Verhältnissen . – Vgl. Katalog Gerhard Bakenhus – Wilhelm Kempin, Maler in Kreyenbrück, Oldenburg 1987

139 [1] Vom Vf. auszugsweise publiziert in: KSR – Nidden 1913, Stuttgart 1963 sowie Katalog KSR-Graphik, Hamburg 1969
[2] In den zurückliegenden Monaten hatte Beyersdorff in der Oldenburger Landeszeitung u.a. folgende Aufsätze publiziert: Oldenburg und die bildende Kunst (27.10.1920), Zwangloser Rundgang durch die Bremer Kunsthalle (27./28.10.1920), Zur Erklärung des Kunstvereins (5.12.1920)
[3] Die Diskussion über das vermeintliche Ende des Expressionismus war bereits 1920 durch einen Aufsatz von Wilhelm Hausenstein in „Der neue Merkur" entfacht und durch Einlassungen zahlreicher Kunsthistoriker über die nächsten Jahre hinweg bis hin zu dem späten Aufsatz von C.G. Heise über „Die Forderung des Tages" im Wolff-Almanach von 1925 geschürt worden. – Vgl. Katalog KSR-Retrospektive a.a.O. S. 92
[4] Intendant des nunmehrigen „Oldenburger Landestheaters" war von 1920–1924 Renato Mordo, der erstmalig einen progressiven Spielplan durchsetzte. – Vgl. Hoftheater-Landestheater-Staatstheater. Beiträge zur Geschichte des oldenburgischen Theaters 1833–1983, hrsg. von H. Schmidt, Oldenburg 1983
[5] Alfred Brust (1891–1934) vertrat in seinen Dichtungen einen religiös gedeuteten Expressionismus und war von 1916–18 mit KSR in der Presseabteilung des Oberbefehlshabers Ost. Für sein „Spiel Christa vom Schmerz der Schönheit des Weibes" (Aktionsverlag 1918) schuf KSR 9 Holzschnitte (Schapire H 219–227). Gleichzeitig stellt er ihn in einem Holzschnittporträt dar (Schapire H 210)
[6] In Norddeutschland Bezeichnung für Hecken zur Einfriedigung von Feldern und Wiesen

140 [1] Vom Vf. auszugsweise publiziert in: KSR – Nidden 1913, Stuttgart 1963 und im Katalog KSR-Graphik, Hamburg 1969
[2] Der zum Landgerichtsrat ernannte Beyersdorff war von Elsfleth zurück nach Oldenburg gezogen und wohnte mit seiner Frau im Haus Elisabethstr. 2, direkt neben dem Augusteum. Die nur einseitig bebaute Elisabethstraße zieht sich an der Alten Hunte entlang, hinter welcher der Schloßgarten liegt
[3] KSRs Verbindung mit Wilhelm Niemeyer – den Beyersdorff in Hamburg zu treffen hoffte – war damals besonders eng, nachdem er für die von Niemeyer und Rosa Schapire herausgegebene Zeitschrift „Kündung" den Titelholzschnitt geschaffen hatte
[4] Niemeyer befand sich mit seiner Familie während der 2. Augusthälfte 1921 auf Hiddensee, wobei es zu engen Kontaken mit dem Maler Walter Gramatté (1897–1929) und dem Schriftsteller Hermann Kasack (1896–1966) kam
[5] KSRs entsprechende Briefe sind nicht mehr nachweisbar
[6] Diese Erwähnung von Franz Radziwill (1895–1983) bestätigt eine vorausgegangene persönliche Bekanntschaft beider Künstler, die durch Niemeyer vermittelt wurde. Eine Postkarte Radziwills an Rosa Schapire bezeugt einen gemeinsamen Besuch bei KSR in Berlin am 9.3.1921 (125. Ketterer-Auktion München 1988, Nr 1035 A). Bereits in der Januar-Ausgabe des Kunstblatt" hatte Rosa Schapire den ersten Aufsatz über Radziwill publiziert. – Zum Verhältnis KSR – Radziwill vgl. G.W.: Franz Radziwill – Wilhelm Niemeyer, Oldenburg 1990. – Biographisches Handbuch Oldenburg a.a.O. (Weichardt)

141 [1] KSRs Westfalenreise fand Ende September 1921 statt. Sie begann im niedersächsischen Hildesheim und führte u.a. nach Paderborn , Soest und Arnsberg. Mehrere der hier erhaltenen Eindrücke wurden künstlerisch verarbeitet
[2] Die monumentale Strenge und Zeitlosigkeit des romanischen Stils kam KSRs Formempfinden so stark entgegen, daß er sich in einem nicht ausgeführten Wandbilder-Entwurf für St. Marien in Frankfurt/Oder der Figurenauffassung und Gestik der romanischen Malerei verblüffend stark annäherte (Abb. b. Grohmann a.a.O. S. 242)
[3] Die kritische Auseinandersetzung mit religiösen Themen durchzieht das gesamte Lebenswerk KSRs und erlebt in den Holzschnitten der Christusfolge von 1917–1919 ihren Höhepunkt. – Bei Schiefler (Meine Graphiksammlung a.a.O. S. 47) findet sich der Hinweis, daß der Künstler nach dem Willen der Eltern ursprünglich protestantischer Geistlicher werden sollte
[4] Beyersdorff hatte in Hamburg weder Niemeyer noch Rosa Schapire angetroffen. – Siehe Anm. 140,3
[5] KSRs Holzschnitt „Tanne" von 1914 (Schap. H 145)
[6] Die letzte große Ausstellung, die den Rahmen der herkömmlichen OKV-Veranstaltungen sprengte, war die Nordwestdeutsche Kunstausstellung von 1905, die innerhalb einer Landes-Industrie- und Gewerbe-Ausstellung stattfand. Siehe Anm. 6,2. – Der 1903 gegründete und nach Unabhängigkeit von der offiziellen Kunstpolitik strebende Deutsche Künstlerbund wechselte alljährlich die Standorte für seine Ausstellungen. 1908 und 1912 fanden solche – auch in Oldenburg stark beachtet – in der Bremer Kunsthalle statt. 1910 beteiligte sich KSR an der 3. Graphischen Ausstellung in Hamburg und an der regulären Ausstellung in Darmstadt, wo er gemeinsam mit den übrigen Brücke-Gefährten zum Mitglied ernannt wurde. – Vgl. Katalog Deutscher Künstlerbund, Bremer Kunsthalle 1987
[7] Das Oldenburger Residenzschloß, ein unregelmäßiger Winkelbau des 17. bis 19. Jahrhunderts, wurde schon bald nach Abdankung des Fürstenhauses für museale Zwecke ausersehen. Durch die Vereinigung der Sammlungen des Kunstgewerbemuseums und der verbliebenen großherzoglichen und staatlichen Gemäldebestände entstand das Landesmuseum für Kunst und Kulturgeschichte, das am 27.2.1923 mit Walter Müller-Wulckow (1886–1964) als erstem Direktor eröffnet wurde

142 [1] Die erhaltenen Briefe und Postkarten KSRs an Radziwill im Radziwill-Archiv in Dangast
[2] Der tatsächliche Geburtstag Radziwills war der 6.2.1895
[3] Bei G. Brühl: Die Cassirers a.a.O. wird eine Aquarellausstellung bei Cassirer um diese Zeit nicht erwähnt
[4] Der Kunsthändler Alfred Heller, Kurfürstendamm 44, vertrat Radziwill damals in Berlin, stellte jedoch auch die ehemaligen Brücke-Maler und ihre Zeitgenossen aus. So zeigte er im Frühjahr 1922 eine Einzelausstellung von KSR mit Bildern, Aquarellen und Holzschnitten. – Vgl. G.W.: Franz Radziwill – Wilhelm Niemeyer a.a.O. S. 33
[5] Die vorausgegangenen Radziwill-Ausstellungen in der Galerie Heller waren bisher nicht fixierbar
[6] Auch KSR erlebte am Ende seines Aufenthaltes von 1910 Dangast im Schnee

143 [1] Die Aquarell-Ausstellung der offiziell am 20.2.1922 begründeten Vereinigung für junge Kunst in Oldenburg mit Kleinplastiken von Kolbe und Sintenis fand vom 1.4.–5.5.1923 im Augusteum statt
[2] Emil Nolde gehörte nach einer Beitrittsaufforderung KSRs im Februar 1906 der Brücke bis Ende 1907 an. Im Spätsommer 1906 hielt sich KSR bei ihm und seiner Frau auf der Ostseeinsel Alsen auf, wurde dort von Nolde porträtiert und verehrte diesem sein gleichzeitig entstandenes Selbstbildnis. Die ersten Aufsätze über Nolde wurden 1907 und 1908 von Rosa Schapire verfaßt. In den Jahren gemeinsamer Verfemung gab KSR einem Atelierstilleben von 1936 den Titel „Gruß an Nolde".
[3] Siehe Anm. 105,1
[4] Paul Klee (1879–1940), deutsch-schweizerischer Maler und Zeichner, der sich 1912 dem Blauen Reiter in München anschloß. Seit 1913 auch Ausstellungen in Berlin, in denen KSR

seiner phantastischen Kunst begegnete, 1920 Berufung ans Bauhaus in Weimar, 1930 Lehramt an der Düsseldorfer Akademie, die er 1933 verlassen mußte. Gleichzeitig wurde Franz Radziwill als außerordentlicher Professor eingestellt (bis 1935)

[5] Conrad Felixmüller (1897–1977), Maler und Graphiker, dessen Beiträge sich in den wichtigsten Zeitschriften des deutschen Expressionismus fanden. Mit KSR und den anderen Brücke-Malern stellte er erstmalig 1917 in Dresden aus. Seine Frau Londa wurde 1919 von KSR porträtiert

[6] Willy Robert Huth (1890–1977) lernte KSR 1920 durch die gemeinsamen Ausstellungen in der Freien Sezession in Berlin kennen und wurde – ebenso wie seine 1. Frau Martel Schwichtenberg (1896–1945) – in den Jahren danach zeitweilig stark von ihm beeinflußt. 1947 wurde er gleichzeitig mit ihm als Lehrer an die Berliner Hochschule berufen

[7] Der gebürtige Ungar Bela Czobel (1883–1976) stand um 1905 in Paris den Fauves nahe und lebte seit 1919 vorwiegend in Berlin, wo ihm KSR begegnete

[8] Der Maler und Graphiker Max Kaus (1891–1977) lernte während des gemeinsamen Kriegsdienstes in Flandern 1916 Heckel kennen und empfing Anregungen von ihm. 1920 in der Berliner Freien Sezession Bekanntschaft mit KSR, mit dem er mehrfach ausstellte und nach 1945 an der Berliner Kunsthochschule lehrte

[9] Walter Gramatté (1897–1929), ein enger Freund von Wilhelm Niemeyer und Rosa Schapire, gehörte zu den wenigen jüngeren Künstlern, bei denen es zu einer Duzfreundschaft mit KSR kam, der auch den Entwurf für den Grabstein des Frühverstorbenen anfertigte. – Vgl. Walter Gramatté – Eine Auswahl seiner Briefe, hrsg. von F. Eckhardt, Brücke-Archiv Heft 12, 1981/82

[10] Charles Crodel (1894–1973) studierte seit 1918 Archäologie und Kunstgeschichte in Jena, wo er vor allem in seiner Graphik durch die Werke Kirchners beeinflußt wurde. Er lehrte seit 1927 an der Kunstschule Giebichenstein bei Halle, ab 1951 in München

[11] Gemeint ist das Gemälde „Parkweg" von 1911 (siehe Abb. 221) im Besitz von Wilhelm Valentiner (1880–1958), der seit 1921 an verschiedenen amerikanischen Museen tätig war und 1920 in der Reihe „Junge Kunst" die 1. Einzelpublikation über KSR herausbrachte. 1923 schuf KSR 2 Holzschnittporträts von ihm (Schapire H 298, 299). Teile seines mit KSR geführten Briefwechsels, der sich in North Carolina State Archives, Raleigh (USA) befindet, wurden von G. Thiem publiziert im Katalog KSR-Retrospektive a.a.O.

144 [1] Beyersdorff hatte sich im vergangenen Jahr in mehreren Zeitungsartikeln (siehe Anm. 139,2) mit der Situation der bildenden Kunst in Oldenburg kritisch auseinandergesetzt. Die sich daraus ergebenden Kontroversen mit dem OKV trugen nicht unwesentlich zur kurz darauf erfolgenden Gründung der Vereinigung für junge Kunst bei

[2] Der Kunsthistoriker Walter Müller-Wulckow (1886–1964) war 1920 zum Direktor des Oldenburger Kunstgewerbemuseums berufen worden, dessen Sammlungen er mit den verbliebenen Gemäldebeständen des Augusteums zum Landesmuseum für Kunst und Kulturgeschichte im ehemaligen Residenzschloß vereinigte. Dessen Eröffnung fand erst am 27. 2.1923 statt. Publizistisch widmete sich Müller-Wulckow vor allem der zeitgenössischen Architektur, während sein positives Verhältnis zur modernen Malerei für die Oldenburger Sammlung nur in Ansätzen nutzbar zu machen war. Seine bis 1951 währende Amtszeit war von den Auswirkungen der NS-Zeit und des 2. Weltkrieges überschattet. – Vgl. Biographisches Handbuch Oldenburg a.a.O. (Riedel)

[3] Bei dieser harschen Charakterisierung, die eine persönliche Bekanntschaft voraussetzt, mochten bei KSR Assoziationen zu seinen Christus- und Apostelköpfen in den Holzschnitten von 1918 (insbesondere Schapire H 211) eine Rolle spielen

[4] Vgl. Anmerkung 153,5

145 [1] Die gedruckte Einladung zur Gründungsversammlung der Vereinigung für junge Kunst am 20.2.1922 in der Aula des Gymnasiums – Die Geschichte der Vereinigung wurde nach den bereits 1957 durch den Vf. ins Oldenburger Landesmuseum verbrachten Archivalien der Gesellschaft erstmalig kurz dargestellt durch P. Reindl: Die Schenkung Beyersdorff a.a.O. Eine ausführlichere Behandlung des Themas wird darin angekündigt

[2] Die in den Räumen der Kunsthandlung Oncken im Lappan veranstaltete 1. Ausstellung der neuen Vereinigung war in der Einladung zur Gründungsversammlung als „Ausstellung der ehemaligen Dangaster Künstlergruppe (Schmidt-Rottluff, Heckel, Pechstein, Radziwill u.a.)" angekündigt worden, was insofern nicht korrekt ist, als der jüngere Radziwill nicht mit den Brücke-Malern in Dangast gearbeitet hatte, sondern erst 1921 dort aufgetaucht war und Emma Ritter gänzlich fehlte. Der angekündigte Pechstein, von dem Beyersdorff ein Gemälde von 1911 und mehrere graphische Arbeiten besaß, war auf der Ausstellung ebenfalls nicht vertreten

[3] Siehe Abb. 137

146 [1] Vgl. Anmerkungen 52,2

[2] Diese – von KSR nicht beibehaltene – Gewohnheit führte mitunter zu Irrtümern. So datierte er die heute in der Hamburger Kunsthalle befindliche „Atelierpause" beim Verkauf in die Sammlung Rauert irrtümlich mit 1910, obwohl – wie der Künstler dem Vf. mündlich mitteilte – 1911 das richtige Entstehungsdatum ist. – Vgl. G.W.: KSR in Hamburg und Schleswig-Holstein a.a.O., Abb. 42

[3] Nach mündlicher Auskunft von KSR war den Nachforschungen kein Erfolg beschieden

[4] Da kein Katalog für diese Ausstellung gedruckt wurde, war die Beteiligung KSRs daran bisher nicht bekannt. – Siehe Beiblatt zu Brief 144

[5] Auch die geplante Bodensee-Reise kam nicht zustande

147 [1] Das erste Kind des Ehepaares Beyersdorff, Hans Silvester, wurde am 21.4.1922 geboren († 1965)

[2] Die „Oldenburger Woche" oder „OWO" war eine Veranstaltung der Stadt Oldenburg, in deren Rahmen die Ausstellung der Vereinigung für junge Kunst „Dangaster Künstler" stattfand. Sie wurde am 21.5.1922 mit einem Vortrag Wilhelm Niemeyers eröffnet; ein dafür angefertigter Plakatentwurf Radziwills fand keine Verwendung. – Vgl. G.W.: Franz Radziwill – Wilhelm Niemeyer a.a.O.

[3] Die Dresdener Galerie Richter hatte 1907 und 1908 Ausstellungen der Brücke gezeigt, deren ehemalige Mitglieder sie nach Auflösung der Gemeinschaft dann auch einzeln vertrat

[4] Siehe Abb. 137

[5] KSRs Vermutung, es könnte sich hier um gerahmte Graphiken aus dem ehemaligen Besitz des Vareler Bäckers Ammermann handeln, war zutreffend. Nach dem Zweiten Weltkrieg gelangten mehrere Dangaster Lithographien von 1907 aus seinem Nachlaß in den Kunsthandel. Sie waren mit den ursprünglich verglasten Holzrahmen versehen und auf der rückseitigen Abdeckung nochmals vom Künstler eigenhändig beschriftet und signiert

[6] Siehe Abbildung 46

[7] Aquarell „Kurhäuser im Seenebel", 1909 (siehe Abb. 46)

[8] Das Aquarell „Watt bei Ebbe" (1909) ist verschollen. Den gleichen Bildtitel erhielt 1912 auch ein Gemälde (Abb. 285)

[9] Aquarell „Herbstmorgen", 1909 (siehe Abb. 59)

[10] Ein Aquarell „Park" ist nicht nachweisbar

[11] Aquarell „Stickendes Mädchen", 1909 (siehe Abb. 56)

[12] Aquarell „Haus im Nebel", 1909 (siehe Abb. 61)

[13] Aquarell „Park am Mittag", 1909 (siehe Abb. 60)

[14] Aquarell „Stilleben mit Äpfeln und Henkelkrug II", 1909 (siehe Abb. 49)

[15] Gemälde „Haus am Park", 1910 (siehe Abb. 124)

[16] Gemälde „Kühe am Strand", 1910 (siehe Abb. 142)

[17] Gemälde „Parkecke", 1910 (siehe Ab. 126)

[18] Aufgrund dieses Verzeichnisses und der im Nachlaß der Vereinigung für junge Kunst vorhandenen Unterlagen sind die in der Eröffnungsausstellung (ohne Katalog) gezeigten Arbeiten KSRs und deren Herkunft bestimmbar. Es handelt sich um 3 Gemälde, 12 Aquarelle und Zeichnungen, 3 gezeichnete Postkarten und 27 Graphiken, insgesamt 45 Nummern aus dem Fundus des Künstlers, Beyersdorffs, den von tom Dieck verwahrten Beständen des Städt. Heimatmuseums, des OKV und zweier Kunstgalerien. Die Zahl der 1908 von KSR im Augusteum vorgewiesenen Arbeiten (39) wurde damit zwar gering übertroffen, wobei jedoch ca. 20 Blätter nicht in Dangast entstanden waren (siehe S. 87)

148 [1] Eine am 5.6.1922 von KSR an Beyersdorff geschriebene Mitteilung ist nicht nachweisbar
[2] Die von Beyersdorff für die Ausstellung gewünschte Landschaft läßt sich nicht bestimmen
[3] Beyersdorff hatte das Erich Heckel darstellende Gemälde „Gelbe Öljacke“ von 1908 (siehe Abb. 26) bereits in seiner Besprechung der Augusteums-Ausstellung von 1908 als „Clou der Ausstellung“ bezeichnet (siehe Abdruck S. 216)

149 [1] Die Anwesenheit des Bildes in Essen könnte mit Ankaufsabsichten des Kunstmuseums bzw. seines Direktors Ernst Gosebruch zusammenhängen. Ihm waren gerade die hinterlassenen Kunstsammlungen von K.E. Osthaus in Hagen zugewiesen worden, wodurch das nunmehrige Museum Folkwang zu den führenden Museen moderner Kunst in Deutschland aufrückte. – Vgl. Anm. 177,2

150 [1] Vom Vf. auszugsweise publiziert in: KSR – Nidden 1913, Stuttgart 1963 sowie im Katalog KSR-Graphik, Hamburg 1969
[2] Das Gemälde „Dangaster Park“ von 1910 befand sich in der Galerie von Ferdinand Möller (1882–1956) in Berlin, der KSR ab 1919 mehrfach ausstellte (siehe Abb. 137)
[3] In der Ausstellung, die KSR von der Vereinigung für junge Kunst in Oldenburg 1926 gewidmet wurde, war das Bild nicht enthalten
[4] Dank der Rührigkeit Beyersdorffs hatte die Ausstellung in den Oldenburger Zeitungen eine starke Resonanz gefunden, selbst die Oldenburger Nachrichten mußten feststellen, daß die ehemaligen „Dangaster“ sich inzwischen durchgesetzt hätten (27.5.1922)
[5] Am 21.5.1922 hielt Wilhelm Niemeyer einen Vortrag über „Die jüngste Kunst als Ausdruck der Zeit“ und übernahm am folgenden Tag eine Führung durch die Ausstellung (siehe Abb. S. 87)
[6] Anläßlich der Ausstellung konnten von KSR die Gemälde „Gelbe Öljacke“, 1908 und „Kühe am Strand“ 1910 erworben und dem Oldenburger Landesmuseum zugewiesen werden (siehe Abb. 26 und 142). Das Bild „Parkecke“ von 1910 erwarb Dr. Martin Ventzky in Oldenburg (Abb. 126)
[7] Siehe Anm. 41,2

151 [1] Siehe Anm. 150,4
[2] Das Gemälde „Kühe am Strand“, von 1910 (siehe Abb. 142)

152 [1] Der Grund für die geplante Reise Beyersdorffs ist nicht bekannt
[2] Siehe Anm. 147,4

153 [1] Über seine Berliner Schwierigkeiten äußert sich Radziwill ausführlich in einem Brief an Wilhelm Niemeyer vom 11.5.1922. Siehe G.W.: Franz Radziwill – Wilhelm Niemeyer a.a.O. S. 74
[2] Siehe Anmerkungen 142,4 und 143,6
[3] In der Ausstellung der Berliner Juryfreien von 1924 erhielt Radziwill eine Sonderschau mit 17 Gemälden eingeräumt. Vgl. G.W.: Franz Radziwill – Wilhelm Niemeyer a.a.O. S. 38
[4] Durch Vermittlung des Kunsthistorikers Wilhelm Valentiner organisierte die Berliner Galerie Ferdinand Möller 1923 eine Ausstellung deutscher Kunst in den USA. Vgl. E. Roters: Galerie Ferdinand Möller, Berlin 1984, S. 56 ff.
[5] Wie die späteren Briefe zeigen, waren den Bemühungen Radziwills um eine Freundschaft mit KSR Grenzen gesetzt. Noch 1924, als er sich bereits neusachlicher Malerei zugewandt hatte, urteilte Radziwill über KSR: „In der Malerei Schmidt-Rottluffs löste sich für mich eine neue Anschauung, der in der Stille mir der größte Maler seiner Zeit und Lehrer wurde“. – Vgl. G.W.: Franz Radziwill – Wilhelm Niemeyer a.a.O. S. 106
[6] Siegfried Schott (1897–1971) hatte bei Heidegger Philosophie studiert, ehe er in Hamburg mit Niemeyer, Rosa Schapire und Radziwill bekannt wurde und zu malen begann. Später kehrte er zur wissenschaftlichen Laufbahn zurück, die er als Professor für Ägyptologie in Göttingen beendete. – Vgl. W. Niemeyer: Siegfried Schott – Aquarelle, Kündung I, Heft 11/12, 1922
[7] Radziwills Vater Eduard (1856–1922) war am 8.10.1922 in Bremen verstorben

154 [1] Unter den KSR-Arbeiten im Besitz Beyersdorffs befand sich eine gewidmete Kohlezeichnung mit mehreren stehenden Männern, um die es sich hier handeln könnte. – Aus Jershöft hatte Beyersdorff bereits eine am 20.7.1922 abgestempelte Postkarte mit der aquarellierten Zeichnung eines auch auf anderen gleichzeitigen Arbeiten vorkommenden schnauzbärtigen Mannes erhalten. Abb. im Katalog Die Künstlergruppe Brücke, Oldenburger Landesmuseum 1990/91 S. 202 ff. (Hier irrtümlich als Selbstporträt bezeichnet)
[2] Es handelt sich um z.T. noch nachweisbare Aquarelle der letzten Jahre, in deren Preisansatz sich die Inflation widerspiegelt
[3] Jussuf Abbo (1888–1953), syrisch-jüdischer Bildhauer und Graphiker, seit 1911 in Berlin u.a. mit Else Lasker-Schüler („Jussif – Prinz zu Theben“) befreundet, die von KSR 1912 porträtiert wurde
[4] Der promovierte Kunsthistoriker Wilhelm Niemeyer hat sich zeitlebens primär als Dichter betrachtet und – über sein ganzes Leben verteilt – mehrere Gedichtbände herausgebracht. Dem Kreis um Stefan George (1868–1933), zu dem u.a. Heckel Verbindungen besaß, stand er nur zeitweilig näher

155 [1] Ausstellung „Aquarelle und Kleinplastik“ vom 1.4.–5.5.1923
[2] KSR bestand in der Regel auf seinen Preisforderungen und unterschied streng zwischen Verkauf und Geschenk

156 [1] Rosa Schapire: KSR. Das graphische Werk bis 1923, Berlin 1924
[2] Die Lithographische Anstalt Julius Lambrecht & Sohn in Oldenburg hatte 1907 das Prädikat „Hof-Steindruckerei“ erhalten. Schapire gibt 6 dort gedruckte Blätter an, doch dürften es tatsächlich mehr gewesen sein
[3] Die 1909 als König-Albert-Museum begründeten Städtischen Kunstsammlungen und der seit 1860 bestehende Verein Kunsthütte standen seit 1920 unter gemeinsamer Leitung von Friedrich Schreiber-Weigandt (siehe Anm. 177,12)

157 [1] Siehe Anm. 156,2
[2] Siehe Anm. 155,1
[3] Siehe Brief 154
[4] Der kaufinteressierte Privatmann ist nicht bekannt
[5] Die Chemnitzer Ausstellung „Aquarell und Kleinplastik“ wurde am 15.5.1923 eröffnet und bis September gezeigt. KSR war darin mit 11 Aquarellen vertreten
[6] Der Bildhauer Georg Kolbe (1877–1947) und KSR lernten sich 1919 in Berlin kennen. Sie unternahmen 1923 gemeinsam eine Reise nach Italien und 1926 nach Paris. Der Nachlaß des Bildhauers befindet sich im Berliner Kolbe-Museum, das auch mehrere Arbeiten KSRs besitzt
[7] Siehe Anm. 155,1

158 [1] Das in Oldenburg verkaufte Aquarell „Ernte“ von 1921/22 blieb von der Weitersendung der übrigen Blätter nach Chemnitz ausgenommen. Es gelangte später über den Kunsthandel erneut in Privatbesitz. – Vgl. Katalog KSR-Retrospektive 1989, Nr. 231

159 [1] Beyersdorff hatte KSR Fotos seines 14 Monate alten Sohnes Hans übersandt
[2] Siehe Anm. 142,4
[3] KSRs 1. Italienreise, die mit einem Aufenthalt auf Capri verbunden war, fand gemeinsam mit den befreundeten Bildhauern Georg Kolbe und Richard Scheibe während der Monate Juni und Juli 1923 statt. Letzterer schuf 1948 eine Porträtbüste von ihm
[4] Nach Beendigung seiner Dangaster Aufenthalte wurde KSR mehrfach von Beyersdorff in Berlin besucht (siehe Briefe 180, 188, 190, 199)

160 [1] Siehe Anm. 152,2 und Abb. 137

161 [1] Die Kenntnis dieses im Nachlaß von Walter Müller-Wulckow aufgefundenen Briefes verdanke ich Dr. Peter Reindl in Oldenburg, der gleichzeitig versicherte, daß in diesem, vom Oldenburger Landesmuseum übernommenen, Bestand keine weiteren Briefe oder Entwürfe KSRs vorhanden seien
[2] Der nicht zur Ausführung gelangte Plan einer Raumausmalung durch KSR im Oldenburger Schloß war bisher nicht bekannt. Hier kam es zur Realisierung zeitgenössischer Wand- und Deckenfresken erst 1937/38 durch den Oldenburger Maler Adolf Niesmann (1899–1990), der in der ehem. Schütte-Lanz-Ehrenhalle des Landesmuseums Themen aus der Ikarus-Sage gestaltete. Die Wandbilder-Entwürfe, die KSR 1926 für St. Marien in Frankfurt/Oder anfertigte, blieben ebenfalls unausgeführt. – Vgl. W. Müller-Wulckow: Oldenburgisches Landesmuseum – Führer durch die Neuerwerbungen, Oldenburg 1938
[3] Die auf dem Höhepunkt der deutschen Inflation in Goldmark angegebene Forderung KSRs läßt an einen größeren Auftrag denken, dessen Umfang und Thematik dem Künstler bekannt gewesen sein müssen. Ob er sich deswegen auch persönlich nach Oldenburg begeben hatte, ist nicht bekannt

162 [1] Radziwills Plan einer Schiffsreise nach Italien und Spanien, die für 1924 vorgesehen war, kam nicht zustande. Vgl. G.W.: Franz Radziwill – Wilhelm Niemeyer a.a.O. S. 195, 196
[2] Am 18.2.1923 hatte Radziwill in Dangast ein ehemaliges Fischerhaus erworben, das er KSR in der Hoffnung auf seinen erneuten Aufenthalt dort anbot. KSRs Absage spiegelt sich auch in einem Brief Radziwills an Niemeyer vom 2.1.1924 wieder: „Schmidt-Rottluff sollte meine Bude beziehen, er schrieb etwas verzweifelt über seine Lage, so, daß er nicht kann, was ihn sehr traurig stimmt“. – G.W.: Franz Radziwill – Wilhelm Niemeyer a.a.O. S. 92
[3] Siehe Anm 13,1
[4] Um welches Blatt Radziwills aus seiner am 10.11.1923 in der Berliner Galerie Heller eröffneten Ausstellung es sich handelt, ist nicht mehr eruierbar. – Zur geplanten Italienreise Radziwills vgl. Anm. 162,1
[5] Der Besuch von Rosa Schapire in Berlin galt der gemeinsamen Redaktion des Werkverzeichnisses der Graphik KSRs, dessen Erscheinen bevorstand. – Vgl. Anm. 156,1 und 2
[6] Die Rückenansicht eines weiblichen Aktes findet sich in Radziwills Radierung „Landschaft mit Badenden (Gespräch)“ von 1922. Abb. im Werkverzeichnis von G. Presler: Franz Radziwill – Die Druckgraphik, Karlsruhe 1993, Nr. 24

163 [1] Vgl. Anm. 162,2
[2] Der Theaterintendant Gioli war nicht zu ermitteln
[3] Die Ausstellung der Vereinigung für junge Kunst „Graphik der Gegenwart“, die vom 9.4.–11.5.1924 im Augusteum stattfand
[4] Die KSR-Ausstellung in Lübeck fand vom 23.3. bis Ende April 1924 in der Overbeck-Gesellschaft statt
[5] Die Berliner Akademie-Ausstellung kam in der geplanten Form nicht zustande. KSR wurde 1931 Mitglied der Preußischen Akademie, die er 1933 wieder verließ
[6] Vgl. Anm. 136,1
[7] Die Vereinigung für junge Kunst bezog schon früh musikalische Veranstaltungen in ihr Programm ein und bemühte sich u.a. um die Durchsetzung der Musik Hindemiths in Oldenburg. – Vgl. E. Hinrichs: Von der Hofkapelle zum Staatsorchester. 150 Jahre Konzertleben in Oldenburg. In Hoftheater-Landestheater-Staatstheater, Oldenburg 1983, S. 357
[8] Die nach Art und Herkunft unterschiedlichen Bestände des nunmehrigen Oldenburger Landesmuseums waren im ehem. Residenzschloß in eine nicht durchgängig historische Abfolge integriert worden, in der ältere Raumgestaltungen verschiedener Stilepochen berücksichtigt werden mußten
[9] Siehe Anm. 53,4

164 [1] KSR hatte die übersandten Blätter mit der bei ihm inzwischen gebräuchlichen Werknummernbezeichnung versehen, bei welcher die ersten beiden Zahlen die Jahreszahl, die weiteren die Reihenfolge der Entstehung angeben. Danach stammten diese Arbeiten, von denen mehrere identifizierbar sind, sämtlich aus dem Jahr 1923. Die Preisangabe in amerikanischen Dollar hatte sich seit den Turbulenzen der eben erst überstandenen Inflation auch auf dem Kunstmarkt eingebürgert
[2] Siehe Anm. 163,4
[3] Siehe Anm. 163,5. – Max Liebermann (1847–1935) war von 1920–1933 Präsident bzw. Ehrenpräsident der Preußischen Akademie der Künste

165 [1] Siehe Anm. 163,3
[2] Edwin Redslob (1884–1973) bekleidete von 1919–1933 das neu geschaffene Amt des Reichskunstwarts. Als solcher erteilte er KSR – von dem er selbst mehrere Arbeiten besaß – den Auftrag zum Entwurf eines neuen Reichswappens (als Holzschnitt Schap. 262, 268). 1948 gehörte er zu den Mitbegründern der Freien Universität Berlin. – In der Vereinigung für junge Kunst in Oldenburg sprach er während der Laufzeit der Ausstellung Graphik der Gegenwart“ am 28.4.1924 über „Das graphische Schaffen der Gegenwart“
[3] Altes sächsisches Staatsbad im südlichen Vogtland mit zahlreichen Mineralquellen gegen Gicht und Gallenleiden

166 [1] Der Patroklusturm in Soest wurde von KSR in einem Aquarell von 1921 und in einem ebenfalls in der Sammlung Rauert befindlich gewesenen Gemälde von 1922 dargestellt
[2] Bei dem von der Vereinigung für junge Kunst für das Oldenburger Landesmuseum ausersehene Aquarell handelt es sich nach einer Notiz von Beyersdorff um das bei KSR mit „Soest 1923“ bezeichnete Blatt, das demnach mit dem Aquarell „Patroklusturm in Soest“ von 1921 nicht identisch sein kann (Abb. in Kat. KSR-Retrospektive 1989, Nr. 241)
[3] Einzelausstellungen von KSR fanden im vergangenen Jahr in Berlin, Dresden, Hannover und Lübeck statt
[4] KSR bezieht sich auf frühere Überlegungen Beyersdorffs, evtl. Kunsthändler zu werden (siehe Brief 136)

167 [1] Das in Holz geschnittene Neujahrsblatt für 1925 (Rathenau 78) siehe Abb. S. 161
[2] Die bekannte Tänzerin und Tanzpädagogin Gret Palucca (1902–1993) war Schülerin von Mary Wigman und eine Hauptvertreterin des Ausdruckstanzes in Deutschland. Bei der Vereinigung für junge Kunst in Oldenburg trat sie am 12.2.1932 auf
[3] Mary Wigman (1886–1973), die eigentliche Gründerin des deutschen Ausdruckstanzes, gastierte auf Einladung der Vereinigung für junge Kunst am 27.11.1925 im Oldenburger Landestheater. KSR besuchte sie im Frühjahr 1946 in Leipzig und traf sie später wiederholt in Berlin

168 [1] KSRs Jershöfter Aufenthalt ging eine Reise nach Dalmatien voraus, von der er am 7.5.25 nach Berlin zurückkehrte
[2] Der Besuch Müller-Wulckows bei KSR in Berlin, über den Beyersdorff offensichtlich nicht informiert war, dürfte im Winter 1924/25 noch im Zusammenhang mit der geplanten Raumausmalung im Oldenburger Schloß erfolgt sein. Die

Wiederholung seiner negativen Beurteilung des Kunsthistorikers scheint sich auf das Scheitern dieser und weiterer Pläne und Ankäufe zu beziehen
[3] Rheinische Jubiläumsausstellungen, Düsseldorf 1925

169 [1] Ein Wilhelmshavener Maler dieses Namens (in Briefen Radziwills an Niemeyer Stieghardt genannt) war nicht zu ermitteln. Anfrage Radziwills vom 11.10.25

170 [1] Dr. Otto Holtze (1892–1944), unter Müller-Wulckow der erste kunsthistorische Assistent am Oldenburger Landesmuseum, hatte sich um die durch den Fortgang Walter Kaesbachs freigewordene Direktorenstelle am Erfurter Museum beworben

171 [1] Nachfolger des mit Heckel befreundeten Walter Kaesbach als Direktor des Erfurter Museums wurde Herbert Kunze, der es mit einer Unterbrechung in der NS-Zeit von 1925–1963 leitete und der sich besonders mit mittelalterlicher Kunst befaßte. – KSRs Bescheid kreuzte sich mit einem Brief Radziwills vom 25.10.25

172 [1] Otto Holtze verließ Oldenburg 1927, um Direktorial-Assistent am Stettiner Museum zu werden, dessen Leitung er 1934 übernahm
[2] Walter Kaesbach (1879–1961) war seit 1909 Assistent bei Ludwig Justi an der Berliner Nationalgalerie. Er leitete das Erfurter Museum von 1920–1924, wurde dann Direktor der Düsseldorfer Kunstakademie bis 1933 und lebte danach am Bodensee. Mit Rohlfs, Nauen und Heckel, die er auch sammelte, war er befreundet. – Vgl. S. Fehlemann: Dr. Walter Kaesbach. Avantgarde und Publikum (hrsg. von H. Junge), Köln 1992
[3] Der Katalog der von der Vereinigung für junge Kunst in Oldenburg vom 16.10.–15.11.1925 veranstalteten Radziwill-Ausstellung, war der erste für den Künstler gedruckte Ausstellungskatalog
[4] Siehe Anm. 173,3
[5] Die Frankfurter Kunsthandlung wurde nach dem Tod ihres Gründers Ludwig Schames (1852–1922) von seinem Neffen Manfred Schames weitergeführt. Mit ihr war besonders Kirchner verbunden, der ihre beiden Besitzer auch dargestellt hat
[6] Beyersdorffs schriftlich niedergelegte Stockholm-Eindrücke sind nicht mehr nachweisbar
[7] Berliner Tageblatt mit Handelszeitung, eine von 1872–1939 bestehende liberale Tageszeitung
[8] Die Vossische Zeitung, 1704 gegründet und seit 1914 im Besitz des Ullstein-Verlages, stellte 1934 ihr Erscheinen ein
[9] Dr. Walter Georgi (geb. 1885) war Kunstkritiker und Schriftsteller in Berlin

173 [1] Siehe Anm. 171,6
[2] Der schwedische Maler Einar Forseth (geb. 1892) entwarf die Mosaiken für den Goldenen Saal des 1923 von Ragnar Östberg errichteten neuen Stadthauses von Stockholm
[3] Die von Beyersdorff geplante KSR-Ausstellung der Vereinigung für junge Kunst fand vom 18.4.–16.5.1926 im Augusteum statt. In ihr wurden gleichzeitig auch Arbeiten des Bildhauers Gustav H. Wolff (1886–1934) gezeigt, der von KSR im Holzschneiden unterwiesen worden war
[4] Siehe Anm. 171,5
[5] Die über den Kunsthändler Schames gestellte Forderung nach Druck eines Ausstellungskataloges orientierte sich daran, daß im Vorjahr für die Radziwill-Ausstellung ein Katalog herausgebracht worden war

174 [1] KSRs 1. Oldenburger Einzelausstellung von 1926 wurde im Augusteum veranstaltet, wo 18 Jahre zuvor sein Debüt mit Heckel stattfand
[2] Siehe Anm. 177,1
[3] Den Namen DUDA (Der Untergang des Abendlandes) erhielten die Künstlerfeste, die seit 1923 von der Vereinigung für junge Kunst gemeinsam mit dem OKB und OKV veranstaltet wurden

175 [1] Diesem zwölftägigen Paris-Aufenthalt von 1926 war bereits im Frühjahr 1924 eine erste Reise in die französische Hauptstadt vorausgegangen, die KSR mit dem Bildhauer Georg Kolbe unternahm
[2] Die mehrfach verwendbaren Klischees bzw. Autotypien stellten damals einen gewissen Wert dar. Für die drei annähernd gleichgroßen Abbildungen in dem bei Stalling in Oldenburg gedruckten Katalog scheinen sie neu angefertigt worden zu sein. – Vgl. Anm. 191,2

176 [1] Die Entstehungsdaten der chronologisch verzeichneten 37 Gemälde wurden im Katalog verzeichnet
[2] Bei den im Katalog genannten 28 Aquarellen fehlte die Angabe der Entstehungszeit
[3] In der Ausstellung befanden sich nur 2 Dangaster Arbeiten: die Gemälde „Gelbe Öljacke" von 1908 und „Parkecke" von 1910, die sich damals jedoch beide nicht mehr im Besitz des Künstlers befanden
[4] Über diesen Pariser Aufenthalt äußerte sich KSR auch in einem späteren Brief an Max Sauerlandt vom 9.6.1929 (auszugsweise publiziert im Katalog KSR-Retrospektive, a.a.O. 1989)
[5] Damit bezog KSR Fauvismus und Kubismus in die Blütezeit der französischen Malerei mit ein
[6] Siehe Anm. 117,2
[7] Eduard Manet (1832–1883) wird hier von KSR noch ganz in die Tradition des 19. Jahrhunderts verwiesen, wobei das Kennenlernen seiner großen Ereignisbilder das Urteil mitbestimmt haben dürfte
[8] Die Darstellung szenarischer Situationen mit Einbeziehung des Momentanen, der die Bilder und späten Skulpturen von Edgar Degas (1834–1917) ihren Ruhm verdanken, erweckte bei KSR nur geringe Resonnanz
[9] Ob der Hauptvertreter des französischen Realismus Gustave Courbet (1819–1877) ihm schon vorher ein hinlänglicher Begriff war, ist fraglich. Seine unmittelbare und kraftvolle Malerei hat sich vor allem auf die Vertreter des sog. Deutschen Impressionismus ausgewirkt. – Vgl. Katalog Courbet und Deutschland, Hamburg 1978
[10] Im Spätwerk des ihm vorher kaum bekannten Jean Francois Millet (1814–1875) fand KSR Verwandtes, vor allem in seiner statuarischen Auffassung arbeitender Menschen
[11] Camille Corot (1796–1875), in der Tradition der französischen Malerei verharrender Künstler, der jedoch mit den Stimmungslandschaften seiner Spätzeit den Impressionismus vorbereitet
[12] Die hinterlassenen Werke von Auguste Rodin (1840–1917), der von Michelangelo entscheidende Anregungen empfing, hatten erst vor kurzem im Pariser Hotel Brion ein eigenes Domizil erhalten

177 [1] Die Eröffnung der Oldenburger KSR-Ausstellung hatte am 18.4.1926 im Augusteum stattgefunden. Von den im achtseitigen Katalog aufgeführten 65 Arbeiten waren 3 Gemälde und 3 Aquarelle, z.T. aus dem Besitz von Beyersdorff, unverkäuflich. Siehe Abb. S. 89
[2] Ernst Gosebruch (1872–1953), seit 1909 Direktor der seit 1922 als Museum Folkwang bezeichneten Essener Kunstsammlung, hatte 1920 in der Zeitschrift „Genius" einen Aufsatz über KSR verfaßt und von ihm mehrere Arbeiten erworben, wie 1929 die heute in Duisburg befindliche Dangaster „Landschaft mit Feldern" von 1911 (siehe Abb. 218). Er verließ sein Amt 1933. – Vgl. C. Gemmeke: Ernst Gosebruch. Avantgarde und Publikum, Köln 1992
[3] Richard Reiche (1876–1943) übernahm 1907 das Museum in Barmen, dessen Bestände nach der Bildung Wuppertals 1929 mit denjenigen von Elberfeld vereinigt wurden. 1910–12 löste er vorübergehend Wilhelm Niemeyer im Vorstand des Sonderbundes ab, als dieser nach Hamburg berufen worden war
[4] Max Creutz (1876–1932) war seit 1908 Direktor des Kunstgewerbemuseums in Köln und übernahm 1922 das Kaiser-Wilhelm-Museum in Krefeld. An beiden Wirkungsstätten setzte er sich stark für modernes Kunsthandwerk ein

[5] Wilhelm Barth (1869–1934) arbeitete von 1909–1934 als Konservator an der Baseler Kunsthalle, wo er zahlreiche Ausstellungen zeitgenössischer Kunst veranstaltete

[6] Wilhelm Wartmann (geb. 1882) war seit 1909 am Kunsthaus Zürich tätig, das er in der Zeit seines Direktorrats zu überregionaler Bedeutung führte. Er setzte sich besonders für das Werk Edvard Munchs ein. 1917 zeigte er eine Ausstellung über „Deutsche Kunst der Gegenwart", in der KSR sehr gut vertreten war

[7] Ludwig Justi (1876–1957), als Nachfolger von Tschudi 1909–1933 Direktor der Berliner Nationalgalerie. Ab 1945 amtierte er als Generaldirektor der ehem. Staatlichen Museen in Berlin-Ost. Er setzte vor allem durch die Eröffnung einer neuen Abteilung der Nationalgalerie im ehem. Kronprinzenpalais – worin die Expressionisten eine herausragende Stellung erhielten – neue Maßstäbe in der deutschen Museumslandschaft. – Vgl. K. Winkler: Ludwig Justi – der konservative Revolutionär. Avantgarde und Publikum, Köln 1992

[8] Siehe Anm. 165,2

[9] Gustav Pauli (1866–1938), ab 1899 Direktor der Bremer Kunsthalle, von 1914–1933 Nachfolger Lichtwarks an der Hamburger Kunsthalle, die während seiner Amtszeit 5 Gemälde von KSR erwarb, obwohl P. kein positives Verhältnis zur Kunst des Expressionismus besaß. Während seiner Bremer Zeit entstanden enge Verbindungen zum Oldenburger Kunstleben, besonders durch seine Zugehörigkeit zum Vorstand des 1909 gegründeten Oldenburger Galerievereins. – Vgl. G. Pauli: Erinnerungen aus sieben Jahrzehnten, Tübingen 1936

[10] Max Sauerlandt (1880–1934) leitete seit 1908 das Museum in Halle und wurde 1919 Nachfolger Justus Brinckmanns am Museum für Kunst und Gewerbe in Hamburg. Hier erwarb er zahlreiche Arbeiten der Brücke-Künstler, insbesondere von KSR. Ihm widmete er 1925 eine Ausstellung seiner plastischen und kunsthandwerklichen Arbeiten. Er versuchte vergeblich, den Künstler als Lehrer für die Hamburger Kunstgewerbeschule zu gewinnen, deren Leitung ihm 1930 zusätzlich übertragen worden war. 1933 wurde er aus seinen Ämtern entlassen. – Vgl. H. Spielmann (Hg.): Max Sauerlandt – Ausgewählte Schriften, Hamburg 1971/74 sowie A. Hüneke: Max Sauerlandt. Avantgarde und Publikum, Köln 1992

[11] Hans Posse (1879–1942), Kunsthistoriker und von 1910–1942 Leiter der Dresdener Gemäldegalerie, die er vor allem durch Erwerbungen von Romantikern und Impressionisten ausweitete. Während des 2. Weltkrieges übernahm er Aufgaben für das „Führermuseum" in Linz

[12] Friedrich Schreiber-Weigand (1879–1953), ursprünglich Lehrer, von 1911 ab Ausstellungsleiter der Chemnitzer Kunsthütte und ab 1920 zugleich Direktor der Städtischen Kunstsammlungen. Er veranstaltete mehrere KSR-Ausstellungen, darunter die 1. Chemnitzer Nachkriegsausstellung 1946. Sein Briefwechsel mit KSR, der 1924 ein Holzschnitt-Porträt von ihm schuf, im Besitz der Städtischen Kunstsammlungen. – Vgl. G. Juppe / S. Pfalzer: Der Verein Kunsthütte zu Chemnitz. Mittlg. d. Chemnitzer Geschichtsvereins, Jhrb. 62, NF 1, 1992

178 [1] Vom Vf. auszugsweise publiziert in: Schmit-Rottluff – Nidden 1913, Stuttgart 1963

[2] Oldenburger Nachrichten vom 24.4.1926 (Abdruck siehe S. 229)

[3] Siehe Einleitung zu „Dokumentarische Texte" S. 209

179 [1] Der Maler Adolf Niesmann (1899–1990) berichtete dem Vf. 1957 mündlich, daß die Ausstellung besonders stark von Oldenburger Künstlern besucht und diskutiert worden sei. – Radziwill äußerte sich ausführlich über seinen Besuch der Ausstellung in einem Brief an Niemeyer vom 30.4.1926 (G.W.: Franz Radziwill – Wilhelm Niemeyer a.a.O. S. 120)

180 [1] Beyersdorff hatte in seinem vorangegangenen Brief auf KSRs Einzug in den Louvre angespielt

[2] Vgl. Anm. 163,5

[3] Benito Mussolini (1883-1945), seit 1925 Oberhaupt einer faschistischen italienischen Regierung. Ab1923 erschienen mehrere Publikationen von und über ihn in deutscher Sprache. Welche KSR benutzte, ist nicht bekannt.

[4] Siehe Anm. 139,5

[5] KSR war zeitlebens eifriger Besucher völkerkundlicher Museen und auch selbst Sammler, besonders afrikanischer Skulpturen. – Das seit 1873 selbständige Berliner Völkerkundemuseum, dessen in Dahlem begonnene Neubauten noch nicht fertiggestellt worden waren, zeigte 1926 in seinem Haus in der Stresemannstraße eine moderne Neuaufstellung seiner Schausammlungen

181 [1] Die Anrede „Freund" wird hier von KSR erstmalig in einem Brief an Beyersdorff verwandt

[2] In einem 216 Namen umfassenden, undatierten Mitgliedsverzeichnis im Nachlaß der Vereinigung für junge Kunst wird KSR nicht genannt (Mitteilung Dr. Peter Reindl)

[3] Vgl. Anmerkung 13,5

[4] Nach dem Erscheinen des Graphik-Werkverzeichnisses von Rosa Schapire 1924 schuf KSR noch ca. 85 graphische Arbeiten. – Vgl. E. Rathenau: KSR – Das graphische Werk seit 1923, New York 1964

[5] Es handelt sich um den amerikanischen Kunsthistoriker Alfred H. Barr jun., den ersten Direktor des 1929 eröffneten Museum of Modern Art in New York, in welches auch mehrere frühe Arbeiten KSRs gelangten

[6] Aus diesem ersten von drei aufeinanderfolgenden Frühjahrsaufenthalten im Tessin gingen mehrere Gemälde und Aquarelle hervor, deren auffallende Strukturierung Zusammenhänge mit KSRs Entwürfen für den 1. großen Wandteppich verrät, den er gleichzeitig im Auftrag des Museums für Kunst und Gewerbe in Hamburg ausführen ließ

[7] Beyersdorff könnte zu seiner Paris-Reise durch den vorangegangenen Aufenthalt KSRs angeregt worden sein. – Vgl. Brief 176

182 [1] Die von KSR erbetenen Arbeiten sollten in der Ausstellung „Malerei unserer Zeit" verwendet werden, die vom 5.5.–9.6.1929 im Augusteum stattfand

[2] Siehe Abb. S. 94

183 [1] Die von KSR genannten „traurigen Umstände" sind nicht bekannt

[2] Von den 3 nachweisbaren Bildern von 1928 ist lediglich das Gemälde „Abendlicher Wald" im Werkverzeichnis von Grohmann aufgeführt

184 [1] Der Katalog der Ausstellung „Malerei unserer Zeit" enthält die 3 übersandten Bilder KSRs (unter 72 Nummern außerdem u.a. Radziwill 8, Mueller 2, Hofer 2, Heckel 1)

[2] Nach diesem 3. Frühjahrsaufenthalt im Tessin kehrte KSR erst 1954 als Siebzigjähriger dorthin zurück

185 [1] Der mit einem Titelholzschnitt von KSR herausgebrachte Katalog „Acht Maler" im Format 22 x 25 cm enthielt je 2 Abbildungen in Lichtdruck nach Werken von Gramatté, Heckel, Herbig, Kaus, Kerschbaumer, Mueller, Rohlfs und KSR

[2] KSR hatte ein Wohnatelier in der Villa Massimo in Rom erhalten, wo er sich von April bis Juni 1930 gemeinsam mit den Stipendiaten Otto Herbig (1885–1971) und Anton Kerschbaumer (1885–1931) aufhielt. Hier und in der weiteren Umgebung Roms entstanden etwa 10 Gemälde und mehrere großformatige Aquarelle

186 [1] Ausstellung der Oldenburger Vereinigung für junge Kunst vom 10.1.–2.2.1932 „Das Gesicht der Grafik" (Letzte reguläre Ausstellung der Vereinigung vor deren Auflösung 1933)

[2] Beyersdorff veranstaltete in der Vereinigung für junge Kunst auch Diskussionsabende und erwartete von den Vortragsreferenten, daß sie sich den Fragen der Zuhörer stellten. – Vgl. P. Reindl: Ernst Beyersdorff und die Vereinigung für junge Kunst. Avantgarde und Publikum, Köln 1992

[3] Ausstellung „Nyere tysk Kunst – Maleri og skulptur", Kunstnernes Hus Oslo, Januar 1932. In der Ausstellung waren KSR und die anderen Brücke-Maler bevorzugt vertreten. Arrangiert wurde sie von der Nationalgalerie Berlin

187 [1] Siegmar, südlich von KSRs Geburtsort Rottluff gelegen, ist wie dieses, heute ein Stadtteil von Chemnitz
[2] Nachdem die Nationalsozialisten bei der Oldenburger Landtagswahl vom 29.5.1932 die Mehrheit errangen, übernahmen sie anschließend – erstmalig in einem deutschen Teilstaat – die Regierung. – Vgl. K. Schaap: Oldenburgs Weg ins Dritte Reich, Oldenburg 1983
[3] Beyersdorff hatte die Auflösung der Vereinigung für junge Kunst bereits am 16.5.1933 veranlaßt
[4] KSR erlebte die durch den „Kampfbund für deutsche Kultur" gesteuerte Kunstpolitik unmittelbar, nachdem bereits am17.2.1933 SA-Studenten mehrere Professoren der Staatlichen Kunstschule aus ihren Diensträumen gewaltsam entfernt hatten. Da gleichzeitig auch der Druck auf die Mitglieder der Preußischen Akademie der Künste zunahm, erklärte KSR schon am 18.5.1933 seinen Austritt

188 [1] Die noch vorhandenen Archivalien der 1933 aufgelösten Vereinigung für junge Kunst konnte Vf. im Anschluß an die Ausstellung „Maler der Brücke in Dangast" 1957 von Frau Beyersdorff in die Obhut des Oldenburger Landesmuseums übernehmen, wo sie 30 Jahre später zum Zwecke ausführlicher Darstellung systematisch geordnet und erschlossen wurden. Vgl. Anm. 145,1
[2] Siehe Anm. 187,4
[3] Siehe Anm. 187,4
[4] Das ehem. Kronprinzenpalais Unter den Linden in Berlin verdankte seine damalige Gestalt einem Umbau durch Joh. Heinrich v. Strack 1857 (Nach Kriegszerstörung 1969 rekonstruiert). Es beherbergte seit 1919 die moderne Abteilung der Nationalgalerie, die 1933 durch den aus Halle berufenen Alois Schardt (1889–1955) neu gestaltet wurde, wobei die Expressionisten stark herausgestellt waren. Daraufhin wurde die Wiedereröffnung untersagt und Schardt aus seinem Amt entfernt. Vgl. A. Hentzen: Das Ende der neuen Abteilung der Nationalgalerie im ehem. Kronprinzenpalais. Jhrb. Preußischer Kulturbesitz VIII, 1970 sowie Janda/Grabowski: Kunst in Deutschland 1905– 1937. Die verlorene Sammlung der Nationalgalerie im ehem. Kronprinzenpalais, Staatliche Museen Berlin 1992 ferner A. Hüneke: Alois Schardt. Avantgarde und Publikum, Köln 1992
[5] Vgl. Anm. 180,3

189 [1] KSR und seine Frau nutzten die neu bezogene Atelierwohnung Bamberger Str. 19 im Berliner Stadtteil Schöneberg bis zu ihrer Ausbombung im Herbst 1943, um danach ins elterliche Haus nach Rottluff zu ziehen
[2] Da Beyersdorff mütterlicherseits aus einer jüdischen Familie stammte, geriet er trotz seiner Kriegsteilnahme zunehmend in stärkere Isolierung und konnte seinem Beruf nur noch mit Einschränkungen nachgehen
[3] Radziwill war 1933 an die Düsseldorfer Akademie berufen worden, um 1935 wegen „pädagogischer Unfähigkeit" wieder entlassen zu werden. Seine politische Einstellung änderte sich dadurch zunächst ebensowenig wie seine aktive Ausstellungstätigkeit. So beteiligte er sich u. a. in Oldenburg weiterhin an den Ausstellungen der bildenden Künstler des Gaues Weser-Ems und erhielt 1936 in Wilhelmshaven eine umfassende Gesamtausstellung
[4] Ernst Wagner: Wagemut im Schaffen – Die Impulskraft zur Gestaltungsweise in unserer Zeit, Dresden, 1935
[5] Die mit Bekannten ausgeführte Autoreise führte KSR erstmalig nach Holland und zu dessen Kunstsammlungen. Unmittelbare künstlerische Auswirkungen hiervon ließen sich bisher nicht nachweisen
[6] Diese wenig bekannt gewordene Ausstellung des zu einem expressiven Spätwerk gelangten holsteinischen Malers Christian Rohlfs (1849–1938) gehört zu seinen letzten vor Ausstellungsverbot 1937. Rohlfs und KSR schätzten einander und waren sich mehrfach begegnet. Helene Rohlfs geb. Vogt (1892–1990), die Frau des Künstlers, hatte von KSR u.a. einen Silberring zum Geschenk erhalten, den sie zeitlebens trug
[7] Vgl. Anm. 144,2

190 [1] Vgl. Anm. 159,4

191 [1] Vom Vf. auszugsweise publiziert in: KSR – Nidden 1913, Stuttgart 1963 sowie im Katalog KSR-Graphik, Hamburg 1969
[2] Beyersdorff hatte KSR die 1926 für den Katalog seiner Oldenburger Ausstellung angefertigten Abbildungsklischees zugesandt. – Vgl. Anm. 175,2
[3] Der 20jährige KSR hat die – später nicht wieder aufgesuchte – Nordseeinsel Sylt im Sommer 1904 kennengelernt, als er von Bekannten dorthin eingeladen wurde. Nachdem das besonders bei Künstlern beliebte Sylt seit 1927 durch einen Eisenbahndamm mit dem Festland verbunden war, hatte vor allem die Verstädterung des Hauptortes Westerland stark zugenommen. – Vgl. E. Schlee: Maler auf Sylt, Flensburg 1962 und Katalog Künstlerinsel Sylt, Schleswig-Holsteinisches Landesmuseum, Schleswig 1983
[4] Wladislaw Reymont (1867–1925), polnischer Schriftsteller, der für sein 1904–1909 erschienenes und später auch ins Deutsche übersetztes episch-symbolistisches Hauptwerk „Die Bauern", im Jahre 1924 den Nobelpreis für Literatur erhielt

192 [1] Die von Beyersdorff erhoffte Versetzung nach auswärts innerhalb des staatlichen Justizdienstes ließ sich nicht realisieren
[2] Genius – Zeitschrift für alte und werdende Kunst, Hsg. von C.G. Heise, Hans Mardersteig, Kurt Pinthus, Jg. 1–3, München, Kurt Wolff-Verlag 1919–1921 (Unter den beigegebenen Originalgraphiken auch Arbeiten von KSR)
[3] Der französische Publizist Christian Zervos gab u. a. mehrere Werke über zeitgenössische Künstler und historische Kunstepochen heraus, von denen einige auch ins Deutsche übersetzt wurden
[4] Vgl. Anm. 191,4
[5] Vom norwegischen Dichter Knut Hamsun (1859–1952) erschien 1936 das Werk „Der Ring schließt sich" (Ringen sluttet)
[6] Henry Williamson: Salar der Lachs, 1936 (deutsche Ausgabe)

193 [1] Vom Vf. auszugsweise publiziert in: KSR – Nidden 1913, Stuttgart 1963 sowie im Katalog KSR-Graphik, Hamburg 1969
[2] Siehe Anm. 192,1
[3] KSR hielt sich seit 1932 im abgelegenen Rumbke am Lebasee auf. In der Umgebung waren während der letzten Jahre neue Rüstungs- und Militärstandorte entstanden
[4] Allen Roy Evans: Der Zug der Rentiere, Wien/Hamburg 1936 (deutsche Ausgabe)
[5] In den nach dem Vorbild der Burgen des Deutschen Ritterordens neu errichteten nationalsozialistischen Ordensburgen sollten im Gemeindienst bewährte junge Männer zu verläßlichen Eliten für Partei und Staat herangezogen werden
[6] Guglielmo Ferrero (1871–1942), italienischer Geschichtsforscher und Soziologe

194 [1] Beyersdorff hatte im Herbst 1938 mit seiner Frau eine Italienreise unternommen, um dem sich vermehrenden politischen Druck zu entgehen. – Siehe Anm. 189,2
[2] Die im Oktober 1938 ausgeführte Autoreise nach Süddeutschland fand vor allem in einer Reihe von Aquarellen aus Ulm, Dinkelsbühl und vom Bodensee ihren Niederschlag. Unmittelbar danach nahm KSR am 28.10.1938 an der Beerdigung Ernst Barlachs in Rostock teil
[3] 1937 hatte in München die Ausstellung „Entartete Kunst" mit über 50 Arbeiten KSR's stattgefunden, im Anschluß daran die Entfernung von über 600 seiner Werke aus deutschen Museen

195 [1] KSR bezieht sich hier auf den Einmarsch deutscher Truppen in die Tschechoslowakei am 15.3.1939 und das am 16.3.1939 errichtete Protektorat Böhmen und Mähren

[2] Die Auktion Gemälde und Plastiken moderner Meister aus deutschen Museen, Galerie Fischer Luzern 30.6.1939. Der Versteigerungskatalog nennt 3 Gemälde von KSR, darunter die Dangaster „Landschaft im Herbst" von 1910, die sich heute wieder in den Städt. Kunstsammlungen Chemnitz befindet (siehe Abb. 130)

[3] 1939 starb in Oldenburg die Mutter von Emma Ritter. Danach war die Malerin viel auf Reisen unterwegs, ehe sie sich 1943 erneut in ihre Berliner Wohnung begab. Diese wurde noch am Ende desselben Jahres durch einen Luftangriff zerstört

196 [1] Den Ausbruch des Zweiten Weltkrieges am 1.9.1939 erlebte KSR in seinem pommerschen Sommerdomizil Rumbke am Lebasee, von wo er am 10.9.1939 nach Berlin zurückkehrte

197 [1] KSR war die meiste Zeit seines Lebens starker Zigarrenraucher. Nolde porträtierte ihn bereits 1906 mit einer Zigarre. Unter mehreren entsprechenden Selbstdarstellungen am bekanntesten das „Selbstbildnis mit Cigarre" von 1919, das ursprünglich im Besitz Niemeyers war. Dieser schenkte es nach dem zeitweiligen Bruch mit KSR Franz Radziwill (siehe Abb. S. 97) – Mit „Buchenlaubzeitalter" spielt der Schreiber auf die während des Zweiten Weltkrieges aus Ersatzblättern selbst hergestellten Zigarren an

[2] Die Romane des französischen Schriftstellers Jean Fernand Giono (1895–1970) haben vor allem das mythisch-kosmisch gedeutete Verhältnis des Menschen zur Landschaft zum Inhalt

198 [1] KSR hatte sich trotz des Kriegsausbruchs erneut ins pommersche Rumbke am Lebasee begeben, das er dann letztmalig 1943 aufsuchte. Von dort aus unternahm er Ende August 1940 gemeinsam mit seiner Frau und der Bildhauerin Emy Roeder (1890–1971) einen zweitägigen Besuch Danzigs

199 [1] KSR versuchte beeits ab 1941 Teile seiner Produktion an verschiedene sicher erscheinende Orte zu verlagern, so u.a. nach Schlesien (Burg Gröditzberg und zu Graf Moltke auf Gut Kreisau). Von diesen nach Angabe des Künstlers wichtigen Arbeiten ist bisher nichts aufgetaucht

[2] Die Stadt Oldenburg blieb im Zweiten Weltkrieg von Luftangriffen verschont, was einen besonders starken Zuzug von Vertriebenen und Flüchtlingen und damit die sprunghafte Entwicklung zur Großstadt zur Folge hatte

200 [1] Alex Vömel (1897–1985) betrieb seine Düsseldorfer Kunsthandlung ab März 1933 in den Räumen der ehem. Galerie Flechtheim – in der noch 1931 eine KSR-Ausstellung stattfand – und bot regelmäßig auch Arbeiten von KSR an, dem er 1950 eine Aquarell-Ausstellung widmete

[2] Der 1922 geborene Sohn von Beyersdorff, Hans B., nahm als Soldat am Zweiten Weltkrieg teil

[3] Das Fehlen der bisher die Entstehungszeit angebenden Werknummern auf diesen Blättern könnte eine Vorsichtsmaßnahme sein, da das Berufsverbot für den Künstler unmittelbar bevorstand. Von den genannten, zwischen 1935 und 1937 entstandenen Arbeiten sind die meisten identifizierbar

202 [1] Zum Zeitpunkt seiner Abreise nach Hofheim war KSR mit Schreiben vom 3.4.1941 der Ausschluß aus der Reichskammer der bildenden Künste mit gleichzeitigem Berufsverbot mitgeteilt worden

[2] Siehe Anm. 200,3

203 [1] Vom Vf. auszugsweise publiziert in: KSR – Nidden 1913, Stuttgart 1963 sowie im Katalog KSR-Graphik, Hamburg 1969

204 [1] Der 1. Nachkriegsbrief KSRs an seine langjährige Freundin, die kurz vor Ausbruch des Zweiten Weltkrieges mit ihrer KSR-Sammlung nach England emigriert war, nachdem sie vorher im gegenseitigen Einvernehmen ihre von KSR erhaltenen Briefe vernichtet hatte. Vgl. Anm. 27,1

[2] Agnes Holthusen geb. Weizsäcker (1896–1990) war mit dem Hamburger Radiologen Hermann H. verheiratet und seit 1929 mit Rosa Schapire befreundet. Ihr 1964 vom Vf. auszugsweise publizierter Nachruf auf die Freundin (Dr. phil. Rosa Schapire, Jhrb. d. Hbg. Kunstsammlg. 1964) befindet sich mit ihrer Korrespondenz im Archiv für bildende Kunst im Germanischen Nationalmuseum Nürnberg. Von ihren eigenen Publikationen sei hier erwähnt: Das plastische und graphische Werk von Gustav H. Wolff, Hamburg 1964

[3] Rosa Schapire war am 18.8.1939 in London angekommen und feierte diesen Tag seither bis zu ihrem Tode als „Befreiungstag", obwohl sie hier nur in bedrängten Verhältnissen leben konnte. Eine Verdienstquelle ergab sich aus ihrer Mitarbeit an der von Nicolaus Pevsner nach dem Vorbild von Dehio's Handbuch der deutschen Kunstdenkmäler herausgegebenen Buchreihe „The buildings of England", in der sie die Distrikte Nottinghamshire, North Devon, South Devon, Derby und Durham bearbeitete. In einem Brief an den Vf. vom 9.1.1964 schreibt Pevsner: „Rosa Schapire was a marvellous person to have as an assistent. Naturally, being old she could not move so freely from library to library as younger people did, but she never lost her zest, even over the dullest work, and even when her heart gave her a great deal of trouble". – Da außer ihrem Werkverzeichnis der Graphik von 1924 noch keine umfassendere Publikation über KSR erschienen war, begann sie sich schon bald damit zu beschäftigen. Die 1948/49 mit dem Potsdamer Verlag Stichnote geführten Verhandlungen scheiterten an den sich verändernden politischen und wirtschaftlichen Verhältnissen

[4] Nachdem 1936 auch die Mutter des Künstlers verschieden war, bewohnte die 1944 ebenfalls verstorbene Schwester Gertrud das Elternhaus, das KSR nach der Ausbombung in Berlin am 23./24.8.1943 bis zur erneuten Rückkehr dorthin am 21. 11.1946 als Zuflucht diente

[5] KSRs Elternhaus war von den Russen geplündert worden, wobei der vorhandene Kunstbesitz jedoch weitgehend erhalten blieb. In der Hoffnung auf eine Neubelebung der kulturellen Verhältnisse ließ sich der Künstler damals in seiner Heimatstadt zum Präsidenten des „Kulturbundes zur demokratischen Erneuerung Deutschlands" wählen. In Chemnitz fand vom 6.9.–6.10.1946 im Schloßberg-Museum auch seine 1. Nachkriegsausstellung statt (Aquarelle)

[6] Dr. Carl Hagemann (1867–1940), Chemiker und seit 1925 Vorstandsmitglied von IG-Farben. Bedeutender Sammler expressionistischer deutscher Kunst, besonders von Kirchner. Von KSR, mit dem ihn seit 1918 eine umfangreiche Korrespondenz verband, besaß er mehrere Gemälde, Aquarelle und Zeichnungen und sammelte seine Graphik auf Vollständigkeit. Ein wesentlicher Teil seiner hinterlassenen Sammlung im Frankfurter Städel. – Vgl. K. Gabler: E. L. Kirchner – Dokumente, Aschaffenburg 1980, S. 154

[7] Der Berliner Sammler Arnold Budczies (1866–1943) besaß vor allem Arbeiten Edvard Munchs und E.L. Kirchners, von KSR u.a. das großformatige Gemälde „Abend am Haff" von 1932. Aus seinem Nachlaß erhielt die Bremer Kunsthalle 1973 sämtliche sieben Brücke-Mappen

[8] Nach Vernichtung seines Berliner Ateliers war Erich Heckel mit dem größtenteils geretteten Kunstbesitz nach Hemmenhofen am Bodensee übergesiedelt, wo er bis zu seinem Lebensende blieb. Er besuchte KSR in Berlin erstmals am 1. Januar 1950

[9] Martha Rauert (geb. 1869) hatte auch über die Jahre der Verfemung hinweg Arbeiten von KSR erworben und noch 1941 in ihrer Wohnung eine Verkaufsausstellung von Aquarellen für ihn arrangiert. – Über die Frühzeit der Sammlung Rauert vgl. Kunst und Künstler XVII, 427

[10] Siehe Anm. 204,2

[11] Hanna Bekker vom Rath (1893–1983), Malerin, Sammlerin, Kunsthändlerin, in deren Haus in Hofheim i.T. sich KSR häufig aufhielt und wo Vf. 1955 erstmalig den Plan der Ausstellung „Maler der Brücke in Dangast" mit dem Künstler besprach. – Vgl. Katalog „Privatbesitz Hofheim – Sammlung Hanna Bekker vom Rath", Höchst/Leverkusen 1984/85

205 [1] KSRs Kontakt mit Emma Ritter blieb über den Krieg hinweg erhalten. Die Berliner Wohnung der Malerin war mit dem gesamten Kunstbesitz zerstört worden. Ihr Briefwechsel mit KSR gelangte nach ihrem Tod in den Kunsthandel. – KSR war seit dem 21.11.1946 in der Schützallee 136 in Berlin-Zehlendorf wohnhaft

[2] KSR beging am 1.12.1947 seinen 63. Geburtstag, Emma Ritter wurde am 18.12.1947 69 Jahre alt

[3] Um welchen Band der Insel-Bücherei es sich handelt, ist nicht mehr eruierbar. – Emma Ritter pflegte in die ihr von KSR nach 1945 geschenkten Bücher eigenhändig angefertigte Nachbildungen jenes Exlibris einzukleben, das der Maler1910 für sie geschaffen hatte (siehe Abb. 255)

[4] Der briefliche Kontakt mit KSR wurde von Feininger 1948 wieder aufgenommen. Die erhaltenen Briefe KSRs an ihn befinden sich heute in The Houghton-Library, Harvard University, Cambridge/USA

[5] KSR hatte einen Ruf an die Hochschule für bildende Künste in West-Berlin angenommen, wo er ab 1.10.1947 im Lehrplan geführt wurde. Unmittelbar nach seiner Rückübersiedlung von Chemnitz nach Berlin besuchte ihn der Hamburger Kunsthistoriker H. Th. Flemming (geb. 1915), dessen Vater Dangaster Arbeiten des Malers besaß (siehe Abb. 41). Er schrieb darüber in „Begegnung mit Schmidt-Rottluff", Nordwestdeutsche Hefte II vom 4.4.1947

206 [1] Auf Radziwills ersten Versuch, die infolge seines politischen Engagements unterbrochene Verbindung wieder aufzunehmen, reagiert KSR mit Verzögerung zunächst kurz und distanziert. Radziwills erste Berliner Nachkriegsausstellung fand 1957 in der Ost-Berliner Nationalgalerie statt

[2] KSR an Rosa Schapire am 5.5.1950 über Radziwill: „Nachdem ich so lange nichts von ihm gesehen habe, wirkt das wie Sonntagsmalerei – Surrealismus – irgendwie ist das verbogen – wie anscheinend der größte Teil der Nachkriegsmalerei." – Radziwills 1. Einzelausstellung in West-Berlin wurde im Jahr des Mauerbaues 1961 im Haus am Waldsee gezeigt. KSR schrieb Radziwill nach deren Besuch am 5.10.1961: „Ich hoffe, der Berliner Bann ist für Ihre Bilder gebrochen".

207 [1] Der Ort Buchschlag, in dem sich Emma Ritter aufhielt, liegt südlich von Frankfurt am Main (Heute Dreieich)

[2] In Sierksdorf an der Lübecker Bucht hielt sich KSR mit seiner Frau vom 3.7.–1.9.1953 bereits zum dritten mal auf, ehe er nach Zwischenstationen in Hamburg und im Harz am 4.9.1951 wieder in Berlin eintraf. Zu Sierksdorf vgl. G.W.: Schmidt-Rottluff in Hamburg und Schleswig-Holstein a.a.O.

[3] Gemeint ist Hanna Bekker vom Rath, in deren Auto damals auch eine Fahrt an die Flensburger Förde unternommen wurde

[4] Von diesem nur kurzen Abstecher in den Harz war bisher nichts bekannt. Wahrscheinlich wollte KSR Erinnerungen an seine Harzreise von 1923 auffrischen

[5] Zur Wiederaufnahme der seit 1922 unterbrochenen Verbindungen zwischen KSR und Niemeyer kam es 1934 anläßlich des 60. Geburtstages von Niemeyer. Sie wurden dann bis zum Tod Niemeyers 1960 aufrecht erhalten

[6] KSRs 1. Nachkriegsaufenthalt im Tessin fand im November und Dezember 1949 statt. Er und seine Frau wohnten damals auf Einladung von Freunden in einem ehemals Nell Walden gehörenden Haus in Ascona

[7] Emma Ritter war seit 1951 infolge eines Oberschenkelhalsbruchs gehbehindert

[8] Der ehedem oldenburgische Landesteil des Fürstbistums Lübeck mit der Residenzstadt Eutin war 1937 durch das Groß-Hamburg-Gesetz zu Schleswig-Holstein gelangt. In Lensahn und seiner Umgebung befinden sich von Angehörigen des Oldenburger Fürstenhauses bewohnte Besitzungen, die zum damaligen Kreis Oldenburg in Holstein gehörten

[9] In Rastede, einem 10 km nördlich der Stadt Oldenburg gelegenen Ort mit einem parkumgebenen Schloß der Oldenburger Herzöge hielt sich KSR mehrfach auf. Seine hier entstandenen Arbeiten siehe Abb. 229, 296

[10] Emma Ritter sah damals ihrem 75. Geburtstag am 18.12.1953 entgegen, wozu ihr KSR die im Vorjahr erschienene „Geschichte der modernen Malerei" von Paul Ferdinand Schmidt mit der Widmung übersandte: „Zum 75. mit herzlichen Wünschen in alter Freundschaft – Karl und Emy". – Siehe Anm. 213,3

208 [1] Gustav Delbanco (geb. 1903 in Hamburg) studierte Kunstgeschichte in Berlin (Adolph Goldschmidt), Wien und München und ließ sich 1930 als Kunsthändler in London nieder. 1939 half er Rosa Schapire bei ihrer Emigration von Hamburg nach England und wurde nach deren Tod 1954 gemeinsam mit dem Kunsthistoriker Nicolaus Pevsner deren Nachlaßverwalter. Ihm ist es vor allem zu verdanken, daß der reiche Graphik-Nachlaß von Rosa Schapire entgegen der ursprünglichen Absicht weitgehend als Stiftung an deutsche Museen gelangte (siehe Anm. 208,6)

[2] In der Literatur sind die Angaben über Ort und Art ihres Todes schwankend. In einem Brief an den Vf. schreibt Nicolaus Pevsner darüber: „Her end was the most desirable. She had been warned by her doctor not to got out in trying weather. But there came a day when she had made an appointment at the Tate Gallery with a young assistant keeper to visit an exhibition with him of some recent paintings, and so meet him she felt she must, weather permitting or not. She arrived at the entrance hall and asked for him, but by the time he came she had collapsed and was dead. For her to die within the National English Collection of Modern Art was wonderfully appropriate, do not you agree?" (9.1.1964)

[3] Rosa Schapire besaß nach 1945 wieder Verbindungen mit mehreren deutschen Tageszeitungen und schrieb ab 1952 regelmäßig für die Zeitschrift „Weltkunst"

[4] Die Mutter von Gustav Delbanco, Elsa Delbanco (1876–1972) hatte die Passive Mitgliedschaft der Brücke auf Anregung von Rosa Schapire erworben und besaß neben deren Jahresmappen auch zahlreiche Schmuckstücke von der Hand KSRs

[5] Im Besitz von Rosa Schapire befanden sich 6 Gemälde von KSR, die nach ihrem Vermächtnis sämtlich als Stiftungen an folgende ausländische Museen gelangten: Tate Gallery London (3), Gemeente Museum Den Haag, Statens Museum for Kunst, Kopenhagen und Tel Aviv Museum

[6] Das über 600 Arbeiten umfassende graphische Werk KSRs war bei Rosa Schapire vollständig vorhanden. Es wurde nach den noch von ihr aufgestellten und später durch Gustav Delbanco fortgeführten Listen an die Kunstmuseen folgender Städte verteilt: Amsterdam, Auckland, Berlin (Galerie d. 20. Jh.), Bielefeld, Bremen, Brüssel, Chicago, Den Haag, Essen, Hamburg, (Kunsthalle und Altonaer Museum), Hannover (Kestner-Museum), Köln, Leicester, London (Victoria & Albert), Oldenburg, Stuttgart, Tel Aviv, Wuppertal. Der übrige Teil des graphischen Nachlasses gelangte ab 1960 im Stuttgarter Kunstkabinett R.N. Ketterer zur Auktion

209 [1] KSR hielt sich von Ende Juli bis September1955 in Sierksdorf auf, wo er sich vor allem der Aquarellmalerei widmete

[2] Vf. war seit dem Frühjahr 1955 am Landesmuseum in Oldenburg tätig, wo er auch die Ausstellungen des OKV betreute. Durch die sogleich einsetzende Beschäftigung mit den Aufenthalten der Brücke-Maler im oldenburgischen Dangast lernte er Emma Ritter, KSR und Heckel sowie die in ihrer Nachfolge tätigen oldenburgischen Maler kennen, was 1957 zu der Ausstellung „Maler der Brücke in Dangast von 1907–1912" führte

[3] Wie aus den Briefvorgängen hervorgeht, waren KSRs Erinnerungen – bei denen er nicht einmal Beyersdorff erwähnt – zunächst lückenhaft, festigten sich jedoch im Laufe der Zusammenarbeit

[4] Siehe Brief 146

5 Radziwill hatte ab 1945 nach einem erneuten Stilwandel damit begonnen, seinen naturalistisch gemalten Bildern durch surrealistische Kompositionen und Farben, insbesondere aber durch die oft unvermittelte Einfügung phantastischer, meist als Himmelskörper auftretender Erscheinungsformen einen symbolischen Gehalt zu geben, den er auch durch Übermalungen in ältere Bilder einfügte. – Vgl. I. Chmielewski: Franz Radziwill – Übermalungen in seinen Werken. Magisterarbeit der Universität Oldenburg 1989

6 Das ehemals holsteinische Volksdorf war seit 1937 ein Ortsteil von Hamburg

7 Gemeint ist die aus Oldenburg stammende Malerin Paula Magnussen-Schiff und ihre Familie. Vgl. Anm. 85,3

210 1 Der Brief ist Bestandteil einer umfassenderen Korrespondenz, die nach dem ersten Zusammentreffen des Vf. mit dem Künstler 1955 einsetzte und bis zu dessen Lebensende andauerte

2 G.W.: Oldenburger Land, Deutscher Kunstverlag München 1956 (mit Aufnahmen von Harald Busch), 2. erg. Auflage 1974

3 Siehe Abb. 16

4 Die bei verschiedenen Empfängern noch ausfindig gemachten Postkarten für die Ausstellung konnten damals nicht mehr in den Katalog aufgenommen werden

5 Das später von der Ost-Berliner Nationalgalerie erworbene Bild befand sich damals noch im Elternhaus des Künstlers in Rottluff. Siehe Abb. 284

6 Dr. Gustav Stein war Generalsekretär im 1949 gegründeten Bundesverband der Deutschen Industrie, in dem er sich stark für eine Förderung moderner Kunst durch Ausstellungen und Ankäufe engagierte

211 1 Erworben wurde Emma Ritters Holzschnitt „Überschwemmung" von 1911 (Berichte der Oldenburger Museumsgesellschaft I, 1958)

2 Beigelegt war der Inselband von Erhard Göpel: Deutsche Holzschnitte des XX. Jahrhunderts von 1955, worin auch 5 Holzschnitte von KSR wiedergegeben sind

3 Feiningers Frau Julie Berg geb. Lilienfeld, war seit 1908 mit ihm verheiratet und mit Emma Ritter ebenfalls eng befreundet. Nachdem ihr Mann 1956 verstorben war, führte sie die Korrespondenz mit ihr bis zu deren Tod fort. Vf. konnte der in New York lebenden 89jährigen noch 1969 einen Besuch machen und sie über ihre und Feiningers Verbindungen zu KSR und Emma Ritter befragen

212 1 Bei den als Folge der Ausstellung „Maler der Brücke" in Dangast getätigten und durch Kauf oder Schenkung möglich gewesenen Neuerwerbungen für den OKV oder das Oldenburger Landesmuseum handelt es sich um insgesamt 39 Arbeiten von 5 Künstlern, durch die der 1937 stark dezimierte Bestand expressionistischer Kunst des Landesmuseums erneuert werden konnte. Siehe die Zusammenstellung mit Abbildungen auf S. 110. Nachdem die Kosten für die Ausstellung selbst weitgehend mit Spendenmitteln gedeckt werden konnten, stellte die Staatliche Kreditanstalt Oldenburg-Bremen noch einen Betrag von DM 10.000,- zur Verfügung, aus dem die Ankäufe bestritten wurden. Die Erwerbung der Oeltjen-Porträts geschah mit Mitteln der Museumsgesellschaft

2 Der noch im selben Jahr herausgebrachte Inselband des Verfassers erschien unter dem Titel „Maler der Brücke. Farbige Kartengrüsse an Rosa Schapire von Erich Heckel, Ernst Ludwig Kirchner, Max Pechstein, Karl Schmidt-Rottluff", Insel Verlag Zweigstelle Wiesbaden und gelangte unter „Die schönsten Bücher des Jahres 1958"

3 Die Urheberin der von KSR erwähnten Aufnahmen war Olga Zuntz aus Berlin. Sie konnte vom Vf. in Kopenhagen ausfindig gemacht werden und stellte ihm ihre Fotos zur Verfügung. Mehrere von ihnen fanden in seiner 1964 erschienenen Arbeit über Rosa Schapire Verwendung (Jhrb. d. Hamburger Kunstsammlungen 9)

213 1 Vom Vf. auszugsweise publiziert in: Maler der Brücke – Farbige Kartengrüße an Rosa Schapire, 1958

2 Rosa Schapire hatte die Passive Mitgliedschaft von Brücke bereits vor dem Kennenlernen KSRs – Anfang Juni 1907 – erworben (Heckel an Amiet 15.6.1907)

3 Der Kunsthistoriker Paul Ferdinand Schmidt (1878–1955), im Museumsdienst ab 1906 in Berlin, Frankfurt und Magdeburg (hier um 1908 Erwerbung der Passiven Mitgliedschaft von Brücke), war von 1920–24 Direktor der Städt. Kunstsammlungen Dresden, danach Kunstschriftsteller. Er schrieb u.a. über „Blütezeit der Dresdener Brücke" (Die Aussaat, Jg. 1, Stuttgart 1947). Sein „Lebenslauf" wurde 1953/54 als Manuskript in einer begrenzten Anzahl von Exemplaren gedruckt. Die „Geschichte der modernen Malerei" mit besonderem Eingehen auf KSR war 1952 erschienen (vgl. Anm. 207,10)

4 In den von Kirchner bis 1910 in Holz geschnittenen Verzeichnissen der Passiven Brücke-Mitglieder werden 23 als in Hamburg wohnhaft angegeben. Sie wurden weitgehend durch Rosa Schapire angeworben

5 Unter den Vorläufern der geschlossen erst 1909 einsetzenden Produktion von künstlerisch gestalteten Postkarten der Brükke-Maler mögen hier Kirchners Holzschnitt auf einer Karte vom 18.3.1904 an Fritz Bleyl sowie eine farbig gezeichnete Karte von Heckel und KSR an Paul Holstein vom 27.9.1904 (unpubliziert) genannt sein. – Vgl. G.W.: Gemalte Künstlerpost, München 1977

6 Sieht man von solchen Ausnahmen, wie den von der Berliner Nationalgalerie schon vor 1933 getätigten Ankäufen gemalter Postkarten Franz Marcs und der Brücke-Maler einmal ab, dann ist der künstlerische und dokumentarische Wert dieser Spezies von den Museen erst relativ spät erkannt worden, ein Umstand, der vom Vf. dazu genutzt werden konnte, am Altonaer Museum in Hamburg eine nach Umfang und Qualität noch immer nicht übertroffene Spezialsammlung anzulegen. – Vgl. Die verlorene Sammlung der Nationalgalerie im ehem. Kronprinzenpalais. Dokumentation von A. Janda und J. Grabowski, Staatl. Museen zu Berlin 1922

7 Die erste Frau des Malers Otto Mueller (1874–1930) Maschka Mueller, geb. Meyerhofer, verstarb 1951

8 Die spätesten bekannt gewordenen Postkarten KSRs, die mit Zeichnungen versehen wurden, stammen aus der Zeit um 1931. Sie wurden nicht mehr frei, sondern im verschlossenen Umschlag versandt

214 1 Heft I der Berichte der Oldenburger Museumsgesellschaft enthielt den Beitrag des Vf. über „Graphik Schmidt-Rottluffs aus dem Nachlaß von Dr. Rosa Schapire"

2 Die 1908 am Oldenburger Kunstgewerbemuseum begründete Oldenburger Museumsgesellschaft wurde 1956 durch den Zusammenschluß mit dem bereits seit 1906 bestehenden Oldenburgischen Galerieverein – beide hatten nur noch wenige Mitglieder – auf Betreiben des Vf. mit 41 Mitgliedern neu begründet. Da das Oldenburger Landesmuseum über kein eigenes Publikationsorgan verfügte, sollten aus den Mitgliedsbeiträgen insbesondere die neu herausgebrachten „Berichte der Oldenburger Museumsgesellschaft" finanziert werden, deren 1. Heft mit dem oben genannten Beitrag d. Vf. sowie den Tätigkeits- und Erwerbungsberichten des Museums 1958 erschien

3 Liuba Ulla Beyersdorff (geb. am 25.11.1932) verstarb 26jährig noch während ihres Studiums

215 1 Während der Wochen vor Antritt der Reise nach Sierksdorf hatte sich KSR – wie zumeist während der vergangenen Jahre – bei Hanna Bekker vom Rath in Hofheim im Taunus aufgehalten

2 G.W.: Dangast und die Maler der Brücke. Niederdeutscher Almanach Gesicht und Gleichnis, hrsg. von Waldemar Augustiny, Oldenburg 1959 (mit Wiedergaben von Dangaster Graphik der Brücke-Maler)

3 Vf. war ab 1.10.1959 als Nachfolger von Günther Grundmann (1892–1976) zum Direktor des Altonaer Mueums in Hamburg berufen worden

[4] Siehe Anm. 212,2
[5] Die Reproduktionsrechte für die meisten ehemaligen Brükke-Maler wurden damals vom Stuttgarter Kunstkabinett R.N. Ketterer wahrgenommen, wo in den Nachkriegsjahren auch die meisten ihrer Werke versteigert worden sind. – Eine Auswahl von bei Ketterer vereinigt gewesenen Brücke-Arbeiten im Katalog „Meisterwerke des deutschen Expressionismus", gezeigt in Bremen, Hannover und Köln1960
[6] KSR hatte zeitlebens eine Abneigung dagegen, sich Porträtfotografen zu stellen, Interviews zu geben oder an offiziellen Eröffnungsveranstaltungen teilzunehmen. Die von ihm bekannt gewordenen früheren Fotos sind zumeist Gelegenheitsaufnahmen seiner Frau, die ausgebildete Fotografin war. Zu den wenigen mit seiner Einwilligung geschaffenen späten Fotobildnissen gehören die Aufnahmen Hans Kinkels, die dieser 1965 vom 81jährigen und 1976 vom 92jährigen Künstler schuf. – Vgl. H. Kinkel: 14 Berichte. Begegnungen mit Malern und Bildhauern mit 14 Bildnisaufnahmen des Verfassers, Stuttgart 1967 sowie Katalog KSR-Retrospektive 1989, S. 70, 71

216 [1] Vf. hatte KSR das Manuskript seiner Arbeit über „Emma Ritter und ihr Verhältnis zur Malerei des deutschen Expressionismus" übersandt, worin besonders auf die Beziehungen zu ihm eingegangen wurde (Oldenburger Jahrbuch Bd. 59, 1959 – auch als Separatdruck)
[2] KSR bezieht sich auf die in der Publikation zitierten negativen Presseberichte über Emma Ritter in der Oldenburger Presse

217 [1] KSR entzog sich auch an seinem 75. Geburtstag weitgehend offiziellen Ehrungen und Feiern. Ende November besuchte er jedoch gemeinsam mit dem Bildhauer Richard Scheibe die ihm aus diesem Anlaß gewidmete Sonderausstellung in Chemnitz, dessen Ehrenbürger beide waren. Der damals offiziell verkündete Plan, KSR in seiner Heimatstadt ein eigenes Museum zu widmen, wurde nicht realisiert
[2] Emma Ritter beging am 18.12.1959 in Oldenburg ihren 81. Geburtstag
[3] Emma Ritters Buchgeschenk an KSR ist nicht mehr nachweisbar
[4] KSR hielt sich mit seiner Frau vom 10.6. bis Mitte September 1959 in Sierksdorf auf, wobei sommerliches Wetter die Entstehung von zahlreichen farbstarken Landschaftsaquarellen begünstigte

218 [1] Vom Vf. auszugsweise publiziert in: KSR – Nidden 1913, Stuttgart 1963 sowie im Katalog KSR-Graphik, Hamburg 1969
[2] Katalog der Ausstellung „Neues Spielzeug aus Dänemark", Altonaer Museum in Hamburg vom 11.12.1960–22.1.1961

219 [1] Ausstellung „Emma Ritter", Galerie Ursula Wendtorf Oldenburg, 15.7.–19.8.1962 (Katalogeinführung von G.W.)
[2] Vf. hatte die gehbehinderte Künstlerin von Oldenburg nach Hamburg und zurück transportiert, um ihr den Besuch der Ausstellung „Bemalte Postkarten und Briefe deutscher Künstler" (Juni – September 1962) zu ermöglichen, die auch von Hekkel und KSR besucht wurde. Mit ihren 537 Exponaten schuf diese Ausstellung die Grundlage zum Ausbau einer Spezialsammlung des Altonaer Museums, in welcher die Maler des deutschen Expressionismus herausragende Bedeutung besitzen
[3] Die Briefstelle bestätigt, daß Emma Ritter das Malen und Zeichnen von Postkarten von den Brücke-Künstlern übernommen hatte. Vereinzelt nahm sie diese Gewohnheit nach der Oldenburger Brücke-Ausstellung von 1957 noch einmal auf
[4] Eine aquarellierte Postkarte Emma Ritters mit einem Dangaster Motiv konnte Vf. später noch aus dem Nachlaß Feiningers für das Altonaer Museum erwerben. Veröffentlicht in G.W.: Gemalte Künstlerpost, München 1977, S. 77
[5] Wegen des kontinuierlichen Anwachsens der Sammlung von Postkarten und Briefen am Altonaer Museum wurde die Realisierung dieser Absicht zunächst verschoben
[6] Die Nolde-Ausstellung fand in der 1957 neu errichteten West-Berliner Kongreßhalle vom 23.9.–12.10.1962 statt

220 [1] Die KSR vorgelegten Briefstellen waren bestimmt für die Publikation des Vf.: KSR – Nidden 1913, Stuttgart 1963
[2] KSRs kritische Bemerkung über Munch siehe Brief 107
[3] Es handelte sich um den vom Vf. bereits im Katalog seiner Dangast-Ausstellung von 1957 gebrachten Auszug aus den inzwischen von L. Reidemeister herausgegebenen Lebenserinnerungen Pechsteins (Wiesbaden 1960)
[4] Gemeint sind Fotos von Niddener Bildern des Künstlers, die von seiner Frau bereits kurz nach dem Ersten Weltkrieg angefertigt worden waren
[5] KSRs Gemälde „Rote Düne", von 1913

221 [1] Vom Vf. auszugsweise publiziert in: KSR in Hamburg und Schleswig-Holstein, 1984, S. 73
[2] G.W.: KSR – Nidden 1913, Stuttgart 1963

222 [1] Siehe Anm. 206,2
[2] KSR hatte sich mit seiner Frau erneut von Ende Juni bis Anfang September in Sierksdorf aufgehalten. – Hanna Bekker vom Rath beging ihren 70. Geburtstag am 7.9.1963. Aus diesem Anlaß wurde ihr die Ehrenplakette der Stadt Frankfurt verliehen. Gleichzeitig fand eine Ausstellung ihrer eigenen Arbeiten im „Blauen Haus" in Hofheim statt
[3] Aquarelle von KSR wurden während des Monats September 1963 in der Hamburger Galerie Commeter gezeigt, in welcher der Künstler erstmalig bereits 1910 ausgestellt hatte. Die lange Ausstellungstradition war nach dem Zweiten Weltkrieg mit einer – von ihm besuchten – Aquarell-Ausstellung im Juni 1950 wieder aufgenommen worden

223 [1] Das Manuskript des Verfassers zu seiner Arbeit „Dr. phil. Rosa Schapire " erschien im Jahrbuch der Hamburger Kunstsammlungen Band 9, 1964

224 [1] Nach Entstehung der letzten Gemälde widmete sich der Künstler von nun ab dem Aquarell, sowie der farbigen und schwarz-weißen Zeichnung. Erst sie berechtigen dazu, nun von einem Alterswerk zu sprechen. – Am 12.7.1964 hatten der Künstler und seine Frau beschlossen, ihr Vermögen und den gesamten künstlerischen Nachlaß der Stadt West-Berlin zu stiften, die sich daraufhin für den Bau des am 15.9.1967 eröffneten Brücke-Museums entschied
[2] Siehe Anm. 223,1
[3] Emma Ritter war nach Zunahme ihrer Altersbeschwerden in ein in Oldenburg-Eversten neu errichtetes Städt. Altersheim aufgenommen worden, wo sie 94jährig 1972 verstarb

225 [1] Der Sohn des Leipziger Sammler-Ehepaares Viktor und Hedda Peters, Hans-Joachim Peters (1904–1973), hatte sich nach dem Zweiten Weltkrieg in Dangast niedergelassen, seine Tochter heiratete einen Dangaster Fischer
[2] Bei der Zerstörung ihrer Berliner Wohnung verlor Emma Ritter 1943 auch zahlreiche Arbeiten ihrer Künstlerfreunde
[3] KSR hatte Emma Ritter ein Aquarell zum Geschenk gemacht, das sie rahmen und in ihrem Zimmer aufhängen ließ

226 [1] KSR äußerte sich hier zu einem Foto seines für Wilhelm Niemeyer 1910/11 geschaffenen Vorhanges (siehe Abb. 274)
[2] Es handelt sich um die avisierten Kataloge der vom Vf. aus Anlaß des 85. Geburtstages von KSR im Altonaer Museum gezeigten Aussstellung „KSR-Graphik" vom 1.12.1969–25.1.1970. – Eine weitere, noch zu Lebzeiten des Künstlers im Altonaer Museum veranstaltete KSR-Ausstellung mit 50 Gemälden und 75 Aquarellen fand anläßlich des 90. Geburtstages von KSR statt. Mit über 40.000 Besuchern gehörte sie zu den erfolgreichsten des Museums

227 [1] Der Briefempfänger, Dr. Harald Schieckel, war damals als Archivoberrat am Niedersächsischen Staatsarchiv tätig, dem er den Originalbrief mit seinem übrigen schriftlichen Nachlaß überließ. Der Brief wurde durch seinen Empfänger auszugsweise publiziert in: Nordwest-Heimat. Beilage der Nord-West-Zeitung vom 9.10.1976
[2] H. Schieckel: Mitteldeutsche im Lande Oldenburg. Oldenburger Jahrbuch 67, 1968

DOKUMENTARISCHE TEXTE

Die folgenden, größtenteils neu in die Brücke-Forschung eingebrachten dokumentarischen Texte sind vor allem den Zeitungen des ehemaligen Landes Oldenburg entnommen, in dem Schmidt-Rottluff regelmäßig die wärmeren Monate der Jahre von 1907 – 1912 verbrachte und wo er unmittelbarer und länger auf das Kunstleben einwirkte, als bisher bekannt war.
Die frühesten Hinweise auf die Tätigkeit von Karl Schmidt-Rottluff und Erich Heckel erschienen in den Oldenburger Nachrichten nur wenige Wochen nach der in ihren Auswirkungen überschätzten „legendären" Besprechung Paul Fechters, der die erste größere Ausstellung der 1905 begründeten Künstlergemeinschaft Brücke in der Dresdener Galerie Richter am 10. September 1907 in den „Dresdener Nachrichten" behandelt hatte. Ein Vergleich beider Besprechungen ergibt überraschenderweise, daß die Brücke-Maler anfangs in der „Provinz" sogar auf mehr Verständnis stießen als im heimischen „Elbflorenz", besonders bei ihrer revolutionären Graphik, über die Fechter in seiner kaum als positiv zu bezeichnenden Kritik eindeutig den Stab gebrochen hatte.
Die über Jahrzehnte zu verfolgenden Rezensionen des damals maßgeblichen Oldenburger Feuilletonisten, des Chefredakteurs der „Oldenburger Nachrichten für Stadt und Land" Wilhelm von Busch (1868 – 1940), lassen in ihrem Wandel von anfänglicher Zuneigung zu strikter Ablehnung der Kunst Schmidt-Rottluffs jedoch auch die fatalen Folgen subjektiver Kunstkritik in solchen Regionen erkennen, in denen Journalisten ein Meinungsmonopol besitzen. Tatsächlich war der abrupte Sinneswandel von Busch's weniger an der für ihn nicht mehr nachvollziehbaren Stilentwicklung Schmidt-Rottluffs, als an den persönlichen Kontroversen orientiert, zu denen es nach übereinstimmenden Aussagen des Künstlers und der Malerin Emma Ritter im Jahre 1910 gekommen war.
Daher ist der in seiner geradezu prophetischen Weitsicht und einfühlsamen Charakterisierung damals in der deutschen Kunstberichterstattung ohne Vergleich gebliebene Aufsatz eines Nichtfachmannes – des Oldenburger Juristen Ernst Beyersdorff (1885 – 1952) – über die Augusteums-Ausstellung Heckels und Schmidt-Rottluffs von 1908 umso höher einzuschätzen. Er ist vom Verfasser bereits 1957 im Katalog der Ausstellung „Maler der Brücke in Dangast" – dem damaligen Wissensstand entsprechend als „Besprechung eines unbekannten Kritikers" publiziert worden, dessen Identifizierung jedoch schon 1959 anläßlich der Darstellung von Leben und Werk der mit Schmidt-Rottluff befreundeten Malerein Emma Ritter möglich war. Ihre Dangaster Erinnerungen durften hier ebensowenig fehlen, wie diejenigen Max Pechsteins, die ebenfalls schon 1957 erstmalig veröffentlicht wurden.
Den zeitgenössischen Oldenburger Zeitungskritiken wurden sodann noch solche aus Hamburg hinzugesellt, einer Stadt, die nach dem Beginn der Freundschaft mit der dort lebenden und früh über Schmidt-Rottluff schreibenden Kunsthistorikerin Rosa Schapire (1874 – 1954) als Wirkungsort für den Maler zunehmend an Bedeutung gewann. Dennoch konnte seine Kunst dort noch zwei Jahre nach dem Bericht Beyersdorffs anläßlich seiner ersten größeren Einzelausstellung in der Hansestadt von einem Rezensenten ungestraft als pathologisch bezeichnet werden, was indessen nichts daran änderte, daß nur wenig später ungewöhnlich viele seiner in Dangast entstandenen Arbeiten in private Hamburger Kunstsammlungen gelangten.
Da sich Schmidt-Rottluff – ganz im Gegensatz zu seinen Brücke-Gefährten Kirchner und Nolde – nur höchst selten und meist widerwillig über seine eigene Kunst äußerte, sollen seine während der Dangaster Jahre im Chemnitzer Tageblatt 1911 zitierten und anderweitig noch nicht herangezogenen Äußerungen hierzu an dieser Stelle bekanntgemacht werden. Sie enthalten im Kern schon jene auch später nicht geänderten Maximen, die der Maler der Zeitschrift „Kunst und Künstler" als Antwort auf eine Umfrage im Jahre 1914 zukommen ließ. Diese häufig zitierte Stellung-

nahme galt bisher als die einzige mit seinem Einverständnis veröffentlichte Eigeninterpretation seiner Kunstauffassung.
Schließlich mögen neben einer die Situation und Atmosphäre des Nordseebades Dangast im Jahre 1910 trefflich veranschaulichenden zeitgenössischen Schilderung auch noch zwei weitere Texte wiedergegeben werden, die nähere Aufschlüsse über die inzwischen ebenfalls in historische Dimensionen gerückte Oldenburger Brükke-Ausstellung von 1957 vermitteln. Damals wurden Arbeiten Karl Schmidt-Rottluffs letztmalig in größerem Umfang an diesem Ort gezeigt.

Verzeichnis der dokumentarischen Texte

Wilhelm v. Busch:
Die 321. Kunstausstellung des Kunstvereins im Augusteum
Oldenburger Nachrichten 23.11.1907 (Auszug)

Von den Arbeiten zweier neuer Künstler, Schmidt-Rudloff und Heckel, die sich in Dangastermoor niedergelassen haben, kann man das leider nicht behaupten. Es ist übrigens ganz begreiflich, daß diese ungewöhnlichen Lithographien und Holzschnitte nicht von jedermann als Kunstleistungen erkannt werden; sie wandeln gar zu wenig traditionelle Wege. Aber man sollte doch versuchen, sich die Absichten der beiden jungen Künstler klar zu machen und zu empfinden, daß da eigenartige Talente im Aufblühen sind. Wie Schmidt-Rudloff zum Beispiel die Schiffe auf dem Wasser und die großen Schirme der Hökerinnen auf dem Marktplatze wiedergibt, mit wenig kecken, aber auf die Wirkung berechnet sicher geführten Strichen, wie er die Gesichter aus dem Schwarz hervorleuchten läßt, oder wie Heckel den „Alten" scharf charakterisiert, das rote Kinderköpfchen zuschneidet oder die Hütte am Wege nach Winkelsheide mit Stimmung umgibt, das sollte wohl verstanden werden können. Beide Künstler – unseres Wissens Dresdener – werden nach vorübergehendem Winteraufenthalt in Elbflorenz im Frühjahr wieder nach Dangastermoor zurückkehren, wo sie alles haben, was ihr Malerherz begehrt: Moor, Sand, Wald und Wasser. So finden selbst die nach landläufiger Ansicht gerade nicht reizvollen Landschaften doch auch ihre Liebhaber.

Wilhelm v. Busch:
Ausstellung des Oldenburger Künstlerbundes
Oldenburger Nachrichten 18.1.1908 (Auszug)

Zwei originelle Käuze stellen sich uns in den beiden Dangastermoorer Malern Schmidt-Rottluff und Heckel vor, deren schlagende Farbigkeit – z.B. ein Schwelgen in Rot! – der Geschmack der Hängekommission durch sorgfältige, konkurrenzlose Plazierung zu entsprechendem Erfolge gebracht hat. Sie sind uns nicht ganz unbekannt: In der Weihnachtsausstellung waren sie bereits mit merkwürdigen Lithographien vertreten, die sicher manchem Besucher ein Grausen eingejagt haben. Gewiß, die Blätter litten – und auch diese Studien tun es! – an Überschwang und jugendlicher Kraftmeierei, aber, man vergesse nicht, es sind künstlerische Taten, Beweise für ein leidenschaftliches Malempfinden, Talentproben! Solcher Most wird sicher ausgähren und guten Wein geben. Besser als jene flaue Mittelmäßigkeit, die nichts als Langeweile und Oedheit gebiert! Dies farbenjauchzende Stilleben, dies kaum erkennbare Blumenstück, diese höchst lebendigen Hühner und dies brennendrote Moorgehöft – das sagt vielleicht etwas zu selbstbewußt: „Ich bin ich", aber darin liegt doch Mark, Persönlichkeit, Begeisterung und Selbstvertrauen. Wir begrüßen diese jungen Stürmer als eine willkommene Ergänzung unserer heimischen Künstlerfamilie.

Ernst Beyersdorff:
Schwarzweiß-Kunst im Kunstverein
Oldenburger Nachrichten 13.3.1908 (Auszug)

Es bleiben noch zwei Künstler, die zwar nicht durch Geburt, aber durch ihren Wohnsitz in Dangastermoor in einem engeren Verhältnis zu Oldenburg stehen, Schmidt-Ruttlof und Heckel. Um es gleich zu sagen: Sie sind eine befreiende Erscheinung in unserem Oldenburger Kunstleben! Beide sind noch jung und in ihrer Sturm- und Drangperiode. Bei ihnen ist kein mühseliges Suchen, kein kleiner Geschmack, überall sieht man den großen Wurf. Ohne Umschweife gehen sie auf den Kern der Sache los und suchen ihm in denkbar einfachster Weise gerecht zu werden. Fallen auch manchmal Hiebe daneben, in der Hauptsache sitzen sie! Den beiden fehlt nichts als ein klangvoller Name. Hätten Sie den, ich bin überzeugt, man würde sich um ihre Sachen reißen! Noch ist manches zu abrupt und kraftgenialisch in ihren Werken, aber mit der Zeit werden sie schon ruhiger werden und ihren wilden Ungestüm ablegen. Bei der Betrachtung ihrer Blätter ist nur eins erforderlich: Distanzhalten! Wer das nicht kann, vielmehr mit zornmütigem Gesicht dicht davorsteht und ihnen einen akademisch-ästhetischen Kunstkanon entgegenhält, dem ist nicht zu helfen.
Am hervorragendsten sind für mich von den Lithographien Schmidt-Ruttlofs „Bauernhaus" und „Strohfeimen" – ein Monetsches Motiv! – und Heckels „Birken". Hier ist alles auf wenige, fast monumental wirkende Linien vereinfacht. Ausgezeichnet ist auch die alte Frau von Heckel, die das biblische Alter erreicht hat. Schmidt-Ruttlof hat sich auch mit der Farbe versucht. Seine „Aepfel" sind so recht gemalt, um einen Philister zu ärgern. Der glänzend charakterisierte „Mönch" und die „blühenden Bäume" mit ihrer Tupftechnik zeigen, daß der Künstler auch auf diesem Gebiet seine eigene kühne Handschrift besitzt. – Möge etwas von der Courage und dem Können dieser beiden jungen Leute auch auf unsere Künstler übergehen.

Kunstausstellung
Oldenburger Nachrichten 25.9.1908

Die beiden Maler, die sich in Dangastermoor angesiedelt haben, Schmidt-Rottluff und Heckel, werden hier im Augusteum eine Sonderausstellung ihrer Werke veranstalten. Beide Künstler stellten hier bereits aus und erregten Aufsehen durch die zeichnerische und farbige Eigenart ihrer Bilder. Der Kunstverein hat ihnen nun seine Räume für eine Separatausstellung überlassen, die Sonntag eröffnet wird, bis zum 17. Oktober dauert und zu den gewöhnlichen Besuchszeiten (Sonntags von 12–2, Mittwochs von 11–4 und sonst von 11–2 Uhr) geöffnet ist. Zweifellos wird sich unser kunstliebendes Publikum für die Schöpfungen der beiden jungen Maler interessieren, die unsere engere Heimat, und besonders den nordischen Küstenstrich zu ihrem künstlerischen Nährboden machten.

Richard Mamroth:
Heimatkunst – Heckel und Schmidt-Rottluff
Nordwestdeutsche Morgenzeitung Oldenburg
27.9.1908

Zwei unserer jüngeren heimischen Künstler, die Maler Schmidt-Rottluff – Dangastermoor und E. Heckel – Dangast, veranstalten vom heutigen Tage ab im Augusteum eine Sonderausstellung, die mit mathematischer Gewißheit viel Staub aufwirbeln wird. „Interessant, aber seltsam“, werden die Vorsichtigen, „Verrückt!“ werden die Rücksichtslosen sagen. Und wer eigentlich Recht behalten wird? Vielleicht beide, vielleicht keiner. Auf jeden Fall gewinnt man einen intensiven Einblick in die Sturm- und Drangperiode zweier eigenartiger und tief beanlagter Künstler. Daß die beiden Maler ihr Werk zusammen ausstellen, ist sicherlich kein Zufall; sie ergänzen und vervollständigen sich in gewisser Weise. Oder haben sie sich auch gegenseitig angespornt?
Man darf die Bilder Schmidt-Rottluffs und Heckels nicht betrachten und sich dabei etwa die Frage vorlegen: „Was sehe ich?“ Auf diese Frage gäbe es nur die verlegene Antwort: ein wirres, offenbar zusammenhangloses Gestrichel und Getüpfel in grellen Farbenkontrasten. Damit wird man aber natürlich der Bedeutung der beiden Künstler nicht gerecht. Man muß die Frage vielmehr so formulieren: „Wie hat es der Künstler gesehen?“ Nur so vermag man der ausgeprägten Individualität der beiden Dangaster gerecht zu werden. Und bei dieser Fragestellung tut sich einem eine ganz neue Welt auf.
Die beiden Künstler, die uns hier beschäftigen, stehen offenbar auf dem äußersten radikalen Flügel der Impressionisten. Man weiß, was diese Kunstrichtung will. Während früher in der darstellenden Kunst das Objekt die Hauptsache war, das Gegenständliche durchaus im Vordergrunde stand, halten die Impressionisten – ob mit Recht oder Unrecht sei hier nicht erörtert – das Subjekt, also den Maler und seine Auffassung für die Hauptsache. Ein Beispiel sei angeführt: mag immerhin eine Wiese dem Laien und Normalmenschen grün erscheinen, so ist doch denkbar, daß dem Künstler unter Zusammenwirken verschiedener Farbenmomente die Wiese in anderer Couleur erschiene, und so erklären sich auch die roten Weiden und das behaglich kauende grüne Vieh, die uns gelegentlich in Kunstausstellungen begegnen. Es ist keine Frage, welche Auffassung die würdigere ist: Jene, die in dem Maler bloß eine Darstellungsmaschine, oder die, die ihn als selbständig aus sich heraus Schaffenden erblickt. Ebenso selbstverständlich ist aber auch die Forderung, daß man dem Publikum Zeit lassen müsse, sich an diese neue Kunst zu gewöhnen. Alle Jene, die dem Sauseschritt der Entwicklung nicht recht zu folgen vermögen, werden die Kunst Schmidt-Rottluffs und Heckels als Attentat empfinden.
Man kann nicht sagen, welcher der beiden Künstler der kühnere ist. Sie wagen Beide sehr viel. Während beispielsweise Schmidt-Rottluff einen unentzifferbaren Regen von lilafarbenen, roten und grünen Kleckssen scheinbar nicht recht motiviert „Obstbäume“ betitelt, stellt Heckel zwei Gemälde aus, „Blühende Kressen“ und „Landschaft im Herbst“, die selbst ein so vorurteilsloser Beschauer, wie Schreiber dieses mit einem respektlosen Fragezeichen versehen muß. Sollte es einen Frechling geben, der heimlich die Etiketten beider Bilder vertauschte, es würde kein Mensch – den Künstler ausgenommen – die Schandtat bemerken.
Und dann: was machen die beiden Aussteller in ihrer souveränen Betrachtung des Objekts nicht alles! Von Heckel finden wir ein Paar gewiß sehr ernsthaft gemeinte „Füße in Holzschuhen“ (in überirdisch leuchtenden Farben!) und ein Paar harmloser Bierflaschen, von Schmidt-Rottluff einen seltsam schemenhaften weiblichen „Akt“, daneben einige prosaische Töpfe, die in desto poetischeren Farben prangen. Überhaupt Farben! Was in dieser Beziehung die beiden Künstler leisten, spottet einfach jeder Tradition. Namentlich wird schreiendstes Rot bevorzugt. Bei dem Schmidt-Rottluffschen „Bahnhof“ versteht man die Rot-Kakophonie noch, wenn man sich der Ziegelwände erinnert. Was aber die roten Flecke bei desselben Künstlers „Geschlichteten Torf“ sollen, geht einem durchaus nicht in den Schädel hinein.

Aber davon, von diesen Kindlichkeiten, soll nicht allzu viel die Rede sein. Wir sprachen ja schon einleitend vom Sturm und Drang, und sicherlich werden die beiden Aussteller dereinst mit stillem Lächeln auf ihren jugendlichen Ueberschwang zurückblicken. Was uns aber das ausgestellte Werk als solches schon heute lieb und wert macht, hängt mit dem Titel zusammen, den wir diesen Ausführungen gegeben: es ist hier echte und unverfälschte Heimatkunst, die zu Wort kommt. Mögen andere Maler in gelegentlichen Ausflügen das Land besuchen, diese Künstler treibt innige und starke Liebe zu ihrem Heimatboden hinaus. So haben Sie denn auch das Rousseau'sche Rezept von der Rückkehr zur Natur befolgt. In und mit dieser Natur leben sie, und deshalb haben ihre Werke auch einen so starken, bodenständigen Duft. Nicht um Konterfeie der Natur, sondern um diese selbst handelt es sich. So malt Heckel ein Bild „Blühender Ginster", vor dem man nur stehen und träumen kann. Oder er zeigt Bäume auf melancholisch gewelltem Terrain, die ein scharfer Nordost zu biegen scheint. Hier spürt man förmlich den Wind und atmet mit vollen Zügen den Duft der Scholle. Dasselbe läßt sich von Schmidt-Rottluffs „Mittag im Moor" sagen. Es handelt sich hier wirklich um Dokumente wahrer Heimatkunst.
Ganz außerordentlich reizvoll sind die Nuancen, die die Künstler dem Wasser abzugewinnen wissen. Das empfindet man besonders lebhaft bei dem „Gelbe Segel" betitelten Gemälde Heckels. Auf überall deutlich erkennbaren, weißem Untergrund stehen Strich an Strich, Fleck neben Fleck. Bei näherer Betrachtung (oder vielmehr bei einer solchen aus größerer Entfernung) wächst all' das zu einem harmonischen Ganzen zusammen: das Schiff mit dem großen Segel und der in tausend Reflexen leuchtende Wasserspiegel. Oder der Künstler malt ein „Watt bei Ebbe"; auch hier ein Flirren und Flimmern in der Luft, daß man geblendet die Augen schließt.
Sehr gerne beschäftigen sich die beiden Naturmenschen mit Motiven aus dem Garten. Hier ist Schmidt-Rottluff der Rücksichtslosere. Er zeigt uns lilafarbene Bäume, über denen eine solide grüne Wolke festgebannt ist; dann gibt er wieder Rätsel auf wie mit dem „Blauen Blumenbusch". Beide Künstler stellen ferner den „Mohn" dar. Während aber Schmidt-Rottluff eine wahre Farbenschlacht aufführt, in der der Maler offenbar erst nach hartem Ringen Sieger geworden über die widerstrebenden bunten Nudeln, zeigt sich Heckel weniger aufs Bäumeausreißen gestimmt. Sein „roter Mohn" leuchtet mit anschaulicher Plastik aus einer grünen Umrahmung. Es ist das vielleicht das reifste Bild, das die Ausstellung aufweist.

Die beiden Künstler sind reine Landschafter. Das sieht man ganz deutlich erst, wenn sie sich an menschliche Modelle machen. Heckels „Zwölfjähriger Junge" und Schmidt-Rottluffs „gelbe Oeljacke" sind durchaus mit den Augen eines Landschafters gesehen. Das Porträt als solches ist den Künstlern absolut gleichgültig. Auch hier kommt es ihnen nur auf die Farbenwirkung an. Anders steht es um die Figuren, die, mit ein paar Strichen skizziert, die Landschaften beleben. Diese sind gut und sicher aufgefaßt, wirken lebendig und haben festen Grund unter den Füßen.
Neben den Gemälden finden wir in der Ausstellung eine größere Anzahl von Aquarellen, Lithographien, Radierungen und Zeichnungen. Von diesen läßt sich insgesamt lobend erwähnen, daß sie das, was dem Künstler wesentlich dünkte, mit sicherem Griff, oft mit wenigen kecken Zügen festhalten. Schmidt-Rottluff macht es sich hier mitunter gar leicht. Einige wenige Striche, und ein Baum, ein Haus, ein Weg sind erkennbar. Das Reduzieren auf die einzige notwendige Linie macht auch diese leichten Entwürfe zu wertvollen künstlerischen Bekenntnissen. Französischen Vorbildern nachempfunden ist eine Lithographie „Mann mit Pfeife". Hier leuchtet das scharfgeschnittene Bauerngesicht aus dunklem Hintergrund hervor. Auch Heckel versteht es, mit anscheinend ganz primitiven Mitteln Wirkungen zu erzielen. Unter den Aquarellen fallen ein paar fantastisch-groteske „Fischer" auf.
Wir müssen immer wieder betonen: es handelt sich bei dem Werk Schmidt-Rottluffs und Heckels heute noch nicht um ausgegorenen Wein, sondern durchaus noch um Werdendes. Aber es erscheint uns wiederum keinem Zweifel zu unterliegen, daß die Beiden auf bestem Wege sind, sich zu sammeln und ganze Künstler zu werden. Wir freuen uns des Tags, da Oldenburg auf sie wird stolz sein dürfen.

Wilhelm v. Busch:
Sonderausstellung der Dangaster Künstler I.
Oldenburger Nachrichten 27.9.1908

Sonderbar, wie energisch sich oft Künstlernaturen für eine bestimmte Gegend als Aufenthalt und Schaffensbedingung aussprechen. Man denke an Dachau, an Worpswede, an Dötlingen. So konnte es selbst dem geborenen Oldenburger überraschend genug sein, daß sich zwei junge Dresdner Maler mit großer Entschiedenheit für das wenig bekannte Dangastermoor als Malerort entschieden und nun schon im zweiten Jahre dort leben, arbeiten und schaffen und das spärliche künstlerische Element unseres Landes dadurch dauernd vermehren. Und sie müssen hier die Voraussetzung ihrer künstlerischen Natur wohl erfüllt finden, denn ihre gesamte Produktion weist eine geschlossene Eigenart auf, die gewiß auf eine in beiden nur wenig abweichende Anlage zurückzuführen ist, die dann aber auf den gemeinsamen Nährboden ihrer Talente hinweist, die Boden- und Luftverhältnisse des Jadebusen-Küstenstriches.

Beide Künstler, Schmidt-Rottluff und E. Heckel, denen sowohl die ungemein starke Farbigkeit ihrer Anschauung als auch eine ausgesprochene Vorliebe für energisch betonte Charakteristik der Linie eigen ist, erklären übereinstimmend, daß gerade darin die Gegend bei Dangast ihren Wünschen mehr als andere Landschaften Deutschlands entgegenkomme. Der erstere, der u. a. ein Jahr an der Ostsee auf Alsen lebte, unterscheidet die dortige Landschaft sehr scharf von der Nordseeküste. Letztere findet er unendlich viel starkfarbiger und besonders den Uferrand des Jadebusens, wo Moor-, Marsch- und Geestboden mit ihrer verschiedenartigen Flora, wo Wasser und Watt, Strand und Düne nahe beieinander ein unerschöpfliches Feld von malerischen Vorwürfen darbieten.

Das stimmt mit der Beobachtung unserer heimischen und der Worpsweder Künstler, daß nämlich unser ganzer Küstenstrich, eben infolge seiner seltsamen Bodenarten und wegen der starken atmosphärischen Erscheinungen, deren Kraft jedenfalls mit der Nähe der See zusammenhängt, dem Landschafter die merkwürdigsten Anregungen gibt. So sind z. B. die Dämmerungserscheinungen, die Wolkenbildung, die Nebelwirkungen u. a. m. hier besonders eindrucksvoll. Es gibt mehrere Künstler, die es nachdrücklich bestätigen, daß der berühmte Himmel des Südens nicht blauer ist, als wir ihn hier zu Zeiten sehen. Meine eigenen Beobachtungen gehen auch dahin. Aber denen mag, weil nicht mannigfach genug, weniger Beweiskraft inne wohnen. Jedenfalls urteilt der Künstler, der sich berufsgemäß damit befassen muß, sicherer. Und schließlich müssen sein Auge und seine Vorstellungskraft uns doch Führer und Erklärer sein. Nur wenn er uns zwingt, so wie er zu schauen, kann er uns von seiner Künstlerschaft überzeugen.

Ich fürchte, den beiden Dangastern wird es nur langsam gelingen, uns gewissermaßen durch ihre geistige Brille sehen zu lassen. Die meisten Besucher ihrer Ausstellung werden – anfangs sicher – befremdet sein von der tiefen Farbigkeit ihrer Schöpfungen. Wie verschieden den Menschen die Welt der Erscheinungen aussieht, das mag daraus hervorgehen, daß der farbigste der beiden Künstler sich noch beklagt über sein Unvermögen, die Dinge so bunt wiederzugeben, wie sie in seinem Innern leben.

Die gesamten malerischen Darstellungen Beider sind so ganz und gar auf die Farbe gestellt, daß dabei Rücksichten der Form völlig in den Hintergrund treten. Der Laie, dem das künstlerische Schauen oft ein unerschließbares Geheimnis bleibt, legt in diesem Punkte am ersten seine Kritik an, und das hindert ihn vielfach, die tieferen Absichten dieser wahrhaft ernst Ringenden zu erkennen. Es ist mit der inneren Ueberzeugung des Künstlers wie mit jeder anderen: Wer Charakter hat, der folgt der Stimme seines Herzens, und brächte es ihn gleich ins Verderben. Er kennt weder Rücksicht auf Gelderwerb noch auf den Zuspruch der Masse; er muß das, was er für recht hält, gestalten, und zwar so, wie seine schaffende Phantasie es ihm befiehlt. Und das gibt, meiner Ansicht nach, auch unseren Dangastern den Empfehlungsbrief. Man mag ihre Bilder seltsam oder unleidlich finden, man mag sich ablehnend zu ihren Grundsätzen stellen, aber man muß sie als redliche Schönheitsucher ernst nehmen und versuchen, mit ihren Augen zu schauen. Was sie können, das bezeugen übrigens auch, und ganz unzweifelhaft, ihre graphischen Arbeiten, wo die Farbe nicht in Frage kommt. Und auch der, dem die Unterstreichung des Charakteristischen in der Zeichnung nicht der Angelpunkt alles künstlerischen Schaffens ist, der wird doch zugeben müssen, daß bei beiden in der Bewältigung dieses Gedankens eine eminente Kunstfertigkeit zutage tritt. Mit einem Minimum von Linie und Fläche sind dabei Wirkungen voll echten Lebens erzielt, und gerade diese Beschränkung auf das Mindestmaß an Stoff deutet am sichersten auf das Talent der Urheber hin.

Gestern mittag machten die beiden Aussteller in der freundlichsten Weise die Führer und Erläuterer für ihre ersten Gäste. Durch geschickte Ausnutzung des Raumes mittelst der Stellwände haben Sie auch für die Fernwirkung ihrer Bilder den nötigen Platz geschaffen. Die ernsthaften Freunde der bildenden Kunst, deren Oldenburg ja verhältnismäßig viele aufzuweisen hat, werden Veranlassung nehmen müssen, sich mit dieser 83 Nummern umfassenden Ausstellung zu beschäftigen.

Wilhelm v. Busch:
Sonderausstellung der Dangaster Künstler II.
Oldenburger Nachrichten 4.10.1908

Eine Woche lang beherbergt nunmehr das Augusteum die Ausstellung der Werke von E. Heckel in Dangast und Schmidt-Rottluff in Dangastermoor. Das Zusammentreffen mit dem Oldenburger Kramermarkt war den Künstlern nicht günstig. Aber da die Ausstellung bis zum 17. Oktober geöffnet ist, so bleibt noch Zeit genug, sie zu studieren. Und das haben die beiden strebsamen Maler verdient, daß man versucht,

sich mit ihren Absichten auseinanderzusetzen. Jeder ernsthaft Ringende kann den Anspruch erheben, ernsthaft beurteilt zu werden. Mag seine Richtung verkehrt, seine Eigenart nicht durchzusetzen sein; steht er als eine bestimmte Persönlichkeit da, die ihren inneren Antrieben folgt, so haben wir damit zu rechnen.
Es wird unseren beiden Dangastern schwer werden, durchzudringen. Vor allem hier, wo die Anschauungen über bildende Kunst der Mannigfaltigkeit der Großstadt ermangeln. In einem bedeutenderen Kunstzentrum wäre eher Aussicht auf Anerkennung. Hier scheint unter Umständen schon etwas erreicht, wenn das Publikum zu einer ruhigen, vorurteilsfreien Betrachtung veranlaßt wird. Aber es ist mir persönlich doch auch sehr zweifelhaft, ob das Farbensehen dieser beiden Künstler je eine weitere Geltung erlangen kann. Wer sieht denn von uns Laien so brausende Farbentöne, die wie ein kräftiges Orchester daherschmettern! Es kommt mir vor, als ob nur aufgepeitschte, übererregte Nerven zu derartigen Sinnestäuschungen führen könnten. Maleraugen sehen vieles, was unsere ungeübten Sehwerkzeuge nicht erkennen. Ich für meine Person wäre aber sehr unglücklich, wenn ich die Welt in diesen rauschenden Farben sähe, und mir können die Abbilder solch starkgefärbter Vorstellungen auf die Dauer nicht sympathisch sein. Das schließt natürlich eine lebhafte Anerkennung des hohen malerischen Könnens beider Künstler nicht aus. Sie suchen einen neuen Weg, um ihre starken Eindrücke von der Natur bildlich festzuhalten; ihnen scheint die laute, vollgriffige Akkordfolge das rechte Mittel, und ihre Geschicklichkeit hat beinahe etwas Ueberzeugendes an sich. Aber der ruhige Beurteiler wird sich davon nicht beeinflussen lassen. Der Weg unserer Dangaster kann m. E. nur ein Versuch sein, diese Schaffensweise nur ein Experiment, nur Vorbereitung und Werkzeugübung für eine spätere reifere Kunst. Vielleicht lächeln die Vorgeschrittenen später noch einmal über diese stürmende Leidenschaft, mit der sie sich in ihrer Jugend auf die großen malerischen Probleme warfen. Am Ende klärt sich diese überschäumende Schaffenskraft schon bald ab und läßt einen gesunden Eigenarts-Einschlag zurück!
Wenn man die Entfernung von den Oelbildern weit genug nimmt, so lösen sich die Farbenhaufen sehr wohl auf und lassen das Gegenständliche klar erkennen. Aber die bildmäßige Wirkung, die auch einen ruhigen Genuß zur Voraussetzung hat, vermitteln sie meistens nicht. Dagegen packen sie das Objekt stets an der charakteristischsten Seite und zeigen diese in so herausfordernder Weise, daß sie nicht zu übersehen ist. Man betrachte z. B. Schmidt-Rottluffs „Gelbe Oeljacke". Die Benennung ist schon bezeichnend genug. Es handelt sich um das Bild eines knorrigen Schiffers, der in der neuen Oeljacke im Sonnenschein dasitzt. Da war dem Künstler nur das Spiel des Lichts auf dem prachtvollen Gelb höchst interessant, und er malte den Mann in der Oeljacke nur der Farbenfläche wegen; wenn dann bei wegelang noch ein scharf charakterisiertes Porträt dabei herauskam, so war ihm das anscheinend gleichgültig! Oder man sehe Heckels „Füße in Holzschuhen", die auch nur des Farbenflekkes wegen gemalt sind. Wenn man diesen Dingen ruhig und ohne Voreingenommenheit, aber auch ohne Vorliebe für das Groteske und eine Seltsamkeit um jeden Preis gegenübertritt, dann empfindet man sie als eine malerische Vergewaltigung der Natur, die sich dafür gewiß rächen wird. Merkwürdig – oder bestätigt sich darin das Gesetz des Gegensatzes? – daß beide Künstler in ihren graphischen Sachen, in den Radierungen namentlich, gegenüber dieser Freude am derben Zupacken eine delikate Behutsamkeit an den Tag legen, die diese Blätter zu Kabinettstücken von Kaltnadelarbeit machen, die man mit dem größten Genuß studiert. Und gerade dies Ausschlagen nach der entgegengesetzten Seite läßt hoffen, daß sie auch in ihrer Oelmalerei die goldene Mittelstraße zu reifen, gefundenen Schöpfungen finden werden.

Ernst Beyersdorff:
Sonderausstellung E. Heckel – Dangast, Schmidt-Rottluff – Dangastermoor im Augusteum
Oldenburger Nachrichten 13. und 14.10.1908

Wenn die Ausstellung der beiden jungen Dangaster Künstler bisher hier seitens des großen Publikums nur eine kühle, ablehnende, nur durch die Achtung vor ihrem ernsten Wollen gemilderte Kritik gefunden hat, so ist daran weiter nichts Verwunderliches. Dazu hat ihr Schaffen auch ein gar zu fremdartiges Gesicht, das den harmlosen Beschauer manchmal direkt zu vexieren scheint. Selbst in einer großen Stadt würden die Dangaster auf viel Mißverstehen und gleichgültiges Achselzucken gestoßen sein. Dabei steht Oldenburg, dessen künstlerische Produktion sich bisher nur auf zahmen, ausgetretenen Bahnen bewegt hat, dem Streit und der Losung des Tages völlig fern. Wenn hier trotzdem der Versuch gemacht werden soll, ein näheres Verhältnis der Besucher mit dem Dargebotenen anzubahnen, so geschieht dies einmal in dem Vertrauen auf die Vorurteilslosigkeit des Publikums und dann in der festen Überzeugung, daß die beiden Künstler trotz mancher barocker Einfälle und vielfachen Unvermögens, das innerlich Geschaute in die Tat umzusetzen, der Welt sehr viel zu sagen haben.

Beide Maler haben niemals eine Akademie besucht, sind deshalb fast völlige Autodidakten. Erst spät mit den Werken der französischen Freilichtmalerei bekannt geworden, deren Lehren sie bis dahin nur in der Theorie kannten, folgten sie den Gesetzen der Farbteilung, die die Neoimpressionisten, zuerst Georges Seurat und Paul Signac, in den achtziger Jahren des vorigen Jahrhunderts aufgestellt haben, und als deren Hauptanhänger in Deutschland Paul Baum und Arthur Stremel zu nennen sind. Die Pointillisten, wie man sie auch nennt, mischen die Farben nicht auf der Palette, sondern setzen sie in reinem Zustande, Punkt an Punkt, Komma an Komma, auf die Leinwand, die Mischung dem Auge des Betrachters überlassend. Zweck dieses Verfahrens ist, eine erhöhte Leuchtkraft des Bildes zu erzielen.

Anstatt nun, wie viele Maler dieser Richtung, in einer kleinlichen Tüpfeltechnik zu erstarren, folgen unsere Dangaster einer wesentlich freieren Auffassung. Betrachtet man ihre Leinwände aus der Nähe, so gleichen sie einem wilden Schlachtfeld, auf dem finger- bis handgroße Bäche eines blutigen Rot, knallenden Gelb und giftigen Grün einen Kampf bis aufs Messer miteinander führen. Manchmal scheinen die Farben unmittelbar aus der Tube auf die Leinwand gequetscht zu sein. Vornehmlich die Werke Schmidt-Rottluffs zeigen eine von Jahr zu Jahr wachsende Tendenz, immer breiter und pastoser in der Mache, immer stärker und einfacher in der Farbengebung zu werden.

Doch nur, wer sich bereits dahin erzogen hat, die Bilder, wie es sich gehört, aus respektvoller Entfernung zu betrachten, darf es wagen, auch einmal dicht heranzugehen und ihrer ungezügelten Wildheit ins Auge zu schauen. Wer noch starke Farben sehen kann, dem wird gerade dies die Quelle feinsten Genusses sein.

Man hüte sich davor, das Handschriftliche an einem Kunstwerke zu unterschätzen, soweit es nicht bloße Manier und krampfhafte Angewöhnung ist. Es ist der Charakter des Malers, der sich darin offenbart.

Zum Besuche der Ausstellung eignet sich am besten ein leichtbedeckter heller Tag, an dem das gar zu scharfe Herbstlicht durch einen weichen Wolkenvorhang gemildert wird, der auch die lauten Fanfaren im Augusteum zu einer gedämpfteren Harmonie bindet. Alte, anerzogene Ideale von Schön und Häßlich lasse man füglich draußen! Unbefangen, als habe man nie ein Bild gesehen, nähere man sich den Offenbarungen dieser beiden merkwürdigen Geister.

Unbedingt der »Clou« der Ausstellung, dem Beschauer schon von weitem entgegenleuchtend, ist die »gelbe Öljacke« Schmidt-Rottluffs. Man erschrecke nicht vor diesem geradezu unglaubwürdigen Gelb, vor dem alles andere zu trübem Grau verblassen muß. Tritt man weit genug zurück, dann verschwinden die grünen Schatten aus den Augenhöhlen, und der Kerl gewinnt ein durchaus menschliches Äußeres. Es ist einfach verblüffend, wie der zusammengesunkene Körper in der Jacke drinsitzt, wie wuchtig die Hände, aus der Nähe nur ein paar gelbrote, hingehauene Klumpen, auf den Knien ruhen! Man verkennt die Absichten des Künstlers, wenn man annimmt, ihn habe nur die schillernde Farbe gereizt. Er wollte zugleich auch das Menschliche an der Erscheinung geben. Das Verschlossene, Brütende im Ausdruck ist ihm dabei vortrefflich gelungen. Wir haben noch nie eine so lebenswahre, derbkräftige Darstellung unserer heimischen Küstenbevölkerung gesehen, wie in dieser Ausstellung von Schmidt-Rottluff und Heckel. Das gilt namentlich auch für ihre Graphik. Diese vierkantigen, stiernackigen Seebären, die an die grotesken Typen in Maupassants Geschichten aus der Normandie erinnern, stehen turmhoch über den konventionellen, langweiligen Gesichtern eines Hans v. Bartels. Nur Carlos Grethe hat Ähnliches geschaffen.

Es gehört schon etwas dazu, so ungeniert, mit einem scheinbar so aller Tradition hohnsprechenden Bilde vor die Öffentlichkeit zu treten! Ob es einen Käufer finden wird? Hier gewiß nicht! Ich kann mir aber wohl denken, daß ein Tschudi den Mann in der gelben Öljacke seiner Sammlung einverleiben würde.

Von ähnlich starker Wirkung sind auch die beiden Nachbarbilder desselben Malers, auf denen eine bescheidene, anspruchslose Natur unter dem Einfluß der grellen Mittags- und der flammenden Abendbeleuchtung ein seltsam farbiges Leben gewonnen hat. Auf dem einen sieht man ein paar Bänke, wie sie hier in jedem Bauerngarten stehen, senkrecht gegen eine grünbewachsene Hauswand gestellt. Die scheidende Glut des Tages taucht den Boden in Purpur, während die Bänke schon von kühleren blaugrünen Lichtern umflossen sind. Dieses Bild weist den ganzen Frieden eines schönen, oldenburgischen Sommerabends auf. Schwerer verständlich in seinen mächtigen Farbenakkorden ist dagegen das Torfbild. Die von kräftigem Licht übergossenen Torfhaufen sind von einer fabelhaften Gegenständlichkeit, der gegenüber man auch einige Seltsamkeiten in der Beleuchtung vergißt. Die Farbe ist von einer tiefen Pracht und Ausdrucksfähigkeit.

Bei einer Reihe anderer Bilder fällt das Versagen in der Behandlung des Hintergrundes auf, der, höchst unklar gehalten, zu fest und schwer die Dinge begrenzt. Am unmöglichsten aber für meinen Geschmack ist das »Haus am Bahnhof«, vom Künstler am höchsten bewertet. Über die Zusammenstellung von Fleischrot und Indigoblau in der Hauswand komme ich nicht hinweg. Die linke Partie des Bildes, in dessen Linienführung der Einfluß Edvard Munchs hervortritt, ist besser gelungen. Die »Obstbäume«, an sich ein interessanter Versuch, hängen zu nahe, als daß man ihnen ganz gerecht werden könnte. Die Art, wie die Bäume stehen und gestützt sind, hat nichts recht Überzeugendes für sich. Ein köstliches Farbenbukett von hellem Weißblau, Orangegelb und bläulichem Rot, das auch aus der Nähe von hohem malerischem Reiz ist, enthält der „bunte Mohn".

Einer früheren stilleren Periode als alle diese Bilder entstammt der »kauernde Akt«. Dieses Bild ist von ganz hervorragenden malerischen Qualitäten. Während bei den übrigen Werken Schmidt-Rottluffs eine gewisse sinnliche Freude an einzelnen starken Farben unverkennbar ist, die wie mächtige Fugen das Heer der kleineren Motive überdröhnen, ist hier alles überflutet von einem zarten einigenden Licht. Leise kommt es von hinten durch das gelbverhangene Fenster und umspielt schmeichelnd den nackten Frauenkörper, alles Harte, Herbe, Eckige auflösend in dem Zusammenklang hellroter, gelbweißer und bläulicher Töne.

Wir haben vorhin schon flüchtig die Entwicklung gestreift, die Schmidt-Rottluffs Schaffen bisher genommen hat. Ob es auf diesem Wege noch eine Steigerung gibt? – Ob dies das erste Morgenrot einer neuen Ära des farbigen Ausdrucks ist? – Wir wissen es nicht. Selbst wenn hier aber keine Entwicklungsmöglichkeiten liegen sollten, dürfen wir doch dem Erreichten unsere Anerkennung nicht versagen. Was ein Kunstwerk für unser Geschlecht bedeutet, muß uns der Maßstab für unsere Beurteilung sein, nicht, was es für eine spätere Zukunft verheißt.

II.

Verglichen mit dieser merkwürdig bewußten, der Natur gegenüber von einem feierlichen Ernst beseelten Persönlichkeit erscheint Heckel als der freundlichere, menschlichere Geist. Er ist vielseitiger, leichter beweglich, darum auch leichter verständlich. Man hat behauptet, die beiden seien nicht zu unterscheiden. Das ist mir unverständlich. Heckel hat eine viel hellere Palette als Schmidt-Rottluff, er liebt die verhaltenen, verschleierten Töne und läßt gern ein Letztes ungesagt. Vor allem: Während der Freund der Natur ganz objektiv gegenübersteht, ist in zahlreichen Werken Heckels eine starke dekorative Note. Das alles verleiht ihm ein anderes Gesicht. Gemeinsam ist beiden die Wahl der Stoffe, doch entlehnt der in Dangast Wohnende viele Motive dem reiche Anregungen bietenden Jadebusen. Beiden gemeinsam ist ferner die Kühnheit, mit der sie das Objekt von einem bestimmten Winkel aus in Angriff nehmen, die Betonung der Diagonale in der Anordnung des Bildes.

Das Stilleben hat Heckel mächtig angezogen. Dieses zuerst von den alten Holländern gepflegte Gebiet verfiel in der Zeit der großen Historienmalerei, der Zeit der Haupt- und Staatsaktionen, der allgemeinen Verachtung. Es war gewissermaßen die subalternste Art der Kunstbetätigung, die man großmütig den malenden Damen überließ. Erst mit der Entdeckung des Freilichtproblems schlug auch für das Stilleben die Erlösungsstunde. Jetzt aber rückte es in eine Front mit der Landschaft. In Frankreich sind es die Schöpfungen von Edouard Manet und Paul Cézanne, in Deutschland die des leider viel zu früh verstorbenen Charles Schuch und Wilhelm Trübners, die das ganze Entzücken des Kenners erregen.

Heckel faßt sie auf seine Art an. Ihm ist es dabei weniger um die Erscheinung der Blume als solcher, als um das dekorative Gesamtbild zu tun. Der Bauerngarten und die Heide müssen ihre Schätze hergeben. Lupinen, Ginster, Besenstrauch, mit denen der arme Heideboden all die Sonne wieder von sich zu strahlen scheint, die er empfangen, Georginen, Kresse und roter Mohn sind seine Lieblingsblumen, die er zu raffinierten Wirkungen vereinigt. Auf der Ausstellung sind leider nur wenige dieser wahrhaft köstlichen Bilder, darunter eines, die »Lupinen in Vasen«, das jeder Inneneinrichtung zur hervorragenden Zierde gereichen würde. Es atmet den ganzen Zauber dieses anmutigen Farbenempfindens.

Daneben hängt eine Landschaft, die einen Übergang vom dekorativen Stil zum reinen Naturausschnitt darstellt. In breiter Welle zieht sich der Ginster über das Feld, hinten wogt die violett schimmernde Nachmittagsluft über den rötlichen Schlick des Wattenmeeres. Der »Mittag in der Marsch« hat leider einen ungünstigen Platz. Hier herrscht das tiefe Schweigen der Mittagsstunde. In stumpfem Blau wölbt sich der Himmel über die Wiese. Der Vogelruf ist verstummt, nur die zitternden Sonnenstrahlen wandern über das regungslose Feld. Von ähnlich einfacher und großer Wirkung ist die Landschaft mit den jungen Bäumen, deren kühle Farbigkeit eine gewisse Zurückhaltung verrät. Auch hier wieder der feine Instinkt in der Abwägung der Bildmassen, der Wahl des Augenpunktes, der Höhe der Horizontlinie. Alles Dinge, die sich schwer erlernen lassen, in deren diskreter, nicht zu absichtlicher Betonung aber erst das eigentlich Künstlerische verborgen liegt.

Auch Heckels Schaffen weist in der Ölmalerei eine große Ungleichmäßigkeit auf, die neben glänzenden Würfen manches Schwächere entstehen läßt. Zu dem Stärksten von ihm gehört unzweifelhaft das Stilleben zweier, in leuchtenden blauen Hosen steckender Schifferbeine, zu denen die graublauen Socken, die gelben Holzpantinen und der rötliche Ziegelunter-

grund einen kräftigen Kontrast bilden. In diesem Bilde steckt ein enormes Können, bei dem man nur wünscht, daß es sich auch einmal an ganzen Figuren erweisen möge.
Was von Ölbildern gesagt ist, gilt zum Teil auch für die Graphik mit. Man beachte hier, wie die verschiedenen Techniken den Künstler zwingen, auch im Ausdruck teils kühner, teils gemäßigter zu werden. Die künstlerische Wirkung beruht bei der Radierung auf anderen Gesetzen als beim Holzschnitt oder der Lithographie, was seinen letzten Grund eben in der Abhängigkeit des Künstlers vom Material und seiner dadurch veränderten Schaffensweise hat. Heckel, der ausgezeichnete Radierungen von Pferden in sehr schwer festzuhaltenden Stellungen bringt, zeigt in feinen Frauentypen eine gewisse Wesensverwandtschaft mit Toulouse-Lautrec, dessen Bann sich wohl kein Heutiger ganz zu entziehen vermag. Während Heckels Blätter vielfach zur Karikatur neigen, hat Schmidt-Rottluff auch hier die strenge Sachlichkeit, die seine ganze Kunst durchzieht. Es ließe sich noch viel über diese Dokumente eines durch und durch modernen Geistes sagen, doch sprechen sie am besten für sich selber.
Ich kann nicht schließen, ohne die Frage wenigstens zu streifen, die in den letzten Tagen so häufig vor den Werken der beiden Dangaster aufgeworfen wurde: Sehen sie die Natur wirklich so, oder treiben sie nur eine Art polizeiwidriger Farbenathletik, nur darauf berechnet, um jeden Preis zu verblüffen? Man sollte meinen, daß diese Frage neu wäre. Sie ist aber schon uralt und ist jedesmal wieder gestellt worden, wenn eine junge Generation sich unterfing, an den ehrwürdigen Säulen hergebrachter Kunstanschauung zu rütteln. Die Welt ist nun einmal konservativ, und nirgends mehr als in künstlerischen Fragen. Selbstverständlich erscheint auch unseren Malern die Natur nicht in jedem Augenblick so starkfarbig, wie sie sie hier darstellen. Darin sind sie aber eben Künstler, daß sie an jenen flüchtigen Momenten eigenartiger Beleuchtungsverhältnisse nicht vorübergehen, an denen jeder Tag und jede Stunde so reich ist. Wenn sie in ihrer Entdeckerfreude auch manchmal zu weit gehen, so wird sich das mit der Zeit schon legen. Ein Beweis für ihre innere Gesundheit ist ihr enger Zusammenhang mit der Natur, den kein Künstler aufgeben darf, ohne in den leeren Träumereien einer reinen Phantasiekunst zu versinken.

Sonderausstellung Heckel und Schmidt-Rottluff
Oldenburger Nachrichten 16.10.1908
(Leserzuschrift ohne Namensangabe)

Man hört immer und immer wieder betonen, daß der Kunstverein nicht Veranstalter dieser Ausstellung ist, man glaubt demselben sicher einen großen Gefallen dadurch zu erweisen. Ich glaube, daß der Kunstverein es wohl noch einmal bereuen wird, die Ausstellung nicht arrangiert zu haben, denn das steht fest: die beiden Maler werden eine große Zukunft haben, und wenn es dann heisst,: „Der Oldenburger Kunstverein war derjenige, der die Werke dieser Künstler zuerst dem Publikum zugänglich machte", wäre das meiner Ansicht nach eine sehr ehrenvolle Sache. Besonders nach den letzten beiden vorzüglichen Besprechungen eines Herrn Ll. müßte doch manchem endlich ein Licht wenigstens darüber aufgegangen sein, daß man es in jeder Beziehung mit zwei strebsamen, unermüdlich studierenden Künstlern zu tun hat. Und das muß einem doch eine große Achtung abgewinnen.

Wilhelm v. Busch:
329. Ausstellung des Oldenburger Kunstvereins
Oldenburger Nachrichten 19.2.1910 (Auszug)

Entwickelung, Vorwärtsstreben muß sein, und die Lust am Neuen, die Entdeckerfreude beschwingt die Phantasie des Künstlers. Gerät sie auf unbetretenen Bahnen in die Wildnis, so kann sie sich verirren oder aber neue Gebiete erschließen und großen Ruhm gewinnen. Diese Möglichkeit lockt die seltsamsten Originalitäten aus dem Künstler heraus, und es handelt sich dann nur darum, sich durchzusetzen. Manchen gelingt's, die meisten aber dringen nicht durch und verkümmern, und ihr Talent wird ihnen zum Fluch. Sicher sind schon die zukunftsreichsten an der Teilnahmlosigkeit der Menge, an ihrem praktischen Ungeschick zu Grunde gegangen. Glücklich der, den seine Begabung nicht auf Abwege lenkt. Er jagt nicht vergebens falschen Idealen nach, die so leicht keiner von den Künstlern verfolgt, wie der Maler. Vielleicht kommt es daher, daß der Bau seiner Augen und die Bildung seiner Hand seinem angeborenen Darstellerdrange ganz bestimmte Ziele weisen, die nicht zu verfolgen, eine Sünde gegen die Natur wäre und eine Vergewaltigung der Kunst. Schließlich ist ja doch jede Kunstäußerung ein Niederschlag der inneren Kräfte, nur daß dieser beim Maler mehr als sonst durch die Beschaffenheit der Sinneswerkzeuge beeinflußt wird. Wie mancher, dem Farbendisharmonien vorgeworfen werden, möchte seine Regenbogenhaut dafür anklagen! So behauptete einmal ein bekannter Kunsthistoriker, unsere Dangastermoorer Maler müßten abnorme Augen haben, wenn sie wirklich die Welt so farbig sähen, wie sie behaupten und malen.

Schmidt-Rottluff und Heckel*) sind auch diesmal wieder bei uns vertreten mit mehreren überfarbigen Bildern. Der gewöhnliche Sterbliche begreift es nicht, wie man solche Töne überhaupt schauen kann. Und die meisten Betrachter halten diese Farbigkeit für furchtbar übertrieben und für Sensationsmacherei, und verwerfen mit dem Uebermaß zugleich den berechtigten Kern. Die Farbe ist die Blüte aller Malerei. Die Schönheit der Welt offenbart sich uns nirgendwo klarer, als in dem bunten Spiel des Lichts. Sie stellt das geheime Leben der toten Dinge dar, und sie weckt in uns die Freude und bewegt unser Blut. Goethe sagt einmal:

„Ihr glücklichen Augen, was je ihr geseh'n,
Es sei, wie es wolle, es war doch so schön!"

Und er meinte vor allem die Farbe damit. Schlimmer war keine Epoche der Malerei, als jene, der man in unbegreiflicher Askese den Farbenkultus vorwarf, wie in den Zeiten finstersten religiösen Zelotismus die Freude. Grau und farblos und entgöttert lag die Welt, und das reiche Gebilde der Form vermochte nicht für diesen Mangel zu entschädigen.

Aber eine überhitzte Farbigkeit ruft den entgegengesetzen Eindruck hervor. Die dringt mit grober Uebermacht auf uns ein und stößt uns ab. Wenn alle Menschen die Natur so stark farbig sähen, wie die beiden – trotz alledem hochtalentierten – Dangaster, dann könnten die wenigsten Verhältnisse noch auf ein erträgliches Verhältnis abgestimmt werden. Ueberall herrschte dann der Superlativ, und die ruhige Gelassenheit dem brausenden Leben und der bunten Mannigfaltigkeit der Dinge gegenüber, die edelste Errungenschaft der Seelenkultur, wäre wohl schwerlich noch zu erringen. Maß halten in allen Dingen! Das möchte man auch den wahrhaft ringenden Dangaster Malern zurufen, sonst rennen sie sich ganz fest in einer Wirrnis, aus der es keine Rettung gibt.

Die Bilder der beiden Dangastermoorer Künstler Heckel und Schmidt-Rottluff hängen hoch oben an der Wand im Rolandsaal. Es ist zu Anfang dieses Berichtes versucht worden, sie zu charakterisieren. Bei vollem Verständnis für das Streben nach einem starken persönlichen Ausdruck ist es uns nicht möglich, dafür blind zu bleiben, daß die Absicht der beiden künstlerisch hart ringenden Brücken-Mitglieder ins Wilde führt. Ein farbentrunkenes Auge wird sich an dieser Glühhitze der Farbenphantasie vielleicht berauschen können, aber für uns sind die nüchternen Grundlagen der Darstellung und des malerischen Bildens in so rücksichtsloser Weise ignoriert, daß uns selbst die Freude an ein Paar Originalen, die noch dazu liebenswürdige und schätzenswerte Menschen sind, nicht den Weg zum Genuß eröffnet. Solche Bilder werden unseres Erachtens nur als Kuriositäten eine Rolle spielen können.

*) Die Herren Schmidt-Rottluff und Heckel sind Mitglieder der Dresdner Künstlergenossenschaft Brücke, deren Geschäfte ersterer 1909 leitete. Der Geschäftsführer für 1910 ist Heckel, der Schöpfer des Lappan-Plakats.

Ernst Wagner:
Nordseebad Dangast

Oldenburger Nachrichten 4.6.1910
(als Auszug aus dem Buch des Verfassers:
Aus Varels Vergangenheit, Varel 1909)

Nein, ein Modebad ist's nicht, das schlichte Dangast. Wem ein hochmodernes Kurhaus Existenzbedingung, mit Glitzern und Gleißen, imitierten Marmorsäulen, elektrisch erleuchteten Kristallglasleuchten, uniformierter Kurkapelle, mit einem Heer befrackter Kellner, der kommt hier nicht auf seine Rechnung. Wer Herren im besternten und bebänderten Frack, Damen in großer Toilette, flirtgeübte, sucht, hier findet er sie nicht. Aber wenn einer gesunden will an Leib und Seele, ausruhen von entnervender Berufsarbeit, Zwiesprache halten mit Mutter Natur, des Meeres ewig gleichem Rhythmus lauschen, den Stimmen des Waldes, der Kornfelder heimlichem Raunen, wenn einer die Seele weiten will in der großen Weite unermeßlicher Ebenen, froh sein im kleinen Kreise Gleichgesinnter, für den ist Dangast der rechte Ort.

Er hat seine Vergangenheit, seine Geschichte, dieser friedliche Winkel des Herzogtums. Aber durchaus nicht immer war sie friedlich. Der Jadebusen entstand in wildem, jahrhundertelangem Ringen der Elemente gegen Menschenhand und Menschenwerk. Reiche Dörfer, fruchtbare Auen gingen unter. Dangast war der Ausgangspunkt der Macht der Wimekinge, jener gewaltigen, kriegsfrohen Rüstringer Häuptlinge, deren letzter Sproß mit Maria von Jever 1575 zu Grabe getragen ward. Hier stand ein Klosterhof, in dem der letzte Komtur von Hoven, Sievert Schmeder, wohnte, bis nach Einführung der Reformation das Gut 1550 von den Oldenburger Grafen eingezogen ward. Die Pfarrkirche des Dorfes ist längst verschwunden. Kein Stein mehr verrät, wo ihre Pfeiler ragten. Steinsärge aus dem alten Friedhof wurden noch vor einigen Jahren ausgegraben.

Mit der edlen Herrschaft Varel kam Dangast im 17. Jahrhundert an Graf Anton Günthers natürlichen Sohn Anton von Aldenburg. Sophie Charlotte, die Erbtochter des zweiten Aldenburgers, heiratete den Grafen Wilhelm Bentinck. Dessen Enkel, Wilhelm

Gustav Friedrich, wurde der Gründer des Nordseebades Dangast, um eine altbekannte Sache zu wiederholen. Dicht am Strande, auf der Düne, jenem Geestrücken, der einstmals weit nach Nordosten in das Gebiet des heutigen Jadebusens hineinreichte, ließ er die Gebäude errichten. Ein alter Druck im Speisesaale, „nach der Natur und auf Stein gezeichnet von Joh. Gerh. Willms", gibt eine „Ansicht der Reichsgräflich Bentinckschen Seebade-Anstalt". Die Gebäude, die wir dargestellt finden, sind noch erhalten. Das „Konversationshaus" zur Linken, das ehemals Speisesaal, Tanzsaal und Spielsäle enthielt – denn der Graf liebte das Spiel und sorgte für Gelegenheit zum „Jeuen" – ist heute Speisesaal und Küche. Die übrigen Räume, der Gesellschaftssaal, das Lesezimmer, das Kinderzimmer und die beiden Veranden sind später angebaut. Das alte Logierhaus, durch ein zweites Gebäude in Ziegelstein vergrößert, dient noch immer seinem Zwecke. Im ganzen sind jetzt drei Logierhäuser mit 100 Betten vorhanden. In einem der drei ist Post- und Telephonbureau untergebracht. Auch das Badehaus, von Graf Bentinck errichtet, genügt noch immer seiner Bestimmung.

Das Bild des Gründers findet man gleichfalls im Speisesaale, rechts vom Tresen. Ein feines Pastellgemälde, das einen Mann mit intelligenten, energischen Zügen darstellt. Ueber ihm hängt, halb Bleistiftzeichnung, halb Aquarell, ein Porträt Anton Günthers, des bei weitem verdienstvollsten Regenten Oldenburgs. Der Fürst sitzt auf dem berühmten Kranich. Lang wallt der Schweif und die schön geflochtene Mähne des edlen Rosses zur Erde. Mit der linken Hand faßt Anton Günther die Zügel, in der anderen hält er den Stab der Herrschaft. Das Oelbild an der Seitenwand, ein Geschenk des Landwirtes und Ratsherrn von Tungeln in Varel, gibt den Vater Wilhelm Gustav Friedrichs, Christian Friedrich Anton von Bentinck (1734 – 1769), wieder.

Die französische Revolution und ihre auch für unsere Ecke bedeutungsvollen Folgeerscheinungen hemmten die Entwicklung des jungen Bades. Oldenburg wurde, wie man weiß, französisch, und der Graf verlor sein Land. Aus der Kriegsgefangenschaft heimkehrend, fand er es in der Verwaltung Oldenburgs. Erst infolge des Berliner Vertrages von 1825 wurden ihm seine Rechte wieder eingeräumt.

Nun blühte Dangast auf und brachte es bis zu einem Jahresbesuche von 800 Personen. Besonders an Sonn- und Festtagen herrschte ein äußerst lebhafter Verkehr. Die vornehme Welt gab sich zu Dangast ein Rendezvous. Mit dem Tode des Grafen (1835) wurde das anders. Die Gründung der Bäder auf den Nordseeinseln hatte ein weiteres Sinken der Frequenz zur Folge. Und dann kam jener berüchtigte Prozeß um die Erbfolge, den der Bruder des Verstorbenen, später dessen drei Söhne, gegen den letzten Grafen von Varel, Gustav Adolph, und seine Brüder anstrengten. Zwanzig Jahre dauerte der Streit, er endete mit einem Vergleich. Die Bentinckschen Besitzungen fielen gegen entsprechende Entschädigung an Oldenburg.

Das war 1854. 1857 verkaufte die Regierung das Bad. Nach häufigem Wechsel der Inhaber erstand es 1882 Herr Gramberg der verdientsvolle jetzige Besitzer. Er geizte nicht mit Verbesserungen und Erweiterungen. Unter seiner Leitung kam Dangast wieder zur Blüte, wurde es das, was es heute ist.

Mild und gleichmäßig das Klima. Im Sommer einige Grade kühler als das des Binnenlandes, im Winter einige Grade wärmer. Hoher Feuchtigkeits- und Ozongehalt, völlige Reinheit und eine starke Beimengung von Salzteilchen zeichnen die Luft aus. Geben ihr Heilkraft gegen Bronchial- und Nervenleiden. Das Wasser hat einen Salzgehalt von mehr als 3 Prozent.

Die Zimmer gelten 7 – 12 Mark die Woche, je nach Größe und Lage. Die gute und reichliche Pension wird mit 3,50 Mark für den Tag berechnet. Kinder unter sechs Jahren zahlen 2 Mark, solche über sechs Jahre 2,25 Mark. Für Kinder ist ein Extratisch eingerichtet. Eine Kurtaxe wird nicht erhoben.

Unterhaltungen? Im Gesellschaftssaale fast allabendlich Musik- und Gesangsvorträge, aus der Initiative der Gäste selber hervorgehend. Bisweilen konzertieren die Vareler und Wilhelmshavener Kapellen. Daß getanzt wird, brauchen wir kaum anzumerken. Politische und illustrierte Zeitungen, die im Lesezimmer ausliegen, helfen nicht minder die Langeweile vertreiben.

Aber an erster Stelle stehen doch immer die natürlichen Reize des Ortes. Wenn Maler, deren Heimat ob ihrer Schönheiten berühmt ist, alljährlich hier den langen Sommer verbringen und kein Ende darin finden, Leinwand und Skizzenbuch mit Studien zu schmükken, so sagt das eigentlich genug.

Da ist das Meer, der Jadebusen. Grün umsäumt, soweit das Auge reicht. Im Norden, von wo der zweite Reichskriegshafen grüßt, der See sich öffnend. Mag die Flut mit starkem Arm an die Küste greifen, mag die Ebbe auf weiten Schlickfeldern dem Getier der Luft die Tafel decken, ob er an sonnigem Tage klaren Auges dich anlacht, ob er im Zorne tobt und grollt, immer lockt er dich, der rätselhafte Gesell, das Meer. Auf seinem breiten Rücken trägt dich das Dampfboot nach Wilhelmshaven hinüber. Unter sachkundiger Führung segelst du, wohin du magst. Nach Insel Arngast, wo sich stolz der nun fertiggestellte neue Leuchtturm erhebt; nach den Oberahnischen Feldern. Die Fischer kannst du auf ihrer Schlittenfahrt zum Einho-

len der Fangkörbe begleiten, eine lohnende Unternehmung. Wohl 1000 Stück sind auf dem Watt ausgelegt. Nach Milliarden zählen die Garneelen (Granat), die jahraus jahrein darin gefangen werden. Schön sieht das krabbelige Zeug nicht aus. Desto besser schmeckt es. Zum Butterbrot, als Salat mit Essig und Oel, im Frikassee – kurzum, in jeder Form. Oder du wirfst dich, wie dich Gott geschaffen, dem „blanken Hans" in die kühlen Arme. Familienbad, wie in Ostende, gibts allerdings nicht. Am weit hinausgebauten Pier, wo auch die Dampfer anlegen, befinden sich die Kabinen für Herren. Fünf Minuten weiter, außerhalb des Gesichtskreises, liegt der Damenbadestrand. Auf dem Deiche spazierend, erreicht man nach Westen zu in 1½ Stunden Ellenserdammersiel, Station der Eisenbahnlinie Wilhelmshaven – Varel – Oldenburg. In östlicher Richtung, dem Strande folgend, kommt man in der gleichen Zeit zum Vareler Leuchtturm, der nun außer Betrieb gesetzt ist, und zum Hafen, wo man den kargen Resten der stolzen Christiansburg nachspüren kann. Kommt in weiteren 30 Minuten zu dem alten Städtchen Varel selbst. Bedeutende Industrie, eine schöne Umgebung und – schöne Mädchen zeichnen es aus.
Ueber sechs Hektar umfassen die Parkanlagen, die Herr Gramberg neuerdings wieder erweitern ließ. Durch wogende Kornfelder führt der Weg ins Dorf. Das frohe Brüllen breitgestirnter Rinder zieht weithin durchs Land. In der Gastwirtschaft von Wilhelm Warns ist Gelegenheit, zu rasten und eine Partie zu kegeln. Und willst du weiter wandern, immerzu! Die Welt ist nicht mit Brettern vernagelt. Die stattlichen Spargelplantagen des Herrn Klostermann, deren köstliche Gaben du des Mittags verschnabulierst, die Dangaster Windmühle, gleichfalls mit Wirtschaft verbunden, der „Fürst Bismarck" in Dangastermoor sind nahe am Ziele. Der ferneren, die am besten mit Wagen oder Eisenbahn erreicht werden, ist Legion: Varel, das „Kaffeehaus", das „Torhegenhaus", die „Deutsche Eiche", der Mühlenteich, Neuenburg und sein Urwald, die Sommerresidenz Rastede, Oldenburg, Zwischenahn, Jever, ein reicher Kranz von Blüten.
Doch warum in die Ferne schweifen? Du hast ja in Dangast so Vieles. Alles, was du brauchst. Wenn anders du einer von denen bist, denen wir das Bad empfahlen. Einer vor denen, die ausruhen, sich auf sich selbst besinnen wollen.

Wilhelm v. Busch:
331. Ausstellung des Oldenburger Kunstvereins
Oldenburger Nachrichten 26.11.1910 (Auszug)

Ans Ende der Schwarzweißkünstler setzen wir Schmidt-Rotluff (Dangast), der mit acht Steinzeichnungen und Radierungen auf dem Plan erschienen ist. An dieser Stelle sind die Dangaster Künstler wiederholt eingehend behandelt worden. Es braucht deshalb heute auch kaum mehr gesagt zu werden, als daß diese Zeichnungen gewissermaßen Notizen vergleichbar sind, die der Künstler sich anmerkt, um flüchtige Beobachtungen dem Gedächtnis behaltbar zu machen. Man kann starkes Interesse haben für derartige Offenbarungen einer Künstlerlaune, und braucht dabei seine grundsätzliche Stellung gegen die Bezeichnungen solcher Einfälle und Studien als ausstellungsreife Bilder nicht aufzugeben. Es ist bewundernswert, was der Künstler mit seinen wenigen Strichen oder Wischen schafft; wer für derartige zeichnerische Eigenart Vorliebe hat, der wird die ihnen innewohnende Kunst besonders zu schätzen wissen. Es ist eine Kunst der Verdichtung und Abkürzung, eine Kunst, mit Wenigem viel zu sagen. Allerdings bleibt es hier oft bei dem Wollen!

Dr. Ploch:
Die Herbstausstellung des Kunstvereins
Nordwestdeutsche Morgenzeitung Oldenburg 11.12.1910 (Auszug)

Ihren besonderen Wert erhält die Ausstellung durch die vielen vorzüglichen graphischen Arbeiten, die diesmal zur Stelle sind. Man sieht selten eine so reiche Auswahl künstlerisch-hochstehender graphischer Blätter beieinander, wie sie hier an den Wänden der Ausstellungsräume prangt.
Ein ausgeprägter Eigenbrödler ist der uns schon von früheren Ausstellungen her bekannte Dangaster Maler Schmidt-Rotluff. Er begnügt sich bei seinen Steinzeichnungen und Radierungen mit der Andeutung der Umrisse, aber er versteht mit seiner Methode, alles Ueberflüssige und Nebensächliche wegzulassen, doch einen Extrakt der Wirklichkeit zu geben. Man sehe sich z. B. den „Hafen bei Ebbe" an. Es sind nur ein paar Linien und Striche, aber ist da nicht Leben und Bewegung drin, wenn auch in komprimierter Form? Den „Mönch" wird man als eine gute Kopfstudie gelten lassen müssen.

H. E. W.:
Allerlei Kunst – Ein Umstürzler
Hamburger Nachrichten 5.1.1911 (Auszug)

Allerdings kann ein heimatliches Empfinden nur dem von einer eigenen Seele belebten Motiv innewohnen. Es muß selbst ein Lebewesen sein. Aus seinem „Pantoffel-Stilleben", auf das wir in den oberen Ausstellungsräumen treffen, wird also niemand heraus zu deuteln vermögen, weß Landes Kind dessen Schöpfer, Schmidt-Rottluff, ist. Die Sache wäre ja noch zu ertragen, wenn, was dieses „Stilleben" an Auskunft schuldig bleibt, von den vielen anderen Tafeln, die in großer Zahl darum und daneben her hängen, nachgeholt würde. Aber das ist es gerade, daß kein mit deutscher Art vertrauter Mensch von selbst darauf verfallen würde, in dem mit diesen, wie gerne zugegeben sein soll, in ihrem rein luministischen Effekt ungewöhnlich hoch gesteigerten Farben arbeitenden Maler just einen Deutschen und zwar einen Maler aus dem deutschen Norden, nämlich aus Dangast, vor sich zu haben. Das ist ein fremder, internationaler Klang – durchaus nicht neu, vielmehr seit van Gogh das Herkömmliche bei allen, die von Umsturz in der Kunst mehr und ein rascheres Empor für sich erhoffen, als von einem ernsten und schrittweisen sich Emporarbeiten nach den ewig gültigen Gesetzen des Schönen in der Kunst.

Wie bei allen diesen Veranlagungen ist es auch bei Schmidt-Rottluff nicht leicht, hinter seine Absichten zu kommen. Den Bezeichnungen nach, die er unter seine Tafeln gesetzt, handelt es sich um Nachbildungen nach der Natur: „Straße nach dem Regen", „Garten im Herbst", „Binnenhafen bei Ebbe", „Norddeutsche Kinder" usw. Da diese Bezeichnungen also ganz bestimmte Hinweise enthalten, so sollte man erwarten, es werde der Maler sich es haben angelegen sein lassen, diese „Straße nach dem Regen", den „Garten im Herbst" usw. also darzustellen, daß der Beschauende sogleich auszurufen in der Lage ist: „Aha, das ist das und das usw." So bequem hat es Herr Schmidt-Rottluff aus Dangast seinen Betrachtern aber nicht gemacht. Einzelne Tafeln lassen bei Auffindung des entsprechenden Augenpunktes, und bei längerem Zukneifen und Aufreißen der Augenlider eine ungefähre Vorstellung dessen erstehen, was er hat sagen wollen. In der überwiegenden Mehrheit der Fälle aber steht der Beschauer unter dem Empfinden, mit einem dicken Farbenbrei überzogene Flächen vor sich zu haben, in den mittels Daumen, Handballen, Pinselstil und Spachtel allerlei Linien, Formen und Flächen hineingezogen und gerieben worden sind, und aus denen – ungefähr ebenso wie beim Bleigießen in der Silvesternacht – nach den Mitteln seines eigenen Erkenntnisvermögens jeder herauslesen mag, was er will und kann. An der Beschaffenheit dieser Art Malerei selbst wäre gewiß nichts geändert, wenn diese Tafeln keine auf den angeblichen Inhalt hinweisende Aufschriften hätte. Der Beschauer aber führe insoweit besser, als er nicht verhalten wäre, gerade das und nur das aus den Tafeln heraus zu lesen, was der Maler, seiner Versicherung nach, hinein gemalt haben will. Der aufgenötigte Vorstellungszwang hat indes doch wieder das eine gute, daß der Beschauer, nachdem er erst dahinter gekommen, daß zwischen der selbst gewonnenen und der ihm durch den Maler aufgenötigten Vorstellung ja doch keine Übereinstimmung herzustellen ist, er sich um so leichter wieder davon abwendet. Auf dem im Oktober v. J. stattgefundenen IV. Internationalen Kongreß für Irrenfürsorge hielt der Heidelberger Privatdozent der Psychologie Dr. Willy Hellpach einen Vortrag über „Das Pathologische in der modernen Kunst", in dem er von einer Art Malerei sprach, als „einer Inspiratation der Laune, der Geschmackverirrung, der Auflehnung gegen die Tradition, einem Haschen nach Originalität, ja selbst einem Einfall, das Publikum zu verhöhnen". An diese Klassifizierung erweckt diese Ausstellung des Dangaster Malers die Erinnerung.

Wilhelm v. Busch:
Ausstellung des Oldenburger Künstlerbundes im Augusteum
Oldenburger Nachrichten 29.1.1911 (Auszug)

Die Landschaften des Dangasters Schmidt-Rottluff vermag man, so sehr gerade an dieser Stelle versucht wurde, ihm zu folgen, nicht mehr ernst zu nehmen. Wenn man die Birken für einen ausgefranzten Perserteppich, das Bauernhaus für ein Tierungeheuer ansehen kann, wenn man sich fragen muß, ob die Bilder nicht verkehrt herum gehängt sind, dann hört doch das Mitgehen auf. Es kommt wahrlich nicht nur darauf an, schreiende Farbenklexe der Sonnenwirkung auszusetzen und dann irgend einen Namen darunter zu setzen! Man hat allen Grund, anzunehmen, daß der Künstler es ehrlich mit der Kunst meint; aber er möge sich sagen lassen, dieser sein Weg führt in die Wirrnis, darüber hinaus gibt es nichts mehr.

H. M.:
Erste Wilhelmshavener Kunstausstellung
Wilhelmshavener Tageblatt 5. und 11.3.1911 (Auszug)

Am schwersten wird man sich mit den Arbeiten des Dangaster Malers Karl Schmidt-Rottluff befreunden können. Schon deshalb, weil seine Werke so völlig aus dem Rahmen der übrigen, auf der Ausstellung gezeigten, herausfallen. Seine Technik steht in diametralem Gegensatz zu der Kunst Bernhard Winters, ja sogar noch zu derjenigen der beiden Brüder Köster, des Prof. Müller-Kaempff, überhaupt zu den Werken all der modernen Landschafter, die einen gesunden Realismus durch das Ausdrucksmittel des Impressionismus pflegen. Die von Schmidt-Rottluff gewählte Technik hat ihre besondere Geschichte: Als Pfadfinder gelten die Franzosen Claude Monet und Camille Pissarro. Sie entdeckten, daß eine Mischfarbe, z.B. Grün oder Violett, eine viel stärkere Leuchtkraft zeigt, wenn man die Farben Gelb und Blau bezw. Blau und Rot nicht auf der Palette mischt, sondern einzeln nebeneinander auf die Leinwand aufträgt. Bei genügend großem Abstand schließen sich die zerlegten Farben zu einer Mischfarbe von eminenter Leuchtkraft und Harmonie zusammen. Dieses Prinzip der Farbenzerlegung und der Verwendung ungebrochener und ungemischter Farben befolgt auch Schmidt-Rottluff; nur geht er noch einen Schritt weiter als seine berühmten Vorgänger in Frankreich und Deutschland, die sog. Neu-Impressionisten. Er betont zu sehr den Farbenreiz zum Nachteil der klaren Formerscheinung der Dinge und vergißt, daß die Zeichnung die Grundlage aller Künste ist. Am wirkungsvollsten ist ohne Frage das Farbenexperiment „Birken", während das „Bauernhaus" kaum etwas anderes vorstellen kann als eine Skizze, in der der Künstler das Programm seiner Arbeitsweise, nur reine Farben in komplementären Gegenüberstellungen anzuwenden, vorführen wollte., Als Bild, als Zimmerschmuck sind diese Arbeiten wohl kaum gedacht. – Inzwischen ist von Prof. Müller-Kaempff noch ein großes Stück, betitelt „Märztag", eingetroffen, welches den Künstler von seiner besten Seite erkennen läßt und entschieden als das wirkungsvollste Landschaftsbild der Ausstellung bezeichnet werden kann. Von Karl Schmidt-Rottluff, Dangast, wurde die Ausstellung noch um ein Stück bereichert, welches dieselben leuchtenden Farben zeigt, wie die „Birken" und die „Alsener Landschaft", allerdings inbezug auf nachlässige Behandlung des Formalen den Arbeiten des Künstlers die Krone aufsetzt; selbst bei einer Flucht auf mehrere Meter ist von einem „Motiv" nichts zu erkennen, und das heißt doch die Geduld des Publikums mißbrauchen.

Kunstausstellung
Der Gemeinnützige, Varel 16.4.1911

Die auffallendsten Gemälde hat der Dangaster Maler Karl-Schmidt-Rottluff ausgestellt. Sie sind weitaus am meisten von den Besuchern der Ausstellung besprochen und haben wohl die wenigste Anerkennung gefunden. Man fragt sich: Was soll das bedeuten? Was will der Maler? Etwas verständlicher, wenn auch nicht völlig erklärlich, werden uns die Gemälde, wenn man das Heft „Meister der Farbe", das am Eingang der Ausstellung ausgelegt ist, durchblättert und die Abbildungen damit vergleicht. Schmidt-Rottluff gehört der neu-impressionistischen Richtung an, die fast ausschließlich die reinen Farben des Regenbogens anwendet. Während die übrigen Maler gemischte, schon auf der Palette vereinigte Farben benutzen, überlassen es die Künstler dieser Richtung dem Auge des Beschauers, die scharf aufgesetzten Farben zu einem harmonischen Ganzen zu vereinigen. Das darzustellende Sujet wird wenig beachtet und ist daher meist kaum zu erkennen. Farbe ist alles, und die Verschmelzung der Farbe ist Sache des Beschauers. Sie betreten damit neue Wege und suchen Neuland. Ein solches Streben kann man keinem Künstler verübeln, und deshalb hat man auch wohl Schmidt-Rottluff den Eintritt in den Künstlerbund nicht verweigert. Solange aber das Neuland nicht besser gefunden ist, solange die Gemälde nur solches Farbengewimmel zeigen, kann der Künstler eine Anerkennung vom Publikum nicht erwarten. Da ziehen wir denn doch noch das entgegengesetzte Extrem vor, das der Natur peinlich genau folgt und möglichst jeden Baum und jeden Stein so naturgetreu malt, wie die Technik es erlaubt.

Schmidt-Rottluff
Chemnitzer Tageblatt 28.4.1911

In unserer Zeit der Massensuggestionen, der Massenanbetung und Massenliebedienerei muß dem feiner empfindenden Menschen das Streben, die Arbeit und Leistung des Einzelnen, sofern dieser ein Eigener ist, von ganz besonderem Interesse sein. Das Interesse steigert sich, wenn man sieht, wie solche ernste Arbeit der Alltagsansicht geradezu entgegengesetzt erscheint.
In dem Maler Schmidt-Rottluff, der zurzeit eine große Sammlung seiner Werke im Kunstsalon Gerstenberger ausgestellt hat, haben wir einen solchen Künstler vor uns. Der laute und leise Widerspruch der meisten, die Anerkennung nur weniger Kunstfreunde gegenüber diesen der alltäglichen Anschauung von Kunstwerken ganz entgegengesetzten Werken, die Tatsache, daß der Künstler ein Sohn der allernächsten Nachbarschaft von Chemnitz ist und vor Jahren ein wohlbestandener Schüler unseres königl. Gymnasiums war, begründen vollauf die Berechtigung, dem persönlich liebenswürdigen, durchaus ernsten Künstler selbst das Wort zu vergönnen. Wir haben ihn nach bekannten Vorbildern aufgesucht und uns mit ihm über seine Arbeiten unterhalten. Seine Ansichten, die einen tiefen Einblick in das künstlerische Schaffen überhaupt gewähren, seien zumeist wörtlich wiedergegeben.

„Eigentlich gehöre ich zu jenen naiven Menschen, die da meinen, es sei damit genug, daß der Maler den Pinsel führe. Aber viele glauben, der Künstler solle ihnen auch noch mit Worten das sagen, was er lieber bildet. Uebrigens nur ein kläglicher Beweis, wie weit heute zwischen Kunst und Publikum die Kluft ist."
Von der Kunstkritik hält Schmidt-Rottluff nichts oder nicht viel, jedenfalls schätzt er sie nur, „wenn sie Analyse eines Werkes, eines Künstlers, eine prinzipielle Auseinandersetzung – in dem Falle kann sie auch Mal für den Künstler interessant sein! – ist."
„Schließlich gibts wie überall auch in der Kunst eine heimliche Logik, eine geheime Gesetzmäßigkeit."
„Mit diesem letzten Satze, – daß gerade ich ihn ausspreche, dessen Malerei gern als revolutionär in Verruf getan wird! – fällt eigentlich jener Vorwurf, meine Bilder seien roh, brutal! – Gewiß, zart sind die wenigsten meiner Bilder, obwohl der, der sich länger mit ihnen beschäftigt, gar manche Zartheit herausfinden dürfte. Darum sind die Bilder noch lange nicht roh. – Roh sind nur Dinge, denen gesetzmäßiger Zusammenhang fehlt. Gesetz ist, streng gedacht, nicht das rechte Wort. Gesetz ist etwas Sekundäres, und ich meine das Primäre. Man könnte leicht mich dahin verstehen, als schaffte ich meine Bilder nach Rezepten, Regeln, nach einer intellektuellen Vorstellung. Nein, ich bin Feind alles Akademischen, vielleicht weil ich selber nur zu sehr am eigenen Fleisch spüre, daß ein Künstler mehr getrieben wird als läuft, mehr muß als will. Ich meine also das Gesetzmäßige, das auch den Instinkt beherrscht, vielleicht könnte man sagen: „innere Notwendigkeit."
„Wenn ich überhaupt Bemerkungen über meine Dinge mache, kann ich dies nur rückschauend tun, – was folgt, sind Träume, ungeborene Gefühle, Wünsche! Außerdem muß ich dabei immer nur von mir reden. Eigentlich ist mir das fatal: Künstler, die immer nur von sich reden, sind mir noch stets unangenehm gewesen, vielleicht weil sie nur selten was zu sagen hatten."
„Die ersten Dinge, die ich aus mir herausmalte, zeigten von Anfang an eine starke Reaktion auf Farbe. Das Spiel von Farben, das das Auge über der sinnlichen Welt sah, in ungebrochener Helligkeit, das bannte mich. Es waren unbestimmte Gefühle, die wachgerufen wurden, eigentlich mehr ein Zittern aller Empfindungen, keine eine starke Empfindung. So waren denn auch die ersten Bilder. Es waren Impressionen im selben Sinne, wie sie die Franzosen gemalt hatten, trotzdem ich die ersten Franzosen erst sah, als meine Sinne schon längst stärkere Eindrücke auffingen."
„Malerei ist nichts anderes als gestaltete – projizierte – Sinnlichkeit, wie jede Kunst gestaltete Sinnlichkeit ist, nur durch das Mittel verschieden."
„Es gibt immer noch Menschen, die sich einbilden, Kunst müsse einen Inhalt haben. Sie meinen damit freilich einen gedanklichen Inhalt. Man sollte meinen, daß darüber keine Auseinandersetzung mehr nötig wäre."
„Für den Gedanken ist und bleibt der nächste Ausdruck das Wort: kein Ton, keine Farbe, keine Form kann einen Gedanken mit der Präzision wiedergeben, wie es das Wort kann. Man mag mir jedwedes Kunstwerk nennen, das Gedankeninhalt hat, wo mir nicht jeder bekennen müßte, daß ihm das als literarisches Gebilde nicht lieber und simpler gewesen wäre."
„Vielen scheint ein Zusammenhang zwischen meinen älteren Bildern und denen der letzten Zeit nicht zu bestehen! Alles Leben, alle Kunst hat eine Entwicklung. Es gibt keine gewaltsame Umwandlung. Sie kann uns vielleicht äußerlich als gewaltsam erscheinen, aber ist sie nicht innerlich durch tausend Dinge notwendig gewesen, wird ihr immer die Lebensfähigkeit abzusprechen sein. – Jener Unbestimmtheit der ersten Empfindungen meiner impressionistischen Zeit entsprach auch jene Auflösung der Form. Je stärker meine Empfindungen wurden, um so stärker wurde die Farbe, um so tiefer und um so mächtiger. Auch die einzelnen Farbflächen wurden größer, – sie mußten größer werden. Denn wenn ich eine Farbe auch für eine größere Entfernung starkwirkend haben will, muß ich ihr eine größere Fläche innerhalb des Bildes geben. Nun begannen die Bilder auch eine innere Struktur zu bekommen. Habe ich eine große Farbfläche im Bild, der ich das Schwergewicht vorbehalten möchte, muß ich die andern Flächen in ihren Dimensionen dazu ins rechte Verhältnis bringen. Dasselbe gilt auch für die Farbe, die für mich ja das Primäre war. Jede einzelne muß in dem und dem Verhältnisse zu der und der anderen stehen. Neben diesem Blau kann just nur das Gelb stehen, wenn das Blau nicht in seinem Werte verändert werden soll, und nur eben diese Menge Rot von eben dieser Nuance kann zu beiden treten."
„Ein Bild darf dann keine Farbfläche enthalten, die etwa herausgenommen und für die eine andere in Farbe verschiedene eingeflochten werden könnte."
„Genau so wenig darf das Liniengefüge, das die verschiedenen Flächen ordnet, verschoben werden."
„So aus inneren Forderungen herausgewachsen, repräsentiert ein Bild eine Empfindung in ihrer stärksten Kraft, festgebannt in Farben und Linien."
„Das sieht nur alles entsetzlich konstruiert aus, skelettengleich und dürr, und doch hat die Kunst den stolzesten freien Flug. Sie ist der Ausdruck mächtigsten Lebensgefühls, sie fesselt die gewaltigsten Empfindungen, die die Vision dem Künstler gibt, die uns himmelhoch hinauftragen, wo der Mensch für Augenblicke an seinem Menschsein trunken wird. – Ich

möchte meinen Bildern diese Gefühlsgewalt der Vision – des Sehens – geben, die ich vor und von der Natur habe – Visionen können nur dem Einzelnen zuteil werden; erst wenn sie Form haben, können andere ihre Bannkraft spüren."
Sinnend schieden wir von dem strebsamen Künstler, dessen tief gegründete Kunstauffassung auch dem Gegner seines Schaffens volle Achtung abgewinnen dürfte. Unsere besten Wünsche begleiten ihn auf seinem sicher dornenvollen Wege empor! Br.

Rosa Schapire:
Zu Schmidt-Rottluffs Ausstellung bei Commeter
Der Hamburger, November 1911

Schmidt-Rottluff ist in Hamburg kein Unbekannter. 1910 brachte der Commetersche Kunstsalon eine kleinere, 1911, eine größere Ausstellung seiner Ölbilder, Aquarelle, Holzschnitte, Lithographien und Zeichnungen. Zur Zeit sind 15 seiner farbenfreudigen Holzkästen bei Commeter ausgestellt. Sie sind von einer starken, eindringlichen Schönheit, und es dürfte schwer halten, ihnen in der gesamten europäischen Kunst etwas Verwandtes an die Seite zu stellen. Man denkt an die farbigen Wirkungen von Bauernkunst, an das seltsam ausdrucksvolle Liniengefüge, das man auf peruanischen und mexikanischen Holzgebilden gesehen hat, um im nächsten Augenblick zu erkennen, daß dies scheinbar Verwandte anderen Gesetzen untersteht und eine Welt eigener Gestaltung sich hier vor uns aufbaut. Daher ist alles einfach und von zwingender Selbstverständlichkeit. Keiner der fünfzehn Kästen hat ein Scharnier, der Deckel fügt sich der Wand ein – eine glückliche Lösung, um das Zerschneiden der Motive auf der Kastenwand zu verhüten. Einfach wie die Form der Kästen: strenger Kubus, Hochkörper, Truhe, ist die Farbenskala: Zitronengelb, Blau, Zinnoberrot, Orange, Braun, Schwarz und Weiß bestreiten den ganzen Farbenreichtum: Und diese sieben Farben, die in immer wechselnden Verbindungen auftreten, ergeben die reichsten Wirkungen. Ornamente, die geometrischen Gebilden genähert sind, werden bevorzugt. Einmal tritt ein Seestern-Motiv auf, aber das der Natur entlehnte Motiv ist reines Ornament geworden, in gelbe und rote Felder greifen braune Arme und schwarze Augen ein. Im Deckel klingt es noch einmal herb und streng in gedoppeltem Reichtum an. Ein wellenförmiges Band spielt in reicher Kurve auf der Wand des Kastens, zieht sich eng zusammen, um sich weich und elastisch wieder auszudehnen und das Gebilde wie eine Schnalle zusammenzuhalten. Wie ein Flechtwerk greifen schwarze und gelbe Bänder ineinander, überspinnen Wand und Deckel, dazwischen stehen gelbe und schwarze Vierecke, und der braune Grund gibt dem bewegten Ornament einen ruhigen Halt. Spitz zugehende, sich nach unten zubreitende Vertikalen, durch scharfe Zackenlinien verbunden, gliedern die Wand, und mit unserem seltsamen Trieb, die Dinge zu vermenschlichen, sehen wir männliche und weibliche Gestalten darin, die sich feierlich und getragen an den Händen halten oder in wildem Schritt dahinstürmen. Muster und Grund sind in ruhige Flächen gegliedert und bilden eine strenge Einheit. Die Motive sind leicht unterschnitten, um die Wirkung der Farbe zu verstärken, doch bleibt der Flächencharakter stets gewahrt. Motive der Wand finden ihren Abschluß im Deckel, oder eine sehr bewegte Wand hat in einem einheitlich farbigen Deckel ihren Ausgleich. Die Ornamente verändern die Form der Kästen gewissermaßen, einzelne bekommen etwas breit nach unten Ausladendes, Lastendes, andere ein leicht Beschwingtes, es gibt ruhende und schreitende Ornamente mit ausgreifender Bewegung, ein Arm schwingt frei in der Fläche und kommt doch von der Schwere des festgebannten Körpers nicht los. Der Reichtum der Motive erscheint unerschöpflich, aus ganz einfachen Komponenten werden immer neue Wirkungen erzielt. Jeder Kasten hat sein eigenes Gesicht und seinen eigenen Stimmungsakkord. Ein Zusammenschlingen von Farben und Linien hat Gebilde von einer strengen Gesetzmäßigkeit erzeugt. Vielleicht ist diese Gesetzmäßigkeit nur dem kultivierten Auge bemerkbar, das gelernt hat, Farben und Flächen gegeneinander abzuwägen; vielleicht empfindet das allein den starken Rhythmus in diesem Zusammenklang.
Dieselbe strenge Gesetzmäßigkeit eignet Schmidt-Rottluffs Bildern. Auch dort ein Abwägen der Farben gegeneinander, von denen die eine die andere mit absoluter Notwendigkeit bedingt; in der Graphik ein Liniengefüge von hinreichender Kraft, und eine wundervolle Verteilung in der Fläche. Farbströme fließen ineinander und ergeben eine neue Natur, die vielleicht der „Wirklichkeit" sehr fern steht, aber ebenso fern der Willkür. Weniger, was er gesehen, als das, was er dabei empfunden, sucht der Künstler zu gestalten. Er schafft damit eine neue Welt von seinen eigenen Gnaden. Sie ist wie die Welt eines jeden großen Schaffenden von höchst subjektiver Prägung. Das Augenerlebnis ist der äußere Anstoß, aber durch die gestaltende Kraft des Künstlers werden Dinge eingetaucht in eine neue Sphäre und ihres Wirklichkeitsgehaltes entkleidet. Nicht der Abklatsch der Natur wird angestrebt, sondern das Geheimnis wird offenbart, das sich hinter der scheinbar unbelebten Materie verbirgt. Das zuckende Leben von Baum und Strauch, von Wolkenzügen, verschlungenen Wegen, straff gespannten Se-

geln, still verschwiegenen Häusern. Und aus menschlichen Köpfen wird herausgeholt, was sich hinter der Oberfläche verbirgt.

Schmidt-Rottluffs Kunst unterscheidet sich prinzipiell vom Impressionismus. Gegenüber dem Analytisch-Zersetzenden, Auflösenden des Impressionismus gibt er die Synthese, ein konzentriertes Zusammenfassen, ein Heraustreiben des Wesentlichen, ein Reduzieren der Dinge auf ihre unmittelbarsten Komponenten. Komposition, Stil, Monumentalität in den glücklichsten Schöpfungen, treten an Stelle des bloßen Naturausschnitts. Der Impressionismus geht dem Spiel des Lichtes nach, der Wiedergabe des Atmosphärischen, flimmerndem Sonnenschein und dunstigem Nebel. Kraft seines Prinzips kann er eine starke Farbenglut überhaupt nicht erreichen. Bei Schmidt-Rottluff schließen sich ein flammendes Rot, ein transparentes Grün, ein tiefes, sattes Blau, ein Gelb von aufregender Intensität zu neuen starken Akkorden und reichen Melodien zusammen. Man kann den optischen Reiz dieser Zusammenklänge empfinden, ehe man sich über die gegenständliche Bedeutung klar wird.

Diese Kunst rührt an tiefe Verborgenheiten, und das mag den Zugang zu ihr erschweren. Ihr, der man Brutalität vorwirft, eignet ein mystisches Element, und was sie in uns auslöst, sind keine bequemen Luxusgefühle, sondern Empfindungen, die mit elementarer Gewalt aufsteigen.

Schmidt-Rottluff ist keine losgelöste Einzelerscheinung, die sich dem Weltbild nicht einfügt. Manches von dem, was bei ihm nach Ausdruck und Form ringt, haben seine Geistesverwandten Cézanne und van Gogh angestrebt, und die Expressionisten in Frankreich, Heckel, Kirchner und Pechstein in Deutschland, gehen verwandte Wege. Nur daß bei Schmidt-Rottluff das Wollen unserer Zeit die Vieldeutigkeit der Erscheinung zu beschwören, den stärksten Ausdruck gefunden, weil ein stark empfindender, innerlich reicher Mensch dahinter steht.

Wilhelm v. Busch:
Kunstausstellung des Kunstvereins im Augusteum
Oldenburger Nachrichten 17.4.1912 (Auszug)

Das Auffallendste dieser Ausstellung tritt uns in den Blättern der Dangaster Heckel und Schmidt-Rottluff, der Mitglieder der Dresdener „Brücke“ entgegen. Das nötigt zu einigen Worten allgemeiner Natur. Wir haben neulich das schroffe „Nein“ mitgeteilt, das Fritz Stahl, der bekannte Kritiker des „Berl. Tgbl.“ der Sezessionsausstellung in Berlin – also noch nicht einmal der Neuen Sezession! – entgegengesetzt hat. Vor einigen Tagen bezeichnete er die Ausstellung der sog. Futuristen in Berlin ganz unverblümt als eine Verrücktheit. Und Stahl war stets der Wortführer der Modernen, er hat den Leistikow, Corinth, Slevogt u. a. m. s. Zt. den Weg geebnet bei dem schwerfälligen Berliner Publikum. Wenn er nun versagt und nicht mehr mitgeht mit den Modernen, dann muß es wirklich schlimm aussehen. In der Tat, die Neoimpressionisten, die Pointillisten, die Kubisten, die Expressionisten, die Nachahmer Picassos und Matisses und die Jüngsten, die im „Blauen Reiter“ vereinigt sind, treiben es stark und spielen mit der Zuneigung derer, die neuen Gedanken der Kunst sonst wohl zugänglich sind, ein leichtfertiges Spiel. Zufällig erfahren wir, daß sich ein Mann, Max Liebermann, kürzlich in einem Briefe an Fritz Mackensen in Weimar bitter und sehr bedenklich über den künstlerischen Nachwuchs aussprach, und daß er die als Lehrer an der Weimarer Kunstschule wirkenden Künstler – auch unser Prof. Bernhard Winter war vertretungsweise darunter – beschworen hat, wieder mehr Gewicht auf gutes Zeichnen zu legen, damit es besser werde mit der Kunst. In der Tat, der weitgehende rückhaltlose Kultus der Farbe drängte alle Kultur der Linie zurück. Zeichnen galt als etwas Handwerksmäßiges, Anfängerhaftes, und niemand, der ein hohes Ziel im Auge hatte, durfte sich dabei aufhalten. Man kann jetzt erfreulicherweise Zeichen dafür sehen, daß diese Periode, die ein schrankenloses Sichausleben predigte und in eine alle Form sprengendes Ueberfließen der Farbe ausartete, vorüber ist, daß schon mehr Stimmen laut werden, die der Linie als sicherster Grundlage des malerischen Schaffens wieder ihr Recht zusprechen, die überhaupt alles Exzentrische energisch bekämpfen, weil sich soviel Nichtkönnen, soviel aufgeblasene Wichtigtuerei dahinter versteckt.

Ernste Mahnungen sind auch am Platze den Zeichnungen Heckels und Schmidt-Rottluffs gegenüber, die uns hier beglücken sollen. U. E. bedeuten sie eine unerhörte Herausforderung des Publikums und zugleich eine bedauerliche Diskreditierung der Kunst, in derem Namen sie zu uns sprechen wollen. Der Schreiber dieser Zeilen hat es öfter als einmal ausgesprochen, daß er das Können dieser beiden Künstler durchaus anerkennt. Aber wenn sie es so erfolgreich verstecken und ins Gegenteil verwandelt zu zeigen verstehen, wie hier, dann sollte man keine Rücksicht mehr darauf nehmen, sondern sie ansehen, wie sie sich geben, als kindische Stammler, die das Recht, vor die Oeffentlichkeit zu treten, nicht nachweisen. Es haben erste Künstler ausgesprochen, daß das, was ein Heckel und Schmidt-Rottluff hier zu bieten wagen, mit Kunst nichts mehr zu tun habe, und wenn das Leute vom Fach sagen, wie sollen Laien sich hineinfinden in solche Aeußerungen, die dem Tagebuche des kleinen Moritz zu entstammen scheinen! Man sehe sich diese unbeholfenen Zeichnungen an! Die roh hingerissene und getuschte Fabrik, die verbogenen Tiere auf der Weide, die gewollt primitiven Häuser! Sie können höchstens zum Beweise dessen dienen, wie kümmerlich und verschroben ein Mensch die Natur wiederzugeben imstande ist, wenn sie überhaupt als Nachbildung oder als verständliche Phantasiegebilde empfunden werden. Es ist geradezu zum Lachen, daß verständige Menschen verständigen Menschen zumuten, diese Stilübungen von allererster Schiefertafelqualität ernst zu nehmen. Man sollte es auch anderswo nur wagen, solche traurigen Bekundungen eines rettungslos verlorenen Grundsatzes abzulehnen, statt immer in der Furcht, den Anschluß an den Fortschritt zu versäumen, noch allerhand hineinzudeuten und zu geheimnissen. Wer so sehr seinen Verstand und seine Augen verleugnet, daß er diese Blätter als Kunstübungen anerkennt, der ist es allerdings nicht besser wert, als daß man ihm Faxen vormacht. Es wäre nicht nötig, sich hier so kräftig zu äußern, wenn nicht derartige „Neutöner" doch noch ihre Gemeinde fänden. Es handelt sich hier darum, grundsätzlich festzulegen, daß man sich nicht irreführen lassen will, daß man kein Narr für Narren und kein Dummer für schlaue Spekulanten sein mag. Es kann einem leid tun um die beiden im Wesen so sympathischen jungen Künstler, die hier das Frühlingsgewitter einer neuen Erkenntnis und eines entschlossenen Willens ausbaden müssen. Aber sie werden es zu ertragen haben als die Verbohrten, als die künstlerisch in eine Sackgasse Verrannten, aus der sie nur die größte Offenheit erlöst, wenn sie auch noch so schmerzlich berührt.

Ernst Beyersdorff:
Die Ausstellung „Munch und die Künstler der Brücke" in der Bremer Kunsthalle
Oldenburger Nachrichten 20.10.1920 (Auszug)

Ich versage es mir, auf einzelne Blätter einzugehen und die Eigenart der sieben Künstler hier näher zu beleuchten. Vielleicht bietet eine spätere Ausstellung, in der die „Brücke", diese eigentliche Phalanx deutscher Kunst des 20. Jahrhunderts, mit ihren Hauptwerken vertreten sein möge, dazu noch würdigeren Anlass. Nur auf den Saal Schmidt-Rottluff sei hingewiesen, den letzten und stärksten in der Reihe. Wer die Anfänge dieses grossen Künstlers zuerst in Dangastermoor und dann in Dangast miterlebt hat und zu den wenigen gehörte, die ihm schon damals Gefolgschaft leisteten, den kann es nur mit tiefer Befriedigung erfüllen, welche Reife und Abgeklärtheit er jetzt erreicht hat. Da ist nichts mehr von Sturm und Drang, von Suchen und Zweifel, Ringen mit Gott und Höllensturz. Es sind Werke, die in sich selbst ruhen und vor denen jeder Zweifel verstummen muss. Schmidt-Rottluff ist übrigens kein Oldenburger, er ist nicht in Dangast geboren, wie der Katalog der Bremer Ausstellung annimmt. Er stammt vielmehr aus Chemnitz. Vielleicht aber werden dereinst noch begeisterte Kunstfreunde nach Dangast pilgern und sich die Stätte zeigen lassen, wo er mit den gleichgestimmten Freunden, mit Heckel und zeitweise auch mit Pechstein, gearbeitet und zuerst sich selbst gefunden hat.

Die Ausstellung der Dangaster auf der Owo
Oldenburgische Landeszeitung 1.5.1922

Die bildende Kunst wird auf der Oldenburger Woche hinter den Höchstleistungen des Theaters und Landesorchesters zwar der Zahl, nicht aber dem Range nach zurückstehen. Die von der Vereinigung für junge Kunst veranstaltete Ausstellung von Werken der ehemaligen Dangaster Künstler Schmidt-Rottluff und Heckel wird weit über die blauroten Grenzpfähle hinaus als künstlerisches Ereignis gewertet werden. Seit jener machtvollen, von der öffentlichen Meinung heiß umstrittenen Kundgebung der damals noch gänzlich unbekannten jungen Maler in ihrer Sonderausstellung im Augusteum im Herbst 1908 haben beide Künstler in Oldenburg nicht mehr ausgestellt. Heute verkörpern sie stärkste deutsche Kunstleistung und die Galerien des In- und Auslandes bewerben sich um ihre Schöpfungen. Nur durch persönliche Beziehungen ist es der Vereinigung für junge Kunst gelungen, beide für eine geschlossene Ausstellung zu gewinnen. Von besonderem Interesse für Oldenburg ist, daß vor allem Werke ihrer Frühzeit, von 1907 bis 1913 in Dangast und Dangastermoor entstanden, gezeigt werden. Hier, in der üppigen Landschaft am Jadebusen, wo sich Marsch, Geest und Moor in buntem Wechsel vereinigen und mit dem Blick aufs Meer ein Ausblick in die Unendlichkeit eröffnet, fanden sie zuerst sich selbst und gewannen sich eine neue Heimat, der sie trotz jahrelanger Trennung die Treue bewahrt haben. Das Schaffen der beiden Maler wird eine willkommene Ergänzung erfahren durch Werke Franz Radziwills, des jungen Malerdichters, der jetzt in Dangast die Tradition Schmidt-Rottluffs und Heckels in höchst persönlicher Weise fortsetzt. Während die Werke jener heute bereits als ruhig und ausgereift erscheinen, steht Radziwill mitten im Kampf um die öffentliche Meinung und seine Kunst wird dem Publikum einige Nüsse zu knacken aufgeben. Dr. Wilhelm Niemeyer – Hamburg, der berufene Interpret der

Dangaster Kunst und Begründer des Sonderbundes (Sonderbundausstellung Köln 1912!), ist von der Vereinigung für einen Vortrag über die Ausstellung gewonnen, die in glücklichster Weise Heimatliches und Künstlerisches vereinigt.

Wilhelm v. Busch:
Ausstellung Schmidt-Rottluff im Augusteum. Vereinigung für junge Kunst.
Oldenburger Nachrichten 24.4.1926

In unbegreiflicher Starrheit steht das Werk des 42jährigen Künstlers da, ohne Vorläufer, aber auch ohne Entwicklung und ohne Zukunft. Während die meisten ihm verwandten Expressionisten das Rennen aufgaben oder sich in bewußter Umkehr anderen Richtungen zuwandten, hält Schmidt-Rottluff hartnäckig an seiner hanebüchenen Art zu malen fest und verdankt diesem Eigensinn eine größere Bekanntheit, als u. E. seinen Bildern entspricht. Wie er sich durchgesetzt hat, so bleibt er, ohne jede Wandlung. Diese Hauklotzmanier des Zupackens, dieses Nebeneinandersetzten von wenigen grellen, unvergeistigten Farben, die Menschen zumeist als Idioten oder mit einem götzenhaften Ausdruck zeigend, ohne Perspektive und feinere Linienführung, ist wahrhaftig nicht jedermanns Sache. Sie kann als Entdeckung von Neuland verstanden werden, als gewaltsame Befreiung der Seele von schwersten Lasten, wie man sie aber in derselben primitiven Max und Moritz-Manier ein Lebenlang beibehalten kann, das ist erstaunlich. Etwa 60 größere Bilder prägen uns den Typus seines Werkes in stetiger Wiederholung ein, und viele verbleiben noch in der Schreckenskammer. Wir lernten bereits in der Dangaster Zeit des Künstlers (1907 – 12 mit Heckel) seine Malweise kennen, und ein alter Kunstgelehrter meinte damals schon, als Sch.-R. behauptete, die Landschaft so zu sehen, wie er sie wiedergab, dann müsse er zerbrochene Augen haben. Daran hat sich bis heute nichts geändert. Bezeichnenderweise hängen in der Ausstellung auch einige frühere Landschaftsbilder aus 1906 und 1907. Sie sind wirklichkeitsgebunden gemalt, in pointillistischer Manier, farbig, saftig und überzeugend. Dann bricht's ab; aber das folgende, die bekannte gelbe Oeljacke, gehört auch noch zu den gesunden, sich an die Wirklichkeit haltenden, breit und mit farblichem Behagen hingeworfen. Später glaubt sich der Künstler vom Natürlichen möglichst weit entfernen zu sollen und schafft seine eigene, an Seltsamkeiten, Bizarrerien, an absichtlicher Entstellung der Natur und des Menschenantlitzes häßlich reiche Welt. Hier und da taucht noch einmal die Neigung zum Rückfall auf ("Pfingstrosen", Entenfamilie"), aber als ob ihn derartige Anwandlungen reuen, geht er gleich wieder in Sachen mit verrenkten Figuren, unmöglich verbauten Landschaften und gröbsten Willkürlichkeiten in Farbe und Linie.
Zweifellos werden viele seltene Künstlerpersönlichkeiten geboren, deren Schaffen weitab vom Hergebrachten liegt. Es fragt sich immer nur, ob es jemand gelingt, sich durchzusetzen und die Zahl der besonderen Individualitäten zu vermehren. Hat Schmidt-Rottluff sich durchgesetzt? Derer, die mit ihm gehen, werden wenige sein, die Freude an einem solchen eigenwilligen Kopf haben. Es wäre ein Unglück, wenn er wirklich Schule machte. Er mag späteren Generationen als ein Geschöpf und Kennzeichner einer Zeit aufbehalten bleiben, die sich selber nicht verstand. Die Entwicklung der Kunst steht nicht still. Sie geht weiter, innerlich ruhig, unaufhaltsam, aus unbegreiflich mannigfach gesätem Samen, äußerlich von Schlagwort zu Schlagwort. Den wilden Expressionismus löste die beruhigte neue Sachlichkeit ab, und all die wüsten Stürmer und Dränger mit der großen Geste wichen den feinen Tüftelern und den glatten Konstrukteuren. Wie ein Felsblock starrt die Persönlichkeit Schmidt-Rottluffs zwischen all dem auf, mit unveränderter, seltsam verzogener Miene. Den meisten Menschen gibt solche Art mehr dekorativer Malerei wenig oder nichts. Den Anhängern dieser merkwürdigen Primitivität wird es schwer, die Wirkung seiner Bilder zu erklären. Daß hier und da ein Strich besonders gut sitzt, daß seine Handschrift eine treffliche Ausgeschriebenheit zeigt, die sich übrigens viel reiner und einwandfreier in der Graphik zeigt, du lieber Gott, das sagt nicht viel. Dann wird vom Rhythmus seiner Schöpfungen gesprochen. Der wirkt sich u. E. nicht frei aus wegen der Behaftung mit Ungepflegtem, um nicht zu sagen, Rohem in seinem Pinselschlag. Wir stehen dieser Malarbeit, die uns durch eine Zeit von zwanzig Jahren festhält, mit innerer Fremdheit und mit prüfender und kühler Beobachtung gegenüber. Andere behaupten, mit ihm gehen und ihn genießen zu können. Es werden Bücher über ihn geschrieben und seine Werke nachgebildet, und man versucht, sie zu erklären und ihre Art zu verstehen. Sei dem nun so oder so, eine starke Persönlichkeit stellt Schmidt-Rottluff auch für diejenigen dar, die nichts mit ihm anzufangen wissen. Und da Oldenburg durch seine Dangaster Zeit so merkwürdig mit seinem Leben verbunden ist, so mögen die Oldenburger immerhin die Gelegenheit benutzen, zu sehen, was aus dem jungen Stürmer geworden ist, der auf unseren künstlerisch zahmen Fluren aufwuchs.

Max Pechstein:
Erinnerungen.
Aus dem 1945/46 vom Künstler niedergeschriebenen Originalmanuskript

Das war der Sommer in Moritzburg. Er hatte mich abermals ein großes Stück vorwärts gebracht. In dieser Zeit arbeitete Schmidt-Rottluff allein oben in Dangastermoor bei Varel in Oldenburg. Diesen Ort hatte er gemeinsam mit Heckel aufgefunden. Heckel redete mir zu, mit hieraufzukommen und da es für diesen Sommer doch schon zu spät für Nidden war, willigte ich ein. Ich wollte mich auch endlich vergewissern, warum es so schwierig sei, mit S.R. zu einem innerlichen Verhältnis zu gelangen. Auf der Fahrt nach Oldenburg warnte mich E.H. schon: Er fürchte, von S.R. erdrückt zu werden. Ich verstand ihn nicht und war noch zu erfüllt von dem hinter uns liegenden Moritzburger Erlebnis, das mich so sehr bereichert hatte. Bald aber wurde ich inne, weshalb der umso vieles sensiblere Heckel sich gegen S.R. verteidigen mußte, um sich in seiner Arbeit zu behaupten. Vielleicht hatten auch diese Stimmungen ihn bewogen, mich als Schützer mit hinaufzubitten.
Als wir am Abend unserer Ankunft zu S.R. gingen, ihm von der Gründung der Neuen Sezession berichteten und er seine Bilder zeigte, begriff ich Heckel. Wären wir alsbald wieder fortgefahren, dann wäre dies ein grosses Geschenk für uns gewesen. So blieben wir und Wochen hindurch sahen wir vieles in der Landschaft, was S.R. bereits gestaltet hatte, für uns also tabu war. Nun, Heckel und ich freundeten uns desto mehr mit den Krabbenfischern und Bauern von Dangastermoor sowie einigen Sommergästen an und fanden unter ihnen und den Ortsansässigen manches Modell. Unsere Moritzburger Erkenntnisse führten ja auch unsere Formgebung weit über S.R. hinaus, der damals noch an der Grenze der impressionistischen Technik war. Menschlich benahm er sich wie ein Freund. Einmal oder zweimal hat er mich sogar mit eigener Hand rasiert. Amüsant war, daß er ein Posteinlieferungsbuch besaß und gewissenhaft alle Ein- und Ausgänge verbuchte. Die Sorge hatte ich nicht, wenigstens noch nicht. Erst als wir uns von ihm verabschiedeten, unterrichteten Heckel und ich, wie wir ausgemacht hatten, uns gegenseitig von der künstlerischen Ernte unseres Aufenthaltes.

Emma Ritter:
Dangaster Erinnerungen
Niedergeschrieben Februar 1946

Durch Theodor Francksen, den Begründer des Oldenburger Heimatmuseums, wurde ich darauf aufmerksam gemacht, etwa um 1909, daß sich in Dangast ein paar junge strebsame und interessante Maler-Künstler für mehrere Sommer schon niedergelassen hätten. Ich kam aus meiner Münchner Zeit, wo in der Secession hauptsächlich Impressionismus, oder wie in der Scholle (Leo Putz) ein wie mir schien, etwas äußerlicher, dekorativer Schwung herrschte.
Als ich nach Dangast kam, war dort nur noch Schmidt-Rottluff und die Kunsthistorikerin Rosa Schapire aus Hamburg, die sich um die kleine Malervereinigung, die sich Brücke nannte, ein bleibendes Verdienst errungen hat. Von meinem ersten Besuch an war ich stark beeindruckt vom Schaffen dieser Brückekünstler, fand ich doch bei ihnen das, was mir bis dahin sonst noch nirgends in zeitgenössischer Kunst begegnet war: großzügige Komposition, verbunden mit einer tiefen Innerlichkeit der Darstellung, mochte es sich nun um reines Menschentum handeln, oder um Landschaft und rein Gegenständliches. Dabei eine volle und ruhige Farbigkeit und eine Schöpferkraft und Fülle, die ich bis dahin auch noch nirgends kannte. Freilich: malen konnten auch sie nicht ohne Unterbrechung, aber dann wurde Holz geschnitten, die Drucke selbst gedruckt, oder in der Platte radiert – oder Holzplastiken oft aus großen Klötzen herausgeholt – Skizzen auf Postkarten gingen in die Welt – und Schmidt-Rottluff hat jahrelang auch Schmuck gemacht. Die Hände und der Geist ruhten damals nie.
Die Dangaster Landschaft mit dem stets weiten Himmel darüber, Ebbe und Flut am Wattenmeer, den damit verbundenen Menschen, den stark wechselnden Farben, je ob viel Feuchtigkeit in der Luft war oder Trockenheit, das gab ja auch Gelegenheit genug, den künstlerischen Menschen zum Schaffen zu treiben. Und er ließ sich treiben, so sehr, daß die Leinwände an Zahl so viel wurden, daß beispielsweise, einmal habe ich es erlebt, Schmidt-Rottluff eine dicke Rolle davon bei Ebbe ins Tief warf – mit der Flut aber kam sie wieder ans Land. Sie sollte eigentlich aus seinem Geschaffenen verschwinden.
Ein paar Sommer hintereinander sind Schmidt-Rottluff und ich dann noch allein zusammen in Dangast gewesen, die für mich voll der verschiedensten Anregungen waren, und der erste Eindruck, den ich dort fand, hat sich nie im geringsten abgeschwächt. Eher verstärkt, als ich dann später die anderen Brücke-Künstler in Berlin antraf.
Pechstein ist wohl bald aus der Brücke ausgeschieden. E. L. Kirchner ging später in die Schweiz. Heckel trat mir näher, und Otto Mueller, der sich ihnen zugesellt hatte. Zuerst konnte ein weniger tief Einblickender, im graphischen Schaffen vor allem, ähnliche Züge bei den verschiedenen Künstlern zu finden meinen, aber später hat doch jeder von ihnen sich zu einem ganz

eigenen und bestimmten Künstlertum entwickelt. E. L. Kirchner und Otto Mueller, der zuletzt Lehrer an der Breslauer Akademie war, sind nicht mehr unter den Lebenden. Heckel und Schmidt-Rottluff haben ihr Heim und sicher viel von ihrer Lebensarbeit in Berlin im Kriege verloren (wie auch ich). Die Brücke als solche existiert nicht mehr, aber ein innerlicher Zusammenhang scheint mir doch bestehen zu bleiben nach nunmehr 40 Jahren einer großen Schaffens- und Schöpferkraft.

z. Zt. Exten bei Rinteln (Weser), im Februar 1946

Gerhard Wietek:
Zur Eröffnung der Ausstellung
„Maler der Brücke in Dangast“
Oldenburger Kunstverein 2. Juni 1957 (Auszug)

Wenn Sie anschließend in den neu hergerichteten Ausstellungsräumen die Gemälde, Aquarelle und Zeichnungen, die Druckgraphik und weitere Kunstwerke betrachten, mögen Sie bedenken, daß es keine einfache Aufgabe war, alle diese Arbeiten in unserer andernorts nicht wiederholbaren oder übernehmbaren Ausstellung zu vereinigen. Schließlich konnte der Vorstand des Oldenburger Kunstvereins nicht noch einmal – wie vor nunmehr 50 Jahren – in die Lage versetzt werden, zu einem Antrag der Brücke-Maler auf Genehmigung einer Werkschau ihrer Arbeiten Stellung zu nehmen. Vielmehr hätte diese Ausstellung gar nicht verwirklicht werden können, wenn die noch lebenden Maler der einstigen Künstlergemeinschaft nicht von Beginn an zur uneingeschränkten Unterstützung und Förderung dieses Unternehmens bereit gewesen wären, nachdem die ihnen zeitlebens verbunden gebliebene Oldenburger Malerin Emma Ritter die ersten Fäden zu ihnen geknüpft hatte.
Ebenso wenig selbstverständlich ist es aber auch, daß sich so erfreulich viele Eigentümer zur Leihgabe ihres Besitzes bereitfanden. Nachdem die Frühzeit des Expressionismus inzwischen als ein Höhepunkt der neueren deutschen Kunstentwicklung begriffen worden ist, werden die in ihr hervorgebrachten Hauptwerke nur ungern verliehen und den Transport- und Sicherheitsgefahren ausgesetzt. Deshalb mußte um jedes Kunstwerk aus bekanntem öffentlichen wie bisher verborgenem privaten Besitz gerungen werden und sei es auch nur durch die Vermittlung der Überzeugung, daß ihm ebenso wie in Hamburg, Berlin, Köln oder München auch im peripheren Oldenburg der gemäße Rahmen bereitet werden könne. Dies gilt sogar für graphische Blätter, von denen einzelne in jüngster Zeit auch schon mit vierstelligen Zahlen gehandelt werden.
Die schließlich erlangten Leihgaben aus den Schaffensjahren 1907–1912 wurden in den erweiterten Ausstellungsräumen des Oldenburger Kunstvereins im Oldenburger Schloß zeitlich gegliedert. Solche Arbeiten des ersten Dangaster Jahres wie die imposante Dreiergruppe von Schmidt-Rottluffs „Windigem Tag“ und den beiden Landschaften mit den original geschnitzten Rahmen aus der Sammlung Rauert oder Heckels farbenlodernde „Ziegelei“ bilden einen dynamischen Auftakt, der von vornherein hohe Wertmaßstäbe setzt. Diese Bilder werden anschließend von Oldenburg nach Amsterdam wandern, um dort in der internationalen Ausstellung „Das Jahr 1907 in der Kunst“ gezeigt zu werden.
Von den Bildern, Aquarellen und Zeichnungen des Jahres 1908 entstammen die meisten der Hand Erich Heckels und sind bisher gar nicht oder nur selten auf Ausstellungen gezeigt worden. In der künstlerischen und stilistischen Gestaltung scheinen diese Bilder am schwersten festlegbar. Der dynamische Impressionismus des Vorjahres flackert in ihnen neben beruhigteren, fester umgrenzten Formen auf und offenbart erstmals, was in allem Wandel beständig bleibt. Doch enthüllt ein Gemälde wie Schmidt-Rottluffs erst kürzlich vom Oldenburger Landesmuseum erworbener „Mittag im Moor“ in der monumentalen Steigerung der impressionistischen Anfänge zugleich auch die frühe Differenzierung der jeweiligen künstlerischen Handschriften.
Komprimiert wird der Reichtum gestalterischer Möglichkeiten vollends in dem vorwiegend mit Graphik von 1907 und 1908 ausgestatteten langen Mittelraum, dessen neuer Herrichtung ein Großteil der Vorbereitungsarbeiten gewidmet war. Holzschnitte, Lithographien und Radierungen Heckels und Schmidt-Rottluffs präsentieren sich in beabsichtigter Gedrängtheit in der ursprünglichen Beschaffenheit des handabgezogenen Blattdrukkes dem nahe davor befindlichen Betrachter. Ein besonderer Reiz innerhalb dieses Raumes geht von den bemalten Postkarten aus, die von den Malern der Brücke – neben Heckel, Schmidt-Rottluff und Pechstein ist auch der im Katalog nicht erscheinende Ernst Ludwig Kirchner vertreten – aus Dangast an Rosa Schapire gesandt wurden oder auch von auswärts an sie gelangten, wenn sie sich gerade in Dangast befand. Bei diesen nur handtellergroßen Karten war der Weg vom Einfall zum künstlerischen Entwurf am kürzesten, sie sind die überraschendsten Zeugnisse impulsiver Bildgestaltung und besten Beweise dafür, wie wenig die Wirkung eines Kunstwerks von seiner äußeren Größe abhängig ist – eine Feststellung, die sich bereits bei den im vorherigen Raum ausgestellten Dangaster Schmuckstücken Schmidt-Rottluffs bestätigt fand.

Innere und äußere Monumentalität vereinigen sich am nachhaltigsten in dem größten der Ausstellungsräume, der den 1909 und 1910 entstandenen Kunstwerken gewidmet ist. Noch aus der Summierung intensiv leuchtender Farben gestaltet sind die Bilder von 1909, schon aus der Dominanz weniger und ungebrochener Farbflächen komponiert die Gemälde von 1910 an den Schmalseiten, in größerem, weiterem Rhythmus nebeneinander bestehend. Tief prägt sich die kühne Großheit der Dangaster Landschaften Schmidt-Rottluffs ein, zwischen denen auch Erich Heckels eben erst freigelegter „Schlafender Pechstein" jenes gebieterisch fordernde, aber unerhört reine Rot ausstrahlt, das in den mächtigen Bildern des Freundes gegenüber – vor allem im „Deichdurchbruch" – zu unvergeßlicher Kraft gesteigert ist.
Auch aus der stattlichen Folge der gleichrangigen Aquarelle jener Jahre weht derselbe große Atem, doch auch in den ausgelegten graphischen Arbeiten – zumal den Holzschnitten Schmidt-Rottluffs von 1909 – teilt er sich ungebrochen mit. Bei Pechstein ist er am frühesten noch in den Aquarellen spürbar, während sein Gemälde „Vor dem Gewitter" auf dekorativere Wirkungen ausgeht. Ebenfalls 1910 entstand Erich Heckels großformatiges Plakat des Oldenburger „Lappan", das den Ausstellungseingang markiert und dessen erhaltener Holzstock präsentiert wird.
In dem letzten der Ausstellungsräume finden sich sodann neben den Arbeiten Schmidt-Rottluffs aus den beiden letzten Dangaster Jahren die erhaltenen Gemälde und graphischen Blätter von Emma Ritter, die in dieser Zeit ja mit dem Künstler in Dangast malte. Es ist überraschend, wie selbstverständlich sich solche Arbeiten wie ihr Stilleben von 1912 denjenigen der Brücke-Maler zuordnen. Deren Graphik wird noch einmal durch die späten Blätter der Aufenthalte zusammengefaßt, ihr Gemeinschaftssinn in den großen Holzschnitt-Umschlägen der Brücke-Mappen nachdrücklich manifestiert. Auch das Porträt Rosa Schapires hängt in diesem Raum, von dessen Hauptwand fünf weitere große Dangaster Spätwerke Schmidt-Rottluffs mit deutlich erkennbaren kubistischen Einflüssen auf eine größere Entfernung vom Gegenstand und vom Betrachter ausgehen.
Damit wird jenes Stadium einer höchst erregenden und aufrüttelnden Entwicklung sichtbar, in dem die Maler der Brücke zugleich den Gipfel ihrer Kunst erreichen – eingebunden in den Rhythmus ihrer Dangaster Aufenthalte von 1907–1912, die sich tatsächlich als ein nicht fortzudenkender Bestandteil in der Geschichte dieser Künstlergemeinschaft und der deutschen wie europäischen Malerei erweisen. Das neue Vokabular ihrer emotionsgeladenen Bildersprache, mit der sie unversehens nicht nur die Oldenburger konfrontierten, wird nirgendwo besser begreiflich als an diesem Ort, an dem wir nun – 50 Jahre nach ihrer Ankunft im oldenburgischen Dangast – unsere Ausstellung eröffnen. Hier, im Festsaal des Großherzoglich Oldenburgischen Schlosses schuf Arthur Fitger – der norddeutsche Makart, wie er damals noch bewundernd genannt wurde – diese noch immer auf uns herabschauenden Historienbilder mit ihren romantischen Szenen aus der heimischen Sagenwelt nur neun Jahre vor dem plötzlichen Eintreffen der Brücke-Maler in Oldenburg. Damit verabschiedet sich in dieser späten fürstlichen Residenz ein ausklingendes, nur noch an der Vergangenheit orientiertes Jahrhundert, während nur wenig später nicht weit von hier entfernt zwischen Meer und Moor der kraftvoll drängende Aufbruch in ein neues Säkulum der Kunst beginnt.

Heinz Liers:
Maler der Brücke in Dangast.
Jubiläumsausstellung im Oldenburger Kunstverein.
Nordwest-Zeitung 3.6.1957

Maler der „Brücke" in Dangast – eine Ausstellung mit dem Vorzeichen des Außerordentlichen und eine Erfüllung. Mit Sorgfalt ist hier geplant worden, und es entstand alles andere als nur eine retrospektive Sicht auf ein Stück Entwicklungsgeschichte deutscher Malerei.
Die Vorbereitungen und minuziöse Arbeit zu der Jubiläumsausstellung des Oldenburger Kunstvereins in den Räumen des Schlosses hat Dr. Gerd Wietek geleistet; im Ausstellungstechnischen, in der Katalogisierung und in der kunsthistorischen Einordnung. Die Auswahl der Werke von Karl Schmidt-Rottluff, Erich Heckel, Max Pechstein und Emma Ritter begrenzt sich streng auf die Dangaster Zeit. Um 1907 malte Karl Schmidt-Rottluff mit Heckel in Dangast. Dort gelang es, dem Impressionismus durch radikale Vereinfachung der Form und Steigerung der Farbe auf ungebrochene Töne Monumentalität zu geben. Die Reichhaltigkeit der Schau läßt aber alle kunsthistorischen Einordnungen vergessen. Vor den Arbeiten, die einmal mit Befremden aufgenommen wurden, spürt man heute nur die lebendigen Ausstrahlungen einer Formenintensität, ein verdichtetes Farbgefühl, welches als Steigerung gar nicht mehr schockiert, sondern als erhöhtes Lebensgefühl klassisch wirkt.
Die „Brücke"-Maler sahen ihre Aufgabe darin, über den Gegenstand hinaus das Gefühl anzusprechen mit den gestalteten Mitteln des Bildes. Sie haben sich das hart erarbeitet. Es wurde vom Modell ausgegangen, dem Sehen entsprang die Vereinfachung und Über-

steigerung. Funktionsbewegung des Körpers wurde zugleich die der Seele, Farbe als Dingbezeichnung, Wärme und Kraft, Härte, Schrei und Zärtlichkeit.
Um 1907 war der erste „Brücke-Stil" schon ausgebildet. Der deutsche Aufbruch mündete in den europäischen – in Paris sind es die „Fauves" – und es ist interessant, die Parallelen, die Gleichheit und Andersartigkeit zugleich festzustellen. In der Schau befindet sich ein Stilleben von Erich Heckel mit Tellern und Gerichten, rauh in der Struktur, die Farben: ein Rot zu Blau. Es ähnelt in der Komposition einem Werk der „Fauves". Matisse hat 1904 das bekannte Stilleben mit den Austern gemalt. Bei ihm ist es Harmonie und Ruhe der Farbe, bei dem Deutschen ein blockiger rauher Ausdruck. Gemeinsam ist ihnen die Sprache der Fläche und Farbe – sie sind Maler. Es ist eine Zufälligkeit, diese Duplizität, doch ist sie aufschlußreich für die Mentalität, die auf verschiedenen Wegen einem gleichen Ziele zustrebt: dem Bild.
Die Ausstellung umfaßt alle Disziplinen: Das Ölbild, das Aquarell und die Graphik in der Form von Holzschnitt, Radierung und Zeichnung. Arbeiten aus Privatbesitz, die hier zum ersten Male gezeigt werden, befinden sich darunter. Zeitlich geordnet, schließen sich die einzelnen Gruppen der Arbeiten in den durchdacht geordneten Räumen zu konzentrierten Komplexen. Sie hängen nicht nur übersichtlich, sie ordnen sich auch ästhetisch, indem sie sich nach einem Farbwert hin steigern.
Wir können heute nur einige Werke aus der Gesamtheit herausheben. Im Hauptsaal befindet sich von Heckel „Der schlafende Pechstein". Das Werk befand sich verschmiert auf der Rückseite eines Bildes von-Heckel; ein Holzschnitt – ebenfalls in der Ausstellung – trägt dasselbe Motiv. Das Bild ist ein Meisterwerk. Der langgestreckt im Liegestuhl Ruhende füllt in der Zeichnung die Fläche als ruhende Senkrechte. Die Formen steigern die Funktion des Liegens und der Schwere. Die Farben, ein kaltes und ein warmes Rot, zur höchsten Spannung mit der Komplementärfarbe Grün gebracht, wachsen zu einem Teppich zusammen. Sie geben aber mehr: den tiefen Schlaf, die Ruhe und Wärme der Außenwelt und des gelösten Schläfers.
Schmidt-Rottluffs Vitalität zeigt sich in einer kontrollierten Disziplin. Man kann das von einem Bild zum anderen verfolgen. Er ist mit sehr vielen Arbeiten vertreten, angefangen von den frühen, dick mit dem Spachtel aufgetragenen, bis zu denen mit vereinfachten Farbflächen. In den gespachtelten Arbeiten wird der Impressionismus durch Steigerung der Farbe expressiv. Die Fläche ist noch zerlegt, und der Farbauftrag läßt das Bild als solches zusammenwachsen. Im Hauptsaal hängen dann bereits die in großen Blöcken und Farbflächen organisierten Bilder, kühler und rationeller im Feuer als bei dem im Grundcharakter lyrischen Heckel. Der Rhythmus gliedert Häuserblöcke zu Farbblöcken, schaltet Schwarz ein und hält damit Farbe und Aktivität des Bildes. Ein Ordnungsprinzip ist bei Schmidt-Rottluff mit im Spiel. Man spürt bei ihm immer über das Erreichte hinaus ein Voraussehen.
Die Gruppe der großen Aquarelle von ihm zeigt das souveräne Können der Formenmittel bis zum Monumentalen („Bildnis Heckels"). Sie sind den Ölarbeiten absolut gleichwertig.
Pechstein hängt mit einer Landschaft in der Nachbarschaft von Aquarellen Heckels, – sie vertragen sich gut. Bei den Aquarellen Pechsteins sieht man den Zeichner („Mädchen auf dem Bett").
Innerhalb der illustren Gesellschaft befindet sich das kraftvolle „Stilleben mit dem blauen Topf" von Emma Ritter, außerdem „Garten" und „Ziegelei". Sie behaupten sich. Die Feinfühligkeit der Frau läßt sie mehr differenzieren – aber auch bei ihr liegt die gesteigerte Farbe dem Bildaufbau zugrunde.
Die Graphik wird in der Hauptsache vom Holzschnitt bestritten. Die „Brücke"-Künstler waren es, die dem Holzschnitt im Langholz den ihm gemäßen Ausdruck abzwangen. Sie setzten damit eine sehr deutsche Tradition fort, ihre graphischen Arbeiten gehören heute zu den stärksten Zeugnissen unseres Jahrhunderts. Sie würden eine Besprechung für sich verlangen. Angedeutet sei, daß Kostbarkeiten und Seltenheiten dabei sind („Drucke zu den Brücke-Veröffentlichungen"), welche heute im Handel begehrt, aber nicht mehr zu haben sind. Auch hier ist es die Vereinfachung der Fläche und der Rhythmus in Verbindung mit der Funktion des Gesehenen.
Eine kleine Delikatesse für sich, ein improvisiertes, unbeabsichtigtes Spiel von Wert: Die farbigen Kartengrüße. Kleine Splitter – doch voll quellender Kraft, Plakat und Druckstock der „Brücke"-Ausstellungen in Oldenburg und eine sehr aufschlußreiche Chronik der Vergangenheit in Form von früher Kritik und Protest, Schriftwechsel und Kommentare dazu vervollständigen und runden die Dangast-Ausstellung ab.
Eine Empfehlung: man gehe mehrmals hin, und man gehe unter Berücksichtigung der Lichtverhältnisse vormittags.

DIARIUM
DER OLDENBURGER JAHRE KARL SCHMIDT-ROTTLUFFS VON 1907–1912

Eine Dokumentation in Stichworten

Eine erste auf das Buchthema bezogene Zeittafel wurde vom Verfasser bereits 1957 im Katalog der Oldenburger Ausstellung „Maler der Brücke in Dangast von 1907–1912" veröffentlicht. Dem damaligen Forschungsstand entsprechend, enthielt sie in den meisten Fällen jedoch nur ungefähre Zeitangaben, die seither durch eigene wie anderweitige Quellenerschließungen präzisiert und wesentlich erweitert werden konnten. Unter den letzteren mögen hier vor allem die der Biographie des Künstlers dienenden Untersuchungen von Karl Brix, Leopold Reidemeister und Gunther Thiem sowie diejenigen zur Ausstellungstätigkeit der Brücke von Georg Reinhard hervorgehoben werden.

Die an dieser Stelle vorgelegte Chronologie eines begrenzten, für die individuelle Entwicklung des Künstlers und diejenige seines Umkreises jedoch höchst bedeutsamen Zeitabschnitts, sollte im Hinblick auf ihre bei vergleichbaren Arbeiten so bislang nicht praktizierte Detailliertheit dennoch keiner besonderen Rechtfertigung bedürfen. Wo Kunstgeschichte primär als Behandlung objektiver Fakten und nicht als subjektive Selbstdarstellung verstanden wird, kann auf eine möglichst präzise zeitliche Fixierbarkeit von Ereignissen gar nicht verzichtet werden, da die Beurteilung von Stilentwicklungen, Vorbildern, Anregungen oder Nachahmungen schließlich ebenso davon abhängig ist, wie diejenige von zeitlichen und gestalterischen Prioritäten oder auch die Entscheidung über Echtheit und Fälschung, die gerade bei einem Künstler wie Karl Schmidt-Rottluff in den letzten Jahren eine verhängnisvolle Bedeutung erlangt hat.

Diese im Laufe von Jahrzehnten zusammengetragenen Daten und Fakten waren ursprünglich nicht zur Veröffentlichung bestimmt, sondern zunächst lediglich mit dem Ziel in eine chronologische Ordnung gebracht worden, über ein möglichst zuverlässiges Gerüst von Informationen zu verfügen, das geeignet war, den in den Darstellungen des deutschen Expressionismus noch immer hohen Anteil an Vermutungen und nicht beweisbaren Annahmen bei dieser Publikation so gering wie möglich zu halten.

Dabei ergaben sich aus den zahlreichen Einzelangaben – wie vor den werdenden Konturen eines Mosaiks – so viele neue und weiterreichende Zusammenhänge und Erkenntnisse, daß es geboten erschien, aus dieser die regionalen Fakten in größere Dimensionen einbindenden Datensammlung wenigstens eine Auswahl zu veröffentlichen und damit der künftigen Forschung zugänglich zu machen.

Dies konnte – wenn der vorbestimmte Rahmen des Buches nicht gesprengt werden sollte – allerdings nur in einer sehr komprimierten Form und unter Verzicht auf vollständige Quellenhinweise, Ermittlungsprioritäten, Herkunfts- und Aufbewahrungsorte u.ä. sowie durch Verwendung von Abkürzungen geschehen, von denen die wichtigsten folgende Bedeutung haben:

Ausst. = Ausstellung
Bey. = Beyersdorff, Ernst (1885 – 1952)
Bln. = Berlin
Dt. = Deutsch
EH = Erich Heckel (1883 – 1970)
ELK = Ernst Ludwig Kirchner (1880 – 1938)
Gal. = Galerie
Gem. = Zeitung „Der Gemeinnützige", Varel
Hbg. = Hamburg
HMP = Hermann Max Pechstein (1881 – 1955)
KSR = Karl Schmidt-Rottluff (1884 – 1976)
KV = Kunstverein
NWK = Vereinigung Nordwestdeutscher Künstler
NWMZ = Nordwestdeutsche Morgenzeitung, Oldenburg
OKB = Oldenburger Künstlerbund
OKV = Oldenburger Kunstverein
ON = Oldenburger Nachrichten für Stadt und Land
PK = Postkarte
WdK = Zeitschrift „Werkstatt der Kunst"

Jan. Holzschnitt-Ausst. d. Brücke b. Seifert in Dresden mit KSR (3.12.06 – 31.1.07)

Jan. Gemälde-Ausst. d. Brücke in der Bremer Kunsthalle mit KSR (Dez./Jan.)

Jan. 12. Ausst. d. Bln. Sezession: Zeichnende Künste, mit KSR (Dez. Jan.)

12. 1. Erste Jahresversammlung OKB: Vorstand besteht aus Paul Müller-Kaempff (1861 – 1941), Richard tom Dieck (1862 – 1943) und Gerhard Bakenhus (1860 – 1939)

15. 1. Ausst. Brücke-Graphik im KV Zwickau mit KSR (bis 15. 2.)

31. 1. Krit. Bericht über die Großherzogl. Oldenburgische Galerie von Norbert Jaques (NWMZ)

8. 2. Ausst. Brücke-Graphik im Kunstsalon Cohen in Bonn mit KSR (bis 28. 2.)

9. 2. 1. Graph. Ausst. d. Dt. Künstlerbundes im Dt. Buchgewerbemuseum Leipzig (bis 15. 4.)

13. 2. Die Lithograph. Anstalt Jul. Lambrecht u. Sohn in Oldenburg erhält das Prädikat „Hof-Steindruckerei"

15. 2. Der OKV (640 Mitglieder) und die Vereinigung Oldenburger Kunstfreunde beschließen provisorische Vereinigung

20. 2. Beginn eines mehrtägigen Kaiserbesuchs in Wilhelmshaven

21. 2. 320. Ausst. des OKV mit Graphik von Max Klinger (1857 – 1920) und Oldenburger Künstlern

22. 2. OKV-Vortrag von Karl Schaefer-Bremen über die Großherzogliche Galerie im Augusteum

24. 2. 75. Gr. Kunstausstellung des KV Hannover mit KSR

28. 2. EH an Cuno Amiet (1868 – 1961) über Bilder von Paul Gauguin (1848 – 1903) im Folkwang-Museum Hagen

März Brücke-Graphik im Kunstsalon Fischer, Bielefeld mit KSR

7. 3. Ernennung des holländ. Bildhauers Lambertus Zijl (1866 –1947) zum Brücke-Mitglied (von Z. abgelehnt)

15. 3. Brücke-Graphik im Kunstsalon Werner, Göttingen mit KSR

24. 3. Emil Nolde (1867 – 1956) an Axel Gallén-Kallela (1865 – 1931) aus Dresden mit Unterschrift von KSR

April Die Residenzstadt Oldenburg zählt 28.427 Einwohner

April KSR i. d. ständigen Ausstellung d. Braunschweiger Gal. Dörbandt (Braunschweiger Landesztg. 16.4.)

April KSR meldet sich endgültig i. d. Technischen Hochschule Dresden ab und entscheidet sich für den Künstlerberuf

April KSR übersendet dem Sammler Gustav Schiefler (1857 – 1935) in Hamburg aus Dresden eine Auswahl von Lithographien

8. 4. Bericht über Versendung der Brücke-Jahresgaben für 1907 aus Dresden m. Arbeiten v. Amiet, Gallén-Kallela, Nolde u. KSR (WdK)

9. 4. PK an Amiet aus Dresden m. Unterschriften von KSR und den übrigen Brücke-Mitgliedern

16. 4. In Dangastermoor wird mit dem Bau eines 2. Eisenbahngeleises begonnen (Gem.)

19. 4. PK an Amiet aus Dresden mit Unterschrift von KSR und der weiteren Brücke-Mitglieder

21. 4. Ausst. von Brücke-Holzschnitten im Verein Düsseldorfer Künstler

29. 4. Besuch v. Edvard Munch (1863 – 1944) bei Schiefler in Hbg., wobei Lithographien von KSR besehen werden

1. 5. Brücke-Gemälde im Kunstsalon Teichert, Königsberg

4. 5. Schiefler an KSR über dessen Graphik

7. 5. EH übersendet Schiefler aus Dresden Graphik z. Ansicht

11. 5. Dangast rüstet sich zum Empfang der Sommergäste: Erneuerung der Badebrücken, Verlängerung d. Strandmauer um 90 Meter (Gem.)

Mai KSR an Schiefler aus Dresden vor Abreise nach Dangast (Mitte Mai üb. Braunschweig)

Mai Pläne für Neubau der mehrfach gemalten Dangaster Windmühle (Gem.)

14. 5. In den Dangaster und Vareler Schulen hitzefrei (Gem.)

19. 5. Kalte Pfingsten in Dangast (Gem.)

26. 5. KSR aus Dangastermoor an Schiefler: Bitte um Rücksendg. d. Lithographien a. d. neue Adresse

1. 6. Ausst. Brücke-Graphik im KV Heidelberg (bis 30. 6.)

1. 6. Brücke-Ausst. im Museum Flensburg. Die 19 Arbeiten von KSR meist vom vorjährigen Aufenthalt bei Nolde auf Alsen

1. 6. Brücke-Graphik im Museum Düren (bis 30. 6.)

6. 6. Eintragung des OKB ins Vereinsregister

8. 6. In Dangast befinden sich die ersten 9 Kurgäste (Gem.)

9. 6. EH an Amiet aus Bln.

15. 6. EH an Amiet aus Dresden über Erwerbung der Passiven Mitgliedschaft von Rosa Schapire (1874 – 1954) aus Hbg.

15. 6. EH-Holzschnitt „Brücke-Dangastermoor" auf PK an Amiet aus Dresden

15. 6. Brücke-Ausst. im Museum Folkwang in Hagen mit KSR

18. 6. KSR aus Dangastermoor an Munch: Freude über dessen avisierte Ausstellungsbeteiligung bei Brücke

18. 6. Offizieller Beginn der Sommersaison in Dangast: Kurhaus Gramberg und Park renoviert, Anlegebrücke erneuert, Dampfer „Eckwarden" aus Wilhelmshaven legt erstmalig in Dangast an (Gem.)

20. 6. Die bereits verlängerte Dangaster Strandmauer soll ein weiteres Stück hinzu erhalten (Gem.)

22. 6. Nolde an Gallén-Kallela aus Flensburg über die dortige Brücke-Ausstellung

23. 6. EH an Schiefler aus Dresden: Dank für Vermittlung der Brücke-Mitgliedschaft von Schapire und Ankündigung d. Abreise nach Dangast

25. 6. Das an Carl G. Oncken in Oldenburg verliehene Prädikat „Hof-Kunsthandlung" wird auf seinen Sohn Wilhelm Oncken übertragen

25. 6. Nolde an Schiefler über den 1. Nolde-Aufsatz von Schapire in der Zeitschrift „Hamburg"

26. 6. EH trifft von Dresden kommend in Dangastermoor ein

29. 6. Rückblick auf einen naßkalten Juni (Gem.)

30. 6. Bis jetzt 20 – 25 Kurgäste in Dangast eingetroffen (Gem.)

1. 7. Pressemitteilung der KG Brücke, wonach sich die 1907 von EH geleitete Geschäftsstelle in Dangastermoor befindet

1. 7. Bahnstation Dangastermoor wird für Gepäck-, Express- und Eilstückgutverkehr zugelassen

8. 7. Brücke-Ausst. im Württemb. Kunstgewerbeverein Stuttgart mit KSR (bis 31. 7.)

13. 7. In Dangast z. Zt. 50 Badegäste (Gem.)

14. 7. Gartenkonzert beim Dangaster Kurhaus

15. 7. Brücke-Ausst. im Kunstsalon Clematis in Hbg. (bis 15. 8.) Ein erstmalig gedruckter Katalog nennt von KSR 15 Gemälde, 2 Zeichnungen und 2 Lithographien (noch keine Dangaster Arbeiten)

18. 7. KSR an Schiefler aus Dangastermoor: Besuchsansage in Hbg.

21. 7. KSR an Schiefler aus Dangastermoor: Dank für Einladung zum 23. 7.

22. 7. Dangast trotz ungünstigen Wetters voll belegt (Gem.)

23. 7. KSR besucht erstmalig Schiefler in Hbg. u. besieht dort Munch-Grafik. Alfred Lichtwark (1852–1914) wird in der Hbg. Kunsthalle nicht angetroffen. Besuch d. Brücke-Ausstellg. im Kunstsalon Clematis. A. d. Rückreise nach Dangast auf Empfehlung Schieflers Station beim Maler Wilhelm Laage (1868–1930) in Cuxhaven

26. 7. Der Leipziger Verlagsbuchhändler Artur Seemann (geb. 1861) im Gästebuch des Dangaster Kurhauses

28. 7. KSR aus Dangastermoor an Schiefler: Dank für Gastfreundschaft in Hbg.

28. 7. Zum 2. Dangaster Pferderennen u. Schlicklaufen finden sich ca. 3000 Besucher b. Sonne u. Flut ein. Der Fotograf Paul Wobick liefert kurzfristig Postkarten zum Mitnehmen (Gem.)

29. 7. EH an Gallén-Kallela: Wohnung jetzt Dangastermoor (mit Holzschnitt „Brücke-Dangastermoor")

29. 7. In Dangastermoor verschwinden zusehends Ödland und Heidebewuchs durch Neubebauung (ON)

Juli ELK und HMP malen in Goppeln bei Dresden

Aug. Brücke-Graphik im KV Speyer mit KSR

1. 8. 1. Brief KSRs an den OKB wg. Erwerbung d. Mitgliedschaft

2. 8. Schiefler an KSR mit Lob des Künstlers

6. 8. Müller-Kaempff an Bakenhus: KSR unbekannt – zur Ausst. im OKB auffordern

7. 8. KSR an OKB: Dank für Statuten und Besuchsansage b. tom Dieck

12. 8. Offizielles Gesuch KSRs um Aufnahme in den OKB

17. 8. KSR aus Dangastermoor an tom Dieck: Dank für Mitteilung der Aufnahme in OKB

19. 8. EH aus Dangastermoor an Amiet: verregneter Sommer

21. 8. KSR aus Dangastermoor an Schiefler: Briefdank und Freude auf Kennenlernen seiner Frau Luise Schiefler (1865–1967)

22. 8. KSR und EH besuchen tom Dieck in Oldenburg

25. 8. Konzert in den Dangaster Kuranlagen (Gem.)

1. 9. Brücke-Ausst. b. Emil Richter in Dresden mit KSR

1. 9. Brücke-Wander-Ausst. im Kunsthaus Zürich (bis 30. 9.)

3. 9. Kaiser Wilhelm II. zur Flottenparade in Wilhelmshaven (bis 6. 9.)

10. 9. Rezension der Dresdener Brücke-Ausst. durch Paul Fechter (1880–1958) in Dresd. Neuesten Nachrichten

Sept. HMP mit Preis-Stipendium nach Italien (bis November)

Sept. EH besucht erstmalig Schiefler in Hbg. und Gustav Pauli (1866–1938) i. d. Bremer Kunsthalle

21. 9. Die Kunstgewerbl. Werkstätten Wille in Oldenburg eröffnen neue Räume für Bilderausstellungen (ON)

24. 9. Zeitungsbericht „Herbst in Dangast" (ON)

DIARIUM 1907

Okt. Brücke-Ausst. im Kunstmuseum Solothurn mit KSR

Okt. Brücke-Graphik im Museum Magdeburg mit KSR

Okt. Karl Scheffler (1869–1951) übernimmt Schriftleitung von „Kunst und Künstler"

Okt. Ausstellg. von Munch, Cézanne und Matisse bei Paul Cassirer in Bln.

16. 10. Brücke-Graphik im KV Rosenheim mit KSR (bis 28. 10.)

26. 10. OKV-Vortrag von Theodor Vollbehr, Magdeburg über Moderne Landschaftsmalerei bis zu den Worpswedern

31. 10. Rückblick auf sonnigen Oktober (Gem.)

2. 11. KSR übersendet für nächste OKB-Ausst. 10 Lithographien, darunter mehrere aus Dangast (Poststempel Varel)

Nov. KSR beendigt seinen 1. Dangaster Aufenthalt. Rückfahrt über Worpswede in Angelegenheiten der Vereinigung Nordwestdt. Künstler, deren Mitglied er geworden ist

Nov. Ausst. bremischer Künstler in der Bremer Kunsthalle mit 2 Dangaster Gemälden von KSR

14. 11. Bremer Tageblatt über KSR-Bilder i. d. Bremer Ausstellung: „Keine Malerei"

17. 11. 321. OKV-Ausstellung mit KSR (bis 15.12.)

20. 11. Tod von Paula Modersohn-Becker (1876–1907) in Worpswede

21. 11. KSR-Anmeldung aus Dresden z. 322. OKV-Ausst. mit 4 Dangaster Gemälden

23. 11. Bericht über 321. OKV-Ausstellung von W. v. Busch (1868–1940) mit erstmaliger Erwähnung von KSR (ON)

Nov. Brücke-Ausst. im KV Freiburg mit KSR

Dez. Im 2. Jahresbericht d. NWK werden KSR und EH als Mitglieder genannt

Dez. HMP beginnt neunmonatigen Aufenthalt in Paris

Dez. KSR in der 14. Ausst. der Berliner Sezession m. d. Dangaster Lithographien „Gehöft im Moor" u. „Hafen b. Ebbe", sowie 2 Zeichnungen

8. 12. EH an Schiefler über Nolde's Austritt aus Brücke

12. 12. Nolde an Schiefler über eine durch Schapire vermittelte Ausstellung seiner Graphik i. d. Hbg. Gal. Commeter im Januar 1908

Dez. KSR am Jahresende aus Chemnitz an tom Dieck: Vorschläge für Belebung des OKB und Anmeldungen zur OKB-Ausst. im Januar 1908

Jan. Brücke-Ausst. im Badischen KV Karlsruhe

Jan. KSR-Ausst. im Kunstsalon Dörbandt, Braunschweig (mit ELK)

1. 1. KSR übernimmt Brücke-Geschäftsführung für 1908. EH Kassenwart

1. 1. Brücke-Ausst. im KV Kiel mit KSR (bis 31. 1.)

7. 1. 2. Generalversammlung des OKB: 31 aktive und 10 passive Mitglieder. Verlesung des KSR-Briefes von Dezember 1907 mit Anregungen für OKB

8. 1. Bericht über OKB-Generalversammlung mit Erwähnung von KSR und EH als Mitgliedern (ON)

9. 1. 1. größere OKB-Ausst. im Augusteum bis 29. 1. Von KSR die Gemälde „Stilleben" und „Moorgehöft"

10. 1. Die Oldenburgische Großherzogin besucht die OKB-Ausstellung in Begleitung von Müller-Kaempff, tom Dieck und Bakenhus

11. 1. Besprechg. der OKB-Ausstellg. durch v. Busch mit Erwähnung von KSR (ON)

16. 1. Schapire-Vortrag in Noldes Graphik-Ausst. d. Gal. Commeter in Hbg.

18. 1. 3. Besprechg. der OKB-Ausst. durch v. Busch mit positiver Erwähung von KSR und EH (ON)

22. 1. Besprechg. der OKB-Ausst. durch Bakenhus mit Erwähnung von KSR und EH (NWMZ)

26. 1. Schapire-Vortrag über Nolde in Bremen

30. 1. EH an Amiet über Brücke-Austritt von Nolde und Fritz Bleyl (1880 – 1966)

5. 2. KSR aus Dresden an tom Dieck: Bitte um Bildlagerung, Ende März wieder in Dangast

10. 2. EH an Gallén-Kallela: Im März nach Dangast

15. 2. Brücke-Ausst. im Museum Krefeld

15. 2. Ausst. d. Dt. Künstlerbundes i. d. Kunsthalle Bremen m. Beteiligung d. NWK (bis Mitte April)

18. 2. Bakenhus-Aufsatz über das Niederdeutsche Bauernhaus (NWMZ)

20. 2. Besprechg. d. Ausst. d. Dt. Künstlerbundes in der Bremer Kunsthalle von Richard Mamroth (NWMZ)

21. 2. Aufsatz „Zur Begründung einer modernen Kunstsammlung in Oldenburg (ON ohne Vf.)

22. 2. 323. OKV-Ausst. „Schwarz-Weiß" mit KSR und EH (bis 15.3.)

22. 2. Bakenhus über 323. OKV-Ausst. mit Erwähng. d. Arbeiten von KSR (NWMZ)

25. 2. Prof. Narten plädiert für OKV als künftigen Träger einer modernen Kunstsammlung in Oldenburg (ON)

26. 2. Beginn einer Folge von 6 Besprechg. der 323. OKV-Ausst. durch den Oldenburger Juristen Ernst Beyersdorff (ON)

27. 2. 2. Besprechg. von Bakenhus über 323. OKV-Ausst. mit Eingehen auf Aquarelle von KSR (NWMZ)

27. 2. Jahresversammlung des OKV: nach Frh. v. Dalwigk übernimmt Oberhofmarschall v. Bothmer den Vorsitz

1. 3. Brücke-Ausst. i. d. Kunsthandlung Kleis in Kopenhagen mit KSR

22. 3. KSR besucht Schieflers in Hbg. und widmet ihnen das lithogr. Selbstbildnis von 1908 (Schap. 38)

23. 3. 1. Besuch von KSR bei Rosa Schapire in Hbg. mit Widmung der Dangaster Lithogr. „Die Pappel" von 1907 (Schap. 21)

DIARIUM 1908

24. 3. KSR kehrt nach Dangastermoor zurück

25. 3. EH aus Dangast an Gallén-Kallela: den ganzen Sommer über hier wohnhaft

31. 3. Der OKV veranstaltet eine Fahrt nach Bremen zur Ausst. des Dt. Künstlerbundes i. d. Kunsthalle und zur Graphik-Ausst. d. NWK im Gewerbemuseum

6. 4. KSR aus Dangast an Schiefler: Dank für Gastfreundschaft beim Besuch in Hbg. am 22. 3.

18. 4. Die Oldenburger Landes-Kunstkommission wird von 5 auf 7 Mitglieder erhöht (die Maler R. tom Dieck und Wilhelm Morisse [1870 – 1936])

19. 4. Ostern mit Schneefall in Dangast (Gem.)

22. 4. KSR aus Dangast an Amiet

Mai Brücke-Ausst. i. d. Gal. Blomquist in Oslo mit KSR

Mai 38. Ausst. d. Lübecker KV mit KSR (2 Gemälde)

1. 5. Der Oldenburger Lithograph Lambrecht verlegt seine Anstalt in das neu erworbene Haus v. Doernberg a. d. Peterstrasse

1. 5. Varel begeht das 50-jährige Stadtjubiläum (7300 Einwohner)

4. 5. Ausst. von Gemälden van Goghs und Aquarellen Cézannes b. Emil Richter in Dresden (WdK)

11. 5. Bericht über Versendung d. Brücke-Mappen 1908, des Jahresberichts für 1907 u. der neuen Mitgliedskarte aus Dangast (WdK)

23. 5. Ausst. von Wiener Radierungen i. d. Oldenburger Hofbuchhandlung Fischbeck (ON)

23. 5. Meldung über Berufung des Worpsweder Malers Fritz Makkensen (1866 – 1953) an die Weimarer Kunstschule (ON)

24. 5. Brücke-Ausst. im KV Gotha mit KSR (bis 14. 6.)

26. 5. KSR aus Dangastermoor an Gallén-Kallela wg. Leihgaben für nächste Brücke-Ausst.

Juni Kollektiv-Ausst. d. KV Jena mit KSR

2. 6. OKB-Vorstandssitzung: Außerordentliche Mitglieder sollen durch kleinere Arbeiten der ordentlichen geehrt werden (Protokoll)

7. 6. Pfingsten mit Regen in Dangast (Gem.)

8. 6. KSR aus Dangastermoor an Munch: Frage nach Beteiligung an Brücke-Ausst. im September b. Richter in Dresden

8. 6. KSR aus Dangastermoor an Bey. in Oldenburg: 1. Brief mit Dank für übersandte Zeitungsartikel

8. 6. KSR aus Dangastermoor an tom Dieck: Bedauern darüber, daß Müller-Kaempff, der 1. Vorsitzende des OKB, ihn nicht angetroffen habe

8. 6. KSR aus Dangastermoor an Amiet: Frage nach Adresse v. Giovanni Giacometti (1868 – 1933)

18. 6. KSR aus Dangastermoor an Munch: Erfreut über die in Aussicht gestellte Beteiligung a. d. Brücke-Ausst. b. Richter in Dresden

22. 6. KSR aus Dangastermoor an Gallén-Kallela: Anmahnung d. Ausst.-Leihgaben u. Bitte um Werbung von Passiv-Mitgliedern in Skandinavien

22. 6. KSR aus Dangastermoor an Bey.: Besuchsansage in Oldenburg für den 25. Juni (erster Besuch)

26. 6. KSR aus Dangastermoor an OKB: Absendung d. Jury-Wahlkarte

Juni Beginn von ELKs 1. Fehmarn-Aufenthalt in Begleitung von Emy Frisch (spätere Frau v. KSR)

Juli KSR aus Dangastermoor an Luise Schiefler in Hbg.: Ginsterblüte und Ausst.-Bilder, die beschmiert zurückkamen

1. 7. Einrichtung einer Fahrgelegenheit vom Bahnhof Dangastermoor zum Dangaster Strand (Gem.)

1. 7. Brücke-Ausst. im KV Coburg mit KSR

2. 7. KSR aus Dangastermoor an Schiefler: Übersendung Brükke-Mappe 1908

4. 7. Beginn der Sommerferien in Oldenburg

5. 7. Pferderennen in Dangast

7. 7. KSR aus Dangastermoor an Schiefler: über Brücke-Mappe und Eingang d. Jahresbeitrages

12. 7. Eintragung von Charlotte Baldauf aus Chemnitz im Gästebuch des Dangaster Kurhauses

22. 7. Der von KSR und EH mehrfach porträtierte „Käptn Eulam" legt in seiner Bretterbude am Dangaster Strand ein (verlorenes) Tagebuch an

24. 7. Freitod des Malers Walter Leistikow (1865 – 1908)

26. 7. KSR aus Dangastermoor an Bey.: Einladung nach Dangast, auch im Namen von EH

27. 7. Baubeginn einer Schule am Bahnhof Dangastermoor

30. 7. KSR aus Dangastermoor an Gallén-Kallela: erneute Anmahnung d. Leihgaben f. d. Brücke-Ausst. b. Richter in Dresden

31. 7. KSR aus Dangastermoor an Bey.: Sonntags willkommen

31. 7. Rückblick auf feucht-kalten Juli in Dangast (Gem.)

3. 8. Hochwasser mit Sturmschäden in Dangast (Gem.)
Nach Ferienende sind die meisten Dangaster Gäste abgereist (Gem.)

4. 8. Besuch von Bey. bei KSR und EH in Dangast

8. 8. KSR aus Varel an Amiet: Bitte um Giacometti-Leihgaben für Dresdener Brücke-Ausst.

12. 8. KSR aus Dangastermoor an Munch: Anmahnung d. Leihgaben f. d. Dresdener Brücke-Ausst.

14. 8. Dangaster Logierhäuser unerwartet erneut besetzt (Gem.)

18. 8. KSR aus Dangastermoor an Amiet: Leihgaben von Giacometti

20. 8. KSR-PK aus Dangast an Schiefler mit Unterschrift v. Schapire, die sich erstmalig hier aufhält

26. 8. Lichtwark an Schiefler: Distanzierung von Nolde und der modernen Malerei

26. 8. KSR aus Dangastermoor a. d. Oldenburger Sammler Theodor Francksen (1875 – 1914): Bitte um Besuchstermin

26. 8. KSR aus Varel an Amiet: Über ausbleibende Munch-Reaktion, eine nächtliche Bootsfahrt bei Meeresleuchten mit EH und die Absicht, Munch als Brücke-Mitglied zu gewinnen

1. 9. Brücke-Ausst. im Kunstsalon Richter in Dresden mit KSR (bis 23. 9.). Das Holzschnitt-Plakat zur Ausstellung von EH gedruckt bei Littmann in Oldenburg

1. 9. KSR aus Dangastermoor an Francksen: Dank für Besuchsmöglichkeit

4. 9. Ausschreibung der Direktorenstelle am Oldenburger Kunstgewerbemuseum (WdK)

11. 9. KSR aus Dangastermoor an Amiet: Ausstellungsleihgaben von Giacometti und Nölcken

13. 9. Konzert mit Ball im Dangaster Kurhaus (Gem.)

DIARIUM 1908

13. 9. OKV-Vorstand an KSR und EH: Gestellter Antrag auf Ausstellung im Augusteum unter der Voraussetzung genehmigt, daß keine Ankündigung als OKV-Veranstaltung erfolgt

15. 9. Kartoffelernte in Dangast und Umgebung (Gem.)

17. 9. Letzte Saisonfahrt der „Eckwarden" von Wilhelmshaven nach Dangast (Gem.)

19. 9. KSR und EH an OKV-Vorstand: Bitte um Genehmigung der Erhebung von Eintrittsgeld in der bevorstehenden Ausstellung im Augusteum

24. 9. KSR aus Dangastermoor an Bey.: Übersendung einer gedruckten Dauerkarte für die Augusteums-Ausst. u. Bitte um deren Besprechung

25. 9. KSR aus Dangastermoor an Luise Schiefler: keinen Sonnenuntergang gemalt, da malerische Anschauungen inzwischen geändert

25. 9. Ankündigung d. Augusteums-Ausstellung von KSR u. EH in Oldenburger Nachrichten

26. 9. Ankündigung d.Augusteums-Ausst. in NWD-Morgenzeitung
Eröffnung d. Augusteums-Ausst. für geladene Gäste um 12 Uhr in Anwesenheit der beiden Künstler

26. 9. Beginn des Oldenburger Kramermarktes (bis 8. 10.)

27. 9. Ausstellung von KSR und EH im Augusteum mit insges. 83 Arbeiten und gedrucktem Katalog (bis 18. 10.)
1. Besprechung d. Augusteums-Ausst. durch W. v. Busch (ON)
Besprechung d. Augusteums-Ausst. durch M. Mamroth unter der Überschrift „Heimatkunst" (NWMZ)

28. 9. KSR aus Dangastermoor an Bertha Rohlsen in Hbg.: Übersendung d. Brücke-Mappe 1908 auf Veranlassung von Schapire

Sept. HMP übersiedelt als erster Brücke-Maler nach Berlin

Sept. Kees van Dongen (1877 – 1968) und Franz Nölcken (1884 – 1918) vorübergehend aktive Brücke-Mitglieder

1. 10. KSR aus Dangastermoor an Francksen: Übersendung des Kataloges d. Augusteums-Ausst. u. Avisierung von Gemälde-Übersendungen

3. 10. KSR aus Dangastermoor an Luise Schiefler: Am 10. 10. zu Besuch in Hbg.

3. 10. Bericht über Ausst. von Fotos nach Gemälden spanischer Meister i. d. Großherzgl. Galerie des Augusteums (NWMZ)

4. 10. 2. Besprechung d. Augusteums-Ausst. durch W. v. Busch (ON)

5. 10. Hinweis auf Augusteums-Ausst. in WdK

9. 10. 2. OKV-Vortrag von Theod. Vollbehr, Magdeburg üb. Moderne Kunst

13. 10. 1. Besprechg. d. Augusteums-Ausst. durch Bey. in ON (Teil II am 14. 10.)

13. 10. Landtagswahlen in Oldenburg

15. 10. KSR-Eintragung in Schieflers Gästebuch

16. 10. Leserzuschriften der Maler Bakenhus und Wiegmann gegen die Ausst.-Besprechg. von Bey. (ON)

18. 10. Anonyme Leserzuschrift zur Augusteums-Ausst. (ON)

18. 10. Schiefler an Munch: Besuch von KSR, der ein feiner Mensch sei, fast täglich hier gegessen und 3 Bilder zur Verwahrung dagelassen habe

21. 10. KSR aus Bln. an Francksen: Ankündigung von 6 Ansichtsbildern a. d. Augusteums-Ausst.

22. 10. Brücke-Ausst. in Zittau mit KSR (bis 12. 11.)

23. 10. KSR aus Bln. an Luise Schiefler mit Gruß-Unterschriften von EH und HMP

27. 10. EH und KSR aus Bln. an Bey.: Dank für übersandte Zeitungsbesprechungen

30. 10. KSR aus Bln. an tom Dieck: Übersendg. v. 2 Aquarellen für die 324. OKV-Ausst.

Okt. KSR aus Bln. an Gallén-Kallela: über geplante KSR-EH-Ausstellg. Anfang 1909 i. d. Hbg. Gal. Commeter

Okt. Das Hbg. Sammler-Ehepaar Rauert erwirbt die Passive Brücke-Mitgliedschaft

Nov. KSR aus Rottluff an Luise Schiefler: Erkundigung nach Schieflers Augenleiden und Bilderinteresse von Bertha Rohlsen

Nov. Bertha Rohlsen erwirbt durch Vermittlung von Luise Schiefler die beiden Dangaster Gemälde „Roter Weg" und „Blaues Haus" von 1907

3. 11. Einweihung d. neuen Schule in Dangastermoor (Gem.)

14. 11. KSR aus Chemnitz an Bertha Rohlsen: Dank für Brief und Bilderankauf

15. 11. 324. OKV-Ausst. mit Künstlern des OKB, darunter KSR (bis 15. 12.)
Vorschau auf die Ausst. mit KSR-Erwähnung (NWMZ)

22. 11. Bericht über 324. OKV-Ausst. durch W. v. Busch (ON)

24. 11. Rechnung d. Oldbg. Galerie Oncken für Francksen über erworbene Graphik von KSR und EH

29. 11. KSR aus Rottluff an Francksen: Erkundigung nach den deponierten Bildern

3. 12. Besprechg. d. 324. OKV-Ausst. mit Erwähnung von KSR (NWMZ)

3. 12. Der Dangaster Gastwirt Töben verkauft den von KSR mehrfach gemalten Dorfkrug an Wilhelm Warns (Gem.)

5. 12. KSR aus Rottluff an Francksen: Bitte um Weiterleitung der 6 Ansichtsbilder nach Weimar

5. 12. 3. Besprechg. d. 324. OKV-Ausst. durch W. v. Busch mit Erwähnung von KSR (ON)

7. 12. KSR aus Rottluff an Luise Schiefler: Dank für Verkaufsvermittlung an Frau Rohlsen

21. 12. Ausst. d. Zeichenlehrers Fr. Bernack (geb. 1850 Leipzig) in der Buchhandlung Aquistapace in Varel (Gem.)

24. 12. KSR aus Rottluff an Amiet: Ausstellungspläne von Brücke in Paris

29. 12. Der Vareler Maler Julius Preller (1834 – 1914), der wiederholt auch in Dangast auftaucht, feiert Goldene Hochzeit (Gem.)

Dez. Erscheinen von Wilhelm Worringers Dissertation „Abstraktion und Einfühlung" bei Piper in München

Dez. Übersiedlung des Malers Otto Mueller (1874 – 1930) aus Schlesien nach Bln.

Dez. Emil Nolde wird Mitglied der Bln. Sezession
KSR stellt i. d. 16. Ausst. d. Bln. Sezession (zeichnende Künste) 3 Arbeiten aus

4. 1. Jahresversammlung d. NWK in Lüneburg: 1. Vors. Wilhelm Otto (1868 – 1950), 2. Vors. Rudolf Alexander Schröder (1878 – 1962)

4. 1. KSR aus Rottluff an Amiet: über geplante Ausstellungsbeteiligung von Brücke in Paris

5. 1. OKB-Generalversammlung: 36/18 Mitglieder, Vors. Müller-Kaempff, Schriftf. Bakenhus, Kassenwart tom Dieck. Zur Erhaltung der alten Neuenburger Rauchkate soll beigetragen werden

8. 1. KSR aus Dresden an Amiet: van Dongen, Munch und Matisse sollen als Brücke-Mitglieder gewonnen werden

10. 1. 325. OKV-Ausst. mit Hugo Zieger (1864 – 1932) und graph. Arbeiten anderer Künstler

19. 1. Beyersdorff-Aufsatz über „Kunst, Wissenschaft, Literatur" in der Bremer Weser-Zeitung

22. 1. Gründung der Neuen Künstlervereinigung München (Kandinsky, Jawlensky, Münter u. a.)

24. 1. Nolde an Munch: Aufforderung zum Beitritt in eine neu zu gründende Künstlervereinigung u. a. mit Beckmann, Hofer, Rohlfs, Vigeland, Milles, Matisse und KSR (einziger genannter Brücke-Maler)

27. 1. KSR aus Leipzig an Bey.: zahlreiche Reisen, neue Brücke-Mappe, nicht realisierter Ankauf Francksens, Onckens Oldenburger Galeriepläne

27. 1. 50. Geburtstag Kaiser Wilhelms II.

29. 1. Schiefler an Munch: Anfrage nach gemeinsamer Ausst. mit KSR im Frühjahr in Weimar

30. 1. Pläne zum Umbau des mittelalterlichen Oldenburger „Lappan" für die Galerie Oncken (ON)

Jan. Erscheinen der KSR gewidmeten 4. Brücke-Mappe mit 3 Graphiken d. Künstlers u. seinem Porträt von ELK a. d. Umschlag

Jan. ELK und KSR besuchen HMP in Bln. und sehen dort u. a. die Matisse-Ausst. b. Cassirer

4. 2. Schiefler an Munch: KSR z. Zt. in Leipzig

5. 2. Nolde mahnt bei Munch die Beantwortung seines Briefes vom 24.1.09 an

8. 2. EH verläßt Dresden und begibt sich auf eine Italienreise (bis Anfang Juni)

8. 2. KSR aus Dresden an Munch wg. Beteiligung an Weimarer Ausstellung im März. – Für die positive Zusage bedankt sich KSR wenig später und erbittet 6 Gemälde

9. 2. KSR aus Dresden an tom Dieck: Augusteums-Bilder nach Dangastermoor, Stiftung für die Neuenburger Kate

14. 2. 3. Ausst. d. NWK in der Bremer Kunsthalle mit KSR

15. 2. 326. OKV-Ausst. mit Münchener Künstlern und einigen Oldenburgern (bis 15. 3.)

23. 2. Versendung des 5. Brücke-Mitglieder-Verzeichnisses (7 aktive, 48 Passive Mitglieder) aus Dresden

23. 2. OKB-Frachtbrief über 3 Kisten mit KSR-Bildern unter Glas an Gastwirt Joh. Kracke in Dangastermoor

28. 2. KSR aus Dresden an Bey. über bevorstehende Abreise nach Dangast, den Rom-Aufenthalt von EH und die geplante Oldenburger Galerie

Feb. Ada Nolde an Schiefler über bevorstehenden Besuch von KSR und Rosa Schapire in Dresden

März KSR an Bertha Rohlsen aus Dresden-Löbtau: Übersendung der Brücke-Mappe 1909 und Avisierung der nachzuliefernden Mappe 1907 für Anfang April aus Dangast

1. 3. Konstituierung eines Oldenburger Galerievereins zwecks Ergänzung der Großherzogl. Gemäldegalerie durch moderne Kunst aus Nordwestdeutschland (Vorstand und Beirat bestehen weitgehend aus Bremern, darunter den Kunsthistorikern Gustav Pauli und Karl Schaefer)

4. 3. KSR aus Dresden an Amiet: vor der Abreise nach Dangast

7. 3. KSR aus Bln. an Bertha Rohlsen: Besuch der Marées-Ausst. mit Schapire

10. 3. OKB-Rundschreiben m. d. B. um Stiftung von Blättern für Jahresgaben und für die Verlosung zu Gunsten d. Erhaltung einer alten Rauchkate in Neuenburg b. Varel

11. 3. HMP aus Bln. an Schapire in Hbg.: Gez. PK mit dem Porträt von KSR und dessen Mitunterschrift. Hoffnung auf Atelierbesuch bei Tageslicht (Früheste bekannte Brücke-PK m. Zeichnung an Rosa Schapire)

18. 3. Offizielle Gründung d. Oldenburger Galerievereins in Bremen

18. 3. Bey. über „Kunstleben in Oldenburg" (ON)

19. 3. Krit. Publikumsstimmen z. Gründung d. Oldenburger Galerievereins u. Stellungnahme d. Vereinsvorstandes

28. 3. 327. OKV-Ausst. mit Werken nordwestdt. Künstler als „Offerte an den Galerieverein" (bis 12. 4.)

29. 3. Der Großherzog von Oldenburg übernimmt das Protektorat über den neu gegründeten Verein zur Erhaltung eines niedersächsischen Bauernhauses in Neuenburg, Oldenburger Künstler stellen Kunstwerke für eine Lotterie zur Verfügung, darunter auch KSR

1. 4. 2. Graph. Ausst. d. Dt. Künstlerbundes in Dresden mit KSR

10. 4. Persönlichkeiten d. Oldenburger Kulturlebens protestieren öffentlich gegen Bremer Einfluß i. d. staatlichen oldenburgischen Ankaufspolitik (ON, NWMZ)

15. 4. Stellungnahme d. Oldenburg. Staatsministeriums zur Situation d. Galerievereins (Bremer Nachrichten)

17. 4. Weitere kritische Stimmen zum Oldenburger Galerieverein (ON)

19. 4. Die in Varelerhafen überwinterten Schiffe nehmen ihre Fahrt wieder auf, die dortige Ziegelei mit 40 Arbeitern wieder in vollem Betrieb (Gem.)

21. 4. KSR aus Dangastermoor an Bertha Rohlsen: Übersendung d. ausstehenden Brücke-Mappe 1907; Mitgliedskarte u. einige Drucksachen für später angekündigt

26. 4. KSR aus Dangastermoor an Bertha Rohlsen: Briefdank u. Bitte um Beitragszahlung

26. 4. Die Dangster Granatfischer beginnen m. d. Umstellung von Körben auf Netze (Gem.)

28. 4. Vermerk von Bey. über die Absicht von KSR, ihn zu porträtieren

Apr. Mehrere Anfragen von KSR bei Munch wegen der Ausstellungs-Beteiligungen in Weimar und Dresden

6. 5. KSR aus Dangastermoor an Schiefler: Bitte um Vermittlung von Munch-Bildern für Brücke-Ausst. b. Richter in Dresden

7. 5. Bericht über Jahresversammlung d. Oldbg. Kunstgewerbevereins, in der Antrag auf Verstaatlichung des Museums beschlossen wird (ON)

DIARIUM 1909

9. 5. Munch an Schiefler: ein Zusammentreffen mit Brücke-Künstlern erwünscht

18. 5. Gedächtnis-Ausst. für den verunglückten Oldbg. Maler Hugo Duphorn (1876 – 1909) im Augusteum

26. 5. 1. diesjährige Fahrt der „Eckwarden" von Wilhelmshaven nach Dangast (Gem.)

28. 5. Eintragung von Rosa Schapire im Gästebuch des Dangaster Kurhauses
Post-Nachsendung einer gezeichneten Karte HMPs an Schapire in Dangast mit Erwähnung von Noldes Besuch und bevorstehender Abreise aus Bln. nach Nidden

30. 5. Pfingsten mit schönem Wetter in Dangast (Gem.)

Juni Brücke-Ausst. in Gera mit KSR

9. 6. Tod des Worpsweder Malers Fritz Overbeck (1869 – 1909)

11. 6. In Dangast bildet sich während der Baumblüte starker Bodenfrost (Gem.)

11. 6. Auf PK mit gezeichnetem Selbstporträt meldet HMP aus Bln. die Fertigstellung seines Holzschnitt-Plakats mit den 4 Malern der Brücke (gedruckt b. Littmann in Oldenburg)

11. 6. KSR aus Dangast an Bey.: Umzug von Dangastermoor ins Parkschloß nach Dangast u. Erwartung d. angekündigten Besuches

12. 6. EH trifft aus Rom in Dresden ein u. hängt dort die Brükke-Ausst. b. Richter

15. 6. Brücke-Ausst. b. Emil Richter in Dresden mit KSR (bis zum 30. 6.)

19. 6. Der neue, von KSR gemalte Leuchtturm von Arngast im Bau (Gem.)

20. 6. KSR übersendet Bey. Brücke-Bericht für 1908 (gedruckt in Oldenburg?)

23. 6. KSR an Amiet: Von Munch keine Leihgaben erhalten

30. 6. Der Maler Müller-Kaempff wird Mitglied der Staatl. Ankaufskommission in Oldenburg

1. 7. KSR aus Dangast an Schiefler: nach Umzug vom Moor zum Strand Graphikpaket über Schapire zugestellt

1. 7. Beisetzung des Malers Arthur Fitger (1840 – 1909) in Bremen

2. 7. KSR aus Dangast an Bey.: Bey. soll Radierung auswählen, Besuchsankündigung in Oldenburg für den 5. 7.

6. 7. KSR aus Dangast an Bey.: Brief von Bey. zu spät eingetroffen

12. 7. KSR aus Dangast an Bey.: Ankündigung von Radierungen und Lithographien vom KV Leipzig, woraus Bey. ein Blatt auswählen soll. Über Leibl's Seelenmalerei.

16. 7. Bericht über Trockenheit im Mai und Juni in Dangast (Gem.)

17. 7. Besuch der Großherzoglichen Familie in Dangast m. Essen im Kurhaus u. anschließendem Strandspaziergang

18. 7. Brücke-Ausst. in Altenburg mit KSR (bis 23. 7.)

20. 7. Grambergs Logierhäuser in Dangast besetzt, nur im Parkschloß b. Frau Hensel noch freie Betten (Gem.)

27. 7. In der Umgebung Dangasts Ende der Heuernte u. Beginn der Kornernte – auf den größeren Höfen mit den ersten Maschinen (Gem.)

31. 7. Bericht über Ausst. von Müller-Kaempff i. d. Oldenburger Gal. Oncken (ON)

31. 7. Rückschau auf durchgehend regnerischen u. kalten Juli in Dangast (Gem.)

Aug. EH und ELK malen Anfang des Monats gemeinsam an den Moritzburger Teichen bei Dresden, erst danach Eintreffen EHs in Dangast

2. 8. Im Gästebuch Gramberg in Dangast Eintragung von August Oncken (1844–1911), Professor f. Nationalökonomie in Bern u. Vorbesitzer des Kurhauses und der von KSR oft dargestellten Villa mit Turm

9. 8. Nach anhaltenden Regenfällen Beginn sonnigen Wetters in Dangast (Gem.)

11. 8. KSR-PK aus Dangast a. d. Chemnitzer Arzt u. Sammler Dr. Ad. Thiele, z. Zt. auf Sylt: Hinweis auf Sylt-Aufenthalt KSRs 1904 (früheste bekannte Dangaster PK mit Zeichnung)

15. 8. Brücke-Ausst. im Kunstsalon Bangel in Frankfurt mit KSR (bis 12. 9.)

24. 8. KSR aus Dangast an Bey.: Sonntags willkommen

26. 8. Vortrag von Karl Schaefer-Bremen über die Entwürfe von Peter Behrens (1868–1940) für ein Bismarck-Denkmal a. d. Bookholzberg in Oldenburg (ON)

29. 8. Bey. besucht KSR in Dangast (mit gemeinsam. Essen)

Aug. Rückkehr der Oldenburger Malerin Emma Ritter (1878–1972) aus München nach Oldenburg

Aug. Der Kunsthistoriker Wilhelm Niemeyer (1874–1960), Geschäftsführer u. Vorstandsmitglied des „Sonderbund westdeutscher Kunstfreunde und Künstler“ in Düsseldorf, verfaßt dessen Gründungsaufruf und Statuten

1. 9. Eröffnungsausst. des König-Albert-Museums in Chemnitz. KSR mit 3 Dangaster Bildern beteiligt

1. 9. Gez. KSR-PK aus Dangast an Martha Rauert in Hbg., mit Unterschriften von EH und Schapire

5. 9. Gez. EH-PK aus Dangast an Schiefler, m.Unterschriften von KSR u. Schapire

6. 9. Gez. EH-PK aus Dangast m. Porträt von KSR an Paul Holstein, m. Unterschrift von KSR (Jugendfreund u. Passives Mitglied d. Brücke)

9. 9. Gez. EH-PK „Brücke gratuliert“ aus Varel an Rosa Schapire in Dangast zu deren 35. Geburtstag

9. 9. KSR übersendet Schapire in Dangast aus Varel zu deren Geburtstag 3 gezeichnete PK, Mitunterschrift von Gertrud Schmidt, der Schwester d. Künstlers

10. 9. Von Beyersdorff erscheinen „Gedanken zur bildenden Kunst“ (ON)

10. 9. Gez. PK von ELK aus Dresden an EH und Rosa Schapire in Dangast

11. 9. Der Oldenburger Kunstgewerbeverein bewilligt eine hauptamtliche Direktorenstelle für das Kunstgewerbemuseum

13. 9. Anläßlich eines gemeinsamen Ausfluges i. d. Neuenburger Urwald sendet EH Rosa Schapire eine gez. PK mit der Darstellung von KSR und Schapire

14. 9. Gez. KSR-PK aus Dangast an Bertha Rohlsen mit Grüssen von Schapire

17. 9. Gez. KSR-PK aus Dangast an Schapire in Hbg. mit Grüssen von EH und Gertrud Schmidt

18. 9. Der Arngaster Leuchtturm kurz vor der Fertigstellung (Gem.)

27. 9. Gez. KSR-PK aus Dangast an Rosa Schapire mit Du-Anrede

28. 9. KSR aus Dangast an Francksen: Dank für Vermittlung d. Bekanntschaft m. Emma Ritter u. Hinweis auf Erkrankung seiner Schwester Gertrud

DIARIUM 1909

Okt. Brücke-Ausst. im Kunstsalon Dörbandt in Braunschweig mit KSR

Okt. Über den ganzen Monat verteilt gez. ELK-PK'n an Erich Heckel in Dangast

2. 10. Gez. EH-PK aus Dangast an Schapire: bestes Badewetter

3. 10. Gez. EH-PK aus Dangast an Martha Rauert m. Unterschrift von KSR

Gez. KSR-PK aus Dangast an Martha Rauert m. Unterschrift von EH

7. 10. Gez. EH-PK aus Varel an Schapire: Gruß vom Kramermarkt in Varel

Erster Nachtfrost in Dangast und Varel (ON)

11. 10. KSR aus Dangast an OKV: Anmeldung v. 6 Graphiken z. 328. Ausstellg. u. Stiftung v. 3 Blättern für die Verlosung zugunsten d. Neuenburger Rauchkate

11. 10. KSR aus Dangast an Bertha Rohlsen: Dank für Einladung nach Norwegen im kommenden Jahr

15. 10. Gez. KSR-PK aus Dangast an Schapire

22. 10. Bisher warmes Oktoberwetter in Dangast (Gem.)

23. 10. KSR an Bey. aus Dangast: Besuchsansage mit EH in Oldenburg für 26. 10.

26. 10. Gez. KSR-PK aus Oldenburg an Schapire

30. 10. Gez. KSR-PK aus Dangast (mit Strandkörben) an Schapire

30. 10. KSR aus Dangast an OKB: Übersendung der am 11. 10. 09 zur 328. OKV-Ausst. angemeldeten Holzschnitte

4. 11. Einsetzen von Frostwetter in Dangast (Gem.)

4. 11. KSR vereinbart mit d. Hbg. Gal. Commeter eine Ausstellung für Februar 1910

8. 11. Gez. KSR-PK aus Hbg. an EH in Dangast

Gez. EH-PK vom Zeteler Kramermarkt an Schapire

9. 11. Pläne für eine Museumsgründung in Varel (Gem.)

15. 11. Kunsthändler Oncken aus Oldenburg an Francksen: bei EH Lappan-Plakat bestellt, Abzug kommt

15. 11. 328. OKV-Ausst. mit dem OKB und KSR (bis 15. 12.)

Die 1. von 5 Besprechungen durch W. v. Busch erschien breits am 14. 11. (ohne Erwähnung von KSR)

21. 11. Gez. ELK-PK an EH in Dangast vom Besuch d. Cézanne-Ausst. in Bln. mit HMP und Emy Frisch

22. 11. Ankündigung der Ausstellung „Künstlergruppe Brücke Dangast a. Nordsee“ in Speyer mit KSR (WdK)

27. 11. 19. Ausst. d. Bln. Sezession-Zeichnende Künste mit KSR: 2 Aquarelle von Varelerhafen und Zeichnung Tischstilleben von 1907 (bis 9. 1. 10)

28. 11. ELK-Brief mit Zeichnungen an EH in Dangast: über evtl. Hauskauf in Dangast mit Beteiligung von Emy Frisch und deren Bruder

ELK aus Pechsteins Bln. Atelier an EH in Dangast mit Unterschrift von KSR

29. 11. Gez. KSR-PK aus Bln. an EH in Dangast: Besuch der Cézanne-Ausst. bei Cassirer

1. 12. Erste Ausst. d. Neuen Künstlervereinigung München (bis zum 15. 12.)

2. 12. Gez. KSR-PK aus Rottluff an Schiefler

10. 12. Nolde an Schiefler: Kritik an den Arbeiten von KSR und ELK i. d. Ausst. d. Berliner Sezession

12. 12. Anzeige über Eröffnung der Oldenburger Kunsthandlung Oncken im Lappan mit Wiedergabe des b. Littmann gedruckten EH-Plakats. Brücke-Maler nicht beteiligt (ON)

14. 12. Besprechung der 328. OKV-Ausst. mit Apostrophierung von KSR und EH als „Dangaster Moorteufel" (NWMZ)

15. 12. Gez. KSR-PK aus Chemnitz an Schiefler

19. 12. In Varel wird als 1. Kino das Metropoltheater eröffnet (Gem.)

21. 12. Bekanntgabe der Wahl von Theodor Raspe aus Hbg. zum neuen Direktor d. Kunstgewerbemuseums in Oldenburg (ON)

22. 12. Erscheinen des 5. und letzten Bandes der „Bau- und Kunstdenkmäler des Herzogtums Oldenburg" (mit dem Amt Varel)

Dez. Ludwig Justi (1876–1957) tritt sein Amt als Direktor d. Bln. Nationalgalerie an

Ernst Gosebruch (1872–1953) wird Direktor des Museums in Essen

Lyonel Feininger (1871–1956) wird Mitglied der Berliner Sezession

Jan. Einzelausst. v. KSR-Aquarellen in der Hbg. Gal. Commeter

1. 1. Wilhelm Niemeyer beginnt seine Lehrtätigkeit a. d. Kunstgewerbeschule in Hbg.

Jan. Brücke-Ausst. im Kunstsalon Sablewski in Danzig mit KSR

3. 1. Bericht über 1. Ausst. d. Oldenburger Galerie Oncken im Lappan m. d. Holzschnitt-Plakat von EH (ON)

5. 1. OKB-Generalversammlung: 34/19 Mitglieder, Vorsitz weiterhin Müller-Kaempff, an der OKV-Ausst. im Februar beteiligt sich der OKB korporativ

Jan. KSR an Schiefler aus Bln.: Vom Besuch der 19. Ausst. d. Bln. Sezession (bis 9. 1.), in der KSR ebenso vertreten ist wie Edvard Munch (Lithographienfolge „Alfa og Omega")

9. 1. EH aus Dresden an Schapire über bevorstehenden Druck der neuen Brücke-Mappe nach erfolgtem Umzug

15. 1. Gez. KSR-PK aus Chemnitz an Schiefler

21. 1. Gez. KSR-PK aus Dresden an Dr. Thiele in Chemnitz

Gez. KSR-PK aus Dresden an Schiefler

22. 1. Bericht von Bakenhus über 1. Ausst. von Oncken im Oldenburger Lappan (NWMZ)

Bey. über „Graphische Ausstellung im Kunstsalon Lappan" (Weser-Zt. Bremen)

31. 1. Gez. KSR-PK aus Dresden an Paul Holstein, Pastor in Kesselsdorf

Feb. Brücke-Ausst. i. d. Großherzogl. Galerie in Schwerin

6. 2. KSR aus Dresden an Bey.: seit einigen Wochen hier zum Arbeiten, Hinweis auf die laufende KSR-Ausst. b. Commeter in Hbg.

6. 2. Nolde an Schiefler über angebl. Unterminierung seiner Commeter-Ausst. durch Schapire

10. 2. Schiefler an KSR: Schlichtungsversuch d. Ausstellungsdifferenzen mit Nolde

13. 2. KSR aus Dresden an Schiefler: Erläuterung der Nolde-Commeter-Unstimmigkeiten

15. 2. 329. OKV-Ausst. mit den Gemälden „Gasse – Klarer Märztag" und „Fischerhäuser" von KSR (bis 15. 3.)

16. 2. Gez. EH-PK aus Dresden an Schapire in Hbg.: In Erwartung von Schapires Besuch

18. 2. Gez. EH-PK aus Dresden an Schapire in Hbg.: beim Packen der Brücke-Mappen für die Mitglieder

19. 2. Bespr. d. 329. OKV-Ausst. durch W. v. Busch mit krit. Erwähnung von KSR (ON)

22. 2. Gez. ELK-PK aus Dresden an Schapire in Hbg. m. Unterschriften von EH und KSR, die nach deren Dresdener Besuch auf Wiedersehen in Hbg. verweisen

27. 2. Bericht von Bakenhus über 329. OKV-Ausst. m. Eingehen auf KSR (NWMZ)

28. 2. Bericht über Jahresversammlung des OKV: ca. 700 Mitglieder u. Jahresetat von 10.000 Mark. Daraus sollen Ankäufe für die geplante Moderne Galerie nur aus OKV-Ausstellungen getätigt werden (Gem.)

2. 3. Gez. KSR-PK aus Dresden an EH in Bln., der sich dort für mehrere Wochen bei HMP aufhält

3. 3. Gez. KSR-PK aus Dresden an EH in Bln.

3. 3. Gründung von Verlag und Zeitschrift „Der Sturm" durch Herwarth Walden (1878–1941) in Bln. mit anfängl. Mitarbeit von KSR

4. 3. Gez. KSR-PK aus Dresden an EH in Bln: über Gal. Oncken

8. 3. Erstes Manifest der Italienischen Futuristen in Turin

22. 3. Bericht von Bakenhus über Lappan-Ausstellg. (NWMZ)

23. 3. KSR aus Chemnitz an Bey.: Über Oldenburger Kunstsituation u. Ankündigung der Rückkehr nach Dangast Ende April

25. 3. Gez. KSR-PK aus Rottluff an EH in Bln. m. Unterschrift von HMP

31. 3. Gez. KSR-PK aus Chemnitz an EH in Bln. bei HMP

31. 3. W. v. Busch über 3 gleichzeitige Ausstellungen im Oldenburger Lappan: Engl. Radierungen, Simplizissimus-Zeichnungen und Arbeiten von Heinrich Klingenberg-Lohne (1868–1935)

April EH und ELK malen zeitweilig im Bln. Atelier vom HMP
In einem undat. Brief erwägt ELK, für einige Tage mit EH nach Dangast zu gehen (nicht realisiert)

April Brücke-Ausst. in Düren mit KSR

5. 4. Gez. KSR-PK aus Chemnitz an EH in Bln.

17. 4. Bakenhus und v. Busch über die 330. OKV-Ausst. mit einer Auswahl vorgesehener Ankäufe durch den Oldenburger Galerieverein (NWMZ und ON)

21. 4. EH aus Dresden an Bey.: Anfang Mai in Dangast
Gründungsprotokoll der Neuen Sezession in Bln., die auf Initiative v. HMP u. Georg Tappert (1880–1957) durch die v. d. Bln. Sezession Zurückgewiesenen ins Leben gerufen wird

25. 4. Bericht über Konstituierung des „Sonderbund westdeutscher Kunstfreunde und Künstler" in Düsseldorf (WdK)

April Ausst. d. Leipziger Sezession m. 2 Gemälden von KSR (April/Mai)

April Der Maler Otto Mueller (1874–1930) wird aktives Brücke-Mitglied

1. 5. 3. Graph. Ausst. d. Dt. Künstlerbundes in der Hbg. Gal. Commeter mit KSR (bis 30. 6.)

3. 5. Gez. ELK-PK an Heckel in Dangast

4. 5. Jahresverslg. d. Oldenburger Kunstgewerbevereins: Vorstellung von Theodor Raspe als neuem Direktor des Kunstgewerbemuseums

Mai KSR tritt mit den übrigen Brücke-Mitgliedern der Neuen Sezession in Bln. bei

7. 5. Gez. KSR-PK aus Dangast an Ad. Thiele in Chemnitz
Gez. KSR-PK aus Dangast an Emy Frisch in Bln.

12. 5. Ausst. d. Dt. Künstlerbundes in Darmstadt mit KSR, der aus diesem Anlaß mit den übrigen Brücke-Malern zum Mitglied ernannt wird (bis 16. 10.)

14. 5. Gez. KSR-PK an Dr. Elsa Hopf in Hbg. (Zahnärztin und durch Schapire geworbenes Passivmitglied von Brücke)

15. 5. 1. Ausst. d. Neuen Sezession mit 2 Dangaster Bildern von KSR (bis 15. 7.)

15. 5. Pfingsten mit gutem Wetter in Dangast (Gem.)

17. 5. Hinweis auf KSR und EH als Aussteller der Neuen Sezession (ON)

19. 5. Konzert d. Bümmersteder Feldregiments im Kurhaus Dangast (Gem.)

19. 5. Lappan-Ausstellg. m. gestifteten Kunstwerken zugunsten d. Ammerländer Bauernhaus-Museums in Zwischenahn mit KSR-Holzschnitten

20. 5. Bericht über Lappan-Ausst. mit KSR-Erwähnung (NWMZ)

DIARIUM 1910

20. 5. Gez. ELK-PK aus Bln. an EH in Dangast: Besuch d. Ausstellung d. Neuen Sezession u. Verkauf d. Dangaster Stillebens von KSR

21. 5. Schiefler besucht Pechstein in Bln.

25. 5. Seit 2 Wochen schönes Wetter in Dangast (Gem.)

26. 5. Gez. KSR-PK aus Dangast an Martha Rauert

26. 5. HMP aus Berlin an EH in Dangast

30. 5. In Ellenserdammersiel b. Dangast, wo KSR mehrfach malte, werden vom 23. – 29. 5. 1910 je 12 eingehende und ausgehende Schiffe registriert (Gem.)

31. 5. Der populäre Oldenburger Maler Bernhard Winter (1871–1964) vollendet sein großes Volkslebenbild „Die letzte Ehre" (NWMZ)

1. 6. HMP aus Bln. an EH in Dangast: Kommen nach Dangast bevorstehend

2. 6. Gez. KSR-PK aus Dangast an Elsa Hopf, z. Zt. auf Sylt

3. 6. Gez. KSR-PK aus Dangast an Martha Rauert, z. Zt. Wiesbaden

4. 6. Gez. KSR-PK aus Dangast an Elsa Hopf in Hbg.

5. 6. Brücke-Ausst. im Museum Folkwang in Hagen mit KSR

6. 6. Gez. ELK-PK aus Dresden an EH in Dangast mit Grüssen an den hier anwesenden HMP

7. 6. Festliche Einweihung des Zwischenahner Bauernhausmuseums mit einem Basar gestifteter Kunstwerke (auch von KSR)

9. 6. In Dangast seit einem Monat warmes Sommerwetter mit vielen, (auch in Bildtiteln auftauchenden) Gewittern (Gem.)

10. 6. Gez. KSR-PK an Elsa Hopf in Hbg.

11. 6. KSR an tom Dieck in Oldenburg: Anmeldeformular für OKV-Ausstellung erbeten

12. 6. Beim Dangaster Pferderennen entstehen mehrere Farbzeichnungen von HMP

14. 6. EH-Holzschnitt-PK aus Dangast an Schapire in Hbg. m. Dank f. Mitgliederwerbung u. Unterschrift von HMP

21. 6. Gez. KSR-PK aus Dangast an Schapire in Hbg.: Gramberg besetzt
Gez. HMP-PK aus Dangast an Otto Muellers Frau Maschka m. Unterschriften von KSR u. EH

22. 6. Gez. EH-PK aus Dangast an Schapire in Hbg.: Zusendung d. Brücke-Jahresberichts wird von Dangast aus erfolgen, Jahresmappen kommen aus Dresden. Mit Unterschrift von HMP

22. 6. Gez. KSR-PK aus Dangast an Schapire in Hbg. mit Unterschrift von KSRs Schwester Gertrud

23. 6. Gez. KSR-PK aus Dangast an Schapire in Hbg.

24. 6. Gez. KSR-PK aus Dangast an Schapire in Hbg.: Gramberg 15. 7. – 15. 8. besetzt

24. 6. KSR an Bey. aus Dangast: Besuch hier willkommen

25. 6. Gez. KSR-PK an Schapire in Hbg.: weiterhin Mietschwierigkeiten

26. 6. Bey. besucht KSR in Dangast

27. 6. Gez. KSR-PK aus Dangast an Schapire: Noch immer Mietschwierigkeiten

29. 6. Gez. KSR-PK aus Dangast an Schapire: Hoffnung auf Mietwohnung

29. 6. KSR aus Dangast an Schiefler: HMP seit Anfang Juni bei EH in Dangast, doch reisen beide bald ab

29. 6. In Dangast nach längerer Sommerperiode Regen (Gem.)

30. 6. Gez. KSR-PK an Schapire: ab 9.7. für 4 Wochen gemietet

30. 6. EH aus Dangast an Schapire vor der Abreise von hier

Juli Brücke-Ausst. im Museum Mönchengladbach mit KSR

1. 7. Gründung eines Fischereivereins in Dangast

3. 7. Gez. KSR-PK aus Dangast an Schapire: Commeter nichts gerührt

5. 7. Gez. KSR-PK aus Dangast an Elsa Hopf: Kommen Sie?

6. 7. Gez. KSR-PK aus Dangast an Schapire: Gefragter Besuch willkommen

9. 7. Schapire trifft in Dangast ein und bezieht für 4 Wochen Quartier bei Bäcker Ihnken

12. 7. Gez. KSR-PK aus Dangast an Ida Dehmel (1870–1942), die Frau d. Dichters Richard Dehmel (1863–1920) in Blankenese mit Unterschrift v. Schapire

16. 7. 3. Sonderbund-Ausst. in Düsseldorf mit dem Dangaster KSR-Gemälde „Mittag im Moor" von 1908 (bis 9. 10.)

16. 7. Gez. KSR-PK aus Dangast an Dr. Thiele m. Schapire-Unterschrift (Nachsendedatum)

17. 7. KSR aus Dangast an Bey.: Besuch willkommen am 27. 7.

19. 7. 1. Brief ELKs an Gustav Schiefler: mit EH und HMP in Moritzburg

21. 7. Gez. KSR-PK aus Varel an Schapire b. Bäcker Ihnken in Dangast

22. 7. Gez. KSR-PK aus Dangast an Clara Goldschmidt in Hamburg m. Unterschrift v. Schapire

Gez. KSR-PK aus Dangast an Walther Hane in Blankenese mit Schapire-Unterschrift

6. 8. Gez. KSR-PK an Elsa Hopf, Hbg.: Einladung nach Dangast für den 13. 8. mit Schapire-Unterschrift

9. 8. KSR-Holzschnitt-PK aus Dangast an Bertha Rohlsen in Lofthus/Norwegen mit Schapire-Unterschrift

KSR-Holzschnitt-PK aus Dangast an Otto Pauly, Aumühle mit Schapire-Unterschrift

20. 8. Gez. KSR-PK aus Dangast an Schapire in Hbg.: Dank für Silber – Brückemappe 1909 geht ab

21. 8. Gez. KSR-PK aus Dangast an Schapire in Hbg.: Gramberg besetzt – lässt sich aber arrangieren

1. 9. Brücke-Ausst. i. d. Galerie Arnold in Dresden. Die im Katalog genannten 20 Arbeiten von KSR sämtlich aus Dangast. Im beigegebenen letzten Verzeichnis d. Passiven Mitglieder auch Beyersdorff genannt (bis 30. 9.)

2. 9. Gez. EH-PK aus Dresden an Schapire in Dangast: Ankündigung d. Dresdener Brücke-Kataloges u. Grüsse an KSR u. Schwester

3. 9. Bei Acquistapace in Varel erscheint „Führer durch und um Varel" mit Illustrationen von Wilhelm Morisse (1870–1936)

4. 9. Bericht über die als Ergänzung der Großherzoglich-Oldenburgischen Gemäldesammlung gestiftete Sammlung Rösicke m. 74 Bildern d. 2. Hälfte d. 19. Jh. (ON)

11. 9. Konzert der Vareler Stadtkapelle in Dangast (Gem.)

17. 9. Gez. KSR-PK aus Dangast an Schapire in Hbg. mit Unterschrift von Emma Ritter

DIARIUM 1910

20. 9. KSR aus Dangast an Bey.: Über mehrfachen Besuch, die Galerie Oncken u. die Holzschnitte von EH und ELK im Brükke-Katalog v. Arnold in Dresden

21. 9. KSR aus Dangast an Bey.: Besuchsansage in Oldenburg für den 22. 9. oder 23. 9.

1. 10. Rückblick auf sonnigen September im Oldenburger Land (ON)

1. 10. 1. Graph. Ausst. d. Neuen Sezession in Bln. m. 8 Arbeiten v. KSR, als dessen Wohnort Dangast angegeben ist

2. 10. Beginn des Kramermarktes in Varel

4. 10. Der neue Arngaster Leuchtturm wird in Betrieb genommen

7. 10. KSR aus Dangast an Bey.: Frage nach ausgebliebenem Besuch

8. 10. KSR-Holzsschnitt-PK aus Dangast an die Schülerin Ella Kohlstedt (1895–1979) in Bln.: Empfehlung, das für sie geschnittene Exlibris ebenfalls bei Acquistapace in Varel drukken zu lassen

9. 10. Bey. besucht KSR in Dangast

14. 10. Gez. KSR-PK aus Dangast an Dr. Thiele in Chemnitz

14. 10. Nach langer Wärmeperiode in Dangast erstmalig kühler (Gem.)

16. 10. Gez. ELK-PK an Otto Mueller aus Hbg., wo gemeinsam mit EH unter anderem Besuche bei Schiefler, Rosa Schapire und Elsa Hopf stattfanden

25. 10. Dt. Graphische Ausst. in Leipzig mit KSR (bis 4. 12.)

30. 10. Brücke-Ausst. im Museum Weimar mit KSR (bis 25. 11.)

Okt. Van Gogh-Ausst. bei Paul Cassirer in Bln.

5. 11. Bericht über die Ausst. v. 3 Künstlern d. Neuen Sezession (Richter – Segal – Melzer) i. d. Oldenburger Gal. Oncken (ON)

5. 11. KSR aus Dangast an Bey.: Bitte um Aufbewahrung von 6 Gemälden vor Abreise nach Hbg.

8. 11. Bernhard Winter (1871–1964) vollendet mit „Eisenhütte Augustfehn" ein weiteres monumentales Heimatbild (ON)

12. 11. Erstes Schneetreiben in Dangast (Gem.)

14. 11. KSR aus Dangast an OKV-Vorstand: Beschwerde über Ausjurierung für die 331. OKV-Ausstellung

15. 11. Auf der 331. OKV-Ausst. werden 5 Graphiken von KSR gezeigt (bis 15. 12.)

17. 11. KSR aus Hbg. an Bey.: Kritik an der noch gesehenen Oncken-Ausst. m. 3 Malern d. Neuen Sezession

18. 11. In seiner 1. Besprechg. der 331. OKV-Ausst. lobt v. Busch die gesunde Ausstellungspolitik des OKV nach Hbg. u. Bremer Vorbild (ON)

26. 11. Weitere Besprechg. der 331. OKV-Ausst. durch W. v. Busch mit Eingehen auf die Graphik von KSR (ON)

2. 12. Im Oldenburger Lappan Ausst. von Paul Müller-Kaempff und Hugo Zieger (ON)

9. 12. Neueröffnung d. Oldenburger Kunstgewerbemuseums in Anwesenheit d. Großherzogs nach Neuaufstellung durch Theodor Raspe (Gem.)

9. 12. KSR-Holzschnitt-PK aus Chemnitz an Elsa Hopf

13. 12. Besprechg. v. ausgestellten Bildern Emma Ritters im Oldenburger Lappan, bei denen Einfluß von KSR und EH konstatiert wird (ON)

14. 12. KSR aus Chemnitz an Bey.: Verwahrte Bilder werden abgeholt, ab 28. 12. in Hbg.

14. 12. Über 331. OKV-Ausst. m. ausführlichem Eingehen auf KSR (NWMZ)

14. 12. KSR aus Chemnitz an OKV: Ausstellungsfragen

16. 12. Besuch Schieflers bei ELK und EH in Dresden

17. 12. Emil Nolde wird a. d. Bln. Sezession ausgeschlossen, nachdem er Max Liebermann in einem offenen Brief heftig kritisiert hatte

28. 12. Übersendung von KSR-Arbeiten an den OKV aus Hbg.

28. 12. Max Liebermann (1847 – 1935) legt nach 12 Jahren den Vorsitz der Bln. Sezession nieder, Nachfolger Lovis Corinth (1858 – 1925)

31. 12. KSR aus Hbg. an Bey.: über Hängung seiner Ausstellung i. d. Gal. Commeter mit 36 Bildern und Graphik in 3 Sälen

Dez. Entstehung der ersten abstrakten Aquarelle von Wassily Kandinsky (1866 – 1944)

Dez. Erscheinen d. Brücke-Berichts 1909/10 m. Holzschnitten von KSR

1. 1. KSR-Einzelausstellung i. d. Hbg. Gal. Commeter m. zahlr. Dangaster Arbeiten. Verkauft werden 4 Gemälde u. 15 Blatt Graphik (bis 20. 1.)

1. 1. Brücke-Ausst. in Gal. Del Vecchio, Leipzig mit KSR (bis 28. 1.)

8. 1. Vortrag von Rosa Schapire in der KSR-Ausst. d. Gal. Commeter in Hbg.

8. 1. KSR-Holzschnitt-PK aus Hbg. an Walther Hane, Blankenese b. Hbg.

9. 1. Bericht über die Generalversammlung d. NWK in Lübeck (ON)

13. 1. Schiefler an Munch über KSR-Ausst. b. Commeter: Ganz starke Sachen . . .

15. 1. Bericht über 1. Ausst. von Jan Oeltjen (1880 – 1968) im Oldenburger Lappan (ON)

15. 1. 332. OKV-Ausst. m. Künstlern des OKB.Von KSR 4 Gemälde (bis 15. 2.)

15. 1. Besprechg. d. 332. OKV-Ausst. mit krit. Eingehen auf KSR (NWMZ)

18. 1. In Hbg. datierte KSR-Aktzeichng. für Elsa Hopf in Hbg.

28. 1. Protokoll der OKB-Hauptversammlung vermerkt für 1910 wenig Verkäufe, den Vorstandswechsel von Müller-Kaempff auf Hugo Zieger, der die Schaffung eines Sammelwerks oldenburgischer Maler und Dichter vorschlägt, sowie die Unterbringung der kommenden Januar-Ausstellung in Wilhelmshaven

29. 1. In seiner 3. Besprechung der 332. OKV-Ausstellung äußert sich v. Busch sehr kritisch über KSR (ON)

3. 2. In der OKB-Vorstandssitzung wird beschlossen, Neuaufnahmen v. Mitgliedern erst nach Ausstellung u. Jurierung zu entscheiden u. das „Sammelwerk“ im Selbstverlag herauszubringen

6. 2. Gez. KSR-PK aus Hbg. an Elsa Hopf in Hbg.

8. 2. Bericht über van Gogh-Ankauf d. Bremer Kunsthalle u. den Protest des Malers Carl Vinnen (ON)

17. 2. KSR übersendet dem OKB aus Hbg. Material für die Ausst. in Wilhelmshaven (Paketabschnitt)

18. 2. KSR aus Hbg. an Bey.: Über seine Ausstellung in der Gal. Commeter, die gleichzeitig dort ausgestellten französ. Impressionisten u. über die Neue Sezession

20. 2. Franz Pfemfert (1879 – 1954) gründet die Zeitschrift „Aktion“ in Bln., für die KSR mehrfach Beiträge liefert

21. 2. Gez. KSR-PK aus Hbg. an Elsa Hopf in Hbg.

21. 2. Bericht über die 1. Oldenburgische Architektur-Ausstellg. im Lappan (ON)

22. 2. Brücke-Ausst. im KV Jena mit KSR

26. 2. „Erste Wilhelmshavener Kunstausstellung“, organisiert vom OKB, mit KSR (bis 19. 3.)

28. 2. OKV-Mitgliederversammlung: 647 Mitglieder

Feb. 3. Ausst. d. Neuen Sezession in Bln. m. Dangaster Arbeiten von KSR (bis April)

5. 3. Bericht über 1. Wilhelmshavener Kunstausstellung mit Erwähnung von KSR (Wilhelmshavener Tageblatt)

7. 3. Besuch Kaiser Wilhelms II. in Wilhelmshaven

12. 3. Nach partieller Auswechslung von Bildern, auch bei KSR, u. anhaltend gutem Besuch wird die Wilhelmshavener Kunstausstellung bis 19. 3. verlängert (Wilhemshavener Tageblatt)

23. 3. In der Wilhelmshavener Kunstausstellung wurden 15 % der gezeigten Arbeiten, meist von heimischen Malern, verkauft (Wilhelmshavener Tageblatt)

24. 3. An diesem u. dem folgenden Tag veranstaltet KSR in seinem Hbg. Atelier, Kl. Johannisstr. 6, für geladene Gäste eine Ausstellung seiner letzten Arbeiten.
Um diese Zeit sind in Hbg. u. Umgebung, vor allem dank der Tätigkeit von Rosa Schapire, über die Hälfte aller Passiven Brücke-Mitglieder nachzuweisen

27. 3. Gez. KSR-PK aus Hbg. an Schapire in Hbg.: Bitte um Münchener Adresse v. Anna Goldschmidt

28. 3. Gez. KSR-PK an Anna Goldschmidt in München: über seine Hamburger Atelier-Ausstellung

30. 3. Gustav Pauli über „Die Anfänge der modernen Galerie in Oldenburg" (als Leserzuschrift in der NWMZ)

30. 3. Die aus Wilhelmshaven übernommene OKB-Ausstellung bis 5. 4. in Jever. Gedruckter Katalog mit 101 Nummern v. OKB-Künstlern u. 49 separat gezeigten jeverschen Malern. Von KSR 5 Arbeiten (Jeversches Wochenblatt 31. 3.)

31. 3. W. v. Busch bezieht gegen Gustav Pauli Stellung (ON)

2. 4. W. v. Busch hält in der OKB-Ausst. in Jever einen Vortrag über moderne Kunst.
In einem Ausstellungsbericht heißt es: „K. Schmidt-Rottluff ist mit 5 Werken vertreten, die in unserer Ausstellung das meiste Aufsehen erregen . . ." (Jeversches Wochenblatt)

3. 4. KSR in der April-Ausstellg. d. Kunstsalons Gerstenberger in Chemnitz m. mehreren Dangaster Arbeiten (bis 1. 5.)

7. 4. Zwei gez. KSR-PK aus Chemnitz an Ida Dehmel in Blankenese: kurz nach Rückkehr aus Hbg. Dank für zugeeignete Dichtungen Richard Dehmels
Gez. KSR-PK aus Chemnitz an Elsa Hopf in Hbg.

12. 4. Die zuvor in Wilhelmshaven und Jever gezeige OKB-Ausstellung mit KSR wird v. Vareler Verein für Kunst u. Wissenschaft übernommen u. in der Realschule gezeigt (bis 19. 4.)

13. 4. Gez. KSR-PK mit Dangaster Motiv aus Chemnitz an Martha Rauert in Hbg.: Persönliche Verabschiedung war nicht mehr möglich

13. 4. Gez. KSR-PK aus Chemnitz an Schapire in Hbg.: Graphik schicken nicht möglich – gestern angefangen zu drucken

16. 4. In einem 2. Bericht über die in Varel gezeigte OKB-Ausst. wird auch auf „die auffallendsten Gemälde" von KSR eingegangen (Gem.)

20. 4. Gez. KSR-PK aus Chemnitz an W. Hane in Blankenese: nächstens wieder nach Dangast

21. 4. Die zuletzt in Varel gezeigte OKB-Ausstellung geht für 8 Tage nach Brake (Gem.)

22. 4. Gez. KSR-PK aus Chemnitz an Schapire in Hbg.: Anforderung eigener Graphik zwecks Austausch

26. 4. Die als „1. Braker Kunstausstellung" apostrophierte OKB-Wanderausstellung mit KSR zählt bis 1. 5. über 500 Besucher (ON)

28. 4. Ausführl. Besprechg. d. KSR-Ausst. b. Gerstenberger in Chemnitz mit eigenen Äußerungen d. Künstlers (Chemnitzer Tageblatt)

29. 4. Der Maler Jan Oeltjen heiratet in Jaderberg bei Varel die Bildhauerin Elsa Kasimir (1887 – 1944)

April KSR Ende April an Schiefler: ab 4. 5. in Dangast

April In einer Exlibris-Ausst. d. Museums für Hamburgische Geschichte ist KSR mit dem Exlibris f. Rosa Schapire vertreten

Mai 1. Internat. Hygiene-Ausst. in Dresden mit abgelehnten Dekorations-Entwürfen der Brücke-Maler (EH an Schiefler)

5. 5. Gegen-Stellungnahme des Dt. Künstlerbundes zu Vinnens „Protest deutscher Künstler" (ON)

6. 5. HMP-PK aus Bln. an Schapire: diesen Sommer nach Nidden oder Dangast

Mai Erscheinen v. Wilhelm Niemeyers „Denkschrift des Sonderbundes" mit Eingehen auf KSR

15. 5. KSR aus Dangast an Bertha Rohlsen: nochmals Dank für Einladung nach Norwegen und Zusage

16. 5. In Dangast bisher schönes Maiwetter (Gem.)

16. 5. KSR aus Dangast an Georg Tappert in Bln: Anmeldung von 4 Gemälden für die Wanderausstellung d. Neuen Sezession

18. 5. Inkrafttreten des Oldenburgischen Denkmalschutzgesetzes

25. 5. Über den 5. Jahresbericht d. NWK: Vorsitz wieder Wilhelm Otto, Schriftführer Karl Schaefer, jetzt in Lübeck. Ankäufe für die Oldenburgische Staatsgalerie: Vinnen, Olde, Meyer, Müller-Kaempff (ON)

Mai Brücke-Ausst. im Warenhaus Tietz in Düsseldorf mit KSR (bis Juni). Rosa Schapire besucht die Ausstellung a. d. Wege nach Paris

Mai Am Monatsende neues OKB-Mitgliederverzeichnis mit 40 aktiven und 22 fördernden Mitgliedern

Juni KSR-PK m. Gemäldefoto aus Dangast an Francksen: Pfingstgrüsse

3. 6. Gez. KSR-PK aus Dangast an Martha Rauert: über Plakatentwurf für deren Mann Dr. Paul Rauert

3. 6. KSR aus Dangast an Elsa Hopf: hat keinen Zug dieses Jahr

4. 6. KSR-PK m. Gemäldefoto aus Dangast an Bertha Rohlsen: Vorfreude auf Norwegen

10. 6. HMP reist aus Bln. ab nach Nidden

12. 6. OKB-Vorstandssitzung: Wanderausstellung wurde gut besucht, doch wenig Verkäufe (Protokoll)

12. 6. Gez. KSR-PK aus Dangast an Anna Goldschmidt mit den neuesten, hier geschaffenen Holzkästen

12. 6. Beyersdorff legt in Oldenburg die Große Juristische Staatsprüfung ab

15. 6. Aufruf zur Gründung eines Vereins d. Kunstfreunde in Wilhelmshaven (ON)

16. 6. Promotion von Beyersdorff zum Dr. jur. in Göttingen

18. 6. Dangaster Pferderennen mit großer Beteiligung (Gem.)

18. 6. KSR aus Dangast an Bertha Rohlsen: für 8. 7. Dampferplatz belegt, 11. 7. in Bergen, 12. 7. in Lofthus

18. 6. Rosa Schapire an Wilhelm Niemeyer aus Paris: begeistert von Stadt und Kunst

21. 6. KSR aus Dangast an Bey.: Gratulation zum Dr. jur., am 24. 6. in Oldenburg, am 25. 6. dreifacher Besuch in Dangast. Briefumschlag mit Holzschnitt-Namenszug von KSR

27. 6. KSR-PK m. Gemäldefoto aus Dangast an tom Dieck: Besuchsankündigung u. Zusage f. Beteiligung am „Sammelwerk" des OKB, der einen Aufruf hierzu versandt hatte

29. 6. KSR besucht in Oldenburg u. a. tom Dieck

30. 6. KSR aus Dangast an Ida Dehmel: Übersendung d. 1. Andruckes für den Briefkopf v. Richard Dehmel

Juni Schiefler erwirbt erstmals in größerem Umfang Graphik von ELK, die später von ihm katalogisiert wird

Juli Der Maler Heinrich Klingenberg porträtiert den Großherzog Friedrich August von Oldenburg (1852 – 1931)

1. 7. Beginn der Oldenburger Sommerschulferien

2. 7. Ernst Beyersdorff u. seine Mutter besuchen KSR in Dangast

6. 7. KSR verläßt Dangast zwecks Antritt der Norwegenreise in Hbg.

8. 7. Wiederabdruck einer harten Kritik der in Hannover gezeigten Brücke-Ausstellung aus dem Hannoverschen Anzeiger (NWMZ)

8. 7. KSR verläßt Hbg. 12 Uhr nachts mit dem Dampfer zu seiner 1. Auslandsreise nach Norwegen u. kommt im Landhaus von Bertha Rohlsen in Lofthus am 12. 7. an

12. 7. Wanderausst. d. Neuen Sezession im KV Jena mit KSR (bis 19. 7.)

14. 7. KSR aus Lofthus an Dehmel: Übersendung des Holzstockes für den Briefkopf

Juli In der Monatsmitte trifft die mit KSR befreundete Schülerin Ella Kohlstedt mit ihrer Familie aus Bln. in Dangast ein

19. 7. KSR aus Lofthus an Bey.: Norwegen-Bericht

22. 7. Varel und Dangast erleben mit 26° Reaumur im Schatten den heißesten Tag seit 1885 (Gem.)

31. 7. Nachsendedatum einer Ansichts-PK aus Lofthus v. KSR an Dr. Thiele in Chemnitz

Aug. Letzter Aufenthalt von EH und ELK an den Moritzburger Teichen b. Dresden

2. 8. Teile des von KSR gemalten Dangaster Steindeichs werden durch starke Sonnenbestrahlung zum Einsturz gebracht (Gem.)

10. 8. KSR aus Bergen an Bertha Rohlsen in Lofthus: Dank für den Aufenthalt

18. 8. KSR aus Dangast an Martha Rauert: über Norwegen-Rückreise und ein trostlos versengtes Dangast

18. 8. Gez. KSR-PK aus Dangast an Ella Kohlstedt in Bln.

20. 8. KSR aus Dangast an Bey.: Besuchsansage in Oldenburg für den 23. 8.

23. 8. KSR aus Dangast an Bertha Rohlsen: über die Norwegen-Rückreise und Ankunft in einem sonnenverdörrten Dangast

25. 8. Besprechung d. Wanderausstellung d. Neuen Sezession i. d. Kieler Kunsthalle mit KSR (Kieler Neueste Nachrichten)

28. 8. OKB-Vorstandssitzung: Beschluß, das geplante „Sammelwerk" mit W. v. Busch zu besprechen (Protokoll)

29. 8. KSR aus Dangast an Bey.: erneute Besuchsansage in Oldenburg für den 31. 8.

31. 8. Eine der längsten Hitzeperioden mit Dürre, Wassermangel und trockenem, zahlreiche Moorbrände auslösenden Torf geht zu Ende (Gem.)

Aug. Avantgardistische Künstler und Kunsthistoriker reagieren mit der Schrift „Im Kampf um die Kunst" auf Vinnens „Protest deutscher Künstler" (ohne Beteiligung von KSR)

Aug. Wassily Kandinsky (1866–1944) und Franz Marc (1880–1916) begründen in Murnau Redaktion „Der Blaue Reiter"

2. 9. Rosa Schapire teilt Niemeyer ihre Abfahrt aus Hamburg nach Dangast am 6. 9. mit

12. 9. Wilhelm Niemeyer besucht KSR in Dangast bis zum 14. 9. u. notiert die bei ihm gesehenen Arbeiten

22. 9. KSR aus Dangast an Bey.: Erwartung seines Besuches in Dangast

DIARIUM 1911

22. 9. KSR aus Dangast an Francksen: Kaufangebot einer Radierung d. Landschafters Otto Fischer (1870–1947)

29. 9. KSR aus Dangast an Bertha Rohlsen: Brücke-Ausst. in Frankfurt u. Empfehlung an Oppenheimers

1. 10. Brücke-Ausst. im Kunstsalon Bangel in Frankfurt mit KSR

1. 10. Einsendeschluß für das geplante „Sammelwerk" des OKB

6. 10. Schapire-Vortrag im Neuen Frauenclub Hbg. über Graphik von KSR

14. 10. Eröffnung der 1. Juryfreien Ausstellg. in Bln. mit KSR als einzigem Brücke-Maler (bis 31. 12.)

17. 10. ELK teilt Schiefler bevorstehenden Umzug nach Bln. mit. Dort gründet er mit Pechstein eine als MUIM-Institut bezeichnete Malschule

Okt. Nach Rückkehr aus Dangast übersiedelt auch KSR von Dresden nach Bln.-Friedenau, Niedstr. 14
EH und Emma Ritter ziehen wenig später ebenfalls nach Bln.

30. 10. KSR aus Bln. an Bertha Rohlsen: Hinweis auf die laufende Ausstellg. seiner nach Rückkehr aus Norwegen entstandenen Holzkästen in der Hbg. Gal. Commeter
Rosa Schapire publiziert einen Ausstellungsbericht, Wilhelm Niemeyer fertigt Beschreibungen d. ausgestellten Stücke an

5. 11. KSR aus Bln. an OKB: Anmeldung von 6 Dangaster Aquarellen für die nächste Ausstellung

9. 11. Eröffnung einer van Gogh-Ausst. i. d. Hbg. Gal. Commeter

15. 11. Beginn d. 335. OKV-Ausst. mit KSR (bis 15. 12.)

16. 11. Schapire-Vortrag in der van-Gogh-Ausst. d. Gal. Commeter in Hbg.

18. 11. IV. Ausst. der Neuen Sezession in Bln. m. d. Künstlern von Brücke und Blauer Reiter (bis 31. 1. 12). – Von den 6 gezeigten Gemälden KSRs stammen 5 aus Dangast

20. 11. KSR aus Bln. an OKB: Frage nach Gründen d. Annahme-Verweigerung seiner Arbeiten

24. 11. Im Oldenburger Kunstgewerbemuseum Ausstellg. kunsthandwerkl. Arbeiten oldenburgischer Künstler. Von KSR wird eine Flachstickerei mit weiblichem Akt gezeigt (ON)

29. 11. Gründungsversammlung d. Oldenburgischen Museumsgesellschaft: 1. Vorsitzender Gustav Riesebieter, Schriftführer Theodor Raspe

1. 12. KSR aus Bln. an Bey. über erfolgten Umzug u. gute Ausstellung d. Neuen Sezession

2. 12. OKV-Vortrag von Max Sauerlandt-Halle „Über den Impressionismus in der modernen Malerei"

7. 12. Bericht über die 335. OKV-Ausst. m. Erwähnung von KSR (ON)

12. 12. Über Gründung des Vereins d. Kunstfreunde in Wilhelmshaven (ON)

16. 12. 1. Ausstellung d. Redaktion „Der Blaue Reiter" in München

27. 12. Franz Marc hält sich bis zum 16. 1. 12 in Bln. auf u. trifft in dieser Zeit auch mit KSR zusammen

Dez. Niemeyer erwirbt von KSR einen applizierten Vorhang mit abstrakter Musterung, nachdem ein vorangegangener gegenständlicher Entwurf verworfen worden war

Dez. Am Jahresende besucht Niemeyer gemeinsam mit d. Maler u. Bildhauer Otto Freundlich (1878–1943) in Paris Pablo Picasso (1881–1973)

Dez. Nachdem Pechsteins Wiederwahl in den Vorstand d. Neuen Sezession scheitert, verlassen die Brücke-Mitglieder – außer KSR – die Vereinigung

1. 1. Die Dichterin Else Lasker-Schüler (1869–1945) an KSR in Bln.: 9 Tage zum Malen meines Porträts frei

6. 1. Lasker-Schüler an KSR in Bln.: Bestätigung eines Maltermins am 13. 1.

12. 1. Reichstagswahl in Deutschland mit SPD-Gewinnen

13. 1. OKB-Jahresversammlung: Ablehnung von juryfreien Ausstellungen, die für das „Sammelwerk" eingegangenen Arbeiten sollen erst 1913 ausgestellt werden (Protokoll)

16. 1. Lasker-Schüler an KSR in Hbg.: in mein übergroßes Gemälde unsterblich verliebt

KSR bezieht wieder das Atelier Kl. Johannisstr. 6, IV in Hbg., das er bis 18. 3. nutzt. Entstehung d. Hamburger Atelierakte

26. 1. Gez. KSR-PK (mit früherer Entstehung) an d. Kunsthändler Alfred Flechtheim (1878–1937) in Düsseldorf: für einige Wochen in Hamburg, Niemeyer ausgezeichneter Kerl

29. 1. KSR aus Hbg. an Bertha Rohlsen: Dank für Einladung – leider schon an Rauerts vergeben

31. 1. Niemeyer besucht die IV. Ausst. der Neuen Sezession in Bln.

Febr. Brücke-Ausst. im Museum Düren mit KSR

Febr. Der Vareler „Verein für Kunst und Wissenschaft" besteht 35 Jahre

1. 2. Ausst. d. Dt. Künstlerbundes i. d. Bremer Kunsthalle (bis 31. 3.)

2. 2. KSR aus Hbg. an Schiefler: Bitte um Rückgabe des für Frau Schiefler gearbeiteten Armbandes

7. 2. Lasker-Schüler aus Bln. an KSR in Hamburg: Vorfreude auf Sehen des fertigen Bildes

12. 2. Graphik-Ausst. d. Blauen Reiters i. d. Münchener Galerie Goltz m. Beteilig. v. Malern d. Brücke und Neuen Sezession (ohne KSR)

15. 2. KSR aus Hbg. an Schiefler: Dank f. Rückgabe d. Armbands

18. 2. 336. OKV-Ausstellung (ohne KSR)

21. 2. Bey. über „Die Zukunft der Oldenburgischen Galerien" m. Empfehlg. einer Augusteums-Erweiterung u. Anstellung eines Direktors (ON)

25. 2. KSR aus Hbg. an Bey.: Über Bln. Kunstsituation und Ausst. von Brücke b. Gurlitt im April

27. 2. KSR aus Hbg. an Richard Dehmel in Blankenese: Bitte um Atelierbesuch

27. 2. Besprechg. der 336. OKV-Ausstellung m. Hervorhebung d. Anlehnung Emma Ritters an die Dangaster Maler (ON)

12. 3. Eröffnungsausst. von Herwarth Waldens „Sturm-Galerie" in Bln. mit Beteiligung v. Künstlern des Blauen Reiters u. a. Expressionisten

15. 3. KSR aus Hbg. an Bey.: ab 18. 3. in Bln.

18. 3. KSR aus Hbg. an Luise Schiefler: Dank für Einladung, die wegen Abfahrt nach Bln. nicht realisierbar.

20. 3. KSR aus Bln. an tom Dieck: Bitte um Rücksendung der noch im Augusteum gelagerten Bilder

23. 3. Gez. KSR-PK mit Dangaster Bauernhaus aus Bln. an Jack Goldschmidt in Hbg.

24. 3. Bericht über 1. Kunstausstellung d. Vereins d. Kunstfreunde in Wilhelmshaven m. OKB-Beteiligung (ON)

April Der Dichter Richard Dehmel bezieht ein von seinen Verehrern finanziertes neues Haus in Blankenese bei Hamburg

DIARIUM 1912

3. 4. Ausstellung d. Vereins für Kunst und Wissenschaft in Varel mit Künstlern aus Oldenburg, Bremen und Hbg. Erwähnung eines Katalogs mit über 200 Nummern (bis 9. 4.)

2. 4. Brücke-Ausstellung mit KSR bei Fritz Gurlitt in Bln. (bis 27. 4). Der mit Holzschnitten und Illustrationen versehene Katalog nennt 10 Gemälde u. 4 Zchng. von KSR

6. 4. Postabschnitt von KSR aus Bln. über 5 dem OKB übersandte Zeichnungen

10. 4. Ada Nolde aus Bln. an Schiefler: KSR sucht uns heftig zu treffen

11. 4. Der Oldenburger Kunstgewerbeverein beantragt offiziell Verstaatlichung d. Kunstgewerbemuseums u. seine Vereinigung mit Beständen d. Großherzoglichen u. d. Staatlichen Galerie. Unter den Befürwortern Beyersdorff, Pauli und Sauerlandt.

12. 4. Futuristen-Aussst. i. d. Sturm-Galerie in Bln. (bis 10. 5.)

17. 4. W. v. Busch über die 337. OKV-Ausstellung mit scharfer Ablehnung von KSR (ON)

27. 4. KSR aus Bln. an Bey.: Rückblick auf den Besuch von Bey. in Bln. u. über Oldenburger Galeriepläne

28. 4. Gez. KSR-PK aus Bln. an Jack Goldschmidt in Hbg.

28. 4. Niemeyer besucht KSR und die Brücke-Ausst. b. Gurlitt in Bln.

1. 5. Niemeyer bittet Schiefler um Leihgaben für die Sonderbund-Ausstellung in Köln

2. 5. 4. Graph. Ausst. d. Dt. Künstlerbundes im Museum Chemnitz ohne KSR (bis 30.6.)

9. 5. 25jähriges Jubiläum d. Oldenburger Kunstgewerbevereins

14. 5. EH an Schiefler: Frage nach einem Beitrag von Schiefler über Graphik für die geplante Brücke-Chronik

25. 5. Internationale Kunstausstellung d. Sonderbundes in Köln (bis 30. 9.)

Von KSR werden 3 Dangaster Gemälde u. mehrere kunsthandwerkliche Arbeiten gezeigt. Nicht ausgestellt sind die 4 ebenfalls für Köln vorgesehenen metallenen Apostelköpfe

31. 5. Ein Bericht v. Bey. über die Ausstellung des Dt. Künstlerbundes in Bremen erscheint mit einer kritischen Fußnote von W. v. Busch (ON)

Mai Vom Ende d. Monats bis Ende August hält sich die Malerin Emma Ritter bei KSR in Dangast auf

Mai Erscheinen des Almanachs „Der Blaue Reiter" in München

Juni In Köln malen EH und ELK die Kapelle der Sonderbund-Ausstellung aus, wobei es zu einer Begegnung mit Edvard Munch kommt

5. 6. Der Zeppelin Z 3 überfliegt Dangast und die Jadebucht (Gem.)

7. 6. Bericht über Differenzen im Oldenburger Galerieverein, die zum Austritt von Wilhelm Otto u. Karl Schaefer führen (ON)

9. 6. Dangaster Pferderennen bei schönem Wetter und gutem Besuch (Gem.)

10. 6. KSR aus Dangast an Bey.: Dank für Artikel von Bey. mit v. Busch's Fußnote in den ON und Ankündigung eines Besuches in Oldenburg

10. 6. Gustav Pauli zur Situation im Oldenburger Galerieverein (ON)

11. 6. Der Großherzog besucht Varel u. die neue Schule in Dangastermoor (Gem)

15. 6. KSR aus Dangast an tom Dieck: Empfangsbestätigung zurückgesandter Zeichnungen wird m. d. Frage verbunden, ob etwas davon für das „Sammelwerk“ Verwendung findet

19. 6. KSR bei Bey. in Oldenburg zum Mittagessen

25. 6. Bakenhus wendet sich gegen die Darlegungen Gustav Pauli's über den Oldenburger Galerieverein (ON)

Juni Beteiligung Pechsteins a. d. Sommer-Ausstellg. d. Bln. Sezession führt zu seinem Ausscheiden aus Brücke

2. 7. 10-jährig. Bestehen des Museums Folkwang in Hagen mit Ausst. Moderner Kunst aus Eigenbesitz. Unter den Künstler-Ehrengaben eine Zeichnung von KSR

13. 7. Hitzeperiode in Dangast (Gem.)

14. 7. Luftschiff „Victoria Luise“ landet in Oldenburg. Einsatz von Sonderzügen und 25.000 Zuschauer

Juli Schiefler bittet EH um Anfertigung eines vergoldeten Armbandes für seine Frau

9. 8. KSR-Foto-PK mit Plastik aus Varel an Rosa Schapire mit Text von Emma Ritter

14. 8. KSR-Foto-PK mit Plastik aus Dangast an Bertha Rohlsen
KSR-Foto-PK mit Plastik aus Dangast an Lyonel Feininger

19. 8. Brücke-Ausst. i. d. Gal. Commeter in Hbg. mit KSR (bis 10. 9.) Katalogdruck von Littmann in Oldenburg. – Ausstellungsnotizen von Wilhelm Niemeyer

23. 8. Bisheriges Augustwetter regnerisch in Dangast (Gem.)

Aug. Am Monatsende Abreise KSRs aus Dangast

Sept. KSR hält sich am Monatsbeginn kurz b. EH auf Fehmarn auf, ehe er eine Erkundungsfahrt entlang d. holsteinischen, mecklenburgischen u. vorpommerschen Ostseeküste unternimmt

6. 9. Buchhandlung Bültmann & Gerriets in Varel gibt eine Postkartenserie von Dangast heraus (Gem.)

Sept. Nach seiner Ankunft in Bln. übersendet KSR Schiefler den während des letzten Dangaster Sommers entstandenen Silberschmuck

17. 9. KSR aus Bln. an Schiefler: Erkundigung nach Erhalt des übersandten Silberschmucks

DIARIUM 1912

Sept. Am Monatsende besucht KSR die bis 30. 9. laufende Sonderbund-Ausstellung in Köln

28. 9. Ausst. der Künstlergruppe „Skupina“ in Prag. KSR beteiligt sich m. 3 kubistischen Dangaster Bildern von 1912

6. 10. Ausst. moderner Kunst im Stedelijk Museum Amsterdam m. mehreren Dangaster Arbeiten von KSR (bis 7. 11.)

9. 10. KSR aus Bln. an Bey.: Über die Septemberreise an der Ostseeküste

11. 10. HMP beendet seinen 3. Nidden-Aufenthalt

5. 11. KSR aus Hbg. an Bey.: Empfangsbestätigung eines Manuskriptes von Bey. und Ankündigung eines Briefes

11. 11. KSR übersendet dem OKV 10 Dangaster Graphiken für die 339. Ausstellung

15. 11. KSR aus Hbg. an Bey.: Eingehen auf dessen Alpen-Manuskript und seinen Besuch der Sonderbund-Ausst. in Köln, Beurteilungen von van Gogh, Munch und Picasso

15. 11. 339. OKV-Ausst. mit Arbeiten von KSR (bis 15. 12.)

16. 11. 60. Geburtstag d. Großherzogs Friedrich August von Oldenburg. Theodor Raspe widmet ihm aus diesem Anlaß seine Arbeit über den kirchlichen Kunstbesitz des Oldenburger Kunstgewerbemuseums

17. 11. Porträt-Ausst. d. K.V. Jena mit KSR (bis 11. 12.)

4. 12. KSR zu Besuch bei Schieflers in Hbg.

5. 12. Bespr. d. 339. OKV-Ausst. durch W. v. Busch m. starker Kritik an KSR u. Emma Ritter (ON)

11. 12. KSR aus Hbg. an Bey.: Über die Bln. Sezession u. die Rückkehr nach Bln. gegen Weihnachten

15. 12. Die Oldenburger Kunsthandlung Oncken gibt einen Führer durch die Großherzogliche Galerie von Karl Schaefer heraus

Dez. Erscheinen des Brücke-Berichts für 1911/12

Dez. Franz Marc sendet Else Lasker-Schüler seine erste gemalte Postkarte

Dez. Fertigstellung der 7. Brücke-Mappe, die HMP gewidmet war, aber nicht mehr zur regulären Verteilung gelangte

1907
Alternative Dangastermoor

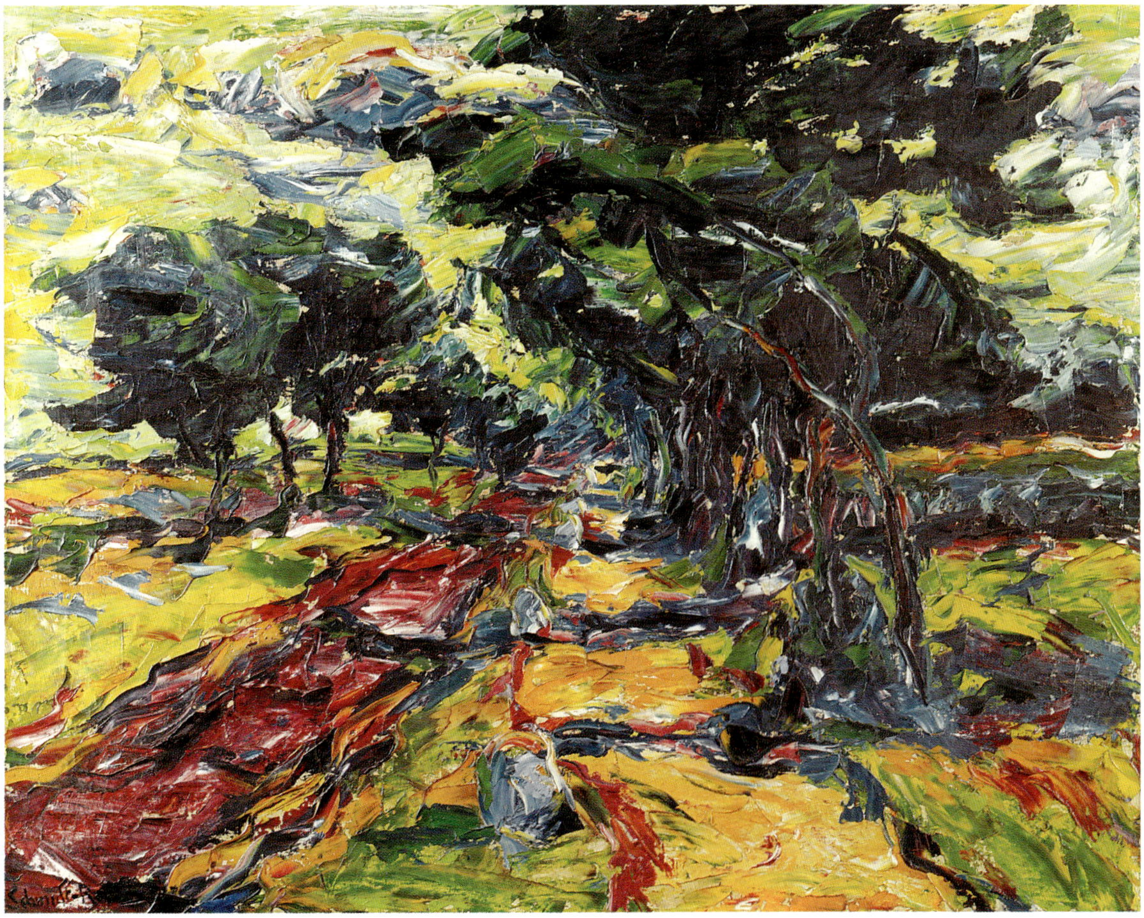

1 Windiger Tag, 1907, Gemälde

Dargestellt ist eine jener baumbestandenen Landstraßen, die noch immer die endlos scheinende Weite des nordwestdeutschen Küstengebietes gliedernd durchziehen, damals aus dem rotgeklinkerten Fahrweg und dem sandigen Sommerweg bestehend, auf dem das Vieh entlanggetrieben wurde. Alles in dieser windgepeitschten Landschaft scheint in Bewegung geraten: die schnell dahinziehenden, zerfetzten Wolken, die der Sonne immer wieder einen Durchlaß gewähren, die hart gezausten Bäume mit ihren lang über den Weg geisternden Schatten und die bewachsene, wie die brach liegende Erde, über der Licht und Wärme unruhig flimmern. Das Rot des in die Tiefe führenden Weges mit seinem reflektierenden Umfeld wird zum Signal, in das leuchtend grüne, blaue und schwefelgelbe Farbtöne einfallen, um sich in einem stürmischen Chor zu vereinen. Ein ins Maßlose gesteigerter, überschäumendem Lebensgefühl freien Lauf lassender Impressionismus äußert sich hier und markiert zugleich die künstlerische Ausgangssituation des Jahres 1907, die zunächst noch durch die im Vorjahr beim älteren Emil Nolde (1867–1956) erhaltenen Anregungen bestimmt wurde. Als der Kunsthistoriker Wilhelm Niemeyer (1874–1960), dem es zeitlebens darum ging, gestalteten Kunstwerken in einer adäquaten Sprache zu begegnen, das Bild erstmalig sah, sprach er von dröhnendem Gischt freigewordener Farben und als er 1954 zum letztenmal vor dieser Landschaft der „Straßenbaumgewölbe" stand, empfing er Eindrücke von Farbgebirgen und schäumenden atmosphärischen Massen.
Unter den mindestens 17 Gemälden aus allen Schaffensperioden Schmidt-Rottluffs, die sich in der Hamburger Sammlung des Ehepaares Rauert befanden, war dieses Bild das früheste und eines der bedeutendsten. Sein Motiv ist vom Künstler bereits 1905 in dem Holzschnitt „Baumbestandene Landstraße" vorgeprägt worden (Abb. bei G. W.: Schmidt-Rottluff-Graphik, 1971 Nr. 5).

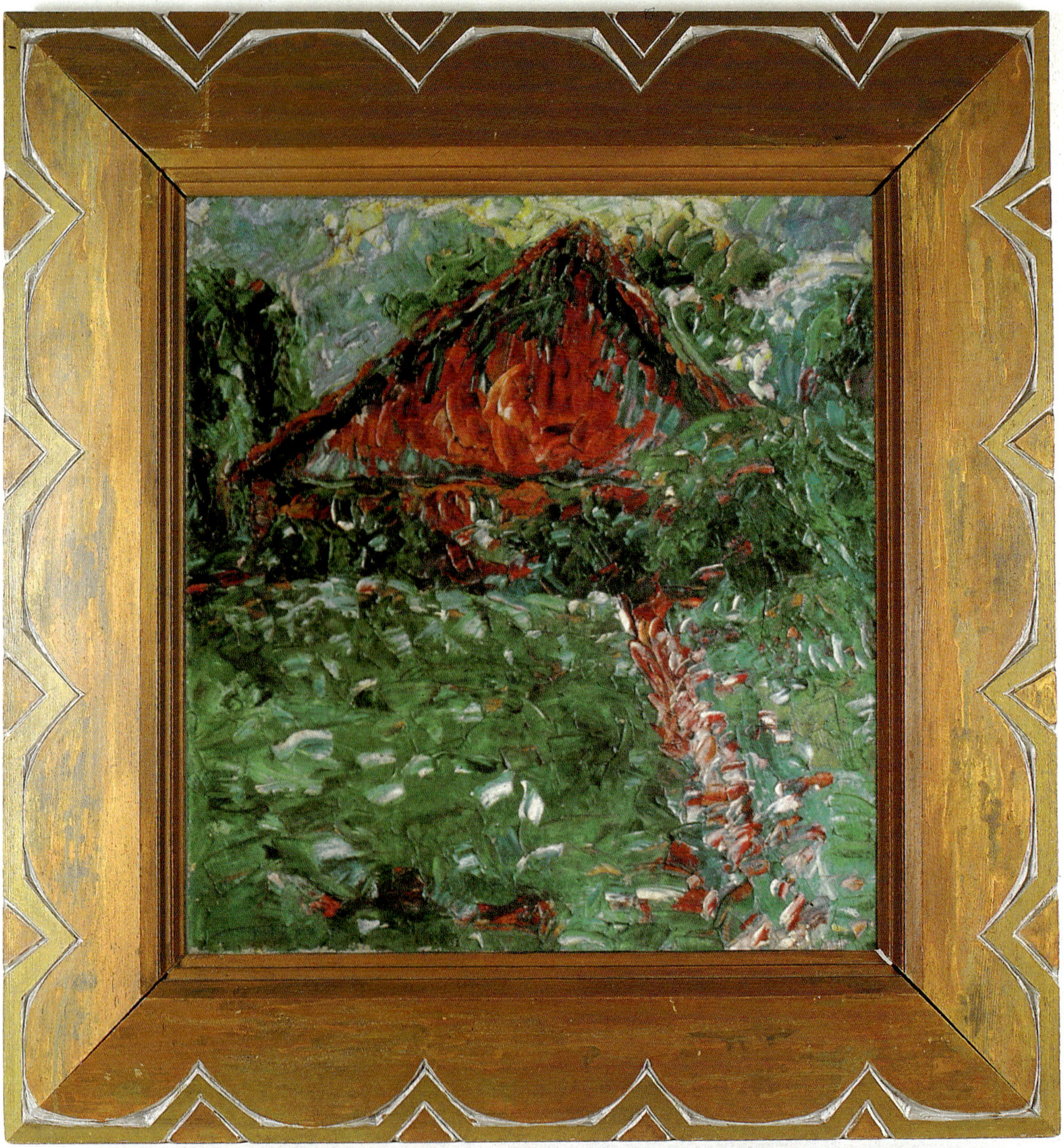

2 Der rote Weg, 1907, Gemälde

Das bewegte, den größten Teil der quadratischen Bildfläche füllende Grün-Blau mit den hell aufgesetzten Tupfen führt zu den impressionistischen Farbspielen Monets zurück, das intensiv strahlende Rot des spitzgiebeligen Landhauses – aufgenommen in dem zu ihm führenden Weg – kündigt die ungebrochene Farbigkeit des Expressionismus an, der sich in Schmidt-Rottluffs Dangaster Bildern der nächsten Jahre zunehmend widerspiegelt. Gemeinsam mit dem folgenden Bild (Abb. 3) wurde dieses Gemälde schon 1908 von Bertha Rohlsen aus Hamburg – einer Schwester des Sammlers Paul Rauert – erworben, in deren norwegischem Sommerhaus sich der Maler im Sommer 1911 für einige Wochen aufhielt. Der ursprüngliche Rahmen, durch den Dangaster Tischler Wilhelm Voge (1879–1970) angefertigt und von Schmidt-Rottluff künstlerisch gestaltet, wurde erst vor einigen Jahren vom Bild getrennt.

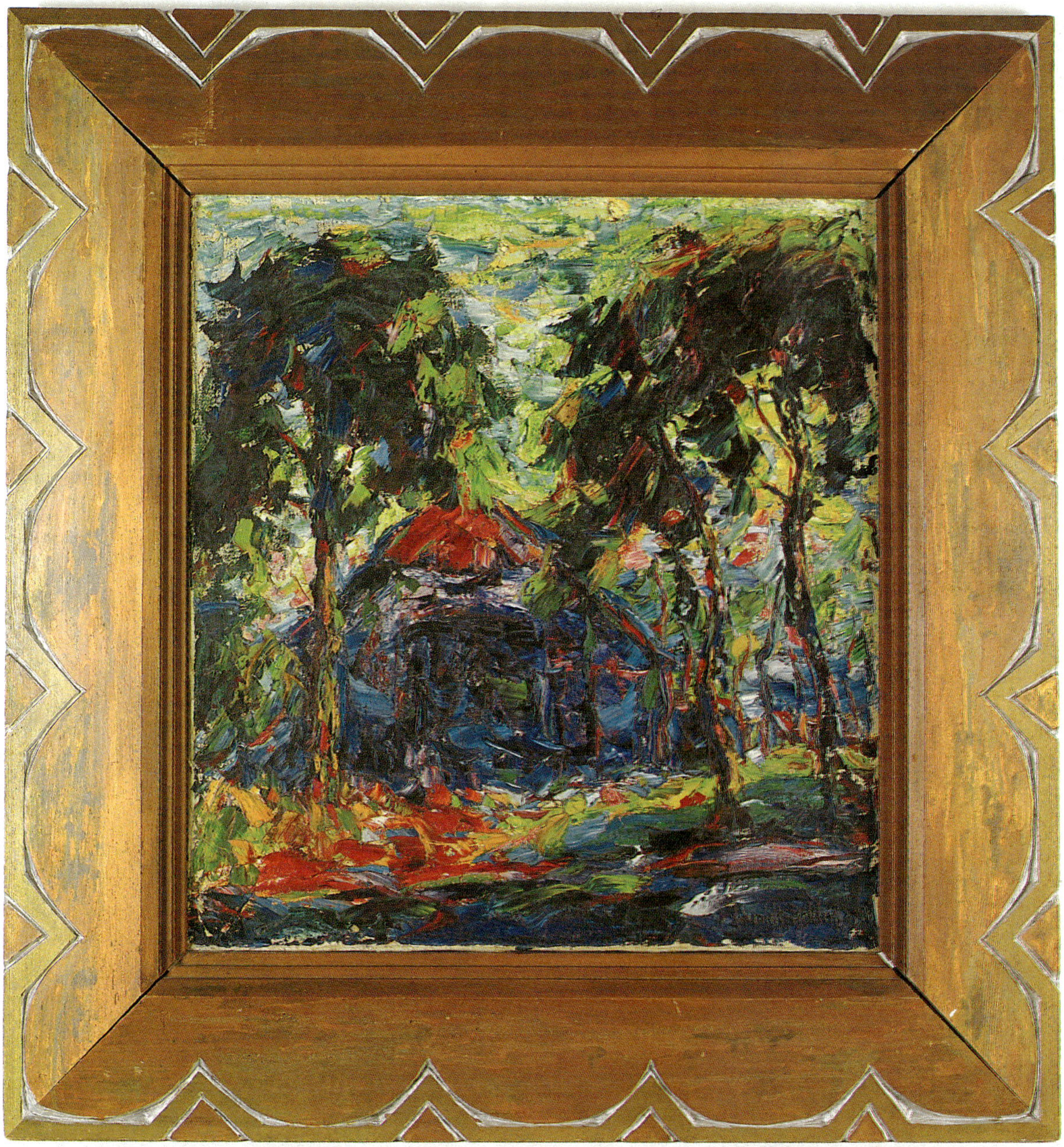

3 Das blaue Haus, 1907, Gemälde

Das noch unverändert im alten Rahmen befindliche Gemälde zeigt ein Motiv aus Dangastermoor, wo Schmidt-Rottluff und Erich Heckel (1883–1970) während ihres ersten Aufenthaltes im Oldenburgischen auch gemeinsam wohnten. Die vom Dangaster Strand einige Kilometer landeinwärts gelegene Moorkolonie bestand damals noch größtenteils aus den verstreut in die gedehnte Landschaft geduckten Hofstellen, die – im Grenzgebiet zwischen sächsischem und friesischem Siedlungsgebiet – aus Fachwerk oder dem puren roten Backstein errichtet worden waren, der in den Ziegeleien der näheren und weiteren Umgebung hergestellt wurde. Um ein solches, von hohen Bäumen umstandenes Haus handelt es sich hier. Das einfallende Gegenlicht taucht seine Einfahrtsseite in blaue Schatten, während die Sonne ein farbiges Flächenornament über alles breitet, den Dachwalm und Platz vor dem Hause leuchtend rot erscheinen läßt und Erde wie Himmel mit goldgelbem Licht und leuchtenden Schatten überflimmert. Ein kostbarer Farbenschmelz hat sich über das Bild gelegt und verleiht ihm seine eigene Wirklichkeit.

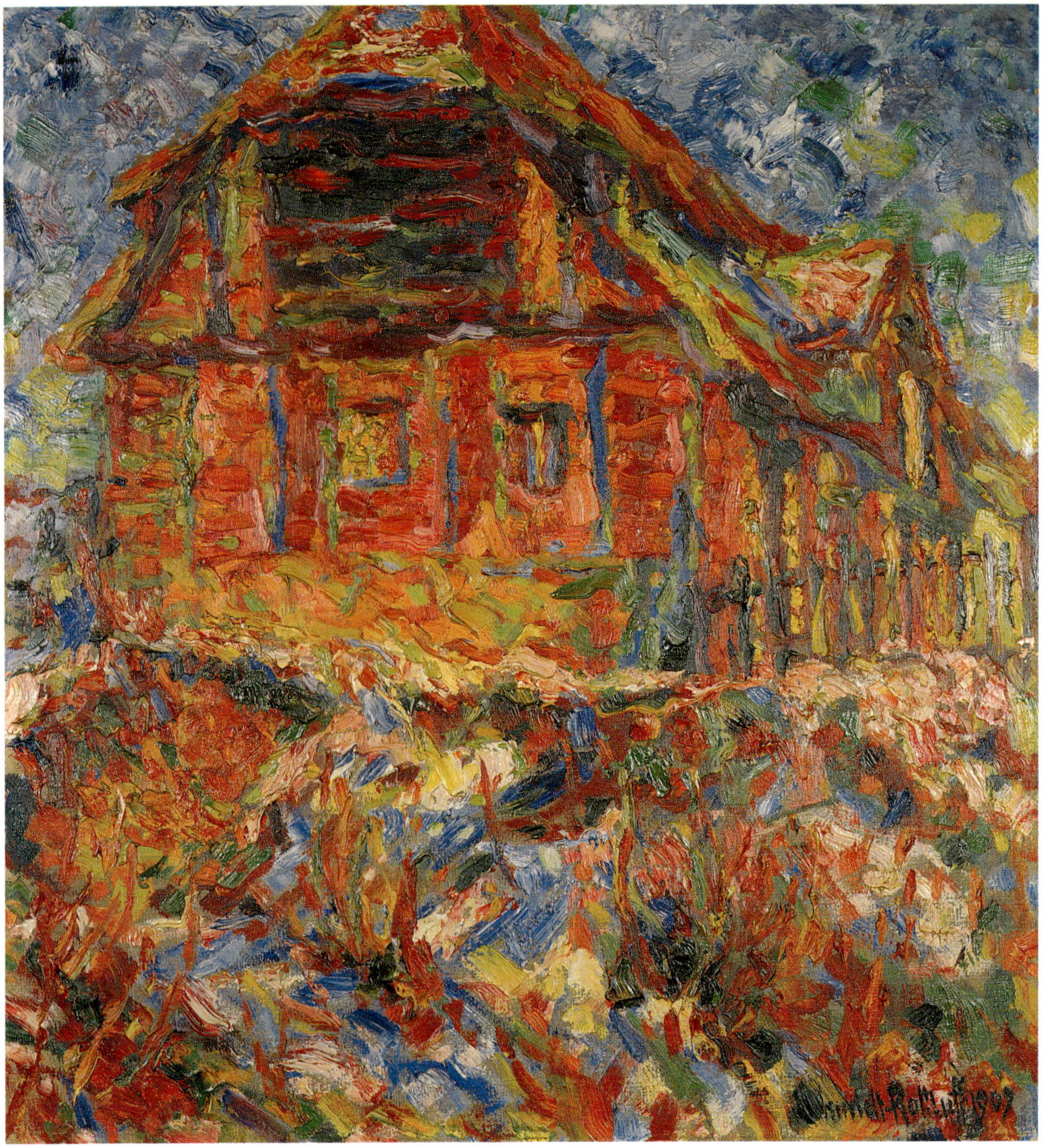

4 Das rote Haus, 1907, Gemälde

Das Ursprungsjahr dieses bisher nicht publizierten Bildes wird seit dem Erscheinen der Schmidt-Rottluff-Monographie von Will Grohmann im Jahre 1956 mit 1909 angegeben. Der Maler verbürgte sich 1957 für seine Entstehung in Dangast, ohne indessen die Datierung bestätigen zu können. Da der stilistische Vergleich den Anschluß an die wenigen für 1909 gesicherten Gemälde des Künstlers nicht erlaubt, ergab eine eingehendere Autopsie des Bildes und seiner Signatur, daß die mit letzterer verbundene Datierung mit 1907 gelesen werden muß, wo sich die selbe unruhig-flackernde Malweise auch in den übrigen gleichzeitigen Arbeiten konstatieren läßt. Allerdings kommt der dargestellte Typus des Langhauses mit Seitengiebeln in Dangast und seiner Umgebung nicht vor. Er läßt sich jedoch auf der heute dänischen Insel Alsen wiederfinden, wo Schmidt-Rottluff 1906 als Gast Emil Noldes weilte. Daher müßte das Bild nach älteren Skizzen während des ersten Dangaster Aufenthaltes fertiggestellt worden sein.

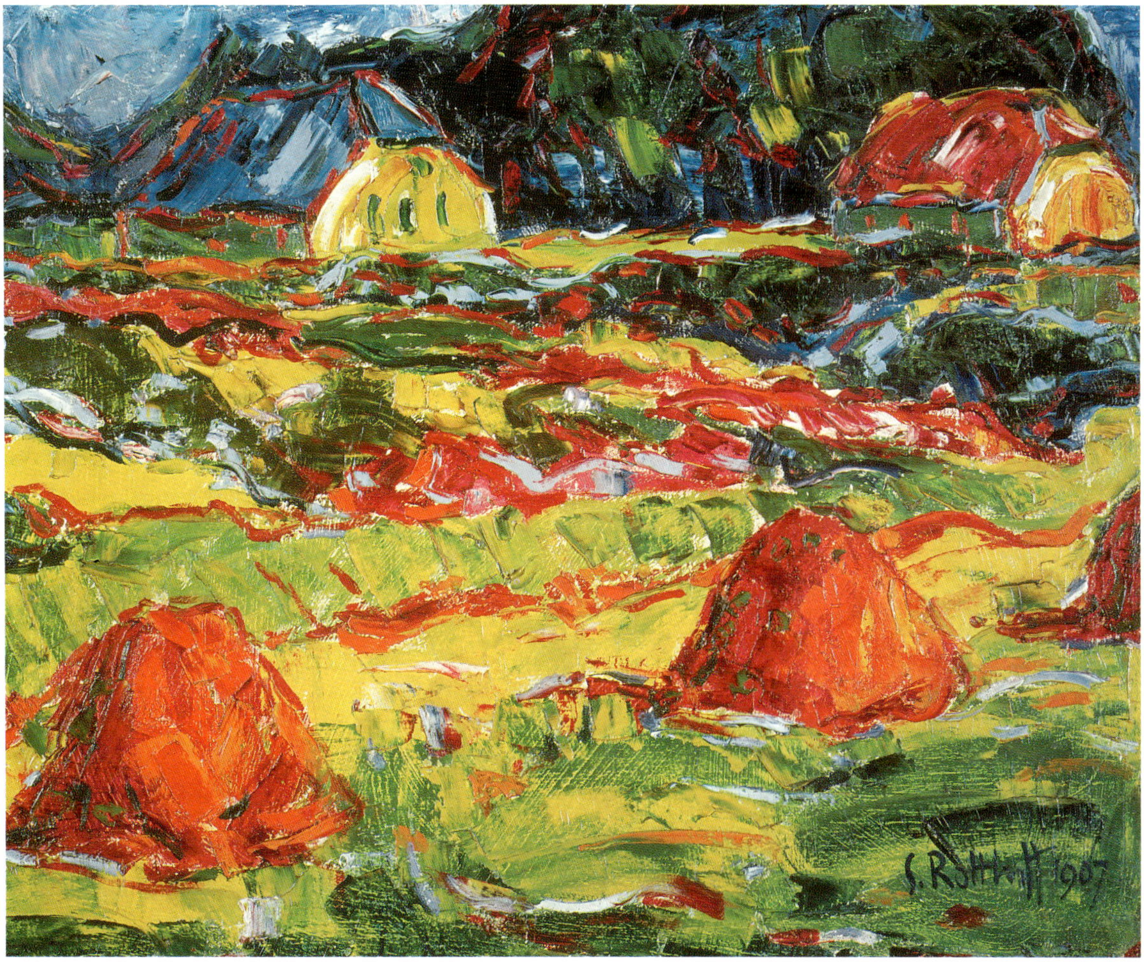

5 Oldenburgische Herbstlandschaft, 1907, Gemälde

In den Bildertiteln der frühen Dangaster Aufenthalte fixiert Schmidt-Rottluff häufig die Jahres- oder Tageszeiten, denen die jeweiligen Arbeiten ihre Entstehung verdanken. Er bekennt sich damit zur damals noch bestehenden Abhängigkeit vom natürlichen Wechsel des Lichtes und der Atmosphäre, die er trotz aller die Zeitgenossen schockierenden Farbenstürme in seinen Bildern einzufangen sucht. Auch in der „Oldenburgischen Herbstlandschaft" ist das Licht noch real, das die Sonne eines frühherbstlichen Tages nach dem zweiten Grasschnitt über das in ihrem Widerschein aufleuchtende Land breitet. Zwei Bauernhäuser mit abgewalmten Giebeln stehen vor einer Baumkulisse im Hintergrund, das linke mit einem festen blauen, das rechte mit einem rot erscheinenden Reetdach, beide mit sonnenbeschienenen Stirnseiten, gleichgerichtet zwar, aber in gehörigem Abstand die Eigenständigkeit betonend. In der Bildmitte davor eine scheinbar chaotische Wirrnis der Farben, die sich bei näherem Zusehen jedoch zu kompakteren Strähnen und rhythmischen Wellen bündeln und ordnen, deren Rot nach unten hin zunimmt, um schließlich in den beiden Heuhaufen ganz vorn zur selbständigen Form zu werden. Ein großer und leidenschaftlicher Zug durchströmt diese Landschaft, welche selbst die Schmidt-Rottluff bekannt gewesenen Felder und Gärten van Goghs idyllisch erscheinen läßt. – Der erste Besitzer des jetzt in der Sammlung Thyssen-Bornemisza befindlichen Bildes war der Jurist Dr. Ludwig Buschkiel, von 1919–1923 erster Vorsitzender des Vereins Kunsthütte in Chemnitz, wo während seiner Amtszeit zwei Schmidt-Rottluff-Ausstellungen stattfanden.

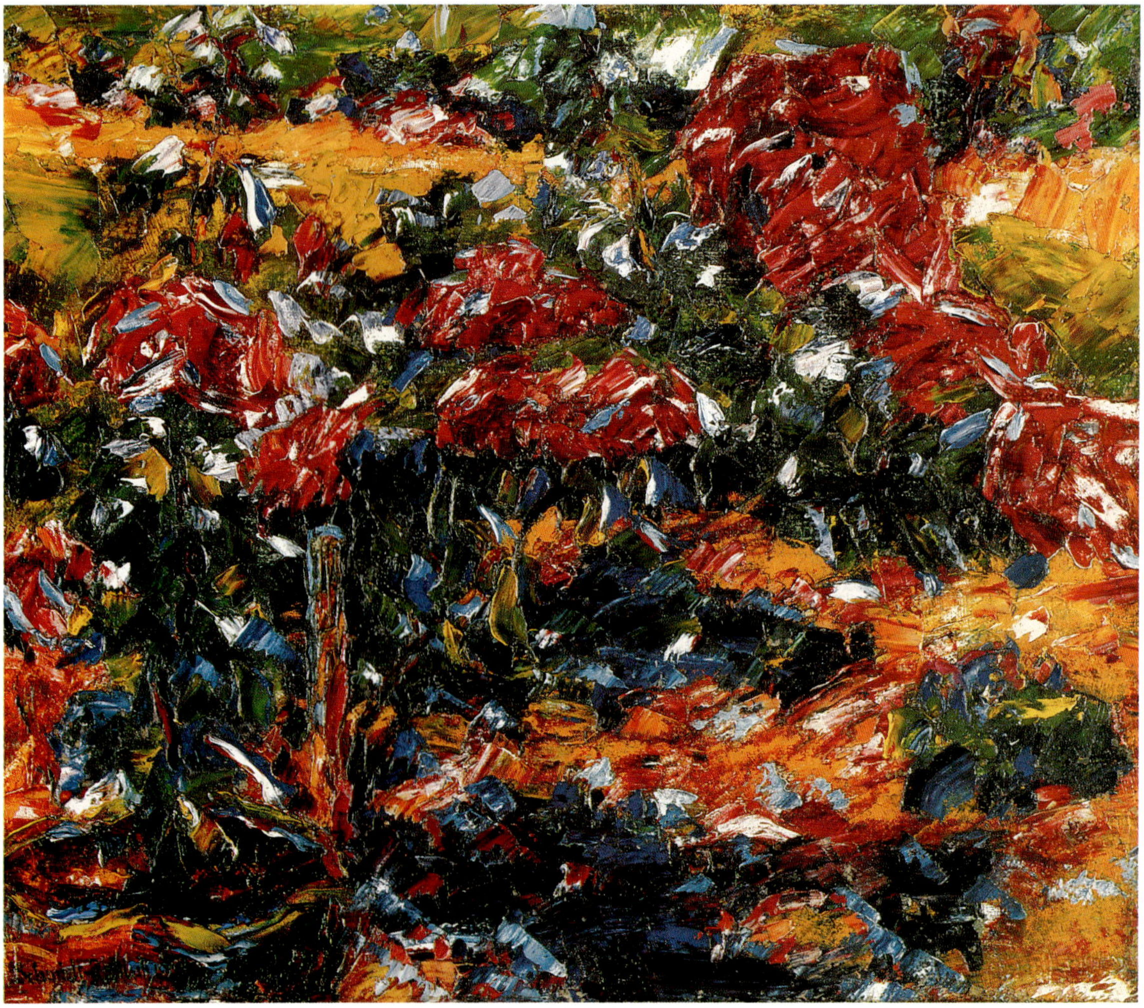

6 Rote Blüten, 1907, Gemälde

Auch dieses Bild fand seinen ersten Besitzer in Schmidt-Rottluffs Heimatstadt Chemnitz, wo es von Prof. Mütterlein, Lehrer an der dortigen Technischen Lehranstalt, 1922 erworben wurde. Ein weiterer Chemnitzer, der früher am dortigen Kunstsalon Gerstenberger tätige und nach Düsseldorf gelangte Kunsthändler Wilhelm Großhennig, ließ es aus seinem Vermächtnis 1982 dem Museum Folkwang in Essen zukommen.
Ein Schwarz-Weiß-Foto dieses Gemäldes macht den Betrachter zunächst ratlos, weil sich das scheinbare Chaos unentwirrbarer Pinselhiebe erst in der farbigen Wiedergabe als das zu erkennen gibt, was es wirklich ist: ein mit furioser Sicherheit gemaltes Bild aus einem ländlichen Garten, in dem über bläulich schimmerndem Blattwerk voll entfaltete rote Blüten leuchten. Sie werden prall in einem Beet gebündelt, das schräg in den raumgebenden, gelblich-hellen Hintergrund führt. Deutlicher läßt sich nicht zum Ausdruck bringen, daß allein der Farbe das Recht zugestanden wird, die Form zu bilden, die in diesem Falle mit Sicherheit auch aus der Erinnerung an die im Vorjahr bei Emil Nolde gesehenen Gartenbilder hervorging. Sein Einfluß dürfte auch noch ein weiteres Gemälde von 1907 bestimmt haben, das ursprünglich mit „Blühen“ betitelt war, auf Wunsch des Künstlers jedoch in das weniger symbolische „Blüten“ umbenannt werden mußte (Brief an F. Schreiber-Weigand vom 25. September 1919). Der Chemnitzer Arzt Dr. Thiele hatte es damals dem heimischen Museum geschenkt, wo es 1937 beschlagnahmt wurde.

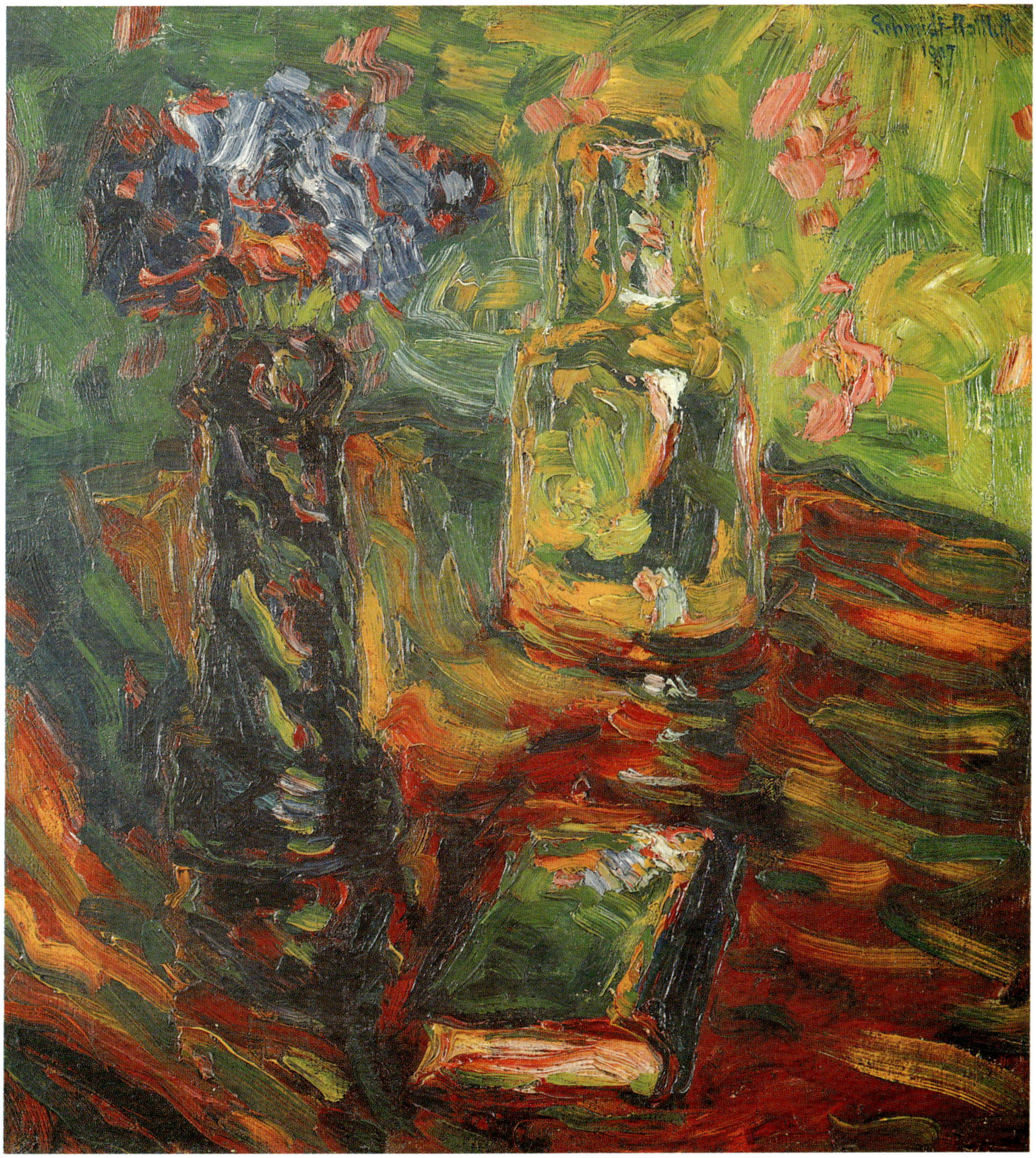

7 Stilleben mit Rosen und Karaffe, 1907, Gemälde

Als Gemälde ist es das früheste Zeugnis seiner Beschäftigung mit der Bildgattung Stilleben, die das Lebenswerk Schmidt-Rottluffs mit so zunehmender Bedeutung durchzieht, daß sie am Ende auch zum letzten Anlaß künstlerischer Gestaltung wird. – Ob der in die Literatur eingegangene Bildtitel tatsächlich der ursprüngliche ist, scheint fraglich, da sich in der hohen Vase mehr blaue als rote Blumen befinden. Daneben trägt der in starker Aufsicht gegebene und mit bräunlichen Farbschwaden überzogene Tisch noch eine mehrfarbig schillernde Glaskaraffe und ein altes Buch, während vor dem grün-gelben Hintergrund rosafarbene Blüten zu schweben scheinen. Die räumliche Situation ist unklar auf diesem Bild, von dem Niemeyer bemerkt, daß in ihm Raum und Körper in sich verselbständigenden Farben aufgehen würden, mit Farbschwüngen, die nicht vom Gegenstand sondern aus der Empfindung kämen.

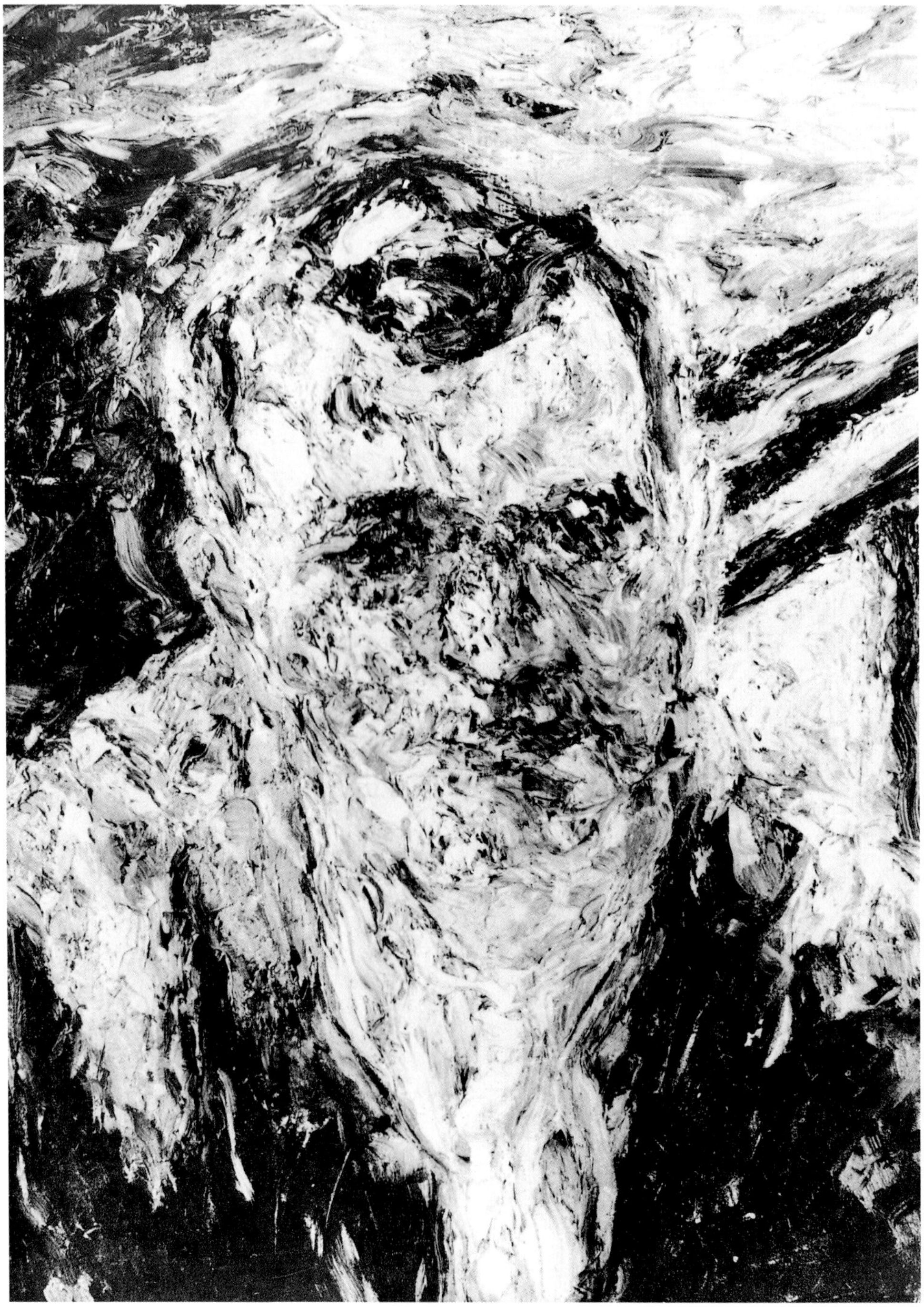

8 Mann im Sonnenlicht, 1907, Gemälde

Bei Grohmann wird dieses Porträt nicht genannt, das erst 1970 durch Karl Brix publiziert, bisher aber nicht identifiziert wurde. Nach dem Selbstbildnis, das Schmidt-Rottluff 1906 Emil Nolde zum Geschenk machte, wäre dies sein zweites Bildnisgemälde. Da der Habitus des im Freien Dargestellten und die Entstehungszeit ein Auftragsbild ausschließen, liegt es nahe, hier nicht nur an Dangast als Entstehungsort sondern auch an Erich Heckel als Porträtierten zu denken, der am 26. Juni 1907 zu Schmidt-Rottluff in Dangastermoor gestoßen war und ihm dort schon wenig später als Modell gedient haben könnte. Den drei bekannten Porträts, die Schmidt-Rottluff 1908 und 1909 in Dangast von seinem Freund schuf, wäre dann dieses voranzusetzen, bei dem Kopfform und Haaransatz mit anderen zeitgenössischen Bildnissen Heckels übereinstimmen.

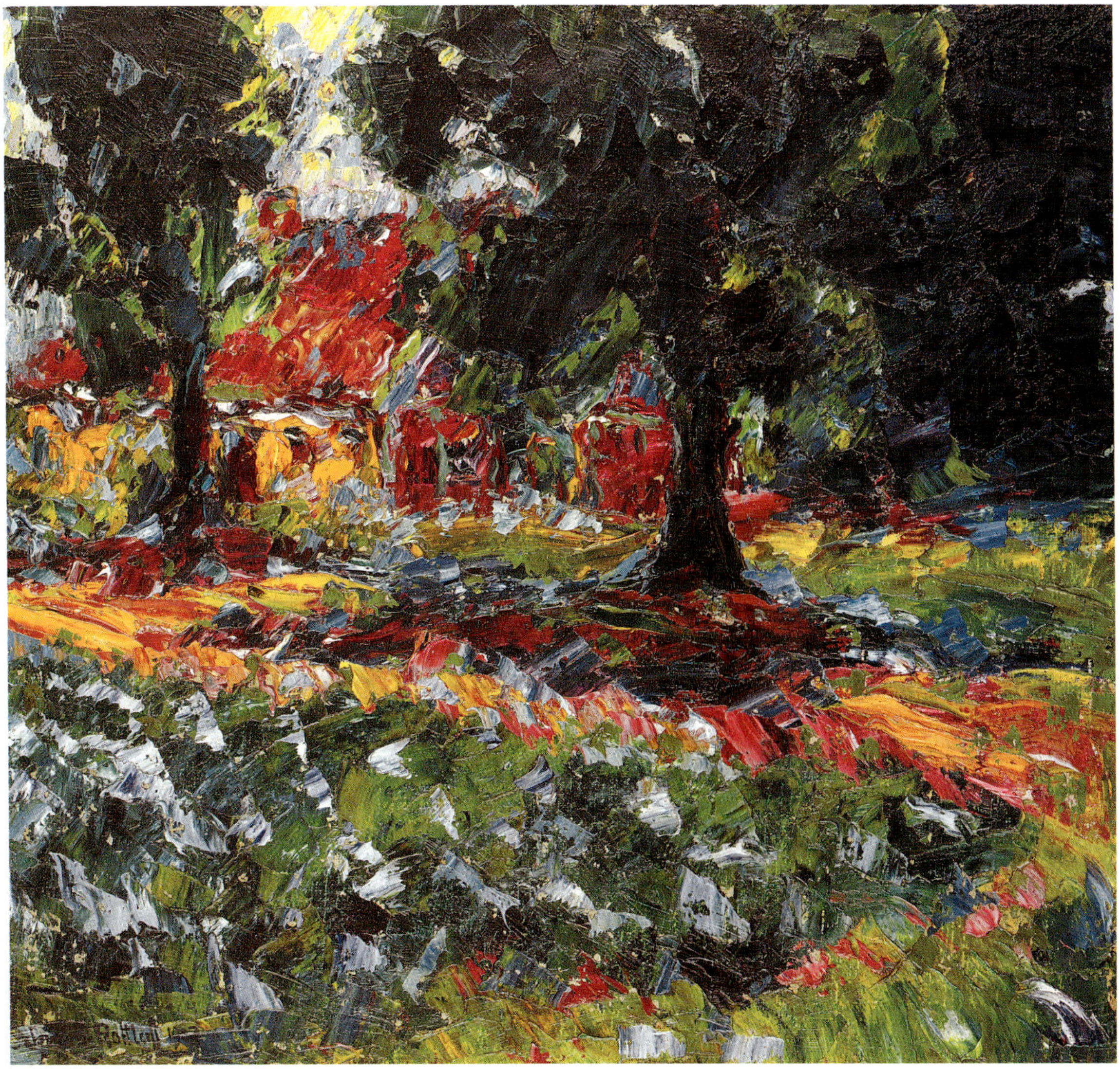

9 Sommermittag, 1907, Gemälde

Die erste nachweisbare Ausstellung dieses Bildes fand 1911 im Oldenburger Kunstverein statt, die nächste 1922 in der Chemnitzer Kunsthütte. Im Kunsthandel tauchte es erst 46 Jahre später auf, um danach erneut in die Anonymität privaten Kunstbesitzes zu entschwinden. – Das Bildmotiv wird, wie die meisten vergleichbaren Darstellungen von 1907 und 1908, aus Dangastermoor stammen, wo Schmidt-Rottluff noch bis Mai 1909 sein Quartier besaß. Ein bäuerliches Anwesen, an der Langseite zum Teil gelb verputzt, im übrigen aber aus rotem Backstein mit einem in gleicher Farbe wiedergegebenen Reetdach bestehend, wird im steilen Mittagslicht des Sommers von zwei ausladenden Laubbäumen überschnitten, deren Schatten fast senkrecht zur Erde fallen. Davor ein quer durch blühende Wiesen führender hellerer Weg und dort, wo die Bäume über dem Haus noch Raum lassen, der gelb-blau gleißende Himmel. Die im Titel genannte Jahres- und Tageszeit läßt die Absicht des Künstlers erkennen, Licht und Atmosphäre eines erlebten Augenblicks sichtbar zu machen, dem in verschwenderisch-farbiger Fülle zum Ausdruck verholfen wird. Die körperliche Substanz dieser in furiose Bewegung geratenen Farbe und ihr vehementer Auftrag mit Pinsel und Spachtel ist allenthalben spürbar, die ungehemmte Erregtheit des künstlerischen Schöpfungsaktes überträgt sich unmittelbar auf den Betrachter.

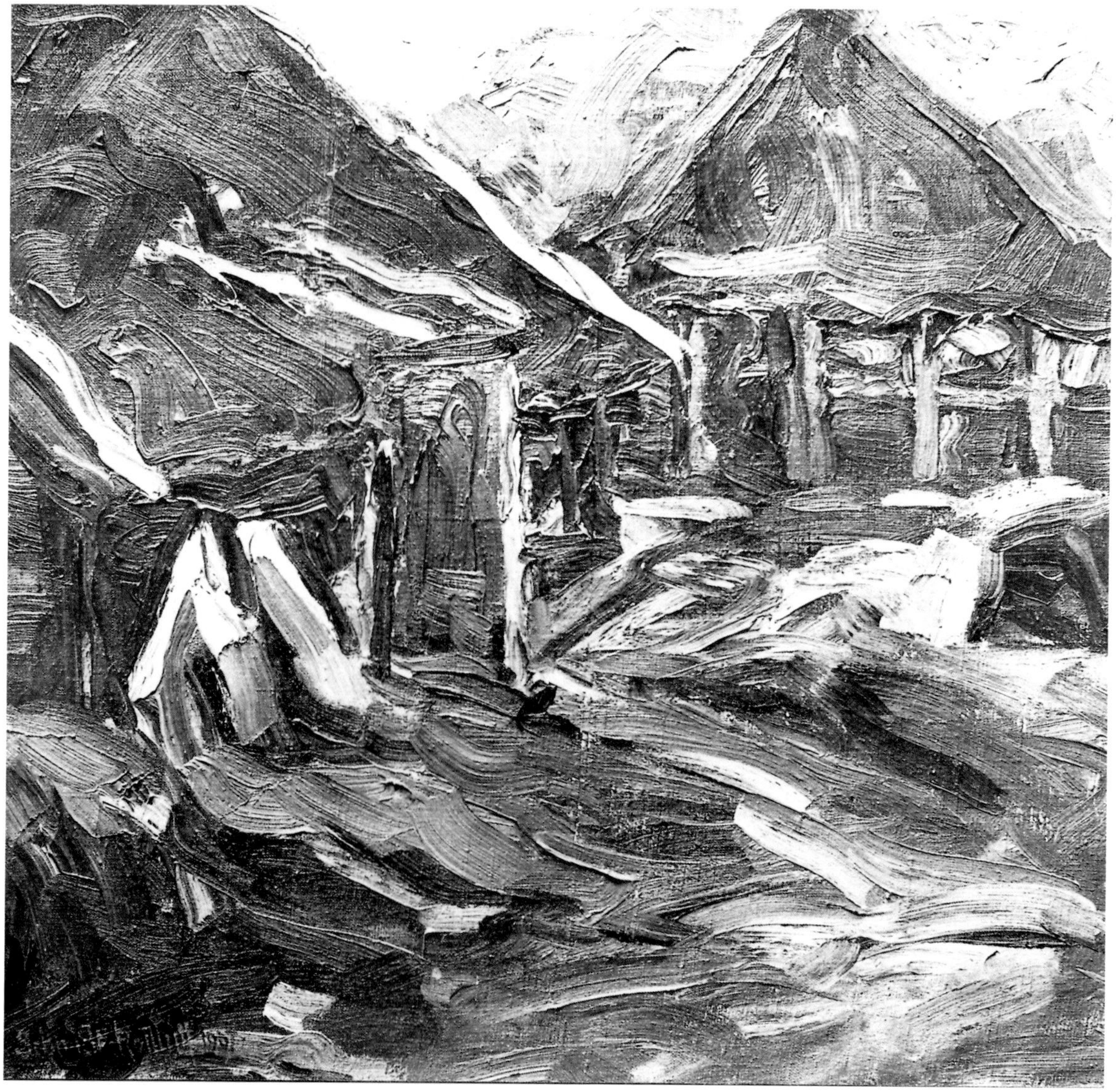

10 Moorgehöft, 1907, Gemälde

Die bisher benennbaren Gemälde des Jahres 1907 sind – bis auf eine Ausnahme – sämtlich in Dangast gemalt worden, wobei allerdings die Hälfte hiervon nicht mehr nachweisbar ist. Zu den schon seit langem verschollenen Bildern gehört auch das „Moorgehöft", das bereits 1907 und 1908 in Bremen und Oldenburg gezeigt wurde und wohl nach einer Ausstellung in Chemnitz 1911 in dortigen Privatbesitz gelangte. Von diesem Gemälde erhielt sich jedoch nicht nur ein altes Schwarz-Weiß-Foto sondern auch eine stichwortartige Beschreibung durch den Kunsthistoriker Wilhelm Niemeyer (1874–1960), die einige Angaben zur Farbe enthält. Dargestellt ist ein von der abgewalmten Stirnseite gesehenes Fachwerk-Bauernhaus im Hintergrund und ein vom linken Bildrand überschnittener Schuppen vorn. Niemeyer hält zunächst fest, daß sich alle Farben des Bildes in breiten und weichen Bahnen sammeln und erwähnt dann den blau-weißen Lichtsaum des Himmels, das grüne Fachwerk und einen „herrlich satt, dick und üppig wogenden Erdboden" aus dem er zum erstenmal bei Schmidt-Rottluff die ernst und schwer wirkende plastische Form herauswachsen sieht. – Das Motiv der in die Tiefe versetzten Bauernhäuser – ohne Fachwerk – verwandte der Künstler im gleichen Jahr noch in einer Lithographie (Abb. 12).

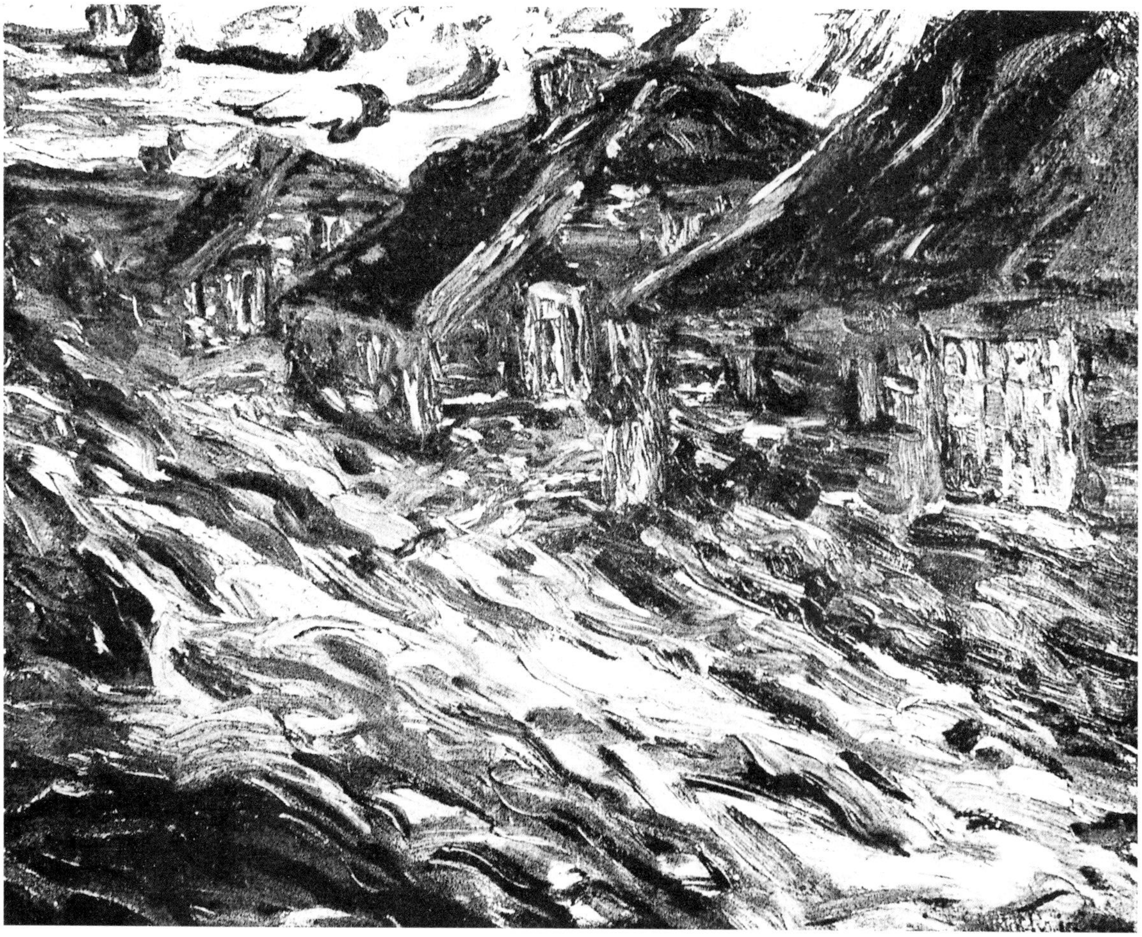

11 Fischerhäuser, 1907, Gemälde

Die Abbildungsvorlage für dieses verschollene Gemälde konnte über einen alten Druckstock im Archiv der Städtischen Kunstsammlungen Chemnitz zurückgewonnen werden, in deren Besitz sich das Bild als Vermächtnis des Oberst von Pape von 1927 bis zu seiner Veräußerung 1937 befand. Bei dem an Arbeiten Emil Noldes erinnernden Bildmotiv, das Schmidt-Rottluff im gleichen Jahr auch noch für eine Lithographie verwandte (Abb. 17), handelt es sich um drei mit ihren Langseiten in einer Flucht liegende Fischerhäuser mit abgewalmten, tief heruntergezogenen Reetdächern, an denen entlang ein Weg schräg in den Hintergrund führt. Da Farbangaben fehlen – dominant dürfte das Backsteinrot der Fischerhäuser gewesen sein – muß die Beurteilung des Bildes sich auf seine Komposition und Malweise beschränken. Aufbau und Wirkung beruhen auf der mächtigen Diagonale, die das Rechteck von rechts unten nach links oben durchzieht, den Raum einfordert und den differenziert angeschlagenen Rhythmus der Häuser oben ebenso nachhaltig bestimmt, wie den in einen reißenden Farbenstrom verwandelten Weg unten. Ob vor der linken Ecke des vordersten Hauses eine der in Schmidt-Rottluffs Landschaften seltenen menschlichen Gestalten dargestellt ist, läßt sich nicht mit Sicherheit ausmachen. In diesem, die furiose Gewalt des „Windiger Tag“ (Abb. 1) noch übertreffenden Bild scheinen die Grenzen emotionaler Ausdruckssteigerung jedenfalls erreicht und eine stilistische Neuorientierung des Künstlers unvermeidbar geworden zu sein.

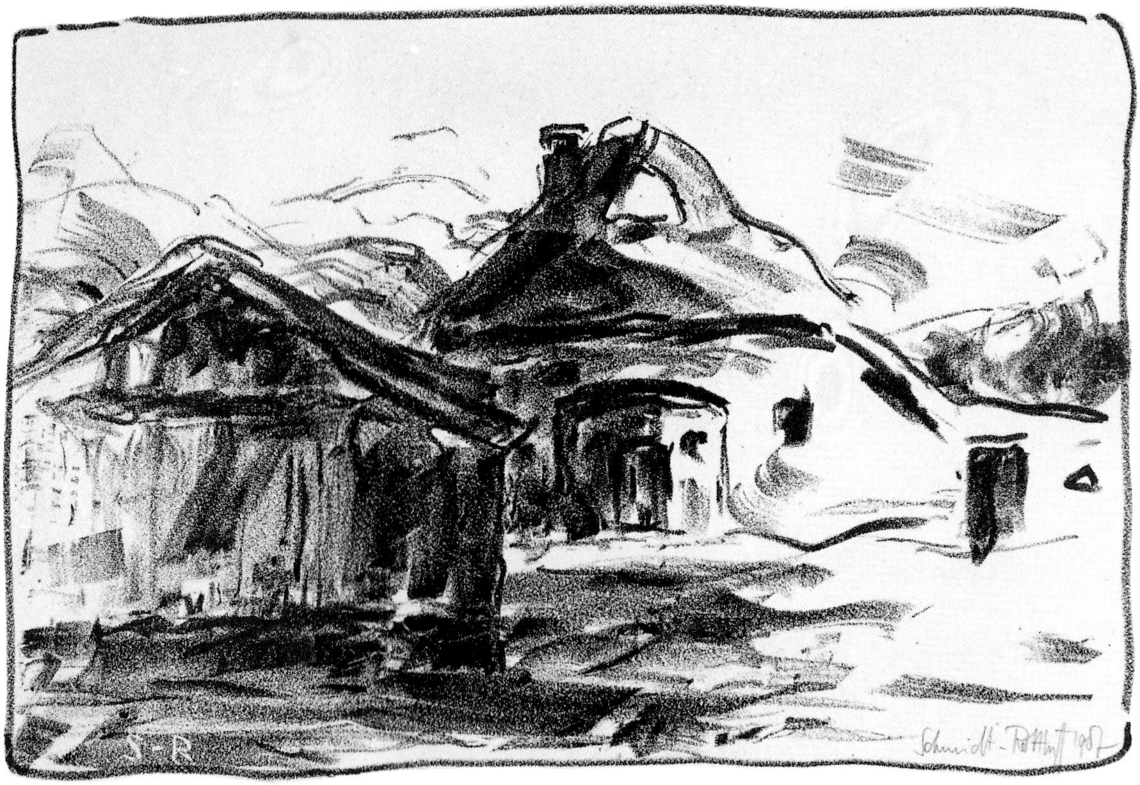

12 Gehöft im Moor, 1907, Lithographie

In der Frühzeit der Brücke galt die Lithographie unter den verwendeten graphischen Techniken als die Domäne Schmidt-Rottluffs, der schon vor seinen Dangaster Jahren 1906 in Dresden mindestens 15 Steindrucke geschaffen hatte. Darin waren die im Schwarz-Weiß liegenden Ausdrucksmöglichkeiten bereits erprobt und schon im ersten Zugriff zu kühnen Lösungen gebracht worden, sodaß er die nötige Sicherheit zu ihrer intensiven Weiterführung in Dangast ab 1907 schon besaß. Bis 1912 entstanden hier mehr als 30 Lithographien, von denen zumindest diejenigen des ersten Jahres in der lithographischen Anstalt von Lambrecht & Sohn in Oldenburg gedruckt wurden. Die meisten dieser Blätter erhielten eine unregelmäßig gezogene Randlinie, die das jeweilige Motiv nachdrücklich umschließt. – Dieses auch als Gemälde gestaltete Motiv (Abb. 10) wird von Rosa Schapire ausdrücklich in Dangastermoor lokalisiert. Der rückwärtige Bauernhof mit großem Einfahrtstor und angesetztem Schweinestall und die überschnittene Giebelscheune links davor werden vom Quartier des Künstlers im Gasthof „Zum Fürsten Bismarck“ nicht allzuweit entfernt gewesen sein. Gegenüber dem „horror vacui“ in den frühen Lithographien haben hier die freigebliebenen Flächen erheblich zugenommen. Die in späteren Arbeiten so meisterhaft geübte Kunst des Weglassens wird darin vorbereitet. – Dieses Blatt war für die 14. Ausstellung der Berliner Sezession von 1907 angenommen worden, was im folgenden Jahr dessen Präsentation im Oldenburger Kunstverein erleichtert haben dürfte.

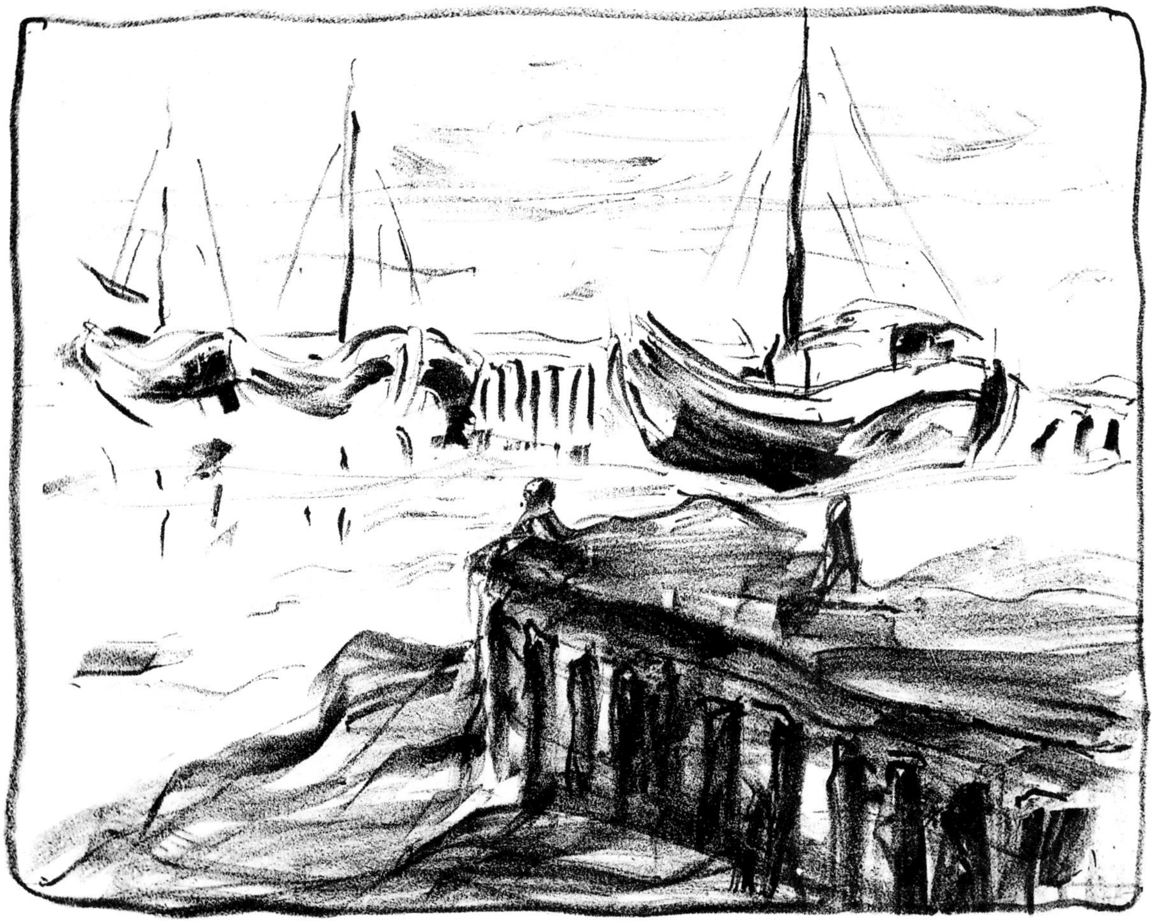

13 Hafen bei Ebbe, 1907, Lithographie

Die Lithographie enthält Schmidt-Rottluffs früheste Darstellung des ehemaligen, einige Kilometer westlich Dangast gelegenen Sielhafens Ellenserdamm, der auch noch in weiteren Arbeiten des Künstlers erscheint (Abb. 131, 140, 207). Vorn ist ein Stück der hölzernen Kaiwände zu erkennen, im flachen Wasser und auf dem Schlick liegen drei hölzerne Tjalken, einmastige holländische Frachtsegler von 15–20 Meter Länge, abgerundetem Bug und Seitenschwertern. Mit ihnen wurden hier vor allem die in den nahen Geestziegeleien produzierten Klinkersteine transportiert. Während das rechte Schiff mit hoch aufragendem Bug im Schlick trokkenliegt, erscheinen die nebeneinander liegenden, nur mit wenigen Strichen umrissenen Schiffe links wie Schemen im schimmernden Licht eines sonnigen Tages. Gerade in solchen Blättern, in denen sich die lichteinfangende Linie gegenüber dem Hell-Dunkel-Kontrast als Träger des Ausdrucks behauptet, werden Einwirkungen Edvard Munchs spürbar, die damals durch die Bekanntschaft mit dem Hamburger Sammler Gustav Schiefler verstärkt worden sind.

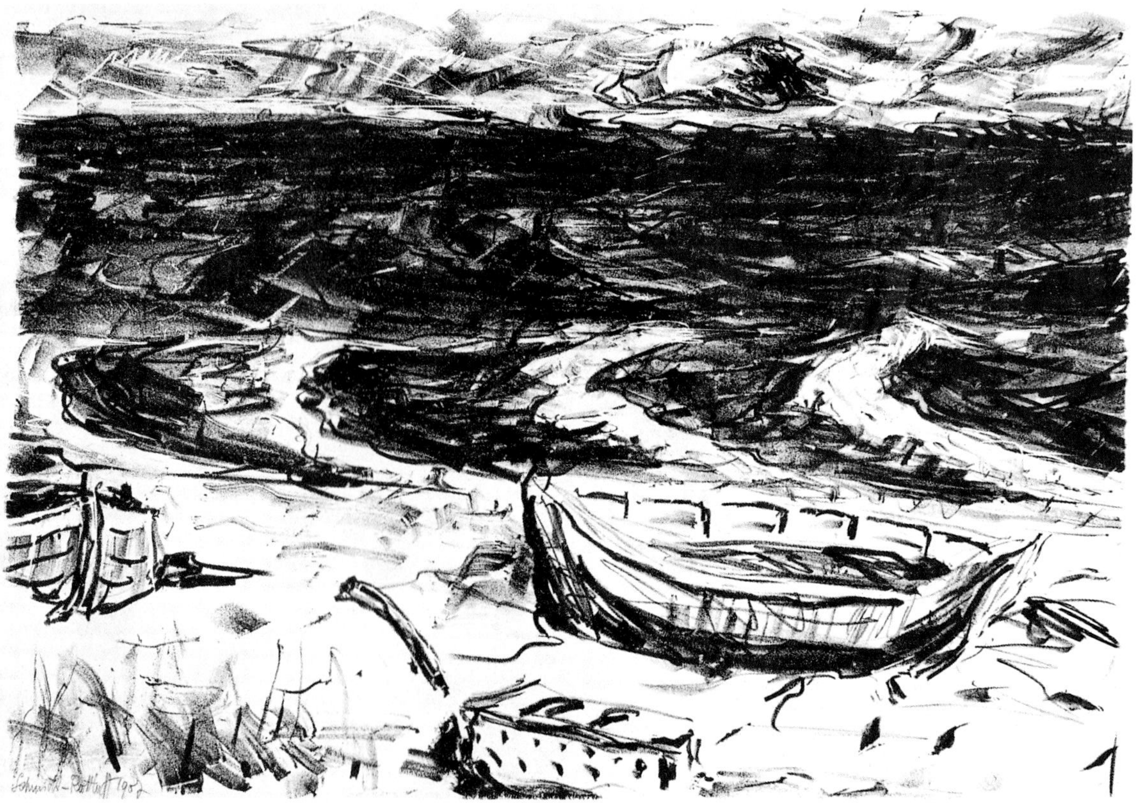

14 Herbstliches Meer, 1907, Lithographie

Der Hinweis auf die Jahreszeit und die Tatsache, daß diese Lithographie nicht wie die übrigen Dangaster Motive in Oldenburg, sondern in Dresden gedruckt wurde, kann als Indiz dafür angesehen werden, daß es sich hier um eine der letzten 1907 in Dangast entstandenen Arbeiten handelt. Der Maler hatte seinen Aufenthaltsort erst im November dieses Jahres verlassen, ehe er – nach einer Kurzvisite in Worpswede – wieder in Dresden eintraf. – Im Gegensatz zu vielen seiner Zeitgenossen hat Schmidt-Rottluff keine ausgesprochenen Meeresbilder gemalt. Der unreale, sich ständig verändernde Zustand dieses Elements schien ihm nicht darstellbar, auch der Gefahr wegen, dabei zum bloßen Ornament zu verkommen. Er bändigt deshalb auch hier die dunkel und unergründlich vor ihm liegenden Wassermassen, indem er ihnen eine breite Mittelzone zuweist. In ihrem vorderen Teil deuten lediglich drei in sich geschlossene Wellenkämme die unaufhörliche Bewegung und die Beständigkeit des Wechsels an. Für den Himmel bleibt so über dem hochgezogenen Horizont nur ein schmaler Wolkenstreifen, während dem hellen Sandstrand im Vordergrund der gleiche Raum zugestanden wird wie dem Meer. Auf dem Strand liegt rechts ein offenes Boot mit einem hölzernen Fischkasten davor, während ein weiteres mit geklinkertem Rumpf vom linken Bildrand überschnitten wird.

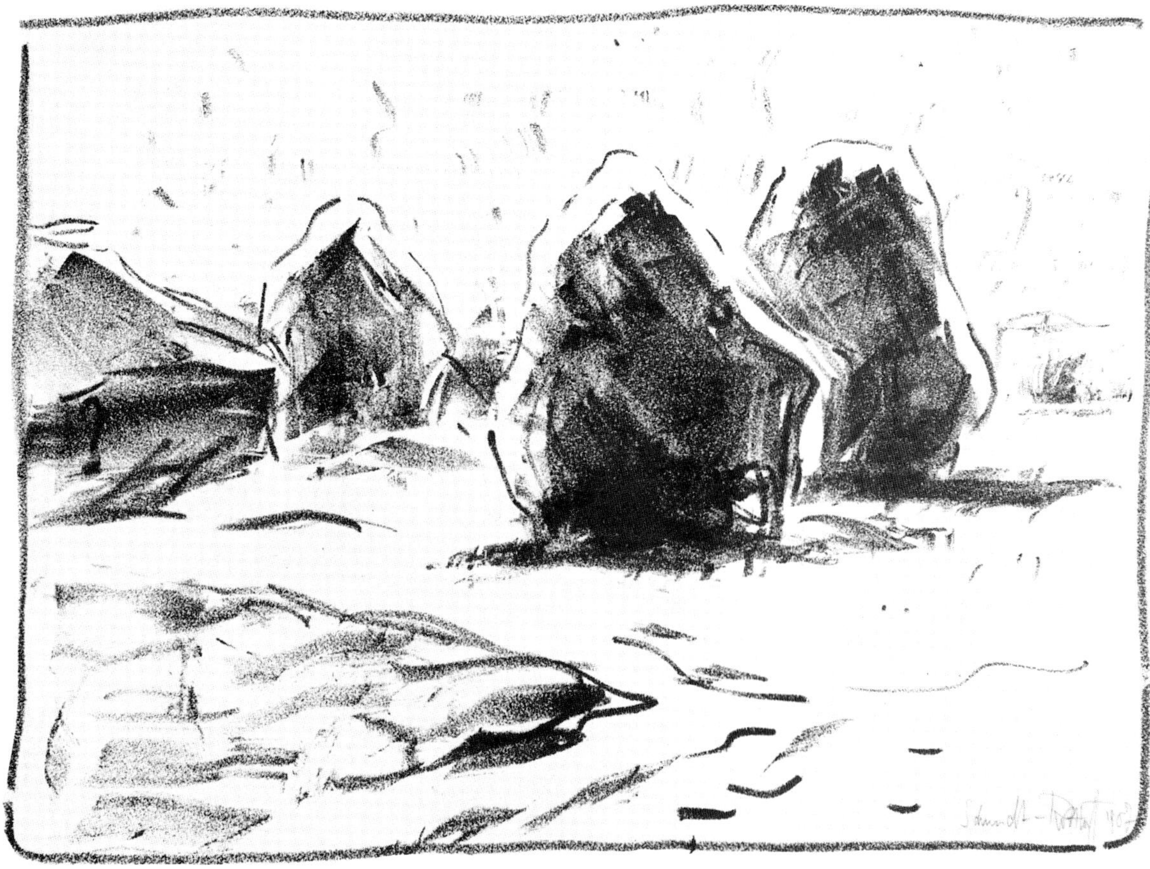

15 Strohfeimen, 1907, Lithographie

Der im mittleren Deutschland für geschichtete größere Heu- oder Strohhaufen verwendete Ausdruck Feime oder Feimen war am Entstehungsort dieser Lithographie – wo man stattdessen von Reutern spricht – auch damals nicht im Gebrauch. Der Künstler verwandte ihn jedoch fast 50 Jahre später noch einmal zur Bezeichnung eines 1954 in Schleswig-Holstein gemalten Aquarells, das sich jetzt im Brücke-Museum befindet. Auf dem hier gezeigten Blatt sind drei dieser auf den Boden getürmten, urtümlich wirkenden Strohberge zu erkennen, im Gegenlicht stehend und in unterschiedlichen Abständen vom Betrachter aufgebaut. Nur links davon zeigt ein vom Bildrand überschnittenes Gebäude an, daß sie in einer besiedelten Landschaft stehen und künstliche Gebilde darstellen. Ihr plastisches Volumen und ihr körperhafter Ausdruck, der sie wie Vorläufer der Skulpturen Henry Moores erscheinen läßt, mußten einen Künstler reizen, dem die dreidimensionale Gestaltung ein frühes Anliegen war.

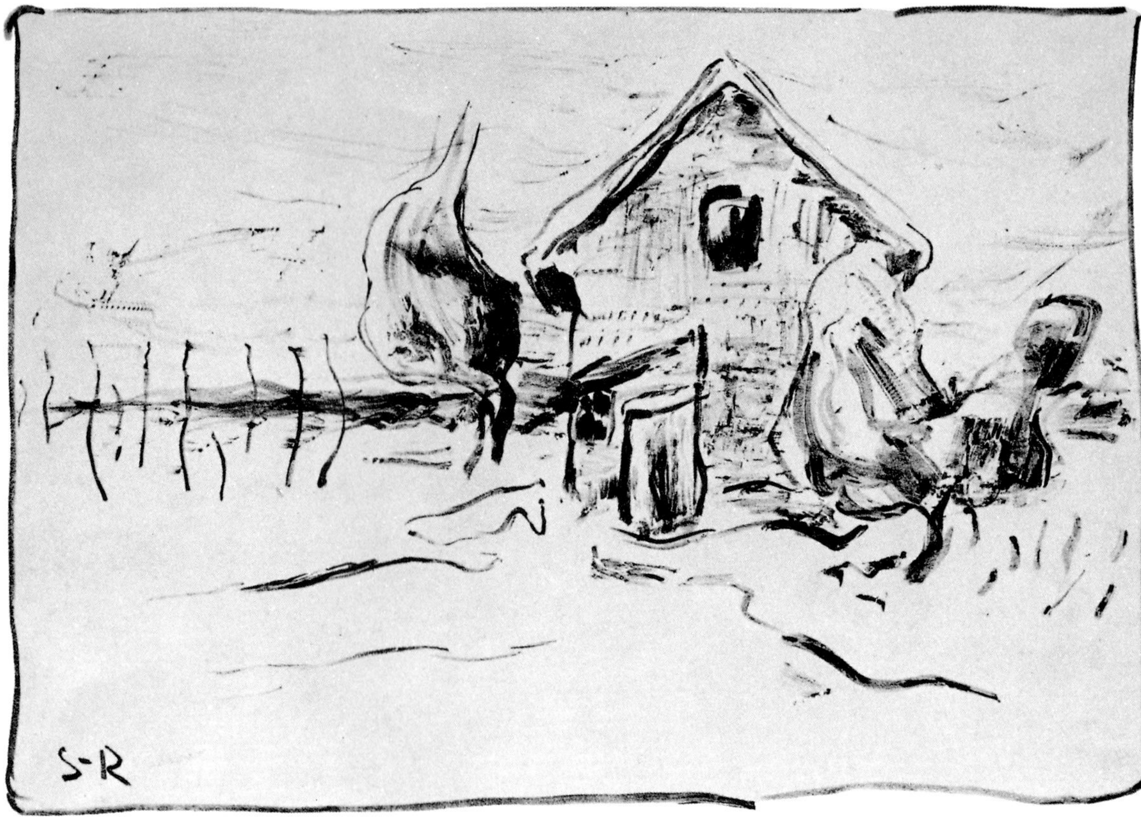

16 Giebelhaus und Bäume, 1907, Lithographie

Bei den Vorbereitungen für die Ausstellung „Maler der Brücke in Dangast" von 1957 führte die Suche nach den von Schmidt-Rottluff in Oldenburg hinterlassenen Spuren auch zu dem Kaufmann und Ratsherrn Werner Lambrecht, dessen großes Textilkaufhaus in der Oldenburger Innenstadt insofern eine Besonderheit darstellte, als sich in ihm eine permanente Sammlung von Bildern oldenburgischer Maler befand. Wesentliche Teile dieses Bestandes, wie das große Selbstporträt von Jan Oeltjen (1880–1968) mit seiner Frau Elsa Kasimir von 1927, gelangten später in das Oldenburger Landesmuseum. Der kunstverständige Besitzer des Kaufhauses war ein Sohn jenes Oldenburger Steindruckers, bei dem die meisten Dangaster Lithographien Schmidt-Rottluffs von 1907 gedruckt worden waren. In den von ihm bewahrten Mappen mit gesammelter und im Betrieb seines Vaters gedruckter Graphik fanden sich auch zwei Zustände der abgebildeten Lithographie, die vom Oldenburger Landesmuseum erworben werden konnte. Dieses Blatt gelangte – aus welchen Gründen auch immer – nicht in das Werkverzeichnis der Graphik von Rosa Schapire, obwohl es zum Zeichen seiner Vollendung vom Künstler signiert wurde. Auf ihm ist ein kleines, von einigen Bäumen umstandenes Giebelhaus zu sehen – vielleicht eine in Strandnähe befindliche Fischerhütte mit Netzpfählen im Hintergrund. Die mit Tusche, Kreide und Schaber auf den Stein gezeichnete Darstellung, von der keine Auflagendrucke existieren, hat die ganze Frische seiner spontanen Entstehung ungewöhnlich gut bewahrt.

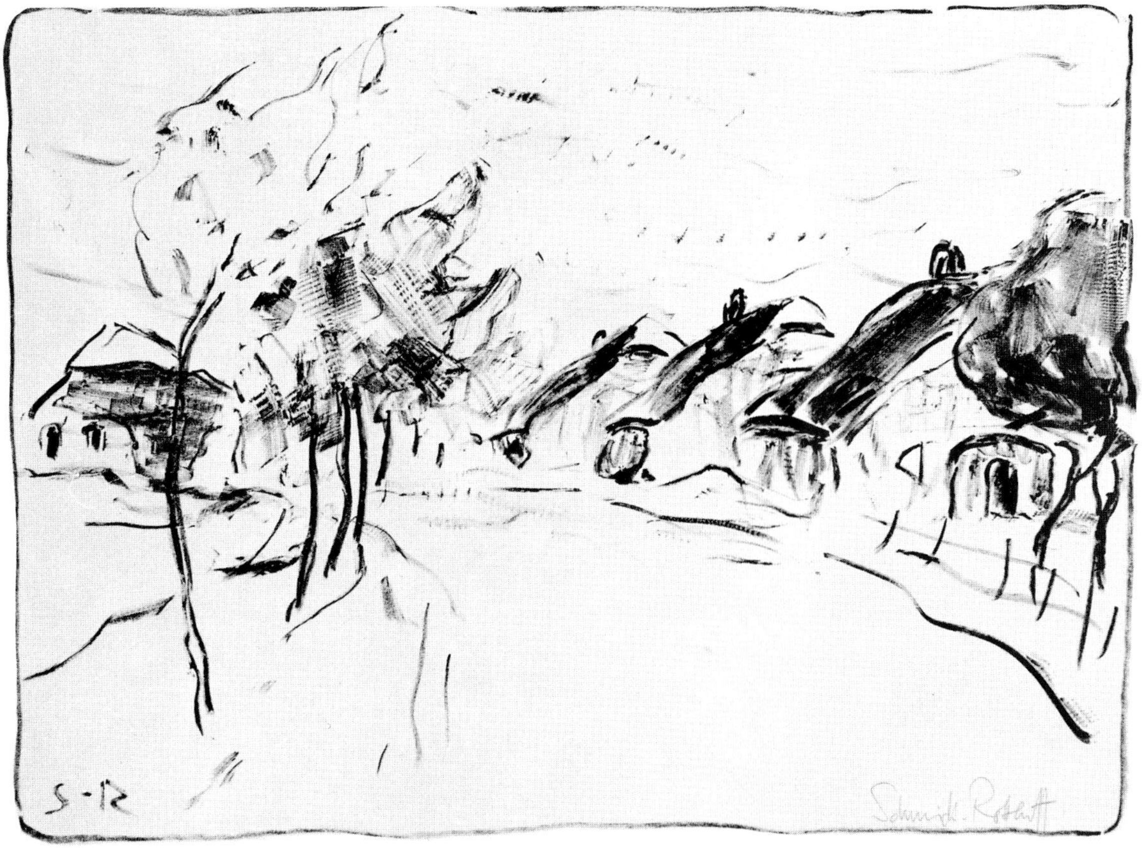

17 Fischerdorf, 1907, Lithographie

Gegenüber den im selben Jahr gemalten Fischerhäusern (Abb. 11) hat sich hier der Blickwinkel des Malers insofern geändert, als in der Lithographie links des weit geschwungenen Weges noch eine Baumreihe und ein weiteres Haus auftauchen, sodaß es zur unterscheidenden Bezeichnung „Fischerdorf“ kommen konnte. Das dargestellte Dangaster Ortsbild hatte sich noch über Jahrzehnte hinweg erhalten, ehe für modern gehaltene Um- und Ersatzbauten an seine Stelle traten.
Schmidt-Rottluff hat das eingängige Motiv mit Tusche, Kreide und bei Verwendung des Schabers unmittelbar auf den Stein gezeichnet und sich dabei im wesentlichen auf die hier und dort verdichteten Konturen beschränkt, die rasch und sicher in längeren und kürzeren Linienschwüngen auf die Vorlage gesetzt sind. Im übrigen wird der an drei Seiten freie Bildraum nur durch eine umgrenzende Linie zusammengehalten und ebenfalls im Stein signiert.

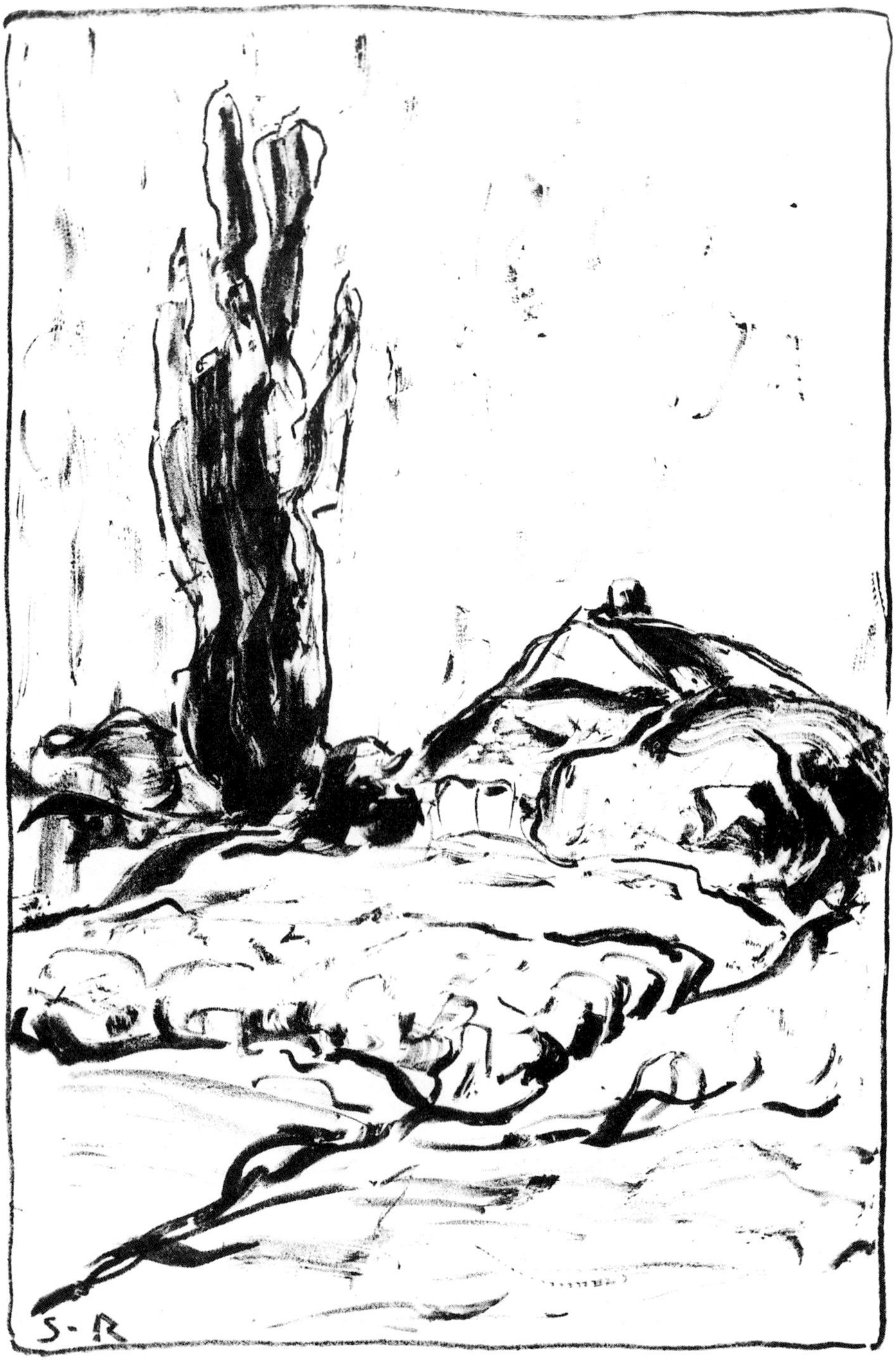

18 Die Pappel, 1907, Lithographie

In dieser, wie in der folgenden Lithographie scheint Schmidt-Rottluff die lodernden provencalischen Pappeln und Zypressen van Goghs an die friesische Nordseeküste versetzt zu haben. Die Darstellung von Bäumen als Träger des Ausdrucks spielt auch in seinem Werk eine so herausragende Rolle, daß sich daraus eine dichte Kette markanter Werke bilden ließe. Das im Oldenburger Landesmuseum befindliche Blatt ist mit einer Widmung für Rosa Schapire in Hamburg und mit dem Datum des 23. März 1908 versehen. Es bezeichnet den Beginn einer lebenslangen und folgenreichen Freundschaft.

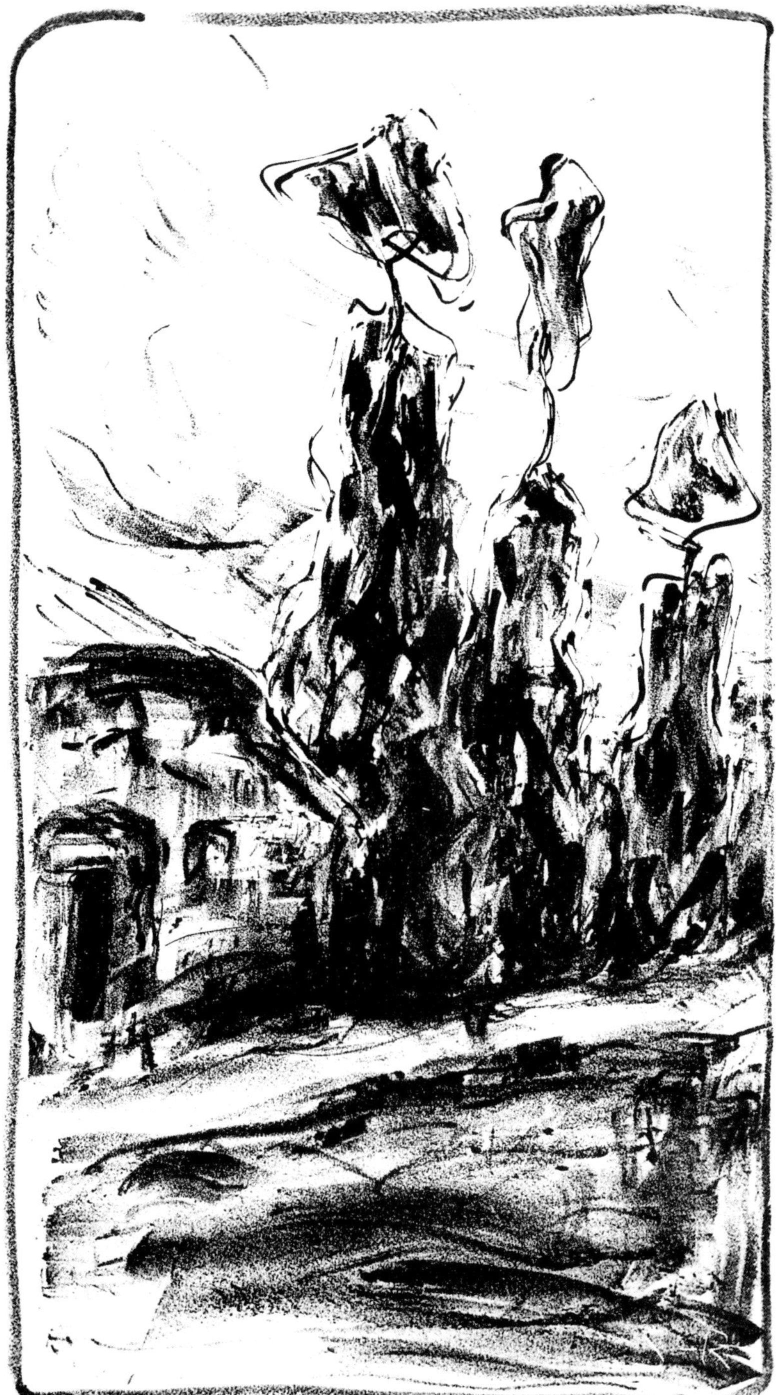

19 Bäume am Haus, 1907, Lithographie

Das wiederum in Dangastermoor gefundene Bildmotiv hat Ähnlichkeit mit der vorangegangenen Lithographie, nur ist der Maler näher herangerückt, überschneidet das breit gelagerte Bauernhaus am linken Bildrand und läßt rechts davon gleich drei Laubbäume mit unterbrochenen Kronen wie flackernde Kerzen in einen unruhig bewegten Himmel züngeln. Das Blatt zeigt ungleich mehr Schwärzen als das vorige, in den breit gewischten Bodenschwüngen ebenso wie in den unteren Partien von Haus, Bäumen und Wolken und gerade diese Schatten und Dunkelheiten verleihen ihm sein feierlich-ernstes Pathos.

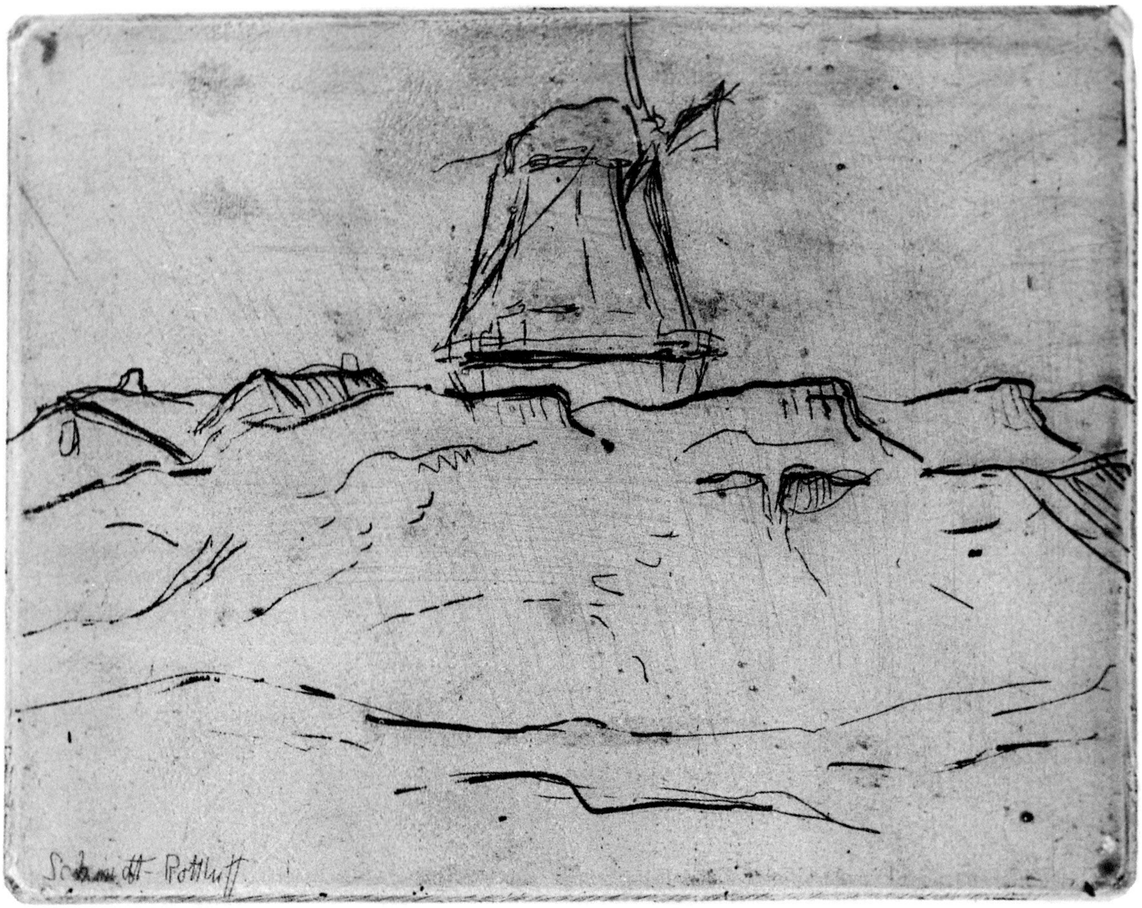

20 Dangaster Mühle, 1907, Radierung

Die nur in einem Exemplar erhaltene und im Werkverzeichnis von Rosa Schapire nicht aufgeführte Radierung gibt die einsam zwischen Dangastermoor und Dangast an der Straße liegende Windmühle wieder, in deren Nebengebäude sich auch eine Wirtschaft befand. Sie war 1874 als sogenannter Erdholländer errichtet worden und hatte erst 1907 einen massiven, zweigeschossigen Unterbau erhalten. Schmidt-Rottluff stellte sie 1909 auch noch in einem verschollenen Aquarell dar, Heckel unter anderem in einem bekannten Gemälde aus dem gleichen Jahr (Lehmbruck-Museum Duisburg). Wie in diesem Bild Heckels gibt Schmidt-Rottluff die Mühle in seiner Radierung von der straßenabgewandten Seite des alten Deiches wieder, der mit seinen z.T. abgegrabenen Partien die Geländeformationen im Vordergrund bestimmt. Der spröde Strich der auch in der Platte signierten Radierung verrät die Spuren der ritzenden Kaltnadel, mit der lediglich die Umrisse der Mühle, zweier Hausgiebel und der Erdpartien unterschiedlich stark in die Metallplatte eingegraben wurden. In Dangast schuf Schmidt-Rottluff 1907 und 1908 lediglich vier Radierungen, um sich dieser Technik erneut erst wieder im Jahre 1915 zuzuwenden.

1908
Neue Kunstwege und Begegnungen

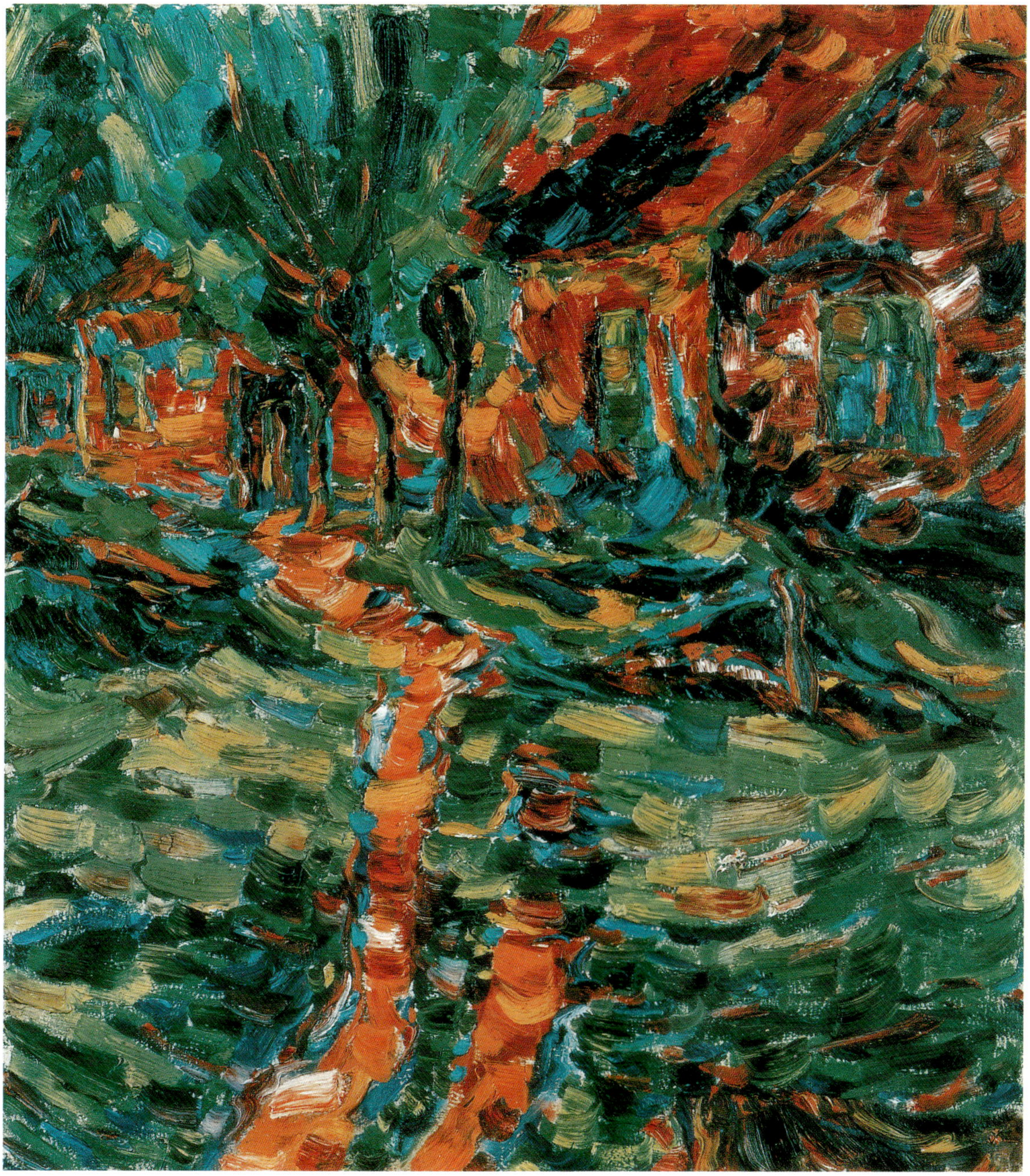

21 Dorfhaus mit Weiden, 1908, Gemälde

Für das undatierte und bei Grohmann nicht genannte Gemälde wird seit seinem Einzug in die ehemalige Ost-Berliner Nationalgalerie durchgehend 1907 als Entstehungsjahr angegeben. Der Vergleich mit Schmidt-Rottluffs Malstil im Vorjahr, sowie die Aufzeichnungen Wilhelm Niemeyers bestätigen jedoch, daß es erst 1908 gemalt wurde. Niemeyer hatte das Bild bei seinem Besuch Schmidt-Rottluffs 1911 in Dangast gesehen und sein Entstehungsdatum notiert. Dabei vermerkte er auch, daß es zwar noch impressionistisch gemalt wäre, seine Farbschwaden jedoch deutlicher gegeneinandergesetzt seien als je zuvor. Er erkennt darin „Energie, Arroganz, Kraft und ein rücksichtsloses Losgehen auf die Dinge" und hebt zugleich die farbigen Effekte als bestimmend für die Bildwirkung hervor: das Rot-Gelb-Blau der Häuser, das Grün-Blau der Weiden und den im grün-gelben Gras rotglühenden Wegeslauf.

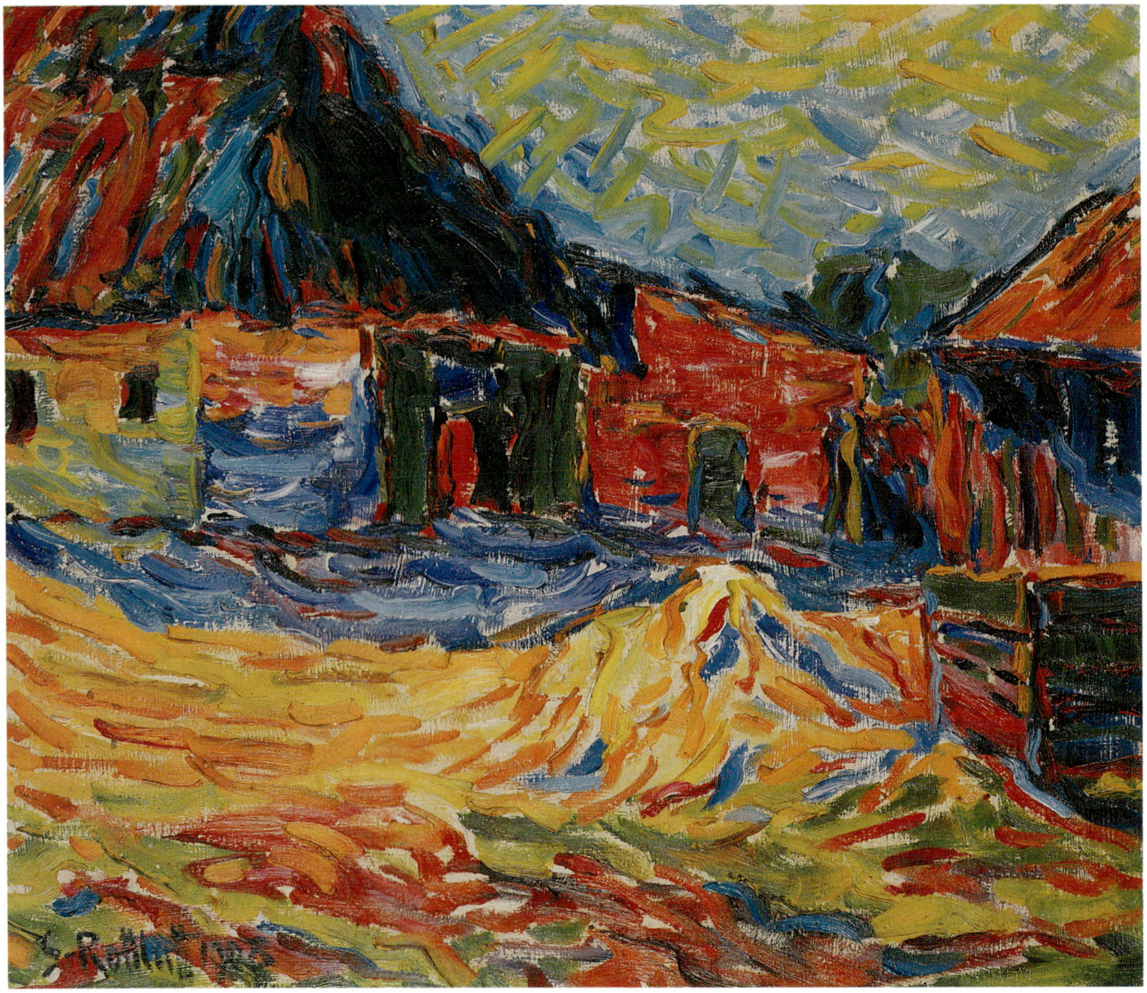

22 Mittag im Moor, 1908, Gemälde

Mit der Ortsbezeichnung Moor meinte Schmidt-Rottluff damals das Dorf Dangastermoor, in dem er auch während seines gesamten zweiten Aufenthaltes von 1908 wohnte. Wahrscheinlich handelt es sich hier um eine in unmittelbarer Nähe seines Quartiers „Zum Fürsten Bismarck“ liegende und in veränderter Form noch vorhandene Häusergruppe. In seiner die reinen Farben in langen Strähnen und kurzen Hieben mischenden Malerei tendiert das Bild noch stärker zu seinen vorangegangenen als zu den künftigen Arbeiten, deren veränderte Auffassung sich im folgenden Gemälde (Abb. 23) besonders deutlich zu erkennen gibt. Dennoch heben sich auch hier schon kompakter umgrenzte Farbblöcke stärker voneinander ab, um sich gleichsam in eine neue Ordnung zu drängen. Das Bild, das in Oldenburg bereits in der Augusteums-Ausstellung von 1908 zu sehen war, ist eng mit dem Wirken des Kunsthistorikers Wilhelm Niemeyer verbunden, der es schon 1910 in der von ihm organisierten Düsseldorfer Sonderbund-Ausstellung zeigte und danach in seiner berühmt gewordenen Denkschrift des Sonderbundes abbildete und so beschrieb: „Als sprühende Katarakte von Farbsträhnen wogen die Bildwerte gegeneinander und streben zu ganz einfachen, groß leuchtenden Konsonanzen des Kolorits zusammen“. Niemeyer hütete dieses früheste Bild seiner aus mindestens elf Gemälden bestehenden Schmidt-Rottluff-Sammlung bis in seine letzten Lebensjahre, in denen er sich dann entschloß, seinen kostbaren Besitz mit dem Ziel zu veräußern, die damals noch oder wieder geringe Präsenz seines einstigen Freundes in den öffentlichen deutschen Museen zu verbessern. 1954 erlebte er dann mit Genugtuung die Erwerbung dieses Werkes durch das Oldenburger Landesmuseum, das damit wieder über ein im nahen Dangast geschaffenes Gemälde von Schmidt-Rottluff verfügte.

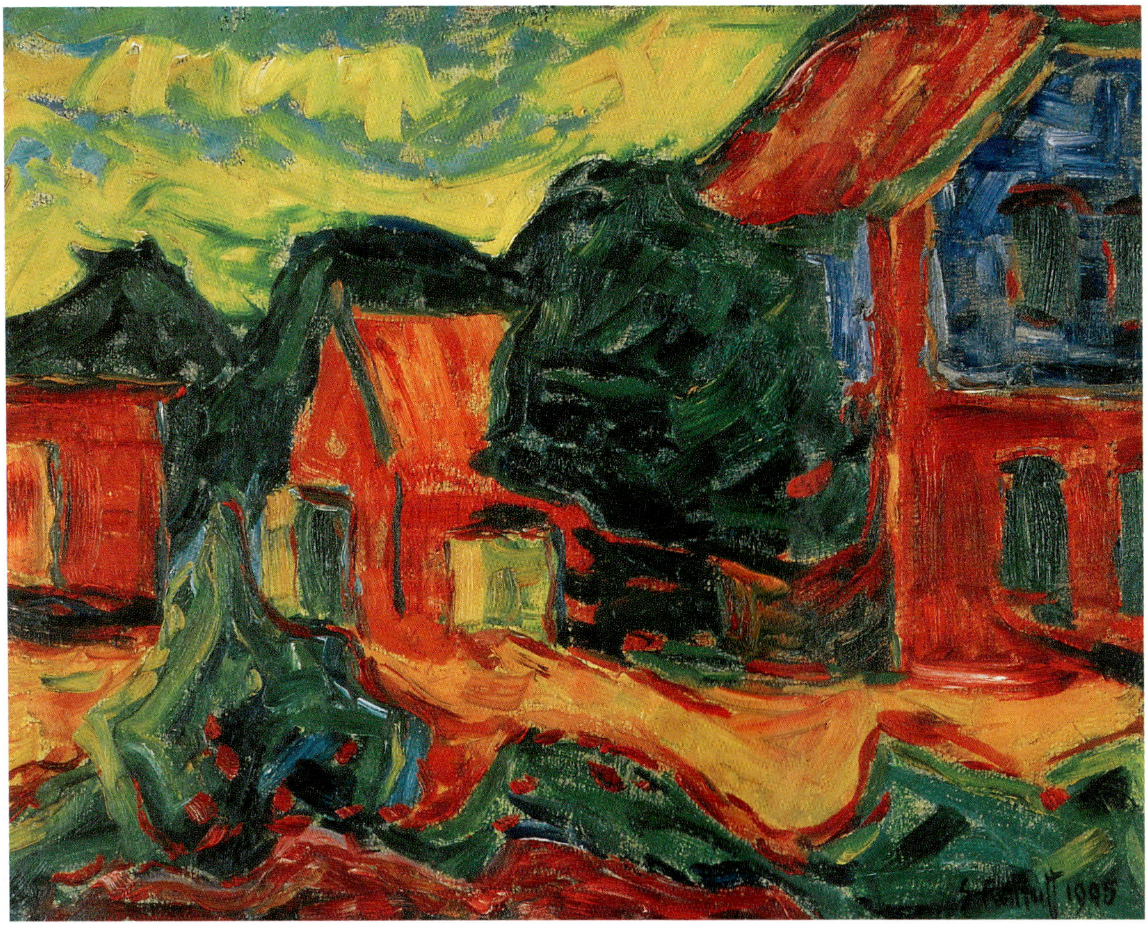

23 Am Bahnhof, 1908, Gemälde

Auch dieses Bild erlebte seine erste Ausstellung noch während des Entstehungsjahres im Oldenburger Augusteum, dessen Obergeschoß damals der Großherzoglichen Gemäldegalerie vorbehalten war, während das Parterre den Ausstellungen des 1843 gegründeten Kunstvereins diente. Dieser hatte seine Räume für die von Heckel und Schmidt-Rottluff beantragte Sonderausstellung zur Verfügung gestellt, ohne sie jedoch in das Programm seiner eigenen Veranstaltungen aufzunehmen. Der Oldenburger Jurist Ernst Beyersdorff (1885–1952), dessen Freundschaft mit Schmidt-Rottluff 1908 begann, schrieb zwar eine ausführliche, inzwischen legendär gewordene Besprechung der Ausstellung (siehe S. 216), in welcher er jedoch gerade dieses, vom Künstler selbst am höchsten bewertete Bild am befremdlichsten fand. Hierbei ließ er den mit Recht bemerkten Einfluß Munchs – bei dem sich Schmidt-Rottluff damals vergeblich um eine gemeinsame Ausstellung bemühte – zwar gelten, kritisierte jedoch die Zusammenstellung von Fleischrot und Indigoblau in der Wand des – noch existierenden – Bahnhofsgebäudes als für seinen Geschmack unmöglich. Tatsächlich bestätigt gerade dieses Bild den in einem Brief des Künstlers an Luise Schiefler vom 25. September 1908 konstatierten Wandel der malerischen Anschauungen von einem bisher rigoros übersteigerten Impressionismus zur größeren Geschlossenheit von Form und Farbe.

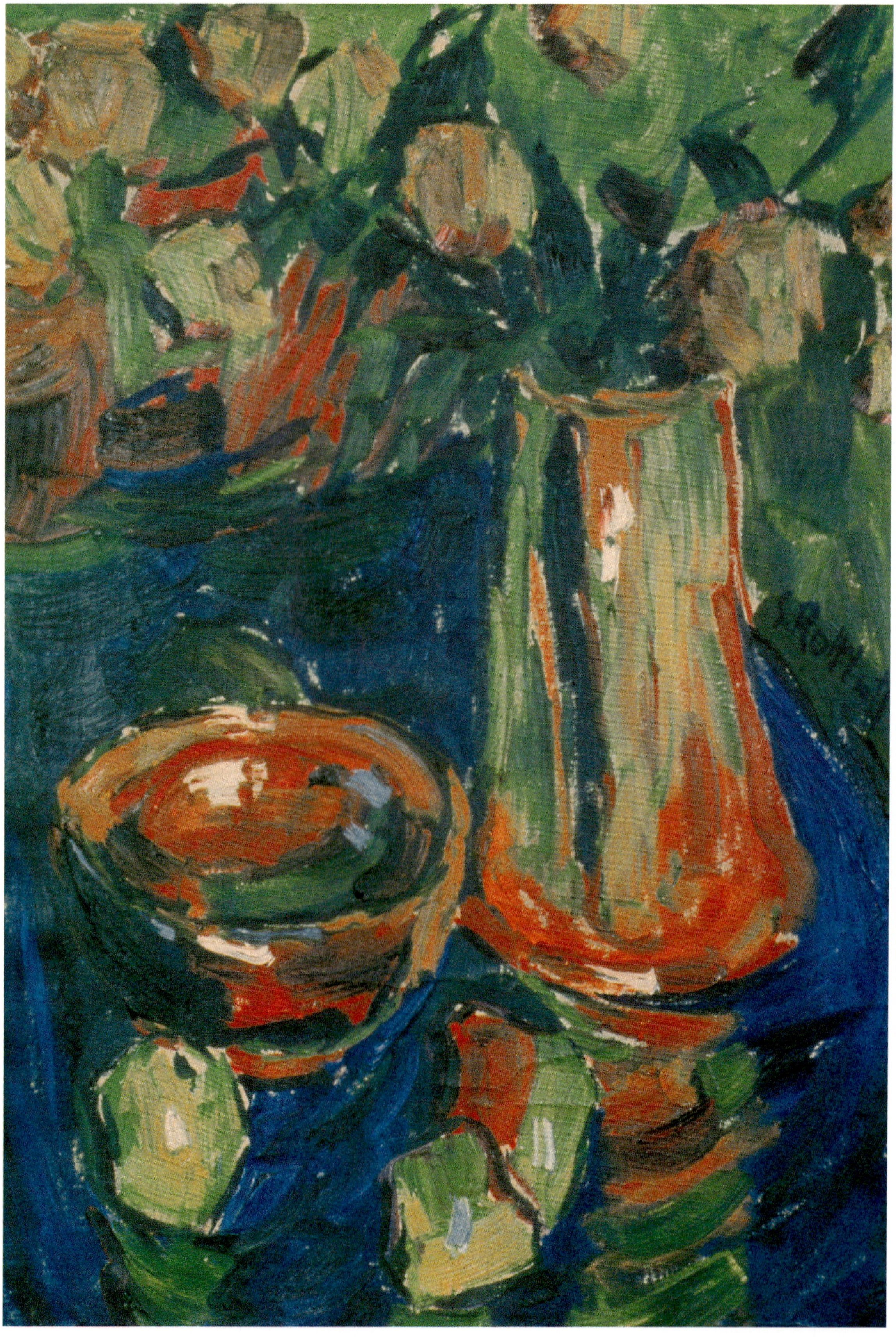

24 Vase mit gelben Blumen, 1908, Gemälde

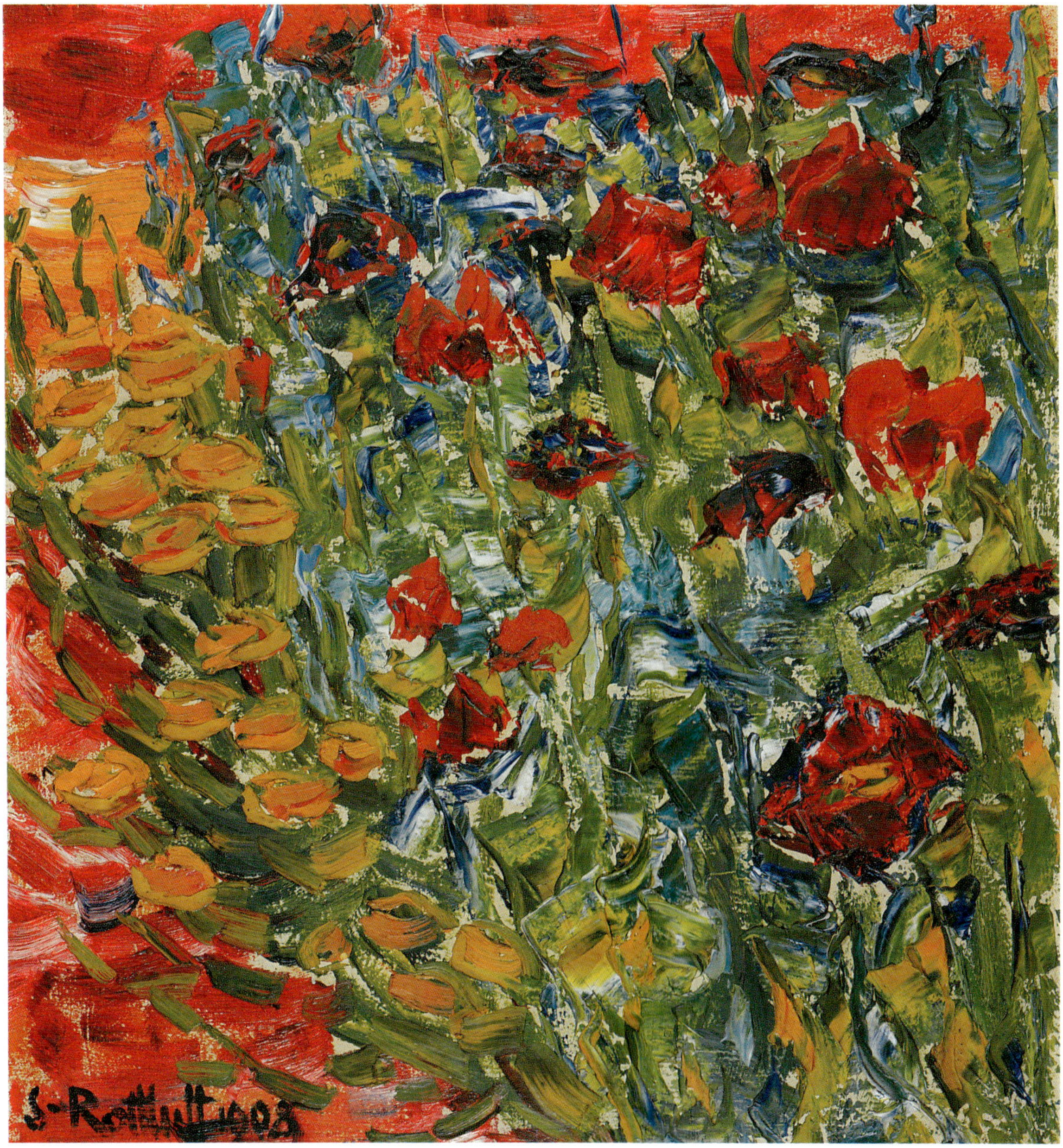

25 Bunter Mohn, 1908, Gemälde

„Ein köstliches Farbenbukett von hellem Weißblau, Orangegelb und bläulichem Rot, das auch aus der Nähe von hohem malerischem Reiz ist" charakterisiert Ernst Beyersdorff dieses Bild in seiner Besprechung der Oldenburger Augusteums-Ausstellung von 1908, während Wilhelm Niemeyer in späteren Notizen bemerkte, daß hier nicht mehr Farbsträhnen, sondern Farbflecken vorherrschend seien. Damit gibt er einen Hinweis auf die sich verändernde Malweise des Künstlers, die durch den Vergleich mit einem ähnlichen Bild aus dem Vorjahr – „Rote Blüten", 1907 (Abb. 6) – bestätigt wird. Das Sujet ist in beiden Fällen gleich. Im Freien üppig rotblühende Blumenbeete, aus denen Ausschnitte zu Bildern geworden sind. Doch während im älteren die Vehemenz des Farbauftrags im Vordergrund steht, kommt hier eine deutlichere Definition des Gegenständlichen hinzu, das sich auch stärker von der farbig gegliederten Umgebung absetzt. Dabei ist die Intensität der Farben nicht geringer geworden, vor allem nicht bei den aus dem Grün herausleuchtenden Mohnblumen, deren ungebrochenes Rot Schmidt-Rottluff auffallend häufig zur Darstellung gereizt hat.

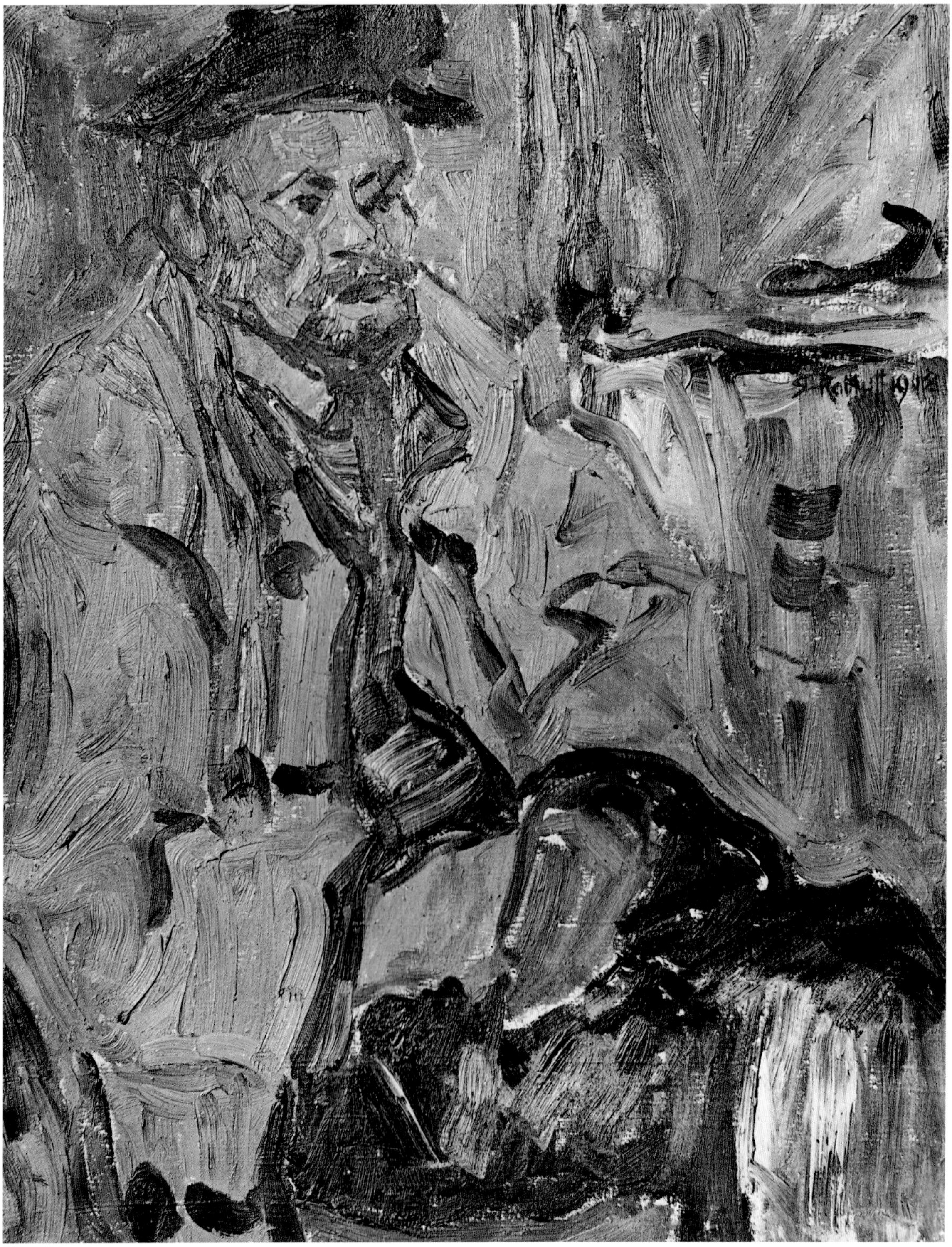

26 Erich Heckel in gelber Öljacke, 1908, Gemälde

Beyersdorff nannte das 1922 durch seine Initiative ins Oldenburger Landesmuseum gelangte Freilichtporträt, den „Clou“ der Augusteums-Ausstellung von 1908. Im Jahre 1918 sah Niemeyer dieses Bild, von dem keine Farbwiedergaben existieren, im Atelier des Künstlers und notierte, daß Gelb-Grün seine dominierende Farbe sei, mit zusätzlichem Rot und einem Veilchenblau der Hosen.

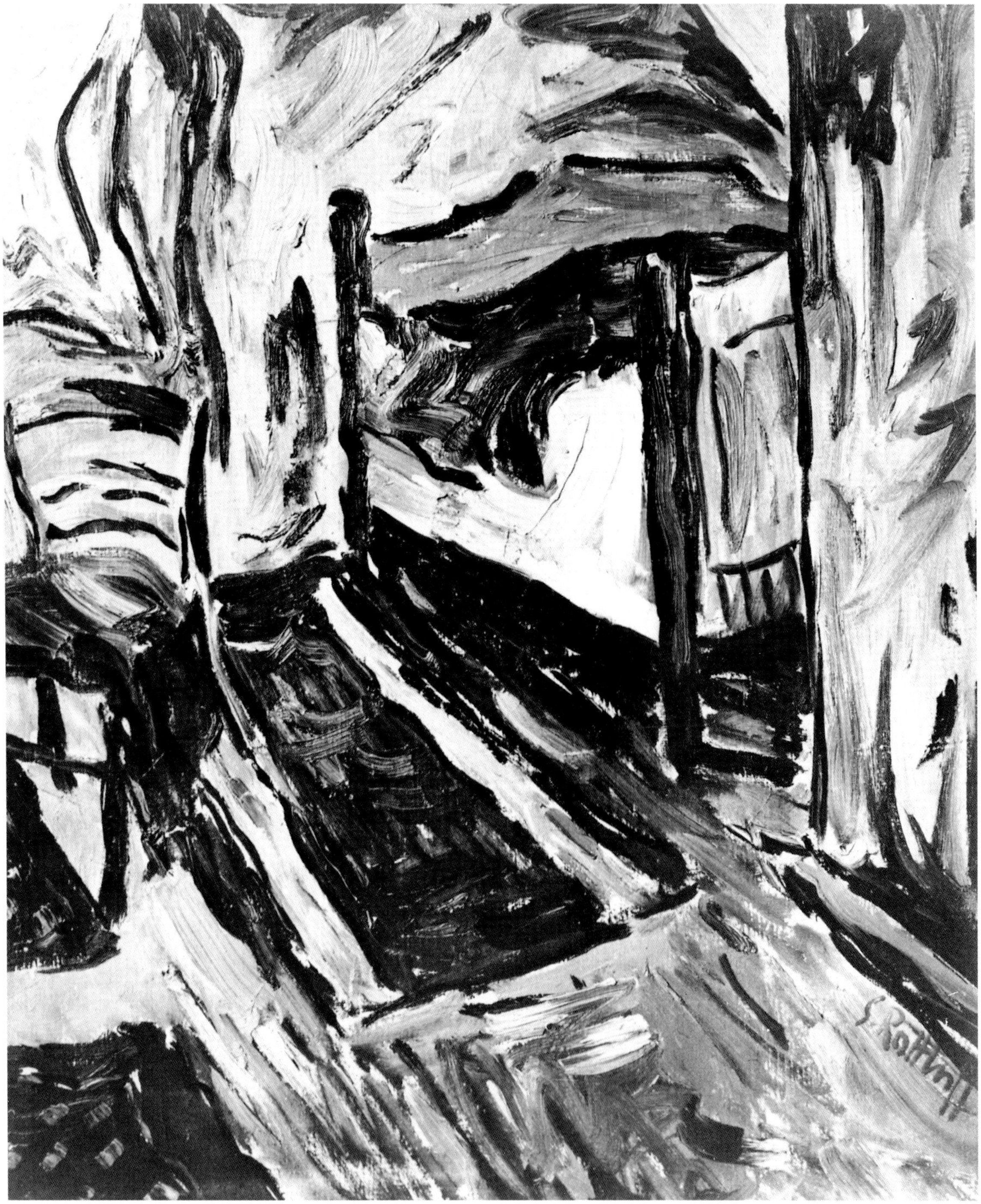

27 Bett und Stuhl, 1908, Gemälde

Ohne die Kenntnis von van Goghs „Schlafzimmer in Arles“ von 1889 wäre dieses verschollene und nur durch Schwarz-Weiß-Wiedergaben bekanntgewordene Bild wohl kaum entstanden. Der perspektivische Blickwinkel und die Anordnung der wichtigsten Gegenstände – Bett und Stuhl – stimmen weitgehend damit überein. Nur ist das alles beim Jüngeren im Ausdruck gesteigert, in der gewaltsamen Tiefenflucht ebenso, wie in der dynamischen Pinselführung und wohl auch in der Farbe. Das schließt eine Wiedergabe realer Sachverhalte nicht aus: Es handelt sich um den Schlafraum des Künstlers in Dangastermoor.

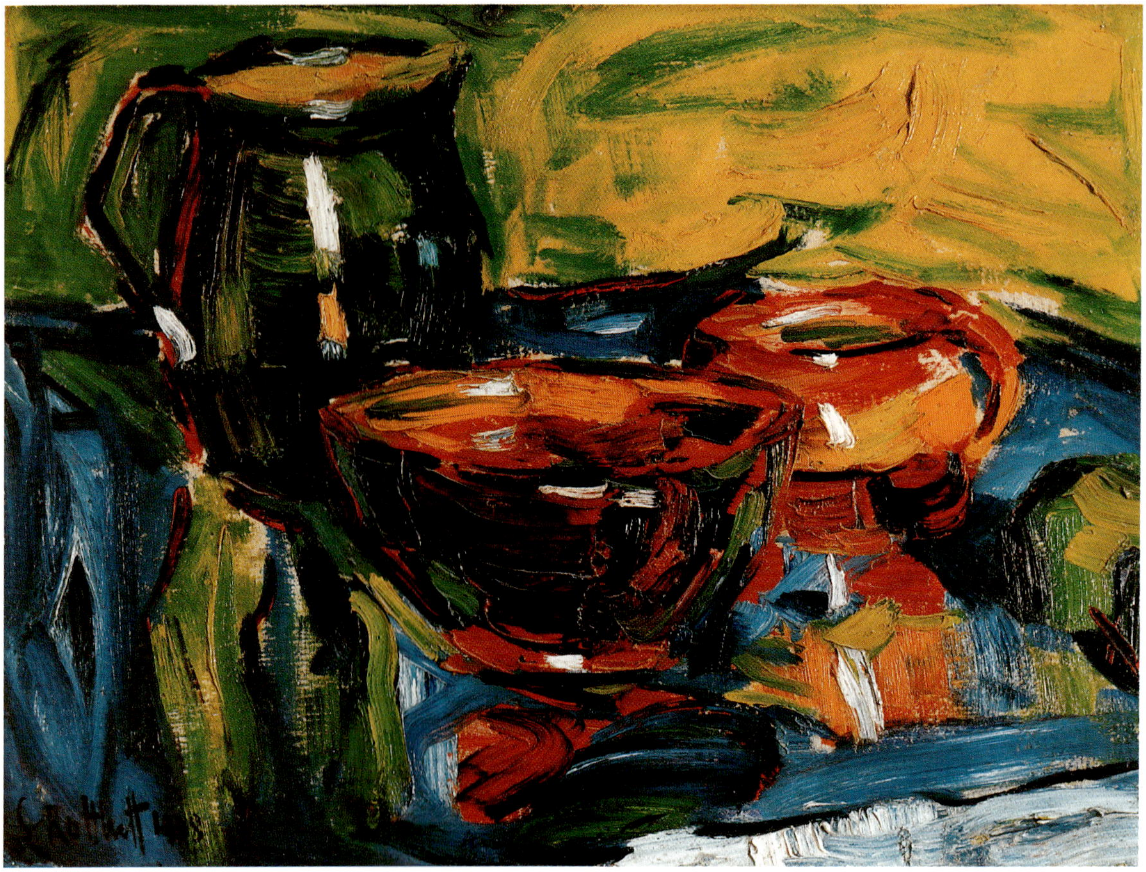

28 Stilleben, 1908, Gemälde

Das erst kürzlich nach jahrzehntelanger Verborgenheit in ostdeutschem Privatbesitz wiederentdeckte, relativ kleinformatige Stilleben wurde wahrscheinlich schon bald nach seiner Entstehung unter der Bezeichnung „Töpfe" in der Oldenburger Augusteums-Ausstellung von 1908 gezeigt, noch ehe es in der Ersten Ausstellung der Neuen Sezession 1910 in Berlin auftauchte. Diese war durch die Initiative Georg Tapperts und Max Pechsteins ins Leben gerufen worden, nachdem die 1898 gegründete Berliner Sezession die meisten Einsendungen der jüngeren Künstler für die Frühjahrsausstellung 1910 zurückgewiesen hatte. Im Katalog der Neuen Sezession wurde Schmidt-Rottluffs Stilleben abgebildet und fand als einziges unter den Beiträgen der vertretenen Brücke-Maler auch einen Käufer. Die darauf erkennbaren, nach Form und Farbe unterschiedlichen keramischen Gefäße lassen sich auch in Aquarellen des folgenden Jahres wiederfinden, insbesondere der bauchige grüne Henkelkrug (Abb. 53, 66). Es handelt sich hierbei um Erzeugnisse der damals noch in großer Zahl in Nachbarschaft der Ziegeleien der nahen Friesischen Wehde betriebenen Töpfereien, mit denen die Haushalte und Gaststätten der Umgebung versorgt wurden. Die zügig und lapidar jede Kleinteiligkeit vermeidende Malweise des Bildes läßt sich auch in der gleichzeitig entstandenen „Vase mit gelben Blumen" (Abb. 24) wiederfinden und wie dort, spielen auch hier die auffallend betonten Lichtreflexe auf den glatten Gefäßwandungen eine wesentliche Rolle. Dabei ist die Farbe noch in pastoser Dicke aufgetragen, werden die körperhaften Pinselstrukturen bewußt nicht verstrichen, um ein plastisch bewegtes Oberflächenrelief zu erreichen.

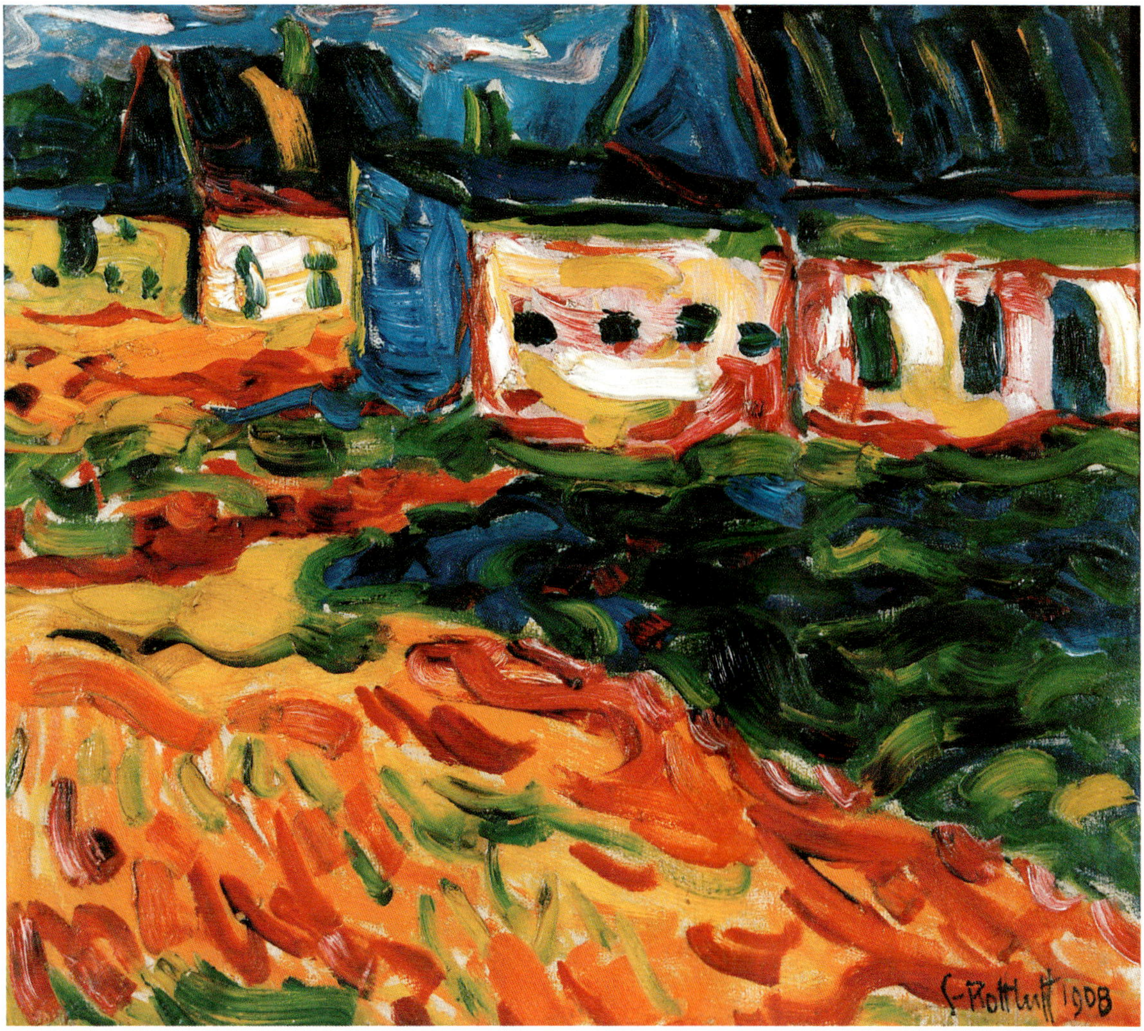

29 Häuser im Herbst, 1908, Gemälde

Die Bezeichnung des seit 1921 in Chemnitzer Privatbesitz befindlichen und nach langer Verborgenheit erst wieder 1974 in der vom dortigen Museum veranstalteten Schmidt-Rottluff-Ausstellung präsentierten Gemäldes verrät, daß es den letzten Ergebnissen des Sommeraufenthaltes von 1908 hinzuzurechnen ist. Der Künstler beendete ihn noch vor dem Ende der gemeinsam mit Heckel bis zum 18. Oktober gezeigten Oldenburger Augusteums-Ausstellung, um zunächst den Sammler Gustav Schiefler in Hamburg und anschließend Max Pechstein in Berlin zu besuchen, welcher dort inzwischen als erster von den Brücke-Malern Fuß gefaßt hatte. Das Bild läßt sich einer Gruppe von sehr unterschiedlichen Architekturmotiven zuordnen, die den Maler 1908 beschäftigten, Leitlinien gleichsam zu einer stärkeren Verfestigung und deutlicheren Gliederung des Bildaufbaues. Zu erkennen ist darauf ein vom rechten Bildrand überschnittenes hellwandiges Haus mit flachem Anbau sowie ein zum Teil davon überdecktes ähnliches Gebäude im Hintergrund links. Vom oberen Bildrand dringt tiefleuchtendes Himmelsblau in die mit grünen Strähnen durchsetzten Dächer und in eine reflektierende Seitenwand, um als ineinanderwogendes Farbkonglomerat in einem spitzen Bodendreieck unter dem vorderen Haus noch einmal wiederzukehren. Von dieser dunklen Fläche setzt sich in jähem Kontrast eine von unten diagonal nach links oben steigende Bildzone ab, in der sich die wuchtig gesetzten Pinselhiebe scheinbar verselbständigt haben und gleichsam um ihrer selbst willen in flammendem Rot, Gelb und aufgesetztem Grün wie auf einer Palette demonstriert zu werden. – Bei einem gleichzeitigen Holzschnitt Heckels mit der Bezeichnung „Neue Häuser“ scheint es sich um das gleiche Motiv zu handeln.

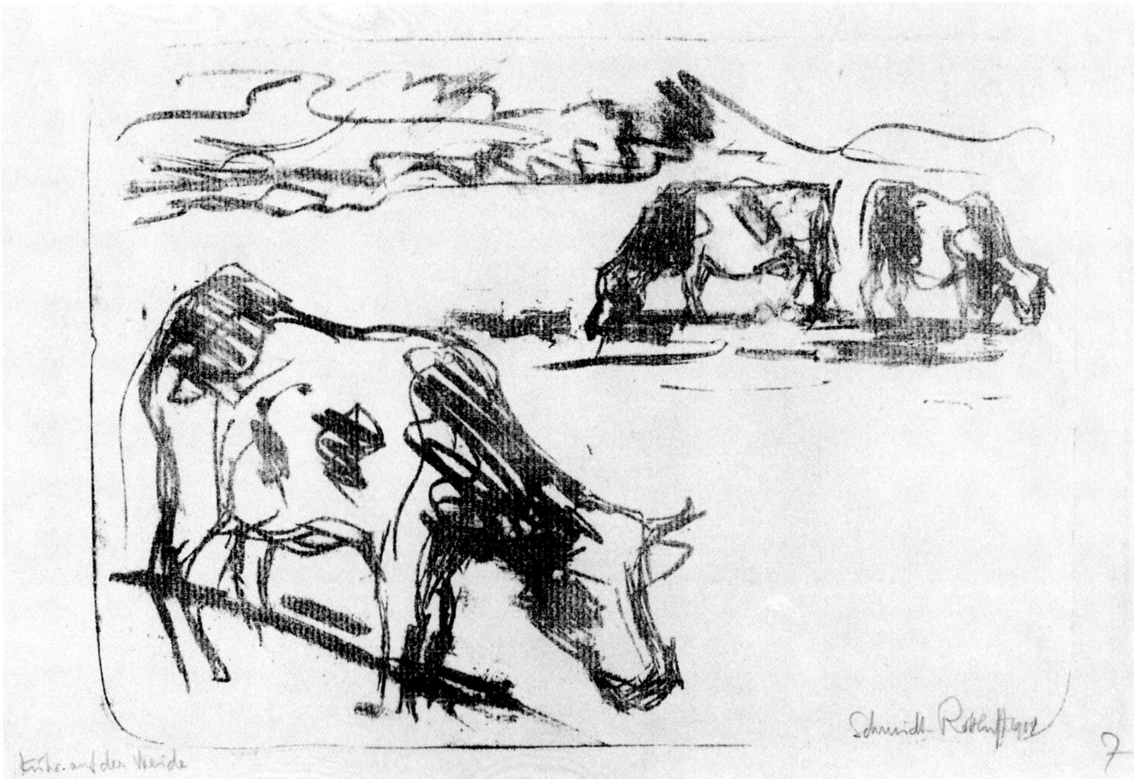

30 Kühe auf der Weide, 1908, Lithographie

Seine intensive Beschäftigung mit der Lithographie nahm Schmidt-Rottluff 1908 wieder auf. Mit insgesamt 21 im Werkverzeichnis von Rosa Schapire genannten Steindrucken wurde dieses Jahr von keinem anderen übertroffen, wobei jedoch nur sechs mit Sicherheit auf Dangast zurückgehen. Bei ihnen taucht der Name der im Vorjahr angegebenen Oldenburger Steindruckerei Lambrecht nicht mehr auf, sodaß offenbleibt, auf welcher Druckpresse diese mit „Eigendruck" bezeichneten Arbeiten hergestellt worden sind. Ein Wechsel zur Oldenburger Druckerei Littmann, bei der im gleichen Jahr nicht nur der Katalog der Augusteums-Ausstellung, sondern auch Heckels Plakat der Brücke-Ausstellung bei Richter in Dresden entstand, ist nicht auszuschließen. – Für das vorliegende Blatt mag die Beschreibung Rosa Schapires aus ihrem Werkkatalog auch als Beispiel für die Konzentration und Prägnanz ihrer Formulierungen dienen: „Unten links eine und oben rechts zwei weidende Kühe, letztere mit dem Rücken gegeneinander. Die Tiere werfen einen leichten Schatten auf die helle Wiese. Im Hintergrund leicht angedeutetes Buschwerk".
1908 entstanden noch zwei weitere Lithographien mit den mächtigen Leibern von Kühen im Stall (Schapire L 47, 48), die nach Auskunft des Künstlers aber nicht auf Dangast zurückgehen und daher mit einem Aufenthalt in Rottluff zusammenhängen müßten. In Dangast gestaltete Schmidt-Rottluff das gleiche Motiv jedoch erneut in dem Gemälde „Kühe am Deich " von 1910 (Abb. 142) und in Hohwacht nochmals 1919 in dem Holzschnitt „Kuhweide" (Schapire H 246).

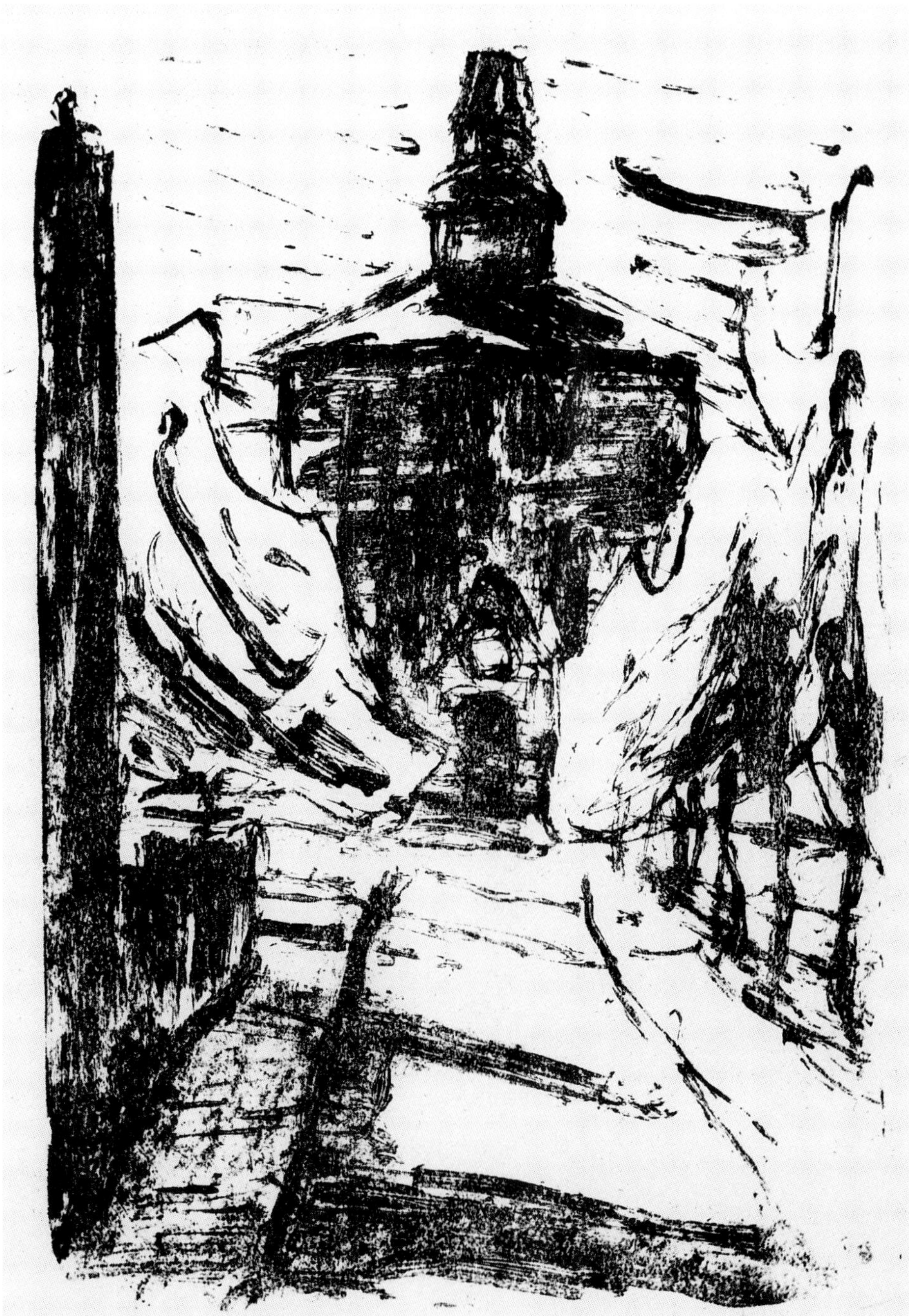

31 Kirche in Varel, 1908, Lithographie

Dangast ist heute ein Ortsteil der etwa sechs Kilometer südöstlich gelegenen Stadt Varel, des Hauptortes der sogenannten Friesischen Wehde und einstigen Residenz von Abkömmlingen des Oldenburger Grafenhauses. Seine noch in das 12. Jahrhundert zurückreichende Kirche besitzt einen mächtigen, dem kreuzförmigen Schiff vorgesetzten Westbau, der von Schmidt-Rottluff frontal aus der darauf zuführenden Schulstraße gesehen wird. Das inzwischen restaurierte Bauwerk war damals noch mit dunklem Zementputz und einem Dreiecksgiebel über dem rundbogigen Stufenportal versehen. Wie in der Lithographie der Dresdener Hofkirche aus dem Vorjahr interessiert den Künstler auch hier wieder vor allem die im Schatten liegende, monumental wirkende Baumasse.

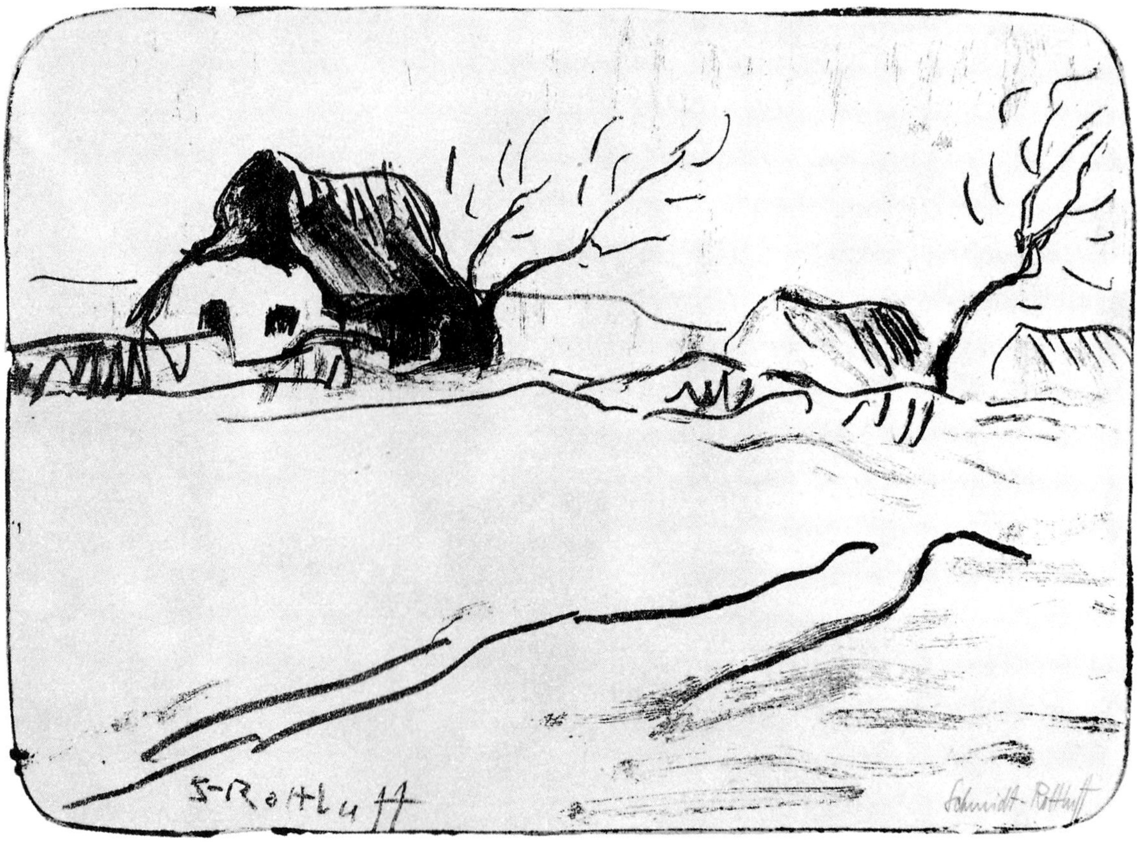

32 Oldenburger Landschaft, 1908, Lithographie

Mit der Bezeichnung „Oldenburger Landschaft" thematisiert Schmidt-Rottluff ihm charakteristisch erscheinende Wesenszüge des für seine Sommeraufenthalte erkorenen Gastlandes, vor allem die hier besonders in Erscheinung tretende „Weite der Landschaft", auf die der Mitteldeutsche in späteren Briefen mehrfach zu sprechen kommt. Wie hineingewachsen in die nur durch angedeutete Geländewellen und windgebeugte Bäume gegliederte Natur wirken die drei sich gestaffelt in der verkleinernden Tiefe verlierenden Bauernhäuser, die als solche fast nur noch durch ihre schützenden, tief herabgezogenen Reetdächer zu erkennen sind.
Die im Stein angebrachte Signatur „S-Rottluff" kommt in den Lithographien des Künstlers verhältnismäßig selten vor, der sich hier in der Regel mit der Abkürzung „S-R" begnügt.

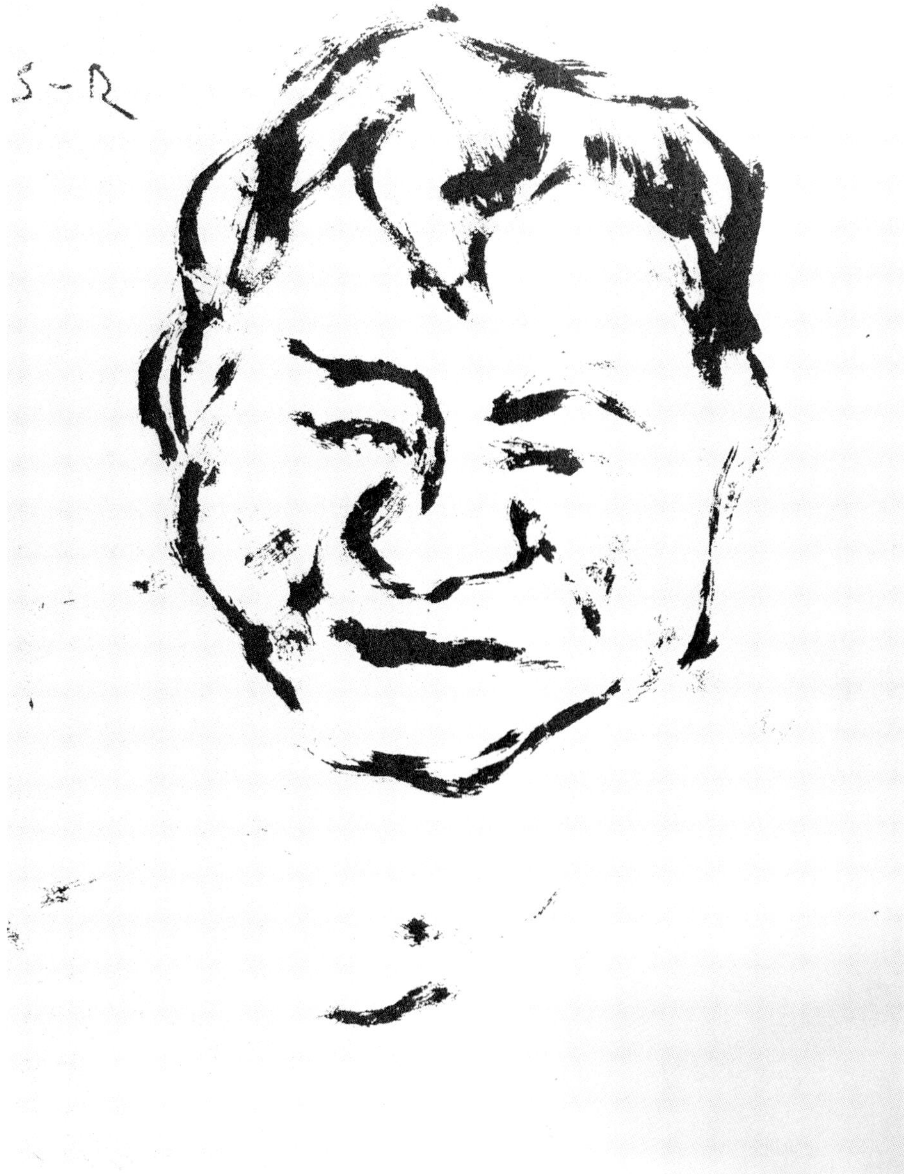

33 Bauernkopf, 1908, Lithographie

Schmidt-Rottluffs Porträts der frühen Jahre wurden nur selten mit den Namen der Dargestellten versehen, was nicht allein mit der Wahrung ihrer Anonymität sondern auch damit zu tun hat, daß die bloße Identifizierung weniger wichtig war als die Bewältigung der selbst gestellten künstlerischen Aufgabe. Dies galt für die meisten seiner Selbstdarstellungen ebenso wie für seine in Dangast nur begrenzt verfügbaren Modelle, also Erich Heckel, Rosa Schapire, Emma Ritter, seine Schwester Gertrud oder auch jene Einheimischen, mit denen es im Laufe der Zeit zu näherer Bekanntschaft kam. Mitunter werden die Anfangsbuchstaben ihrer Namen verraten, meist jedoch nur das Geschlecht, die erfaßte Tätigkeit oder – wie in diesem Falle – der Beruf. Wahrscheinlich handelt es sich hier um den Häusling und Fischer Johann Pade, der auch noch einmal in Ganzfigur als „Junger Bauer" in einer Radierung aus dem gleichen Jahr vorkommt (Abb. 40). Von ihm werden nur die physiognomischen Grundzüge wiedergegeben, die indessen ausreichten, den Dargestellten noch Jahrzehnte später zu identifizieren.

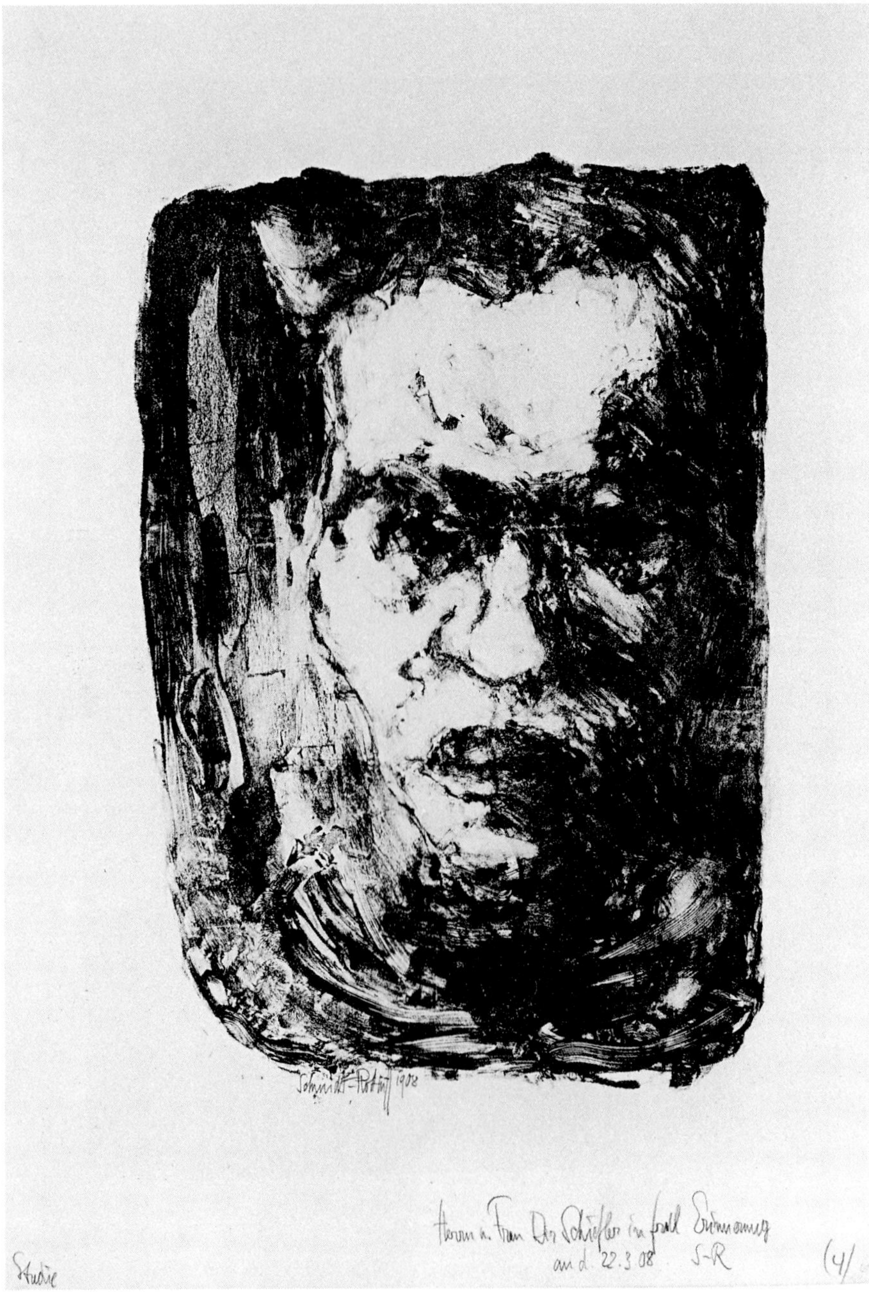

34 Studie 1908, Lithographie

Bei dem von Schmidt-Rottluff als „Studie" bezeichneten lithographischen Selbstbildnis handelt es sich um jenes zuvor in Dresden gedruckte Exemplar, das der Künstler dem Sammler-Ehepaar Schiefler zum Geschenk machte, als er es auf dem Wege nach Dangast am 22. März 1908 in Hamburg besuchte.
Ohne den im Werkverzeichnis gegebenen Hinweis wäre der mit einem schmerzlichen Gesichtsausdruck dargestellte Maler kaum identifizierbar, zumal er sich hier ohne Bart und Brille wiedergibt. Dabei mag ihm das tragische Hell-Dunkel in den bewunderten Radierungen Rembrandts ebenso vor Augen gestanden haben wie die jüngsten Selbstbildnisse von Emil Nolde, die er im vergangenen Jahr bei ihm auf Alsen gesehen hatte.

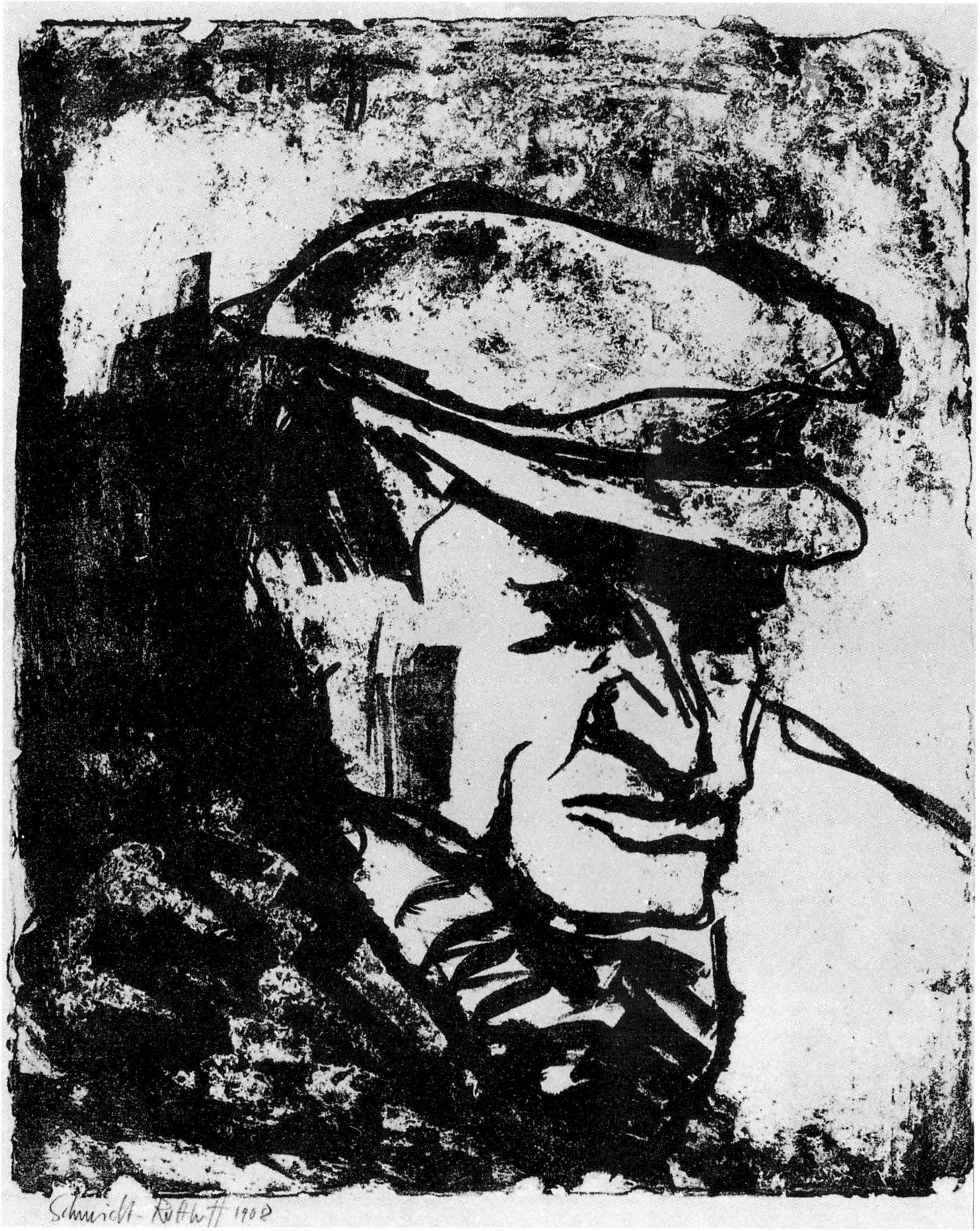

35 Alter Sandhändler, 1908, Lithographie

Beruf und Tätigkeit des Sandhändlers spielten damals sowohl unmittelbar an der Küste, wie im weiteren Umkreis der auf der Geest liegenden Ziegeleien eine nicht unwichtige Rolle. Bei diesem Motiv wird den Künstler der aus dem Dunkel hervorstoßende Kopf mit dem raubvogelartigen Profil und der die Augenpartien beschattenden Schirmmütze gereizt haben, als er ihn mit breit geführtem Pinsel auf den körnigen Stein zeichnete.

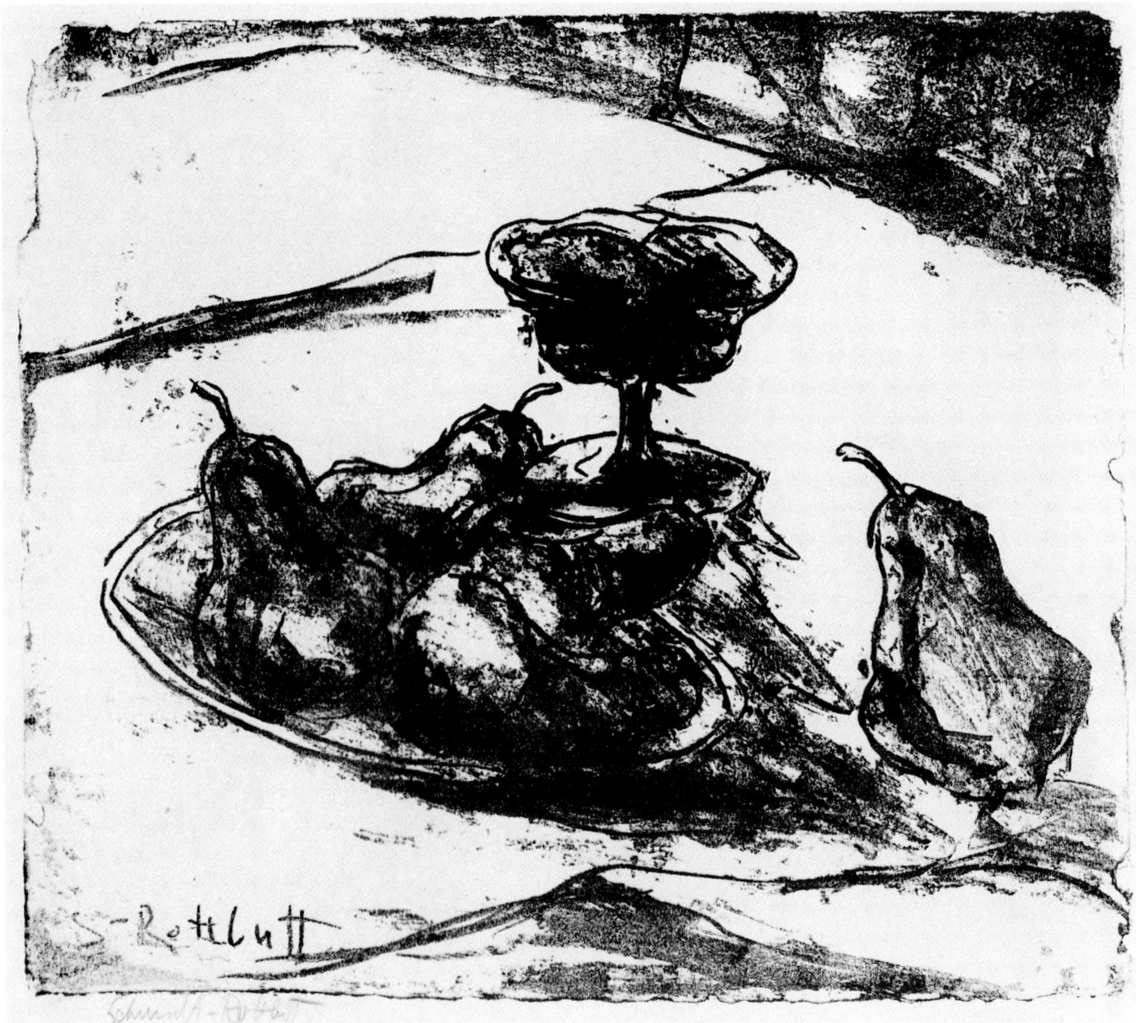

36 Birnen, 1908, Lithographie

Auch Schmidt-Rottluffs erstes graphisches Stilleben entstand in Dangast. Auf großer Fläche – wohl einem tuchbedeckten Tisch – zeigt die Lithographie eine ovale Platte, auf der sich vier Birnen drängen, während eine weitere rechts daneben steht. Dahinter erhebt sich eine gläserne Fußschale mit gewelltem Rand, die auch auf einem Dangaster Aquarell-Stilleben von 1909 vorkommt (Abb. 54).
Vor dem fast die gesamte Bildfläche einnehmenden hellen Untergrund sind an Birnen und Glas zwar mehrere helle Reflexe erkennbar, deren frei in die Blattmitte gesetzte und als Silhouette definierte Gegenständlichkeit jedoch dominiert.

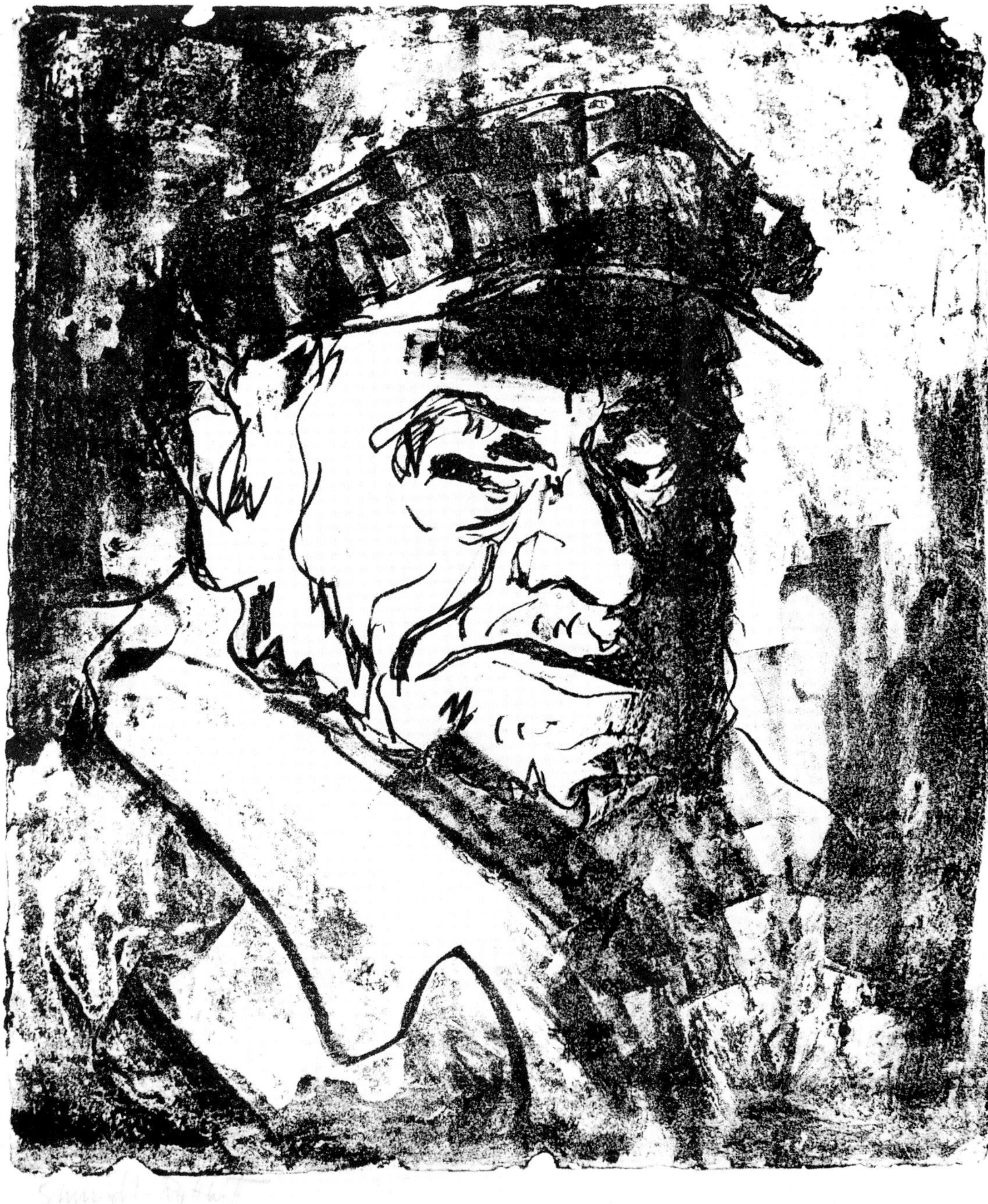

37 Mann nach der Seite blickend, 1908, Lithographie

Die Lithographie gehört zu den wenigen graphischen Blättern, auf denen sich eine Angabe über die Auflagenhöhe findet. „Erster Druck – im ganzen 6“ vermerkte der Künstler auf dem aus dem Nachlaß von Rosa Schapire in die Hamburger Kunsthalle gelangten Blatt. Seine Auffassung scheint beim ersten Hinsehen Ähnlichkeit mit der vorangegangenen Lithographie „Alter Sandhändler“ (Abb. 35) zu besitzen, die sie jedoch durch eine größere Differenziertheit der psychologischen Deutung, wie der Handhabung der technischen Mittel übertrifft. Der harte Schwarz-Weiß-Kontrast ist hier einer ungleich ausgeprägteren Nuancierung von Licht und Schatten, Linie und Fläche gewichen.

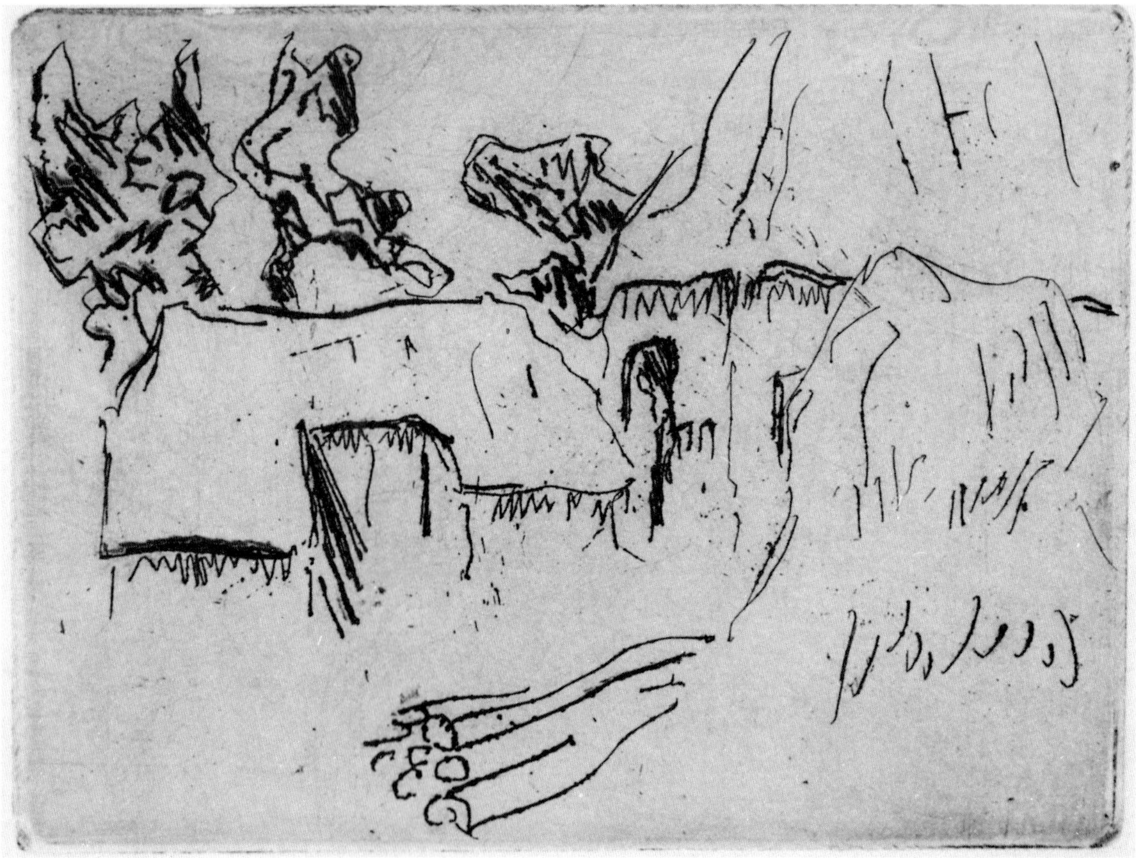

38 Bauernhaus im Sonnenschein, 1908, Radierung

Die bei Rosa Schapire als einzig existierender Druck erwähnte unsignierte Radierung gelangte aus ihrem Nachlaß auf Veranlassung von Gustav Delbanco in das Altonaer Museum in Hamburg. Ob sie wirklich schon so früh bei Carl Sabo in Berlin – wohin Schmidt-Rottluff erst Ende 1911 umzog – oder nicht doch auf einer Presse in Varel oder Oldenburg gedruckt wurde, ist fraglich. In einem Brief an Ernst Beyersdorff vom 2. Juli 1909 erwähnt der Maler, daß ihm seine Dangaster Radierplatten abhanden gekommen seien und er deshalb keine weiteren Drucke mehr anfertigen könne. Auf diesem Blatt stellt er einen wohl in Dangastermoor gelegenen Bauernhof dar, der rechts vom Bildrand überschnitten wird und an den sich links ein niedrigerer, ebenfalls reetgedeckter Schuppen mit eingezogenem Dach anschließt. Vor dem Haus steht ein großer Strohhaufen, vor dem Schuppen liegen einige Holzstämme und dahinter erheben sich die bizarr geformten Kronen mehrerer Laubbäume. Die Kaltnadel bedingt eine ungelenk und spröde wirkende Linienführung, strikte Konzentration auf die wesentlichsten Umrisse und die Behandlung der Dunkelheiten durch einfache Zick-Zack-Partien in den Bäumen und unter den Dächern.

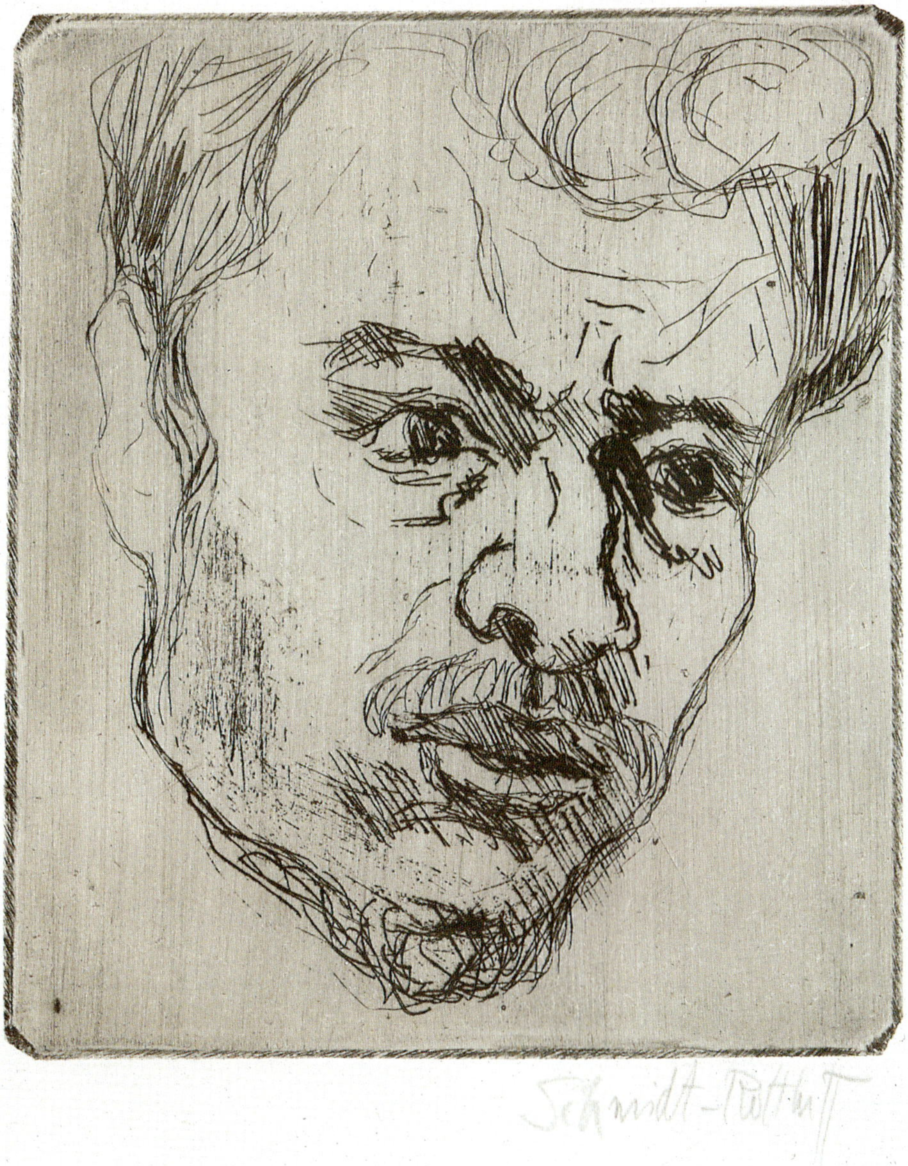

39 Selbstbildnis, 1908, Radierung

Wie der Künstler war auch Rosa Schapire 1924 der Annahme, daß von diesem Blatt lediglich der eine, bei ihr befindliche Druck existieren würde, der später aus ihrem Nachlaß an die Bremer Kunsthalle gelangte. Tatsächlich konnten aber noch zwei weitere Blätter ausfindig gemacht werden, von denen sich das abgebildete aus dem Vermächtnis des Malers Richard tom Dieck (1862– 1943) heute im Oldenburger Stadtmuseum befindet. Dieser erhielt es zum Dank für gewährte Hilfe bei der Herrichtung der Ausstellung Heckels und Schmidt-Rottluffs im Augusteum. Aus gleichem Anlaß übereignete ihm Heckel seinen Dangaster Holzschnitt „Bauernhaus" von 1907 (Dube 140). – Schmidt-Rottluffs spontan wirkende Radierung mit dem ohne Halsansatz gegebenen, oben überschnittenen Kopf ist in einem bräunlichen Ton gedruckt und mit einem rahmenartig wirkenden Plattenrand versehen.

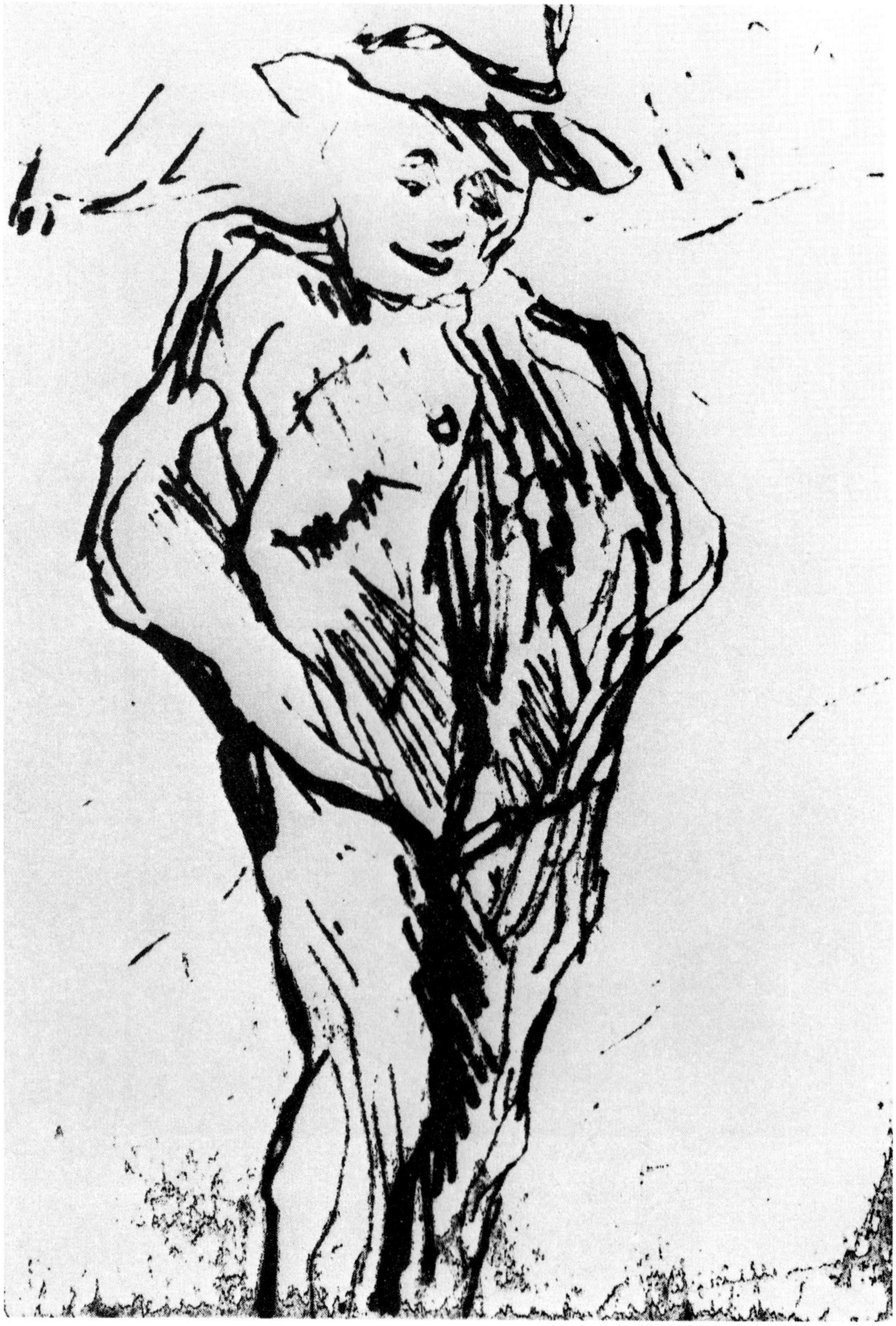

40 Junger Bauer, 1908, Radierung

In öffentlichen Sammlungen war diese 1910 in Oldenburg ausgestellt gewesene Radierung, deren im Werkverzeichnis angegebener Druck durch Carl Sabo in Berlin wiederum als fraglich angesehen werden muß, bisher nicht nachweisbar. Sie zeigt einen stehenden , abwärts blickenden jungen Mann mit Hut, den Händen in den Seitentaschen und leicht vorgeschobenen Knien. Seine Beine sind in Knöchelhöhe vom unteren Bildrand überschnitten, in dem Plattenschäden sichtbar sind. Nach diesem Blatt entstanden bis 1915 keine weiteren Radierungen Schmidt-Rottluffs.

1909
Selektion und Konzentration in Dangast

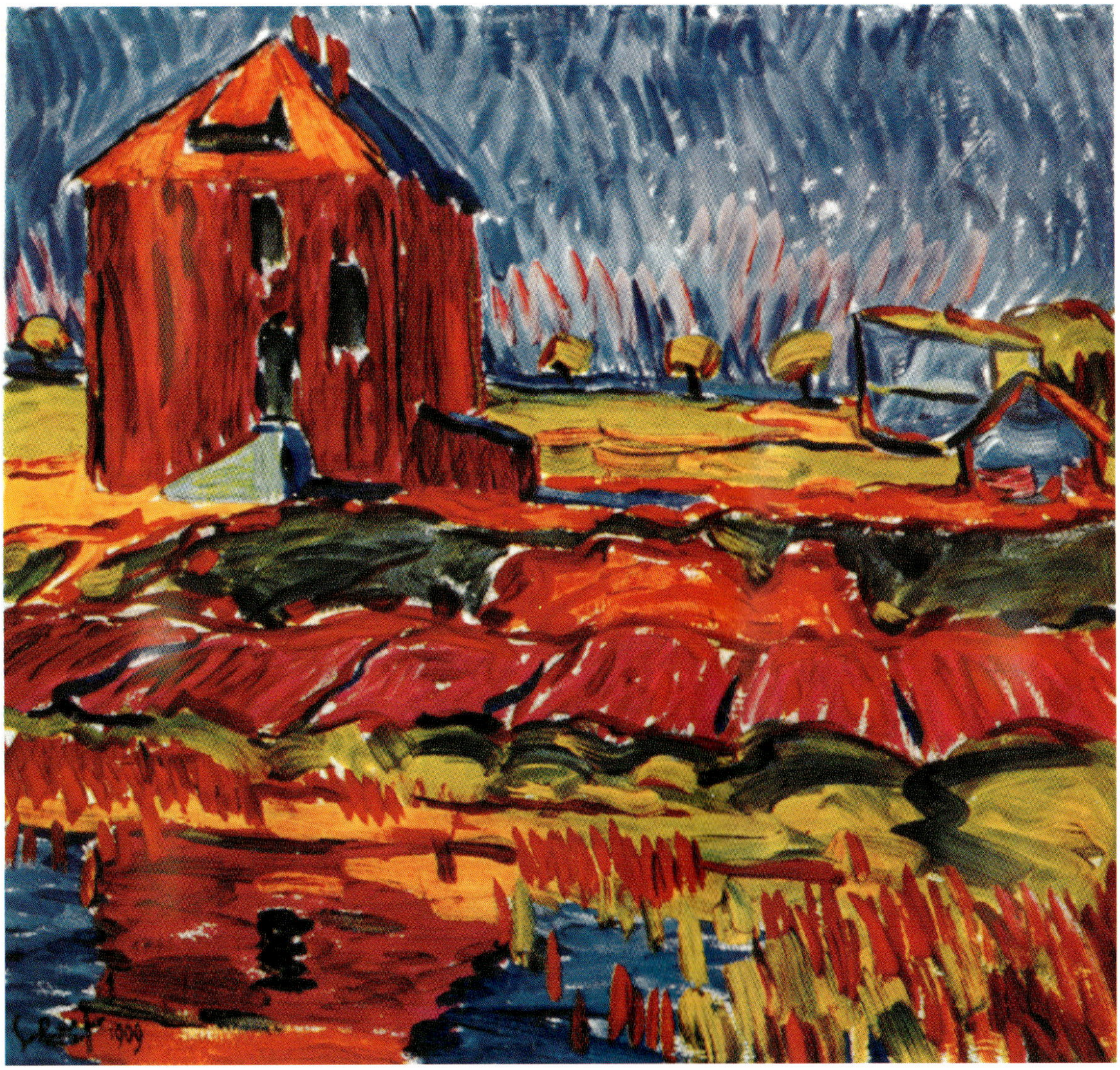

41 Oldenburgische Landschaft, 1909, Gemälde

Das farbleuchtende Gemälde – eines von nur wenigen, die 1909 entstanden – war als Stiftung des Sammlers Max Leon Flemming (1881–1956) in die Hamburger Kunsthalle gelangt, wo es 1937 in der Aktion „Entartete Kunst" beschlagnahmt wurde. 1960 tauchte es in einer Versteigerung wieder auf, um seither in privatem Besitz verborgen zu bleiben. – Auf dem Bild ist das noch existierende, damals inmitten der flachen Marsch neu errichtete Kaiserliche Postamt von Ellenserdamm zu sehen, dessen einst in der Nähe gelegenen, inzwischen jedoch längst aufgegebenen Hafen Schmidt-Rottluff mehrfach malte. Als motivischer Vorläufer dieses Gemäldes im eigenen Werk kann sein erst vor einigen Jahren bekannt gewordenes Bild „Die Kantine" von 1906 gelten, in dem sich das Thema eines isoliert in der Weite stehenden Bauwerks bereits angeschlagen findet. Die „Oldenburgische Landschaft" ist aus farbigen Zonen von dominierendem Rot, streifigem Himmelsblau und dazwischen geschobenem Gelb aufgebaut. Der Backsteinblock des hohen Hauses steht unvermittelt und femd in der weiten Landschaft, an deren Horizont eine Baumreihe die von Oldenburg nach Wilhelmshaven führende Landstraße markiert.

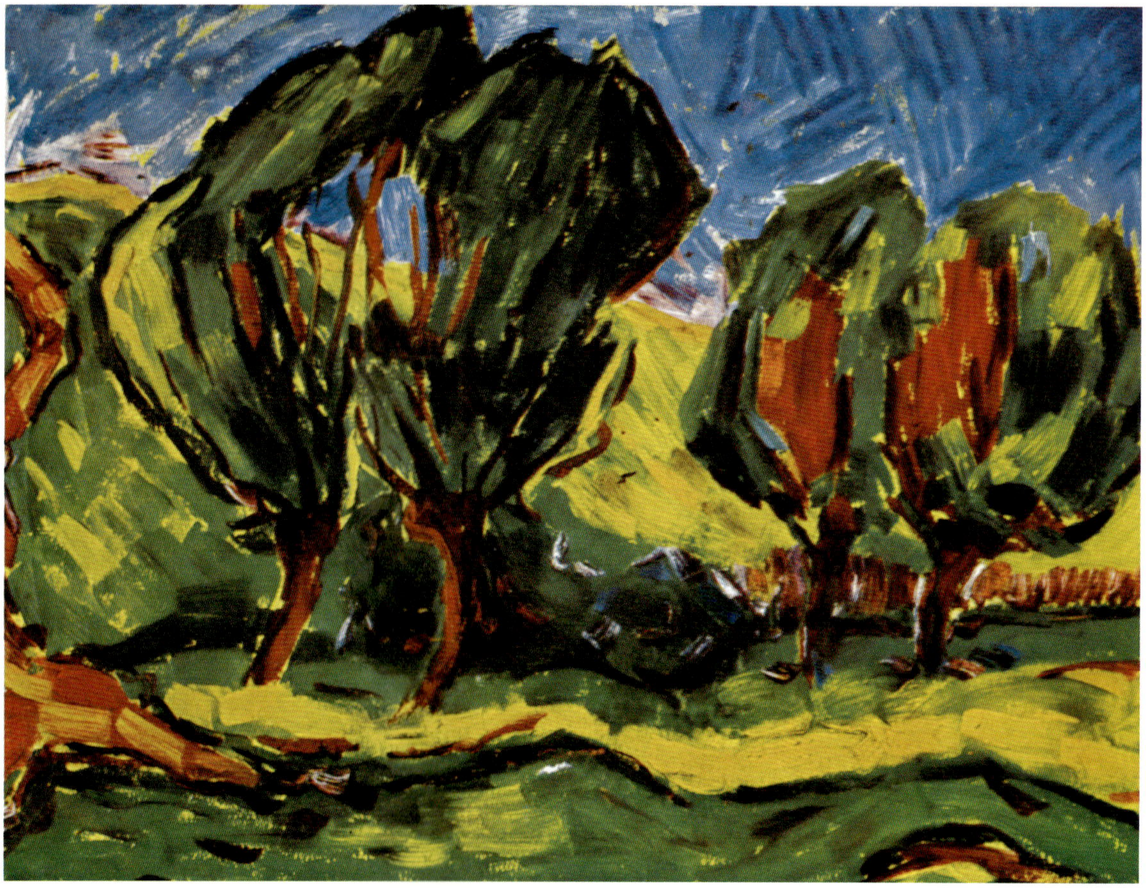

42 Landschaft mit Bäumen, 1909 Gemälde

Das Bild befindet sich auf der übermalt gewesenen Rückseite des von Max Pechstein geschaffenen Gemäldes „Blumenfenster“ von 1910 in der Sammlung Buchheim. Nachdem dort die Übermalung entfernt werden konnte – einer vergleichbaren Operation wird die Wiedergewinnung von Erich Heckels 1910 grandios gemalten „Schlafender Pechstein“ verdankt – lag es nahe, diese neuentdeckte und mit dem Titel „Weiden“ versehene Landschaft ebenfalls Pechstein zuzuschreiben, obwohl Stil und Malweise bei keinem seiner Werke einen überzeugenden Anschluß fanden. Die hier vorgenommene Zuweisung an Schmidt-Rottluff stützt sich vor allem darauf, daß das gleiche Motiv auf einer Postkartenzeichnung dieses Künstlers mit dem Dangaster Poststempel vom 15. Oktober 1909 vorkommt und Motivgestaltung, Farbwahl und Pinselführung mit gleichzeitigen Arbeiten von ihm übereinstimmen. Unvorstellbar erscheint zudem, daß einer der Künstler dieses Motiv vom anderen kopiert haben könnte. Somit dürfte es sich um ein von Schmidt-Rottluff nicht zu Ende geführtes Bild handeln, das er Pechstein zum Bemalen der Rückseite überließ. Dies dürfte während des Juli-Aufenthaltes Pechsteins in Dangast 1910 geschehen sein, dessen vorherbestimmte Kürze die Mitnahme eigener Leinwände als unzweckmäßig erscheinen ließ. – In seinen Erinnerungen an die "Blütezeit der Dresdener Brücke“ berichtet Paul Ferdinand Schmidt: „Wenn ein Bild nachträglich nicht ihre volle Billigung gewinnen konnte, spannten sie die Leinwände um, grundierten die Kehrseite und bemalten sie wieder“. Und noch konkreter behielt Emma Ritter im Gedächtnis, daß Schmidt-Rottluff in Dangast einmal sogar eine ganze Rolle bereits bemalter Leinwände, mit denen er nicht zufrieden war, ins abfließende Tief geworfen hatte. – Auf dem Bild präsentieren sich vier Weidenbäume mit krummen Stämmen und gelichteten Kronen am Fuße eines den hohen Horizont erklärenden Deiches, zu dem am linken Bildrand ein Pfad emporführt. Ein tiefblau strukturierter Himmel steht gegen dominierendes sattes Grün, das durch gelbe und braune Einschübe belebt wird.

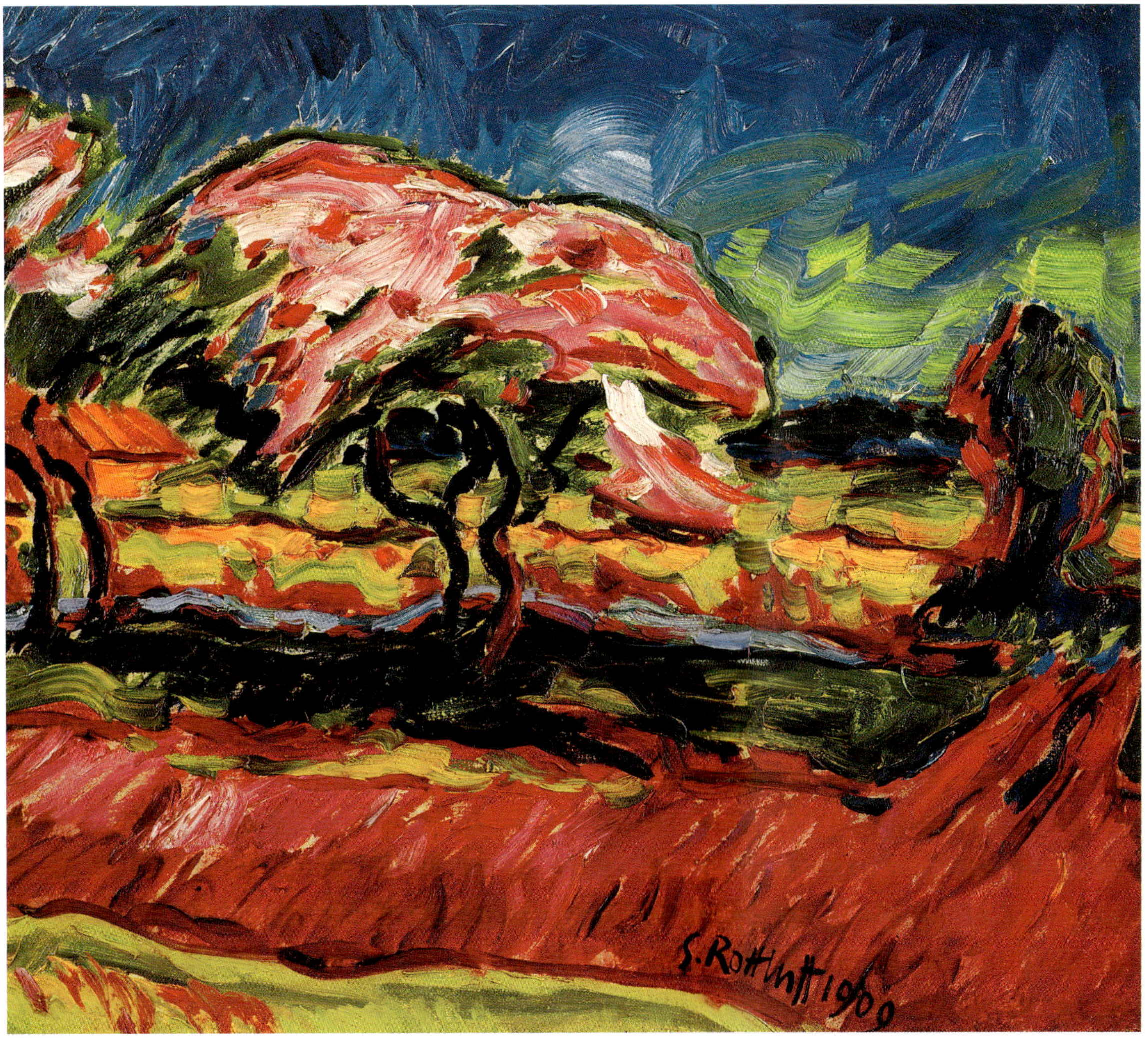

43 Blühende Bäume, 1909, Gemälde

Aufbau und Malweise dieses erstmalig in eine Hamburger Sammlung verkauften Bildes gemahnen an die gleichzeitige „Oldenburger Landschaft“ (Abb. 41), mit der es die Verteilung der optischen Gewichte, die Schichtung farbiger Zonen und das dominierende Rot gemeinsam hat. Nur schließen sich hier bereits die Farbfelder dichter zusammen, ist das Stakkato der Pinselhiebe nur noch in den blühenden Kronen der Apfelbäume vernehmbar, während die roten und gelben Erdformationen darunter und das gesättigte Blau des Himmels darüber körperhafte Dichte erreicht und die impressionistische Transparenz verloren haben.
Der Bildvorwurf hat den Künstler schon früh beschäftigt, so in einer Kreidezeichnung von 1905 (Brücke-Museum) oder in einem wohl 1906 auf Alsen entstandenen verschollenen Gemälde, das 1908 im Oldenburger Augusteum ausgestellt war.
Schmidt-Rottluff wies 1957 mündlich darauf hin, daß auch ein Aquarell von 1909 mit diesem Motiv existiert habe, das als Geschenk von ihm damals an den jungen Enno Becker von der gleichnamigen Oldenburger Weinhandlung gelangt sei.

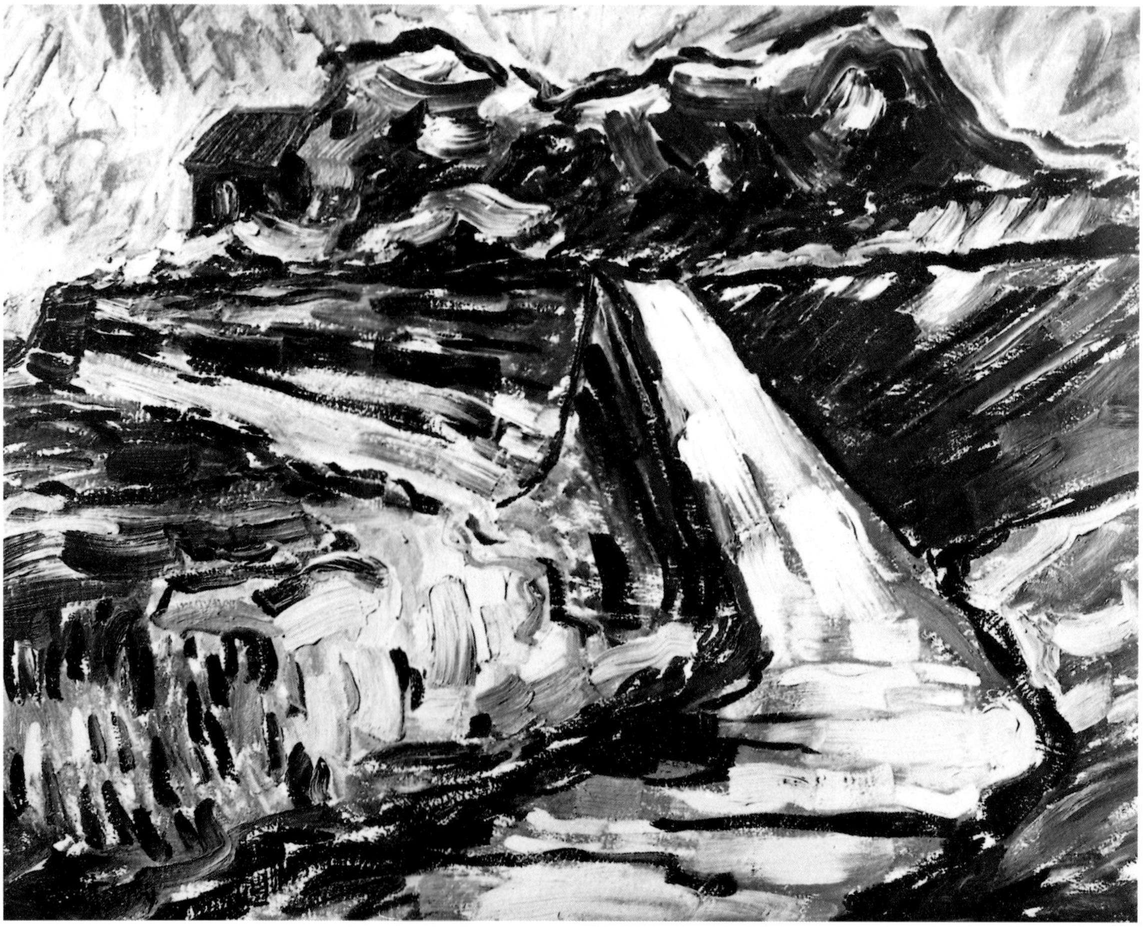

44 Strandmauer Dangast, 1909, Gemälde

Das verschollene und bei Grohmann nicht genannte Gemälde wird hier erstmalig nach einer fotografischen Vorlage aus der Zeit um 1919 publiziert. Auf ihm stößt die in jähem Zug vom Dangaster Siel schräg emporführende Backsteinmauer auf den hohen Geestrand, um den sie im Bogen nach links schützend herumgelegt wird. Darüber ist noch eine Ecke des alten, von den Grafen von Bentinck errichteten Kurhauses sichtbar, an das sich nach rechts die dichten Baumwipfel des Dangaster Parks anschließen. Das Gemälde entstand nach dem Umzug des Künstlers von Dangastermoor nach Dangast, wo es Wilhelm Niemeyer 1911 zu Gesicht bekam. Seinen damals gemachten fragmentarischen Notizen verdanken wir auch einige Angaben über die „gewaltigen Farbgemenge" dieses Bildes, wie diejenige über den gelbroten Damm, der das Blau-Rot der Böschung durchschneidet und dessen Farben hinter grünem Schilf im weiterlaufenden Strand erneut aufgenommen werden, ebenso die Hinweise auf „blaue Luftbahnen und grüne Laubgewoge mit gelben Lichtaugen". Zugleich bescheinigt Niemeyer dem Gemälde „mächtigen Atem und Leidenschaft des Landschaftsgefühls". – Auch Erich Heckel widmete der „roten Mauer" (Vogt 09,88) im selben Jahr ein Gemälde und ein Aquarell, die beide ebenfalls nicht mehr erhalten sind.

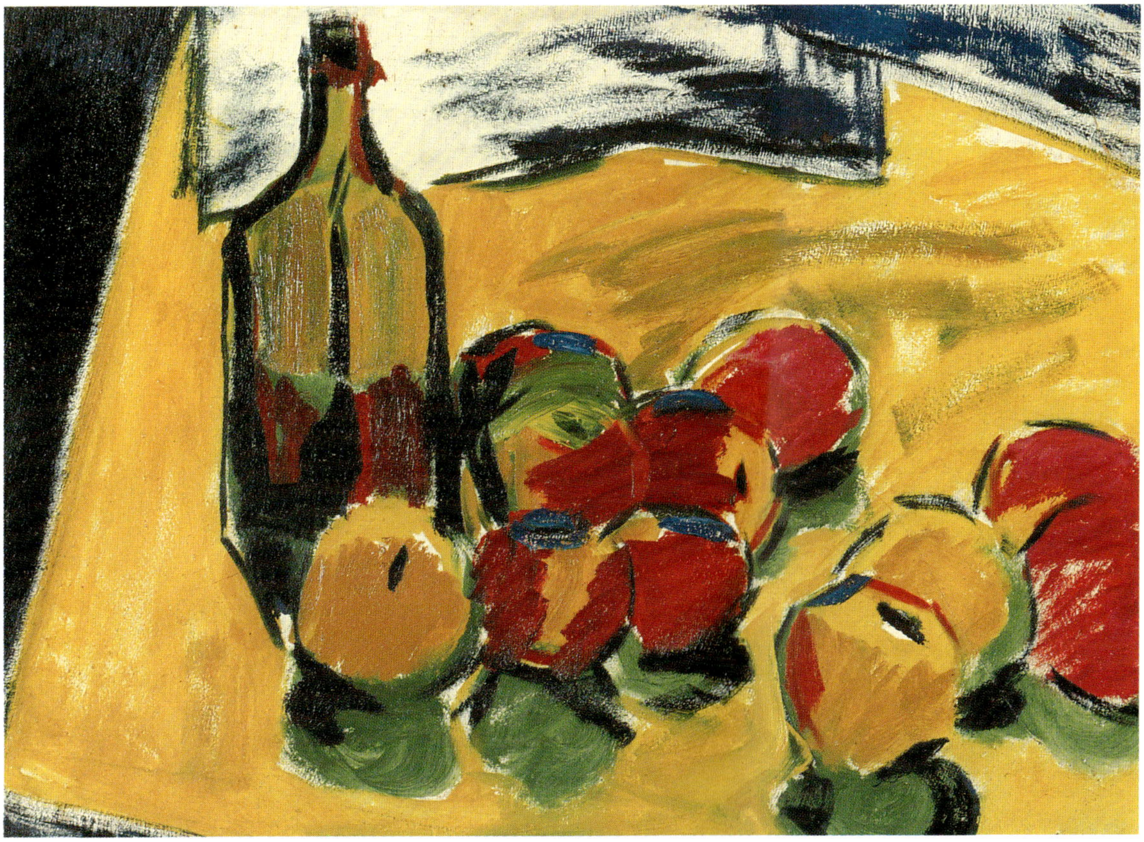

45 Stilleben mit Äpfeln und Flasche, 1909/10, Gemälde

In der 323. Ausstellung des Oldenburger Kunstvereins vom 22. Mai – 15. März 1908 war von Schmidt-Rottluff bereits ein mit „Äpfel“ betiteltes Aquarell zu sehen, das dem hier vorgestellten Gemälde-Stilleben zeitlich somit ebenso vorausging wie die beiden eng zusammengehörigen Aquarell-Stilleben mit Äpfeln von 1909 (Abb. 48, 49). Das sowohl im Bild wie auf der Rückseite des ursprünglichen Rahmens signierte Gemälde, das bei Grohmann nicht verzeichnet ist und erst vor wenigen Jahren aus dem Besitz von Verwandten des Künstlers in den Kunsthandel gelangte, kann frühestens Ende 1909 entstanden sein, als die Wendung zu größerer Flächigkeit entschieden war. Sie zeigt sich im braungelben Untergrund, der nicht nur den größten Teil des Bildes einnimmt, sondern in sich auch durch eine merklich beruhigte Pinselführung bestimmt wird. Zur farbigen Dominanz der darauf befindlichen, locker verteilten roten und gelben Äpfel mit ihren auffallend grünen Schatten und der daneben stehenden kantigen Flasche trägt dies erheblich bei. Hier ist das Vorbild Cézannes nicht zu übersehen, dessen große Ausstellung bei Paul Cassirer in Berlin Schmidt-Rottluff am 29. November 1909 besuchte. Es war nicht die erste Gelegenheit für ihn, Arbeiten des bewunderten Franzosen in sich aufzunehmen.

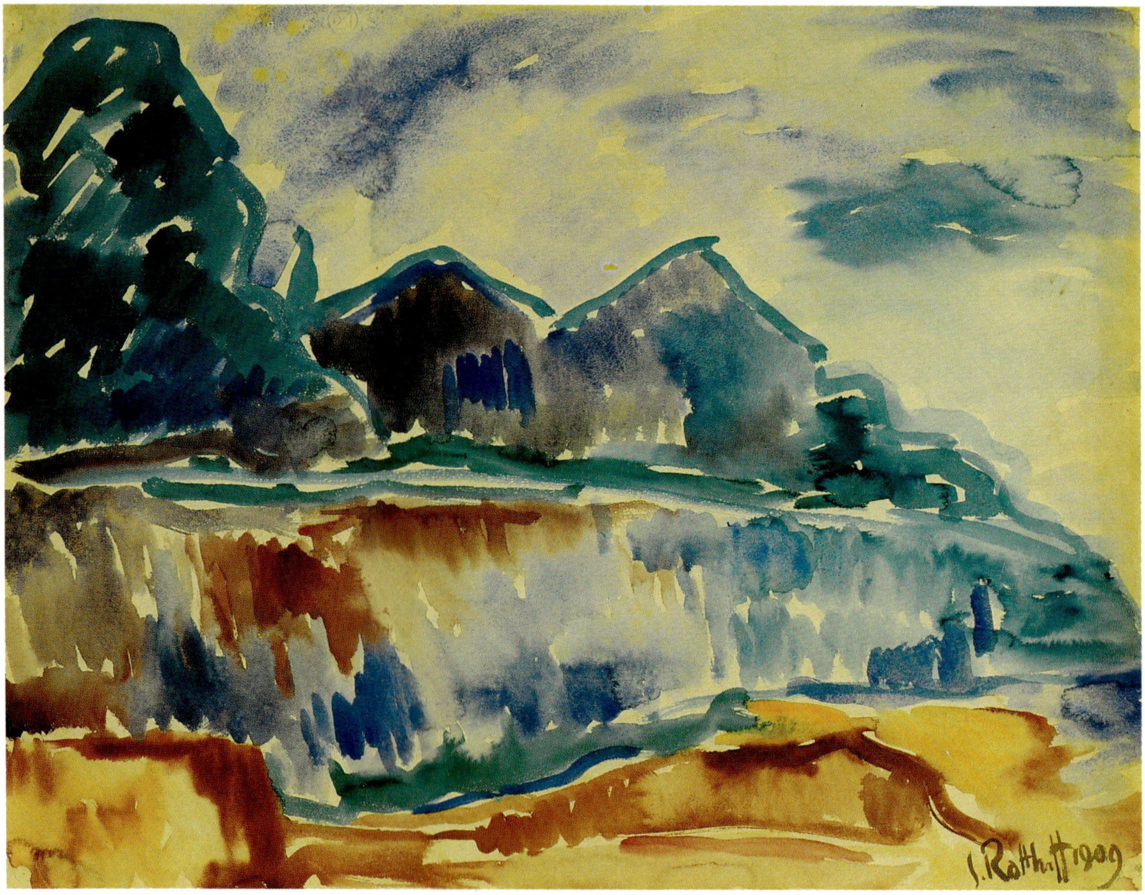

46 Kurhäuser im Seenebel, 1909, Aquarell

Die Verbindung Schmidt-Rottluffs mit Kurhäusern schien so abwegig, daß die originale Bezeichnung des Künstlers es sich bei einer Kunstauktion 1962 gefallen lassen mußte, in „Kurenhäuser" geändert zu werden, wodurch ein Zusammenhang mit seinem bekannteren Aufenthalt auf der Kurischen Nehrung suggeriert war, der allerdings erst 1913 stattfand. Tatsächlich ist das Dangaster Kurhaus gemeint, dessen beide Giebel sich über das geschützte Steilufer erheben und das der Künstler vom gleichen – am Strand oder im Watt gelegenen – Standort aus auch auf einer an Martha Rauert in Hamburg gerichteten Postkarte vom 3. Oktober 1909 festhielt. Von diesem Datum dürfte die Entstehung des Aquarells nicht allzu weit entfernt sein. Die um diese Zeit an der Küste häufigen Seenebel lassen Häuser, Bäume und Steilufer als schemenhaft in sich bewegte, blau-graue Silhouetten erscheinen, denen nur im Vordergrund wärmere Sandtöne hinzugesellt werden, sodaß schließlich nur diese beiden Grundfarben den Ausdruck bestimmen. Innerhalb des Aquarelljahres 1909 nimmt dieses Blatt auch deshalb eine Sonderstellung ein, weil in ihm den bisher dominierenden ungehemmten Farbtönen erstmals verhaltenere, wenn auch nicht minder eindringliche Klänge gegenübergestellt werden, die am Ende der Dangaster Zeit auch in mehreren Gemälden zu großartigen Ergebnissen führen. – Das gleiche Motiv von einem etwas veränderten Standpunkt malte 1910 auch Max Pechstein. Sein unzutreffend als „Landschaft mit Gärten und Häusern" betiteltes Gemälde befindet sich im Gemeente Museum in Den Haag.

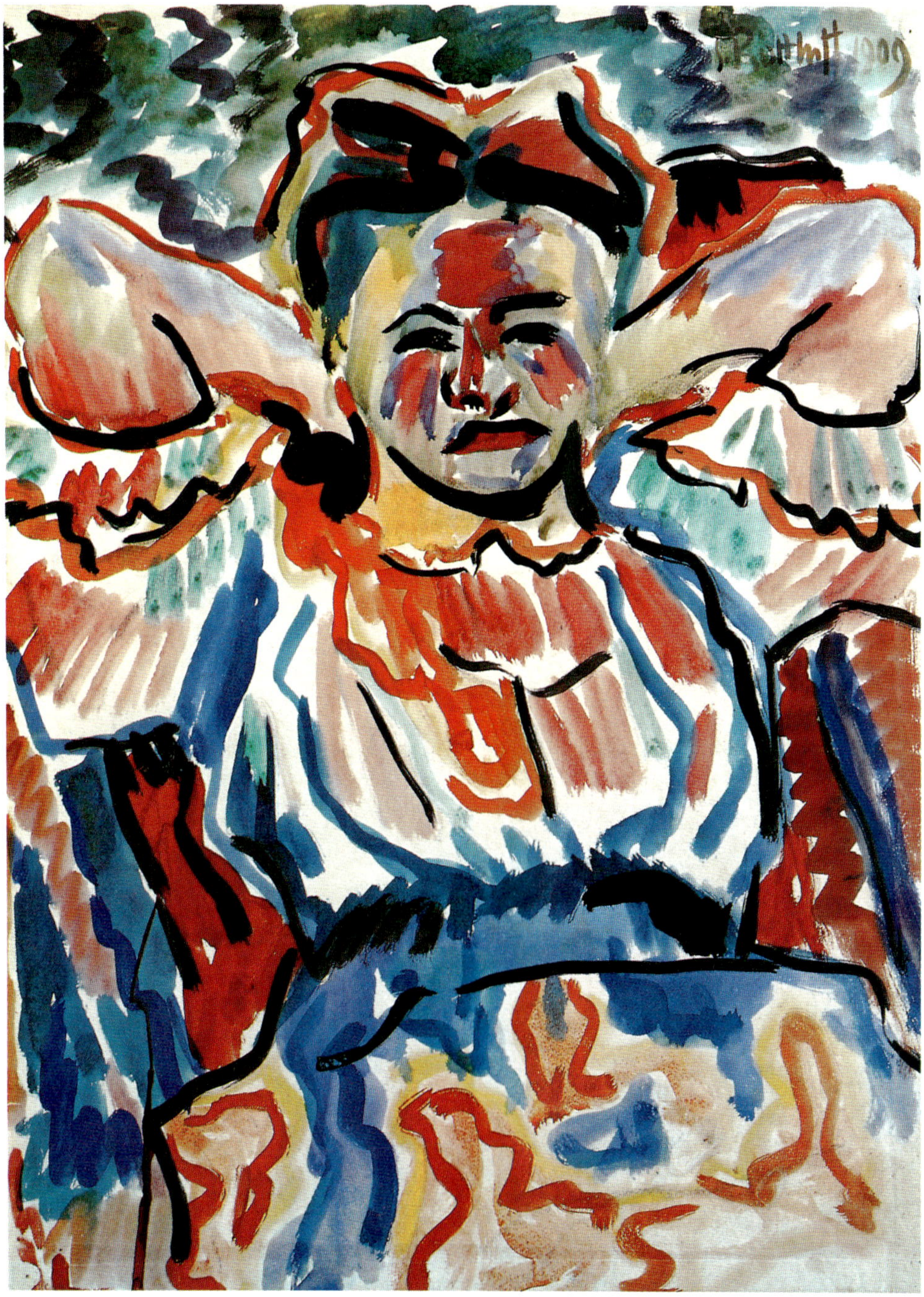

47 Sommersonne, 1909, Aquarell

Unter den aquarellierten Bildnissen des Jahres 1909 ist dieses lichte Blatt mit dem in einem Stuhl zurückgelehnten und die Hände hinter dem Kopf verschränkenden Mädchen dasjenige, das mit seinen frei und locker über die durchscheinende Fläche verteilten Pinselarabesken noch am ehesten an die späte Pleinairmalerei der Franzosen erinnert. Die mehrfach vertretene Annahme, es könne sich hier um eine Darstellung Emma Ritters handeln, läßt sich allerdings nicht halten, da diese erst ab 1910 bei Schmidt-Rottluff in Dangast malte. Es dürfte sich daher um die Schwester des Künstlers oder um ein Mädchen aus der Nachbarschaft handeln.

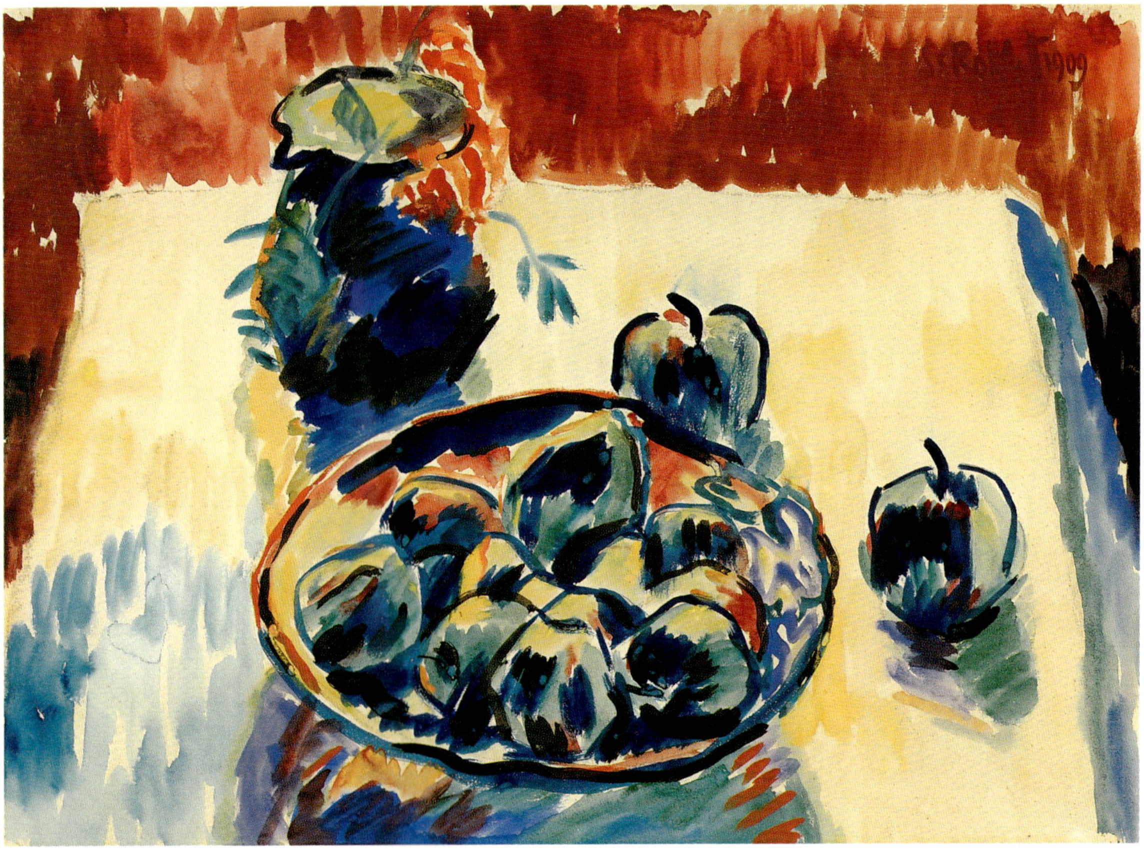

48 Stilleben mit Äpfeln und Henkelkrug I, 1909, Aquarell

Über das Aquarell vermerkt der Hamburger Sammler Gustav Schiefler in seinem 1927 herausgebrachten Buch „Meine Graphiksammlung" folgendes: „Um diese Zeit kaufte meine Frau auf einer Ausstellung eines seiner Aquarelle, ein Stilleben mit Apfel und Vogelbeere. Kunstfreunde, die es unter den anderen Bildern kaum beachtet hatten, waren überrascht, wie gute und vornehme Figur es im Zimmer neben van Gogh und Munch machte". Schiefler erwarb von Schmidt-Rottluff vor allem druckgraphische und kunsthandwerkliche Arbeiten, jedoch kein Gemälde und nur dieses eine Aquarell, das ihm und seiner Frau gegenüber den Ernst und Schwere ausdrückenden graphischen Arbeiten gleichsam als Gegenbeispiel für einen auch bei ihm möglichen freieren Umgang mit Farben und Formen erschienen sein mag. Dennoch verzichtete Schmidt-Rottluff auch hier nicht auf das noch sichtbare zeichnerische Grundgerüst. Es besteht aus einer fast symmetrisch in die Tiefe verlaufenden hellen Tischplatte, auf welcher sich vor rotem Hintergrund ein bläulicher Henkelkrug mit eingesteckten Vogelbeeren und eine flache Schale mit Äpfeln befinden. Zwei liegen rechts daneben und lockern die Bildkompositionen auf. Die dunkleren Konturen werden farbig übergangen und so sporadisch und gebrochen angebracht, daß sie das Licht nicht abweisen können.

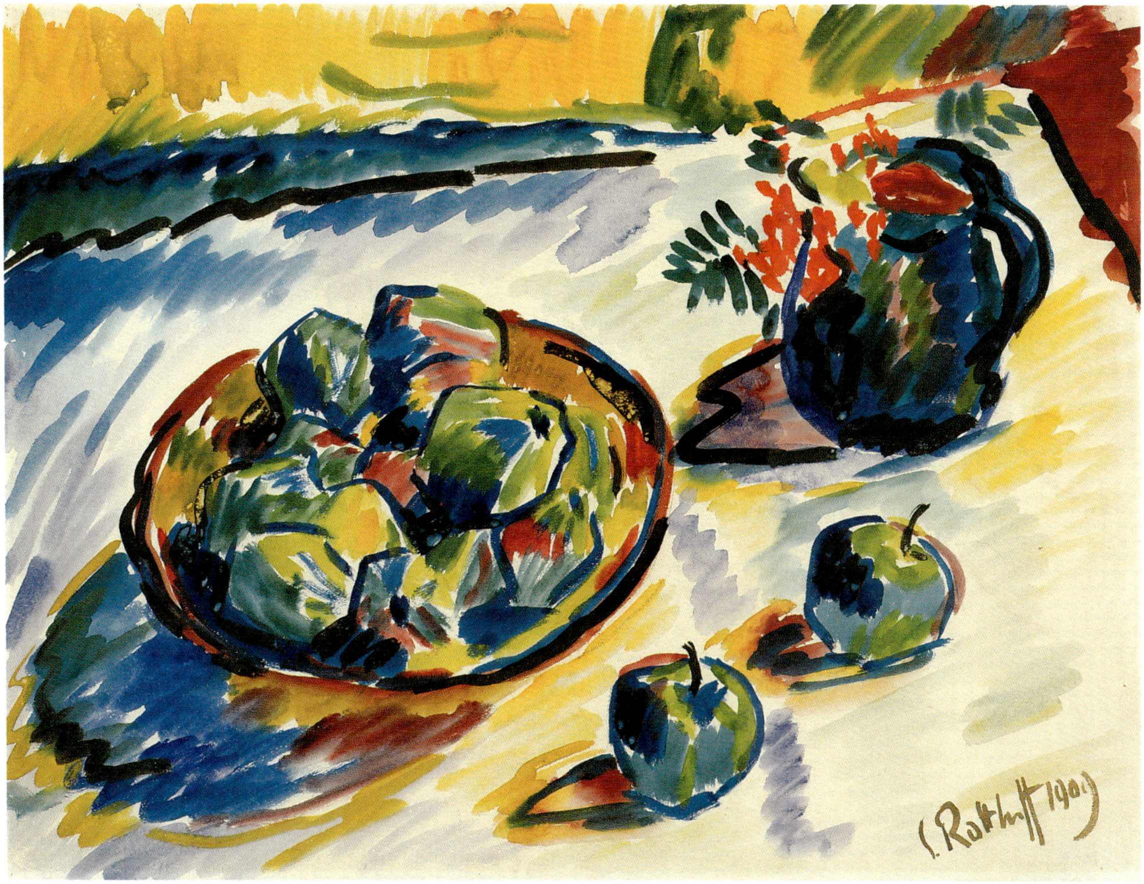

49 Stilleben mit Äpfeln und Henkelkrug II, 1909, Aquarell

Auf diesem, gleichzeitig mit dem vorhergehenden entstandenen, Aquarell, sieht der Maler dieselben Gegenstände wie dort von einem anderen Standort aus. Die zuvor strenge frontale Aufsicht wurde zugunsten eines Blickwinkels aufgegeben, bei dem nicht nur Schale, Krug und Äpfel, sondern auch die Signatur in eine, Bewegung suggerierende, Diagonale gelangen, die durch farblich unterschiedliche, lange Schattenschläge noch verstärkt wird. Die räumlichen Begrenzungen und Hintergründe werden wenig entschieden voneinander abgesetzt und mit den Gegenständen selbst in eine völlig neue Beziehung gebracht, sodaß am Ende auch zwei in sich selbständige Bildschöpfungen vor dem Betrachter stehen.
Dieses Blatt erwarb die Berliner Nationalgalerie im Jahre 1922 mit vier weiteren Aquarellen des Künstlers. 1937 wurde es beschlagnahmt, um nach dem Zweiten Weltkrieg über den Kunsthandel in die Staatliche Graphische Sammlung in München zu gelangen.

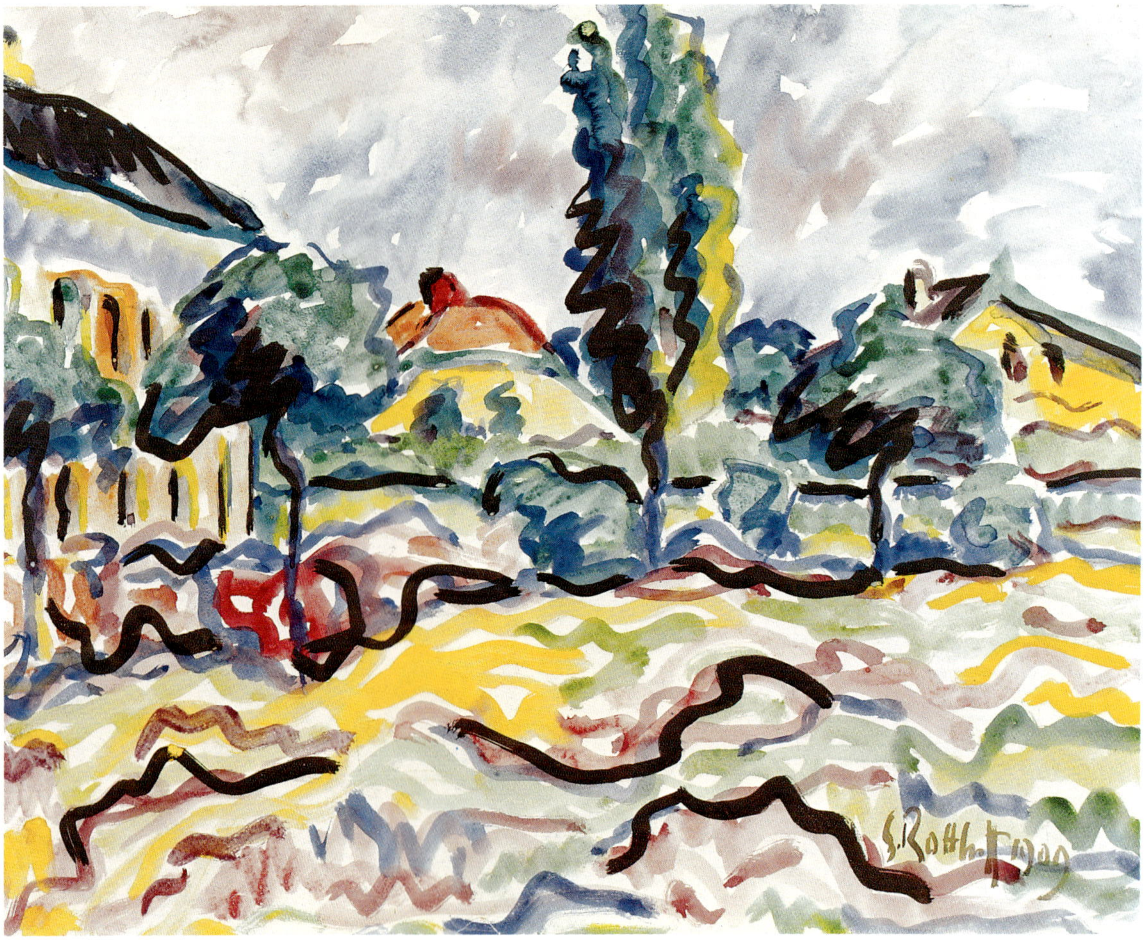

50 Dorf Dangast, 1909, Aquarell

Mit der Ortsbezeichnung soll vor allem zum Ausdruck gebracht werden, daß dieses Blatt nicht mehr in Dangastermoor, sondern im vier Kilometer entfernten, in unmittelbarer Strandnähe gelegenen Dangast gemalt wurde, wohin Schmidt-Rottluff im Frühjahr 1909 umgezogen war. Er hatte im „Parkschloß", einem älteren Logierhaus in der Nähe des Kurhauses, Quartier bezogen. Aus diesem Teil des sich landeinwärts ziehenden Dorfes stammt auch das Motiv des Aquarells mit dem links überschnittenen – ebenfalls dem Kurhausbesitzer Gramberg gehörenden – zweigeschossigen Alten Posthaus, das im Sommer als Gästehaus genutzt und von Heckel und Schmidt-Rottluff häufig dargestellt wurde. Im Hintergrund werden die Giebel der vor dem Strand liegenden sogenannten Hullmannschen Häuser sichtbar, von denen das linke damals Heckel eine Unterkunft bot. Das bewegt gestaltete Gelände im Vordergrund, das heute größtenteils bebaut ist, wird durch die mehrfarbigen Pinselarabesken nicht näher definiert. Auf einem Gemälde, das im folgenden Jahr nach dem gleichen Motiv entstand (Abb. 116), befinden sich hier farbige Blumenbeete. Insgesamt erscheinen die zahlreich zur Verwendung gekommenen Farben auf diesem, aus der Leipziger Sammlung von Victor und Hedda Peters stammenden Blatt heller und weniger kräftig als bei den anderen Aquarellen von 1909, wodurch ihm etwas von jener anmutigen Leichtigkeit verliehen wird, die als Kennzeichen der gleichzeitigen französischen Malerei gilt.

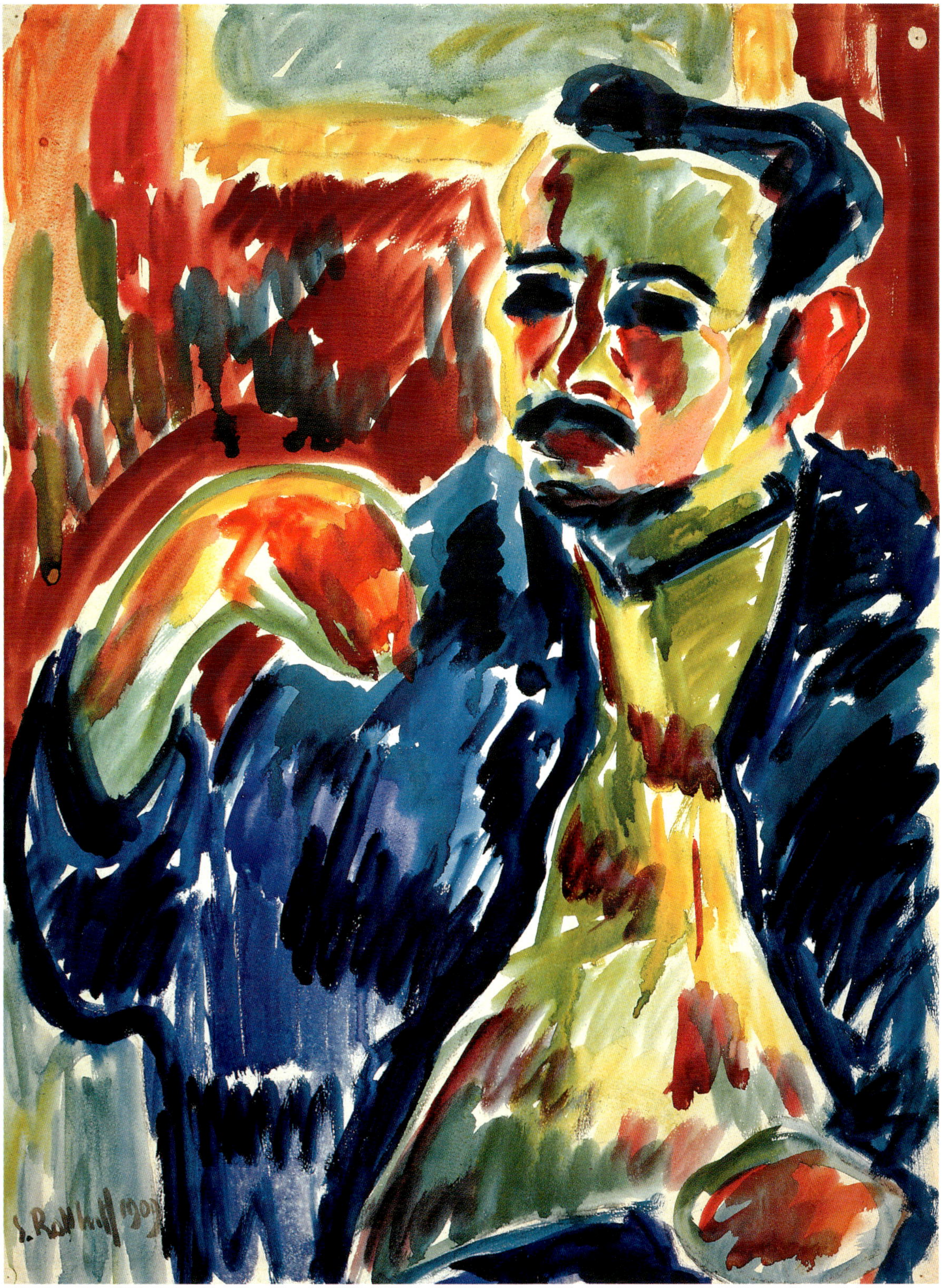

51 Bildnis H., 1909, Aquarell

Die in einem Innenraum gemalte, bildnishafte Darstellung Heckels mit erhobener rechter Hand entstand nach seiner Rückkehr aus Rom und Moritzburg im Spätsommer des Jahres 1909.

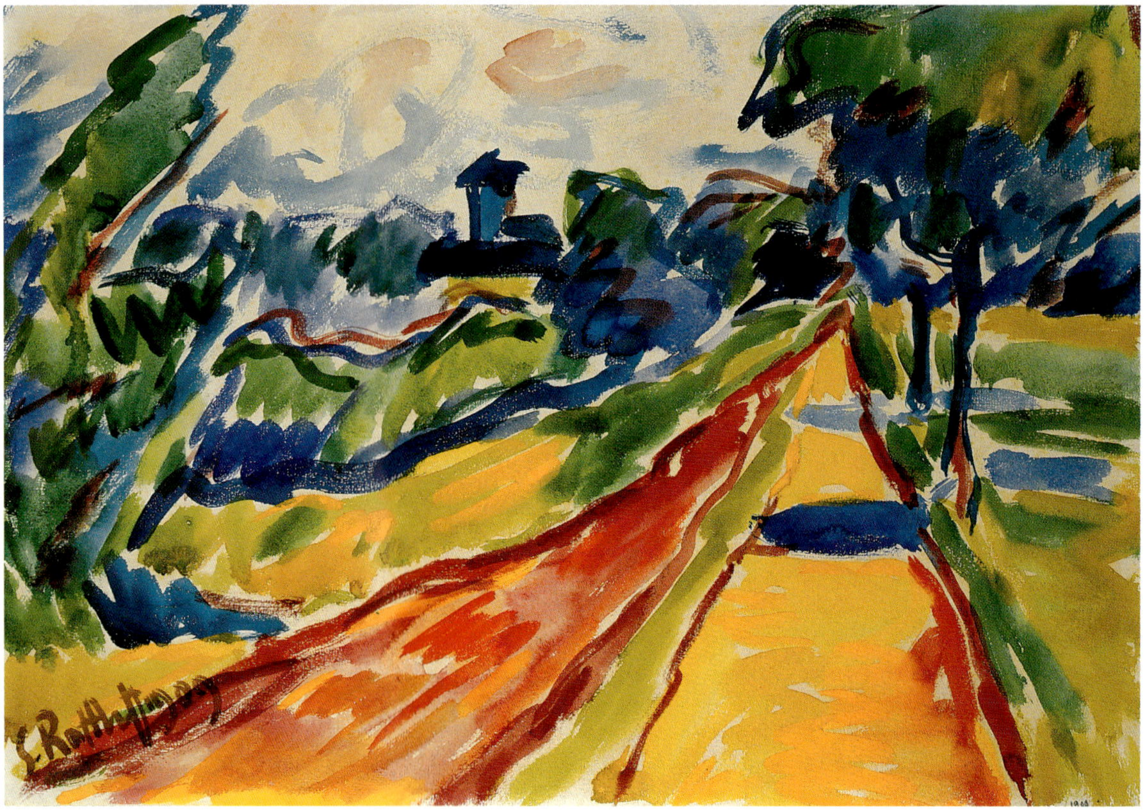

52 Landschaft aus Dangast, 1909, Aquarell

Das Motiv eines, wie hier zügig, oder in anderen Fällen geschwungen in die Bildtiefe führenden Weges bestimmt mehrere Dangaster Arbeiten Schmidt-Rottluffs. Dieses erscheint nur gering variiert erneut auf einer Postkarte von 1910 (Abb. 182), sowie in völlig veränderter Farbigkeit, ebenfalls 1910, noch einmal auf einem Gemälde (Abb. 122). Dem starkfarbigen Blatt sieht man an, daß es vom Künstler gleichsam aus dem Stand ohne Vorzeichnung auf das Papier gebracht wurde. Man ahnt die Schnelligkeit, mit der ein flüssiger Pinsel die Bildentscheidungen umsetzte, das Grundgerüst der rot zusammenlaufenden Wegelinien schuf, die Bäume mit ihren steilen Mittagsschatten an die Seite setzte und den busch- und baumbestandenen Horizont mit breiten, blau-grünen Pinselschwaden schloß. Darüber erhebt sich die Silhouette von „Wobicks Turm", jenes merkwürdigen Landhauses, das von Schmidt-Rottluff so häufig zum Bildgegenstand erhoben wurde, daß ihm inzwischen eigene Untersuchungen gewidmet werden konnten. Wilhelm Niemeyer sah dieses Blatt zusammen mit einigen weiteren Aquarellen von 1909 bei seinem Besuch des Künstlers in Dangast im September 1911 und führte „die wunderbare Lebendigkeit des Farbstrichs und das Leben der Linie" auf das Erbe des Impressionismus zurück, während er in seiner Farbintensität und der Zunahme der farbigen Kontraste die Loslösung von ihm zu erkennen glaubte.

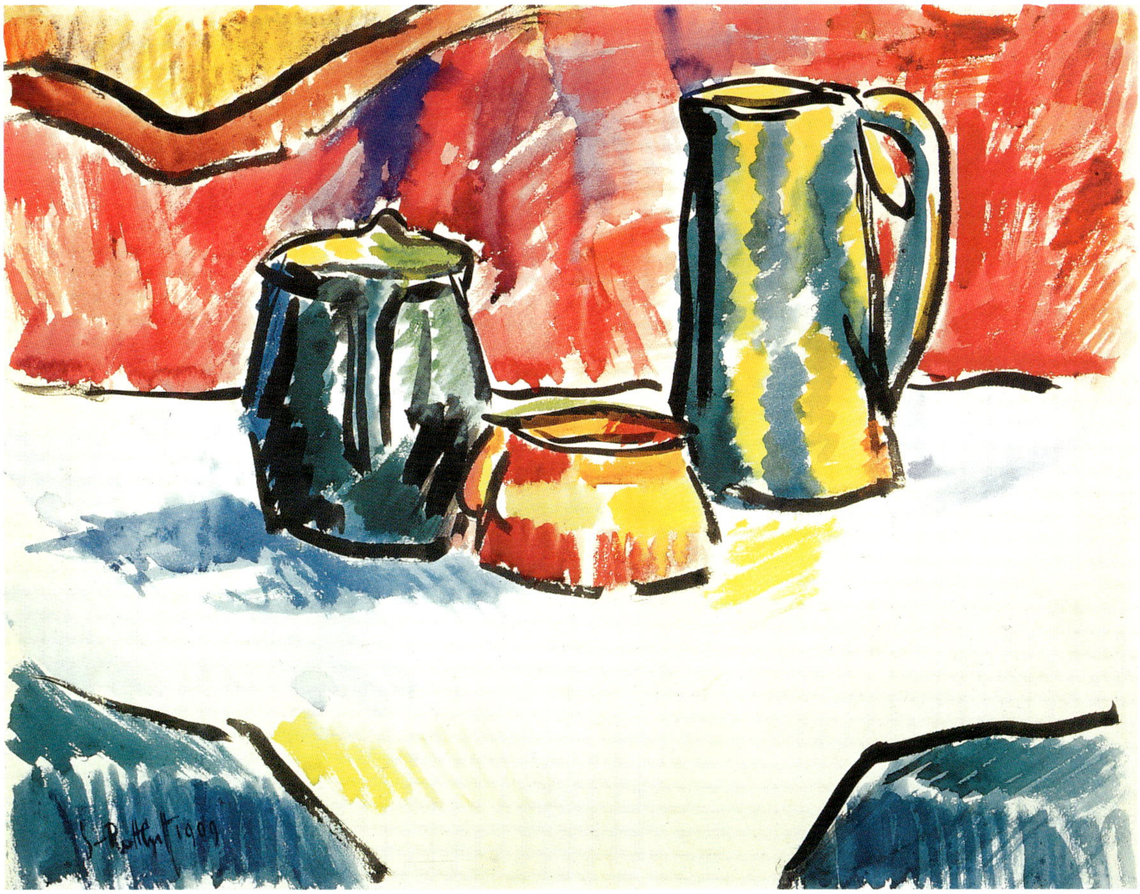

53 Töpfe, 1909, Aquarell

Wie stark alle Bildschöpfungen Schmidt-Rottluffs von einer innewohnenden Architektonik erfüllt sind, der auch Leidenschaft und Spontaneität nichts anhaben können, erweist sich nirgendwo deutlicher als in seinen Stilleben. Auch diesem Blatt verleihen strenger Aufbau und die überlegte Verteilung der optischen und farbigen Gewichte eine von den Gegenständen unabhängige Monumentalität und Zeitlosigkeit. Drei unterschiedlich hohe keramische Gefäße – von denen der linke Krug auch auf anderen Stilleben vorkommt (Abb. 48, 49, 53) – stehen auf einer weißen, durch farbige Schatten belebten Tischdecke. Ihr vorn über den blauen Untergrund herabfallender Zipfel betont die Mittelachse mit dem Standort der Gefäße, über deren waagerecht abschließender Standfläche die Rückenlehne eines Sofas den karminroten Hintergrund abgibt. In ihm wird die Vehemenz der Pinselführung besonders gut sichtbar, die der weitgehend leergebliebenen Mitte darunter entgegenwirkt, nachdem die Grundstrukturen des Bildaufbaues durch die mit schwarzem Tuschpinsel konturierten Gegenstände definiert waren. – Mit der lapidaren Bezeichnung „Töpfe" hatte der Künstler im Vorjahr bereits ein Gemälde versehen, das sich jedoch – zumindest im Aufbau – erheblich von diesem Stilleben unterscheidet (Abb. 28).

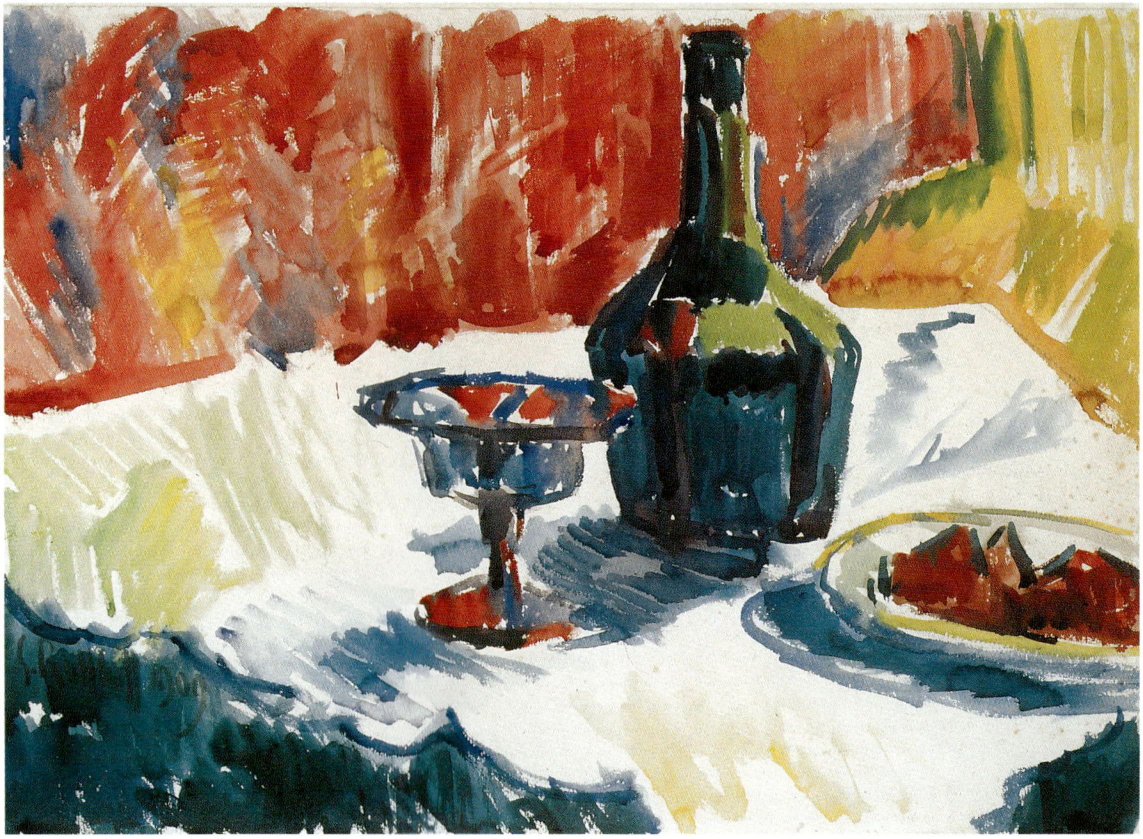

54 Stilleben mit grüner Flasche und blauem Glas, 1909, Aquarell

Die motivische Ausgangssituation ist ähnlich wie beim vorangegangenen Stilleben: drei unterschiedlich geformte Gefäße auf weißem Tischtuch mit einem blauen Vorder- und einem roten und gelben Hintergrund. Damit erschöpfen sich jedoch auch schon die Gemeinsamkeiten, da Komposition, Malweise und Bildwirkung sich vom vorigen Blatt stark abheben. Gunther Thiem, der das Aquarell bereits 1963 publizierte, bemerkte mit Recht, daß darin das malerische Element gegenüber dem konstruktiven die Oberhand erhalten hätte. Dies zeigt sich schon in der Auswahl der weniger streng geformten und aus unterschiedlichem Material bestehenden Gegenstände, der grün-blau schimmernden bauchigen Flasche, einer ebenfalls gläsernen blauroten Fußschale – diese erschien bereits auf der Stilleben-Lithographie von 1908 (Abb. 36) – und dem flachgewölbten, rotgefüllten Teller, den der rechte Bildrand überschneidet. Alles dies scheint – absichtsloser und ungezwungener in das Bild gerückt – mit seinem farbigen Schattenschlag und Widerschein ungleich lebendiger den weißen Untergrund zu füllen. Der gravierendste Unterschied besteht jedoch darin, daß die vorher mit dem Tuschpinsel gezogenen schwarzen Konturen fehlen, wodurch sich das Spiel der locker aufgetragenen komplementären Farben ungleich freier und beschwingter über der Fläche entfalten kann.

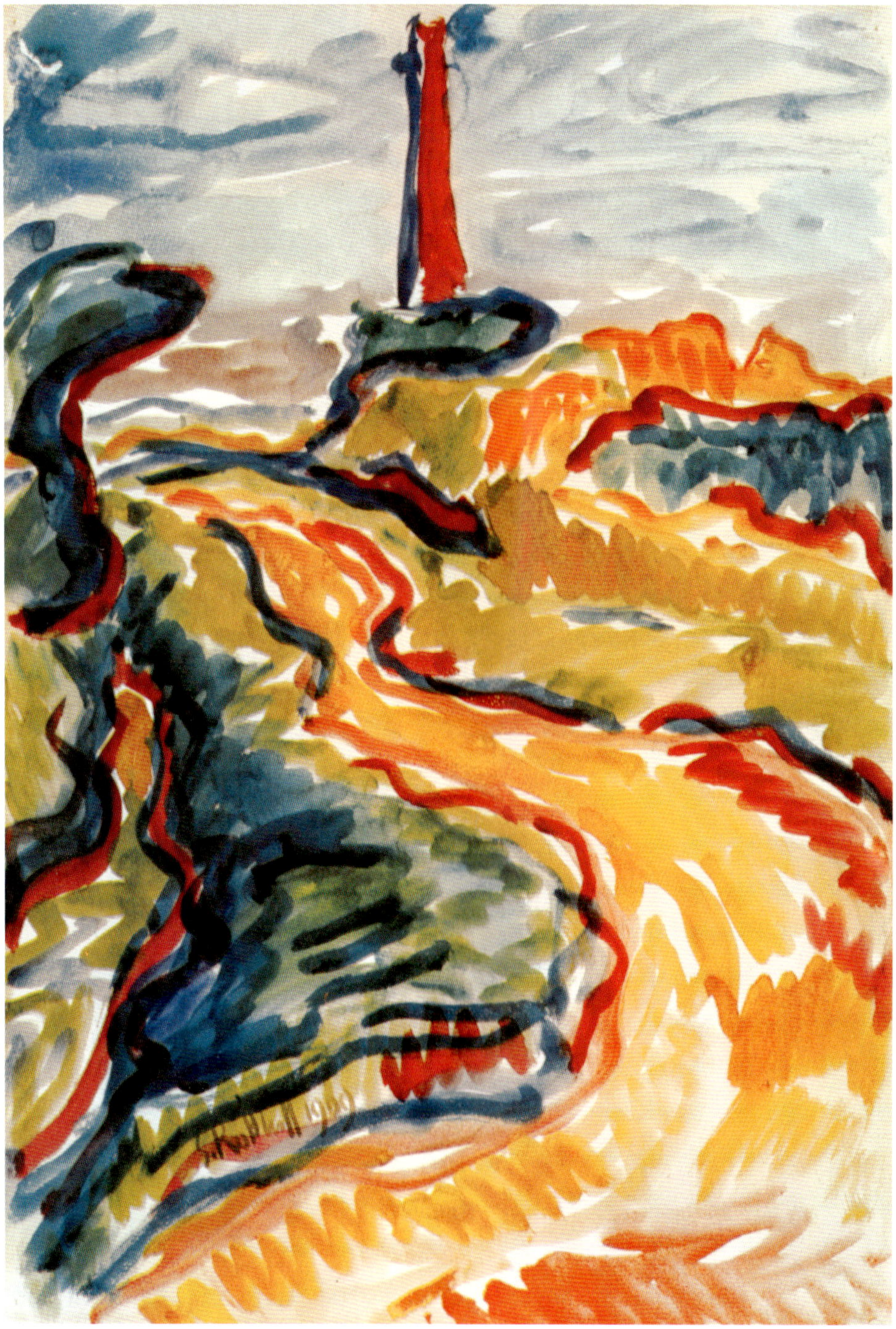

55 Der Leuchturm, 1909, Aquarell

Der hier wiedergegebene Leuchtturm von Arngast befand sich damals noch im Bau. Er wurde auf einer der wenigen unbewohnten Inseln errichtet, die von den Sturmfluten vergangener Jahrhunderte in dem tief aus dem Land gerissenen Jadebusen zurückgelassen worden waren. Über den von den Spuren der Elemente gezeichneten, rotkonturiert fließenden Dünenformationen erhebt sich der Turm vor grau-blauem Himmel als hoch aufgereckt leuchtendes Warnzeichen. Der eher an Munch als an van Gogh gemahnende Linienrhythmus ist von elementarer, das Naturvorbild übersteigernder Kraft.

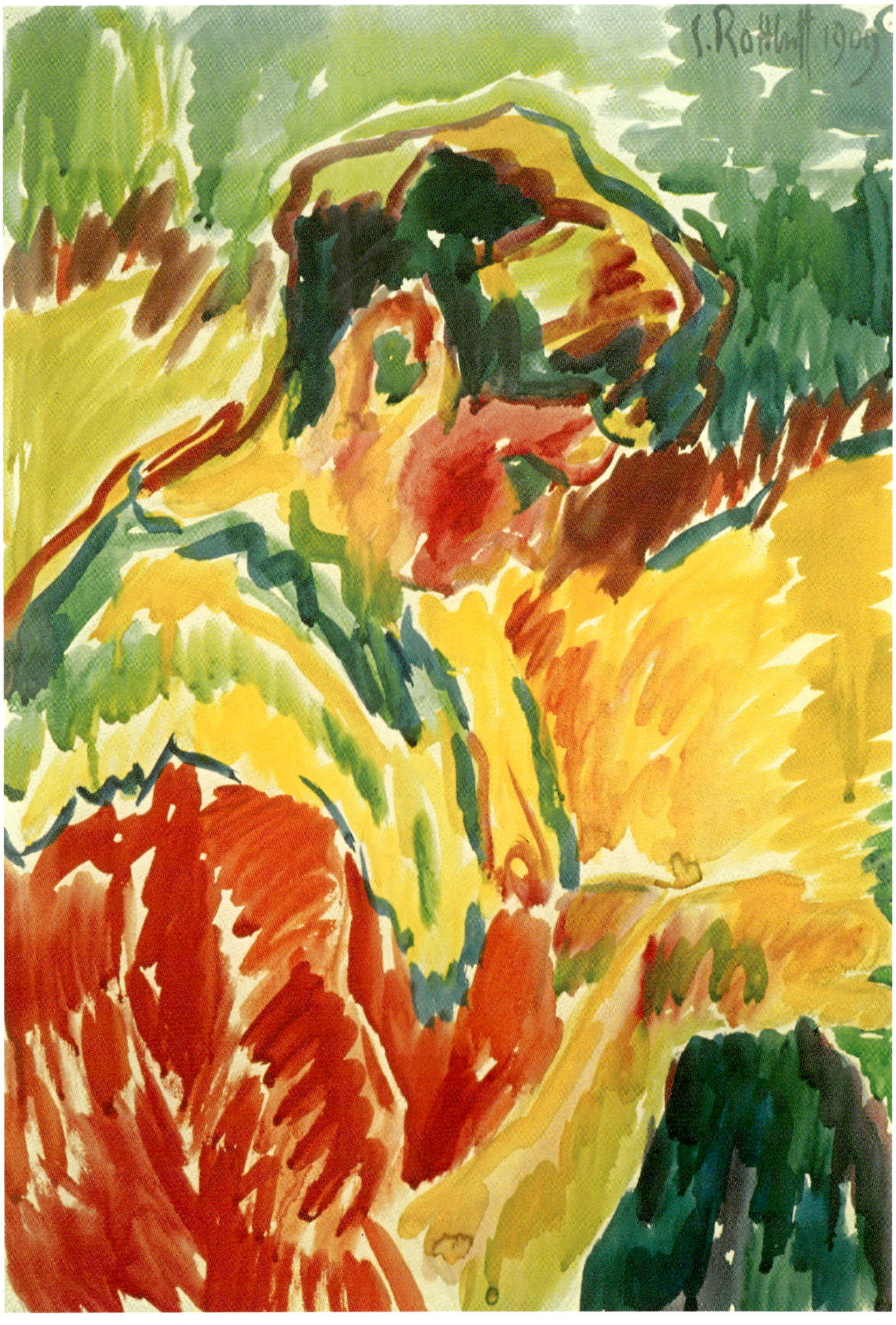

56 Stickendes Mädchen, 1909, Aquarell

Unter den 1911 Wilhelm Niemeyer in Dangast vorgewiesenen Aquarellen befand sich auch dieses Blatt, das der Künstler 1922 für die Oldenburger Lappan-Ausstellung zur Verfügung stellte. Auf ihm ist ein Mädchen in Seitenansicht – wahrscheinlich die Schwester des Künstlers – wiedergegeben, das den Kopf über eine Stikkerei beugt. Bei Vermeidung schwarzer Konturen dominieren rasch und bewegt gesetzte gelbe, rote und grüne Farbsträhnen in der frei und licht wirkenden, einfühlsamen Darstellung. – Das gleiche Motiv erscheint bereits 1906 in einer Tuschpinselzeichnung Schmidt-Rottluffs (Städtische Kunstsammlungen Chemnitz).

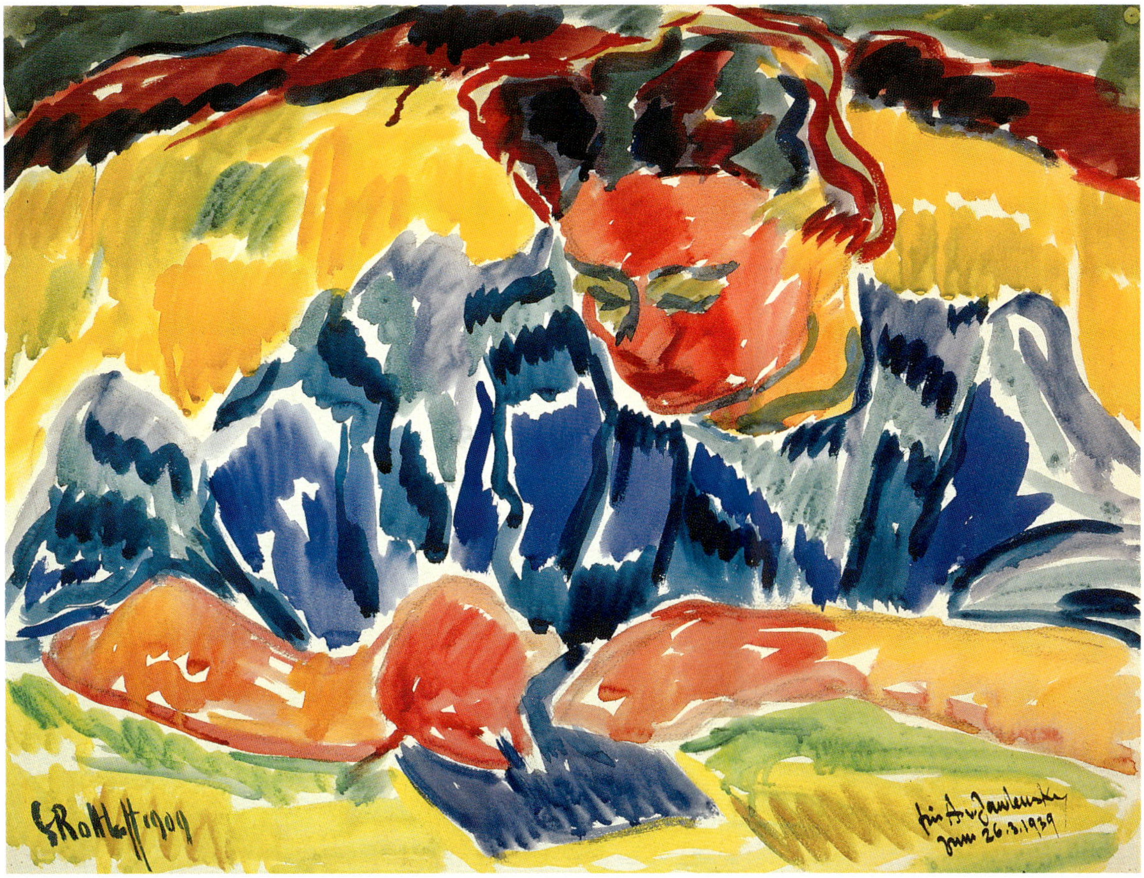

57 Schreibendes Mädchen, 1909, Aquarell

Der Titel dieses Blattes wurde bisher mit „Bei der Handarbeit" angegeben, doch trägt ein altes Foto die eigenhändige Bezeichnung „Schreibendes Mädchen". Es wird sich erneut um Schmidt-Rottluffs Schwester Gertrud handeln, die sich im Sommer 1909 für mehrere Wochen bei ihrem Bruder in Dangast aufhielt und die in ähnlicher Haltung auch noch einmal im nächsten Jahr auf einer Dangaster Postkarte erscheint (Abb. 161). Hier sitzt sie auf einem Sofa, dessen geschwungene Rückenlehne den Hintergrund rahmend abschließt und beugt sich mit breit aufgestützten Armen so über die Schreibvorlage auf dem Tisch, daß ihr lichtdurchwirktes Kleid die Bildmitte bis zu den Rändern beherrscht, umfangen von einem leuchtenden Gelb als zweiter Hauptfarbe und durch das Rot in Gesicht und Händen akzentuiert. Alle Farben sind in raschen Zick-Zack-Linien aufgetragen, die zugleich Licht und Bewegung einfangen. – Schmidt-Rottluff schenkte dieses Aquarell – wie die Widmung am rechten unteren Bildrand ausweist – am 26. März 1939 dem einst zum Blauen Reiter gehörenden russischen Maler Alexej v. Jawlensky (1867–1941) zu dessen 75. Geburtstag und bemerkte dazu in einem beigegebenen Brief: „Wir werden ja doch schließlich die Überlebenden aus dieser Zeit bleiben". Schmidt-Rottluff, der Jawlensky seit den 20er Jahren kannte, hatte bewußt eine Arbeit aus jener Zeit gewählt, in welcher der Malstil beider Künstler angenähert war. Nach dem Tode des Freundes erwarb er das Blatt zurück, um es 1975 als Geschenk an das von ihm initiierte Brücke-Museum in Berlin gelangen zu lassen.

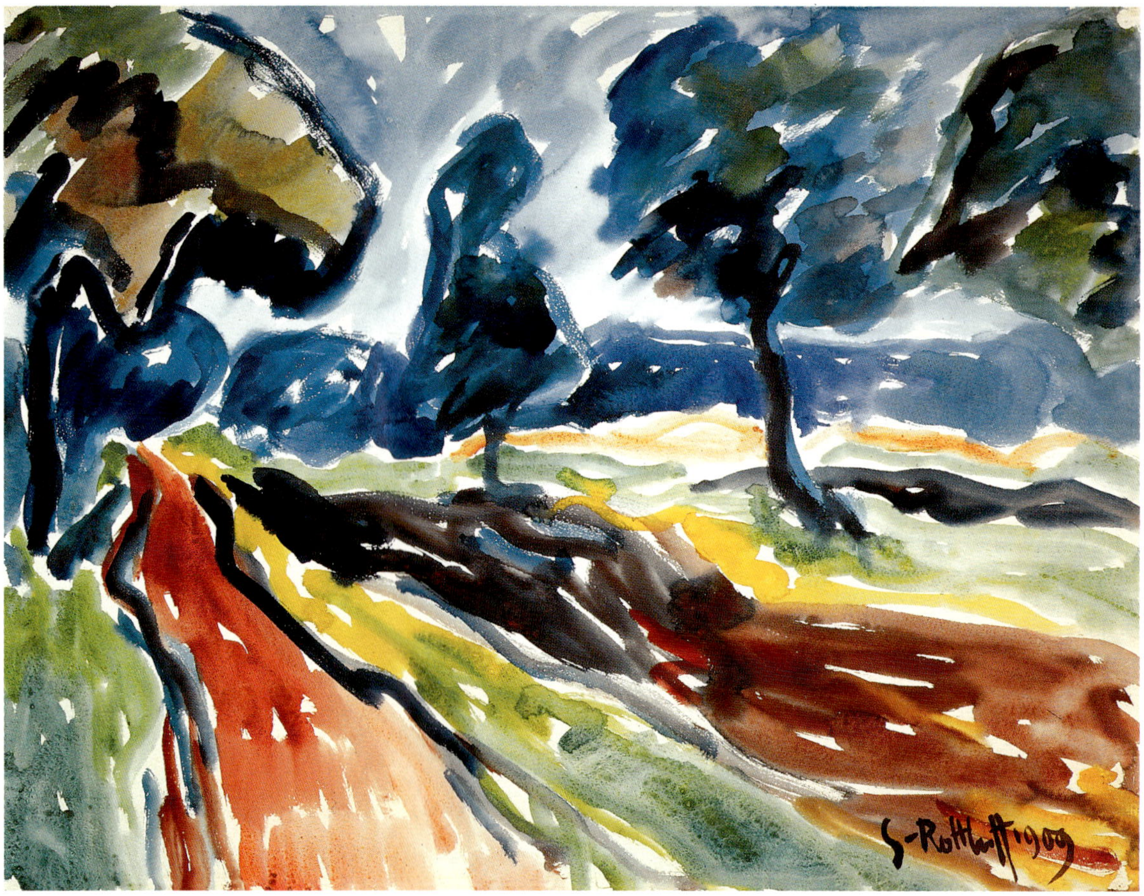

58 Kühler Morgen, 1909, Aquarell

Mit seinem ersten Dangaster Hauptwerk, dem Gemälde „Windiger Tag" von 1907 (Abb. 1) hatte Schmidt-Rottluff erstmalig ein Bildmotiv gestaltet, das sich zu einem Generalthema seiner frühen Landschaften entwickeln sollte und dem er fortan alle ihm innewohnenden Ausdrucksmöglichkeiten zu entreißen suchte. An ihm läßt sich deshalb auch der Wandel seiner künstlerischen Entwicklung besonders gut verfolgen, der ihm selbst bereits in einem Brief an Luise Schiefler vom 25. September 1908 bewußt wurde: „Meine malerischen Anschauungen haben sich dieses Jahr in einer Weise geändert und einen neuen Weg genommen, von dem ich selbst nicht weiß, wohin er eigentlich führen soll".
Zunächst läßt das Aquarell keinen Zweifel darüber aufkommen, daß es dem Ölbild gegenüber als gleichberechtigt angesehen werden will. Diesen Anspruch hat Schmidt-Rottluff seit 1909 in allen seinen, auch äußerlich größer gewordenen, Aquarellen konsequent verwirklicht und damit den Rang von Material und Technik gegenüber Form und Gestaltung auf den zweiten Platz verwiesen. Hierbei gelingt es ihm nicht nur, den Einsatz äußerer Mittel zu reduzieren sondern auch den inneren Aussagewert zu steigern. Wo sein Pinsel – wie beim „Windigen Tag" besonders gut zu erkennen –früher unzählige Male angesetzt werden mußte, um im Ineinander und Übereinander sich drängender Farben Licht, Atmosphäre und Bewegung zu erzeugen, genügen jetzt wenige, mit lapidarer Sicherheit gezogene Pinselzüge, um ein adäquates Ergebnis hervorzubringen: Blau für Himmel und Ferne, Rot und Braun für Erde und Nähe und auf dem Boden sowie in den Bäumen dazwischen ein verscheidendes Grün, in das sich die Farben des Herbstes mischen.

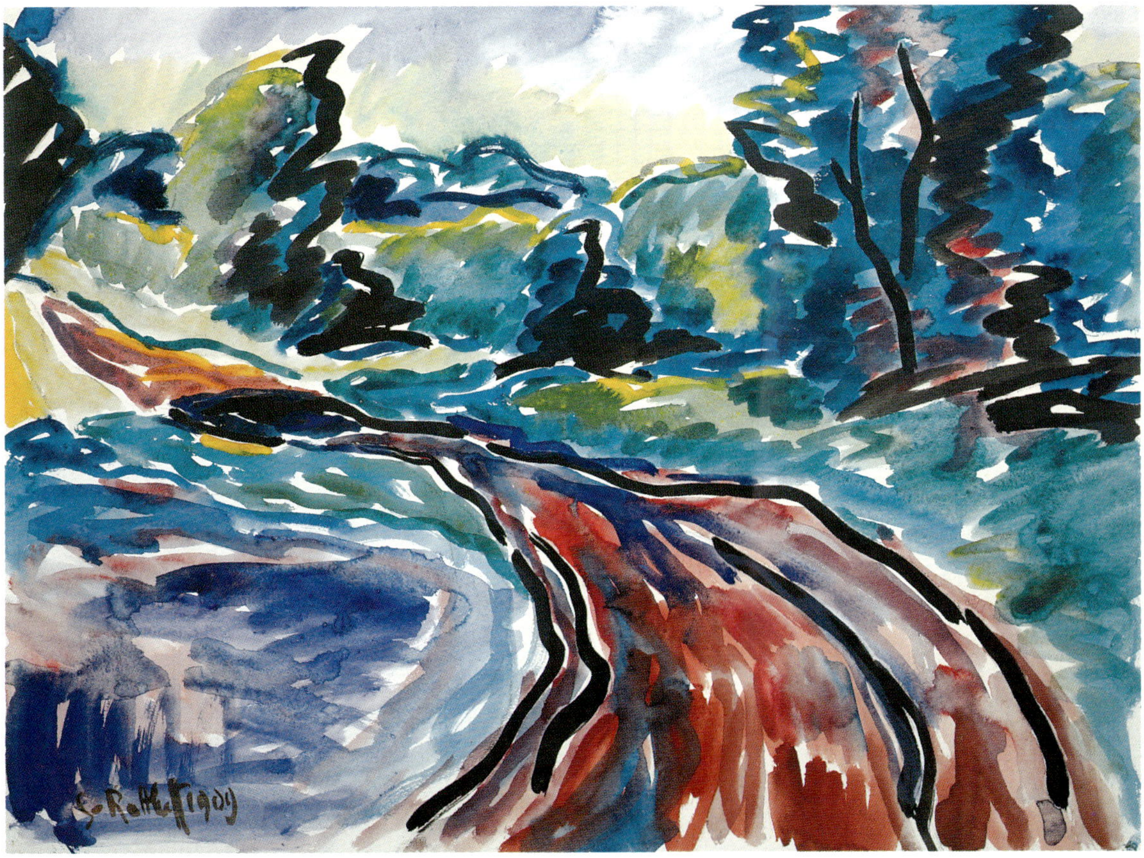

59 Weg im Herbst, 1909, Aquarell

Die Titel dieses und des vorangegangenen Blattes sind – weil hier wie dort anwendbar – im Laufe der Jahrzehnte mehrfach verwechselt worden. Sie werden hier nach Fotobezeichnungen von Rosa Schapire zitiert, wobei Irrtümer natürlich auch bei ihr nicht auszuschließen sind. – In diesem Blatt muß sich erneut ein in die Tiefe führender Weg als Hauptmotiv der künstlerischen Verwandlung stellen, wobei er sich diesmal jedoch nicht in einer ungehemmten Geraden, sondern in einem weiten Bogen, wie aus einem breiten Trichter in die Landschaft ergießt und dort versickert. Hier dominiert das Blau in allen seinen Variationen, besonders zu einem Violett hin, das an die Farben der im Frühherbst auf sandigem Kiefernboden blühenden Heide erinnert. Soweit Bäume erkennbar sind, werden sie nicht der Straße, sondern dem hinter ihnen liegenden Busch und Wald zugeordnet, dessen Blau-Schwarz von gelb eingestreuten Partien unterbrochen wird. Der Ausdruck ist ernst und verhalten, erfüllt vom Wissen um die Vergänglichkeit des Sommers in der Natur und im menschlichen Leben.
Das – wie fast alle Aquarelle von 1909 – mit dem Pinsel signierte und datierte Blatt war 1910 in der Galerie Arnold in Dresden und 1922 in der Eröffnungsausstellung der Vereinigung für junge Kunst in Oldenburg zu sehen, ehe es nach Amerika gelangte.

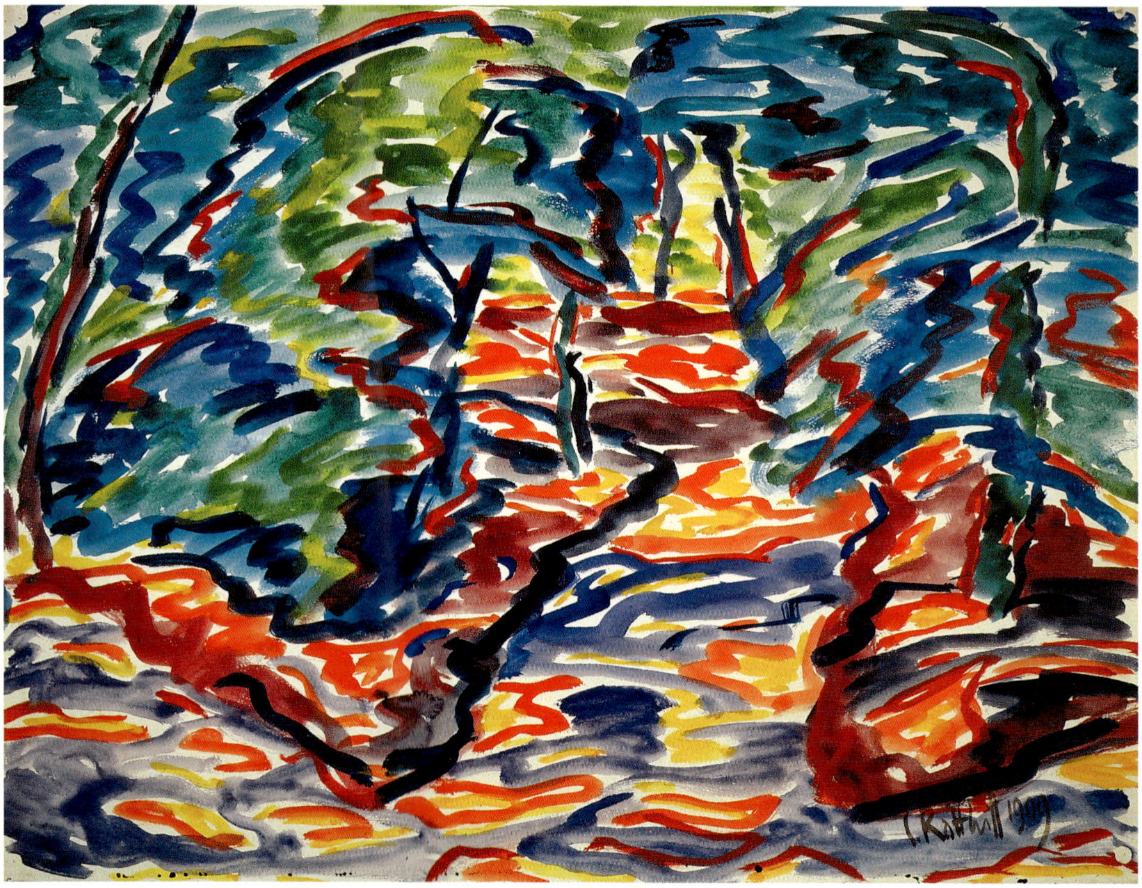

60 Park am Mittag, 1909, Aquarell

Der in zahlreichen Bildtiteln Schmidt-Rottluffs und Heckels vorkommende Dangaster Park umgab einst auf einer Gesamtfläche von etwa sechs Hektar die Gast- und Logierhäuser des ehemaligen Kurbereichs bis an das Steilufer heran. Heute zum Teil bebaut und in den verbliebenen Resten nicht mehr gepflegt, erinnert nur noch wenig an die auch aus einigen selteneren Laub- und Nadelgehölzen bestehenden, mit Alleen, schattigen Spazierwegen und windgeschützten Plätzen mit vielen Bänken versehenen Anlagen. Einer dieser Wege erscheint, sich vorn verzweigend, auf Schmidt-Rottluffs Aquarell. Darüber wölben sich Laubkronen, durch die hindurch an den zahlreichen offenen Stellen die warme Mittagssonne fällt, um verwirrende farbige Muster auf den Boden zu zaubern. Bäume und Weg sind in den gleichen, immer wieder neu ansetzenden Pinselzacken und -schwüngen gemalt, die das gesamte Bildfeld dicht gedrängt überziehen und die Bilddeutung nur durch ihre farbigen Unterschiede ermöglichen. Hier könnte man von einem dynamisierten Impressionismus sprechen, der unmittelbar an die Schwelle zur Abstraktion geführt wird.

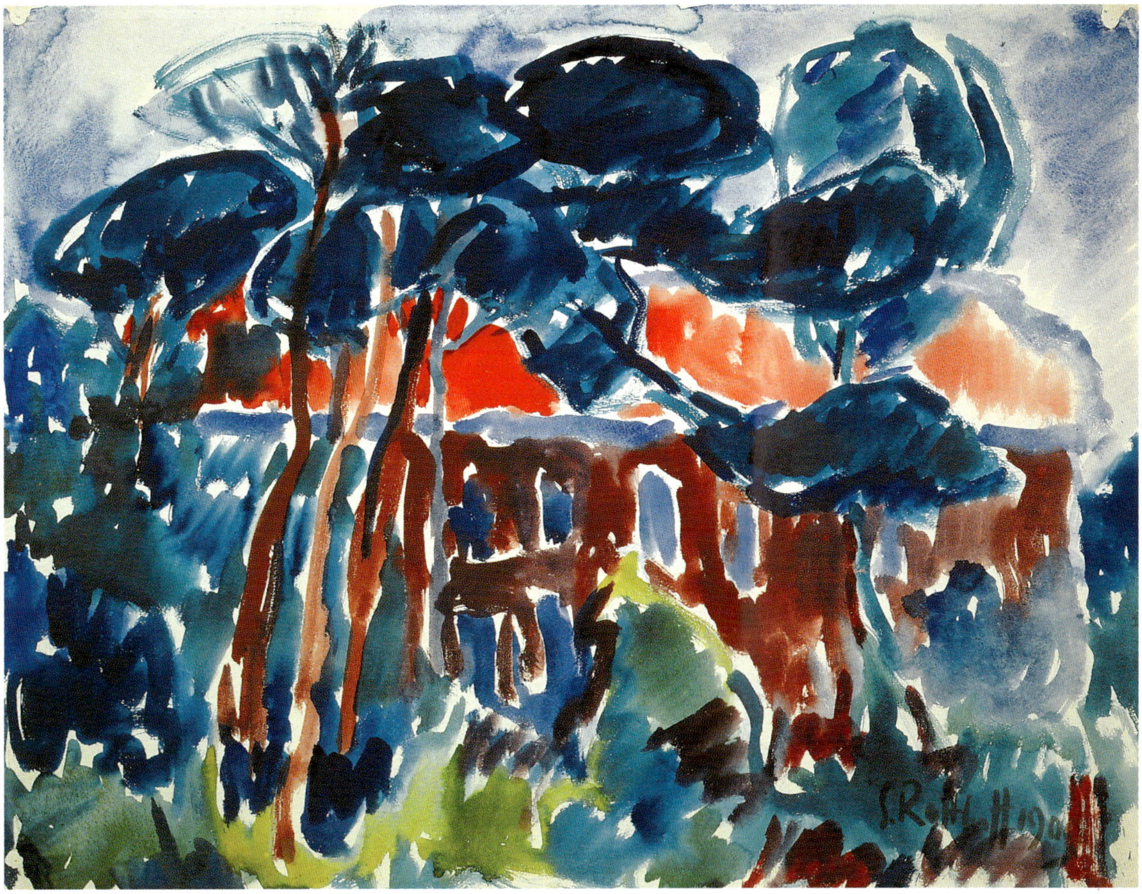

61 Haus im Nebel, 1909, Aquarell

Schmidt-Rottluff hat hier noch ein weiteres mal den Nebel in die Gestaltung eines Aquarells mit einbezogen, welches um die gleiche Zeit entstanden sein mag, wie die „Kurhäuser im Seenebel" (Abb. 46). Im Mittelpunkt steht jedes mal ein Gebäude, hier eines der zweigeschossigen Gästehäuser, die vom Kur- oder Conversationshaus nicht viel weiter als vom Meeresufer entfernt waren. Näher noch lag das „Parkschloß", in dem Schmidt-Rottluff seit diesem Frühjahr wohnte, weshalb es sogar denkbar wäre, daß das Aquarell vom Künstler aus einem Fenster seines Domizils gemalt wurde. Das bräunliche Gebäude mit dem abgewalmten roten Dach verbirgt sich hinter Kiefernbäumen und niedrigeren Büschen und wird vor allem an seiner rechten Seite von den, seinen Umriß verunklärenden grauen Nebelschwaden erfaßt, die vom dahinter liegenden Wattenmeer heraufziehen. Der dämpfende Nebel hat auch das Glitzern und Gleißen des Sonnenlichtes verdrängt, das im vorigen Blatt so bestimmend war, und zusammenhängendere Farbmassen entstehen lassen, in denen der Pinselduktus mitunter gar nicht mehr auszumachen ist. Dominant ist ein in allen Abstufungen eingesetztes Blau, das dem mehrfach unterbrochenen Dachrot in der Bildmitte dennoch eine überraschende Wirkung garantiert. – Das vom Künstler lange zurückgehaltene Blatt war – wie das vorige – 1922 und 1957 in Oldenburg zu sehen, ehe es aus dem Nachlaß Schmidt-Rottluffs dem Brücke-Museum zufiel.

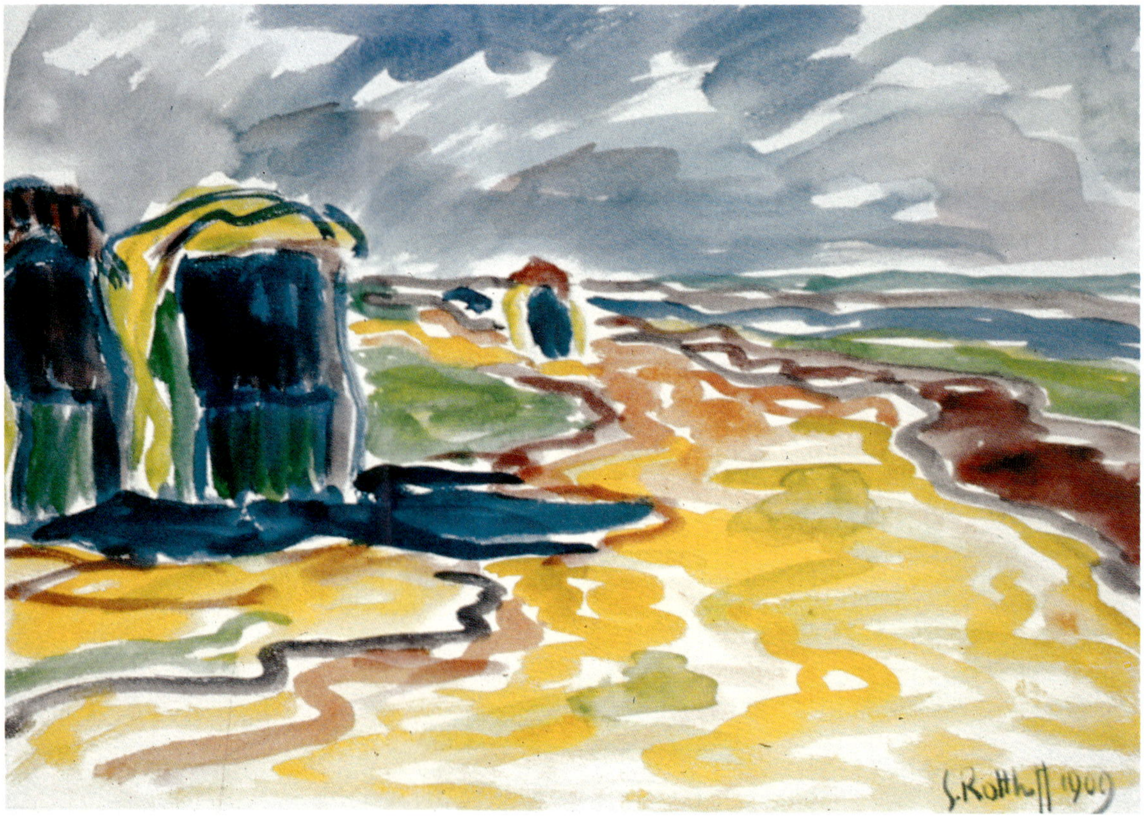

62 Strand mit Körben, 1909, Aquarell

Die geflochtenen Strandkörbe begannen in den deutschen Nordseebädern erst kurz vor der letzten Jahrhundertwende die Badekarren und zum Teil auch die Strandbuden zu verdrängen, nachdem das bloße Eintauchen in die Fluten zunehmend auch mit längeren Aufenthalten am Strand verbunden wurde und die Bereitschaft wuchs, sich in stärkerem Maße als vorher der Luft und Sonne auszusetzen. Was später Strandleben genannt wurde, ist durch das Aufkommen und die Verbreitung der Strandkörbe nicht unwesentlich gefördert worden. Sie erleichterten es, auf die damals auch in Dangast noch immer getragene städtische Kleidung zu verzichten und sich unmittelbarer und ohne fremde Hilfe vom Herren- oder Damenstrand ins nasse Element zu begeben. Ältere Dangaster, die sich 1956 noch an die Aufenthalte der Brücke-Maler erinnern konnten, wußten auch zu berichten, daß diese meistens nackt gebadet hätten, was sie bei einigen Einwohnern in moralischen Verruf gebracht habe. Dieses Aquarell hatte die hochbetagt noch immer von ihren zahlreichen Bildern der Brücke-Maler umgebene Sammlerin Martha Rauert neben weiteren Arbeiten für die Oldenburger Ausstellung „Maler der Brücke in Dangast" von 1957 zur Verfügung gestellt. Es konnte im Jahr darauf für den Oldenburger Kunstverein erworben werden, der es zusammen mit weiteren Ankäufen aus der Ausstellung dem Oldenburger Landesmuseum als Dauerleihgabe überließ.

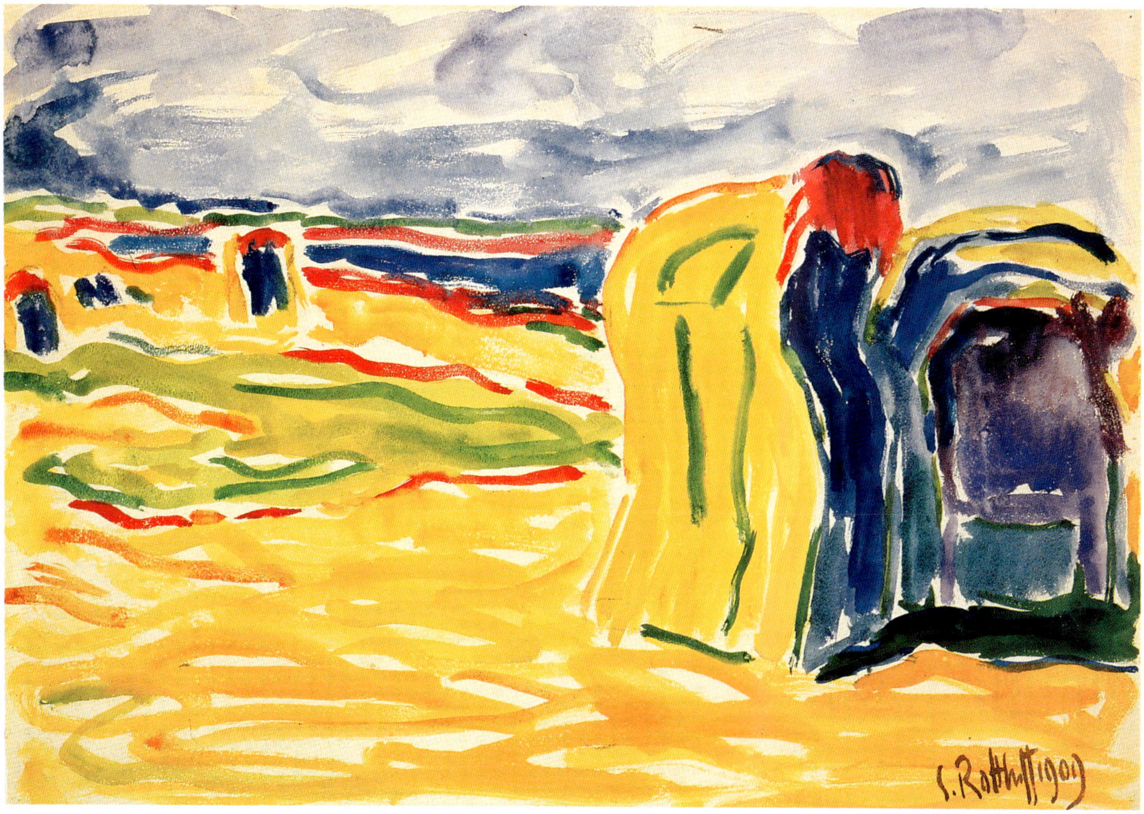

63 Strandkörbe, 1909, Aquarell

Die nochmalige Aufnahme des Strandkorb-Motivs in ein Aquarell Schmidt-Rottluffs bietet die Möglichkeit zum Vergleich der jeweils eingesetzten Gestaltungsmittel. Die vorgefundene Ausgangssituation ist bei beiden Blättern ähnlich: ein in endlose Fernen entschwindender unbelebter Sandstrand mit dem rechts gelegenen Wattenmeer, einem hohen Himmel und zwei im Vordergrund einmal am linken und einmal am rechten Bildrand befindlichen, in unterschiedlichen Positionen gesehenen Strandkörben.
Beim ersten Blatt zeigt sich der Himmel noch stärker bedeckt, obwohl dort, wo die Strandkörbe stehen, von der Morgensonne lange Schatten über den mit dunkleren Partien durchsetzten Strand geworfen werden. Beim anderen Blatt steht die Sonne höher, fallen die Schatten steiler auf den helleren Sand, über dem in rot geschwungenen Linien Wärme glimmt. Daß in beiden Blättern Menschen zu fehlen scheinen, muß nicht unbedingt der vorgefundenen Wirklichkeit entsprechen, da sie von Schmidt-Rottluff grundsätzlich höchst selten in seine Landschaft aufgenommen wurden. Die Pinselführung ist flüssig, ohne im eigentlichen Sinne unruhig zu sein und vermittelt darüber hinaus den Eindruck, daß hier Naturform und Kunstform einander entgegenkommen und dabei von einer tiefen Erlebnisfähigkeit durchdrungen werden. – Im Jahr 1909 erscheinen Strandkörbe auch noch auf einer Postkartenzeichnung vom 30. Oktober (Abb. 88) und als Vorlage zu einem Holzschnitt (Abb. 96).

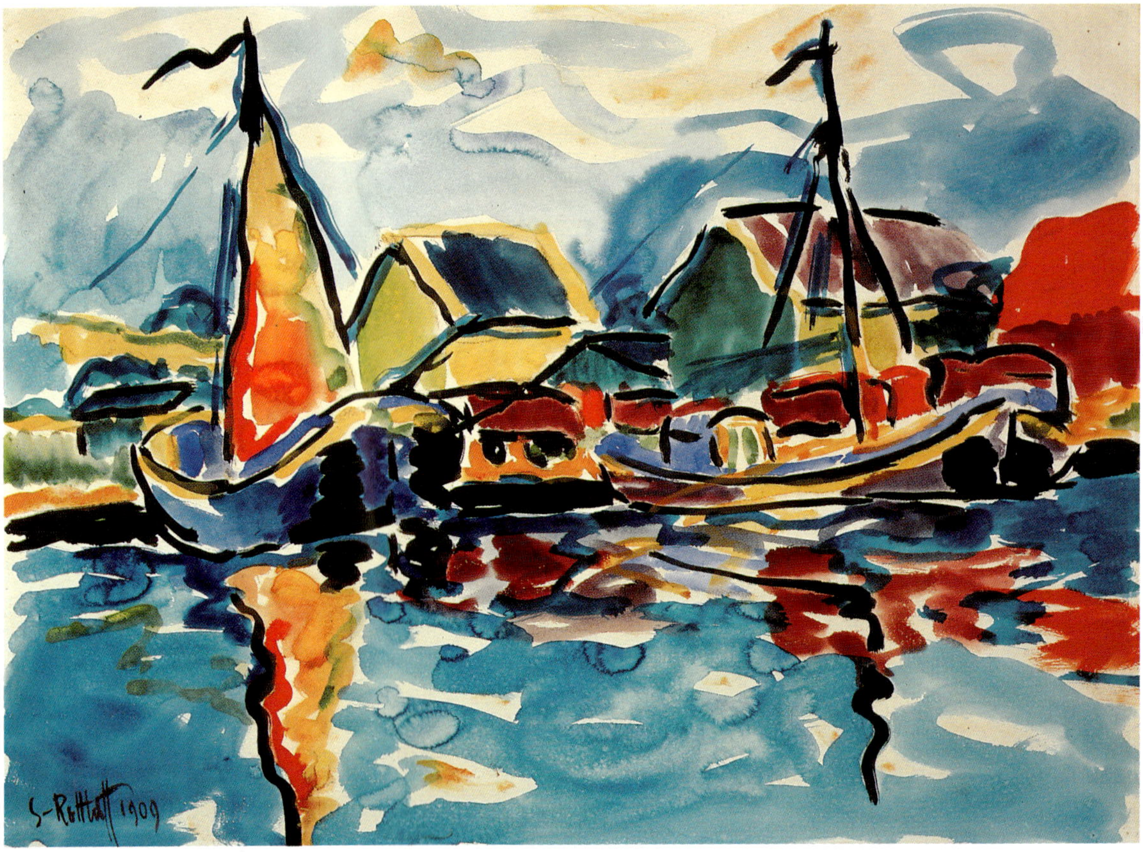

64 Vareler Hafen, 1909, Aquarell

Am Ende des Vareler Siels, das es kleineren Schiffen erlaubt, durch die Wattgebiete des Jadebusens hindurch bis in die Nähe Varels zu gelangen, hatte der dänische König Christian V. ab 1681 mit großem Aufwand die Christiansburg anlegen lassen, die einen geplanten Kriegs- und Handelshafen schützen sollte. Nachdem dessen unerwartete Verschlickung jedoch nicht verhindert werden konnte, wurde die bereits weit gediehene Festungsanlage 1696 geschleift, der durch Eindeichungen veränderte Sielzug aber in späterer Zeit zum schleusengeschützten Hafen ausgebaut. Er erlebte in der Mitte des 19. Jahrhunderts seine Blütezeit und wurde damals, als Schmidt-Rottluffs Aquarell entstand, jährlich noch von etwa 200 Schiffen angelaufen. Wie in Ellenserdamm handelt es sich auch hier um Frachtensegler holländischen Typs, von denen zwei an der mit Häusern und Schuppen bebauten Südseite des Hafens festgemacht haben. Das rechte, vielleicht mit Holz oder den hier produzierten Ziegeln beladen, ist abgetakelt, das linke steht mit hochgezogenem Segel vor der Ausfahrt. Beide spiegeln sich im leicht bewegten Wasser, in dem auch das Blau des Himmels aufgefangen wird. Es ist die dominierende Farbe in dem mit breit gezogenem Pinsel angelegten Aquarell, in dessen Mittelzone sich Gelb, Rot und Grün in dichteren, durch schwarze Konturen verfestigten Partien zusammendrängen. In den weiß gebliebenen Teilen des Blattes werden das Licht und die Atmosphäre eines ruhigen Sommertags eingefangen, der die Entstehung vor Ort ermöglichte. Das schon früh in Berlin und Dresden ausgestellte Blatt befand sich spätestens seit 1917 im Besitz von Rosa Schapire, aus deren Nachlaß es der Künstler zurückerwarb. – 1909 hielt Schmidt-Rottluff noch ein weiteres Motiv aus Varelerhafen in einem Holzschnitt fest (Abb. 97), während Erich Heckel gleichzeitig mehrere, hier aneinandergereiht liegende Schiffe von der gegenüberliegenden Seite in einem Gemälde erfaßte (Vogt 1909, 18).

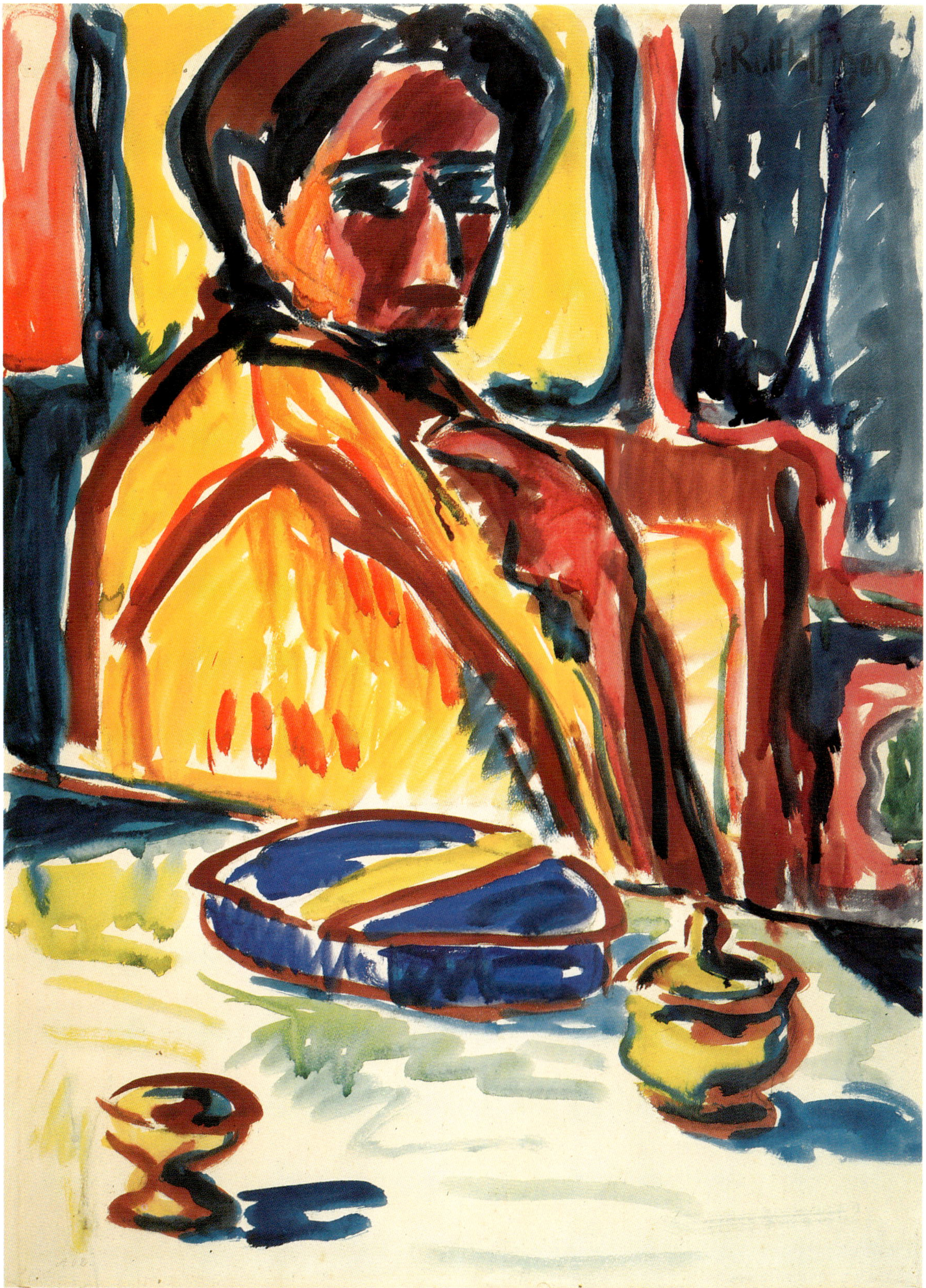

65 Frau am Tisch (Rosa Schapire), 1909, Aquarell

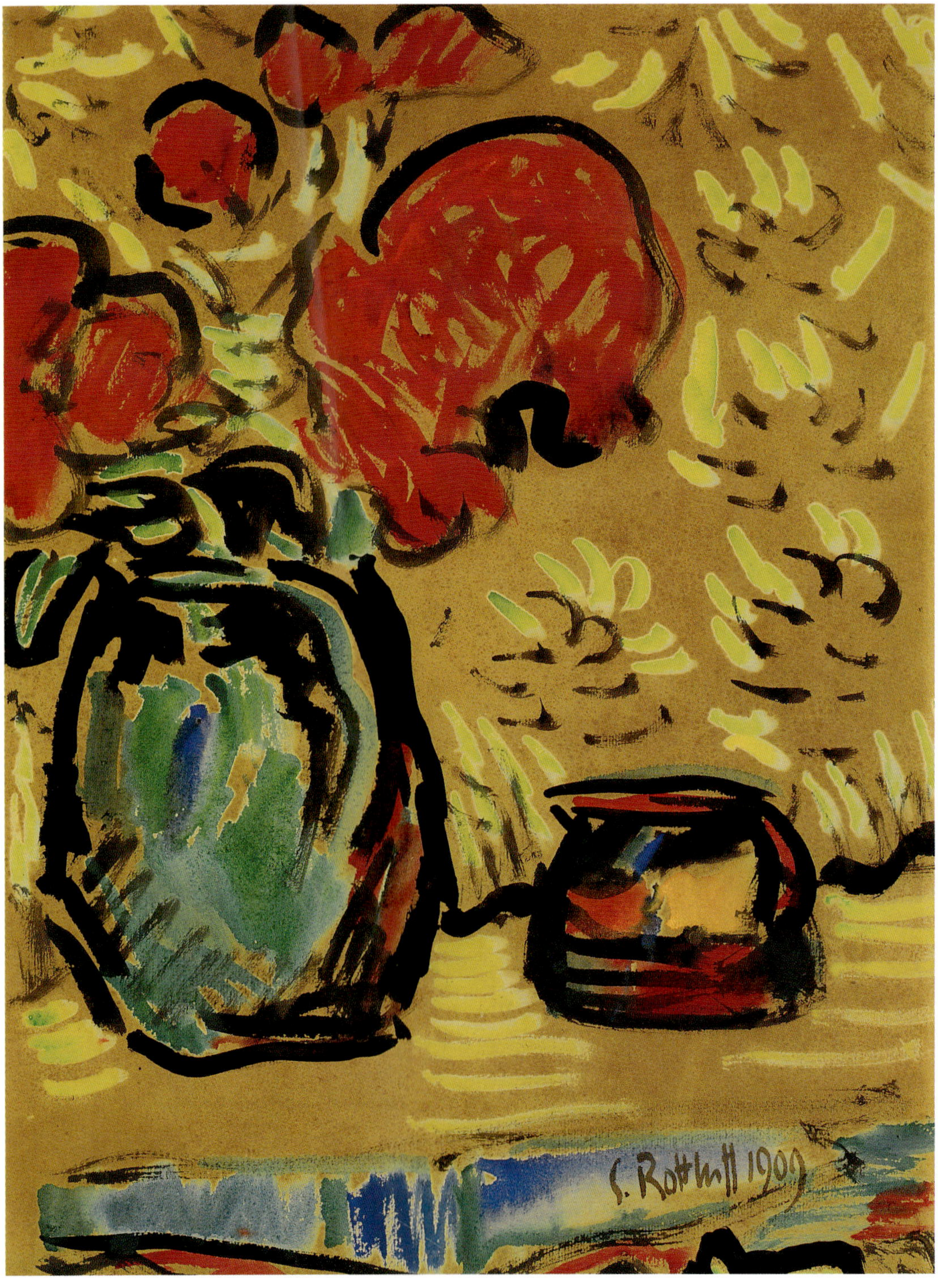

66 Rote Blumen im Henkelkrug, 1909, Aquarell

Das stark gebräunte Blatt zeigt vor gemustertem Hintergrund – einem Vorhang oder einer Tapete – einen großen grünen und einen kleinen ebenfalls irdenen rotbraunen Henkelkrug, die beide auch in anderen Stilleben wiederzufinden sind (Abb. 28, 48, 49, 53). Aus dem größeren am linken Bildrand neigen sich volle rote Blüten – vielleicht Mohnblumen. Sie sind mit schwarzem Tuschpinsel umzogen, der auch die Binnenzeichnung der Gefäße bestimmt.

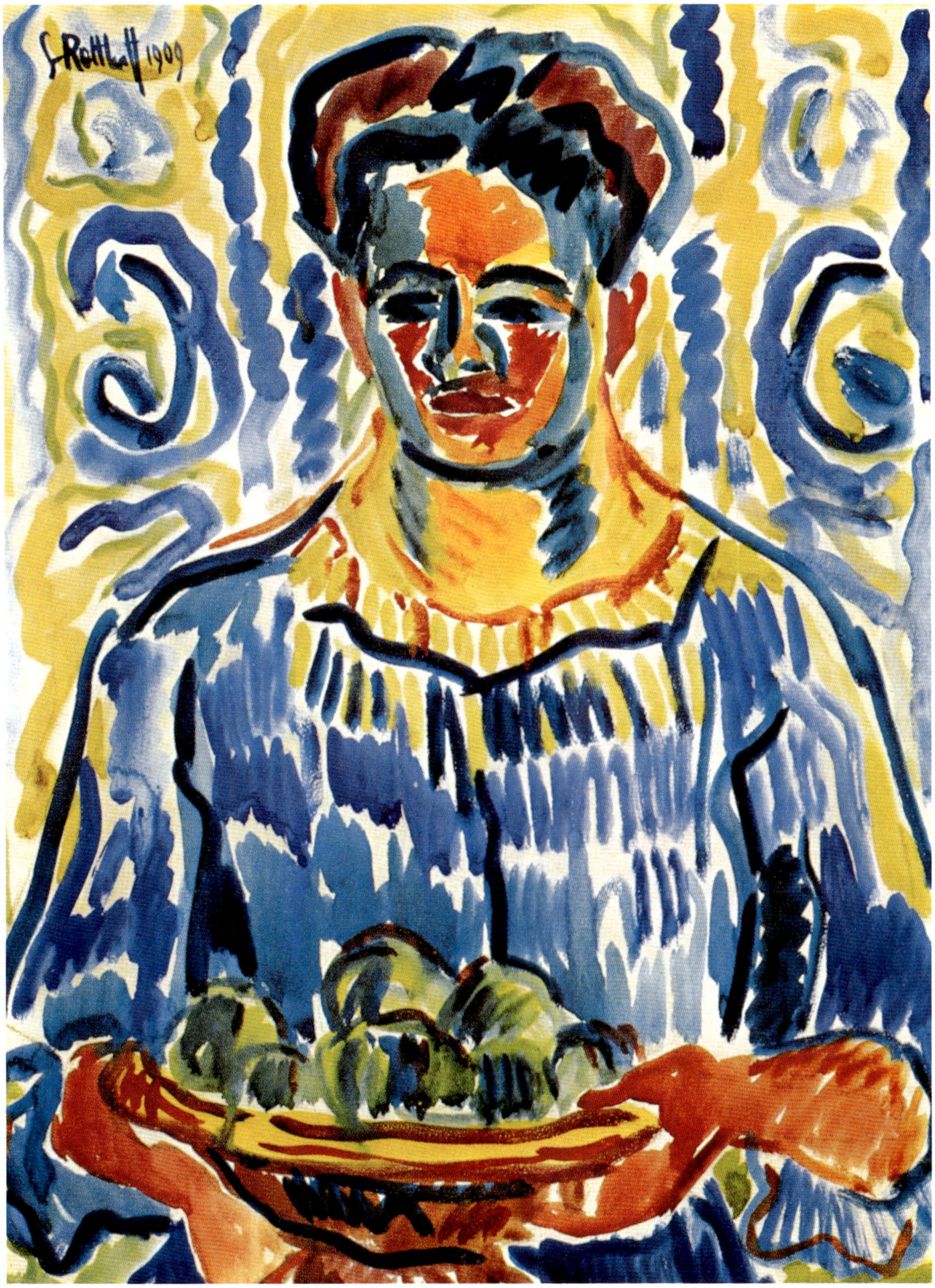

67 Die Fruchtschale, 1909, Aquarell

Eine so dekorative Auffassung des Sujets, durch strenge Symmetrie und Frontalität vor dem Hintergrund eines vielleicht eigenhändig bemalten Vorhangs eher betont als gemildert, ist für Schmidt-Rottluff ungewöhnlich. Das Blatt war noch im Entstehungsjahr in einer Ausstellung der Berliner Sezession zu sehen, wo es Georg Tappert zu einer ähnlichen Darstellung angeregt haben könnte (Zwei Mädchen mit Fruchtschale, um 1910 , WV 101).

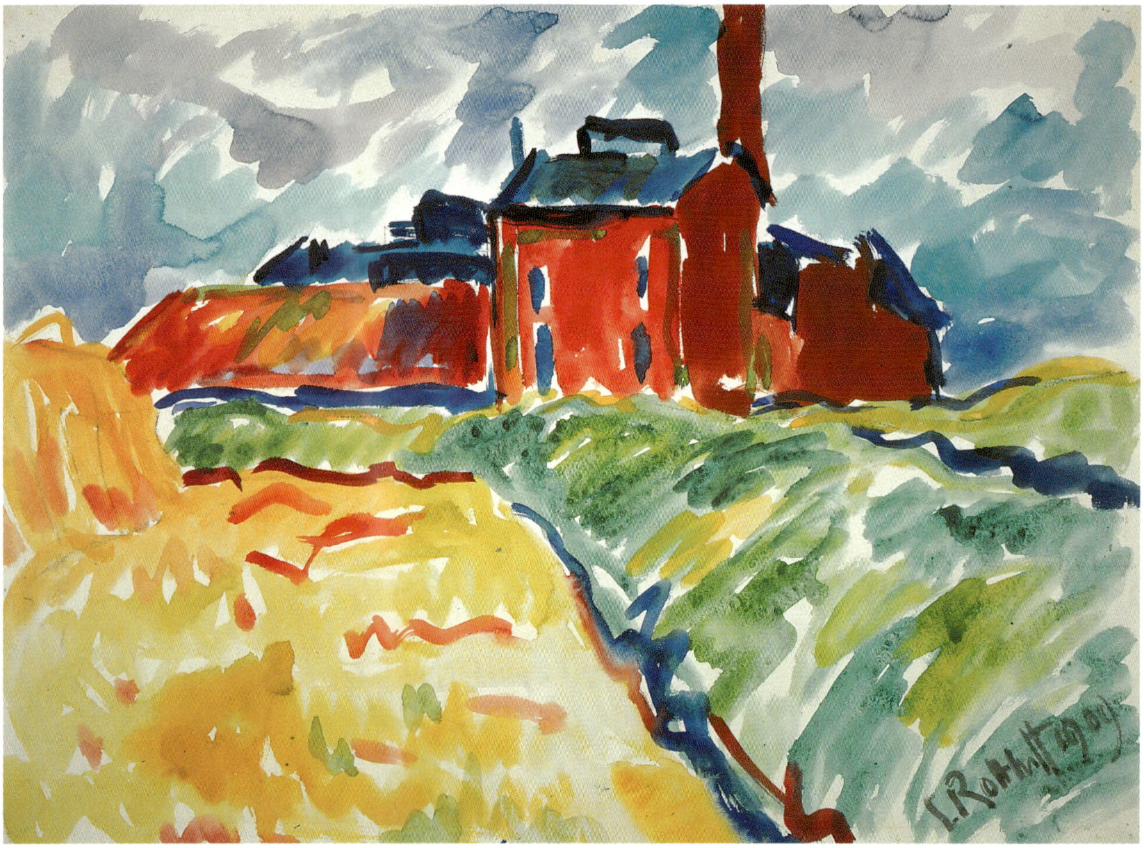

68 Fabrik, 1909, Aquarell

In der Umgebung Varels entwickelte sich im Laufe des 19. Jahrhunderts die Ziegelindustrie dank geeigneter Böden zu einem bedeutenden Wirtschaftszweig. Berühmt wurden vor allem die bläulich schimmernden „Bockhorner Klinker" – aus ihnen wurde u.a. das Hamburger Chilehaus erbaut – die damals noch größtenteils über den Hafen von Ellenserdammersiel verschifft wurden. Seit ihrer Verwendung in den Klinkerstraßen des nordwestdeutschen Küstengebiets und durch den Ausbau des preußischen Kriegshafens Wilhelmshaven hatte sich die Nachfrage nach ihnen so erhöht, daß allein in der näheren Umgebung von Bockhorn 35 z.T. mit Gastarbeitern betriebene Ziegeleien gezählt werden konnten. Sie stellten für Schmidt-Rottluff, Erich Heckel und Emma Ritter willkommene Motive dar, mit denen sich Hauptwerke ihrer Dangaster Aufenthalte bezeichnen lassen. In Dangast selbst gab es – wie in der Literatur mehrfach angenommen – keine Ziegelei, wohl aber mehrere in und um Varelerhafen, wo sogar der mit Sand entfettete schwere Kleiboden als Rohstoff benutzt wurde. Auch bei diesem Blatt handelt es sich – trotz des ihm zur Vermeidung von Doppelbenennungen verliehenen Titels „Fabrik" – um eine solche, wahrscheinlich um Kupers Ziegelei am Vareler Siel, die 1963 abgerissen wurde. Aus den selbstproduzierten roten Ziegeln errichtet, deren Rohstoff sie aus der unmittelbaren Umgebung bezog, steht sie schwer und beherrschend allein in der weiten Landschaft, die Gebäudeteile mit Brennöfen und hohem Schornstein an der rechten und den langgestreckten niedrigen Trockenschuppen an der linken Seite, von Blau und Rot in der oberen, von Gelb und Grün in der unteren Hälfte bestimmt und hier zusätzlich noch von roten und blauen Geländewellen durchzogen, die zur Raumtiefe beitragen.

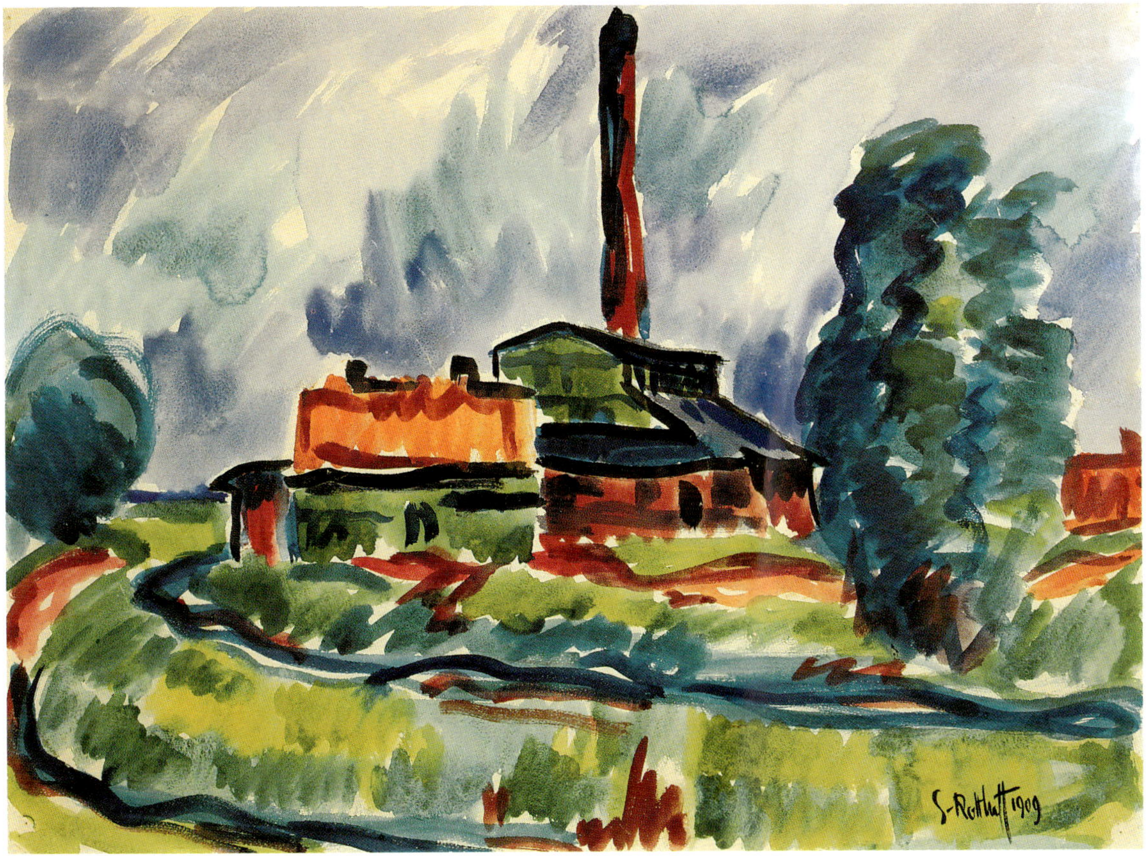

69 Ziegelei, 1909, Aquarell

Auch auf diesem Blatt ist ein nicht mehr existenter Betrieb dargestellt, Brumunds Ziegelei, einst an der Nordseite von Varelerhafen gelegen und ebenfalls erst 1964 abgerissen. In dem hohen Gebäudekomplex, dem unter dem hoch aufragenden Schornstein liegenden Brandhaus, befanden sich die von oben beschickten Ringöfen, die den urtümlich-alten Feldbrand längst abgelöst hatten. Weniger großflächig als das vorangegangene Blatt, scheinen hier auch die Farben verhaltener zu leuchten und analog zum Konglomerat der schwarz umrandeten Gebäude stärker zueinander gezwungen worden zu sein. Raum und Abstand schaffend, umziehen zwei mehrfarbige Geländeringe die Gebäudegruppe, die noch einmal durch Bäume auf beiden Seiten eingefaßt wird. Die Sicherheit, mit der die keine Korrekturen zulassenden farbigen Akzente gesetzt werden, ist bei diesem Blatt besonders evident, in dem sich bewegte Linien und beruhigte Flächen die Waage halten. Es war bereits 1910 in der Brücke-Ausstellung bei Arnold in Dresden zu sehen und gelangte erst nach dem Zweiten Weltkrieg direkt vom Künstler in privaten Besitz. Ob der ebenfalls mit „Ziegelei“ betitelte, stark abstrahierte Holzschnitt von 1909 (Abb. 94) sich auf dieses oder das auf dem vorigen Blatt wiedergegebene Gebäude bezieht, wird offenbleiben müssen.

Schmidt-Rottluffs mit der Jahreszahl verbundene Signatur – hier mit dem Tuschpinsel unten rechts dünn aufgetragen – zeigt noch die leichte Linksläufigkeit der Frühzeit, die sich erst um 1913 verliert.

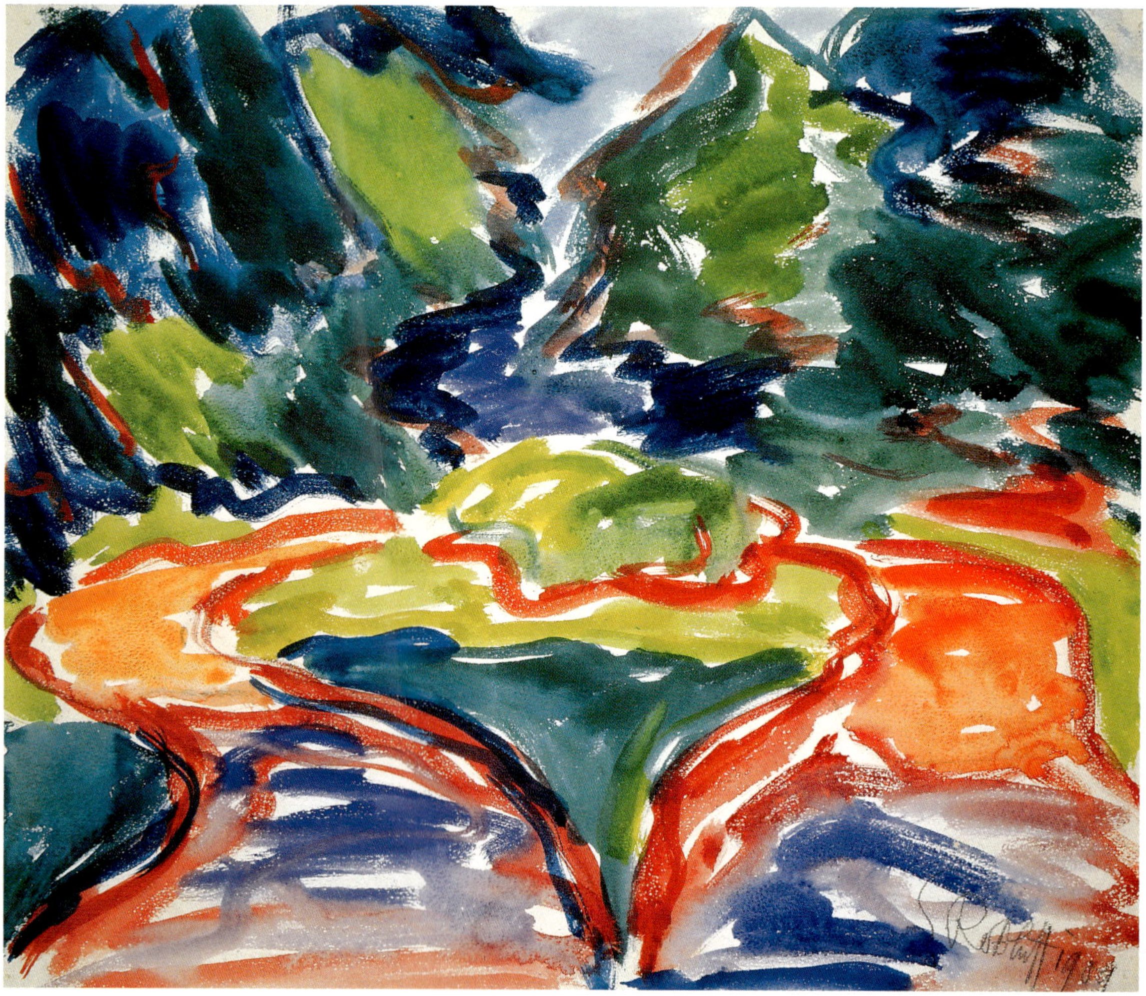

70 **Wegegabelung, 1909, Aquarell**

Unmittelbar am unteren Bildrand einen spitzen Winkel bildend, verzweigt sich ein in zwei Bahnen um eine Staudenrabatte herumgeführter und dahinter wieder zusammenfindender Weg inmitten einer baumbestandenen Landschaft. Wie beim „Park am Mittag" (Abb. 60), dessen Farben hier auch wiederkehren, handelt es sich erneut um ein von Schmidt-Rottluff gleichsam vor der Haustür im Dangaster Park gefundenes Motiv, das jedoch mit länger gezogenen Pinselbahnen und stärker zusammengefaßten Farbflächen gemalt wurde. Das nachweislich aus dem Besitz des Künstlers erworbene Blatt unterscheidet sich von den übrigen Dangaster Aquarellen des Jahres 1909 durch zwei besondere Merkmale: Es ist kleiner als alle übrigen und nicht wie jene mit gleichzeitiger Pinselsignatur, sondern einer später angebrachten Bleisignatur versehen. Da eine nachträgliche Verkürzung des gemalten Blattes nicht erkennbar ist, wird ein vorher unter das übliche Maß gebrachter Zeichenkarton benutzt worden sein, dessen zeitgleiche Signierung zunächst aus unbekannten Gründen unterblieb.

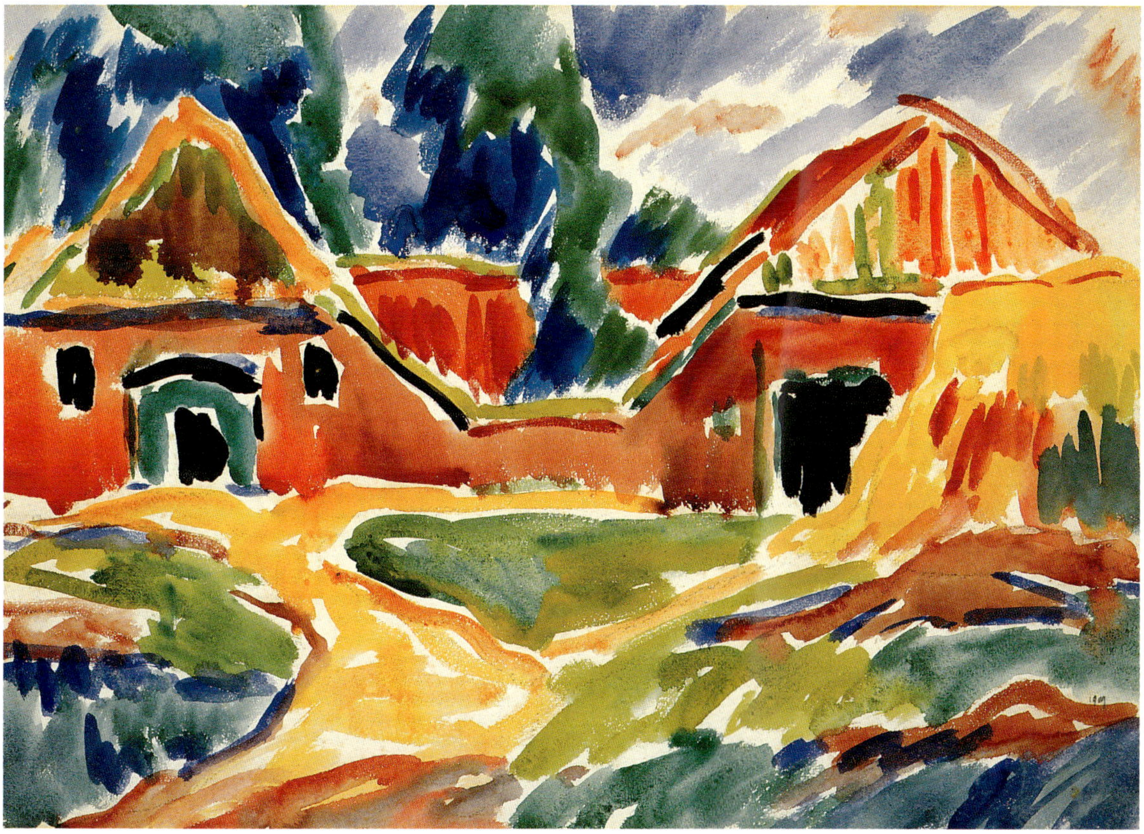

71 Dangaster Gehöft, 1909, Aquarell

Wilhelm Niemeyer sah dieses bisher nicht publizierte Blatt anläßlich seines Besuches des Künstlers im September 1911 und notierte dazu: „Aquarell zwei Häuserstirnen mit Verbindungsmauer". Die beiden durch eine niedrige Mauer verbundenen und mit einem unterschiedlich breiten Walmdach versehenen roten Bauernhäuser sind von der Einfahrtseite her gesehen, wobei sich das grüngestrichene Tor des linken Gebäudes in der Mitte, das dunkle des anderen – welches teilweise durch einen großen Strohhaufen verdeckt wird – nach links gerückt befindet. Der von vorn über den Hofplatz zu den Häusern führende Weg führt leicht aufwärts, was – ebenso wie die hohen Bäume im Hintergrund – auf eine am Ortsrand von Dangast an der Deichstraße gelegene Häusergruppe schließen läßt, die in veränderter Form noch erhalten ist. Die Malweise des Blattes, auf dem sich das dominierende Rot in den Mittelpartien bereits ganz flächig entfalten darf, nimmt diejenige der Gemälde des folgenden Jahres bereits vorweg. Die für die Aquarelle von 1909 übliche Pinselsignatur fehlt zwar, doch ist die mit Blei unten rechts eingefügte Jahreszahl 1909 ebenso eigenhändig wie die Bezeichnung auf der Rückseite dieser Arbeit, die sich ursprünglich in der Leipziger Sammlung von Victor und Hedda Peters befand.

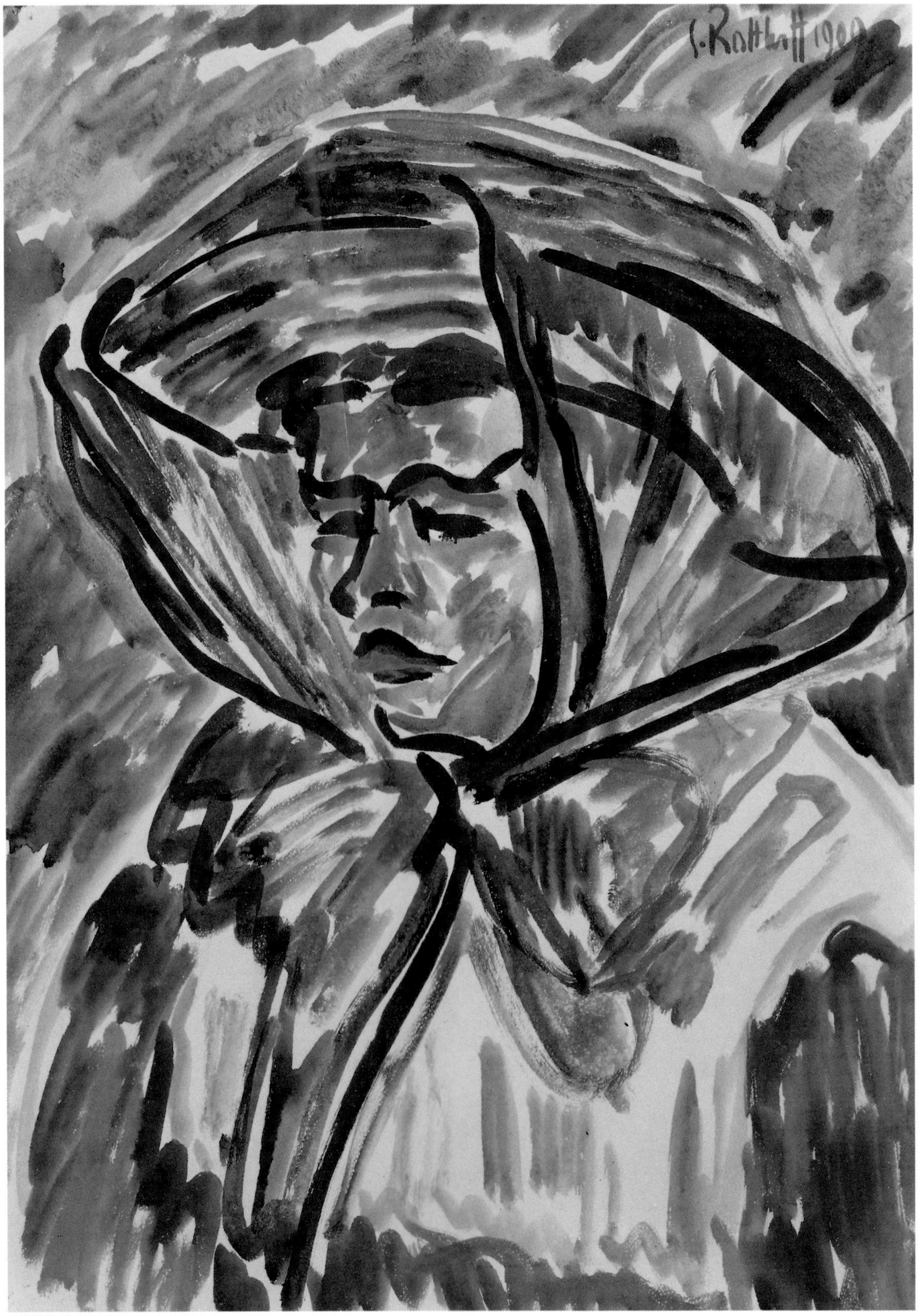

72 Frau mit Erntehut, 1909, Aquarell

Von dem in amerikanischen Privatbesitz gelangten Aquarell war eine farbige Wiedergabe nicht erreichbar, sodaß hier lediglich auf eine gewisse, die Malweise betreffende Ähnlichkeit mit dem Blatt „Sommersonne“ (Abb. 47) verwiesen werden kann. Bei der Kopfbedeckung handelt es sich um einen sogenannten „Flotterhut“, der in Dangast und seiner weiteren Umgebung während der heißen Erntezeit getragen wurde.

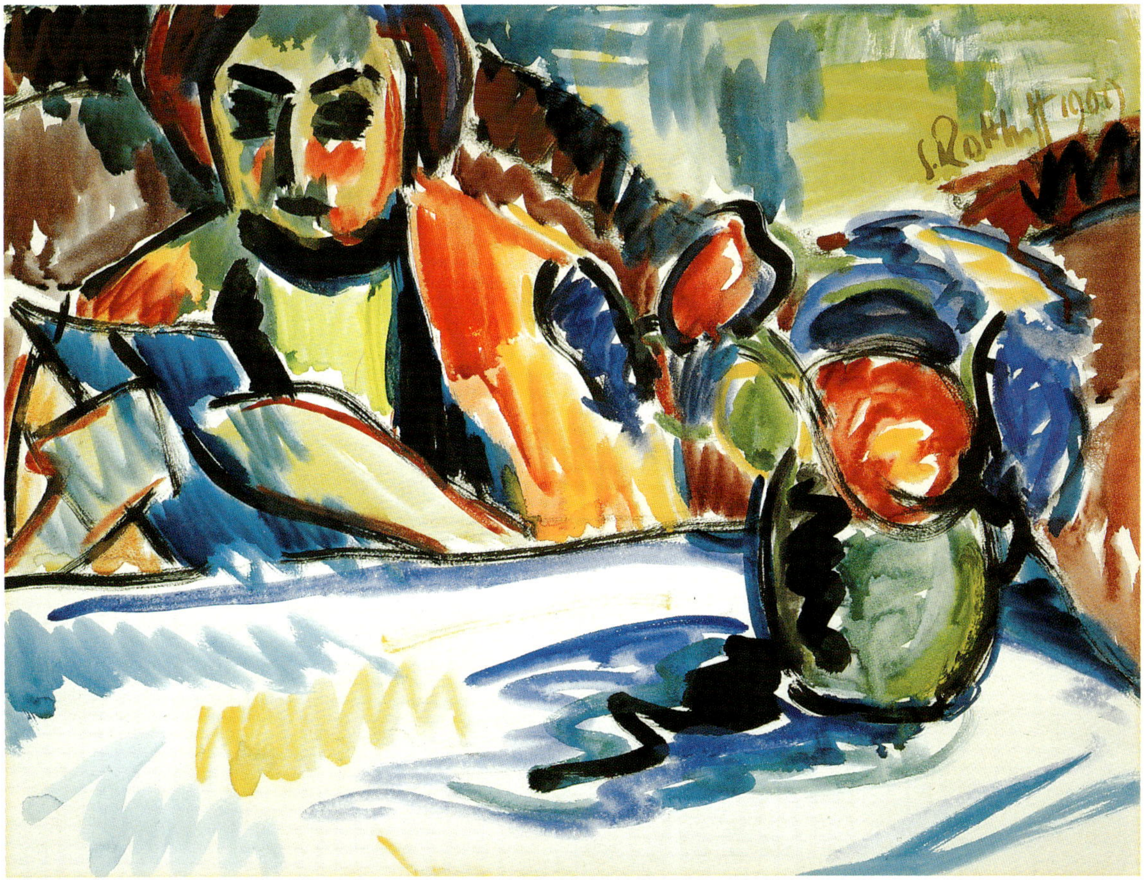

73 Astern, 1909, Aquarell

Das hier erstmalig abgedruckte, mit seinem Titel die Dargestellte jedoch nicht preisgebende, Aquarell vermehrt die stattliche Zahl der bisher bekannt gewordenen Darstellungen von Rosa Schapire (1874–1954) um ein wichtiges Beispiel. Die damals 35jährige, die sich 1909 zweimal bei Schmidt-Rottluff in Dangast aufhielt, sitzt hinter dem mit einer Blumenvase bestellten Tisch auf einem sie umrahmenden Sofa und liest. In dieser die Wissenschaftlerin charakterisierenden Tätigkeit ist sie vom Künstler mehrfach dargestellt worden (siehe Abb. 196 und 286). Ihr über dem Tisch frontal sichtbar werdender Oberkörper nimmt mit dem überschnittenen und zum Lesen leicht geneigten Kopf die linke Bildhälfte ein, während die rechte, das optische Gewicht ausgleichend, von einer bauchig-grünen Keramikvase dominiert wird, die ein mehrfarbiger Blumenstrauß prall füllt. Wie die originale Blattbezeichnung verrät, handelt es sich um herbstliche Astern, die somit auf den zweiten Dangaster Aufenthalt von Rosa Schapire im September 1909 hindeuten. Es ist überliefert, daß sie eine ausgesprochene Freundin von Blumen war und sich das ganze Jahr hindurch mit ihnen umgab. Das Aquarell ist aus zahlreichen locker gefügten Farbflächen aufgebaut, die ein leuchtendes Mosaik bilden. – Das sich damals auf seinem ersten Höhepunkt befindliche Freundschaftsverhältnis zwischen der seit einiger Zeit in Hamburg lebenden jüdischen Kunsthistorikerin und dem noch unbekannten jungen sächsischen Maler hatte lebenslangen Bestand und war von entscheidender Bedeutung für die Biographie beider Persönlichkeiten.

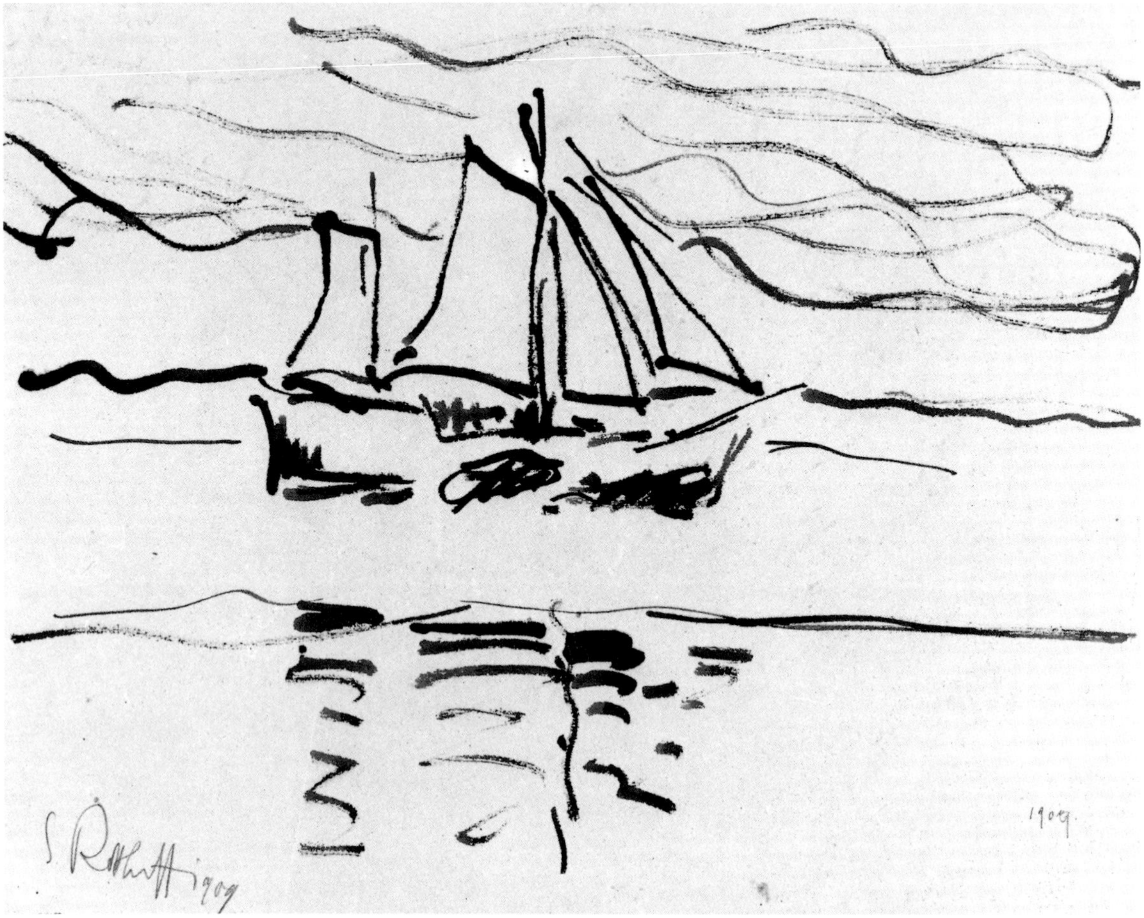

74 Segelschiffe, 1909, Tuschpinselzeichnung

Die selbständige Zeichnung scheint in den beiden ersten Dangaster Jahren bei Schmidt-Rottluff nur eine untergeordnete Rolle gespielt zu haben. Jedenfalls ließen sich entsprechende Blätter aus dieser Zeit bisher nicht nachweisen, obwohl der Künstler in der Oldenburger Augusteums-Ausstellung von 1908 nicht weniger als zehn Zeichnungen präsentierte, die nach ihren Titeln indessen sämtlich während seines Aufenthaltes bei Emil Nolde auf Alsen im Vorjahr entstanden sein müssen. Das zeitweilige Aussetzen und Forcieren bestimmter Techniken ist kennzeichnend für Schmidt-Rottluffs Arbeitsweise, sodaß die ab 1909 erhaltenen Dangaster Zeichnungen als Wiederaufnahme einer längst vertrauten Ausdrucksweise gelten können, die vor allem in der Frühzeit der Brücke eine herausragende Rolle spielte. – Für dieses Jahr wird seit längerem eine Gruppe von großformatigen, z.T. auch aquarellierten Tuschpinselzeichnungen mit der Darstellung von Katzen in Anspruch genommen, die jedoch weder mit diesem Jahr noch mit Dangast etwas zu tun haben. Nachdem vor einiger Zeit ein in die Serie hineingehörendes und mit 1913 datiertes Blatt aufgefunden werden konnte, wird es leichter fallen, den Anschluß an diese Werkfolge bei den Katzen-Holzschnitten von 1914 zu erkennen.

Auf dem vorliegenden Blatt ist einer von jenen großen Frachtenseglern festgehalten, die den Hafen von Ellenserdamm anliefen, um hier vor allem Ziegelsteine zu laden. Das mit Seitenschwertern versehene Schiff ist voll getakelt und befindet sich in einem, der auch bei Ebbe wasserführenden Tiefs. Im feuchten Watt erscheint sein verzerrtes Spiegelbild, während über ihm bewegte Wolkenlinien schwingen.

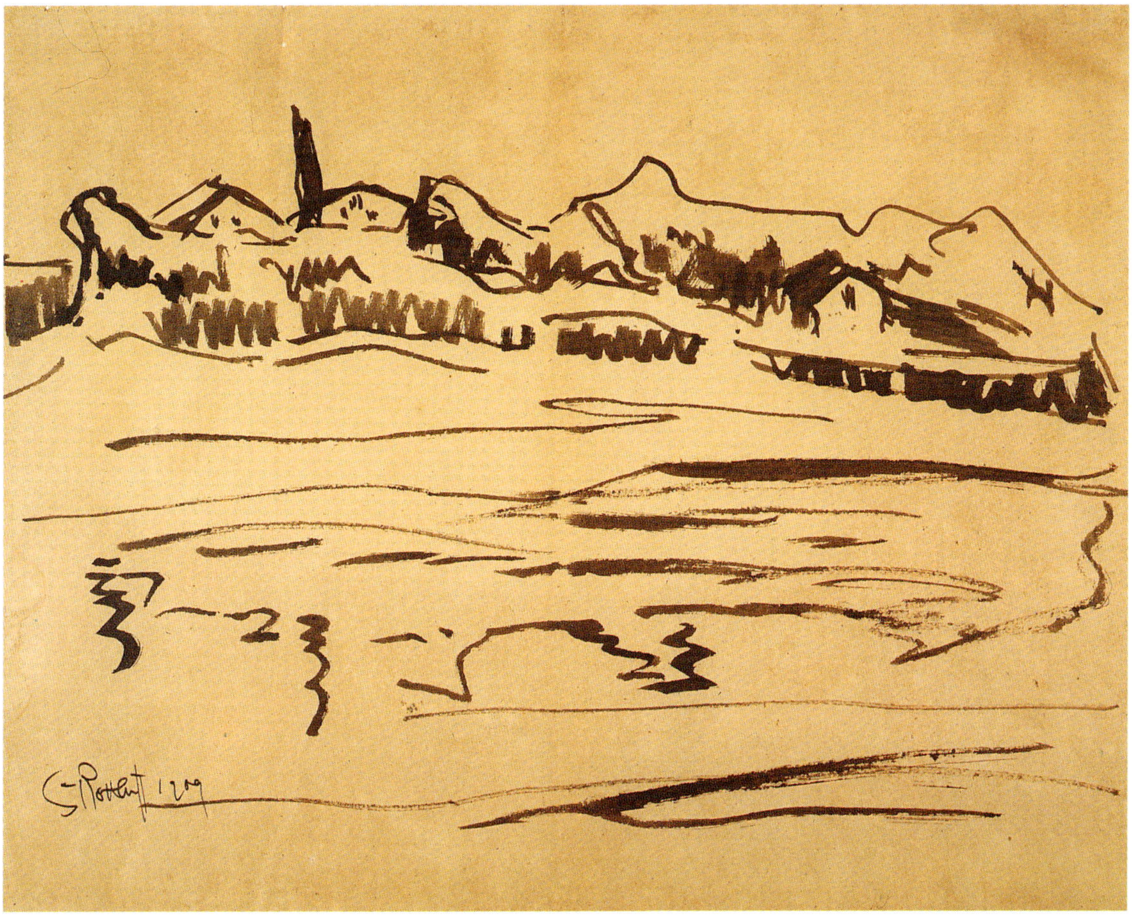

75 Küste in Dangast, 1909, Tuschpinselzeichnung

Das in seiner äußeren Größe mit den beiden anderen Dangaster Zeichnungen von 1909 übereinstimmende, im Gegensatz zu diesen jedoch stark vergilbte Blatt, gibt jenen Küstenabschnitt des hohen Dangaster Geestabbruches wieder, der nicht durch die in Kurhausnähe errichtete Strandmauer geschützt wird. Über ihm werden links die zurückliegenden spitzen Giebel zweier Häuser sichtbar, an die sich nach rechts die einen Höhenzug suggerierende Silhouette von Bäumen anschließt. Im vorn noch festen Watt, auf das sich der Maler begeben hat, sind die vom zurückgebliebenen Wasser unregelmäßig gezeichneten Spuren sichtbar. Horizontale Bewegungsabläufe – durchgehend, unterbrochen, kurvig oder schraffiert – kennzeichnen dieses nach dem Umzug in die Nähe des Strandes entstandene Blatt, dessen Motiv auch noch einmal in einem gleichzeitigen Holzschnitt aufgenommen wird (Abb. 93). In einem mit „Wattenmeer " betitelten Holzschnitt (Abb. 103) hat Schmidt-Rottluff diese Strandsituation in umgekehrter Richtung gesehen, auf dem ebenfalls 1909 entstandenen, aber verschollenen Aquarell hielt er „Schiffe im Watt" fest und mit dem 1912 entstandenen Gemälde "Watt bei Ebbe" (Abb. 287) hat er sich gleichsam von dieser amphibischen Urlandschaft verabschiedet. Mit ihrem unaufhörlichen und nicht begreifbaren Kommen und Gehen aus dem Nichts, ihrem Wechsel von friedlicher Ruhe und furchtbarer Gewalt hat sie den Binnenländer nach eigener Aussage zutiefst beeindruckt und fasziniert.

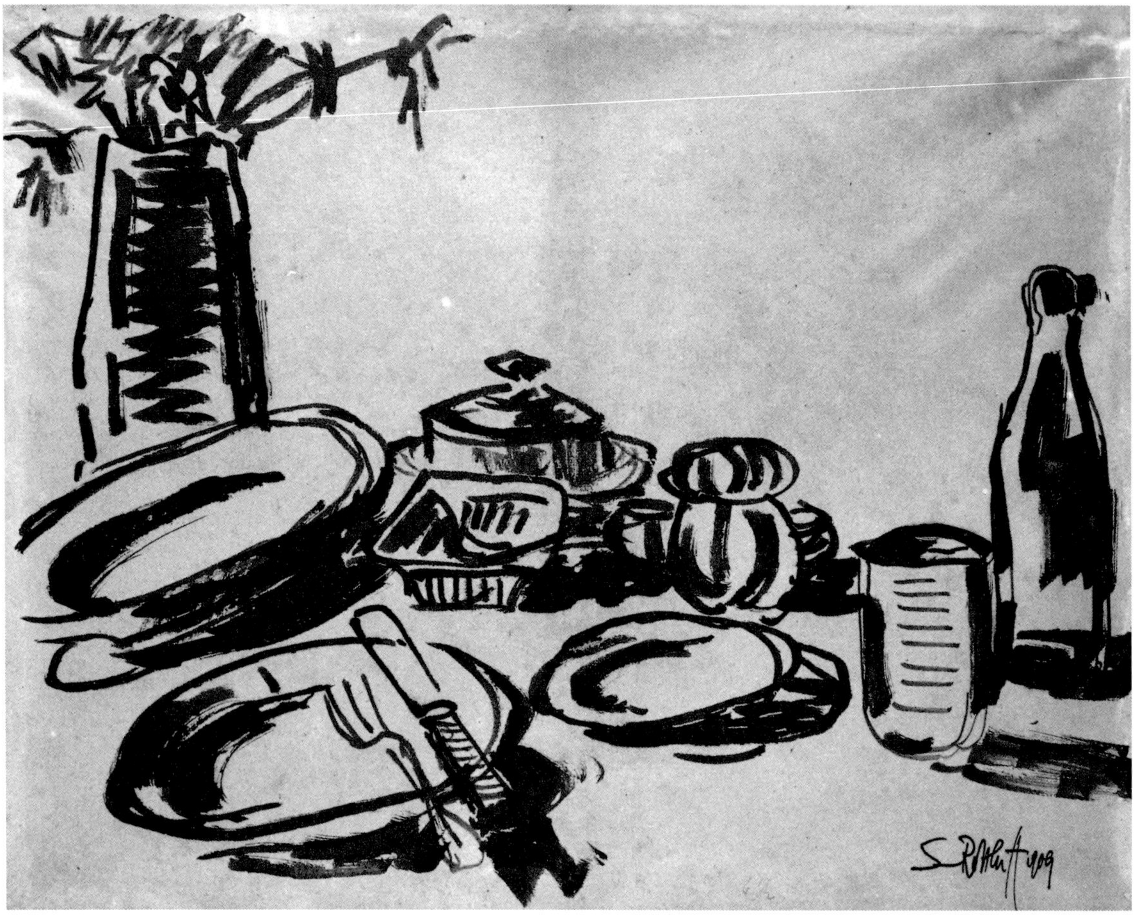

76 Tischstilleben, 1909, Tuschpinselzeichnung

1908 hatte Erich Heckel in Dangast ein Tischstilleben gemalt (Vogt 08,21), an das sich Schmidt-Rottluff erinnert haben mochte, als er sich in dieser Zeichnung dem gleichen Thema zuwandte. Dennoch sind die Gemeinsamkeiten zu gering, als daß man hier von einem unmittelbaren Vorbild sprechen könnte. Sie erschöpfen sich bereits in den auch hier in Aufsicht gegebenen Tellern und einem Eßbesteck, während im übrigen aber die Gedrängtheit und kaum noch überbietbare Fülle unterschiedlichster Eßgeschirre und einer sie am linken Bildrand überragenden Blumenvase völlig neu definiert wird. Untergrund und Hintergrund werden gar nicht angegeben, so, als könnten sie das eigene Leben der vielgestaltigen Gegenstände nur stören, deren Neben-, Über und Hintereinander für die Vorstellung des Raumes völlig ausreicht und mit differenzierenden Pinselstrichen sicher umschrieben wird. Von einer sonst in Schmidt-Rottluffs Stilleben bemerkbaren Anordnung zu spechen, verbietet sich hier, die Unordnung ist – selten genug – das Motiv.
Dieses Blatt passierte nicht nur die gestrenge Jury der 19. Ausstellung der Berliner Sezession – der letzten vor derjenigen, in der 1910 fast alle Arbeiten der Jungen refüsiert wurden – es wurde auch noch dadurch ausgezeichnet, daß ihm im Katalog dieser Ausstellung eine Abbildung zugestanden wurde.

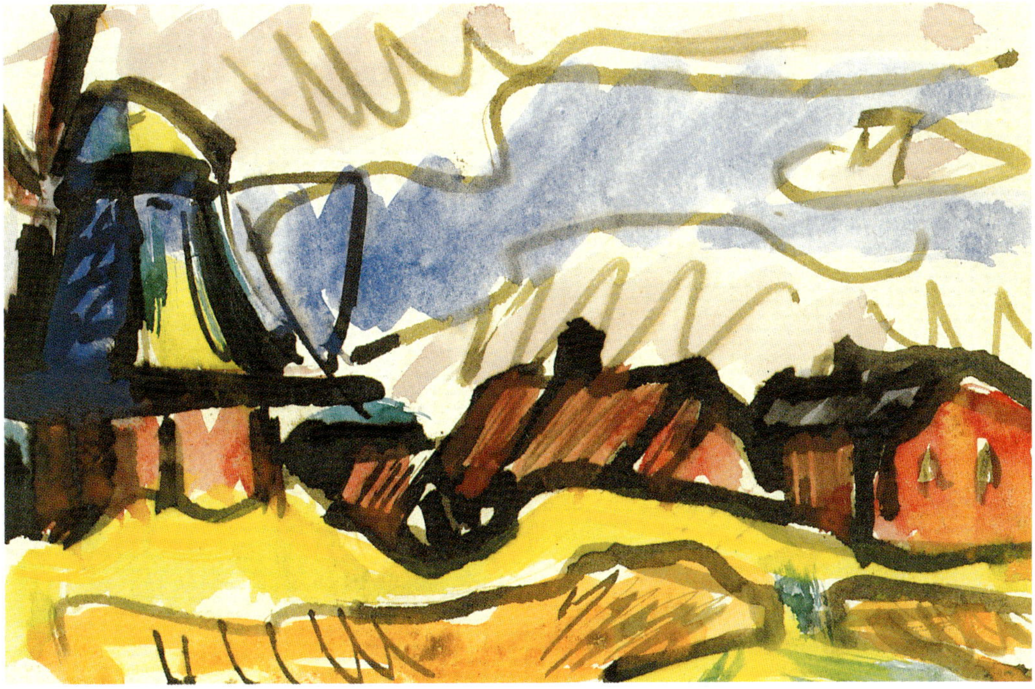

77 Windmühle und Häuser, 1909, Postkartenzeichnung

Nach vereinzelten Vorläufern setzt bei den Malern der Brücke 1909 die geschlossene Produktion gezeichneter Postkarten ein, deren mit Abstand wichtigste Empfängerin und Anregerin die, vor allem mit Schmidt-Rottluff befreundete, Kunsthistorikerin Rosa Schapire gewesen ist. Von den über 200 gezeichneten Postkarten, die ihr nicht nur von den Brücke-Malern, sondern auch von deren unmittelbaren Nachfolgern zugesandt wurden, enthielt die früheste, die ihr Max Pechstein am 11. März 1909 aus Berlin sandte, sicher nicht zufällig ein Porträt Schmidt-Rottluffs.
"Da wir alle nicht gerade eifrige Briefschreiber waren, dienten die Karten als kurze Mitteilungen über unsere Arbeit, besonders legte Rosa Schapire großen Wert darauf, die Arbeit zu verfolgen und so sind die meisten Karten Skizzen von Bildern oder Beobachtungen" erinnerte sich Schmidt-Rottluff später (siehe Brief 213). Dennoch gelangte diese früheste Dangaster Postkartenzeichnung des Malers nicht an Rosa Schapire, sondern an den verdienstvollen Chemnitzer Arzt, Sammler und Kunstfreund Adolf Thiele (1867–1933), der auch noch weitere Postkarten mit Zeichnungen von ihm erhielt (Ab. 149, 155, 182, 243). Hier bedankt sich Schmidt-Rottluff für einen ihm von der Insel Sylt zugegangenen Gruß und weist auf seinen eigenen Besuch dort im Sommer 1904 hin. In seiner Zeichnung gibt er die Dangaster Windmühle etwa vom gleichen Standpunkt aus wie auf seiner Radierung von 1907 (Abb. 20), nur erhebt sie sich auf ihrem neuen steinernen Unterbau am linken Bildrand, während die beiden Nebengebäude, mit ebenso breitem Tuschpinsel umrandet, rechts davon liegen, halb überdeckt von den Resten des alten Deiches im sandgelben Vordergrund. Über diesem durchzieht die ziegelrote Zone der Bauwerke das Bild, auf die noch weiter oben ein von der Mühle ausgehender blauer Himmelsstreifen folgt, welchem weit ausfahrende Pinselzüge dramatische Akzente verleihen. – Ob Schmidt-Rottluff eben dieses Motiv auch für ein verschollenes Aquarell der Dangaster Mühle verwandte, ist nicht mehr zu ermitteln.

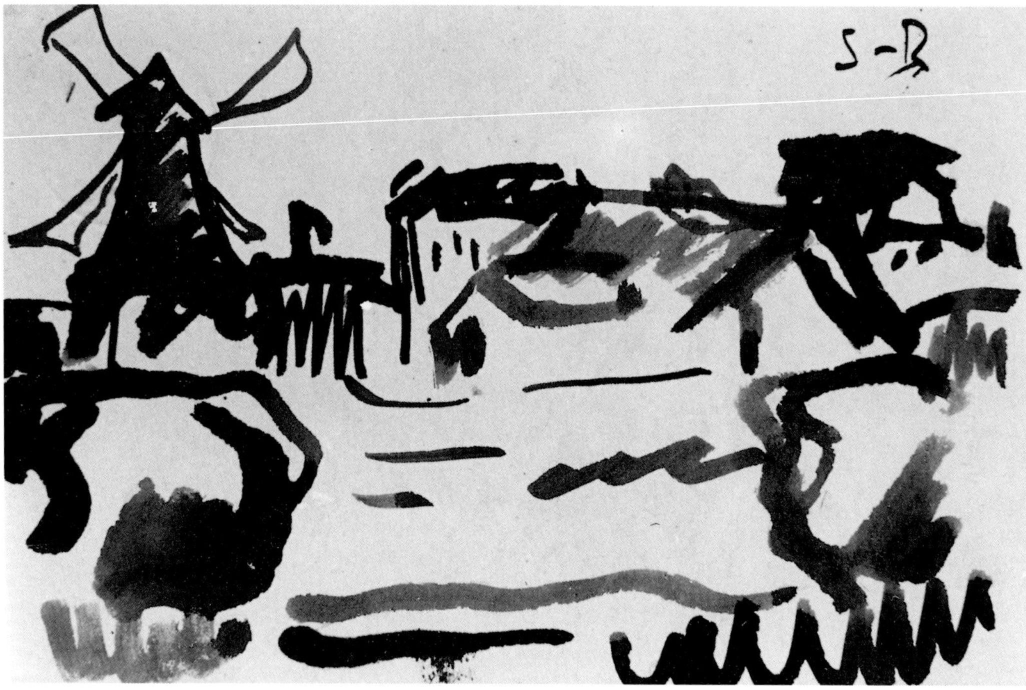

78 Häuser und Windmühle, 1909, Postkartenzeichnung

Hier erscheint die Dangaster Windmühle ein weiteres Mal aus dem von Schmidt-Rottluff bevorzugten Blickwinkel. An die Stelle farbiger Charakterisierung ist bei der Tuschpinselzeichnung jedoch die stärkere Betonung der Umrisse und ein mit variiertem Pinselduktus differenzierter zum Ausdruck gebrachtes Hell-Dunkel getreten. Mit ihren in der Scherenstellung voll sichtbaren Flügeln erhebt sich die Windmühle nun in einen frei gebliebenen Himmel, während sich die Umrisse der nebenstehenden Häuser hart ineinanderschieben. Den notwendigen Raum schaffen wenige kräftige Pinselstriche im Vordergrund. Bei Postkarten-Zeichnungen selten vorkommend ist die zunehmend in dieser Kurzform verwendete Signatur, die vom Künstler unübersehbar im freien Raum oben rechts angebracht wurde. Damit wird dokumentiert, daß der Zeichnung auf einer handtellergroßen Postkarte die gleiche Bedeutung zugestanden wird wie einer größerformatigen Arbeit. Die auch von Rosa Schapire und Erich Heckel unterschriebene Karte mit dem Dangaster Poststempel ist an Martha Rauert in Hamburg gerichtet, die gemeinsam mit ihrem Mann im Oktober 1908 die Passive Brücke-Mitgliedschaft erworben und danach eine der bedeutendsten Sammlungen zur Kunst des deutschen Expressionismus aufgebaut hatte.

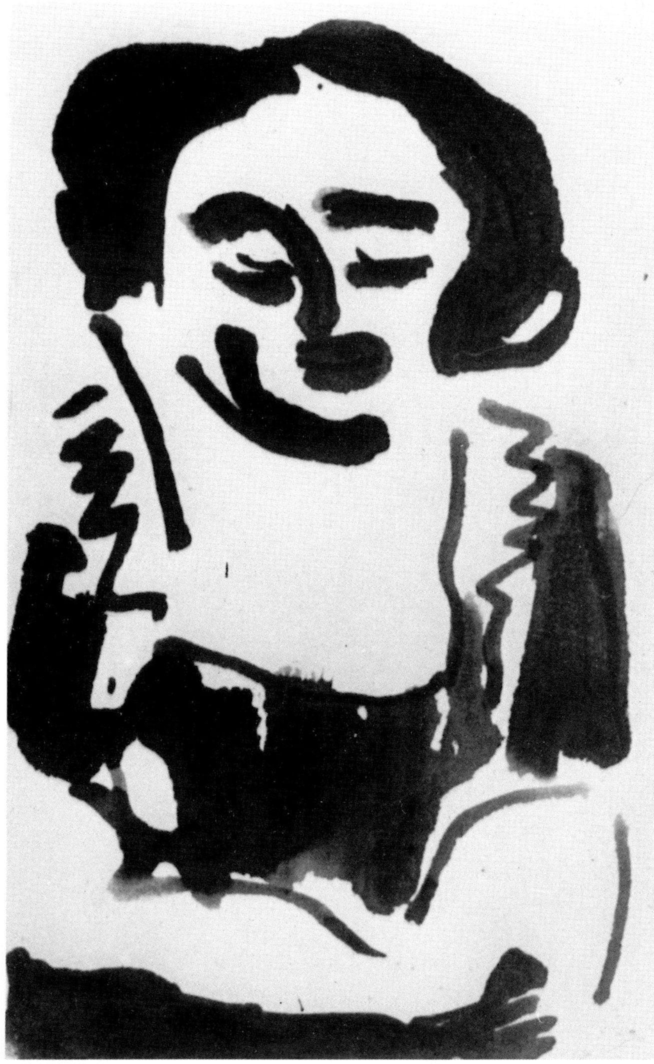

79 Mädchen in Halbfigur, 1909, Postkartenzeichnung

Das Mädchenbildnis befindet sich auf einer am 9. September 1909 in Varel abgestempelten Postkarte an Rosa Schapire, die an diesem Tag in Dangast ihren 35. Geburtstag feierte. Sie hatte sich dort für etwa zwei Wochen im Gästehaus von Gramberg – dem sogenannten Alten Posthaus – eingemietet, den Kontakt mit den beiden jungen Brücke-Malern suchend, von deren schöpferischer Kraft sie fasziniert war. Erich Heckel hatte ihr an diesem Tage eine farbige Postkarte mit vier über eine Brücke gehenden Gestalten und der Bezeichnung „Brücke gratuliert" nebst einer weiteren Postkarte mit einem weiblichen Kopf zugesandt, während Schmidt-Rottluff gleich drei gezeichnete Glückwunschkarten in einen Vareler Postkasten warf. Sie stehen am Beginn einer durch den Zweiten Weltkrieg unterbrochenen Reihe von Geburtstagswünschen an sie, die in den meisten Fällen auch von dem Geschenk einer Zeichnung, eines Aquarells oder einer kunsthandwerklichen Arbeit begleitet waren. Die vorliegende Postkarte wurde von Schmidt-Rottluffs ebenfalls in Dangast zu Besuch weilender Schwester Gertrud mit unterschrieben, die hier und auf der folgenden Karte wohl auch dargesellt ist, frontal gesehen und mit über dem unteren Bildrand verschränkten Armen.

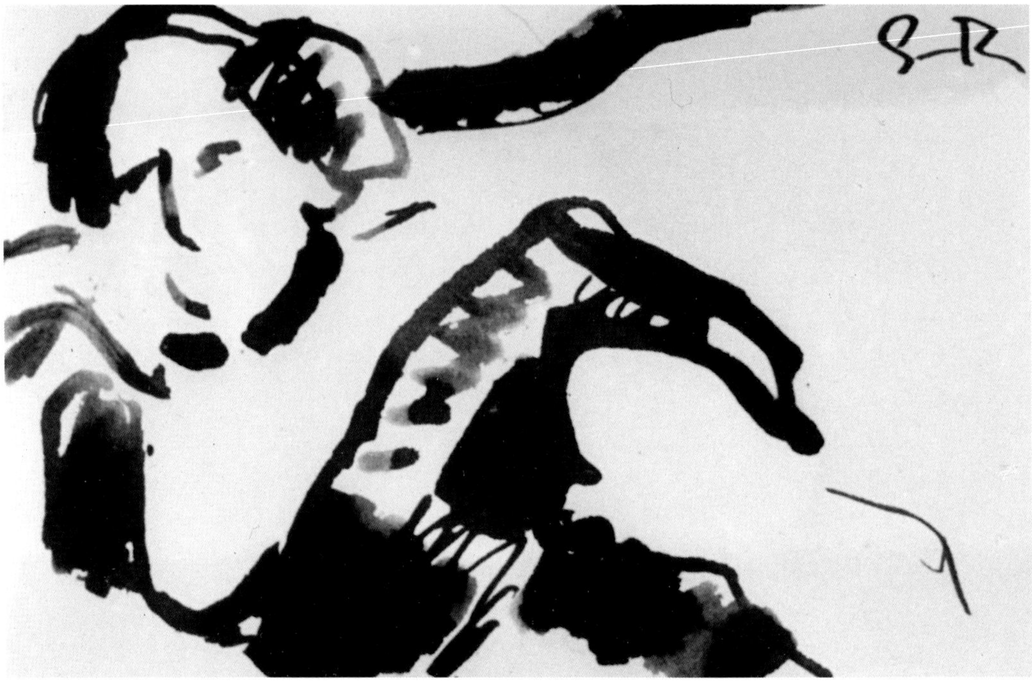

80 Sitzendes Mädchen, 1909, Postkartenzeichnung

Auch Schmidt-Rottluffs zweite und dritte Glückwunsch-Postkarte zum 35. Geburtstag von Rosa Schapire wurde von seiner Schwester Gertrud mit unterschrieben, wodurch sich die Wahrscheinlichkeit erhöht, daß sie für diese Mädchendarstellungen als Modell diente. Die physiognomischen Merkmale stimmen überein und auch das sommerliche Kleid mit dem umrahmten Ausschnitt und den kurzen Ärmeln kehrt wieder. Die Dargestellte stützt sich auf die Seitenlehne eines Sofas, dessen geschwungene Rückenlehne hinter ihr sichtbar wird. Wie die vorige Zeichnung vom Kontrast zwischen geschlossenen und freigebliebenen Flächen lebend, besticht auch hier die verblüffende Sicherheit der Reduktion und der mit wenigen Strichen erreichten Charakterisierung. Die auf Postkarten Schmidt-Rottluffs seltene Signatur oben rechts besitzt nicht nur optisches Gewicht, sie verkündet ein weiteres Mal die Gleichrangigkeit mit der freien Zeichnung, die sie in den folgenden beiden Jahren – jedenfalls numerisch – weit übertrifft.

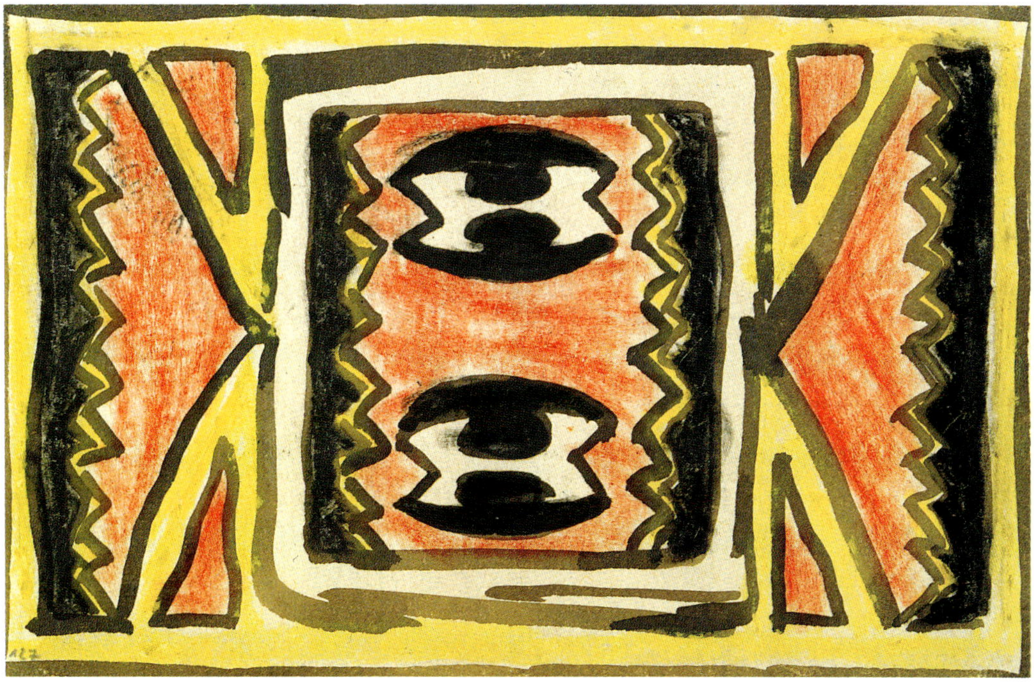

81 Kissen-Entwurf, 1909, Postkartenzeichnung

Bei der erstmaligen Veröffentlichung dieser Zeichnung 1977 wurde sie vom Verfasser noch als „Ornamentale Komposition“ bezeichnet, was zwar nicht unrichtig ist, aber den Verwendungszweck offenläßt. In dem inzwischen aufgefundenen handschriftlichen Verzeichnis der von Rosa Schapire empfangenen und mit Zeichnungen versehenen Postkarten ist sie als Kissen-Entwurf ausgewiesen. Damit stellt sie nicht nur einen der ersten erhaltenen Belege für Schmidt-Rottluffs Beschäftigung mit kunsthandwerklichen Aufgaben dar, sondern bestätigt auch seine frühe Hinwendung zu abstrakten, nicht an realistischen Vorbildern orientierten Gestaltungen. – Ob sich unter mehreren, nach Entwürfen des Künstlers gearbeiteten Kissen im einstigen Besitz von Rosa Schapire auch eines nach dieser Zeichnung befand, ist nicht mehr eruierbar, doch erhielten sich andere Kissen, wie das einige Zeit später für Wilhelm Niemeyer angefertigte, das die angedeutete Entwicklung bestätigt (Abb. 273).

In dem auf dieser Postkarte befindlichen Entwurf spielen noch rahmende und symmetrisch angeordnete Elemente eine wichtige Rolle, die auf vorgesehene Applikationen schließen lassen. Als gelbes, an Holzkonstruktionen gemahnendes Rahmenwerk fassen sie über rotem Grund ein hochrechteckiges und weiß umrandetes Mittelmotiv ein, dessen augenähnliche Formen zehn Jahre später noch einmal abgewandelt in einem Holzschnitt Schmidt-Rottluffs wiederkehren (Schapire H 247), in welchem sie dem Mond Gestalt verleihen.

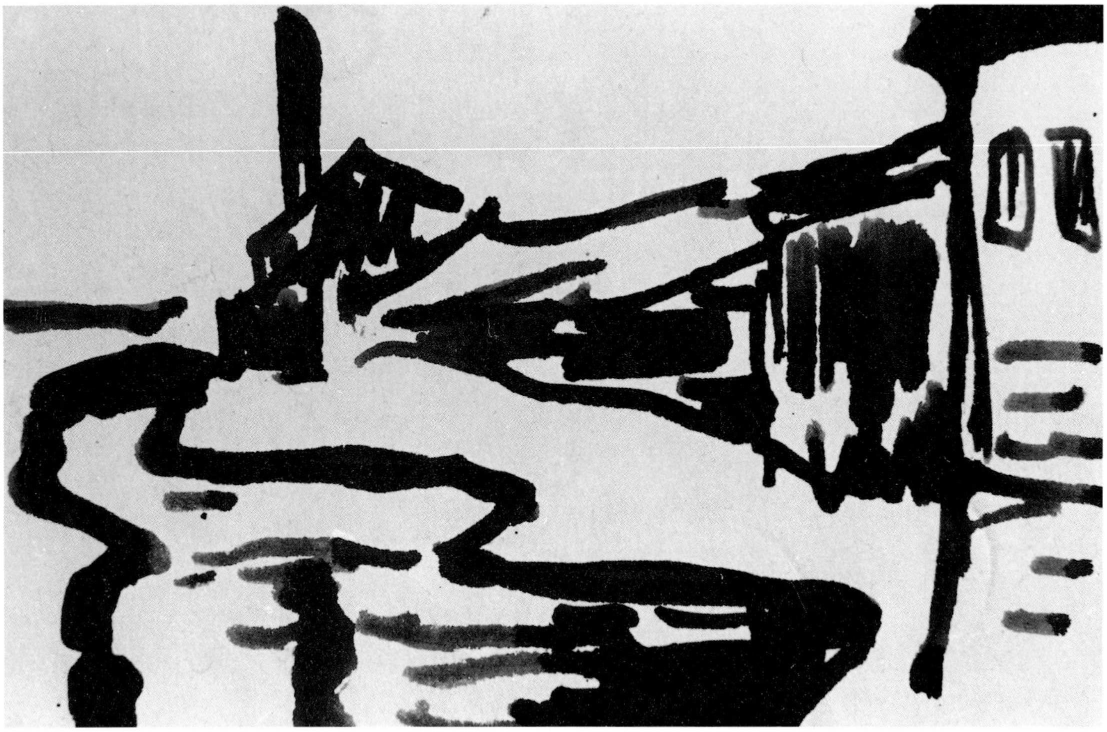

82 Ziegelei, 1909, Postkartenzeichnung

Diese kraftvoll und entschieden gestaltete Tuschpinselzeichnung befindet sich auf einer Postkarte an Bertha Rohlsen in Hamburg, der ersten Besitzerin von zwei frühen Dangaster Gemälden Schmidt-Rottluffs (Abb. 2 und 3). Die Karte gehört zu einer umfangreicheren Korrespondenz, die sich heute im Oldenburger Landesmuseum befindet. Sie ist von Rosa Schapire mit unterschrieben und nach Lofthus am norwegischen Hardangerfjord gerichtet. Hier besaß die Empfängerin ein Sommerhaus, in dem Schmidt-Rottluff 1911 vier Wochen verbrachte.

Dargestellt ist ein Motiv aus der weitgehend abgebrochenen Ziegelei Brumund am Vareler Hafen, das der Maler gleichzeitig auch noch für einen Holzschnitt verwandte (Abb. 94). An die vom rechten Bildrand überschnittenenen Gebäude, von denen noch Reste erhalten sind, schließen sich niedrigere Schuppen an, die bis zum höheren, vom Schornstein überragten Brandhaus reichen und von einem davor liegenden Wasserlauf, „Nordendes Leke", begleitet werden. Das mit einem sicher und ruhig gesetzten Pinsel geschaffene Schwarz-Weiß läßt den Holzschnitt ahnen, neben dem es sich indessen als freie und selbständige Schöpfung behauptet.

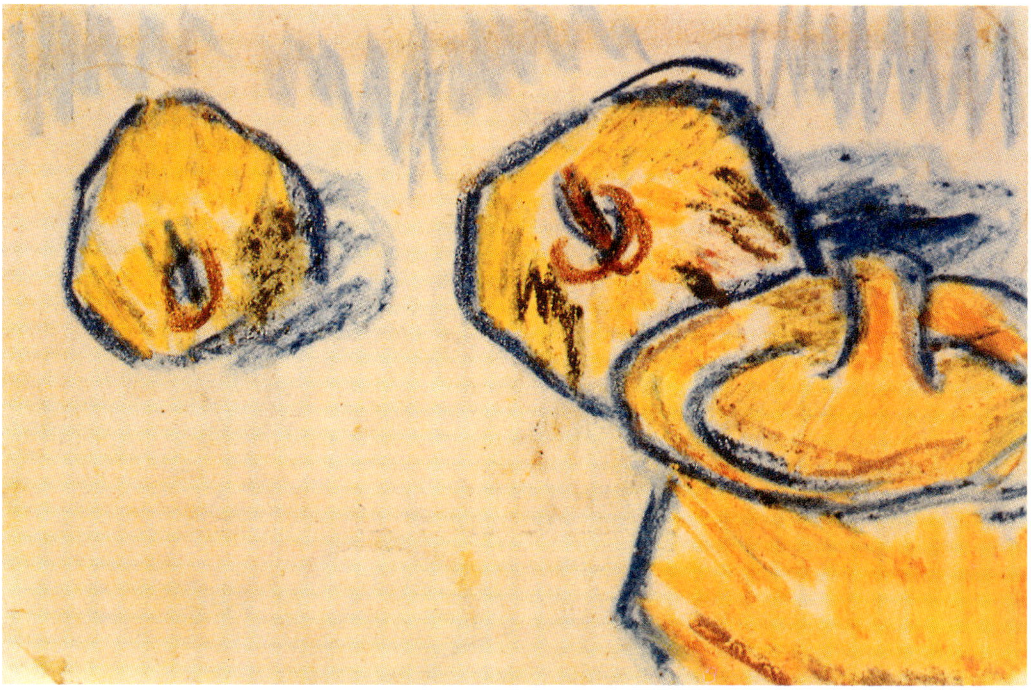

83 Stilleben mit Äpfeln und Deckeltopf, 1909, Postkartenzeichnung

Rosa Schapire war eben erst von ihrem Spätsommeraufenthalt in Dangast nach Hamburg zurückgekehrt, als sie diese Karte erhielt. „Der letzte Gruß aus der Kartenperiode" vermerkte Schmidt-Rottluff darauf, womit er das beiderseitige Interesse an der Entstehung und Zuwendung dieser gezeichneten Rechenschaftsberichte deutlich zum Ausdruck brachte. Die Karte wurde auch von Gertrud Schmidt, der Schwester des Künstlers, sowie von Erich Heckel unterschrieben, der seinem Gruß die Bemerkung hinzufügte: „Ende und Anfang ist immer das Stilleben". Damit bezieht er sich nicht nur auf die umseitige Darstellung seines Freundes, sondern apostrophiert gleichzeitig die grundsätzliche Bedeutung, die das Sujet gerade bei diesen beiden Brücke-Malern besaß. Jeder von ihnen konnte aus der bisher in Dangast verbrachten Zeit etwa sechs Gemälde dieser Gattung vorweisen, wozu ungleich mehr Aquarelle, Zeichnungen und Graphiken hinzukamen und bei beiden hat die Bedeutung des Stillebens in einem langen Leben eher zu- als abgenommen.
Schmidt-Rottluffs Postkartenzeichnung ist von monumentaler Einfachheit: Unten rechts wird ein irdenes Deckelgefäß von beiden Bildrändern überschnitten, dem sich nach links oben ein größerer und – mit einigem Abstand – ein kleinerer Apfel (denkbar wäre auch, daß es sich hier um Birnen oder Quitten handelt) anschließt. Obst und Gefäß erscheinen in annähernd gleichartigem Gelb-Orange, von kantigen blauen Strichen umrandet und unter blauen Schraffuren ebensolche Schatten werfend. Dieser blau-gelbe Grundton erhält, etwa an den Faulstellen der Stiele, nur wenige erdbraune Akzente.

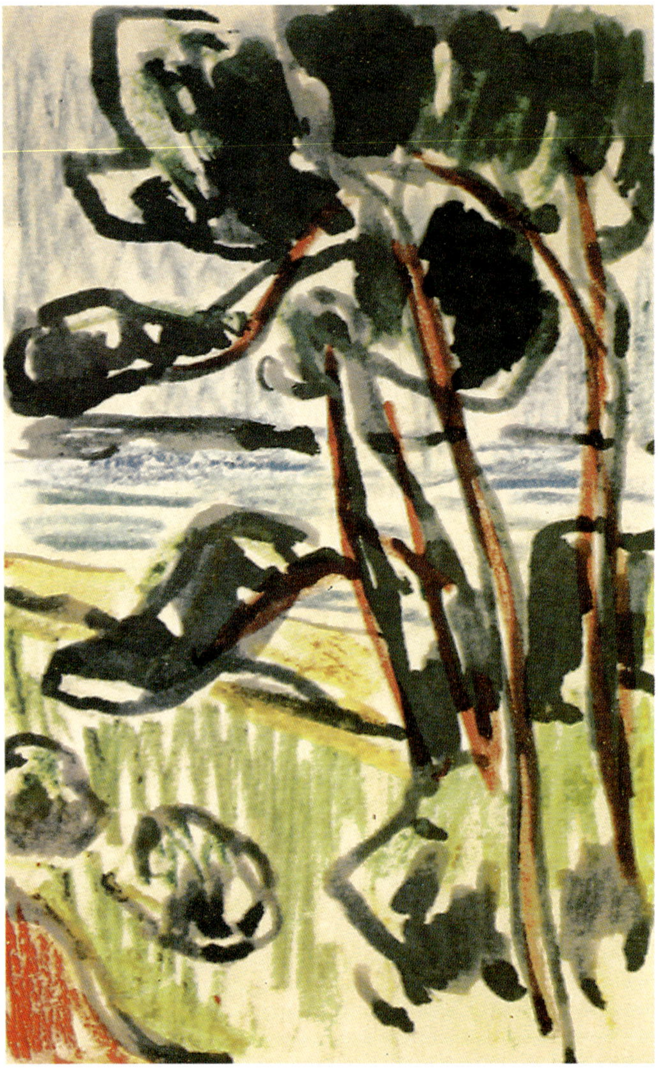

84 Bäume überm Strand, 1909, Postkartenzeichnung

Rosa Schapire bezeichnete diese Zeichnung als „Kiefernlandschaft“ und sprach damit ihr Hauptmotiv an: mehrere hochstämmige Kiefern, die am rechten Bildrand aus dem Unterholz schräg nach oben streben, dort unregelmäßig geformte Kronen und Zweige bilden und den Blick auf Strand und Meer freilassen. Aus Himmel, Wasser, Sand und bewachsenem hohen Ufer sind vier durch Farben und Konturen unterschiedene, diagonal verlaufende Zonen geworden, in denen auch die Strichrichtung der verwendeten Farbstifte wechselt und unterschiedliche räumliche Strukturen schafft. Ein hier und dort dichter gesetzter Tuschpinsel sorgte für das Grundgerüst, dem die farbigen Akzente durch Ölkreiden hinzugefügt wurden: Grün, Blau und Gelb schlagen den Grundklang an, ein warmes Rot kommt links unten und in den Kiefernstämmen hinzu und verstärkt die Impression eines schönen Herbsttages am Meer.
Ob Schmidt-Rottluff dieses wirkungsvolle Motiv auch noch anderweitig verwandte, ist nicht mehr feststellbar. In den seltenen Gemälden aus diesem Jahr kommt es ebensowenig vor wie in der Graphik, sodaß allenfalls an ein nicht mehr erhaltenes Aquarell gedacht werden könnte. – In seinem, wie in den meisten Fällen, kurzen Text auf der Rückseite verwendet der Künstler erstmals die Du-Anrede – ein Ergebnis des vorangegangenen Aufenthaltes von Rosa Schapire in Dangast.

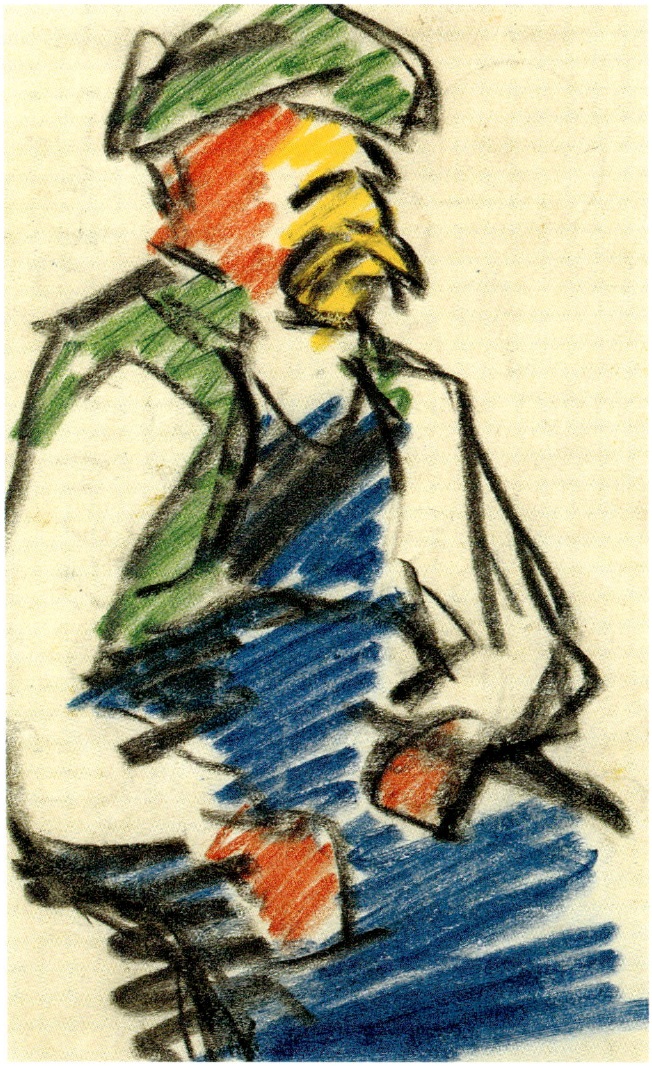

85 Sitzender Bauer, 1909, Postkartenzeichnung

Ob die hier von Rosa Schapire übernommene Bezeichnung wirklich zutrifft, ist fraglich, da es sich bei dem Dargestellten nach Kleidung und Habitus eher um einen Handwerker als um einen Bauern handelt. Er ist sitzend wiedergegeben, trägt eine grüne Mütze und Weste, aus der die langen und hellen Hemdsärmel hervorkommen und hat eine lange blaue Schürze umgebunden, wie sie damals von Schuhmachern oder auch Tischlern getragen wurde. Schmidt-Rottluff war während seiner langen Aufenthalte in Dangast mit Sicherheit auf beide angewiesen, jedoch besonders gut mit dem Tischler Wilhelm Voge (1879–1970) bekannt, der sowohl die Bilderrahmen als auch die Holzkästen anfertigte, die der Maler dann künstlerisch gestaltete. Voge war damals 30 Jahre alt und erinnerte sich 1957 noch daran, einmal von Schmidt-Rottluff porträtiert worden zu sein. Die Halbfigurenbilder und Köpfe der Dangaster Zeit stellen immer existierende Menschen dar, obwohl ihr Name nur in den seltensten Fällen genannt wird. Zwar kann als sicher gelten, daß dabei die gegenseitigen Porträts und solche aus dem engsten Kreis der Freunde und Verwandten Vorrang hatten, doch sind auch mehrere Namen von Dorfbewohnern überliefert, die porträtiert wurden. So tauchen in Bildtiteln des mitteilsameren Erich Heckel, Jan Blanke, Fischer Gröning und der alte Kapitän Eulam auf, an denen jedoch auch der weniger umgängliche Schmidt-Rottluff nicht nur vorübergegangen sein wird. Seine Schwester Gertrud und Erich Heckel haben diese Karte mit unterschrieben.

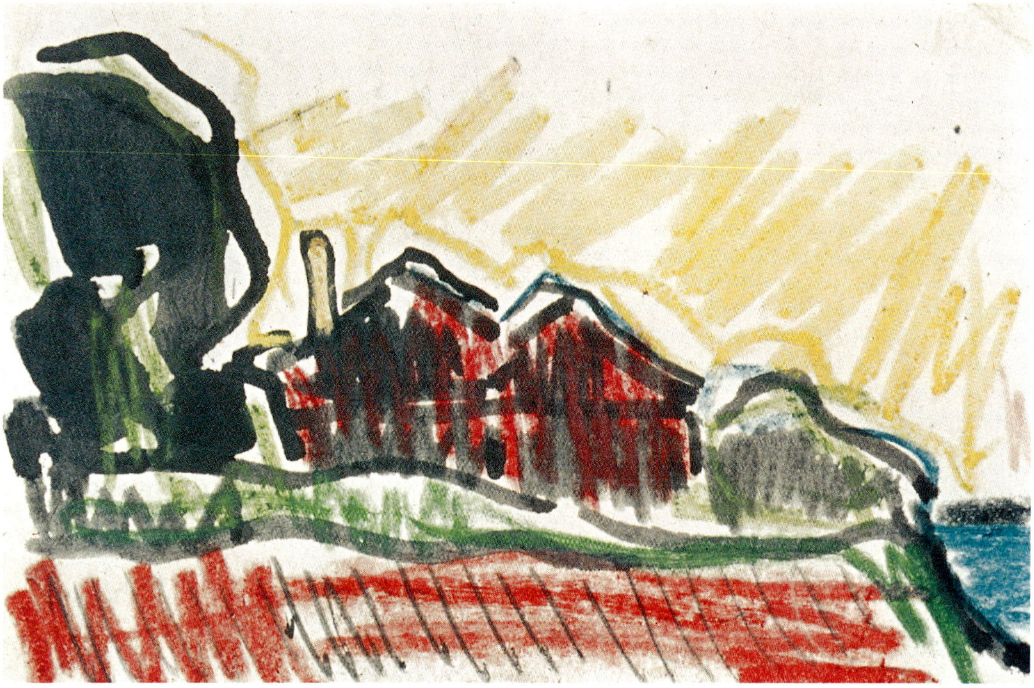

86 Häuser über dem Steilufer, 1909, Postkartenzeichnung

Mit schwarzer Tusche und farbiger Ölkreide hat Schmidt-Rottluff hier in kürzester Zeit eine Dangaster Landschaftssituation festgehalten, die sich auch in seinem Aquarell „Kurhäuser im Seenebel" wiederfindet (Abb. 46). Wie dort geht der Blick vom tiefer liegenden Strand zur Gebäudegruppe des Kurhauses hinauf, das sich mit seinen beiden unterschiedlichen und versetzten Giebeln über der backsteinroten Strandmauer erhebt, unter gelber Herbstsonne zu beiden Seiten von Bäumen und Büschen eingefaßt. Ganz rechts erscheint noch ein Stück des damals wesentlich tiefer ins Land hineinreichenden Wattenmeeres. Die Konzentration auf die jeweiligen Formenkomplexe wird hier entschiedener als im Aquarell weitergetrieben und farbig begründet. Die rote Strandmauer unterstreicht förmlich die Bedeutung des gleichfarbigen, noch im Schatten der Südwestsonne liegenden Kurhauses, bei dem es jedoch auf eine über den Umriß hinausgehende Differenzierung nicht ankommt. So bleibt der rechte Gebäudeteil vernachlässigt, der von dem Reichsgrafen Wilhelm Gustav Friedrich Bentinck (1762–1835) bereits um 1820 als Conservationshaus neu errichtet und mit seinen späteren Anbauten zum Zentrum eines zwar bescheidenen, aber doch noch immer nicht aufgegebenen gesellschaftlichen Lebens geworden war. – Die Karte ist an die Hamburger Sammlerin Martha Rauert gerichtet und auch von Erich Heckel unterzeichnet.

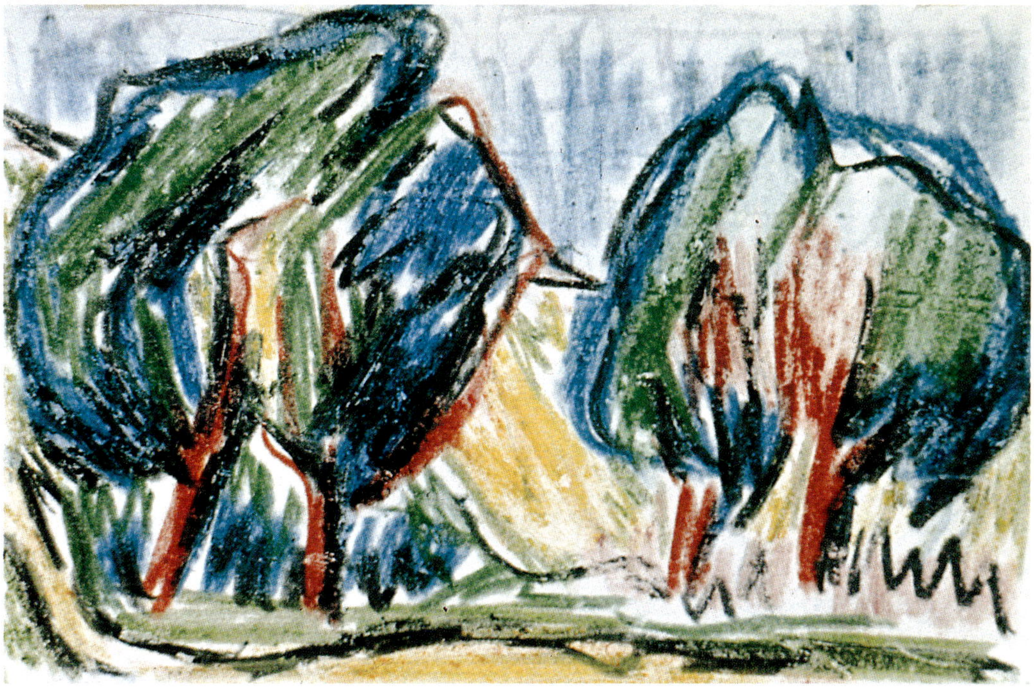

87 Bäume am Deich, 1909, Postkartenzeichnung

Als früheste von insgesamt zehn ausschließlich von Schmidt-Rottluff gezeichneten Postkarten gelangte diese Landschaft bereits kurz nach dem Tod ihrer Empfängerin an das Museum in Leicester, einer mittelgroßen, etwa 160 Kilometer nördlich von London gelegenen Stadt. In diesem Museum hatte die 1939 nach England emigrierte Kunsthistorikerin Rosa Schapire noch wenige Monate vor ihrem Tod eine Schmidt-Rottluff-Ausstellung arrangiert, in der sie Graphik aus ihrem Besitz, vor allem aber 20 jener figürlich geschnittenen Steine zeigte, die vom Künstler während seiner vorangegangenen Aufenthalte in Sierksdorf an der Lübecker Bucht geschaffen worden waren. Rosa Schapire hatte gehofft, in diesem Museum eine Pflegestätte für die in England unbekannte Kunst ihres Freundes schaffen zu können, was jedoch durch den Fortgang der mit ihr befreundeten Wissenschaftler und schließlich durch ihren Tod verhindert wurde. Ihr blieb jedoch die Genugtuung, noch den Einzug mehrerer Hauptwerke Schmidt-Rottluffs aus ihrem Besitz in die Londoner Tate Gallery zu erleben, obwohl das Unverständnis, auf das sie hierbei stieß, für sie enttäuschend war.
Bei dieser Zeichnung handelt es sich um eine Farbstiftskizze nach dem gleichzeitigen, bisher Pechstein zugeschriebenen Gemälde, dessen Autorschaft dadurch für Schmidt-Rottluff gesichert wird. Bild und Skizze stimmen in allen entscheidenden Punkten überein, wobei ein Vergleich auch die ideale Möglichkeit bietet, Schmidt-Rottluffs Kunst der Reduktion zu studieren und dabei zu begreifen, weshalb er als einziger von den Brücke-Malern zu einer kubistischen Schaffensperiode gelangte. Die Postkarte wurde am 15. Oktober 1909 in Dangast abgestempelt, inmitten eines – wie die Zeitungen berichten – ungewöhnlich warmen und deswegen wohl auch schaffensreichen Herbstmonats.

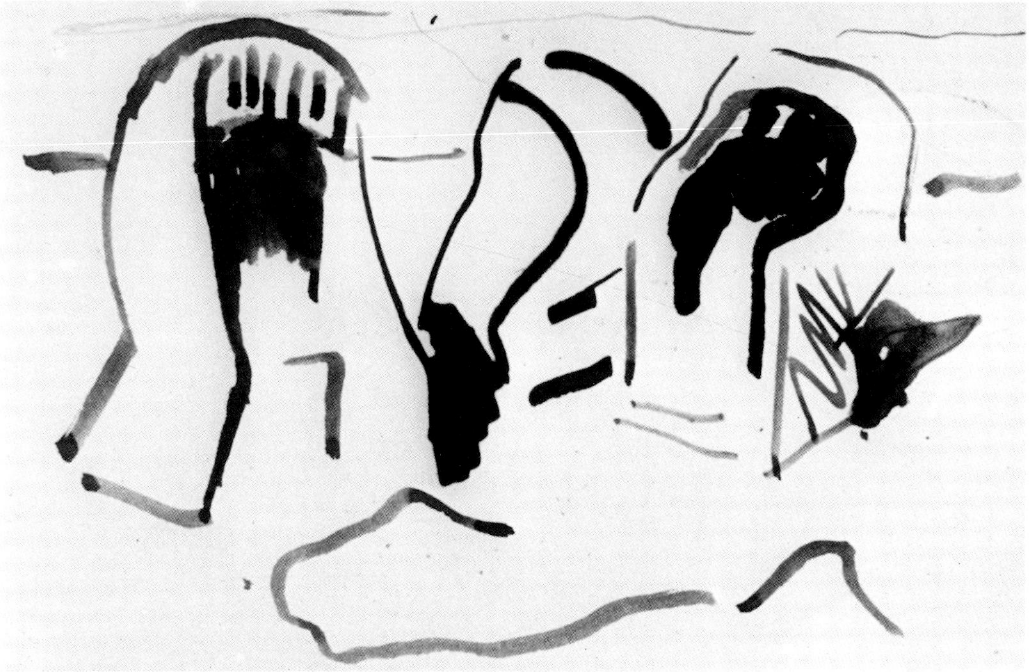

88 Drei Strandkörbe, 1909, Postkartenzeichnung

Die Postkarte, auf der sich diese Zeichnung befindet, trägt den Stempel der Bahnpost Wilhelmshaven – Bremen vom 30. Oktober 1909. Es ist nicht ausgeschlossen, daß Schmidt-Rottluff mit diesem Zug Dangast verlassen hatte, um sich für einige Wochen nach Hamburg zu begeben, das damals für seine weitere Entwicklung in mehrfacher Hinsicht an Bedeutung gewann.
In dieser späten Jahreszeit noch im Freien stehende Strandkörbe mögen stutzig machen, doch ist für das Jahr 1909 ein außergewöhnlich warmer Oktober verbürgt, sodaß auch noch mit einigen Strandgästen – und seien es die Künstler selbst – gerechnet werden konnte. Erst am 4. November setzte in Dangast schlagartig Frostwetter ein, was den in diesem Jahr sehr spät eingetroffenen Erich Heckel jedoch nicht daran hinderte, noch den ganzen Monat über hierzubleiben und mit seinen Dresdener Freunden sogar einen Hauskauf in Dangast zu erwägen. – Mit den anderen Strandkorb-Darstellungen Schmidt-Rottluffs von 1909 (Abb. 62, 83 96) hat diese Tuschpinselzeichnung nur wenig gemeinsam. Die Stellung der drei Strandkörbe zueinander, die sich wie Relikte einer vergangenen Welt aneinanderdrängen, ist völlig anders und die Weite der Landschaft wird hier nur durch die Randlinie einer Sandvertiefung vorn und einen Strich am fernen Horizont unterbrochen.

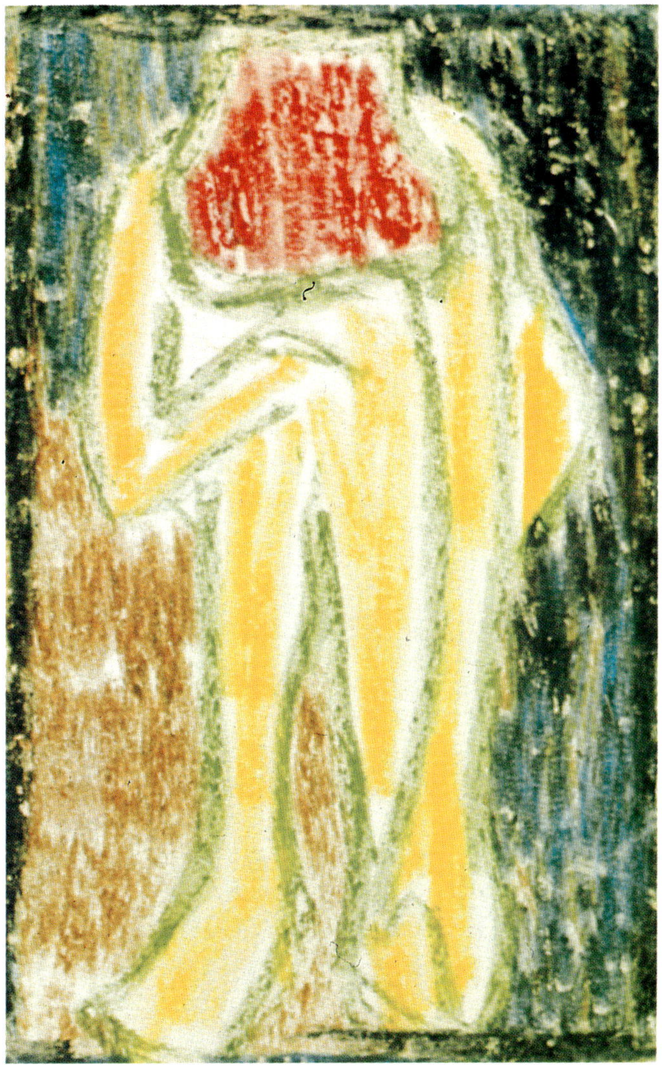

89 Sitzender Akt mit rotem Haar, 1909, Postkartenzeichnung

Die an Rosa Schapire in Hamburg gerichtete Postkarte – am 26. Oktober 1909 in einen Oldenburger Postkasten geworfen – befindet sich in der Mannheimer Kunsthalle, wo sie seit ihrer ersten Veröffentlichung 1958 mit den weiteren dorthin gegebenen Karten erhebliche Lichtschäden erlitt. Sie gehört zu den frühesten Aktdarstellungen Schmidt-Rottluffs aus Dangast, wo dieses Hauptthema der Brücke-Maler verständlicherweise nur mit gewissen Schwierigkeiten gestaltet werden konnte. Daran, daß es geschah, besteht kein Zweifel. Erst im Vorjahr hatte der Künstler in der Oldenburger Augusteums-Ausstellung unbeanstandet seinen „Kauernden Akt" von 1905 zeigen und Lob für dessen impressionistische Auffassung erhalten können. Von diesem Ausgangsstil ist vier Jahre später nichts mehr zu spüren, weil nur noch der Umriß und das Volumen eines weiblichen Körpers in ungewöhnlicher Haltung etwas gelten. Da der Maler seinen, das gleiche Motiv wiedergebenden, Holzschnitt „Toilette" nennt (Abb. 106), ist auch hier eine sitzende weibliche Gestalt gemeint, die weit über ihre Knie gebeugt mit der steil nach abwärts geführten linken Hand ihre Füße wäscht. Der Dunkelgrün und Blau gemengte, an den Rändern rahmenartig verstärkte Hintergrund läßt die räumliche Situation undefiniert, das grün umzogene Inkarnat ist hellgelb, während der das Gesicht verbergende Haarschopf leuchtet wie ein rotes Fanal.

90 Männliches Bildnis, 1909, Holzschnitt

Schmidt-Rottluffs graphisches Gesamtwerk läßt sich gegenwärtig mit etwa 670 Arbeiten beziffern. Davon bestehen zwei Drittel aus Holzschnitten, denen gegenüber die beiden anderen graphischen Techniken – Lithographie und Radierung – deutlich zurücktreten. Tatsächlich kam der Holzschnitt dem Wesen und Wollen des Künstlers am stärksten entgegen und hat sein Profil ebenso stark geprägt wie unsere Vorstellung einer typischen Ausdruckskunst des deutschen Expressionismus. Die unmittelbare Bearbeitung des Langholzstockes mit den einfachsten Werkzeugen, der Ausschluß von Einwirkungen, die nicht der eigenen Hand entsprangen, die Affinität zu einem Werkstoff, dessen Eigenschaften den seinigen wesensverwandt waren und die aus dem eindeutigen Schwarz-Weiß des Holzschnitts entspringende Aussage, entsprachen seiner zum Wesentlichen drängenden Veranlagung in besonderem Maße.
Die Technik des Holzschneidens war Schmidt-Rottluff vertraut ehe er nach Dangast kam. Aus den Jahren 1905 und 1906 sind inzwischen mehr als 20 Holzschnitte bekannt geworden, von denen 1924 jedoch nur drei in das Werkverzeichnis von Rosa Schapire Aufnahme fanden. Darin spricht sich eine Beurteilung aus, die erst ab 1909 Eigenständigkeit gelten läßt. Dieses Jahr war in der Tat weitgehend dem Holzschnitt und daneben dem Aquarell gewidmet, wobei die erreichten Resultate fast ausschließlich an diesen dritten Dangaster Aufenthalt gebunden sind. Allenfalls zwei der im Werkkatalog für 1909 genannten 24 Holzschnitte entstanden anderswo, wobei sicher auch Fragen der Arbeitsökonomie eine Rolle spielten. Wichtiger als diese war jedoch die gewonnene Überzeugung, nach der Erprobung aller graphischen Techniken und Ausdrucksformen im Holzschnitt jenes Medium gefunden zu haben, das den inzwischen bewußt gewordenen Stil am deutlichsten sichtbar machen konnte. Insofern ist es auch kein Zufall, wenn diese erste, in sich geschlossene Holzschnittreihe Schmidt-Rottluffs im Werkverzeichnis mit einem Selbstporträt eröffnet wird, dessen einziger Druck in den Besitz von Gustav Schiefler gelangte. Dem bedeutenden Sammler und Kenner zeitgenössischer Graphik hatte der Künstler im Vorjahr auch sein lithographisches Selbstbildnis von 1908 gewidmet (Abb. 34), mit dem dieser Holzschnitt die innere und äußere Ausgangssitutation gemeinsam hat. Dem Maler lag daran, einer von ihm verehrten Persönlichkeit den Vergleich beider Blätter zu ermöglichen und ihm seine Beständigkeit des Wechsels vor Augen zu führen.
Auch im Holzschnitt gelangt der frontal wiedergegebene Kopf aus umgebendem Dunkel ins Licht, ohne ganz von ihm erfaßt zu werden und hier wie dort geht vom Gesicht ein ungemein ernster, wenn nicht gar schmerzhafter Ausdruck aus, der den Betrachter betroffen macht. Diese Ausgangssituation erscheint im späteren Holzschnitt noch insofern gesteigert oder vertieft, als hier nur noch wenige Partien vom Licht erreicht werden und die Augen in große dunkle Höhlen verbannt sind. Unwillkürlich denkt man hier an den Abdruck des Antlitzes Christi im Schweißtuch der Veronica und gelangt so zu religiösen Assoziationen, die den Künstler bei dieser Selbstdarstellung geleitet haben. Damit erweist sich dieses Blatt als ein unmittelbarer Vorläufer des berühmt gewordenen Holzschnittes mit dem die Jahreszahl 1918 auf der Stirn tragenden Christuskopf, dem die Unterschrift beigegeben wurde: „ ist euch nicht Kristus erschienen" (Schapire H 208). Erlösungsgedanke, Selbsterkenntnis und Selbstdarstellung durchdringen sich dort wie hier.

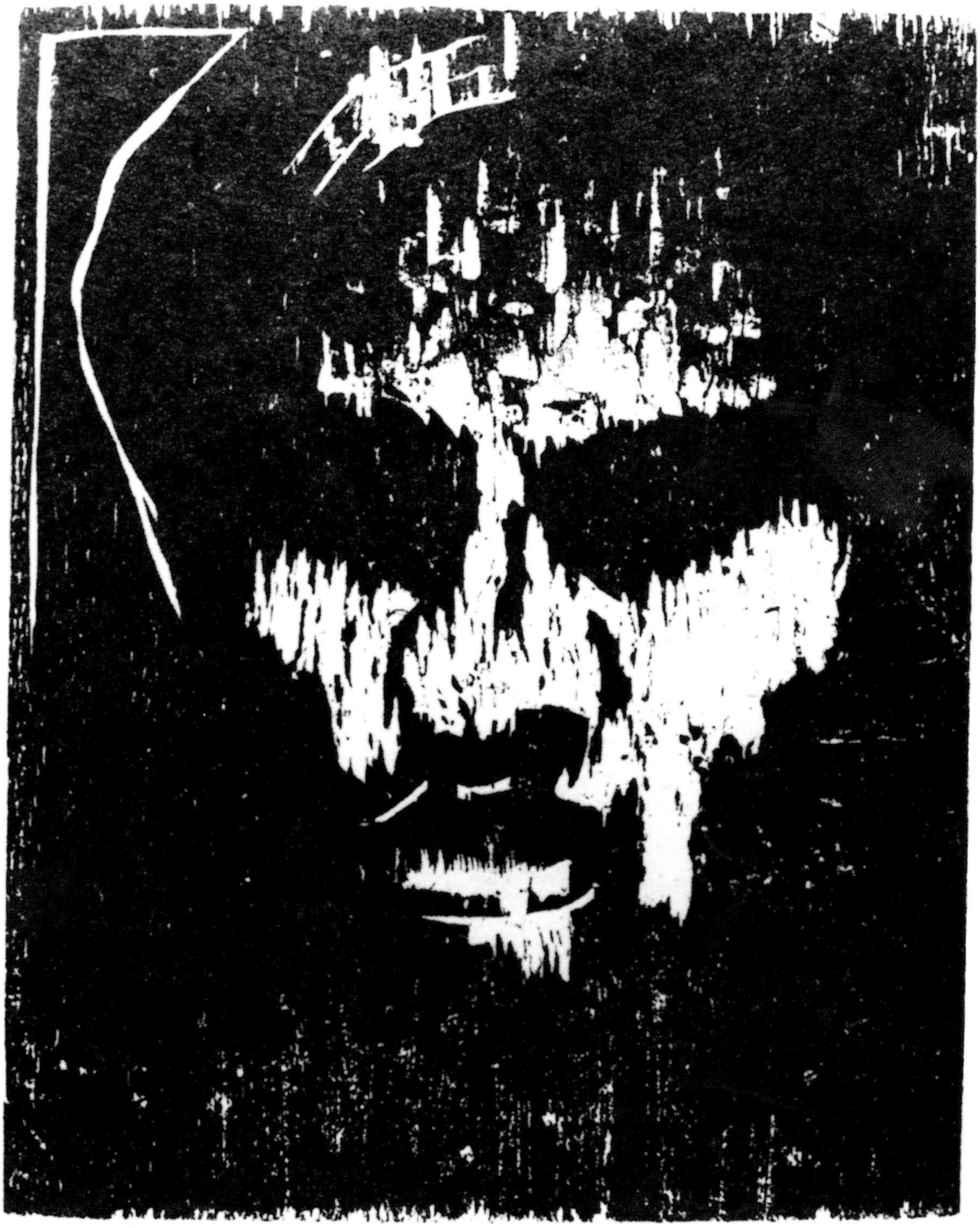

90 Männliches Bildnis, 1909, Holzschnitt

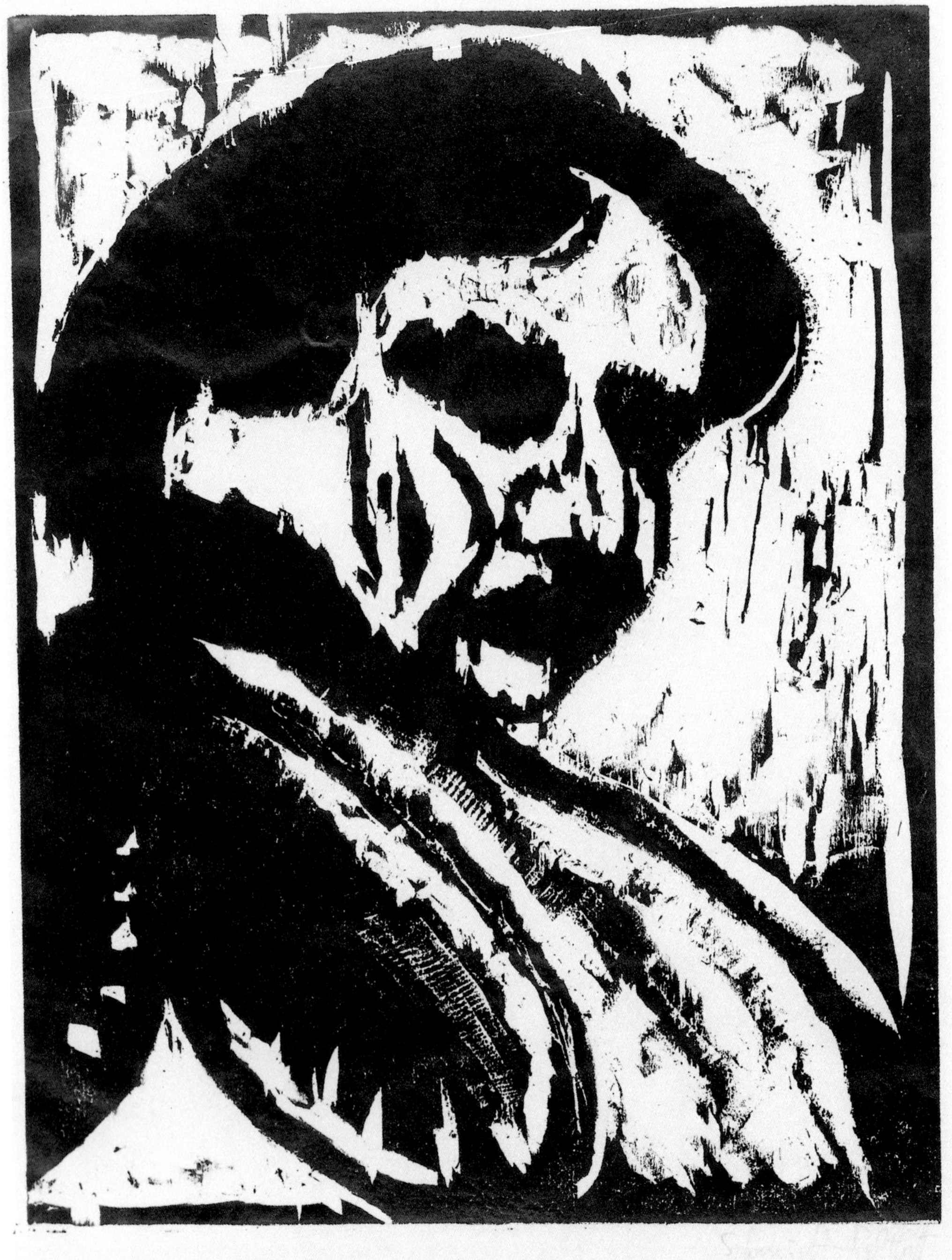

91 Bildnis R. S., 1909, Holzschnitt

Die frühesten Bildnisse von Rosa Schapire entstanden anläßlich ihres Aufenthaltes in Dangast im Spätsommer 1909: das Aquarell „Frau am Tisch" (Abb. 65), sowie dieser und der folgende Holzschnitt. Die beiden letzteren gehören eng zusammen, gerade weil sie keine Ähnlichkeit, sondern die unterschiedlichen Seiten ein- und desselben Wesens zeigen. In diesem, nur ein einziges mal für die Dargestellte abgezogenen Blatt überwiegt – wie in den beiden Radierungen Noldes von ihr aus dem Vorjahr – noch die herkömmliche Porträtauffassung, die sich in dem frei im gerahmten Bildfeld befindlichen Kopf und Dreiviertelprofil, dem breit abschließenden Körperansatz und einem ausgewogenen verteilten Hell und Dunkel zu erkennen gibt und die Sicherheit einer in sich ruhenden Persönlichkeit betont.

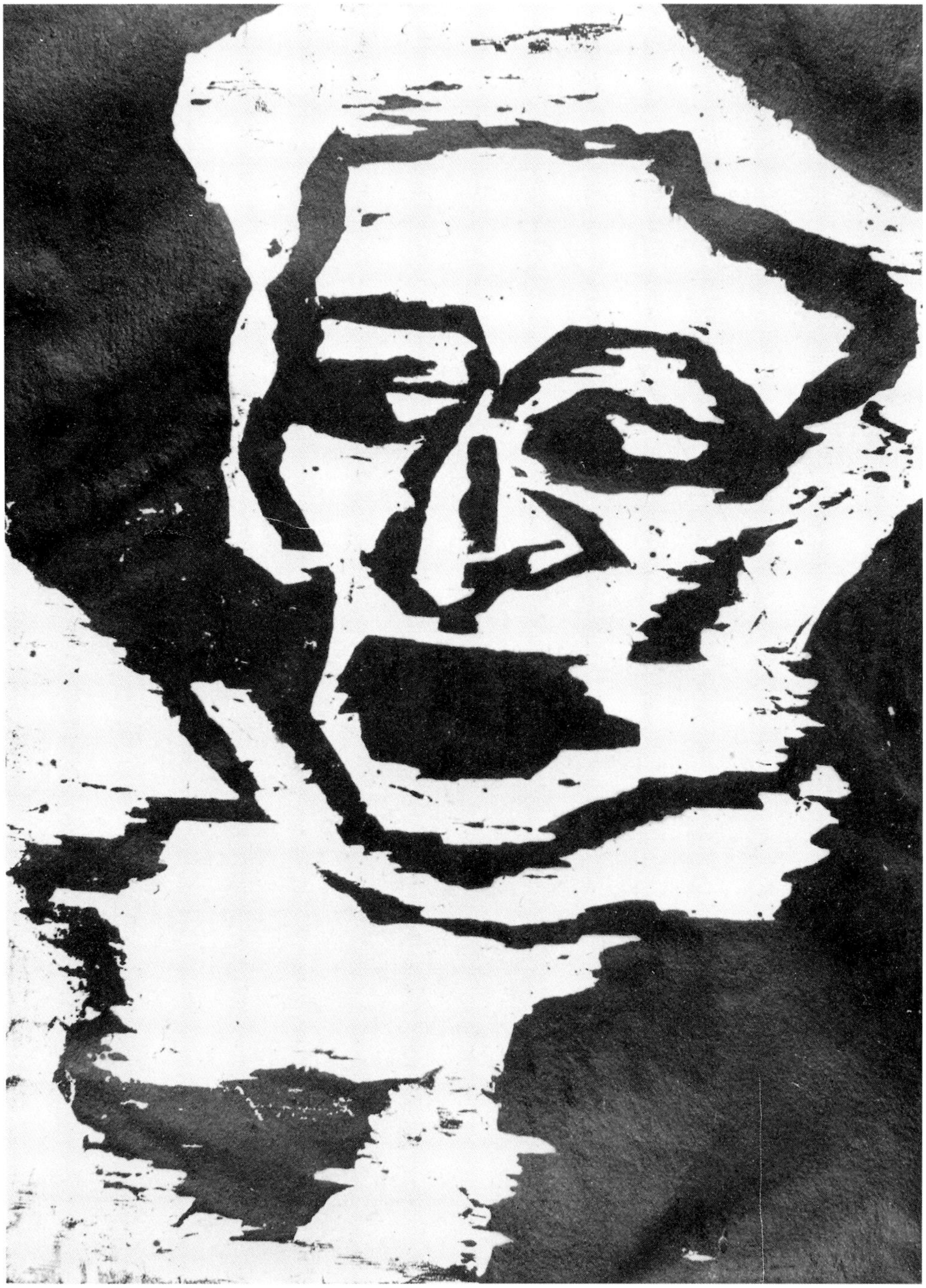

92 Weiblicher Kopf, 1909, Holzschnitt

Der Künstler hat das, mit keinem Namenshinweis versehene Holzschnitt-Porträt erst identifiziert, als der Verfasser 1964 seine Arbeit über die hier wiedergegebene Rosa Schapire schrieb. In dieser ekstatischen Deutung eines jäh aus dem Dunkel ins Licht vorstoßenden Kopfes mit agressiv gebogener Nase, scharf fixierenden Augen und einem übergroß das Gesicht beherrschenden Mund ist nichts mehr mit der vorangegangenen Darstellung vergleichbar. Bei einer so gesehenen Persönlichkeit wird glaubhaft, daß sie schon 1897 über Frauenemanzipation schrieb, als eine der ersten Kunsthistorikerinnen in Deutschland promovierte, das gesprochene Wort über alles schätzte und zeitlebens unerschrocken für ihre Überzeugungen eintrat.

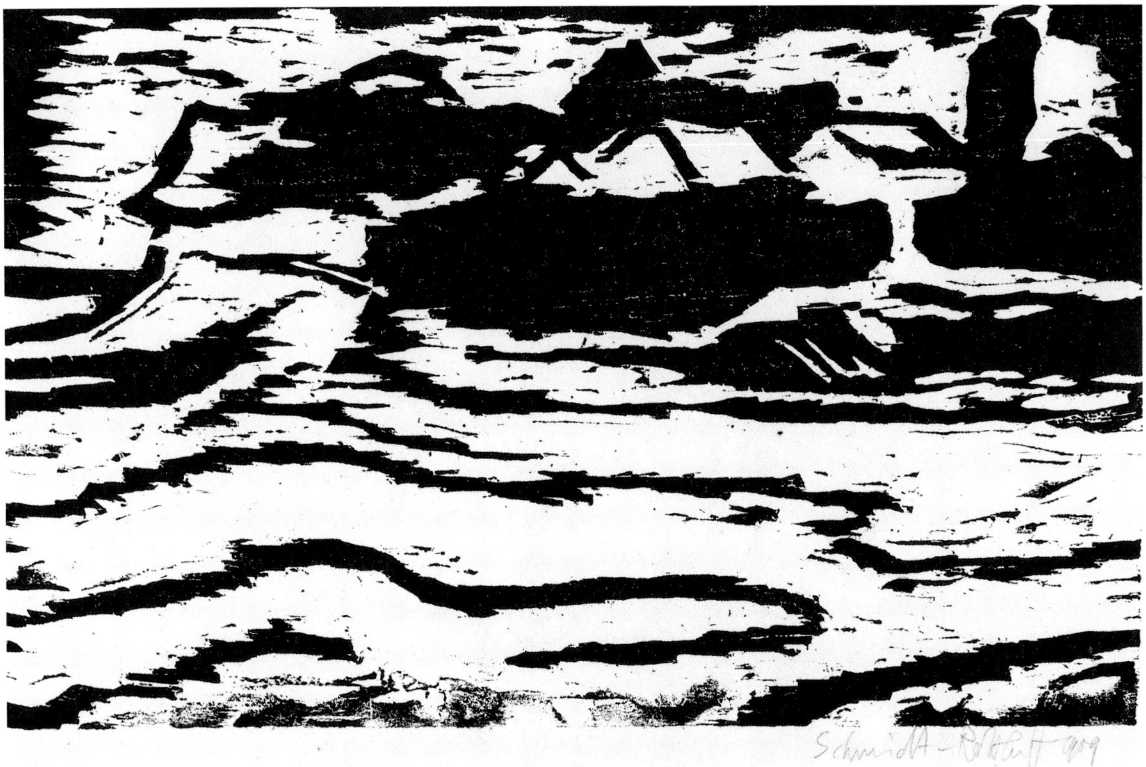

93 Dangast, 1909, Holzschnitt

Der Holzschnitt gibt seitenverkehrt ein Motiv wieder, das ähnlich bereits auf einer Zeichnung erschien (Abb. 50) und das meist unrichtig gedeutet wird. Nicht Felder vor Häusern sind dargestellt, sondern jener an den Kurhausbereich anschließende Ortsteil von Dangast, der zu den wenigen nicht bedeichten Strandabschnitten an der deutschen Nordseeküste gehört. In den davorliegenden Wattflächen, auf denen der Maler bei Ebbe seinen Standort bezog, befand sich einst das den Sturmfluten zum Opfer gefallene Dangast, von dessen Kirche und Häuptlingssitz noch immer Reste freigespült werden. Nur wer sich in den alle 12 Stunden trokkenfallenden Wattenschlick begibt, kann die etwa zehn Meter betragende Herausgehobenheit Dangasts – für das hier lediglich die Dachwinkel einiger Häuser stehen – so erleben wir hier, da der mähliche Anstieg der von Dangastermoor zum Strand führenden Landstraße garnicht bemerkt wird. Zweifellos hat die Umsetzung des Sujets in einen Holzschnitt mit ihrer anderen Verteilung des Schwarz-Weiß und dem Belassen der rauhen Holzstrukturen gegenüber der Zeichnung an Ausdruckskraft gewonnen und den Eindruck der Nähe zum Elementaren verstärkt. Schmidt-Rottluff hat das seltene Blatt erstmalig in der Dresdener Brücke-Ausstellung von 1910 gezeigt.

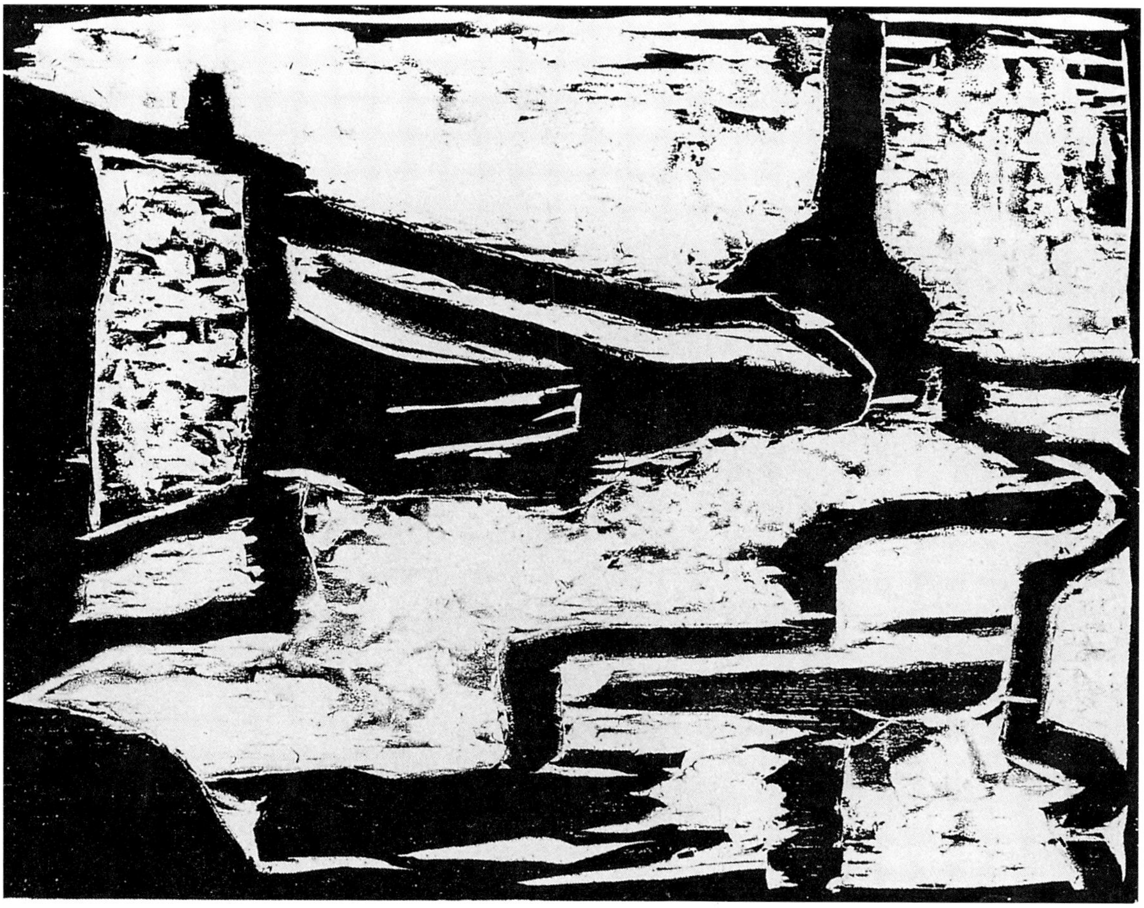

94 Ziegelei bei Varel, 1909, Holzschnitt

Ohne den ihm gegebenen und zusätzlich sogar noch durch eine Ortsbezeichnung ergänzten Titel wäre auch dieser Holzschnitt nicht ohne weiteres zu deuten. Das noch einmal auf einer Postkarte an Bertha Rohlsen vom 14. September 1909 erscheinende Motiv (Abb. 82) entdeckte Schmidt-Rottluff in der nicht mehr existierenden Brumund'schen Ziegelei in Varelerhafen. Er unterwarf es einer so weitgehenden Abstraktion, daß sich auch die Grundformen der Gebäude dem schwarz-weißen Flächenrhythmus des allenthalben sichtbar bleibenden Holzstockes fügen müssen. Was bestehen blieb, ist der jäh verkürzte Tiefenzug der Ziegeleischuppen zum Schornstein hin im oberen und ein darauf bezogener, geometrisierter Wasserlauf im unteren Bildfeld. Dieses wird im übrigen durch differenziert herausgehobene Strukturen belebt, denen man die manuelle Bearbeitung deutlich ansieht. Gerade an diesen, das reine Schwarz-Weiß durch Halbtöne ersetzenden Partien, läßt sich das unterschiedliche Ausfallen der nicht sehr zahlreichen Handabzüge erkennen, deren Vergleich den irrigen Gedanken aufkommen lassen kann, sie stammten nicht von ein- und demselben Stock. Der Künstler hat den Holzschnitt – gleichsam noch druckfrisch – erstmalig im Oktober 1909 im Oldenburger Künstlerbund ausgestellt und – ebenfalls noch im Entstehungsjahr – mit mehreren anderen Dangaster Blättern an Gustav Schiefler in Hamburg abgegeben.

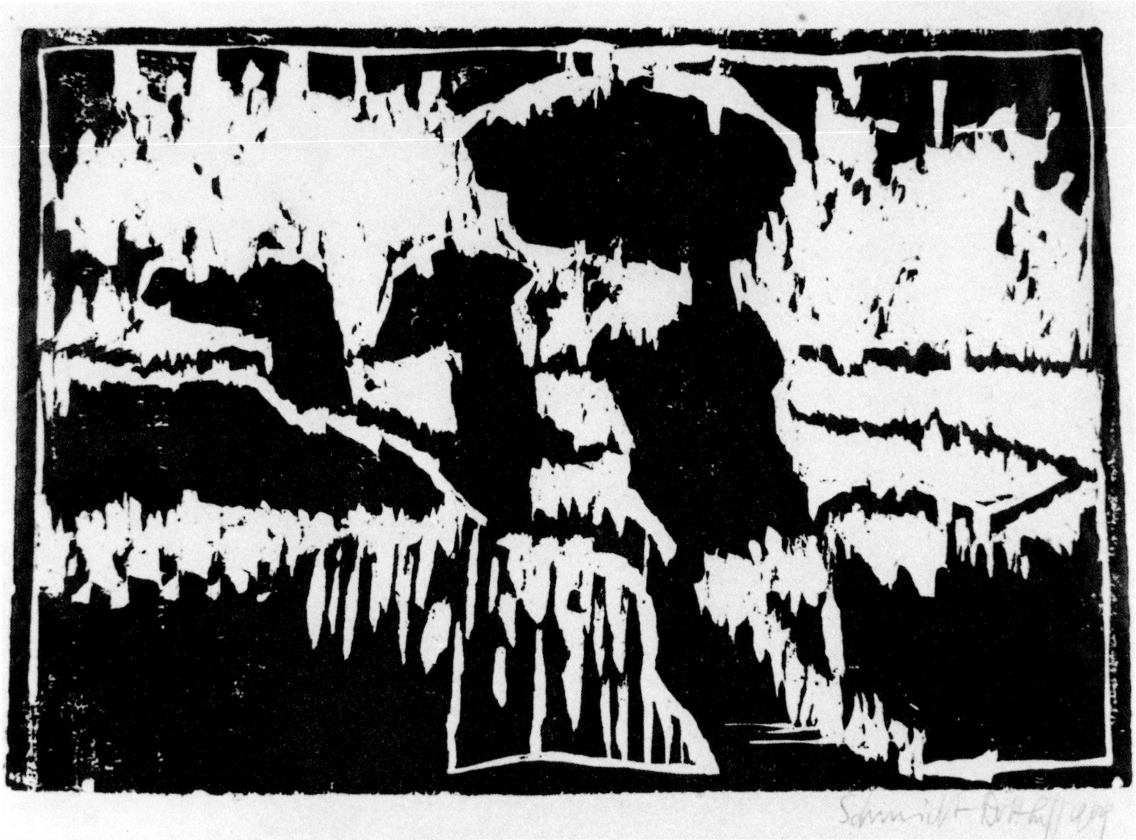

95 Bäume in der Marsch, 1909, Holzschnitt

Der Titel beschreibt nicht die Regel, sondern die Ausnahme: der deichgeschützte, fruchtbare Schwemmboden der Marsch, den Getreidefelder und Grünland bedecken, trägt nur selten Bäume und Sträucher. Wo sie dennoch auftauchen, gereiht an Straßendämmen oder – wie hier – unvermittelt am Feld- oder Wiesenrain stehend, werden sie in der scheinbaren Endlosigkeit der ebenen Landschaft zu weithin sichtbaren Zeichen und Orientierungspunkten.
Auf dem Holzschnitt sind drei von unten an belaubte Bäume, deren Kronen der Wind zur Seite bog, diagonal in die Raumtiefe gesetzt. Sie erscheinen als dunkle Silhouetten vor dem hell aufgerissenen Himmel und über einem nur hier und dort durch Geländeschraffuren belebten dunklen Vordergrund. Der flackernden Unruhe des Sujets, das ähnlich bereits 1907 in mehreren Bildern Erich Heckels realisiert wurde (Vogt 1907, 2 und 9), wird durch eine nicht ganz durchgehende Randlinie entgegengewirkt. Wie die frühesten erhaltenen Arbeiten des Malers bezeugen, war die Bannung des individuellen Wuchses von Bäumen in der freien Landschaft seit dem Beginn der künstlerischen Tätigkeit Schmidt-Rottluffs um 1900 ein zentrales Anliegen seines Gestaltungsdranges.

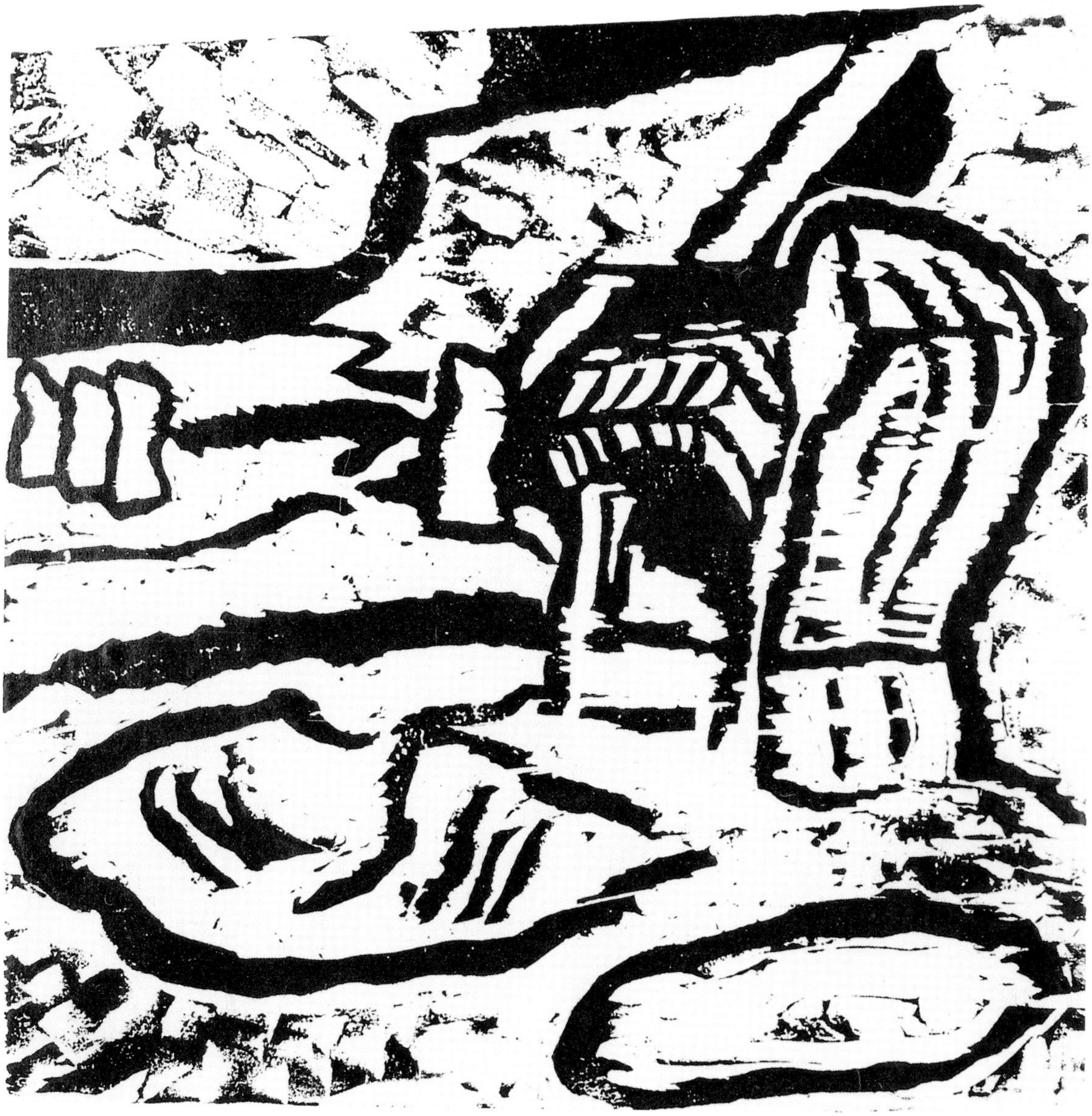

96 Strandkörbe, 1909, Holzschnitt

Der nur noch in wenigen Exemplaren nachweisbare Holzschnitt steht mit zwei aquarellierten Strandkorb-Darstellungen aus dem gleichen Jahr in Verbindung, ohne diese jedoch nachzuahmen oder deren Motive einfach zu variieren. Mit Gegenständen oder Erscheinungsformen, an deren künstlerischer Bewältigung Schmidt-Rottluff interessiert war, setzte er sich in konzentrierten Arbeitsperioden des öfteren und in unterschiedlichen Verfahren auseinander. Hier mochte ihn ein weiteres mal die eigenwillige Form und Struktur der von verschiedenen Seiten gezeigten Strandkörbe inmitten der um sie geschaufelten Sandburgen interessiert haben. Sie stehen unterhalb der steil aufsteigenden Dangaster Strandmauer, die den höher liegenden Geestrücken vor den andrängenden Fluten schützt und in der sich eine zum Strand hinabführende Treppe befindet. Das lebendige Muster ihrer blau-roten Backsteine hat in späteren Jahren auch bei Franz Radziwill zu mehreren Bildern geführt. In Schmidt-Rottluffs Druck wird das Holz sichtbar, in das und aus dem er die Form geschnitten und gerissen hat.

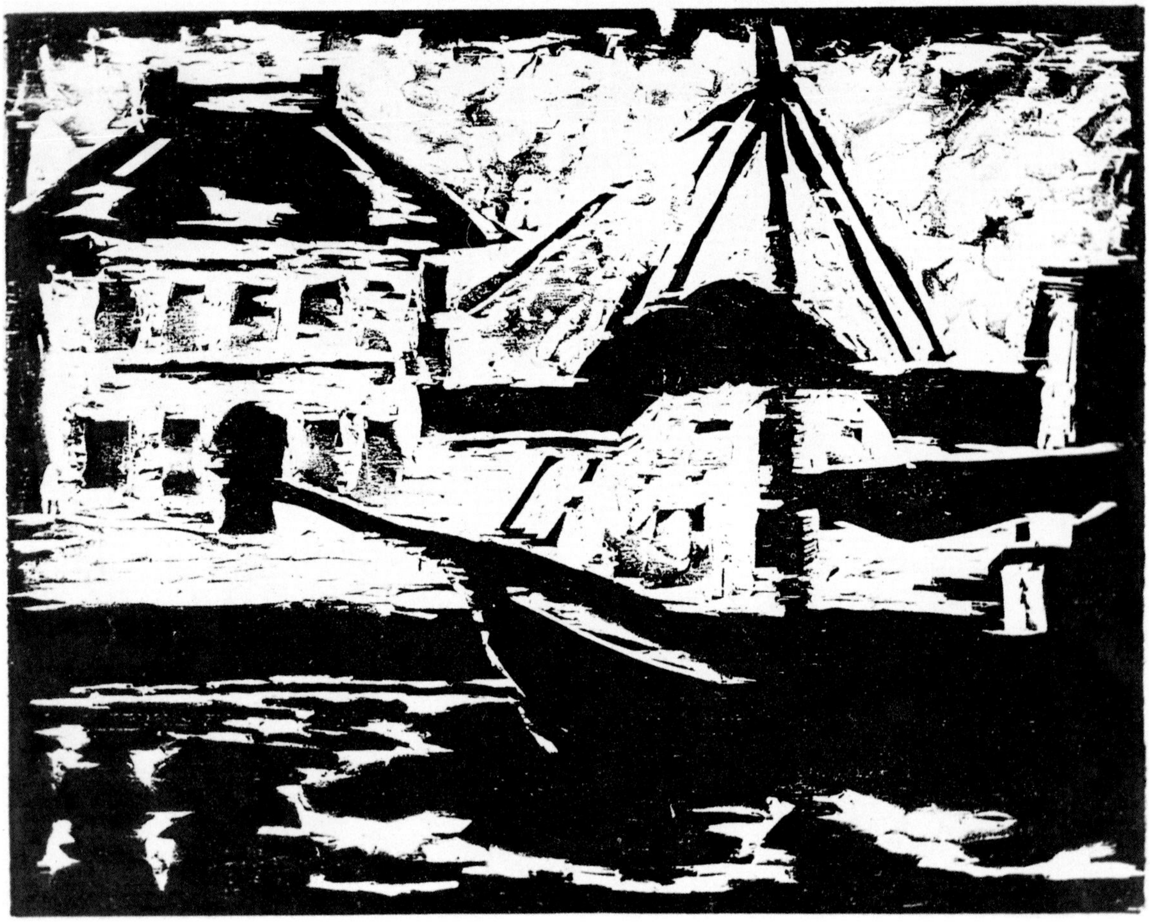

97 Vareler Hafen, 1909, Holzschnitt

Gegenüber dem Aquarell gleichen Namens (Abb. 64) zeigt der Holzschnitt – einer der bekanntesten im Frühwerk Schmidt-Rottluffs – eine andere Ansicht des erst seit der Mitte des 19. Jahrhunderts deich- und schleusengeschützten Hafens. Zwar befindet sich der Standpunkt des Malers wiederum an seiner Nordseite, doch ist diesmal das 1856 am Ende des Hafenbeckens errichtete und unverändert dort befindliche Hauptzollamt seitenverkehrt mit in das Bild einbezogen. Es steht am linken Bildrand, während rechts im Vordergrund einer jener Frachtensegler zu sehen ist, mit denen Rohstoffe ein- und verarbeitete Produkte wie Ziegel, Gußeisen, Textilien oder auch Vieh ausgeführt wurden. Sein dunkler Rumpf mit dem herausragenden Bugspriet hebt sich aus dem Wasser und wird vom rechten Bildrand überschnitten. Mast und Takelage wachsen über einem kleineren Gebäude bis zum oberen Bildrand empor und zeichnen sich vor dem bewegt hellen Himmel deutlich ab. An einem solchen Blatt wird die errungene Meisterschaft des Holzschneiders deutlich, bei dem die anderen graphischen Techniken von nun an zurücktreten müssen. Der Holzschnitt erwarb sich in Oldenburg so etwas wie ein Heimatrecht: er erlebte hier 1909 seine Ausstellungspremiere, noch ehe er im folgenden Jahr in der Brücke-Ausstellung der Dresdener Galerie Arnold gezeigt und im Katalog abgebildet wurde. In Oldenburg ist er dann erneut in der Lappan-Ausstellung von 1922 und schließlich auch in der Dangast-Ausstellung von 1957 gezeigt worden, nachdem er schon früh Einzug in die graphische Sammlung des Landesmuseums gehalten hatte.

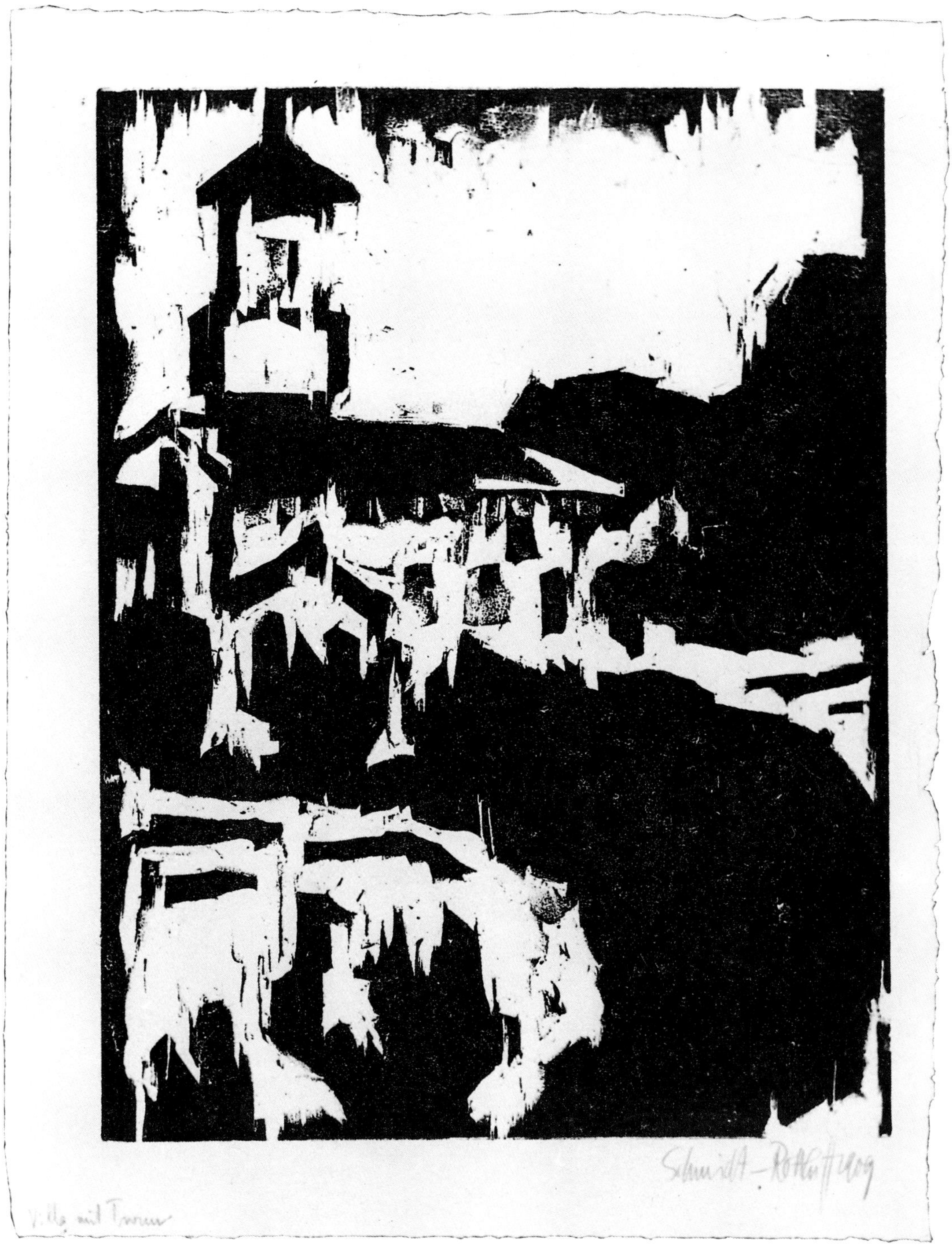

98 Villa mit Turm, 1909, Holzschnitt

Es ist die früheste von vier bis 1911 jährlich aufeinanderfolgenden Holzschnitt-Darstellungen eines Dangaster Hauses, das sich auch auf Bildern, Aquarellen und Zeichnungen Schmidt-Rottluffs und Heckels wiederfindet. Seit Ende des 19. Jahrhunderts gehörte es dem als Eigenbrötler geltenden Particulier Wilhelm Wobick, der ihm ein Aussichtstürmchen mit umlaufender Balustrade hinzufügte. Es liegt inmitten des Dangaster Parks, dessen Büsche und Bäume hier als Schwärzen erscheinen, während sich das Haus selbst mit seinen vom Messer schroff aufgerissenen Konturen kaum aus der unruhigen Formenvielfalt seiner Umgebung zu lösen vermag.

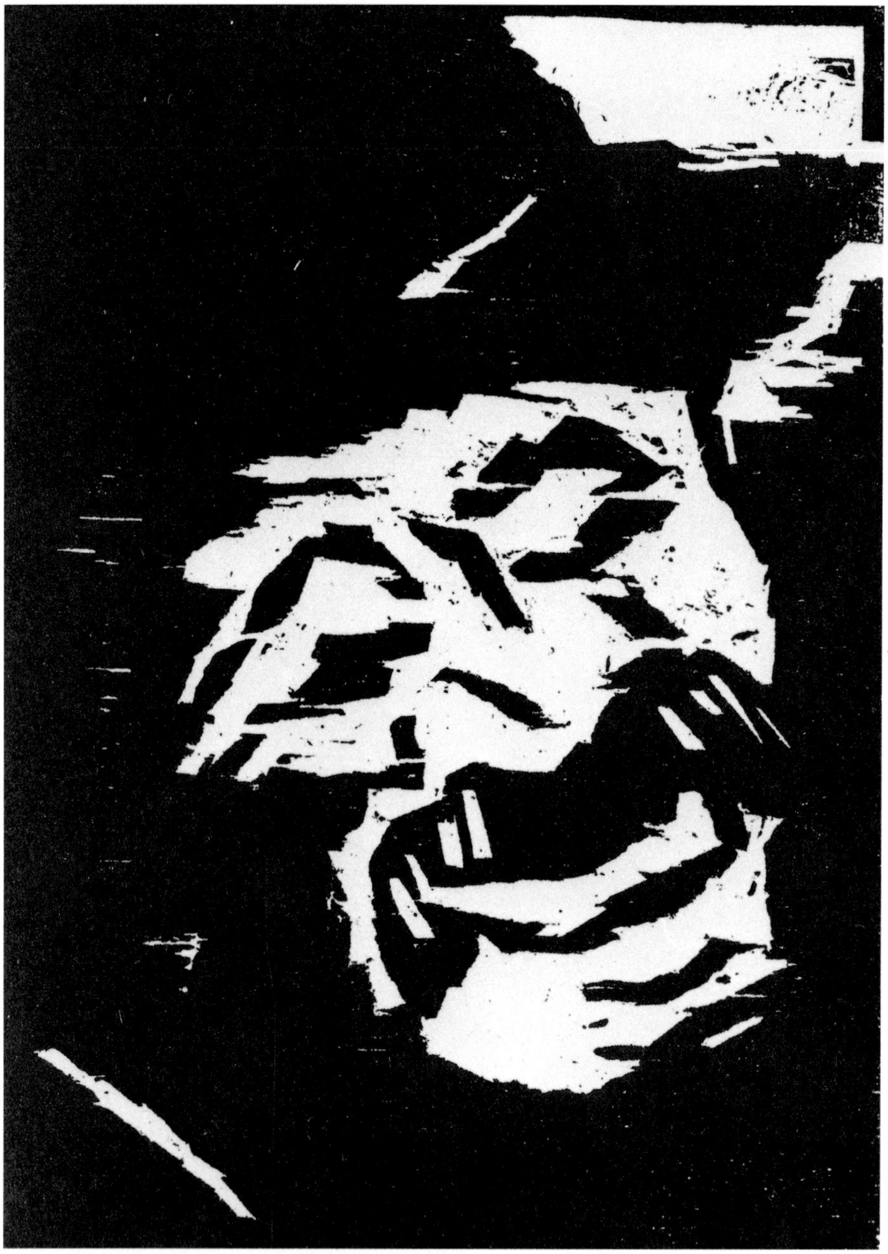

99 Dangaster Fischer, 1909, Holzschnitt

Die Darstellung von Fischern war in der europäischen Malerei des 19. Jahrhunderts überall dort zu einem bevorzugten Thema geworden, wo Künstler in Gruppen oder allein die Sommer am Meer verbrachten und mit dem Leben eines Berufsstandes konfrontiert wurden, der den Vorstellungen von Urtümlichkeit und Ursprünglichkeit besonders nahekam. In einigen der Künstlerkolonien, die mit der Entwicklung der Freilichtmalerei eng verbunden waren – etwa in der Bretagne oder im dänischen Skagen – kam es zu einer Romantisierung und Heroisierung dieses Menschenschlages, der sich auch mehrere Brücke-Maler nicht entziehen konnten. In Dangast tauchen Fischer in Heckels Graphik schon 1907 auf. Schmidt-Rottluff widmet ihnen erst 1909 – nach Umzug vom Moor zum Strand – zwei Holzschnitte, die in seinem übrigen Dangaster Werk jedoch keinen Anschluß finden.

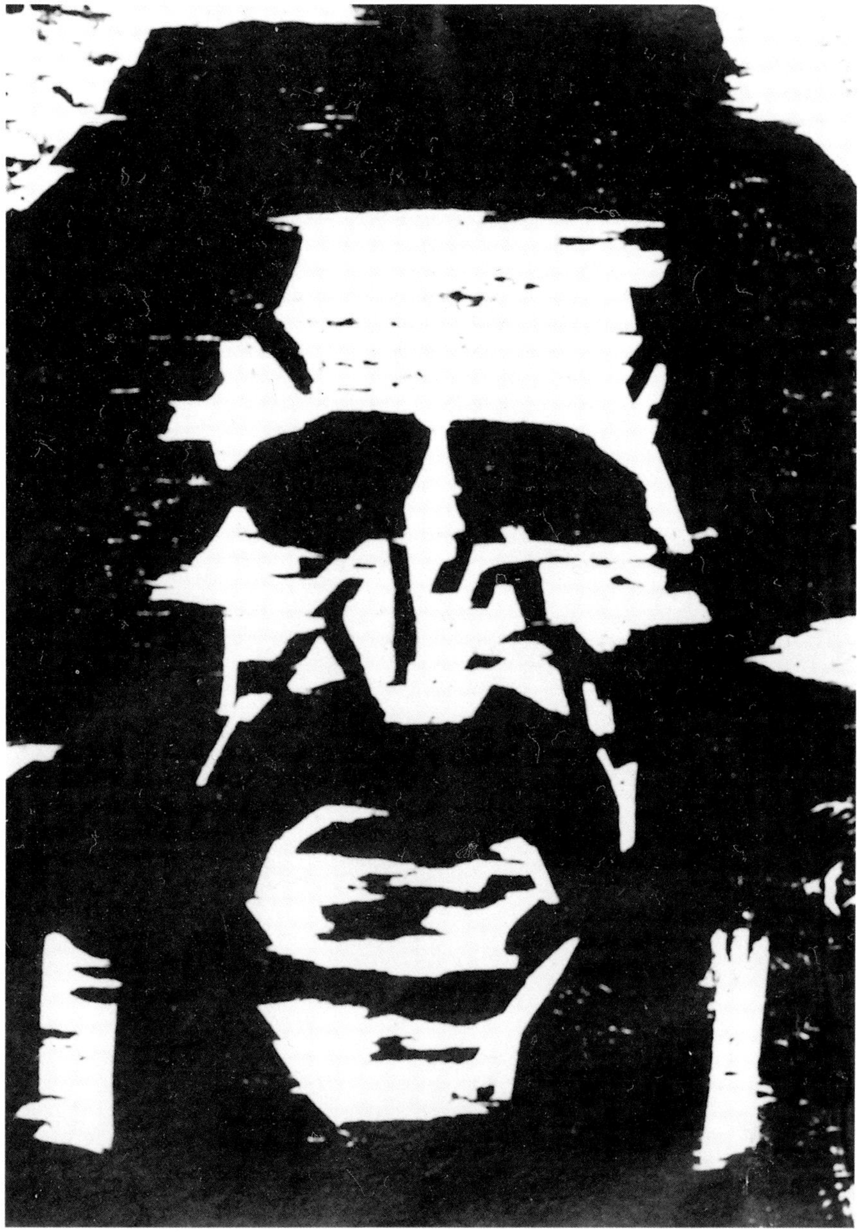

100 **Fischerkopf, 1909, Holzschnitt**

Ob der vorige und dieser Fischerkopf die gleiche Person darstellen, ist nicht ohne weiteres auszumachen, jedoch dürfte sicher sein, daß beide Blätter im Zusammenhang entstanden und als zwei unterschiedliche Lösungen eines Themas betrachtet werden wollen. Beim ersten Blatt (Abb. 99) hebt sich aus dem dunkel und ungegliedert gebliebenen Grund nur das unter einem Hut diagonal gegebene Gesicht mit Schnauzbart und lachendem Mund hell heraus. Bei diesem Druck, dessen Kopf ein weiteres Mal auf einer erst 1910 abgestempelten Postkarte erscheint (Abb. 148) – sind strenge Frontalität und Symmetrie angesagt, die durch die hellen Hosenträger an den Seiten noch betont werden. Volles Kopfhaar, tiefliegende Augen, eine ausgeprägte Nase und ein lang herabhängender Schnurrbart verstärken auch hier die erstrebte Charakterisierung. Dennoch ist bei Schmidt-Rottluff nicht gut vorstellbar, daß damit der Plan für eine ganze Typenreihe verbunden gewesen wäre, der von mehreren seiner Brücke-Gefährten schon früh realisiert wurde.

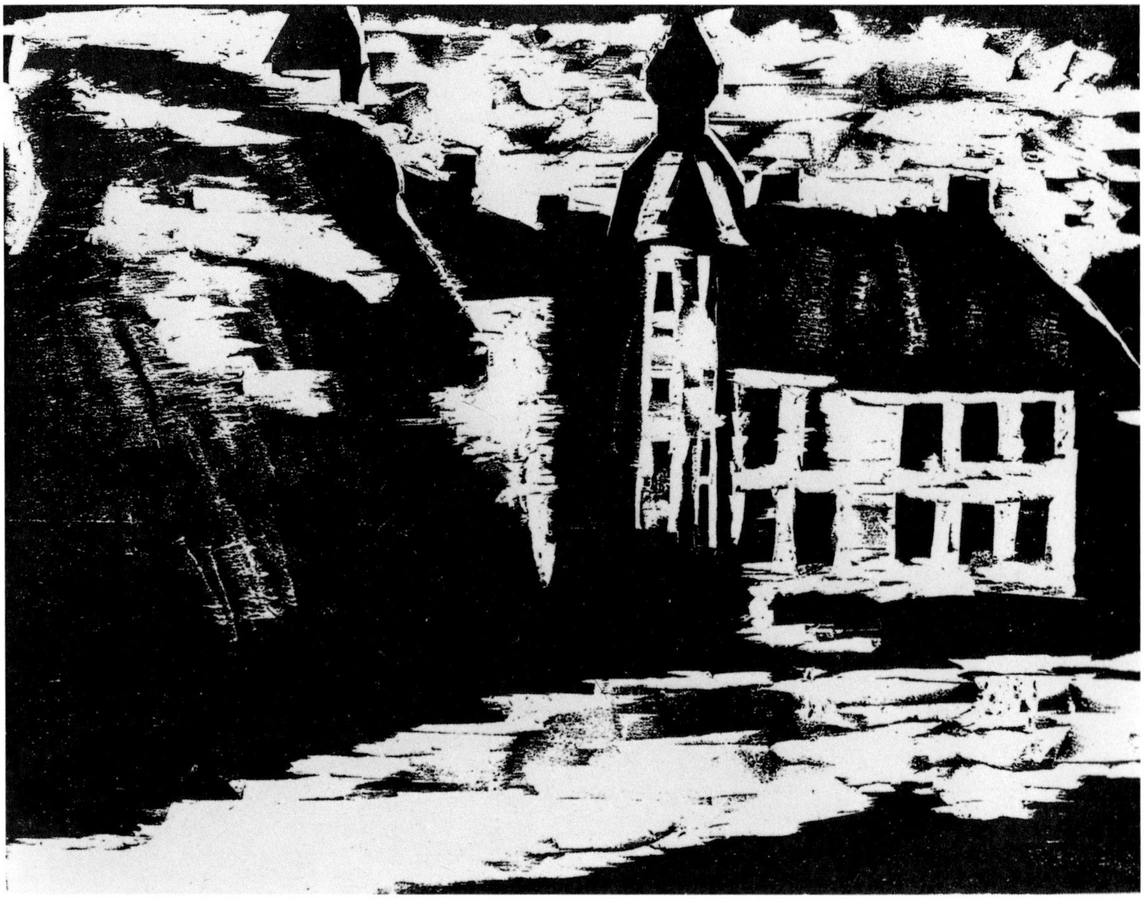

101 Schloß Neustadt-Gödens, 1909, Holzschnitt

Das damals noch zu Ostfriesland gehörende Wasserschloß Gödens im Besitz der Grafen Wedel liegt von Dangast etwa 16 Kilometer entfernt, auf dem Wege nach Jever, am Rande des von den Oldenburger Grafen erst im 17. Jahrhundert eingedeichten Schwarzen Bracks. Es handelt sich um einen Zweiflügelbau mit achteckigem Treppenturm im inneren Winkel, der in seiner jetzigen Form unter Verwendung älterer Teile im wesentlichen 1671 errichtet wurde und von einem doppelten Graben umgeben ist. Der Standort des Malers befand sich vor dem überbrückten inneren Graben, der als solcher jedoch nicht sichtbar gemacht wird. Er gab den ungehinderten Blick auf beide Flügel des zweigeschossigen Gebäudes frei, von denen Schmidt-Rottluff jedoch nur den rechten wiedergibt, während der nur im Ansatz sichtbare linke Flügel durch nicht definierbare dunkle Partien überdeckt wird, die vom linken Bildrand her ins Bild stoßen und lediglich an einigen Stellen aufgehellt sind. Auffallend ist, daß der Künstler nicht nur auf bauplastische Details, sondern auch auf die Wiedergabe eines den rechten Flügel beherrschenden barocken Portalmotivs verzichtet, das sich realiter dort befindet, wo zwischen den Fensterreihen ein größerer Abstand ungegliedert bleibt. So übernimmt allein der haubengedeckte Treppenturm die Rolle des Erkennungsmerkmals für das Schloß. Über den dunklen Dachflächen ist der Himmel unruhig aufgerissen, vor dem Bauwerk ziehen sich breite helle Partien quer über den Vordergrund.

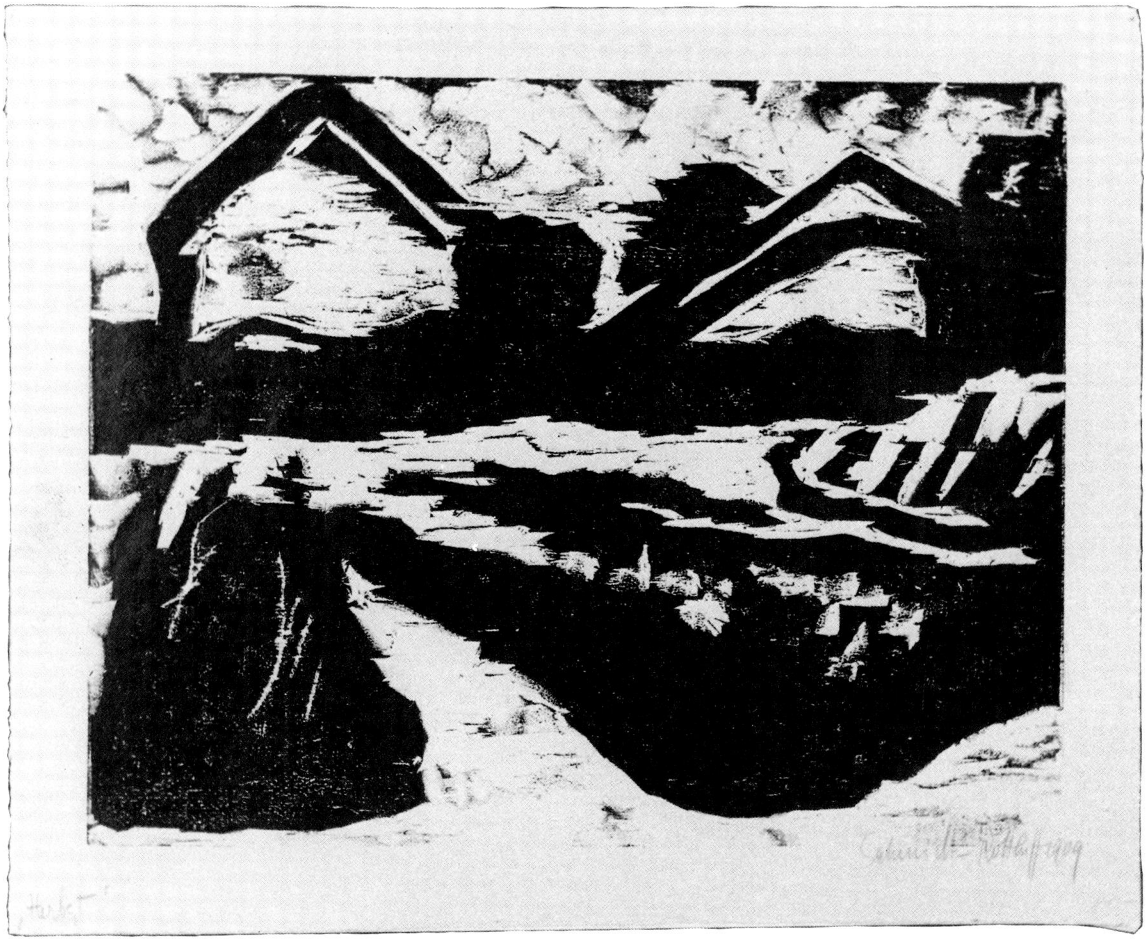

102 Herbst, 1909, Holzschnitt

Der in weiteren öffentlichen Sammlungen nicht nachweisbare Holzschnitt gelangte 1957 aus dem Nachlaß von Rosa Schapire in das Oldenburger Landesmuseum. Sein Titel bezieht sich auf die Entstehungszeit in einem warmen und für den Künstler fruchtbaren Herbst des Jahres 1909. Gegen den hellen Himmel werden die unterschiedlichen Giebelseiten zweier Häuser dargestellt, vor denen sich dunkles Gebüsch oder eine Zaunhecke entlangzieht. Das linke, bis an den oberen Bildrand reichende Haus zeigt eine glatt abschließende Giebelwand, das breiter gelagerte rechte ist abgewalmt. Die untere Bildhälfte wird im Wechsel des Schwarz-Weiß von Wegen und Gartenbeeten ausgefüllt. Die erfaßte Situation ist noch nicht mit Sicherheit zu bestimmen, doch kommt eine verwandte Giebelgruppe in den noch vorhandenen „Hullmannschen Häusern“ in Strandnähe vor. Das Blatt besticht durch seine ausgewogene Verteilung dunkler und heller Flächen, die erreichte Spannung zwischen gewachsener und künstlicher Form und die Klarheit seiner als große Zeichen gegebenen Motive.

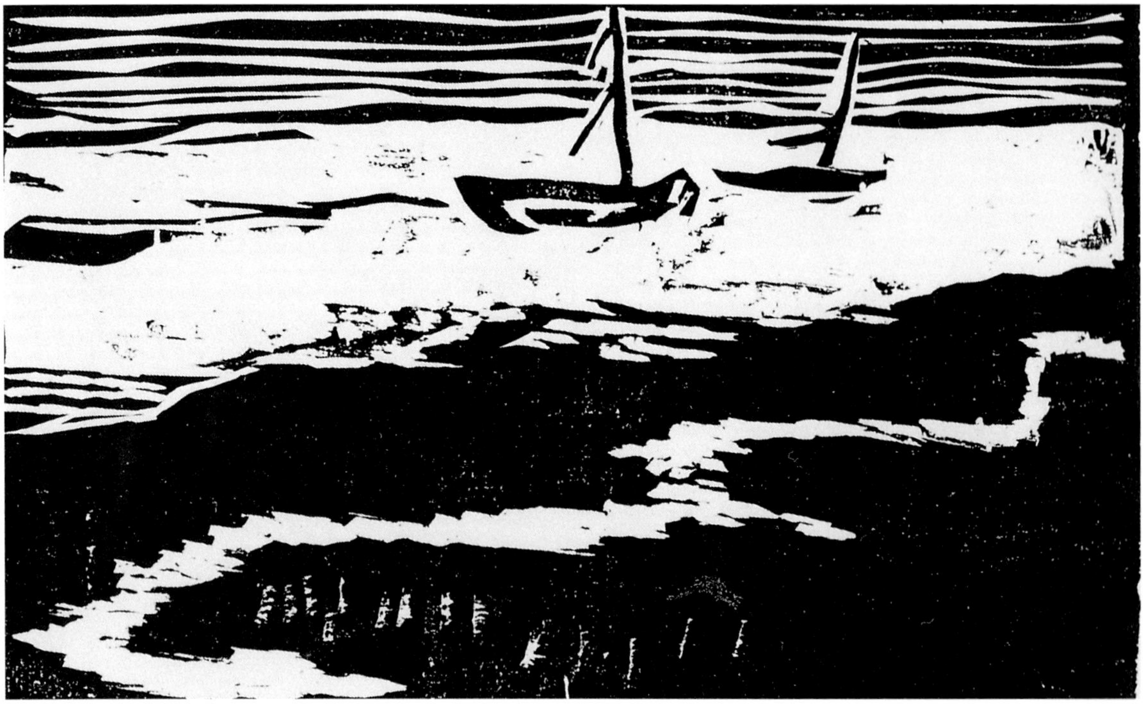

103 Wattenmeer, 1909, Holzschnitt

Die im beständigen Wechsel von Ebbe und Flut zweimal täglich zum größten Teil trockenfallenden Watten des Jadebusens entstanden erst im Mittelalter nach mehreren verheerenden Sturmfluten, denen auch zahlreiche Dörfer zum Opfer fielen. An der Südwestflanke der tief eingeschnittenen Meeresbucht liegt Dangast auf einem hohen, die Deiche überflüssig machenden, Geestrücken mit dem einzigen natürlichen Sandstrand dieser heute zum Nationalpark erklärten Wattenregion. Ihre Sand- und Schlickwatten werden von mehreren Tiefs durchflossen, die sich bei Wilhelmshaven zum Jade-Fahrwasser vereinigen.
Im Holzschnitt geht der Blick von einem höhergelegenen, bewachsenen Standort über den hellen Sandstrand bis zum Wasser, dessen langgezogene Wellenlinien vom oberen Bildrand überschnitten werden. Zwei Boote liegen angepflockt auf dem Sand, da Dangast damals über keinen Hafen verfügte und die hier vorherrschende Granat- oder Krabbenfischerei mit Hilfe von Körben betrieben wurde, die bei Ebbe im Watt aufgesellt und entleert worden sind. Schmidt-Rottluff läßt in seinem bei Flut entstandenen Blatt die Weite der aufgelaufenen Wasserflächen ahnen, vor denen sich nicht nur die Boote, sondern auch die – nicht ins Bild aufgenommenen – Menschen verlieren. – Die ersten Ausstellungsstationen dieses Holzschnitts waren wiederum 1909 Oldenburg und 1910 Dresden.

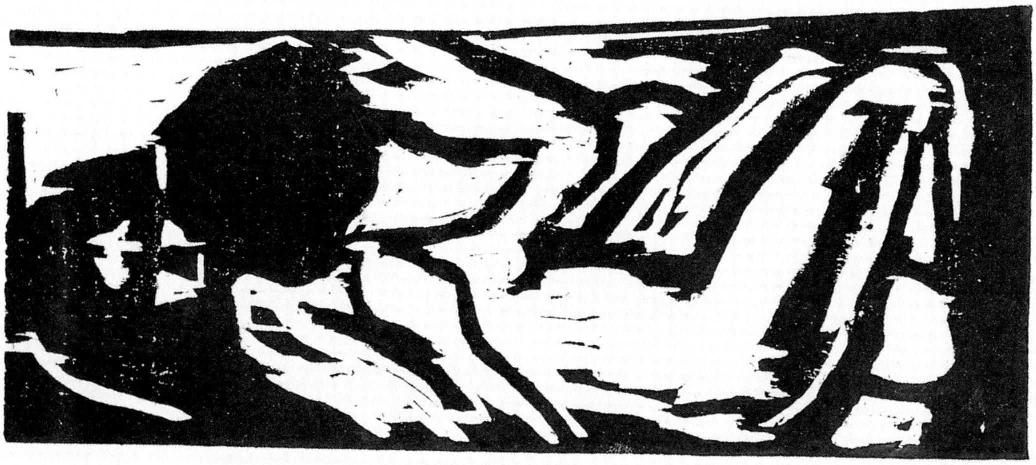

104 Paar, 1909, Holzschnitt

Dieser erste von insgesamt fünf Dangaster Holzschnitten mit Aktdarstellungen aus dem Jahre 1909 ist der äußerlich kleinste. In einen nur 12,5 x 29,3 cm großen Stock hat der Künstler ein nacktes Paar eingeschnitten, das Rosa Schapire so beschreibt: „Liegende nackte Frau von vorn gesehen mit hochgezogenen Knien. Ein nackter Mann neigt sich über sie im Begriffe, sie auf die Brust zu küssen. Lichte, schwarz gerandete Gestalten, Hintergrund rechts schwarz, oben links weiß, Stock von schräg verlaufender Höhe". Ausgehend von seinem Holzschnitt „Liebespaar" (Abb. 110) hat Eberhard Roters 1961 darauf aufmerksam gemacht, daß Schmidt-Rottluffs damals entstandene Blätter mit nackten Paaren im Zusammenhang mit gleichzeitigen Arbeiten Heckels und Kirchners stehen und daß sie insgesamt auf unmittelbare Einflüsse Edvard Munchs zurückzufühen sind. Doch obwohl sich gerade bei diesem Blatt, dem ein Holzschnitt Heckels von 1910 (Dube 186) am nächsten steht, ein direktes Vorbild nicht nachweisen läßt, ist unzweifelhaft, daß damit ein Generalthema des großen Norwegers angegangen worden ist: die spannungsvollen Beziehungen zwischen den Geschlechtern mit ihren, bei ihm noch Schuld und Sühne auslösenden psychologischen Problemen, denen die Angehörigen der nächsten Generation bereits freier und unmittelbarer gegenüberstanden. Da Schmidt-Rottluff 1957 angab, die Holzschnitte mit Aktdarstellungen 1909 in Dangast geschnitten zu haben, ergeben sich daraus eine Reihe von vorerst nicht beantwortbaren Fragen, wie die nach der konkreten Quelle der gemeinsamen Vorbilder oder Vorlagen und ihrer zeitlich unterschiedlichen Umsetzung, diejenige nach hier oder dort, allein oder in der Gruppe, im Atelier oder im Freien verfügbaren Modellen und schließlich die aus alledem resultierende Erkenntnis der Grenzen künstlerischer wie menschlicher Gemeinsamkeiten, die für keinen anderen Brücke-Künstler so wesentlich waren wie für Schmidt-Rottluff.

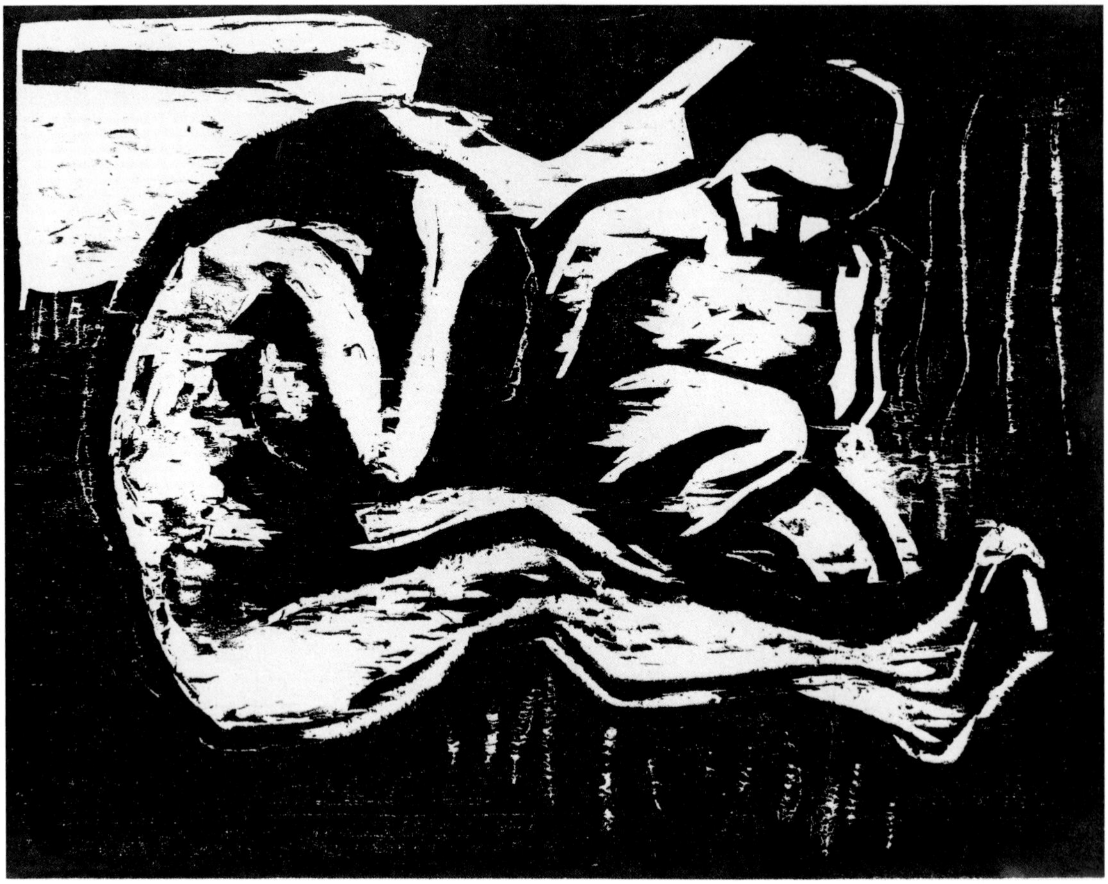

105 Paar am Wald, 1909, Holzschnitt

Rosa Schapire bezeichnet das dargestellte Menschenpaar als Mann und Frau, während der Sammler Gustav Schiefler, der das Blatt mit vier weiteren Holzschnitten schon 1909 erwarb, darin zwei sitzende Mädchenakte erkannte. Nach Eberhard Roters handelt es sich um eine jener Arbeiten Schmidt-Rottluffs, in denen Stil und Messerführung besonders stark an Munch erinnern, wobei er vor allem auf die linke Figur mit dem langen Haar verweist. Diese von der Seite gesehene weibliche Gestalt, die sich noch weiter abgewandelt in Erich Heckels Holzschnitt „Umarmung" von 1910 wiederfindet (Dube 186), zeigt in der Tat die gleiche Haltung wie der gebeugt sitzende Mann in Munchs Holzschnitt „Mann und Frau" von 1899 (Schiefler 132), der ebenso wie sein weibliches Gegenüber, auch bei anderen Vertretern der zeitgenössischen deutschen Kunst Spuren hinterließ. In der Anordnung der Figuren betont Schmidt-Rottluff jedoch die Zusammengehörigkeit deutlicher als Munch, bei dem die separierende Entfremdung das eigentliche Thema darstellt. Das „Paar am Wald" wird stärker in einen gemeinsamen Umriß eingebunden und durch die Verlegung der Szene ins Freie in eine weniger problematische und gleichsam natürliche Situation gebracht. Das nur oben links unterbrochene Halbdunkel des mit einigen Strichen angedeuteten Waldes wirkt zudem wie eine schützende Umhüllung, die die Vorstellung der Gemeinsamkeit verstärkt.

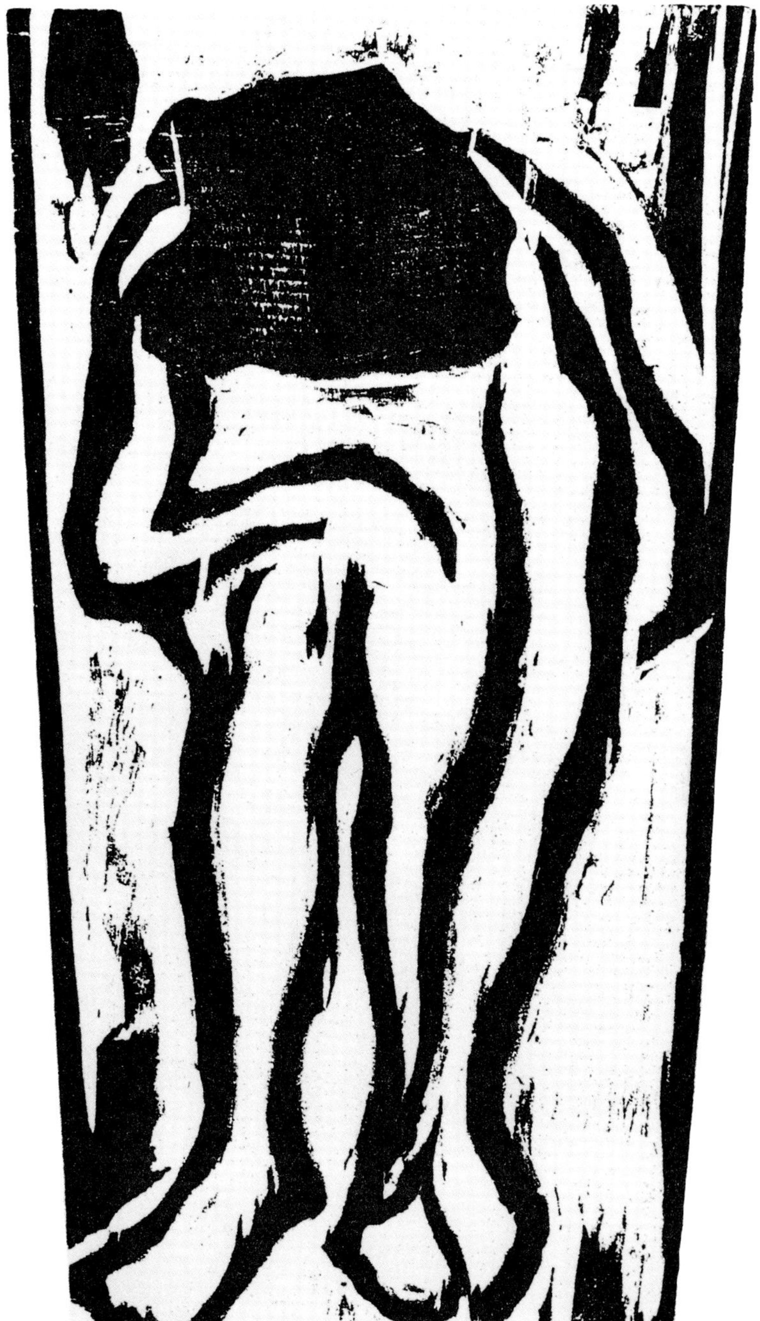

106 Toilette, 1909, Holzschnitt

Die bereits behandelte Farbskizze dieses Motivs auf einer an Rosa Schapire gerichteten Dangaster Postkarte vom 26. Oktober 1909 (Abb. 89) dürfte – da ohne Seitenumkehrung – erst nach Fertigstellung des Holzschnitts entstanden sein. In dem unregelmäßig verlaufenden Stock ließ das Messer nur den vollen Haarschopf und die breit fließenden Konturen eines vorübergebeugt sitzenden Aktes stehen, dessen linker Arm nach dem Fuße greift, während der rechte auf den Knien liegt. Die räumliche Situation ist nicht ohne weiteres bestimmbar, doch scheint es sich infolge der überwiegenden Helligkeit um eine Darstellung im Freien zu handeln.

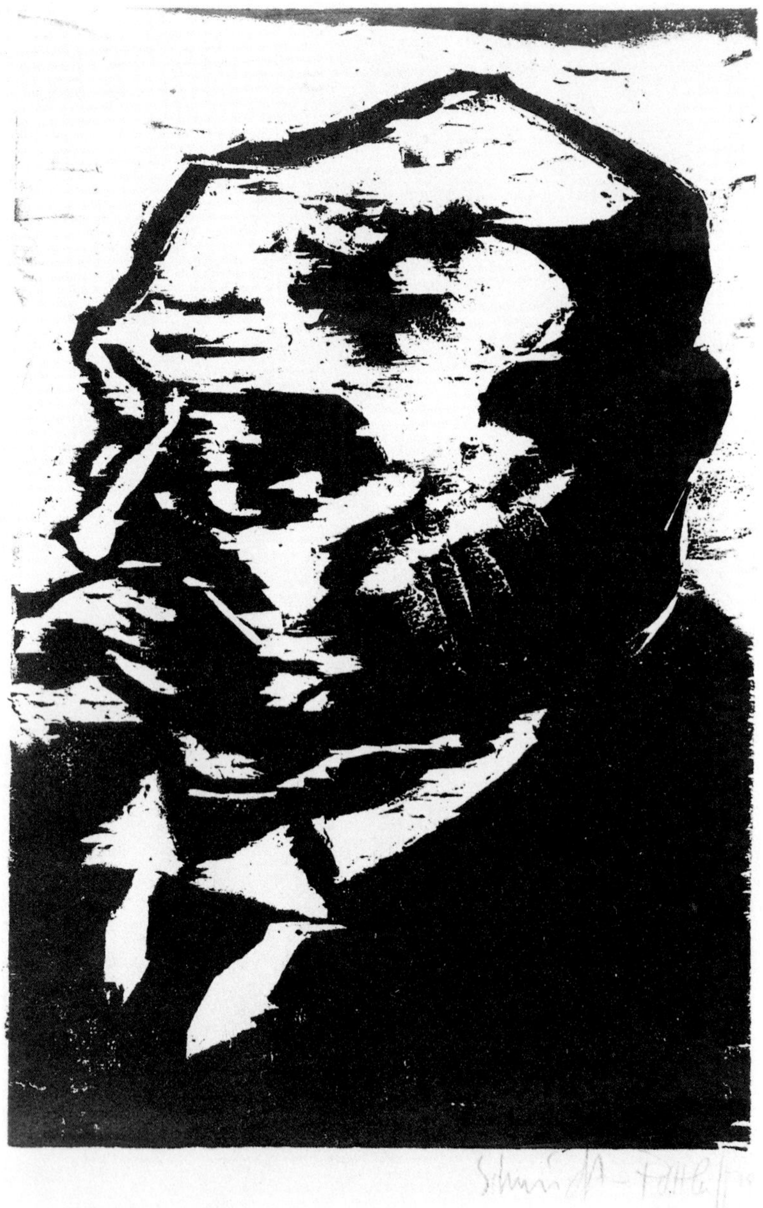

107 **Bildnis S., 1909, Holzschnitt**

Nach Auskunft des Künstlers ist hier nicht der Hamburger Landgerichtsdirektor und Sammler Gustav Schiefler, sondern der später nach Frankfurt verzogene Hamburger Kaufmann Robert Seckel dargestellt. Schmidt-Rottluff verewigte ihn 1911 noch einmal in einer gefälligeren Lithographie (Schapire L 72), deren aus nur sieben Abzügen bestehende Gesamtauflage von dem durch Rosa Schapire gewonnenen Auftraggeber erworben wurde. Die Ausführung bestellter Porträts brachte den Künstler in eine neue, für ihn nicht immer einfache Situation, die er in einem Brief an Ernst Beyersdorff vom 18.2.1911 so beschreibt: „Damit ist's aber immer eine zwiespältige Sache, man steckt seine eignen Ansichten tiefer und gefällt dann weder sich noch dem Besteller." Letzterer dürfte mit einem solchen Konterfei ebenfalls Schwierigkeiten gehabt haben, da in ihm die nun einmal gefragte Ähnlichkeit offensichtlich doch der künstlerischen Wahrheit geopfert worden ist.

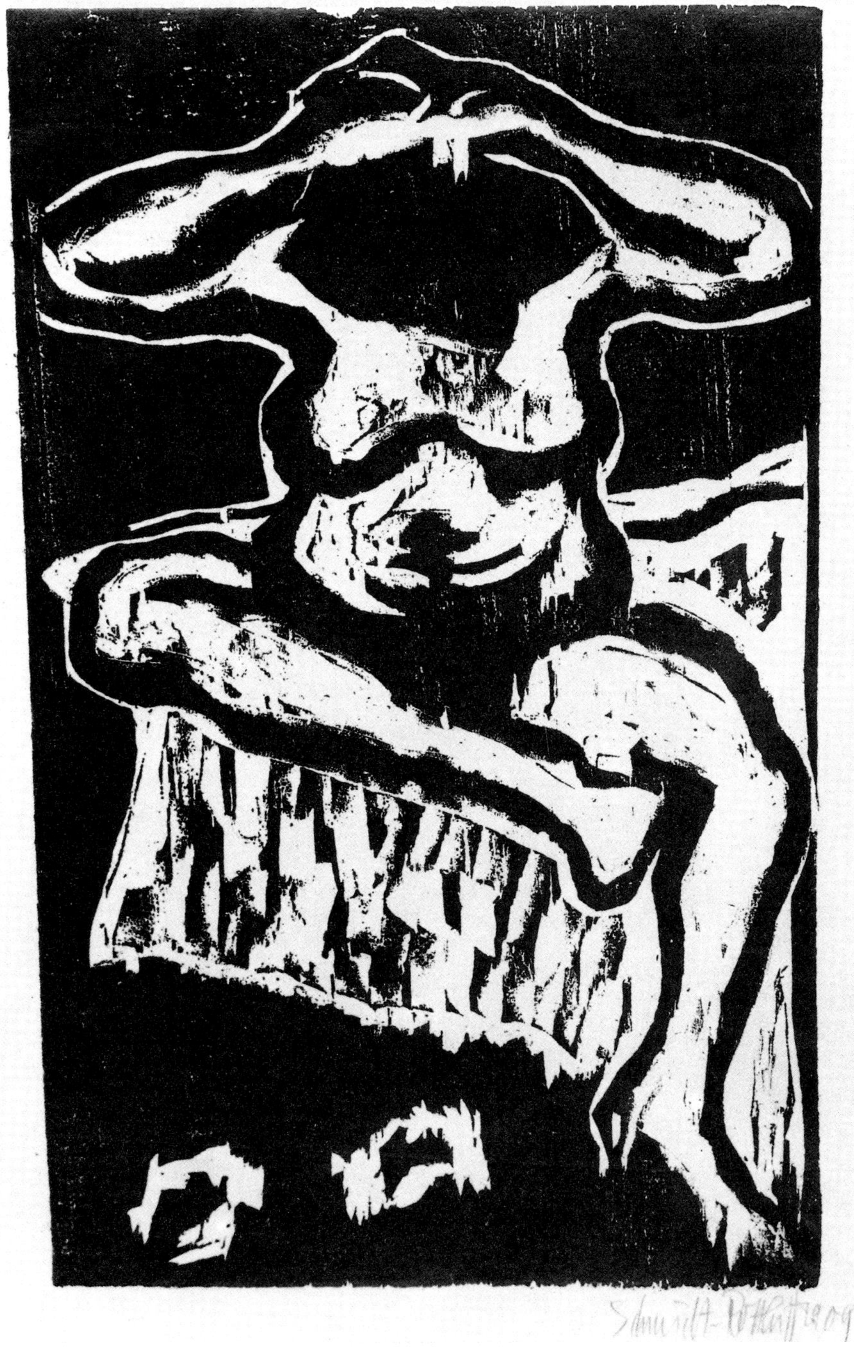

108 Akt, 1909, Holzschnitt

Der oben breitere Holzschnitt zeigt einen frontal sitzenden weiblichen Akt, die Arme über den Kopf erhoben, das linke Bein auf dem Boden, das rechte angewinkelt auf der Bettkante. Vor der hell gemusterten Bettdecke und dem im übrigen dunkel belassenen Hintergrund hebt sich der nackte Frauenkörper durch seine breit fließenden, in den dunklen Partien hell abgesetzten Konturen ab, zwischen denen feinere Strukturen die Körperoberfläche beleben. Während diese stilistischen Mittel noch auf die Nähe Munchs weisen, führt die kühne Darstellung Schmidt-Rottluffs durch ihre, einer menschlichen Gestalt verliehenen Architektonik und Monumentalität bereits weit über Munch hinaus.

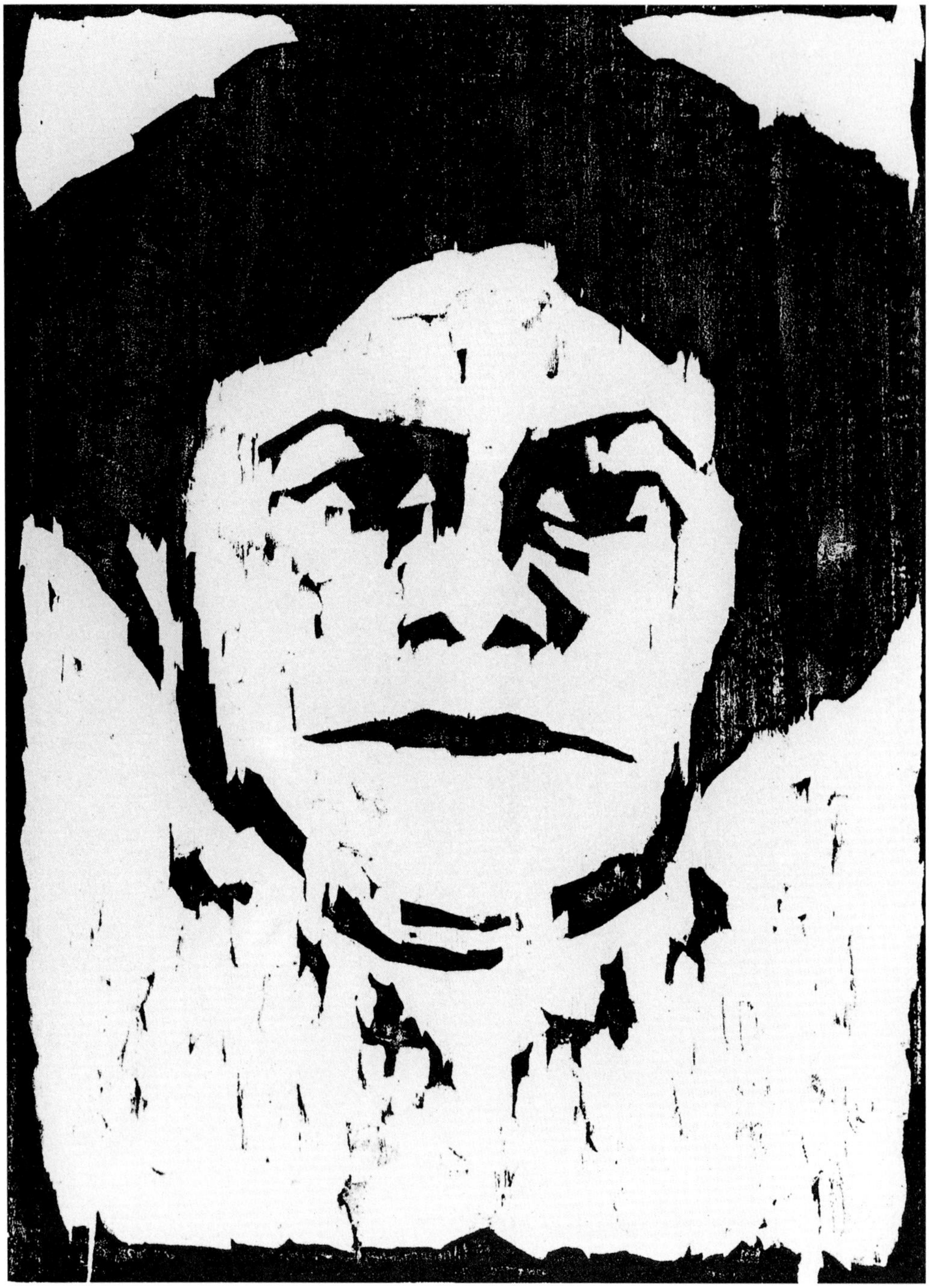

109 Bildnis H.W., 1909, Holzschnitt

Nicht nur die angegebenen Anfangsbuchstaben, auch physiognomische Eigentümlichkeiten bestätigen, daß es sich hier um das Porträt einer bestimmten Frau in mittleren Jahren handelt, wahrscheinlich um eine Dangasterin, die ihre Anonymität vielleicht noch eines Tages preisgibt. Ihr hochgestecktes volles Haar bildet – bildbestimmend – die einzige dunkle Fläche. Darunter beherrschen direkt und offen blickende Augen und ein schmallippig verschlossener Mund ein breitflächiges Gesicht, das der Künstler mit großer Wahrscheinlichkeit ohne jeden Auftrag fixiert haben dürfte.

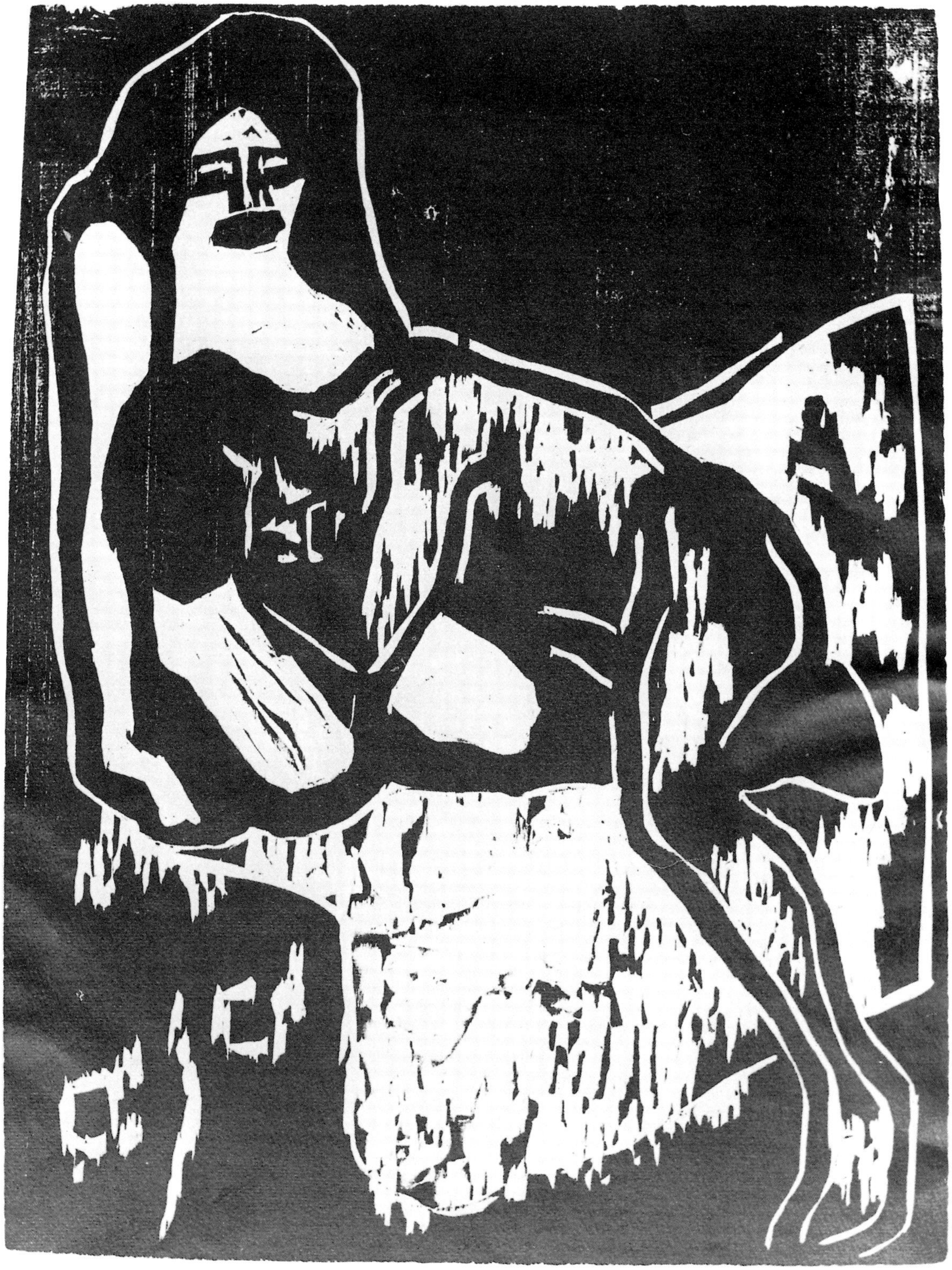

110 Liebespaar, 1909, Holzschnitt

In dem erst einige Jahre nach seiner Entstehung in Berlin gedruckten Blatt wird die Anregung durch Munchs Holzschnitt „Mann und Frau“ von 1899 ebenso deutlich wie die hierbei erreichte Eigenständigkeit.

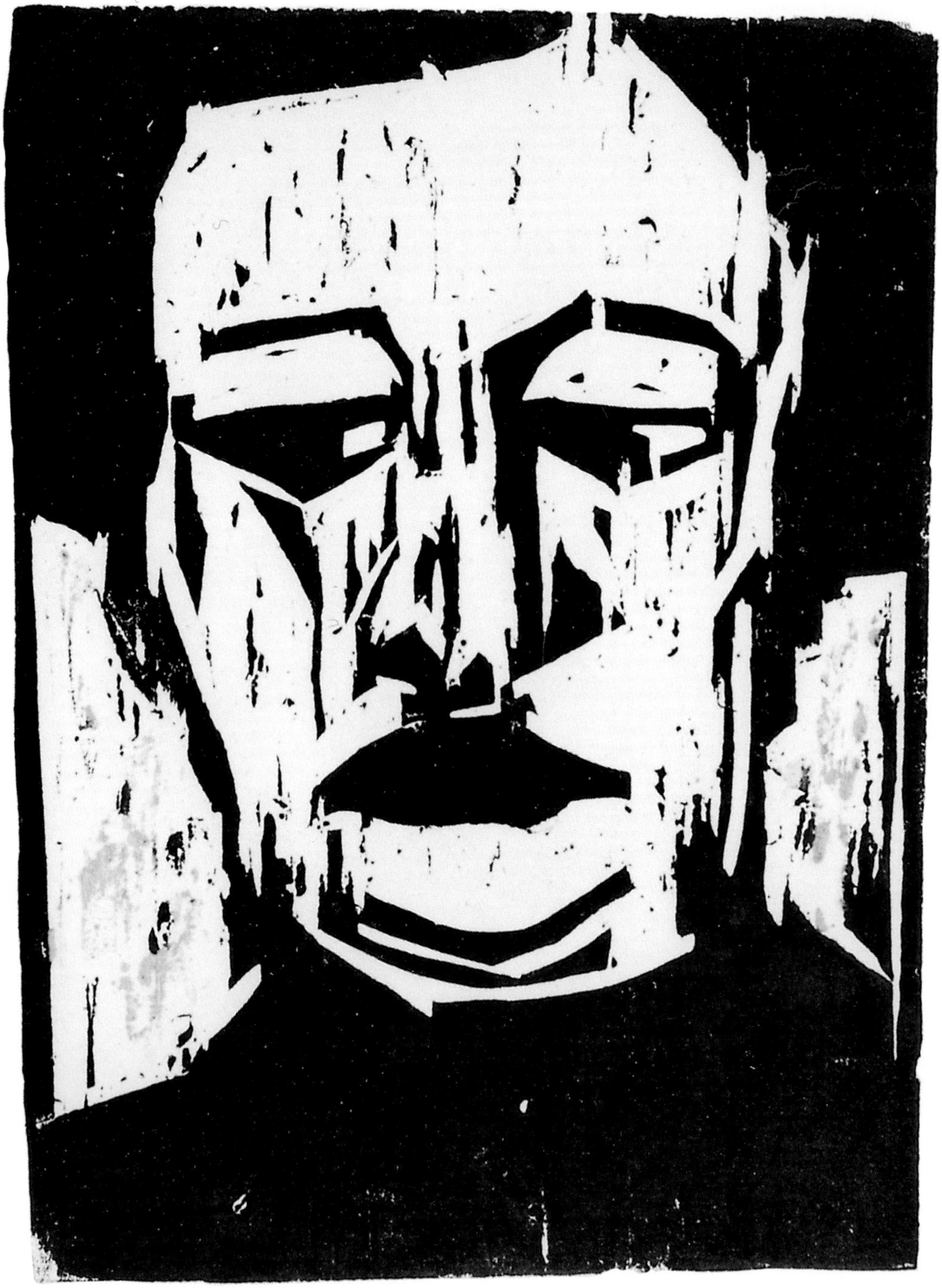

111 Weibliches Bildnis, 1909, Holzschnitt

Der strenge Frauenkopf – einer von acht Porträtholzschnitten des Jahres 1909 – blieb ohne Namen und dürfte, wie das vorangegangene „Bildnis H.W." (Abb. 109), ebenfalls dem Kreis der Dangaster Bekannten hinzuzurechnen sein. Der längliche Kopf wird von oben und unten schwarz eingefaßt, die Symmetrie des unzugänglich wirkenden Gesichts nur durch die Stellung der Augen unterbrochen, die nicht auf den Betrachter, sondern seitlich nach unten gerichtet sind. Die von diesem Stock hergestellten Eigendrucke zeichnen sich durch eine Besonderheit aus: es sind die ersten Holzschnitte, die durch eine zusätzliche Farbe akzentuiert wurden, braune Tupfen beidseitig des Kopfes.

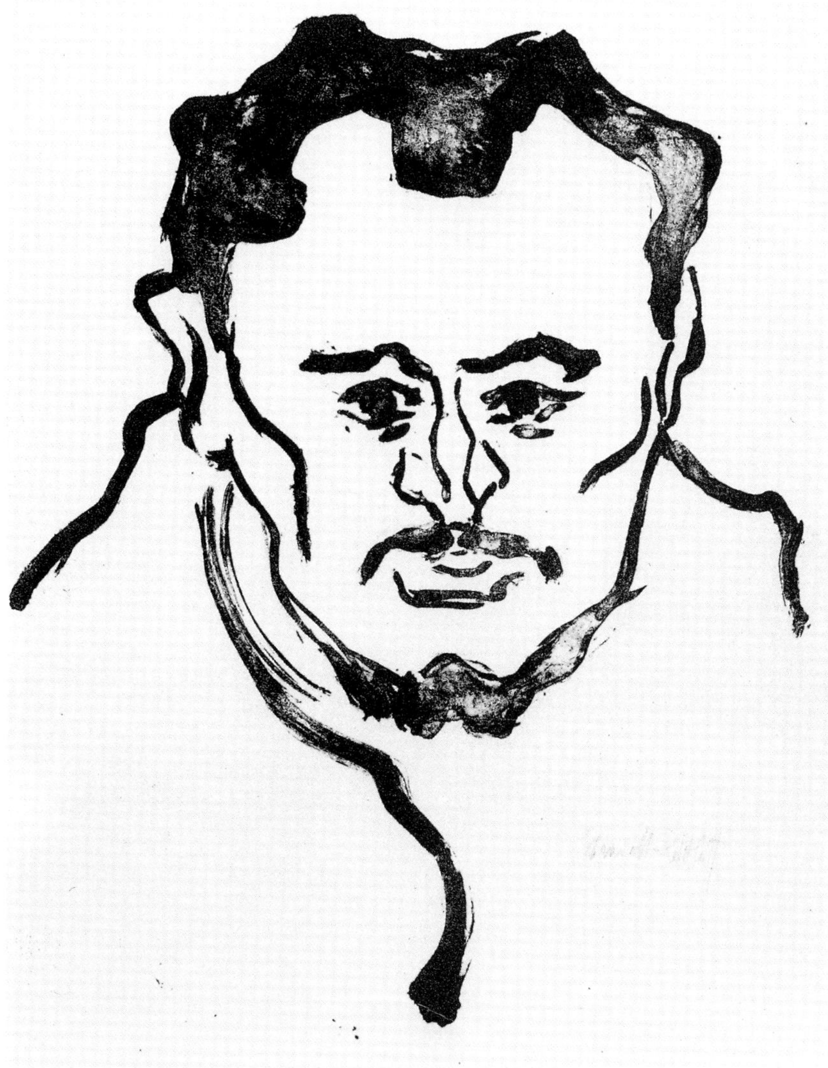

112 Bildnis Heckel, 1909, Lithographie

Die relativ große Verbreitung dieses Blattes erklärt sich daraus, daß es zusammen mit zwei weiteren Arbeiten des Künstlers in der ihm gewidmeten Brücke-Jahresmappe für 1909 enthalten war. Für den Umschlag hatte E.L. Kirchner dessen Porträt in Holz geschnitten (Abb. S. 43). Die Tuschlithographie wurde auf der von Schmidt-Rottluff nur selten benutzten „Brückepresse“ in Dresden gedruckt. Hier hatte Pechstein einige Monate zuvor ebenfalls mehrere lithographische Porträts von Heckel geschaffen, deren eines allenfalls in der Kopfhaltung Ähnlichkeit mit dem Blatt Schmidt-Rottluffs besitzt (Krüger L 15). Dieser verzichtet schon durch die gewählte Technik auf alle Differenzierungen durch unterschiedliche Strichlagen und umschreibt das Gesicht des Freundes mit wenigen, aber kraftvollen Pinselzügen, die nur bei Haar und Bart flächigere Formen annehmen. Die physiognomische Ähnlichkeit mit den gleichzeitigen und vorangegangenen eigenen Heckel-Porträts ist begrenzt (Abb. 8, 26, 51), wie überhaupt alle Darstellungen Heckels in der Frühzeit nur schwer vergleichbar sind. Hier läßt ihn Schmidt-Rottluff fraglos älter erscheinen, eine Eigentümlichkeit, die auch die meisten seiner eigenen Porträts kennzeichnet.

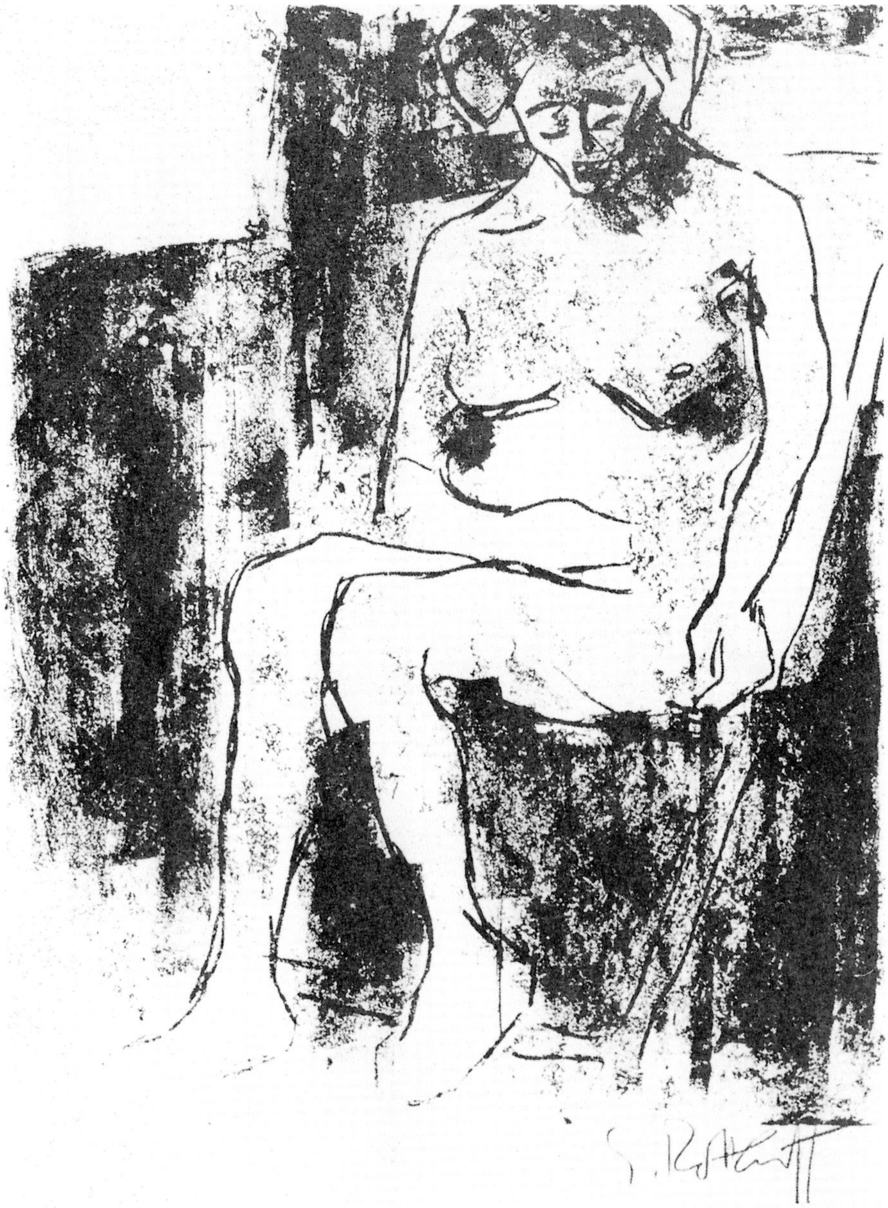

113 Sitzender Akt, 1909, Lithographie

Anläßlich der Oldenburger Dangast-Ausstellung von 1957 berichtete Schmidt-Rottluff unter anderem, daß er 1909 im Zusammenhang mit den Holzschnitt-Aktdarstellungen auch einige Lithographien zu diesem Themenkeis geschaffen habe, deren konkrete Benennung ihm jedoch nicht mehr möglich sei. Aus diesem Grunde war damals eine Aufnahme entsprechender Arbeiten in den Katalog unterblieben. Von diesen Blättern wird hier eines vorgestellt, bei dem Verbindungen zu den gleichzeitigen Holzschnitten zu konstatieren sind. Sie bestehen darin, daß erneut das gleiche Modell wiedergegeben ist wie auf dem Holzschnitt mit dem sitzenden Akt von 1909 (Abb. 108). Natürlich ermöglicht die andere Technik nun eine feinere, mehrfach unterbrochene Linienführung und ein zarteres Spielen des Lichtes, auf der dunklen Rückwand ebenso, wie über der hell im freien Licht auf einem Klappstuhl sitzenden Frau.

1910
Sommer der monumentalen Landschaften

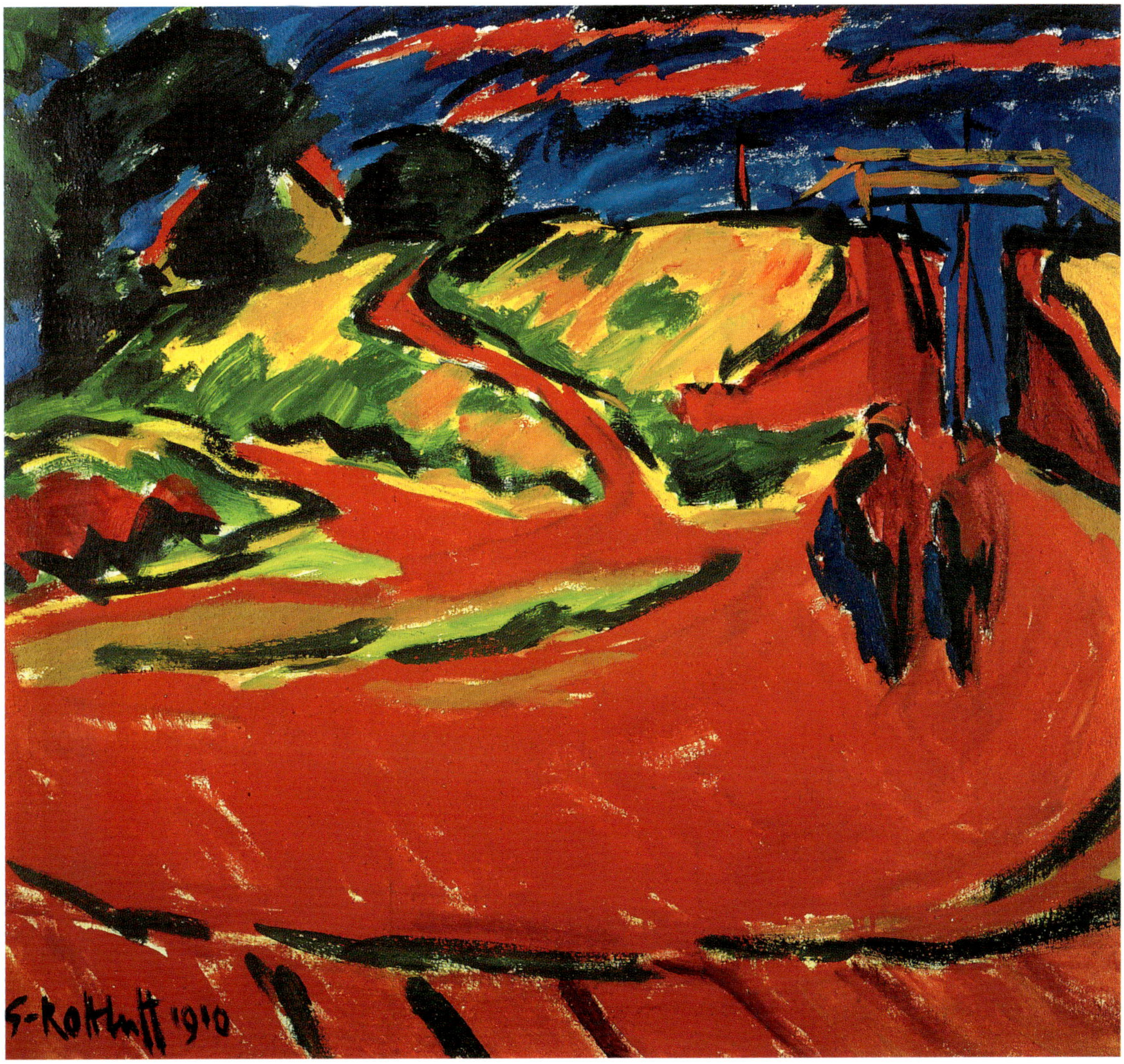

114 Deichdurchbruch, 1910, Gemälde

Das Bild zeigt einen jener künstlich geschaffenen Durchlässe, die hier und da die langgezogenen Seedeiche unterbrechen. Sie gewähren die Durchfahrt zum Deichvorland und wurden manchmal auch überbrückt. In der norddeutschen Landschaftsmalerei des 19. Jahrhunderts stellten sie einen gern benutzten Bildvorwurf dar, von dessen meist romantisierter Auffassung sich Schmidt-Rottluff jedoch gänzlich entfernt. So verrät bereits die Bezeichnung „Deichdurchbruch", die sich ja keineswegs auf einen Sturmflutschaden bezieht, eine verbale Dramatisierung, die der im Gemälde erreichten Ausdrucksgewalt adäquat sein soll. Sein dominierendes Rot ist auch deshalb von signifikanter Bedeutung, weil es die Überwindung impressionistischer Anfänge durch die lapidare Monumentalität ungebrochener Farbflächen sichtbar macht. Dieses ungehemmt besitzergreifende Rot nimmt den überwiegenden Teil einer Fläche ein, auf die es – im Gegensatz zu früher – zwar nur dünn aufgetragen wurde, die es aber auch deshalb beherrscht, weil es sich nach allen Seiten verbreitet und auch noch im Himmel Reflexe hervorruft. So eindeutig hier jedoch künstlerischer Wille über die Naturwirklichkeit triumphiert, so wenig darf übersehen werden, daß ihre Grundstrukturen auch weiterhin erkennbar bleiben und daß selbst dieses Motiv genau lokalisierbar ist. Es handelt sich um den nunmehrigen Restdeich von Ellenserdammersiel mit dem darauf befindlichen ehemaligen Zollhaus. Der einst sehr betriebsame, vom Künstler mehrfach gemalte Hafen westlich von Dangast hörte auf zu bestehen, nachdem ihm in den folgenden Jahrzehnten durch neu vorgeschobene Deichlinien die Lebensader abgeschnitten wurde.

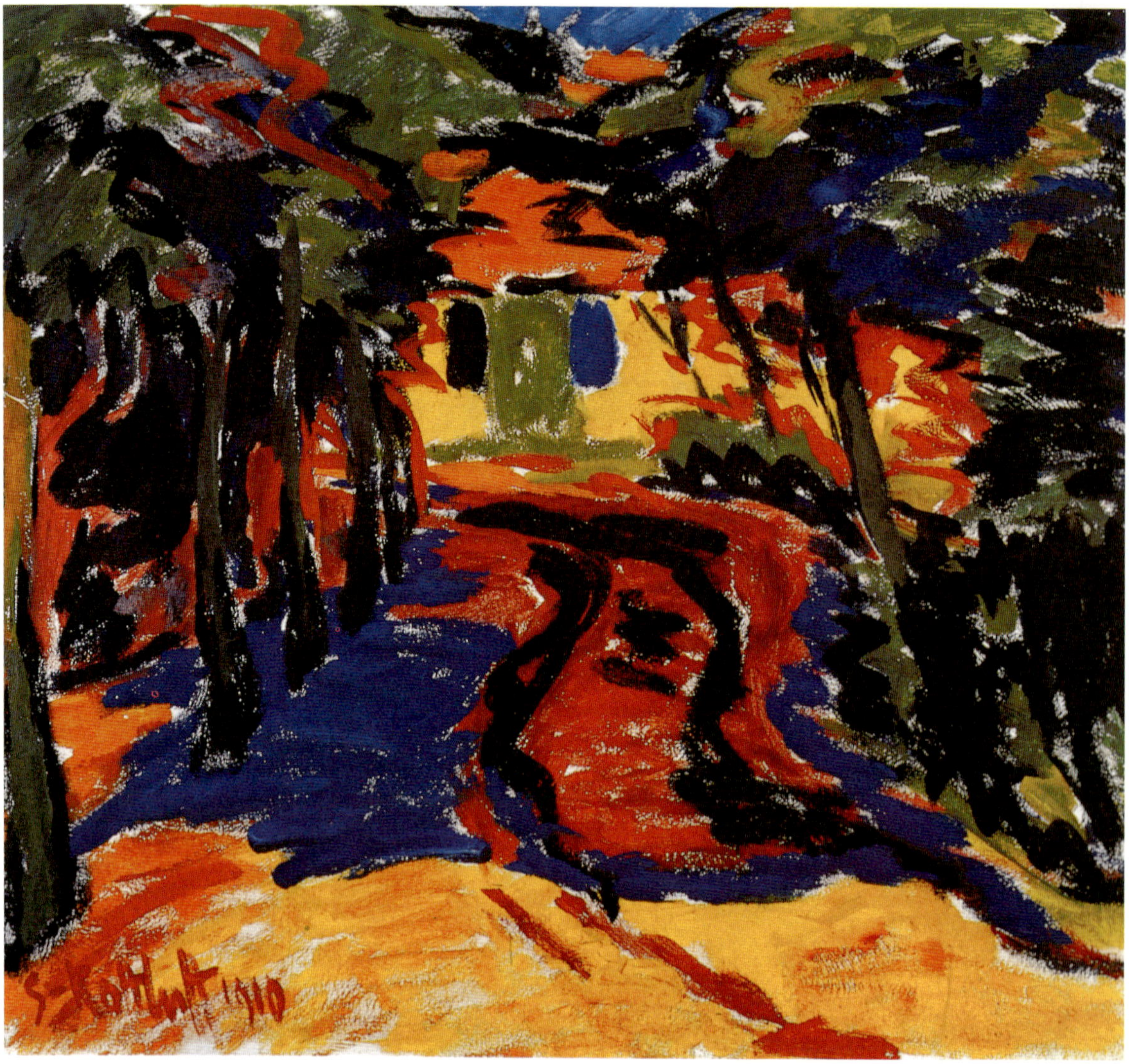

115 Einfahrt, 1910, Gemälde

Das Jahr 1910 wurde Schmidt-Rottluffs erstes großes Gemäldejahr, nachdem er 1909 die Ausdrucksmöglichkeiten des Aquarells und des Holzschnitts erprobt hatte. Annähernd 40 Gemäldetitel lassen sich für dieses Jahr benennen, von denen allenfalls zwei nichts mit Dangast zu tun haben. Es sind vorwiegend Landschaften, deren dem Quadrat angenähertes Format Ausgewogenheit und Beherrschung der darin wirksamen Kräfte und Spannungen signalisiert. 24 davon können hier farbig oder schwarz-weiß abgebildet werden – nicht wenige erstmalig. – Die „Einfahrt" war schon 1917 als Besitz der Sammlung Rauert in der Hamburger Kunsthalle gezeigt worden. Dorthin gelangte auch die in Hamburg gemalte „Atelierpause", deren später vorgenommene Datierung „1910" vom Künstler als Irrtum bezeichnet wurde, da das Bild erst 1911 gemalt worden sei. Ein Vergleich mit der „Einfahrt" bestätigt den unterschiedlichen Malstil, der hier noch eine ungleich dynamischere Auffassung verrät und die innere Bewegung des Malers ungebändigt überträgt. „Die Strichornamente des Anfangs sind ein breites Bänderornament geworden" bemerkte Wilhelm Niemeyer dazu. Das nicht lokalisierbare Sujet zeigt die geschwungen verlaufende, von dunkelfarbigen Laubbäumen gesäumte Einfahrt zu einem von der Langseite her gesehenen ländlichen Anwesen mit gelben Wänden und ziegelrotem Dach. In das dunklere Rot des durch blaue Baumschatten geführten Weges sind schwarze Fahrspuren eingegraben. Ein Stück vom helleren Blau des Himmels wird über dem Haus sichtbar, dessen Gelb in der breiten Geländewelle am unteren Bildrand abgewandelt noch einmal erscheint.

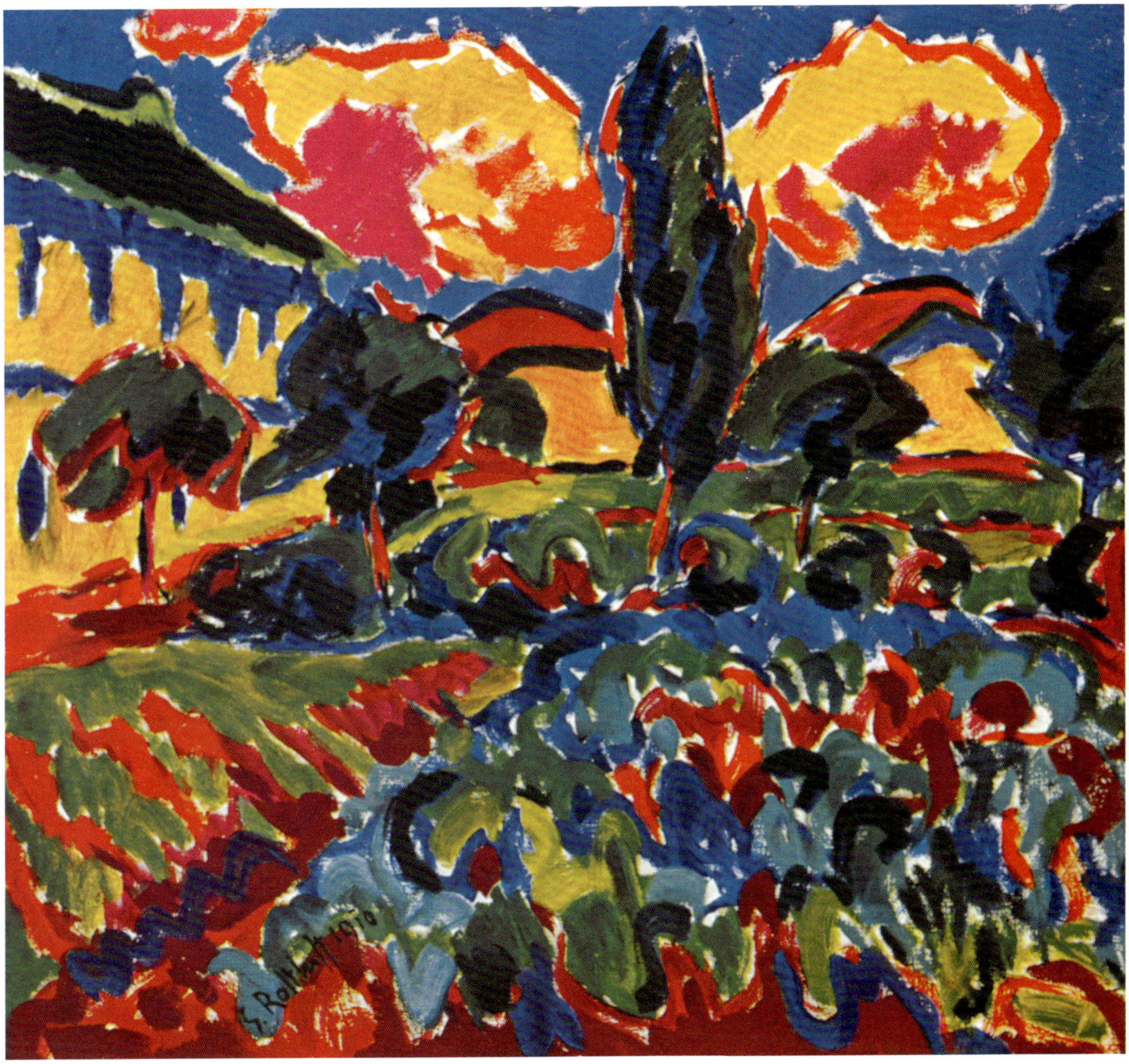

116 Sommerlandschaft, 1910, Gemälde

Schmidt-Rottluff fand dieses Motiv in unmittelbarer Nähe seines 1909 bewohnten Dangaster Domizils. Bei dem vom linken Bildrand überschnittenen zweigeschossigen Gebäude handelt es sich um das noch existierende „Alte Posthaus“, das 1865 als Logierhaus mit 30 Zimmern errichtet und später an den damaligen Kurhausbesitzer Carl Gramberg verkauft wurde, der darin auch seine Winterwohnung besaß. Es ist von Schmidt-Rottluff – aber auch von Heckel – besonders oft dargestellt worden (Abb. 126, 129, 159, 204, 212, 245, 247). Im Hintergrund erscheinen die beiden „Hullmannschen Häuser“, die Gegenstand eines weiteren Gemäldes von 1910 wurden (Abb. 133). Wilhelm Niemeyer stellte die „Sommerlandschaft“ 1921 in Verbindung mit einer Hamburger Ausstellung in den Mittelpunkt eines dichterisch gestalteten Vortrages, in dem es u.a. heißt: „Die anfänglichen Farbstriche sind nun Farbflächen geworden. Die Blumenfelder des Vordergrundes wachsen noch aus Farbgestreifen auf. Rosapurpurne, gelbgrünblaue Farbenzweige sprießen das zitternde Gebüsch der Blüten, ihr wirres Geloder, die Jubelglut, den Sonnenüberschwang des lichtbebrüteten Erdwuchses. Das ist Impressionismus gewaltigster Gestalt.“ Das bei Grohmann nicht aufgeführte Gemälde konnte 1957 aus jahrzehntelanger Verborgenheit im Privatbesitz für die Oldenburger Dangast-Ausstellung gewonnen werden, wo es einen besonders ausdrucksvollen Akzent setzte. Nachdem es dem Oldenburger Landesmuseum damals vergeblich angeboten wurde, gelangte es unmittelbar nach der Ausstellung in den Kunsthandel.

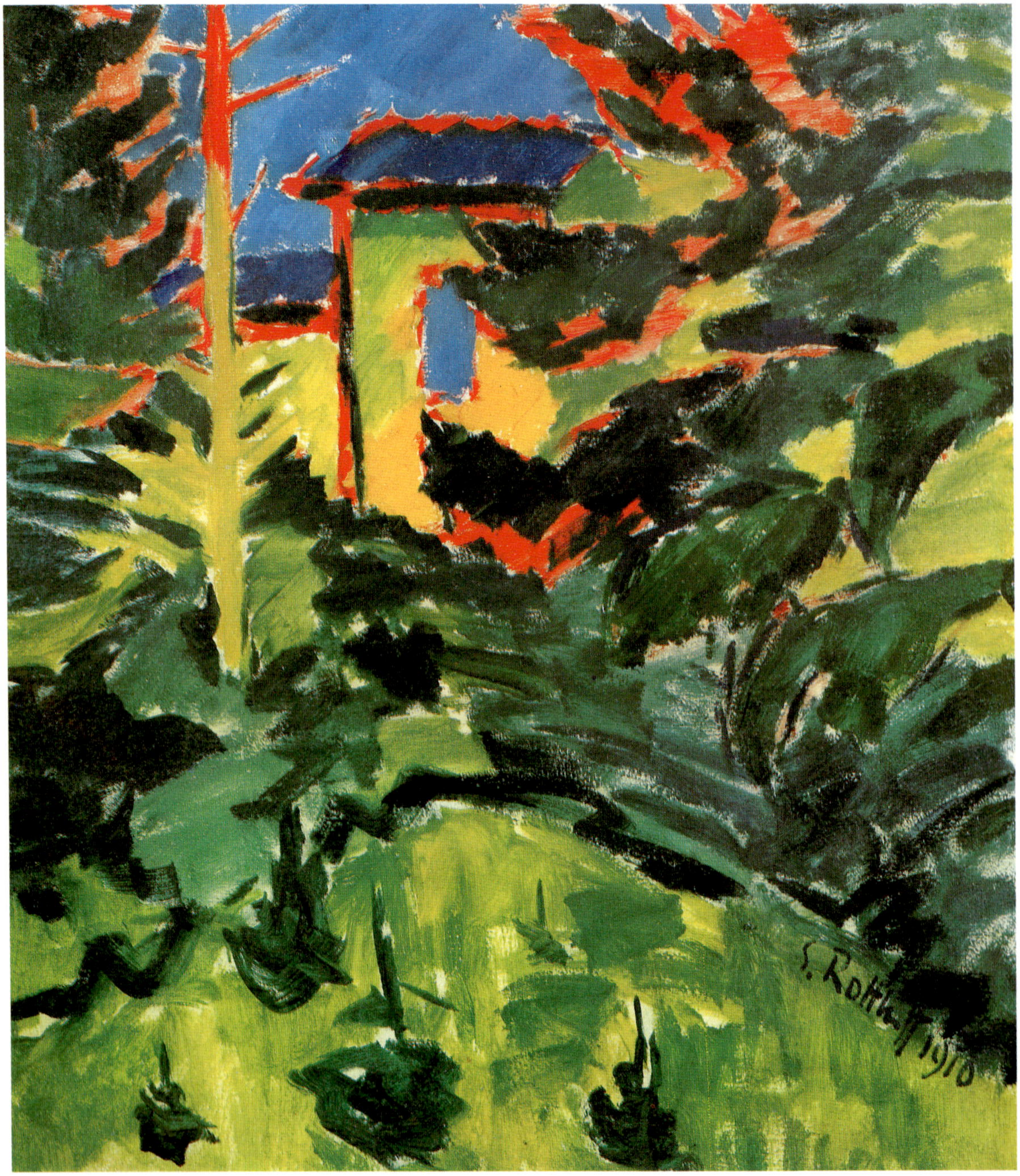

117 Haus unter Bäumen, 1910, Gemälde

Aus dem im Heimatort des Künstlers verbliebenen Bestand gelangte dieses Gemälde kurz nach dem Zweiten Weltkrieg in den Besitz der Ost-Berliner Nationalgalerie, wo es für Ausstellungen außerhalb der damaligen DDR nicht erreichbar war. – Bei dem auf dem Bild zwischen hohen Bäumen sichtbar werdenden gelben Gebäude dürfte es sich um einen Anbau des „Parkschloß“ handeln, in dem Schmidt-Rottluff seine Wohnung besaß. Gras und Bäume des vehement gemalten Bildes scheinen sämtliche Nuancen des in der Vegetation zwischen Schwarz und Gelb vorkommenden Grün zu enthalten, dem selbst noch das leuchtende, im Fenster wiedergespiegelte Blau des Himmels zu entstammen scheint. Nur am sonnenbeschienenen Haus selbst und in seiner unmittelbaren Umgebung setzen rote Konturen neue und wärmere Akzente.

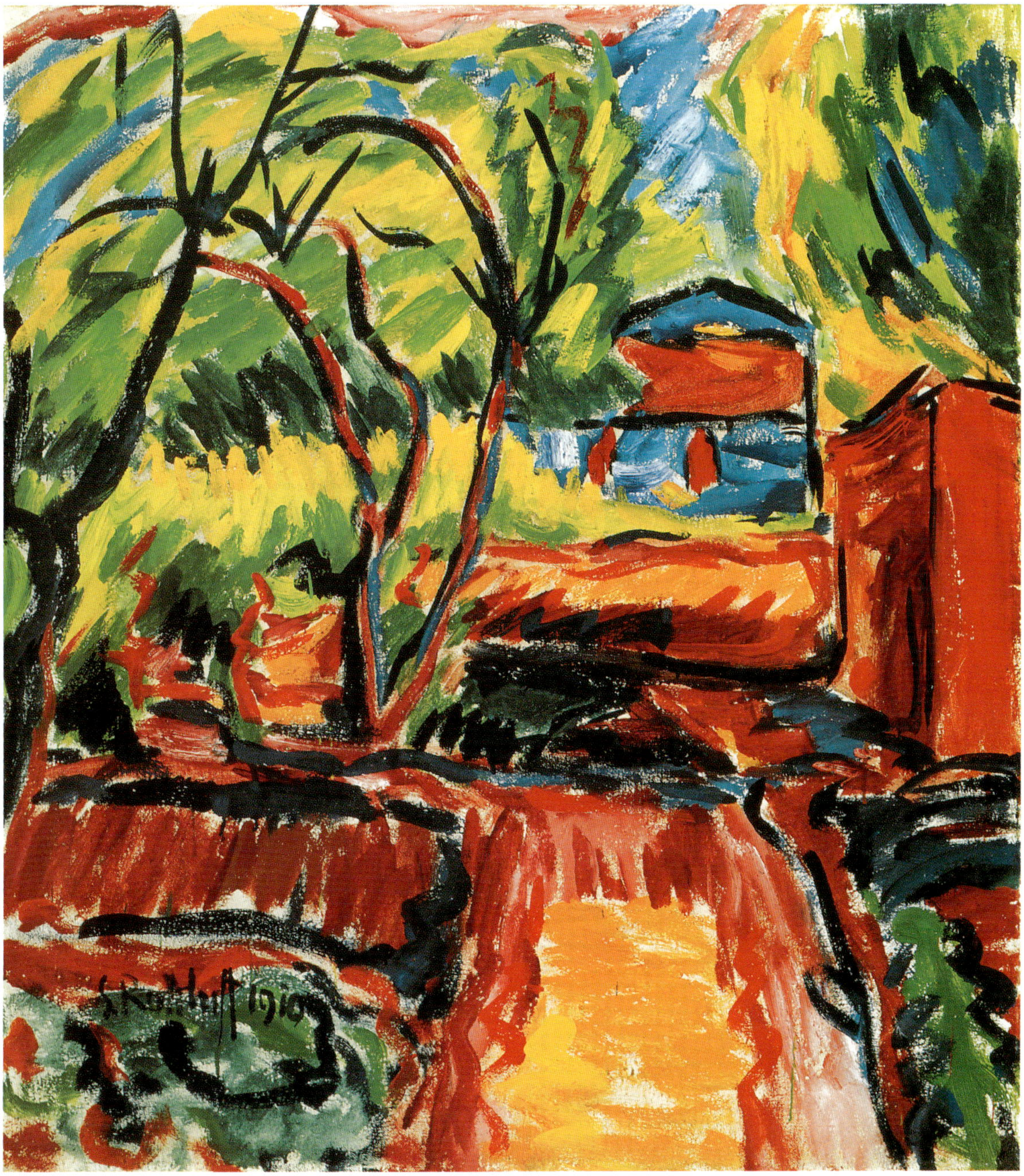

118 Bauerngarten, 1910, Gemälde

Der Titel „Bauerngarten“ befindet sich als eigenhändige Bezeichnung des Künstlers auf einer alten Fotografie des Gemäldes, das jedoch 1956 bei Grohmann den bereits für ein Bild von 1910 vergebenen Namen „Haus unter Bäumen“ erhielt, unter dem es dann, zusätzlich mit einer „II“ versehen, in die Literatur gelangte. Zwar wird auch hier ein hinter Bäumen liegendes Haus sichtbar, doch ist nicht zu übersehen, daß das eigentliche, auch farblich herausgehobene Motiv im Vordergrund liegt, wo bearbeitete und bewachsene Gartenbeete am Rande gelb belaubter Bäume und eines Schuppens mit raschen roten Pinselstrichen in die Tiefe geführt werden, die durch das blau-rote Haus abgeschlossen wird. In diesem, wiederum aus einer Hamburger Privatsammlung stammenden Bild ist noch alles Bewegung, Vibration und Dynamik wie in den Dangaster Aquarellen von 1909.

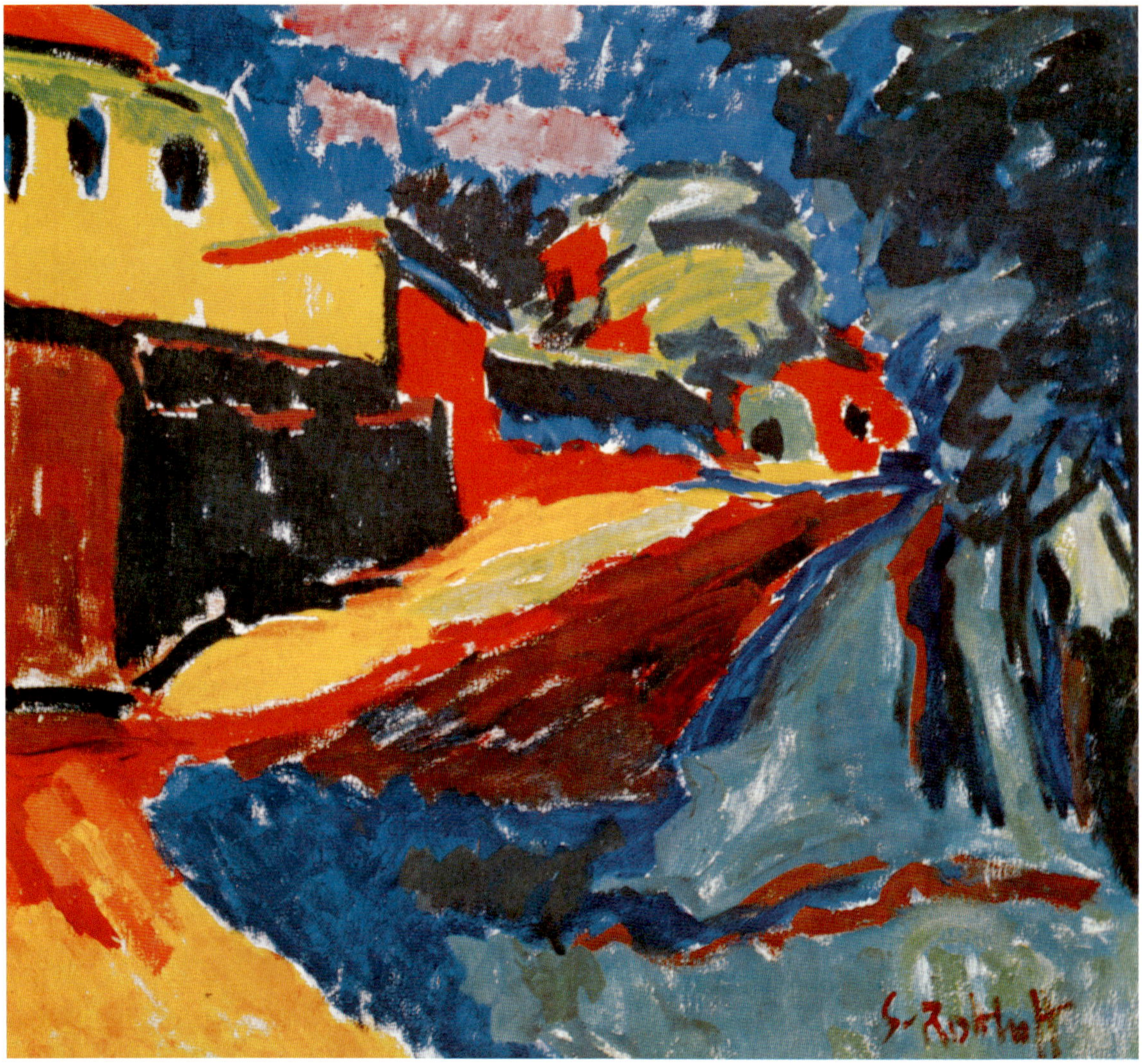

119 Dorfweg, 1910, Gemälde

Wilhelm Niemeyer sah dieses später von ihm selbst erworbene Bild erstmalig bei seinem Besuch Schmidt-Rottluffs in Dangast im September 1911, wobei er es als „schwer und doch noch erregt zuckend" empfand und erlebte es erneut bei der von ihm mitverantworteten Sonderbundausstellung von 1912 in Köln, wo er dazu notierte: „Höchste Dämonie der Farbe und höchste Monumentalität heutiger Malerei". Als er dem Bild dann zum dritten mal begegnete – wahrscheinlich in der Ausstellung des Folkwang-Museums in Hagen 1914 – war er von der Wirkung dieser „Farbensymphonie" so überwältigt, daß er mit seinen Beobachtungen darüber mehrere Seiten füllte.

Die dargestellte Örtlichkeit ist die gleiche wie beim folgenden Bild (Abb. 120) und läßt sich genau lokalisieren. Es handelt sich um den damals von der Familie Warns betriebenen Dorfkrug mit straßenseitig angebauter Kegelbahn am Ortseingang von Dangast, mit einem roten Bauernhaus im Hintergrund. Franz Radziwill malte das von ihm gern aufgesuchte Gasthaus 1928 frontal von der Eingangsseite.

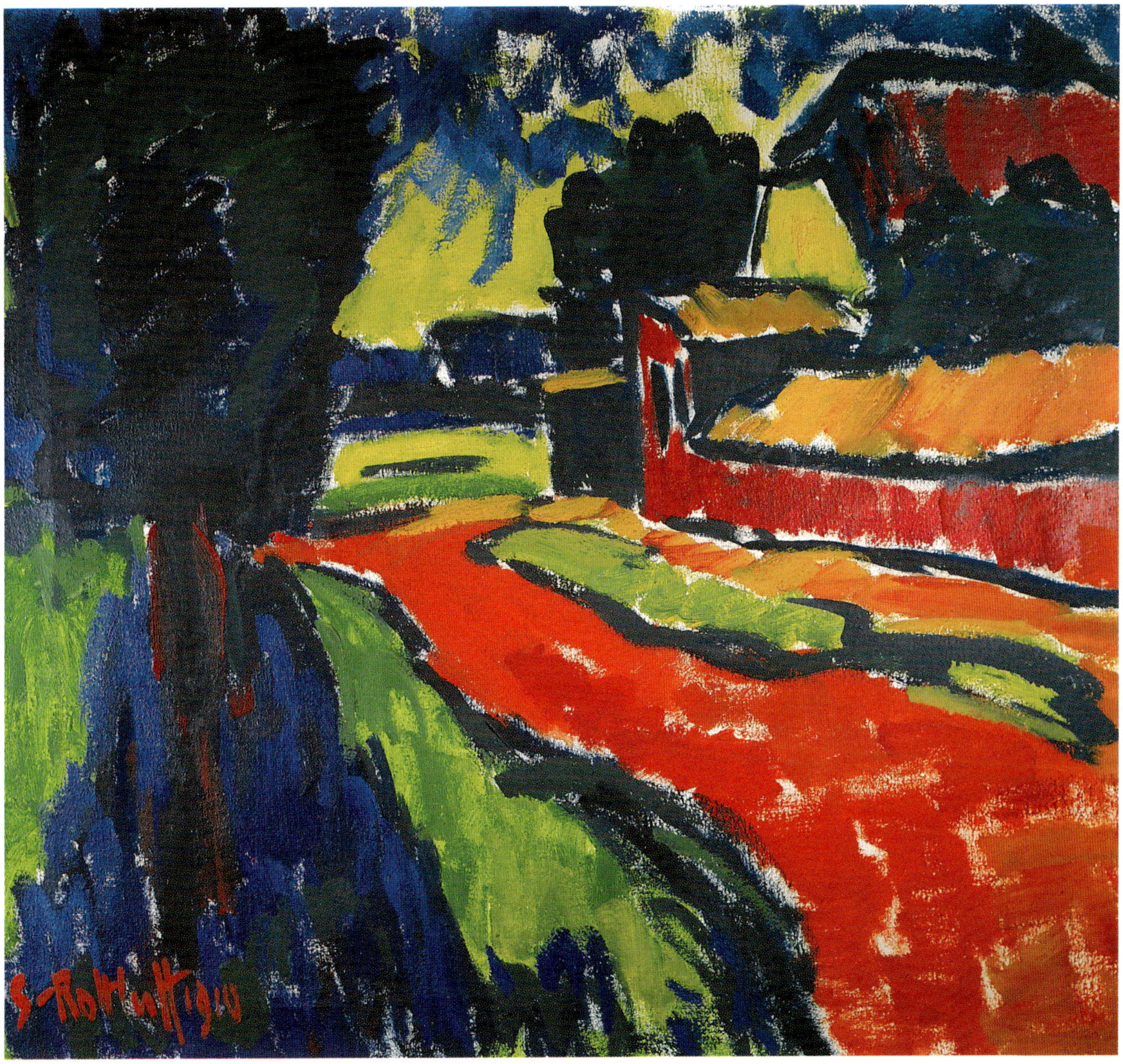

120 Dorfecke, 1910, Gemälde

Der an einer Abzweigung zweier Wege liegende Dangaster Dorfkrug wird in diesem Gemälde Schmidt-Rottluffs aus entgegengesetzter Richtung gesehen: der walmgedeckte Gasthof mit der seitlich davor angebauten dunkelroten Kegelbahn liegt jetzt rechts und die parallel dazu verlaufende brennend-rote Backsteinstraße, sowie ein unter Bäumen schattenblauer Weg, führen aus dem höherliegenden Dorf hinaus in die grüngelbe Wiesenlandschaft. Es sind mächtige, nebeneinander in die Tiefe strömende Farbbahnen, flächiger geworden und diesmal durch dunkle Konturen verstärkt. Am vorher durch rosa Wolken belebten Himmel zuckt ein noch immer greifbares, im Vordergrund gleichmäßig ausgebreitetes Licht. Niemeyer erkannte „hier erst die Geburt der großen freien Fläche als Farbe ... simultanes Sehen des Ganzen und große Fernwirkung und Leuchtwirkung des Gesamtbildes". Gleich vielen anderen Arbeiten der Frühzeit befand sich auch dieses, noch immer in dem vom Künstler gestalteten Rahmen befindliche Bild, ursprünglich mit zwei weiteren Gemälden Schmidt-Rottluffs in einer Hamburger Privatsammlung, ehe es über mehrere Stationen an das Berliner Brücke-Museum gelangte.

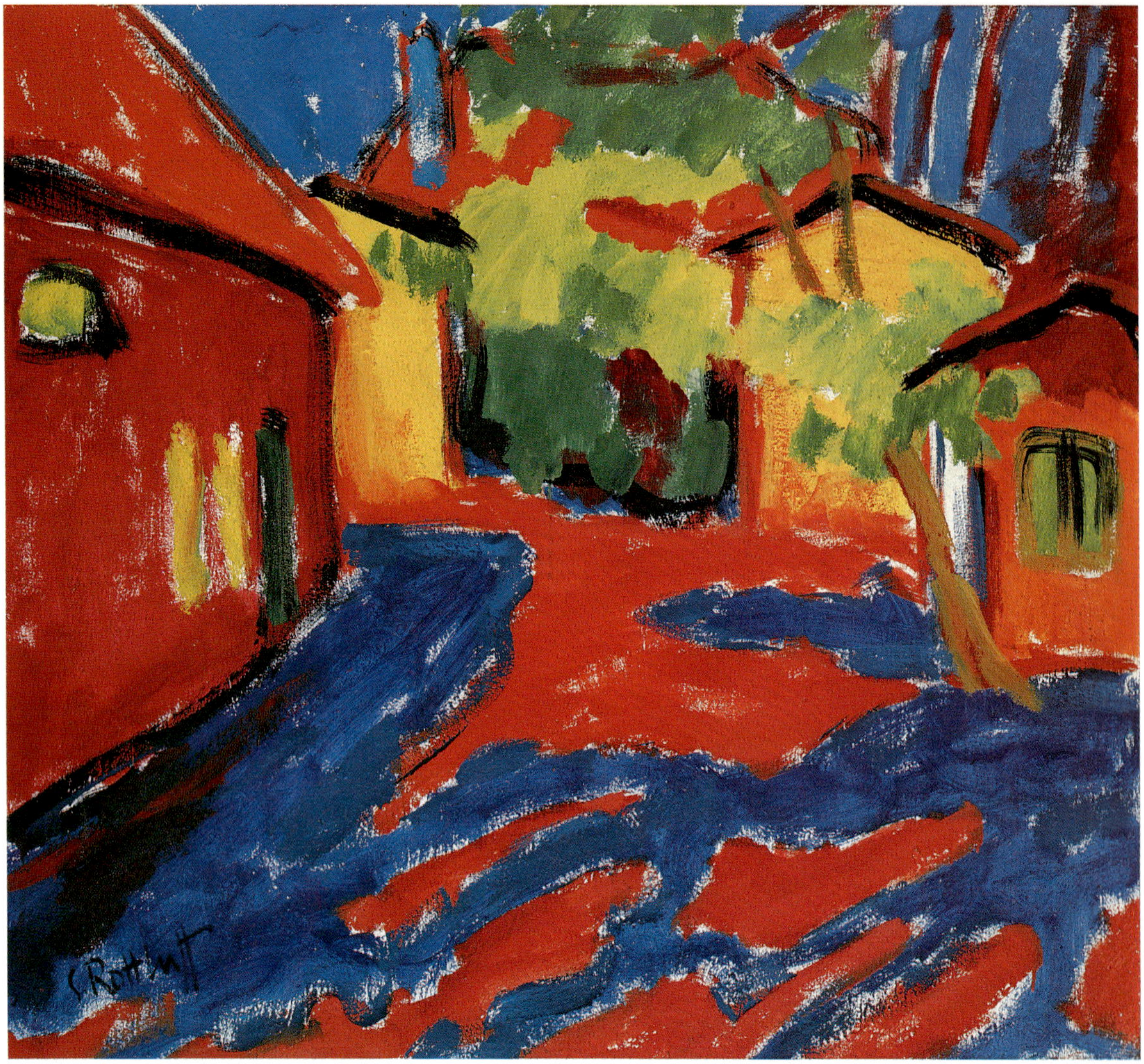

121 Gutshof in Dangast, 1910, Gemälde

Die Bezeichnung „Gutshof", die zunächst an einen Adelssitz denken läßt, ist irreführend, doch hilft der Untertitel „Grambergsche Häuser" weiter: Der Familie Gramberg gehörten seit 1882 sämtliche im alten Kurbereich liegenden Häuser, darunter auch die hinter dem ehemaligen Kur- und Conservationshaus gelegenen und unregelmäßig um einen Hofplatz verteilten Wirtschaftsgebäude mit Stallungen, Scheunen und Schuppen, sowie einer dazwischen geschobenen Kegelbahn. Für Schmidt-Rottluff waren es Motive wie viele andere, die ihren Wert nicht in sich selbst besaßen, äußerer Anlaß nur für eine völlig neue künstlerische Schöpfung, die den Dingen eine eigene Form und Farbigkeit verlieh. Gleichwohl kommt der Grundklang aus ihnen, wie das Rot in den Gebäuden und Sonnenflecken und das Blau im Himmel und in den schattigen Partien, ergänzt durch ein sie umfassendes Gelbgrün in den baumverdeckten Baulichkeiten im Hintergrund. Alles das ist fließend und mit dünner Farbe aufgetragen, die keine materielle Substanz mehr besitzt und fern jeder dekorativen Absicht, die in dieses Bild gern als Einfluß der Fauves hineingesehen wird, ihre Intensität entfaltet. Die hier zum Ausdruck gelangende Kraft des Elementaren kommt ohne psychologische Differenzierungen und geistvolle Arabesken aus und gibt sich als das Freiwerden von ungewöhnlich direkten dynamischen Spannungen aus, die noch dem nebensächlichsten Sujet Monumentalität verleihen.

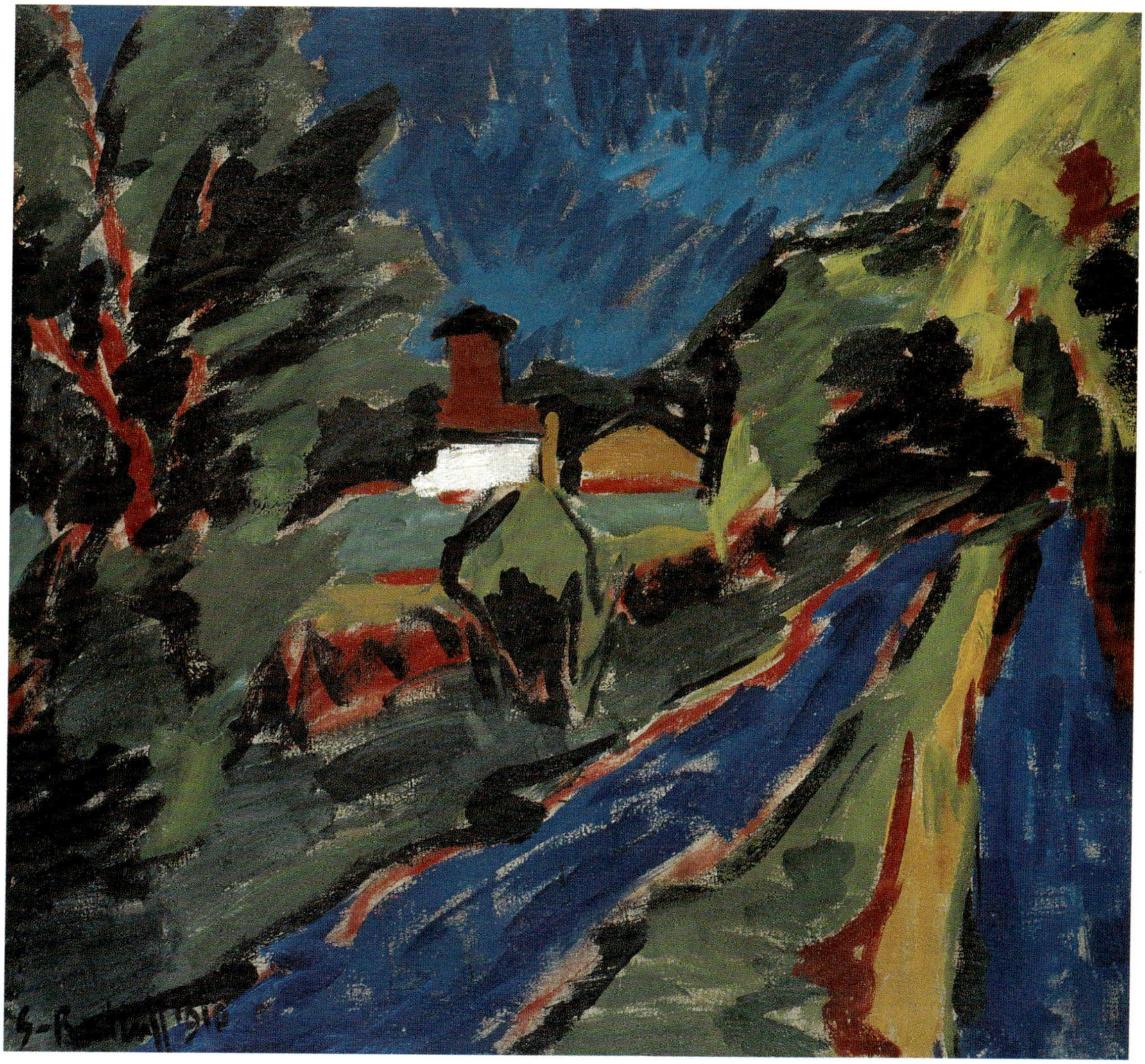

122 Dangaster Landschaft, 1910, Gemälde

Es ist nicht zu bezweifeln, daß das signifikante und die größte Ausdrucksintensität besitzende Rot bei allen Malern der Brücke eine wesentliche und bei Schmidt-Rottluff eine herausragende Rolle spielt, die erst in der zweiten Lebenshälfte zurücktritt. Wie einseitig es jedoch wäre, die den ersten Höhepunkt seiner Malerei bildenden Dangaster Landschaften von 1910 als gleichsam farbige Ableger solcher Gemälde wie des rotglühenden „Deichdurchbruch" (Abb. 114) zu betrachten, erweist sich vor diesem Bild, in dem lediglich einige Konturen der Wege und Bäume mit rotem Pinsel umzogen werden. Die unangefochten dominierenden Farben sind ein dunkelleuchtendes Blau in dem doppelbahnig in die Tiefe stoßenden Weg unten rechts und einem heruntergezogenen Himmelsdreieck, sowie ein gedämpftes Grün, das sich über mehrere Zwischenstufen von einem schwärzlichen Ton links bis zu einem hellen Gelb an der rechten Seite entwickelt. Dort, wo sich diese Farbfelder oberhalb der Mitte des Bildes kreuzen, liegt die als solche mit ihren bräunlichen Flächen nur wenig hervortretende „Villa mit Turm", die hier erstmalig im Hintergrund eines Gemäldes von Schmidt-Rottluff erscheint. Der Maler hat sie auf einen rechteckigen Sockel gestellt, dessen ungebrochenes Weiß gegen alle Regeln der Farbperspektive aus dem Dunkel des Bildes herausleuchtet und ihm einen unerwarteten Akzent verleiht. Der Pinsel wird noch zu rhythmisch bewegten Schraffuren eingesetzt und verstärkt die Dramatisierung einer Situation, die an eine Gebirgslandschaft denken lassen könnte.

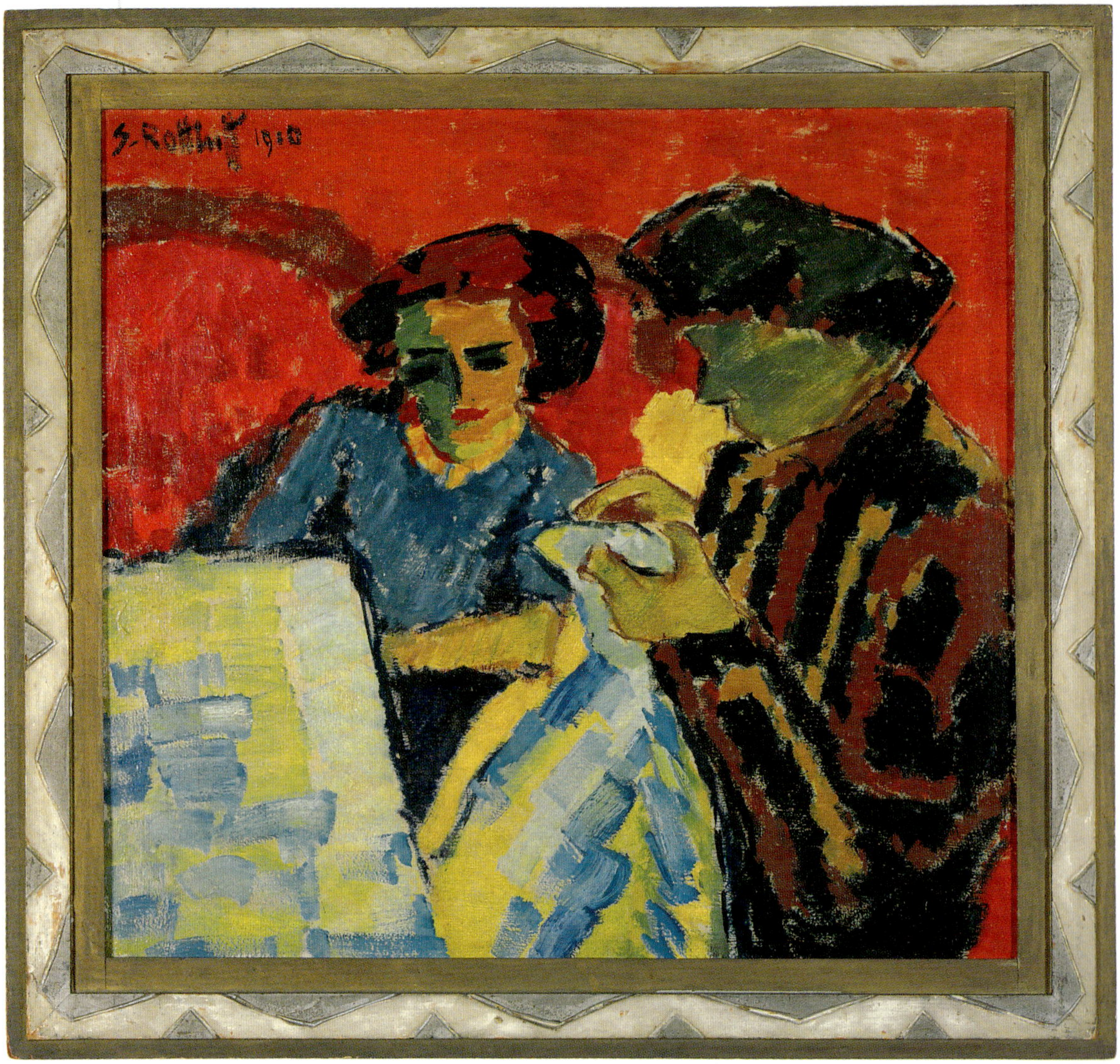

123 Der Besuch, 1910, Gemälde

Unter den wenigen Figurenbildern von 1910 ist dieses Gemälde im alten Rahmen dasjenige, dem man noch am ehesten ungewohnte Zartheit und poetischen Reiz zusprechen würde. Ausfahrende Pinselschwünge waren hier nicht zugelassen, die Konturen wurden behutsam und fast wie mit der Feder gezogen und der Reichtum subtiler Binnenstrukturen geht über das bei Schmidt-Rottluff gewohnte weit hinaus. In einem mehrfarbig gemusterten Kleid sitzt rechts eine weibliche Gestalt, deren Gesicht im Schatten liegt, das blau-gelbe Muster einer Stickerei, mit der sie beschäftigt ist, kehrt auf dem Tisch vor ihr wieder. Ihr zur Linken befindet sich „Der Besuch", ein junges Mädchen in blauer Bluse, das der Tätigkeit der Anderen interessiert zusieht. Sie sitzt auf einem Sofa, dessen Rückenlehne ebenso rot leuchtet, wie der übrige Hintergrund. Das auf sie gerichtete Interesse des Malers hat verständlicherweise die Frage nach ihrer Identifizierung geweckt. Da das Bild nachweislich in Dangast gemalt wurde, scheiden die Mutter des Künstlers und seine spätere Frau – zu der damals noch nicht einmal eine Duzfreundschaft bestand – mit Sicherheit aus. Ebensowenig kann es sich bei der Älteren um Rosa Schapire handeln, sodaß hier allenfalls an Emma Ritter – die damals zu Schmidt-Rottluff in Dangast stieß – aber noch eher an seine Schwester Gertrud zu denken wäre, die er bereits im Vorjahr bei gleicher Tätigkeit darstellte. Bei dem jungen Mädchen kann es sich hingegen nur um die damals fünfzehnjährige Ferienbekanntschaft Ella Kohlstedt handeln, die in diesem Jahr auch die ersten gezeichneten Postkarten von Schmidt-Rottluff erhielt (Abb. 180, 184).

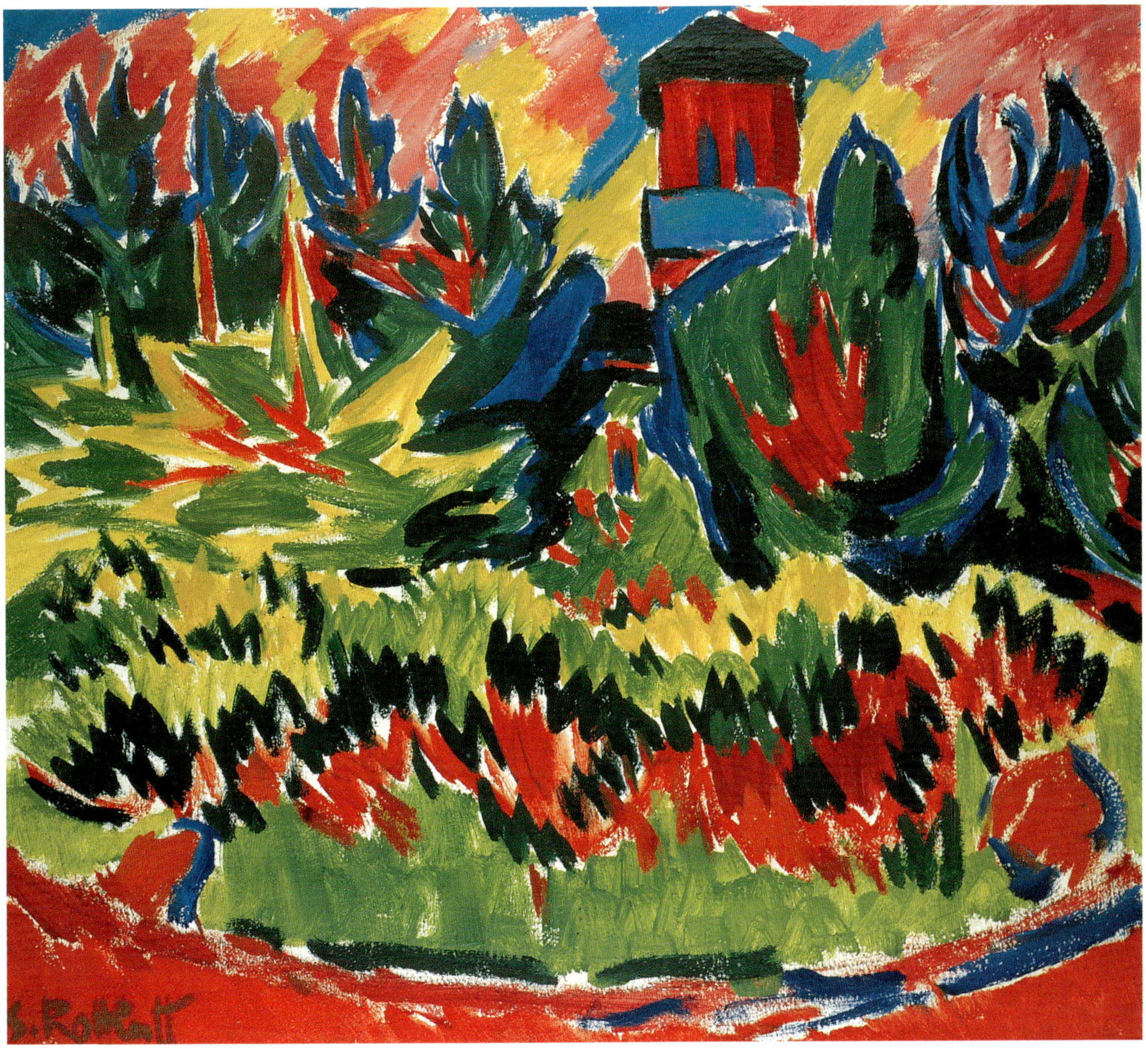

124 Turm im Park, 1910, Gemälde

Das Bild war das früheste unter mindestens neun Gemälden Schmidt-Rottluffs, die sich einst in der Sammlung von Carl Hagemann (1867–1940) befanden. Der aus Essen stammende Chemiker, mit dem Direktor des dortigen Museums Ernst Gosebruch befreundet, hatte bereits vor dem Ersten Weltkrieg mit dem Sammeln moderner Kunst begonnen, das er verstärkt fortsetzte, als er 1925 zum Vorstandsmitglied von IG-Farben in Frankfurt berufen wurde. Allein von Ernst Ludwig Kirchner (1880–1938) besaß er 24 Ölbilder und die gesamte, heute ebenfalls im Frankfurter Städel befindliche Druckgraphik. Wie die Korrespondenz ausweist, kam er mit Schmidt-Rottluff 1918 über Rosa Schapire in Verbindung, wobei er versuchte, sogleich auch dessen gesamte Graphik zu erwerben. Wenig später erhielt er den – nicht ausgeführten – Entwurf eines Glasfensters von ihm, dem zahlreiche weitere Arbeiten und gegenseitige Besuche folgten. Noch kurz vor seinem Tode erwarb der beständige Sammler ein Aquarell mit Früchten von Schmidt-Rottluff.
Unter den Dangaster Landschaften gehörte der „Turm im Park“ zu denjenigen Bildern, in denen die Nähe zu den vorjährigen Aquarellen besonders groß ist. Die Häufung spitzer und zackiger Formen erinnert unwillkürlich an die agressive Malweise in späteren Bildern Kirchners und die Heranziehung sämtlicher Farben der Palette hat eine Intensität erreicht, die nicht mehr überbietbar erscheint. Schmidt-Rottluff ließ – wie von einigen anderen auch – von diesem Gemälde Foto-Postkarten anfertigen, von denen sich noch mehrere mit Poststempeln des folgenden Jahres erhalten haben.

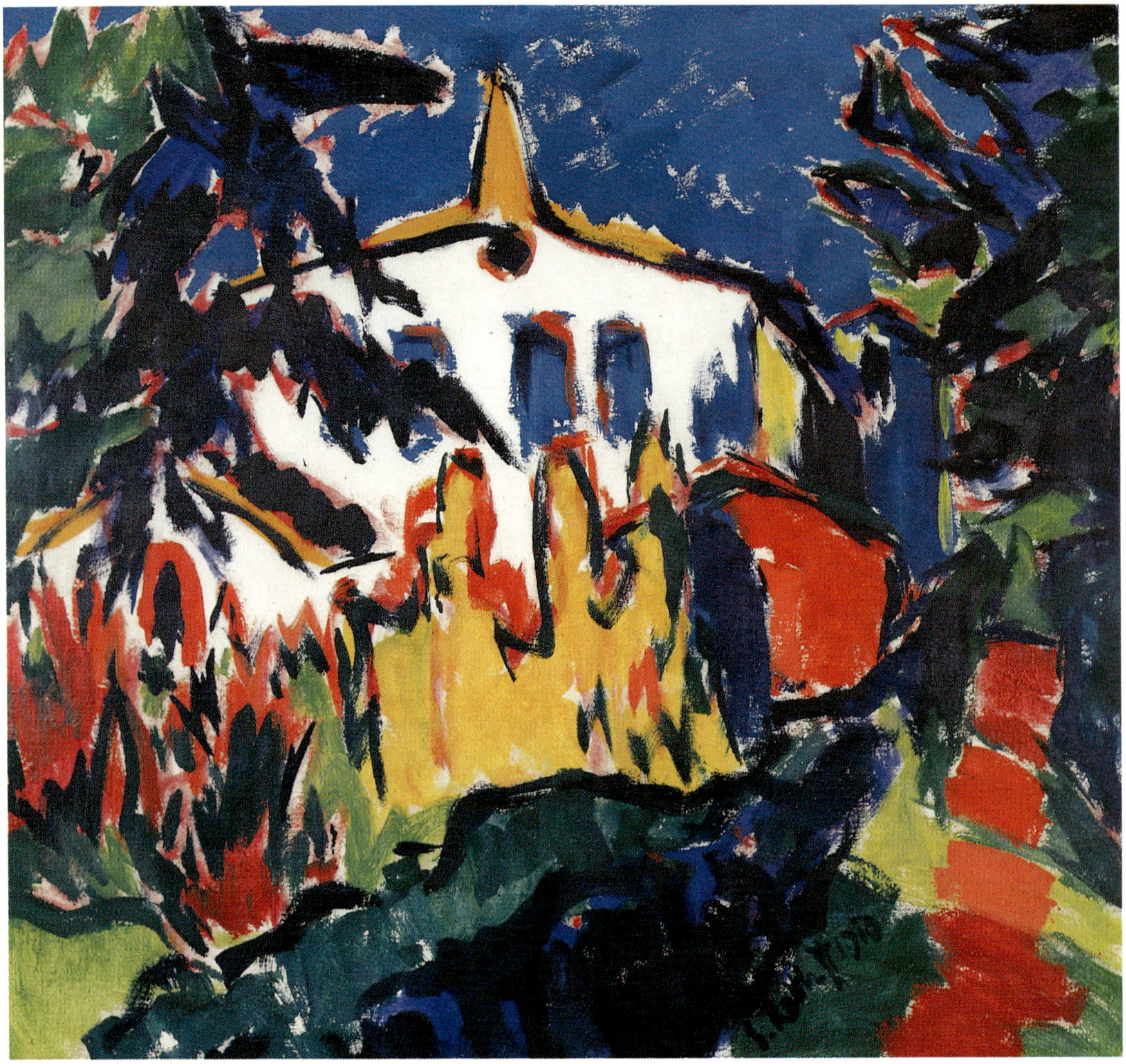

125 Weißes Haus, 1910, Gemälde

Wie das vorige Bild befand sich auch dieses ursprünglich in einer westdeutschen Privatsammlung. Es gehörte Klaus Gebhard in Wuppertal, der von Schmidt-Rottluff auch noch das Gemälde „Mondschein" von 1919 besaß. Dynamische Bewegung und zuckende Unruhe auch hier, doch hat sich die Zahl der kurzen Pinselhiebe deutlich verringert und die Formenzersplitterung an den Rand zurückgedrängt, wo rotkonturierte, blaugrüne Baumzweige zur Bildmitte vorstoßen. Hier haben inzwischen geschlossenere Farbflächen die Oberhand gewonnen, im Blau des Himmels und seiner Wiederspiegelung in den Fenstern, im Gelb des mit einem spitzen Türmchen besetzten Daches sowie einer Hofbegrenzung, in dem am stärksten leuchtenden Rot des seitlichen Weges und eines niedrigen Hausanbaues und schließlich in dem alles überstrahlenden, ungebrochenen Weiß des Hauses. Dabei handelt es sich um die vom Hauptweg abgewandte Rückseite des „Parkschloß", in dem Schmidt-Rottluff von 1909–1912 wohnte und das er innerhalb dieser Zeit mehrfach darstellte (Abb. 180, 200, 239). Das Logierhaus war damals von der Familie Gramberg an eine nicht näher bekannte Frau Hensel verpachtet worden und hat seither den Charakter eines auch architektonisch anspruchsvolleren Landhauses weitgehend eingebüßt (Abb. S. 48) . Mit dem auf Heckels Gemälde „Weißes Haus" von 1908 (Vogt 1908,8) dargestellten Gebäude ist es jedoch nicht identisch.

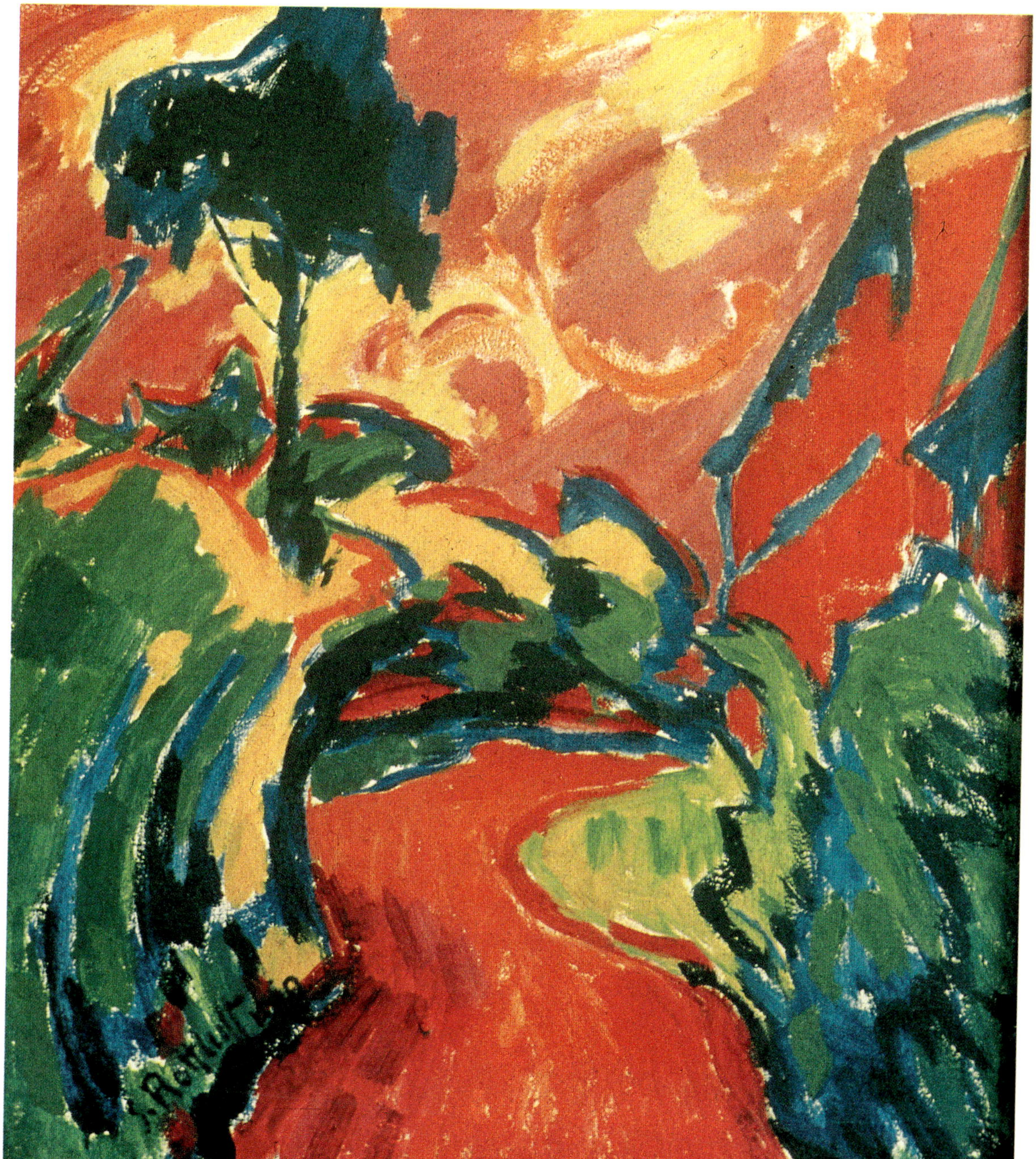

126 Parkweg, 1910, Gemälde

Noch ehe dieses Bild aus der Berliner Expressionisten-Sammlung von Marcus Kruss in die Münchener Staatsgemäldesammlungen gelangte, befand es sich bei Dr. Martin Ventzky, Mitinhaber des Oldenburger Stalling-Verlages und Mitglied der Vereinigung für junge Kunst. Da das Gemälde auf der ersten Ausstellung dieser Vereinigung ausgestellt war, kann davon ausgegangen werden, daß es damals von ihm erworben wurde. Unter den Dangaster Landschaften von 1910 gehört es zu den wenigen Hochformaten. Es zeigt eines der alten Logierhäuser, das ohne Details perspektivisch verkürzt und – wie im Widerschein des Himmels glühend – mit einem gleichfarbigen Weg jäh in die Tiefe geführt wird. Dasselbe Motiv wurde auch in einer gleichzeitigen Lithographie verwandt (Abb. 204).

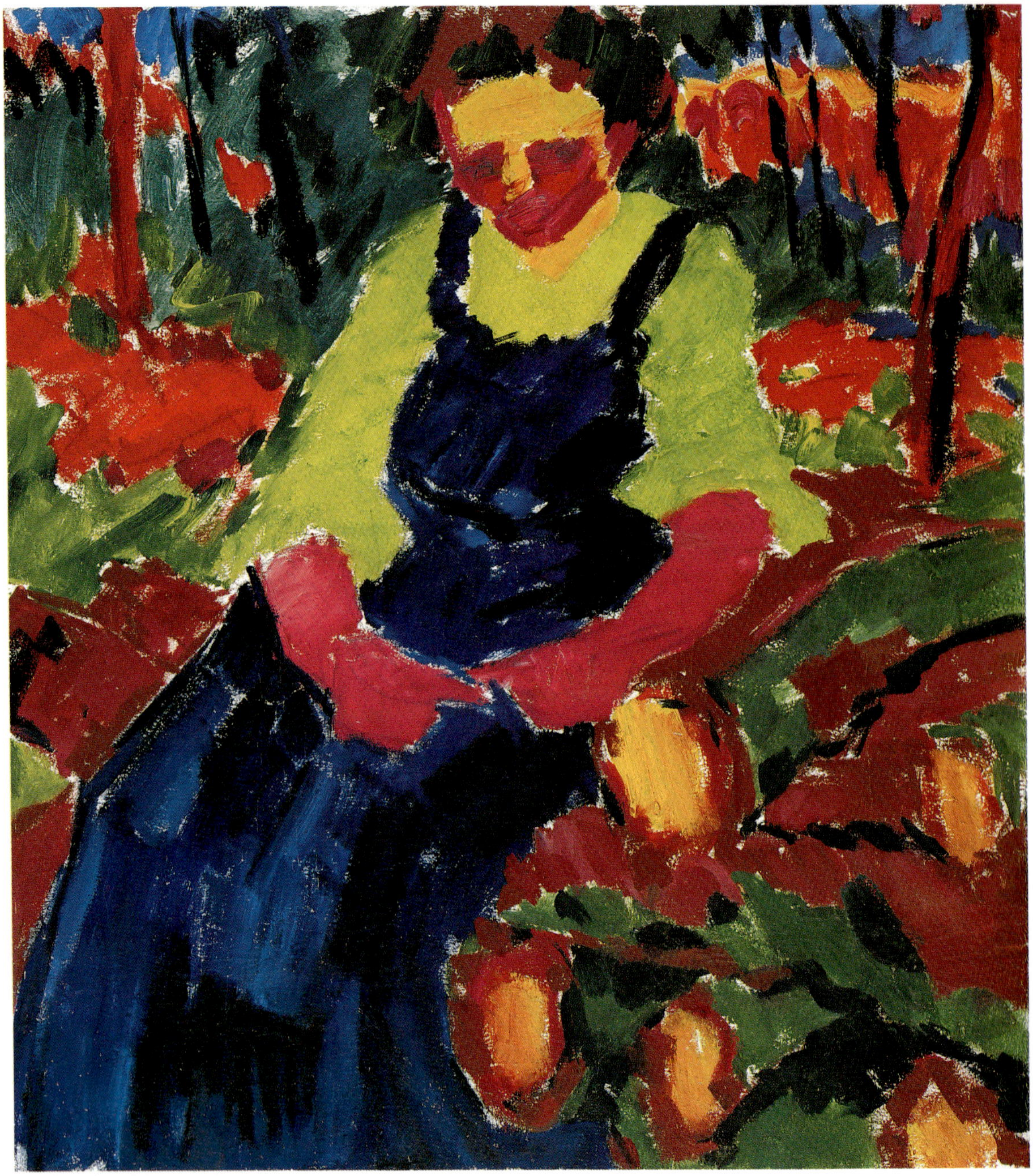

127 Sitzende im Grünen, 1910, Gemälde

Das Thema von Menschen in der Landschaft kommt vor den Niddener Bildern von 1913 im Werk Schmidt-Rottluffs relativ selten vor. Hier ist eine sitzende Frau – vielleicht seine Schwester – vor einem Wald wiedergegeben, der seine Existenz auch durch mehrere am rechten Bildrand gestapelte Baumstämme beweist. Das nachweislich aus dem Besitz des Künstlers erworbene Gemälde ist weder signiert noch datiert. Es läßt sich mit seiner Farbgebung und Malweise am ehesten bei den Bildern von 1910 unterbringen, obwohl einige seiner Merkmale, wie die fehlenden Konturierungen und die Farben des Inkarnats, bei anderen Figurenbildern nicht wiederzufinden sind. Es könnte sich daher um ein Bild handeln, das vom Künstler noch einmal abschließend bearbeitet werden sollte.

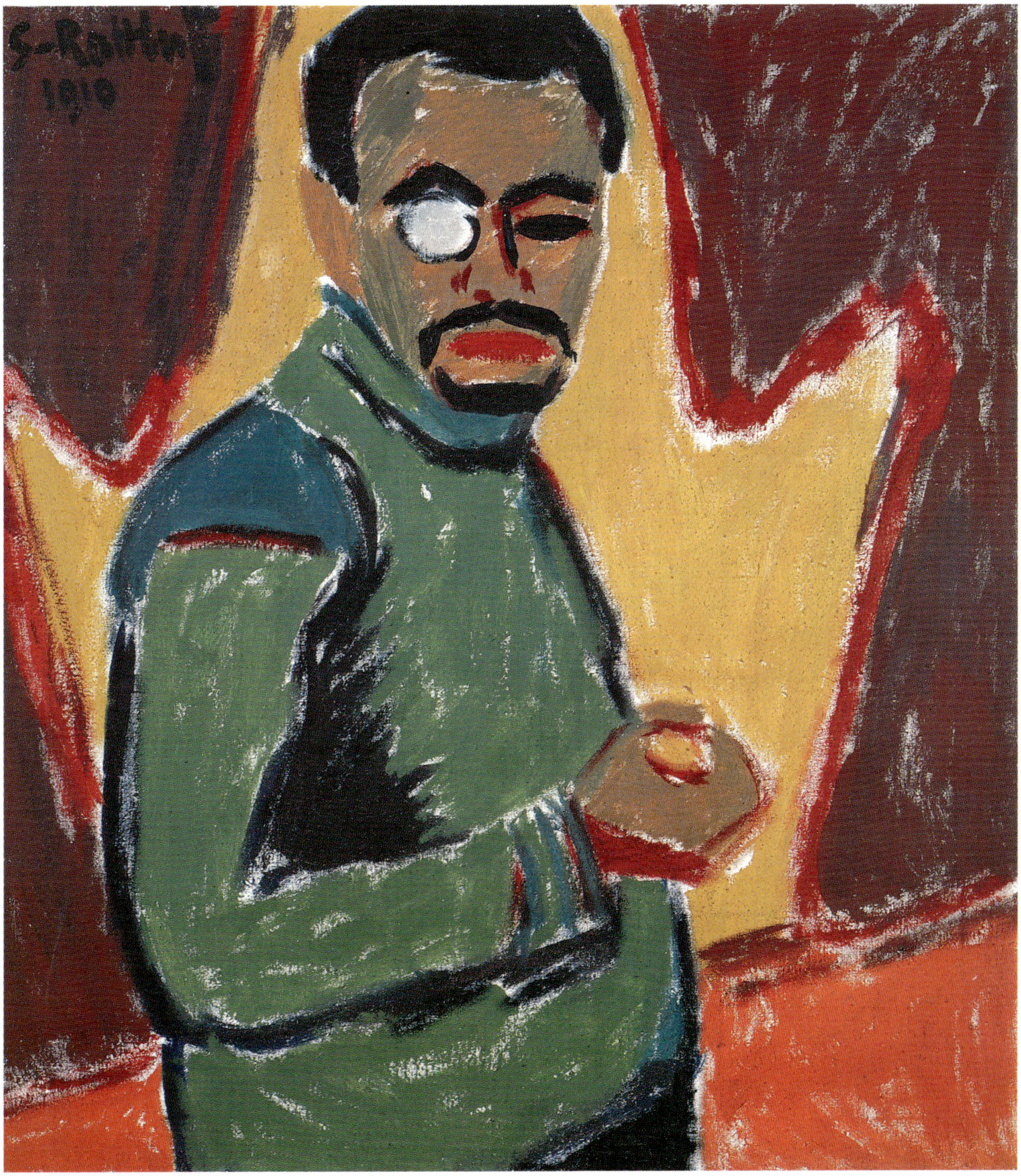

128 Selbstbildnis mit Einglas, 1910, Gemälde

Schmidt-Rottluffs bekanntestes Selbstporträt im Besitz der Berliner Nationalgalerie gibt einige Rätsel auf. In einer detaillierten frühen Beschreibung Wilhelm Niemeyers fehlt jeder Hinweis auf sein auffallendstes Merkmal, das Monokel ebenso, wie auf die für 1910 ungewöhnliche Gestaltung des Hintergrundes, der von ihm als „rotgrüner Vorhang mit Purpursaum und gelbem Grund" beschrieben wird. Es müßte daher untersucht werden, ob es sich bei diesen, die Selbstauffassung wie deren spätere Deutung erheblich beeinflussenden Bildinhalten nicht doch um spätere Veränderungen handelt, die vor der endgültigen Veräußerung des Gemäldes vom Künstler vorgenommen wurden. Sie könnten erklären, weshalb eine so prononcierte Selbstdarstellung unter den gleichzeitigen Arbeiten ebensowenig Anschluß findet, wie der hier in Erscheinung tretende und bereits geschlossene Farbflächen demonstrierende Malstil.

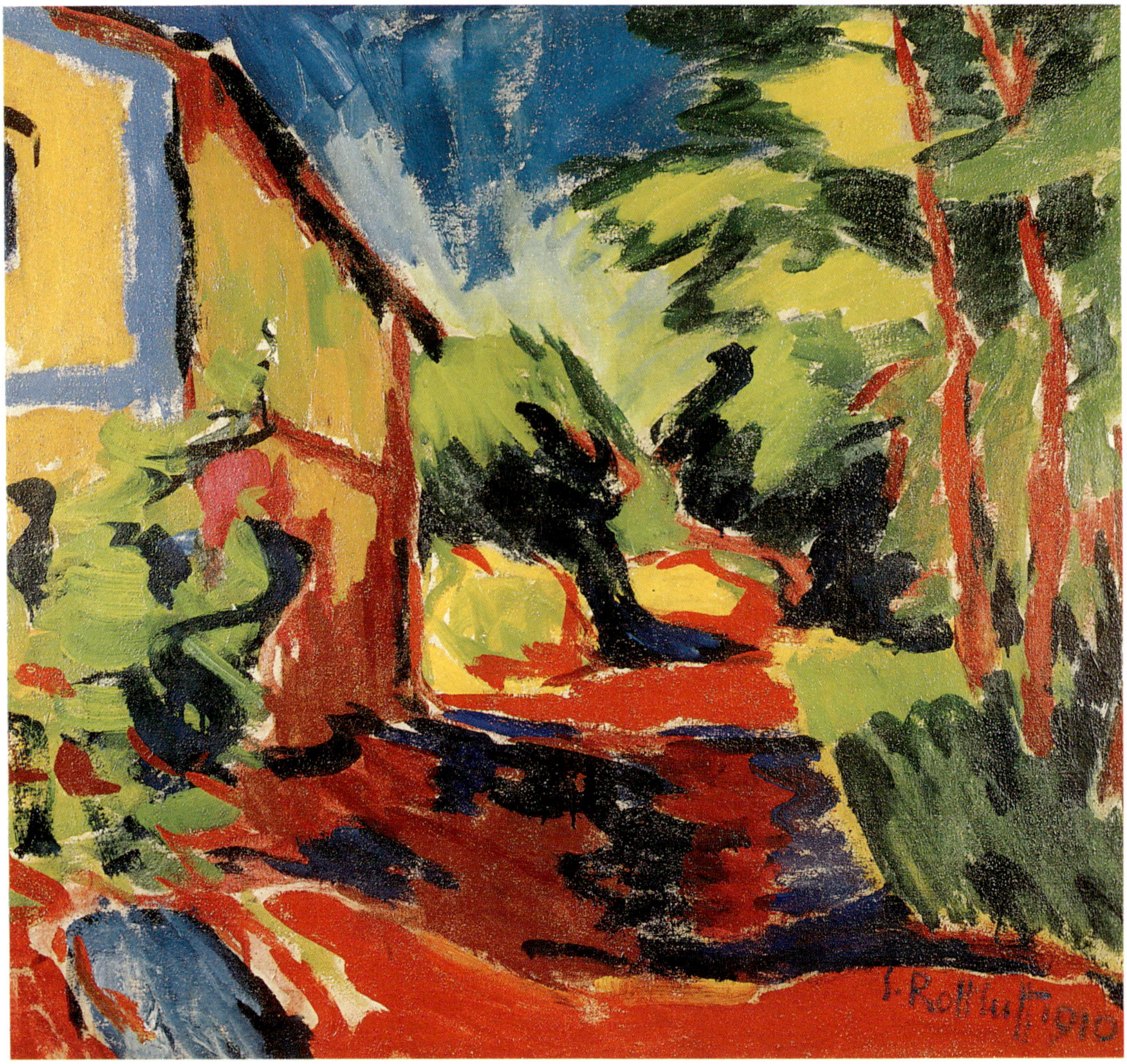

129 Landschaft mit Haus und Bäumen, 1910, Gemälde

Das in amerikanischem Besitz befindliche Bild ist mit keinem seiner Titel bei Grohmann verzeichnet. Von den dort genannten, nicht mit Abbildungen belegten Gemälden von 1910 kommen ihm die Maße von „Heißer Tag – Dangast“ am nächsten. Dieses gehörte Eckart von Sydow (1885–1942), der 1918 im Cicerone einen Aufsatz über Schmidt-Rottluff schrieb. In dem hier gezeigten Bild wird erneut das Alte Posthaus wiedergegeben, von der Straße her gesehen und vom linken Bildrand überschnitten. In einem Fenster des Obergeschosses ist ein Stück der charakteristischen Fensterumrahmumg sichtbar, während die sieben Fensterachsen der Langseite nicht einmal angedeutet werden. Diese liegt im Schatten, weshalb das Gemälde in den Morgenstunden gemalt worden sein muß. Durch den Hausschatten hindurch führt in der Bildmitte ein breiter Weg in die Tiefe des hellen Parkes, während rechts von ihm mehrere hohe Bäume mit roten Stämmen emporwachsen. Ihr grün-gelbes Laub zeigt – ebenso wie der leuchtend blaue Himmel - zackige Konturen, unter denen das Rot des Weges und der Hauswand zum vorderen Bikdrand hin zunehmend flächiger werden.

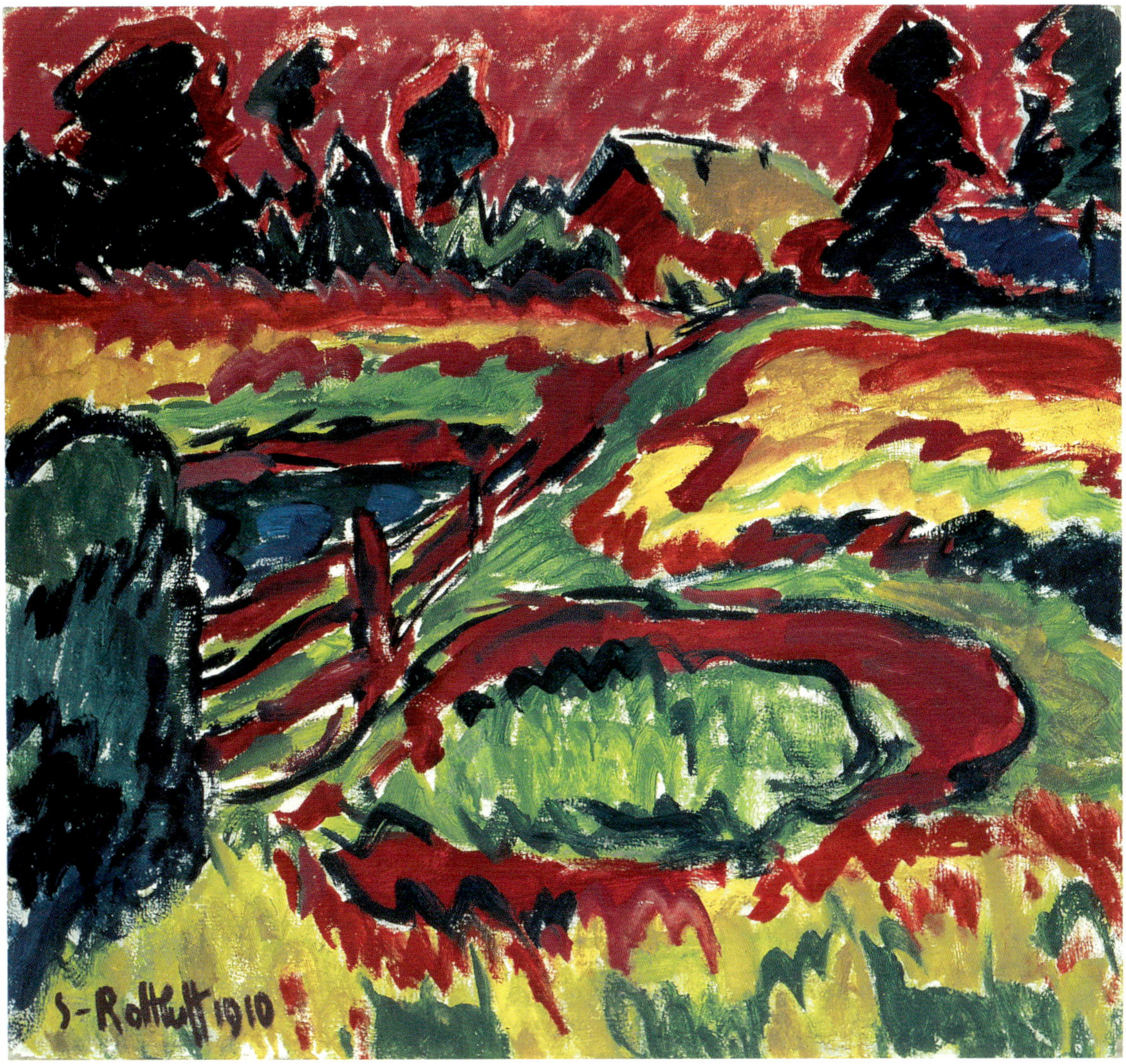

130 Landschaft im Herbst, 1910, Gemälde

Das starkfarbige, bewegt gemalte Bild hat eine wechselvolle Geschichte: 1912 war es auf der Sonderbund-Ausstellung in Köln zu sehen, wo es Wilhelm Niemeyer stark beeindruckte, 1913 erschien es in der sechsten Ausstellung der Neuen Sezession in Berlin und auf einer Veranstaltung in Budapest, ehe es zehn Jahre nach seiner Entstehung durch das Museum in Chemnitz, der Heimatstadt des Künstlers, erworben werden konnte. 1937 wurde es hier als „entartete Kunst" beschlagnahmt und 1939 in Luzern versteigert, bis es auf Umwegen 1954 wieder nach Chemnitz zurückkehrte, wo es seither zu den Spitzenwerken der nach 1945 erneut aufgebauten Schmidt-Rottluff-Sammlung gehört. – Dargestellt ist wahrscheinlich eine Wiesen- und Felderlandschaft am Südrand Dangasts, wo sich noch solche als „Kolk" bezeichnete Wasserstellen befinden und wo der Blick zu den Höfen an der Deichstraße hinüberreicht. Das herbstlich vergilbte Grün im Vordergrund wird allenthalben von einem erregt hingeschriebenen Rot unterbrochen, mit dunklen Konturen im Vordergrund und den blauschwarzen Silhouetten bizarr geformter Bäume vor einem karminroten, weiß durchwirkten Himmel. Die vibrierende, immer wieder kraftvoll zu neuen Schwüngen ansetzende Pinselführung verrät die gleiche Emotionsgeladenheit, die sich auch im Frankfurter „Turm im Park" (Abb. 124) kundtut. Das nur sehr entfernt ähnliche Motiv auf einer Zeichnung Kirchners von 1911 hat hiermit jedoch nichts zu tun, zumal dieser sich niemals in Dangast aufhielt.

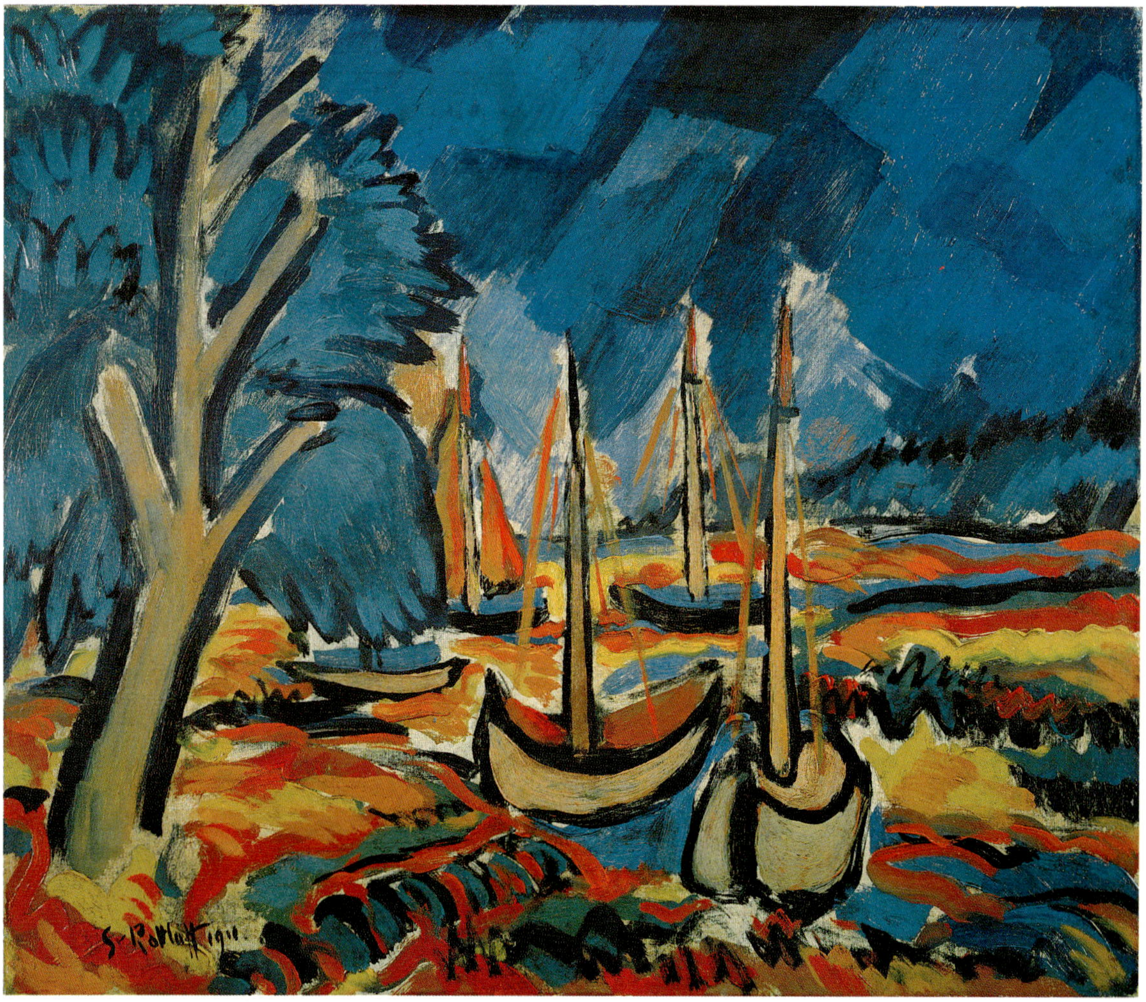

131 Hafenszene, 1910, Gemälde

Seitdem dieses bei Grohmann als übermalt bezeichnete Bild 1945 in das zur Harvard University gehörende Busch-Reisinger-Museum gelangte – ursprünglich das einzige Museum deutscher Kunst in Amerika – wird sein Datum mit 1911 angegeben. Ein Vergleich mit den Gemälden aus diesem Jahr lehrt jedoch, daß es mit seinen dunklen Konturen und der bewegten Malweise nur schwer zwischen Bildern unterzubringen ist, die bereits weitgehend der Flächenmalerei angehören. Die Verwandtschaft zum „Hafen bei Ebbe" von 1910 erscheint jedenfalls enger als diejenige zu den Hafenmotiven aus Norwegen von 1911. Zudem ergibt das Studium der Signatur, daß die beiden letzten Ziffern der Datierung ungleich sind und auch 1910 gelesen werden können.

Bei der Lokalisierung des Bildes wird wiederum an das bei Ebbe tiefliegende Ellenserdammersiel gedacht werden müssen, obwohl der Baum am Ufer ungewöhnlich ist und die Boote im Vordergrund keine Frachtensegler darstellen. Für das dominierende Blau standen nur wenig Wasserflächen zur Verfügung, es füllt jedoch den für eine Landschaft Schmidt-Rottluffs außerordentlich tief heruntergezogenen Himmel und greift - kaum differenziert – auf das Laub des Baumes über, dessen Stamm, ebenso kräftig wie die Boote und die wesentlichen Strukturen zwischen den rotbraunen Farbenschwüngen, schwarz umzogen wird.

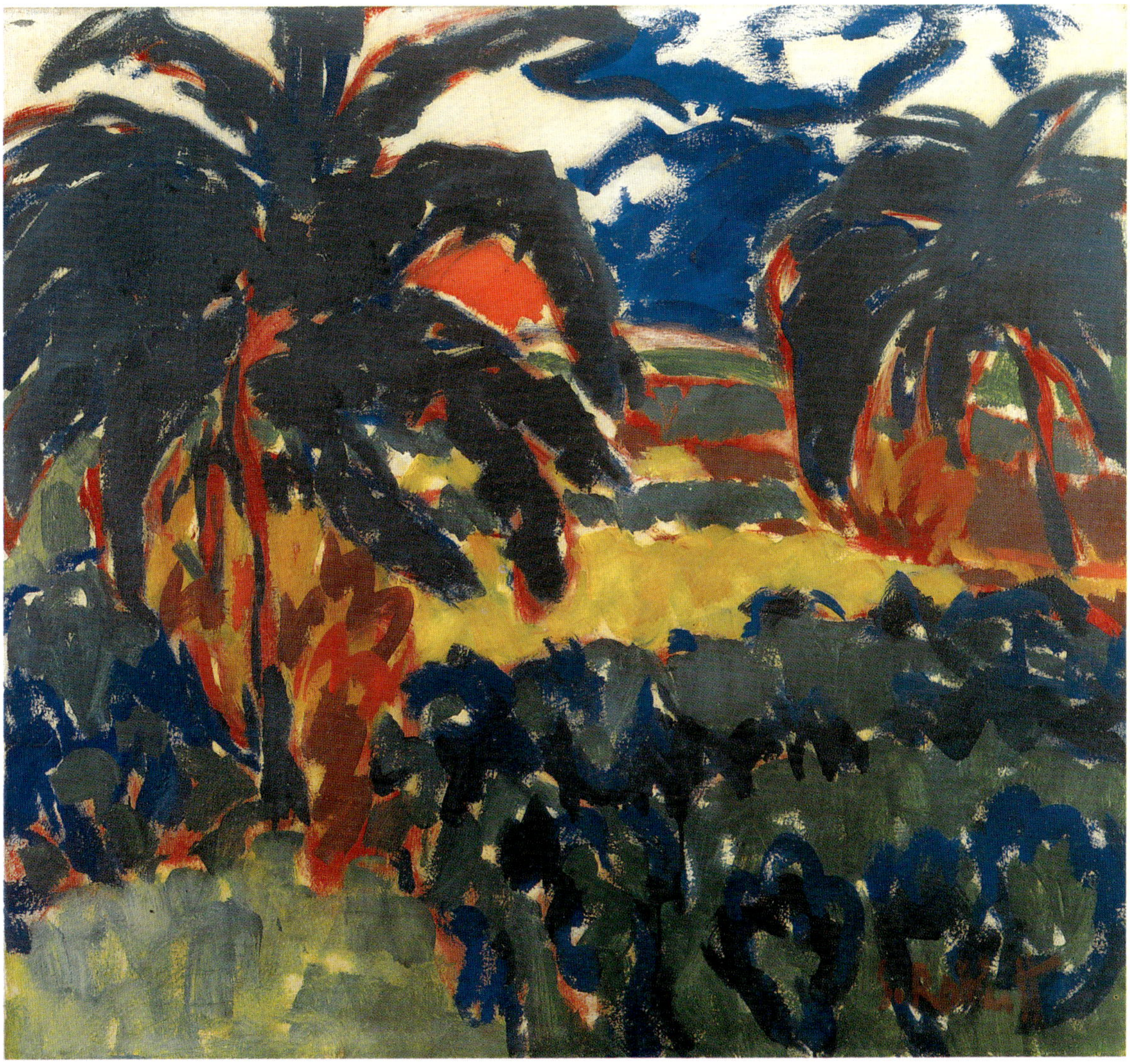

132 Apfelbäume, 1910, Gemälde

Der originale Bildtitel macht zunächst stutzig, da die gleichmäßig aufgefächerten Baumzweige eher an tropische Palmen erinnern. Dennoch läßt sich beobachten, daß auch Apfelbäume im Herbst mit ihren fruchschwer herabhängenden Ästen solche Formen annehmen können. Um diese Zeit ist das einst leuchtende Grün gelbbraun geworden, nur noch die violetten Gartenblumen entfalten in ihren Beeten eine düstere Pracht, deren Grundton sich auf die Bäume und den bewegten Himmel überträgt. Die wärmeren Töne gehen in der Vegetation nicht über ein stumpfes Braun hinaus, nur im Hintergrund leuchtet zwischen den Zweigen ein rotes Dach auf und unterbricht den in die Natur eingekehrten Ernst. Das Gemälde überrascht durch eine völlig neue Zusammenstellung der schwer fließenden Farben und warnt davor, den Maler auf bestimmte koloristische Kombinationen oder auf die zu oft beschworenen Komplementärfarben festzulegen.

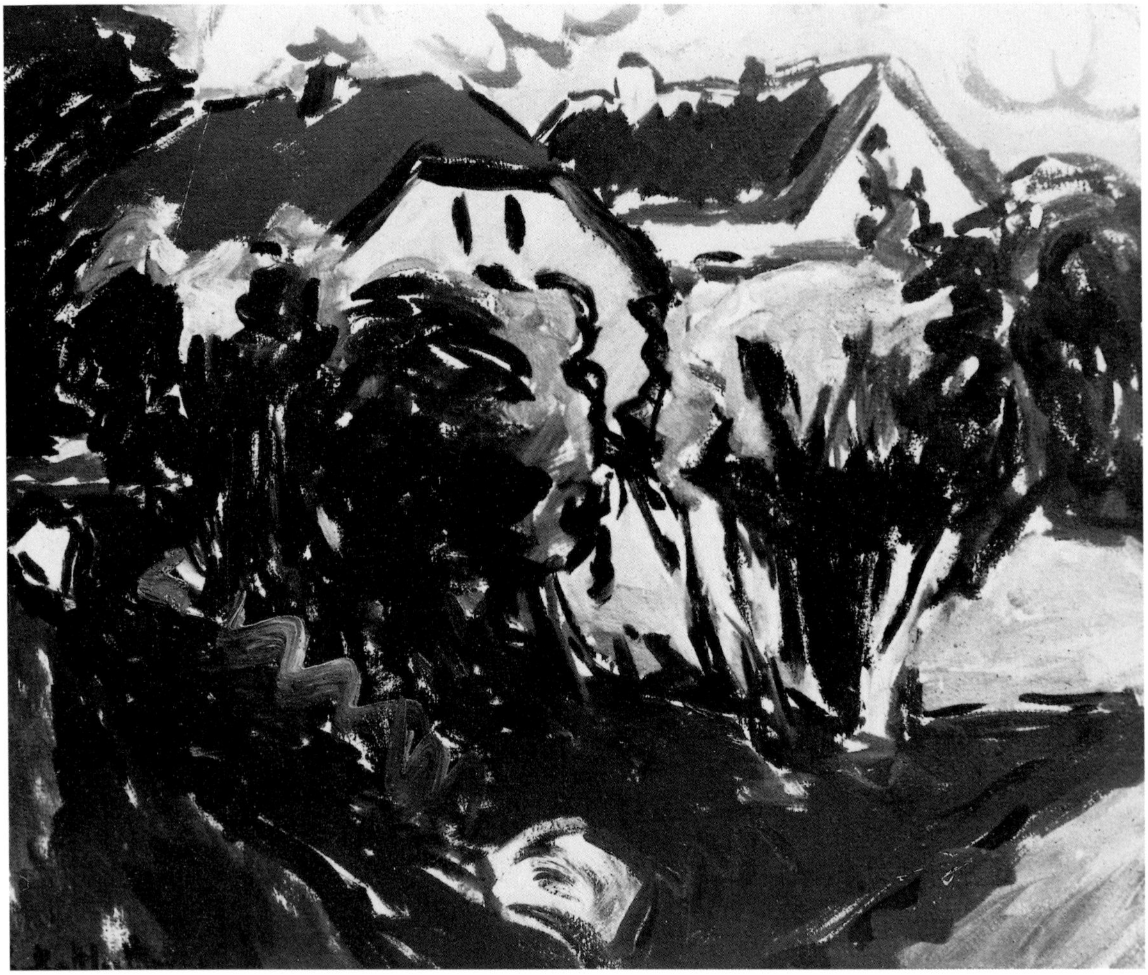

133 Hullmannsche Häuser, 1910, Gemälde

Das nur in einem Schwarz-Weiß-Foto überkommene Bild gehört zu jenen Arbeiten, die Schmidt-Rottluff während des Zweiten Weltkrieges nach Schlesien verlagert hatte und die seither verschollen sind. Das Gemälde war noch im Entstehungsjahr in der Brücke-Ausstellung zu sehen und wird auch in mehreren Katalogen des folgenden Jahrzehnts genannt, ehe sich seine Spur verliert. Seinen Namen erhielt es nach dem damaligen Eigentümer der dargestellten Häuser, dem „Particulier" Johann Hullmann, der das niedrigere Gebäude mit dem Walmdach 1904 erworben und das größere rechts für sich neu erbaut hatte. Sein Garten stieß unmittelbar an die tieferliegende Rennkoppel, die durch Ausbaggerung des begehrten Sandes für den Bau des von hier aus am Horizont sichtbaren preußischen Wilhelmshaven entstanden war. Auf der Rennkoppel fanden die von zahlreichen Zuschauern besuchten Dangaster Pferderennen statt, die von Max Pechstein während seines Aufenthaltes von 1910 in mehreren Blättern verewigt wurden (Abb. S. 60). Hullmann hatte das ältere Haus damals an die Familie Gröning vermietet, die Erich Heckel zwischen 1908 und 1910 darin eine Unterkunft gewährte. Die noch immer existierenden Häuser sind auch auf einem Aquarell Schmidt-Rottluffs von 1909 zu erkennen (Abb. 50), wobei das rechte mit einem dunklen, das linke mit einem roten Dach wiedergegeben wurde. Es dürfte auch in diesem Gemälde für den bestimmenden farbigen Akzent gesorgt haben. – Ein verschollenes Aquarell mit demselben Titel war 1920 in der Hannoverschen Kestnergesellschaft ausgestellt.

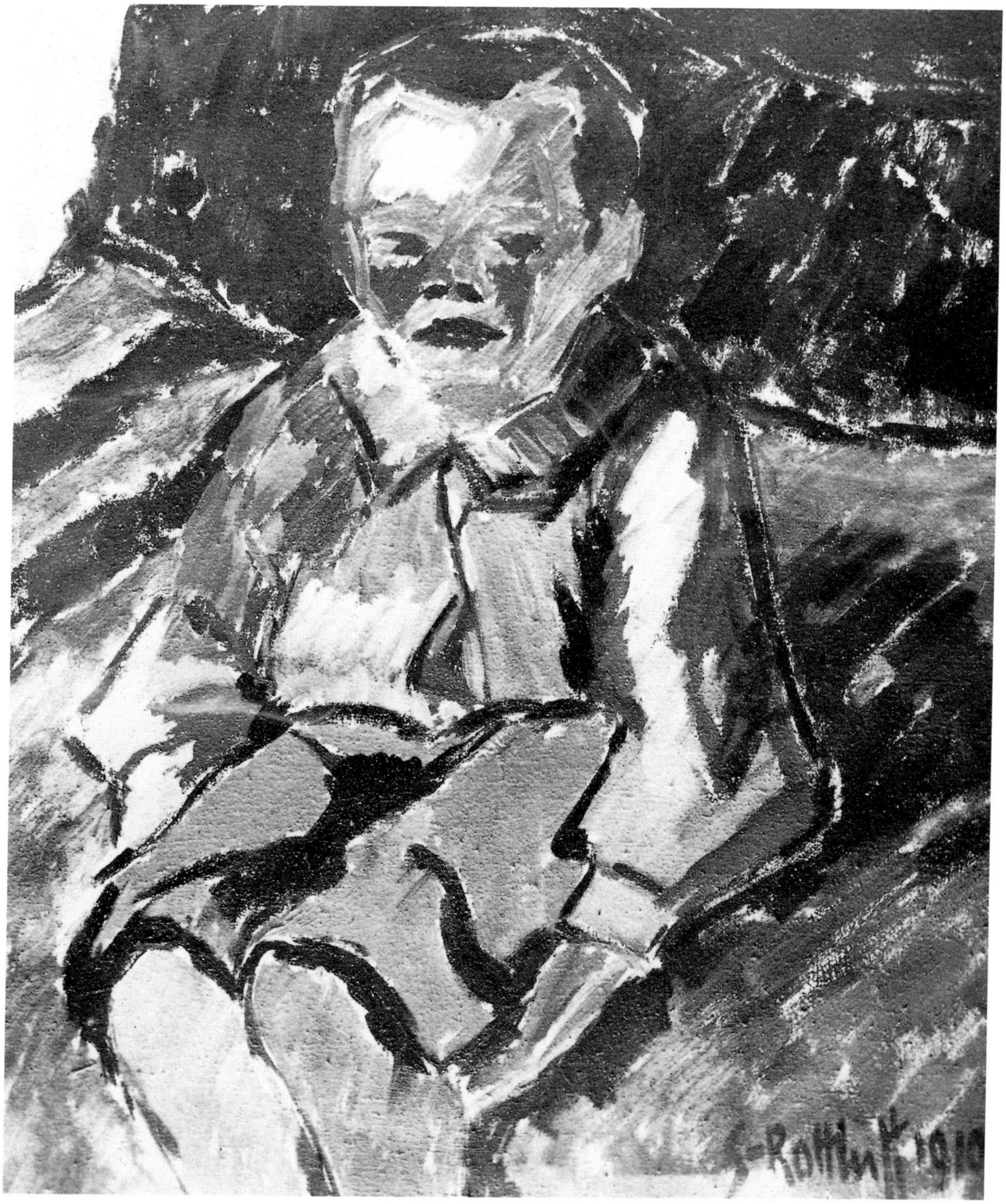

134 Sitzender Junge, 1910, Gemälde

Seit langem verschollen ist auch dieses erstmalig veröffentlichte Bild eines sitzenden Jungen, das zu den frühen Kinderporträts Schmidt-Rottluffs gehört. Ob es sich dabei um den vierjährigen Sohn Hans des Gastwirts Krake in Dangastermoor handelt, bei dem der Künstler bis 1909 wohnte und wo er auch weiterhin Unterstellmöglichkeiten für seine Bilder besaß, ließ sich nicht mehr feststellen. Daß sein Sohn von Schmidt-Rottluff gemalt wurde, konnte der Vater noch 1956 bestätigen, wobei er auch zu berichten wußte, daß der mit der Veränderung des Betrachterabstands verbundene Wandel der Erkennbarkeit des Bildes ein beliebtes Unterhaltungsspiel bei Verwandtenbesuchen gewesen wäre.

Zu den Farben des hier wiedergegebenen Bildes ist in frühen Notizen Niemeyers vermerkt, daß Strümpfe und Hosen gelb und braun gewesen seien, die blaue Jacke gegen ein Erdgrün des Grundes und der aus unterschiedlichen Farbflächen gebildete Kopf des Jungen vor einem ziegelroten Luftgrund gestanden habe. Abschließend nennt er es „ein groß geformtes, schönes und wichtiges Bild“.

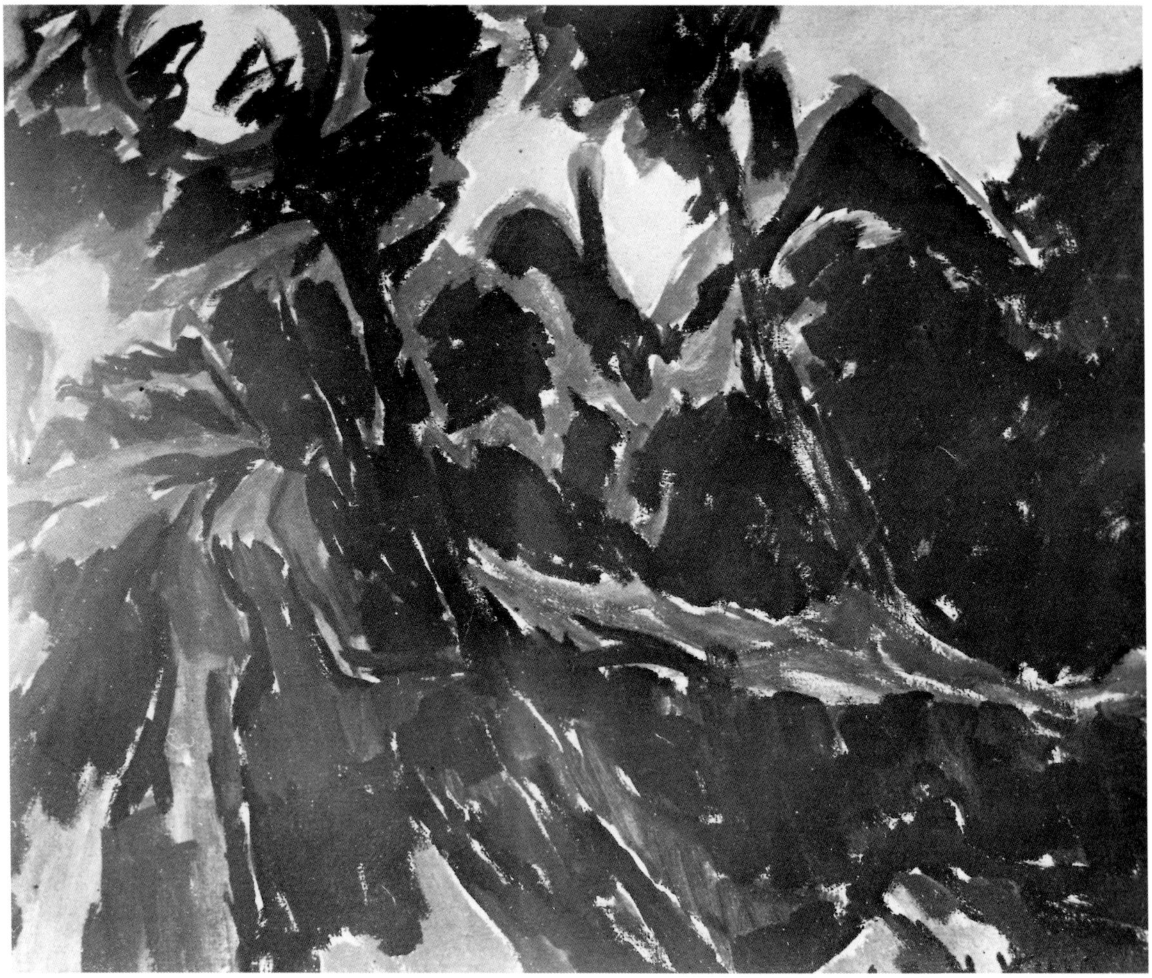

135 Nachmittagssonne, 1910, Gemälde

Die Umrisse mehrerer steiler Dachgiebel mit Schornsteinen auf der rechten und windgebeugte Straßenbäume auf der linken Seite zeigt dieses, bei Grohmann ebenfalls als verschollen aufgeführte, dort aber nicht abgebildete Gemälde. Seine Präsenz läßt sich in mehreren Ausstellungen vor dem Ersten Weltkrieg nachweisen, danach ist auch seine Spur nicht mehr zu verfolgen. Als es 1911 gemeinsam mit der gleichzeitig entstandenen „Guitarrespielerin“ (Abb. 139) auf einer Wanderausstellung der Neuen Sezession in der Kieler Kunsthalle zu sehen war, bemerkte ein kritischer Rezensent dazu: „Aber wenn er die Nachmittagssonne rot wie Blut malt, so gibt es darauf nur die Antwort: das ist nicht des Tages Glut“. Damit brachte er ungewollt zum Ausdruck, daß die Farben in den Bildern Schmidt-Rottluffs nicht an naturwissenschaftlichen, sondern nur an seinen eigenen Gesetzen zu messen waren. In der Schwarz-Weiß-Abbildung ist oben links hinter den Bäumen ein kreisförmiges Gebilde zu erkennen, bei dem es sich um die im Bildtitel angesprochene Sonne handelt – eines der frühesten Beispiele dafür, wie Schmidt-Rottluff die Gestirne „verkörpert“ und Sonne, Mond und Sterne als kosmische Sinnbilder zu begreifen sucht.

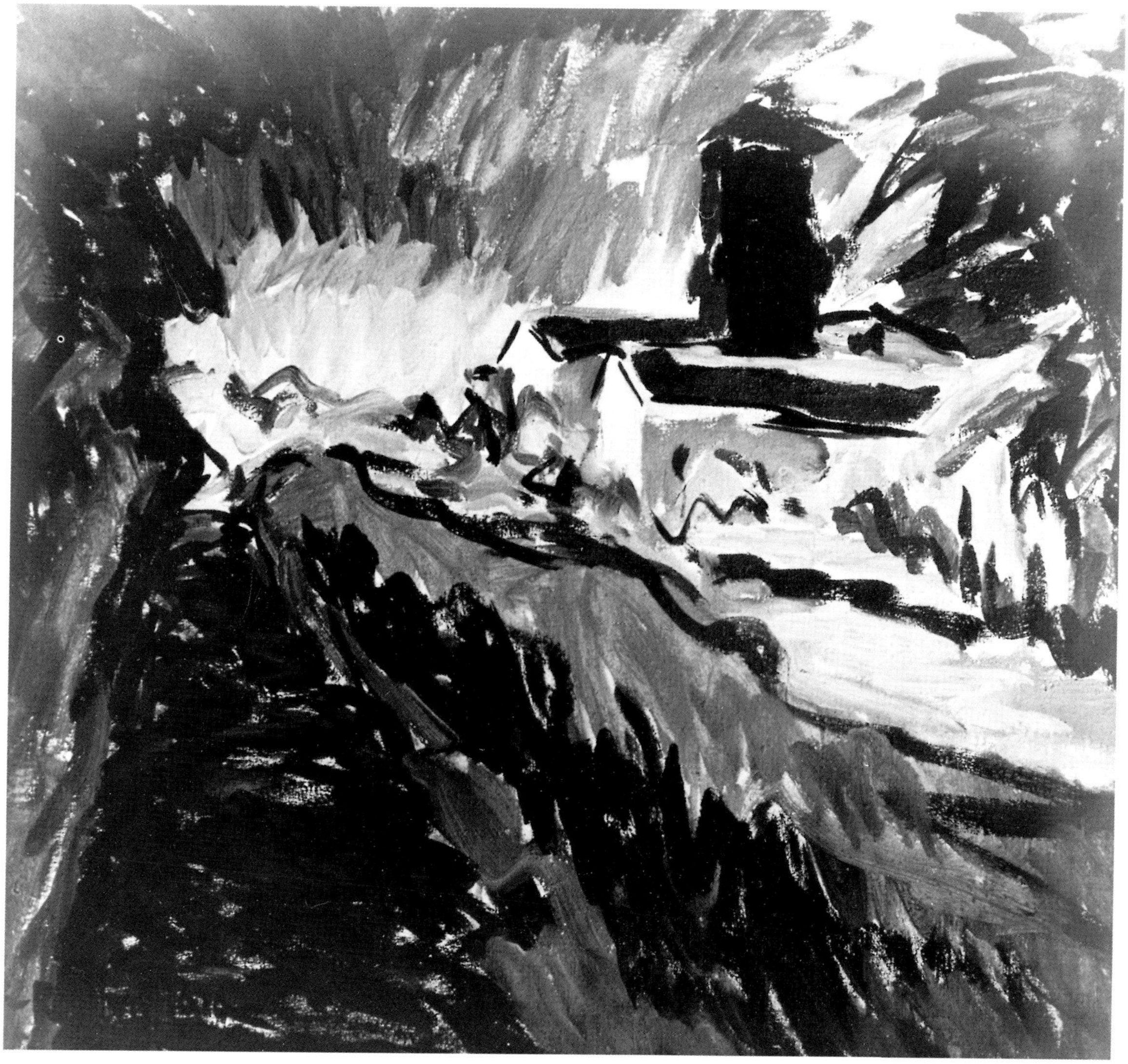

136 Villa in Dangast, 1910, Gemälde

Auf einem Aquarell von 1909 (Abb. 52) war Schmidt-Rottluff der gegebenen Situation mit ähnlichen Mitteln begegnet wie hier, als er vor die so oft zum Motiv erhobene Villa mit Turm die mächtige Diagonale eines in die Tiefe ziehenden Weges setzte, nur, daß dieser Weg damals in eine andere Bildecke zielte und das dargestellte Gebäude weiter entfernt am Horizont aufstieg. Aus der Nähe erfaßt, füllt es jetzt mit seinen zwei niedrigeren Flügeln und dem schwer und dunkel darüber erhobenen Turm – einer der wenigen Vertikalen in der Dangaster Landschaft – große Teile der rechten Bildhälfte, bedrohlich gegen einen hohen Himmel ragend, der durch Lichtkaskaden dramatisch aufgerissen und visionär verwandelt wird. Man muß die bescheidene Wirklichkeit kennen, um ihre Übersteigerung und Monumentalisierung richtig einzuschätzen, den so gern als Ausdrucksträger von Schmidt-Rottluff herangezogenen „Turm" zumal, der nicht viel mehr war, als eine zweigeschossig umbaute Treppe mit umlaufendem Gitterbalkon, welcher dem Besitzer die Möglichkeit gab, über die Bäume des Parks zum Meer zu schauen. 1926, als Franz Radziwill bereits in Dangast angesiedelt war, wurde das kuriose Wahrzeichen des Ortes abgerissen. – Da der Verbleib des Gemäldes ebenso unbekannt ist wie seine farbige Erscheinung, mag hier wiederum auf Wilhelm Niemeyer zurückgegriffen werden, der in adäquater Sprachmächtigkeit darüber schrieb: „Diese zuckend, vibrierend flammenden Zusammenklänge, von tiefstem Blau, schwarz durchzucktem Grün mit Blutbahnen des Rot, die aus Rot und Blau zusammenrinnenden Purpurwege – dionysische Erregtheit, Traumgewalt der Farbe".

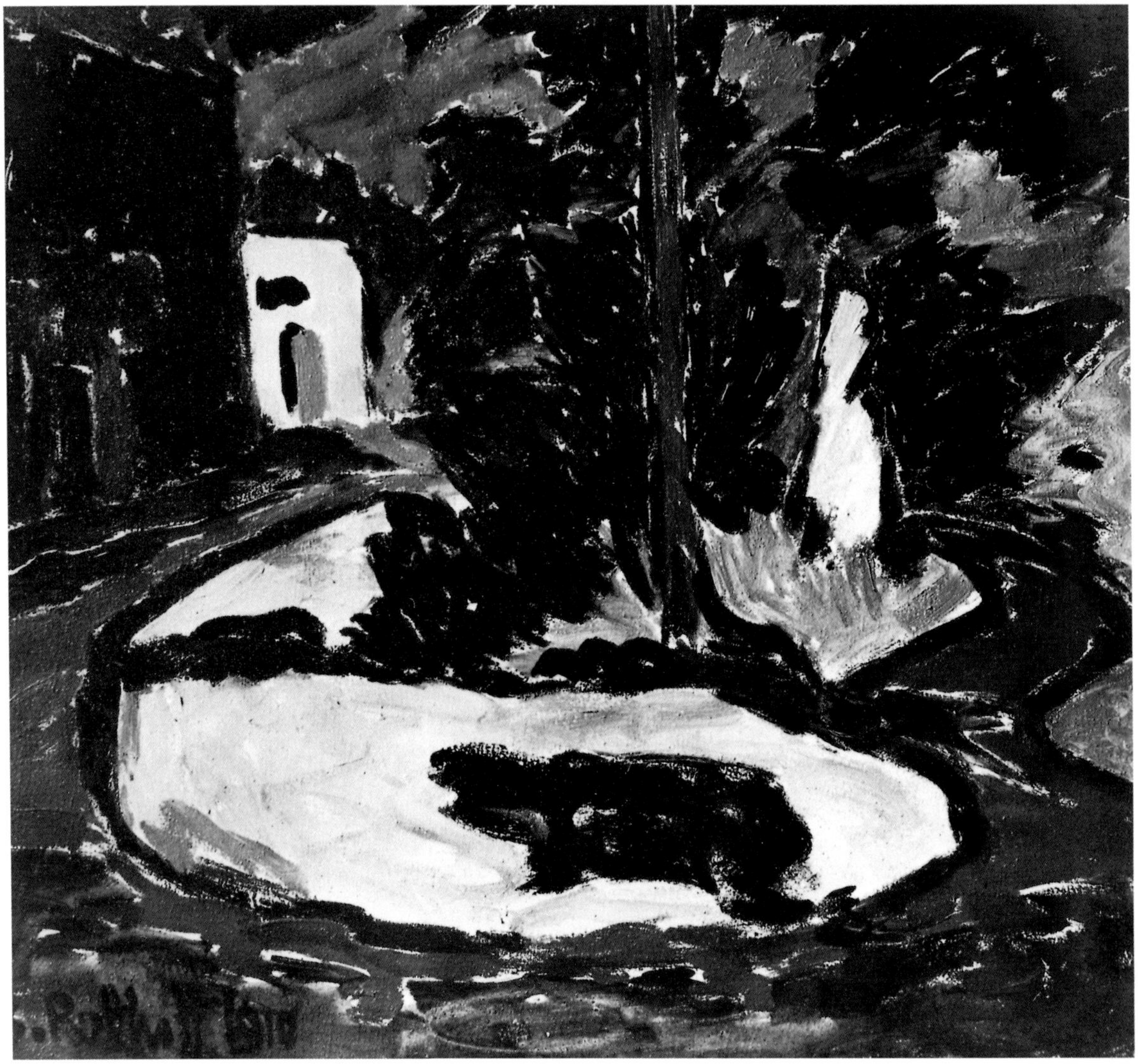

137 Dangaster Park, 1910, Gemälde

Was Schmidt-Rottluff noch als „Dangaster Park" bezeichnen konnte, ist heute eine sich selbst überlassene Wildnis, in der nicht einmal mehr der einstige Verlauf der damaligen Wege und Anlagen zu erkennen ist. Auch das vom linken Bildrand überschnittene zweigeschossige Gebäude – eines von zwei kurz nach 1800 errichteten Logierhäusern – steht nicht mehr. Hingegen erhielt sich als ältestes erhaltenes Bauwerk aus der Bentinckschen Gründungszeit noch das hell im Hintergrund sichtbare, heute als Gaststätte genutzte Badehaus von 1797. Hier wurden Wannenbäder verabreicht, für welche das heilkräftige Meerwasser hochgepumpt und erwärmt wurde. – Von Wilhelm Niemeyer, der das Bild 1911 in Dangast sah, existiert wiederum eine Beschreibung, die zwar nur zum Teil entzifferbar ist, der jedoch entnommen werden kann, daß die Hauswände rot und dunkel beschattet waren, der Parkweg sich als roter Ring um eine gelb-rote Bank herumzog, das Laubdunkel als Gegenwert zur roten Baumasse behandelt war und Himmel wie Schatten in reinem Blau wiedergegeben wurden. Die Grundstrukturen der hier wiedergegebenen Situation lassen sich auf einer Zeichnung aus demselben Jahr wiederfinden (Abb. 143) und sie erscheinen – noch stärker verwandelt – ein weiteres mal in einer Lithographie von 1910 (Abb. 203).

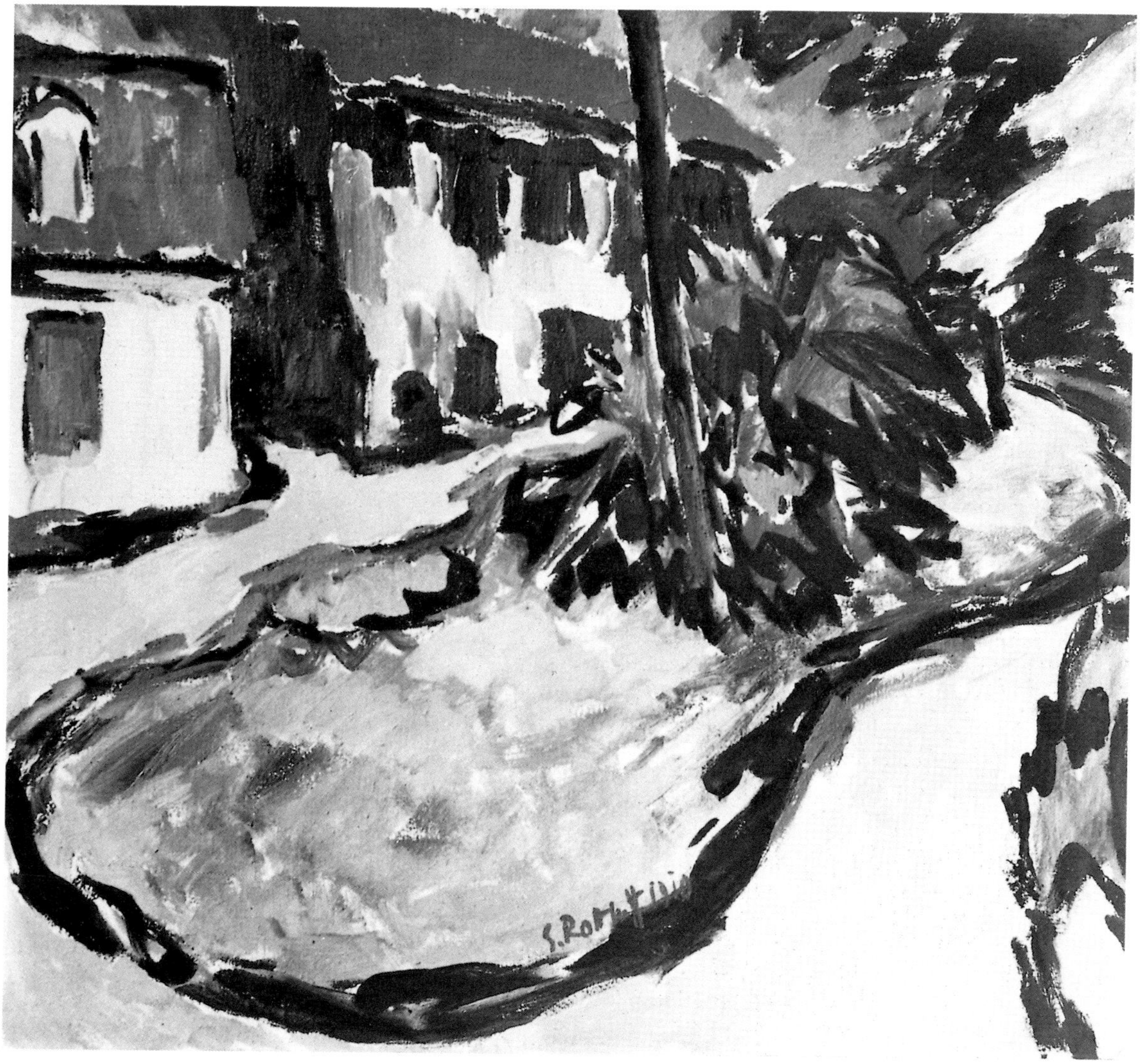

138 Häuser im Park, 1910, Gemälde

Hier handelt es sich um dieselben Häuser, die auf dem vorigen Bild von einer anderen Seite her gesehen worden waren. Das kleinere Badehaus von 1797 steht nun vorn und wird vom linken Bildrand überschnitten, während sich das nicht mehr existierende Logierhaus, das sechs Fensterachsen besaß, in der gleichen Flucht nach rechts hin anschließt. Auch auf dieser Seite geht ein ähnlich geschwungener Weg an den Häusern entlang und um einen voll belaubten Parkbusch herum, vor dem ein einzelner Baumstamm zum oberen Bildrand strebt. Irgendwelche Nachrichten über die farbige Beschaffenheit des Bildes haben sich nicht überliefert, doch dürfte es bei ähnlicher Behandlung der fließenden Konturen aus wesentlich lichteren Farbflächen bestanden haben als das vorige Bild. Auch sonst ist nur wenig über dieses verschollene Gemälde bekannt, dessen nachgewiesener Besitzer ein Angehöriger der Oldenburger Druckerfamilie Littmann gewesen ist. In der Druckerei Littmann wurde nicht nur der Katalog der Augusteums-Ausstellung von 1908 hergestellt, sondern auch derjenige für die letzte Brücke-Ausstellung von 1912 in der Berliner Galerie Gurlitt und in der Hamburger Galerie Commeter, in der Schmidt-Rottluff seit 1910 regelmäßig ausstellte. Da Heckel nach dem Sommer dieses Jahres nicht mehr nach Dangast zurückkehrte, dürfte der Druckauftrag für den letztgenannten Katalog durch Schmidt-Rottluff vermittelt worden sein, sodaß auch eine frühe Übergabe dieses Gemäldes an die Familie Littmann – in welcher Form auch immer – sehr wahrscheinlich ist.

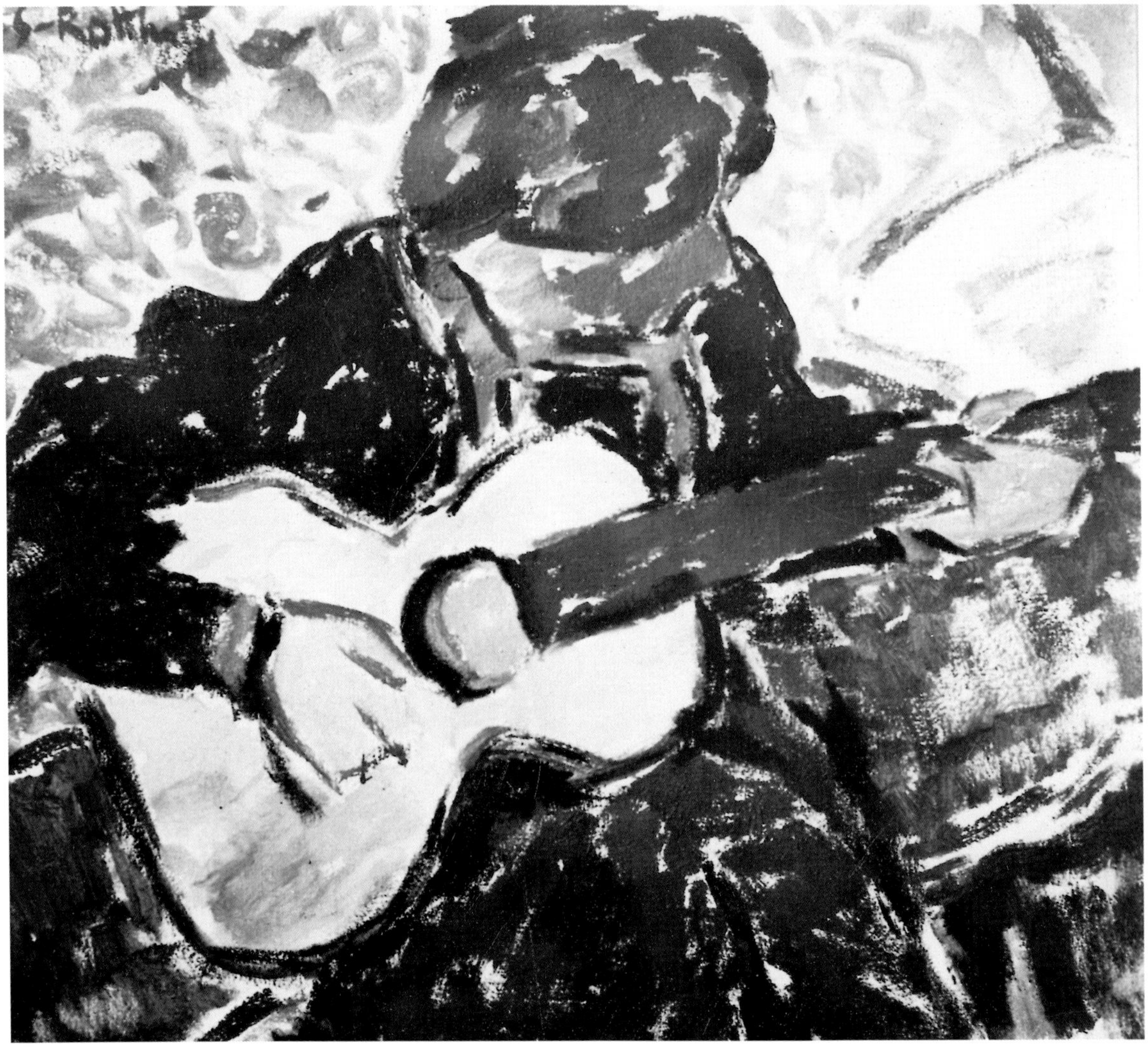

139 Guitarrespielerin, 1910, Gemälde

Die „Guitarrespielerin" besaß die 1910 am häufigsten vorkommenden Maße von 76 x 84 cm, war signiert, jedoch – wie etwa ein Drittel aller Gemälde von 1910 – nicht datiert. Dargestellt ist eine sitzende weibliche Gestalt vor gemustertem Hintergrund, den Kopf mit dem überschatteten Gesicht leicht über eine helle Guitarre gebeugt, die gleichsam auch den Ton für die das Bild beherrschende Diagonale angibt. Soweit überschaubar, handelt es sich hier um das einzige Bild zum Thema Musik bei Schmidt-Rottluff (Heckel nahm das Sujet in einem Bild von 1913 auf), der zwar häufiger musikalische Veranstaltungen besuchte, jedoch selbst kein Instrument spielte und überhaupt alles mied, was mit agierender Selbstdarstellung zu tun hatte.
Nach Mitteilung des Künstlers ist hier die damals 32jährige Oldenburger Malerin Emma Ritter (1878–1972) wiedergegeben, die 1909 auf Empfehlung des Sammlers Theodor Francksen mit Schmidt-Rottluff in Dangast bekanntgeworden war und seit 1910 dort gemeinsam mit ihm malte. Sie war damit die einzige Künstlerin, die noch während der Blütezeit der Brücke in engem Kontakt zu deren Mitgliedern, vor allem zu Schmidt-Rottluff stand, der sie 1915 ein weiteres mal in einer Radierung verewigte (Abb. S. 82) und ebenfalls schon 1910 gebrauchsgraphische Arbeiten für sie schuf (Abb. 257). Obwohl ihr Lebenswerk weitgehend vernichtet wurde, sind in den erhaltenen Bildern die starken Anregungen deutlich zu erkennen, die ihr aus dieser Freundschaft zuwuchsen.

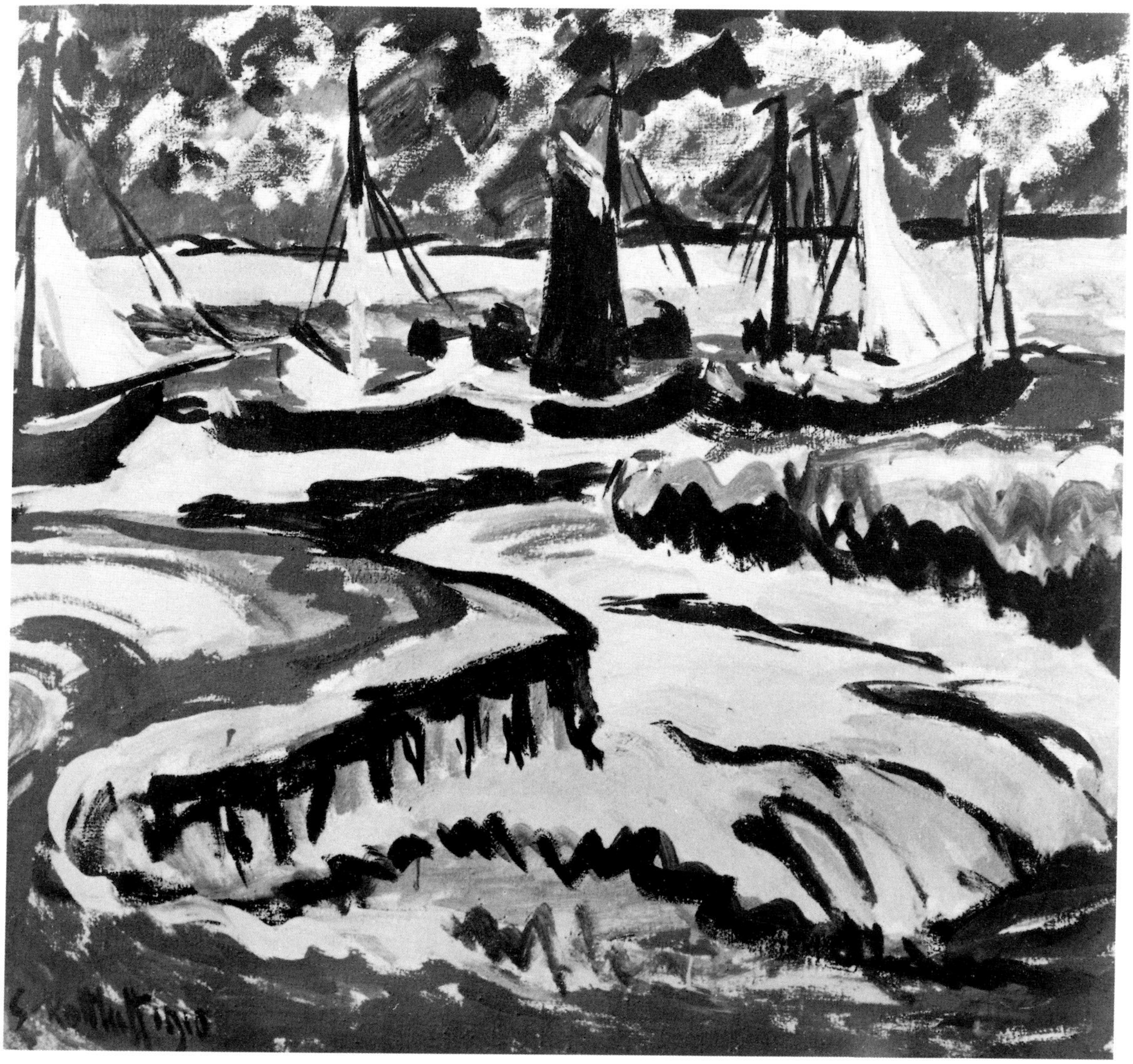

140 Hafen bei Ebbe, 1910, Gemälde

Die Sammlung des Freiherrn August von der Heydt (1851–1929) in Elberfeld, in der sich dieses Gemälde ehemals befand, wurde 1918 in einer Auswahl durch Carl Georg Heise – der Schmidt-Rottluff damals noch in Dangast wähnte – publiziert. Seine stichwortartige Bildbeschreibung lautet: „Vorn ein Wasserarm zwischen Wiesenland. Im Mittelgrund Segelschiffe. Farbiger Wolkenhimmel", womit wesentliche Bestandteile des Sujets getroffen sind. Das Bild gelangte 1930 an das Museum in Wuppertal-Elberfeld, wo es während des Zweiten Weltkrieges verbrannte. Dargestellt ist der später aufgegebene Hafen von Ellenserdammersiel, der von Dangast aus zu Fuß in 1,5 Stunden zu erreichen war und der in mehreren Bildern Schmidt-Rottluffs erscheint (Abb. 13, 41, 74, 114, 131). In dem von den Tiden abhängigen Binnenhafen traten bei Ebbe die steil ins niedrige Wasser abfallenden Ufer des Siels dunkel hervor, mehreren, zum Teil noch getakelten Frachtenseglern Platz bietend, die darin zusammengedrängt liegen. Sie sind deutlich in die Landschaft integriert und nicht als eigenes Bildthema behandelt, wozu es bei Schmidt-Rottluff erst in den Niddener Bildern von 1913 kommt. Allerdings behalten seine Schiffe auch dort immer ihre Verbindung mit dem festen Land und werden niemals Bestandteil eines die Unermeßlichkeit der hohen See suchenden Marinebildes. Zur farbigen Situation des Bildes kann auf fragmentarische Angaben von Wilhelm Niemeyer zurückgegriffen werden, der von dominierendem Grün, Rot und Gelb bei Erde und Wasser und rot-weißen Wolken in einem blauen Himmel berichtet.

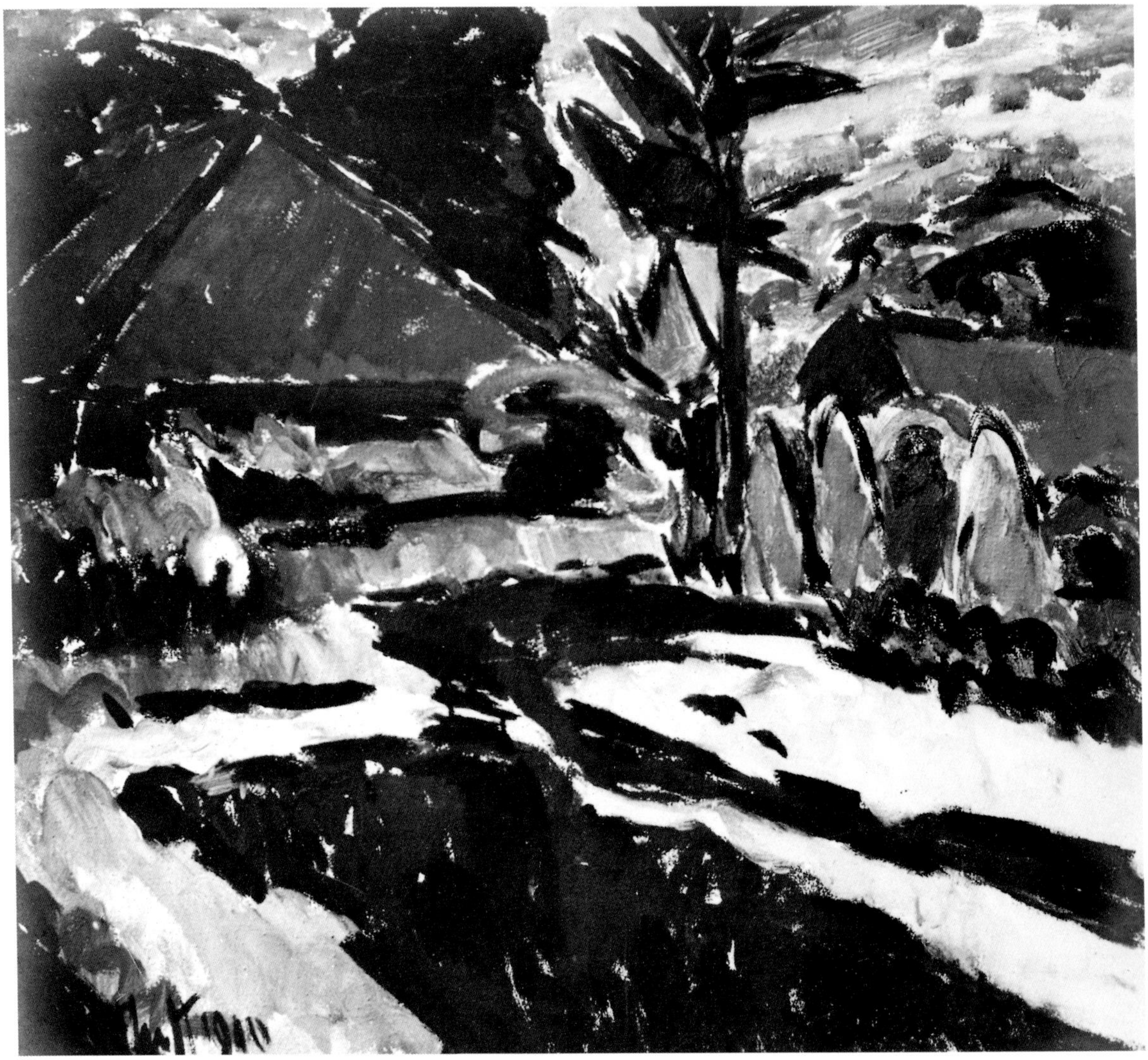

141 Landschaft im Moor, 1910, Gemälde

Ob dieses nicht mehr nachweisbare Bild aus der Sammlung des Hamburger Kaufmanns Max Leon Flemming von diesem tatsächlich der Hamburger Kunsthalle geschenkt wurde, wie die eigenhändige Beschriftung des Künstlers auf einem alten Foto aussagt, ist zweifelhaft, da in den Museumsunterlagen jeder Hinweis darauf fehlt. Schmidt-Rottluff hat das in Dangast begonnene Gemälde nach eigenen Angaben in Hamburg vollendet, wo er sich Ende 1910 erstmalig nicht nur vorübergehend aufhielt. Seinem Titel nach müßte es sich bei dem Bild, zu dem keine näheren Beschreibungen existieren, um ein Motiv aus Dangastermoor handeln, wo Schmidt-Rottluff seine Wohnung im „Fürst Bismarck" zwar 1909 zugunsten Dangasts aufgegeben hatte, wohin er jedoch auch deshalb weiterhin zurückkehrte, weil sich dort der von ihm häufig angesteuerte Bahnhof befand. Von den in der Schwarz-Weiß-Abbildung erkennbaren bäuerlichen Gebäuden stellt das am linken Bildrand vor hohen Bäumen breit hingelagerte Haus eine Scheune dar, da bewohnte Höfe keine so tief heruntergezogenen Giebel besitzen. Ein oder zwei weitere Häuser erscheinen verdeckt am rechten Bildrand, durch einen hochstämmigen Nadelbaum vom vorigen getrennt. Im Vordergrund sind lange Gartenbeete mit helleren und dunkleren Partien zum Haus gerichtet. Unter den nur vermutbaren Farben des Gemäldes dürfte das Rot der Dächer die Bildwirkung am stärksten bestimmt haben.

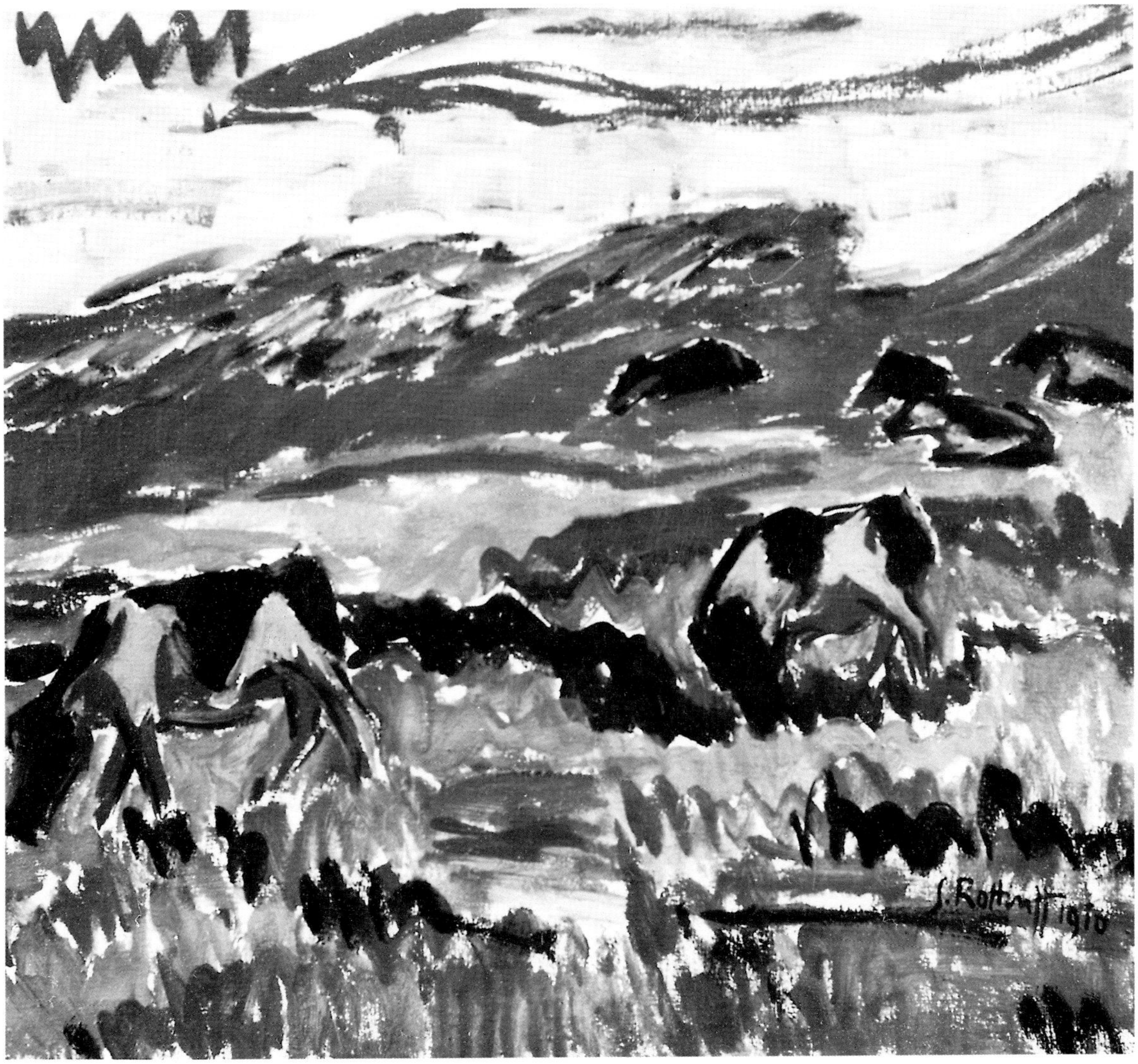

142 Kühe am Deich, 1910, Gemälde

Mit diesem Werk hielt 1922 das erste Gemälde Schmidt-Rottluffs Einzug in das Oldenburger Landesmuseum, das wenig früher aus mehreren Vorgängersammlungen vorwiegend historischer Kunst im ehemaligen Residenzschloß neu begründet worden war. Es handelte sich um ein Geschenk der eben durch die Initiative Ernst Beyersdorffs ins Leben gerufenen Vereinigung für junge Kunst, deren Eröffnungsausstellung im Oldenburger „Lappan", dem Domizil der Kunsthandlung Oncken, den Dangaster Malern galt – ohne Emma Ritter, jedoch mit Einbeziehung des jungen, gerade erst dort seßhaft gewordenen Franz Radziwill. Das Bild wurde zehn Jahre später noch einmal in der Jubiläumsausstellung zum 25jährigen Bestehen der Vereinigung Nordwestdeutscher Künstler gezeigt, der auch Schmidt-Rottluff einst angehört hatte, ehe es das Museum 1937 als „Entartete Kunst" verlassen mußte. Da damals fast alle aus den deutschen Museen verbannten Bilder noch nicht farbig fotografiert waren, sind wir auch in diesem Falle auf Vermutungen über deren farbige Erscheinung angewiesen. Wahrscheinlich haben sich die schwarz-weiß gefleckten Kühe, von denen zwei im Vordergrund grasen, während drei oder vier weitere im Hintergrund ruhen, von dem bewegt gemalten grünen Weideuntergrund stärker abgehoben, als es auf dem Schwarz-Weiß-Foto sichtbar ist. Die im Bild mehrfach vorkommenden Zickzacklinien und die nicht ohne weiteres deutbaren langgezogenen Pinselschwünge am oberen Bildrand werden aus einem wärmeren Rot oder Braun bestanden und eine vorwiegend durch die Farbe erreichte Gliederung bewirkt haben. Schmidt-Rottluff hatte sich mit dem gleichen Thema bereits in einer Dangaster Lithographie von 1908 befaßt (Abb. 30).

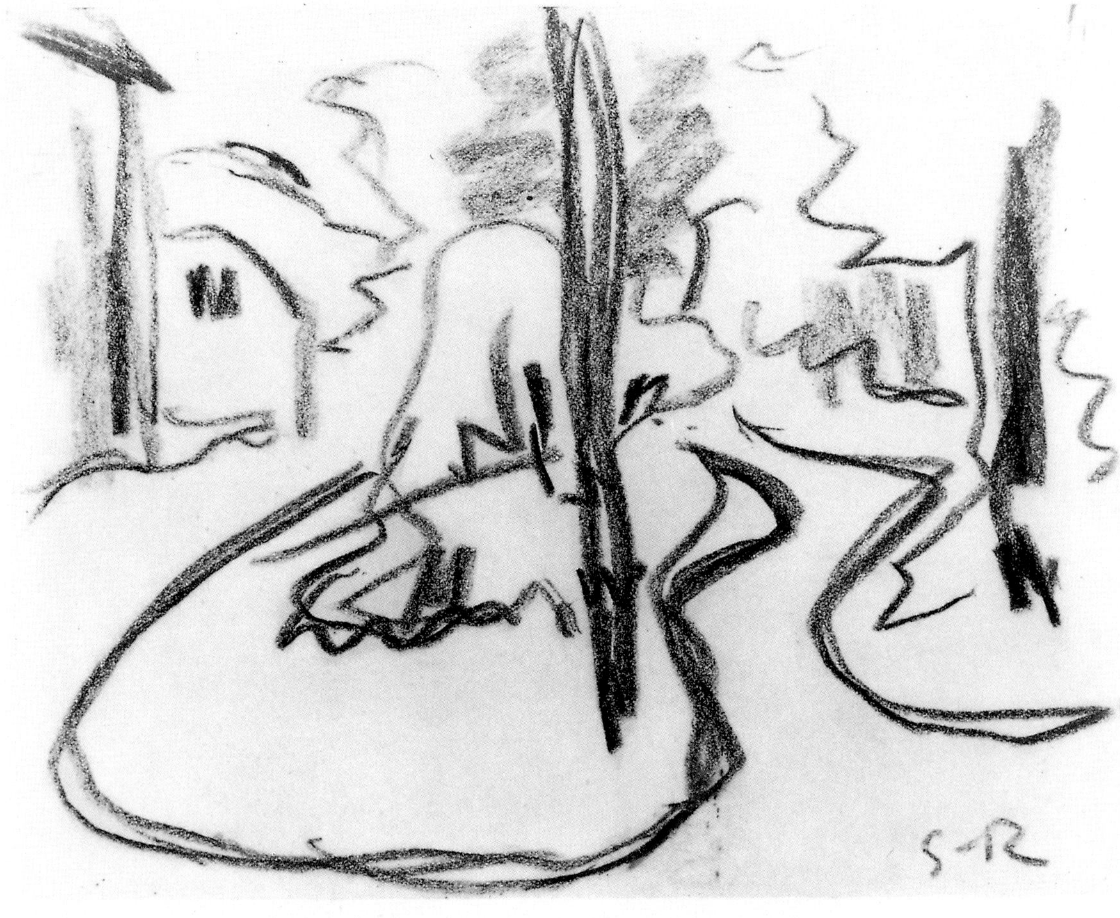

143 Park in Dangast, 1910, Zeichnung

Auf das Vorkommen dieses Motivs in einem Gemälde (Abb. 137) und einer Lithographie (Abb. 203) – beide ebenfalls von 1910 – wurde bereits hingewiesen. Hier sei wiederholt, daß es sich dabei um das links überschnittene, inzwischen jedoch abgerissene alte Logierhaus und das in seiner Verlängerung befindliche kleinere ehemalige Badehaus von 1797 handelt, die damals beide noch von gestalteten Parkanlagen umgeben waren. Die relativ kleine Kreidezeichnung wurde vom Künstler mit der noch selten vorkommenden, jedoch schon bei zwei Postkartenzeichnungen von 1909 konstatierten SR-Signatur versehen. Sie gehörte Rosa Schapire und gelangte möglicherweise bereits anläßlich ihres Dangast-Aufenthaltes im Juli und August 1910 als Geschenk des Künstlers in ihren Besitz. – Das Bestreben des Malers, ein Motiv mit dem geringsten technischen und formalen Aufwand zu erfassen, wird bei diesem Blatt besonders deutlich. Fast scheint es so, als hätte er nur einen einzigen Kreidestift benutzt, um die Konturen von Häusern, Wegen und Bäumen gleichsam mit einer Handbewegung zu umschreiben, sie hier kraftvoller, dort zarter nutzend und unterschiedlichste Schwärzen auf dem Papier hinterlassend. Es ist eine sehr eigenwillige Kurzschrift, mit der die Fixierung alles Wesentlichen erreicht wird, Hell und Dunkel ebenso, wie die Fügung des Gesehenen zum Bild. Die Frage, ob es sich um eine Vor- oder Nachzeichnung zu einem Gemälde handelt, verliert insofern an Bedeutung, als ausgesprochene Vorstudien in der Funktion sukzessiver Stufen oder Stationen des Gestaltungsprozesses bei Schmidt-Rottluff gar nicht existieren, da alles Hervorgebrachte zunächst als in sich selbständige Schöpfung begriffen sein will.

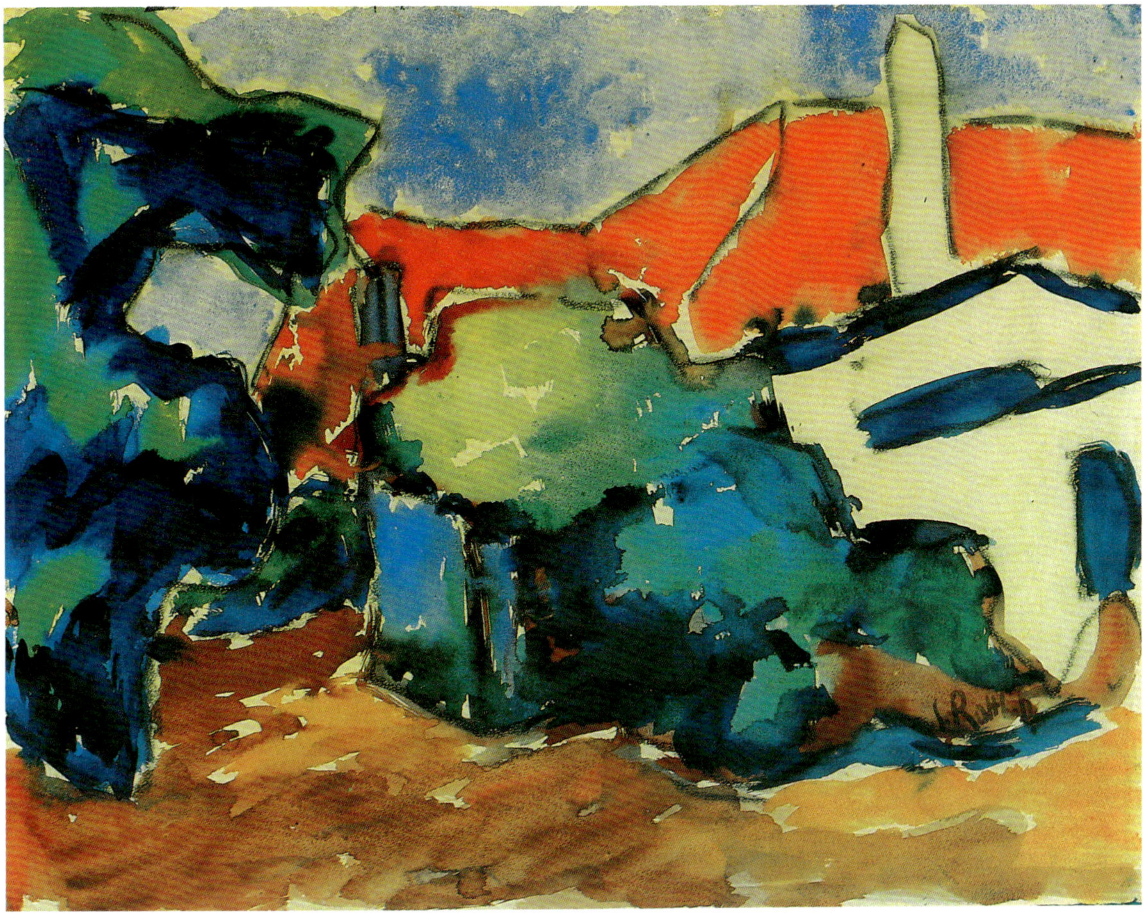

144 Gutshof in Dangast, 1910, Aquarell

Die bisherige Einordnung dieses nicht datierten und eine gewisse Sonderstellung einnehmenden Aquarelles ist nicht unbegründet, da es sich von der vibrierend-kleinteiligen Pinselführung in den Blättern von 1909 eindeutig entfernt und die flächige Geschlossenheit der wieder häufigeren Aquarelle von 1911 noch nicht ganz erreicht hat. In den meisten Partien werden die fließend dünn sowohl nebeneinander, als auch ineinander und übereinander aufgetragenen Wasserfarben ebenso auffallend sichtbar, wie der sich nicht mit der bloßen Unterzeichnung begnügende, sondern in die Bildwirkung deutlich mit einbezogene Graphitstift. Der auf der Rückseite des Blattes befindliche eigenhändige Titel „Gutshof" verweist auf das Bild gleichen Namens (Abb. 121) und zeigt die dort wiedergegebenen Wirtschaftsgebäude des Dangaster Kurhauses aus einem anderen, einen halbhohen Schornstein einbeziehenden Blickwinkel, jedoch mit abweichenden Farbentscheidungen. Dem im Gemälde dominierenden Blau-Rot-Klang wird hier vom unteren Bildrand her ein erdiges Braun entgegengesetzt, das in dieser Ausprägung auf anderen Aquarellen der frühen Jahre ebensowenig vorkommt, wie das an Nolde gemahnende Naß-in-Naß-Malen bei den blaugrünen Baum- und Buschpartien. Der erste Besitzer dieses Blattes war Carl Georg Heise (1890–1979), bis 1933 Leiter des Lübecker Museums und nach 1945 Direktor der Kunsthalle seiner Heimatstadt Hamburg.

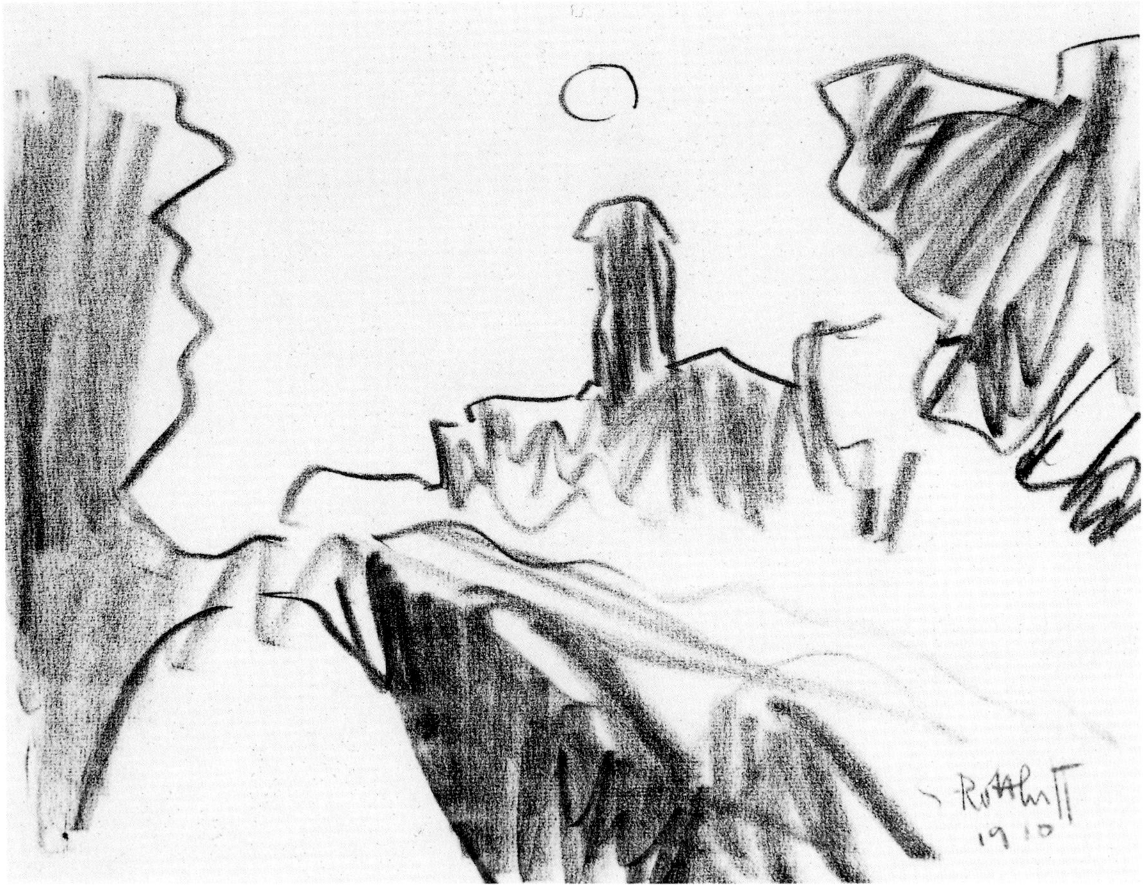

145 Landschaft mit Turm, 1910, Zeichnung

Die lapidare Graphitzeichnung der von Schmidt-Rottluff so ungewöhnlich häufig dargestellten Villa mit Turm gibt das Motiv des verschollenen Gemäldes „Villa in Dangast“ von 1910 wieder (Abb. 136), erneut genial vereinfacht und auf das Wesentliche reduziert: vorn mit dem schräg in die Tiefe der Bildmitte führenden Hell-Dunkel eines breiten Weges, in dem die Schwärzen auch die Nähe angeben, links und rechts oben durch die ins Bild hineinragenden Bäume mit gezackten Konturen und dazwischen – aus der Mitte leicht nach rechts versetzt, sowie zusätzlich durch die zarten Konturen des Mondes apostrophiert und gegen sein Licht stehend – die bedrohlich dunkle Silhouette des Landhausturmes. Signatur und Datierung unten rechts heben die Zeichnung über die bloße Skizze hinaus.

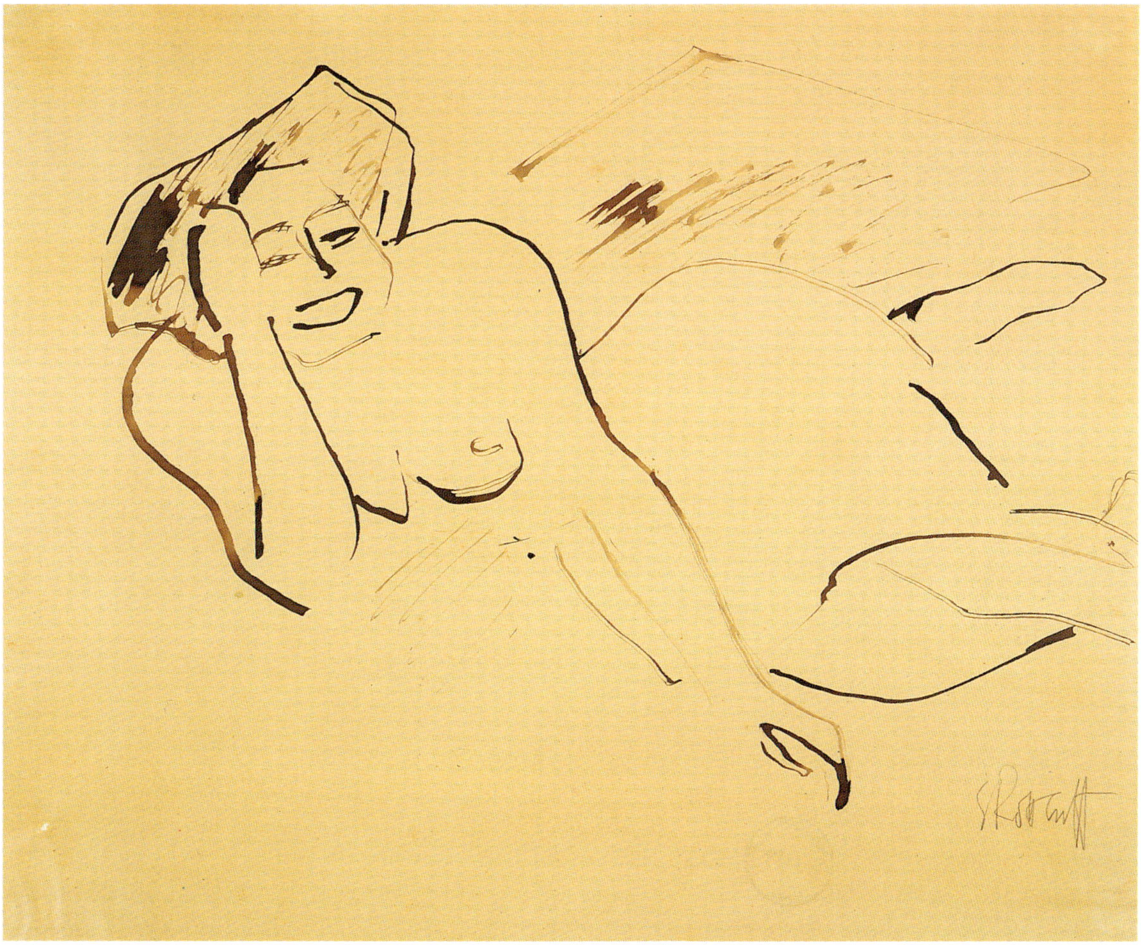

146 Liegender weiblicher Halbakt, 1910/11, Zeichnung

Die Beschäftigung mit dem Akt als Bildthema in Dangast, haben sowohl Schmidt-Rottluff, als auch Erich Heckel und Emma Ritter bestätigt, wobei Heckel zugleich bemerkte, daß es damit im Moritzburger Schilf problemloser gewesen sei als in der offenen Weite der Nordseestrände, an denen die Trennung in Abschnitte für Damen und Herren damals noch nicht ganz beseitigt war. Zwar haben bei Schmidt-Rottluff auch aus diesem Grunde graphische Umsetzungen des Themas Vorrang, doch fehlte es in Dangast auch nicht an anderen Aktdarstellungen, wie beispielsweise eine hier am 7. Mai 1910 abgestempelte Postkartenzeichnung beweist (Abb. 149). – Die oben wiedergegebene Rohrfederzeichnung eines aufgestützt liegenden weiblichen Halbaktes mit lachendem Gesicht gehört in diese Zeit, obwohl seine sparsam und spröde um Rock und nackten Oberkörper gezogenen Konturen es schwermachen, zu entscheiden, ob im Freien oder im Innenraum gezeichnet wurde.

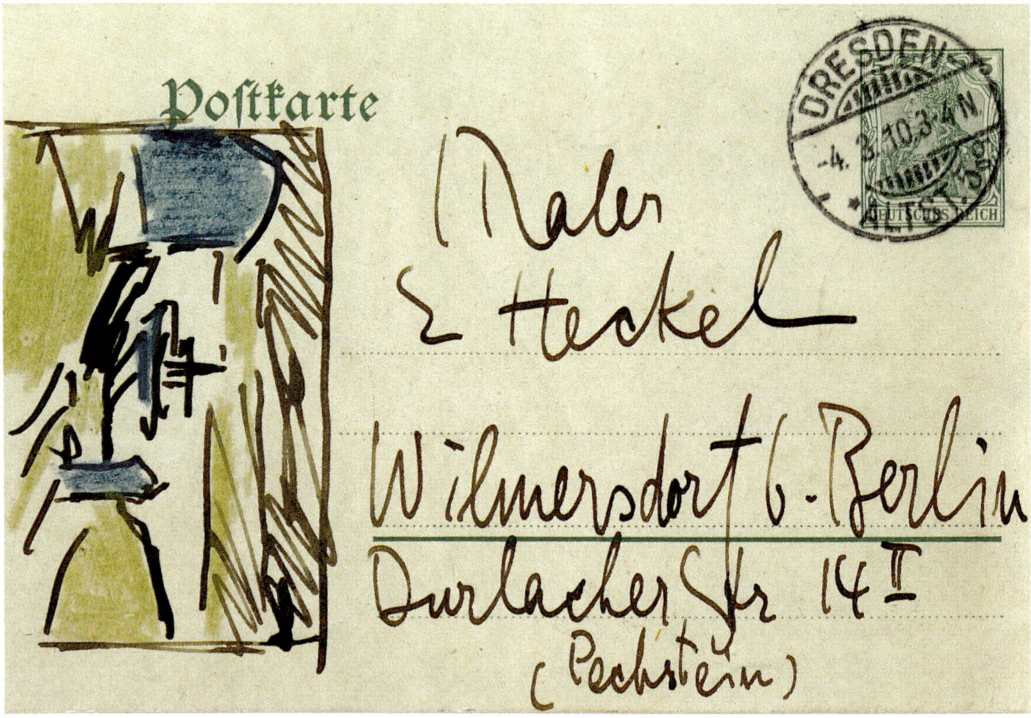

147 Kleine Landschaft am Wasser, 1910, Postkartenzeichnung

Das von Schmidt-Rottluff 1909 begonnene Zeichnen auf Postkarten erlebte 1910 seinen absoluten Höhepunkt. Ihre nachweisbare Zahl stieg von 13 im Jahre 1909 auf 38, die 1910 von hier abgesandt wurden, um 1911 auf 15 zurückzugehen und im letzten Dangaster Jahr ganz zu versiegen. Die bedeutsame Rolle, die Rosa Schapire hierbei – nicht nur als Empfängerin – zukam, hat der Verfasser bereits 1958 darzulegen versucht. Wenn nun den aus Dangast an sie gesandten 22 Postkarten Schmidt-Rottluffs mehr als doppelt soviele gegenübergestellt werden können, die andere Adressaten von hier erreichten, dann mindert das die Bedeutung der mit dem Maler befreundeten Kunsthistorikerin in keiner Weise, da sehr viele dieser Karten von ihr angeregt worden waren oder an ihr bekannte Empfänger versandt wurden. – Diese am 4. März 1910 in Dresden abgestempelte Postkarte war für Erich Heckel bestimmt, der sich gerade bei Max Pechstein in Berlin aufhielt. Schmidt-Rottluff erwähnt darauf zwei beim Oldenburger Kunsthändler Oncken befindliche Bilder, die für eine Ausstellung in Leipzig bestimmt waren. Oncken hatte erst wenige Wochen zuvor ein neues Domizil im „Lappan“ bezogen, dem mittelalterlichen Turm der ehemaligen Heiliggeistkirche, den er aus diesem Anlaß von Erich Heckel für ein großes Plakat in Holz schneiden ließ (Abb. S. 56). Ob die von Schmidt-Rottluff spontan neben die Anschrift gesetzte kolorierte Federzeichnung eine Dangaster oder norddeutsche Reminiszenz darstellt – die Dresdener Elbe ist längst nicht so breit – muß vorerst offen bleiben. Immerhin existieren auch Karten mit Dangaster Motiven, die anderswo abgestempelt worden sind (Abb. 148). Die hier abgebildete mag daher vor allem als Beispiel für die unlösbare Verbindung von Schrift und Bild und als Beweis dafür gelten, daß es nicht äußere Voraussetzungen und überkommene Normen und Begriffe sind, die ein Kunstwerk ausmachen. Heckel besaß den wohl umfangreichsten Bestand gezeichneter Postkarten und Briefe aus der Blütezeit ihrer Produktion vor dem Ersten Weltkrieg und hat ihn über alle Fährnisse hinweg aufbewahrt. Sein freundschaftlich verbindliches Wesen war eine der Hauptursachen dafür, daß er von seinen Künstlerfreunden besonders häufig mit solchen Lebenszeichen bedacht worden ist – 83 mal allein von E.L. Kirchner. Dieser Fundus konnte weitgehend vom Altonaer Museum erworben werden, das dem damals noch nicht beachteten Thema 1962 auch die erste umfassende Ausstellung widmete und eine Sammelstätte dafür aufbaute.

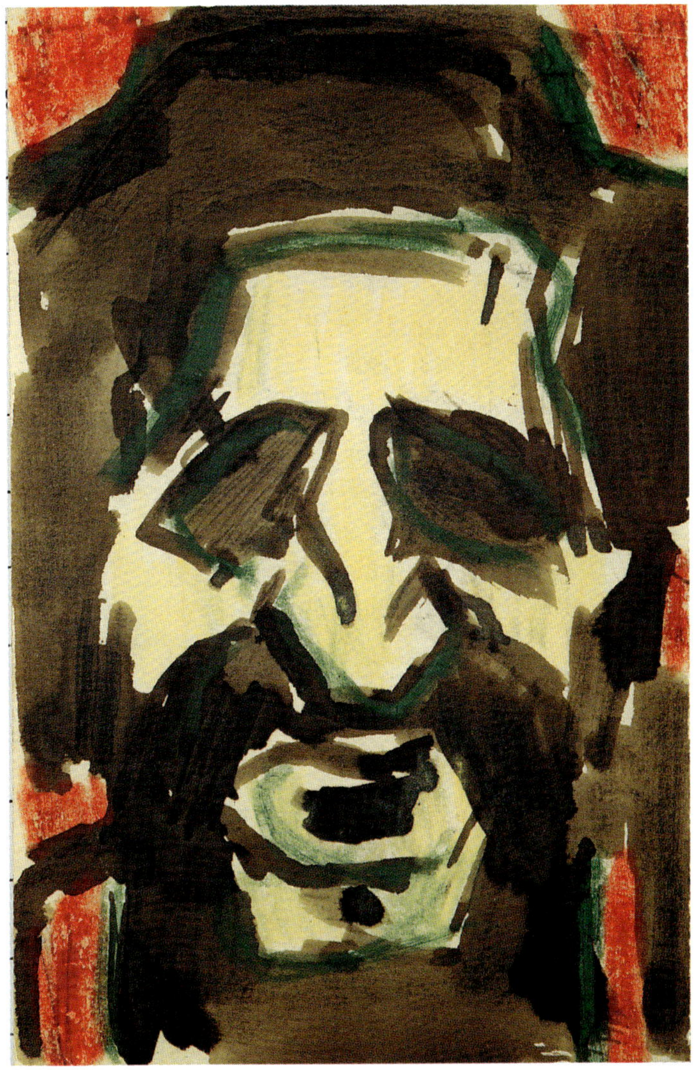

148 Bärtiger Fischerkopf, 1909/10, Postkartenzeichnung

Der einprägsame Kopf eines Dangaster Fischers mit hängendem Schnurrbart und schattigen, abwärts gerichteten Augenhöhlen auf einer an Erich Heckel gesandten und am 5. April 1910 in Chemnitz abgestempelten Postkarte stimmt in allen wesentlichen Punkten mit einem bereits 1909 geschaffenen Holzschnitt Schmidt-Rottluffs überein. Die dort vorhandenen Schwärzen sind auf der im Verhältnis schmäleren Karte mit dem Tuschpinsel angelegt und einige der freien Stellen mit farbiger Ölkreide übergangen, wie die oberen Ecken und die am unteren Bildrand sichtbaren Hosenträger in leuchtendem Rot, sowie die wichtigsten Konturen, vor allem im Gesicht, in sattem Grün, wodurch ein völlig neuer, exotische Assoziationen hervorrufender Bildeindruck entsteht. Da so gut wie alle mit Bildskizzen versehenen Postkarten mit anderen Wiedergaben desselben Themas zeitgleich sind, ist die Möglichkeit nicht auszuschließen, daß auch diese Zeichnung bereits 1909 entstand und vom Künstler erst später verwendet wurde. – Erich Heckel, der Empfänger der Karte, hat sich in Dangast mit der Darstellung von Fischern und ihren Tätigkeiten in Bildern, Aquarellen und sämtlichen graphischen Techniken im übrigen weit häufiger befaßt als Schmidt-Rottluff und beide übertraf Max Pechstein, der 1911 nicht weniger als zwölf Fischerköpfe in Holz schnitt während er sich zum zweiten mal in Nidden auf der Kurischen Nehrung aufhielt.

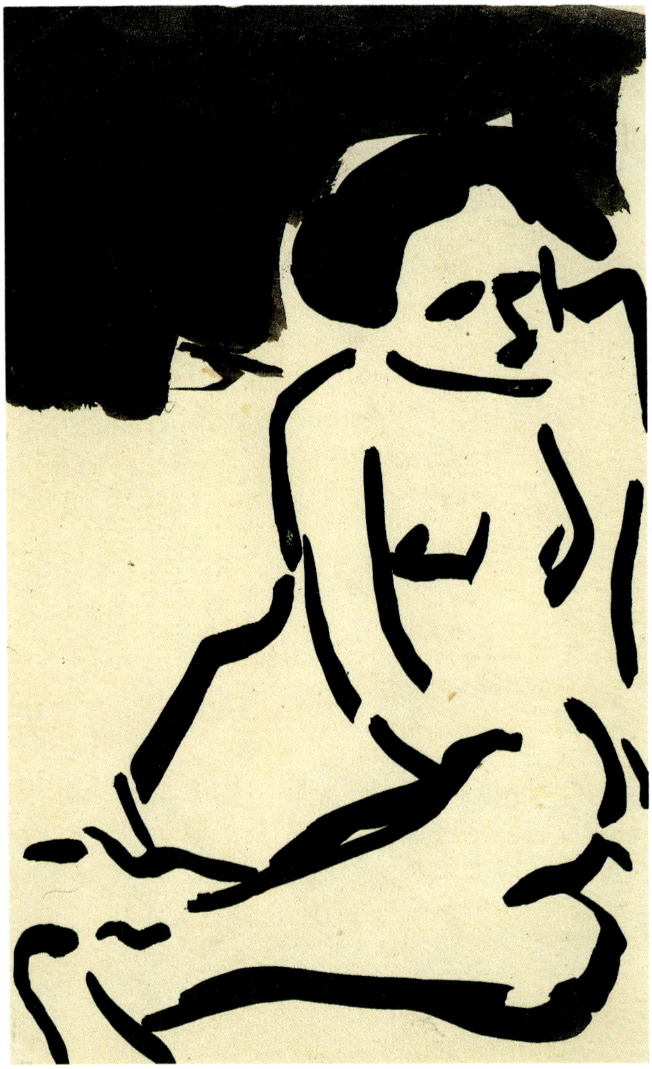

149 Sitzender weiblicher Akt, 1910, Postkartenzeichnung

Sowohl in der 1974 in Karl-Marx-Stadt veranstalteten Schmidt-Rottluff-Ausstellung, als auch in der großen Expressionismus-Schau der Ost-Berliner Nationalgalerie als „unbeschriftet“ ausgewiesen, ist diese Postkarte tatsächlich an Dr. med. Adolf Eberhard Thiele (1867–1933) gerichtet, der seit 1910 als Erster Stadtschularzt in Chemnitz tätig war, ehe er 1919 als Geheimer Medizinalrat in die Landeshauptstadt Dresden berufen wurde und sich dort unter anderem große Verdienste um den Aufbau des Hygienemuseums erwarb. 1909 erhielt er die früheste, bisher bekannt gewordene Postkartenzeichnung Schmidt-Rottluffs, von dem er insgesamt mindestens fünf solcher Kartengrüße besaß (Abb. 77, 155, 182, 245). Thiele schrieb mehrfach Kunstrezensionen für die an seinen Wirkungsorten erschienenen Zeitungen, gehörte in Chemnitz zu den nicht eben zahlreichen Passiven Brücke-Mitgliedern und sammelte zeitgenössische Kunst, darunter auch Arbeiten von Schmidt-Rottluff. Dieser vermeldete ihm auf der hier gezeigten Postkarte die Rückkehr in „das kalte Dangast“, wo er in jenem Jahr bis Mitte November bleiben sollte. In der Tuschpinselzeichnung eines nach rechts gerückten sitzenden Mädchenaktes werden nur die mehrfach ansetzenden Konturen gegeben, wobei der Kopf in der schwarzen Fläche darüber ausgespart bleibt. Stil und Auffassung zeigen Ähnlichkeit mit einer gleichzeitigen Aktdarstellung auf der für Rosa Schapire geschaffenen Graphikmappe (Abb. 208).

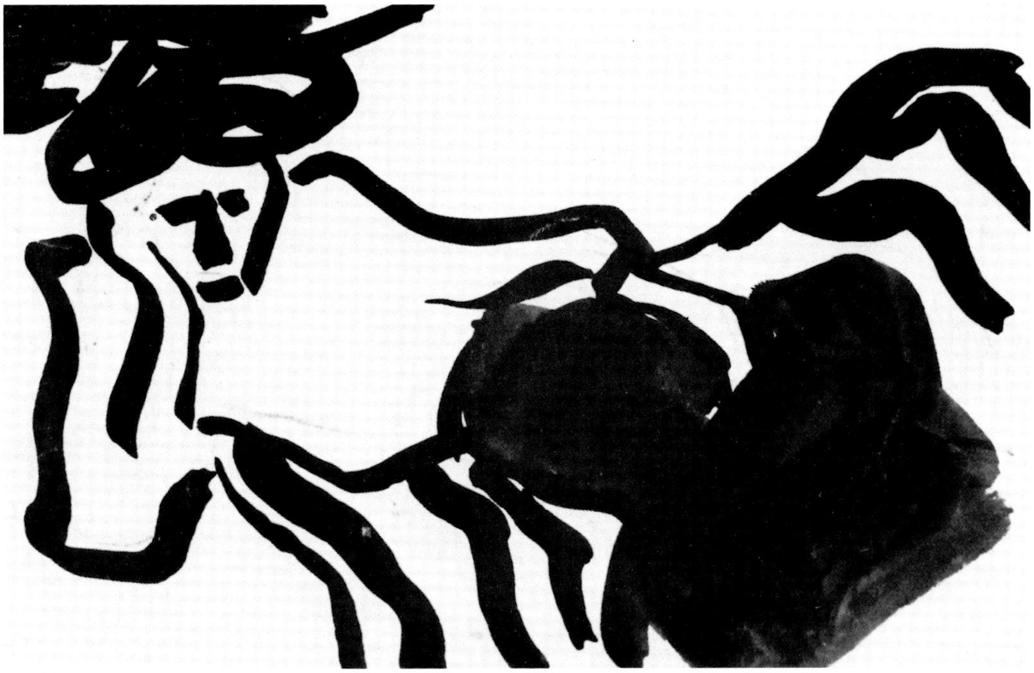

150 Liegendes Mädchen, 1910, Postkartenzeichnung

Die Darstellung dieses bekleidet auf einem Bett oder Sofa sitzenden und mit dem Oberkörper liegend zurückgelehnten Mädchens wurde von Schmidt-Rottluff nicht nur am gleichen Tag in Dangast abgesandt wie die vorige – dem 7. Mai 1910 – sie enthält auch einen ebenso kurzen, erneut die Kälte in Dangast apostrophierenden Gruß. Die gleichzeitige Entstehung ist durch die Übereinstimmung von Stil und Technik beider Zeichnungen evident und es ist auch nicht auszuschließen, daß es sich in beiden Fällen um dasselbe Modell handelt. Was diese Karte jedoch in besonderem Maße interessant macht, ist deren Empfängerin Emy Frisch (1884–1975), Schmidt-Rottluffs spätere Frau, die ebenfalls aus Chemnitz stammte und damals schon als Fotografin in Berlin-Friedenau arbeitete. Sie war bis dahin vor allem mit Ernst Ludwig Kirchner befreundet, den sie 1908 gemeinsam mit ihrem Bruder auf einer Reise zur Insel Fehmarn begleitete. Unter den Bildern, die er dort von ihr malte, befindet sich auch das Gemälde „Frauenbildnis im weißen Kleid" von 1908 (Gordon 39), an das die Postkartenzeichnung erinnert. Aufschlußreich ist es vor allem, daß Schmidt-Rottluff die Adressatin damals noch mit „Sie" anredete, sodaß die Vermutung, sie könnte schon auf zeitgleichen Darstellungen, wie dem Gemälde „Der Besuch" von 1910 (Abb. 123) zu sehen sein, wenig Wahrscheinlichkeit besitzt. Ihr erstes Gemäldeporträt von seiner Hand entstand erst 1915. Nach dem Postkartenmotiv wurde 1910 ein Holzschnitt im Gegensinn geschaffen (Abb. 195) und möglicherweise auch noch ein bei Grohmann genanntes, aber nicht abgebildetes Gemälde.

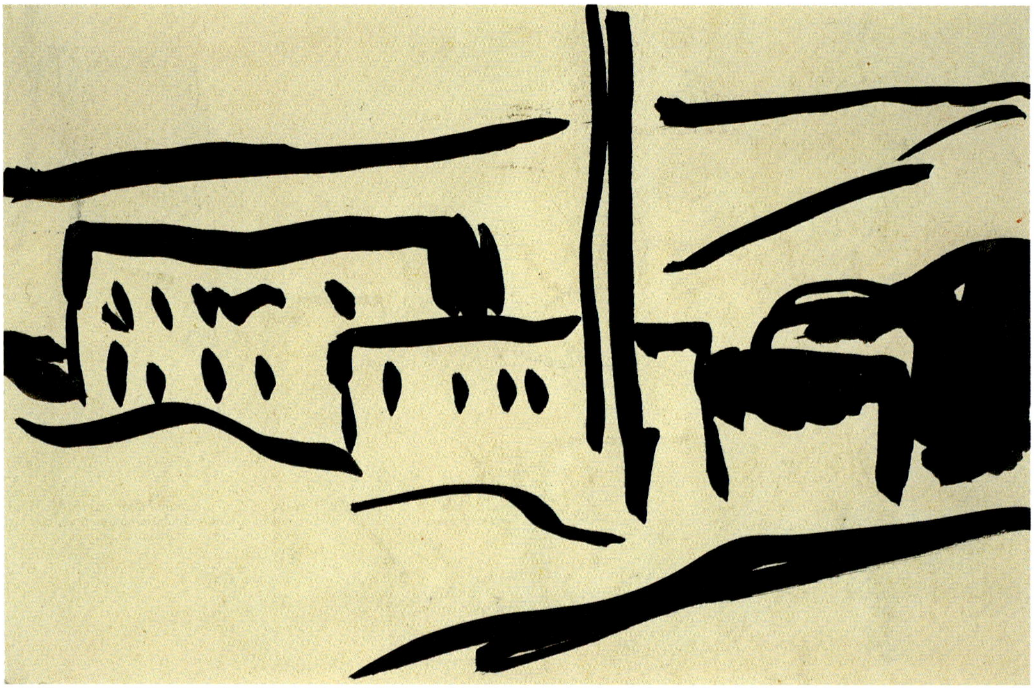

151 Fabrikgebäude, 1910, Postkartenzeichnung

Die promovierte Hamburger Zahnärztin Elsa Hopf, die diese am 14. Mai 1910 in Varel abgestempelte Postkarte mit einem Pfingstgruß Schmidt-Rottluffs erhielt, war über Rosa Schapire mit dem Künstler bekannt geworden und hatte gemeinsam mit der in ihrer Praxis tätigen Kollegin Clara Goldschmidt die Passive Brükke-Mitgliedschaft erworben. Nach Rosa Schapire gingen ihr unter den Hamburger Sammlern die meisten Postkartenzeichnungen von Schmidt-Rottluff zu – etwa 20 lassen sich nachweisen – davon viele aus Dangast, wo sie den Künstler auch besuchte. Besonders intensiv wurde der gegenseitige Kontakt während der Ende 1910 beginnenden Winteraufenthalte Schmidt-Rottluffs in Hamburg, doch scheint es vermessen, in der wesentlich älteren, von Schmidt-Rottluff immer respektvoll behandelten Sammlerin sein Modell zu erkennen (Gunther Thiem 1991), zumal hier genügend Berufsmodelle zur Verfügung standen. Ihre Vermögensverhältnisse erlaubten es ihr, zahlreiche Arbeiten des Künstlers zu erwerben, darunter zwei Gemälde, mehrere Aquarelle und Zeichnungen (Abb. 224), zahlreiche Graphiken, sowie mehrere kunsthandwerkliche Arbeiten, wie die einzige erhaltene Holztruhe (Abb. 299) und wenigstens einen jener in Dangast gearbeiteten Holzkästen, die 1911 in der Hamburger Galerie Commeter ausgestellt wurden (Abb. 272). – Das auf dieser Postkarte abgebildete Sujet erscheint – leicht verändert – erneut in einem Holzschnitt von 1910, den Rosa Schapire ohne nähere Lokalisierung als Fabrik bezeichnet (Schapire H 46). Solche Unternehmen waren in der näheren Umgebung Dangasts nur im gewerbereichen Varel zu finden, wo diese Karte auch abgestempelt wurde. Die kraftvolle Tuschpinselzeichnung umschreibt zwei versetzt hintereinander stehende flachgedeckte Baublöcke mit einem hohen Schornstein davor, sowie einer vorderen und hinteren Geländeandeutung. Es wäre gut denkbar, daß sie erst kurz vor ihrem Einwurf in den Postkasten entstand.

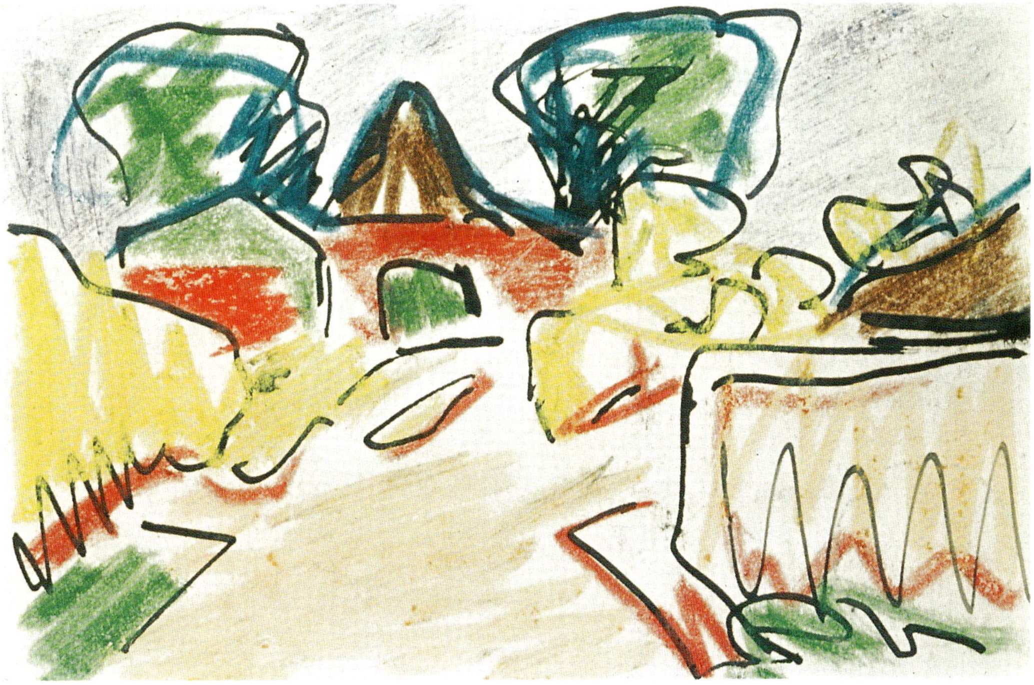

152 Bauernhof mit Bäumen, 1910, Postkartenzeichnung

Die Postkarte ist an die Hamburger Sammlerin Martha Rauert gerichtet, die sich, wie Rosa Schapire dem Künstler mitgeteilt hatte, gerade zu einem Kuraufenthalt in Wiesbaden aufhielt. Schmidt-Rottluff verbindet mit seinem Gruß die Nachricht von sonnigem Wetter und intensiver Arbeit, die in diesem Jahr zu besonders reichen Ergebnissen führen sollte. Wenn die Sammlung Rauert sich schon damals zu einer der bedeutendsten Privatsammlungen moderner Kunst in Hamburg entwickeln konnte, dann war dies vor allem ein Verdienst Martha Rauerts, die den persönlichen Kontakt mit den Künstlern bis ins hohe Alter pflegte und sich in jeder Beziehung auch dann noch für sie einsetzte, als sie politisch verfemt wurden. Schmidt-Rottluff war mit mindestens 17 Gemälden, einer darüber hinausgehenden Zahl von Aquarellen und Zeichnungen, einem umfangreichen Graphikbestand und mehreren kunsthandwerklichen Arbeiten am stärksten darin vertreten und hatte 1914 auch ein Holzschnitt-Exlibris für die Sammlerin geschaffen. Von den gezeichneten Postkarten, die sie auch noch nach dem Ersten Weltkrieg von ihm erhielt, waren 1962 noch zehn nachweisbar. Auf dieser Karte mit einem zurückliegenden, spitzgiebeligen Bauernhaus befindet sich die erste Fassung eines Motivs, nach dem Schmidt-Rottluff 1911 ein farblich und stilistisch verändertes Aquarell schuf (Abb. 222). Die vorliegende Zeichnung wurde mit der Feder skizziert und mit Ölkreiden übergangen, wobei sich Grün, Gelb und Braun gegenüber dem, das Bauernhaus bestimmenden Rot behaupten, während das Blau-Grau des Himmels zurücktritt. Dargestellt ist wahrscheinlich ein noch vorhandener Hof an der am Südrand Dangasts liegenden heutigen Deichstraße.

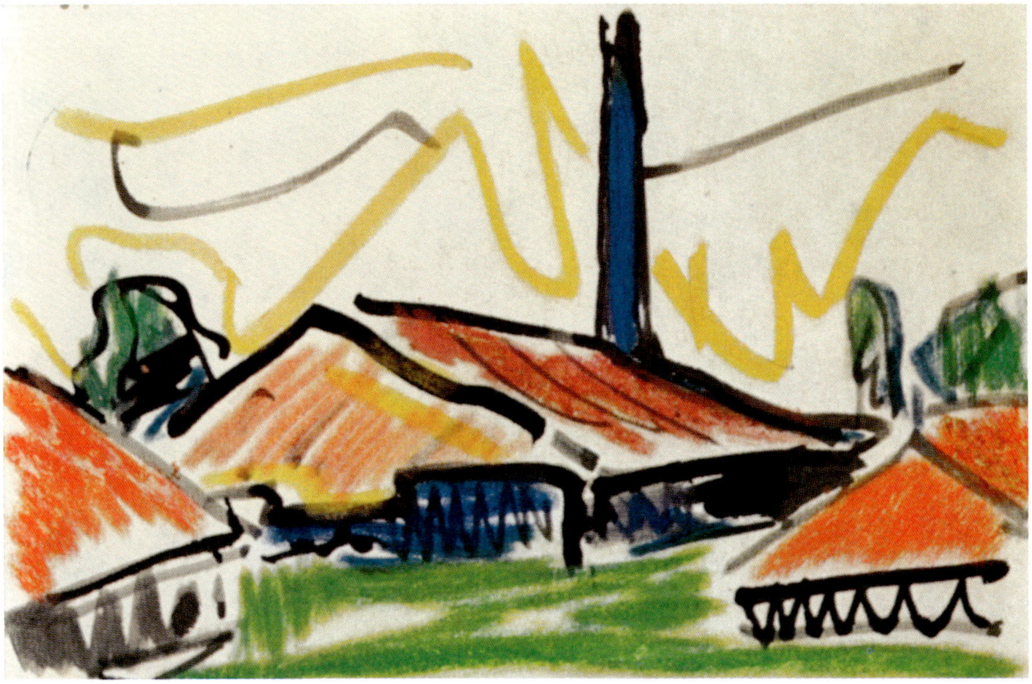

153 Ziegelei, 1910, Postkartenzeichnung

Nachdem sich Martha Rauert für Schmidt-Rottluffs letzte Postkarte (Abb. 152) bedankt hatte, erhielt sie nur eine Woche später diese ebenfalls in Dangast abgestempelte Karte mit den rotgedeckten Gebäuden einer Ziegelei. Sie bezeugt erneut das enger werdende Verhältnis zwischen der engagierten Sammlerin und dem Maler, dessen im Vorjahr an sie gesandte Karten auch noch von Erich Heckel unterschrieben worden waren. Heckel befand sich seit Anfang Mai 1910 zu seinem letzten Aufenthalt in Dangast und erwartete damals den Besuch Max Pechsteins, der in seinen späteren Erinnerungen anschaulich über seine Reise an den Jadebusen berichtet. Daraus interessiert hier insbesondere jene Stelle, in welcher von der gegenseitigen Respektierung bereits gestalteter Motive die Rede ist. Sie könnte ein Grund dafür sein, weshalb sich das Ziegelei-Thema in keinem Gemälde Schmidt-Rottluffs wiederfindet, obwohl es sowohl hier, wie in allen anderen vorhandenen Darstellungen bildhaften Charakter besitzt. Erich Heckel hatte bereits 1907 und 1908 zwei Ziegelei-Bilder geschaffen, die zu seinen Dangaster Hauptwerken gehören. Schmidt-Rottluff wollte sich nicht in Wettbewerb zu ihnen begeben, zumal die Gemälde Heckels noch von zahlreichen Aquarellen, Zeichnungen und graphischen Arbeiten begleitet worden waren. Hier handelt es sich um die noch vorhandene Ziegelei Borgstede bei Bockhorn, deren einzelne, von einem hohen Schornstein überragte Gebäude als geschlossene Komplexe so mit dem Tuschpinsel zueinander geordnet werden, daß ihre tiefroten Dächer die untere Bildhälfte füllen, während zwischen und neben ihnen Grün aufleuchtet und mit wenigen lapidar hingezogenen dunklen und gelben Linien der Himmel bestimmt wird. Es ist eine jener Postkarten-Zeichnungen Schmidt-Rottluffs, in denen seine Fähigkeit zur Monumentalisierung des Gesehenen auf kleinstem Format am wirkungsvollsten zum Ausdruck kommt.

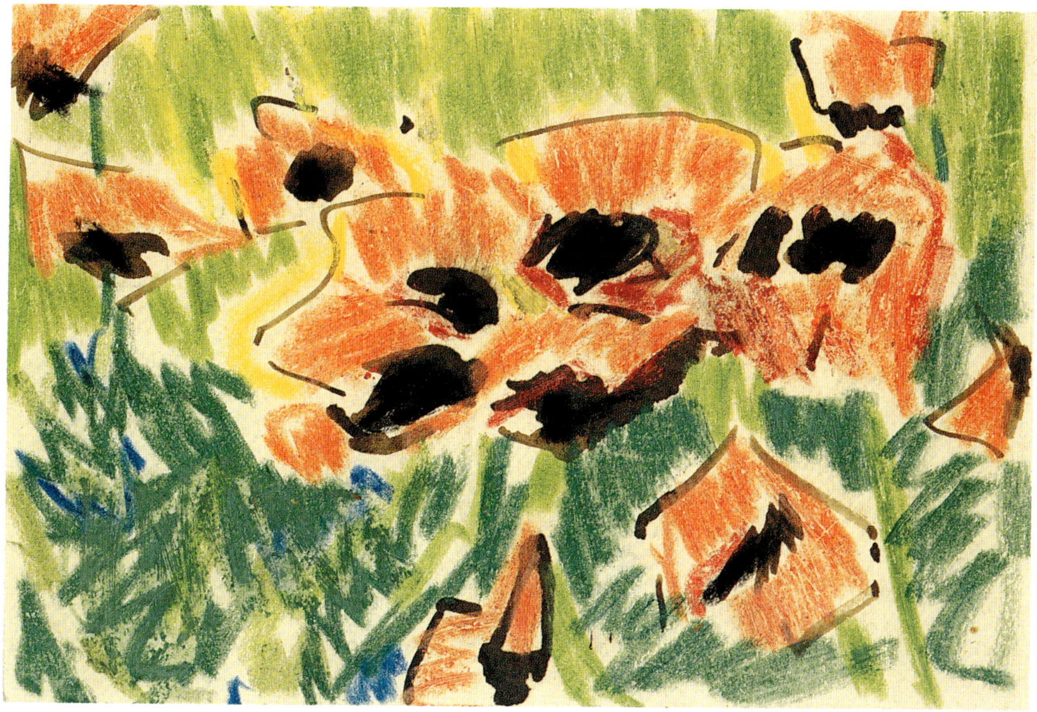

154 Mohnblumen, 1910, Postkartenzeichnung

Mohnblumen erscheinen im Juni 1910, während des Monats ihrer Blüte, gleich dreimal als Postkartenzeichnungen Schmidt-Rottluffs (Abb. 156, 164) und kehren noch einmal auf einer der letzten Postkarten wieder, die der Maler 1931 Martha Rauert übersandte. Ihr ungebrochenes, durch das Schwarz der Staubgefäße intensiviertes Zinnoberrot wurde in der Frühzeit des Malers gleichsam seine Leitfarbe, die Klarheit, Eindeutigkeit, Leuchtkraft und Ausdrucksstärke symbolisiert und infolge ihrer Fähigkeit zur Selbstbehauptung und strahlenden Entfaltung auf kargem Grund und Boden auch als Naturerscheinung hoch geschätzt wurde. Hier handelt es sich um freiblühende Gewächse, in großer Zahl aus dem Grün hervorwachsend und nur in ihrem Inneren und an einigen Blütenrändern mit der Tuschfeder behandelt. Empfängerin dieser Zeichnung war – ebenso wie einer nur wenige Tage später abgesandten weiteren Mohnblumen-Karte (Abb. 156) – die Hamburger Zahnärztin und Sammlerin Elsa Hopf.

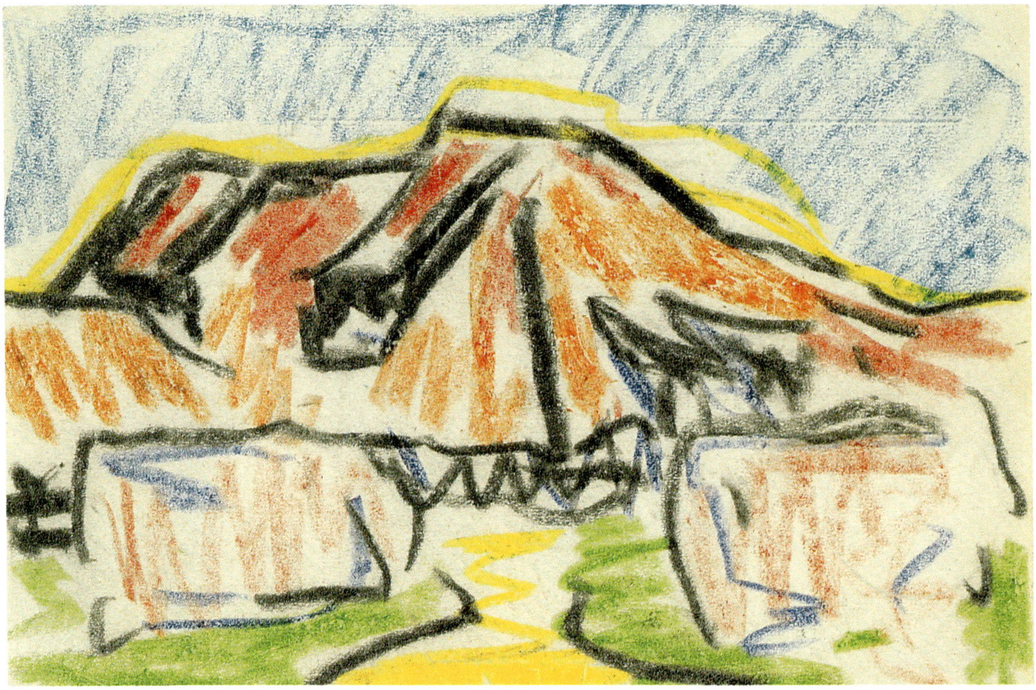

155 Gebäude einer Ziegelei, 1910, Postkartenzeichnung

Auch diese Dangaster Karte dokumentiert die anhaltende Verbindung mit dem Arzt und Sammler Dr. Adolf Thiele, dem sie am 16. Juli 1910 aus seinem Heimatort Chemnitz in ein Brüsseler Hotel nachgesandt wurde. Ihr Empfänger hatte hier möglicherweise auf der Reise nach Paris eine Zwischenstation eingelegt, da sich Schmidt-Rottluff danach erkundigt, ob er bereits dort gewesen sei. Die Karte wurde „unbekannterweise" von Rosa Schapire mit unterschrieben, die sich nach der Abreise Heckels und Pechsteins aus Dangast am 9. Juli für vier Wochen beim dortigen Bäcker Ihnken eingemietet hatte und gelangte mit weiteren Kunstwerken aus dem Nachlaß ihres Empfängers – darunter Schmidt-Rottluffs „Fischerhäuser" von 1907 (Abb. 11) und weiteren Gemälden Pechsteins und Kirchners – in das Museum seiner Vaterstadt. Dargestellt sind wiederum Gebäude einer bisher nicht identifizierten Ziegelei, die von Heckel schon in einem später in den Besitz Ernst Beyersdorffs gelangten Gemälde (Vogt 1908,3) und 1909 nochmals in einer aquarellierten Zeichnung verewigt worden war, welche der Künstler dem Oldenburger Kunstverein anläßlich seiner Ausstellung „Maler der Brücke in Dangast" 1957 zum Geschenk machte. Gegenüber diesen beiden, die Gebäudegliederung deutlich vorstellenden Arbeiten, werden bei Schmidt-Rottluff alle Einzelheiten vernachlässigt und die tief herabreichenden, roten Ziegeleidächer wie ein urtümlich vor dem Himmel in der Landschaft emporsteigendes Gebirge behandelt.

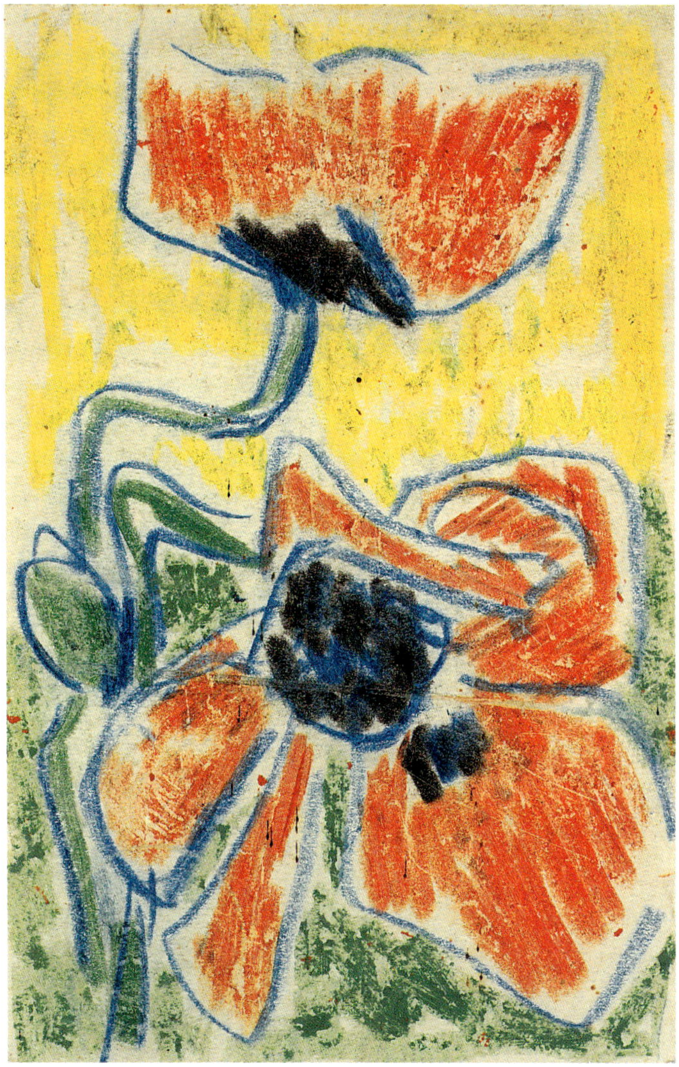

156 Zwei Mohnblüten, 1910, Postkartenzeichnung

In der zweiten Mohnblumen-Postkarte, die Elsa Hopf aus Hamburg von Schmidt-Rottluff erhielt und die ihr nach Rantum auf Sylt nachgesandt wurde, erscheinen nur zwei, das Bildfeld ausfüllende Blüten. Während die untere voll zum Betrachter hin geöffnet ist, steigt die obere auf gekrümmtem Stengel empor und wird von der Seite her gesehen. Sie steht frei vor einem leuchend gelben Hintergrund, während die Blüte darunter grün unterlegt ist. Stengel und Blüten sind blau umzogen, wodurch eine formale Prägung und farbige Spannung erreicht wird. Die Auffassung selbst dieses bescheidenen Motivs verrät bereits etwas von dem Willen und der Fähigkeit des Künstlers zu heraldischen Lösungen, die später vor allem im Holzschnitt verwirklicht werden sollten.

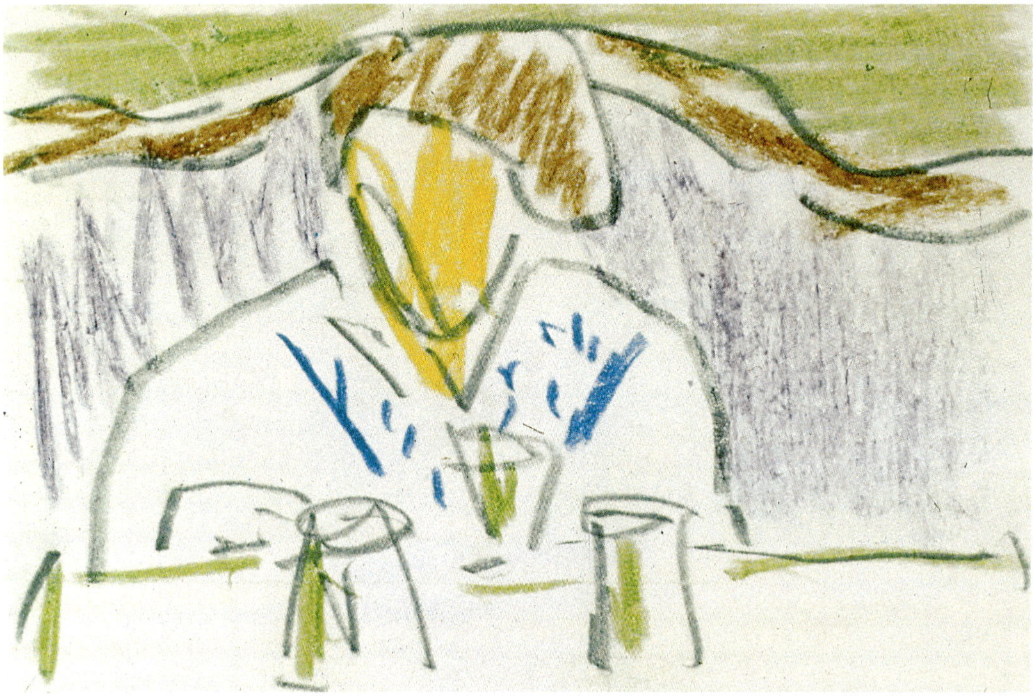

157 Frau am Tisch, 1910, Postkartenzeichnung

Der auf der Rückseite dieser Karte befindliche Text stammt von Gertrud Schmidt, der Schwester des Künstlers, die gerade zu einem weiteren Sommeraufenthalt bei ihrem Bruder in Dangast eingetroffen war. Darin teilt sie Rosa Schapire mit, daß sie auf dem Wege dorthin deshalb nicht über Hamburg gefahren sei, weil ein Wiedersehen hier bevorstünde. Schmidt-Rottluff hat diesem Text nur einen Gruß hinzugefügt und in seiner Zeichnung einer hinter gläserbesetztem Tisch auf einem Sofa sitzenden jungen Frau wahrscheinlich seine Schwester dargestellt, im Gastzimmer des Dangaster „Parkschloß" oder des Kurhauses vielleicht, nicht aber in Dangastermoor, wo der Maler seit 1909 nicht mehr wohnte. Dieser verwandte für die rasch dahingeworfene Skizze grüne, violette, braune und blaue Farbstifte, sodaß sich das wärmere Gelb im Gesicht des Gegenübers deutlich herauszuheben vermag.

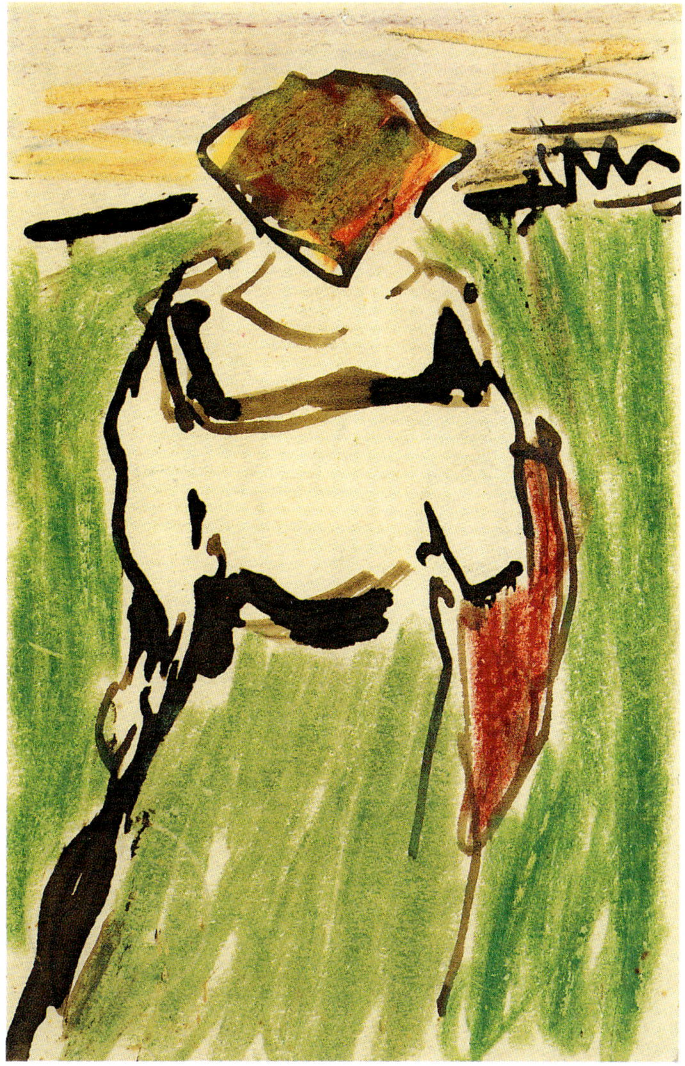

158 Am Strand gehende Frau von rückwärts, 1910, Postkartenzeichnung

Eine weitere Postkarte an Elsa Hopf aus Hamburg, die sich noch immer auf Sylt aufhielt, zeigt eine von rückwärts gesehene weibliche Gestalt mit rötlichem Hut, langem grünen Rock und weißer Bluse mit Matrosenkragen, ein rotes Tuch oder eine Decke über dem rechten Arm tragend. Sie befindet sich auf grünem Wiesengrund, hinter dem der gelbe Strand sichtbar ist. Es ist der 23. Juni und die Gewißheit des Sommerbeginns durchweht die anmutige Zeichnung ebenso, wie die gelöste Atmosphäre der sorglosen Jahre vor dem Ersten Weltkrieg. Wahrscheinlich handelt es sich auch hier wieder um Schmidt-Rottluffs Schwester Gertrud, die sich auf dem Wege zu einem geschützten Ruheplatz in der Nähe des um diese Zeit noch leeren Strandes befindet. So waren beispielsweise 1907 bis zum 30. Juni erst 20–25 Kurgäste hier eingetroffen, von denen der überwiegende Teil jedoch den Aufenthalt im geschützten Park vorzog. Der Maler hat sich dieses Themas kurze Zeit später noch zweimal angenommen, in einer Postkarte an Rosa Schapire am folgenden Tag (Abb. 160), sowie in einer weiteren, an die Frau des Dichters Richard Dehmel gerichteten Karte vom 12. Juli 1910 (Abb. 169), wobei die jeweils Dargestellten allerdings nicht identisch sind.

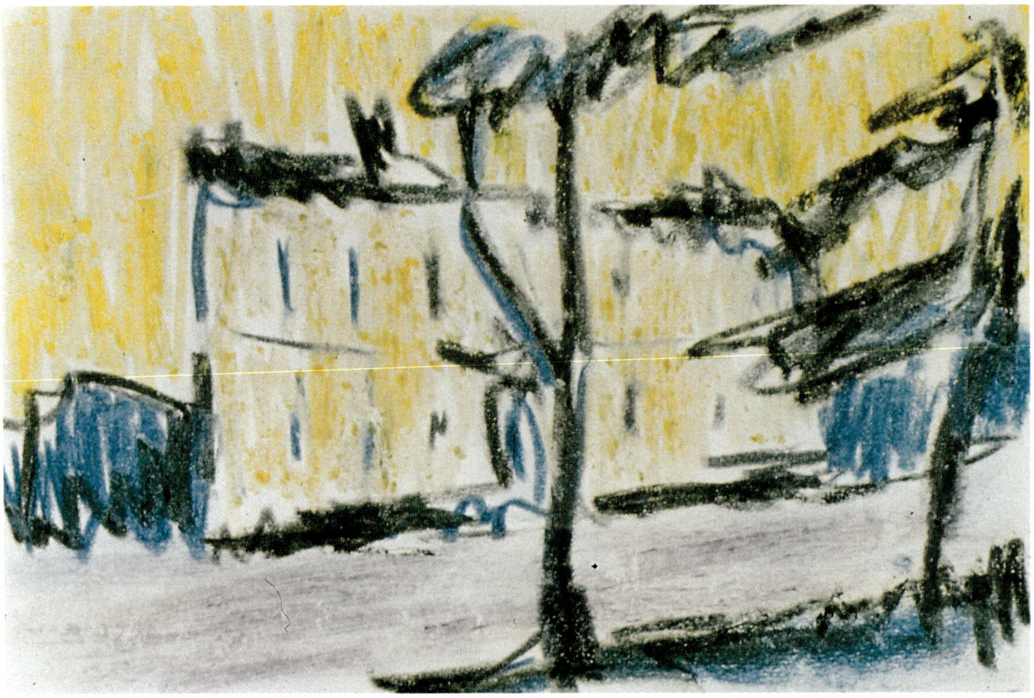

159 Haus zwischen Bäumen, 1910, Postkartenzeichnung

Das bereits auf zwei Gemälden von 1910 vorkommende Alte Posthaus von 1865 (Abb. 116, 129), erscheint hier auch auf einer Postkarte, die wie die vorige ebenfalls am 23. Juni in Dangast abgestempelt wurde. Das zweigeschossige Gebäude wird von der Seite des nur knapp angedeuteten Eingangs her wiedergegeben, perspektivisch leicht verkürzt und mit zwei unterschiedlichen Bäumen davor. Nach diesem Motiv wurde 1911 auch ein Holzschnitt geschaffen, der die architektonischen Strukturen stärker betont und jeden Linienfluß vermeidet (Abb. 249). Auf dem ebenfalls 1911 entstandenen Gemälde „Tannen vor weißem Haus" (Abb. 214) ist zwar dasselbe Gebäude wiedergegeben, doch wurden seine Stellung im Bild, das Umfeld und seine farbige Erscheinung so stark verändert, daß man nur noch bedingt vom gleichen Motiv sprechen kann. Die auf gelbe und blaue Farben beschränkte Karte ist an Rosa Schapire in Hamburg gerichtet, die anläßlich ihres ersten Besuches bei Schmidt-Rottluff in Dangast wahrscheinlich in dem hier dargestellten Haus Quartier bezogen hatte.

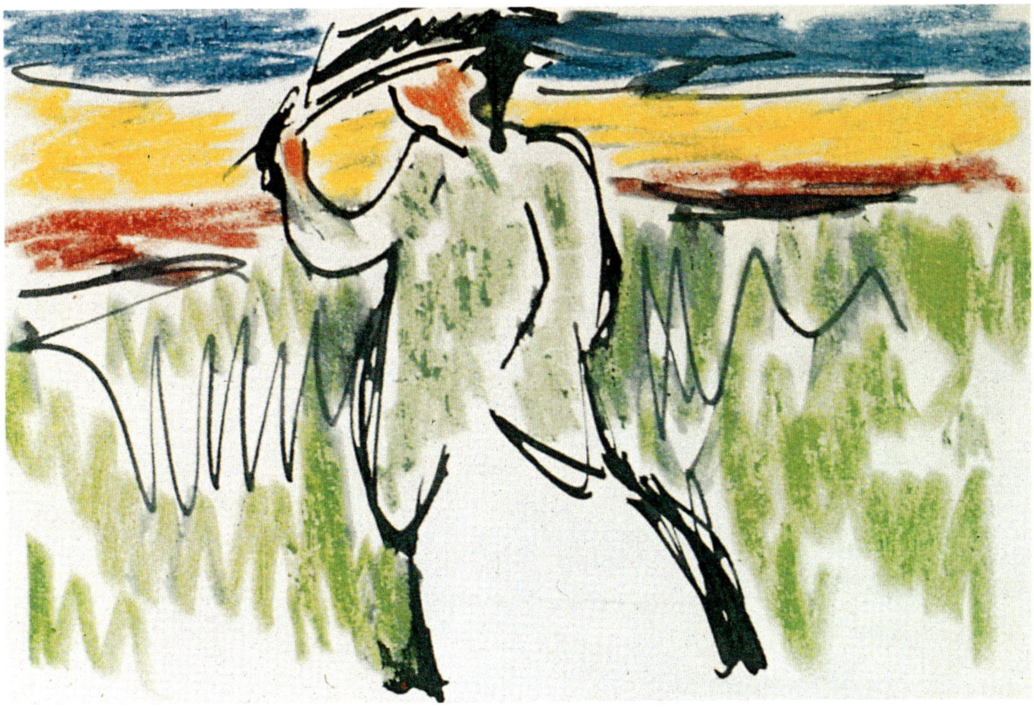

160 Schreitende Frau am Strand, 1910, Postkartenzeichnung

Auf der beschriebenen Rückseite dieser Postkarte teilt Schmidt-Rottluff Rosa Schapire mit, daß der Besitzer der Dangaster Kur- und Logierhäuser, Carl Gramberg, zwischen dem 15. Juli und 15. August keine Zimmer mehr zur Verfügung habe, weshalb der beabsichtigte Dangast-Besuch der zunehmend stärker zu seinem Werk hingezogenen Kunsthistorikerin neu überdacht werden müsse. Das bereits verwandte Motiv hat der Maler diesmal so aufgefaßt, daß er eine in Strandnähe dahinschreitende Frau in der Mitte eines Querformats wiedergibt und damit die Weite der in horizontale Farbzonen aufgegliederten Landschaft betont: ein breites Wiesengrün im Vordergrund, dem ein schmaler roter Saum folgt und ein kräftiges Sandgelb dahinter, über das noch ein die Flut anzeigendes, tiefes Meeresblau gesetzt ist. Bei der Dargestellten handelt es sich diesmal nicht um die Schwester des Künstlers, eher um eine etwas ältere Person. Die konventionellere Bekleidung mit dem großen, im Wind festgehaltenen Hut spricht dafür, daß hier eine jener Damen der Gesellschaft dargestellt ist, von denen Dangast damals noch zahlreich aufgesucht wurde. So findet sich im Dangaster Gästebuch von 1910 beispielsweise der Eintrag von Frau Generaloberarzt Klamroth aus Düsseldorf, von Frau Rechnungsrat Eckart aus Steglitz und Frau Fabrikant Hundt aus Olpe, deren Namen sich zum Teil auch noch in anderen Jahren wiederentdecken lassen.

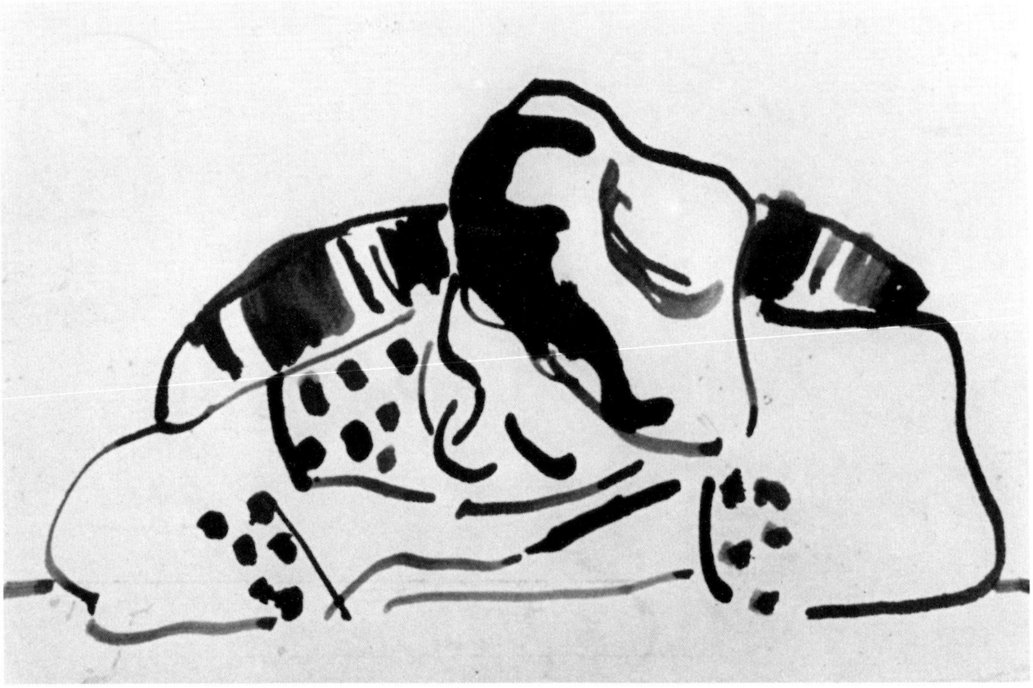

161 Schreibendes Mädchen, 1910, Postkartenzeichnung

Die in mehreren Publikationen als „Am Tisch schlafende Frau“ betitelte Tuschzeichnung erscheint in Rosa Schapires Aufstellung als „Schreibendes Mädchen“. Sie beweist erneut Schmidt-Rottluffs Meisterschaft, auch perspektivisch nur schwer faßbare Körperhaltungen mit wenigen Strichen verblüffend sicher wiederzugeben. Mehr noch, als beim verkürzt gesehenen, den Blick auf die Schreibvorlage gerichteten Gesicht, tritt bei Fixierung der auf der Tischplatte aufliegenden Arme in Erscheinung, wie der Künstler den Betrachter mit nur wenigen andeutenden Kürzeln zur Ergänzung des Fehlenden zu bewegen vermag. Dabei spricht alles dafür, daß es sich hier wiederum um seine Schwester Gertrud handelt, die ihm bereits in mehreren frühen Postkarten von 1909 als Modell diente. Im rückseitigen Text sagt Schmidt-Rottluff zu, sich auch weiterhin um eine Unterkunft für Rosa Schapire in Dangast zu bemühen, die alles daran setzte, gerade diesen Sommeraufenthalt zu realisieren.

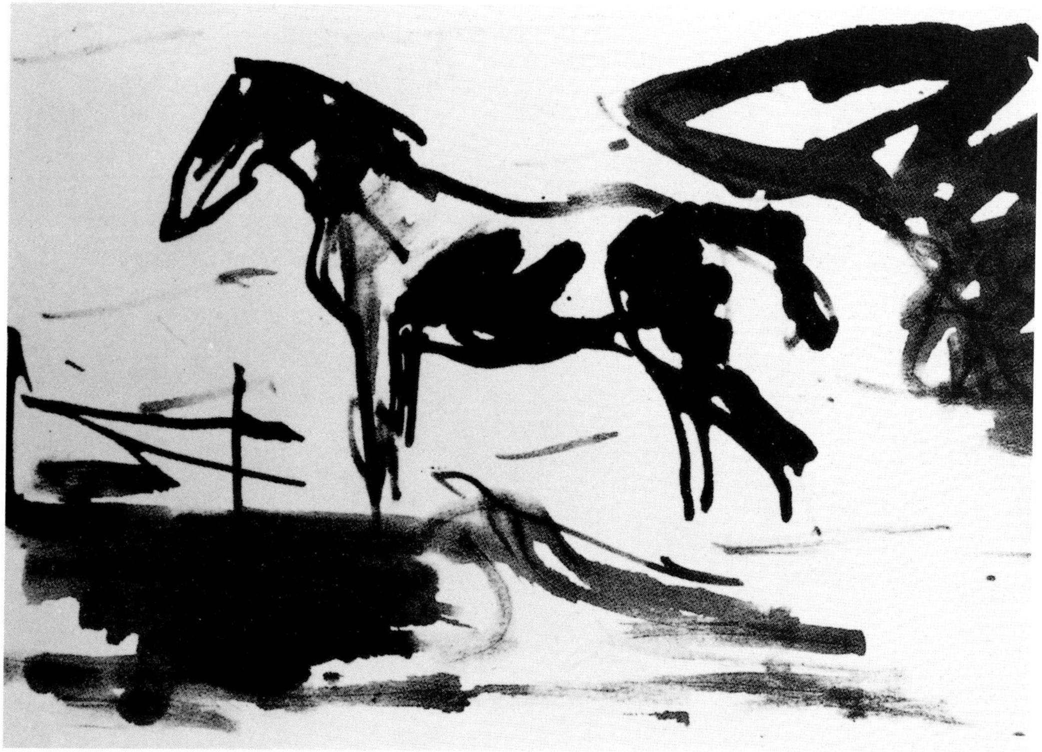

162 Stehendes Pferd, 1910, Postkartenzeichnung

Der Darstellung von Pferden, denen hier allenthalben zu begegnen war, hat sich Schmidt-Rottluff während seiner Dangaster Jahre nur am Rande gewidmet. Sie kommen bei ihm weder in Gemälden oder Aquarellen, noch in der Graphik vor und finden sich lediglich in dieser und einer weiteren Postkartenzeichnung (Abb. 175). Unter den Gründen für diese Zurückhaltung mag neben seiner stärkeren Affinität zur Wiedergabe von Kühen und ihrer urtümlicher wirkenden Gestalt auch die Tatsache bemerkenswert sein, daß Pferde in den vorangegangenen Jahren bereits zahlreich bei Erich Heckel in mehreren Gemälden und Zeichnungen, vor allem jedoch in seiner Graphik vorgekommen waren und wiederholt auch bei Pechstein auftauchten, als dieser während seines mehrwöchigen Aufenthaltes in Dangast Zeichnungen von den gerade stattfindenden Pferderennen anfertigte. Darüber hinaus handelte es sich hierbei um ein Thema, das die „Heimatmalerei" besetzt hielt, nachdem sich daraus im Laufe des 18. und 19. Jahrhunderts ein von fürstlichen Auftraggebern auch in diesem Land geförderter eigener Zweig der Malerei entwickelt hatte. Die Aufzucht, der Handel und die Nutzung von Pferden spielte in Oldenburg seit Jahrhunderten eine herausragende Rolle und es gab kein bäuerliches Anwesen, das ohne sie ausgekommen wäre. Auf den Anzeigenseiten heimischer Zeitungen – etwa dem seit 1817 in Varel erscheinenden „Gemeinnützigen" – finden sich sehr ähnliche Darstellungen von Pferden in großer Zahl. Schmidt-Rottluff hat die seinige auf einer offenbar rasch für Rosa Schapire ausgefertigten Postkarte festgehalten, wobei im Text der Rückseite die Schwierigkeiten der Zimmerbeschaffung in Dangast erneut die Hauptrolle spielen.

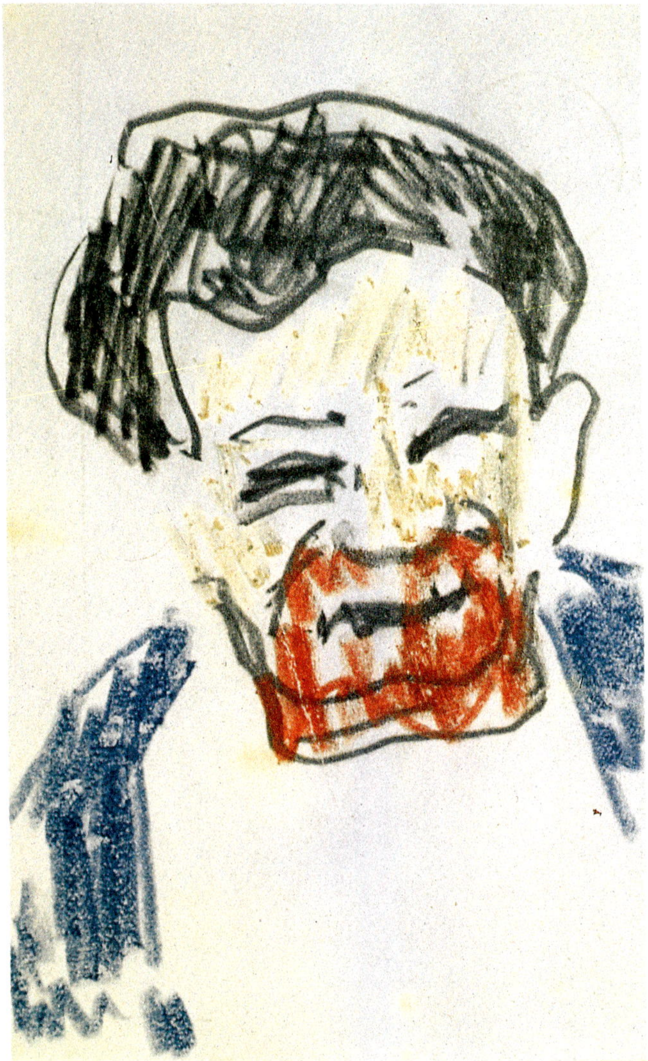

163 Fischerbildnis, 1910, Postkartenzeichnung

Diese Zeichnung auf einer wiederum an Rosa Schapire in Hamburg gerichteten Postkarte vom 30. Juni 1910 wurde in der Oldenburger Dangast-Ausstellung von 1957 lediglich als „Bärtiger Kopf" bezeichnet, obwohl sie zwei Jahre zuvor in der Hamburger Kunsthalle als „Selbstbildnis" inventarisiert worden war. Rosa Schapire kommt in ihrer Bestandsliste mit der hier übernommenen Angabe „Fischerbildnis" der Wirklichkeit näher und bringt damit unmißverständlich zum Ausdruck, daß es sich keineswegs um eine Selbstdarstellung Schmidt-Rottluffs handelt. Bei einem Vergleich mit mehreren Darstellungen Heckels, vor allem mit seinem Aquarell „Der alte Eulam" von 1908 im Oldenburger Landesmuseum, läßt sich jedoch erkennen, daß auch Schmidt-Rottluff dessen Kopf wiedergibt. Es handelt sich dabei um einen aus Ostfriesland stammenden ehemaligen Kapitän, der nach mancherlei Schicksalsschlägen in Dangast gestrandet war und nun für den Bauern Klostermann am Deich das Vieh hütete. Selbst in den örtlichen Zeitungen wurde mehrfach über ihn berichtet, so in den Oldenburger Nachrichten vom 14. August 1909. Seine in Strandnähe aufgeschlagene Holzbude, die er „Hotel zum lustigen Elend" taufte, war ein gern angesteuertes Ziel der Dangaster Sommergäste.

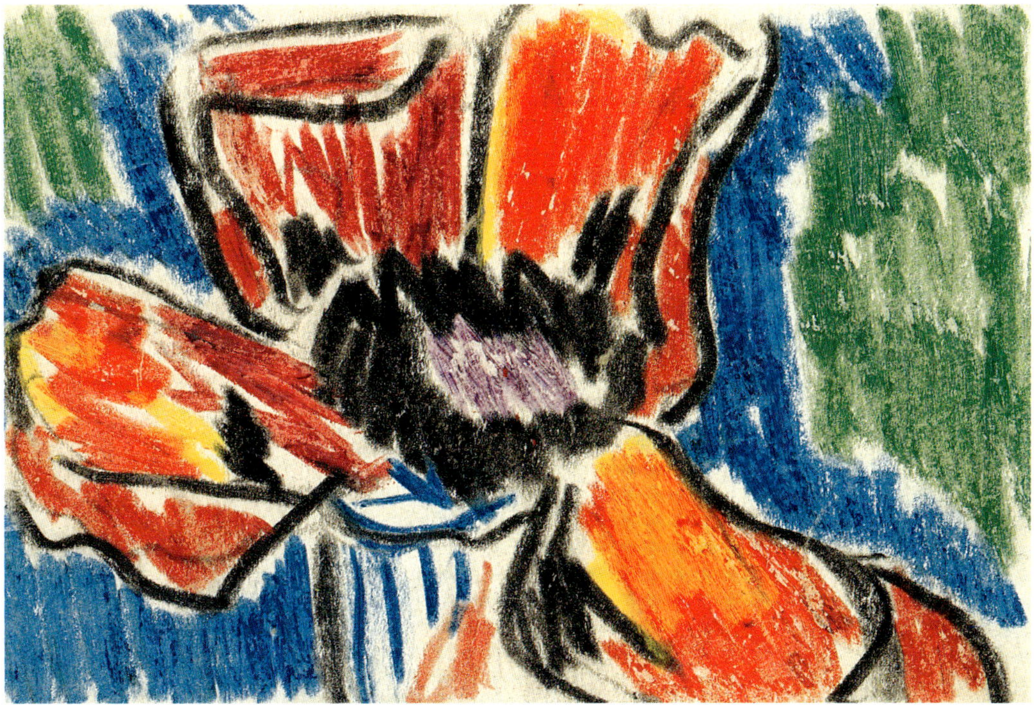

164 Mohnblüte, 1910, Postkartenzeichnung

Nachdem Schmidt-Rottluff in seiner ersten Mohnblumen-Postkarte an Elsa Hopf vom 4. Juni 1910 mit der Vorstellung zahlreich gedrängter Blüten begonnen hatte (Abb. 154) und bei der folgenden vom 10. Juni nur zwei, in unterschiedlicher Position befindliche Blütenstengel wiedergab (Abb. 156), widmete er sich bei dieser für Rosa Schapire bestimmten Karte vom 29. Juni 1910 nur einer einzigen, das gesamte Bildfeld ausfüllenden Mohnblüte. Sie ist weit geöffnet und einzelne ihrer ein dunkleres Rot zeigenden Blätter beginnen abzufallen. Das bisher die Umgebung der Blumen bestimmende frühlingshelle Grün mußte einem dunkleren weichen und einen großen Teil seines Platzes an ein ernstes Blau abtreten. Es kündigt ebenso wie die welk gewordene, schwarzumrandete Blüte, die es umfängt, die Vergänglichkeit des gerade begonnenen Sommers an, der am Absendetag durch plötzlich einsetzendes Regenwetter unterbrochen wurde. Die auf der Rückseite von Schmidt-Rottluff zum Ausdruck gebrachte Hoffnung, in Dangast doch noch eine Wohnung für Rosa Schapire zu finden, wird in der am folgenden Tag an sie abgesandten Postkarte durch die Mitteilung bestätigt: „Ab 9. Juli auf vier Wochen gemietet“ (Abb. 163).

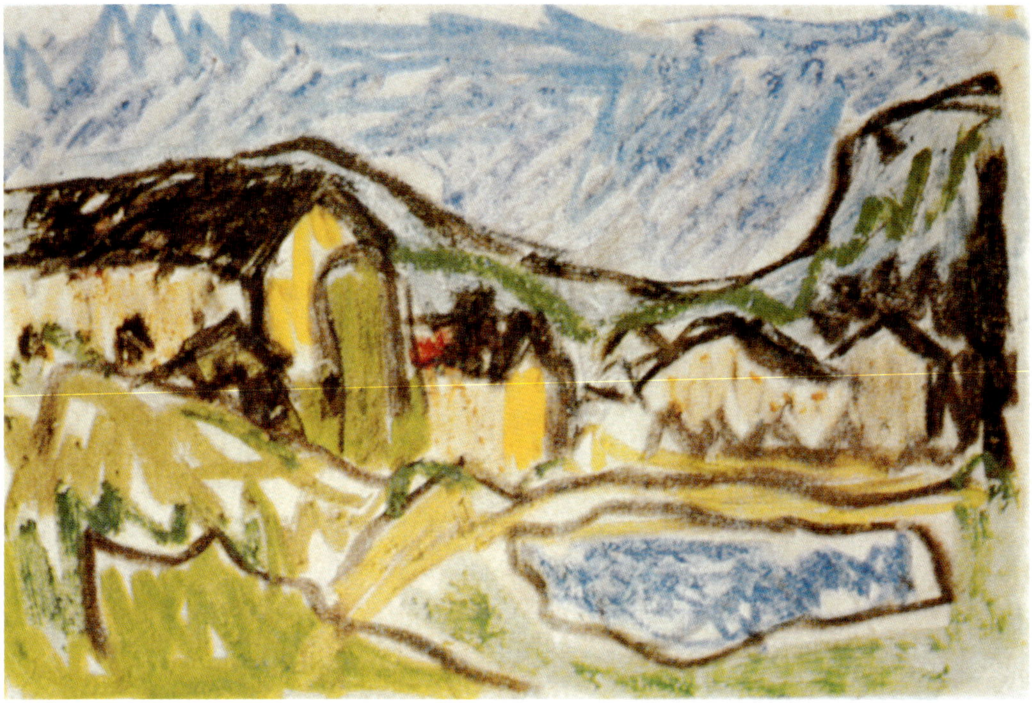

165 Landschaft mit Häusern und Tümpel, 1910, Postkartenzeichnung

Der Hamburger Sammler Gustav Schiefler (1857–1935) erhielt von seinen Künstlerfreunden – vor allem von den Brücke-Malern – etwa 50 gezeichnete Postkarten, die 1976 aus Anlaß des 90. Geburtstages von Schmidt-Rottluff durch Gerhard Schack publiziert wurden. Der Künstler ist darin mit zehn Karten vertreten, bei denen jedoch in den meisten Fällen auf alle näheren Angaben über die Poststempel und die vorhandenen Mitteilungen verzichtet wurde, sodaß die Datierung und der Entstehungsort nicht gesichert sind. Bei dieser Karte war zwar der Dangaster Poststempel, jedoch nicht dessen Datum lesbar, sodaß Schmidt-Rottluffs wiedergegebener Hinweis auf „endlich einmal schöne Sommertage“ noch am ehesten auf den sonnenreichen Juni 1910 bezogen werden kann, zumal sich eine sehr ähnliche Aussage auch in einem Brief an Schiefler vom 29. Juni 1910 wiederfindet. Schwieriger ist die Identifizierung der gezeichneten Darstellung, die offensichtlich mehrere weiter entfernte und unterschiedlich große nichtbäuerliche Gebäude festhält. Da sich Vergleichbares in Dangast selbst nicht finden läßt, könnte hier an die Randbebauung in einer größeren Ortschaft, wie das nahe Varel, gedacht werden. Schmidt-Rottluff hat die Konturen der gelb-grünen Häuserlandschaft mit einem erdbraunen Farbstift umzogen und den Himmel, sowie einen vorn sichtbaren Teich, mit blauen Schraffuren ausgefüllt. Lediglich an einer winzigen Stelle in der Bildmitte wird das sonst so wichtige Rot eingesetzt, dem hier damit eine ähnliche Funktion zugewiesen wird wie dem ebenso unerwarteten Weiß in der „Dangaster Landschaft“ von 1910 (Abb. 122).

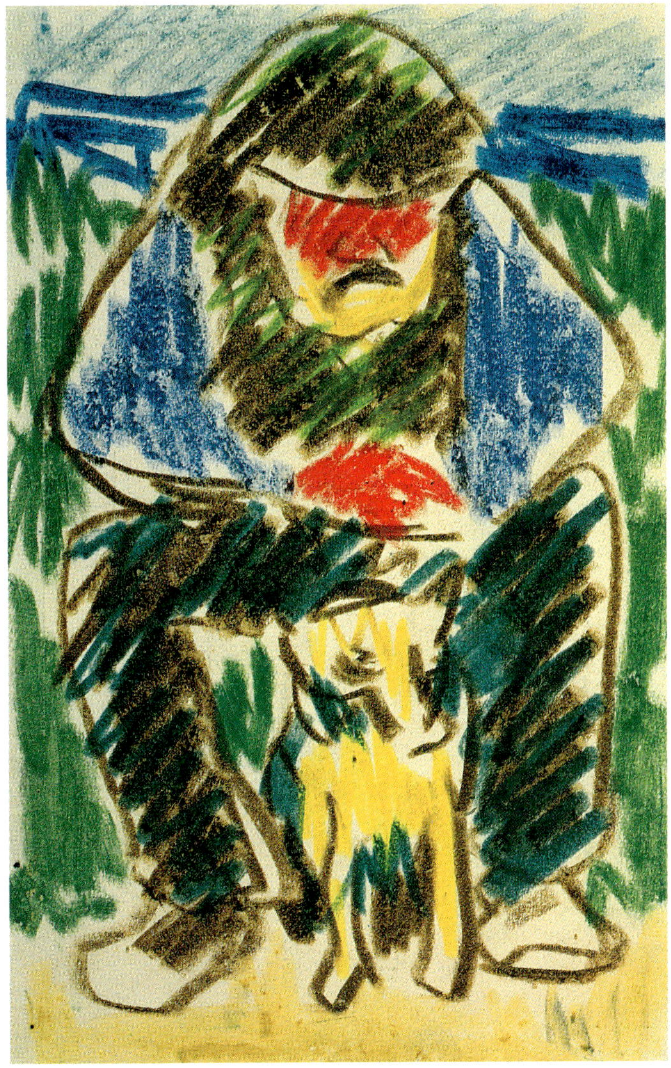

166 Sitzender Mann mit Hund, 1910, Postkartenzeichnung

Die Postkarte mit diesem im Freien sitzenden bärtigen Mann und dem vor ihm sitzenden Hund wurde 1989 auf einer Kunstauktion versteigert. Im Katalog war zwar der Dangaster Poststempel von 1910, jedoch kein Empfänger und Text angegeben. Vermuten läßt sich, daß die Karte für Clara Goldschmidt in Hamburg bestimmt gewesen ist, eine Freundin von Elsa Hopf und wie diese Passives Mitglied der Brücke. Bei der Darstellung selbst ist man weniger auf Vermutungen angewiesen, da hier zweifelsfrei ein weiteres mal der „Kapitän Eulam“ wiedergegeben ist. Dieses damals nicht nur bei den Kurgästen beliebte Original, hatte dort, wo heute die Schmidt-Rottluff-Straße endet und die Deichlinie beginnt, eine Bretterbude errichtet, deren Besucher sich in einem seit dem 22. Juli 1908 geführten und leider nicht mehr nachweisbaren Gästebuch eintragen mußten. Schmidt-Rottluff verwandelte den bärtigen Alten in eine blockhafte Skulptur von geschlossenem Umriß, Mütze, Hemd und Hosen dunkel schraffiert, die Jacke blau und Hände und Gesicht rot herausstehend. Hinter ihm wird das Meer sichtbar, dem grünes Weideland vorgelagert ist.

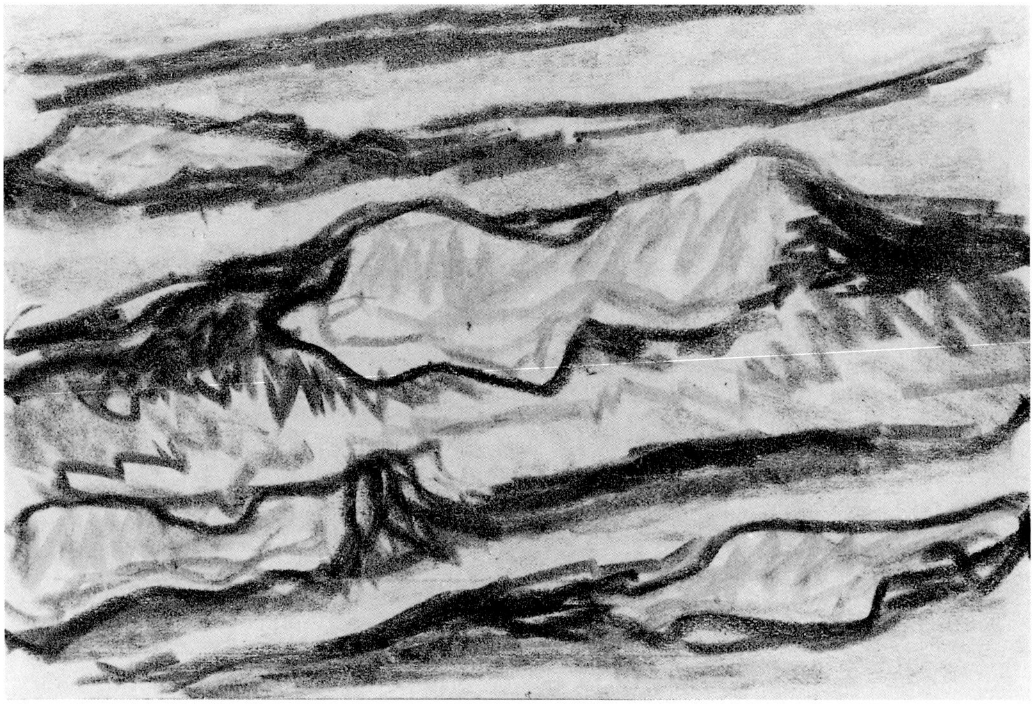

167 Strandlandschaft, 1910, Postkartenzeichnung

Nur in einem Schwarz-Weiß-Foto nachweisbar ist diese fast abstrakt anmutende Postkarte. Sie wurde wenige Tage vor dem Eintreffen Rosa Schapires und kurz nach der Abreise Heckels und Pechsteins an die Hamburger Zahnärztin und Sammlerin Elsa Hopf gesandt, die darin vom Künstler zu einem Besuch in Dangast eingeladen wird. Zu erkennen sind darauf lediglich mehrere, schräg ins Bild verlaufende Geländewellen, zwischen denen hier und dort Büschel von Strandgras hervorwachsen. Dreizehn Jahre später hat auch Franz Radziwill von hier ähnlich karg strukturierte Postkartenzeichnungen versandt, nachdem ihn Rosa Schapire zur Fortsetzung dieser von den Brücke-Malern begründeten Tradition angeregt hatte.

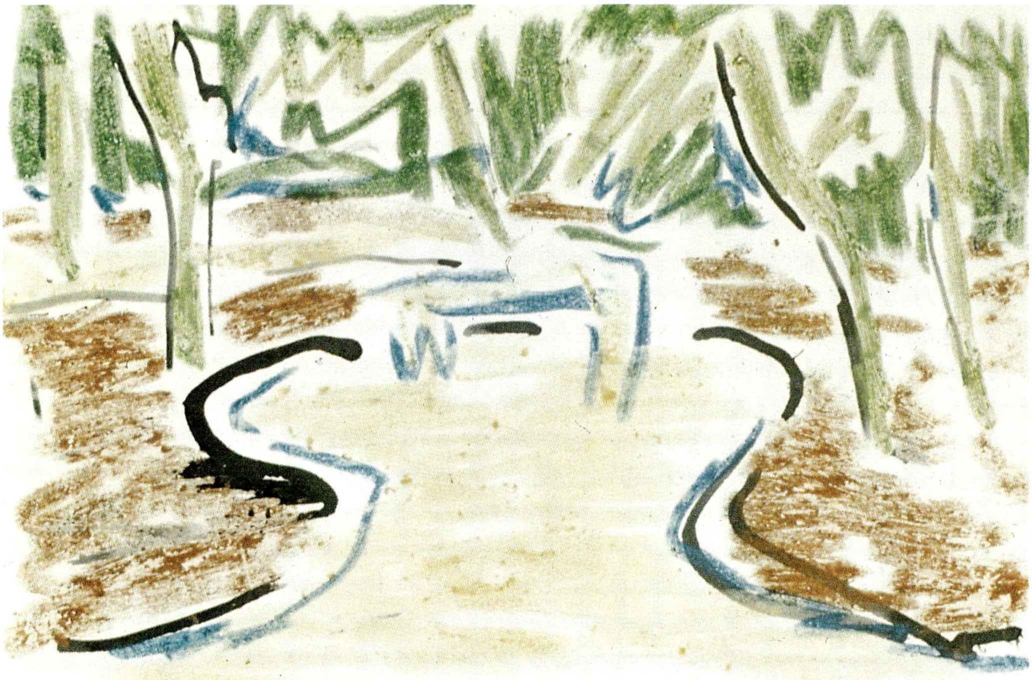

168 Aus dem Dangaster Park, 1910, Postkartenzeichnung

Die den Dangaster Park und seine Gebäude geschwungen umziehenden, hier und dort mit Bänken besetzten Wege sind von Schmidt-Rottluff häufig dargestellt worden. Die Zeichnung entstand in einem nicht bebauten Teil dieses damals noch vorhandenen Parkes, in welchem das Ende eines breit von vorn kommenden Weges einen Bankplatz umrundet. Die blau angedeutete Bank befindet sich genau in der Mitte des Bildfeldes, von zahlreichen Bäumen umstanden, deren blau durchwirktes Grün das obere Bilddrittel ausfüllt, während sich der Boden zu beiden Seiten des Weges in brauner Farbe darbietet. „Commeter hat sich noch nicht gerührt" vermerkt Schmidt-Rottluff auf der Rückseite dieser Karte an Rosa Schapire und bestätigt damit, daß die Verbindung zu dieser renommierten Hamburger Galerie, in der seine erste Einzelausstellung stattfand und der er bis zu seinem Lebensende verbunden blieb, durch seine Kunsthistoriker-Freundin hergestellt wurde.

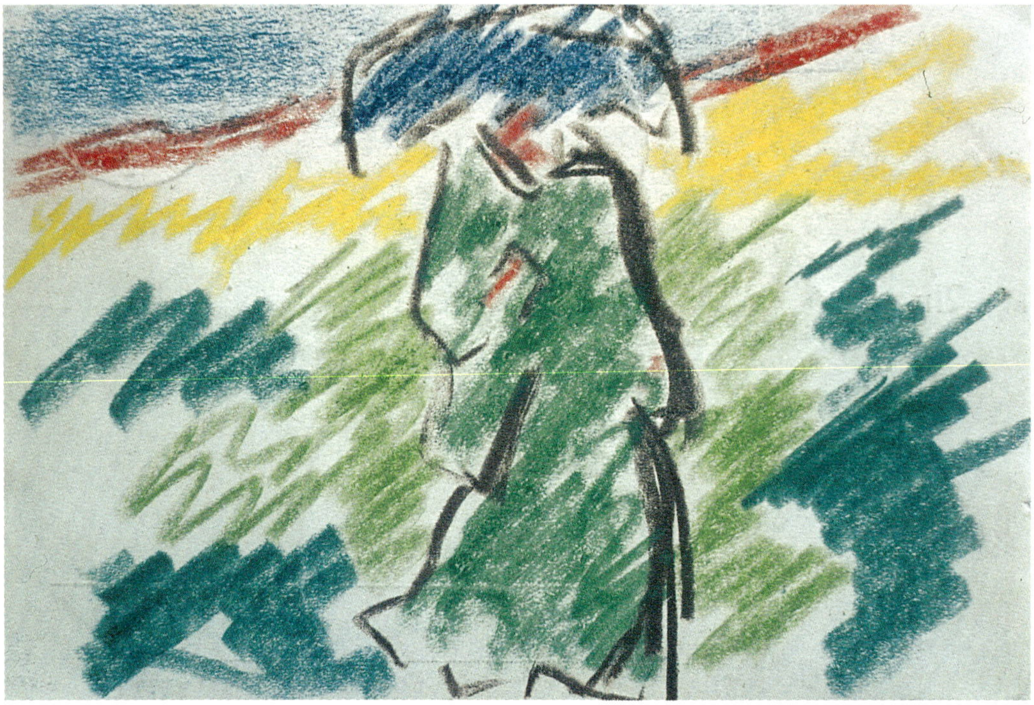

169 Am Strand gehende Frau mit Hut, 1910, Postkartenzeichnung

Zum dritten Mal in diesem ebenso unruhigen, wie ertragreichen Sommer erscheint hier eine vor dem Strand erfaßte weibliche Gestalt auf einer Postkarte. Obwohl es sich um keine eigentliche Porträtdarstellung handelt, läßt sich mit Sicherheit behaupten, daß Rosa Schapire wiedergegeben ist, die drei Tage zuvor in Dangast angekommen war und die auch den Text der Karte verfaßt hat. Sie ist vor allem an dem stattlichen Pleureusenhut zu erkennen, mit dem Schmidt-Rottluff sie in ihrem bekanntesten Porträt gemalt hat (Abb. 216). Dieses Bild geht nach mündlicher Auskunft des Künstlers auf den Sommeraufenthalt der Kunsthistorikerin 1910 in Dangast zurück, wurde nach einigen noch vorgenommenen Änderungen jedoch erst 1911 datiert. Schmidt-Rottluff hat ihre, durch die unruhigen Schraffuren des Umfeldes charakterisierte Gestalt von vorn gesehen und deutet das Gesicht, sowie die erhobene Hand in roten Tönen an. Der weit ausladende Hut – in Hamburg damals nicht mehr ganz a la mode – bedrängt mit der gleichen blauen Farbe wie auf dem Gemälde, auch hier den oberen Bildrand, unter dem Wasser, Ufersaum, Sandstrand und Wiesen in farblich unterschiedenen Zonen den Hintergrund gliedern. Die Karte ist an Ida Dehmel, die Frau des Dichters Richard Dehmel, in Blankenese bei Hamburg gerichtet, die von Schmidt-Rottluff später noch weitere Postkarten-Zeichnungen erhielt. Rosa Schapire übermittelt darauf vom Künstler „unbekannterweise“ und von sich „wohl bekannter Weise“ Grüsse an das Ehepaar Dehmel. Damit wird der Beginn einer Freundschaft zwischen Maler und Dichter erkennbar, die sich während der kommenden Winteraufenthalte Schmidt-Rottluffs in Hamburg, sowie im gemeinsamen Kriegserlebnis vertiefte und bis zum Lebensende dieses, den literarischen Expressionismus vorbereitenden Dichters im Jahre 1920 anhielt.

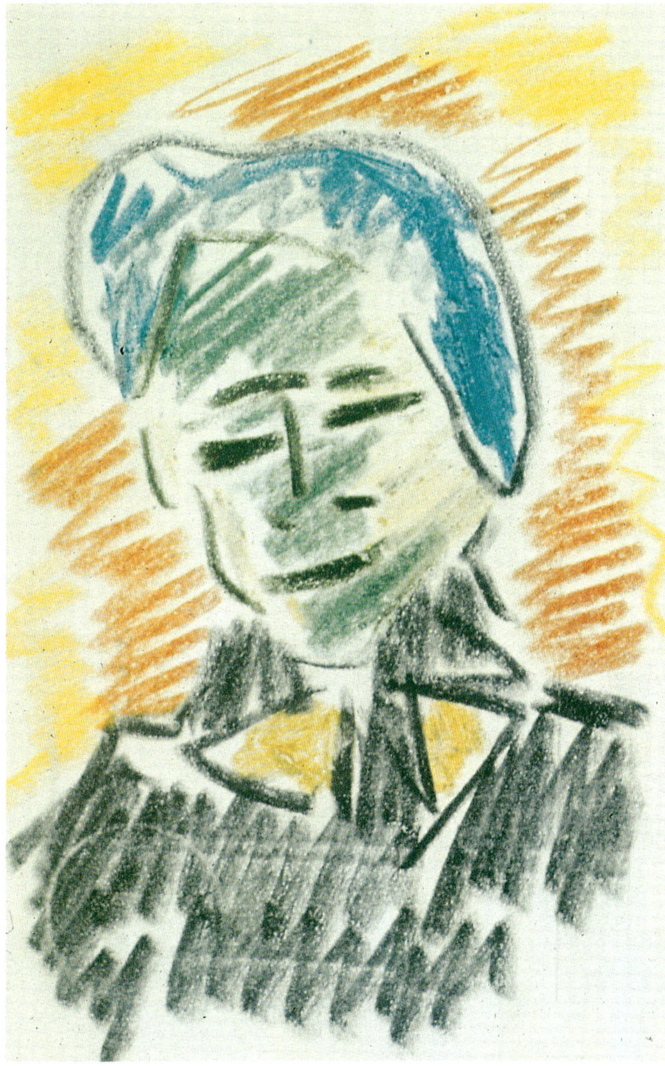

170 Weibliches Bildnis, 1910, Postkartenzeichnung

Die Darstellung wird in Rosa Schapires Verzeichnis der an sie gerichteten Postkarten der Brücke-Maler lediglich als „Weibliches Bildnis“, im Katalog der zur Eröffnung des Brücke-Museums ausgestellten Werke jedoch als „Bildnis E.“ ohne Angabe der Herkunft dieses Titels zitiert. Falls er einem Hinweis des damals noch lebenden Künstlers verdankt wird, könnte sich dahinter die fünfzehnjährige Ella Kohlstedt verbergen, die auch in dem 1910 entstandenen Gemälde „Der Besuch“ vermutet wird (Abb. 123). Sie hielt sich gerade mit ihrer Familie in Dangast auf und erhielt in diesem Jahr auch die ersten gezeichneten Postkarten von Schmidt-Rottluff (Abb. 180, 184). Wiederum Frische und Unbekümmertheit ausstrahlend, erscheint sie vor rot-gelbem Hintergrund mit einer blauen Kopfbedeckung, grün schraffiertem Gesicht und einem dunkleren, durch spitze gelbe Kragenecken geschlossenen Kleid, in welchem sich der durchgedrückte Poststempel deutlich abzeichnet.

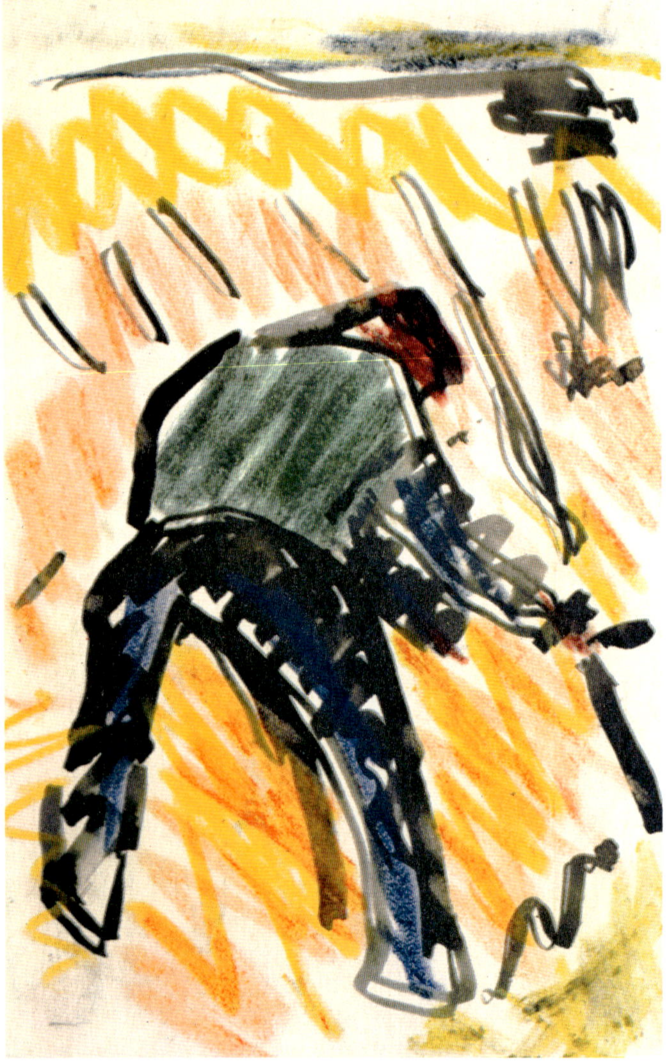

171 Schnitter, 1910, Postkartenzeichnung

Schmidt-Rottluff hat diese Postkarte mit dem von rückwärts gesehenen Schnitter in Varel in den Postkasten geworfen, wohin ihn von Zeit zu Zeit Besorgungen führten. Sie ist an Rosa Schapire gerichtet, die seit dem 9. Juli bei Bäcker Anton Ihnken in Dangast Quartier bezogen hatte. In ihrem 1924 erschienenen Werkverzeichnis der Graphik Schmidt-Rottluffs erwähnt sie die Farbskizze im Zusammenhang mit dem nach dem gleichen Motiv geschaffenen Holzschnitt, der 1910 für den Brücke-Katalog der Galerie Arnold in Dresden vom Stock gedruckt wurde (Abb. 199). Ohne Zweifel hatte sich das Thema zu dieser und einer am folgenden Tag abgesandten Karte (Abb. 174) zunächst aus der Tatsache ergeben, daß auf dem Lande mit der Getreideernte begonnen worden war, die hier noch ausschließlich in Handarbeit ausgeführt wurde, doch läßt sich Schmidt-Rottluffs Affinität zu vergleichbaren Darstellungen nicht nur durch mehrere Bilder, Aquarelle und erneute Postkartenzeichnungen aus den 20er Jahren, sondern bereits durch eine mit „Schnitter" betitelte Zeichnung bestätigen, die er in der Brücke-Ausstellung bei Seifert in Dresden 1906 zeigte. Als Sohn eines Müllers ist er im damals noch ländlichen Rottluff sehr früh mit den bäuerlichen Arbeitsabläufen in Berührung gekommen und hat im einfachen Leben und Tun zeitlebens ursprüngliche Daseinsformen und Grundverhaltensweisen begriffen, die ihm auch dort entgegenkamen, wo er sie vorgeprägt sah, wie in van Goghs Schnitter von 1889, dessen Vorbild wiederum Jean-François Millet geschaffen hatte.

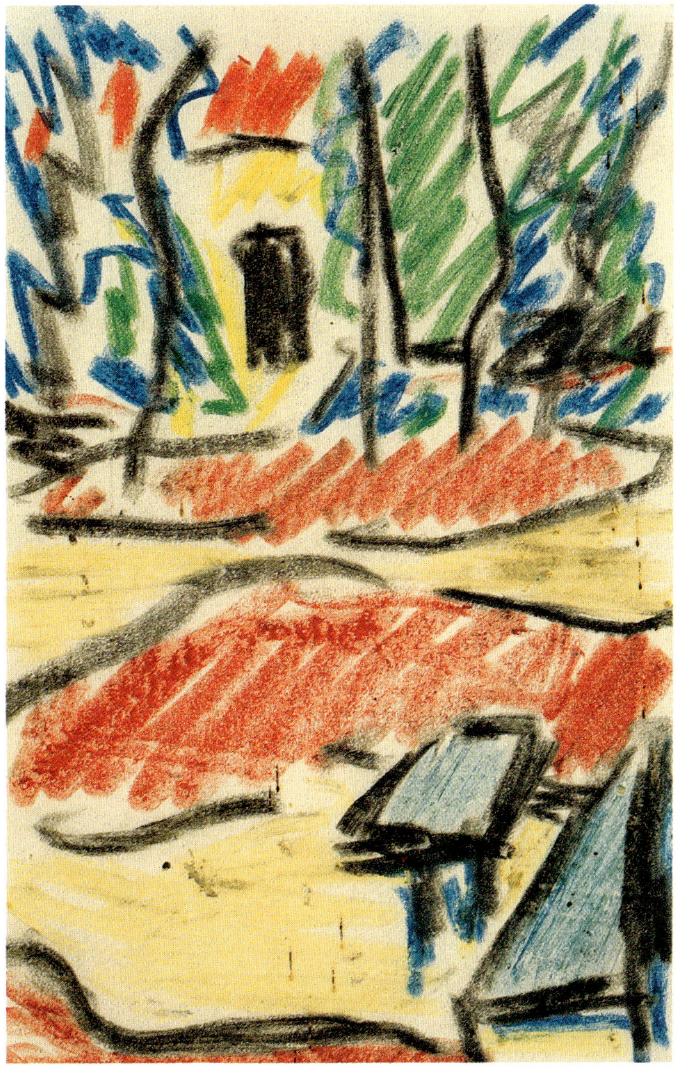

172 Bank und Haus im Park, 1910, Postkartenzeichnung

Auch dieses typische Motiv aus dem Dangaster Park ist von Schmidt-Rottluff in einen Holzschnitt umgesetzt worden, den Rosa Schapire mit „Gartenbänke" betitelt (Abb. 190) und bei dem sie gleichzeitig darauf hinweist, daß sich eine – nicht mehr nachweisbare – Buntstiftskizze hierzu im Gegensinn in ihrem Besitz befände. Sie dürfte näher an das Holzschnittmotiv herangekommen sein, bei welchem Bank und Tisch freistehen, während sie hier stark überschnitten nur zum Teil sichtbar sind. Der freie Platz davor wird durch zusammenhängende hellgelbe und rote Flächen gegliedert. Erst im Hintergrund wird grün-blauer Baumbewuchs sichtbar, hinter dem sich ein gelbes Haus mit rotem Dach verbirgt. Mit dieser Impression eines schönen Sommertages sollte die Empfängerin der Karte, Elsa Hopf aus Hamburg, erneut zu einem Besuch im „schönen Dangast" eingeladen werden. „Hier ists wunderschön", fügte Rosa Schapire verstärkend hinzu, die sich über längere Zeitabschnitte des Sommers hinweg bei Schmidt-Rottluff in Dangast aufhielt.

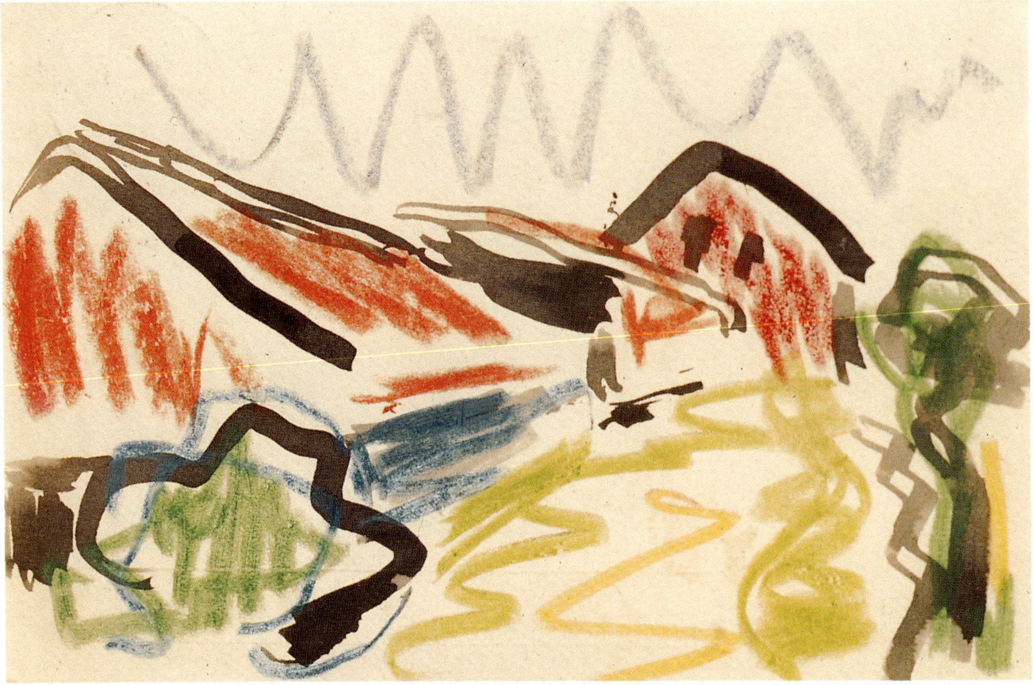

173 Ziegelei bei Dangast, 1910, Postkartenzeichnung

Schmidt-Rottluff wendet sich hier erneut einem Ziegelei-Motiv zu, das von ihm bereits im Vorjahr auf einer Postkarte an Bertha Rohlsen ähnlich aufgefaßt worden war (Abb. 82). Wie dort werden auch diesmal mehrere aneinandergereihte Gebäude in starker Tiefenflucht gegeben, sodaß erneut an die gleiche Baugruppe in der Brumundschen Ziegelei in Varelerhafen, nur aus einem anderen Blickwinkel gesehen, gedacht werden kann. Das Rot der Gebäude und das Gelb des freien Platzes davor bestimmen vor allem die farbige Wirkung dieser Zeichnung, der Andeutungen von Laubgrün und Schattenblau, sowie die schweren dunklen Tuschpinselkonturen zusätzliche Akzente verleihen. Empfänger der Postkarte war der Hamburger Kaufmann Walther Hane, der am Blankeneser Bismarckstein hoch über der Elbe ein stattliches Haus besaß. Die Passive Brücke-Mitgliedschaft hatte er wohl ebenfalls auf Anregung von Rosa Schapire erworben, die den Grüßen Schmidt-Rottluffs auch hier die ihrigen hinzufügt. Eine weitere Postkarten-Zeichnung für Walter Hane und seine Frau vom 20. April 1911 gelangte in die Kunsthalle Emden (Abb. 236), ein in Privatbesitz erhaltener Brief Schmidt-Rottluffs an Hane vom 6. Januar 1913 bezeugt das Fortbestehen der Verbindung noch bis in das letzte Jahr der Brücke-Zeit hinein.

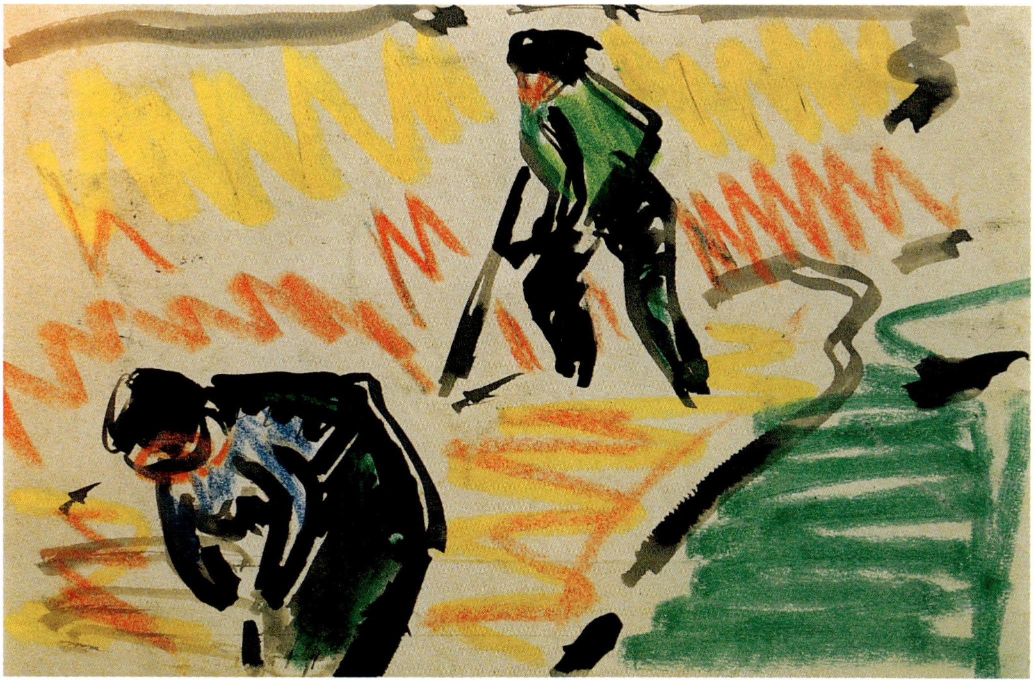

174 Bei der Erntearbeit, 1910, Postkartenzeichnung

Die Hamburger Zahnärztin Clara Goldschmidt, die diese auch von Rosa Schapire unterschriebene Karte mit dem Dangaster Poststempel vom 22. Juli 1910 von Schmidt-Rottluff erhielt, war eine Freundin von Elsa Hopf und wie jene Passives Mitglied der Brücke. Nachdem der Künstler 1910 ein Exlibris für sie geschaffen hatte, erwarb sie unter anderem seine norwegische Lanschaft „Skrygedal" von 1911, die sich heute in der Sammlung von Lothar Günther Buchheim befindet. Sie war mit dem Hamburger Bankier Jerome Friedmann verwandt, in dessen Haus in der Kleinen Johannisstraße 6 Schmidt-Rottluff später ein Atelier mietete. Dieses wurde von Friedmann gegen Bilder auch an andere Künstler abgegeben. Von Schmidt-Rottluff besaß er u.a. das Gemälde „Kleines Haus" von 1906, jetzt in der Sammlung Thyssen-Bornemisza. – Die Darstellung eines mähenden Mannes und einer über die geschnittenen Getreideschwaden gebeugten Frau entstand gleichzeitig mit der Zeichnung des Schnitters (Abb. 171), der auch hier ein grünes Hemd trägt. Von einem die rechte untere Ecke füllenden grünen Wiesenrand abgesehen, bestimmen unterschiedlich gelbe Farbtöne das Bildfeld und geben in großen Zackenlinien das am Horizont dunkel begrenzte Getreidefeld an. Die in ihrer Tätigkeit erfaßten Gestalten, bei denen wiederum Assoziationen an van Gogh und Millet auftauchen, wurden mit dem schwarzen Tuschpinsel umrissen und mit grünen und blauen Farbstiften unterschiedlich akzentuiert.

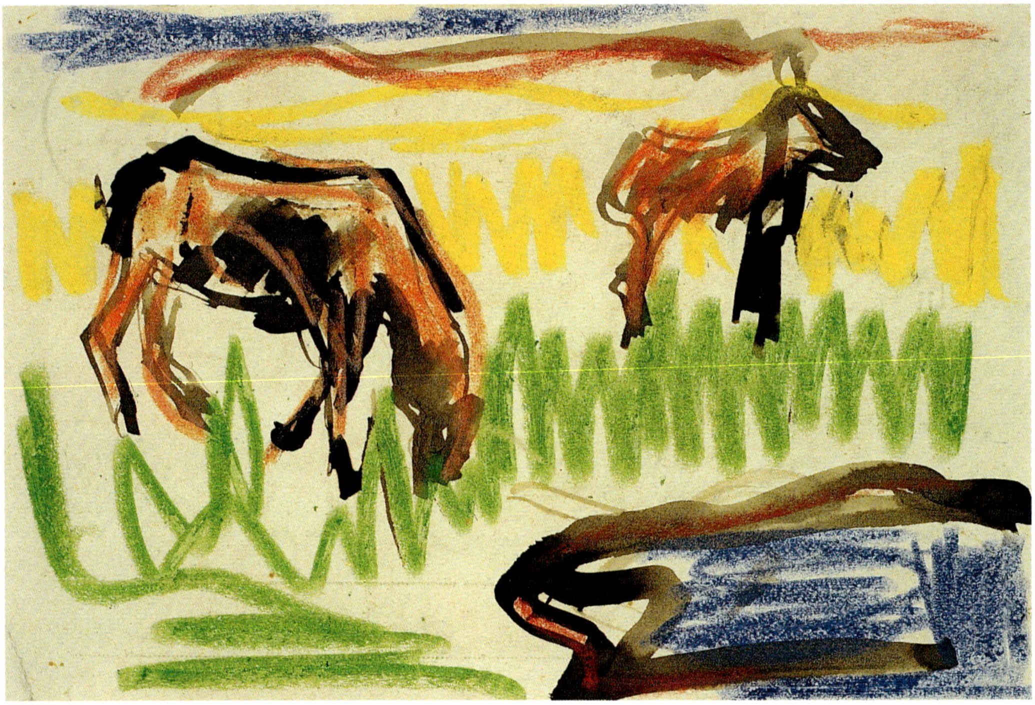

175 Weidende Pferde, 1910, Postkartenzeichnung

Auf das seltene Vorkommen von Pferdedarstellungen im Werk Schmidt-Rottluffs war bereits im Zusammenhang einer vorangegangenen Postkarte vom 25. Juni 1910 hingewiesen worden, auf der sich die Tuschpinselzeichnung eines einzelnen, statuarisch aufgefaßten Pferdes befand. Hier werden zwei unterschiedlich große Pferde – wahrscheinlich Stute und Fohlen – auf der grün und gelb gezeichneten Weide wiedergegeben und deren unregelmäßig angesetzte Tuschpinselumrisse in kräftigem Braun übergangen. Das Blau-Violett einer vorn überschnittenen Wasserstelle wiederholt sich in einem schmalen Streifen am Horizont. Auf die bei Erich Heckel liegende Priorität des Themas sei auch hier noch einmal hingewiesen, bei dem sich in gleicher Haltung grasende Pferde bereits in mehreren Arbeiten der ersten Dangaster Jahre entdecken lassen. – In der an Elsa Hopf in Hamburg gerichteten Karte freut sich Schmidt-Rottluff auf den Besuch der Sammlerin am 13. August in Dangast, während Rosa Schapire das Vorhandensein eines Zimmers für sie bestätigt.

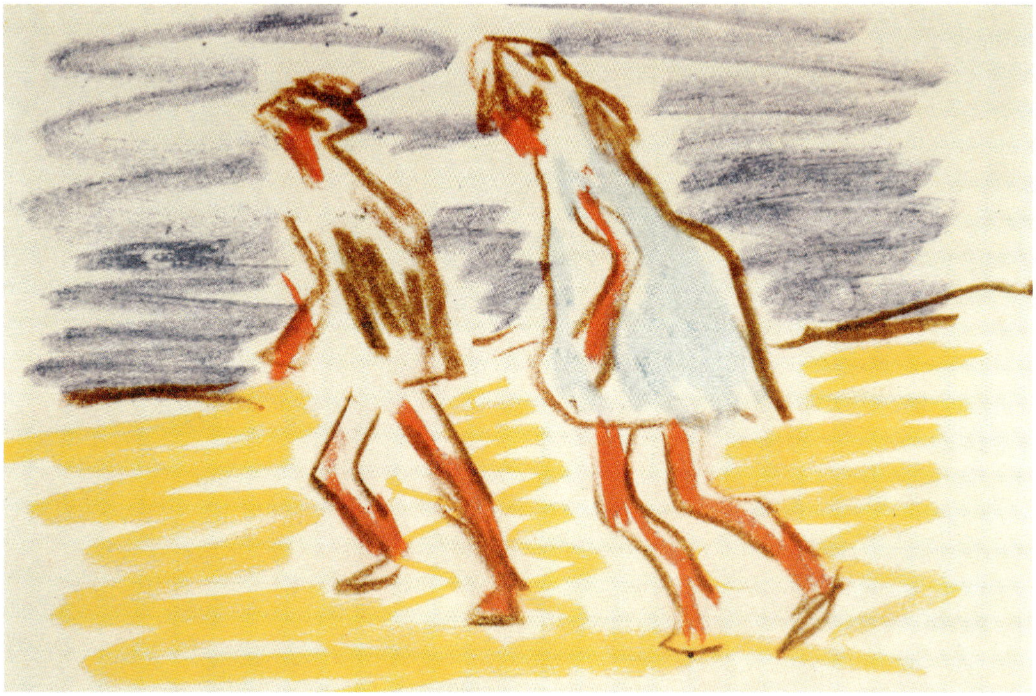

176 Kinder am Strand, 1910, Postkartenzeichnung

Rosa Schapire erhielt diese Postkarte nach der Rückkehr von ihrem ersten diesjährigen Dangaster Aufenthalt aus Varel am 20. August 1910 nach Hamburg zugesandt, von wo sie bereits kurze Zeit später zu einer erneuten Reise nach Dangast aufbrach. Der Darstellung ist zu entnehmen, daß hier die Saison auch nach Beendigung der Schulferien noch keineswegs vorüber war. Im Grambergschen Gästebuch hatten sich noch zahlreiche Familien mit nicht schulpflichtigen Kindern eingetragen, die sich des beständigeren Spätsommerwetters erfreuten. Um zwei solche Kinder mag es sich hier handeln, die in kurzen, vor der Sonne schützenden Hemdchen, unmittelbar an der Flutkante über den gelben Sandstrand laufen, im Wind leicht vornübergebeugt. Die Karte enthält die Mitteilung über die Absendung einer Brücke-Mappe von 1909 – wahrscheinlich für ein von Rosa Schapire neu geworbenes Passives Brücke-Mitglied – und die Bestätigung über den Erhalt von Silber für kunsthandwerkliche Arbeiten. Sie ist ein wichtiger Beweis dafür, daß sich Schmidt-Rottluff in Dangast bereits so früh mit der Anfertigung von Silberschmuck beschäftigt hat.

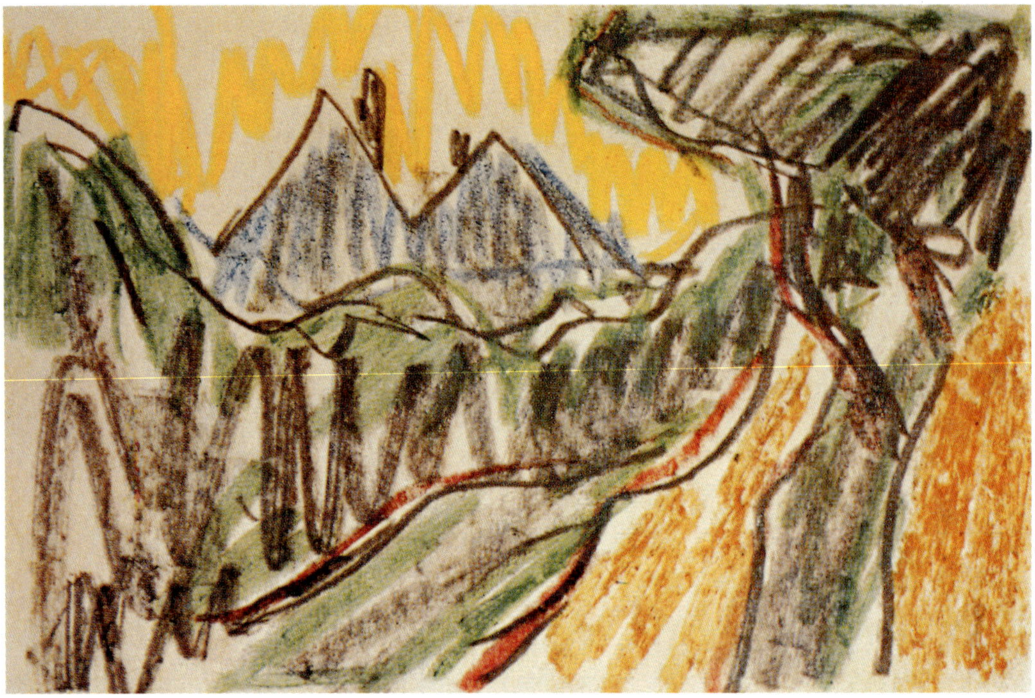

177 Dächer hinter Büschen, 1910, Postkartenzeichnung

Schmidt-Rottluff hat diese Karte, bei der nur noch der Absendeort und die Jahreszahl zu ermitteln waren, 1910 an den Sammler Gustav Schiefler gesandt, der bereits im Juni 1907 die Passive Brücke-Mitgliedschaft erworben hatte und den Schmidt-Rottluff daraufhin einige Wochen später von Dangast aus aufsuchte. Er gibt hier eine sommerliche Landschaft wieder, in der vorn rechts ein baumbestandener gelber Weg schräg in die Tiefe führt, während hinter einer parallel dazu verlaufenden Buschreihe zwei blaue Hausdächer mit Schornsteinen, nebeneinander versetzt, vor dem gelben Himmel stehen. Sie gehören zum Dangaster Kurhaus, das von Schmidt-Rottluff mehrfach dargestellt wurde und das er hier von der stark bewachsenen Landseite her gesehen hat. Er verwandte das gleiche Motiv 1911 noch einmal in einer Lithographie, der einzigen, die in jenem Jahr in Dangast entstand (Abb. 255).
Von ähnlichen Sujets gingen Fälschungen aus, die während der vergangenen Jahre auf dem Kunstmarkt auftauchten, angebliche Postkartenzeichnungen Schmidt-Rottluffs für Gustav Schiefler mit einem Datum des Jahres 1907, in dem der Künstler noch gar nicht auf Postkarten zeichnete.

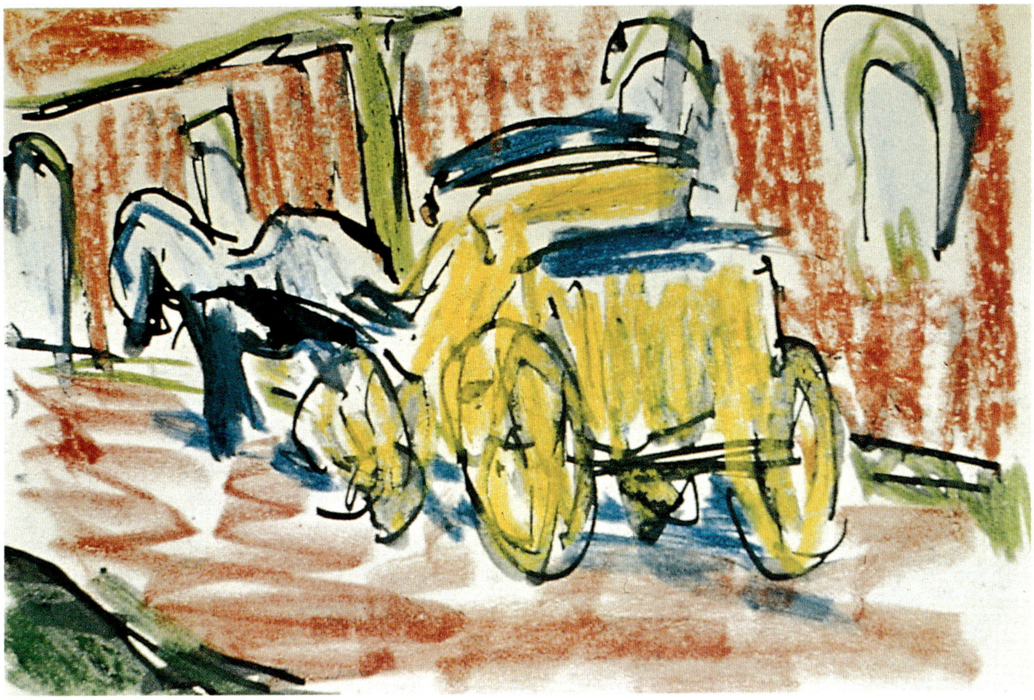

178 Gelber Kutschwagen, 1910, Postkartenzeichnung

Hier hat Schmidt-Rottluff eine jener gelben Pferdekutschen dargestellt, mit denen der Landwirt, Fuhrmann und Sandhändler Heinrich Gröning (1856–1944) damals die Badegäste von Varel und dem Bahnhof von Dangastermoor nach Dangast und zurück beförderte. Der als Landauer gebaute Wagen steht vor dem Alten Posthaus, auf welches sich auch der Kartentext des Malers bezieht. Darin berichtet er, daß bei Gramberg zwar alles besetzt, jedoch vorab eine anderweitige Unterbringung für Rosa Schapire möglich sei. Diese erschien nur wenig später ein zweites mal in Dangast und war mit dem hier wiedergegebenen Gefährt somit schon vertraut. Es wartet im hellen Mittagslicht mit eingerollten blauen Schutzplanen an der Eingangsseite des hier rot wiedergegebenen Logierhauses, dessen Gesimse, Lisenen und charakteristische Fensterformen gut zu erkennen sind. Die als Federzeichnung angelegte und mit deckenden Farbstiften ausgefüllte Karte gelangte nach dem Tod von Rosa Schapire aus ihrem Vermächtnis an das Museum in Leicester, mit dem sie zu Lebzeiten eng verbunden war.

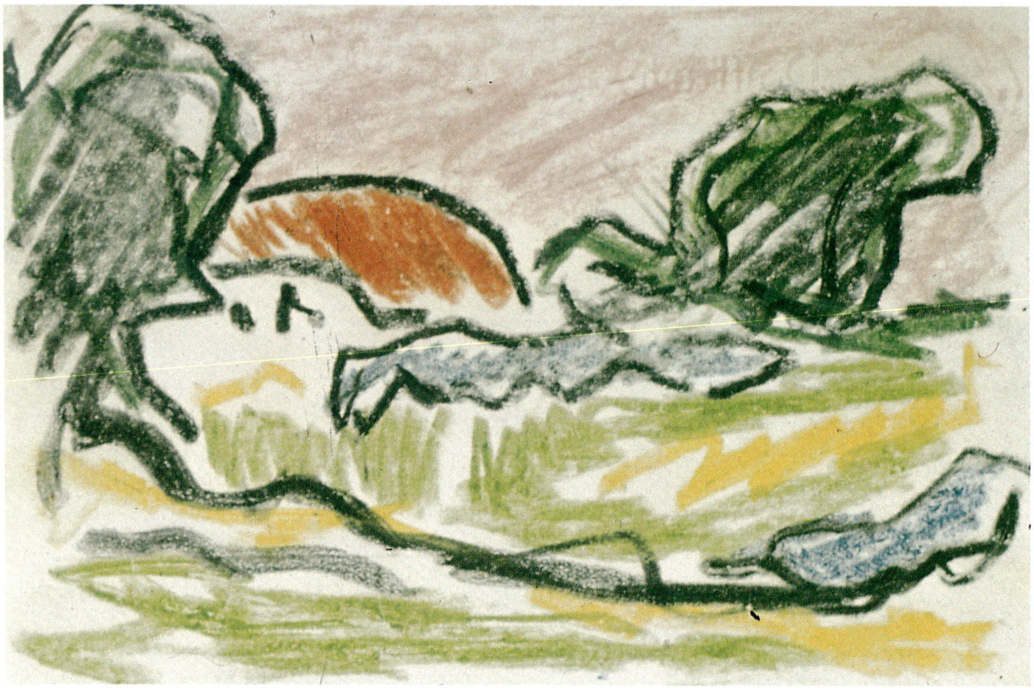

179 Haus hinter Bäumen, 1910, Postkartenzeichnung

Die Weltabgeschiedenheit eines in die Landschaft eingewachsenen bäuerlichen Hauses hatte Schmidt-Rottluff 1908 schon einmal in einer Lithographie festgehalten (Abb. 32). Hier wäre es ohne das leuchtende Rot seines tief heruntergezogenen Walmdaches gar nicht zu erkennen, so sehr wird es von allen Seiten durch Büsche und Bäume bedrängt und verdeckt. Ihr sattes Grün wird vom Maler auch durchgängig für sämtliche Konturen verwandt, zwischen denen spontan helle Schraffuren eingeschrieben sind, während sich am Himmel ein rötlicher Reflex beruhigter darbietet. – Rosa Schapire hatte nach Beendigung ihres zweiten Dangaster Aufenthaltes in diesem Jahr die Zustellung eines Korbes mit Tomaten veranlaßt, für den sich nicht nur Schmidt-Rottluff, sondern auch die Oldenburger Malerin Emma Ritter (1878–1972) auf dieser Karte bedankt. Sie lernte die um einige Jahre ältere Kunsthistorikerin damals kennen, als sie erstmalig bei Schmidt-Rottluff in Dangast malte und sich ebenfalls mit ihm befreundete.

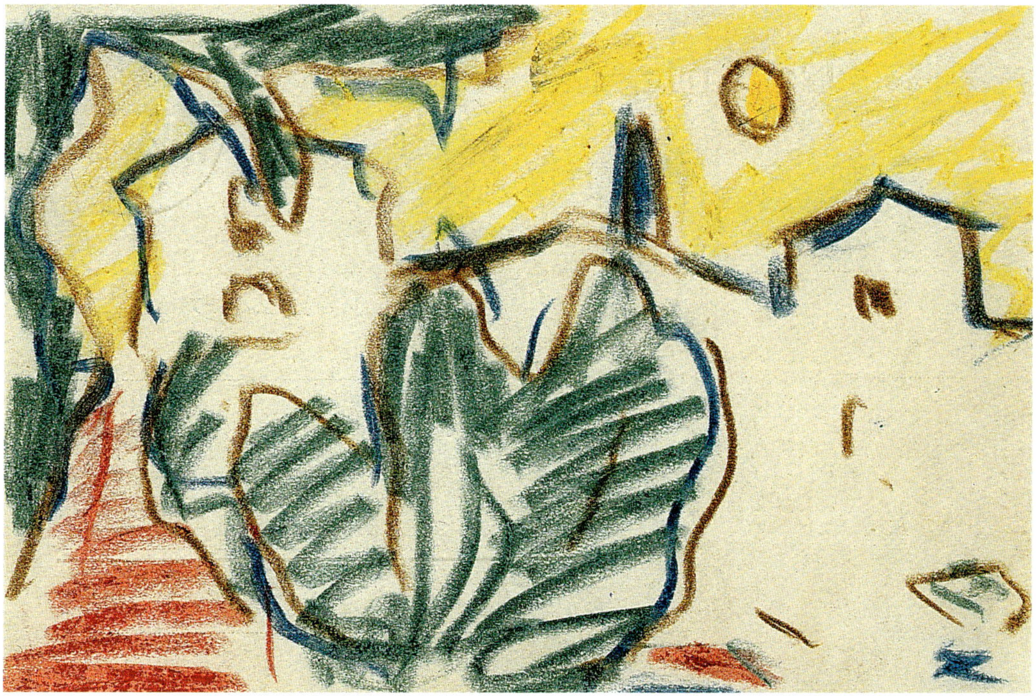

180 Parkschloß in Dangast, 1910, Postkartenzeichnung

Hier stellt Schmidt-Rottluff ein weiteres mal jenes Logierhaus dar, in dem er seit 1909 wohnte. Seine Eingangsseite ist hell ausgespart, die höheren Giebel erheben sich vor einem gelben Himmel, in dem die Sonnenscheibe hängt. Ein großer grüner Busch steht davor, ein höherer Baum wächst von links in das Bildfeld hinein. Dazwischen läuft ein rot schraffierter Weg dorthin, wo sich in der Tiefe des Parks die von Schmidt-Rottluff so häufig wiedergegebene „Villa mit Turm“ befindet. Das Logierhaus steht noch in gleicher Funktion am selben Ort, doch wurde sein ursprüngliches Erscheinungsbild so verschandelt, daß man es heute nicht mehr wiedererkennen kann. „In dem jetzt sehr stillen Schloß“ hatte die Kartenempfängerin, Schmidt-Rottluffs junge Freundin Ella Kohlstedt (1895–1979), zuvor mit ihrer Familie die Sommerferien verbracht und war in dieser Zeit auch von ihm gemalt worden (Abb. 123, 170). Aus leicht verändertem Blickwinkel hat der Künstler dieses Motiv auch noch für einen bei Rosa Schapire nicht aufgeführten Holzschnitt benutzt (Abb. 200).

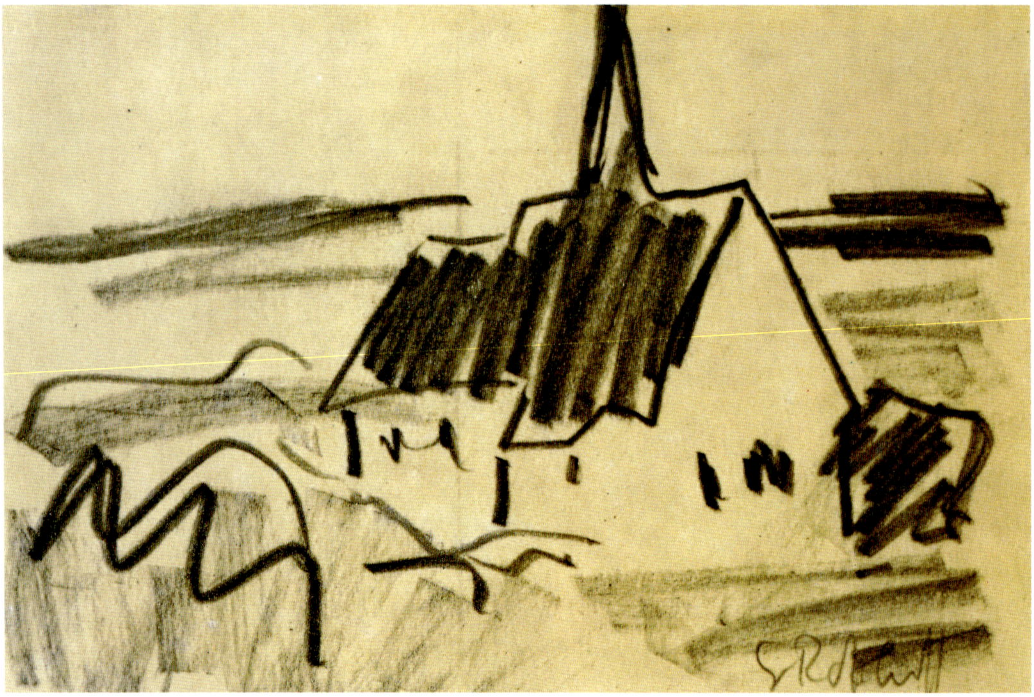

181 Einsame Kirche, 1910, Postkartenzeichnung

In seinem Buch „Postkarten an Gustav Schiefler" (Hamburg 1976) veröffentlicht Gerhard Schack diese Zeichnung ohne weiterführende Angaben mit dem Entstehungsdatum 1910. Der Stil der nicht mehr erreichbaren, offenbar mit schwarzer Ölkreide ausgeführten Arbeit stützt diese Zeitangabe, doch sind einige Besonderheiten mit ihr verbunden, die eine Entstehung in Dangast nur mit Vorbehalten möglich erscheinen lassen. So taucht hier erstmalig bei einer Postkartenzeichnung die seit 1907 im wesentlichen verbindliche Signatur „S-Rottluff" auf, die sich auch noch auf drei weiteren Karten an Gustav Schiefler (Abb. 183, 185, 243) sowie auf einer Postkarte an Rosa Schapire von 1911 findet (Abb. 241). Allen diesen Karten ist wahrscheinlich gemeinsam, daß sie rückseitig nicht beschrieben sind und deshalb als Briefbeigaben im verschlossenen Umschlag versandt worden sein müssen. Die hier fehlende, vom Künstler auch als Signierung verstandene Unterschrift, wurde deshalb dort durch eine eigene Signatur auf der Bildseite ersetzt, wo sie auch im Hinblick auf den Empfänger sinnvoll schien. In diesen Fällen war die Postkarte als solche zwar noch der Bildträger, doch bewirkte das Nichtvorhandensein einer zweckgebundenen Mitteilung bei den geschützt und signiert zugestellten Karten zumindest bei ihren Adressaten eine andere Wertigkeit. – Das auf der vorliegenden Karte sichtbare Motiv war bisher nicht identifizierbar. Dachreiter und eingezogener Chor sprechen dafür, daß es sich um eine einsam gelegene mittelalterliche Kirche handelt, die in dieser Gestalt und Lage in der Umgebung Dangasts – dessen alte Kirche den Sturmfluten zum Opfer fiel – allerdings nicht auszumachen ist. Für Schmidt-Rottluff hat die Beschäftigung mit kirchlichen Bauwerken, die für ihn eine unmittelbare Verkörperung des Transzendentalen waren, jedenfalls eine erhebliche Rolle gespielt und wie bei keinem anderen Künstler seiner Generation wurden Kirchen für ihn auch zu Stationen und Denkmalen seines, das Überdauernde bannenden Lebensweges, so unter anderem 1906 in Dresden, 1912 in Hamburg, Werder und Stralsund, 1921 und 1922 in Soest, 1929 und 1930 in Rom,1937 in Limburg und 1939 in Ulm.

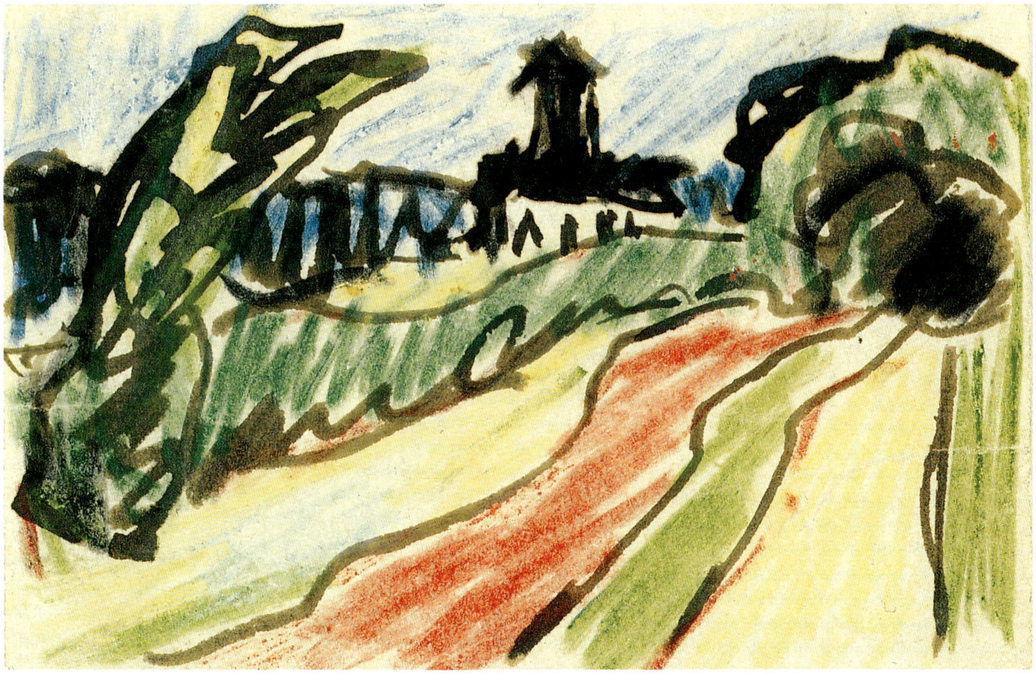

182 Weg und Turmhaus, 1910, Postkartenzeichnung

Die bisher als „Mühle in Dangast" publizierte Postkartenzeichnung stellt in Wirklichkeit die Dangaster „Villa mit Turm" dar, deren vorangegangenen Wiedergaben Schmidt-Rottluff damit eine weitere hinzufügt. Denn abgesehen davon, daß hier die auf allen zeitgleichen Bildern der Dangaster Windmühle vorhandenen Flügel fehlen, läßt sich das Motiv auch unmittelbar mit zwei anderen Arbeiten des Künstlers verbinden, von denen ihm ein Aquarell von 1909 am nächsten kommt (Abb. 52). Bildaufbau und Grundfarben stimmen bis in Einzelheiten überein, nur wird das Turmgebäude hier näher herangerückt, seine schwarze Silhouette wächst dem oberen Bildrand dominierender entgegen und die farbigen Zonen des Bildfeldes heben sich in der Zeichnung entschiedener voneinander ab. In diesem Punkt ist sie wiederum stärker mit der Gemäldefassung von 1910 verwandt (Abb. 122), deren so ungewöhnlich weiß herausleuchtender Sockel sich als ausgesparte Fläche ebenso deutlich darbietet, wie die mit dem Tuschpinsel ausgeführte stärkere Konturierung. Nach ihrem Dangaster Poststempel vom 14. Oktober 1910 entstand die Zeichnung am Ende einer langen herbstlichen Wärmeperiode. Sie ist an Dr. Thiele in Chemnitz adressiert, bei dem sich Schmidt-Rottluff für eine übersandte Zeitungskritik bedankt, die wahrscheinlich von Thiele selbst verfaßt war. Da der kunstbegeisterte Arzt den Werdegang des jungen Malers von der gemeinsamen Heimatstadt aus über Jahre verfolgt hatte, unterschrieb dieser die Karte gegen seine sonstige Gewohnheit mit dem voll ausgeschriebenen Namens-Bestandteil Schmidt.

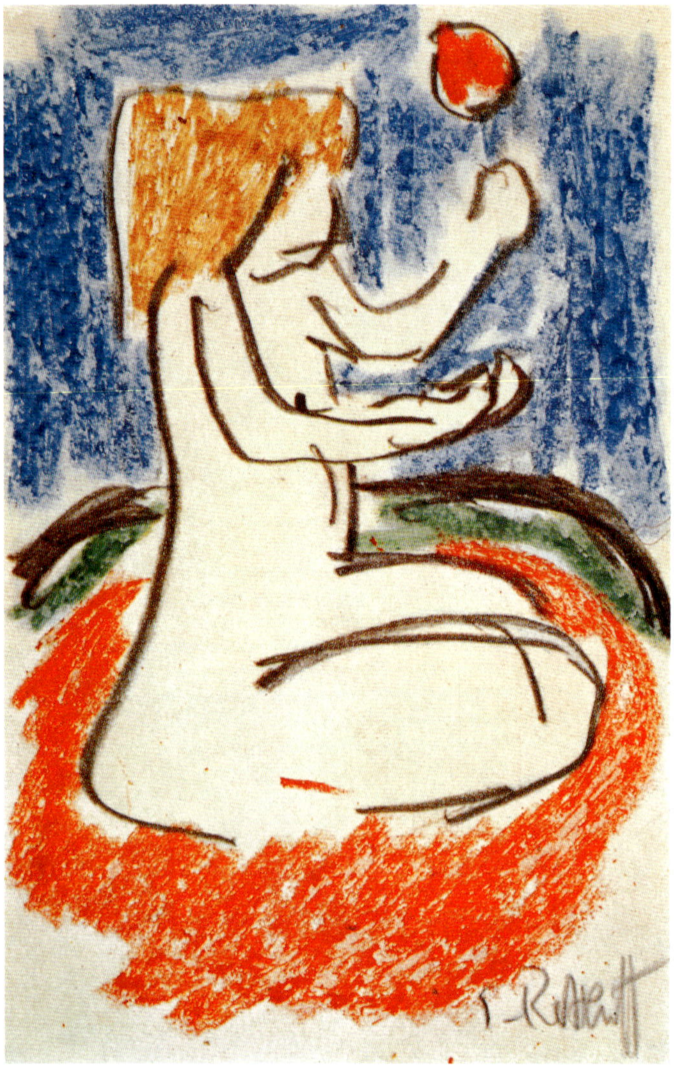

183 Hockender Mädchenakt mit Ball, 1910, Postkartenzeichnung

Die Farbstiftzeichnung gehört zur Gruppe der rückseitig nicht beschrifteten und deshalb auf der Vorderseite voll signierten Postkarten, die Schmidt-Rottluff 1910 als Briefbeilagen an den Hamburger Landgerichtsdirektor und Sammler Gustav Schiefler sandte. Dargestellt ist ein nacktes, mit untergeschlagenen Beinen sitzendes und von der Seite her gesehenes Kind, das mit einem emporgeworfenen Ball spielt. Sein leuchtendes Rot kehrt in der runden Unterlage wieder, auf der das Mädchen sich befindet. Darüber wird eine braun eingefaßte, grüne Sofalehne sichtbar. Sie läßt auf einen Innenraum schließen, dessen gesamter Hintergrund blau behandelt ist. Die statuarische Auffassung des Mädchenaktes wirft die Frage nach einer gleichzeitigen graphischen Umsetzung des Motivs auf, die sich jedoch von den bekannten Arbeiten her nicht beantworten läßt, obwohl das Thema als solches auch 1910 nicht gänzlich vernachlässigt wurde. So bleibt nur der Hinweis darauf, daß das hier dargestellte Modell wahrscheinlich auch noch einmal auf einer weiteren an Gustav Schiefler gesandten Karte wiedergegeben wird (Abb. 185).

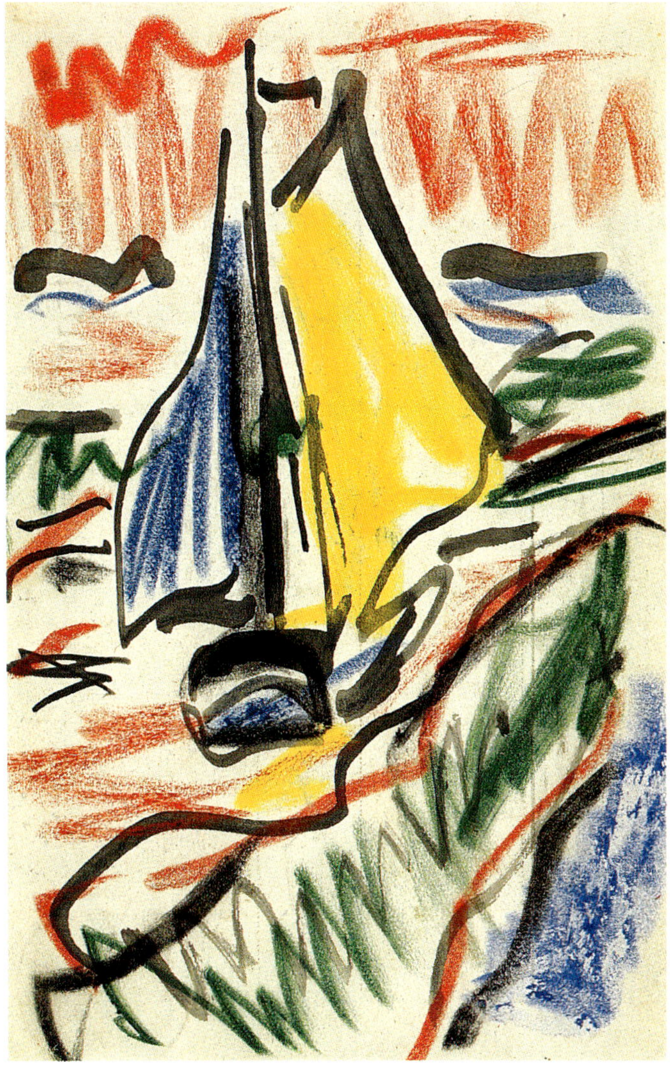

184 Segelboote am Strand, 1910, Postkartenzeichnung

Schmidt-Rottluff hat das Motiv dieser farbenfrohen Postkartenzeichnung im nächsten Jahr auch für einen Holzschnitt verwendet, den Rosa Schapire in ihrem 1924 erschienenen Werkverzeichnis „Boot im Kanal" nennt (Abb. 244). Ob sich diese in der graphischen Umsetzung begründbare Bezeichnung ohne weiteres auch hier verwenden läßt, erscheint deshalb fraglich, weil sich das Boot – trotz seiner noch oder schon vorhandenen gelb-blauen Segel – weniger am, als mitten auf dem rotgelben Strand zu befinden scheint. Davor läuft noch ein grünbewachsener Streifen entlang, an dem sich in der rechten unteren Ecke eine blaue Fläche anschließt. Dangast verfügte damals noch über keinen eigenen Hafen, die hier beheimateten Fischerboote lagen in der Nähe des einmündenden Siels am Strand. Die wohl bewußt so farbenfreudig gehaltene Postkarte ist an Schmidt-Rottluffs fünfzehnjährige Ferienbekanntschaft Ella Kohlstedt gerichtet, der er im Zusammenhang mit seiner Rückkehr in die sächsische Heimat einen Besuch in Berlin in Aussicht stellt. Zusammen mit weiteren Postkarten des Künstlers an sie (Abb. 180, 239, 242) gelangte auch diese – gemeinsam mit ihrem Holzschnitt-Exlibris (Schapire G 7) – als Vermächtnis an das durch die Initiative Schmidt-Rottluffs in ihrer Heimatstadt begründetete Brücke-Museum.

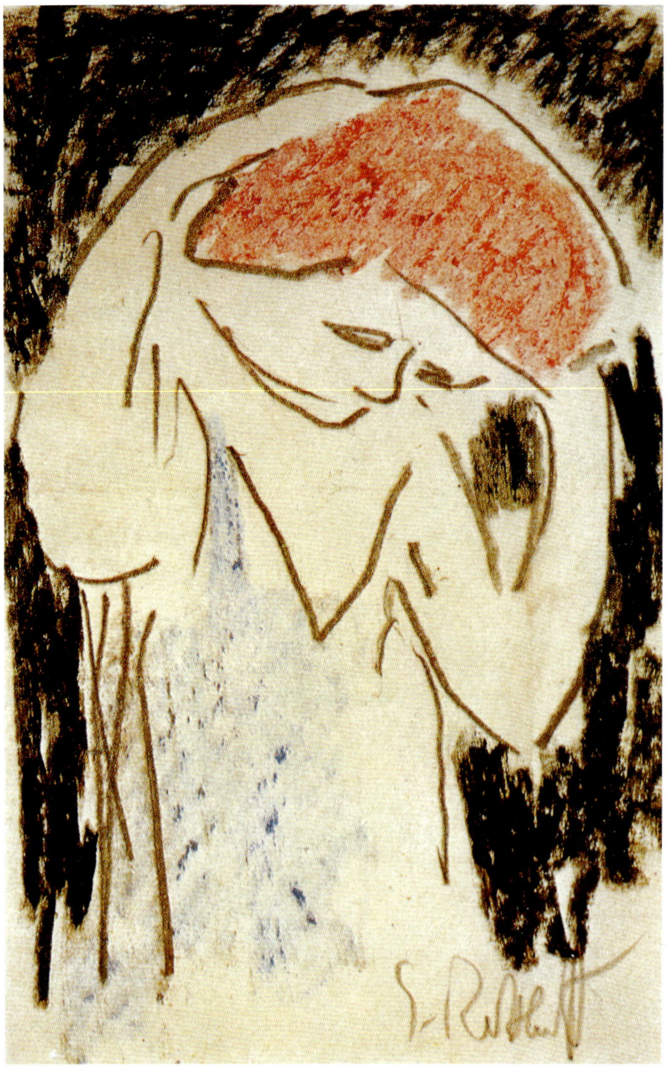

185 Rothaariges Mädchen, 1910, Postkartenzeichnung

Auch diese dritte signierte Postkartenzeichnung Schmidt-Rottluffs für Gustav Schiefler in Hamburg ist rückseitig nicht beschrieben und als Briefbeilage versandt worden. Das kleine Mädchen im blauen Hemd oder Kleid, das sich mit beiden Händen in die rot gegebenen vollen Haare greift, ist möglicherweise dasselbe, das auf einer wesentlich farbigeren vorausgegangenen Karte für Schiefler als sitzender, ballspielender Akt erscheint (Abb. 183). Hier wird neben einem zurückhaltenderen Rot und nur angedeuteten Blau vor allem dunkles Braun verwendet, für den Hintergrund zumal, jedoch auch für die Konturen und die Signatur. – Schmidt-Rottluffs seit 1907 bestehende persönliche Beziehung zu Gustav Schiefler und seiner Frau überschritt 1910 ihren Höhepunkt, zumal die Ausschließlichkeit, mit der Rosa Schapire den ersten Platz bei ihm beanspruchte, mitunter andere Verbindungen beeinträchtigte. Auf diese Weise intensivierten sich Schieflers Kontakte zu den anderen Brücke-Malern, weiterhin zu Nolde und Heckel und zunehmend zu Ernst Ludwig Kirchner, welcher Schiefler am 19. Juli 1910 seinen ersten Brief schrieb und in ihm einige Jahre später den ersten Verfasser seines Graphik-Werkverzeichnisses gewann.

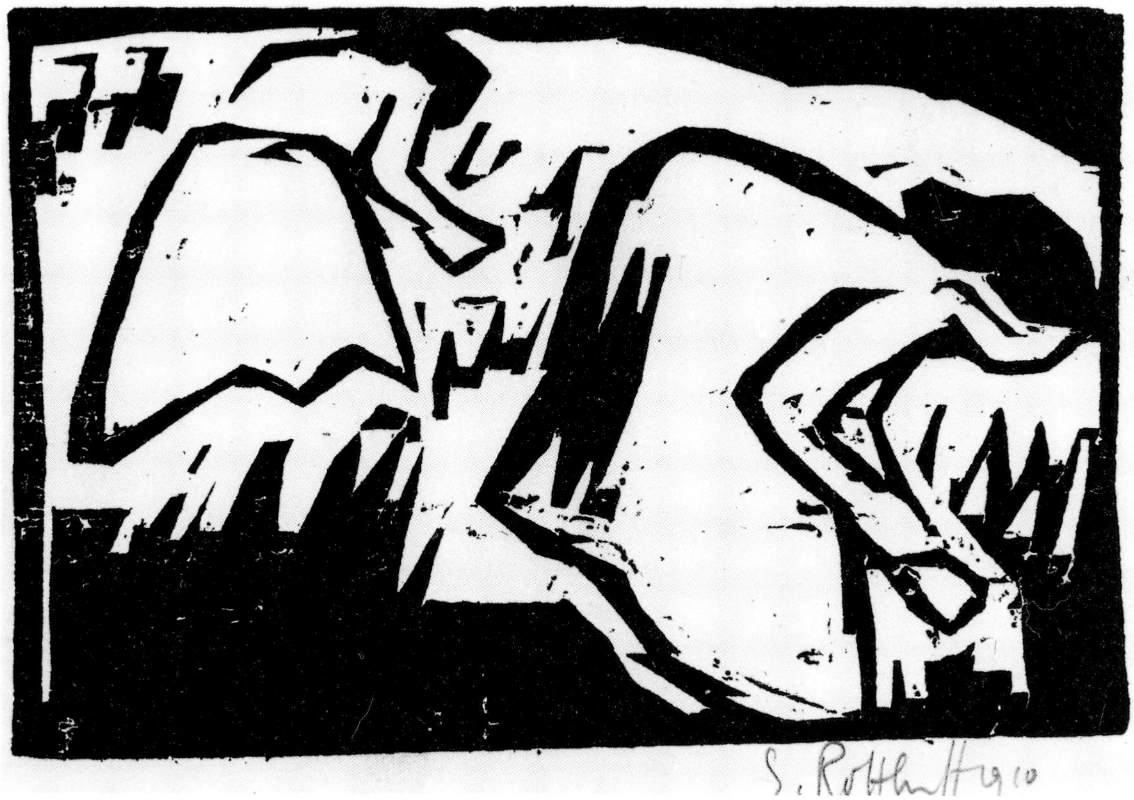

186 Blumenpflückende Frauen, 1910, Holzschnitt

Während die Gesamtzahl der in einem furiosen Auftakt zwischen 1909 und 1912 hervorgebrachten Holzschnitte annähernd gleichblieb – zwischen 23 und 25 – und diese graphische Technik sich damit gleichzeitig die unangefochtene Priorität sicherte, verringerte sich ihr Dangaster Anteil daran: 1909 waren es 22, 1910 lediglich 14, 1911 gerade neun und 1912 nur noch zwei Blätter, die mit Sicherheit den Dangaster Aufenthalten entstammen. Wahrscheinlich wurden hier ab 1910 nur noch kleinere Formate gedruckt, während die größeren anfangs vor allem in Hamburg und Chemnitz und später in Berlin zur Ausführung kamen. Um solche kleineren Formate handelt es sich bereits bei den ersten sechs Dangaster Holzschnitten von 1910, von denen keiner die Maße von 11 x 17 cm übersteigt. Dies ist ein Format, das sich auch zum Druck auf Postkarten eignete, was in den meisten Fällen auch geschah. So befinden sich die „Blumenpflückenden Frauen" unter anderem auf einer am 8. Januar 1911 an Walter Hane in Blankenese gesandten Karte, auf die sie als Handdruck vom Stock gelangten. Hierbei handelt es sich um zwei zum Blumenpflücken herabgebeugte weibliche Gestalten, eine von der Seite, die andere vom Rücken her gesehen, beide hell mit schwarzen Konturen vor einer lichten Wiese, in die lediglich von den Ecken her dunklere Partien eingreifen.

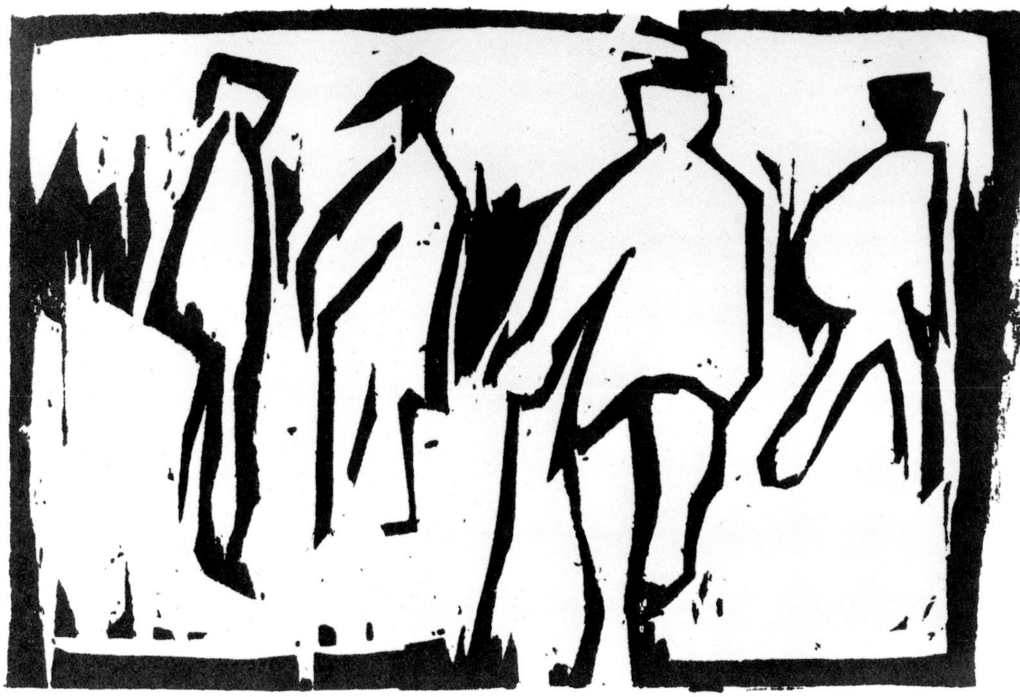

187 Vier Männer, 1910, Holzschnitt

Wie der vorige ist auch dieser seltene kleine Holzschnitt auf Postkarten gedruckt worden, so auf eine am 9. Dezember 1910 in Chemnitz abgestempelte Karte an Elsa Hopf in Hamburg. Schmidt-Rottluff bringt darin die Hoffnung zum Ausdruck, die Empfängerin bei seinem nächsten Aufenthalt in Hamburg länger sehen zu können, als dies beim letzten Mal möglich war. Der Künstler hatte sich Anfang November 1910 von Dangast nach Hamburg begeben und war einige Wochen später nach Chemnitz weitergereist, von wo er dann Ende Dezember erneut nach Hamburg zurückkehrte, um seine Ausstellung in der Galerie Commeter vorzubereiten. Auf dem Holzschnitt sind die Konturen von vier in unterschiedlichen Positionen stehenden Männern festgehalten, wie man ihnen am Rande eines Marktes oder nach dem Kirchgang begegnen konnte, die Köpfe bedeckt und zum Teil auf Stöcke gestützt. Ernst Beyersdorff aus Oldenburg besaß eine frühe Kohlezeichnung mit stehenden Männern und einer Widmung des Künstlers, die zwar nicht mehr nachweisbar ist, jedoch mit dem Motiv dieses Holzschnitts in Zusammenhang stehen könnte.

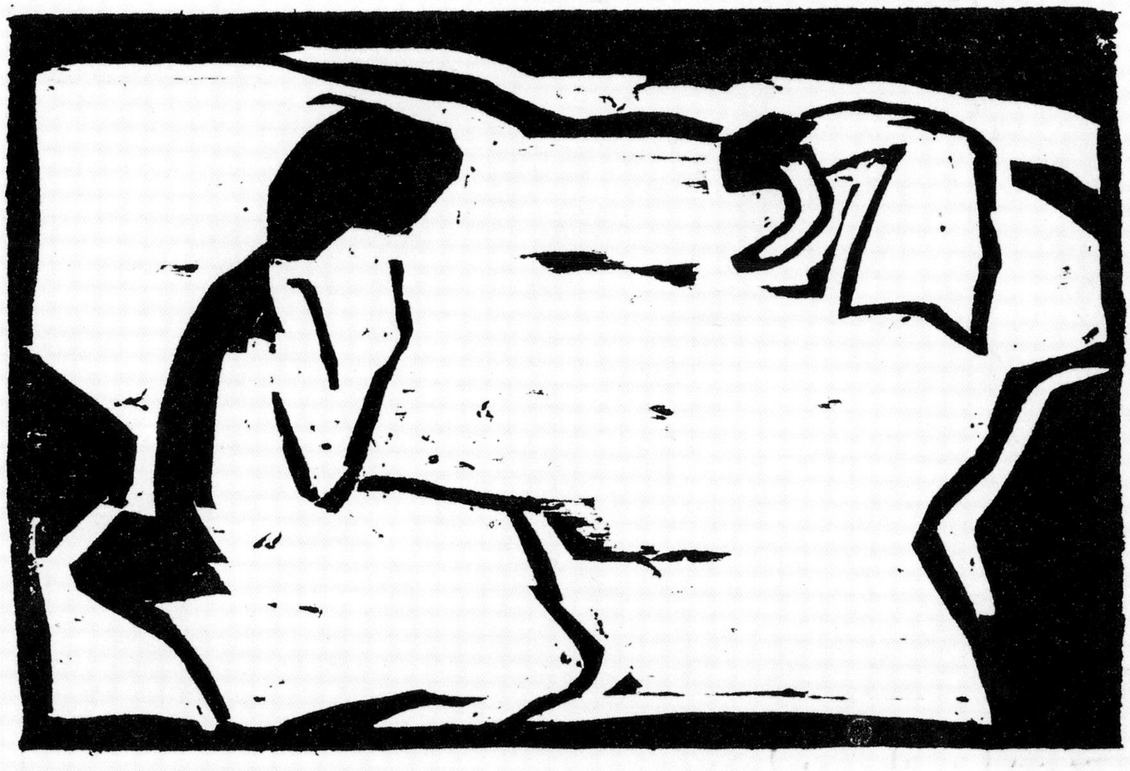

188 Frauen auf der Wiese, 1910, Holzschnitt

Die beiden weiblichen Gestalten, die in einem vorangegangenen Holzschnitt bereits als „Blumenpflückende Frauen" dargestellt worden waren (Abb. 186), erscheinen hier noch einmal vor einer hellen Wiese, die fast den gesamten Bildraum ausfüllt. Während sich die rechte im Hintergrund erneut nach Blumen bückt, hat sich die andere im Vordergrund links im Gras niedergelassen, den Kopf hinüberschauend in die Hand gestützt. Anders als im vorangegangenen Blatt, in dem die Vorstellung gemeinsamen Tätigseins das Anliegen des Künstlers war, steht hier die kontemplative Situation im Vordergrund, das Eingebundensein beider Frauen in die umgebende Natur und die Übereinstimmung mit ihr. Hier wie dort handelt es sich jedoch nicht um Landschaften mit darin befindlichen Figuren, sondern um Darstellungen von Menschen in der sie umgebenden Landschaft.

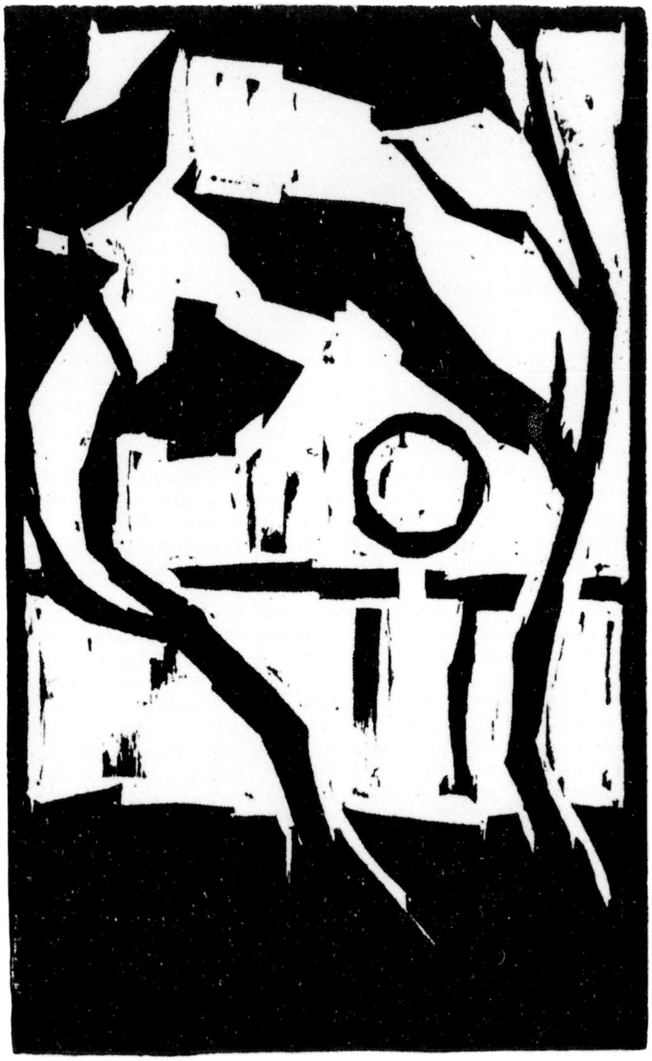

189 Sonnenuntergang am Meer, 1910, Holzschnitt

Die Meisterschaft Schmidt-Rottluffs, im Holzschnitt lapidare Vereinfachung, äußerste Konzentration und größte Verdichtung des Gesehenen zu erreichen, läßt sich in diesem wiederum kleinen Blatt besonders gut erkennen. Zwei krummgewachsene Bäume im Gegenlicht, deren Äste das obere Bildfeld füllen und der Sonnenball über dem tieferliegenden Meer reichen aus, um das Erlebnis eines im Werk des Künstlers mehrfach gestalteten Naturereignisses sichtbar zu machen. Sein Standort befindet sich oberhalb der Dangaster Strandmauer, weshalb die Frage nicht ohne weiteres zu beantworten ist, ob unterhalb der Sonne deren Spiegelung oder ein an dieser Stelle vorhandenes Geländer gemeint sein könnte. Da das originale Blatt nur wenig größer ist als diese Abbildung, bestätigt sich die Unabhängigkeit der erreichten Monumentalität vom äußeren Format ebenso, wie die Verwirklichung des gesetzten Zieles ohne das geringste Zugeständnis an Stimmung und Idylle, die bei einem solchen Motiv besonders nahelägen.

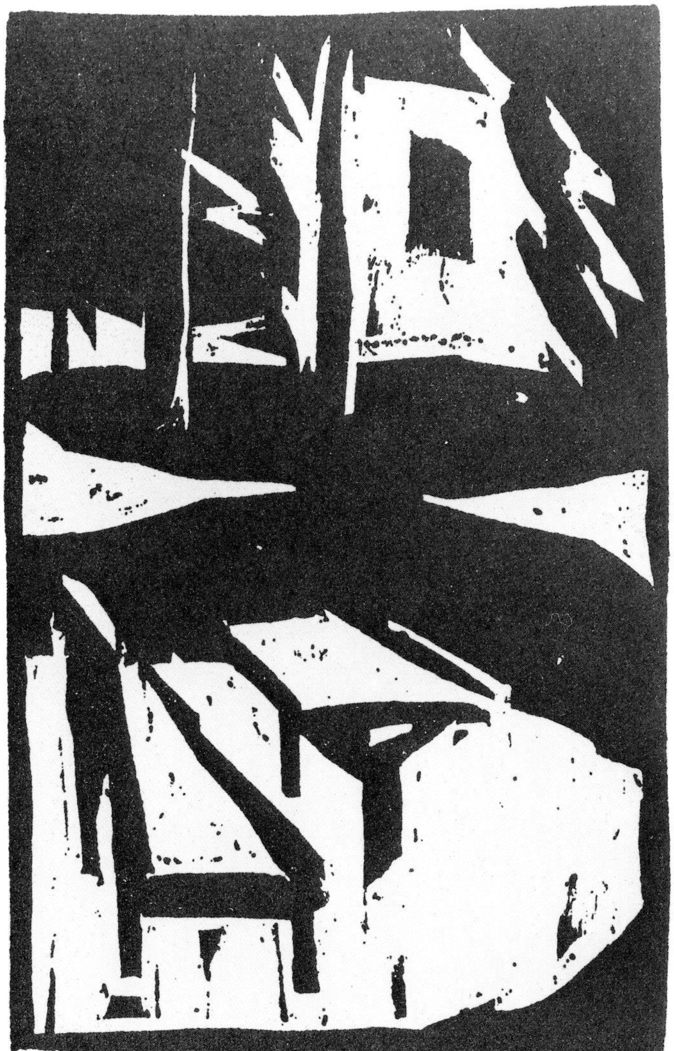

190 Gartenbänke, 1910, Holzschnitt

„Im Vordergrund links auf sonnenbeschienenem Platz eine Gartenbank und ein Tisch davor. Im Hintergrund ein weißes Haus hinter Bäumen gegen dunkle Laubwand. Schattenmassen auf dem Boden setzen gegen lichte Partien ab" so beschreibt Rosa Schapire diesen Holzschnitt in ihrem Werkverzeichnis, wobei sie auch eine Farbskizze hierzu aus ihrem Besitz erwähnt. Diese ist nicht mehr nachweisbar, doch findet sich eine Abwandlung davon in der bereits vorgestellten Postkartenzeichnung für Elsa Hopf vom 15. Juli 1910 (Abb. 172). Die dort den Hintergrund beherrschenden, durch Farbstifte erzeugten Zick-zack-Linien werden hier – hell im Dunkel – zu zwei blitzähnlichen Kürzeln reduziert. Dabei handelt es sich um ein in mehreren Holzschnitten von 1910 erstmalig auftauchendes formales Element, das auf die Arbeiten der kubistischen Phase vorausweist. – Bänke im Garten waren bei Schmidt-Rottluff bereits das Thema eines verschollenen Gemäldes von 1908, das Wilhelm Niemeyer 1911 bei seinem Besuch in Dangast sah und als Miteinander von Grün und Rot beschrieb, aus dem sich die blauen Bänke heraushoben. Es entstand noch im Wirtshausgarten von Johannes Kracke in Dangastermoor.

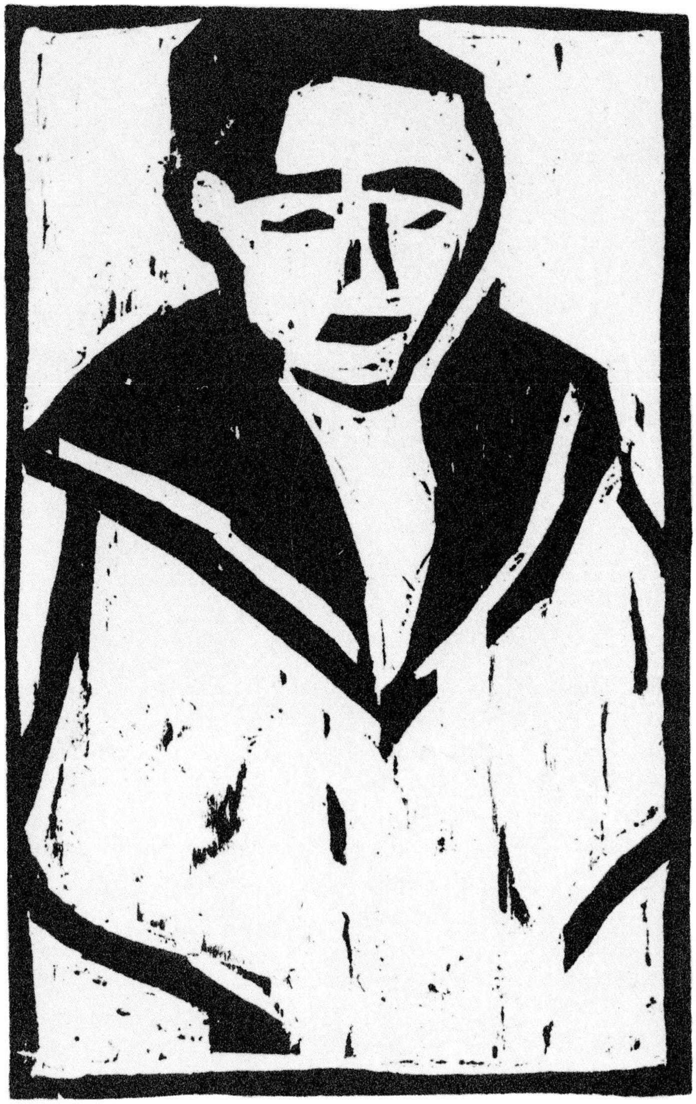

191 Junge im Matrosenanzug, 1910, Holzschnitt

Mit dem ebenfalls 1910 geschaffenen Gemälde eines Knaben (Abb. 134) steht dieses Holzschnittporträt in keinem unmittelbaren Zusammenhang. Jedenfalls werden unterschiedliche Modelle dargestellt, deren zweifelsfreie Identifizierung bisher nicht möglich war. In dem als farbenreich beschriebenen Gemälde handelte es sich um ein in spielerischer Haltung zum Betrachter blickendes Kind, im Holzschnitt posiert ein kleiner Erwachsener, der sich in den ihm gegebenen Rahmen fügt. Das beweist auch der Matrosenanzug, der in jenen Jahren des Aufstiegs Deutschlands zur Seemacht zur patriotischen Kinderuniform avancierte und als Sonntagskleidung unverzichtbar war. Hier liegt über der hellen Bluse ein dunkler Marinekragen, der den darüber befindlichen Kopf gleichsam in die Pflicht nimmt und dessen Träger auf den Ernst des Lebens vorbereitet. – In Dangast war diese Phase der historischen Entwicklung besonders augenfällig: bei klarer Sicht konnte man die für Deutschlands Kriegsschiffe bestimmten Anlagen, für die ein Teil des schmalen, sandigen Geestrückens geopfert worden war, am Horizont emporwachsen sehen. Schmidt-Rottluff erwähnte zwar vereinzelte Besuche in Wilhelmshaven, die sich jedoch – anders als beim jüngeren Radziwill – in seinem Werk nicht niedergeschlagen haben.

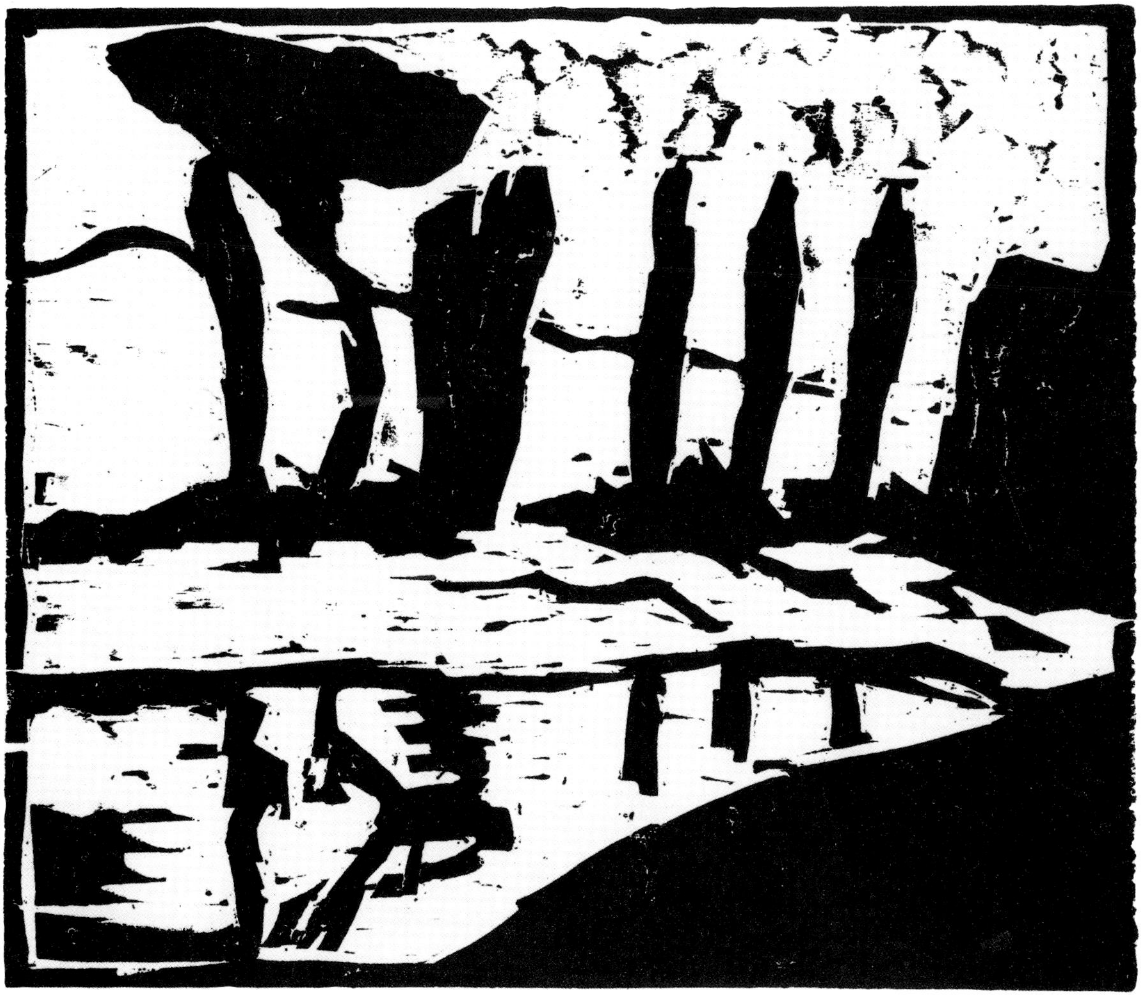

192 Pappeln, 1910, Holzschnitt

Die in schlanker Gestalt emporstrebenden Pappeln sind vor allem im graphischen Frühwerk Schmidt-Rottluffs häufiger vertreten, willkommene Vertikalen in der endlosen Weite ebener Landschaften. An der Küste wurden sie meist binnendeichs oder als Straßenbäume gesetzt, wie auf der von Dangast über Wehgast nach Varel führenden Grodenchaussee. In diesem, gegenüber den bisherigen von 1910 deutlich größeren Holzschnitt, zählt Rosa Schapire sechs gereihte Pappeln und eine Erle, die sich im davorliegenden Graben im Wasser spiegeln und deren Wipfel in den leicht gefleckten hellen Himmel ragen. In der unteren rechten Ecke sorgt ein geschlossenes dunkles Feld für eine Verfestigung und Gewichtung der Bildkomposition. Schmidt-Rottluff benutzte das gut bearbeitbare Holz der Pappeln neben demjenigen der Linde für eine ganze Reihe von Holzschnitten, ehe er der strukturreicheren Fichte den Vorzug gab.

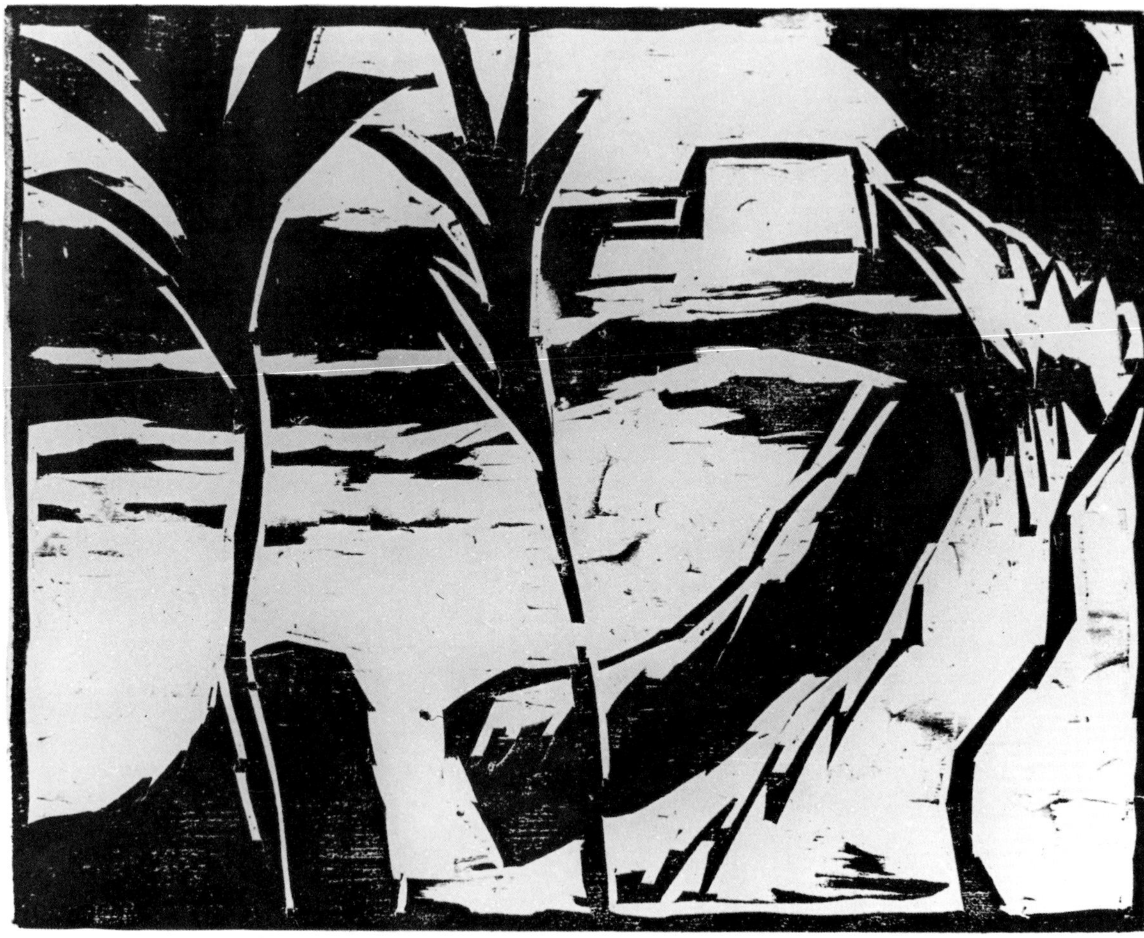

193 Landschaft mit jungen Ulmen, 1910, Holzschnitt

Das gleiche Motiv wie hier hat Schmidt-Rottluff auch für ein verschollenes Gemälde benutzt, dessen Entstehung Rosa Schapire mit 1910 angibt, während die Signatur des Künstlers mit der Jahreszahl 1911 verbunden ist (Abb. 217). Wahrscheinlich wurde dieses Bild – wie mehrere andere auch – erst nach Rückkehr aus Dangast in den Wintermonaten von 1910/11 vollendet. Im Holzschnitt bildet die in leichtem Schwung einen Weg nach rechts oben begleitende dunkle Hecke einen wesentlichen Bildakzent. Seine Bewegung wird durch eine den Hintergrund bestimmende Horizontale aufgefangen, aus deren dunklen Laubmassen sich ein helles Gebäude heraushebt. Die namengebenden beiden jungen Ulmen durchziehen hochstämmig mit gezackten Ästen die linke Bildhälfte und schaffen gleichzeitig Raum, während die durch das Material begründbaren, dem widerstrebenden Holz entrissenen kantig-splitterigen Formen hier endgültig zum Stil geworden sind.

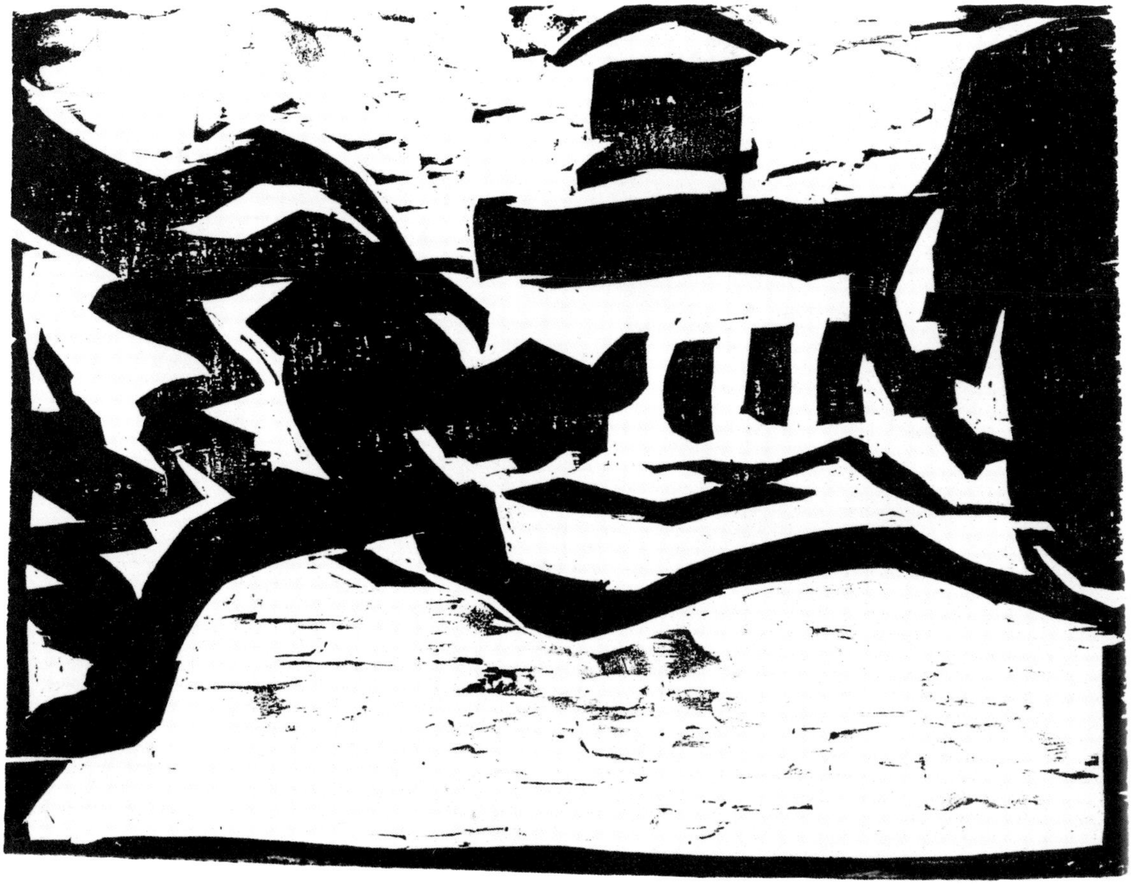

194 Landhaus, 1910, Holzschnitt

Von den vier Holzschnitten, die Schmidt-Rottluff zwischen 1909 und 1911 der auch in Bildern, Aquarellen und Zeichnungen erscheinenden „Villa mit Turm“ in Dangast widmete, ist das abgebildete Blatt am wenigsten bekannt. Dies liegt nicht allein daran, daß von ihm offenbar nur einzelne Drucke existieren, sondern auch an seiner abweichenden Benennung und dem Umstand, daß in dem hier dargestellten Gebäude nicht ohne weiteres dasjenige vermutet werden kann, welches die anderen Holzschnitte zeigen (Abb. 98, 198, 252). Von ihnen unterscheidet sich dieser Schnitt durch die Wahl des Querformats und des damit erfolgten Verzichts auf die der Vertikalität innewohnende Ausdruckskraft. Verglichen mit der ersten Wiedergabe von 1909 haben Haus und umgebendes Laubwerk zwar deutlichere Konturen erhalten, doch wurden dem Gebäude zugleich völlig neue, dem gewählten Bildformat adäquate Proportionen verliehen. So ist der in Wirklichkeit schmal aufstrebende Turm jetzt kaum noch wiederzuerkennen, seine Breite ist tatsächlich größer als seine Höhe, sodaß er dem durch seine dunklen Fenster charakterisierten Haus nicht mehr entsteigt, sondern eher auf ihm lastet. Weniger bedrängt als umrahmt, steht es in einer geschwungen ausgebreiteten hellen Parklandschaft, die weder so stark dramatisiert wird wie in der zweiten diesjährigen Fassung des Sujets (Abb. 198), noch so entschieden der Geometrisierung – und damit der Abstrahierung – unterworfen wird, wie im letzten, diesem Motiv gewidmeten Holzschnitt von 1911 (Abb. 252).

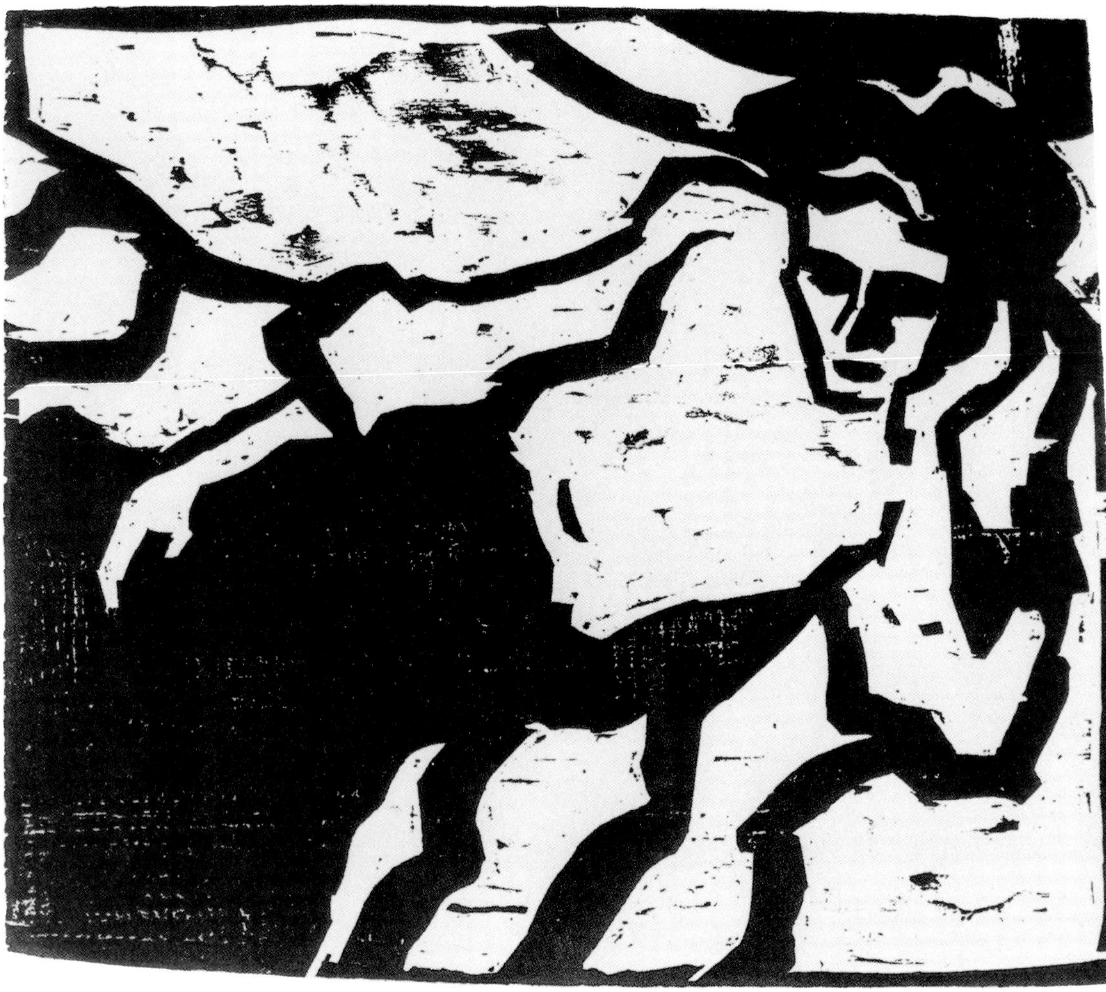

195 Liegendes Mädchen, 1910, Holzschnitt

Als Ernest Rathenau 1987 zu Rosa Schapires Werkverzeichnis der Graphik Schmidt-Rottluffs einen mit Ergänzungen versehenen Tafelband herausbrachte, konnte er für diesen Holzschnitt keine Vorlage ausfindig machen, wodurch dessen Seltenheit bestätigt wird. Rosa Schapire bezeichnet ihn als die Darstellung eines jungen Mädchens in schwarzem Rock und heller Bluse, das mit aufgestütztem Arm auf einem gestreiften Sofa liegt. Da die Verfasserin dort, wo sie Wiedergaben der Schwester des Künstlers erläutert, in den meisten Fällen den Begriff Frau verwendet, dürfte es sich hier um eine andere weibliche Bekanntschaft des Malers handeln, zumal diese seitenverkehrt als Tuschpinselzeichnung bereits auf einer Postkarte vom 17. Mai 1910 an seine spätere Frau Emy (Abb. 150) erscheint, das Bildfeld ebenso diagonal durchziehend, im Holzschnitt jedoch in vergrößerte schwarze Flächen eingebunden, zwischen denen allenthalben die Holzmaserung sichtbar ist. Ein dem gleichen Motiv gewidmetes und bei Grohmann genanntes Gemälde von 1910 ist verschollen.

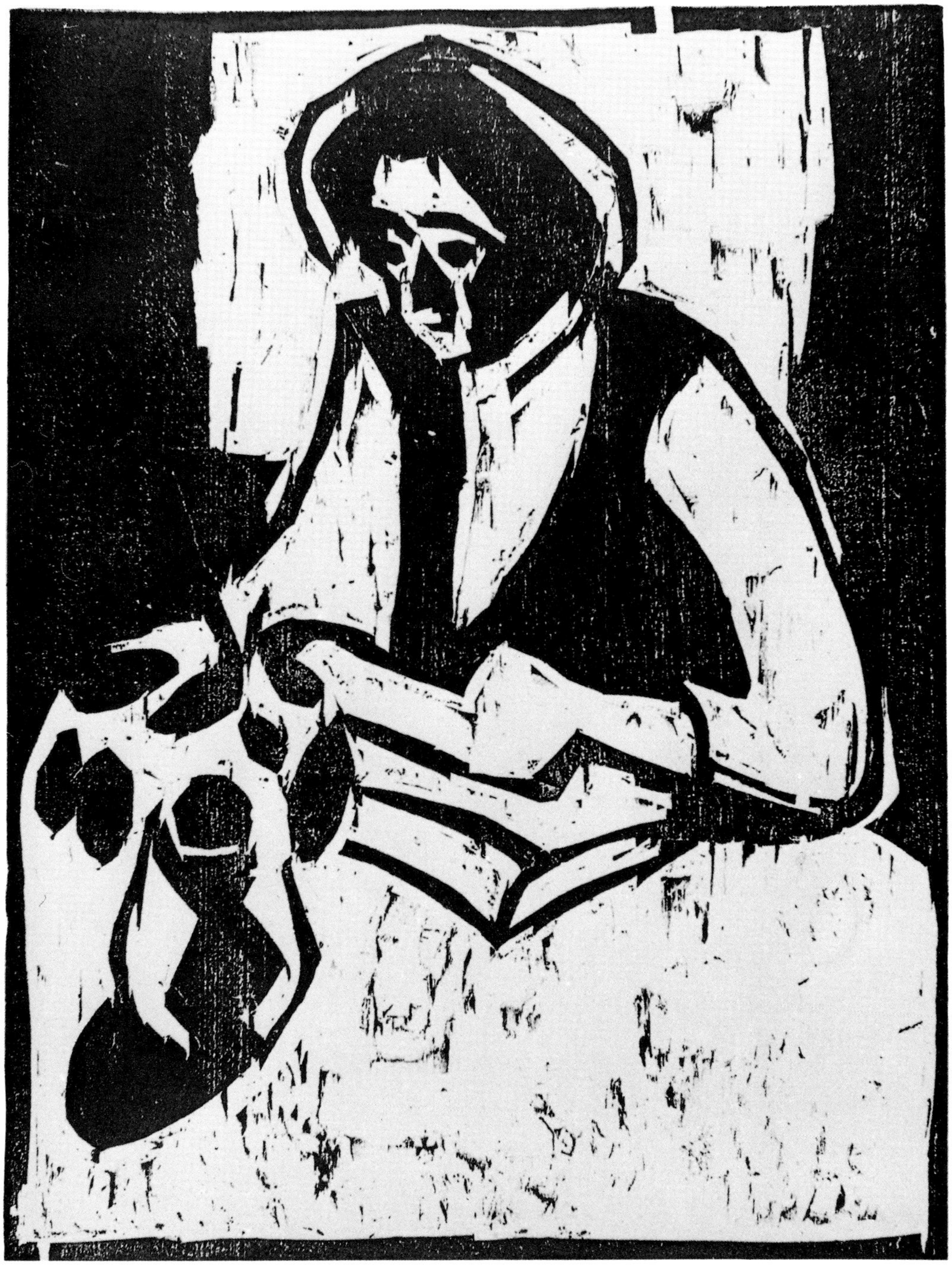

196 Frau am Tisch, 1910, Holzschnitt

Im Werkverzeichnis der Graphik Schmidt-Rottluffs von Rosa Schapire wird dieser Holzschnitt ohne weiterführende Angaben als „Frau am Tisch“ bezeichnet, die „in schwarzer Bluse mit hellem Einsatz und hellen Ärmeln vor einem aufgeschlagenen Buch“ sitzt. Es ist die Verfasserin selbst, die hier nach Auskunft des Künstlers dargestellt wurde, erneut in jener Situation, die 1909 bereits für ein Aquarell gewählt worden war (Abb. 73) und die 1912 auch noch einmal für ein Gemälde maßgeblich geworden ist (Abb. 288): Durch die Anordnung der schwarzen und weißen Flächen im zeitlosen Hochformat erscheint sie ebenso entrückt, wie herausgehoben und gleichsam zu einem weiblichen „Hieronymus im Gehäuse“ verklärt.

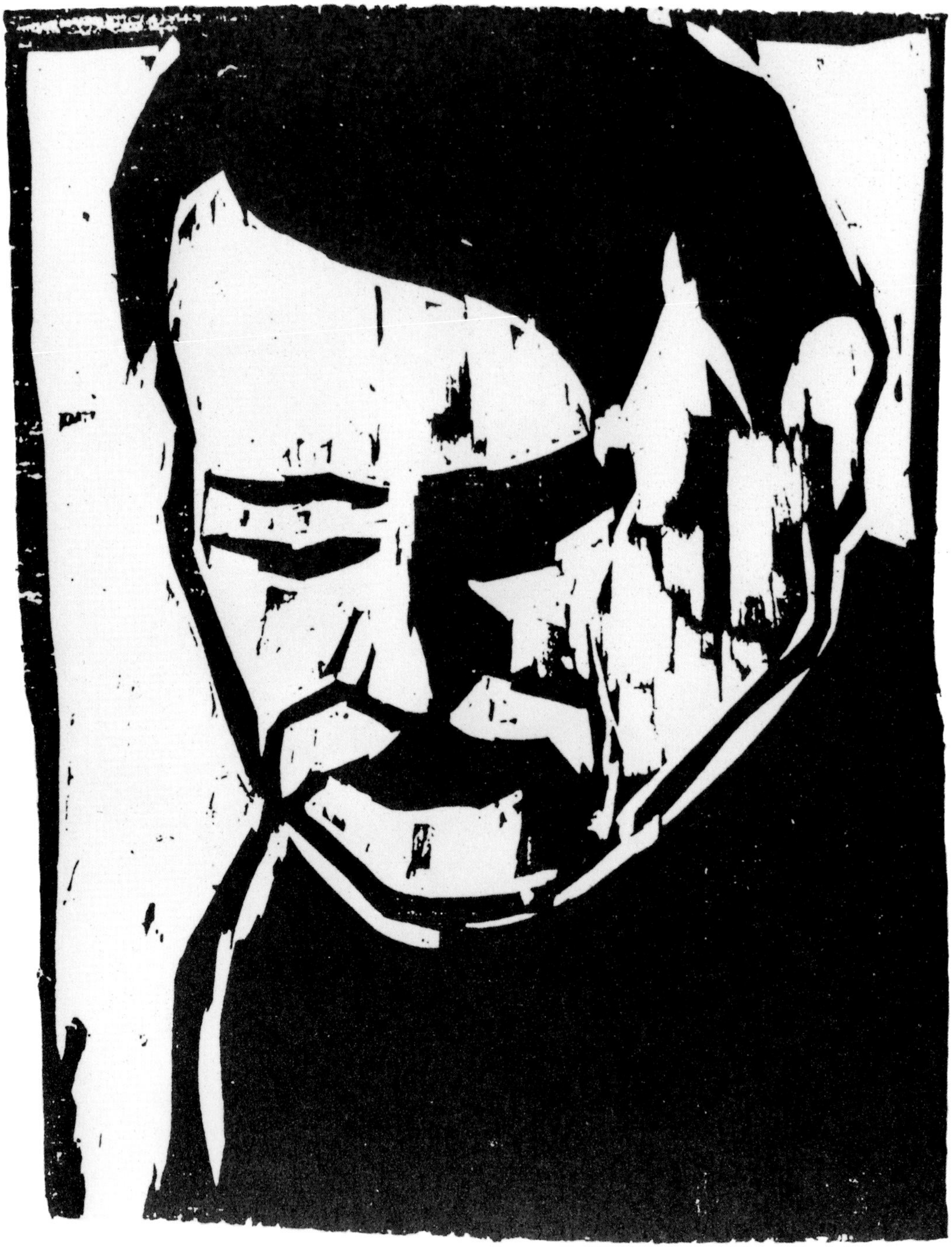

197 Bildnis U., 1910, Holzschnitt

Das Porträt dieses abwärts blickenden Mannes mit dem dunklen Haar und hellen Schnurrbart war bisher nicht identifizierbar und manches spricht dafür, daß es sich hier nicht um einen Einheimischen handelt. Unter den Einwohnern Dangasts kamen Familiennamen mit dem zitierten Anfangsbuchstaben damals ebensowenig vor, wie in den Gramberg'schen Gästebüchern aus diesem Jahr und auch im näheren Bekanntenkreis des Künstlers ließ sich bisher niemand ausfindig machen, dessen Vornamen so beginnt. Das von einer Randleiste umzogene Blatt wird durch die Spannung zwischen geschlossenen dunklen Flächen und unruhigen Binnenstrukturen in den hellen Partien dazwischen bestimmt. Sie verraten, daß es hier noch immer darum ging, Licht und Schatten sichtbar zu machen.

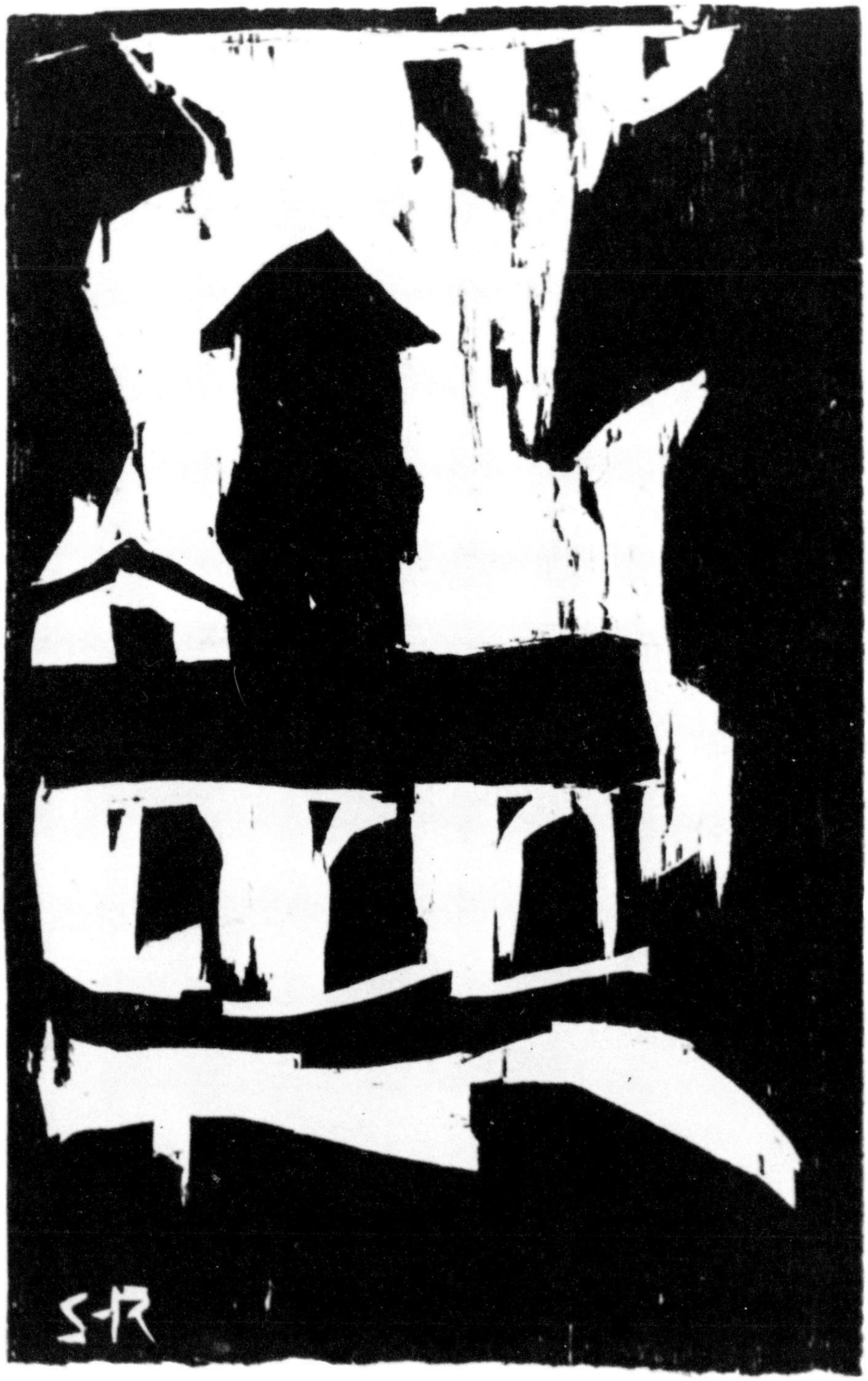

198 Haus im Park, 1910, Holzschnitt

Die kleinste ist zugleich die bekannteste und infolge ihrer visionären Steigerung ausdrucksvollste unter den vier Holzschnittfassungen der „Villa mit Turm". Sie wurde für den Katalog der Dresdener Brücke-Ausstellung von 1910 geschnitten, deshalb signiert und gleichzeitig vom Stock auch auf Postkarten gedruckt. Für die Kataloge der Oldenburger Dangast-Ausstellung von 1957 und von „Schmidt-Rottluff-Graphik" 1969 im Altonaer Museum in Hamburg diente sie als Titelbild.

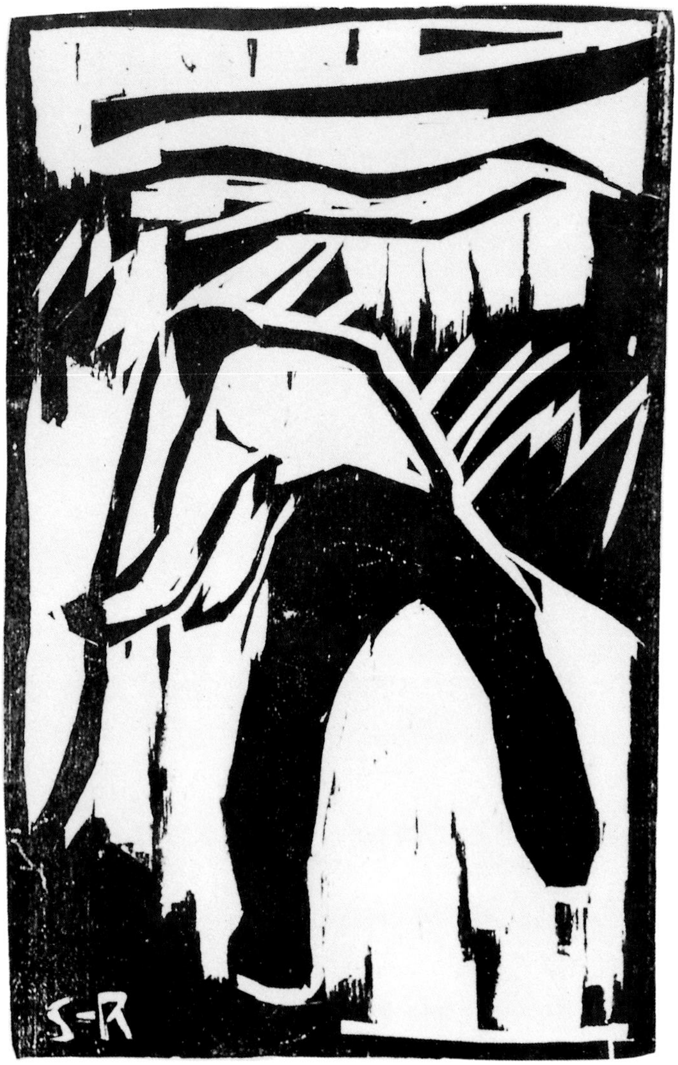

199 Schnitter, 1910, Holzschnitt

Auch dieser signierte Holzschnitt war – wie der vorangehende – im Katalog der Dresdener Brücke-Ausstellung von 1910 vom Stock gedruckt worden und wiederum hatte der Künstler zuvor noch einige Einzeldrucke hergestellt, die 1924 im Werkverzeichnis unerwähnt blieben. Hingewiesen wird dort jedoch auf die Existenz der zugehörigen seitenverkehrten Farbskizze, die Rosa Schapire auf einer Postkarte vom 21. Juli 1910 zugesandt erhielt (Abb. 171). Bei der Umsetzung in das Schwarz-Weiß des Holzschnitts hat sich Schmidt-Rottluff noch entschiedener auf die charakteristische Haltung des Schnitters konzentriert, der breitbeinig und mit leicht gebeugtem Rücken die Sense schwingt, wobei Mensch und Gerät in eine typische Bewegungsformel gebannt werden, die Standfestigkeit, Unerschütterlichkeit und den gleichbleibenden Arbeitsrhythmus zum Ausdruck bringt.

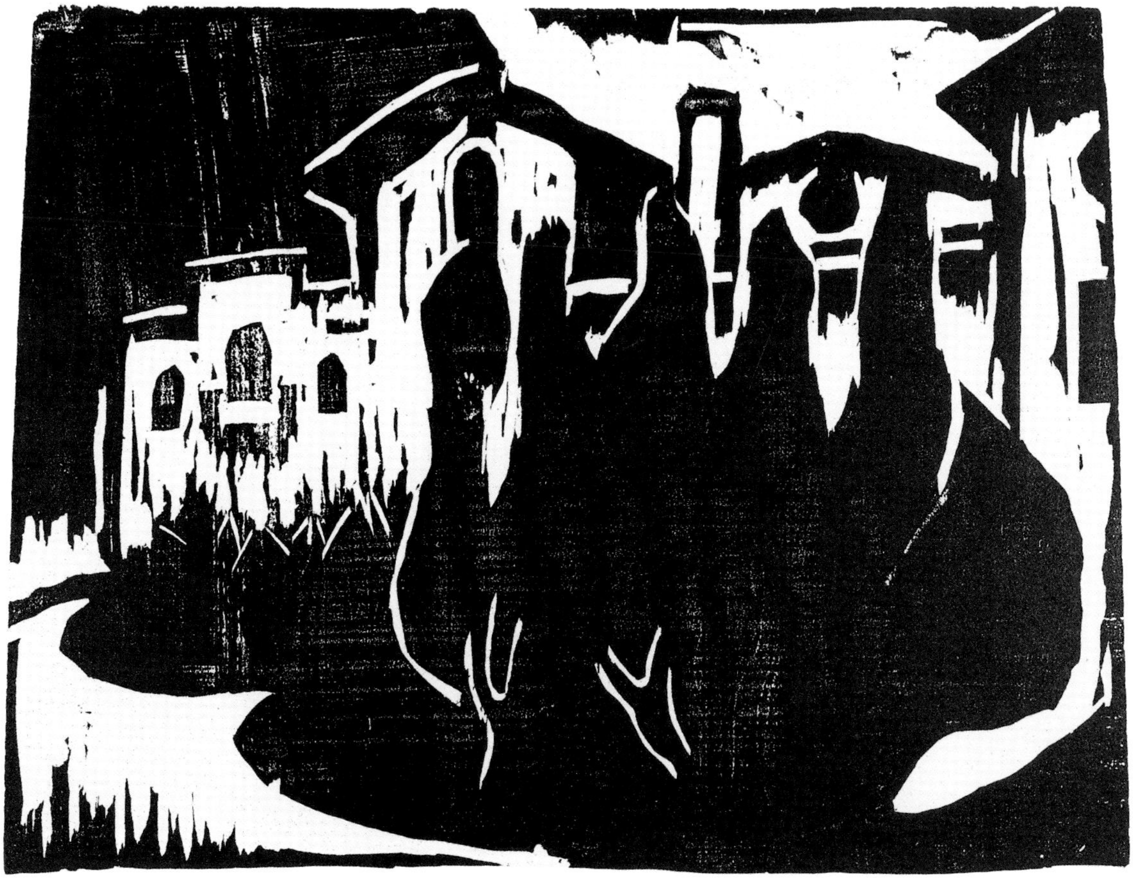

200 Häuser im Park, 1910, Holzschnitt

Als Schmidt-Rottluff kurz vor seinem Tode dem von ihm initiierten Berliner Brücke-Museum jene 207 Holzstöcke überwies, welche 1943 die Zerstörung seines Ateliers in der Bamberger Straße im Keller überstanden hatten, konnten darunter mehrere entdeckt werden, von denen bisher keine Abzüge bekannt waren und die deshalb auch nicht im Werkverzeichnis von Rosa Schapire Aufnahme gefunden hatten. Zu ihnen gehört dieser Holzschnitt, der mit einem davon angefertigten Neudruck 1985 mit den übrigen Stöcken im Brücke-Museum ausgestellt und mit dem Titel „Häuser im Park" versehen wurde. Er zeigt das Dangaster „Parkschloß", in dem der Künstler während seiner Dangaster Aufenthalte von 1909–1912 wohnte und das von ihm mehrfach gemalt wurde, so 1910 als „Weißes Haus" von seiner Rückseite (Abb. 125). Im Holzschnitt wird es – wie auf einer gleichzeitigen Postkarte an Ella Kohlstedt (Abb. 180) – mit seinen höheren Seitenflügeln, dem flachen Mittelgiebel und den nicht mehr vorhandenen Anbauten, von der Eingangsseite her gesehen, die größtenteils jedoch durch züngelnd sich davor erhebende Büsche verdeckt wird. In ihrem ausladenden Schwarz werden einige helle Äste nur angedeutet, doch ist die Holzmaserung darin ebenso gut zu erkennen, wie in den dunkel gebliebenen Partien oben links. Es ist nicht auszuschließen, daß in diesen geschlossenen Bereichen noch später unterbliebene Überarbeitungen vorgenommen werden sollten, die einen Abzug in der Entstehungszeit verhindert haben.

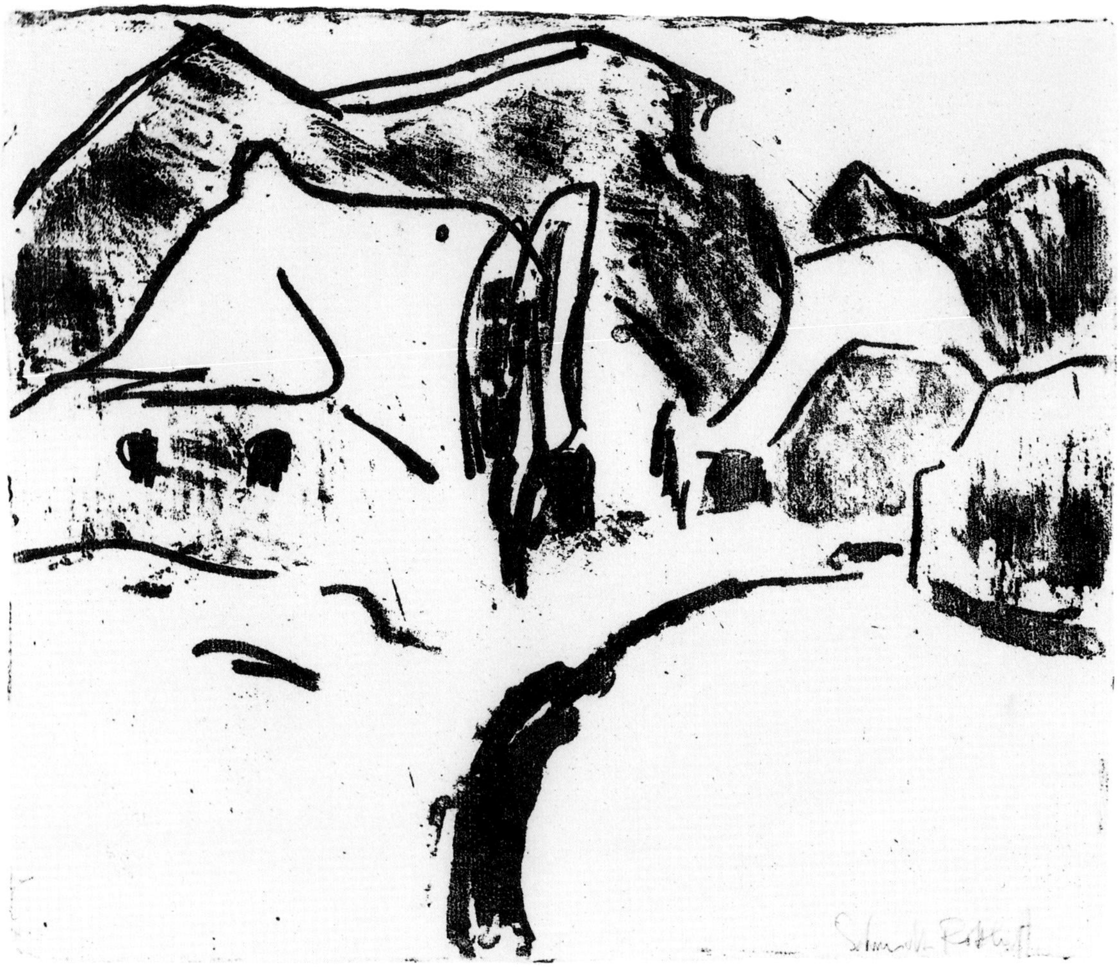

201 Aus Dangast, 1910, Lithographie

Von den bei Rosa Schapire für das Jahr 1910 genannten 13 Lithographien entstanden immerhin noch sieben in Dangast. Sie werden jedoch nicht mehr als Drucke der Oldenburger Lithographischen Anstalt von Lambrecht & Sohn ausgewiesen, sondern als Eigendrucke bezeichnet, wodurch die Frage nach der verwendeten Druckpresse offenbleibt. In allen Fällen handelt es sich um Landschaften, Schmidt-Rottluffs Hauptthema in den besonders zahlreichen Gemälden dieses Jahres. Hier ist wahrscheinlich eine Hofgruppe am Südrand der Dangaster Geestinsel – Oldeoogstraße oder Deichstraße – dargestellt, die aus mehreren, im Winkel zueinander stehenden Bauernhäusern besteht, vor welchen in weiter Kurve ein dunkler Weg entlangläuft. Die Umrisse der hohen Reetdächer und der sie überragenden Bäume wurden mit dem Tuschpinsel umschrieben, die dunkleren Binnenbereiche mit hier stärker, dort schwächer aufgetragener Kreide behandelt, während im übrigen viel freier Grund verbleibt. Die präzise Linie steht neben der tonigen Fläche und alle sichtbaren Formen sind vereinfacht, abgekürzt und oft nur angedeutet in diesem bereits auf die Stileigentümlichkeiten des Jahres 1911 vorausweisenden Blatt, in dem das gleiche Motiv auch noch einmal in einem Holzschnitt wiederkehrt (Abb. 248).

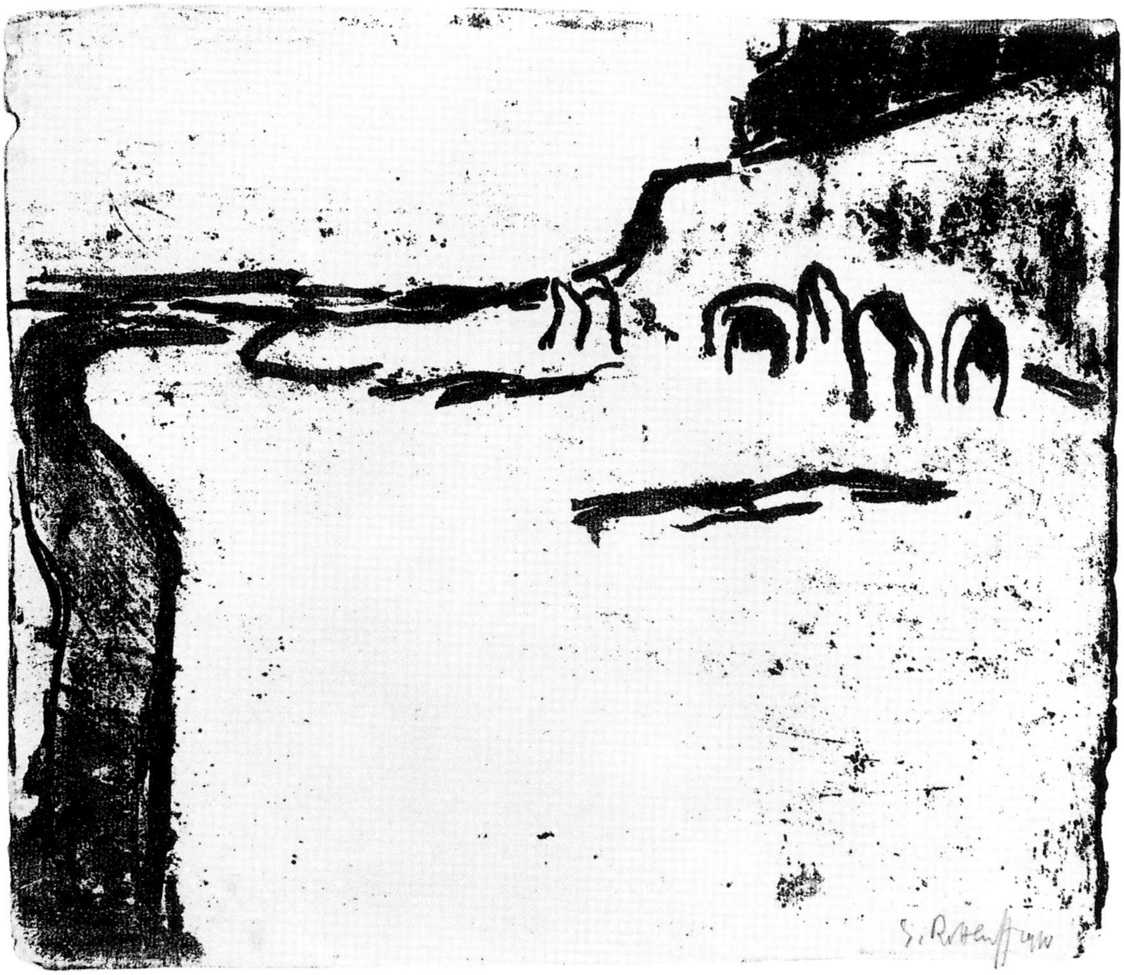

202 **Strand, 1910, Lithographie**

Obwohl Schmidt-Rottluff das Motiv dieser Lithographie mit „Strand“ bezeichnet, ist jenes Element, auf das sich der Begriff bezieht, allenfalls am Horizont zu ahnen. Das Wattenmeer liegt links vom Bildrand, in seinem Verlauf durch den wegeartig wirkenden breiten Streifen gekennzeichnet, der vom Flutsaum aus Tang und Strandgut gebildet wurde. Der helle Sandstrand dehnt sich rechts davon aus, begrenzt durch den einzigen Abschnitt naturbelassener Steilküste, der sich zwischen dem Ende der Ufermauer und dem Beginn der abgegrabenen Rennkoppel im Bereich der „Hullmannschen Häuser“ (Abb. 133) erhebt. Unterhalb davon sind mehrere leere Strandkörbe verteilt, nach Südwesten geöffnet, woher die Nachmittagssonne kommt. Mit ihnen hatte sich der Künstler 1909 bereits in zwei Aquarellen und einem Holzschnitt befaßt (Abb. 62, 63, 96), wobei jeweils ihre körperhafte Gegenständlichkeit zum Motiv wurde. Hier lassen Ferne und Verlorenheit die Weite des kaum gegliederten hellen Strandes und der ihm zugehörigen Landschaft ahnen.

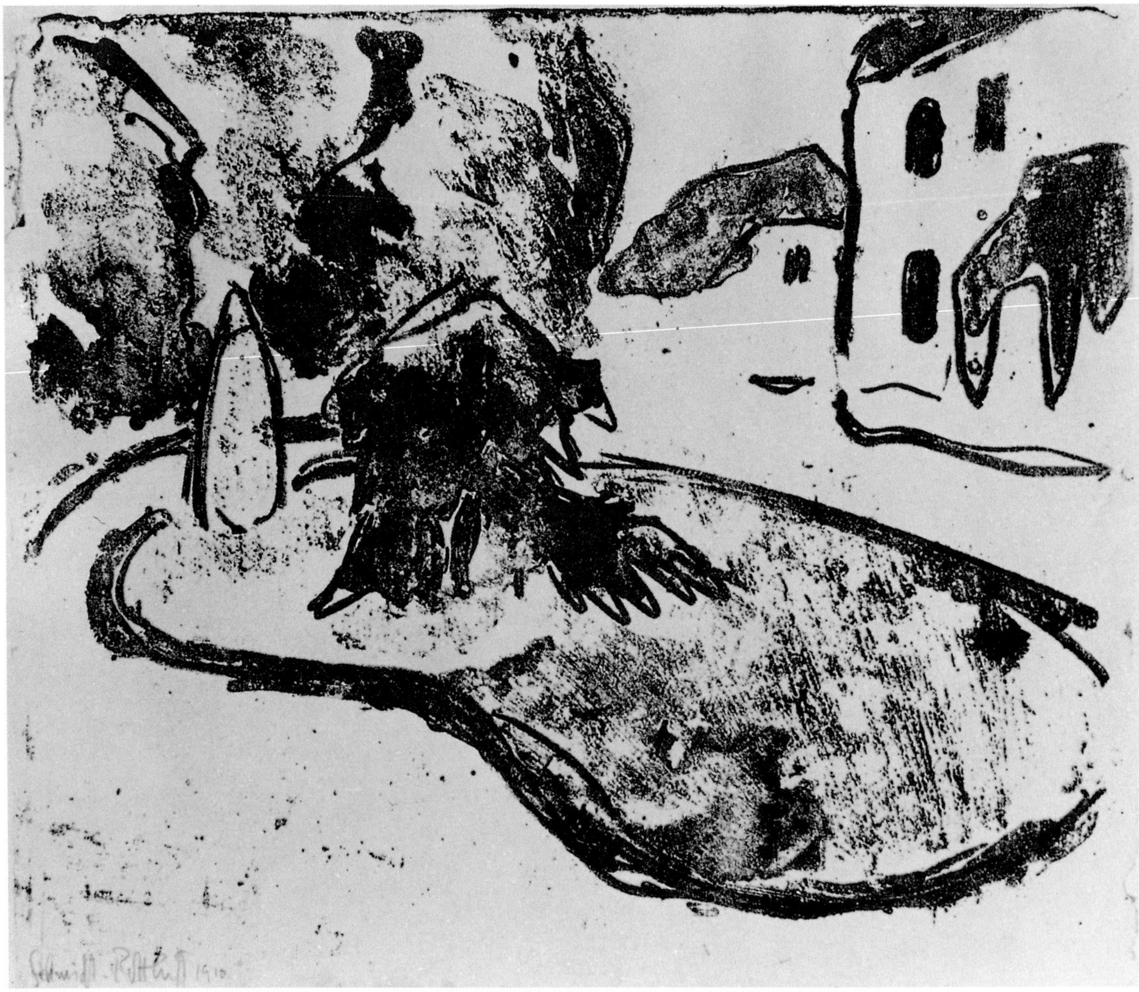

203 Dangaster Park, 1910, Lithographie

Dieses nierenförmig angelegte Gartenbeet hat Schmidt-Rottluff mehrfach zur Darstellung gereizt, insbesondere in zwei Gemälden von 1910 (Abb. 137, 138), jedoch auch in einer, dem vorliegenden Motiv am nächsten kommenden, seitenverkehrten Zeichnung (Abb. 143). In der Lithographie ist die eigenwillig geformte Rabatte, deren betonte Ränder einen Rhododendronbusch umfließen, eindeutig das Hauptmotiv, während die beiden sichtbaren Gebäude ihr gegenüber im Hintergrund verbleiben. Es handelt sich hierbei um ein ehemaliges, heute jedoch nicht mehr vorhandenes Logiergebäude, das vom rechten Bildrand überschnitten und durch herabhängende Zweige überdeckt wird, sowie um das kleinere, noch jetzt unmittelbar über dem Strand stehende einstige Badehaus, bei dem der Künstler die Kunst des Weglassens besonders augenfällig demonstriert.

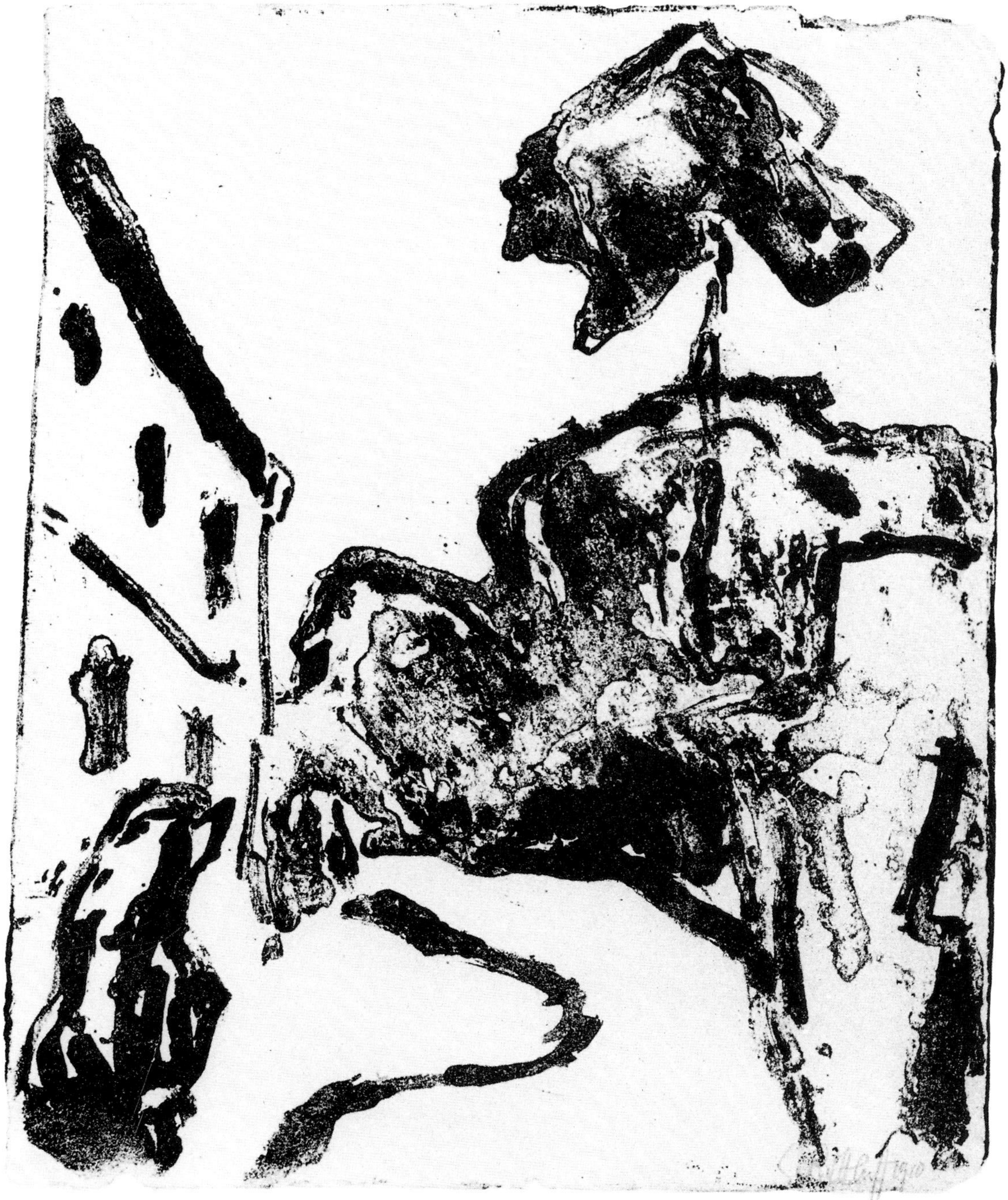

204 Parkmotiv aus Dangast, 1910, Lithographie

Das einprägsame Motiv dieses Blattes stimmt weitgehend mit einem Gemälde von 1910 überein, das sich einst im Besitz des Verlegers Dr. Martin Ventzky in Oldenburg befand (Abb. 126). Links wird das Alte Posthaus vom Bildrand überschnitten, während die rechte Bildhälfte durch einen hochstämmigen Baum beherrscht wird, der sich über dichtem Unterholz frei erhebt. Die Lithographie gibt lediglich dasjenige wieder, was im Gemälde grün erschien, sodaß das dort in Weg, Haus und Himmel dramatisch gesteigerte Rot sich hier als freie Fläche offenbart, welche die Stille eines hellen Sommertages suggeriert.

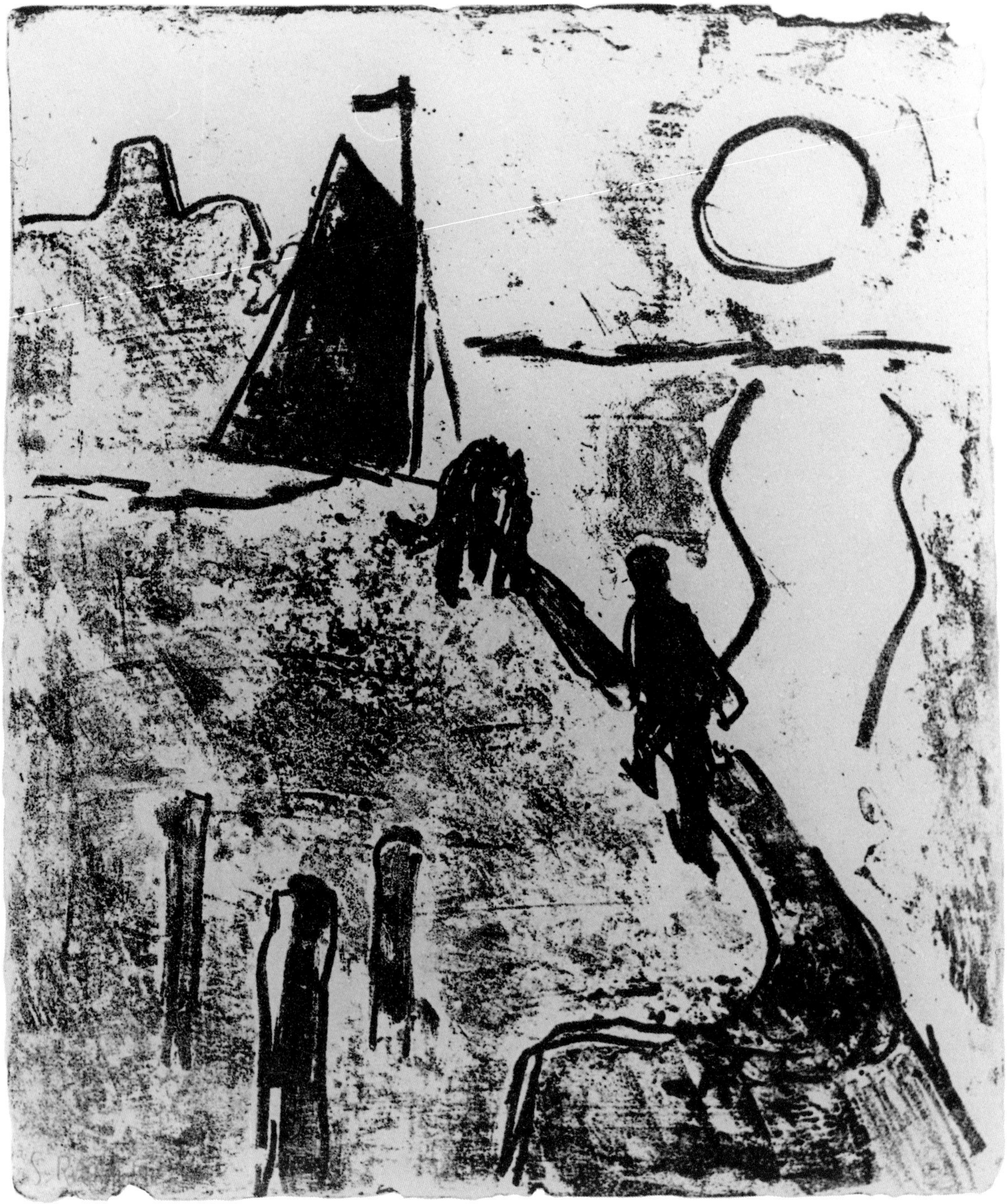

205 Sonnenuntergang am Kai, 1910, Lithographie

Von höhergelegenem Standort erkennt man einen über der Kaimauer entlanggeführten dunklen Weg, der auf ein Segelboot und ein Haus dahinter zuläuft. Rechts davon spiegelt sich die tief über dem Horizont hängende Sonne als gewelltes Band im Wasser. Vorn links ragen drei Holzpfähle aus dem Boden, während oberhalb der Kaimauer ein vom Rücken her gesehener Mann auf eine Gruppe von drei stehenden Männern zugeht. Das Sujet weist auf Ellenserdammersiel, dessen Hafen sich 1910 auch in zwei Gemälden Schmidt-Rottluffs wiederfindet (Abb. 131, 140).

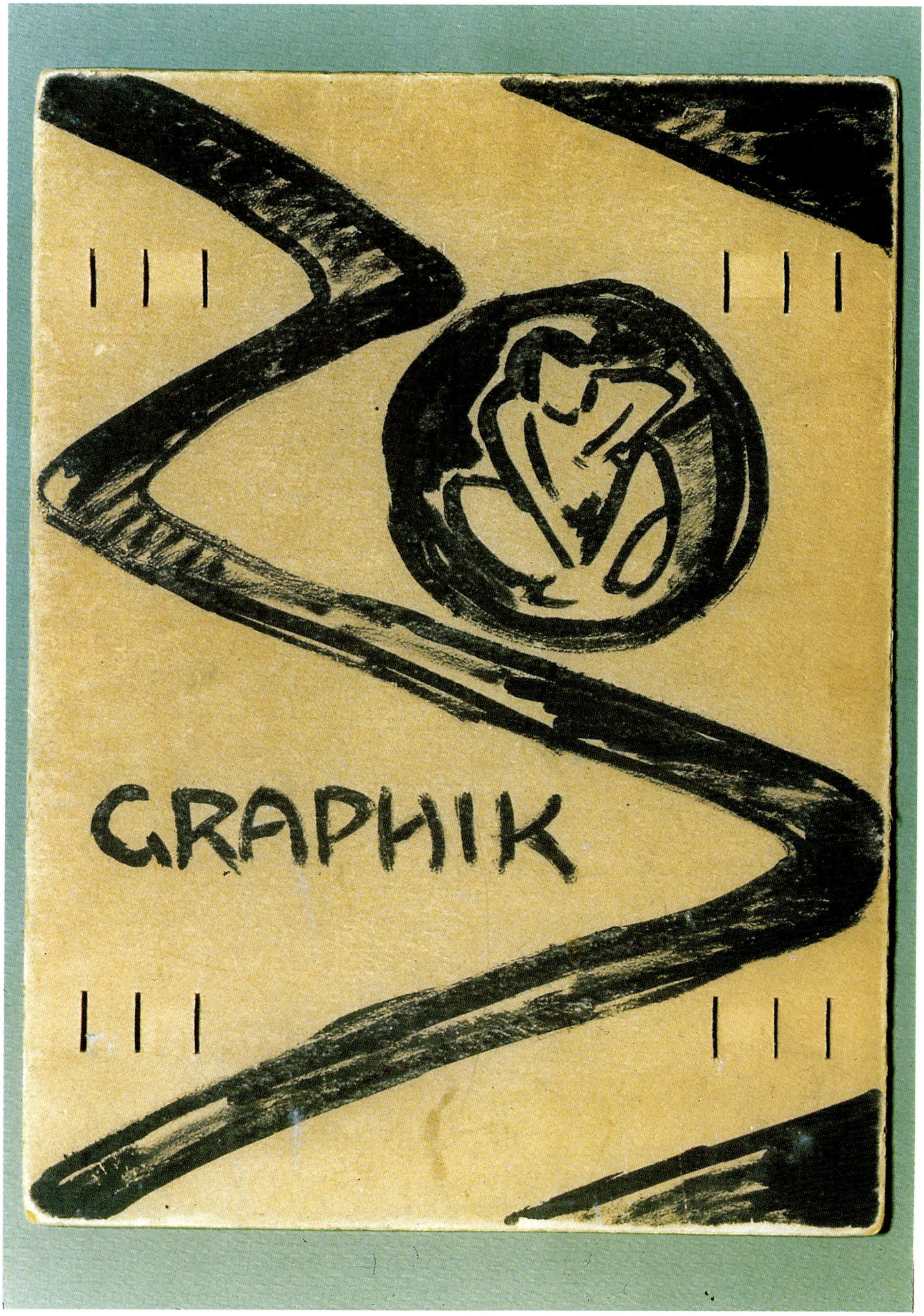

206 Graphikmappe aus dem ehemaligen Besitz von Rosa Schapire, um 1910, Tuschpinsel auf Pappe

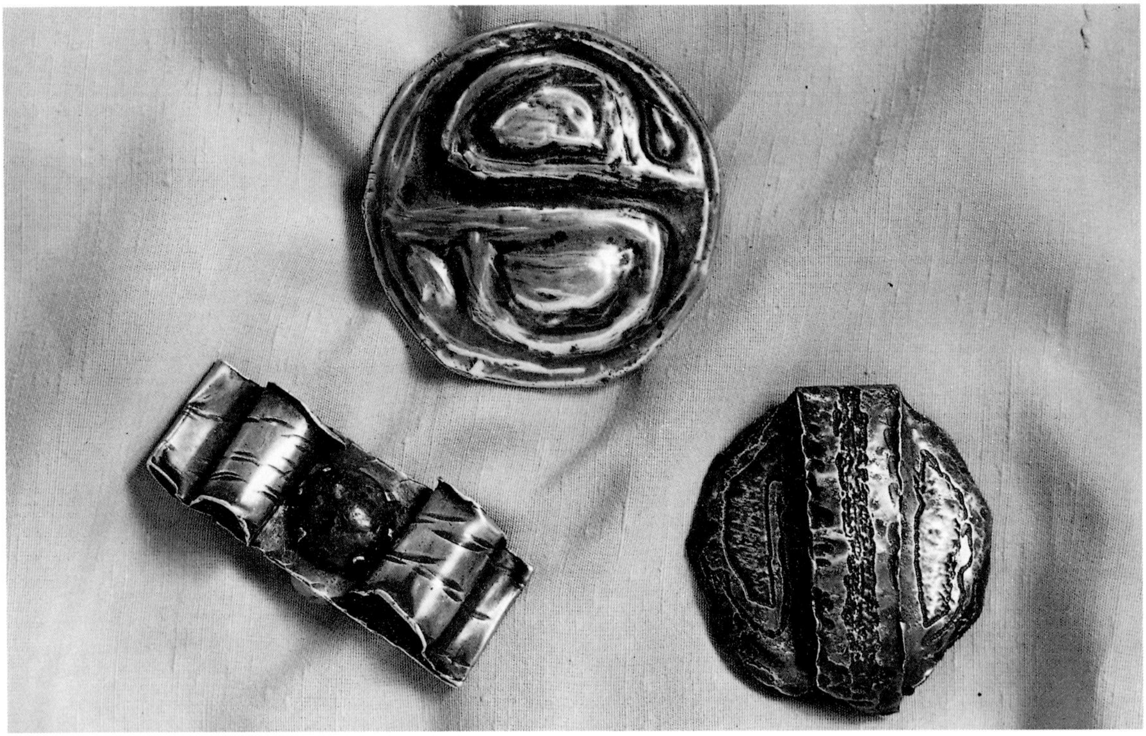

207 Drei Schmuckstücke für Emma Ritter, 1910

Die Oldenburger Malerin Emma Ritter (1878–1972), die Schmidt-Rottluff 1909 durch Vermittlung des Oldenburger Sammlers Theodor Francksen (1875–1914) kennenlernte, hielt sich während der drei folgenden Sommer bei dem jüngeren Maler in Dangast auf, wo sie 1910 auch als „Guitarrespielerin" von ihm gemalt wurde (Abb. 139). Sie konnte sich noch gut daran erinnern, daß Schmidt-Rottluff diese drei Schmuckstücke, die von ihr bis zum Lebensende getragen wurden, gleich am Beginn ihrer Freundschaft für sie angefertigt hatte, was durch die Datierung und Signatur auf einer der Broschen bestätigt wird (Abb. 209). Auch in ihren Erinnerungen erwähnte sie ausdrücklich, daß Schmidt-Rottluff in Dangast Schmuck gestaltet habe, was wiederum durch eine am 20. August 1910 in Varel abgestempelte Postkarte untermauert wird, in der sich der Künstler bei Rosa Schapire für die Übersendung von Silber bedankt (Abb. 176). Ob die Kunsthistorikerin, die selbst über zahlreichen von ihm gearbeiteten Schmuck verfügte, auch die ersten Anregungen zu dieser später zu bedeutendem Umfang angewachsenen kunsthandwerklichen Tätigkeit gab oder wo sonst ihre Anfänge liegen, ließ sich bisher nicht ermitteln, doch sind die bekannt gewordenen frühesten Hinweise darauf mit den Aufenthalten in Dangast verbunden. Von den drei Schmuckobjekten, die erstmalig 1957 in der Oldenburger Brücke-Ausstellung gezeigt werden konnten, besteht die runde Bügelbrosche aus hartem Messing, die beiden anderen aus getriebenem Silber. In die längliche Buckelspange ist ein gefaßter Azurit eingearbeitet, während der getriebene, weiche Linienfluß der runden Silberbrosche mit dem Buckelrand – darin der gleichzeitigen Gebrauchsgraphik ähnlich – noch an Gestaltungselemente des Jugendstils erinnert.

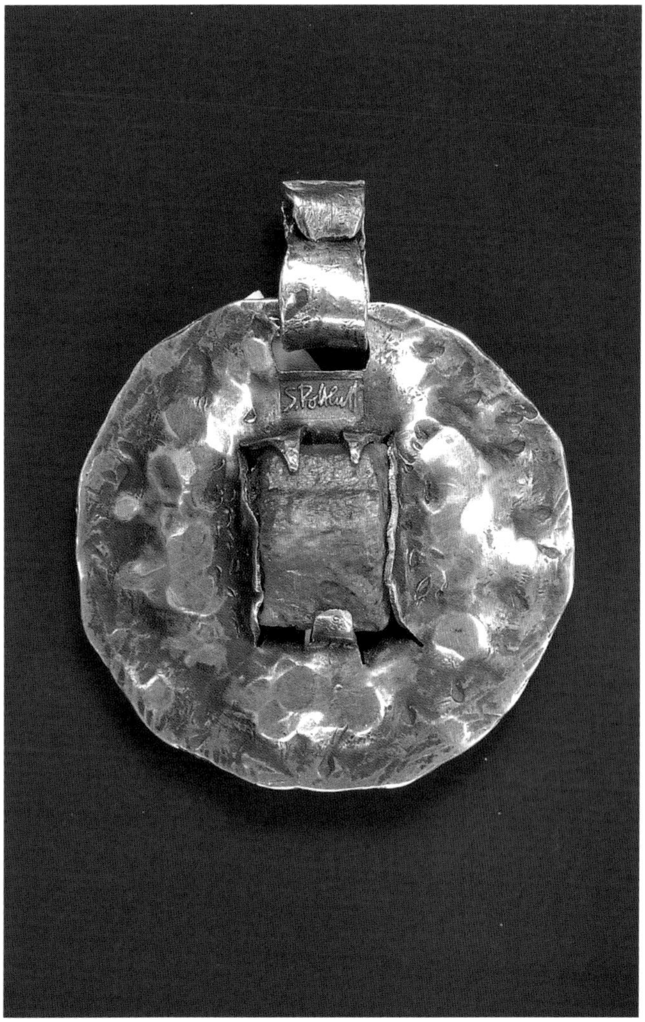

208 Runder Silberanhänger mit Smaragd, 1910/11

Der gebuckelte Anhänger mit dem in der Mitte von drei Krallen gehaltenen länglichen Rohsmaragd gehört zur Gruppe jener Schmuckstücke, die Schmidt-Rottluff 1957 als in Dangast gefertigte Arbeiten für die Oldenburger Ausstellung „Maler der Brücke in Dangast von 1907–1912" zur Verfügung stellte. Er ist ein treffliches Beispiel für die Einfachheit und Unmittelbarkeit, mit welcher der nicht als Goldschmied ausgebildete Künstler solche Objekte bearbeitete, die für ihn keine Nebenprodukte sondern vollwertige Kunstwerke waren. So wurde das Rund der Grundplatte aus einem Stück Silberblech ohne präzisierende Hilfsmittel unregelmäßig herausgeschnitten, ebenso das hohe Rechteck in der Mitte, in welchem sich der auf beiden Seiten von je drei Krallen gehaltene und kaum bearbeitete grüne Smaragd befindet. Durch eine schmale Öffnung darüber läuft ein zur Öse gebogenes Silberband, das als Aufhänger dient. Die ohne Randverzierungen gebliebene runde Platte ist unregelmäßig gehämmert, ziseliert und punziert und bildet so ein lebendiges Tableau abstrakter Formen. Ob der zwischen Stein und Bügel eingeschlagene Signaturstempel „S. Rottluff" zeitgleich ist oder nicht doch erst später angebracht wurde, bedarf noch der Klärung. Seine Anbringung an einer so unübersehbaren Stelle der Vorderseite bestätigt erneut den für alle kunsthandwerklichen Arbeiten erhobenen künstlerischen Anspruch, der sich auch darin zu erkennen gibt, daß Schmidt-Rottluff diese schon früh neben seinen Malereien und Graphiken ausstellte, so bereits 1911 im Oldenburger Kunstgewerbemuseum und 1912 auf der berühmten Ausstellung des Sonderbundes in Köln.

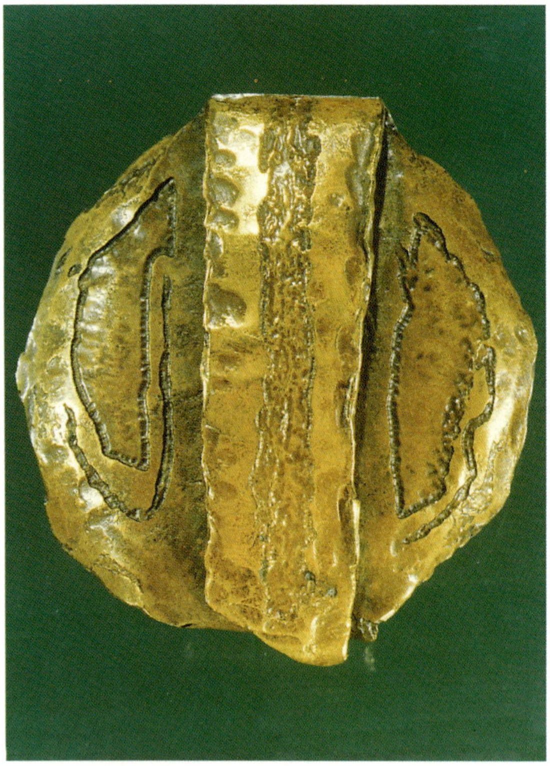

209 Runde Messing-Bügelbrosche, 1910

Die für Emma Ritter gearbeitete Bügelbrosche aus Gelbguß oder fester Messingbronze – ursprünglich als Anhänger gedacht und erst später rückseitig mit einer Nadel versehen – steht am Anfang einer ganzen Gruppe von Schmuckstücken, Reliefs und Gebrauchsgegenständen aus dem gleichen Material, die ihre Zusammengehörigkeit auch durch ähnliche Bearbeitung und Signierung erkennen lassen (Abb. 262, 276, 277, 295, 300). Was diese Brosche vor den anderen Objekten auszeichnet, ist ihre als Bestandteil der Signatur eingeritzte Jahreszahl 1910 auf der Rückseite, die früheste, die sich bisher bei einer kunsthandwerklichen Arbeit Schmidt-Rottluffs finden ließ. Die unregelmäßig nach außen gewölbte, annähernd runde Platte und der über ihr entlanggeführte Bügel sind – ebenso wie ein kürzerer auf der Rückseite – aus einem Stück geschnitten und getrieben, die Verzierungen darauf so ziseliert und geätzt, daß eine völlig neue Wirkung entsteht, die mit bisherigen Dekorationsformen nichts mehr gemeinsam hat. Wie und wo der Künstler auf dieses, der Bearbeitung nicht geringen Widerstand entgegensetzende, Material gekommen ist, läßt sich nur schwer beantworten. Er kann es nur bei einem einschlägigen Handwerker – vielleicht einem Schmied in Varel oder Oldenburg – bezogen haben. Räumlich noch näher lag die Werkstatt des als eigenwilliger Tüftler geltenden Schmiedes Dierks, der am Südende Dangasts mit Hilfe einer eisernen Holzflügel-Windmühle ein kleines Hammerwerk betrieb, in dem er Kleispaten und andere Gerätschaften fabrizierte.

1911
Erweiterung der Horizonte

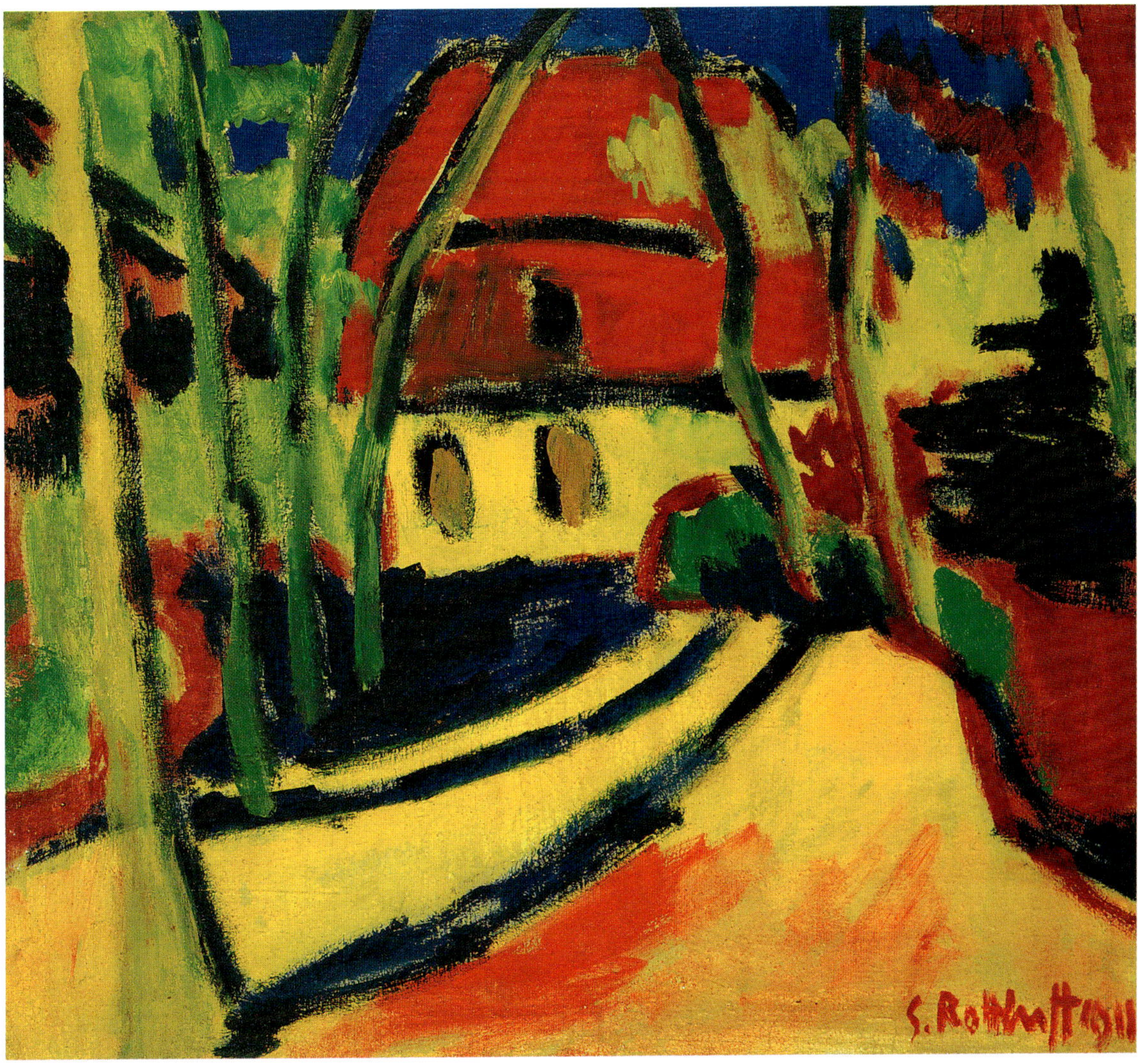

210 Vorfrühling, 1911, Gemälde

Wenn man dem Titel Glauben schenkt, dann müßte dieses Gemälde am Beginn des fünften Aufenthaltes Schmidt-Rottluffs in Dangast gemalt worden sein, wohin er am 6. Mai 1911 zurückgekehrt war. Auf die genannte Jahreszeit ließen sich das helle Baumgrün und die klaren, kühlen Farben beziehen, die einem bereits 1910 in der „Einfahrt" sehr ähnlich gesehenen Motiv gelten (Ab. 115). In beiden Fällen befindet sich im Hintergrund ein gelb-rotes Haus, auf das ein von Bäumen umstandener breiter Weg zuführt. Doch während in dem früheren Gemälde noch alles unruhig und flirrend bewegt erscheint, trennen sich in diesem Bild die jeweiligen Farbbereiche ruhig und unmißverständlich voneinander und schaffen klare Verhältnisse. Wilhelm Niemeyer sah Glut und Kühle, Sonne und Kälte darin vereint, als er es 1911 in Dangast zu sehen bekam und erkannte hier mit einer späteren Formulierung „nach den Flammenwürfen von 1910 schon den groß-ruhigen Bildatem von 1912". Bei dem Gebäude im Hintergrund, dem zueinandergeneigte Bäume einen inneren Rahmen geben, handelt es sich um kein bäuerliches Anwesen, sondern um das mit einem Mansarddach errichtete und noch immer am gleichen Ort befindliche Logierhaus von 1805.

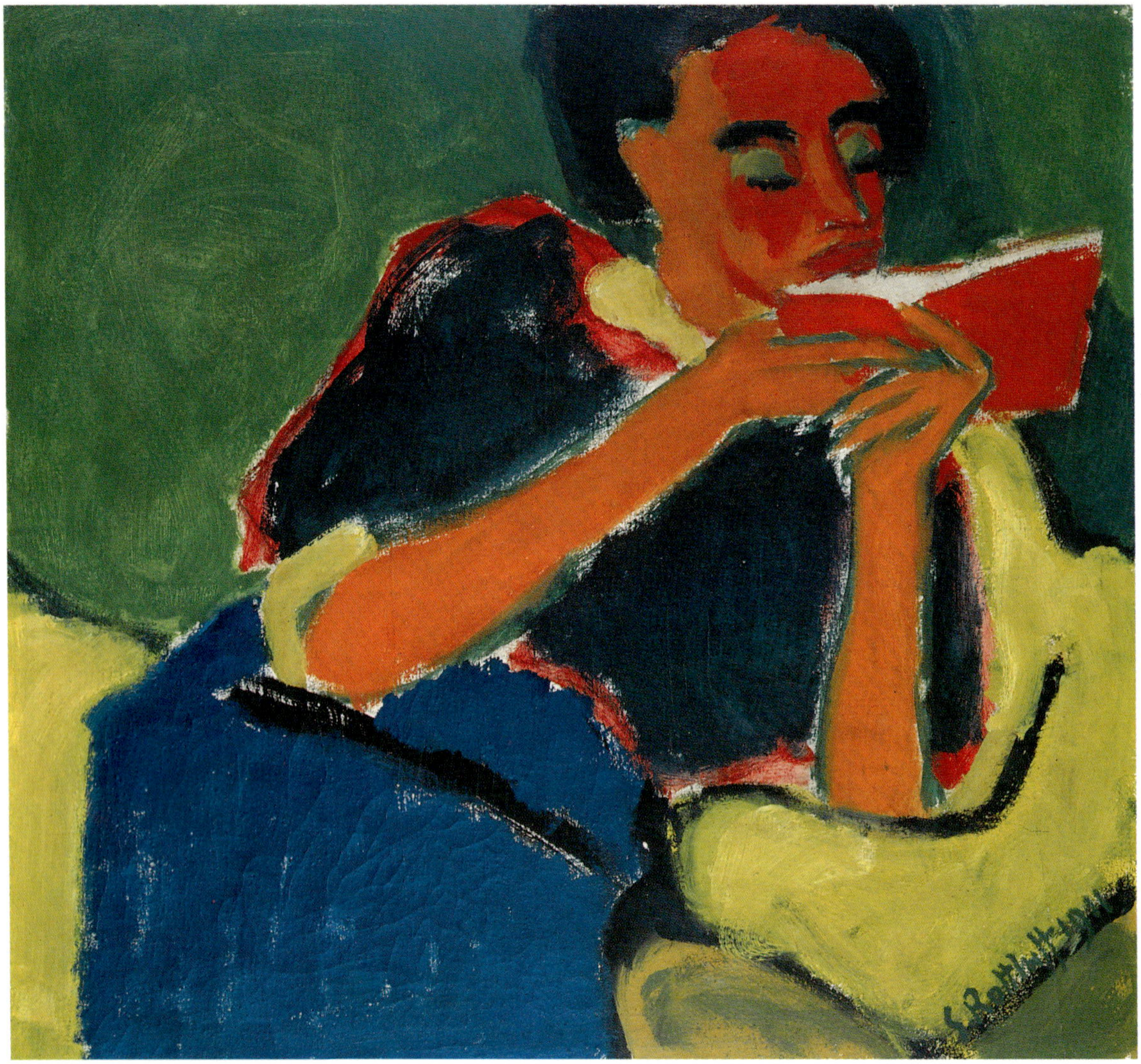

211 Lesende, 1911, Gemälde

Schmidt-Rottluff hat mehrfach lesende Menschen dargestellt, so des öfteren Rosa Schapire (Abb. 73, 196, 286) oder 1912 Else Lasker-Schüler und damit eine geistige Tätigkeit verbildlicht, die auch für ihn selbst zeitlebens eine überragende Bedeutung besaß. Hier ist es ein junges Mädchen, das – aufgestützt zurückgelehnt – hingegeben in einem kleinen Buch liest, den Rock in hellerem, die Bluse in dunklerem Blau gegen einen ebenso flächigen Hintergrund gesetzt. Die wärmeren Töne führen in den orangefarbenen Bahnen der Arme und des Kopfes zum Wesentlichen und treffen im Buch zusammen. Sein warmes Karminrot kehrt im Gesicht der Leserin wieder, stellt eine Verbindung her, die zum unmittelbaren Vorgang geworden ist. – Das Gemälde gehörte bis zu seiner Beschlagnahme als „Entartete Kunst" 1937 dem Erfurter Museum und konnte durch einen privaten Sammler in Berlin vor der Verbrennung bewahrt werden.

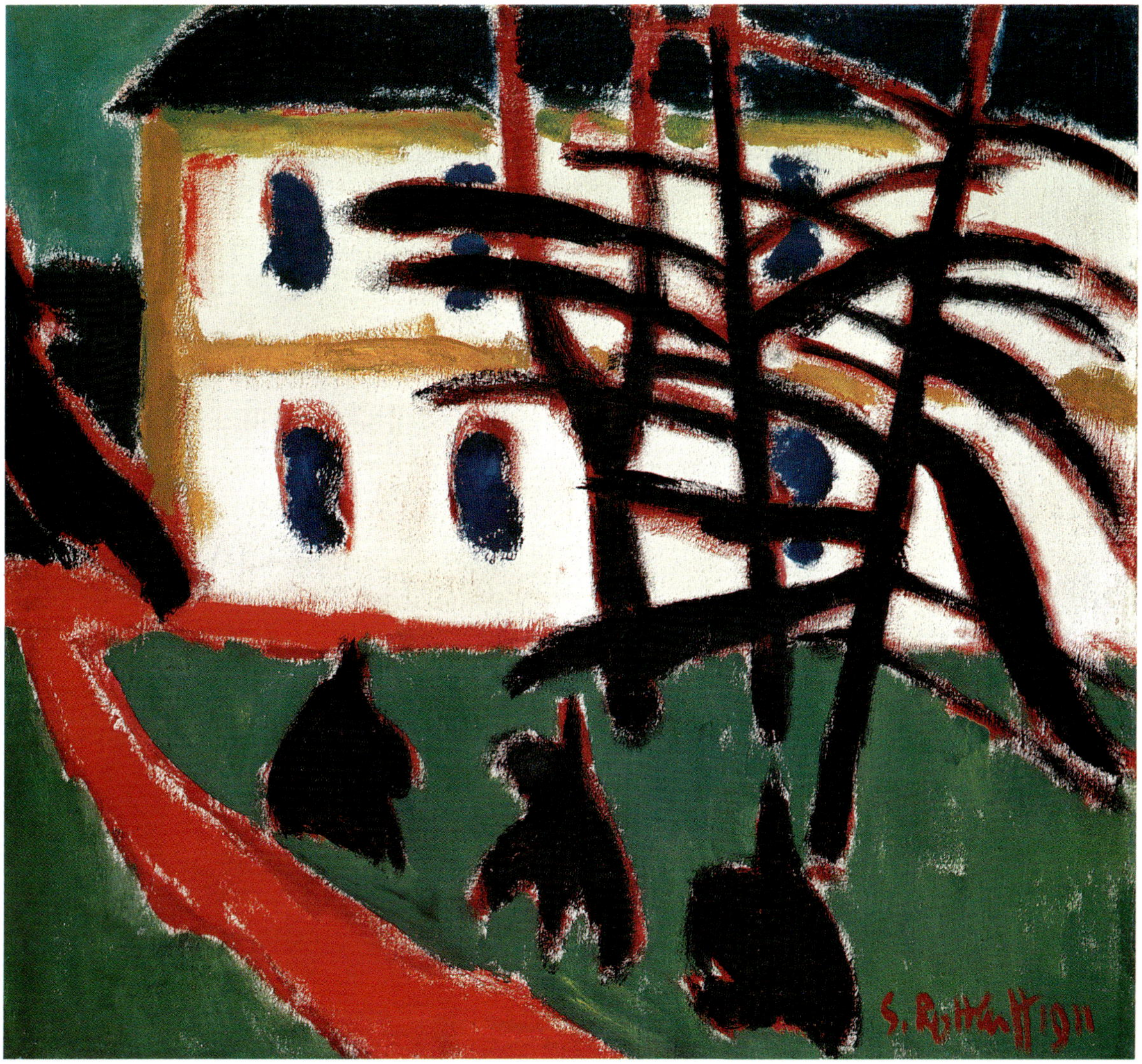

212 Tannen vor weißem Haus, 1911, Gemälde

Das dargestellte alte Dangaster Posthaus hatte Schmidt-Rottluff in ähnlicher Sicht bereits auf einer Postkarte an Rosa Schapire vom 23. Juni 1910 wiedergegeben (Abb. 159), obwohl jene Zeichnung mit einem Holzschnitt von 1911 (Abb. 247) in engerer Verbindung steht als das hier erscheinende Gemälde. In ihm wird das weiße Gebäude mit den gelben Gliederungen und blauen Fenstern oben und rechts überschnitten, während die drei starr davorstehenden Bäume wie eine Vorwegnahme derjenigen wirken, die in dem Niddener Bild „Sonne im Kiefernwald" von 1913 beinahe völlig abstrahiert worden sind. Von ihrem rotgesäumten Schwarz, das auch an anderen Stellen wiederkehrt, geht die feierlich-ernste Wirkung des Gemäldes aus, in welchem Erde und Himmel sattgrüne Flächen bilden, während ein karminroter Weg geschwungen den linken Bildrand begleitet. Seine Farbe umleuchtet auch die nur schwer deutbaren Figuren in Vordergrund und enthebt sie der Wirklichkeit. Ihre gedrungenen Proportionen erinnern entfernt an die Darstellungen der Palau-Balken, die jedoch weitaus stärker auf das Werk der übrigen Brücke-Mitglieder eingewirkt haben. Wilhelm Niemeyer glaubte, daß sie als in Tierformen verwandelte Vegetation anzusehen seien und – wie bereits vorher bei Rohlfs und Derain – auch bei Schmidt-Rottluff das Eindringen des Märchenhaften in sein Werk bezeugten. Er sah das Bild anläßlich seines Besuches in Dangast vom 12. bis 14. September 1911 – also nur vier Wochen nach der Rückkehr des Künstlers aus Norwegen. Es müßte somit innerhalb dieses Zeitraumes gemalt worden sein.

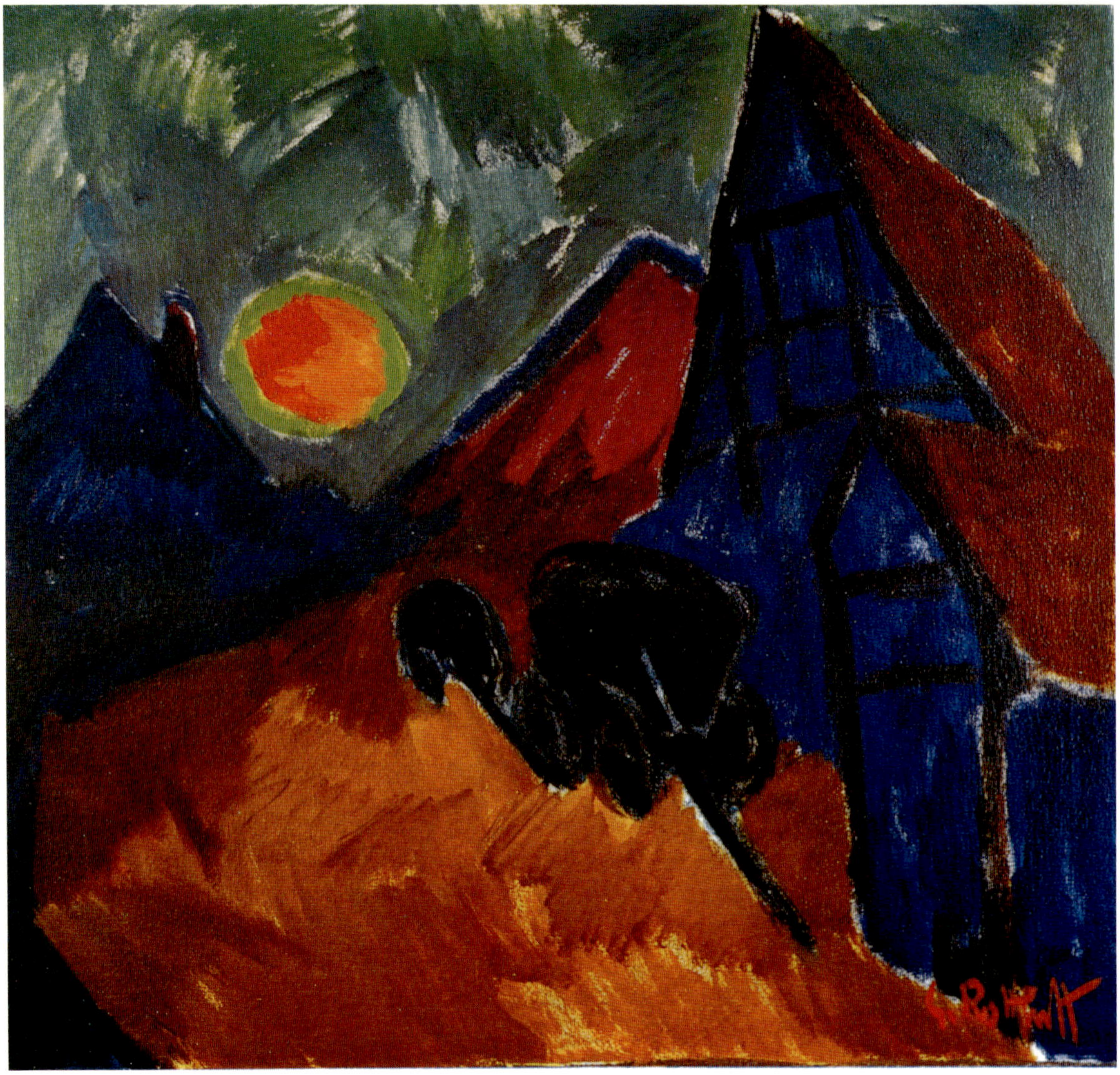

213 Aufgehender Mond, 1911/12, Gemälde

Nach mündlicher Auskunft des Künstlers entstand dieses bisher mit 1912 datierte Gemälde gemeinsam mit dem verschollenen „Haus an der Straßenkurve“ (Abb. 219) anläßlich einer 1911 zusammen mit Emma Ritter unternommenen Fahrt ins südoldenburgische Damme, um erst nach dem im Oktober dieses Jahres erfolgten Umzug ins neue Berliner Domizil fertiggemalt zu werden. In der Umgebung des damals noch bäuerlichen Ortes verebben die nördlichsten Ausläufer der Mittelgebirge in der noch einmal bis zu 147 Metern ansteigenden „Oldenburgischen Schweiz“. – Bei dem von Schmidt-Rottluff in tiefem Blau wiedergegebenen, spitzgiebeligen Fachwerkgebäude handelt es sich um ein für diese Gegend typisches Heuerhaus. Ihm ist ein an der Einfahrtsseite liegender und der Aufbewahrung von Torf dienender Vorbau zugehörig, neben dem ein dunkler Bauernwagen abgestellt ist. Zwischen zwei entfernteren Hausgiebeln steigt der orangefarbene Mond groß vor dem grünlichen Abendhimmel auf und beleuchtet den freien Hofplatz im Vordergrund. Die gleich mächtigen Alpengipfeln in den nächtlichen Himmel ragenden Hausgiebel verraten eine pathetische, jedoch unsentimentale Romantik, durchglüht von einem überwältigenden Gefühl, das die Natur gleichwohl nach eigenen Gesetzen zu verwandeln vermag.

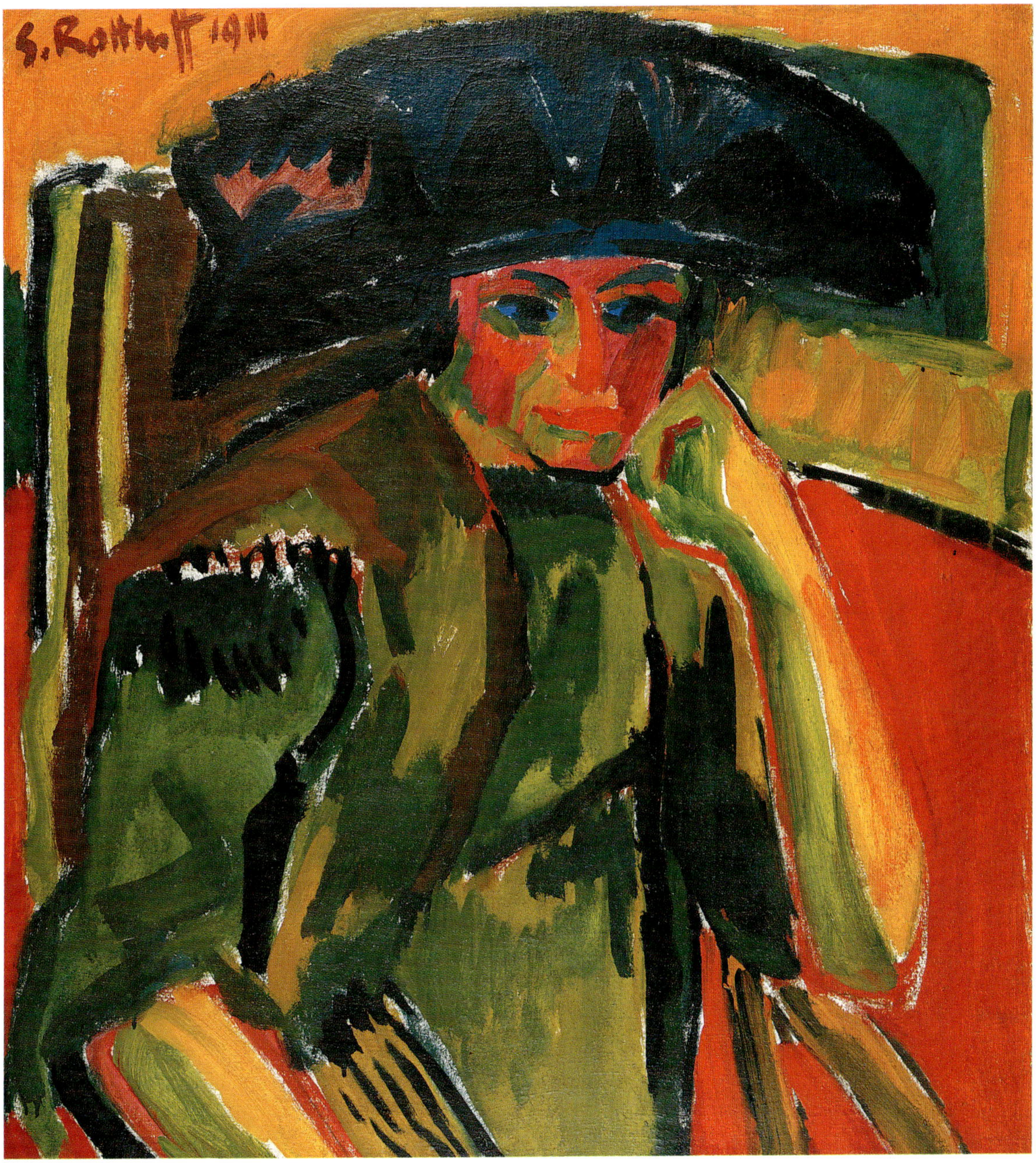

214 Bildnis Rosa Schapire, 1911, Gemälde

Das bekannteste Porträt der Kunsthistorikerin Rosa Schapire (1874–1954) geht – wiederum nach Auskunft des Künstlers – auf die beiden Dangast-Aufenthalte der Dargestellten im Sommer 1910 zurück, wurde jedoch erst am Beginn des Jahres 1911 in Hamburg vollendet. Bevor es der Künstler 1964 dem Brücke-Museum überließ, befand es sich ununterbrochen in seinem Besitz. Keineswegs am Beginn seiner Bildniskunst stehend, gehört es gleichwohl zu ihren ersten Höhepunkten. Vor den flächigen Hintergründen eines signifikanten Rot und nicht milderen Orange wird die Dargestellte durch unruhige, temperamentvolle Pinselzüge charakterisiert, in ihrem grünen Kleid und dem anspruchsvollen Hut zumal, unter dem das Gesicht zwischen kühler Überlegenheit und schwelender Glut spannungsreiche Gegensätzlichkeit beschwört. 1915 und 1919 entstanden zwei weitere, völlig anders aufgefaßte Gemäldeporträts von ihr, ein letztes, das jedoch verschollen ist, schuf der Künstler dann noch während der 20er Jahre im pommerschen Jershöft.

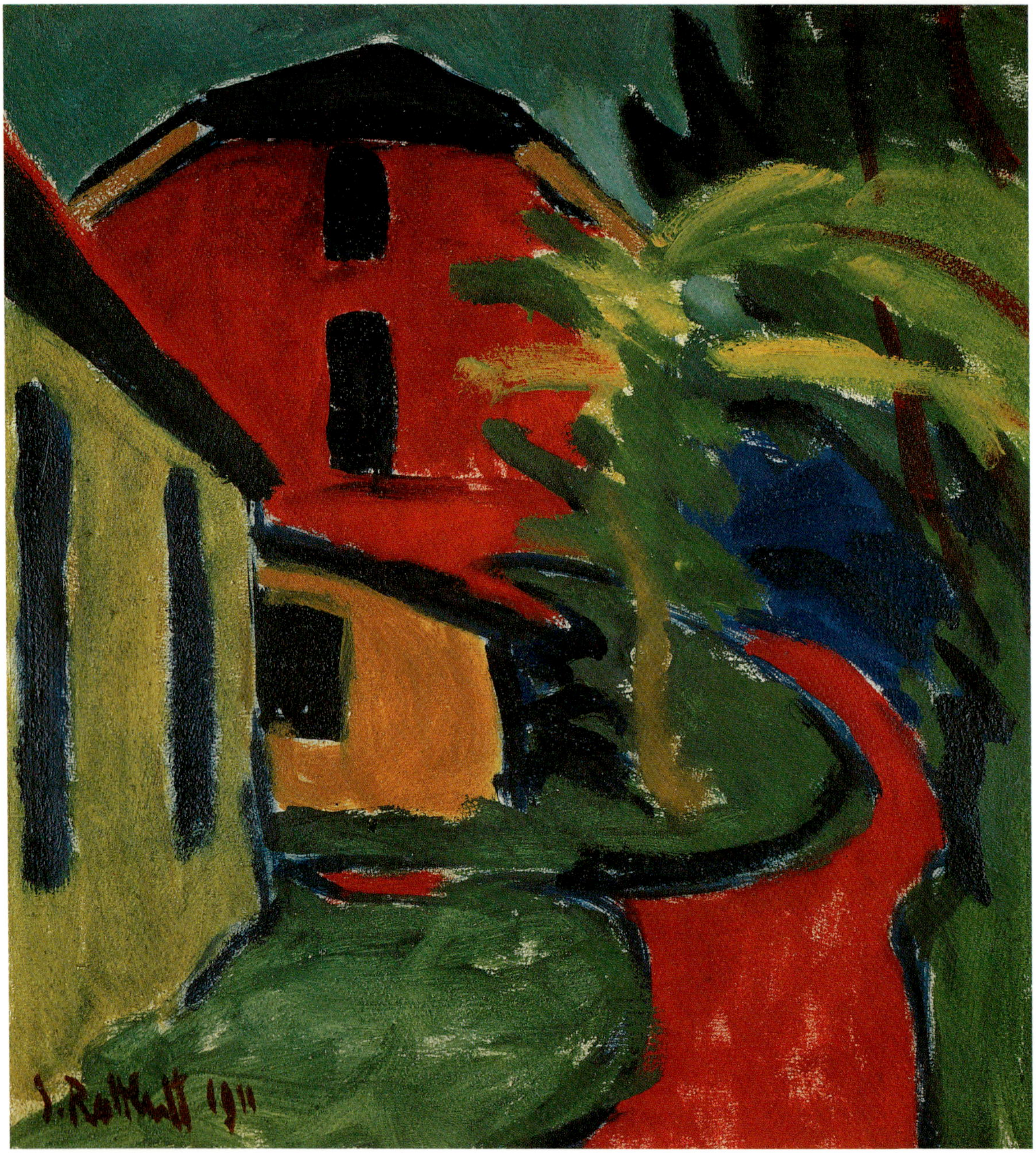

215 Roter Giebel, 1911, Gemälde

Die jahrzehntelange Verborgenheit dieses Bildes wurde erst 1957 beendet, als es der Künstler aus seinem Besitz für die Oldenburger Dangast-Ausstellung zur Verfügung stellte – ein Jahr nach Erscheinen von Will Grohmanns Monographie, in der es nicht aufgeführt wird. Das Gemälde zeigt drei verschiedene Gebäude, in unterschiedlichen Farben ins Bild gebaute Flächen, denen sich weitere als Gras, Weg und Himmel im dominierenden Rot-Grün-Klang hinzugesellen. Die statische Stille und Ereignislosigkeit wird nur durch die provozierende Bewegung einiger Bäume unterbrochen, in der sich das Ende dieser Ruhe vor dem kubistischen Sturm ankündigt.

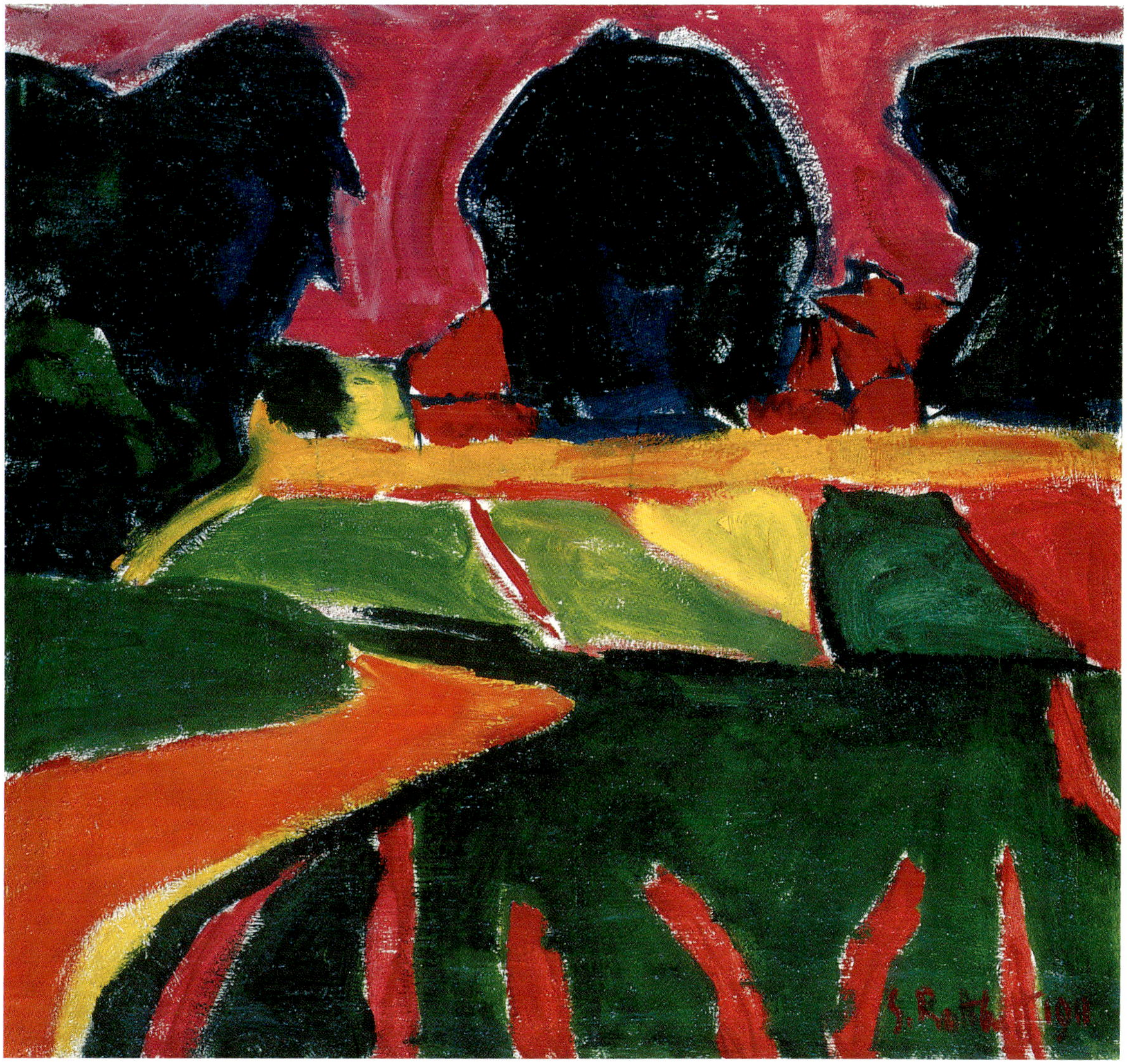

216 Landschaft mit Feldern, 1911, Gemälde

Anläßlich seines Besuches bei Schmidt-Rottluff in Dangast im September 1911 sah Wilhelm Niemeyer diese Landschaft schon kurz nach ihrer Vollendung, noch ehe sie wenig später in der vierten Ausstellung der Neuen Sezession in Berlin ihr Ausstellungsdebüt erlebte und beschäftigte sich erneut mit ihr, nachdem sie einige Jahre später vom Museum Folkwang in Hagen erworben worden war. Er deutet das ungewöhnliche Rot hinter den blau-schwarzen Baummassen als die schwermütige Farbe des Abendhimmels, die sich in den tiefen Furchen am unteren Bildrand wiederspiegelt, hebt das reine, unräumliche Nebeneinander der Farben hervor und spricht von einem kühnen und starken Ornament der Landschaft. Bei den ziegelroten Häusern, die zwischen den riesigen Baumsilhouetten hervorsehen, scheint es sich um die "Auf der Geest" liegenden Höfe zu handeln, von denen der Bauer Klostermann als einziger auch Spargelfelder besaß. Sie könnten in diesem Bild ihre Spuren hinterlassen haben. Es gehört zu denjenigen Gemälden Schmidt-Rottluffs, die sich während der letzten Jahrzehnte am häufigsten auf Ausstellungsreisen im In- und Ausland befanden und die in dem Museum, das sie erwarb, meist nur eine Gastrolle spielten.

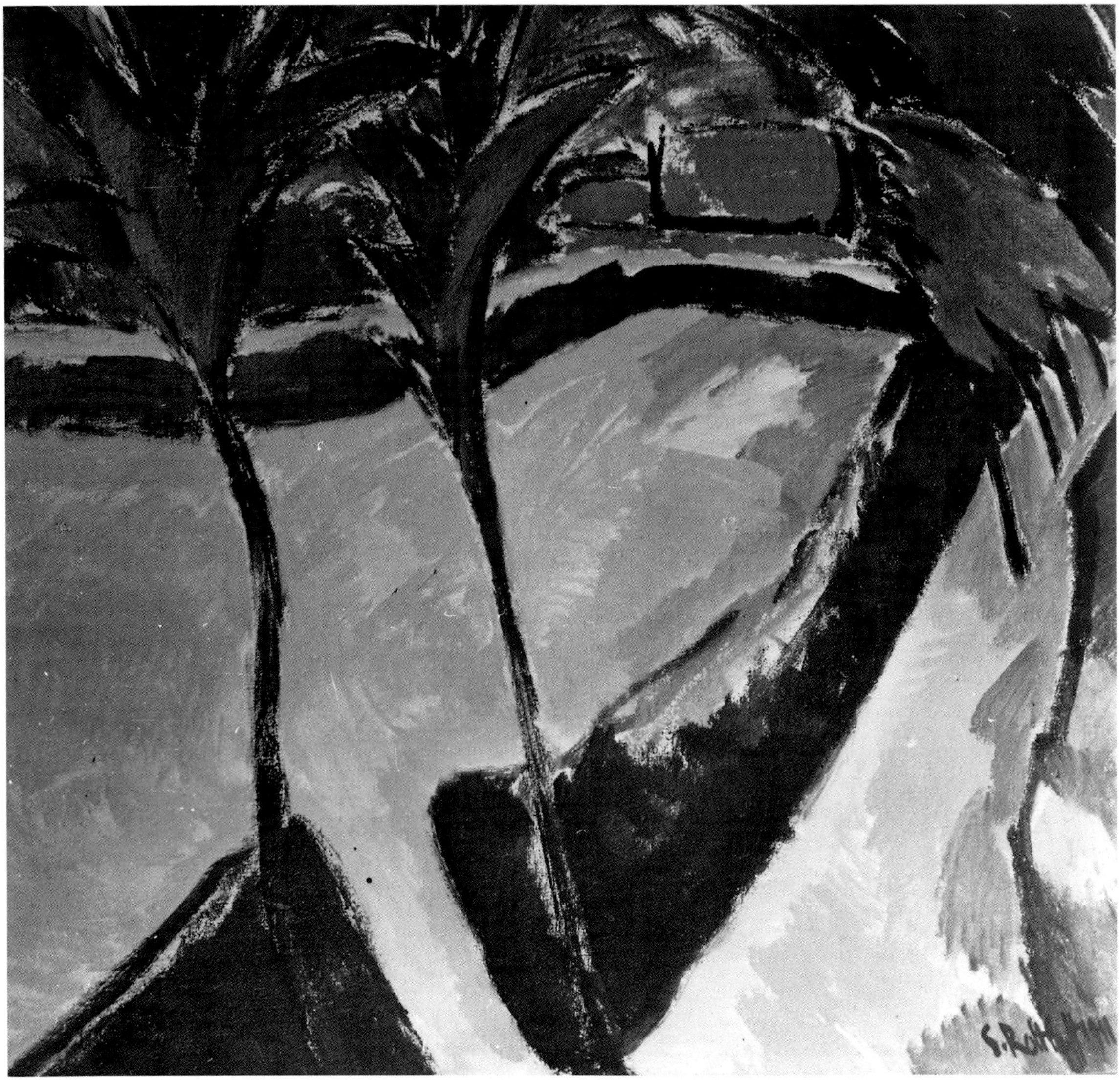

217 Landschaft mit jungen Ulmen, 1911, Gemälde

Bei der Beschreibung des nach dem gleichen Motiv geschaffenen – nicht seitenverkehrten – Holzschnitts (Abb. 193) gibt Rosa Schapire für beide Arbeiten 1910 als Entstehungsjahr an, was indessen durch die hier deutlich lesbare Signatur widerlegt wird und zugleich die Frage nach einer ebenfalls späteren Entstehung des Holzschnittes aufwirft, der sich ebenso gut bei den die Formen strenger und spröder umsetzenden Blättern von 1911 einreihen ließe. Da das Gemälde seit langem verschollen und nur in einem Schwarz-Weiß-Foto nachweisbar ist, sind wir bezüglich seiner Farbigkeit auf Vermutungen angewiesen. Wahrscheinlich waren die Bäume im Vordergrund und am rechten Bildrand in einem helleren, die umlaufende Hecke und das Gebüsch im Hintergrund in einem dunkleren Grün gemalt, während die großen freien Flächen möglicherweise jenes Braun-Gelb aufwiesen, das für mehrere Bilder dieses Jahres charakteristisch ist. Als sicher darf angenommen werden, daß das Haus im Hintergrund den für die Bildwirkung entscheidenden roten Farbakzent bildete. Die erfaßte Örtlichkeit läßt sich nicht ohne weiteres bestimmen, doch könnte sie am ehesten am südlichen Geestrand Dangasts, in der Nähe der heutigen Deichstraße, wiederzufinden sein.

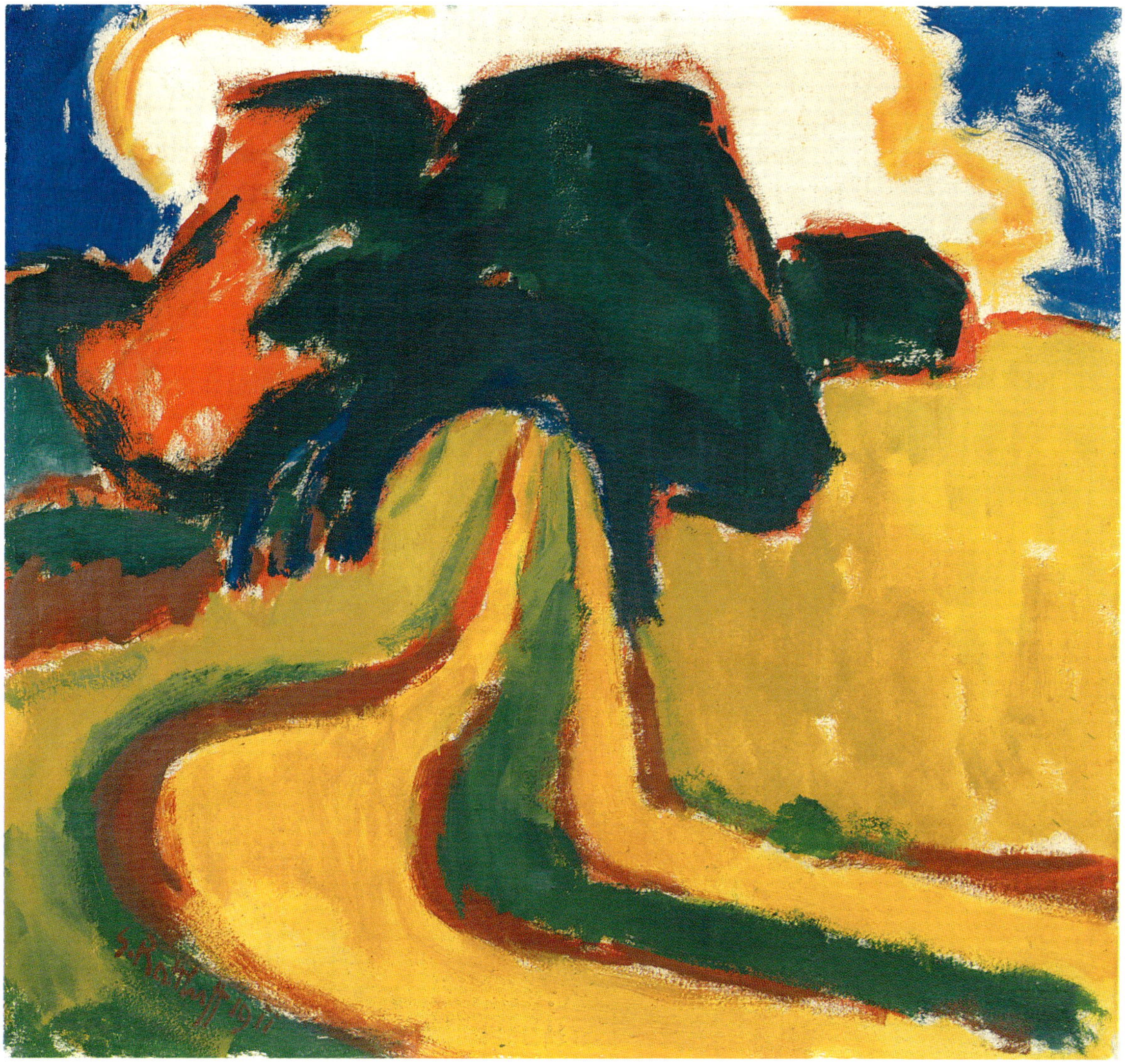

218 Allee, 1911, Gemälde

Das Gemälde gelangte kurz nach dem Ersten Weltkrieg in den Besitz der Schmidt-Rottluff seither vorrangig vertretenden Berliner Galerie Ferdinand Möller, die es 1937 mit 18 weiteren modernen Bildern dem Zugriff der Nationalsozialisten dadurch zu entziehen suchte, daß sie es dem Museum in Detroit als Leihgabe überließ, von wo es nach dem Zweiten Weltkrieg – gemeinsam mit neun anderen Werken des Künstlers – darunter den „Tannen vor weißem Haus" von 1911 (Abb. 212) – zurückerworben werden konnte. 1994 erstand es die Stiftung Kunst und Kultur der Landessparkasse zu Oldenburg und überwies es dem Oldenburger Landesmuseum als Dauerleihgabe. – Als Wilhelm Niemeyer das Bild kurz nach dessen Entstehung 1911 in Dangast sah und als ornamentale Landschaft und große Naturvision rühmte, fielen ihm vor allem die lederfarbenen, an Trockenheit und verbrannte Erde gemahnenden Flächen auf, die die Wirkung des Bildes in erster Linie bestimmen und sogar noch in den Wolkenumrandungen wiederkehren. Diese in früheren Bildern nicht vorkommende Farbe läßt sich auf reale, auch in seinen Briefen erwähnte Ursachen zurückführen. Als der Maler Mitte August 1911 von seinem vierwöchigen Norwegen-Aufenthalt zurückkehrte, berichtete er Martha Rauert am 18. August 1911: „Dangast sieht geradezu trostlos aus, wie November . . . und alles Gras rotgelb". Damals erlebte ganz Deutschland eine seiner längsten Hitzeperioden, die in Dangast erst am 31. August zu Ende ging. – In einem ebenfalls 1911 entstandenen Holzschnitt wird das gleiche Motiv noch einmal neu gedeutet (Abb. 250).

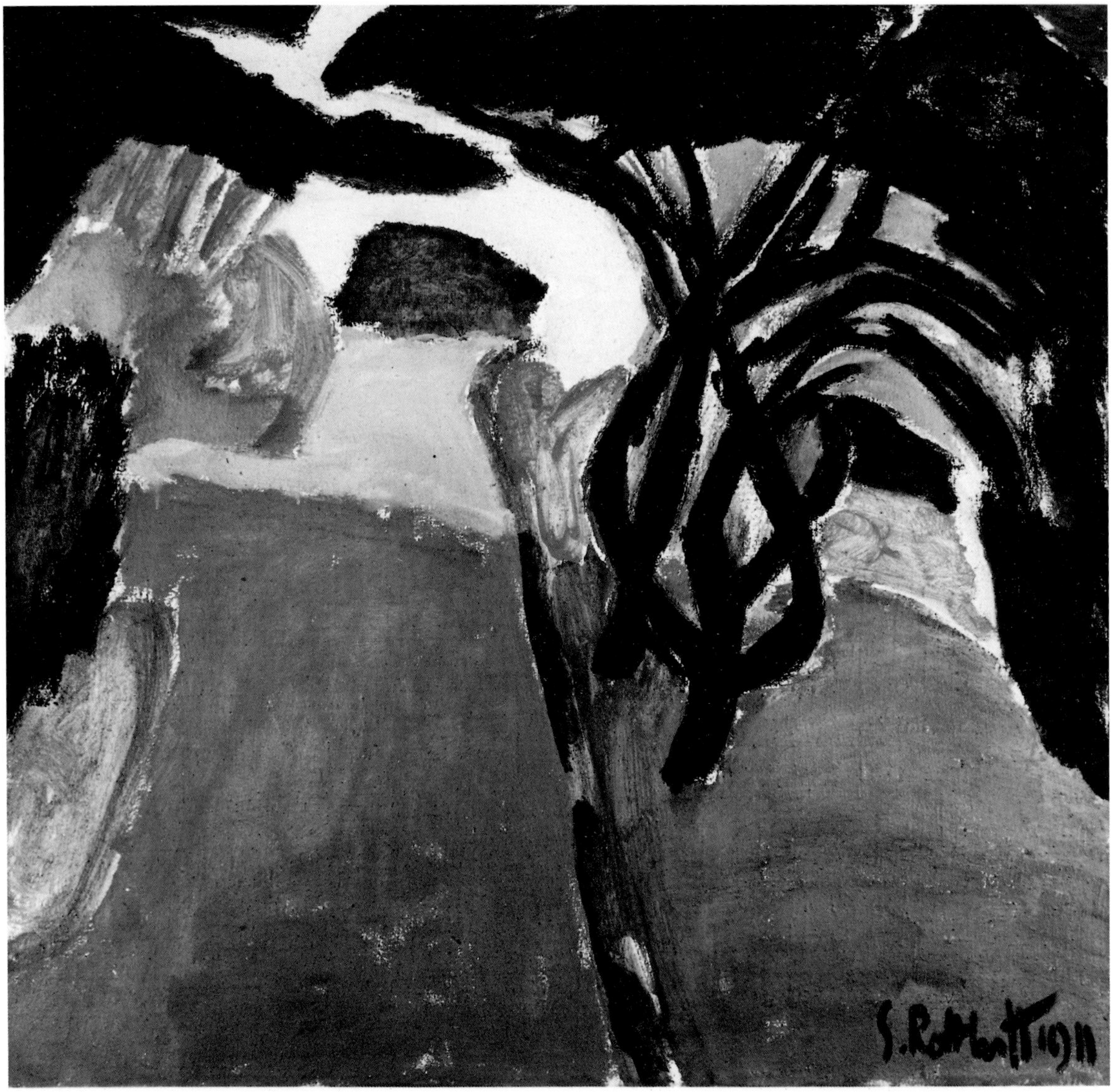

219 Parkweg, 1911, Gemälde

Dieses seit längerem verschollene Bild gehörte Wilhelm Valentiner (1880–1958), nach Wilhelm Niemeyer und Rosa Schapire dem dritten Kunsthistoriker, der sich intensiv für das Werk Schmidt-Rottluffs einsetzte. Valentiner war erstmalig schon 1906 nach Amerika gelangt und hatte sich hier in den folgenden Jahrzehnten stark für die zeitgenössische deutsche Kunst engagiert. 1920 brachte er in der Reihe „Junge Kunst" die erste Einzelpublikation über Schmidt-Rottluff heraus, der ihn 1923 in zwei Holzschnitten porträtierte und sich mit ihm befreundete. Das Gemälde war eines der Geschenke des Künstlers an ihn und mochte ihm in der Gewißheit adäquater Deutung übereignet worden sein. Obwohl für eine verbindlichere Beurteilung die Kenntnis der Farben notwendig wäre, lassen sich im Schwarz-Weiß immerhin einige formale Gestaltungsprinzipien erkennen. Sie bestätigen die Sonderstellung eines Gemäldes, in dem die jeweiligen Erscheinungsformen sich gleichsam verselbständigt und eine eigene Wertigkeit erhalten haben. Selbst der Bildtitel erlaubt allenfalls die Verifizierung einiger Bäume, zwingt jene unvermittelt nebeneinandergesetzten Zeichen nicht zusammen, die wohl etwas bedeuten aber nicht sind. In ihrem rätselhaft bleibenden Verhältnis zueinander erinnern sie noch am ehesten an die gleichzeitigen „Improvisationen" Kandinskys, die Schmidt-Rottluff nicht fremd gewesen sein werden. Ihre nächsten Verwandten finden diese Bäume jedoch in Heckels ebenfalls 1911 entstandenem Gemälde „Spaziergänger am Grunewaldsee" (Vogt 1911, 11)

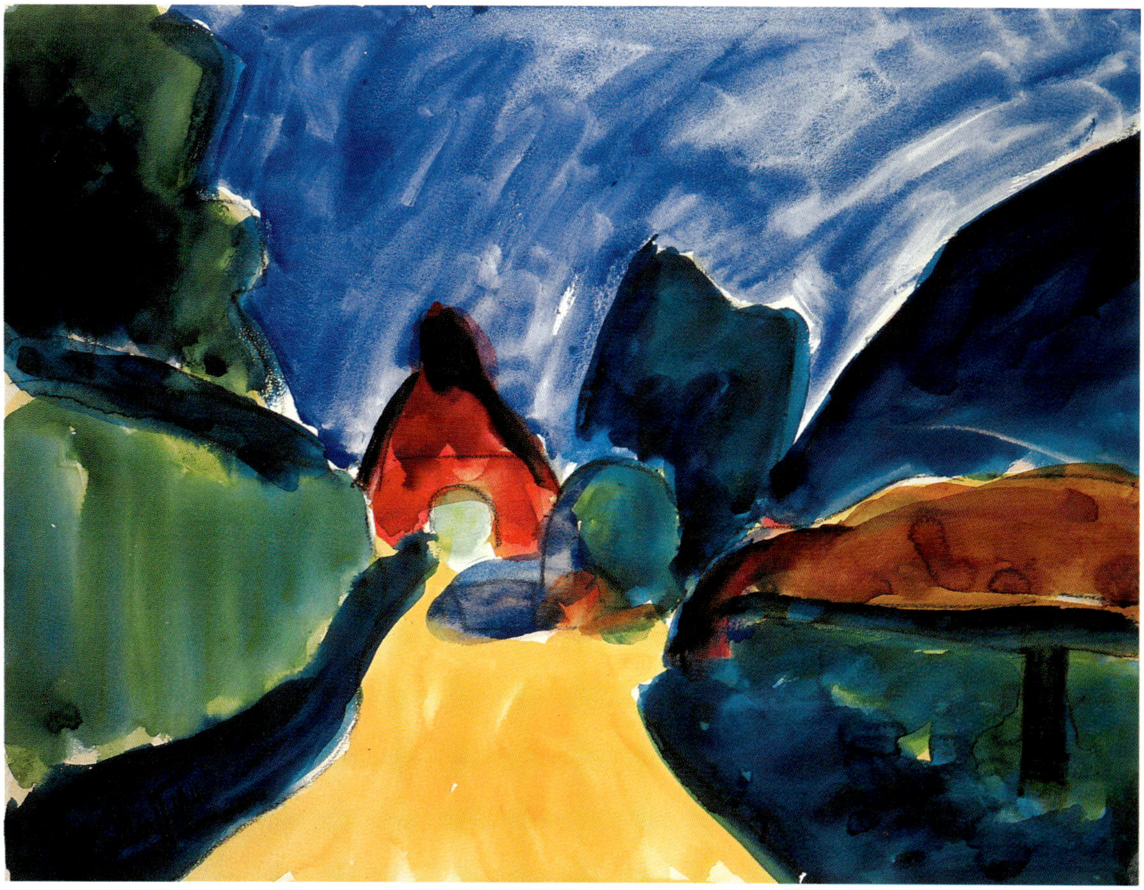

220 Bauernhaus, 1911, Aquarell

Das reiche Dangaster Aquarelljahr 1909 blieb unübertroffen: 1910 entstanden vor allem monumentale Gemäldelandschaften, denen sich kein einziges datiertes Aquarell an die Seite setzen läßt. Eine vermehrte Produktion ist erst wieder 1911 zu konstatieren, obwohl mehrere der damals gemalten Aquarelle nur noch durch ihre Titel nachweisbar sind, wie etwa jene beiden Dangaster Landschaften, die Wilhelm Valentiner einst besaß. Auch dem Aquarell war nun die Aufgabe gestellt, anstelle bisher geforderter Pinselschrift, Bewegung und Transparenz, zusammenhängende und deckende farbige Flächen hervorzubringen, die das Malmaterial mitunter zu verleugnen scheinen. So ist hier aus dem in die Tiefe führenden Weg ein gelber Hofplatz geworden, sind die ihn begleitenden, sonst einzeln ablesbaren Bäume in grün-blaue Baumwände verwandelt, die sich nur noch aus dem im Fluchtpunkt stehenden roten Bauernhaus, mit seiner hellen Einfahrtstür, erklären lassen. Damit ist ein nicht mehr von der Identifizierbarkeit ausgehender Darstellungsstil erreicht, der ohne den völligen Verzicht auf die Gegenständlichkeit nicht weiterzuführen war und deshalb auch beim Aquarell ab 1912 neue Ansätze forderte. Daß diese nur scheinbare Simplifizierung und Undifferenziertheit ganz besonders zur Nachahmung reizt, mag hier nur am Rande vermerkt werden. Die meisten Fälschungen Schmidt-Rottluffs in den letzten Jahren bezogen sich auf Arbeiten des Jahres 1911.

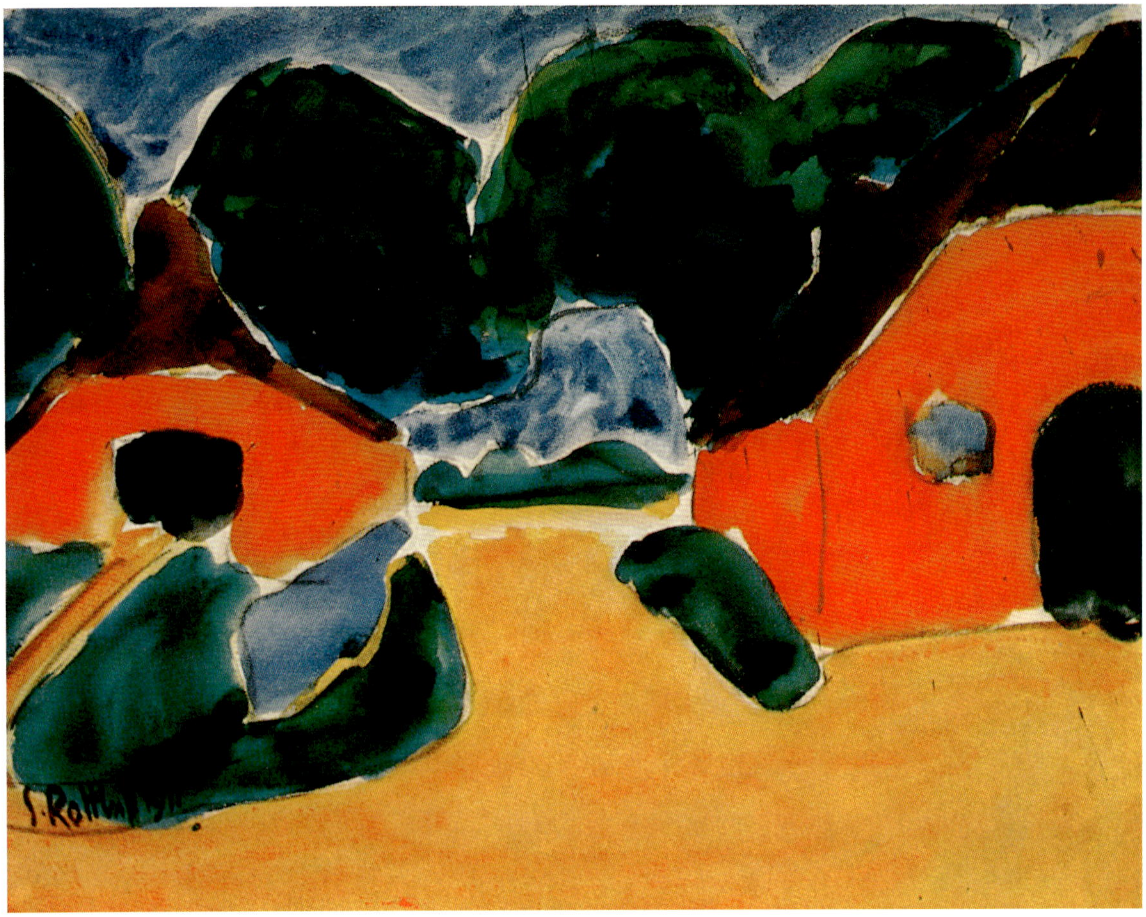

221 Bauernhäuser, 1911, Aquarell

Der Künstler hat dieses, wie das vorige Aquarell bis zur Übergabe an das Brücke-Museum 1964, nie aus seiner eigenen Obhut entlassen. Mit den großen Aquarellen von 1909 teilen beide Blätter nicht nur das äußere Format, sondern auch den mit ihm verbundenen Anspruch auf Gleichrangigkeit gegenüber den Gemälden. Wiederum ist der Bildvorwurf denkbar einfach: Von zwei ziegelroten Bauernhäusern mit braunem Reetdach wird das vordere bis zu seiner Einfahrt vom rechten, das zurückliegende nur gering vom linken Bildrand überschnitten. Auf dem sandgelben Platz vor und zwischen ihnen deuten blaugrüne Farbflecken Bewuchs an, dessen Farbe sich im schweren Rhythmus der mächtigen Baumkronen vor dem blau-violetten Himmel abhebt. Die sichtbar gebliebene Unterzeichnung bestätigt den vorher festgelegten Bildaufbau. Sie ist am besten dort zu erkennen, wo ein Zusammenstoßen unterschiedlicher Farbflächen durch schmale Zwischenräume vermieden und dadurch erreicht wird, daß ihre Selbständigkeit gewahrt bleibt. In den dunkleren Partien, vor allem in den geballten Baumsilhouetten, wird der Farbauftrag durch mehrfache Übermalung verdichtet, wodurch Raum, Tiefe und Bewegung entstehen, die der völligen Verabsolutierung der Fläche entgegenwirken. – Beim Versuch einer Lokalisierung wird hier am ehesten an eine noch stehende und nur in Einzelformen veränderte Hofgruppe an der Dangaster Oldeoogstraße zu denken sein.

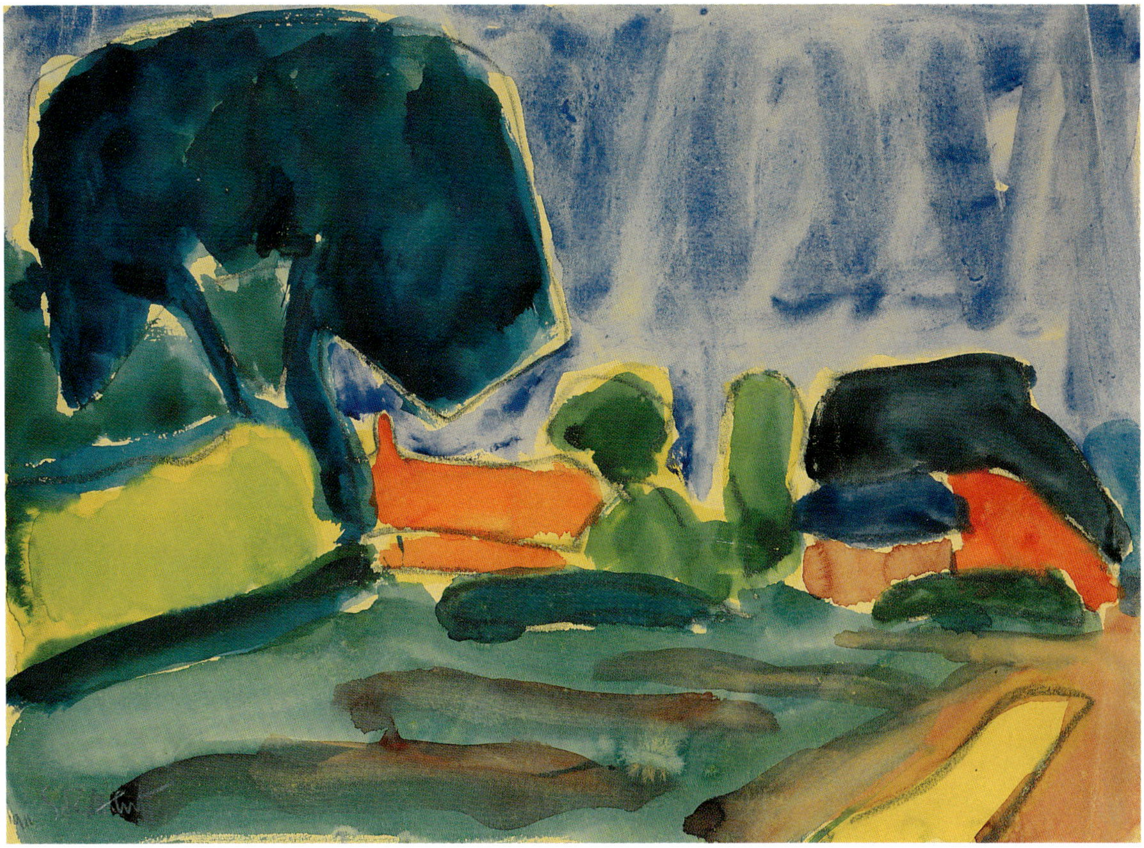

222 Landschaft mit Baum und Bauernhäusern, 1911, Aquarell

Das Aquarell stammt aus dem ehemaligen Besitz der Hamburger Sammlerin Elsa Hopf, zu der die Kontakte zwischen 1910 und 1912 besonders eng waren. So erhielt sie 1910 allein aus Dangast sieben Postkartenzeichnungen, die gleiche Zahl dann auch 1911, wobei die meisten dieser Karten jedoch mit dem Hamburger Poststempel versehen sind. Aus Hamburg stammt auch eine von Gunther Thiem 1991 publizierte Aktzeichnung mit dem Widmungsdatum vom 18. Januar 1911, die somit während der Laufzeit von Schmidt-Rottluffs erster größerer Einzelausstellung in der Galerie Commeter entstand. Von den meist in Dangast entstandenen Arbeiten, die er dort zeigte, konnte er damals nicht weniger als vier Gemälde und 15 Graphiken verkaufen. Gegenüber den beiden vorangegangenen Aquarellen von 1911 ist dieses Blatt jedoch kleiner und auch nicht mit dem Pinsel sondern mit Blei signiert und datiert und anders als dort, tritt hier auch der Charakter der Wasserfarbenmalerei stärker zu Tage. Zwar ist wiederum das Gerüst der Unterzeichnung und das verdichtende Übereinander in den dunkleren Partien sichtbar, doch überwiegt ein deutlich dünnerer Farbauftrag, der nicht steht sondern fließt und mehr Spontaneität und Gelöstheit bei der Erfassung und Ausführung erkennen läßt.

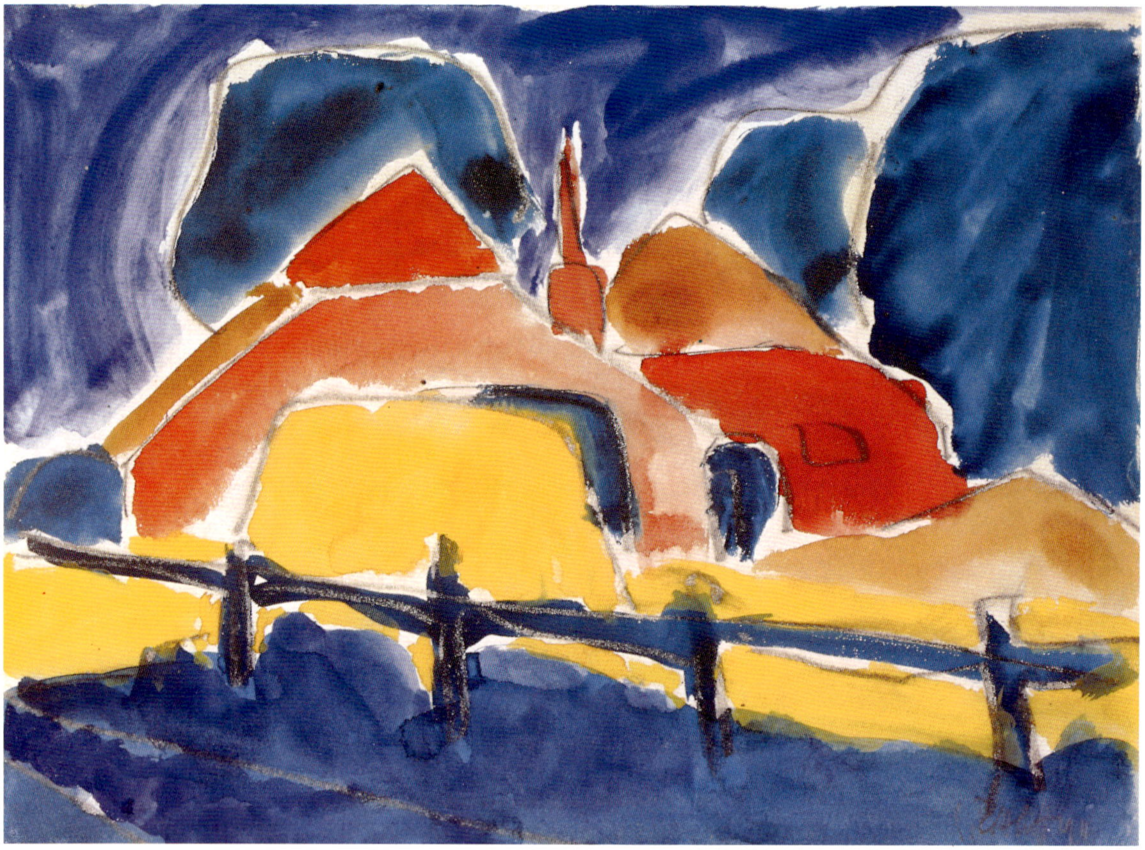

223 Häuser in Dangast, 1911, Aquarell

Vom Thema her ist das Blatt dem größeren Aquarell „Bauernhäuser" aus dem gleichen Jahr verwandt (Abb. 221), Größe und Ausführung lassen einen Anschluß an die vorangegangene Arbeit erkennen (Abb. 222). Erneut werden hier zwei hintereinander in die Tiefe versetzte bäuerliche Gebäude von der Einfahrtseite her vor hohen Bäumen gesehen, wenn diesmal auch stärker überschnitten und nach einem anderen Vorbild entstanden. Bei dem vorderen, zum Teil durch einen großen Strohhaufen verdeckten Haus, ist die Einfahrt nach rechts gerückt und zwischen den beiden Walmdächern ist ein spitzer Sockelmast zu erkennen. Am unteren Bildrand verläuft eine nur hier vorkommende niedrige Zaunbarriere. Wiederum wird in den hell gebliebenen Stegen zwischen den Farbflächen die kräftige Vorzeichnung sichtbar, die lineare Elemente einbringt, den großen Farbflecken Konturen verleiht und ihrer Unbeweglichkeit entgegenwirkt. Die Farben beschränken sich im wesentlichen auf den Dreiklang von Blau, Gelb und Rot, während auf das sonst in den Landschaften dominierende Grün völlig verzichtet wurde. Da in Dangast derart gestaffelt errichtete Hofanlagen mehrfach vorkommen, ist eine Lokalisierung nicht ohne weiteres möglich. Am nächsten kommt die Darstellung einem durch spätere Zubauten veränderten Hof in der jetzigen Deichstraße (Warns).

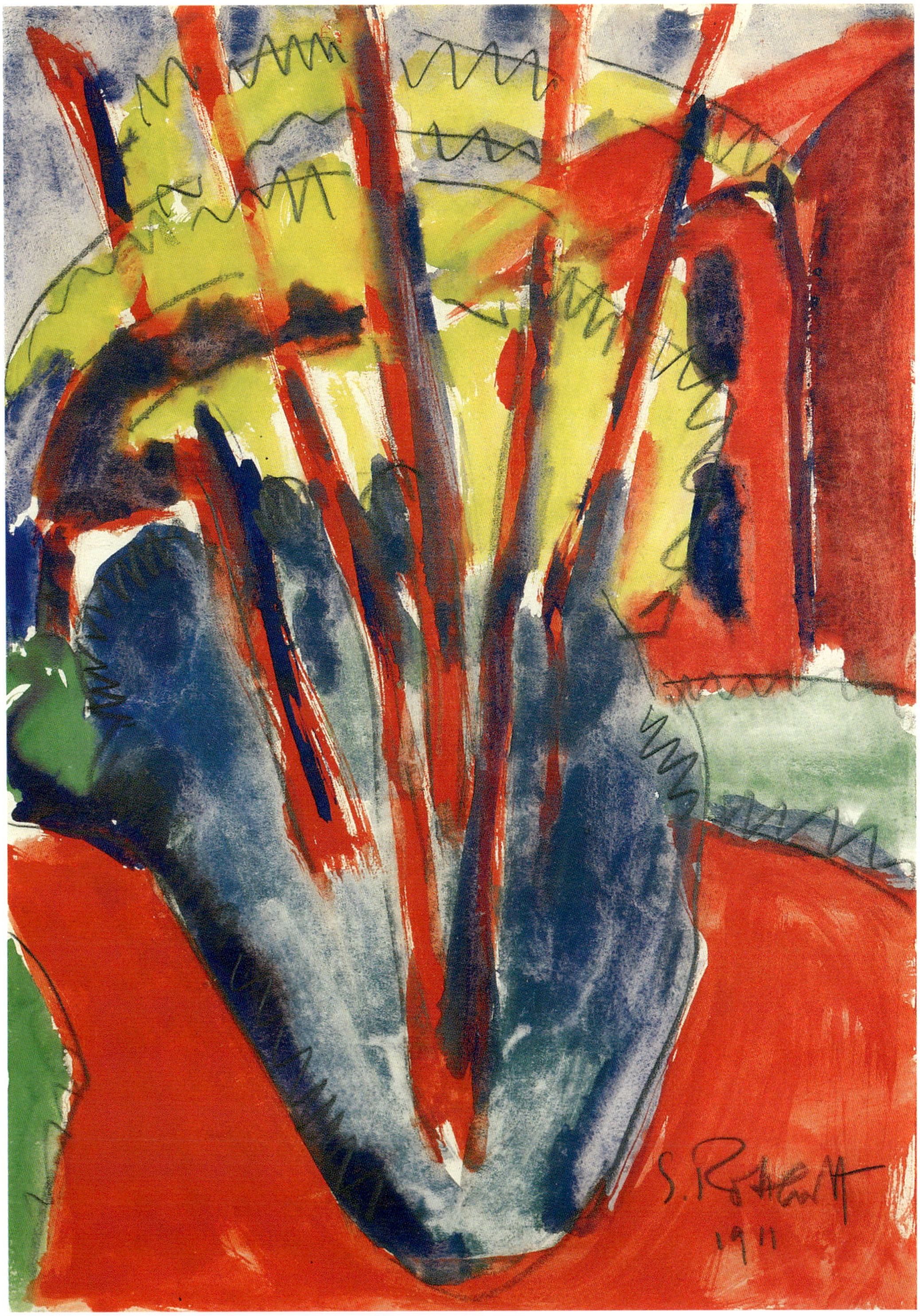

224 Haus in der Straßenkurve, 1911, Aquarell

Das Blatt gehörte ursprünglich Reinhard Piper, dem Verleger des Almanachs „Der Blaue Reiter". In seiner Auffassung ist es am ehesten dem Gemälde „Parkweg" (Abb. 219) vergleichbar, während es mit dem gleichnamigen, in Damme gemalten, jedoch verschollenen Bild nichts zu tun hat. Es gibt eines der alten Dangaster Logierhäuser wieder.

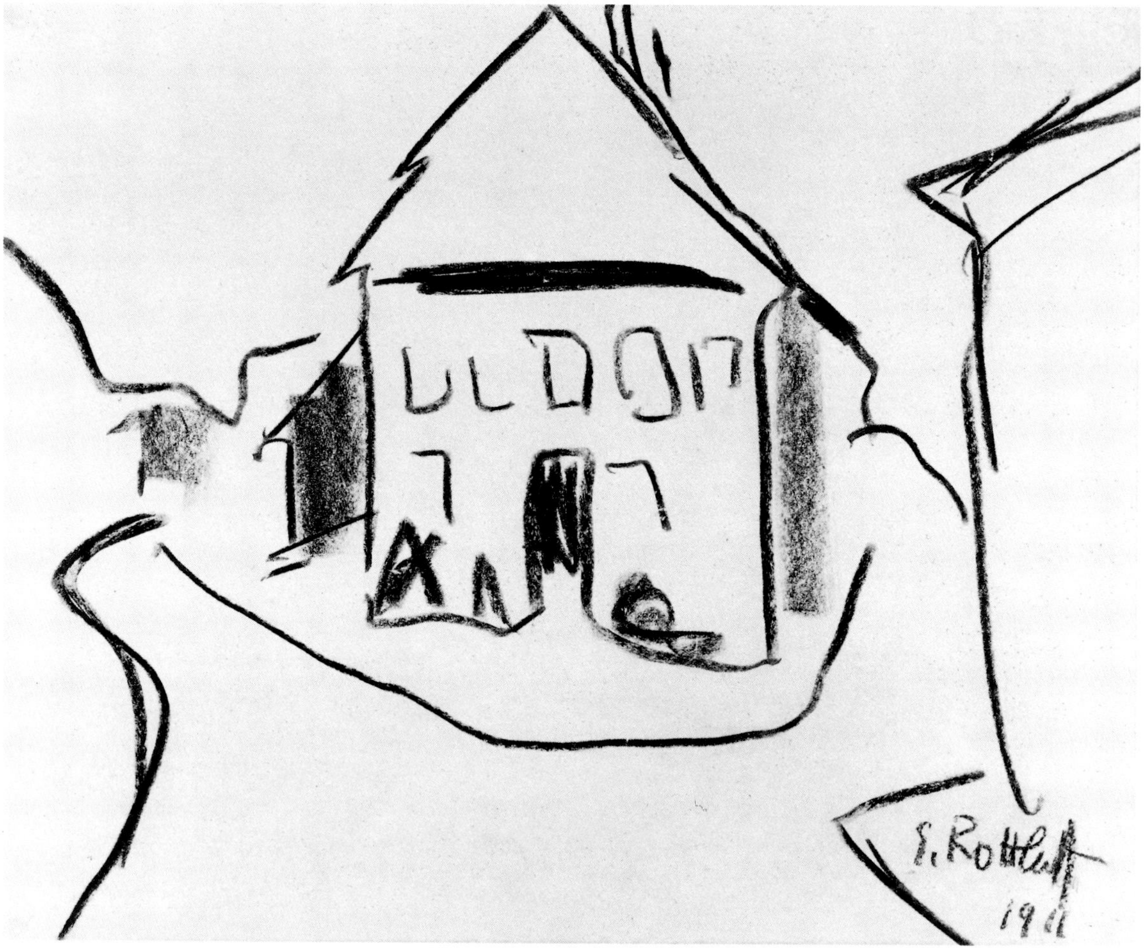

225 Haus an einer Straßenecke, 1911, Zeichnung

Obwohl die Zahl der mit Zeichnungen versehenen Postkarten zwischen 1909 und 1911 ihren Höhepunkt erreichte, blieb das Zeichnen damals nicht völlig auf dieses Medium beschränkt. Der Maler hat auf die freie Zeichnung niemals verzichtet, selbst wenn sie bei ihm auch nicht annähernd jenen Umfang annahm, den sie bei E.L. Kirchner besaß. Mit dem Jahr 1911 lassen sich lediglich vier freie Zeichnungen Schmidt-Rottluffs mit Dangast verbinden, die sämtlich signiert und datiert sind. Mit der lapidaren Reduktion des Gesehenen auf wenige Linien und Schraffuren scheinen sie sogar noch die Formenkargheit der gleichzeitigen Holzschnitte zu unterbieten. Hier wurde ein zweigeschossiges Haus dargestellt, an dem beidseitig Wege entlangführen, während rechts noch die Ecke eines weiteren Hauses sichtbar wird. Das mit einem hohen Zeltdach überdeckte Gebäude ist von der Eingangsseite her gesehen und besitzt im Obergeschoß fünf Fenster. In Dangast existierten damals solche Häuser nicht, sodaß hier noch am ehesten an Oldenburg oder Varel gedacht werden könnte, wo sich Beispiele dieses Haustyps auch heute noch erhalten haben.

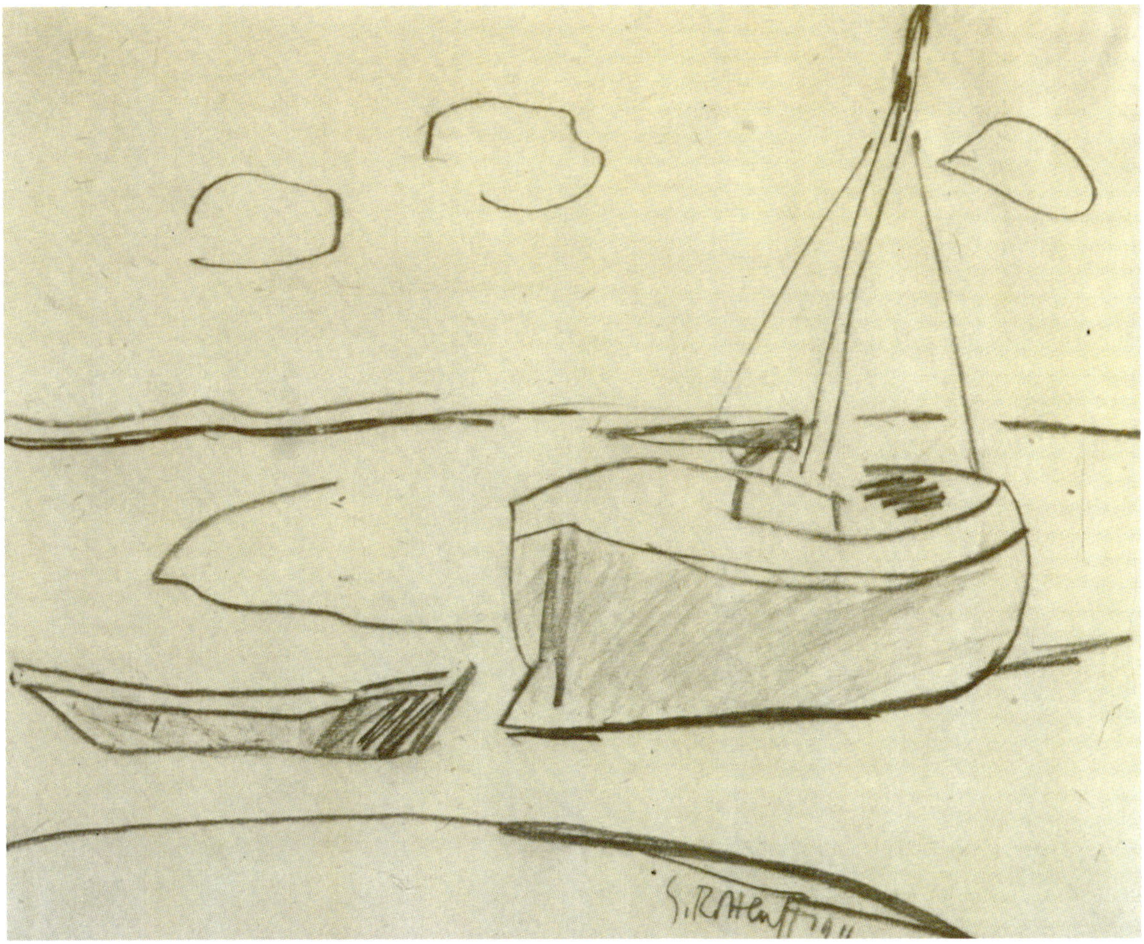

226 Aufgezogene Boote am Strand, 1911, Zeichnung

Diese Zeichnung wurde bereits 1919 direkt vom Künstler für das Berliner Kupferstichkabinett erworben, wo es erstaunlicherweise die Beschlagnahmeaktion von 1937 überstand. Ein gedrungenes Fischerboot mit nicht getakeltem Mast liegt mit leichter seitlicher Neigung hochgezogen am Strand. Es wird von der nach landwärts zeigenden Heckseite her gesehen und hat einen bootsförmigen Fischkasten neben sich liegen. Hinter ihm dehnt sich die amphibische Weite des von einzelnen Wolken überschwebten Jadebusens. Die eindeutige Landschaftssituation schließt eine Entstehung des Blattes im bergigen Norwegen – wo sich Schmidt-Rottluff 1911 für einige Sommerwochen aufhielt – oder im betriebsamen Hafengebiet Hamburgs – das ihn während der Wintermonate festhielt – von vornherein aus. Dagegen spricht auch nicht die Existenz einer mit dem gleichen Motiv versehenen Postkarte, die der Künstler am 26. Januar 1912 aus Hamburg an den Kunsthändler Alfred Flechtheim sandte, da ihr Zeichenstil eine frühere Entstehung und spätere Verwendung signalisiert (Abb. 242). – Gleich mehreren anderen Plätzen an der deutschen Nordseeküste und in den Flußmündungen war Dangast zwar ein Fischer –, jedoch kein Hafenort, weshalb die meist dunklen, mit den Frachtenseglern nicht zu verwechselnden hölzernen Fangboote außerhalb ihres Einsatzes in der Nähe des Siels auf dem Trockenen lagen.

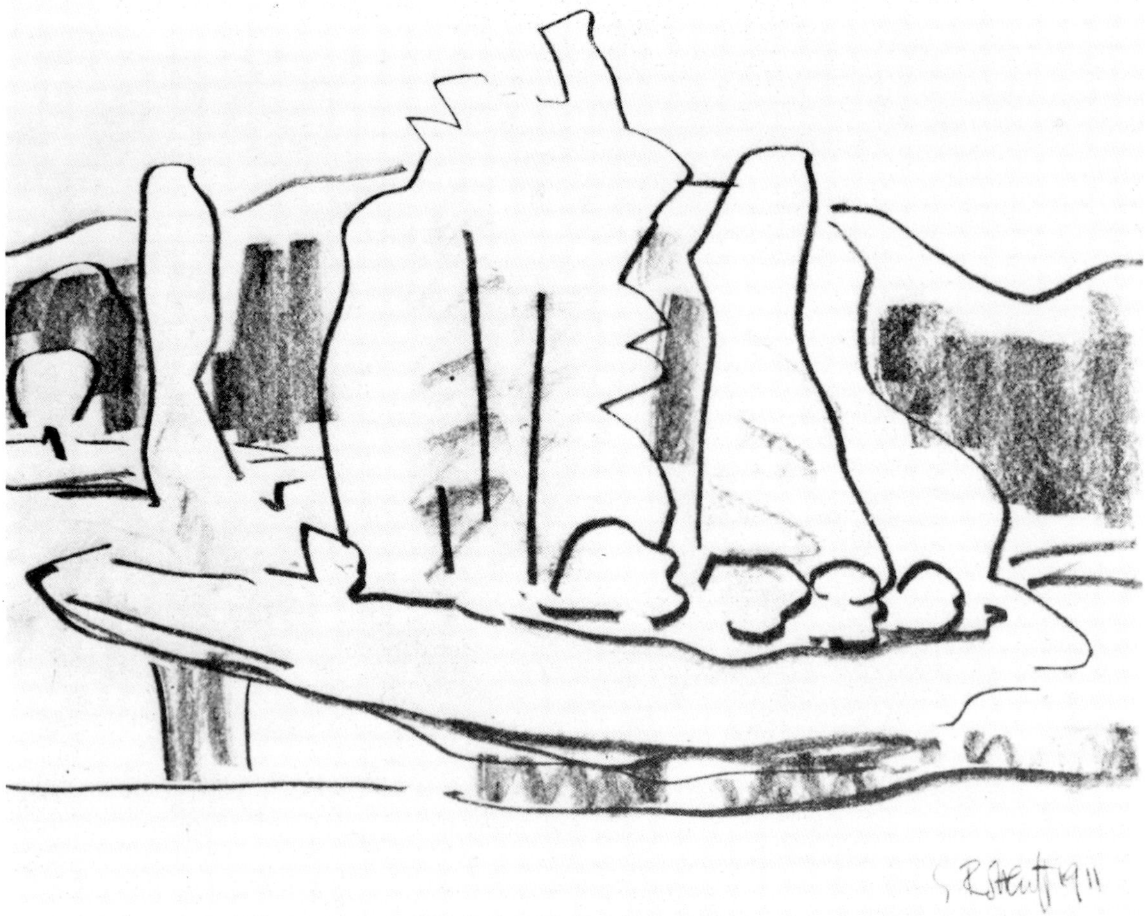

227 Baumgruppe am Wasser, 1911, Zeichnung

Das dargestellte Motiv ist trotz seiner kargen Kennzeichnung genau lokalisierbar: es handelt sich um eine baumbestandene Insel im Ellernteich des Schloßgartens von Rastede. In diesem, an der Eisenbahnstrecke Oldenburg-Wilhelmshaven liegenden und deshalb von Dangast aus leicht erreichbaren „Luftkurort" befand sich die Sommerresidenz des Großherzogs von Oldenburg, dessen Vorfahren an der Stelle eines mittelalterlichen Benediktinerklosters das noch bestehende Schloß errichteten. Schmidt-Rottluff hatte es – wie die meisten fürstlichen Bauten, denen er in seinem Leben begegnete – unbeachtet liegen lassen, um sich in den entferntesten Teil des ausgedehnten Parkes zu begeben, der bereits am Ende des 18. Jahrhunderts durch den kunstsinnigen Herzog Peter Friedrich Ludwig (1755–1829) nach englischem Vorbild angelegt und früh für das allgemeine Publikum geöffnet worden war. In Rastede stellte er nicht nur diese, 1906 bereits von Hugo Duphorn (1876–1909) in einem bekannten Bild festgehaltene Insel im Ellernteich, sondern im nächsten Jahr auch die ebenfalls noch existierende alte Klostermühle dar (Abb. 294).

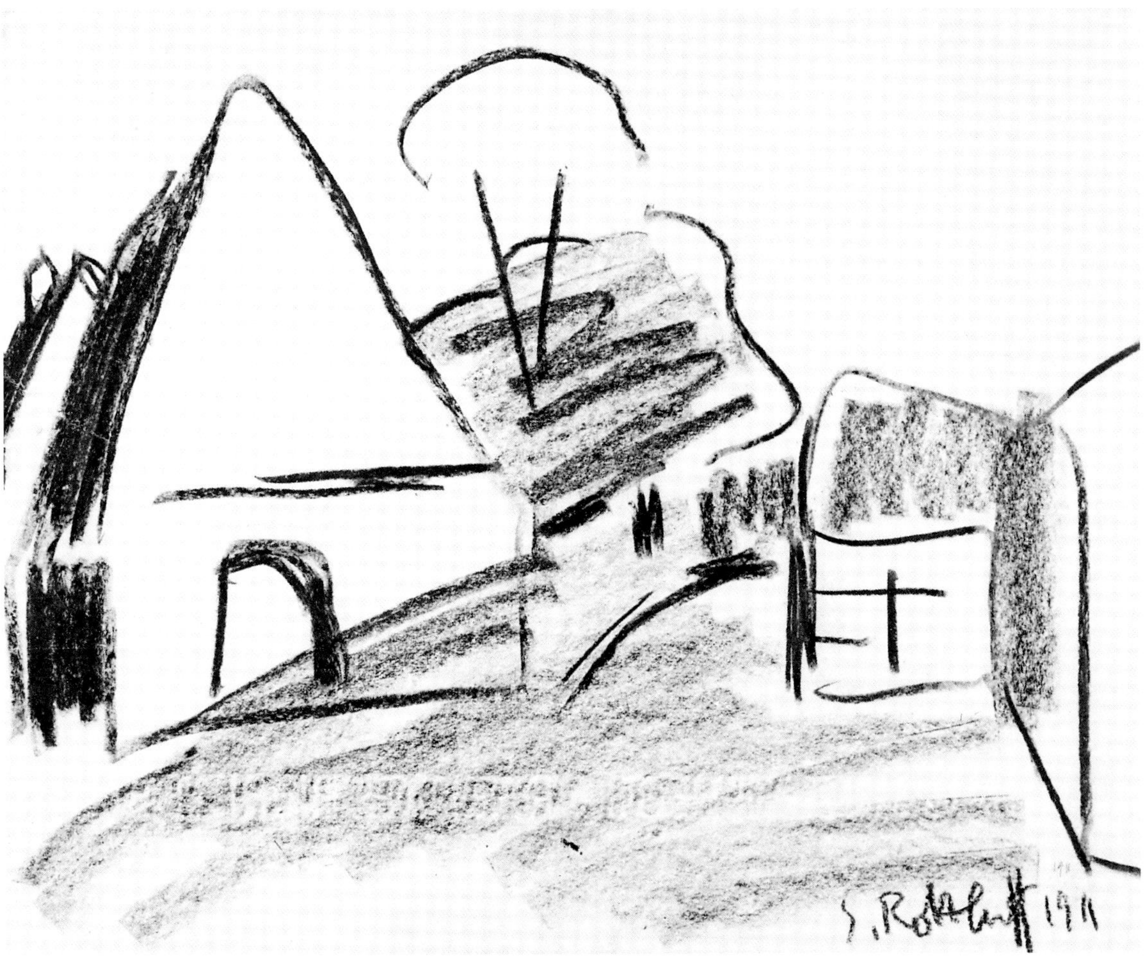

228 Gehöft, 1911, Zeichnung

Ob der diesem Blatt gegebene Titel tatsächlich zutrifft, ist fraglich, da der helle Dachgiebel mit dem darunter befindlichen portalartigen Eingang und der unmittelbar anschließende, an der Schattenseite sichtbare Gebäudeteil gegen einen Bauernhof sprechen. Auch das vor einer Mauer stehende kleine Bauwerk rechts muß nicht zu einer Hofanlage gehören und könnte ebensogut neben einer Kirche stehen. Die Schwierigkeiten der Identifizierung führen jedoch zur künstlerischen Intention, bei der es auf Erkennbarkeit weit weniger ankam als auf das kompositorische Gerüst und die von ihm ausgehende Spannung, das abgestufte Flächen bildende Hell-Dunkel und die Fähigkeit zur Abkürzung an der richtigen Stelle. Die Kreidezeichnung befand sich ursprünglich im Besitz Erich Heckels, der sich zum Zeitpunkt ihrer Entstehung jedoch nicht mehr in Dangast aufhielt und gelangte mit einer Reihe eigener Arbeiten an die ihm durch seine Lehrtätigkeit an der dortigen Akademie nahestehende Karlsruher Kunsthalle. Der Zeichnungsstil und die Art der Datierung erlauben einen Anschluß an die anderen Dangaster Zeichnungen von 1911, von denen sich noch zwei weitere im Besitz Wilhelm Valentiners befanden. Sie kamen nach dem Tode ihres Besitzers in den Kunsthandel, wie sein umfangreicher übriger Kunstbesitz, zu dem auch mehrere Gemälde, Aquarelle, Zeichnungen, Postkarten und graphische Arbeiten von Schmidt-Rottluff gehörten.

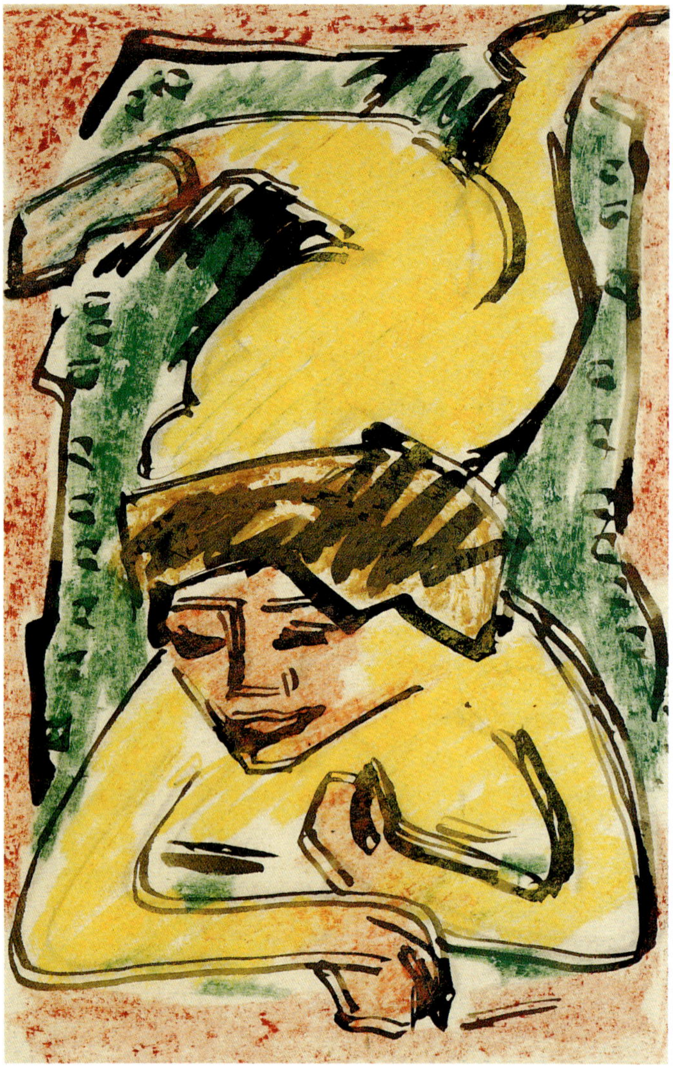

229 Liegender Akt auf grünem Tuch, 1911, Postkartenzeichnung

Mehrere bisher nicht publizierte Postkarten vom Beginn des Jahres 1911, die in dieses Buch aufgenommen wurden, entstanden zwar nicht in Dangast sondern zwischen den dortigen Aufenthalten in Hamburg, sie führen jedoch weiter, was dort begann und reagieren direkt oder indirekt auf das Vorangegangene. Gemeinsam ist ihnen auch, daß es sich in allen Fällen um Aktdarstellungen handelt, die in Dangast vernachlässigt werden mußten und die nun in der Großstadt gegenüber allen anderen Themenbereichen den ersten Platz errangen. Fast scheint es so, als wollte der Künstler nun nachholen, was ihm durch sein Fernbleiben von der Dresdener Brücke-Ateliergemeinschaft und der an den Moritzburger Teichen fortgesetzten Freiheit und Ungebundenheit entgangen war, so ausschließlich bemächtigt er sich jetzt dieses bisher nur sporadisch wahrgenommenen Themas und der ihm innewohnenden Ausdrucksmöglichkeiten. In der Karte an Elsa Hopf wird ein bäuchlings auf grüner Decke liegender gelber Akt beinahe gewaltsam durch kühne Verkürzung ins Hochformat gebracht, mehreren Aktdarstellungen nicht unähnlich, welche die Frau des Dichters Richard Dehmel nur wenig später von ihm erhielt.

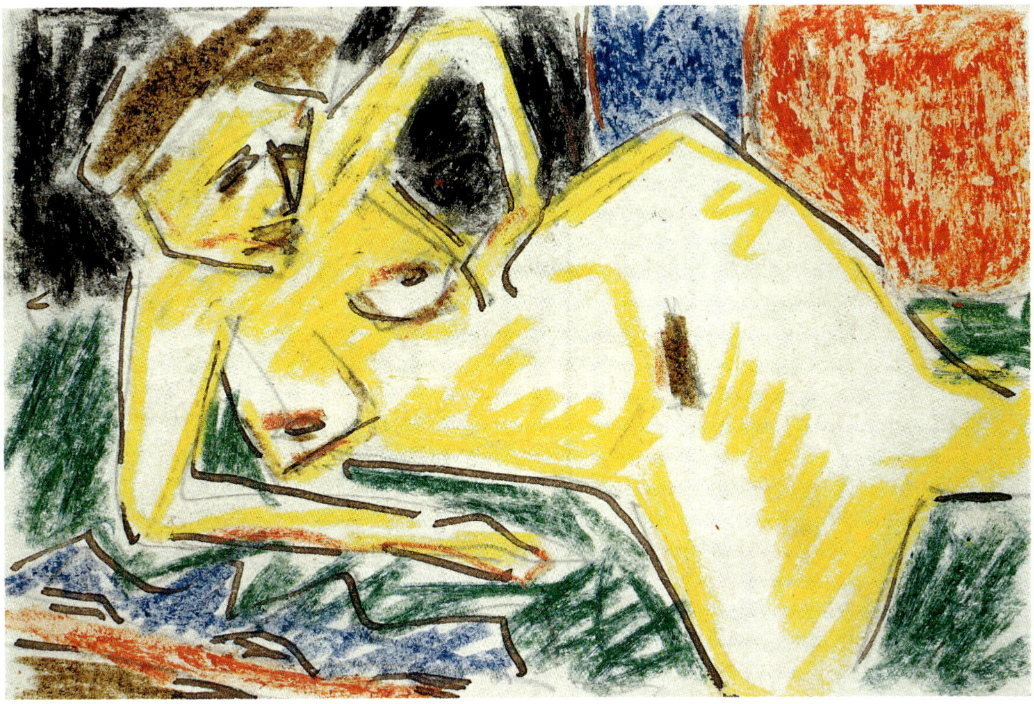

230 Seitlich aufgestützt liegender Akt, 1911, Postkartenzeichnung

Nur vierzehn Tage nach Absendung der vorigen Postkarte (Abb. 229), in der sich Schmidt-Rottluff bei der Adressatin für die Übersendung von Pappen bedankte (Abb. 229), erhielt die Hamburger Sammlerin Elsa Hopf am 21. Februar 1911 einen weiteren Kartengruß mit der Darstellung eines, wiederum auf grüner Decke, seitlich aufgestützt liegenden weiblichen Aktes. Sein zum Teil bekleideter gelber Körper wurde mit der Feder umrissen und diagonal so ins Blickfeld gesetzt, daß in den Ecken dahinter und davor Raum für farbig unterschiedliche Felder bleibt, die Unruhe und Erregung signalisieren. Wenn sich in diesem Falle auch eine graphische Entsprechung nicht nachweisen läßt, so ist der Zusammenhang aller dieser Postkartenzeichnungen mit zahlreichen Holzschnitten und einer Gruppe von Lithographien desselben Jahres doch ganz offensichtlich, von den Modellen her ebenso, wie vom einbezogenen Umfeld des Ateliers, das der Künstler während der Wintermonate im Haus des Bankiers Jerome Friedmann in der vom Hamburger Rathaus nicht weit entfernten Kleinen Johannisstraße gemietet hatte.

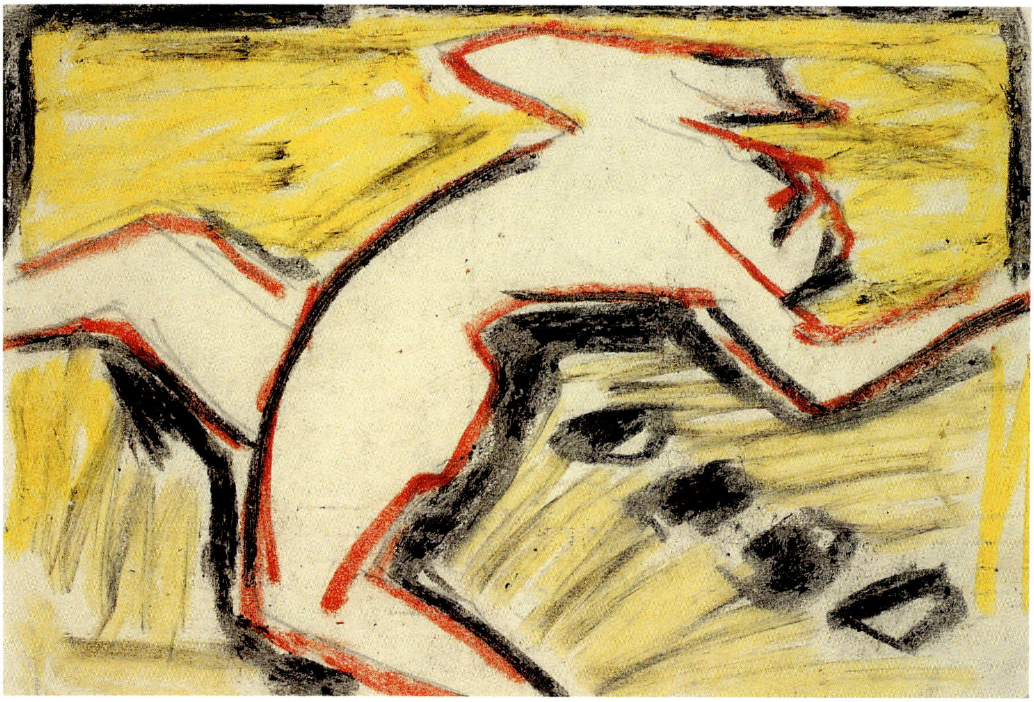

231 Auf Decke liegender Akt, 1911, Postkartenzeichnung

Die ungewöhnliche Darstellung gehört ebenfalls noch in die Gruppe der Hamburger Atelierakte, obwohl sie sich auf einer in Chemnitz am 7. April 1911 abgestempelten Postkarte befindet. Schmidt-Rottluff war in sein Elternhaus zurückgekehrt, nachdem er sich drei Monate hindurch in der Hansestadt aufgehalten und zum Abschluß am 24. März in seinem Atelier eine Ausstellung der letzten Arbeiten für geladene Gäste veranstaltet hatte. Bei diesen handelte es sich in erster Linie um die vor allem durch den unermüdlichen Einsatz von Rosa Schapire in Hamburg gewonnenen Passivmitglieder der Brücke, die mit etwa 30 nachweisbaren Namen mit Abstand die größte Gruppe stellten. Ihr gehörte auch Emmy Stürken geb. Traun in Wandsbek an, die den Künstler um Zusendung sämtlicher von ihm geschnittener Exlibris gebeten hatte. Schmidt-Rottluff ersuchte die Kartenempfängerin – Elsa Hopf – deshalb darum, das für sie im Vorjahr geschaffene Exlibris zur Verfügung zu stellen und auch Frau Olga Danziger zur Hergabe des ihrigen zu veranlassen. Mit der Gestaltung von Gebrauchsgraphik hatte der Maler 1909 in Dangast begonnen, wohl angeregt durch Wilhelm Niemeyer, der damals zu den wichtigsten Förderern einer zeitgenössischen Schriftkunst in Deutschland gehörte. Bei dem auf der Postkarte ganz in die Fläche gebreiteten Akt besteht insofern eine Verbindung zu gleichzeitigen dekorativen Arbeiten, als auch hier eine Gebärde in ein abstraktes Ornament verwandelt erscheint.

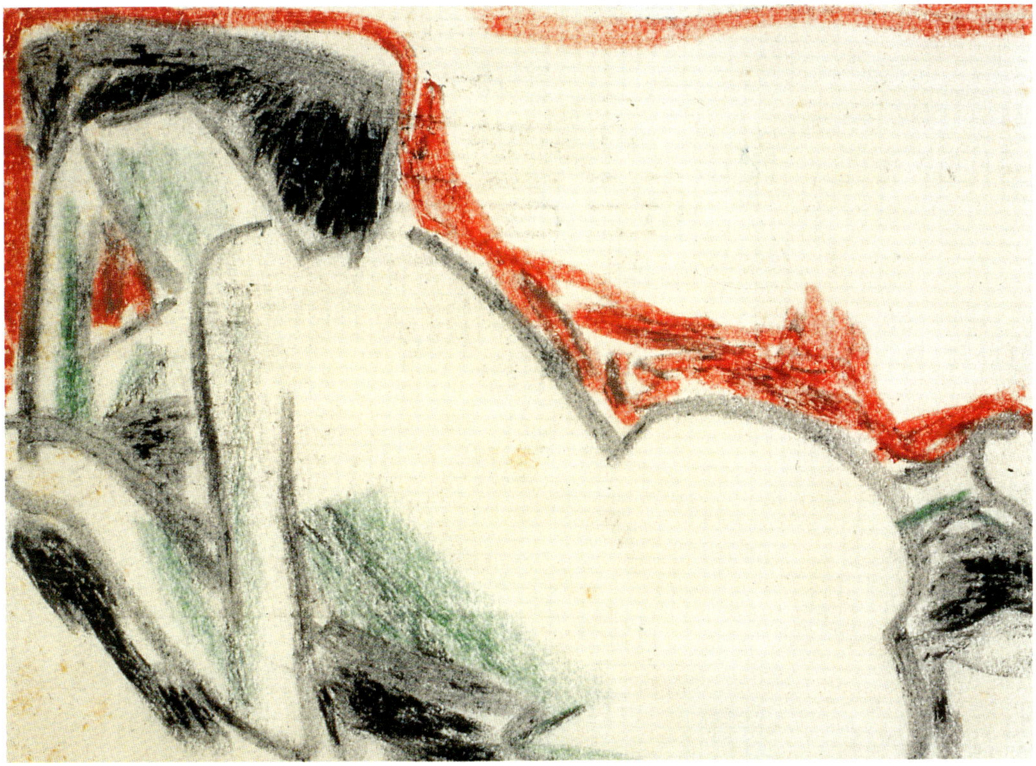

232 Liegender Rückenakt, 1911, Postkartenzeichnung

Anna Goldschmidt (geb. 1887 in New York, gest. 1921 in Hamburg), die Empfängerin dieser und einer weiteren unveröffentlichten Postkarte Schmidt-Rottluffs von 1911 (Abb. 238), war eine jüngere Freundin von Rosa Schapire. Emanzipiert aufgewachsen, besaß sie früh sowohl sportliche Neigungen, wie literarische und künstlerische Interessen. Ihr jüngerer Bruder Jack Goldschmidt-Oldenburg (1892–1979) wurde Innenarchitekt und war ein Bewunderer Schmidt-Rottluffs, von dem er ebenfalls gezeichnete Postkarten erhielt (Abb. 287). Der Künstler hatte diese Karte noch vor seiner Abreise aus Hamburg abgesandt und darin bedauert, daß die sich gerade in München aufhaltende Adressatin seine Atelierausstellung nicht mehr sehen konnte, welche unter anderem auch von ihrer Freundin Irma Woermann (Schmidt-Rottluff schuf 1912 einen Briefkopf-Holzschnitt für sie) besucht worden war. – Wie der vorangegangene, ist auch der hier dargestellte Rückenakt als solcher nicht farbig behandelt, sondern hell ausgespart. Seine Konturen wurden mit schwarzer Kreide in wenigen lapidaren Strichen umzogen und grün schattiert, der rote Untergrund ebenso andeutend nur neben Kopf und Körper sichtbar gemacht.

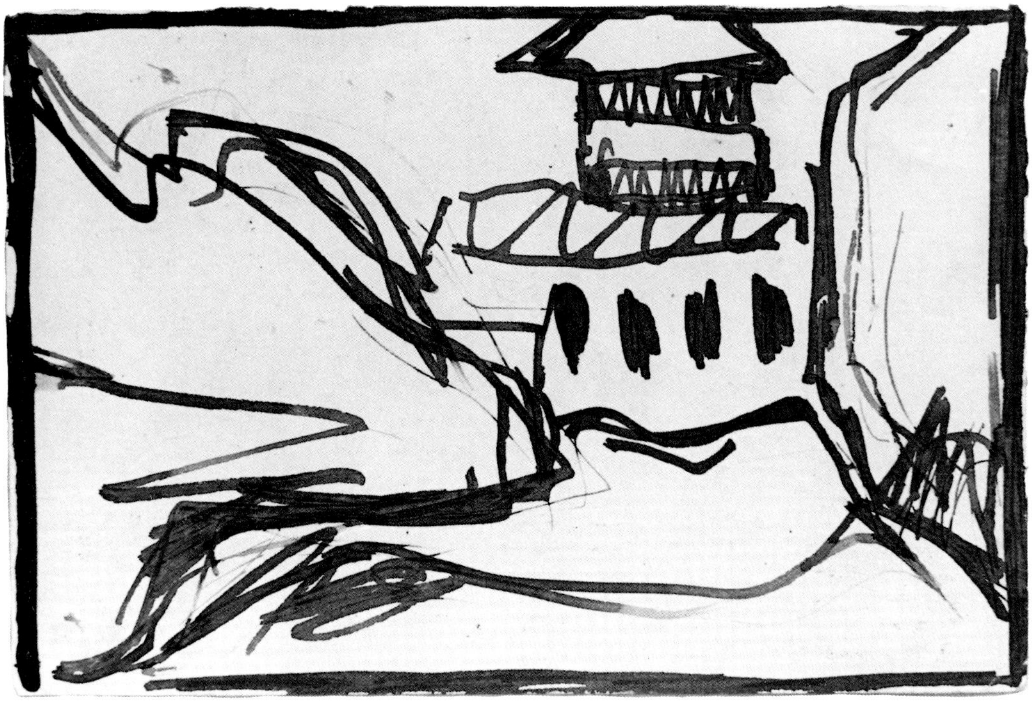

233 Haus mit Turm, 1911, Postkartenzeichnung

Selbst diese am 13. April 1911 in Chemnitz abgestempelte Postkarte an Martha Rauert reflektiert noch den langen Winteraufenthalt Schmidt-Rottluffs in Hamburg während der ersten drei Monate dieses Jahres. Der Maler bedauert darin, daß er sich vor seiner Abreise nicht mehr bei dem Sammlerehepaar verabschieden konnte, das in der Hansestadt die umfangreichste Sammlung seiner Kunst besaß. Das Motiv der umrahmten, flüssigen Rohrfederzeichnung ist mit demjenigen des Holzschnitts „Landhaus" (Abb. 194) identisch und dürfte wie dieser bereits 1910 in Dangast entstanden sein. Der von Schmidt-Rottluff so oft dargestellte, in Wirklichkeit sehr schmale und dadurch hoch wirkende Turm wird hier noch stärker als im Holzschnitt zusammengedrückt und durch horizontale Bänder ins Format gezwungen. Großartig, wie das Miteinander und Übereinander lang und kurz gezogener Federstriche nicht nur Tiefe und Raum, sondern auch Licht und Schatten einzufangen vermag. – Die Postkartenzeichnung wurde 1962 vom Verfasser für die Einladungs-Klappkarte der im Altonaer Museum in Hamburg gezeigten und sowohl von Schmidt-Rottluff als auch von Erich Heckel besuchten Ausstellung „Bemalte Postkarten und Briefe deutscher Künstler" benutzt. Ihr Urheber erbat sich damals mehrere Exemplare dieser Einladungskarte, von denen er einige farbig überarbeitete und versandte. Sie tauchten vereinzelt im Kunsthandel auf und sind am typographischen Aufdruck der Rückseite erkennbar.

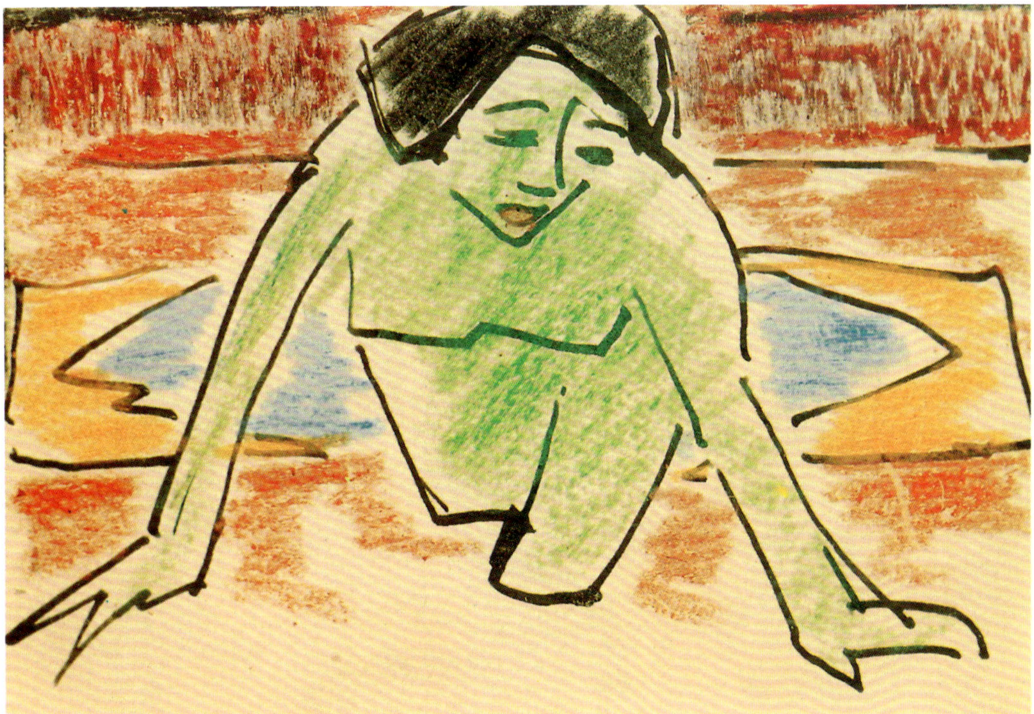

234 Knieend aufgestützter Akt, 1911, Postkartenzeichnung

Am 20. April 1911 in Chemnitz abgesandt, zeugt auch diese Postkarte noch von der intensiven Beschäftigung mit der Aktmalerei während der vorangegangenen Monate. Eine solche Decke, deren blauer Einsatz mitnichten einen Teich darstellt, findet sich auch in anderen gleichzeitigen Atelierdarstellungen, ihr Orange hebt sich deutlich von den umgebenden Rottönen ab, deren Strichrichtung zwischen Boden und Wand unterscheidet. Die Umrisse des weiblichen Körpers und der gemusterten Decke wurden zunächst mit der Tuschfeder fixiert und danach mit Ölkreiden farbig gefaßt, wobei die ornamentale Einbindung des stark verkürzt in die Mitte gesetzten Aktes eine signethafte Wirkung erzeugt, die an gleichzeitige gebrauchsgraphische Arbeiten erinnert – etwa den Holzschnitt der Brücke-Mitgliedskarte für 1911 (Abb. 254). Schmidt-Rottluff beschäftigte sich in dieser Zeit auch mit Plakatentwürfen, wie aus einer Postkarte an Martha Rauert vom 3. Juni 1911 hervorgeht. Die abgebildete Karte ist an das Passivmitglied Walther Hane in Blankenese gerichtet, dem der Künstler die bevorstehende Abreise nach Dangast mitteilt. Von dort hatte er ihm bereits im Vorjahr gezeichnete Postkarten übersandt (Abb. 173).

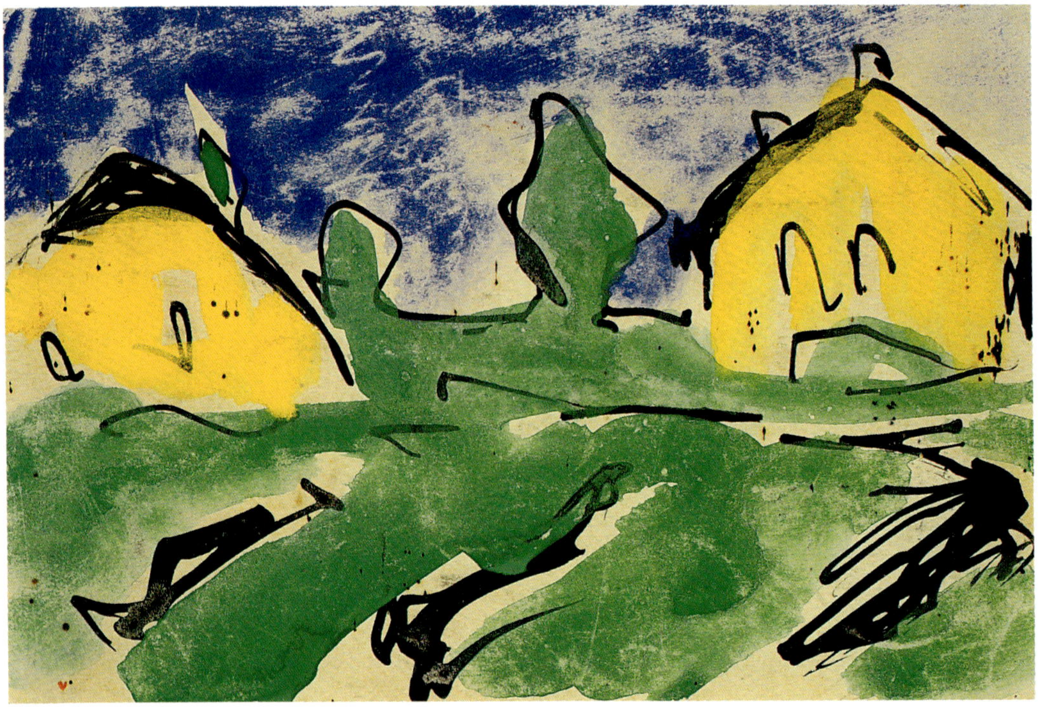

235 Zwei gelbe Häuser, 1911, Postkartenzeichnung

Die bisher unpublizierte Postkartenzeichnung vom 1. Juni 1911 an Elsa Hopf gehört zu den wenigen aus der Vorkriegszeit, bei denen Schmidt-Rottluff Wasserfarben für eine offen versandte Postkarte verwandte. Diese präsentieren sich in grün, blau und gelb verlaufenden Flächen über einem Tuschfedergerüst, das zwei unterschiedliche Häuser, einige Bäume und Geländestrukturen zwar lediglich im Stenogrammstil andeutet, deren charakteristische Merkmale aber dennoch mit genialer Sicherheit erfaßt. Der Künstler fragte wenige Wochen nach seinem Wiedereintreffen in Dangast bei der Empfängerin an, ob mit ihrem Besuch zu rechnen sei und beklagte gleichzeitig, erst wenig neue Arbeitsergebnisse vorweisen zu können. Seine meist allmählich ansteigende Arbeitsintensität scheint in diesem Jahr auch dadurch beeinträchtigt worden zu sein, daß er den Dangast-Aufenthalt infolge der Annahme einer Einladung von Bertha Rohlsen nach Norwegen erstmalig unterbrechen mußte, wodurch er aus seinem Schaffensrhythmus geriet. Auch vor diesem Hintergrund wird verständlich, weshalb er anderthalb Jahre verstreichen ließ, ehe er seiner Gastgeberin eine Zusage übermittelte.

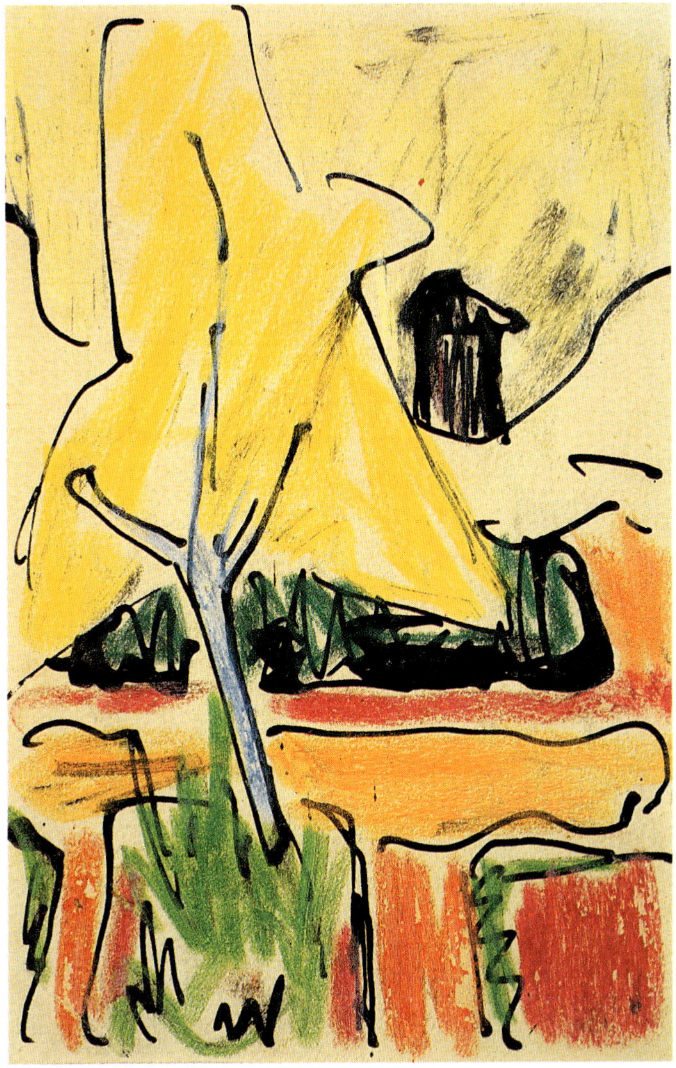

236 Turm hinter Bäumen, 1911, Postkartenzeichnung

Mit der fünften Postkartenzeichnung von 1911 für Elsa Hopf wird sogar die Zahl der im selben Jahr an Rosa Schapire gelangten Karten übertroffen, wobei gerade in diesem Falle zu bedauern ist, daß der nicht entzifferbare Poststempel eine genaue zeitliche Einordnung verbietet. Das intensive Gelb des alleinstehenden Baumes im Vordergrund und das durch andere Farbeinschübe beeinträchtigte Grün darunter könnten auf den Herbst und damit auf die Zeit nach Rückkehr des Künstlers von der Norwegenreise deuten. Jedenfalls steigt der sonst meistens in dunkles Laubgrün eingebettete Turm des Landhauses angesichts der Folgen eines Hitzesommers hier zwischen hellem Laub wie ein dunkles Mahnmal empor. – Mit Schmidt-Rottluffs Norwegenaufenthalt lassen sich im übrigen nur wenige Gemälde verbinden, von denen eines – „Skrygedal" (jetzt Sammlung Buchheim) – durch Clara Goldschmidt, die Kollegin und Freundin der Kartenempfängerin, erworben worden war.

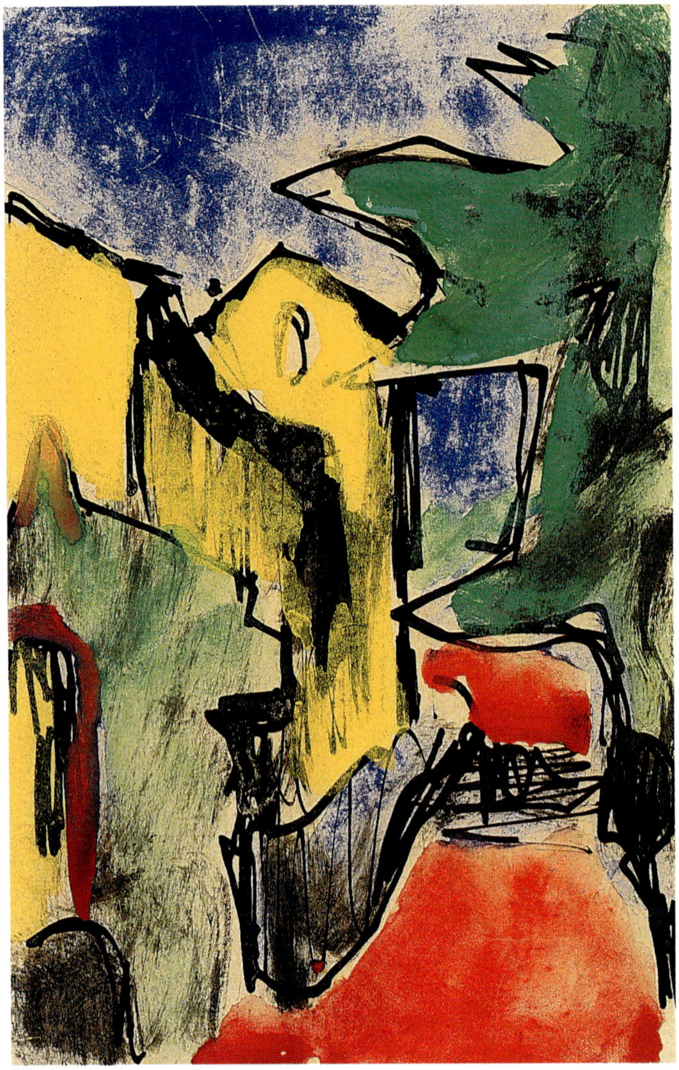

237 Weg mit gelbem Haus, 1911, Postkartenzeichnung

Auf dieser wiederum sehr farbenfreudigen Postkarte an seine junge Freundin Ella Kohlstedt (Abb. 184) übermittelte Schmidt-Rottluff „mit 5000 Pfingstgrüßen" sein Bedauern darüber, bei ihrem angekündigten diesjährigen Ferienaufenthalt in Dangast nicht anwesend zu sein: „Am 8. Juli 12 Uhr nachts schwimme ich von Hamburg nach Norwegen". Ebenso wie die am 1. Juni 1911 an Elsa Hopf gesandte Karte, gehört auch diese zu den wenigen aquarellierten aus den frühen Jahren, hier durch die Hinzunahme von leuchtendem Rot nicht unwesentlich verändert. Dieses bestimmt einen breiten, wahrscheinlich oft gemeinsam benutzten Weg, der unter grünen Bäumen und blauem Himmel an einem gelben Gebäude entlangführt. Es ist das seitlich gesehene „Parkschloß", wo im Vorjahr auch Ella Kohlstedt mit ihrer Familie gewohnt hatte.

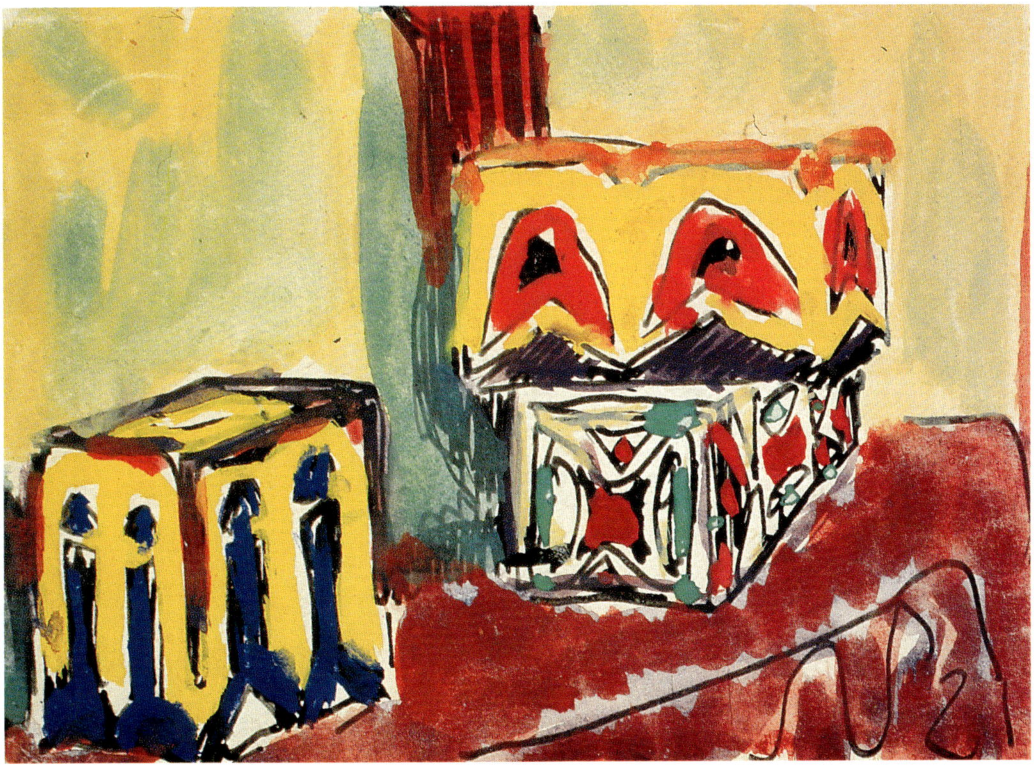

238 Bemalte Holzkästen, 1911, Postkartenzeichnung

Die zweite Postkartenzeichnung für Anna Goldschmidt in Hamburg (Abb. 232) ist im Hinblick auf einen spezifischen Schaffensbereich Schmidt-Rottluffs von erheblicher Bedeutung. Sie zeigt auf einem rotbedeckten Tisch drei jener von ihm farbig und plastisch gestalteten Holzkästen, von denen er im Oktober dieses Jahres 15 in einer besonderen Ausstellung der Galerie Commeter in Hamburg präsentierte. Rosa Schapire veröffentlichte einen ausführlichen Aufsatz darüber, Wilhelm Niemeyer fertigte für sich Beschreibungen der ausgestellten Kästen an, die ungewöhnlich viele Käufer fanden. Unter den bisher nachweisbaren Holzkästen Schmidt-Rottluffs befinden sich die hier dargestellten jedoch nicht, sodaß wesentlich mehr davon angefertigt worden sein müssen als in der Ausstellung zu sehen waren. Die erhaltenen Stücke zeigen eine weder von historischen, noch von zeitgenössischen Vorbildern abhängige Form der Ornamentierung, die mitunter an monumentale Buchstaben erinnert. Deren Gestaltungsfähigkeit hatte er bereits 1909 vor Munchs „Alpha og Omega" bewundert und als „dekorative Epik" bezeichnet. – Darüber hinaus vermittelt der Text dieser Postkarte noch zwei weitere wichtige Informationen: er bestätigt die Anfertigung solch früher Holzkästen in Dangast und gibt zugleich den Hinweis auf bereits davor entstandene Exemplare, sodaß der Einsatz seiner Beschäftigung mit ihnen spätestens in das Jahr 1910 fallen dürfte.

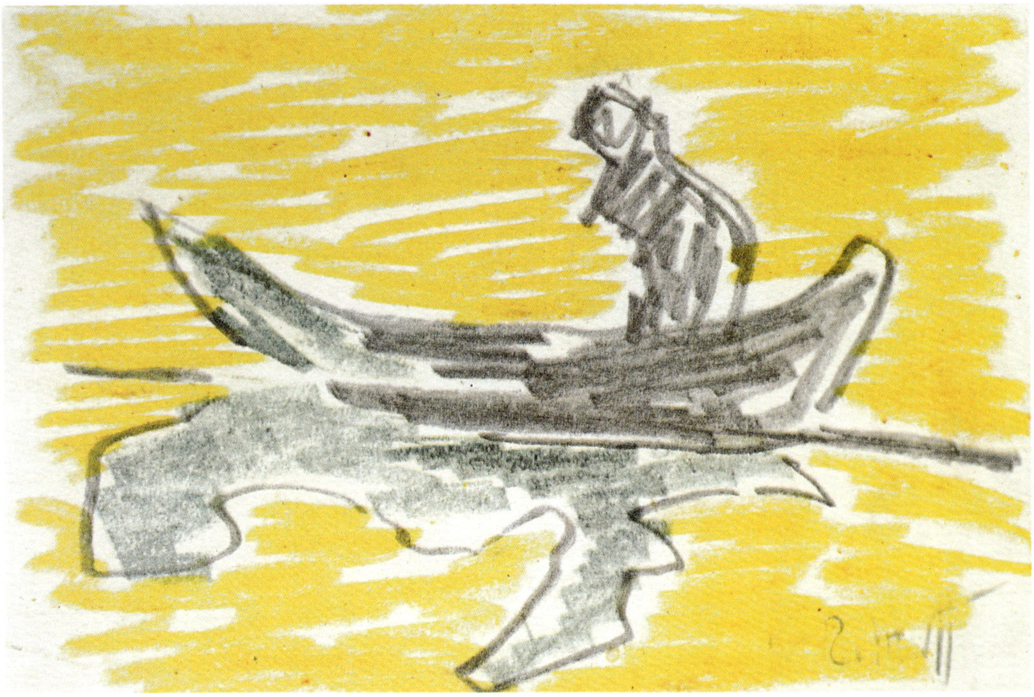

239 Mann im Boot, 1911, Postkartenzeichnung

Von den 31 gezeichneten Postkarten, die Rosa Schapire vor dem Ersten Weltkrieg von Schmidt-Rottluff erhielt, ist dies die einzige, die nicht über den offenen Postweg an sie gelangte. Ob sie – wie mehrere Karten an Gustav Schiefler – in einem verschlossenen Umschlag versandt wurde oder als gelegentliches Mitbringsel in ihren Besitz kam, ist auch hier nicht eruierbar, weil die frühe Korrespondenz in gegenseitigem Einvernehmen vernichtet wurde. Wie bei den bisherigen unbeschriebenen Postkarten üblich, wurde jedoch auch diese mit der Signatur „S. Rottluff“ versehen – offenbar noch vor dem Übermalen mit der fast das ganze Bildfeld deckenden gelben Wachskreise, sodaß ursprünglich nur die mit Blei angelegte Silhouette einer im Kahn hockenden Gestalt und ihre Widerspiegelung im Wasser vorhanden war. Die Entstehung der Zeichnung in Dangast ist fraglich, da man solchen, dem Kajak angenäherten Booten damals auf der Hamburger Alster häufiger begegnen konnte, als auf dem tideabhängigen Jadebusen. Die farbliche Beschränkung und umrißartige Auffassung des Motivs lassen an Verbindungen mit der Graphik denken, in der Schmidt-Rottluff 1911 in solchen Holzschnitten wie „Segler auf der Elbe I und II“ (Schapire H 60, 61) ähnliche Eindrücke verarbeitete.

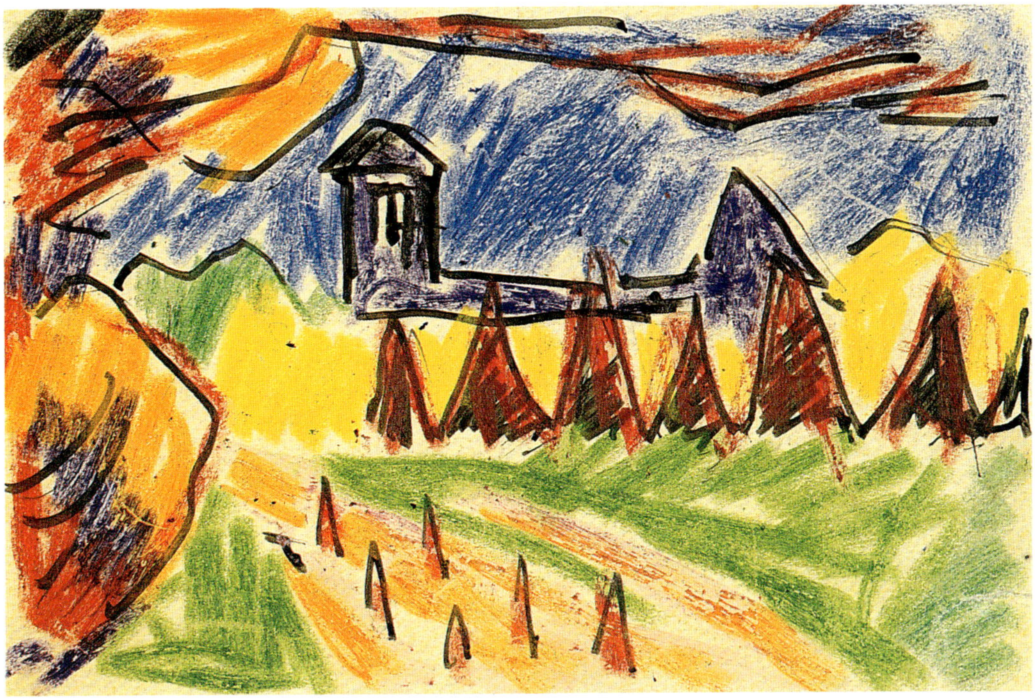

240 Turmhaus und Granatkörbe, 1911, Postkartenzeichnung

Das Vorrecht von Schmidt-Rottluffs 15jähriger Freundin Ella Kohlstedt auf besonders bunte Kartengrüße (Abb. 184, 237) wird hier ein weiteres mal bestätigt. Nachdem die Norwegenreise des Künstlers ein Wiedersehen in Dangast verhindert hatte, sandte er ihr bald nach seiner Rückkehr diese Karte, auf der ein sonst monumentalisiertes oder dramatisiertes Motiv eher fröhlich und märchenhaft anmutet. Seine Erfassung kommt dem Gemälde „Turm im Park“ von 1910 (Abb. 124) am nächsten, dessen Zackenstil es gleichsam verdinglicht. Bei den zeltartig in der Mitte des Bildes aufgereihten roten Gebilden handelt es sich um Granatkörbe, etwa zwei Meter hohe, aus langen Holzleisten gefertigte Gestelle, die damals noch zum Granat- oder Krabbenfang bei Ebbe im Watt aufgestellt und entleert worden sind. Das wirkungsvolle Motiv kommt bei Schmidt-Rottluff nur auf dieser Postkarte vor, wohl deshalb, weil es von Erich Heckel bereits 1909 in einem Gemälde Verwendung gefunden hatte (Vogt 93). Nicht ohne weiteres zu erklären ist allerdings die verkleinerte Wiederkehr der sechs Korbspitzen, deren Hinzufügung wohl der gleichen Unbekümmertheit entsprang, die sich auch in den für diese Darstellung gewählten Farben ausspricht.

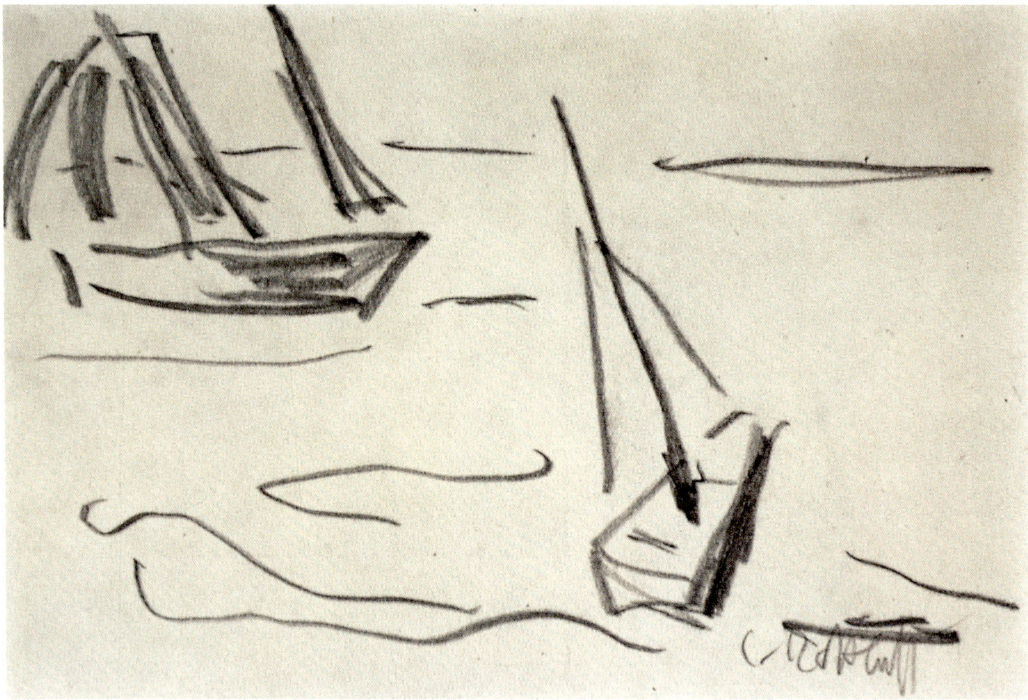

241 Segelschiffe an der Küste, 1911, Postkartenzeichnung

Diese wiederum unbeschriebene, signiert an Gustav Schiefler gelangte und bisher mit 1910 publizierte Karte wird hier erst für das folgende Jahr in Anspruch genommen. Die Nähe zu der 1911 datierten Zeichnung im Berliner Kupferstichkabinett (Abb. 226) ist unverkennbar, im Verhältnis zweier Boote zur Weite der Wattenmeerlandschaft ebenso, wie in der mehrfach ansetzenden, hier eher noch spröder andeutenden Strichführung und der Art und Weise, wie die Signatur unter einer der vorderen Linien plaziert wird. In solchen Zeichnungen bereitet sich in Dangast vor, was dem von Form, Material und Funktion des Schiffes faszinierten Binnenländer 1913 auf der Kurischen Nehrung zu einem eigenen Bildthema gedeihen sollte.

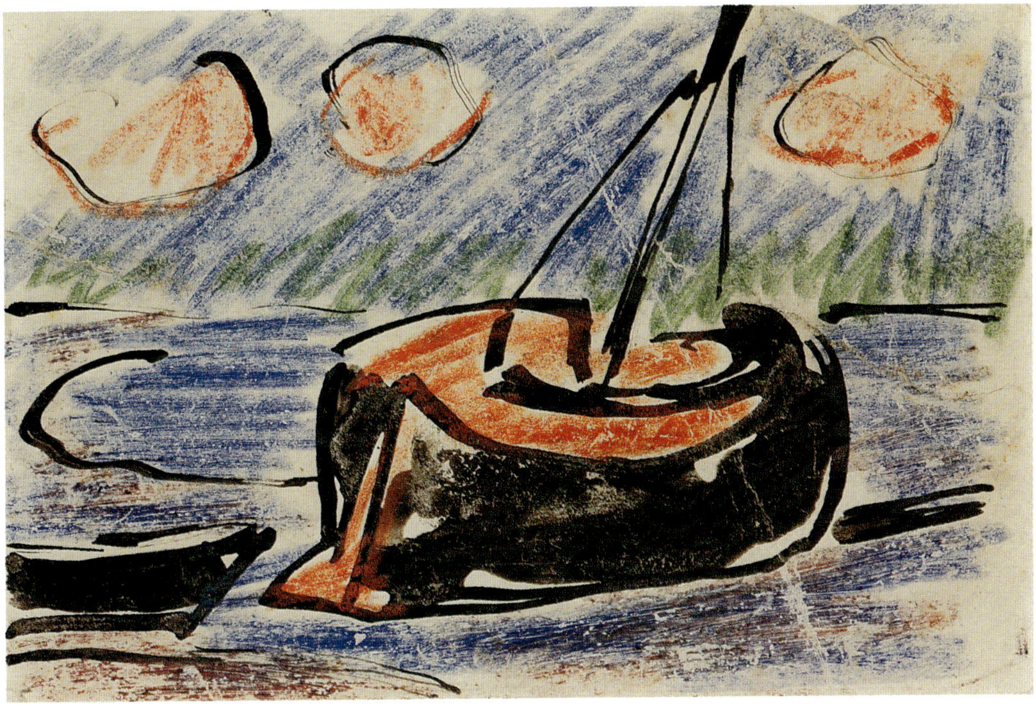

242 Boote am Strand, 1911, Postkartenzeichnung

Die bildhafte Postkarte mit dem am Strand liegenden Fischerboot gehört zu den wenigen Dokumenten, welche die Verbindung Schmidt-Rottluffs mit dem Kunsthändler Alfred Flechtheim (1878–1937) belegen. Sie konnte 1964 mit einer Anzahl weiterer Karten aus der vorher in Berlin tätigen Galerie Ferdinand Möller für die Sammlung des Altonaer Museums in Hamburg erworben werden. Nach mündlicher Aussage des Künstlers war Flechtheim 1911 mit dem Segelboot bei Schmidt-Rottluff in Dangast aufgetaucht, als er sich auf einer Tour entlang der Nordseeküste befand. Die auch von ihm betriebenen Verhandlungen über das weitere Schicksal der von Wilhelm Niemeyer initiierten Sonderbundausstellungen waren damals schon in vollem Gange. „Der Niemeyer ist ein ausgezeichneter Kerl" schreibt Schmidt-Rottluff auf der Rückseite dieser erst während seines dreimonatigen Aufenthaltes in Hamburg am 26. Januar 1912 abgestempelten Postkarte, die jedoch bereits im Jahr davor entstand und das gleiche Motiv zeigt, wie die 1911 datierte Zeichnung im Berliner Kupferstichkabinett (Abb. 226).

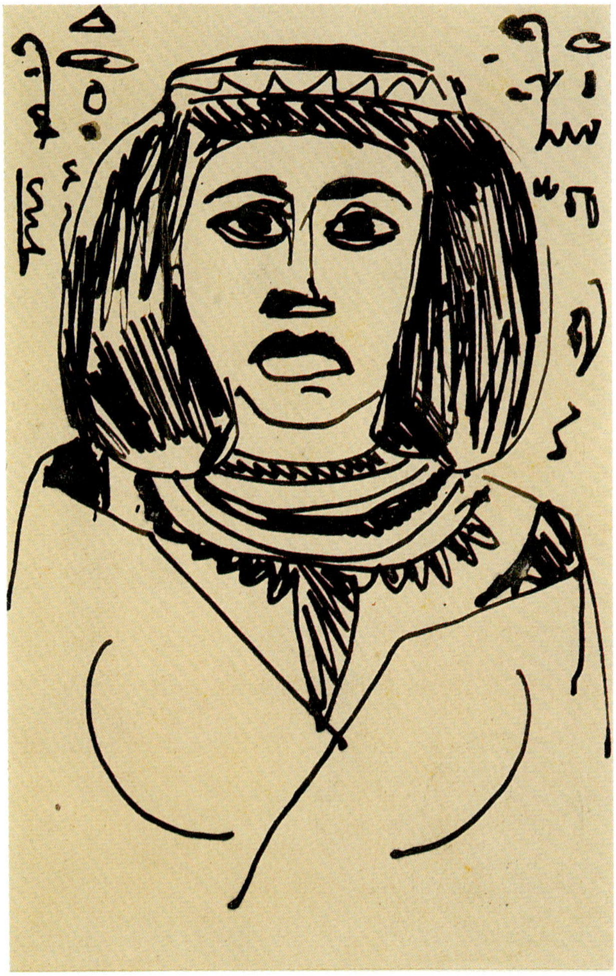

243 Ägyptischer Frauenkopf, 1911, Postkartenzeichnung

Diese mit Grüßen an den Chemnitzer Arzt, Sammler und Kunstkritiker Dr. Adolf Thiele versehene Postkarte wurde von Schmidt-Rottluff am 9. September 1911 – nur wenige Wochen nach seiner Rückkehr aus Norwegen – in Dangast abgesandt. Es war der Geburtstag Rosa Schapires, den sie wahrscheinlich in Dangast verbrachte und auf deren Besuch kurz darauf derjenige von Wilhelm Niemeyer folgte (12. – 14. September 1911). Die Vorlage zu Schmidt-Rottluffs Zeichnung kann nur aus einem mitgebrachten oder geliehenen Buch über ägyptische Kunst stammen. Sie bezieht sich mit großer Wahrscheinlichkeit auf ein Relief der Zeit um 2620 v. Chr. im ägyptischen Museum in Kairo, das ein Porträt von Nofret, der Gattin des Prinzen Rahotep aus dem Anfang der 4. Dynastie wiedergibt (Hartwig Altenmüller). Diese bisher nicht bekannte frühe Beschäftigung Schmidt-Rottluffs mit ägyptischer Kunst – der 1915 in einer Radierung auch eine „Egypterin" (Schapire R 17) darstellte – war damals dennoch kein Einzelfall: ebenfalls 1911 hatte Franz Marc, angeregt durch Darstellungen Gauguins, sein Gemälde „Eselsfries" nach einem Vorbild aus dem Alten Ägypten gemalt, dessen Kunst in Wilhelm Worringers programmatischer Studie „Abstraktion und Einfühlung" (1908) noch den primitiven und daher ursprünglichen Epochen hinzugerechnet wurde.

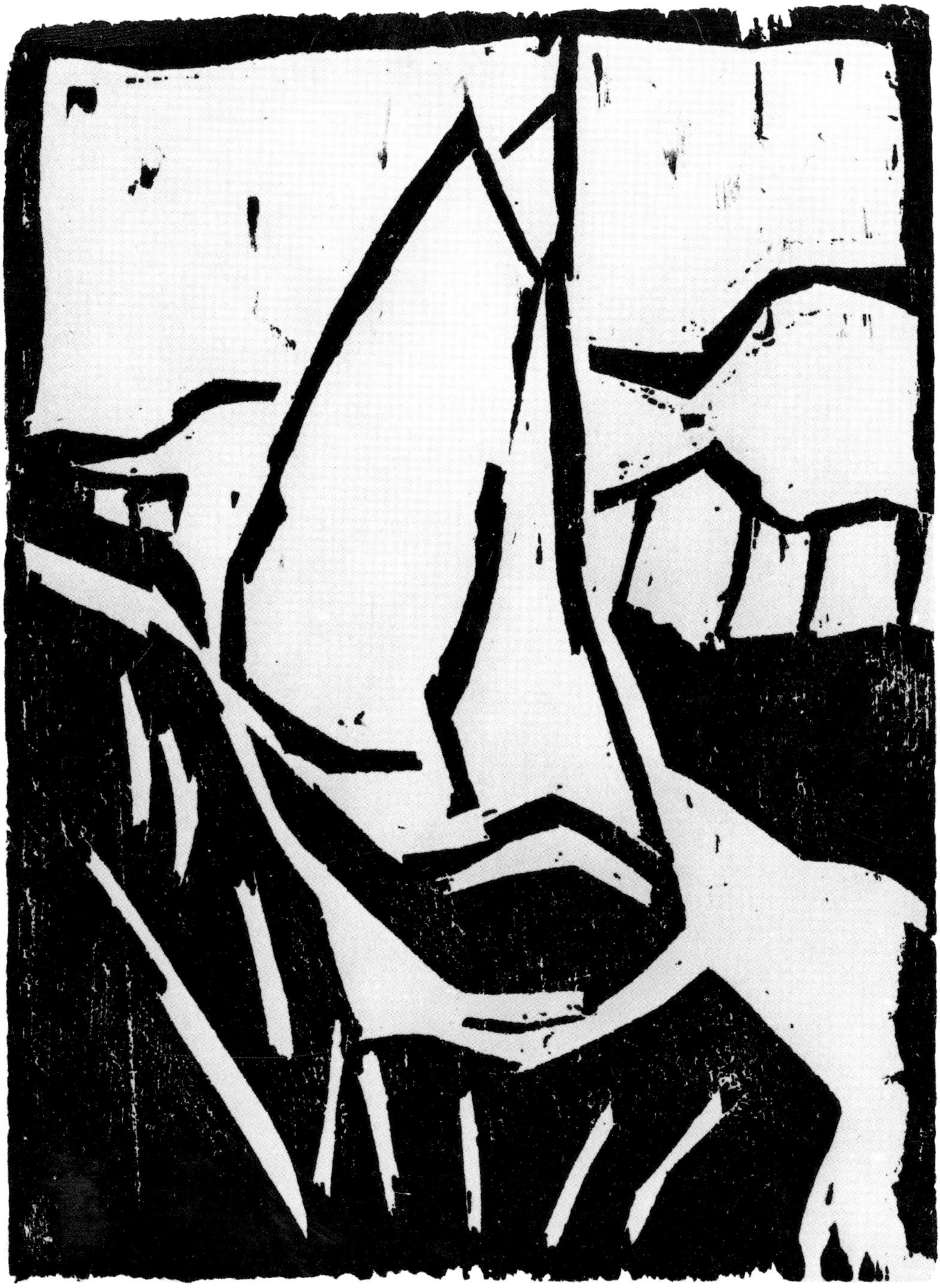

244 Boot im Kanal, 1911, Holzschnitt

Das gleiche Motiv findet sich seitenverkehrt auf einer 1910 von Schmidt-Rottluff an seine Dangaster Ferienbekanntschaft Ella Kohlstedt gerichteten Postkarte wieder (Abb. 184), deren auffallend erregte Linienführung hier zu wenigen, nicht mehr zusammenhängenden Strichen verebbt ist, die in den stehengebliebenen Holzsockel hineingeschnitten wurden. In dem annähernd originalgroß wiedergegebenen Holzschnitt wurden die fließenden Bewegungen eliminiert und das unmittelbar in die Fläche gezwungene Fahrzeug zum Signet gebannt.

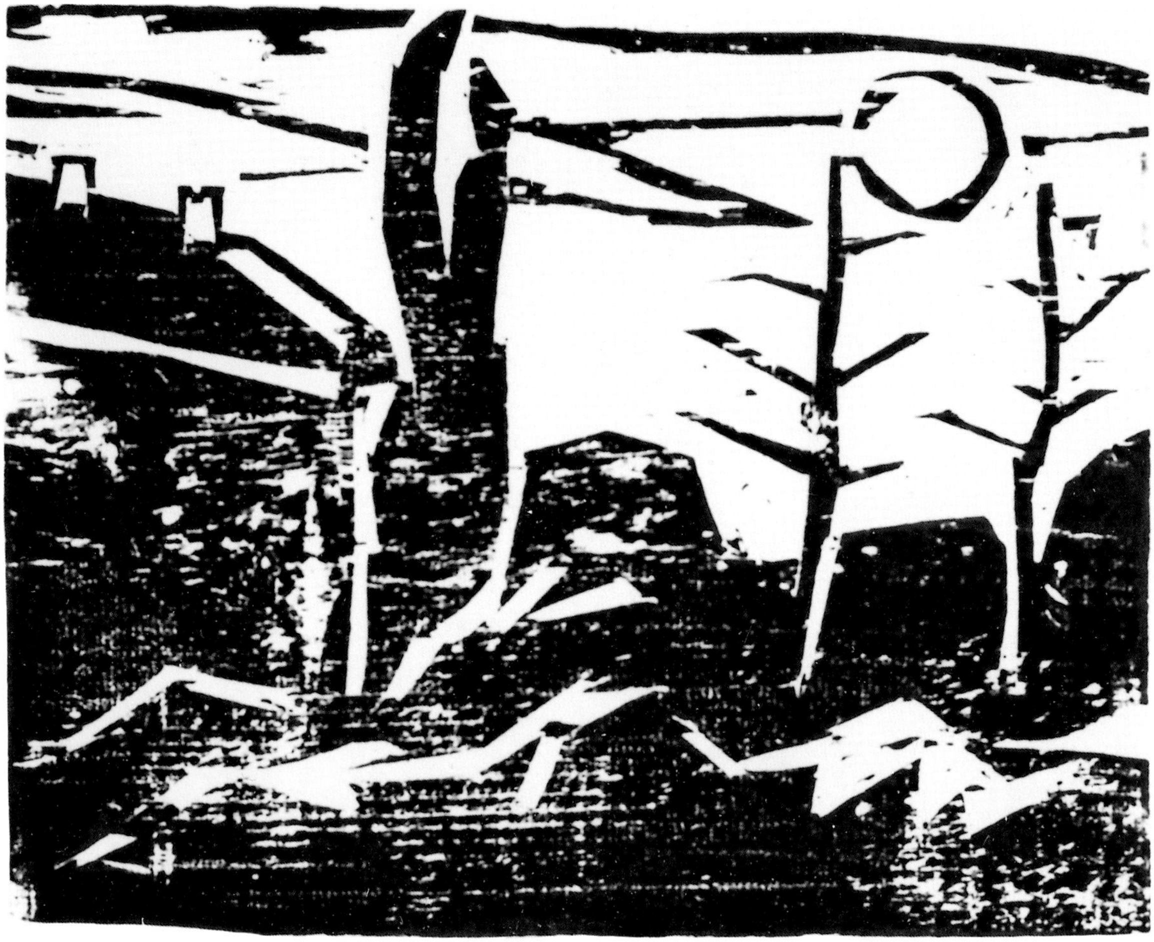

245 Landschaft im Mondschein, 1911, Holzschnitt

Hier wird das sogenannte Alte Posthaus – Dangasts stattlichste Gästeherberge – das vor allem während des Jahres 1910 häufig und mit ähnlichen Randüberschneidungen dargestellt wurde (Abb. 116, 126, 129, 204), in das Bild mit hineingenommen. Der zweigeschossige Gebäudeblock ist nur durch seinen Umriß und die beiden Schornsteine charakterisiert und steht am Anfang einer gegen den unruhigen Mondhimmel aufgerissenen Silhouette von Büschen und Bäumen, die den durchzuckten Dunkelheiten des Vordergrundes entspringen. Die Wirkung des Mondlichtes auf die Landschaft versuchte der Künstler dadurch sichtbar zu machen, daß er die starke Maserung des Fichtenholzes durchscheinen ließ, die in den Schwärzen des Bildgrundes einen silbrigen Schimmer erzeugt.

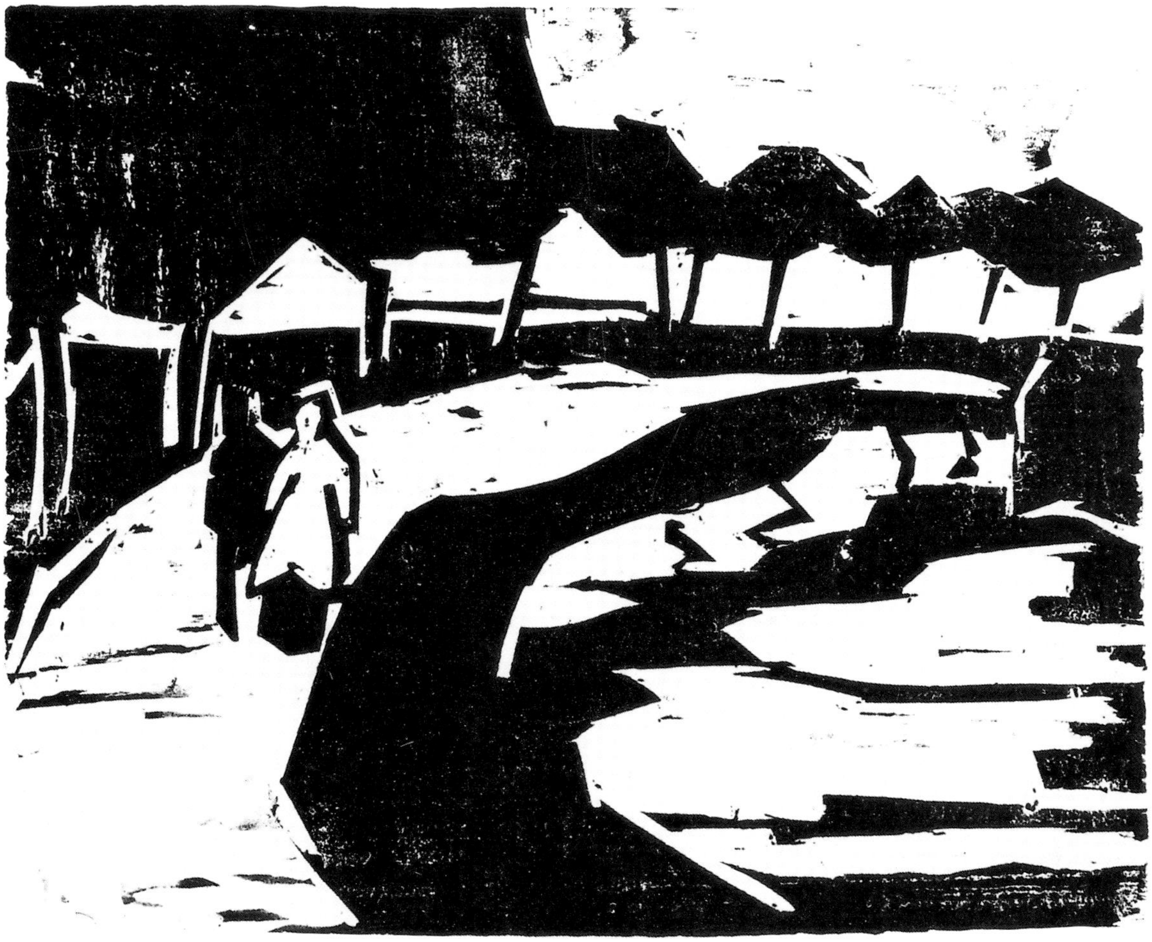

246 Abend am Kanal, 1911, Holzschnitt

Nach dem Motiv dieses Holzschnittes befragt, erklärte der Künstler 1957, daß es einem gemeinsam mit der Malerin Emma Ritter unternommenen Ausflug an den Küstenkanal außerhalb von Oldenburg zu verdanken sei. Dieser ab 1855 ursprünglich zur Moorentwässerung angelegte, nur für kleine Schiffe befahrbare Wasserweg, wurde ab 1920 beträchtlich verbreitert und nun auch als Weser-Ems-Kanal bezeichnet. Schmidt-Rottluff erfaßt ihn an einer großen Biegung, die von einem hellen, baumbestandenen Uferweg begleitet wird. Darauf spaziert – sehr ungewöhnlich für seine Landschaftsholzschnitte – ein helldunkles Menschenpaar entlang, in dem Emma Ritter und Schmidt-Rottluff vermutet werden können. Die Malerin hatte um die gleiche Zeit ebenfalls einen Holzschnitt geschaffen, dem sie den Namen „Am Kanal" gab (Wietek 1959) und in dem die gleiche Örtlichkeit aus einer anderen Sicht so wiedergegeben ist, daß der Zug des Gewässers direkt in die Tiefe geführt wird. So können beide Blätter als frühe Dokumente für die Wechselwirkungen einer noch immer viel zu wenig bekannten Künstlerfreundschaft angesehen werden.

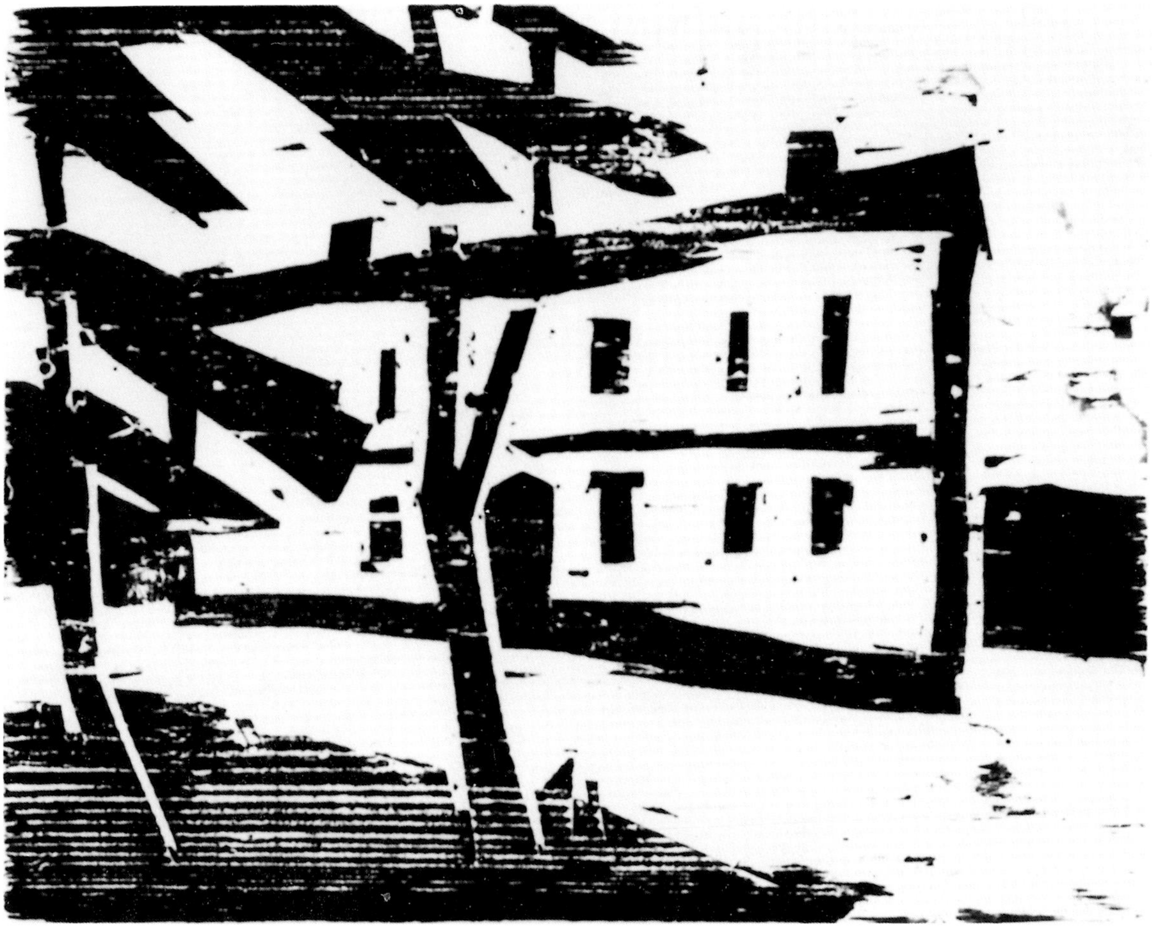

247 Haus hinter Bäumen, 1911, Holzschnitt

In ihrem Verzeichnis der Graphik Schmidt-Rottluffs von 1924 erwähnt Rosa Schapire, daß sich die Farbskizze hierzu in ihrem Besitz befände (Abb. 159). Sie erhielt sie bereits 1910 auf einer Postkarte zugesandt, wie manche andere Zeichnung auch, die erst im folgenden Jahr in Holz geschnitten wurde. Im reinen Schwarz-Weiß ergaben sich dabei auch hier wesentliche Veränderungen, wie die stärkere Heraushebung und Gliederung des nun als geometrisierter Baukörper erscheinenden alten Posthauses oder die flächige Ornamentierung der Baumzweige, die bereits auf die noch radikaleren Formveränderungen im kommenden Jahr vorausweist. Der über alle Fährnisse hinweg beim Künstler bewahrt gebliebene Holzstock für dieses Blatt, dessen Maserung wiederum deutlich in Erscheinung tritt, befindet sich heute im Brücke-Museum in Berlin. Dem gleichen Motiv, das sich in unmittelbarer Nachbarschaft zu seinem Dangaster Domizil im „Parkschloß" befindet, widmete Schmidt-Rottluff 1911 auch ein Gemälde (Abb. 212).

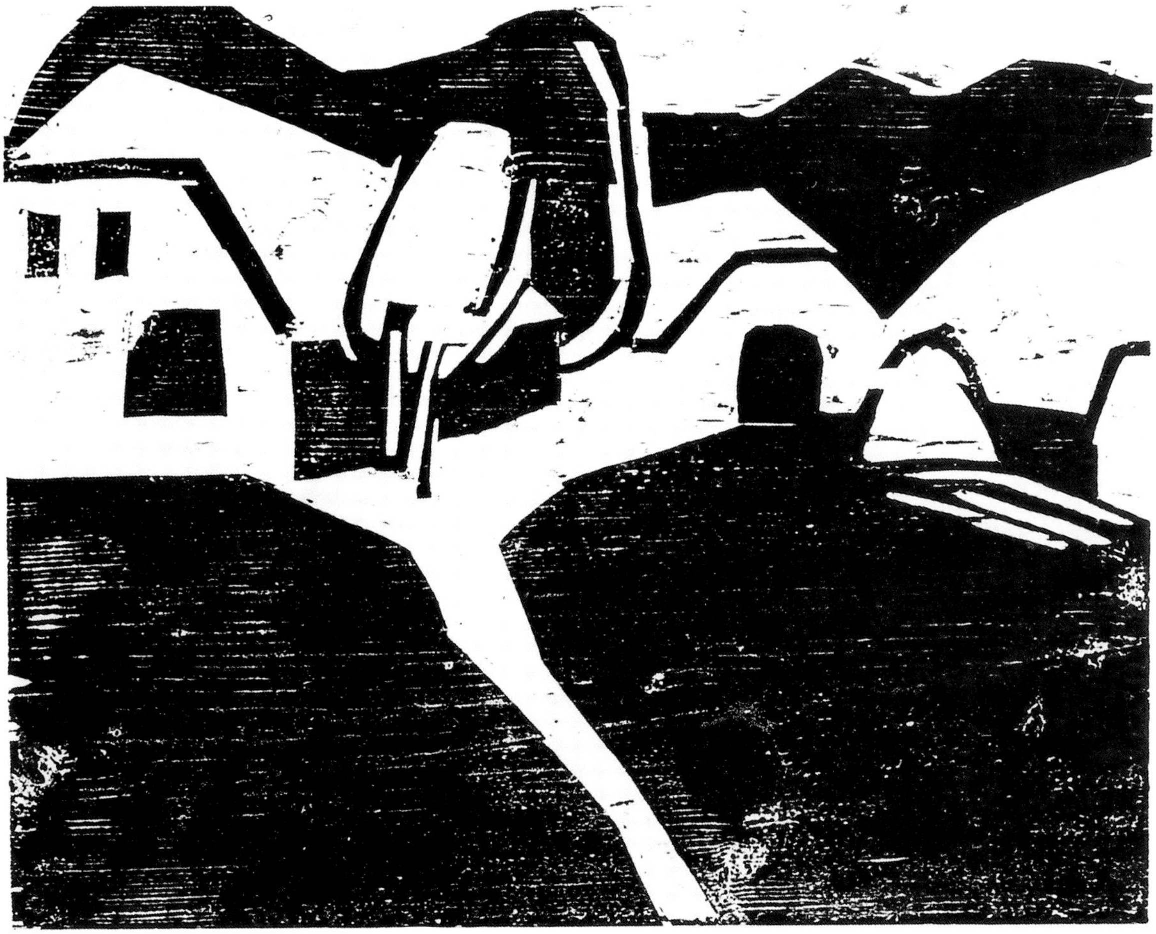

248 Dangast Dorf, 1911, Holzschnitt

1911 wurden bäuerliche Gehöfte – wie schon einmal 1907 und 1908 in Dangastermoor – erneut ein wichtiges Thema für Schmidt-Rottluff. In Dangast liegen sie größtenteils an den Rändern der Geestinsel, mitunter zu unregelmäßigen Gruppen zusammengeschlossen wie an der heutigen Oldeoogstraße oder in größeren Abständen gereiht an der jetzigen Deichstraße. In einem Grenzgebiet zwischen friesischer und sächsischer Besiedlung gelegen, vermengen sich hier auch die jeweiligen Haustypen. Zwar wurden sie sämtlich aus dem in der Nähe in großem Umfang produzierten Backstein errichtet und mit dem ebenfalls reichlich verfügbaren Schilfreet gedeckt, doch unterschieden sie sich durch das damals noch vorkommende Fachwerk bei den älteren Häusern und eine wechselnde Anordnung des Einfahrtstores, das sowohl in der Mitte, wie an der Seite der abgewalmten Giebelwand liegen konnte. Auf dem Holzschnitt sind drei solcher unterschiedlichen Häuser zu erkennen, um einen baumbestandenen Hofplatz gruppiert, zu dem vom vorderen Bildrand ein heller Weg führt. Er teilt die den ganzen unteren Bildteil einnehmende und über den Dächern als Baumkulisse wiederkehrende schwarze Fläche, der nur die Holzmaserung eine leichte Aufhellung verschafft. Der Künstler hatte das gleiche Motiv bereits 1910 in einer Lithographie festgehalten (Abb. 201).

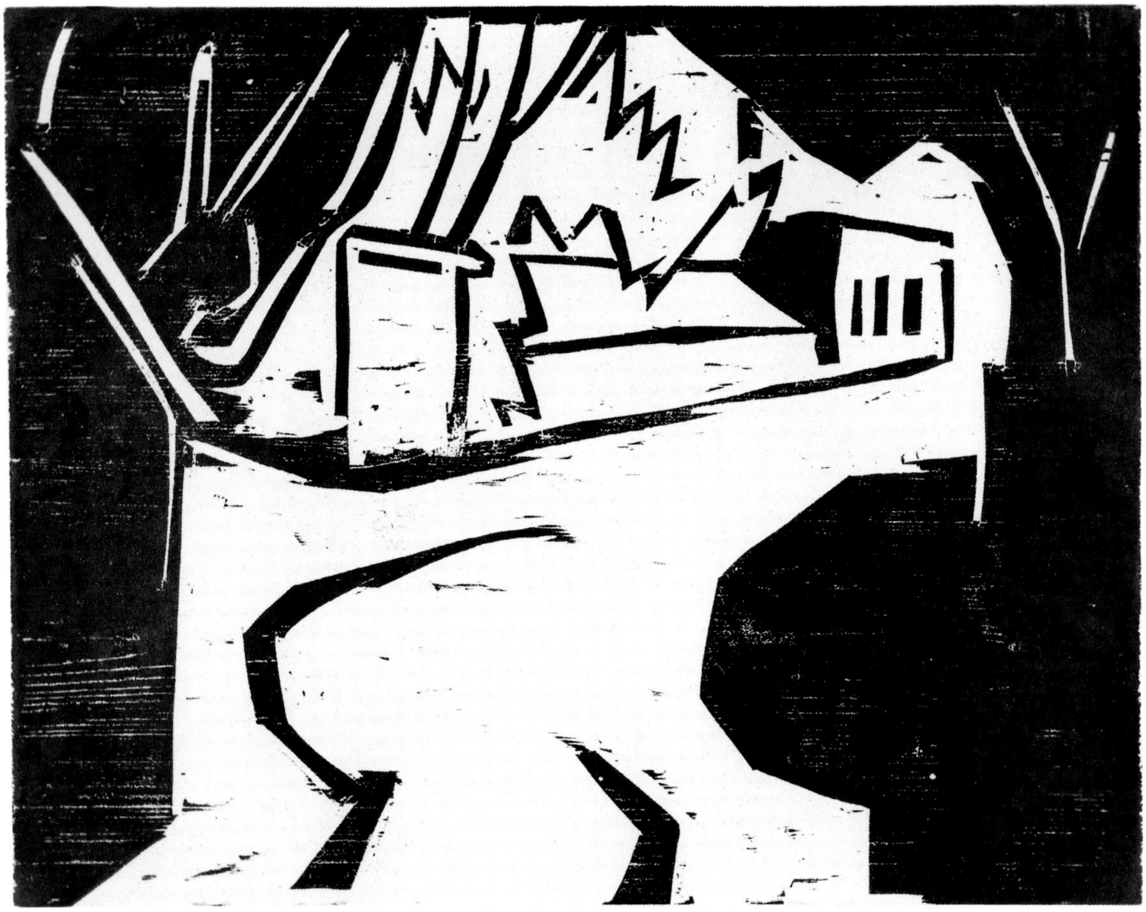

249 Durchblick, 1911, Holzschnitt

Der Titel beschreibt den wesentlichen Anlaß für das gewählte Thema: den einem Weg folgenden Blick von einem baumüberwölbten, schattigen Standort zu einer im Sonnenlicht liegenden Gebäudegruppe, die sich im freigebliebenen Sichtwinkel wie eine Erscheinung heraushebt. Die eigenartigen Baulichkeiten sind in der erhalten gebliebenen Gebäudesubstanz nicht mehr auszumachen, doch könnte es sich hier um eine Partie an der nicht mehr existierenden Kegelbahn handeln, die damals noch in der Nähe des Dangaster Kurhauses vorhanden war. In dem hellen Mittelfeld steigen schwarze Zacken zum oberen Bildrand und aus dem dichten Schwarz, das sich wie ein unregelmäßig ausgeschnittenes Passepartout um die Darstellung legt, leuchten einige helle Baumkonturen unvermittelt auf.

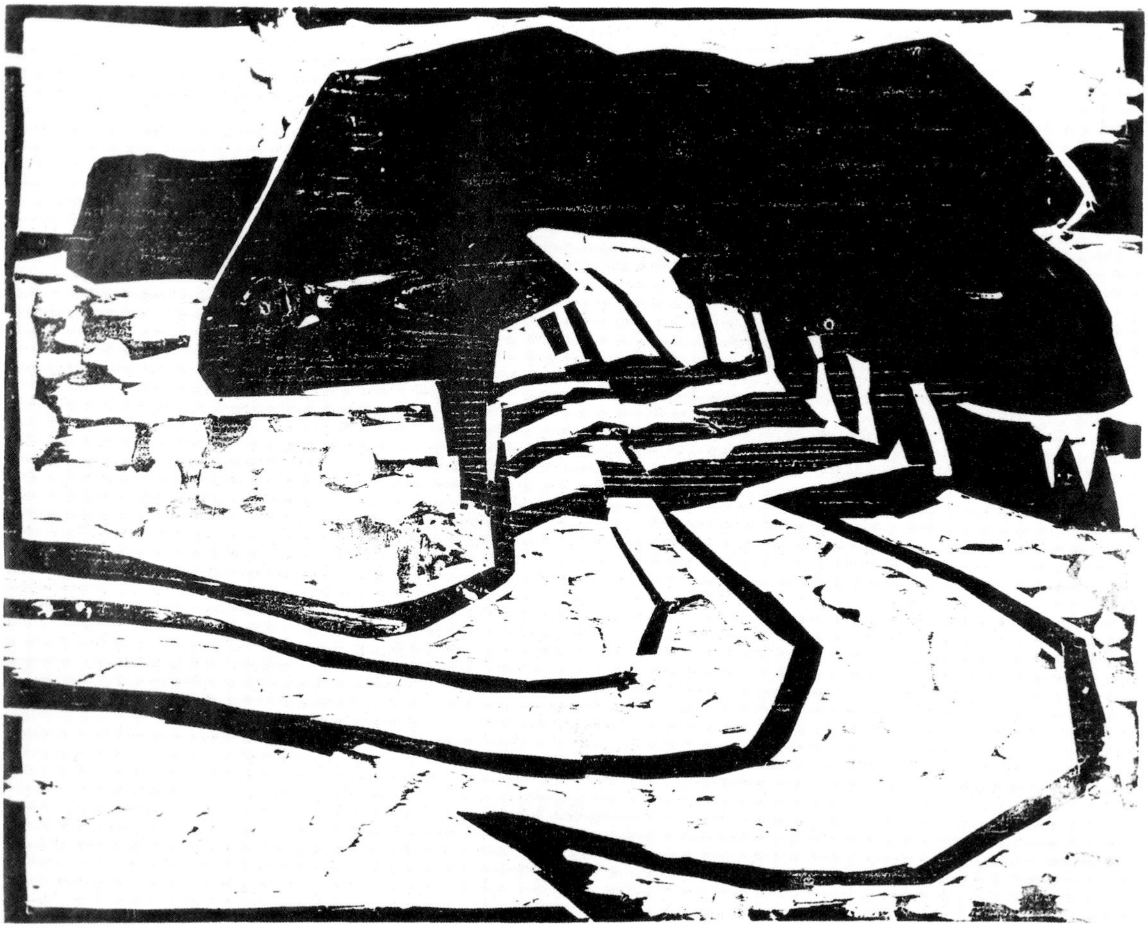

250 Allee, 1911, Holzschnitt

Die diesem Holzschnitt gegebene Bezeichnung weist auf das gleichnamige Bild im Oldenburger Landesmuseum (Abb. 218), dessen ohnehin abstrahiertes Motiv im reinen Schwarz-Weiß noch stärker reduziert erscheint. Da die für das Gemälde bildbestimmende branstige Farbe der sonnenverbrannten Erde und deren Widerspiegelung in den Wolkensäumen nicht übertragbar war, gewann das Formengebilde des breiter auseinandergezogenen Laubdaches der Alleebäume eine neue Bedeutung. Unter ihm werden nun Stämme und Schatten sichtbar, die ein verklammerndes Streifenmuster bilden, durch welches die in einer großen Kurve herangeführten Wegespuren hindurchgehen. Da sich die geschlossenen Schwärzen der Baumkronen zum rechten Bildrand neigen, wird die linke Begrenzung durch dunkle Randleisten ausgleichend verstärkt.

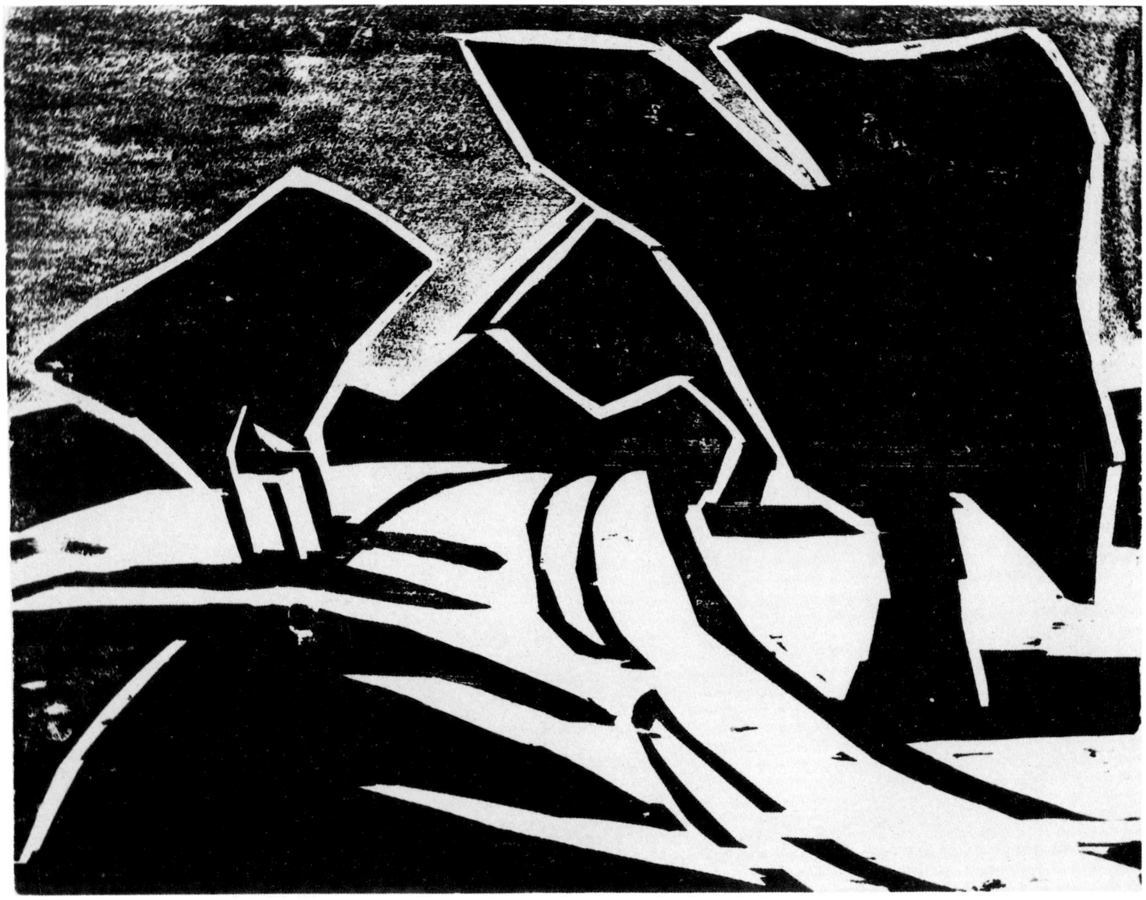

251 Weg mit Bäumen, 1911, Holzschnitt

Unter den zahlreichen Baumlandschaften Schmidt-Rottluffs, mit denen sein Dangaster Oeuvre beginnt und endet, gibt dieser 1911 entstandene, jedoch erst 1919 gedruckte Holzschnitt die kühnste, lapidarste und dennoch prägnanteste Lösung eines für ihn zentralen Themas. Zu dem Lebewesen Baum fühlte sich der Künstler zeitlebens instinktiv hingezogen, zu seinem langsamen aber stetigen Wachstum, seiner Beständigkeit, Widerstandskraft und Erneuerungsfähigkeit, nicht zuletzt aber auch zu seiner bei allem Wandel charakteristischen Gestalt, die zum Träger seines künstlerischen Wollens und individuellen Ausdrucks wurde. Dies bedeutet auch und wird in diesem Holzschnitt besonders deutlich sichtbar, daß die Naturform der Kunstform untergeordnet wird, die Bäume sich in das gewählte Format zu fügen haben und ihre Wesenheit in der Fläche behaupten müssen. Der kubistische Umriß ihrer Kronen steht weiß konturiert vor dem separat gedruckten grauen Himmel, die gespannte Biegung eines in die Tiefe führenden Weges zwischen sich, in den spitze Schatten agressiv hineinstoßen. Der bildnerische Wille gebietet über die nicht kontrollierbare Stimmung, die Monumentalität einer neu geschaffenen Natur über die konventionelle Idylle überkommener Landschaftsvorstellungen.

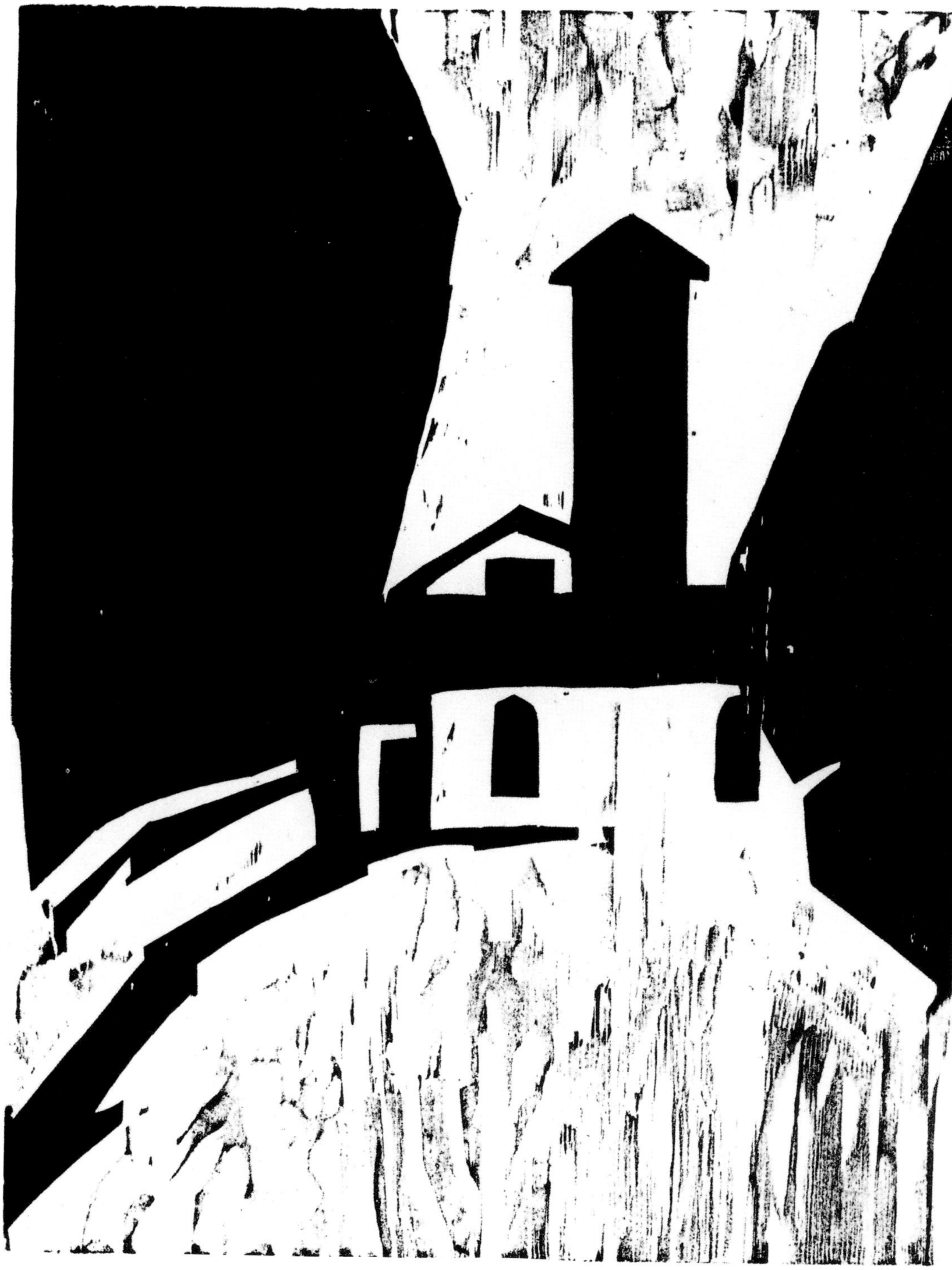

252 Villa mit Turm, 1911, Holzschnitt

Die vierte und letzte Holzschnittfassung dieses von Schmidt-Rottluff in Dangast am häufigsten gestalteten Motivs war zugleich die Vorlage für dessen letztmalige kubistische Übersteigerung in einem Gemälde von 1912 (Abb. 283). Hier wurde alles in eine strenge geometrisierte Ordnung gebracht, die dem Haus jetzt nur noch zwei symmetrische Fenster zubilligt und den Turm zwischen dunkel andrängenden Massen als einfaches hohes Rechteck vor den unruhig einfallenden Himmel setzt.

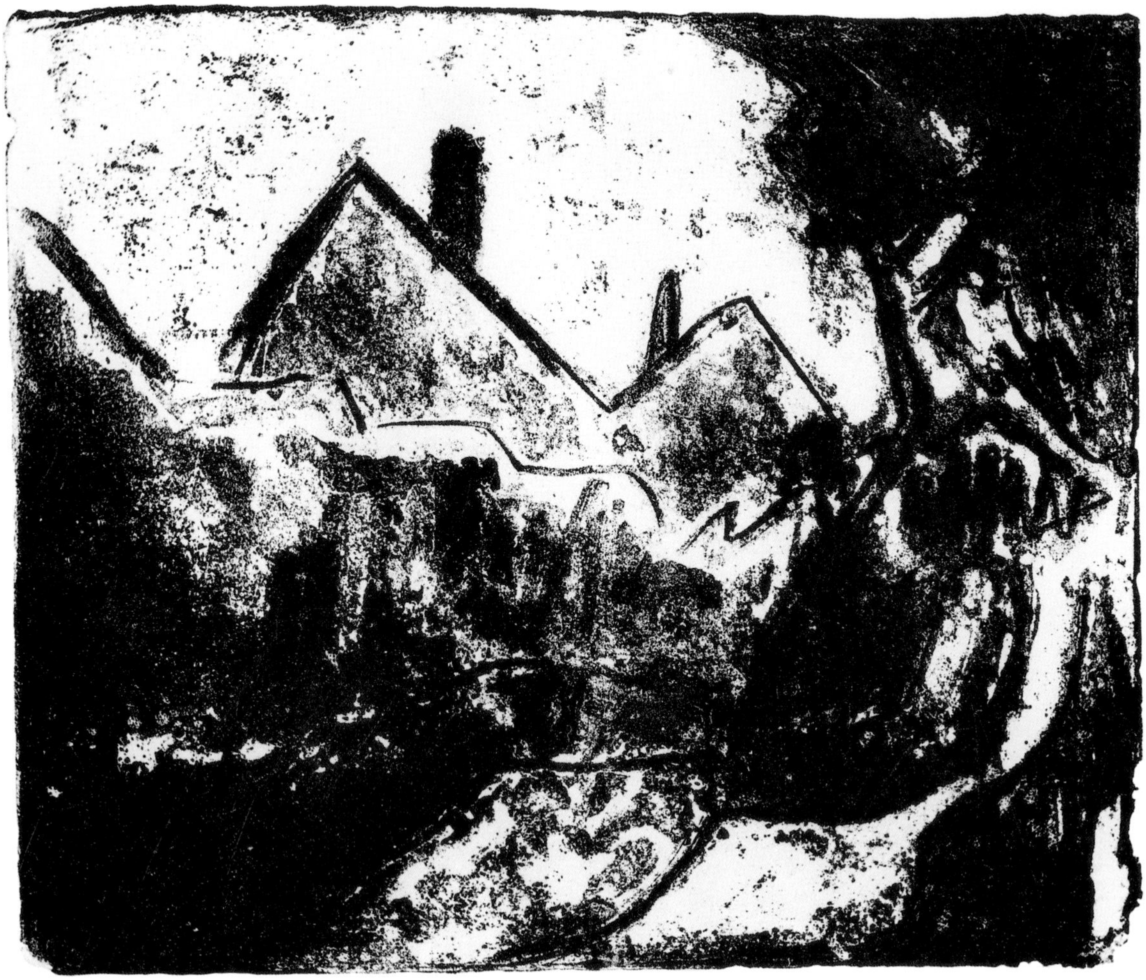

253 Sommerlandschaft, 1911, Lithographie

Die einzige Dangaster Lithographie von 1911 geht auf ein Motiv zurück, das sich als Kreidezeichnung auf einer Postkarte an Gustav Schiefler von 1910 befindet (Abb. 177). Was dort noch aus der Vehemenz linearer Strukturen seine Gestalt erhielt, wurde hier in tonige Flächen verwandelt, in denen die hell-dunklen Übergänge verschwimmen. Als eindeutige Konturen heben sich nur die beiden Häusergiebel heraus, die zum Dangaster Kurhaus gehören und von der Parkseite her gesehen worden sind. Rosa Schapire hat dieses Blatt nicht zufällig an den Anfang der Lithographien von 1911 gesetzt, da die folgenden neun Blätter, bei denen es sich bis auf ein Porträt ausschließlich um Aktdarstellungen handelt, in Hamburg enstanden sind.

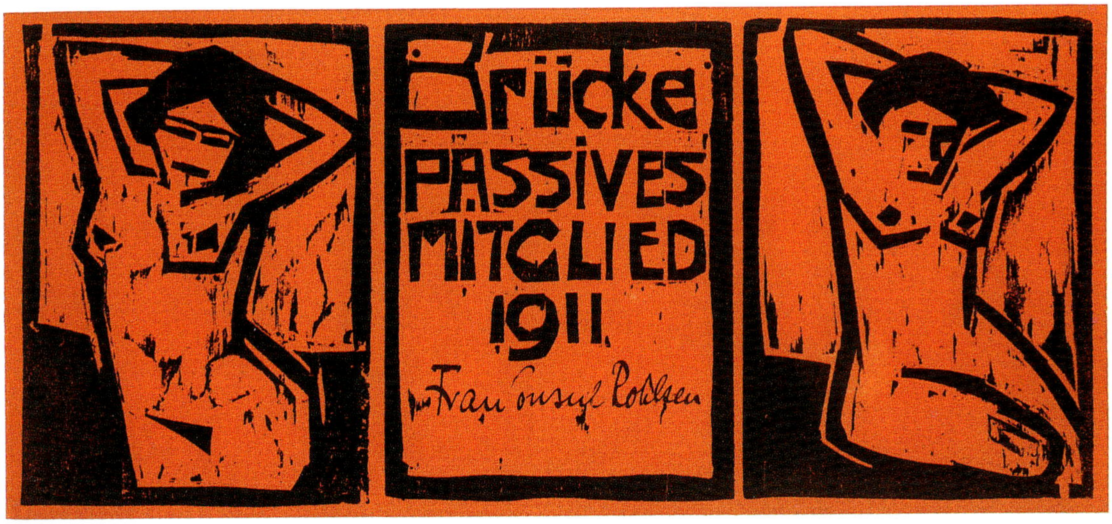

254 Mitgliedskarte für „Brücke", 1911, Holzschnitt

Die Gebrauchsgraphik spielt im Werk Schmidt-Rottluffs eine so hervorragende Rolle, daß sich Rosa Schapire 1924 dazu veranlaßt sah, ihr in ihrem Werkverzeichnis eine eigene Abteilung zu widmen. Darin nennt sie 78 bis zu diesem Zeitpunkt entstandene Arbeiten, wobei sie ausschließlich Holzschnitte aufführt. Ihnen konnte Ernest Rathenau 1964 weitere 16 hinzufügen, die sich inzwischen nochmals durch etwa 20 unbekannt gebliebene Arbeiten verschiedener graphischer Techniken vermehren lassen. Dennoch hat sich der Künstler an jenen Vorhaben, die den gemeinsamen Aktivitäten der Künstlergemeinschaft Brücke galten, wesentlich zurückhaltender beteiligt als Heckel und Kirchner und selbst der erst später hinzugekommene Pechstein. Wenn man von einem bereits 1906 von ihm geschnittenen schildförmigen Stempel der Künstlergruppe mit den Buchstaben KGB einmal absieht, hat er weder Einladungen oder Plakate für ihre Ausstellungen, noch einen der Mappentitel für sie gestaltet und die künstlerischen Gemeinsamkeiten immer in ihre Schranken verwiesen. So erscheint es symptomatisch, daß ein noch 1913 von ihm für die nicht mehr erschienene Brücke-Chronik geschnittener Titel auch für ihn selbst unbefriedigend blieb (Schapire G. 33). – Die hier gezeigte Jahreskarte und der etwa gleichzeitige Brücke-Bericht für 1909 und 1910 (Abb. 256) gehören somit zu den Ausnahmen. Die schwarz auf rot gedruckte Mitgliedskarte für 1911 ist dreiteilig und enthält den Schrifttitel im getrennt umrahmten mittleren Feld, in das unten der Name des jeweiligen Mitglieds handschriftlich – hier ebenfalls vom Künstler – eingetragen wurde. Die kantig aus dem Holz geschnittenen Buchstaben und Zahlen haben sich von der noch herrschenden Schriftkunst des Jugendstils längst gelöst und folgen einer eigenen Handschrift, deren unverwechselbarer Stil sich auch in den beiden seitlichen Aktdarstellungen zu erkennen gibt. Diese wurden 1916 noch einmal einzeln von den originalen Stöcken in der 1911 von Franz Pfemfert begründeten Zeitschrift „Die Aktion" gedruckt, in die mehrfach Arbeiten Schmidt-Rottluffs aufgenommen wurden.

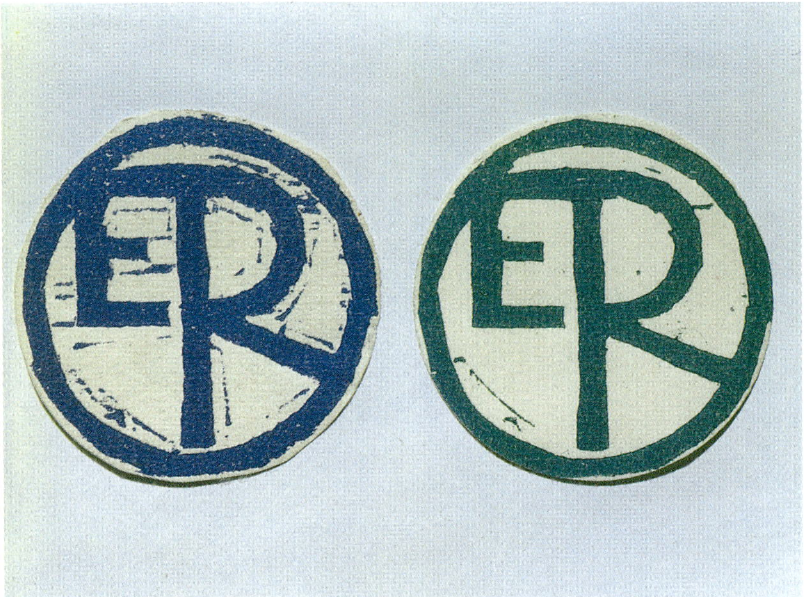

255 Briefverschlüsse für Emma Ritter, 1911, Holzschnitt

Nach der Aussage des Graphikkatalogs von Rosa Schapire hat Schmidt-Rottluff nur zweimal holzgeschnittene Briefverschlüsse angefertigt: für die Verfasserin selbst (Abb. 258) und für die Oldenburger Malerin Emma Ritter. Sie stimmen darin überein, daß sie eine kreisrunde Form besitzen und jeweils in unterschiedlichen Farben gedruckt worden sind. In beiden Fällen ging ihnen auch ein Exlibris voraus, wobei dasjenige für Rosa Schapire bereits 1909 entstand und noch deutliche Tendenzen zum Jugendstil aufweist, während bei dem 1910 für Emma Ritter geschaffenen Monogramm Buchstaben und Rahmen eine schnörkellose und klare Einheit bilden. Nachdem der Stock hierzu während des Zweiten Weltkrieges zerstört worden war, versah die Malerin ihre Bücher mit Tuschpinselzeichnungen eben dieses Monogramms, dem der Künstler 1910 auch noch ein Exlibris für ihre Schwester Lulu folgen ließ. Bei den hier abgebildeten Briefverschlüssen, von denen auch noch rotbraune Drucke existierten, fällt die bei wenig anderen gebrauchsgraphischen Arbeiten erreichte Schlichtheit, Offenheit und Übereinstimmung von Innen und Außen auf – für den, der die Künstlerin noch kannte, auch eine zutreffende Charakterisierung ihrer Persönlichkeit. Ebenfalls 1911 schnitt Schmidt-Rottluff noch einen Briefkopf für Emma Ritter (Abb. S. 137), denjenigen Namensleisten nicht unähnlich, die er um die gleiche Zeit für sich selbst (Abb. 259) und für den Dichter Richard Dehmel schnitt. Letzterer fand – ebensowenig wie weitere für Schiefler, Niemeyer und andere Sammler – aus unbekannten Gründen in Rosa Schapires Katalog keine Aufnahme.

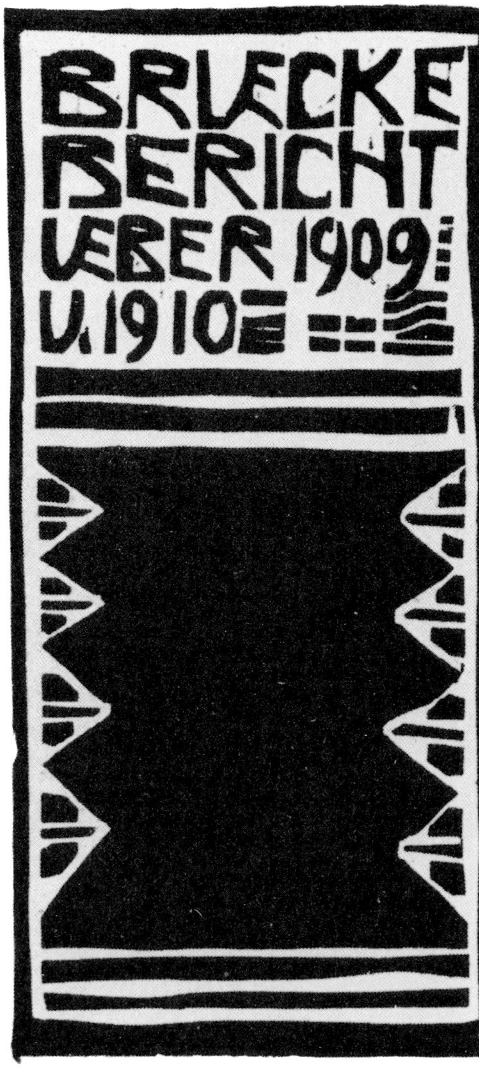

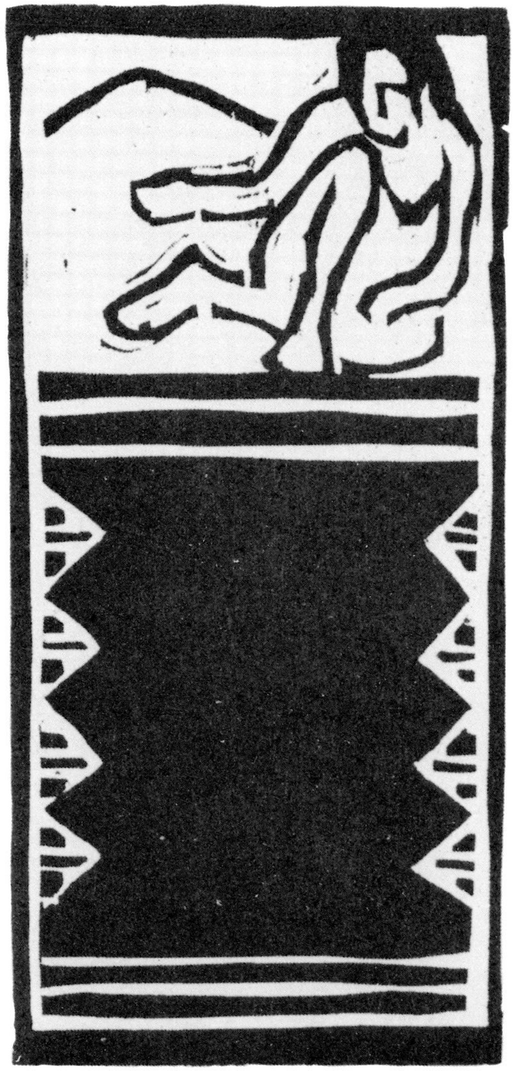

256 Brücke-Bericht über die Jahre 1909 und 1910, 1910, Holzschnitt

Die beiden Holzschnitte dieses Brücke-Berichts sind bei Rosa Schapire unter den Arbeiten von 1911 aufgeführt, können nach Stil und Inhalt jedoch nur 1910 entstanden sein. Es handelt sich dabei um die beiden äußeren Seiten eines vierteiligen Blattes, dessen ungerahmte Innenseiten den typographisch gesetzten Text enthalten. Darin wird unter anderem berichtet, daß die Geschäftsführung der Künstlergemeinschaft 1909 bei Schmidt-Rottluff gelegen habe, dem Erich Heckel 1910 gefolgt sei. Unter dem „herzlichsten Brückengruß" findet sich hier deshalb auch seine Unterschrift. Der Künstler hat den ersten Holzschnitt als Titelseite gestaltet und den großbuchstabigen Textkopf mit Hilfe von Füllseln als geschlossenen Block zu behandeln versucht. In den dunkel gebliebenen Sockelteil wurden von den Rändern her Ornamente eingeschnitten, die an die Verzierungen der von ihm gestalteten Rahmen und Holzkästen erinnern. Der kauernde Akt des rechten Holzschnittes zeigt eine ähnliche Auffassung, wie derjenige auf der für Rosa Schapire gearbeiteten Graphikmappe (Abb. 206).

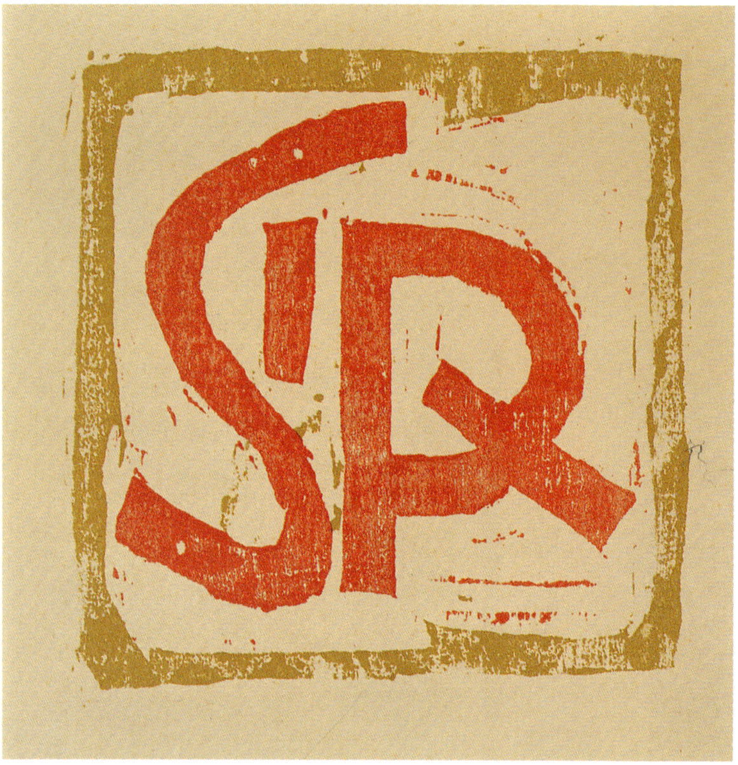

257 Exlibris des Künstlers, 1911, Holzschnitt

Das Exlibris hatte sich in der zweiten Hälfte des 19. Jahrhunderts zu einer graphischen Sonderaufgabe und bald auch zu einem eigenen Sammelgebiet entwickelt, das einen wesentlichen Abschnitt europäischer Bildungs- und Kunstgeschichte widerspiegelt, in den Künstler-Exlibris zumal, die den Wandel vom Illustrationsanlaß bis zum heraldischen Signet am eindrucksvollsten belegen. Seine Blütezeit lag fraglos im Jugendstil, in dem das Buch als Kunstwerk behandelt und gleichzeitig die Gestaltung der Schrift zu einer eigenen künstlerischen Aufgabe erhoben wurde, die auch noch den nachfolgenden Expressionismus erfaßte. Von den Brücke-Malern hat sich Schmidt-Rottluff am stärksten dieser Herausforderung gestellt und am intensivsten die Gemeinsamkeiten von Schrift und Bild befragt. Anregungen flossen ihm hierbei vor allem von Wilhelm Niemeyer zu, der seit 1905 an der von Peter Behrens geleiteten Düsseldorfer Kunstgewerbeschule tätig und dort mit weiteren Künstlern befreundet war, die eine Renaissance der Schriftkunst anstrebten. – Seitdem Schmidt-Rottluff 1906 seinen Familiennamen durch Hinzunahme des Geburtsortes erweitert hatte, war seine Signatur auch als Gestaltungsaufgabe vorgegeben. In der Druckgraphik nahm er sich ihrer allerdings erst an, nachdem bereits die Monogramme für etwa 20 Freunde und Bekannte vorausgegangen waren, als Gefälligkeitsarbeiten zumeist und nur ganz selten als Aufträge. 1911 ging er schließlich an seinen eigenen Namen heran, zunächst an diese zweifarbig gedruckten Anfangsbuchstaben, später an die ausgeschriebene Schriftleiste seines Doppelnamens (Abb. 259). Im viereckigen Monogramm übergreift das frühere S das spätere R, dem der Bindestrich vertikal vorangesetzt ist, während der Abwärtsbalken des R die harmonische Ausgewogenheit der oberen Rundung jäh durchbricht. So verwandeln sich Buchstaben zum Selbstporträt, wird die erstmalige graphische Gestaltung eines Signums Ausdruck des erreichten Bewußtseins künstlerischer Selbständigkeit. 1923 gestaltete er diese Buchstaben dann noch einmal neu für den Titel des Werkverzeichnisses seiner Graphik von Rosa Schapire.

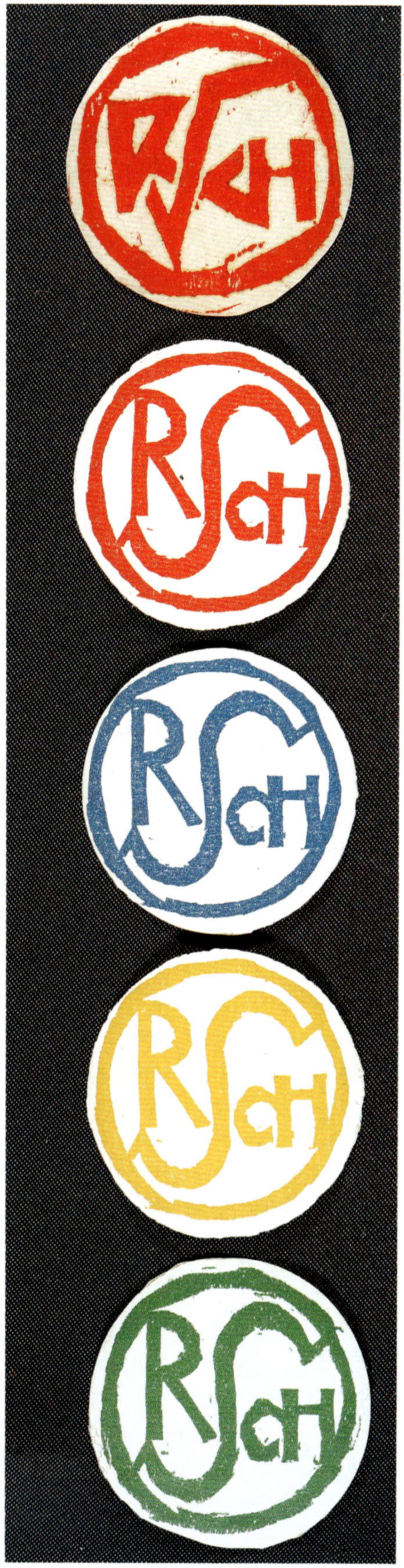

258 Briefverschlüsse für Rosa Schapire, 1911, Holzschnitt

Das bereits 1909 für Rosa Schapire gestaltete R-S-Monogramm, das die Gebrauchsblätter ihres Graphikkatalogs als Nr. 1 anführt, blieb ohne Nachfolge. Als 1911 auch der Wunsch seiner Chronistin nach einem eigenen Briefverschluß aufkam, sollte die vorher gegebene Möglichkeit einer Verwechslung mit den eigenen Initialen daher von vornherein dadurch ausgeschlossen werden, daß dem S ihres Familiennamens auch noch das ch hinzugefügt wurde. Schmidt-Rottluff schnitt zwei verschiedene Fassungen des beide Male in einen Kreis eingeschriebenen Monogramms, von denen die zu oberst abgebildete vom Künstler verworfen wurde. Hier sind sämtliche Buchstaben spitz und eckig geschnitten und durch ein blitzartiges S, das als solches nur schwer erkennbar ist, voneinander getrennt. Dieser Mangel wurde in der zweiten Fassung dadurch beseitigt, daß das jetzt deutlich dominierender ausschwingende S durch ein kleineres ch ergänzt wird, sodaß nun sämtliche Buchstaben auf übersichtliche Plätze verwiesen werden konnten. Der besser lesbaren Ausgewogenheit – durch mehrfachen Druck variiert – mußte die treffendere Charakterisierung weichen, welche dann jedoch in der Besuchskarte wiederkehren durfte, die der Künstler 1912 für seine Freundin schuf und durch einen eigenwilligen Briefkopf ergänzte. Wie aus mehreren Korrespondenz-Hinterlassenschaften ersichtlich, hat Rosa Schapire alle für sie von Schmidt-Rottluff geschaffenen gebrauchsgraphischen Arbeiten ausgiebig und über längere Zeit genutzt, weshalb von den nicht mehr erhaltenen Stöcken größere Auflagen gedruckt worden sein müssen.

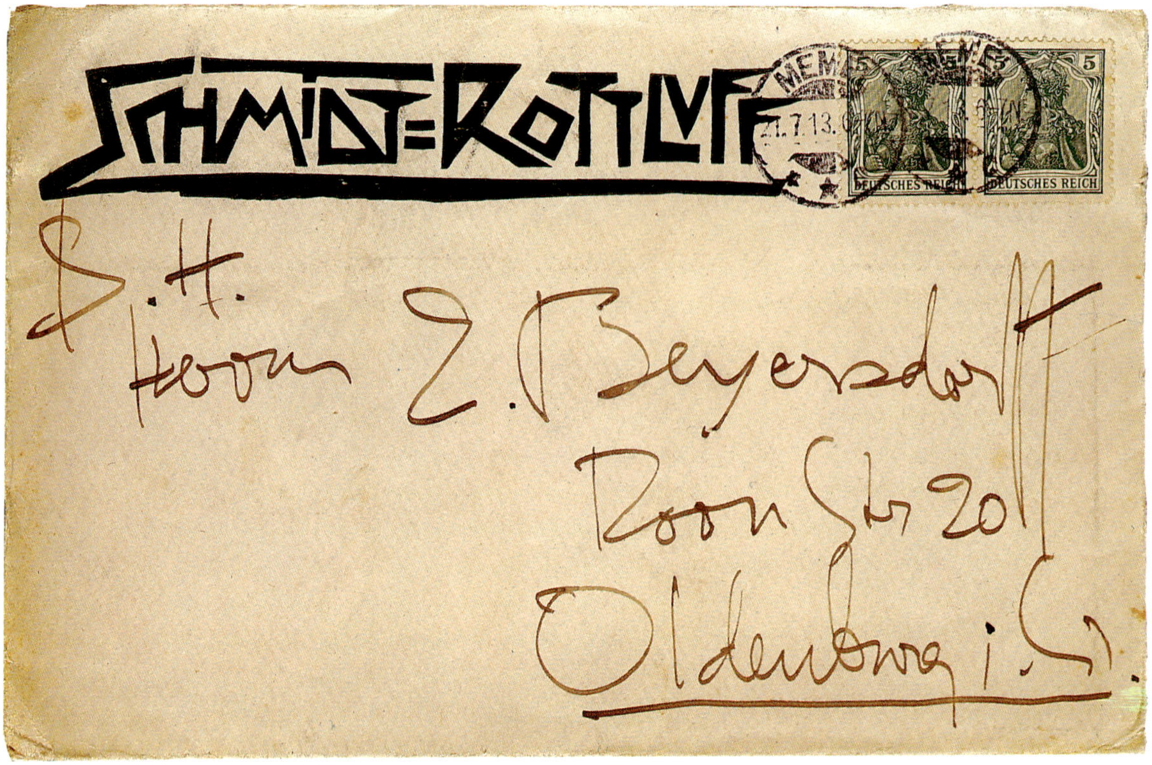

259 Schriftzug „Schmidt-Rottluff“, 1911, Holzschnitt

Neben seinem Signet (Abb. 257) entstand 1911 auch der Namenszug des Künstlers als Holzschnitt, den er jedoch nicht auf die Rückseite, sondern in Höhe der Briefmarke als Kopfleiste auf die Anschriftenseite seiner Briefumschläge druckte (auf einem Briefbogen ließ sich der Schriftzug bisher nicht nachweisen). Der abgebildete Brief wurde zwar erst am 21. Juli 1913 in Memel abgestempelt, während der Künstler sich auf der Kurischen Nehrung aufhielt, doch hatte sein Empfänger bereits einen am 21. Juni 1911 in Dangast abgestempelten Brief mit diesem Namenszug erhalten. Die bei Rosa Schapire vermerkte Entstehungsangabe 1912 muß daher korrigiert werden. Seit dem Beginn seiner Kriegsteilnahme im Jahre 1915 hat der Künstler dann anscheinend keine Umschläge mehr mit diesem Aufdruck benutzt. Die enge Verwandtschaft der kantig und spitz geschnittenen, Rundungen vermeidenden Großbuchstaben mit denen des ebenfalls 1911 entstandenen und durch Striche eingefaßten Namenszuges von Emma Ritter (Abb. S. 137) sowie desjenigen für Richard Dehmel (Abb. S. 137), der erst vor einigen Jahren aufgefunden wurde und bei Rosa Schapire nicht verzeichnet ist, läßt sich nicht übersehen. Schmidt-Rottluff ist dem Ursprung der ihre Herkunft im Wort bewahrenden Buchstaben und ihrer stilistischen Verbindung mit dem übrigen Werk selten so nahe gekommen, wie in diesem Jahr 1911, dem Höhepunkt seiner auch zu keiner anderen Zeit als Nebenprodukt verstandenen Gebrauchsgraphik. Nachdem er 1947 seine letzte Wohnung in der Berliner Schützallee 136 bezogen hatte, schnitt er seinen Namenszug noch einmal in Holz für das Türschild, welches dann als Vorlage für eine Bronzetafel auf seinem Grab diente.

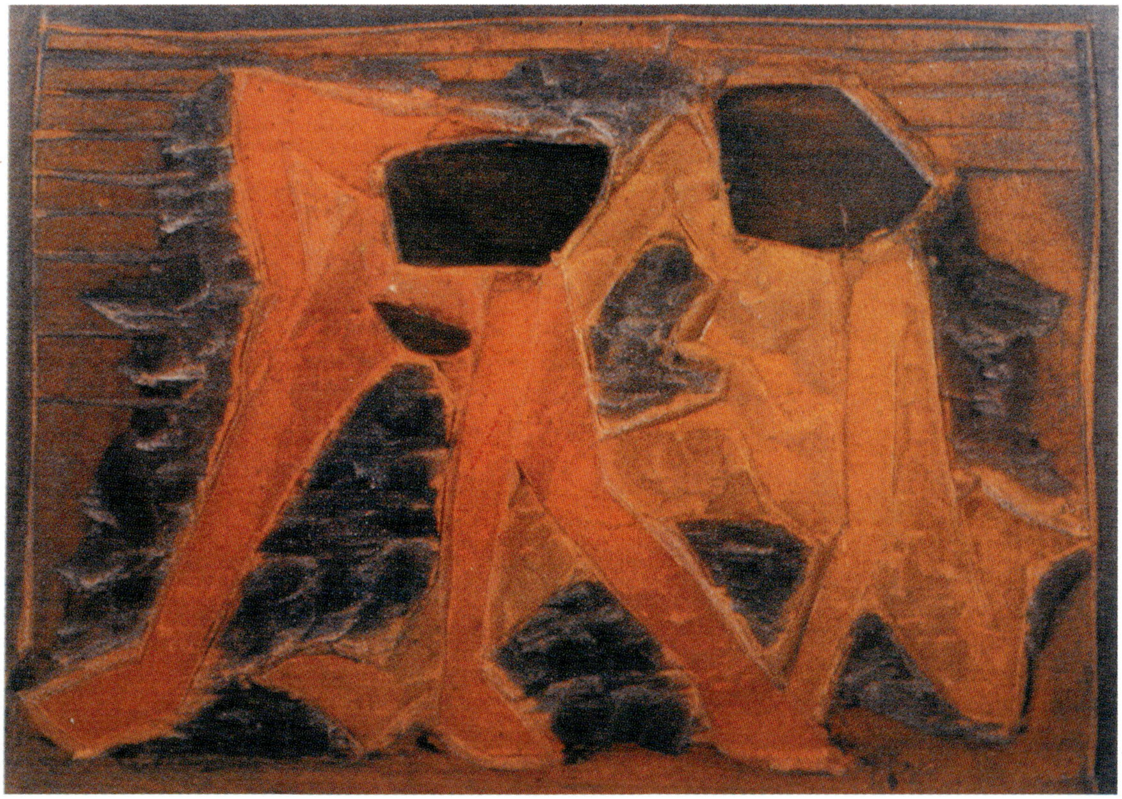

260 Holzrelief mit zwei weiblichen Akten, 1911

Das in den Abmessungen bescheidende Relief, das nach Auskunft des Künstlers in den letzten Wochen des Dangast-Aufenthaltes von 1911 entstand, ist nach seiner rückseitigen Widmungsinschrift ein Weihnachtsgeschenk Schmidt-Rottluffs für Rosa Schapire. Im Grunde unterscheidet es sich von den gleichzeitigen Holzschnitten nur durch seine Bestimmung und die Tatsache, daß offensichtlich keine Abzüge davon hergestellt wurden, die eine Aufnahme ins Werkverzeichnis der Graphik gerechtfertigt hätten. Mehrere dieser Stöcke besitzen nicht nur ein annähernd gleiches Format, sondern auch ein ähnliches, von der Figurenparallelität ausgehendes Kompositionsschema und die übereinstimmende kantige Formengestaltung. Ob diese bei Schmidt-Rottluff vorher ausgebildeten Kriterien und die Art der Bemalung allerdings dazu ausreichen, auch in diesem Falle eine Nachwirkung der Palau-Hausbalken aus dem Dresdener Völkerkundemuseum zu erkennen (Gordon 1984), erscheint mehr als fraglich, zumal sich kein motivisches Vorbild dafür findet und die für Kirchner belegte Auseinandersetzung damit für Schmidt-Rottluff nicht direkt nachweisbar ist. In diesem Zusammenhang mag auch die bisher nicht bekannt gewordene Tatsache von Bedeutung sein, daß der Künstler 1911 im Oldenburger Kunstgewerbemuseum eine Flachstickerei mit weiblichen Akten ausstellte und in der Liste des Schmidt-Rottluff-Besitzes von Rosa Schapire ein weiteres kleines Relief von 1911 erscheint, das aus Metall über einem Holzkern bestand. Beide, nicht mehr nachweisbaren, Arbeiten bestätigen, daß Schmidt-Rottluff spätestens in diesem Jahr auch mit der Gestaltung dreidimensionaler Objekte begann.

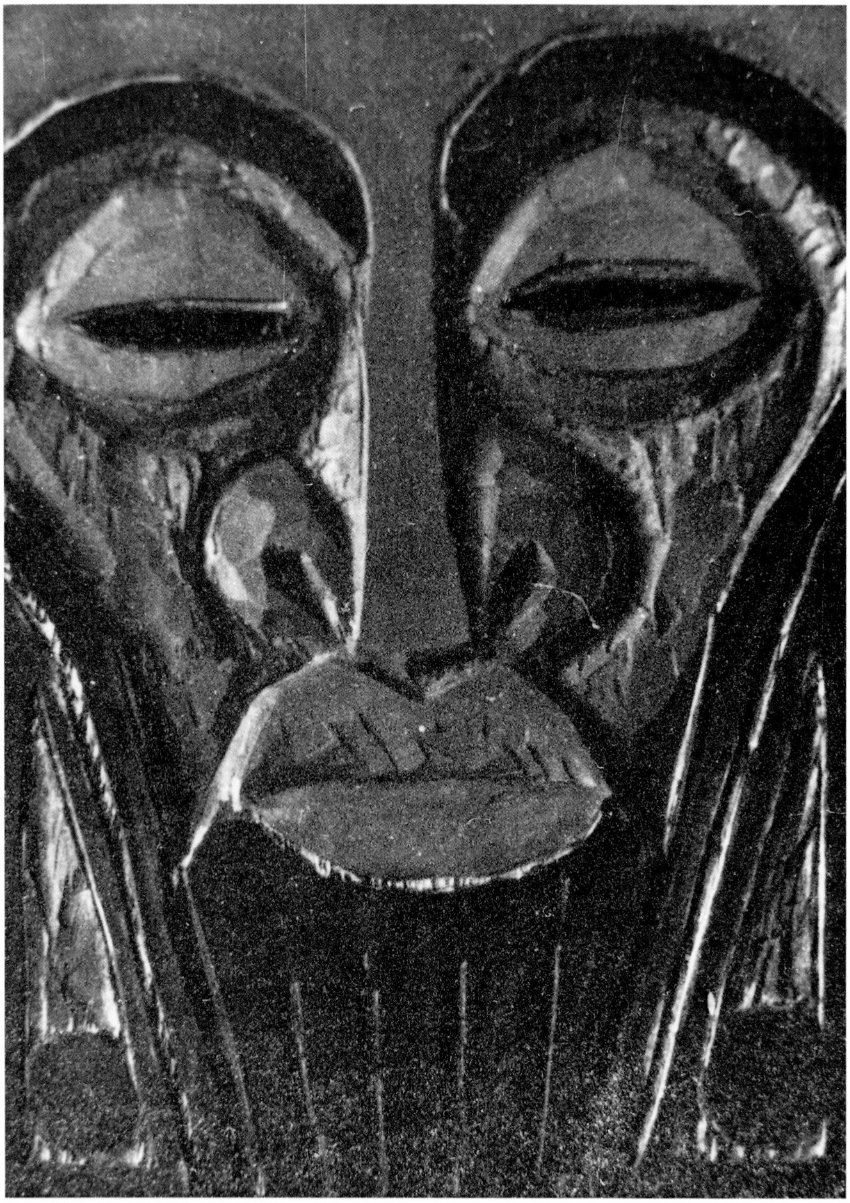

261 Holzrelief eines bärtigen Männerkopfes, 1911

Dieses bisher unbekannt gebliebene und im Original nicht mehr nachweisbare Relief Schmidt-Rottluffs fand sich auf einem alten Foto aus dem Nachlaß von Rosa Schapire, die es mit dem Datum 1911 und der Besitzerangabe „Hassler“ bezeichnet hatte. Franz Hassler (1874–1942), von Beruf Chemiker und in seiner freien Zeit philosophischen Neigungen folgend, war mit Rosa Schapire, besonders eng aber mit Wilhelm Niemeyer befreundet. Er wohnte in Volksdorf bei Hamburg und gehörte zu den Passiv-Mitgliedern von Brücke. Im Jahr der Entstehung des Reliefs waren seine persönlichen Kontakte zu Schmidt-Rottluff am intensivsten, da dieser ihn damals in einem verschollenen Gemälde porträtierte und im nächsten Jahr sein Exlibris in Holz schnitt. Nachdem Niemeyer diese Freundschaft auf den jungen Franz Radziwill übertragen hatte, wurde er 1925 auch von diesem gemalt. – Dem Relief liegen keine Porträtabsichten zu Grunde, wie sie Erich Heckel 1910 geleitet hatten, als er den Kopf eines Dangaster Fischers schnitzte, vielmehr ist hier an die Vorstellung eines antiken Philosophen oder einer Gestalt aus dem Alten Testament zu denken, dessen erhabene Strenge und Zeitlosigkeit den vier Evangelistenköpfen von 1912 vorausgeht (Abb. 295).

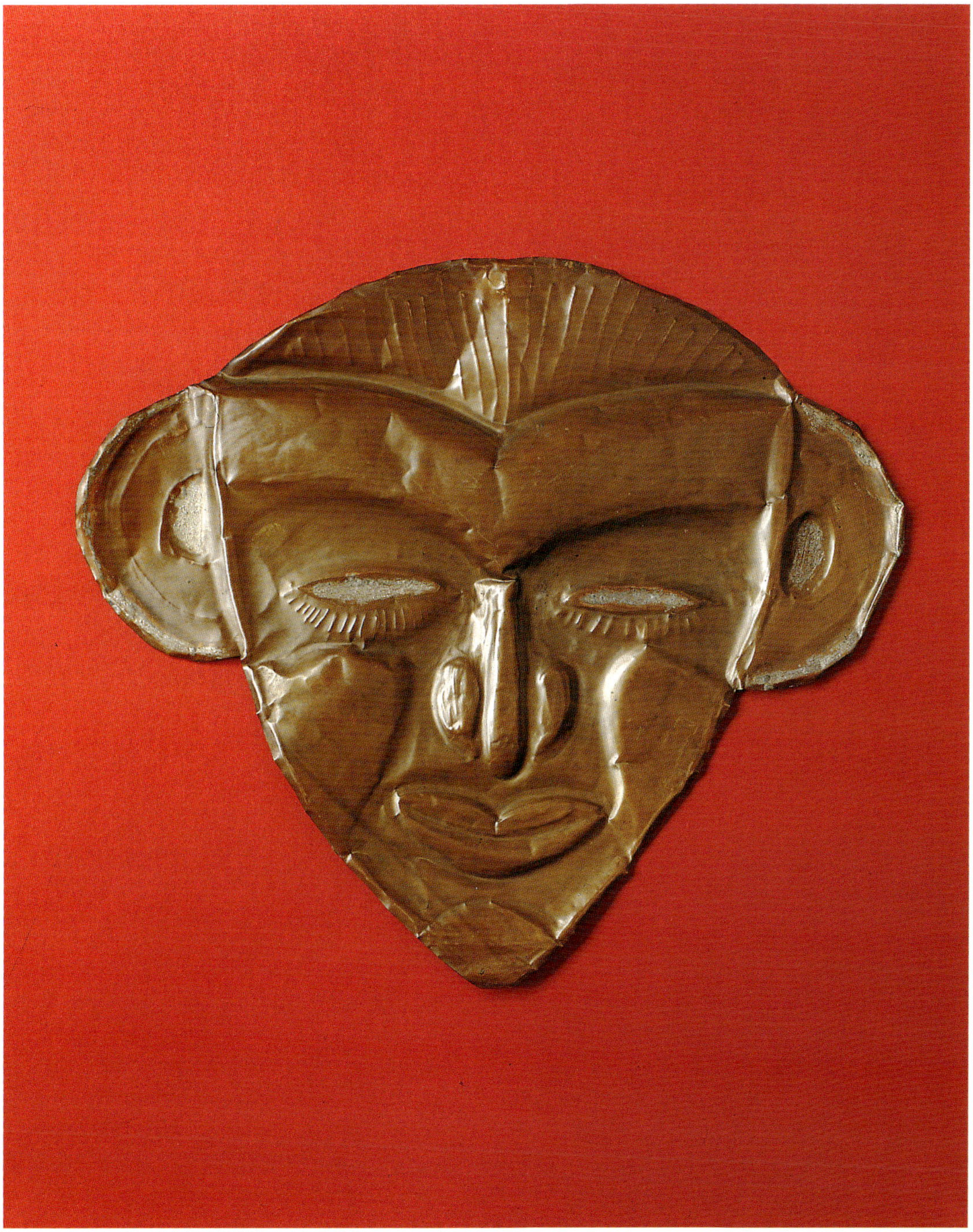

262 Stilisierte Messingmaske, 1911

Wie das Holzrelief zuvor, stammt auch diese Maske aus dem Besitz von Franz Hassler, von dem sie später Wilhelm Niemeyer erwarb. Sie ist aus dünnem Messingblech getrieben und trägt noch die Spuren der rückseitigen Vorzeichnung. Die von Rosa Schapire mit 1911 datierte Maske erinnert aufgrund der Technik, nicht der Physiognomie, entfernt an die goldene Totenmaske aus dem von Schliemann ergrabenen „Grab des Agamemnon“ (Hartwig Altenmüller). Auch hier dürfte ein vom Besteller verehrtes antikes Idealbild Anlaß für die Gestaltung gewesen sein, die nun auch in der Technik auf die vier Evangelistenreliefs von 1912 vorausweist (Abb. 295).

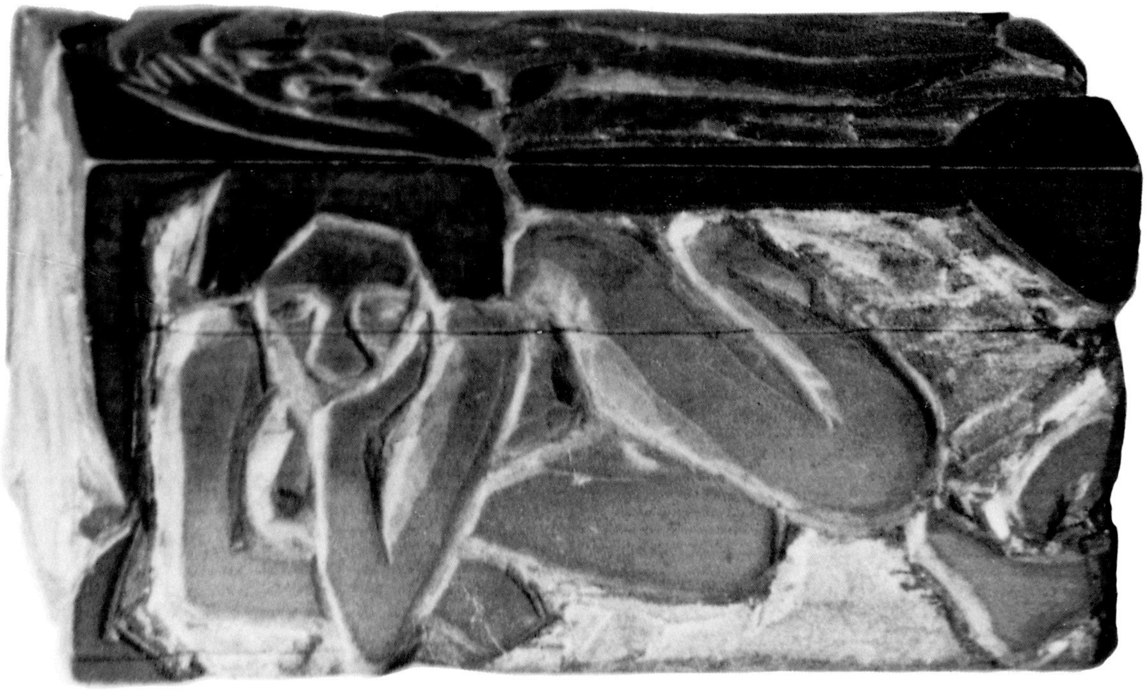

263 Zigarettenkästchen mit Aktdarstellungen, 1911

Im Herbst 1911 veranstaltete die Hamburger Galerie Commeter in dichter Folge ihre dritte Schmidt-Rottluff-Ausstellung. Darin wurden ausschließlich 15 jener kubischen, hoch- und querrechteckigen Holzkästen gezeigt, denen – wie eine Postkartenzeichnung beweist (Abb. 238) – der Künstler in Dangast die äußere Gestalt verliehen hatte, nachdem ihre Grundform durch Tischler Wilhelm Voge erstellt worden war. „Sie sind von einer starken, eindringlichen Schönheit und es dürfte schwerfallen, ihnen in der gesamten europäischen Kunst etwas Verwandtes an die Seite zu stellen" schrieb Rosa Schapire damals begeistert. Aus ihrem Besitz stammt der hier abgebildete und von ihr als Zigarettenbehältnis verwendete Kasten, der sich deshalb auch nicht unter den bei Commeter ausgestellten, verkäuflichen Objekten befand. Durch seine rundum und auf dem Deckel reliefartig eingeschnittenen Aktdarstellungen unterscheidet er sich von den übrigen lediglich ornamental gestalteten Holzkästen, die Schmidt-Rottluff in einem Brief an Bertha Rohlsen vom 30. Oktober 1911 „abstrakte Kunst" genannt hatte und denen er auch zeitlich vorausgeht. Diese liegenden, sitzenden und kauernden weiblichen Gestalten haben in den Postkartenzeichnungen vom Beginn dieses Jahres ihre nächsten Verwandten und besitzen noch nicht die geometrisierte Strenge und Kantigkeit der Akte in dem ebenfalls für Rosa Schapire geschaffenen Relief (Abb. 260). Aus dem Deckel und jeder der vier Seiten haben sich fünf Bildfelder ergeben, deren Zusammengehörigkeit durch übergreifende Körperteile und die Einbeziehung des bündigen Deckelstreifens betont wird. Ob die an der Rückseite sichtbaren Scharniere ursprünglich sind ist fraglich, da fast alle anderen Kästen ohne sie auskommen. Die Konturen der weiblichen Körper wurden mit modellierenden Übergängen eingeschnitten, die Hintergründe im Kontrast unregelmäßig vertieft und das Ganze schwarz, braun, ocker und grün bemalt, wobei das Innere ganz in Rot gefaßt worden ist.

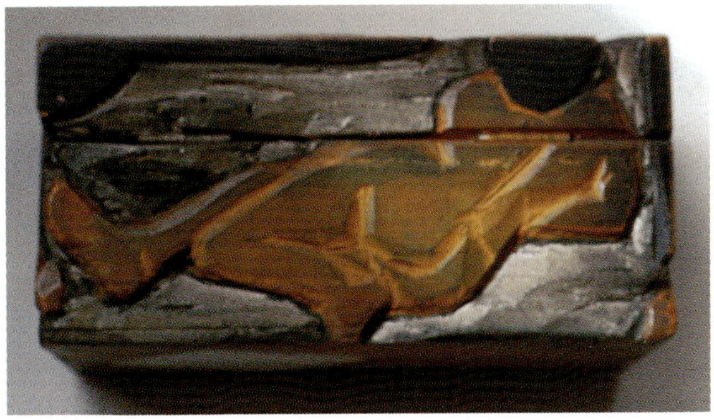

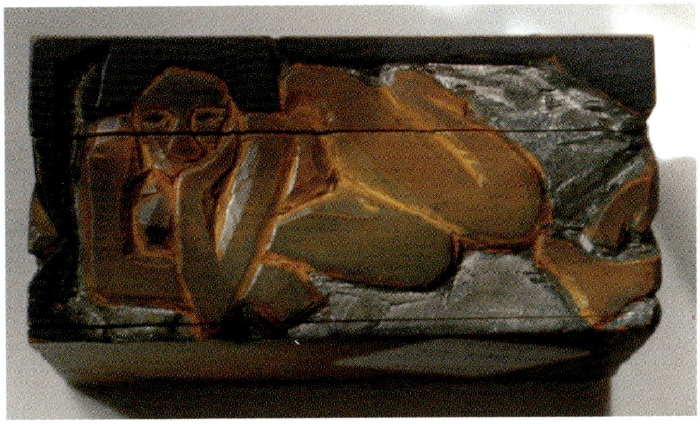

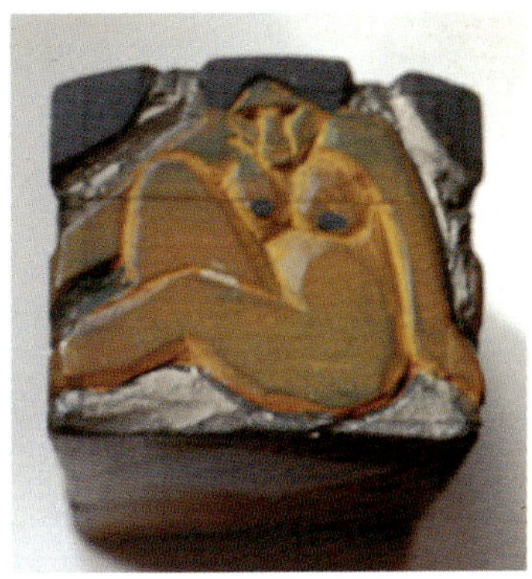

263 Verschiedene Seitenansichten
des Zigarettenkästchen mit Aktdarstellungen, 1911

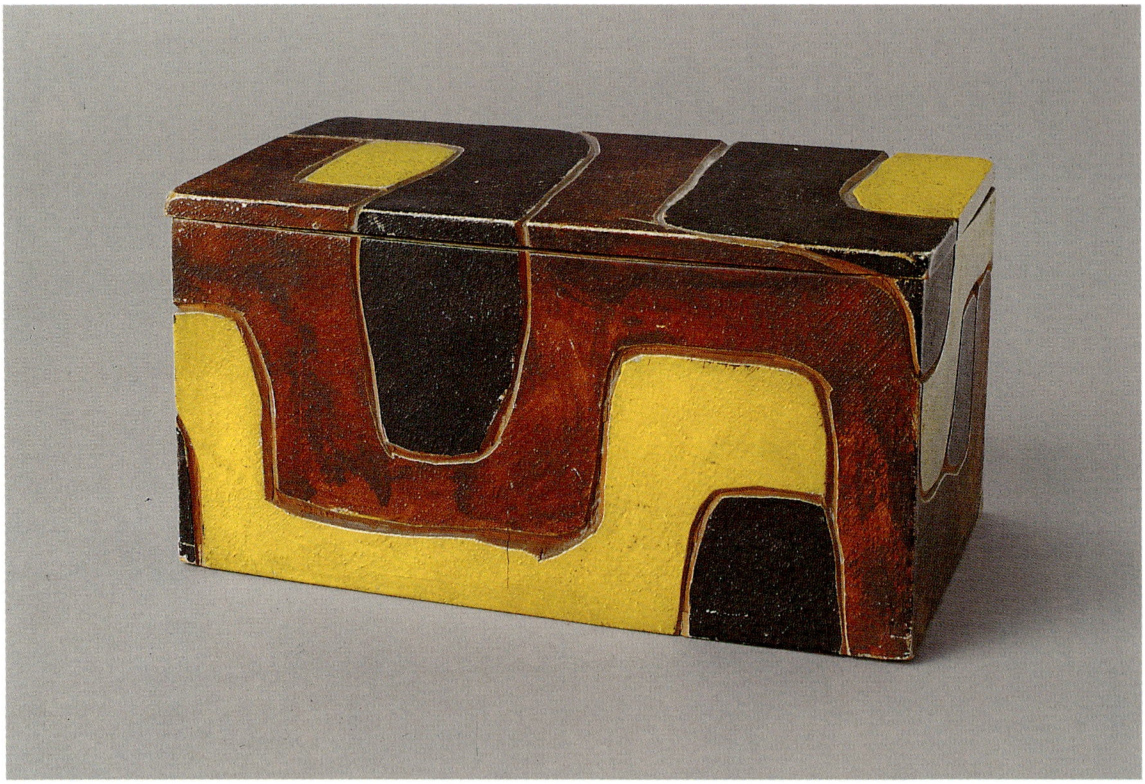

264 Liegender Holzkasten mit farbigem Relief, 1910/11

Der Kunsthistoriker Wilhelm Niemeyer, einer der Initiatoren der Sonderbund-Ausstellungen in Düsseldorf und Köln, stand auch bei den Bemühungen um ein modernes Kunsthandwerk in Deutschland an vorderster Front. Er dürfte, wie sich Schmidt-Rottluff erinnerte, auch der erste gewesen sein, der von ihm gestaltete Holzkästen erwarb und sich für deren Gestaltung über das gewöhnliche Maß hinaus lebhaft interessierte. Seine Einzelbeschreibungen der von Schmidt-Rottluff 1911 in der Hamburger Galerie Commeter ausgestellten Holzkästen sind eine wichtige Quelle für diesen spezifischen Zweig expressionistischen Kunsthandwerks. Am 29. Juli 1914 schrieb er an Karl Ernst Osthaus (1874–1921), den Begründer des Museums Folkwang in Hagen u.a.: „Ganz rein kommen die Gedanken des Künstlers zur Erscheinung in den von ihm selbst bemalten Kästen, von denen ich zwei besitze und Truhen. Das sind für mich Kostbarkeiten. Aber diese Farbhaut ist zu verletzlich. Echte Hölzer scheinen mir ein Ersatz. Aber dann müßten Künstler und Handwerker sich anders in die Hände spielen ....". Die auf dieser und auf der folgenden Seite abgebildeten Holzkästen aus Niemeyers Besitz entstanden gleichzeitig und wurden auch gemeinsam erworben. Bei beiden ist der Deckel bündig eingesetzt und auch nicht separiert gestaltet. Die abstrakten, z.T. reliefierten, immer jedoch durch vertiefte Linien voneinander abgesetzten Farbfelder übergreifen sämtliche sichtbaren Seiten der Holzkästen und verbinden sie zu einer Formeneinheit. An der Unterseite sind sie beide mit einer gemalten Signatur versehen und damit dem gemalten Kunstwerk gleichgestellt.

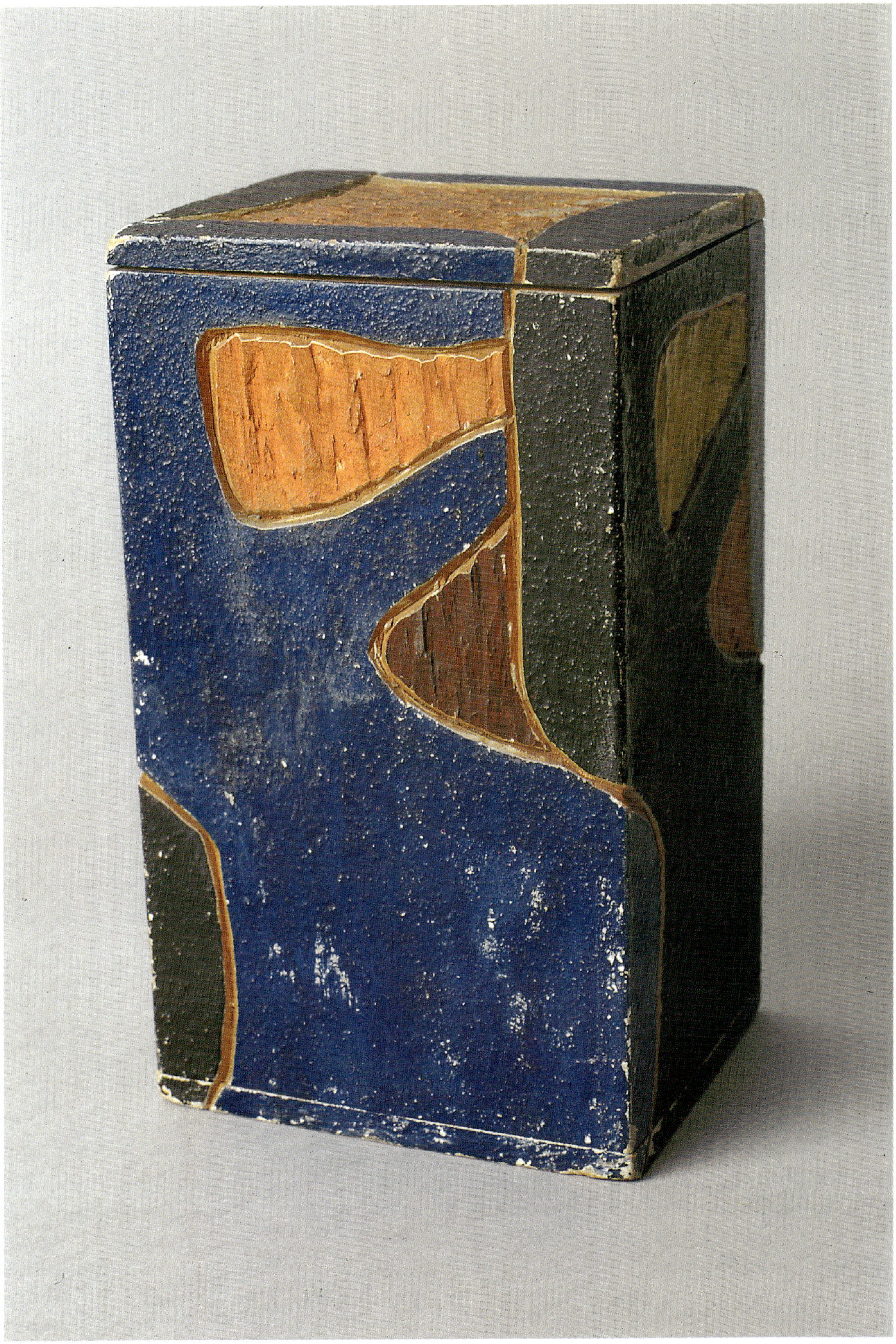

265 Hoher Holzkasten mit farbigem Relief, 1910/11

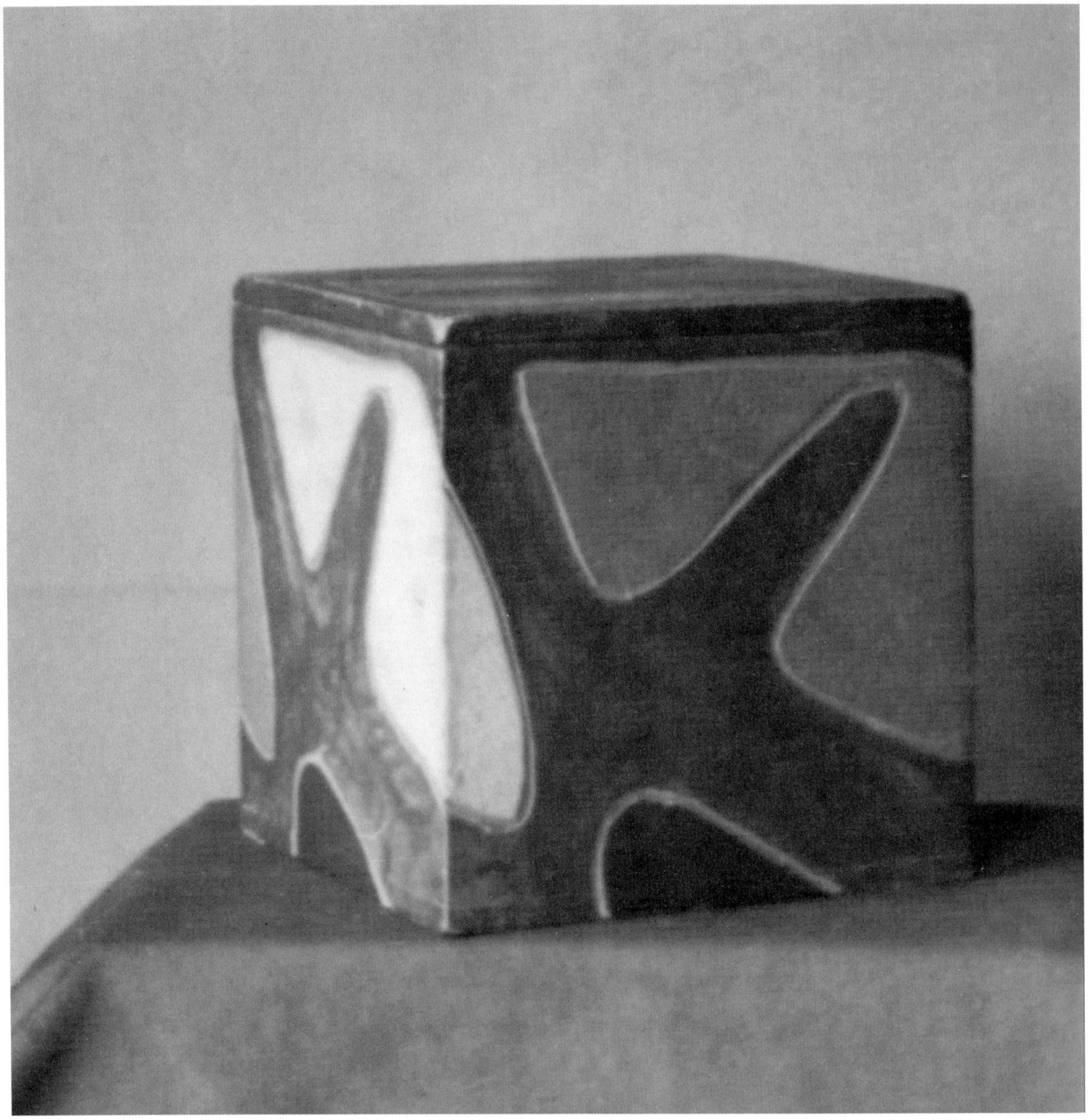

266 Kubischer Holzkasten, 1911

Auch dieser würfelförmige Holzkasten, dessen Verbleib unbekannt ist und von dem keine Maße übermittelt wurden, befand sich einst im Besitz von Rosa Schapire. Wie ihr Zigartettenkästchen mit den Aktdarstellungen (Abb. 263) datiert sie auch dieses formal völlig anders gestaltete Objekt mit 1911. In ihrer Besprechung der Holzkasten-Ausstellung der Galerie Commeter erwähnt sie die Präsenz kubischer Grundformen, deren Existenz auch durch die Beschreibungen von Wilhelm Niemeyer bestätigt wird. 1926 hat der Künstler noch ein weiteres Mal einen kubischen Holzkasten mit abgerundetem Umriß und strengeren goldenen Ornamenten auf schwarzem Grund für den befreundeten Maler Walter Gramatté (1897–1929) geschaffen (jetzt Brücke-Museum), dessen Seitenlänge von 17 cm einen Anhaltspunkt für die Größe des hier gezeigten Kastens sein könnte. Dieser ist mit einem bündig eingelassenen Deckel versehen, dessen farbige Dekoration wohl derjenigen der Wandungen entsprach, wo seesternähnliche Arme nach allen Seiten ausgeifen. Das gleiche Motiv findet sich sehr ähnlich auch auf einem von Schmidt-Rottluff für „Hansa-Filter“ entworfenen und wohl in Hamburg als Farblithographie gedruckten Plakat, das erst 1993 im Kunsthandel auftauchte – dem einzigen, das bisher von Schmidt-Rottluff bekannt wurde.

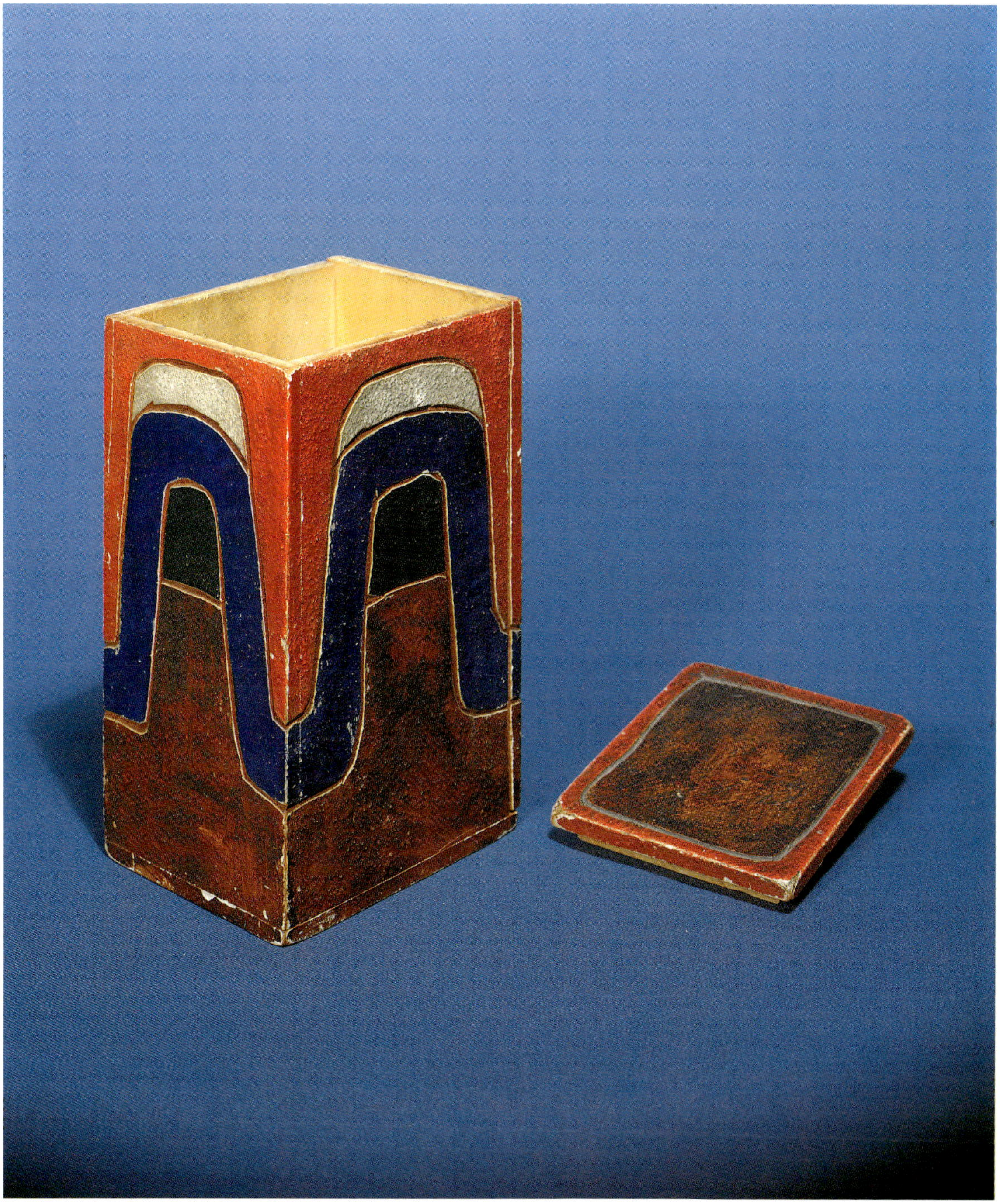

267 Hochrechteckiger Deckelkasten mit Ornament, 1911

Von diesem bis vor kurzem in ununterbrochenem Familienbesitz verbliebenen Kasten ist bekannt, daß er durch Melitta Roosen geb. Bohlen 1911 in der Ausstellung der Galerie Commeter in Hamburg erworben wurde. Er trägt auf der Unterseite eine Pinselsignatur – die wohl auch die anderen ausgestellten Kästen erhielten – und wird durch einen bündigen Deckel abgeschlossen, der aus zwei durch Holznägel verbundenen Lagen besteht. Sein rot umrandetes Braun kehrt als Sockelfarbe auf der Wandung wieder, auf welcher ein umlaufendes Band hohe, feierlich ins Rot aufsteigende Bögen mit weißen Aufsätzen bildet. Die jeweiligen Farbfelder sind wiederum durch vertiefte Konturen voneinander abgesetzt und in den weißen Partien körnig gestrichen. Für das Innere wurde ein kontrastierender hellgelber Anstrich ausgewählt.

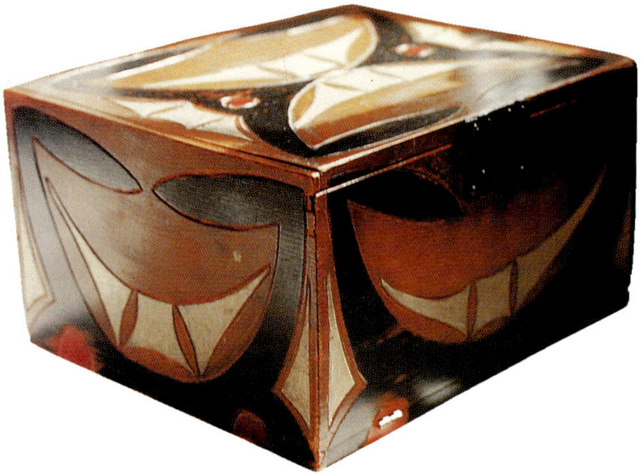

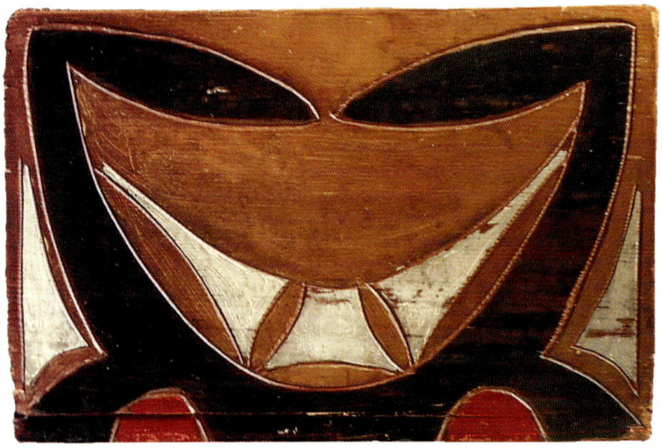

268 Ornamental verzierter Holzkasten mit Schließblech, um 1911

Ein weiterer Holzkasten aus dem ehemaligen Besitz von Rosa Schapire unterscheidet sich von den übrigen sowohl durch größere Abmessungen als auch die Möglichkeit, nicht nur den Deckel, sondern auch die mit Scharnieren versehene Vorderseite aufklappen zu können. Beide werden durch ein genietetes Schließblech mit schildförmigem Mittelstück zusammengehalten. Die eingeschnitten konturierten Felder begrenzen symmetrisch geometrisierte Ornamente, die schwarz und weiß vor einem braunen Grund stehen und am Sockel zusätzlich durch je zwei kleine rote Halbkreise verziert sind. Auf dem mit den höheren Seitenwänden bündigen Deckel ergibt sich aus zwei gegenläufig zusammengeführten Seitenornamenten eine neue, jedoch im Formenkanon verbleibende Gesamtform. Die Farbe scheint ursprünglich nur in den Ornamentfeldern deckend gewesen zu sein, während im braunen Grundton die Holzmaserung durchscheint.

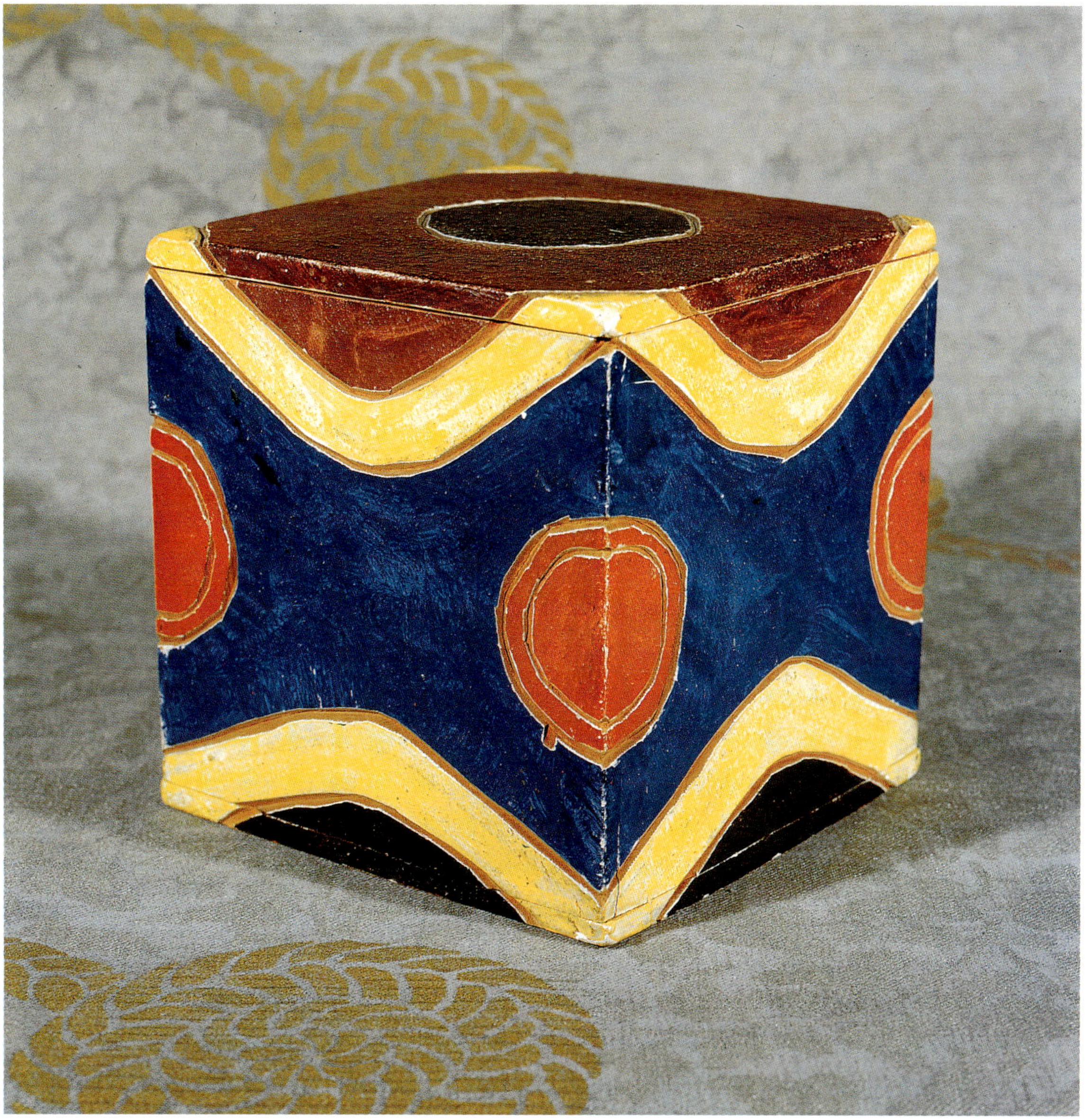

269 Würfelförmiger Deckelkasten, um 1911

Gleich den beiden vorangegangenen, wird hier auch dieser, erneut kubisch gebaute Holzkasten erstmalig publiziert. Er befindet sich in Privatbesitz, wie die meisten kunsthandwerklichen Arbeiten Schmidt-Rottluffs, für die sich Museen und Sammler erst verhältnismäßig spät zu interessieren begannen. Wieviele davon der Künstler 1911 tatsächlich hervorbrachte – dem Jahr der einzigen Verkaufsausstellung – wird sich kaum noch feststellen lassen. Der vorhandene und darüber hinaus eruierbare Bestand läßt die Schätzung zu, daß den 15 ausgestellten Stücken mindestens noch einmal so viele hinzugerechnet werden dürfen, von denen mit Sicherheit keines dem anderen gleich war. Diesem Holzkasten geben die am oberen und unteren Rand umlaufenden und auch noch in den Deckel eingreifenden gelben Bänder das Gepräge, mit Schwarz darunter und wiederum in den Deckel übergehendem Braun darüber, dazwischen kreisförmige rote Felder, die um die Ecken herumgehen und die dekorative Einheit betonen.

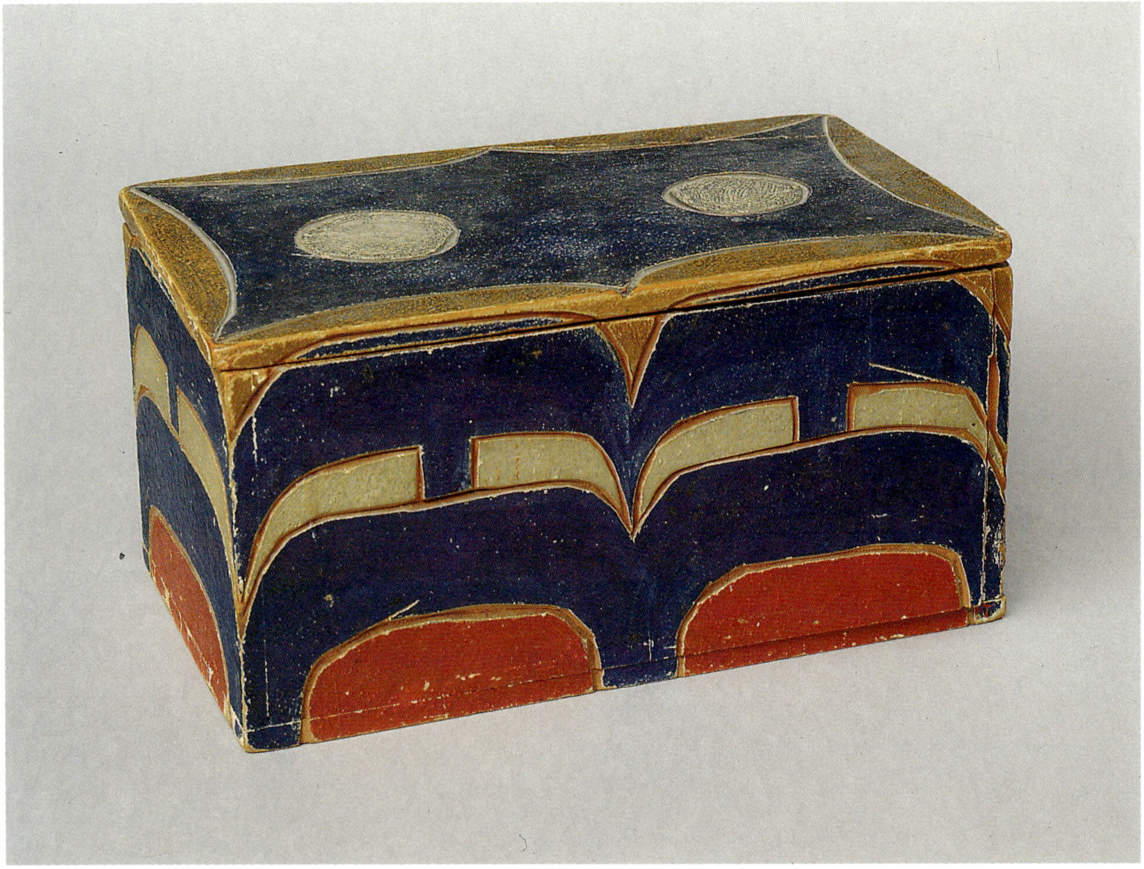

270 Blauer Holzkasten mit mehrfarbigen Ornamenten, um 1911

Ein zusätzliches Beispiel für die Unerschöpflichkeit der weder in der vergangenen, noch in der zeitgenössischen Kunst wiederzufindenden ornamentalen Motive Schmidt-Rottluffs ist dieser Kasten aus dem ehemaligen Besitz der Hamburger Sammlerin Elsa Hopf. Sie erhielt damals besonders viele Postkartenzeichnungen von ihm und besaß darüber hinaus die einzige noch erhaltene hölzerne Truhe, die der Künstler gestaltet hatte (Abb. 297). – Hier ist ein kräftiges Blau die auf Deckel und Wandungen vorherrschende Farbe, durch rote Korbbögen in den Sockeln gesteigert. Ihre Form wird gebrochen darüber erneut aufgenommen und an den Deckelrändern – diesmal gelb statt weiß – wiederholt und mit den Langseiten verklammert. Den bündig abschließenden, zweischichtigen Deckel verzieren zwei weiße Kreisformen, die gleich allen übrigen Ornamenten durch vertiefte Konturen von ihrem Umfeld abgesetzt sind. Infolge Familientradition soll die reine Tischlerarbeit für diesen Holzkasten durch den jungen, später als Innenarchitekten tätigen Jack Goldschmidt (1892–1979) ausgeführt worden sein, der sich damit in die Fußstapfen des Dangaster Tischlers Wilhelm Voge begeben hätte. Er war ein Bruder von Anna Goldschmidt, die am 12. Juni 1911 von Schmidt-Rottluff aus Dangast eine Postkartenzeichnung mit dort gearbeiteten Holzkästen erhalten hatte (Abb. 238).

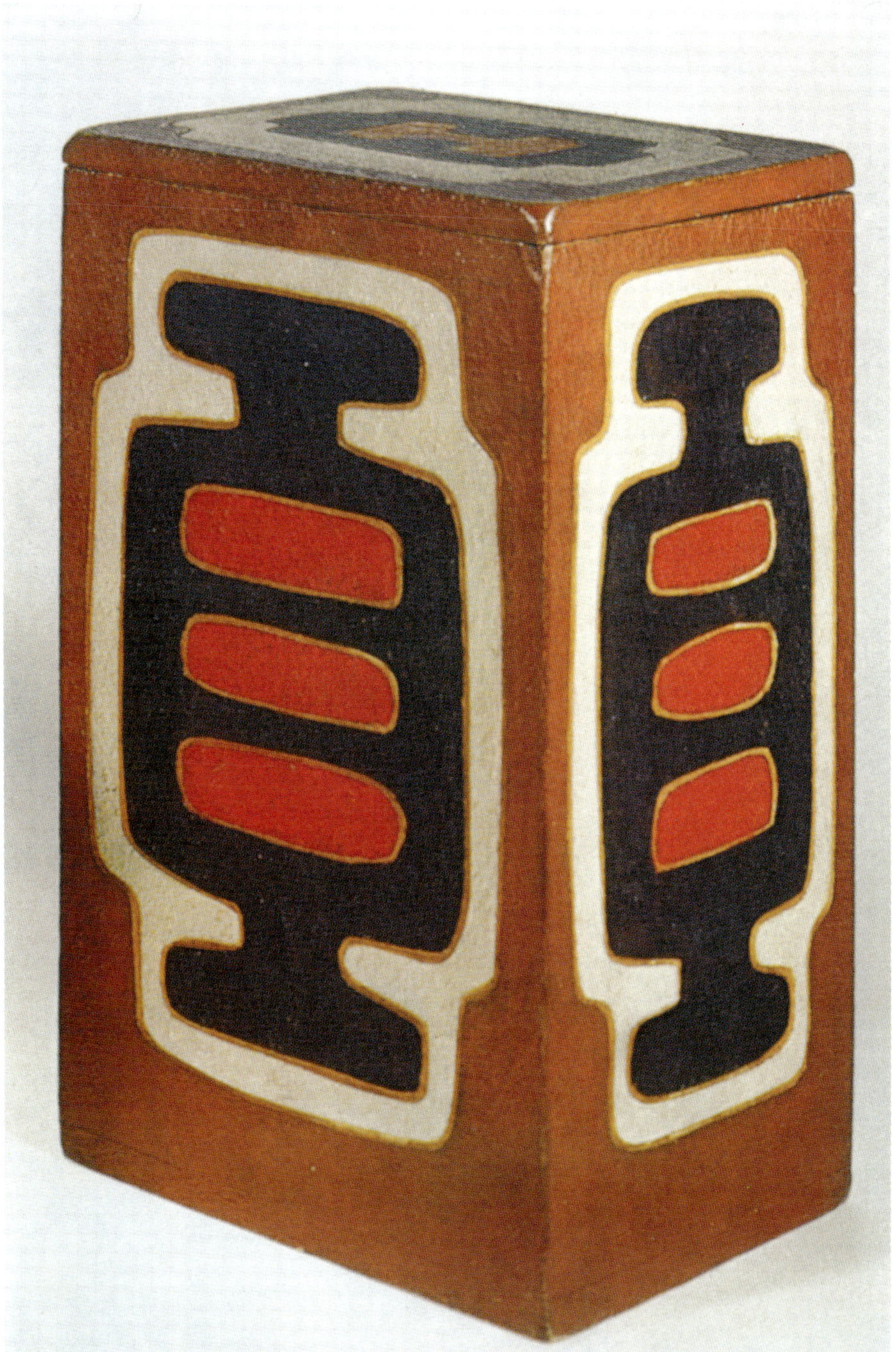

271 Hochrechteckiger Deckelkasten, um 1911

Dieser hochformatige Kasten gehört zu den wenigen Holzarbeiten der Frühzeit, die sich ununterbrochen im Besitz des Künstlers befanden und aus seinem Vermächtnis ins Brücke-Museum gelangten. Er ist am Boden mit einer eingeschnittenen Signatur ohne Jahreszahl versehen, doch stimmt seine Bearbeitung, farbige Behandlung und Deckelform mit den für 1911 gesicherten Kästen weitgehend überein. Das eigenwillige Ornament erscheint – den unterschiedlichen Maßen jeweils angepaßt – auf allen vier Seiten in weißem Umfeld als schwarze Form über dem braunen Grund, jeweils durch drei übereinandergesetzte rote Felder belebt. Schmidt-Rottluff bezog diesen Holzkasten 1956 in das Gemälde-Stilleben „Seeschnecken und Ahnenschild" mit ein und betonte damit die Verwandtschaft von Naturform und Kunstform.

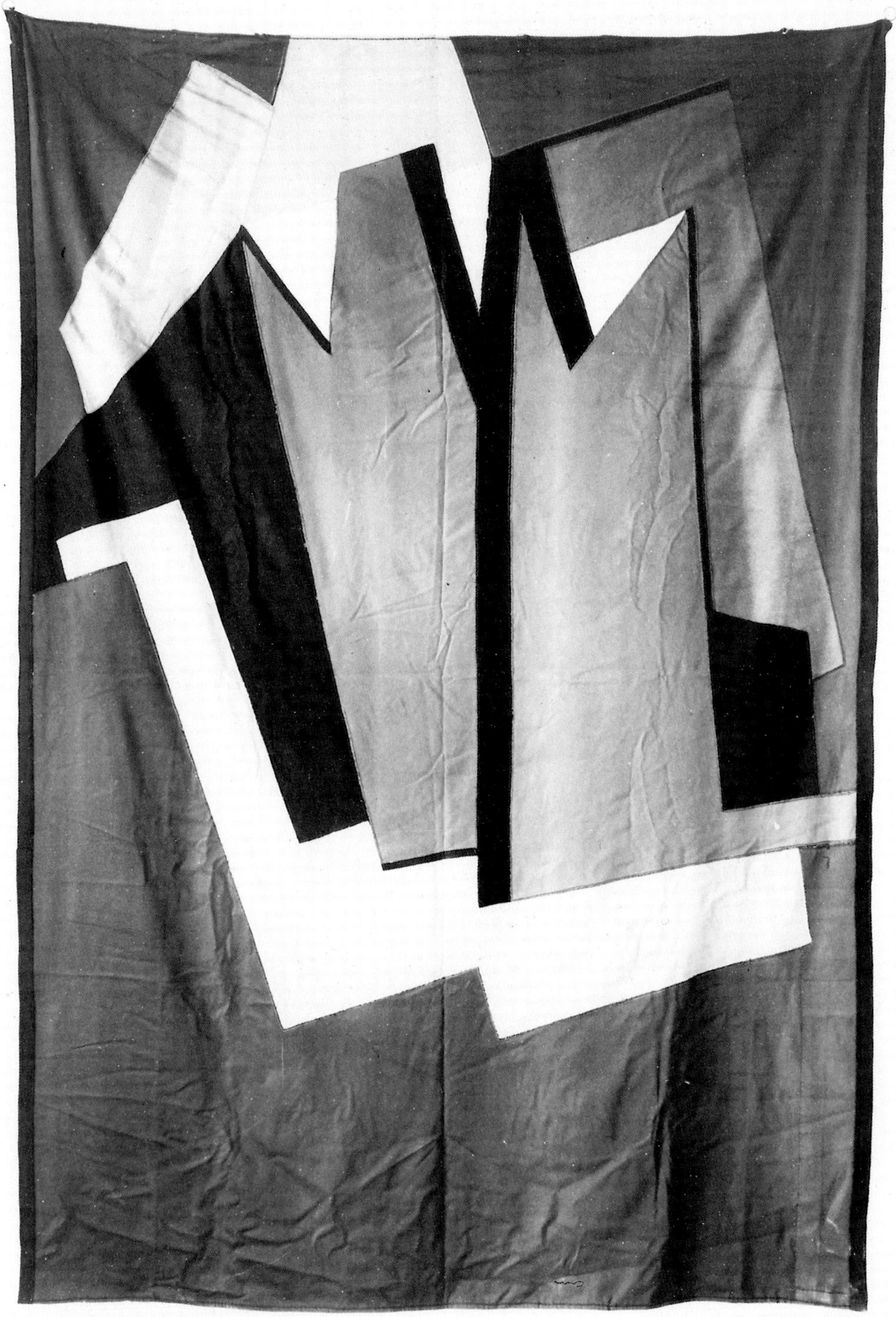

272 Wandbehang aus applizierten Stoffen, 1910/11

Der für Wilhelm Niemeyer angefertigte, mehrfarbige Wandbehang verdeutlicht das frühe Eindringen abstrakter Formelemente in die kunsthandwerklichen Arbeiten des Künstlers, von dem um die gleiche Zeit in Oldenburg auch eine gestickte Aktdarstellung ausgestellt war. Dem Behang ging ein gegenständlicherer, von Niemeyer jedoch nicht akzeptierter Entwurf voraus (siehe Brief 226). Rosa Schapire besaß eine ähnlich gestaltete Tischdecke, deren Datum auf einer alten Fotografie mit 1911 angegeben wird.

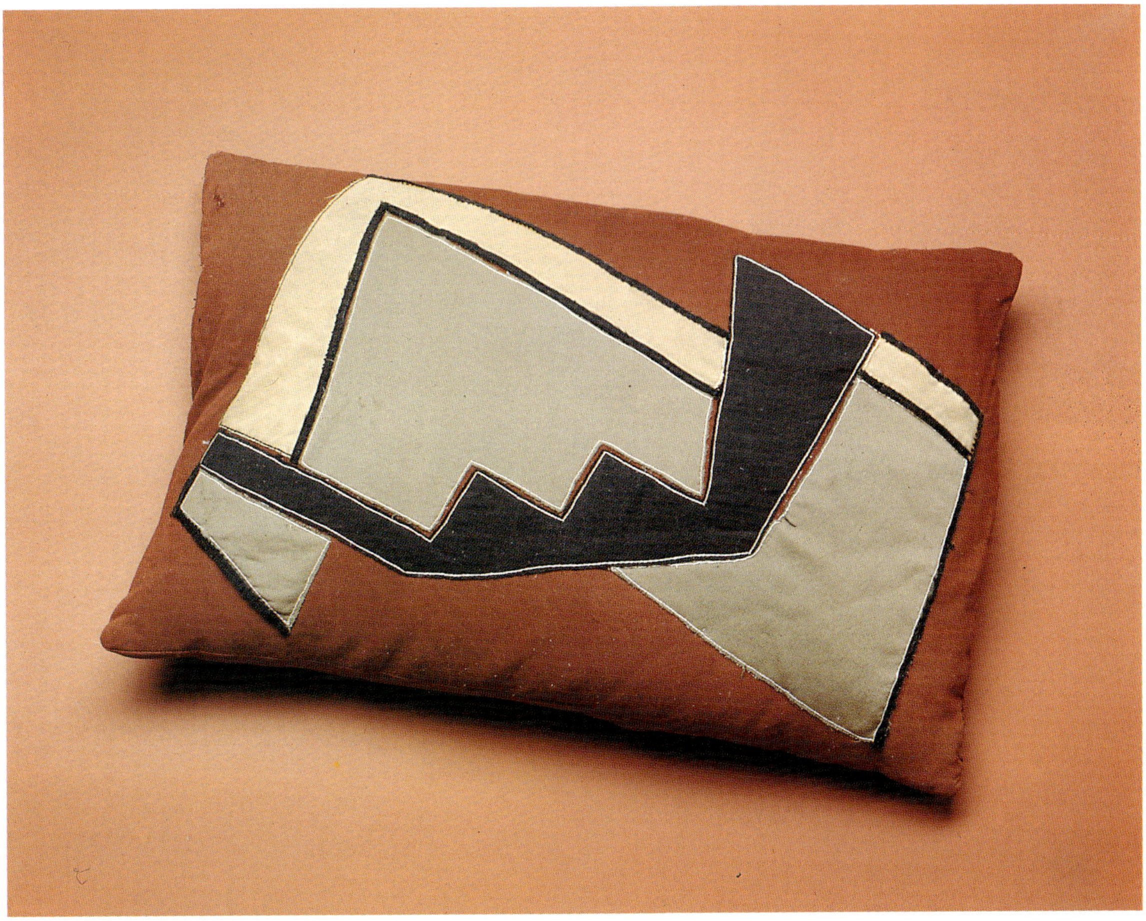

273 Kissenhülle aus applizierten Stoffen, 1910/11

Der früheste Hinweis auf Schmidt-Rottluffs Beschäftigung mit dem Bereich textiler Gestaltung findet sich in jenem Kissenentwurf, den er auf eine Dangaster Postkarte vom 9. September 1909 für Rosa Schapire zeichnete (Abb. 81). Ob entsprechende Kissen schon damals für die Adressatin angefertigt wurden, ist deshalb nicht mehr feststellbar, weil sich von mehreren solcher Stücke, die sie nachweislich besaß, keines mehr erhalten hat. Das abgebildete Beispiel aus dem Nachlaß Wilhelm Niemeyers entstand jedenfalls nicht viel später und dürfte wohl gemeinsam mit dem großen Wandbehang (Abb. 272) angefertigt worden sein, da Material und Ausführung einander sehr ähnlich sind. Hier wurden grüne, schwarze und weiße Stoffstücke beidseitig im Gegensinn so auf ein braunes Kissen appliziert, daß durch ein scheinbares Übereinander räumliche Wirkungen hervorgerufen werden und Formelemente zur Geltung kommen, die in der gleichzeitigen Graphik des Künstlers wiedergefunden werden können.

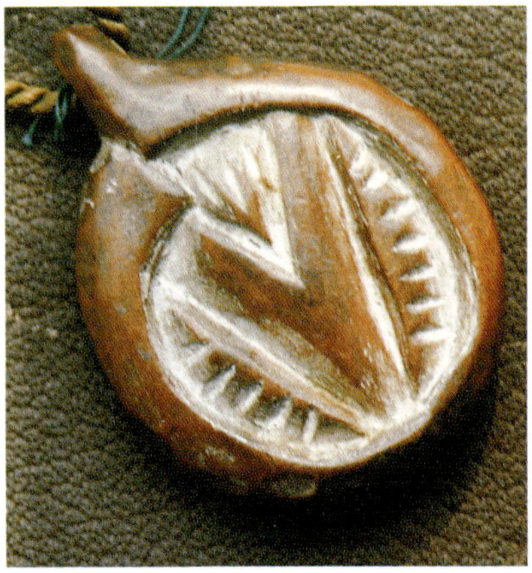

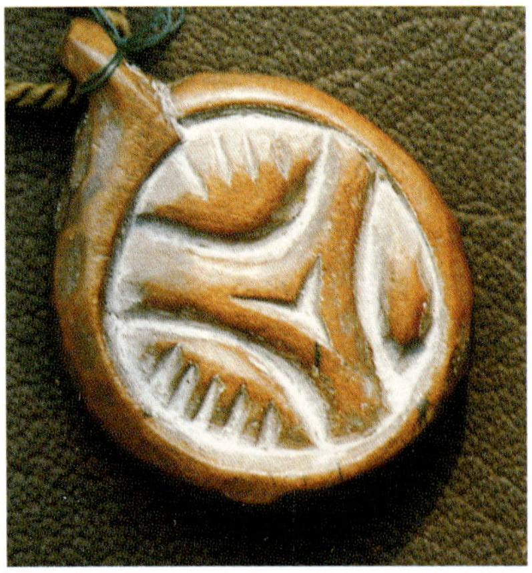

274 Holzanhänger mit Ornamenten, 1910/11

Der runde Anhänger aus Mahagoniholz – sein Durchmesser beträgt nicht einmal fünf Zentimeter – zeigt auf beiden Seiten unterschiedliche Ornamente, die nicht ohne weiteres zu deuten sind. Man könnte hier an frühe Schriftzeichen denken, nicht so sehr an die von E.L. Kirchner beschworenen ägyptischen Hieroglyphen, als an Ableitungen altgriechischer Buchstaben, die möglicherweise auch als Symbole für das männliche und weibliche Prinzip gedeutet wurden. Der humanistisch gebildete Künstler war mit den Grundzügen der Symbolik und Emblematik ebenso vertraut wie mit der Geschichte der Schrift, die in Wilhelm Niemeyer einen gewichtigen Interpreten besaß. Die Einbeziehung von Holz in Schmidt-Rottluffs damals intensiv einsetzende Gestaltung von Schmuck blieb kein Einzelfall, da mehrere, jedesmal anders gearbeitete hölzerne Anhänger, Armbänder und sogar Ringe von ihm existieren, bei denen anstelle eines Steines Ebenholz mit Perlmutteinlagen Verwendung fand. Darüber hinaus war der Künstler mit dem Werkstoff Holz als Gestaltungselement zeitlebens verbunden. Von den frühen Rahmen, Holzkästen und Reliefs führt ein unmittelbarer Weg zu den vollplastischen Köpfen und Figuren der Kriegsjahre von 1916/17 und der Gestaltung der Wohnung von Rosa Schapire in Hamburg 1921, an die sich wiederum die Erfindung ganz neu gesehener Kästen, Dosen, Schatullen, Schalen und anderer Gebrauchsgegenstände aus Holz anschließt, die noch nach 1945 eine unerwartete Renaissance erlebte.

275 Ornamentierte Messingbrosche, 1911

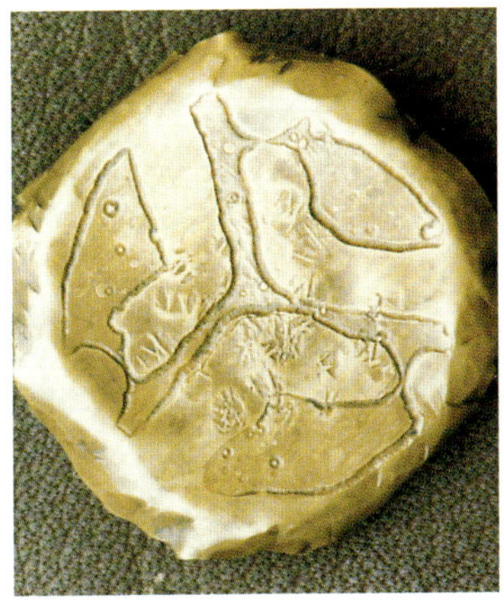

Auf die mit dem frühesten Datum 1910 versehene Messingbrosche für Emma Ritter folgt als weitere datierte Arbeit aus diesem, von Schmidt-Rottluff auch später noch des öfteren benutzten Material, eine Brosche mit einziselierter Signatur und Datierung von 1911. Sie gehört mit ihrer Vorgängerin in eine Gruppe von Messing-Schmuckstücken, getriebenen Reliefs und größtenteils datierten Brieföffnern, deren Legierung, Stärke und Behandlung unterschiedlich ist. Ihr folgen um 1924 noch einmal mehrere Arbeiten aus diesem Metall – darunter auch ein Deckelkasten mit figürlichen Darstellungen – die mit gleichzeitigen Kaltnadelarbeiten in Beziehung stehen. – Bei dieser Rundbrosche mit dem abwärts gebogenen Rand wurde die Form des abstrakten Ornaments – drei in der Mitte abgeknickte und zum Rand zurückgeführte Arme – ebenso wie die Signatur und Datierung auf der Rückseite unmittelbar in das feste Messingblech getrieben.

276 Geschnittener Bernsteinanhänger, um 1911

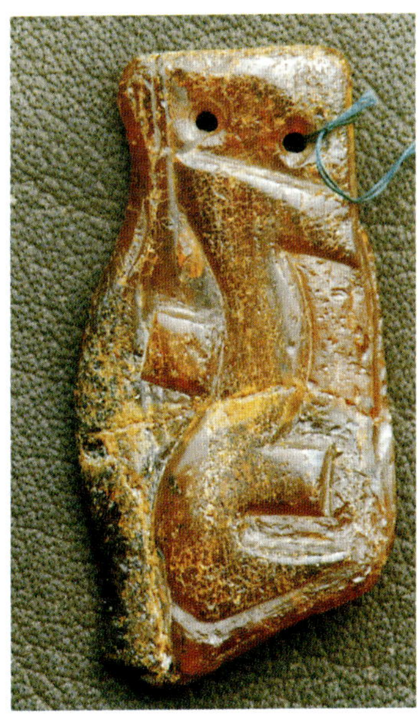

Gegenwärtig lassen sich etwa 15 Schmuckstücke nachweisen, bei denen Schmidt-Rottluff Bernstein verarbeitete: gefaßte und ungefaßte Anhänger, Silberketten mit einbezogenen Bernsteinstücken, Ringe und Krawattennadeln. Von den sämtlich nicht datierten Arbeiten ist der hier abgebildete, aus einem relativ großen, ungefaßten Stück dunklen Bernsteins bestehende Anhänger am frühesten anzusetzen. Seine ursprüngliche Form wurde mit ihren Unregelmäßigkeiten weitgehend belassen und lediglich oben zum Aufhängen zweimal durchbohrt. Das in die Vorderseite eingeschnittene buchstabenartige Gebilde – vielleicht ein E – hat in seinem kraftvollen Verlauf Ähnlichkeit mit gebrauchsgraphischen Schöpfungen um 1911, besonders mit dem eigenen Signet (Abb. 257). Der Anhänger wurde im Katalog der Königsberger Schmidt-Rottluff-Ausstellung von 1928 abgebildet und dort als eine von neun Bernsteinarbeiten gezeigt. Dem Direktor des veranstaltenden Museums, Alfred Rohde, einem der vorzüglichsten Kenner europäischer Bernsteinkunst, lag damals daran, im historischen Zentrum ihrer Verarbeitung Beispiele moderner Gestaltung vorweisen zu können.

277 Bronzebrosche mit umrahmtem Ornament, um 1910

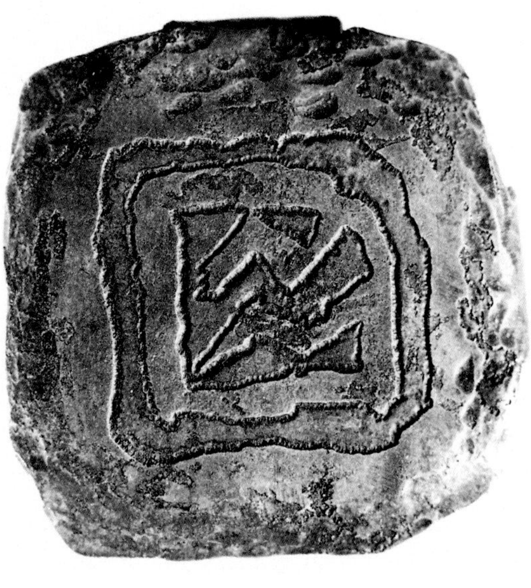

Auch diese annähernd quadratische Brosche mit dem Mittelornament gehört in die Gruppe früher Arbeiten aus Messingbronze, für welche die Jahreszahl auf der Brosche für Emma Ritter das Entstehungsdatum liefert (Abb. 209). An sie und ihre Bearbeitung läßt sich dieses Stück unmittelbar anschließen, das aus dem gleichen festen Metall besteht, an seiner Rückseite ähnliche Halterungsbänder aufweist und die Verzierungen an seiner Vorderseite mit den gleichen Werkzeugen eingeritzt erhielt. Das doppelt umrahmte Mittelmotiv ist ad hoc noch nicht deutbar, seine sich im negativ-positiven Wechselspiel darbietenden spitzen und eckigen Formenbestandteile finden sich wiederum am ehesten in der gleichzeitigen Graphik wieder. Die Signatur auf der Rückseite wurde ebenfalls eingeritzt.

278 Runde Silberbrosche mit Ornament, 1910/11

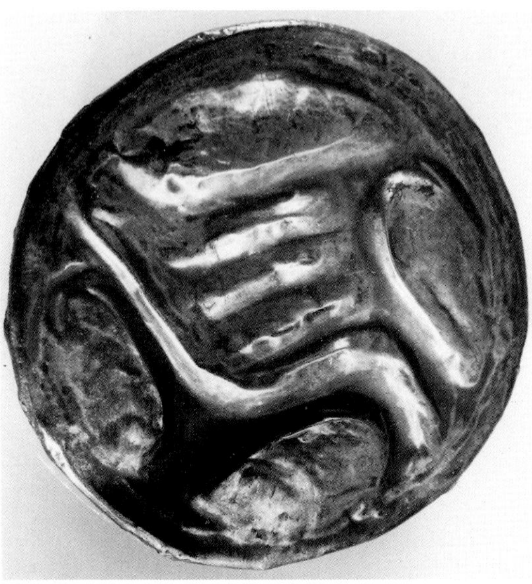

Die getriebene Silberbrosche stammt aus dem Nachlaß des Kunsthistorikers Wilhelm Niemeyer, der außer elf Gemälden und der so gut wie kompletten Graphik Schmidt-Rottluffs auch eine der mit mehr als 20 Stükken umfangreichsten, kunsthandwerklichen Sammlungen der Frühzeit von ihm besaß. Da das geschmeidige Silber der Bearbeitung weniger Widerstände entgegensetzt als die härtere Messinglegierung, erhalten auch die daraus gewonnenen Formen ein weniger sprödes und verbindlicheres Aussehen. Die in das Silberblech getriebenen Hervorhebungen runden sich nachgiebiger zum schwingenden Relief und erinnern von daher schon an den eben verklungenen Jugendstil, der allem Schmuck eine neue und größere Bedeutung beschert hatte.

1912
Herausforderung Kubismus

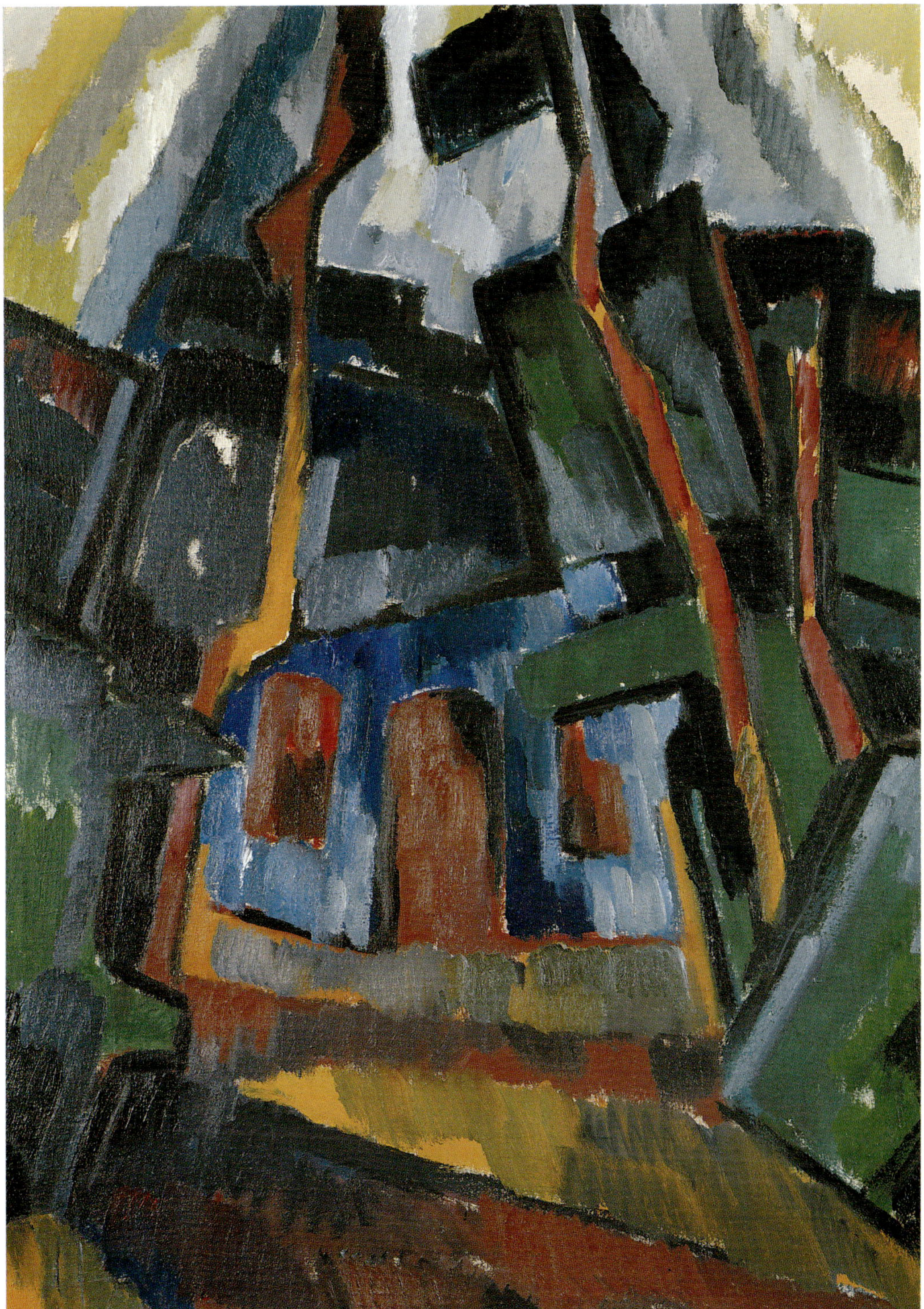

279 Haus und Bäume, 1912, Gemälde

Von den Bildern der kubistischen Schaffensphase ist dieses – erstmalig 1957 in Oldenburg gezeigte – Gemälde eines der konsequentesten. Landschaft und Architektur durchdringen sich in ihm und überlassen der auf zurückhaltende Grundtöne gestimmten Farbe lediglich assoziative Funktionen.

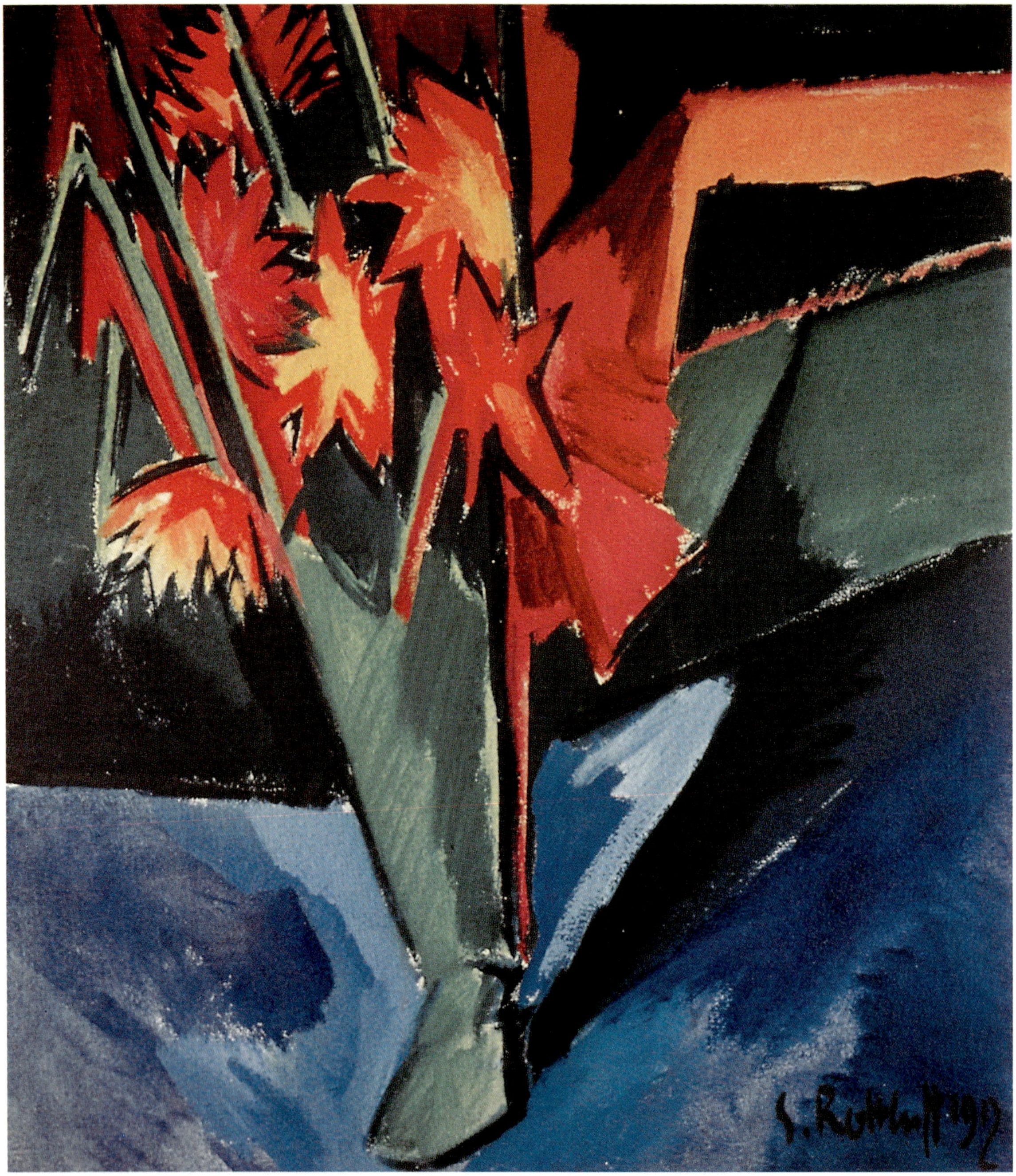

280 Georginen in Vase, 1912, Gemälde

Schmidt-Rottluffs kubistisches Stilleben par excellance gelangte 1917 durch die Initiative des „Frauenbundes zur Förderung deutscher bildenden Kunst“ als erstes Werk eines deutschen Expressionisten als Geschenk in die Hamburger Kunsthalle, wurde hier 1937 beschlagnahmt und 1962 für die Kunsthalle Bielefeld erworben. Eine Komposition aus dynamisierten Flächen und gesteigerten Farbklängen löst die Standfestigkeit des Bildobjektes auf, das schwerelos in einen geometrisierten Raum entschwebt. Die Auseinandersetzung mit den Stilleben der französischen Fauves – besonders von Braque und dem geschätzten Picasso – ist dabei nicht zu übersehen.

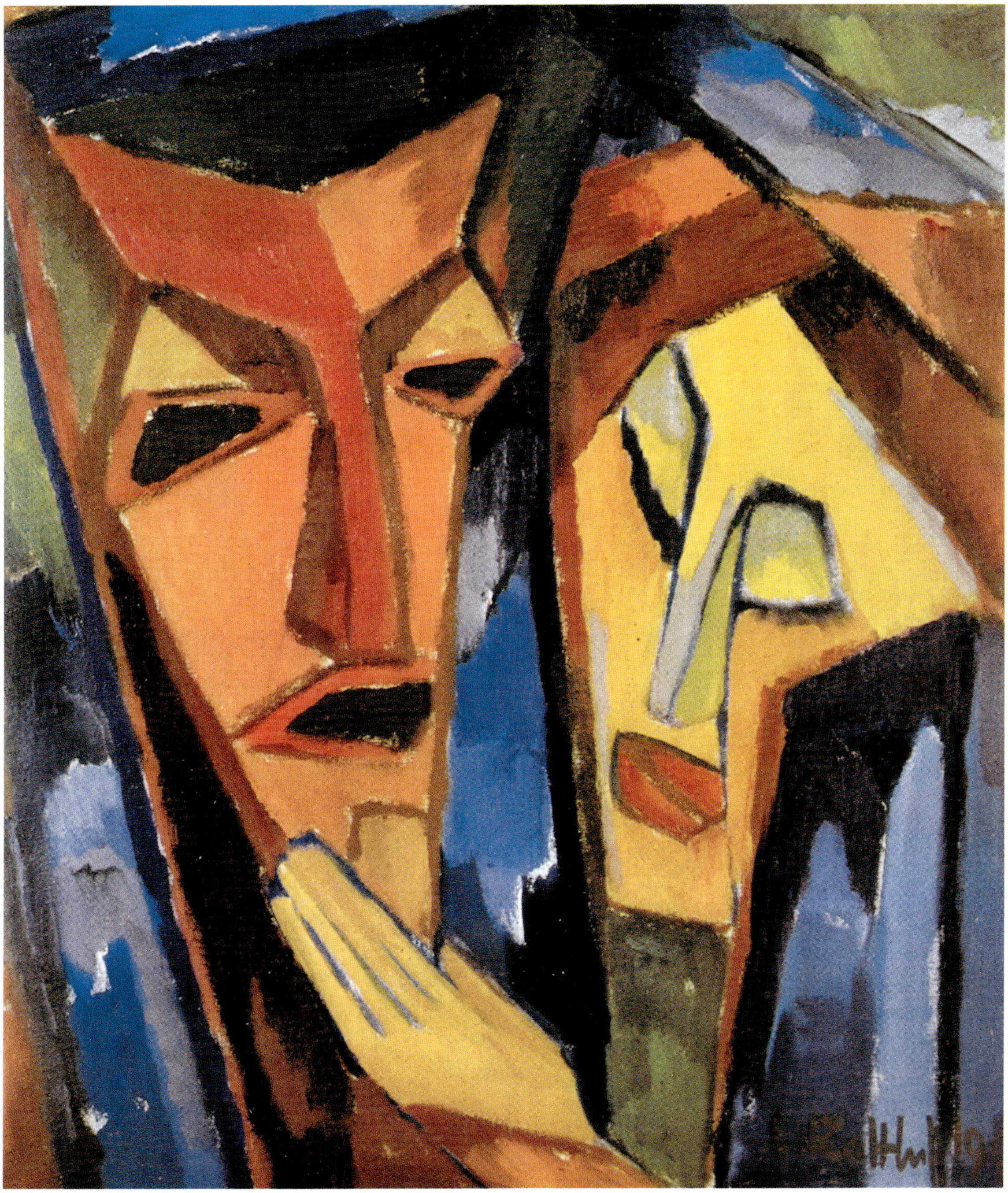

281 Frauenkopf und Maske, 1912, Gemälde

Das jetzt der Dresdener Gemäldegalerie gehörende Bild steht mit den gleichzeitig für die Kölner Sonderbund-Ausstellung geschaffenen vier Apostel-Reliefs in engem Zusammenhang, ohne eines von ihnen wiederzugeben (siehe Abb. 297). Zur Maske als Bildmotiv mögen den Künstler die ihn damals beschäftigenden Relationen von Innen und Außen, Vorstellung und Wirklichkeit, Kunst und Leben, männlichem und weiblichem Prinzip geführt haben, die auch den Briefen jener Jahre zu entnehmen sind. Ob die stark geometrisierte Darstellung tatsächlich als „verkapptes Selbstbildnis“ mit seiner späteren, erst nach Rückkehr aus dem Weltkrieg geheirateten Frau Emy Frisch gedeutet werden kann, wird vorerst offenbleiben müssen.

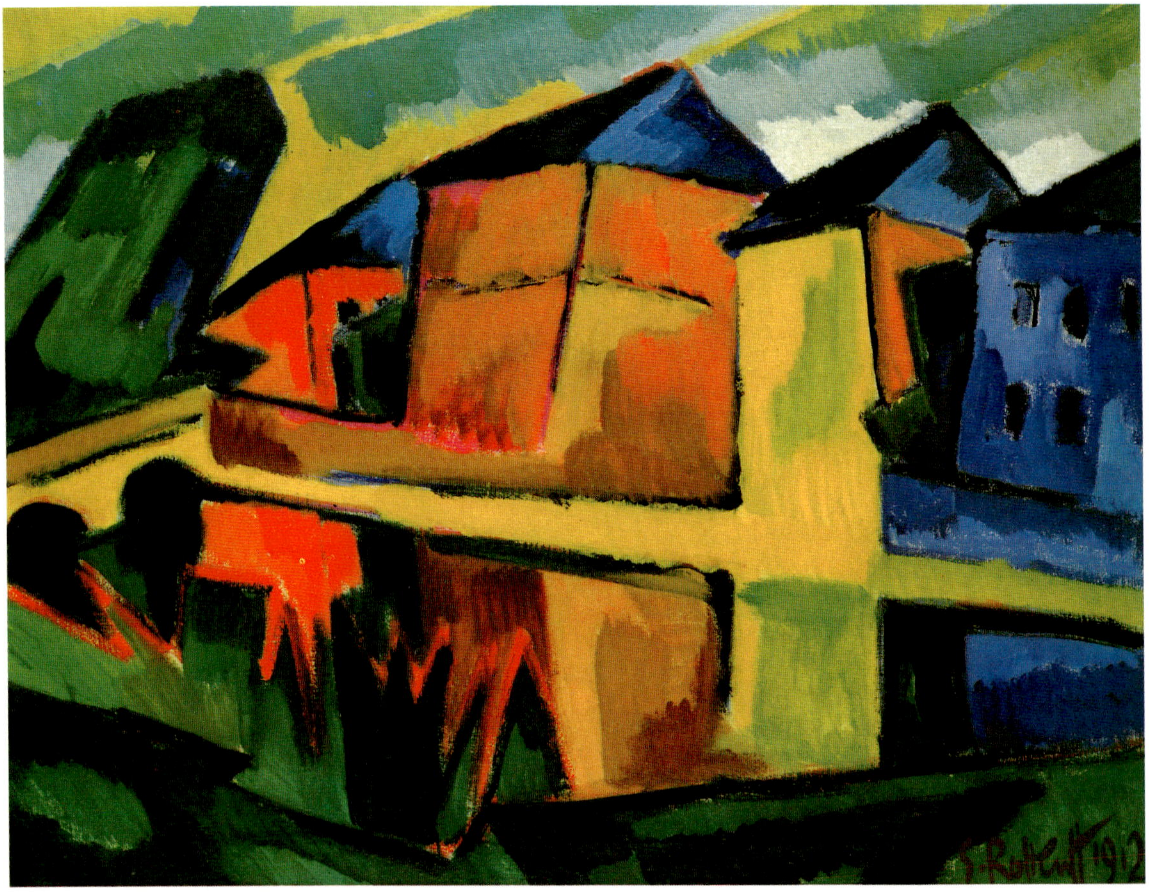

282 Häuser am Kanal, 1912, Gemälde

Den Hinweis darauf, daß diesem Bild ein Oldenburger Motiv zugrunde liegt, gab der Künstler erst 1957 anläßlich der Ausstellung „Maler der Brücke in Dangast". Da das Gemälde sich jedoch zu diesem Zeitpunkt in der damaligen DDR befand, war es nicht erreichbar und konnte lediglich im Katalog abgebildet werden. Seine Lokalisierung bereitete zunächst Schwierigkeiten, da der Bildtitel auf den noch in der Stadt Oldenburg beginnenden Küstenkanal bezogen wurde. Tatsächlich dürfte es sich aber um ein Motiv an der die Stadt kanalartig durchziehenden Alten Hunte handeln. Sie wird von einer noch existierenden Reihe klassizistischer Einzelhäuser aus der Zeit um 1800 begleitet, die das landesherrliche Schloß in gemessenem Abstand umgeben. Nirgendwo anders wird das in der oldenburgischen Architektur lange verbindlich gebliebene Ideal von Ordnung, Verhältnismäßigkeit und Harmonie so vollkommen verwirklicht wie im Gleichklang dieser Häuserreihe, die von Schmidt-Rottluff bewußt aufgebrochen und in ein Gegeneinander der im Wasser widergespiegelten farbigen Flächen zerlegt wird. Ein Hauptwerk der kubistischen Schaffensphase Schmidt-Rottluffs auch dieses Bild, für dessen Entstehung der Besuch der Kölner Sonderbund-Ausstellung Ende September 1912 lange als Voraussetzung galt. Da der Künstler danach jedoch nicht mehr nach Oldenburg zurückkehrte, kann das Gemälde nur früher entstanden sein. Die Annahme, daß es bereits am Beginn des letzten Aufenthaltes im Oldenburger Land im Frühjahr 1912 gemalt wurde, wird durch die für Anfang Januar verbürgte Entstehung des von Hermann Gerlinger identifizierten und stilistisch eng verwandten Porträts von Else Lasker-Schüler gestützt. Die Frage, ob hier von direkten Vorbildern Cézannes oder deren Nachwirkungen bei Picasso und Braque ausgegangen wurde, wird allerdings ebenso schwer zu beantworten sein, wie diejenige nach einer Kenntnis des sehr ähnlich aufgebauten und 1911 gemalten Bildes „Dorfstraße im Winter" von Gabriele Münter.

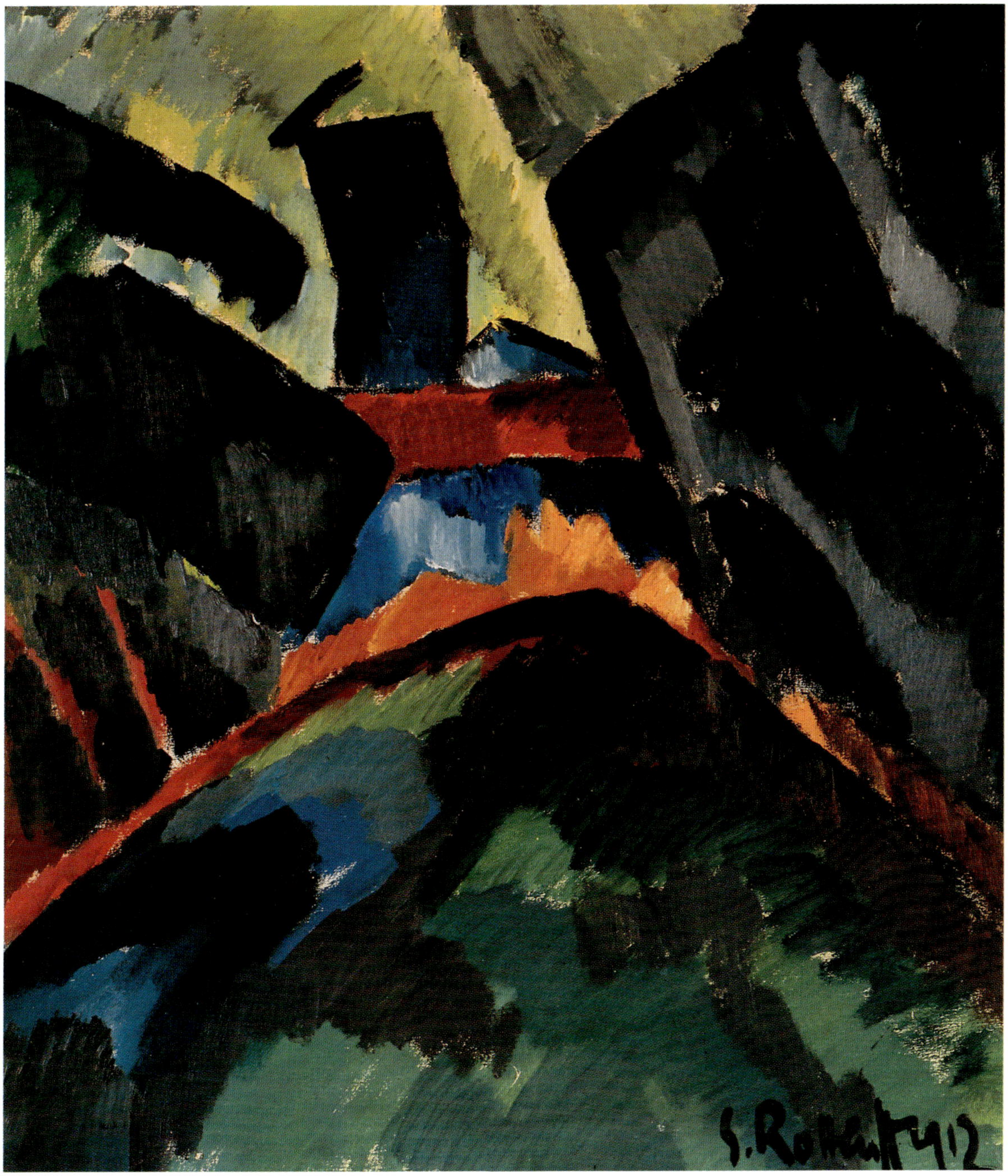

283 Villa mit Turm, 1912, Gemälde

Die von Schmidt-Rottluff so oft als Bildmotiv gewählte Dangaster „Villa mit Turm" findet in diesem, aus der Leipziger Sammlung Peters stammenden Gemälde eine besonders monumentale und eindrucksvolle Gestaltung. Der Künstler hat sich hier vom tatsächlichen Vorbild völlig gelöst und unterwirft das dekorative Türmchen eines bescheidenen Landhauses kategorisch formalen Gesetzen, indem er dessen Gestalt geometrisiert und seine Vertikalität bricht, um sie den Bewegungsabläufen unterzuordnen, die das ganze Bild zyklopisch durchziehen. Der ungewöhnlich starke Anteil von Schwarz erhöht das feierliche Pathos und steigert die Wirkung der Farbe, die über einer an gleichzeitige Arbeiten Kandinskys gemahnenden Kuppenbildung unter dem vor fahlem Himmel schwankenden Turm im Kreuzungspunkt der Komposition förmlich zu explodieren scheint.

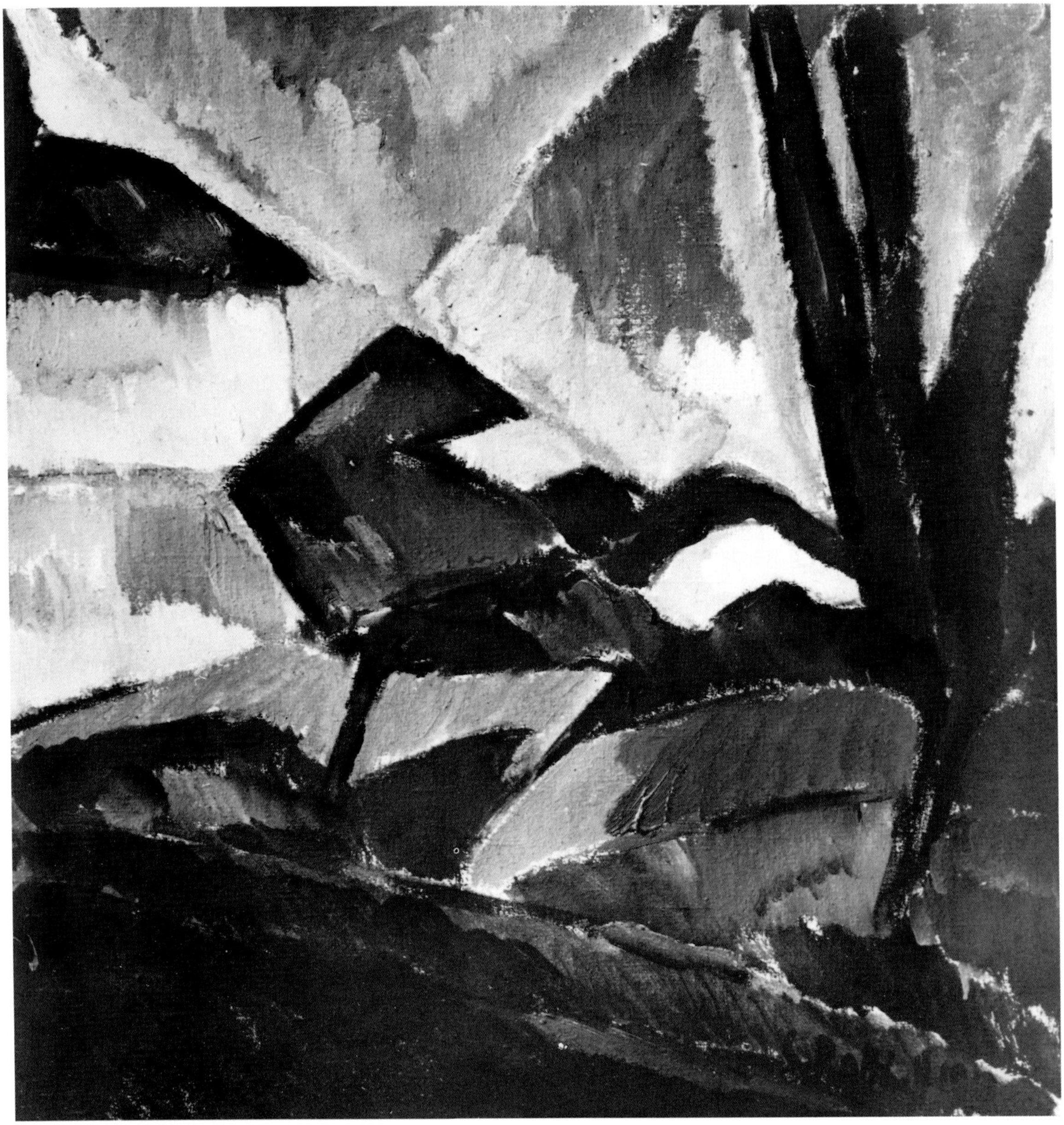

284 Graue Landschaft, 1912, Gemälde

Das verschollene und nur noch durch eine Schwarz-Weiß-Fotografie nachweisbare Gemälde war ein Geschenk des Künstlers an die Hamburgische Sezession, die Ende 1919 ihre erste Ausstellung veranstaltete und in ihrer zweiten und dritten Ausstellung 1921 und 1922 auch Bilder von Schmidt-Rottluff zeigte. An seiner Kunst orientierten sich damals mehrere der ihr zugehörigen Maler, nachdem Arbeiten von ihm insbesondere durch Ausstellungen aus Hamburger Privatbesitz bekanntgeworden waren. Von den jüngeren trat ihm der Maler Willem Grimm (1904–1986) näher, den KSR 1924 in einem Aquarell porträtierte. Zu ihren literarischen Mitgliedern gehörten auch Rosa Schapire und Wilhelm Niemeyer, die dort mehrfach Vorträge hielten und die Schenkung des Bildes möglicherweise veranlaßt hatten. In einer Beschreibung des Gemäldes verweist Niemeyer auf den russischen Maler David Burljuk (1882–1967), der Kandinsky und dem Blauen Reiter nahestand und sich früh mit Kubismus und Futurismus auseinandersetzte. Er erkennt darin eine gelbrote Hauswand, grüne Baumflächen und drei in den graublauen Himmel emporstrebende braune Pappelflammen und bezeichnet das Bild zusammenfassend als „die geistreichste Leistung des deutschen Kubismus“.

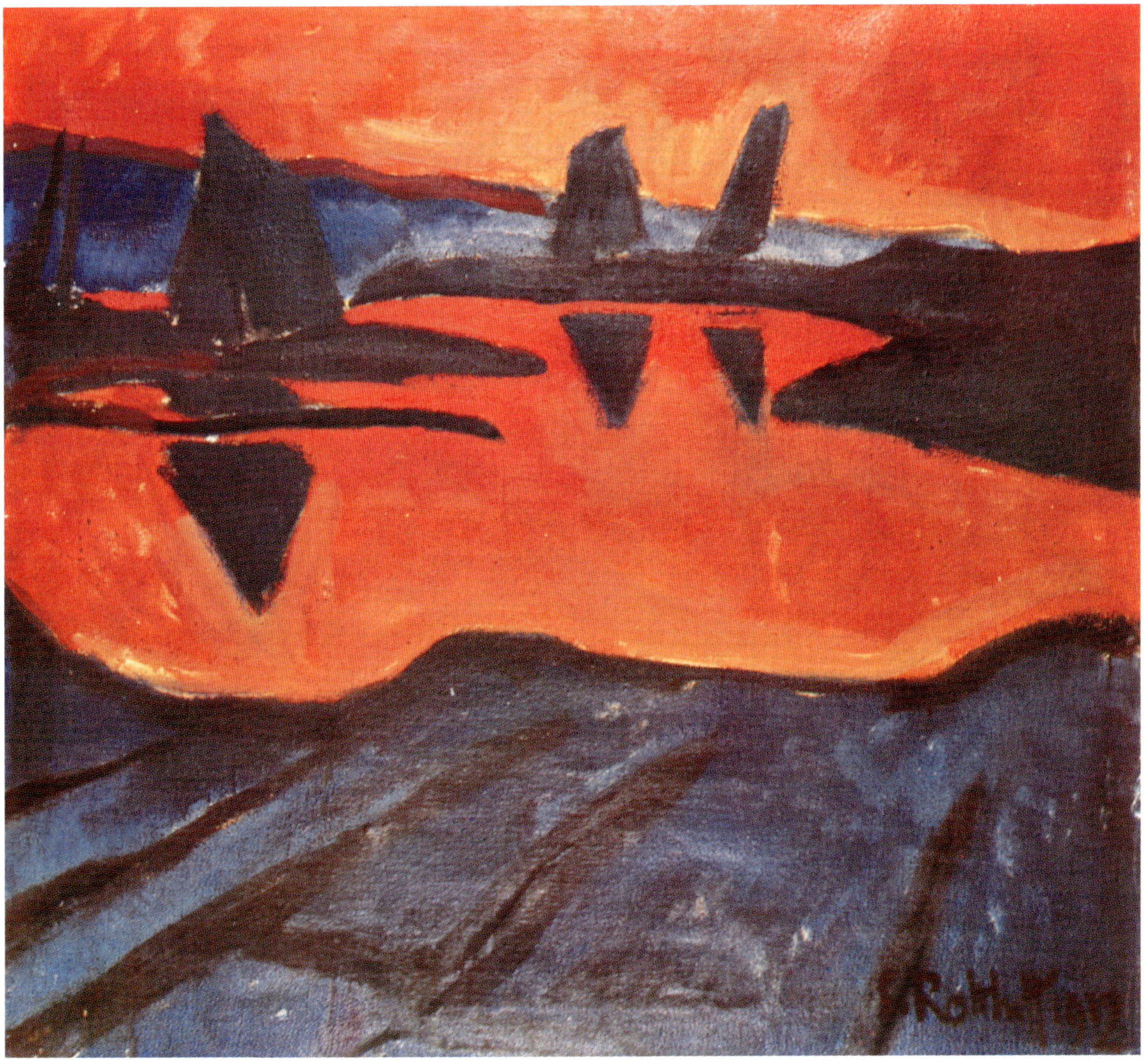

285 Watt bei Ebbe, 1912, Gemälde

In Will Grohmanns 1956 erschienener Schmidt-Rottluff-Monographie ist dieses Gemälde nicht verzeichnet, das erst wieder in einer Ausstellung des Essener Folkwang-Museums auftauchte, nachdem es bereits 1913 und 1914 in München und Berlin gezeigt worden war. Seine tautologische Bezeichnung findet sich auch bei einem verschollenen frühen Aquarell, das 1922 in Oldenburg ausgestellt wurde. Das Bild beschränkt sich auf lediglich zwei modifizierte Farben: Ein bis ins Schwarz hineinspielendes Blau, das die Wattflächen des Vorder- und Hintergrundes überdeckt und das tiefe Rot des Abendhimmels, das sich in den Wasserpartien dazwischen mit mehreren dunkel einfallenden Segelschiffen widerspiegelt. Da die großen farbigen Bildzonen nicht mehr in kubistische Formenelemente zerlegt wurden, kann eine Entstehung des Bildes am Ende des letzten Dangaster Aufenthaltes oder unmittelbar nach Rückkehr von dort angenommen werden.
Schmidt-Rottluff wußte 1957 zu berichten, wie eindrucksvoll für ihn immer wieder das Erlebnis von Flut und Ebbe, vom Kommen und Gehen des Wassers über das Watt mit den damit verbundenen athmosphärischen Erscheinungen und Farbenspielen gewesen sei. Eine nur schwer faßbare Urlandschaft habe sich hier aufgetan, in die es ihn – oft völlig allein – zu den unterschiedlichsten Tageszeiten hinausgezogen habe.

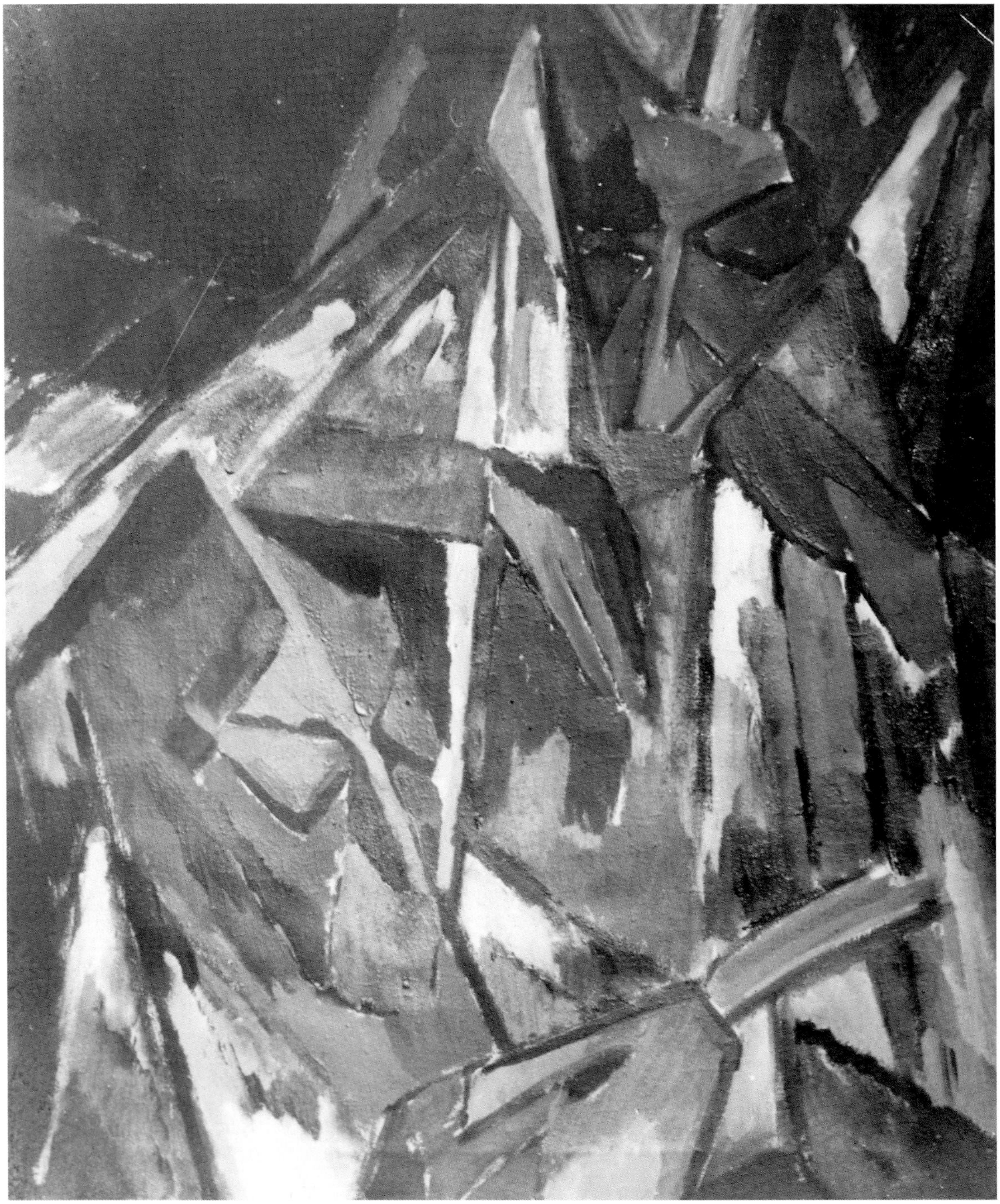

286 Lektüre, 1912, Gemälde

1912 malte Schmidt-Rottluff mehrere kubistische Figurenbilder, darunter zwei mit lesenden Frauen. Die bei ihm verbliebene „Lesende" von 1912 stellte er 1957 für die Ausstellung „Maler der Brücke in Dangast" als Porträt Rosa Schapires zur Verfügung. Dieses Gemälde ließ sich 1989 jedoch als Bildnis von Else Lasker-Schüler identifizieren, wobei die Frage, weshalb es ohne Preisgabe seiner Identität im Besitz des Künstlers verblieb, ebensowenig zu beantworten war, wie diejenige nach seiner Bestimmung als Dangaster Arbeit. Möglich, daß es dort zu Ende gemalt wurde, möglich aber auch, daß eine Verwechslung mit dem hier gezeigten, verschollenen Bild „Lektüre" vorliegt, bei dem dann Rosa Schapire als Modell gedient hätte.

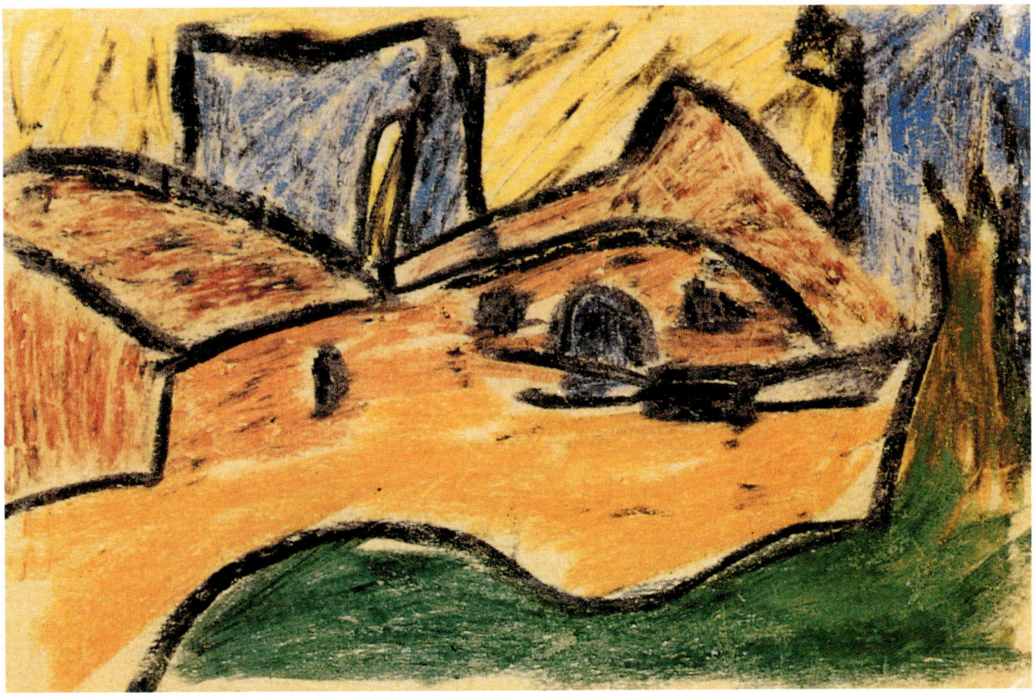

287 Landschaft mit Bauernhaus, 1911/12, Postkartenzeichnung

Das Zeichnen auf Postkarten, das bei Schmidt-Rottluff 1909 einsetzte, 1910 seinen Höhepunkt erlebte und 1911 nachzulassen begann, hörte 1912 fast gänzlich auf. Eine gezeichnete Postkarte mit dem Dangaster Poststempel dieses Jahres war bisher nicht nachweisbar und die beiden 1912 anderswo abgestempelten Karten mit Dangaster Motiven (Abb. 242) wurden, wie dieses, bereits im Vorjahr gezeichnet. Hier sind zwei im Winkel zueinander stehende Bauernhäuser dargestellt, deren natürliche Proportionen in zusammenhängende größere Flächen gedehnt und durch ebenfalls abweichende Farben bestimmt wurden: Grün für einen geschwungenen Bodensockel vorn, Orange und Rot für die Häuser und ihr Umfeld in der Mitte und Blau für die kantigen Baumumrisse vor dem gelben Himmel. Sämtliche Farbfelder sind von kräftigen schwarzen Kreidestrichen umzogen, die das dominierende Grundgerüst bilden. – Die Karte ist an den damals zwanzigjährigen Jack Goldschmidt (1892–1979) in Hamburg gerichtet, woher Schmidt-Rottluff am 18. März nach Berlin zurückgekehrt war. Der Bruder von Anna Goldschmidt (Abb. 232, 238) erwarb später noch zwei Gemälde (Abb. 23), zahlreiche Aquarelle und Zeichnungen des Künstlers, von denen der Verfasser Anfang der 60er Jahre mehrere in Augenschein nehmen konnte. In der Hamburger Werkstatt des Innenarchitekten entstanden 1921 die von Schmidt-Rottluff entworfenen Möbel für die Wohnung von Rosa Schapire.

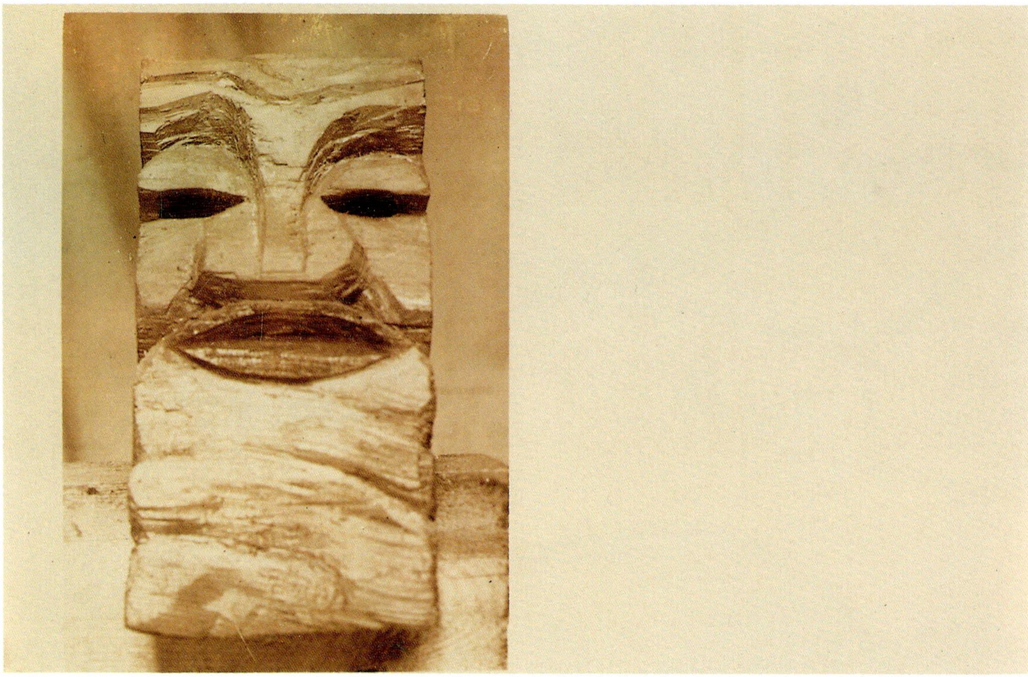

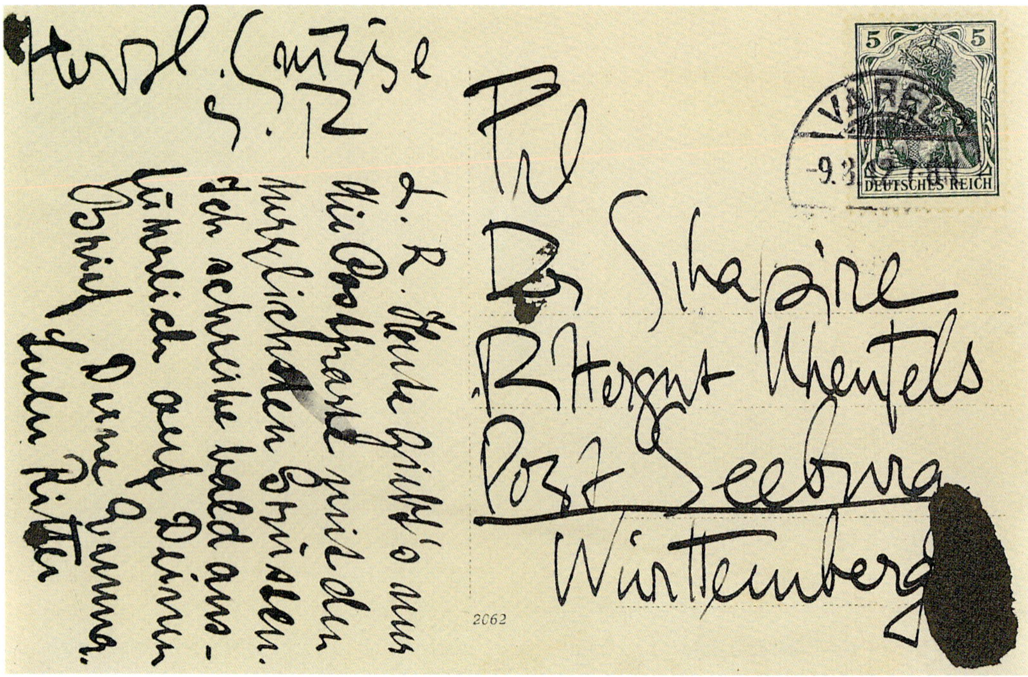

288 Foto-Postkarte mit Holzskulptur, 1912

Den Foto-Postkarten mit Dangaster Gemälden ließ Schmidt-Rottluff 1912 diese Karte folgen, von der sich noch mehrere Exemplare erhalten haben. Die Stilisierung des darauf wiedergegebenen, aus einem kantigen Block geschnittenen Männerkopfes schließt sich zwar an das vorangegangene Relief von 1911 an (Abb. 261), doch werden hier die horizontalen Strukturen des gewachsenen Holzes wesentlich stärker mit einbezogen. Die Adresse wurde vom Künstler, der Text von der Malerin Emma Ritter geschrieben, deren Schwester Lulu mitunterzeichnete. Lyonel Feininger erhielt eine gleiche Foto-Postkarte aus Dangast am 14. August 1912.

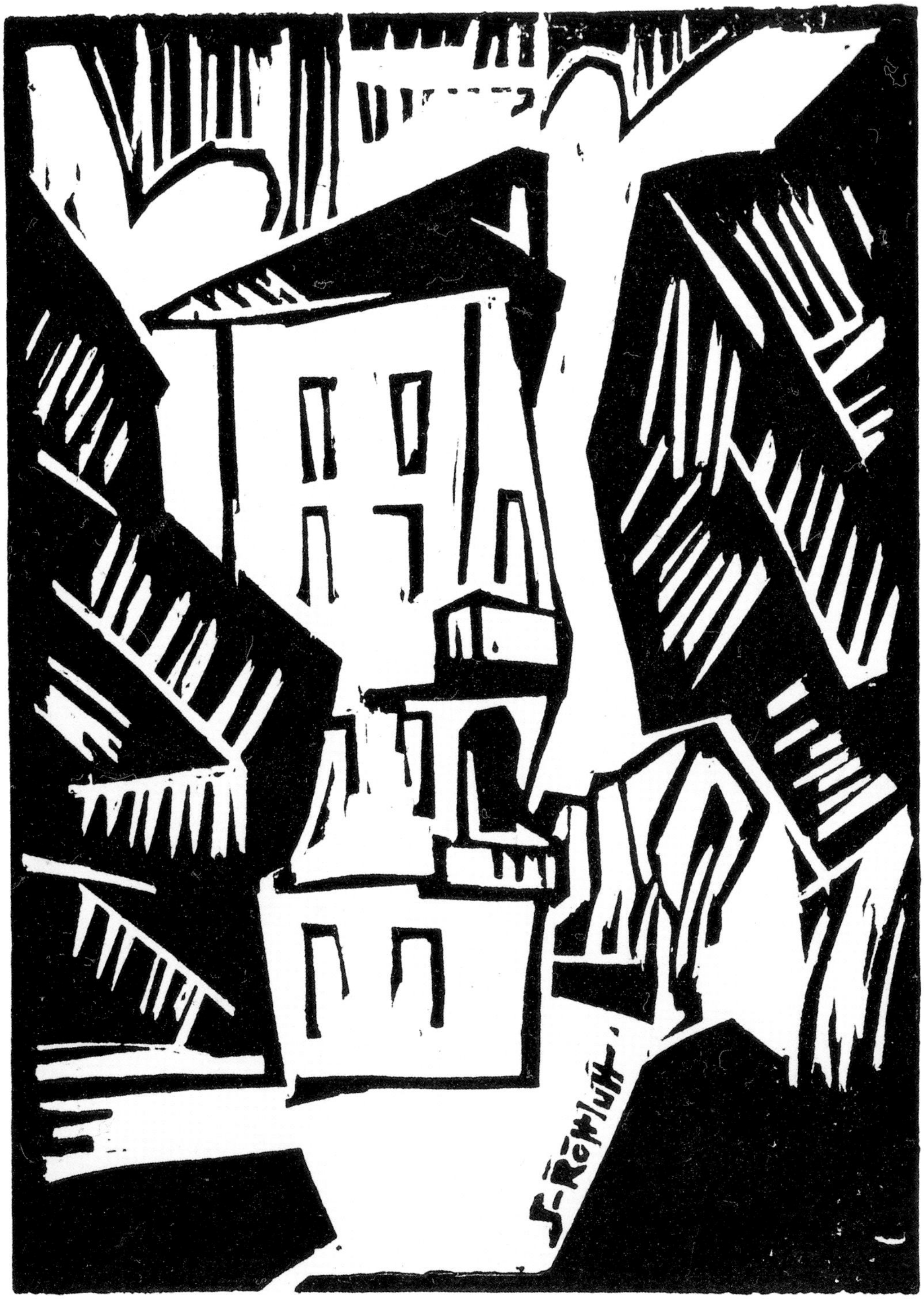

289 Haus aus Oldenburg, 1912/13, Holzschnitt

Nach Angabe des Künstlers handelt es sich hier um ein 1912 in der Nähe der Oldenburger Glasfabrik gesehenes, jedoch erst im darauffolgenden Winter in Berlin in Holz geschnittenes Motiv, das für die nicht mehr erschienene Brücke-Mappe von 1913 bestimmt war. Emma Ritter, die Schmidt-Rottluff damals künstlerisch besonders nahe stand, vertrat in ihren gleichzeitigen Holzschnitten eine ähnliche Architekturauffassung.

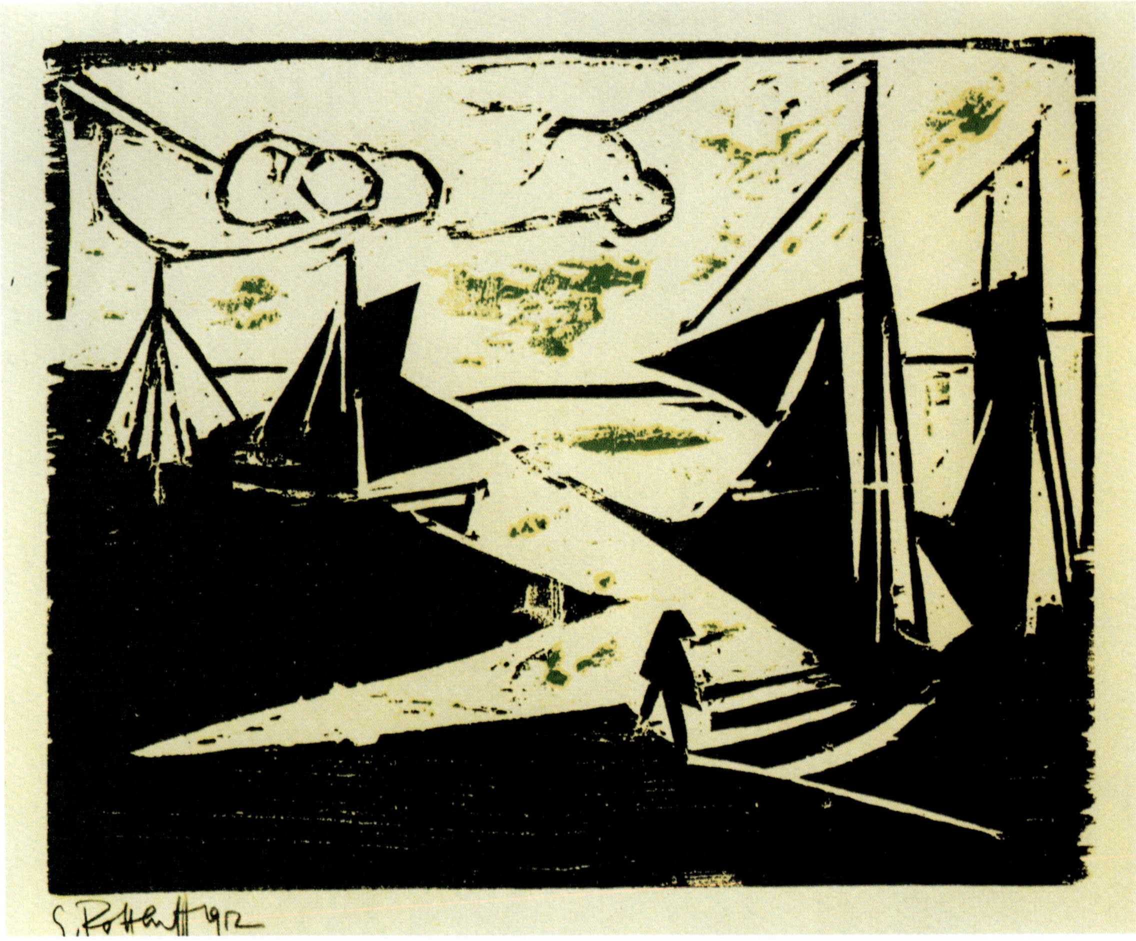

290 Hafen, 1912, Holzschnitt mit Farbeindruck

Der durch eingedruckte grüne Flächen bereicherte Holzschnitt gibt letztmalig ein Motiv aus dem so häufig aufgesuchten Binnenhafen von Ellenserdammersiel wieder (Abb. 13, 74, 114, 131, 140, 205). Alle Elemente der Landschaft, die Segelschiffe und eine hier wiederum unvermittelt am Kai auftauchende einzelne Gestalt werden unerbittlich und konsequent einem Formengesetz unterworfen, das, von den spitzen Schiffssegeln ausgehend, die gesamte Darstellung rhythmisch durchwirkt und bewegt und in seiner Folgerichtigkeit auch die äußerlich wesentlich größeren Segelschiff-Holzschnitte von 1911 aus Hamburg übertrifft (Schapire H 60, 62). In diesem Jahr begann Lyonel Feininger, mit dem Schmidt-Rottluff schon damals befreundet war, seinen ohne Delaunay nicht denkbaren kristallinischen Kubismus zu entwickeln, dem der eigenwillige Brükke-Maler zu keiner anderen Zeit so nahe war wie jetzt. Andererseits gaben aber gerade solche, von Feininger bewunderte Blätter auch die Anregung dazu, die von dem deutsch-amerikanischen Künstler bis dahin nicht geübte Kunst des Holzschneidens selbst zu erlernen und sich hierbei der Vermittlung von Emma Ritter zu bedienen, mit welcher ihn seither ebenfalls eine lebenslange Freundschaft verband.

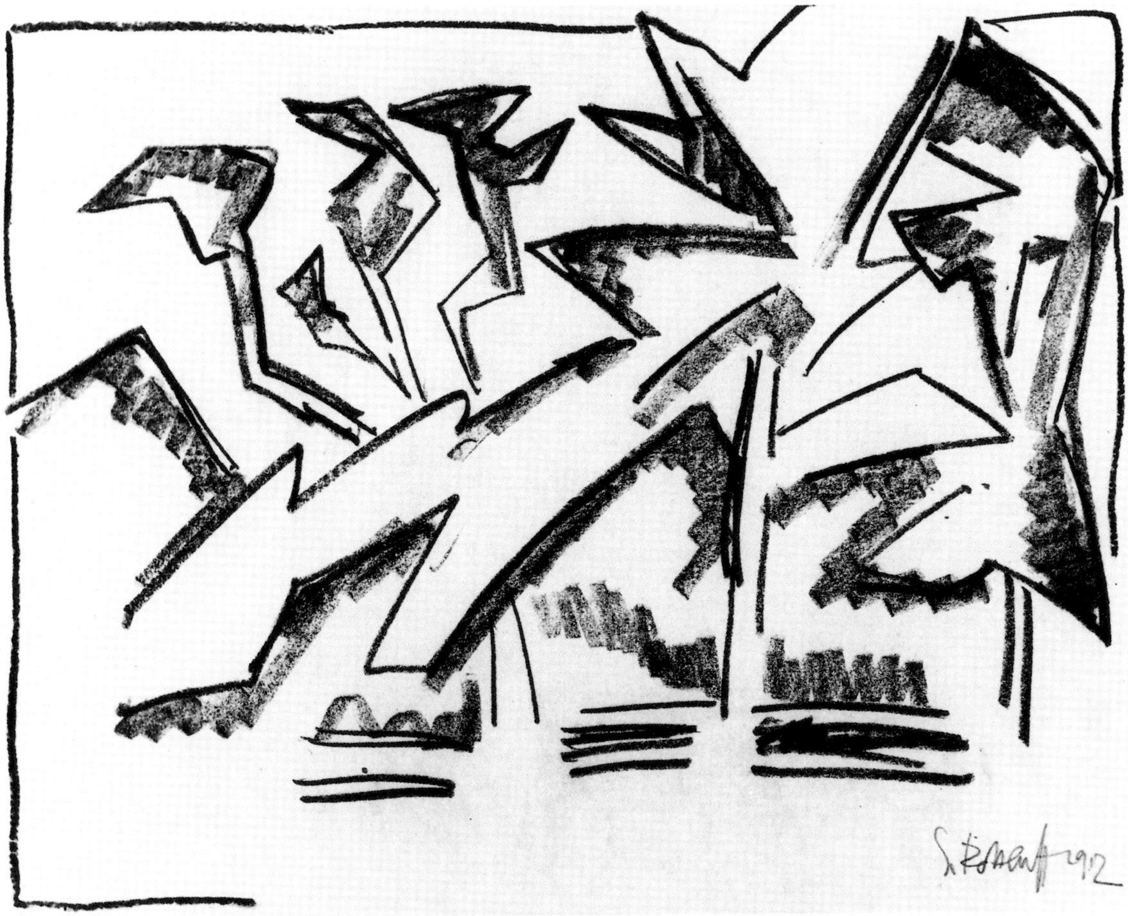

291 Bäume, 1912, Lithographie

Der lapidare Titel der Lithographie bestätigt, daß selbst bei einem kubistischen Experiment wie diesem auf die Erkennbarkeit der verwandelten Wirklichkeit nicht verzichtet wurde. Hier sollte ausgelotet werden, bis an welche Grenzen die Abkürzung und ornamentale Verfremdung einer Naturerscheinung getrieben werden konnte, die sich wie ein Leitfossil durch das Oeuvre des Malers hindurchzieht. Aus Baumkronen und Zweigen sind dabei nach allen Seiten und selbst über den gezogenen Rand ausfahrende Zacken und Blitze geworden, durch hier und dort dem linearen Gefüge unterlegte Schraffuren in eine irreale Räumlichkeit versetzt. Von den erhaltenen Ölbildern spiegelt „Haus und Bäume“ (Abb. 279) diese von Wilhelm Niemeyer als „Landschaftskubismus“ apostrophierte Auffassung ähnlich wieder, der jedoch ein bei Grohmann nicht genanntes Gemälde „Tannen“ von 1912 am nächsten gekommen sein dürfte. Niemeyer, der dieses Bild sah und von ihm stark beeindruckt war, charakterisierte es als „ein Ornament wie ein Sternensturz“.

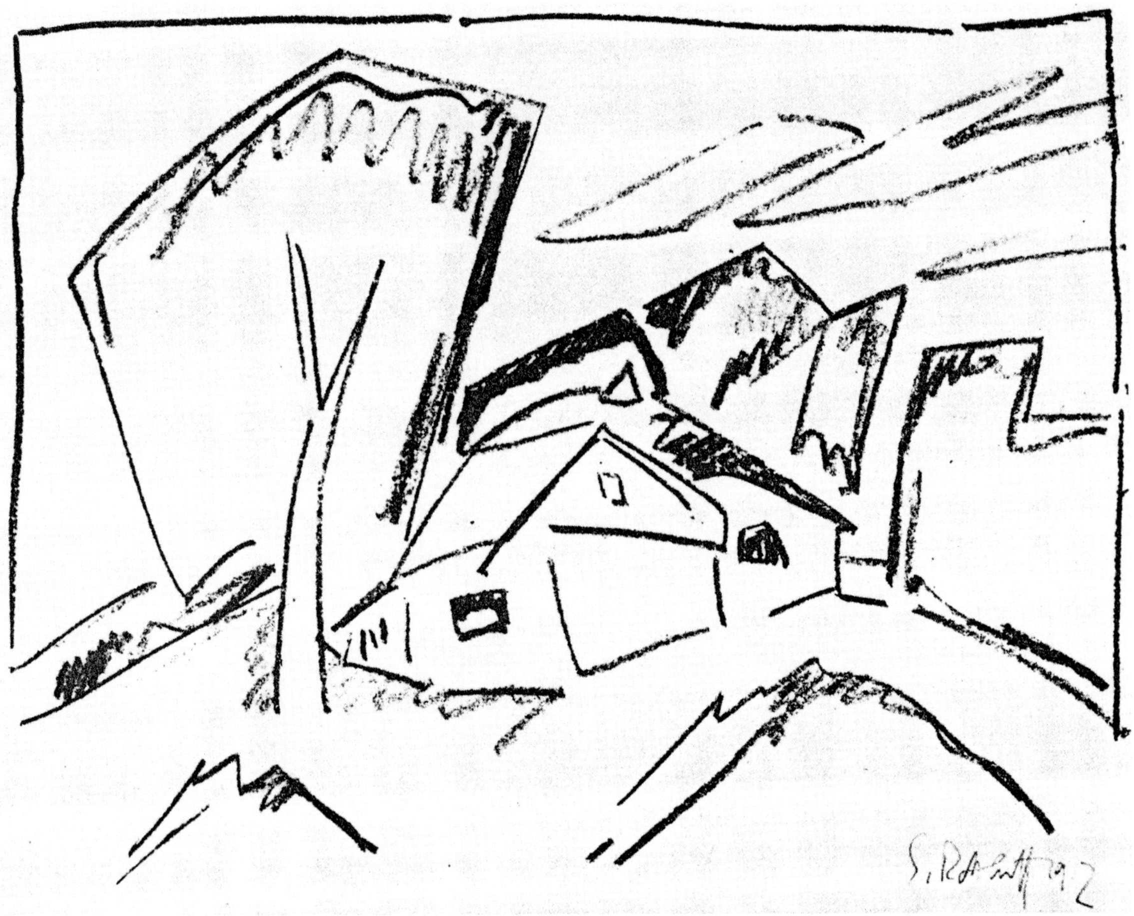

292 Landschaft mit Baum und Haus, 1912, Lithographie

In der Graphik Schmidt-Rottluffs hatte sich im letzten Dangaster Jahr die Bevorzugung des Holzschnitts fortgesetzt. Den 1912 geschaffenen 24 Blättern, denen noch etwa 12 ebenfalls holzgeschnittene Gebrauchsgraphiken hinzugezählt werden können, standen lediglich vier Lithographien gegenüber, die jedoch sämtlich Motive aus dem Oldenburger Land wiedergeben. Auf diesem Blatt präsentiert sich eine in die Bildmitte gesetzte Gebäudegruppe, die aus einer kleineren, übereck gesehenen Scheune vorn und dem an seinem Giebelfirst erkennbaren Bauernhaus dahinter besteht, mit einem eckig umrissenen Baum davor und geometrisierten Büschen und Wolken im Hintergrund. Am vorderen Bildrand deuten Dreiecksformen Geländeerhöhungen an, die in ein Gefüge diagonaler Linien eingebunden werden, welche die ganze Darstellung kategorisch durchziehen. Mit großer Wahrscheinlichkeit wird hier ein noch vorhandener Hof an der jetzigen Deichstraße am Südrand von Dangast wiedergegeben.

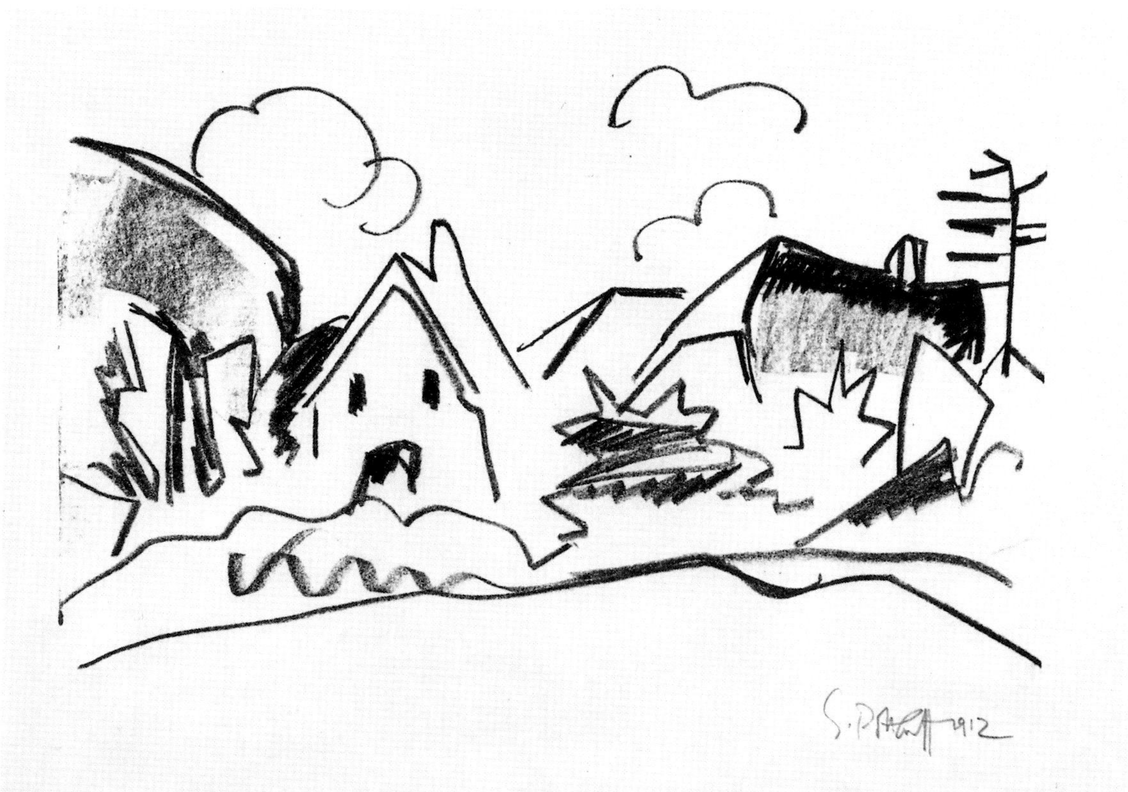

293 Aus Dorf Dangast, 1912, Lithographie

Schmidt-Rottluff hat die am abfallenden südlichen Geestrücken liegenden Gehöfte, die im Unterschied zum Kurgebiet als „Dorf Dangast" bezeichnet wurden, sehr häufig aufgesucht und auf unterschiedlichste Weise festgehalten. Ähnlich wie auf dem vorigen Blatt erscheint auch hier im Vordergrund ein spitzgiebeliges kleines Nebengebäude, während das größere Bauernhaus mit seinem dunklen Reetdach nun rechts davor liegt, halb von gezackten Büschen verdeckt und von einem einzelnen Nadelbaum überragt. Die vorher so entschieden gehandhabte Geometrisierung tritt weniger stark hervor, da Wolken und Erdformationen durch runde und wellenförmige Linien angedeutet werden, wie es in dieser Lithographie überhaupt mehr auf die Demonstration unterschiedlichster Strichstrukturen anzukommen scheint, die sie in lebendigem Hell-Dunkel überziehen und so alle Starrheit und Gewaltsamkeit vermeiden. Die Signierung und Datierung im Stein teilt sie mit den übrigen drei Steindrucken von 1912 aus Dangast.

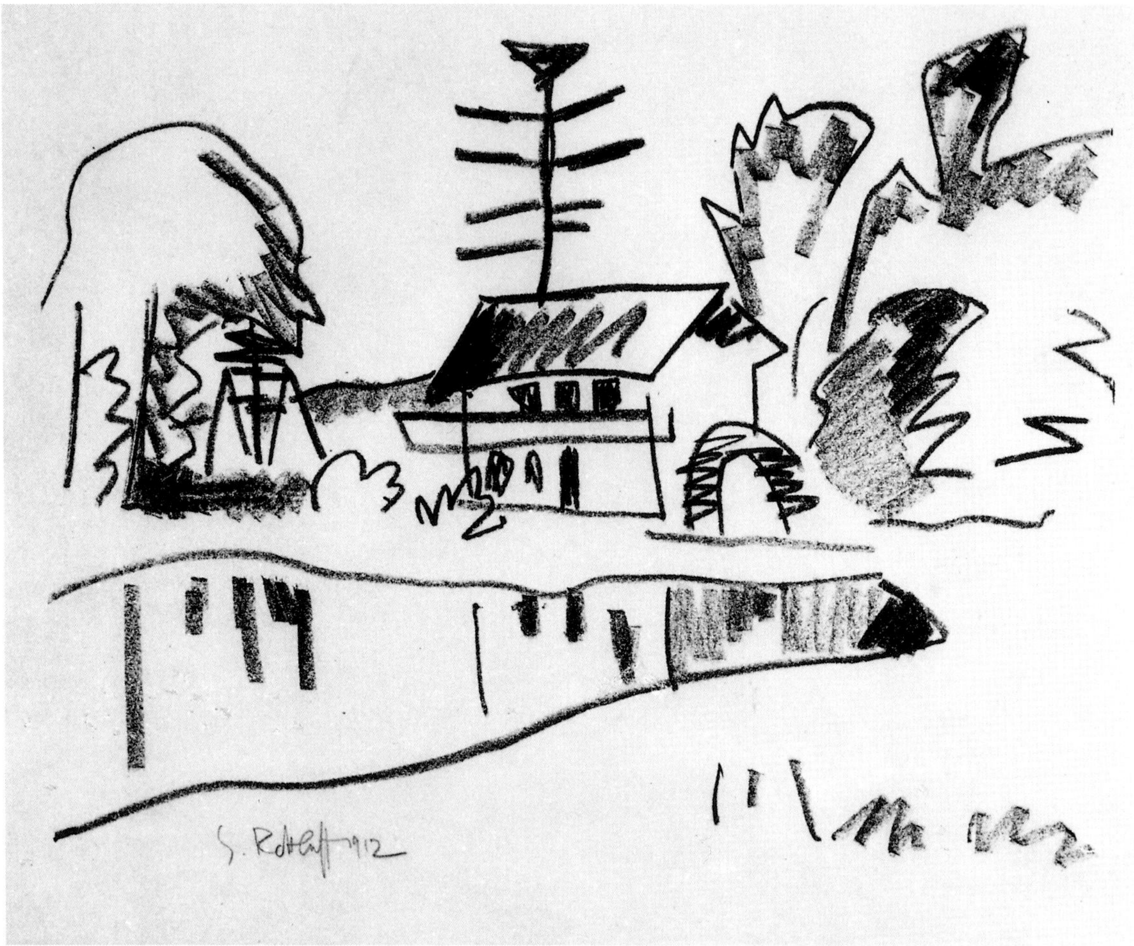

294 Aus Rastede, 1912, Lithographie

In Rastede, der nördlich der Stadt Oldenburg gelegenen Sommerresidenz der Oldenburger Herzöge, hatte Schmidt-Rottluff bereits 1911 eine Partie aus dem weitläufigen Schloßpark gezeichnet: die baumbestandene Insel im Ellernteich (Abb. 227), in deren Nähe sich auch die hier dargestellte, heute als Restaurant dienende „Alte Klostermühle" befindet. Dabei handelt es sich um ein Relikt aus dem mittelalterlichen Rastede, das durch eine dem Schloß vorausgehende Benediktinerabtei geprägt wurde, in deren Umkreis 1336 unter anderem die älteste Sachsenspiegel-Handschrift in niederdeutscher Sprache entstand. An der Seite des zweigeschossigen Bauwerks ist das Mühlrad gut zu erkennen, das durch den damals noch vorhandenen und im Vordergrund sichtbaren Mühlenteich gespeist wurde, in dem sich Haus und Bäume spiegeln. Der Zeichenstil ähnelt bis auf Einzelheiten, wie das Strichgerüst des Nadelbaumes, der vorangegangenen Lithographie und führt die im Kreidestrich beschlossenen Ausdrucksmöglichkeiten souverän vor. Emma Ritter erinnerte sich daran, mit Schmidt-Rottluff mehrfach in Rastede gewesen zu sein und Erich Heckel wußte zu berichten, daß er hier den Bildhauer Paul Peterich (1864–1937) besucht habe, der zu den Gründungsmitgliedern des Oldenburger Künstlerbundes gehörte.

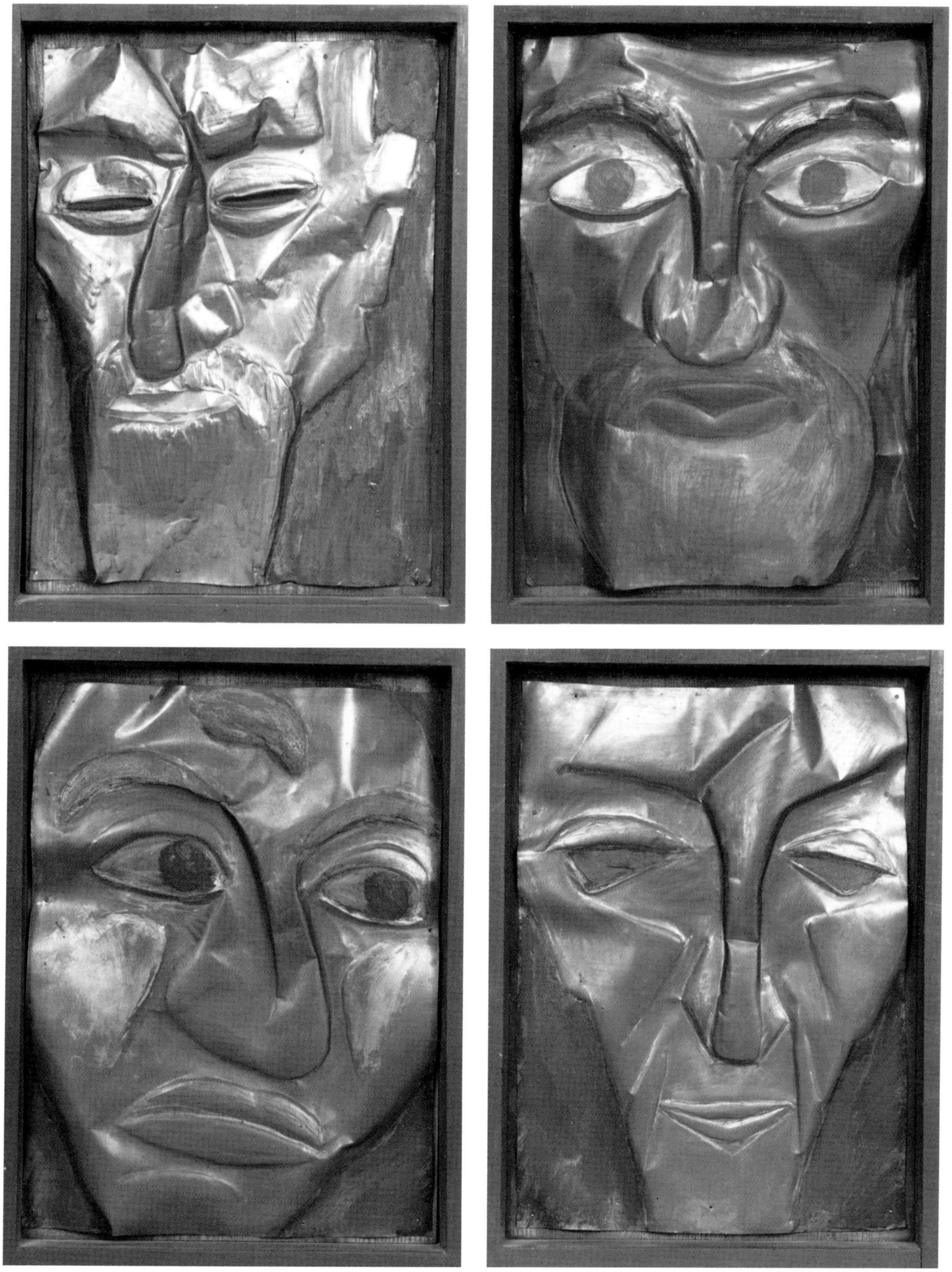

295 Die vier Evangelisten, 1912, Messingblech-Relief

Die für die Kölner Sonderbund-Ausstellung bestimmten Reliefs entstanden in Dangast und gelangten ins Brücke-Museum. Einem von Donald E. Gordon gegebenen Hinweis auf Vorbilder aus Kamerun und seiner gleichzeitigen Deutung als vier Porträts von Brücke-Malern läßt sich allerdings nur sehr schwer folgen.

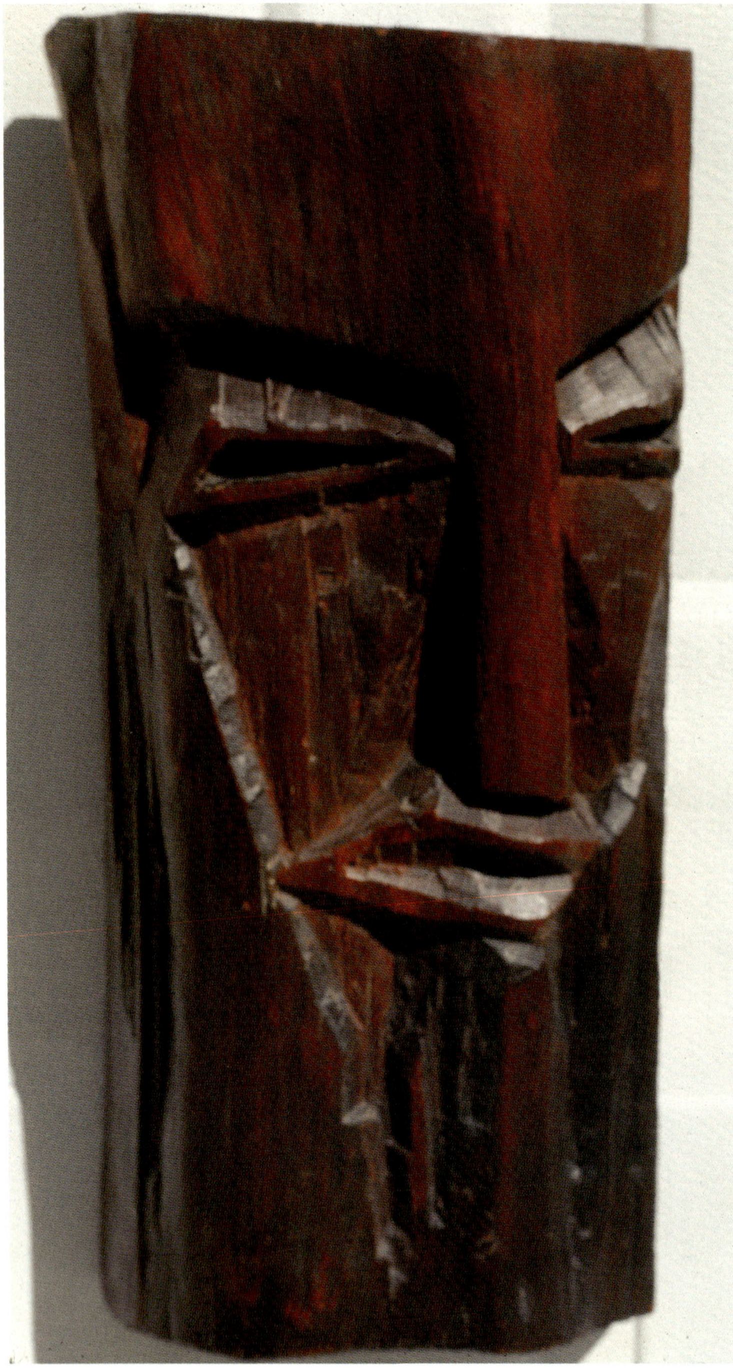

296 Kopfrelief eines Bärtigen, 1912, Fichtenholz

Der mit 42 cm die Höhe der vier Evangelisten-Reliefs erreichende Kopf ist auf einem Foto der 1921 von Schmidt-Rottluff für Rosa Schapire in Hamburg gestalteten Wohnung zu erkennen, das vom Verfasser 1964 erstmalig veröffentlicht werden konnte. Von der Kunsthistorikerin stammt auch die Fotodatierung, deren Bestätigung der Künstler 1957 mit dem Hinweis auf die Gleichzeitigkeit der Entstehung mit den Evangelisten-Reliefs in Dangast verband. Die großflächig angelegte, rückseitig ausgehöhlte Skulptur besitzt eine eingeschnittene Signatur und ist ein wichtiges Bindeglied zwischen den vorangegangenen Flachreliefs und den vollplastischen Köpfen, die Schmidt-Rottluff während des Ersten Weltkrieges 1916/17 in Rußland schuf.

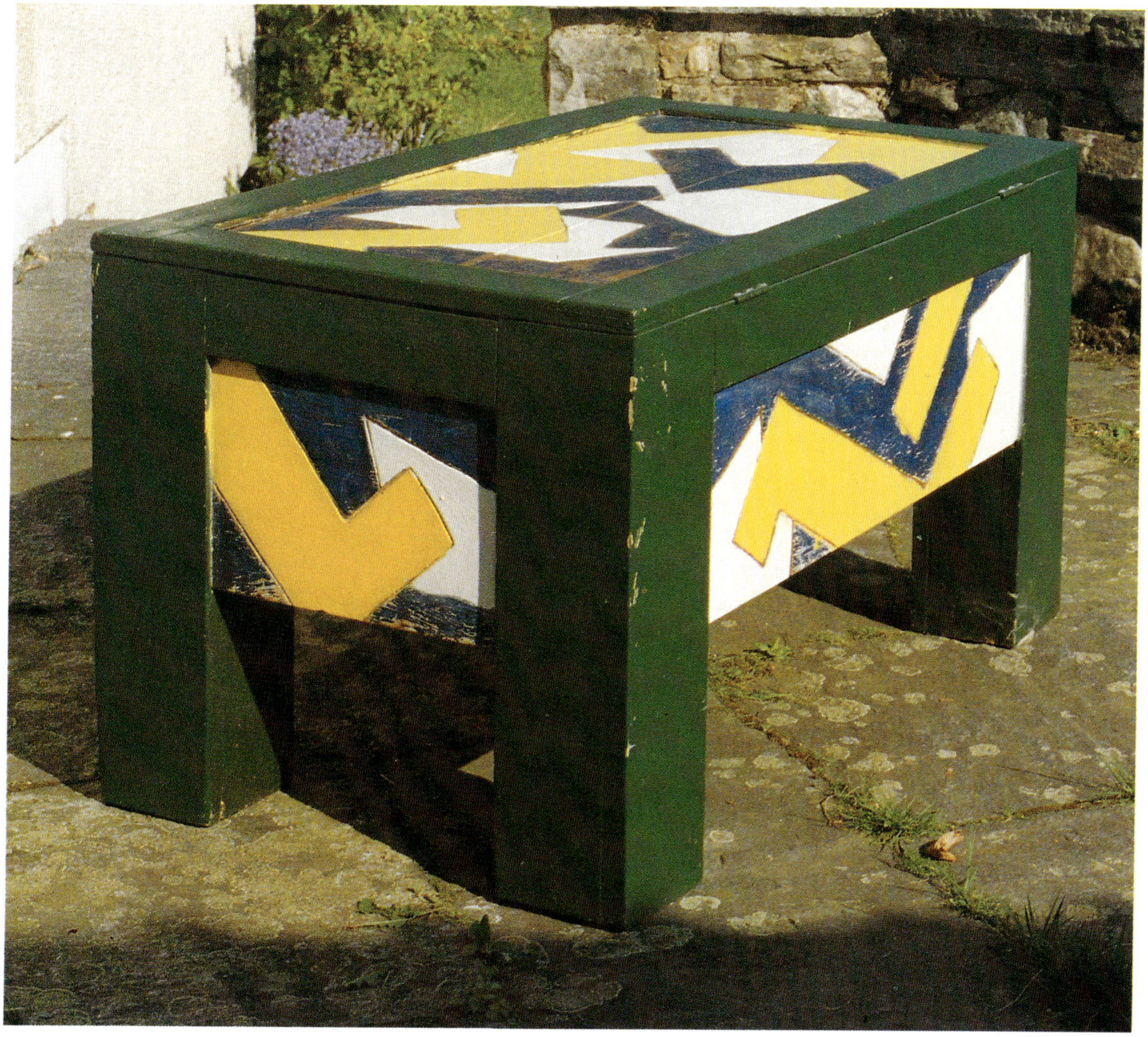

297 Holztruhe mit abstrakt bemalten Feldern, 1912

Von mehreren nach Entwürfen Schmidt-Rottluffs hergestellten und als Möbel benutzbaren Truhen, deren Entstehung Rosa Schapire bestätigt, ist dies die einzige, die noch als existent nachgewiesen werden kann. Sie wurde für die Hamburger Zahnärztin und Sammlerin Elsa Hopf angefertigt, die als Passives Brücke-Mitglied eine ausgezeichnete Kollektion von Arbeiten des Künstlers besaß. Neun Jahre vor den für Rosa Schapire gearbeiteten Möbeln entstanden, demonstriert die Truhe den von Schmidt-Rottluff vor allem in kunsthandwerklichen Objekten angewandten geometrischen Kubismus auf seinem Höhepunkt. Die in ein breites, grün gestrichenes Holzrahmenwerk eingelassenen fünf Tafeln sind tatsächlich nichts anderes als fünf jedesmal neu, aber im gleichen Formenrhythmus und gelb-blauen Farbklang gestaltete abstrakte Gemälde. Insofern ist es nur konsequent, wenn der Künstler die an der Vorderseite befindliche Tafel wie ein Bild signiert und datiert hat. Die Abbildung zeigt das Möbel von der Rückseite, auf der die Spuren mehrfacher „Auffrischungen“ sich noch am wenigsten bemerkbar machen.

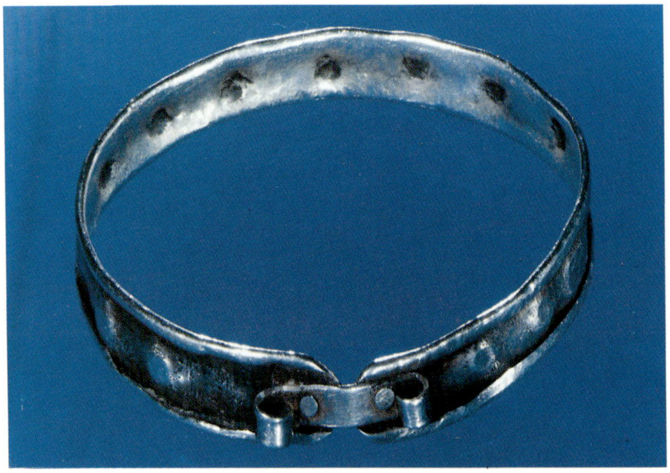

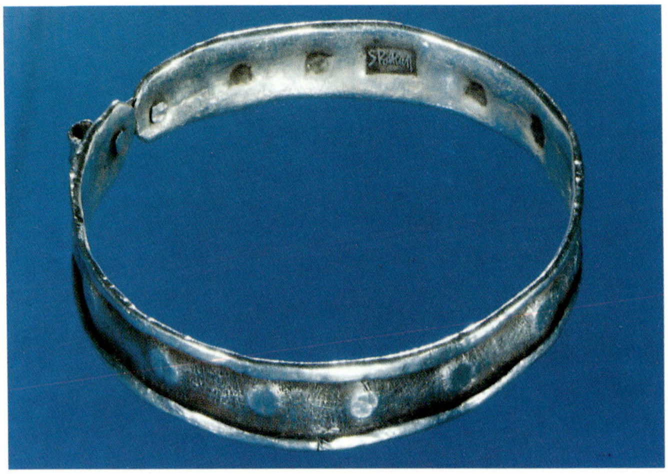

298 Schmales Silberarmband mit Wulsträndern , um 1912

Nach Mitteilung des Künstlers an die Besitzerin wurde dieses Armband von ihm noch in Dangast gearbeitet, möglicherweise aber erst später mit dem auf der Innenseite angebrachten Signaturstempel versehen. Unter den zahlreichen Silberschmiederarbeiten, die Schmidt-Rottluff zeitlebens schuf, befinden sich annähernd 30 bisher bekannt gewordene Armreifen, mehrere davon vergoldet oder mit anderem Material verarbeitet, mitunter aus nur einem einfachen oder spiralig gedrehten Ring bestehend, aus mehreren Gliedern oder Plättchen zusammengesetzt oder nicht selten auch mit edlen Steinen versehen. Bei diesem Reif wird das Streben nach den ursprünglichsten Bearbeitungsverfahren besonders deutlich: einfach gewulstete Ränder verleihen ihm die Profile, zwischen denen gepunzte Vertiefungen bzw. Erhöhungen eine umlaufende Reihe bilden. Ein genietet aufgesetztes Verschlußstück wurde an den Enden eingerollt.

299 Armband aus 6 Schildplättchen, 1912, Messing vergoldet

Die bewegte frühe Geschichte dieses vergoldeten Armbands spiegelt sich in den hier veröffentlichten Briefen des Künstlers. Aus ihnen geht hervor, daß es auf Bestellung des Hamburger Sammlers Gustav Schiefler für seine Frau Luise angefertigt worden war. Aus unklar gebliebenen Gründen erbat Schmidt-Rottluff die Arbeit jedoch schon kurze Zeit später wieder zurück, wodurch das bisher gute Verhältnis zwischen ihm und den Auftraggebern auf eine harte Probe gestellt wurde. Die einige Monate später erfolgte Ausstellung dieses Armbands auf der Kölner Sonderbund-Ausstellung von 1912 kann kaum der Grund für den Rückgabewunsch gewesen sein, da die Besitzer eine Leihgabe mit Sicherheit nicht verweigert hätten. Acht Jahre später machte der Künstler das Schmuckstück dann dem Hamburger Museum für Kunst und Gewerbe zum Geschenk, dessen neu berufener Direktor Max Sauerlandt (1880–1934) der erste Museumsmann war, der sich für die plastischen und kunsthandwerklichen Arbeiten der Brücke-Maler einsetzte und 1925 eine allein Schmidt-Rottluff gewidmete Ausstellung veranstaltete. – Das aus vergoldetem Messing gearbeitete Armband besteht aus sechs miteinander verbundenen Plättchen, deren Schildform der Künstler bereits für einen Stempel der eben erst gegründeten Künstlergruppe Brücke verwandt hatte. Die Verzierung der Schildplättchen ergab sich aus den unregelmäßig an den Rändern und in der Mitte eingetriebenen und eingepunzten Strichen und Punkten, die der leicht gewölbten Oberfläche eine lebendige Struktur verleihen. Die an der Rückseite eingeritzten Buchstaben und Zahlen hat Luise Schiefler nach eigenen Angaben zur Verhinderung der erbetenen Rückgabe selbst angebracht, während der Künstler das erste Plättchen mit seinem Signaturstempel wahrscheinlich erst danach versah.

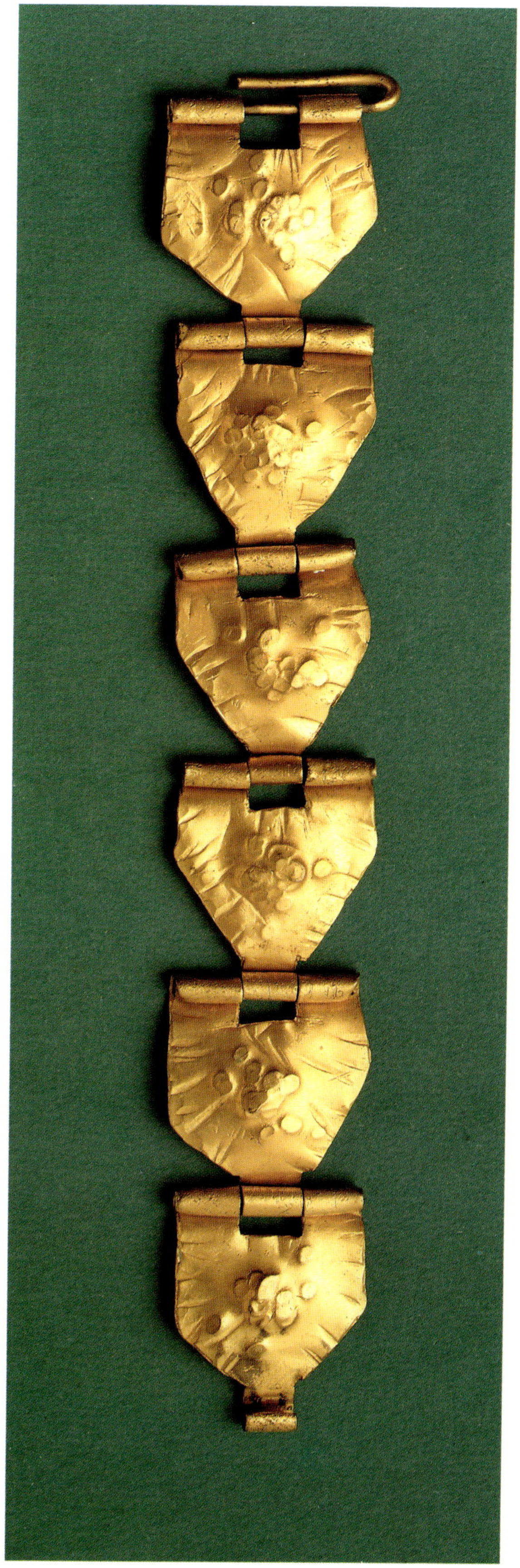

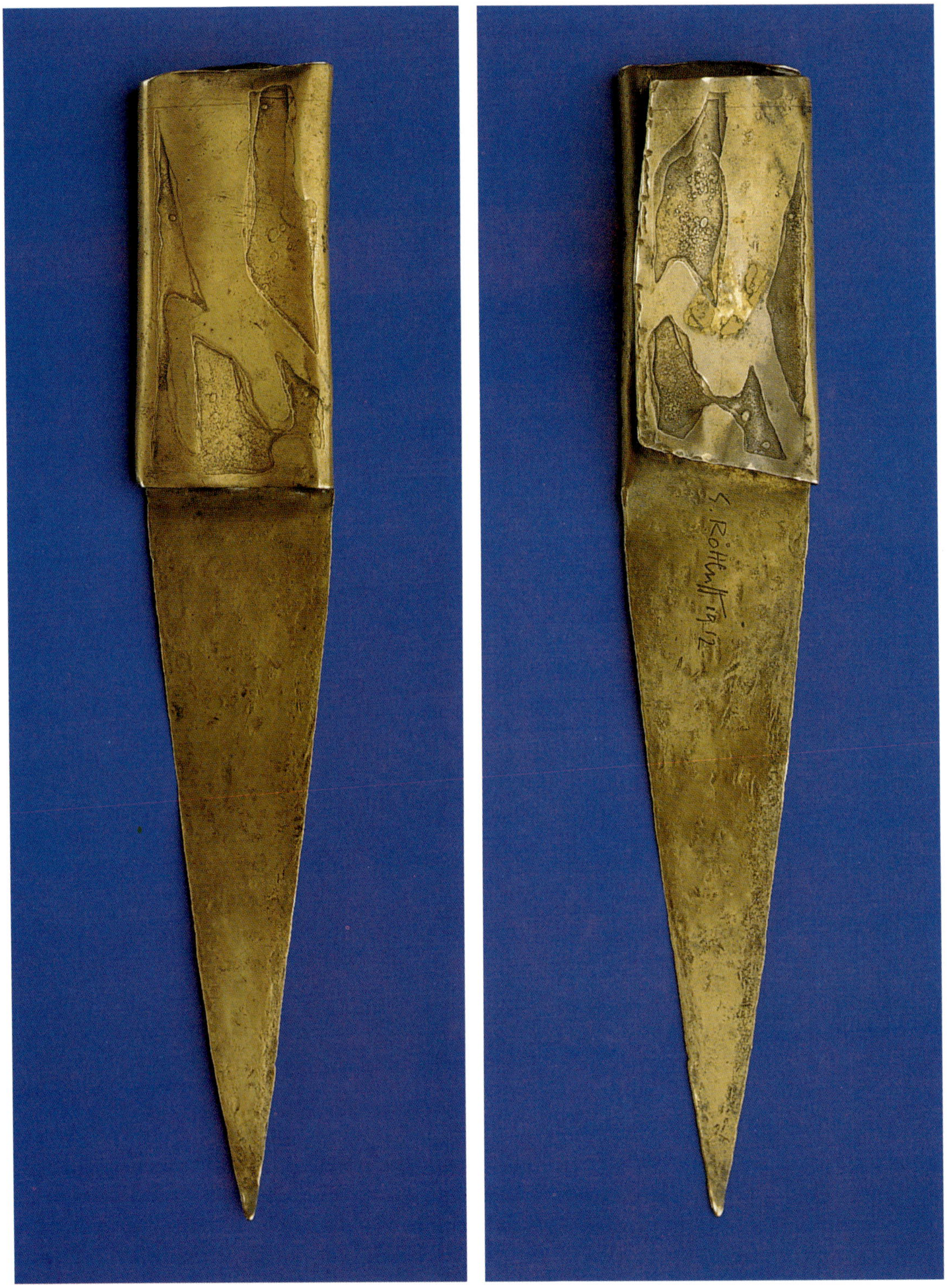

300 Brieföffner, 1912, Messing

1911 begann der Künstler in Dangast mit der Gestaltung von Brieföffnern, von denen bisher insgesamt fünf nachzuweisen sind. Sie besaßen über ihren Gebrauchswert hinaus vor allem als gewidmete Geschenke der Freundschaft und besonderen Zuneigung Bedeutung.

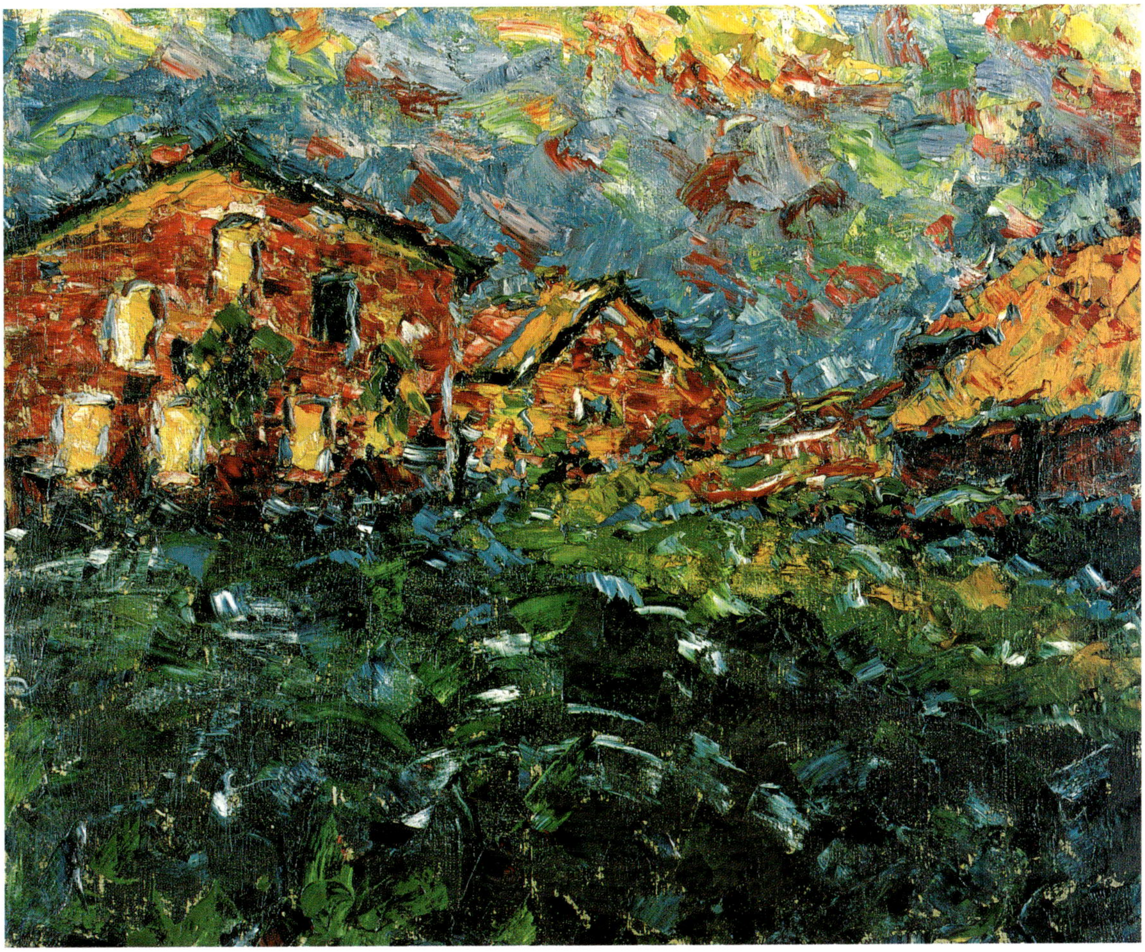

301 Um die Mittagszeit, 1907, Gemälde

Von diesem bis vor kurzem so gut wie unbekannt gebliebenen Gemälde, das während des ersten Aufenthaltes Schmidt-Rottluffs im Oldenburger Land entstand, konnte eine farbige Vorlage erst kurz vor Drucklegung erlangt werden, nachdem das Bild aus heimischem Privatbesitz in die Kunstsammlungen der Stadt Chemnitz übergegangen war. Auf ihm sind mehrere nicht-bäuerliche Häuser zu erkennen, von denen das größere – zweigeschossig und mit flach geneigtem Dach – vom linken Bildrand knapp überschnitten wird, und ein gleichgerichtetes, ebenfalls von der Giebelseite her gesehenes Gebäude im Hintergrund etwa die Bildmitte markiert. Eine weitere, schwerer definierbare Baulichkeit stößt mit orangefarbenem Dach vom rechten Rand in das Bildfeld hinein, dessen untere Partien durch eine blau-grün wogende Vegetation bestimmt werden, während im Blau des Himmels mehrfarbige Pinseltupfen ebenso unruhig aufleuchten.
Wilhelm Niemeyer, der das Bild schon früh zu Gesicht bekam und sich Notizen dazu machte, empfand bei seinem Anblick den Eindruck eines farbigen Mosaiks, dessen „brüchiges Farbgeknitter" durch eine bis an die Grenzen der Erkennbarkeit getriebene Formenauflösung gewaltsam zu einer Einheit gezwungen worden sei. Zugleich erkannte er in diesen „Geschütten aus leuchtendem Staub und bunten Steinen die Wildheit neuer Traumnebel", in denen Luft und Atmosphäre selbst zur Farbe geworden wären.
Die dargestellten Häuser lassen sich im damaligen Dangastermoor oder Dangast nicht wiederfinden, wo die wenigen zweigeschossigen Gebäude andere Fenstereinteilungen besaßen. Daher kann angenommen werden, daß der Maler das Motiv am gewerblich genutzten Stadtrand von Varel oder in unmittelbarer Nachbarschaft einer der nahegelegenen Ziegeleien fand, die während der zweiten Hälfte des 19. Jahrhunderts ähnlich proportionierte Häuser für die auswärts angeworbenen Saisonarbeiter errichtet hatten.

LEGENDEN ZU SCHMIDT-ROTTLUFFS OLDENBURGER WERKEN VON 1907–1912

Die Legendentexte, deren Nummern mit denjenigen der Abbildungen korrespondieren, sind chronologisch nach Jahren geordnet, wobei jeweils Gemälde, Aquarelle und Zeichnungen, gezeichnete Postkarten, graphische sowie plastische und kunsthandwerkliche Arbeiten aufeinander folgen.
Die genannten Titel und Entstehungsjahre beruhen weitgehend auf Angaben des Künstlers und werden in halbfetter Schrift hervorgehoben. In der Literatur vorkommende abweichende Bezeichnungen und geschätzte Entstehungszeiten erscheinen in Klammern.
Schmidt-Rottluff überließ die Benennung seiner Bilder grundsätzlich nicht Anderen und führte schon frühzeitig Buch über die von ihm bestimmten Titel, für die er die kürzestmögliche und prägnanteste Formulierung zu finden und Wiederholungen prinzipiell zu vermeiden bestrebt war. Durch Nummernabfolgen bezeichnete Variationen ließen sich mit seinen jedesmal eine selbständige Schöpfung anstrebenden Arbeitszielen nicht vereinbaren.
Die vorhandenen Signaturen und Datierungen, insbesondere die bei Schmidt-Rottluff wichtigen Keilrahmenbeschriftungen, konnten vor allem deshalb nicht in allen Fällen überprüft werden, weil sie z. T. durch spätere Sicherheitsvorrichtungen und bedenkenlose Auswechslungen nicht mehr zugänglich oder bereits zerstört waren. Auch die Zahl der eigenhändig gestalteten Bilderrahmen, auf deren Existenz hingewiesen wird, war ursprünglich wesentlich größer.
Obwohl Schmidt-Rottluff, im Gegensatz zu Ernst Ludwig Kirchner, niemals bewußte Vordatierungen vornahm, sind in Einzelfällen auch bei originalen Datierungen Irrtümer möglich, da der Künstler diese Angaben vor allem in der Frühzeit nach eigener Aussage erst bei der Veräußerung eines Werkes anbrachte.
Bei den Hinweisen auf Werkstoff und Technik ist zu beachten, daß Schmidt-Rottluff bei Ölbildern ab 1907 als Malgrund – von ganz wenigen Ausnahmen abgesehen – nur noch Leinwand benutzte, wobei die Keilrahmengrößen variabel blieben. Lediglich 1910 – einem seiner fruchtbarsten Gemäldejahre überhaupt – ließ er sich beim Dangaster Tischler Wilhelm Voge (1879–1970) eine größere Anzahl gleichgroßer Keilrahmen anfertigen, die z. T. auch noch für spätere, nicht in Dangast gemalte Bilder Verwendung fanden.
Über das für Aquarelle und Zeichnungen verwandte Material stehen eingehendere Untersuchungen noch aus. Spätestens seit 1909 – als das Aquarell dem Bild gleichwertig wurde – bevorzugte der Maler stärkere Papiere unterschiedlicher Herkunftsart.
Die 1909 einsetzenden spontanen Postkartenzeichnungen wurden fast ausschließlich auf einfache, genormte Vordruckkarten geworfen und offen versandt. Für die Erforschung der Frühzeit des deutschen Expressionismus sind diese anfangs nur wenig beachteten Dokumente künstlerischen Werdens, denen hier zahlreiche neue hinzugewonnen werden können, von unschätzbarem Wert.
Die Angaben zur Druckgraphik folgen – mit möglich gewesenen Korrekturen – dem noch immer nicht übertroffenen Werkverzeichnis Rosa Schapires von 1924. Sie wurden durch Nennung der in den wichtigsten öffentlichen Sammlungen befindlichen Blätter ergänzt, wobei die Herkunft aus dem Nachlaß der Kunsthistorikerin ebenso vermerkt wurde, wie das Vorhandensein der spät wiederentdeckten originalen Holzstöcke.

Bei Wiedergabe der in Oldenburg entstandenen malerischen und graphischen Werke wurde Vollständigkeit angestrebt, soweit farbige oder schwarz-weiße Vorlagen erreichbar waren. Dennoch stehen dem Anteil der hier erstmalig publizierten Kunstwerke etwa ebensoviele aus dem gleichen Zeitraum gegenüber, von denen nur die Titel bekannt sind.
Die einbezogenen plastischen und kunsthandwerklichen Arbeiten stellen lediglich eine Auswahl aus diesem bisher nur wenig bekannt gewordenen Schaffensbereich des Künstlers dar, über den sich ein Werkverzeichnis beim Autor in Vorbereitung befindet.
Die Zusammenstellung der jeweiligen Literatur und der Ausstellungen ist chronologisch gegliedert. Für häufiger vorkommende Angaben wurden Abkürzungen verwandt, die anschließend erläutert werden.

Abgekürzt zitierte Literatur

Brix 1972	=	Karl Brix: Karl Schmidt-Rottluff, Leipzig 1972
Gordon 1974	=	Donald E. Gordon: Modern Art Exhibitions, München 1974
Grohmann 1956	=	Will Grohmann: Karl Schmidt-Rottluff, Stuttgart 1956 (mit Werkverzeichnis der Gemälde)
Niemeyer 1911	=	Handschriftliche Notizen Wilhelm Niemeyers zu Bildern Schmidt-Rottluffs, entstanden anläßlich eines Besuches des Künstlers in Dangast vom 12.–14.9.1911
Niemeyer o. J.	=	Undatierte handschriftliche Aufzeichnungen Wilhelm Niemeyers, vorwiegend zwischen 1911 und 1921
Presler 1990	=	Gerd Presler: „Brücke" an Dr. Rosa Schapire, Elztal-Dallau 1990
Rathenau 1987	=	Ernest Rathenau: Tafelband zu Rosa Schapire: Karl Schmidt-Rottluff – Das graphische Werk bis 1923. New York / Stuttgart 1987
Schapire	=	Rosa Schapire: Karl Schmidt-Rottluff – Das graphische Werk bis 1923, Berlin 1924
Schapire-Verz.	=	Handschriftliches Verzeichnis des eigenen Schmidt-Rottluff-Besitzes von Rosa Schapire (um 1938)
Wietek 1957	=	Gerd Wietek: Maler der Brücke in Dangast von 1907–1912, Oldenburg 1957
Wietek 1971	=	Gerhard Wietek: Schmidt-Rottluff-Graphik, München 1971
Wietek 1984	=	Gerhard Wietek: Schmidt-Rottluff in Hamburg und Schleswig-Holstein, Neumünster 1984

Abgekürzt zitierte Ausstellungen

1908 Oldenburg	=	Sonderausstellung E. Heckel – Dangast und Schmidt-Rottluff – Dangastermoor, Augusteum, Oldenburg
1954 Berlin	=	Karl Schmidt-Rottluff zum 70. Geburtstag, Berliner Festwochen 1954, Schloß Charlottenburg (Katalog Adolf Jannasch)

1957 Schleswig	= Graphik der Brücke 1905–1913, Schleswig-Holsteinisches Landesmuseum, Schleswig 1957 (Katalog Martin Urban)
1957 Oldenburg	= Maler der Brücke in Dangast von 1907–1912. Karl Schmidt-Rottluff, Erich Heckel, Max Pechstein, Emma Ritter. Oldenburger Kunstverein 1957 (Katalog Gerhard Wietek)
1958 Essen	= Brücke 1905–1913 – eine Künstlergemeinschaft des Expressionismus, Museum Folkwang Essen 1958 (Katalog Heinz Köhn und Martin Urban)
1962 Hamburg, Postkarten	= Bemalte Postkarten und Briefe deutscher Künstler, Altonaer Museum in Hamburg 1962 (Katalog Gerhard Wietek)
1969 Hamburg, KSR-Graphik	= Karl Schmidt-Rottluff – Graphik aus Norddeutschland, Altonaer Museum in Hamburg 1969 (Katalog Gerhard Wietek)
1974 Berlin, KSR-Graphik	= Karl Schmidt-Rottluff – Das graphische Werk. Zum 90. Geburtstag des Künstlers. Brücke-Museum Berlin 1974 (Katalog Leopold Reidemeister)
1974 Karl-Marx-Stadt	= Karl Schmidt-Rottluff – Malerei und Grafik aus sieben Jahrzehnten. Ausstellung zum 90. Geburtstag. Städtische Kunstsammlung Karl-Marx-Stadt, Gemäldegalerie Neue Meister der Staatlichen Kunstsammlungen Dresden, Nationalgalerie der Staatlichen Museen Berlin-DDR (Katalog Karl Brix)
1974 Hamburg, KSR	= Karl Schmidt-Rottluff, Gemälde-Landschaften aus 7 Jahrzehnten – Aquarelle aus den Jahren 1909–1969, Altonaer Museum in Hamburg 1974 (Katalog Gerhard Wietek und Christine Knupp)
1984 Schleswig	= Karl Schmidt-Rottluff zum 100. Geburtstag, Schleswig-Holsteinisches Landesmuseum, Schleswig 1984 (Katalog Martin Angerer)
1984 Berlin	= Karl Schmidt-Rottluff – Gemälde und Aquarelle (Brücke-Museum Berlin 1984 (Katalog Leopold Reidemeister)
1989 KSR-Retrospektive	= Karl Schmidt-Rottluff Retrospektive, Kunsthalle Bremen und Städtische Galerie im Lenbachhaus München, München 1989 (Hrsg. von Gunther Thiem und Armin Zweite mit Beiträgen von E. Gäßler, H. Gerlinger, H. Kinkel, C. H. Kliemann, S. Salzmann, G. Thiem, S. von Wiese, G. Wietek, A. Zweite)
1991 KSR-Aquarelle	= Karl Schmidt-Rottluff – Aquarelle, Brücke-Museum Berlin mit mehreren Anschluß-Ausstellungen, Stuttgart 1991, (Katalog hsg. von Magdalena M. Moeller mit Beiträgen von B. E. Buhlmann, H. W. Schmidt und E. Roters)
1992 KSR – Der Maler	= Karl Schmidt-Rottluff – Der Maler, Städtische Kunsthalle Düsseldorf / Städtdische Kunstsammlungen Chemnitz / Brücke-Museum Berlin (Katalog Magdalena M. Moeller, Hans-Werner Schmidt, Evmarie Schmitt und Karl Brix)

1
Windiger Tag, 1907
Öl auf Leinwand, 70 x 91 cm
Signatur: Schmidt-Rottluff 1907 unten links
Ehem. Martha Rauert, Hamburg
Hamburger Kunsthalle

Literatur:
Bremer Tageblatt 14.11.1907 · Niemeyer o.J. · Gosebruch, E.: KSR, Genius I, 1920 (Abb.) · Grohmann 1956, S. 56 u. 253 (Abb.) · Selz, P.: German Expressionist Painting, Los Angeles 1957, S. 107 (Abb.) · Myers, B.S.: Die Malerei des Expressionismus, Köln 1957, S. 113 · Von Atelier zu Atelier, Zeitschr. f. bild. Künstler 6, 1957 (Abb.) · Herbert, B: German Expressionsm, London 1983, (Abb.) · Wietek, G.: Zum 100. Geb. von KSR. Die Kunst, Juni 1984 (Abb.) · Jähner, H.: Künstlergruppe Brücke, Bln./Stuttgart 1984, S. 359 · Wietek 1984, S. 101 u. 133 (Abb) · Moeller, M.M.: Protagonist der Moderne. In Kat. KSR. – Der Maler, Stuttgart 1992 · H. Hohl. Die Brücke i. d. Hbg. Kunsthalle, Hbg. 1991 (Abb.)

Ausstellungen:
1907 Bremen, Kunsthalle (Novemberausst.)
1909 Chemnitz, König-Albert Mus.: Eröffnungsausst., Kat. Nr. 288
1917 Hamburg, Kunsthalle: Werke neuerer Kunst aus Hbg. Privatbes., Kat. Nr. 143
1922 Stockholm, Liljevalchs Konsthall: Nyare Tysk Konst, Kat. Nr. 208
1927 Dresden,Gal. Arnold: KSR, Kat. (Abb.)
1951 Mannheim/Freibg./Stuttgart: KSR, Kat. Nr. 1
1952 Hannover, Kestnergesellsch.: KSR, Kat. Nr. 1 (Abb.)
1954 Kiel/Hamburg: KSR, Kat. Nr. 2
1954 Berlin, Schloß Charlottenburg: KSR, Kat. Nr. 1
1957 Oldenburg, Kat. Nr. 5 (Abb.)
1957 Amsterdam, Stedelijk Museum: Europa 1907, Kat. Nr. 107 (Abb.)
1964 Florenz, Palazzo Pitti: Mostra dell' Espressionismo, Kat. Nr. 518
1964 London, Tate Gallery: Painters of the Brücke, Kat. Nr. 243
1966 Hamburg, Kunstverein: Vom Impressionismus zum Bauhaus, Kat. Nr. 74
1973 Berlin, Brücke-Museum: Künstler d. Brücke, Gemälde d. Dresdener Jahre, Kat. Nr. 19 (Abb.)
1974 Hamburg, KSR, Kat. Nr. 1 (Abb.)
1984 Schleswig, Kat. Nr. 5 (Abb.)
1984 Berlin, Kat. Nr. 5 (Abb.)

2
Der rote Weg, 1907
(Landhaus)
Öl auf Leinwand, 76,5 x 76,5 cm
Der ursprüngliche, vom Künstler gestaltete Holzrahmen im Brücke-Museum
Signatur: Schmidt-Rottluff 1907 unten links
Ehem. Bertha Rohlsen, Hamburg – Martha Rauert, Hamburg
Privatbesitz

Literatur:
Grohmann 1956, S. 281 u. 253 (Abb.) · Wietek 1984, S. 101 u. 160 (Abb.)

LEGENDEN 1907

Ausstellungen:
1917 Hamburg, Kunsthalle: Ausst. v. Werken neuerer Kunst aus Hbg. Privatbes., Kat. Nr. 139
1957 Oldenburg, Kat. Nr. 3 (Abb.)
1957 Amsterdam, Stedelijk Museum: Europa 1907, Kat. Nr. 106
1958 Essen, Kat. Nr. 136
1958 Campione, R. N. Ketterer: Mod. Kunst V, Nr. 166 (Abb.)

3
Das blaue Haus, 1907
(Morgenstille)
Öl auf Leinwand, 74 x 70,2 cm
Mit originalem, vom Künstler gestalteten Rahmen
Signatur: Schmidt-Rottluff 07 unten rechts
Ehem. Bertha Rohlsen, Hamburg – Martha Rauert, Hamburg
Privatbesitz

Literatur:
Niemeyer o.J. · Grohmann 1965, S. 281, 253 (Abb.) · Brix 1972, S. 18 (Abb.) · Wietek 1984, S. 101, 132 (Abb.) · Jhrb. d. Schleswig-Holst. Landesmuseums, NF I 1986/87, S. 148 (Abb.) · Wietek G.: 200 Jahre Malerei im Oldenburger Land, Oldbg. 1986, S. 138 (Abb.)

Ausstellungen:
1917 Hamburg, Kunsthalle: Ausst. v. Werken neuerer Kunst aus Hbg. Privatbes., Kat. Nr. 140
1957 Oldenburg, Kat. Nr. 2
1958 Essen, Kat. Nr. 135
1964 Hannover/Essen/Ffm./Bln.: KSR, Kat. Nr. 6 (Abb.)
1973 Berlin, Brücke-Mus.: Künstler d. Brücke – Gem. d. Dresdener Jahre, Kat. Nr. 18
1974 Hamburg, KSR, Kat. Nr. 2 (Abb.)
1984 Schleswig, Kat. Nr. 4 (Abb.)
1989 KSR-Retrospektive, Kat. Nr. 29 (Abb.)

4
Das rote Haus, 1907
(Das einsame Haus)
Öl auf Leinwand, 64 x 60 cm
Signatur: Schmidt-Rottluff 1907 unten rechts
Ehem. Privatbesitz Chemnitz
Privatbesitz

Literatur:
Grohmann 1956, S. 282 · Wietek 1957, Nr. 30.

Ausstellungen:
1908 Oldenburg, Kat. Nr. 11
1922 Chemnitz, Kunsthütte: Januar-Ausst., Verz. Nr. 971 (ohne Kat.)
1928 Königsberg, Städt. Kstslg.: KSR, Kat. Nr. 5
1973 Berlin, Brücke-Mus.: Brücke – Gem. d. Dresdener Jahre 1905–1910, Kat. Nr. 39

5
Oldenburgische Herbstlandschaft, 1907
Öl auf Leinwand, 76 x 97,5 cm
Signatur: S. Rottluff 1907 unten rechts
Ehem. Prof. L. Buschkiel, Chemnitz – Herbert Kurtz, Wolframs-Eschenbach – Roman Norbert Ketterer, Stuttgart – Hugo Gouthier, Paris
Sammlung Thyssen-Bornemisza

LEGENDEN 1907

Literatur:
Niemeyer o.J. · Valentiner, W.R.: KSR, Junge Kunst 16, Leipz. 1920 (Abb.) · Hamburger Nachrichten 8.2.1921 · Niemeyer, W.: Der Maler KSR, Kündung H. 4–6, Hamburg 1920–22 · Grohmann 1956, S. 56, 172 u. 281 · Wietek 1957, S. 76 · Kiel, H.: The Thyssen-Bornemisza Collection of Modern Paintings, Castagnola 1974, S. 134 (Abb.) · Vergo P.: Expressionismus – Meisterwerke a. d. Slg. Thyssen-Bornemisza, Lugano 1989, S. 11 (Abb.) · Moeller, M. M.: Protagonist der Moderne, In: Kat. KSR Stuttgart 1992, (Abb.) · Vergo P.: 20th Century Painting in the Thyssen-Bornemisza-Collection, London 1992, Nr. 103 (Abb.)

Ausstellungen:
1911 Hamburg, Gal. Commeter: KSR (ohne Kat.)
1919 Berlin, Gal. Ferd. Möller: KSR, Kat. Nr. 7
1920 Hannover, Kestner-Ges.: KSR, Kat. Nr. 7
1921 Chemnitz, Kunsthütte: Otto Dill – KSR, Verz. Nr. 8
1921 Hamburg, Gal. Commeter: KSR (Ohne Kat.)
1927 Dresden, Gal. Arnold: KSR, Kat. Nr. 2
1928 Chemnitz, Kunsthütte: Ausstellg. aus Privatbes., Kt. Nr. 152
1958 Essen, Kat. Nr. 137
1959 Ulm, Museum: Bilder der Brücke, Verz. Nr. 16 (ohne Kat.)
1959 Stuttgart, Staatsgalerie: Maler der Brücke (ohne Kat.)
1960 Bremen-Hannover-Den Haag-Köln-Zürich: Meisterwerke d. dt. Expressionismus, Kat. Nr. 135 (Abb.)
1968 New York, Marlborough-Gerson-Gallery: International Expressionism I, Kat. Nr. 56
1970 München, Haus der Kunst: Europ. Expressionismus, Kat. Nr. 18
1970 Paris, Musée National d'Art Moderne: L'Expressionisme Européen, Kat. Nr. 125
1971 Turin, Galleria Civica d'Arte Moderne: Il Cavaliere Azzurro, Kat. S. 126 (Abb.)
1975 Bremen, Kunsthalle: Moderne Kunst a. d. Slg. Thyssen-Bornemisza, Kat. Nr. 74
1975 Lugano, Dalle collezioni d'arte ticinesi, Kat. Nr. 34
1980 U.S.A.-Wanderausstellung der Slg. Thyssen-Bornemisza, Kat. Nr. 177
1980 New York/San Francisco: Expressionism, Kat. Nr. 177 (Abb.)
1984 Wanderausstellg. d. Slg. Thyssen-Bornemisza, Kat. Nr. 100
1989 Lugano, Expressionism. Masterpieces from the Thyssen-Bornemisza Collection, Kat. Nr. 11
1990 Essen, Mus. Folkwang: Van Gogh u. die Moderne, Kat. Nr. 155 (Abb.)

6
Rote Blüten, 1907
Öl auf Leinwand, 52 x 64 cm
Signatur: Schmidt-Rottluff 1907 unten links
Ehem. Prof. Mütterlein, Chemnitz
Museum Folkwang, Essen

Literatur:
Grohmann 1956, S. 253 u. 281 (Abb.) · Wietek 1957, Nr. 6 · Mus. Folkwang, Mittlg. 1982/83.

Ausstellungen:
1922 Chemnitz, Kunsthütte: Januar-Ausst., Verz. Nr. 970 (ohne Kat.)
1964 Hannover, Kunstverein: KSR, Kat. Nr. 7
1969 Düsseldorf, Gal. Großhennig: KSR Kat. S. 7 (Abb.)
1973 Berlin, Brücke-Mus.: Brücke-Gemälde d. Dresdener Jahre 1905 – 10, Kat. Nr. 20
1990 Essen, Mus. Folkwang: Van Gogh u. d. Moderne, Nr. 152 (Abb.)

7
Stilleben mit Rosen und Karaffe, 1907
Öl auf Leinwand, 60 x 56 cm
Signatur: Schmidt-Rottluff 1907 oben rechts
Ehem. Albert Kaumann, Hamburg – Joseph Lanthemann, Genf
Privatbesitz

Literatur:
Oldenburger Nachrichten 18.1.1908 (v. Busch) · Niemeyer o.J. · Grohmann 1956, S. 281 u. 254 (Abb.) · Wietek 1957, S. 76 · Roters, E.: Beiträge z. Geschichte d. Künstlergruppe Brücke i. d. Jahren 1905–1907, Jhrb. d. Bln. Museen 2, 1960, S. 201 · Wietek 1984, S. 99 u. 131 (Abb.)

Ausstellungen:
1907 Dresden, Kunstsalon Richter: Brücke
1908 Oldenburg, Augusteum: Oldbg. Künstlerbund, Kat. Nr. 60
1917 Hamburg, Kunsthalle: Werke neuerer Kunst aus Hbg. Priv. Bes., Kat. Nr. 141
1971 Köln, Lempertz: 515. Auktion, Kat. Nr. 964 (Abb.)
1984 Schleswig, Kat. Nr. 3 (Abb.)
1989 KSR-Retrospektive, Kat. Nr. 30 (Abb.)

8
Mann im Sonnenlicht, 1907
Öl auf Leinwand, 65 x 50 cm
Signatur: Schmidt-Rottluff 1907 unten links
Privatbesitz

Literatur:
Brix 1972 (Abb.).

Ausstellungen:
1974 Karl-Marx-Stadt, Kat. Nr. 27

9
Sommermittag, 1907
(Sommernachmittag – Haus)
Öl auf Leinwand, 61 x 66,5 cm
Signatur: Schmidt-Rottluff 1907 unten links
Privatbesitz

Ausstellungen:
1911 Oldenburg, 332. Ausst. d. Kunstvereins, Kat. Nr. 88
1922 Chemnitz, Kunsthütte: Januar-Ausst., Verz. Nr. 971 (ohne Kat.)
1968 München, Karl u. Faber: 115. Aukt. Nr. 1158 (Abb.)
1973 Lugano, R. N. Ketterer: Mod. Kunst VIII (Abb.)

10
Moorgehöft, 1907
Öl auf Leinwand

LEGENDEN 1907

Signatur: Schmidt-Rottluff 1907 unten links
Ehem. Oberst v. Pape, Chemnitz
Verschollen

Literatur:
Bremer Tageblatt 14.11.1907 · Oldenburger Nachrichten 18.1.1908 (v. Busch) · Oldenburger Nachrichten 25.6.1910 · Chemnitzer Tageblatt 5.4.1911 · Niemeyer o.J. · Grohmann 1956, S. 281 · Wietek 1957, S. 76 · Wietek, G.: Dangast u. d. Maler der Brücke. Niederdt. Almanach, Old./Hbg. 1959, S. 314.

Ausstellungen:
1907 Bremen, Kunsthalle (Novemberausst.)
1908 Oldenburg: Oldbg. Künstlerbund, Kt. Nr. 61
1911 Chemnitz, Kunstsalon Gerstenberger, April-Ausstellung

11
Fischerhäuser, 1907
Öl auf Leinwand, 64 x 83 cm
Signatur: Schmidt-Rottluff 1907 unten rechts
Ehem. Oberst v. Pape, Chemnitz – Städt. Kunstsammlungen Chemnitz (bis 1937)
Verschollen

Literatur:
Museum d. Gegenwart, 1930, 48 · Grohmann 1956, S. 282 · Wietek 1957, Nr. 1 · Werke i. Bes. d. Städt. Kstslg. KM-Stadt o. J. (1984), S. 80 · KSR-Best. Kat. Chemnitz 1993, S. 18, 310 (Abb.)

Ausstellungen:
1910 Oldenburg, Kunstverein: 329 Ausst., Kat. Nr. 147
1910 Dresden, Künstlervereinigung: 1. Jahresausst. d. Lpz. Sezession
1922 Chemnitz, Kunsthütte: Januar-Ausst. Verz. Nr. 969 (ohne Kat.)
1929 Chemnitz, Kunsthütte: KSR

12
Gehöft im Moor, 1907
(Bauernhaus)
Lithographie (Kreide auf stark gekörntem Stein)
Stein abgeschliffen
Drucker: Lambrecht & Sohn, Oldenburg
23 x 35 cm
Signatur: S-R unten links mit Schaber im Stein

Sammlungen:
Berlin, Brücke-Museum
Chemnitz, Städt. Kunstsammlungen
Hamburg, Altonaer Museum (Schapire-Nachlaß)
Schleswig, Landesmuseum

Literatur:
Schapire L 17 · Oldenburger Nachrichten 13. 3.1908 (Beyersdorff) · Gordon 1974 · Rathenau 1987.

Ausstellungen:
1907 Berlin, 14. Sezessions-Ausst., Kat. Nr. 338
1908 Oldenburg, 323. OKV-Ausst., Kat.
1957 Oldenburg, Kat. Nr. 189
1969 Hamburg, KSR-Graphik, Kat. Nr. 81
1974 Karl-Marx-Stadt, Kat. Nr. 31 (Abb.)
1976 Köln, Mus. Ludwig: Unmittelbar u. unverfälscht, Kat. Nr. 115 (Abb.)

LEGENDEN 1907

1978 Konstanz, Kunstverein: Graphik KSRs, Kat. Nr. 69
1988 New York, Christie's: Modern prints from the Neuerburg Collection, Kat. Nr. 175

13
Hafen bei Ebbe, 1907
Lithographie (Kreide auf Stein)
Stein abgeschliffen
Drucker: Lambrecht & Sohn, Oldenburg
27,5 x 34,8 cm

Sammlungen:
Chemnitz, Städt. Kunstsammlungen
Frankfurt, Städel
Leicester, Art Gallery (Schapire-Nachlaß)
Schleswig-Landesmuseum

Literatur:
Schapire L 16 · Oldenburger Nachrichten 23. 11.1907 (v. Busch) · Nordwestdeutsche Morgenzeitung Oldenburg 11.12.1910 (Ploch) · Wietek 1971, Nr. 13 (Abb.) · Gordon 1974 · Barry H.: German Expressionism, London 1983, (Abb.) · KSR-Werke i. Bes. d. Städt. Kstslg. K. M.-Stadt (1984), S. 83 (Abb.) · Rathenau 1987.

Ausstellungen:
1907 Berlin, 14. Sezessions-Ausst., Kat. Nr. 339
1908 Oldenburg, Kat. Nr. 37
1910 Oldenburg, 331. OKV-Ausst., Kat. Nr. 114
1954 Kiel, Kunsthalle: KSR, Kat. Nr. 112
1957 Oldenburg, Kat. Nr. 188
1958 Essen, Kat. Nr. 221
1969 Hamburg, KSR-Graphik, Kat. Nr. 80 (Abb.)
1969 Hamburg, 167. Hauswedell-Aukt.: KSR-Graphik, Kat. Nr. 95 (Abb.)
1974 Reutlingen, Thoma-Gesellschaft, KSR-Graphik, Kat. Nr. 68
1974 Karl-Marx-Stadt, Kat. Nr. 30
1978 Konstanz, Kunstverein: Graphik KSRs, Kat. Nr. 68
1978 Oslo, Munch-Museum: Die Brücke – Edvard Munch, S. 19 (Abb.)
1992 Paris: L'Expressionisme en Allemagne, Kat. Nr. 144

14
Herbstliches Meer, 1907
(Boot am Strand)
Lithographie (Kreide und Schaber auf Stein)
Stein abgeschliffen
Drucker: Dresdener Kunstanstalt
24,5 x 35 cm

Sammlungen:
Berlin, Brücke-Museum
Oldenburg, Landesmuseum (Leihgabe)
Chemnitz, Städt. Kunstsammlungen
Schleswig, Landesmuseum
Seebüll, Nolde-Stiftung

Literatur:
Schapire L 19 · Schiefler, G.: Meine Graphiksammlung, Hbg. 1927, S. 47 · KSR-Werke i. Bes. d. Städt. Kstslg. Karl-Marx-Stadt, (1984), S. 83 · Rathenau 1987

Ausstellungen:
1922 Oldenburg, Vereinig. f. junge Kunst: Dangaster Künstler im Lappan

1957 Oldenburg, Kat. Nr. 191 (Abb.)
1960 Stuttgart, 35. Ketterer-Aukt., Kat. Nr. 1461
1964 London, Tate Gallery: Painters of the Brücke, Kat. Nr. 273
1969 Hamburg, KSR-Graphik, Kat. Nr. 83
1974 Reutlingen, Thoma-Gesellschaft: KSR-Graphik, Kat. Nr. 69
1974 Berlin, KSR-Graphik, Kat. Nr. 14
1978 Konstanz, Kunstverein: Graphik KSRs, Kat. Nr. 71

15
Strohfeimen, 1907
Lithographie (Kreide auf Stein)
Stein abgeschliffen
Drucker: Lambrecht & Sohn, Oldenburg
24x 33,5 cm

Sammlungen:
Chemnitz, Städt. Kunstsammlungen
Hamburg, Kunsthalle (Schapire-Nachlaß)
Schleswig-Landesmuseum

Literatur:
Schapire L 18 · Oldenburger Nachrichten 13. 3.1908 (Beyersdorff) · Wietek 1971 (Abb.) · Rathenau 1987 · Roters, E. (Hg.): Leopold Reidemeister z. Gedenken, Brücke Archiv 15/16, Bln. 1988, S. 27 (Abb.).

Ausstellungen:
1908 Oldenburg, Kat. Nr. 36
1908 Oldenburg, 323. OKV-Ausst.
1957 Oldenburg, Kat. Nr. 190
1957 Schleswig, Kat. Nr. 323
1964 Berlin, Kupferstichkabinett: KSR-Druckgraphik, Kat. Nr. 1
1969 Hamburg, KSR-Graphik, Kat. Nr. 82
1974 Berlin, Gal. Nierendorf: Maler d. Brücke, Kat. Nr. 97 (Abb.)
1974 Karl-Marx-Stadt, Kat. Nr. 32
1974 Berlin, KSR-Graphik, Kat. Nr. 13 (Abb.)
1978 Konstanz, Kunstverein: Graphik KSRs, Kat. Nr. 70
1987 Frankfurt, Kunstkab. vom Rath.: KSR, Kat. Nr. 20

16
Giebelhaus und Bäume, 1907
(Einsames Haus)
Kreide und Tusche auf Stein
Stein abgeschliffen
Drucker: Lambrecht & Sohn, Oldenburg
25,3 x 37,2 cm
Signatur: S-R unten links im Stein

Sammlungen:
Oldenburg, Landesmuseum (einziger Druck)

Literatur:
Nicht b. Schapire.

Ausstellungen:
1969 Hamburg, KSR-Graphik, Kat. Nr. 87 (Abb.)
1990 Vernon/Rouen/Oldbg.: Brücke, Kat. Nr. 47 (Abb.)

17
Fischerdorf, 1907
(Dorfstraße)
Lithographie (Kreide auf Stein)

LEGENDEN 1907

Stein abgeschliffen
Drucker: Lambrecht & Sohn, Oldenburg
27 x 38 cm
Signatur: S-R unten links im Stein

Sammlungen:
Chemnitz, Städt. Kunstsammlungen
Oldenburg, Stadtmuseum
Schleswig, Landesmuseum
Tel Aviv, Kunstmuseum (Schapire-Nachlaß)

Literatur:
Schapire L 20 · KSR-Werke i. Bes. d. Städt. Kstslg. Karl-Marx-Stadt (1984), S. 83 (Abb.) · Rathenau 1987

Ausstellungen:
1908 Oldenburg, Kat. Nr. 34
1922 Oldenburg, Vereinig. f. junge Kunst: Dangaster Künstler im Lappan
1957 Oldenburg, Kat. Nr. 192
1957 Schleswig, Kat. Nr. 324
1969 Hamburg, KSR-Graphik, Kat. Nr. 84
1974 Karl-Marx-Stadt, Kat. Nr. 33
1975 Berlin, Gal. Nierendorf: KSR, Kat. Nr. 52 (Abb.)
1978 Konstanz, Kunstverein: Graphik KSRs, Kat. Nr. 72
1984 Hamburg, BATIG: KSR-Meisterwerke d. Graphik . . ., Kat. Nr. 61

18
Die Pappel, 1907
Lithographie (Kreide auf Stein)
Stein abgeschliffen
Drucker: Lambrecht & Sohn, Oldenburg
37,5 x 26,3 cm
Signatur: S-R unten links im Stein

Sammlungen:
Berlin, Brücke-Museum
Berlin, Kupferstichkabinett Staatliche Museen
Chemnitz, Städt. Kunstsammlungen
Oldenburg, Landesmuseum (Schapire-Nachlaß)

Literatur:
Schapire L 21 · Wietek, G.: Graphik KSRs a. d. Nachlaß v. Rosa Schapire, Ber. d. Old. Mus. Gesellschaft I, 1958 (Abb.) · Wietek 1971, (Abb.) · Jähner, H.: KG Brücke, Bln. 1984, (Abb.) · Rathenau 1987

Ausstellungen:
1953 Leicester, Museum: KSR-Exhibition, Kat. Nr. 2
1957 Oldenburg, Kat. Nr. 193
1969 Hamburg, KSR-Graphik, Kat. Nr. 85
1974 Reutlingen, Thoma-Gesellschaft: KSR-Graphik, Kat. Nr. 70
1974 Karl-Marx-Stadt, Kat. Nr. 34
1978 Konstanz, Kunstverein: Graphik KSRs, Kat. Nr. 73 (Abb.)
1984 Hamburg, BATIG: KSR-Meisterwerke d. Graphik . . ., Kat. Nr. 62 (Abb.)
1989 KSR-Retrospektive, Kat. Nr. 28 (Abb.)
1990 Vernon/Rouen/Oldbg.: Brücke, Kat. Nr. 46 (Abb.)

19
Bäume am Haus, 1907
Lithographie (Kreide, Tusche, Schaber auf Stein)

LEGENDEN 1907

Stein abgeschliffen
Drucker: Lambrecht & Sohn, Oldenburg
38 x 21,8 cm
Signatur: S-R unten rechts m. Schaber im Stein

Sammlungen:
Berlin, Brücke-Museum (Schapire-Nachlaß)
Chemnitz, Städt. Kunstsammlungen
Schleswig, Landesmuseum

Literatur:
Schapire L 22 · Wietek 1971, (Abb.) · Rathenau 1987

Ausstellungen:
1908 Oldenburg, Kunstverein: Schwarz-Weiß-Ausstellg.
1957 Oldenburg, Kat. Nr. 194
1964 Berlin, Kupferstichkabinett: KSR-Druckgraphik, Kat. Nr. 2
1969 Hamburg, KSR-Graphik, Kat. Nr. 86
1974 Karl-Marx-Stadt, Kat. Nr. 35 (Abb.)
1978 Konstanz, Kunstverein: Graphik KSRs, Kat. Nr. 74
1984 Hamburg, BATIG: KSR-Meisterwerke d. Graphik . . ., Kat- Nr. 63
1989 KSR-Retrospektive, Kat. Nr. 220 (Abb.)
1992 Berlin, Brücke-Mus.: Die Brücke, Kat. Nr. 220 (Abb.)

20
Dangaster Mühle, 1907
(Windmühle)
Radierung (Ätzung)
Drucker: Carl Sabo, Berlin?
14 x 18,6 cm
Signatur: Schmidt-Rottluff unten links in der Platte

Sammlungen:
Oldenburg, Landesmuseum
(einziges Exemplar, Schapire-Nachlaß)

Literatur:
Nicht b. Schapire · Wietek, G.: Graphik KSRs a. d. Nachlaß v. Rosa Schapire, Ber. d. Oldbg. Museumsgesellschaft I, 1958 · Wietek 1971, Nr. 7 (Abb.) · Jähner, H.: KG Brücke, Bln. 1984, Abb. 443 · Brix, K.: KSR, Kunstheftreihe „Maler u. Werk“, Dresden 1987, S. 28 (Abb.).

Ausstellungen:
1922 Oldenburg, Vereinig. f. junge Kunst: Dangaster Künstler im Lappan
1957 Oldenburg, Kat. Nr. 215
1969 Hamburg, KSR-Graphik, Kat. Nr. 108
1974 Berlin, KSR-Graphik, Kat. Nr. 23 (Abb.)
1990 Vernon/Rouen/Oldbg.: Brücke, Kat. Nr. 48 (Abb.)

21
Dorfhaus mit Weiden, 1908
Öl auf Leinwand, 85 x 75 cm
Signatur: Nicht signiert, nicht datiert. Eigenhändige Titelbezeichnung a.d. Keilrahmen
Ehem. Privatbesitz Chemnitz
Staatliche Museen zu Berlin, Nationalgalerie
Literatur:
Niemeyer 1911 · Nicht b. Grohmann · Wenzkat, I.: Im Kern des Wesens Gesehenes. Werke von KSR im Dresdner Albertinum. In: Die Union 15.4.75 · Reinhardt, G.: Die frühe Brücke, Brücke-Archiv H. 9/10, Bln. 1977/78, S. 135 · Brix, K.: KSR, Kunstheftreihe Maler und Werk, Dresden 1987, S. 3 · Zweite, A.: KSR als Mitglied d. Brücke, Kat. KSR-Retrospektive. München 1989, S. 33 (Abb.)
Ausstellungen:
1974 Karl-Marx-Stadt, Kat. Nr. 28
1986 Berlin, Alte Nationalgalerie: Expressionisten, Kat. Nr. 86 (Abb.)
1992 KSR – Der Maler, Kat. Nr. 13 (Abb.)

22
Mittag im Moor Dangast, 1908
Öl auf Leinwand, 69 x 81 cm
Signatur: S-Rottluff 1908 unten links
Ehem. Wilhelm Niemeyer, Hamburg
Oldenburg, Landesmuseum
Literatur:
Nordwestdeutsche Morgenzeitung 27.9.1908 · Chemnitzer Tageblatt 20.4.1911 · Niemeyer: Denkschrift d. Sonderbundes Düsseldf. 1910/11 (Abb.) · Niemeyer 1911 · v. Sydow, E.: Die dt. expressionist. Kultur u. Malerei, Bln. 1920, S. 112 · Grohmann 1956, S. 282, 254 (Abb.) · Keiser, H.W.: Gemäldegalerie Oldenburg, München 1967, S. 151 (Abb.) · Gordon 1974 · Wietek, G.: Wilhelm Niemeyer und KSR, Nordelbingen 49, 1979 (Abb.) · Herbert, B.: German Expressionism, London 1983 (Abb.) · Wietek 1984, S. 100 u. S. 134 (Abb.) · Költzsch, G.W.: Expressionisme – Le Monde n'est pas solide. In: Kat. L'Expressionisme en Allemagne, Paris 1992, S. 59 (Abb.) · Moeller, M.M.: Protagonist der Moderne. In: Kat. KSR – Der Maler, Stuttgart 1992 (Abb.)
Ausstellungen:
1908 Oldenburg, Kat. Nr. 6
1910 Düsseldorf, Sonderbundausst., Kat. Nr. 166 (Abb.)
1911 Chemnitz, Kunstsalon Gerstenberger: April-Ausstellg.
1911 Oldenburg, Kunstverein: 332. Ausst., Kat. Nr. 88
1951 Mannheim/Freib./Stuttgart: KSR, Kat. 2
1952 Hannover, Kestner-Ges.: KSR, Kat. Nr. 2
1954 Kiel/Hamburg: KSR, Kat. Nr. 4
1954 Berlin, Kat. Nr. 3
1957 Oldenburg, Kat. Nr. 18 (Abb.)
1958 Essen, Kat. Nr. 139 (Abb.)
1962 Münster, Landesmuseum: Expressionismus – Dt. Malerei v. 1900–1915, Kat. Nr. 34
1964 Hannover/Essen/Frankfurt/Berlin: KSR, Kat. Nr. 10
1964 London, Tate Gallery: Painters of the Brücke, Kat. Nr. 244

1968 Wilhelmshaven, Kunsthalle: Deutsche Kunst im XX. Jahrhundert (a.d. Oldbg. Landesmus.), Kat. Nr. 94
1973 Berlin, Brücke-Mus.: Künstler der Brücke – Die Dresdener Jahre, Kat. Nr. 27 (Abb.)
1974 Hamburg, KSR, Kat. Nr. 3 (Abb.)
1980 New York/San Francsico: Expressionism, Kat. Nr. 178 (Abb.)
1984 Schleswig, Kat. Nr. 7 (Abb.)
1989 KSR-Retrospektive, Kat. Nr. 32 (Abb.)

23
Am Bahnhof, 1908
Öl auf Leinwand, 70 x 92 cm
Signatur: S-Rottluff 1908 unten rechts
Ehem. M.J. Goldschmidt, Hamburg
(nannte sich in Amerika John M. Oldenburg)
Wien, Museum moderner Kunst
Literatur:
Nordwestdeutsche Morgenzeitung, 27.9.1908 · Oldenburger Nachrichten 13.10.1908 (Beyersdorff) · Oldenburger Nachrichten 25.6.1910 · Martin Feddersen: Zu den Innenarchitekturen von M.J. Goldschmidt, Hamburg. Moderne Bauformen XXVI, 12, Stuttg. 1927 · Grohmann 1956, S. 253 u. 281 (Abb.) · Myers, B.S.: Die Malerei d. Expressionismus, Köln 1957, S. 113 (Abb.) · Wietek 1957, Nr. 16 · Brix 1972, Abb. 9 · Jähner, H.: KG Brücke, Bln. 1984 (Abb.) – Wietek 1984, S. 97 u. 161 (Abb.)
Ausstellungen:
1908 Oldenburg, Kat. Nr. 4
1909 Dresden, Kunstsalon Richter: Maler d. Brücke u. Gäste
1910 Dresden, Gal. Arnold: Brücke
1912 Berlin, Gal. Gurlitt: Brücke, Kat. Nr. 26
1958 Essen, Kat. Nr. 138
1959 Ulm, Museum: Brücke, Nr. 17 (ohne Kat.)
1960 Bremen/Hannover/Köln: Meisterwerke des Expressionismus, Kat. Nr. 136 (Abb.)
1973 Hamburg, Kunsthalle: Kunst in Deutschld. 1898–1973, Kat.
1973 Berlin, Brücke-Mus.: Brücke – Gemälde d. Dresdener Jahre 1905–10, Kat. Nr. 26 (Abb.)
1989 KSR-Retrospektive, Kat. Nr. 33 (Abb.)
1992 Paris: L'Expressionisme en Allemagne 1905–1914, Kat. Nr. 128 (Abb.)

24
Vase mit gelben Blumen, 1908
(Stilleben mit gelben Blumen)
Öl auf Leinwand, 64 x 46 cm
Signatur: S. Rottluff Mitte rechts
Ehem. August Ehrenberg, Berlin – R. Waltsgott, Berlin
Köln, Museum Ludwig
Literatur:
Apollonio, U.: Die Brücke e la Cultura dell'Expressionismo, Venedig 1952 (Abb.) · Grohmann 1956, S. 254, 282 (Abb.)
Ausstellungen:
1919 Berlin, Gal. Ferd. Möller, KSR, Kat. Nr. 9
1957 Oldenburg, Kat. Nr. 17

1964 London, Tate Gallery: Painters of the Brücke, Kat. Nr. 245
1973 Berlin, Brücke-Mus.: Brücke-Gemälde d. Dresdener Jahre 1905–1910, Kat. Nr. 28
1978 Duisburg/Breslau, Künstlergruppe Brücke, Kat. Nr. 34 (Abb.)

25
Bunter Mohn, 1908
(Blühender Mohn)
Öl auf Leinwand, 64 x 60 cm
Signatur: S-Rottluff 1908 unten links
Ehem. Sammlung Rauert, Hamburg
Schleswig, Landesmuseum
Literatur:
Nordwestdeutsche Morgenzeitung 27.9.1908 · Oldenburger Nachrichten 13.10.1908 (Beyersdorff) · Niemeyer o.J. · Grohmann 1956, S. 282 (ohne Abb.) · Wietek 1984, S. 101 · Jhrb. d. Schlesw.-Holst. Landesmuseums, NF I 1986/87, S. 149 (Abb.)
Ausstellungen:
1908 Oldenburg, Kat. Nr. 3
1917 Hamburg, Kunsthalle: Ausst. v. Werken neuerer Kunst aus Hamburger Privatbesitz, Kat. Nr. 135
1954 Kiel, Kunsthalle: KSR z. 70. Geb., Kat. 3
1954 Berlin, Kat. Nr. 2
1957 Oldenburg, Kat. Nr. 20
1984 Schleswig, Kat. Nr. 6 (Abb.)
1989 KSR-Retrospektive, Kat. Nr. 31 (Abb.)

26
Erich Heckel in gelber Öljacke, 1908
(Gelbe Öljacke)
Öl auf Leinwand, 86 x 70,5 cm
Signatur: S-Rottluff 1908 oben rechts
Ehem. Oldenburg, Landesmuseum
(1937 beschlagnahmt)
Verbleib nicht bekannt
Literatur:
Nordwestdeutsche Morgenzeitung 27.9.1908 · Oldenburger Nachrichten 4.10.1908 (von Busch) · Oldenburger Nachrichten 13.10.1908 (Beyersdorff) · Oldenburger Nachrichten 29.6.1910 · Niemeyer o.J. · v. Sydow, E.: KSR, Der Cicerone X, 1918 (Abb.) · Oldenburger Nachrichten 14.7.1922 (Beyersdorff) · Oldenburgische Landeszeitung 10.1.1923 · Grohmann 1956, S. 60, 174, 282 (Abb.) · Wietek 1957, Nr. 14 (Abb.) · Wentzel, H.: Bildnisse der Brücke-Künstler voneinander, Reclam, Stuttgart 1961 (Abb.) · Keiser, H.W.: Gemäldegalerie Oldenburg, München 1967 (Abb.) · Dube, W.-D.: Die Expressionisten, Frankfurt/Berlin/London 1973, S. 65 · Gabler, K.: Erich Heckel und sein Kreis, Stuttg. 1983, S. 57 (Abb.) · Roters, E.: Galerie Ferdinand Möller, Berlin 1984, S. 42/43 · Gäßler, E.: KSR und Oldenburg. Kat. KSR-Retrospektive, München 1989, S. 20 · Reindl, P.: Die Brücke-Künstler u. ihre Beziehg. zu Oldenburg, Kat. Die Künstlergruppe Brücke, Vernon, Rouen, Oldbg. 1990, S. 22
Ausstellungen:
1908 Oldenburg, Kat. Nr. 8
1909 Chemnitz, König-Albert-Mus.: Eröffnungsausst., Kat. Nr. 286

1919 Berlin, Gal. Ferd. Möller: KSR, Kat. Nr. 6
1920 Hannover, Kestner-Ges.: KSR, Nr. 6
1926 Oldenburg, Vereinig. f. junge Kunst: KSR und G.H. Wolff, Kat. Nr. 4

27
Bett und Stuhl, 1908
(Bauernkammer)
Öl auf Leinwand, 64 x 52 cm
Signatur: S. Rottluff unten rechts
Verbleib nicht bekannt

Literatur:
Grohmann 1956, S. 59, 176 u. 282 (Abb.) · Wietek 1957, Nr. 15 · Brix, K.: KSR, Kunstheftreihe „Maler und Werk", Dresden 1987 (Abb.)

Ausstellungen:
1920 Chemnitz, 15. Ausst. d. Dt. Künstlerbundes: Verz. Nr. 246

28
Stilleben, 1908
Öl auf Leinwand, 42 x 58 cm
Signatur: S-Rottluff 1908 unten links
Privatbesitz

Literatur:
Nordwestdeutsche Morgenzeitung 27.9.1908 · Nicht b. Grohmann 1956 · Selz, P.: German Expressionist painting, Los Angeles 1957, S. 113 · Wietek 1957, Nr. 23 · Gordon 1974 · Dube-Heynig, A.: E.L. Kirchner – Postkarten und Briefe an E. Heckel i. Altonaer Museum, München 1984, S. 264 (Abb.)

Ausstellungen:
1908 Oldenburg, Kat. Nr. 5
1910 Berlin, 1. Ausst. d. Neuen Sezession, Kat. Nr. 40 (Abb.)

29
Häuser im Herbst, 1908
Öl auf Leinwand, 70 x 80 cm
Signatur: S-Rottluff 1908 unten rechts
Privatbesitz

Literatur:
Grohmann 1956, S. 59, 254, 282 (Abb.) · Wietek 1957, Nr. 19 · Reidemeister, L.: Die KSR-Ausst. in Karl-Marx-Stadt ... Brücke-Archiv 7, 1974 S. 23

Ausstellungen:
1919 Berlin, Gal. Ferd. Möller: KSR, Kat.-Faltbl. Nr. 8
1920 Hannover, Kestner-Ges.: KSR – Neger-Kunst, Kat. Nr. 8
1921 Chemnitz, Kunsthütte: Otto Dill – KSR, Verz. Nr. 9
1928 Chemnitz, Kunsthütte: Ausst. aus Privatbesitz, Kat. Nr. 151 (hier 1907!)
1974 Karl-Marx-Stadt, Kat. Nr. 37

30
Kühe auf der Weide, 1908
Lithographie (Kreide auf Stein)
Stein abgeschliffen
Eigendruck
26,6 x 38 cm

LEGENDEN 1908

Sammlungen:
Hamburg, Altonaer Museum (Schapire-Nachlaß)

Literatur:
Schapire L 30 · Rathenau 1987

Ausstellungen:
1957 Oldenburg, Kat. Nr. 195
1969 Hamburg, KSR-Graphik, Kat. Nr. 88

31
Kirche in Varel, 1908
Lithographie (Pinsel und Tusche auf Stein)
Stein abgeschliffen
Eigendruck
38 x 27 cm

Sammlungen:
Bremen, Kunsthalle (Schapire-Nachlaß)
Schleswig, Landesmuseum

Literatur:
Schapire L 31 · Wietek, G.: Oldenburger Land (Dt. Lande – dt. Kunst), München 1956, S. 26 ff. · Wietek 1971 (Abb.) · Baudenkmäler im Oldenburger Land, Oldenburg 1980, S. 44 · Rathenau 1987

Ausstellungen:
1957 Oldenburg, Kat. Nr. 196
1969 Hamburg, KSR-Graphik, Kat. Nr. 89
1974 Reutlingen, Thoma-Gesellschaft: KSR Graphik, Kat. Nr. 73 (Abb.)
1978 Konstanz, Kunstverein: Graphik KSRs, Kat. Nr. 76
1984 Bremen, Graph. Kab. Werner: KSR Aquarelle u. Graphik, Kat. Nr. 10 (Abb.)
1984 Hamburg, BATIG: KSR – Meisterwerke d. Graphik ... Kat. Nr. 64

32
Oldenburger Landschaft, 1908
(Landschaft in Dangast)
Lithographie (Kreide und Tusche auf Stein)
Stein abgeschliffen
Eigendruck
27 x 37,5 cm
Signatur: S-Rottluff unten links im Stein

Sammlungen:
Basel, Kunstmuseum
Schleswig, Landesmuseum
Wuppertal, Von der Heydt-Museum (Schapire-Nachlaß)
Zürich, Graph. Sammlung der Eidgenössisch. Technischen Hochschule

Literatur:
Schapire L 32 · Kunst u. Künstler, Jhrg. XI, Heft 3, 1910 (Abb.) · Rathenau 1987

Ausstellungen:
1908 Oldenburg, Kat. Nr. 35
1957 Oldenburg, Kat. Nr. 197 (Abb.)
1958 Essen, Kat. Nr. 225
1969 Hamburg, KSR-Graphik, Kat. Nr. 90 (Abb.)
1969 Hamburg, 167. Hauswedell-Aukt.: KSR-Graphik, Kat. Nr. 100 (Abb.)
1988 Konstanz, Kunstverein: Graphik KSRs, Kat. Nr. 77

LEGENDEN 1908

33
Bauernkopf, 1908
Lithographie (Pinsel und Tusche auf Stein)
Stein abgeschliffen
Eigendruck
37,5 x 27 cm
Signatur: S-R oben links im Stein

Sammlungen:
Stuttgart, Staatsgalerie (Schapire-Nachlaß)

Literatur:
Schapire L 36 · Rathenau 1987

Ausstellungen:
1908 Oldenburg, Kat. Nr. 33
1910 Oldenburg, 331. OKV-Ausst., Kat. Nr. 113
1957 Schleswig, Nr. 199
1964 Berlin, Kupferstichkabinett: KSR-Druckgraphik, Kat. Nr. 4
1984 Berlin, Gal. Nierendorf: KSR-Grafik, Kat. Nr. 83 (Abb.)
1986 München, 108. Ketterer-Aukt., Kat. Nr. 978
1987 Frankfurt, Kunstkabinett: KSR, Kat. Nr. 21 (Abb.)

34
Studie, 1908
(Selbstbildnis)
Lithographie (Tusche und Kreide auf Stein)
Stein abgeschliffen
Drucker: Dresdner Kunstanstalt
32 x 22,5 cm

Sammlungen:
Berlin, Brücke-Museum
Chemnitz, Städt. Kunstsammlungen
Stuttgart, Staatsgalerie
Tel Aviv, Kunstmuseum (Schapire-Nachlaß)

Literatur:
Schapire L 38 · KSR-Werke i Bes. d. Städt. Kstslg. Karl-Marx-Stadt, (1984), S. 83 · Rathenau 1987

Ausstellungen:
1910 Oldenburg, 331. OKV-Ausst., Kat. Nr. 115
1964 Stuttgart, Staatsgal.: KSR-Graphik u. Aquarelle, Kat. Nr. 3
1981 Belgrad, Dt. Kulturzentrum: Heckel – Schmidt-Rottluff, Kat. Nr. 76
1984 Bremen, Graph. Kab. Werner: KSR – Aquar. u. Druckgraphik, Kat. Nr. 12 (Abb.)
1989 KSR-Retrospektive, Kat. Nr. 34 (Abb.)

35
Alter Sandhändler, 1908
Lithographie (Tusche und Kreide auf Stein)
Stein abgeschliffen
Eigendruck
40 x 33,5 cm
Signatur: S-Rottluff oben links im Stein

Sammlungen:
Frankfurt, Städel
Kaiserslautern, Pfalzgalerie
Kiel, Kunsthalle (Schapire-Nachlaß)

Literatur:
Schapire L 43 · Rathenau 1987

Ausstellungen:
1957 Schleswig, Kat. Nr. 332
1978 Konstanz, Kunstverein: Graphik KSRs, Kat. Nr. 80

36
Birnen, 1908
Lithographie (Tusche und Kreide auf Stein)
Stein abgeschliffen
Eigendruck
33,5 x 39,8 cm
Signatur: S-Rottluff links unten im Stein

Sammlungen:
Frankfurt, Städel
Hamburg, Kunsthalle
Kiel, Kunsthalle (Schapire-Nachlaß)
Stuttgart, Staatsgalerie

Literatur:
Schapire L 46 · Neue Erwerbg. d. Hbg. Kunsthalle 1945–1955, Hbg. 1955, Nr. 521 · Wietek 1971 (Abb.) · Rathenau 1987

Ausstellungen:
1910 Berlin, Neue Secession, 1. Graph. Ausst., Kat. Nr. 96
1954 Kiel, Kunsthalle: KSR, Kat. Nr. 115
1957 Schleswig, Kat. Nr. 333
1964 Stuttgart, Staatsgalerie: KSR-Graphik u. Aquarelle, Kat. Nr. 4
1974 Berlin, KSR-Graphik, Kat. Nr. 20 (Abb.)
1981 Belgrad, Dt. Kulturzentrum: Heckel – Schmidt-Rottluff, Kat. Nr. 77
1984 Hamburg, BATIG: KSR-Meisterwerke d. Graphik . . ., Kat. Nr. 66

37
Mann nach der Seite blickend, 1908
Lithographie (Tusche und Kreide auf Stein)
Eigendruck (nach Schapire nur 6 Drucke)
40 x 33,9 cm

Sammlungen:
Hamburg, Kunsthalle (Schapire-Nachlaß)

Literatur:
Schapire L 44 · Rathenau 1987

38
Bauernhaus im Sonnenschein, 1908
Radierung (Ätzung)
Platte vernichtet
Drucker: Carl Sabo, Berlin?
Nach Schapire nur dieser eine Druck vorhanden
14 x 19 cm

Sammlungen:
Hamburg, Altonaer Museum
(Schapire-Nachlaß)

Literatur:
Schapire R 4 · Rathenau 1987

Ausstellungen:
1957 Oldenburg, Kat. Nr. 211
1969 Hamburg, KSR-Graphik, Kat. Nr. 109 (Abb.)
1974 Reutlingen, Thoma-Gesellschaft: KSR-Graphik, Kat. Nr. 91

39
Selbstbildnis, 1908
(Kopf)
Radierung
Platte vernichtet
Drucker: Carl Sabo, Berlin (?)
Nach Schapire nur ein Druck
11,9 x 10,5 cm

Sammlungen:
Bremen, Kunsthalle (Schapire-Nachlaß)
Chemnitz, Städt. Kunstsammlungen
Oldenburg, Stadtmuseum

Literatur:
Schapire R 6 · KSR-Werke i. Bes. d. Städt. Kstslg. Karl-Marx-Stadt (1984), S. 83 (Abb.) · Rathenau 1987

Ausstellungen:
1910 Oldenburg, Kunstverein: 331. Ausst., Kat. Nr. 116
1922 Oldenburg, Vereinig. f. junge Kunst: Dangaster Künstler im Lappan
1957 Oldenburg, Kat. Nr. 213
1957 Schleswig, Kat. Nr. 346
1964 Stuttgart, Staatsgalerie: KSR-Graphik u. Aquarelle, Kat. Nr. 5
1964 Hannover, Kunstverein: KSR, Kat. Nr. 11
1974 Karl-Marx-Stadt, Kat. Nr. 41
1984 Bremen, Graph. Kab. Werner: KSR-Aquarelle u. Druckgraphik, Kat. Nr. 15 (Abb.)
1989 KSR-Retrospektive, Kat. Nr. 35 (Abb.)
1992 Paris: L'Expressionisme en Allemagne, Kat. Nr. 145 (Abb.)

40
Junger Bauer, 1908
Radierung
Platte vernichtet
Drucker: Carl Sabo, Berlin (?)
16,5 x 11 cm

Literatur:
Schapire R 10 · Rathenau 1987

Ausstellungen:
1910 Oldenburg, 331. OKV-Ausst., Kat. Nr. 113
1957 Oldenburg, Kat. Nr. 214
1961 Stuttgart, 36. Ketterer-Aukt., Kat. 1270
1984 Bremen, Graph. Kab. Werner: KSR-Aquarelle u. Druckgraphik, Kat. Nr. 16
1987 Frankfurt, Kunstkabinett: KSR, Kat. 23

41
Oldenburgische Landschaft, 1909
(Landschaft in der oldenburgischen Marsch)
Öl auf Leinwand, 76 x 84 cm
Signatur: S-Rottluff 1909 unten links
Ehem. Max Leon Flemming, Hamburg – Kunsthalle Hamburg
Privatbesitz

Literatur:
v. Sydow, E.: KSR, Der Cicerone X, 1918 (Abb.) · Dirksen, V.A.: KSR, Kl. Führer durch die Hbg. Kunsthalle, Hbg. 1921 (Abb.) · Niemeyer, W.: Der Maler KSR, Hbg. 1921, Kündung, Heft 4–6 · Küppers, P.E.: Die Slg. Max Leon Flemming, Cicerone 1, 1922 · Pauli, G.: Führer durch d. Galerie Neuerer Meister d. Hbg. Kunsthalle, Hbg. 1924, Nr. 1685 · Grohmann 1956, S. 254, 282 (Abb.) · Wietek 1957, Nr. 28 · Roh, F.: Entartete Kunst, Hannover 1962 (Verz.) · Kat. d. Meister d. 20. Jh. in der Hbg. Kunsthalle, Hbg. 1969, S. 147 (Entartete Bilder) · Wietek 1984, S. 97, 100 u. 162 (Abb.)

Ausstellungen:
1921 Hamburg, Kunstbund
1960 Stuttgart: 35. Ketterer-Aukt., Kat. Nr. 584 (Abb.)

42
Bäume am Deich, 1909
(Weiden)
Öl auf Leinwand, 80 x 107 cm
(Freigelegte Rückseite des Gemäldes „Blumenfenster", 1910, von Max Pechstein)
Unsigniert
Sammlung Buchheim, Feldafing

Literatur:
Schmidt, P.F.: Blütezeit der Dresdner Brücke – Erinnerungen. Die Aussaat 1/2, 1947

Ausstellungen (als Pechstein!):
1959 Berlin, Nationalgalerie: Der junge Pechstein, Kat. Nr. 69 (Hier noch übermalte Rs. v. Pechsteins „Blumenfenster" 1910)
1959 München, Haus d. Kunst: Maler d. Brücke, Kat. Nr. 253
1963 Tokio, Der Dt. Expressionismus (Buchheim), Kat. Nr. 93
1966 Paris/München: Franz. Fauvismus u. dt. Frühexpressionismus, Kat. Nr. 251 (Abb.)
1973 München, Künstlergruppe Brücke u. d. dt. Expressionismus, Slg. Buchheim, Kat. Nr. 64 (Abb.)
1974 dto. Karlsruhe
1981 Köln, Expressionisten d. Slg. Buchheim, Kat. Nr. 206 (Abb.)
1990 Luzern, Kunstmus.: Expressionismus – Slg. Buchheim, Kat. Nr. 206 (Abb.)

43
Blühende Bäume, 1909
Öl auf Leinwand, 69 x 80 cm
Signatur: S. Rottluff 1909 unten rechts
Ehem. Galerie Commeter, Hamburg – Johann Bernhards, Hamburg – Dr. Horst Kadelbach, Hannover
Privatbesitz

Literatur:
Apollonio, U.: Die Brücke e la Cultura dell' Espressionismo, Venedig 1952 (Abb.) · Grohmann 1956, S. 254, 282 (Abb.) · Kaplan, P.: Major European Art Movements, New York 1977, S. 71 (Abb.) · Heller, R.: German and Austrian Expressionism. Arts Magazine, June 1978, S. 133 (Abb.) · Wietek 1984, S. 95

Ausstellungen:
1919 Berlin, Gal. Ferd. Möller: KSR, Kat. 10
1920 Hannover, Kestner-Ges.: KSR, Kat. Nr. 9
1952 Hannover, Kestner-Ges.: KSR, Kat. Nr. 3
1952 Venedig: 26. Biennale, Kat. Nr. 148
1954 Berlin, Kat. Nr. 4
1956 Wolfsburg, VW-Werk: Deutsche Malerei, Kat. Nr. 145
1957 Oldenburg, Kat. Nr. 29 (Abb.)
1973 Hamburg, 193. Hauswedell-Aukt., Kat. Nr. 1749 (Abb.)
1973 Berlin, Brücke-Mus.: Brücke – Gemälde d. Dresdener Jahre 1905–1910, Kat. Nr. 40 (Abb.)
1975 New Orleans, Museum of Art: German and Austrian Expressionism, Kat. Nr. 94 (Abb.)
1976 New York, Mus. of Modern Art: Fauvismen and Affinities, Kat. Nr. 143
1978 Chicago, Museum of Contemporary Art: German and Austrian Expressionism, Kat. S. 5
1979 Zürich, Kunsthaus: Amiet u. Brücke, Kat. Nr. 131 (Abb.)
1980 New York, Gal. Hutton: Jawlensky und Major German Expressionists, Kat. Nr. 35 (Abb.)
1984 Berlin, Kat. Nr. 6 (Abb.)
1992 Paris: L'Expressionisme en Allemagne, Kat. Nr. 129 (Abb.)

44
Strandmauer Dangast, 1909
Öl auf Leinwand
Signatur: S-Rottluff 1909 unten links
Verbleib nicht bekannt

Literatur:
Niemeyer o.J. · Nicht b. Grohmann 1956

45
Stilleben mit Äpfeln und Flasche, 1909/1910
Öl auf Pappe, 51 x 71 cm
Signatur: S. Rottluff oben links
Privatbesitz
Ausstellungen:
1991 London, Aukt. Christies v. 2.12.1991, Nr. 19 (Abb.)

46
Kurhäuser im Seenebel, 1909
Aquarell, 50 x 65,7 cm
Signatur: S. Rottluff 1909 unten rechts
Ehem. Victor und Hedda Peters, Leipzig
Privatbesitz
Literatur:
Wietek 1957, Nr. 102

LEGENDEN 1909

Ausstellungen:
1922 Oldenburg, Vereinig. f. junge Kunst: Dangaster Künstler im Lappan
1962 Köln, 469. Lempertz-Aukt., Kat. Nr. 642 (Abb.)
1984 Schleswig, Kat. Nr. 82 (Abb.)

47
Sommersonne, 1909
(Frau in der Sommersonne)
Aquarell und Tuschpinsel, 66 x 48,3 cm
Signatur: S. Rottluff 1909 oben rechts
Ehem. Galerie Großhennig Düsseldorf
Kunstmuseum Düsseldorf

Literatur:
Wietek, G.: Emma Ritter u. ihr Verhältnis z. Malerei d. dt. Expressionismus, Old. Jhrb. 58, 1959 · Thiem, G.: KSR-Aquarelle u. Zchng., München 1963, S. 28/29 (Abb.) · Kunstmuseum Düsseldorf, Verz. d. Aquarelle u. Handzchn. o.J., Nr. 791 · Moeller, M.M.: Aufbruch zur Avantgarde..., Kat. KSR-Aquarelle, Brücke Mus., Berlin 1991, S. 11 (mit „Sonnenuntergang" bezeichnet)

Ausstellungen:
1953 Stuttgart, 17. Ketterer-Aukt., Kat. Nr. 1858
1954 Kiel, Kunsthalle: KSR, Kat. Nr. 62
1954 Berlin, Kat. Nr. 113
1957 Oldenburg, Kat. Nr. 95 (Abb.)
1975 Berlin, Brücke-Mus.: Aquarell d. Brücke, Kat. Nr. 59
1989 KSR-Retrospektive, Kat. Nr. 39 (Abb.)

48
Stilleben mit Äpfeln und Henkelkrug I, 1909
(Stilleben mit Äpfeln und Vogelbeeren)
Aquarell und Tuschpinsel, 48 x 65,5 cm
Signatur: S. Rottluff 1909 oben rechts
Ehem. Sammlung Schiefler, Hamburg
Privatbesitz

Literatur:
Wietek 1957, Kat. Nr. 96 · G. Schiefler: Meine Graphiksammlung., Hbg. 1927, S. 49; Erg. u. hrsg. von Gerhard Schack, Hbg. 1974 (Abb.)

Ausstellungen:
1917 Hamburg, Kunsthalle: Ausst. v. Werken neuerer Kunst aus Hbg. Privatbes., Kat. Nr. 148
1952 Hannover, Kestner-Ges.: KSR, Kat. 45

49
Stilleben mit Äpfeln und Henkelkrug II, 1909
Aquarell und Tuschpinsel, 48,7 x 65,7 cm
Signatur: S. Rottluff 1909 unten rechts
Ehem. Nationalgalerie Berlin – Galerie Gurlitt – Kunstkabinett Klihm, München
Staatl. Graphische Sammlung München

Literatur:
Wietek 1957, Nr. 98 · Janda/Grabowski: Kunst in Deutschland 1905–1937, Die verlorene Slg. d. Nationalgalerie im ehem. Kronprinzenpalais, Bln. 1992, Nr. 464

LEGENDEN 1909

Ausstellungen:
1920 Hannover, Kestner-Ges.: KSR – Negerkunst, Kat. Nr. 46
1922 Oldenburg, Vereinig. f. junge Kunst: Dangaster Künstler im Lappan
1954 Kiel, Kunsthalle: KSR z. 70. Geb., Kat. Nr. 63
1954 Berlin, Kat. Nr. 114
1957 Salzburg, Residenzgalerie: Expressionismus, Kat. S. 44
1968 München, Staatl. Graph. Slg.: Dt. u., französ. Aquarelle und Zeichn., Kat. Nr. 138
1972 München, Staatl. Graph. Slg.: Das Aquarell 1400–1950
1989 KSR-Retrospektive, Kat. Nr. 45 (Abb.)

50
Dorf Dangast, 1909
Aquarell und Tuschpinsel, 52,5 x 65,5 cm
Signatur: S. Rottluff unten rechts
Ehem. Victor und Hedda Peters, Leipzig – Galerie Motte, Genf
Sammlung Thyssen-Bornemisza

Literatur:
Kiel, H.: The Thyssen-Bornemisza Collection of Modern Paintings, Castagnola 1974, S. 138 (Abb.) · Vergo, P.: 20th Century German Painting in the Thyssen-Bornemisza-Collection, London 1992, Nr. 105 (Abb.)

Ausstellungen:
1909 Dresden, Kunstsalon Emil Richter: Brükke-Künstler
1915 Leipzig, Kunstverein: KSR
1922 Berlin, Gal. Ferd. Möller: KSR-Aquarelle
1925 Dresden, Gal. Kühl: KSR-Gem., Aquar., Graphik, Plastik
1975 Berlin, Kunsthalle: Mod. Kunst a. d. Slg. Thyssen-Bornemisza, Kat. Nr. 77
1978 Lugano, Collectione Thyssen-Bornemisza, Arte moderna, Kat. Nr. 100
1989 KSR-Retrospektive, Kat. Nr. 354 (Abb.)

51
Bildnis H., 1909
(Erich Heckel)
Aquarell und Tusche, 66 x 50 cm
Signatur: S. Rottluff 1909 unten links
Brücke-Museum Berlin

Literatur:
Buchheim, L. G.: Brücke, Feldafing 1956 (Abb.) · Wentzel H.: Bildnisse d. Brücke-Künstler voneinander, Reclam-Stuttgart 1961, S. 19 · Brix 1972, S. 15 (Abb.) · Gabler, K.: Erich Hekkel u. sein Kreis, Stuttg. 1983, S. 63 (Abb.)

Ausstellungen:
1928 Königsberg, Städt. Kstslg.: KSR, Kat. 38
1951 Mannheim/Freiburg/Stuttgart: KSR, Kat. Nr. 38
1952 Hannover, Kestner-Ges.: KSR, Kat. 42
1954 Berlin, Kat. Nr. 116 (Abb.)
1957 Oldenburg, Kat. Nr. 92
1958 Essen, Kat. Nr. 205
1967 Berlin, Brücke-Mus.: Zur Eröffng. ausgestellte Werke, Kat. Nr. 2

1969 Stuttgart, Staatsgal.: KSR-Aquarelle . . ., Kat. Nr. 2 (Abb.)
1972 Schaffhausen, Mus. Allerheiligen: Künstler d. Brücke, Kat. Nr. 185 (Abb.)
1972 Bonn, Rhein. Landesmus.: Künstler d. Brücke, Kat. Nr. 56 (Abb.)
1975 Berlin, Brücke-Mus.: Das Aquarell d. Brücke, Kat. Nr. 56 (Abb.)
1980 Saarbrücken, Saarland-Mus.: Künstler d. Brücke, S. 56 (Abb.)
1980 Braunschweig, KV: KSR-Werke 1905–1961, Kat. Nr. 47 (Abb.)
1984 Berlin, Kat. Nr. 84 (Abb.)
1984 Würzburg, Städt. Gal.: KSR-Aquar., Zchng., Kat. Nr. 3
1985 Soest, Morgner-Haus: KSR – 80 Aquarelle, Kat. Nr. 6
1989 KSR-Retrospektive, Kat. Nr. 36 (Abb.)
1990 Emden, Kunsthalle: Meisterwerke d. Expressionism. Kat. Nr. 92 (Abb.)
1991 KSR-Aquarelle, Kat. Nr. 12 (Abb.)
1992 Berlin, Brücke-Mus.: Die Brücke – Zchng., Aquar., Graphik, Kat. Nr. 55 (Abb.)

52
Landschaft aus Dangast, 1909
Aquarell, 37 x 54 cm
Signatur: S. Rottluff 1909 unten links
Ehem. Slg. Doetsch-Benziger, Basel – Dr. Ernst Hauswedell, Hamburg
Privatbesitz

Literatur:
Niemeyer 1911 · Grohmann 1956, S. 278 (Abb.) · Gordon 1974 · Moeller, M. M.: Aufbruch zur Avantgarde, Kat. KSR-Aquar., Brücke-Mus. Bln. 1991, S. 10 (Abb.)

Ausstellungen:
1910 Dresden, Gal. Arnold: KG Brücke, Kat. Nr. 73
1964 Florenz: L'espressionismo, Kat. Nr. 527
1966 Hamburg, 149. Hauswedell-Auktion, Kat. Nr. 789 (Abb.)
1969 Stuttgart, Staatsgal.: KSR-Aquarelle usw., Kat. Nr. 5 (Abb.)
1972 München, Staatl. Graph. Slg.: Das Aquarell, Kat. Nr. 356 (Abb.)
1984 Hamburg, 254. Hauswedell-Aukt., Kat. Nr. 1415 (Abb.)
1989 KSR-Retrospektive, Kat. Nr. 42 (Abb.)
1991 Berlin, 20. Villa Grisebach-Aukt., Kat. Nr. 11 (Abb.)

53
Töpfe, 1909
Aquarell und Tuschpinsel, 44 x 57 cm
Signatur: S-Rottluff unten links
Brücke-Museum Berlin

Ausstellungen:
1928 Königsberg, Städt. Kstslg.: KSR, Kat. Nr. 40
1974 Hamburg, KSR, Kat. Nr. 51 (Abb.)
1975 Berlin, Brücke-Museum: Das Aquarell d. Brücke, Kat. Nr. 54 (Abb.)
1980 Saarbrücken, Saarlandmus.: Künstler d. Brücke, Kat. S. 54 (Abb.)

1984 Würzburg, Städt. Gal.: KSR-Aquar. u. Zchng., Kat. Nr. 4 (Abb.)
1984 Berlin, Kat. Nr. 86 (Abb.)
1985 Soest, Morgner-Haus: KSR – 80 Aquarelle, Kat. Nr. 8
1991 KSR-Aquarelle, Kat. Nr. 8 (Abb.)
1992 Berlin, Brücke-Mus.: Die Brücke – Zchng., Aquarelle . . . Kat. Nr. 60 (Abb.)

54
Stilleben mit grüner Flasche und blauem Glas, 1909
Aquarell, 38 x 54,8 cm
Signatur: S. Rottluff 1909 unten links
Sprengel Museum Hannover (Lhg. Kulturkreis im Bundesverband der deutschen Industrie)

Literatur:
Thiem, G.: KSR – Aquar. u. Zchng. München 1963, S. 30 (Abb.)

Ausstellungen:
1957 Köln, Kulturkreis i. Bundesverbd. d. dt. Industrie: Dt. Aquarelle u. Zchng., Kat. Nr. 84.
1961 Köln, Ars Viva, S. 38 (Abb.)
1964 Hannover: KSR z. 80. Geb., Kat. Nr. 12
1969 Stuttgart, Staatsgalerie: KSR Aquarelle usw., Kat. Nr. 6 (Abb.)
1975 Berlin, Brücke-Mus.: Aquarell d. Brücke, Kat. Nr. 55
1982 Hannover, Kunstmus.: Künstlergruppe Brücke, Kat. Nr. 170 (Abb.)
1983 Albstadt/Ludwigshafen/Bottrop: Künstlergruppe Brücke, Kat. Nr. 170 (Abb.)
1989 KSR-Retrospektive, Kat. Nr. 44 (Abb.)

55
Der Leuchtturm, 1909
Aquarell, 66,5 x 49,7 cm
Signatur: S. Rottluff 1909 unten links
Sammlung Buchheim, Feldafing

Literatur:
Buchheim, K.G.: Brücke, Feldafing 1956 (Abb.) · Wietek 1957, Nr. 97 · Dube, W.-D.: Die Expressionisten, Frankfurt/Berlin/London 1973, S. 65 (Abb.) · Moeller, M.M.: Aufbruch z. Avantgarde. Kat. KSR-Aquarelle, Brücke-Mus. Bln. 1991, S. 11 (Abb.)

Ausstellungen:
1959 München: Die Maler der Brücke, Kat. 77
1963 Tokio: Der Dt. Expressionismus, Kat. 33
1969 London: German Expressionism, Kat. 89
1973 München: Die Künstlergruppe Brücke u. der dt. Expressionismus. Slg. Buchheim I, Kat. Nr. 77 (Abb.)
1984 Ausstellungstournee zu 23 in- u. ausländischen Orten, z. T. mit Katalogen in den Landessprachen: Expressionisten – Slg. Buchheim. Kat. Nr. 258 (Abb.)

56
Stickendes Mädchen, 1909
(Nähendes Mädchen)
Aquarell, 64,5 x 47 cm

Signatur: S. Rottluff 1909 oben rechts
Ehem. Pelikan-Kunstsammlung, Hannover
Privatbesitz

Literatur:
Niemeyer 1911 · Wietek 1957, Nr. 99

Ausstellungen:
1920 Hannover, Kestner-Ges.: KSR – Negerkunst, Kat. Nr. 50
1922 Oldenburg, Vereinig. f. junge Kunst: Dangaster Künstler im Lappan
1954 Stuttgart, 19. Ketterer-Aukt., Kat. 1623
1963 Hannover, Kunstverein: Die Pelikan-Kunstsammlung, Kat. Nr. 123 (Abb.)
1964 Heidelberg, Kurpfälz. Museum: Kunst in Dresden, Kat. Nr. 599
1964 Hannover, KV.: KSR, Kat. Nr. 13

57
Schreibendes Mädchen, 1909
(Bei der Handarbeit)
Aquarell und Tuschpinsel, 48,8 x 66 cm
Signatur: S. Rottluff unten links
Widmung: „für A. v. Jawlensky zum 26.3.1939" unten rechts
Ehem. A. v. Jawlesky – Galerie Vömel, Düsseldorf
Brücke-Museum Berlin

Ausstellungen:
1975 Berlin, Brücke-Mus.: Das Aquarell der Brücke, Kat. Nr. 58
1979 Braunschweig, Kunstverein: KSR, Kat. Nr. 46 (Abb.)
1984 Berlin, Kat. Nr. 87 (Abb.)
1989 KSR-Retrospektive, Kat. Nr. 40 (Abb.)
1991 KSR-Aquarelle, Kat. Nr. 10 (Abb.)
1992 Berlin, Brücke-Mus.: Die Brücke – Zchng., Aquarelle, Kat. Nr. 59 (Abb.)

58
Kühler Morgen, 1909
(Weg im Herbst)
Aquarell und Tuschpinsel, 49,5 x 65,5 cm
Signatur: S-Rottluff 1909 unten rechts
Brücke-Museum Berlin

Literatur:
Grohmann 1956, S. 278 (als „Landstrasse") · Brix 1972, S. 19 (Abb.) · Firmenich, A.: Vom Entwurf zur Vollendung. In: Kat. Meisterwerke d. Expressionismus, Stuttg. 1990, S. 29 (Abb.)

Ausstellungen:
1928 Königsberg, Städt. Kstslg.: KSR, Kat. 41
1951 Mannheim/Freiburg/Stuttgart: KSR, Kat. Nr. 37
1952 Hannover, Kestner-Ges.: KSR, Kat. 43
1957 Oldenburg, Kat. Nr. 87
1958 Essen, Kat. Nr. 208
1967 Berlin, Brücke-Mus.: Eröffnungsausst., Kat. Nr. 6
1972 Bonn, Rhein. Landesmus.: Künstler d. Brücke, Kat. Nr. 179
1972 Schaffhausen, Mus. Allerheiligen: Künstler d. Brücke, Kat. Nr. 53
1975 Berlin, Brücke-Mus.: Das Aquarell d. Brücke, Kat. Nr. 53

1979 Braunschweig, Kunstverein: KSR, Kat. Nr. 49 (Abb.)
1984 Berlin, Kat. Nr. 79 (Abb.)
1985 Soest, Morgner-Haus: KSR – 80 Aquarelle, Kat. Nr. 3
1989 KSR-Retrospektive, Kat. Nr. 43 (Abb.)
1991 KSR-Aquarelle, Kat. Nr. 3 (Abb.)
1992 Berlin, Brücke-Mus.: Die Brücke – Zchng., Aquarelle . . . Kat. Nr. 61 (Abb.)

59
Weg im Herbst, 1909
(Kühler Morgen – Herbstmorgen)
Aquarell, 47,5 x 66 cm
Signatur: S-Rottluff 1909 unten links
Ehem. Arnold Zuckermann, Berlin – Gerson Gallery, New York – Leonard Hutton Gallery, New York
Privatbesitz

Ausstellungen:
1910 Dresden, Gal. Arnold, Nr. 73
1922 Berlin, Gal. Ferd. Möller, Nr. 5
1922 Oldenburg, Vereinig. f. junge Kunst: Dangaster Künstler im Lappan
1979 New York, State University Art Gallery, Kat. Nr. 23 (Abb.)
1980 Hamburg, 235. Hauswedell-Aukt., Kat. Nr. 1164 (Abb.)

60
Park am Mittag, 1909
Aquarell, 49,5 x 66,3 cm
Signatur: S. Rottluff 1909 unten rechts
Brücke-Museum Berlin

Ausstellungen:
1920 Hannover, Kestner-Mus.: KSR – Negerkunst, Kat. Nr. 52
1922 Oldenburg, Vereinigung f. junge Kunst: Dangaster Künstler im Lappan
1954 Berlin, Kat. Nr. 117
1957 Oldenburg, Kat. Nr. 91
1958 Essen, Kat. Nr. 203
1967 Berlin, Brücke-Mus.: Eröffnungsausstellg. Kat. Nr. 5
1972 Schaffhausen, Mus. Allerheiligen: Künstler d. Brücke, Kat. Nr. 183
1972 Bonn, Rhein. Landesmus.: Künstler d. Brücke, Kat. Nr. 51
1975 Berlin, Brücke-Mus.: Das Aquarell d. Brücke, Kat. Nr. 51
1984 Berlin, Kat. Nr. 85
1985 Soest, Morgner-Haus: KSR – 80 Aquarelle, Kat. Nr. 7
1990 Emden, Kunsthalle: Meisterwerke d. Expressionismus, Kat. Nr. 87 (Abb.)
1991 KSR-Aquarelle, Kat. Nr. 4 (Abb.)
1992 Berlin, Brücke-Mus.: Die Brücke – Zchng., Aquarelle . . ., Kat. Nr. 53 (Abb.)

61
Haus im Nebel, 1909
Aquarell, 50 x 65,8 cm
Signatur: S. Rottluff 1909 unten rechts
Brücke-Museum Berlin

LEGENDEN 1909

Ausstellungen:
1920 Hannover, Kestner-Ges.: KSR – Negerkunst, Kat. Nr. 53
1922 Oldenburg, Vereinigung f. junge Kunst: Dangaster Künstler im Lappan
1954 Berlin, Kat. Nr. 118
1957 Oldenburg, Kat. Nr. 90
1958 Essen, Kat. Nr. 204
1967 Berlin, Brücke-Mus.: Eröffnungsausst., Kat. Nr. 4
1975 Berlin, Brücke-Mus.: Das Aquarell d. Brücke, Kat. Nr. 49
1984 Berlin, Kat. Nr. 81
1991 KSR-Aquarelle, Kat. Nr. 6 (Abb.)
1992 Berlin, Brücke-Mus.: Die Brücke – Zchng., Aquarelle, Kat. Nr. 62 (Abb.)

62
Strand mit Körben, 1909
Aquarell, 38,3 x 55 cm
Signatur: S-Rottluff 1909 unten rechts
Ehem. Slg. Rauert, Hamburg
Oldenburg, Landesmuseum
(Leihgabe des Oldenburger Kunstvereins)

Literatur:
Wietek 1984, S. 102

Ausstellungen:
1957 Oldenburg, Kat. Nr. 107
1958 Essen, Kat. Nr. 210
1975 Berlin, Brücke-Mus.: Das Aquarell d. Brücke, Kat. Nr. 48
1990 Vernon/Rouen/Oldenburg: Brücke, Kat. Nr. 50 (Abb.)

63
Strandkörbe, 1909
Aquarell, 41,4 x 59 cm
Signatur: S. Rottluff 1909 unten rechts
Brücke-Museum Berlin

Ausstellungen:
1975 Berlin, Brücke-Mus.: Das Aquarell d. Brücke, Kat. Nr. 47 (Abb.)
1984 Berlin, Kat. Nr. 83 (Abb.)
1985 Soest, Morgner-Haus: KSR – 80 Aquarelle, Kat. Nr. 5
1989 KSR-Retrospektive, Kat. Nr. 48 (Abb.)
1990 Emden, Kunsthalle: Meisterwerke d. Expressionismus, Kat. Nr. 90 (Abb.)
1991 KSR-Aquarelle, Kat. Nr. 7 (Abb.)

64
Vareler Hafen, 1909
Aquarell und Tuschpinsel, 47,6 x 65,8 cm
Signatur: S-Rottluff 1909 unten links
Ehem. Rosa Schapire, Hamburg
Brücke-Museum Berlin

Literatur:
Schapire-Verz. · Wietek 1957, Nr. 105 · Wietek, G.: Dr. phil. Rosa Schapire, Jhrb. d. Hbg. Kstslg. 9, 1964, S. 138 (Abb.) · Gordon 1974 · Koschatzky, W.: Die Kunst d. Aquarells, Wien 1982, S. 353 (Abb.) · Wietek 1984, S. 103 · Lüttichau, M.A.v.: KG Brücke – Dresden 1910. In: Stationen d. Moderne – Kommentarband, Köln 1988, S. 39 · Moeller, M.M.: Das Brücke-Museum, München 1990, S. 9

LEGENDEN 1909

(Abb.) · Staatl. Gal. Moritzburg Halle: Faltblatt z. Ausst. KSR Aquarelle 1992 (Abb.)

Ausstellungen:
1909 Berlin, 19. Sezessions-Ausst., Kat. Nr. 630
1910 Dresden, Gal. Arnold:Brücke, Kat. Nr. 71
1917 Hamburg, Kunsthalle: Werke neuerer Kunst aus Hb. Privatbesitz, Kat. Nr. 155
1975 Berlin, Brücke-Mus.: Aquarell d. Brücke, Kat. Nr. 50 (Abb.)
1979 Braunschweig, Kunstverein: KSR, Kat. Nr. 48 (Abb.)
1980 Saarbrücken, Saarlandmuseum: Brücke, Kat. S. 52 (Abb.)
1984 Berlin, Kat. Nr. 82 (Abb.)
1985 Soest, Morgner-Haus: KSR – 80 Aquarelle, Kat. Nr. 4
1988 Berlin, Berlinische Gal.: Stationen d. Moderne, Kat. Nr. 34 (Abb.)
1989 KSR-Retrospektive, Kat. Nr. 49 (Abb.)
1990 Emden, Kunsthalle: Meisterwerke d. Expressionismus, Kat. Nr. 89 (Abb.)
1991 KSR-Aquarelle, Kat. Nr. 9 (Abb.)
1992 Berlin, Brücke-Mus.: Die Brücke – Zchng., Aquarelle . . ., Kat. Nr. 58 (Abb.)

65
Frau am Tisch, 1909
Aquarell und Tuschpinsel, 66 x 50 cm
Signatur: S. Rottluff 1909 oben rechts
Brücke-Museum Berlin

Literatur:
Wietek, G.: Dr. phil. Rosa Schapire, Jhrb. d. Hbg. Kstslg. 9, 1964 (Abb.) · Brix 1972, S. 20 · Wietek, G.: Rosa Schapire u. KSR, Die Kunst 9, 1974 (Abb.) · Staatl. Gal. Moritzburg Halle: Faltbl. z. Ausst. KSR-Aquarelle 1992 (Abb.)

Ausstellungen:
1920 Hannover, Kestner-Ges.: KSR – Negerkunst, Kat. Nr. 49
1928 Königsberg, Städt. Kstslg.: KSR, Kat. 39
1954 Berlin, Kat. Nr. 115
1957 Oldenburg, Kat. Nr. 88
1958 Essen, Kat. Nr. 206
1967 Berlin, Brücke-Mus.: Eröffnungsausstellung, Kat. Nr. 7
1972 Schaffhausen, Mus. Allerheiligen: Künstler d. Brücke, Kat. Nr. 182
1972 Bonn, Rhein. Landesmus.: Künstler d. Brücke, Kat. Nr. 177
1975 Berlin, Brücke-Mus.: Das Aquarell d. Brücke, Kat. Nr. 57
1984 Berlin, Kat. Nr. 80 (Abb.)
1989 KSR-Retrospektive, Kat. Nr. 91 (Abb.)
1990 Emden, Kunsthalle: Meisterwerke d. Expressionismus, Kat. Nr. 91 (Abb.)
1991 KSR-Aquarelle, Kat. Nr. 11 (Abb.)
1992 Berlin, Brücke-Mus.: Die Brücke – Zchng., Aquarelle, Kat. Nr. 54 (Abb.)

66
Rote Blumen im Henkelkrug, 1909
(Stilleben mit Vase und Krug)
Aquarell mit Tuschpinsel, 57 x 43 cm
Signatur: S. Rottluff unten rechts
Privatbesitz

Literatur:
Niemeyer 1911

Ausstellungen:
1961 Stuttgart, 36. Ketterer-Aukt., Kat. Nr. 464 (Abb.)
1992 Hamburg, 293. Hauswedell-Aukt., Kat. Nr. 755 (Abb.)

67
Die Fruchtschale, 1909
Aquarell, 67 x 50 cm
Signatur: S. Rottluff 1909 oben links
Ehem. Ludwig Schrader, Hamburg – Prof. Delavilla, Frankfurt
Privatbesitz
Literatur:
Wietek 1984, S. 104
Ausstellungen:
1909 Berliner Secession: Zeichnende Künste, Kat.
1910 Hamburg, Gal. Commeter: KSR-Aquarelle
1917 Hamburg, Kunsthalle: Ausst. v. Werken neuerer Kunst aus Hbg. Privatbesitz, Kat. Nr. 150
1965 Bonn, 116. Kornfeld u. Klipstein-Auktion, Kat. Nr. 1059.
1969 Stuttgart, Staatsgal.: KSR-Aquarelle . . ., Kat. Nr. 4 (Abb.)

68
Fabrik, 1909
Aquarell und Tuschpinsel, 48 x 66 cm
Signatur: S. Rottluff 1909 unten rechts
Brücke-Museum Berlin
Literatur:
Brix 1972, S. 20 · Wietek, G.: Zum 100. Geb. KSR. Die Kunst, Juni 1984, S. 433 (Abb.) · Staatl. Gal. Moritzburg Halle: Faltbl. z. Ausst. KSR-Aquarelle 1992 (Abb.)
Ausstellungen:
1954 Berlin, Kat. Nr. 119
1957 Oldenburg, Kat. Nr. 89
1958 Essen, Kat. Nr. 207
1967 Berlin, Brücke-Mus.: Eröffnungsausst. Kat. Nr. 3
1975 Berlin, Brücke-Mus.: Aquarell d. Brücke, Kat. Nr. 52
1979 Braunschweig, Kunstverein: KSR, Kat. Nr. 45 (Abb.)
1984 Berlin, Kat. Nr. 78
1984 Würzburg, Städt. Gal.: KSR-Aqu. u. Zchng., Kat. Nr. 2
1985 Soest, Morgner-Haus: KSR – 80 Aquarelle, Kat. Nr. 2
1990 Emden, Kunsthalle: Meisterwerke d. Expressionismus, Kat. Nr. 88 (Abb.)
1991 KSR-Aquarelle, Kat. Nr. 5 (Abb.)
1992 Berlin, Brücke-Mus.: Die Brücke – Zchng., Aquarelle, Kat. Nr. 56 (Abb.)

69
Ziegelei, 1909
(Ziegelei in Dangast)
Aquarell mit Tuschpinsel, 48,5 x 66 cm
Signatur: S. Rottluff 1909 unten rechts
Privatbesitz

LEGENDEN 1909

Literatur:
Wietek, G.: Dangast u. die Maler der Brücke. Niederdt. Almanach, Oldenburg/Hamburg 1959, S. 314 · Gordon 1974 · Wietek, G.: Zum 100. Geburtstag von KSR. Die Kunst 6, 1984 (Abb.) · Lüttichau, M.A. v.: Künstlergem. Brücke, Dresden 1910, Kat. Stationen d. Moderne, Bln. 1988, S. 91 (Abb. 1/5) · Lüttichau, M.A. v.: Künstlergem. Brücke, Dresden, 1910. In: Stationen d. Moderne – Kommentarband, Köln 1988, S. 39
Ausstellungen:
1910 Dresden, Gal. Arnold: KG Brücke, Kat. Nr. 72
1951 Mannheim/Freiburg/Stuttgart: KSR, Kat. Nr. 39
1952 Hannover, Kestner-Ges.: KSR, Kat. 44
1954 Kiel, Kunsthalle: KSR, Kat. Nr. 61
1957 Oldenburg, Kat. Nr. 86
1958 Essen, Kat. Nr. 209
1974 Hamburg, KSR, Kat. Nr. 50 (Abb.)
1984 Schleswig, Kat. Nr. 81 (Abb.)
1988 Berlin, Berlinische Galerie: Stationen d. Moderne, Kat. Nr. 135 (Abb.)
1989 KSR-Retrospektive, Kat. Nr. 41 (Abb.)

70
Wegegabelung, 1909
Aquarell, 37 x 44,5 cm
Signatur: S. Rottluff unten rechts
Privatbesitz
Ausstellungen:
1978 Detmold, Lipp. Landesmuseum: KSR, Kat. Nr. 10
1980 München, 43. Ketterer-Aukt., Kat. Nr. 1318 (Abb.)
1981 Hamburg, 239. Hauswedell-Aukt., Kat. Nr. 1215 (Abb.)
1986 New York, Sotheby-Verst. v. 19.2.1986, Kat. Nr. 16 (Abb.)

71
Dangaster Gehöft, 1909
Aquarell und Tuschpinsel, 37 x 52 cm
Signatur: Eigenhändige Jahreszahl 1909 unten rechts, Titelbezeichnung rückseitig
Ehem. Victor und Hedda Peters, Leipzig
Privatbesitz
Literatur:
Niemeyer 1911 · Wietek 1957, Nr. 111 · Thiem, G.: Meine Geschichte mit KSR 1933–1976. in: Kat. KSR-Retrospektive 1989, S. 59 ff.

72
Frau mit tuchumbundenem Hut, 1909
(Brustbild einer Frau mit Hut und Schleier)
Aquarell mit Tuschpinsel, 67 x 49 cm
Signatur: S. Rottluff 1909 oben rechts
Privatbesitz
Ausstellungen:
1969 Stuttgart, Staatsgal.: KSR-Aquarelle, Kat. Nr. 3 (Abb.)

73
Astern, 1909
(Lesende hinter einem Tisch mit Blumenvase)

LEGENDEN 1909

Aquarell und Tuschpinsel, 43 x 61 cm
Signatur: S. Rottluff 1909 oben rechts
Ehem. Victor und Hedda Peters, Leipzig
Privatbesitz
Literatur:
Wietek, G.: Dr. phil. Rosa Schapire, Jhrb. d. Hbg. Kstslg. 9, 1964

74
Segelschiffe, 1909
Tuschpinsel, 34 x 44 cm
Signatur: S. Rottluff 1909 unten links, die Jahreszahl 1909 wiederholt unten rechts
Ehem. Sammlung H. Vogler (Sammlerstempel)
Privatbesitz
Ausstellungen:
1950 Stuttgart, 10. Ketterer-Aukt., Kat. Nr. 449
1980 München, 43. Ketterer-Aukt., Kat. Nr. 1319 (Abb.)
1981 Berlin, Gal. Nierendorf: 580 Werke, Kat. Nr. 491 (Abb.)

75
Küste in Dangast, 1909
(Höhenzug in Dangast)
Tuschpinsel, 34,5 x 44,3 cm
Signatur: S. Rottluff 1909 unten links
Brücke-Museum Berlin
Ausstellungen:
1974 Stuttgart, Staatsgal.: KSR-Schwarzblätter, Kat. Nr. 5 (Abb.)
1992 Berlin, Brücke-Mus.: Die Brücke – Zchn., Aquarelle, Graphik, Kat. Nr. 63 (Abb.)

76
Tischstilleben, 1909
(Frühstücksstilleben)
Tuschpinsel, 35 x 44 cm
Signatur: S-Rottluff 1909 unten rechts
Brücke-Museum Berlin
Literatur:
Grohmann 1956, S. 23 (Abb.) · Buchheim: K.G. Brücke 1956 (Abb.) · Wietek 1957, Nr. 93 · Paret, P.: Die Bln. Sezession, Bln. 1989 (Abb.)
Ausstellungen:
1909 Berlin: 19. Ausst. d. Bln. Sezession – Zeichnende Künste, Kat. (Abb.)
1992 Berlin, Brücke-Mus.: Die Brücke – Zchng., Aquarelle, Druckgraphik, Kat. Nr. 52 (Abb.)

77
Windmühle und Häuser, 1909
Tuschpinsel und Ölkreiden, 8,9 x 14 cm
Postkarte an Dr. Adolf Thiele, Kampen/Sylt
Poststempel Dangast 11.8.09
Text: „Lieber Herr Dr., freundl. Dank für Ihren Gruss von Sylt. Die Insel hat viele Reize. Ich weilte vor 5 Jahren als Gast dort u. wurde ich durch Ihren Gruss gern daran erinnert.
Ihr Sch.Rottluff, Dangast a. Nordsee, Gr. Oldenburg“
Städt. Kunstsammlungen, Chemnitz

Literatur:
KSR – Malerei, Graphik. Werke i. Bes. d. Städt. Kstslg. Karl-Marx-Stadt (1983), S. 83 · KSR-Best. Kat. Chemnitz 1993, Nr. 42 (Abb.)

Ausstellungen:
1974 Karl-Marx-Stadt, Kat. Nr. 54
1984 Karl-Marx-Stadt, Städt. Kstslg.: Gebr. Graphik d. Brücke, Faltblatt (Abb.)
1986 Berlin-Ost, Nat. Gal.: Expressionisten, Kat. Nr. 386
1987 Karl-Marx-Stadt, Städt. Kstslg.: KSR – Aquar. u. Zchng. (Faltblatt)

78
Häuser und Windmühle, 1909
Tuschpinsel, 8,9 x 14 cm
Postkarte an Martha Rauert, Hochkamp
Poststempel Dangast 1.9.09
Text: „Schönen Gruss. Unsere Karte ist aber viel schöner! Ihre Rosa Schapire.
Das Urteil von Dr. R.S. wird sehr in Zweifel gezogen. Ergebensten Gruss Sch-Rottluff.
Als Unbeteiligter stimme ich Fräulein Schapire zu. Herzl. Gruss E. Heckel".
Privatbesitz

Literatur:
Wietek 1984, S. 65 (Abb.)

79
Mädchen in Halbfigur, 1909
(Frauenstudie – Weibliche Halbfigur)
Tuschpinsel, 14 x 9 cm
Postkarte an Rosa Schapire, Dangast
Poststempel Varel 9.9.09
Text: „Zum Geburtstag freundliche Gratulation. Schmidt-Rottluff.
Herzliche Glückwünsche. Gertrud Schmidt".
Ehem. Galerie des 20. Jahrhunderts, Berlin
Brücke-Museum, Berlin

Literatur:
Schapire-Verz. · Altonaer Mus. in Hamburg, Jhrb. 1964: Neuerwerbungen S. 187 (Abb.) · Wietek 1984, S. 32 · Presler 1990, S. 37 (Abb.)

Ausstellungen:
1962 Hamburg, Postkarten, Kat. Nr. 447
1967 Berlin, Brücke-Mus.: Eröffnungsausstellg., Kat. Nr. 1
1974 Stuttgart, Staatsgal.: KSR – Die Schwarzblätter, Kat. Nr. 2 (Abb.)
1991 Berlin, Brücke-Mus.: Expressionist. Grüsse, Kat. Nr. 39 (Abb.)
1991 München, Städt. Gal.: Expressionist. Grüsse, Kat. Nr. 39 (Abb.)
1991 Saarbrücken, Saarlandmus.: Expressionist. Grüsse. Kat. Nr. 39 (Abb.)
1992 Berlin, Brücke-Mus.: Die Brücke – Zchng., Aquarelle, Kat. Nr. 51 (Abb.)

80
Gelagert sitzendes Mädchen, 1909
(Liegende Frau – Diagonal gelagerte Frau – Sitzende Frau)
Tuschpinsel, 9 x 14 cm
Signatur: S-R oben rechts
Postkarte an Rosa Schapire, Dangast
Poststempel Varel 9.9.09

LEGENDEN 1909

Text: „. . . und nochmals Sch-R. – Gruss G. Sch."
Altonaer Museum in Hamburg

Literatur:
Schapire-Verz. · Altonaer Mus. in Hbg., Jhrb. 1964, Neuerwerbg., S. 189 (Abb.) · Wietek, G.: A. d. Slg. gemalt. Karten u. Briefe dt. Künstler im Altonaer Museum, Hamburg 1966, Nr. 87 (Abb.) · Wietek 1984, S. 32 · Presler 1990, S. 56 (Abb.)

Ausstellungen:
1966 Reykiavik, Isländ. Nationalmus.: A. d. Slg. gemalter Karten u. Briefe dt. Künstler i. Altonaer Museum, Kat. Nr. 87 (Abb.)
Weitere Ausstellg. m. gleichem Katalog:
1968 Prag, Dientzenhofer-Palais
1968 London, Dt. Kulturinstitut
1968 Helsinki, Dt. Kulturinstitut
1969 Wien, Niederösterr. Landesmuseum
1971 Trondhjem, Kunstforening
1971 Cambridge (USA), Busch-Reisinger-Museum
1973 Ankara, Dt. Kulturinstitut
1973 Belgrad, Dt. Kulturinstitut
1973 Athen, Dt. Kulturinstitut
1969 Reutlingen, Thoma-Gesellsch.: Gemalte Karten u. Briefe dt. Künstler, Kat. Nr. 183 (Abb.)
1974 Stuttg. Staatsgal.: KSR – Die Schwarzblätter, Kat. Nr. 3 (Abb.)

81
Kissen-Entwurf, 1909
(Ornamentale Komposition)
Tuschpinsel und Farbstifte, 9 x 14 cm
Postkarte an Rosa Schapire, Dangast
Poststempel Varel 9.9.09
Text: „Und zum dritten Male Sch.-R.
Und zum dritten und letzten Mal . . . G. Schmidt".
Altonaer Museum in Hamburg

Literatur:
Schapire-Verz. · Wietek, G.: Maler d. Brücke, Farb. Kartengrüsse an Rosa Schapire, Wiesbaden 1958, S. 4 · Wietek, G.: Dr. phil. Rosa Schapire, Jhrb. d. Hbg. Kstslg. 9, 1964, S. 137 · Wietek, G.: A. d. Slg. gem. Karten u. Briefe dt. Künstler im Altonaer Museum, Hbg. 1966, Nr. 88 (Abb.) · Wietek, G.: Gemalte Künstlerpost, München 1977, S. 31 (Abb.) · Wietek 1984, S. 103 · Presler 1990, S. 57 (Abb.)

Ausstellungen:
1966 Reykiavik, Nationalmus.: A. d. Slg. gemalter Karten u. Briefe dt. Künstler im. Altonaer Museum, Kat. Nr. 88 (Abb.)
Weitere Ausstellg. m. gleichem Katalog:
1968 Prag, Dientzenhofer-Palais
1968 Helsinki, Dt. Kulturinstitut
1968 London, Dt. Kulturinstitut
1969 Wien, Niederösterr. Landesmuseum
1971 Trondhjem, Kunstforening
1971 Cambridge (USA), Busch-Reisinger-Museum
1973 Belgrad, Dt. Kulturinstitut
1973 Ankara, Dt. Kulturinstitut
1973 Athen, Dt. Kulturinstitut
1969 Reutlingen, Thoma-Gesellsch.: Gemalte Karten u. Briefe dt. Künstler, Kat. Nr. 183

LEGENDEN 1909

1970 Hamburg, Altonaer Museum: Kunst u. Postkarte, Kat. Nr. 127 (Abb.)
1974 Hamburg, KSR, S. 37
1992 Hamburg, Altonaer Museum: Die Künstlerpostkarte, Kat. Nr. 127

82
Ziegelei, 1909
Tuschpinsel, 9 x 14 cm
Postkarte an Bertha Rohlsen, Lofthus (Norweg.)
Poststempel Dangast 14.9.09
Text: „Viele herzliche Grüsse Ihnen liebe und verehrte gnädige Frau und Frl. Gudrun aus Dangast. Ich habe hier schon schöne Stunden verlebt. Ihre Rosa Schapire.
Ihnen, gnädigste Frau u. Frl. Tochter einen ergebenen Gruss nach Ihrem Sommersitz. Schmidt-Rottluff, Dangast".
Landesmuseum Oldenburg

Literatur:
Ekhart, A.: KSR z. 80 Geb., Berichte d. Oldenburg. Museums-Gesellschaft VI, 1963/64 (Abb.). · Wietek 1984, S. 65, 102 (Abb.)

83
Stilleben mit Äpfeln und Deckeltopf, 1909
(Äpfel und Schale – Stilleben mit Äpfeln)
Farbige Ölkreiden, 9 x 14 cm
Postkarte an Rosa Schapire, Hamburg
Poststempel Dangast 17.9.09
Text: „Der letzte Gruss aus der Kartenperiode S-R. – Ende und Anfang ist immer das Stilleben, Besten Gruß EH. – Gruß G. Schmidt".
Kunsthalle Mannheim

Literatur:
Schapire-Verz. · Wietek, G.: Dr. phil. Rosa Schapire, Jhrb. d. Hbg. Kstslg. 9, 1664, S. 138 · Presler 1990, S. 18 (Abb.)

Ausstellungen:
1957 Oldenburg, Kat. Nr. 108
1962 Hamburg, Postkarten, Kat. Nr. 448

84
Bäume überm Strand, 1909
(Kiefernlandschaft)
Tuschpinsel und Ölkreiden, 14 x 9 cm
Postkarte an Rosa Schapire, Hamburg
Poststempel Dangast 27.9.09
Text: „Herzlichen Gruss – Vorläufig noch keine Zeit zum Briefschreiben. Hoffentl. giebts wieder neue Mitglieder Deiner Kurse".
Kunsthalle Mannheim

Literatur:
Schapire-Verz. · Wietek, G.: Maler d. Brücke, Farb. Kartengrüsse an Rosa Schapire, Wiesbaden 1958 (Abb.) · Wietek, G.: Dr. phil. Rosa Schapire, Jhrb. d. Hbg. Kstslg. 9, 1964, S. 138 · Presler 1990, S. 19 (Abb.)

Ausstellungen:
1957 Oldenburg, Kat. Nr. 109

85
Sitzender Bauer, 1909
(Mann in Hemdsärmeln)
Ölkreiden, 14 x 9 cm

Postkarte an Rosa Schapire, Hamburg
Poststempel Dangast . .9.09
Text: „Gruss aus D. – S-R. – Gruß Gertrud Schmidt. – Gruss E.H.
Tel Aviv Museum (Israel)

Literatur:
Schapire-Verz. · Presler 1990, S. 134 (Abb.)

86
Häuser über dem Steilufer, 1909
Tuschpinsel und Farbstifte, 9 x 14 cm
Postkarte an Martha Rauert, Hochkamp
Poststempel Dangast 3.10.09
Text: „Wir haben uns über Ihre Karte sehr gefreut, sehr geehrte Frau, u. gestatten uns hiermit, den versäumten Gruss nachzuholen. Ganz ergebenst S-R.
Verbindlichste Grüsse E. Heckel".
Privatbesitz

Literatur:
Wietek 1984, S. 65, 102 (Abb.)

Ausstellungen:
1962 Hamburg, Postkarten , Kat. Nr. 449

87
Bäume am Deich, 1909
(Landschaft mit Bäumen)
Ölkreiden, 9 x 14 cm
Postkarte an Rosa Schapire, Hamburg
Poststempel Dangast 15.10.09
Text: „Frdl. Dank für Rigaer Zeitung. Ist das dieselbe Verfasserin? Bedeutend geschickter geschrieben, als die Kritik im Börsen-Courier. Schade, dass nicht umgekehrt. Herzl. Gruss".
Museum Leicester (England)

Literatur:
Schapire-Verz. · Wietek, G.: Maler d. Brücke, Farb. Kartengrüsse an Rosa Schapire, Wiesbaden 1958 (Abb.) · Leicester Museum and Art Gallery: Watercolours and Drawings, 1963, Nr. 286 · The Expressionist Revolution in German Art 1871 – 1933. Leicestershire Museums 1978, Nr. 62 (Abb.) · Presler 1990, S. 122 (Abb.)

88
Drei Strandkörbe, 1909
Tuschfeder, 9 x 14 cm
Postkarte an Rosa Schapire, Hamburg
Poststempel Bahnpost Bremen-Wilhelmshaven 30.10.09
Text: „Einen kl. Gruss nur zum Sonntag. S-R."
Altonaer Museum in Hamburg

Literatur:
Schapire H 10 · Schapire-Verz. · Wietek 1971 (Abb. d. Holzschnitts) · Presler 1990, S. 60 (Abb.)

Ausstellungen:
1974 Hamburg, KSR, S. 37

89
Sitzender Akt mit rotem Haar, 1909
(Hockende)
Ölkreiden, 14 x 9 cm
Postkarte an Rosa Schapire, Hamburg

LEGENDEN 1909

Poststempel Oldenburg 26.10.09
Text: „Herzlichsten Gruss S-R"
Kunsthalle Mannheim

Literatur:
Schapire H 20 · Schapire-Verz. · Wietek, G.: Maler d. Brücke, Farb. Kartengrüsse an Rosa Schapire, Wiesbaden 1958 (Abb.) · Presler 1990, S. 21 (Abb.)

Ausstellungen:
1957 Oldenburg, Kat. Nr. 110
1989 KSR-Retrospektive, Kat. Nr. 53 (Abb.)

90
Männliches Bildnis, 1909
Holzschnitt
Nach Schapire Stock zerstört
Eigendruck (Nach Schapire nur ein Druck bei Gustav Schiefler)
22,4 x 18 cm

Sammlungen:
Berlin, Brücke-Museum (mit Holzstock)

Literatur:
Schapire H 4 · Selz, P.: German Expressionist Painting, Los Angeles 1957, S. 107 · Rathenau 1987

Ausstellungen:
1957 Oldenburg, Kat. Nr. 122
1975 Berlin, Gal. Nierendorf: KSR, Kat. Nr. 53 (Abb.)
1983 Berlin, Brücke-Museum: KSR-Holzstöcke 1905–30, Kat., Nr. 7 (Abb.)
1984 Bremen, Graph. Kab. Werner: KSR-Aquarelle – Graphik, Kat. Nr. 17 (Abb.)
1984 Berlin, Gal. Nierendorf: KSR, Kat. Nr. 1 (Abb.)
1987 Hamburg, 268. Hauswedell-Aukt., Kat. Nr. 17 (Abb.)

91
Bildnis R.S., 1909
Holzschnitt (Amerikanische Pappel)
Stock zerstört
Eigendruck (Nach Schapire nur ein Druck in deren Besitz)
39 x 30 cm

Sammlungen:
Hamburg, Kunsthalle (Schapire-Nachlaß)

Literatur:
Schapire H 6 · Wietek, G.: Dr. phil. Rosa Schapire, Jhrb. d. Hbg. Kstslg. 9, 1964, Abb. 27 · Rathenau 1987 · Herzog, H.M.: Rosa Schapire im Spiegel ihrer Darstellg. von KSR. In: Kat. Das Bildnis d. Expressionismus, KH. Bielefeld 1992 (Abb.) · H. Hohl: Die Brücke i. d. Hbg. Kunsthalle, Hbg. 1991 (Abb)

Ausstellungen:
1957 Schleswig, Kat. Nr. 300
1957 Oldenburg, Kat. Nr. 124
1958 Essen, Kat. Nr. 228
1964 Heidelberg, Kurpfälz. Mus.: Kunst in Dresden, Kat. Nr. 602
1984 Hamburg, BATIG: KSR-Meisterwerke d. Graphik . . ., Kat. Nr. 3

LEGENDEN 1909

92
Weiblicher Kopf, 1909
Holzschnitt (Teakholz)
Eigendruck
22 x 16 cm

Sammlungen:
Essen, Museum Folkwang (Schapire-Nachlaß)
Frankfurt, Städel
Hamburg, Kunsthalle
Stuttgart, Staatsgalerie
Tel Aviv, Kunstmuseum (Schapire-Nachlaß)

Literatur:
Schapire H 5 · Wietek, G.: Dr. phil. Rosa Schapire, Jhrb. d. Hbg. Kstslg. 9, 1964 (Abb.) · v. Wiese, St.: Graphik d. Expressionismus, Stuttgart 1976 (Abb.) · Rathenau 1987 · Herzog, H.M.: Rosa Schapire im Spiegel ihrer Darstellg. von KSR. In: Kat. Das Bildnis d. Expressionismus, KH. Bielefeld 1992, S. 43 (Abb.)

Ausstellungen:
1910 Dresden, Gal. Arnold: KG Brücke, Kat. Nr. 82
1957 Oldenburg, Nr. 123
1964 Stuttgart, Staatsgal.: KSR-Graphik u. Aquarelle, Kat. Nr. 7

93
Dangast, 1909
Holzschnitt (Linde)
Eigendruck
23,2 x 36,5 cm

Sammlungen:
Berlin, Brücke-Museum (Schapire-Nachlaß)
Schleswig, Landesmuseum

Literatur:
Schapire H 8 · Wietek 1971 (Abb.) · Gordon 1974 · Rathenau 1987.

Ausstellungen:
1910 Dresden, Gal. Arnold: KG Brücke, Kat. Nr. 79
1954 Berlin, Kat. Nr. 168
1957 Oldenburg, Kat. Nr. 126
1964 Berlin, Kupferstichkabinett: KSR-Druckgraphik, Kat. Nr. 6
1969 Hamburg, KSR-Graphik, Kat. Nr. 2
1974 Reutlingen, Thoma-Ges.: KSR-Graphik 1906–21, Kat. Nr. 1 (Abb.)
1978 Konstanz, Kunstverein: Graphik v. KSR, Kat. Nr. 1
1990 Emden, Kunsthalle: Meisterwerke d. Expressionismus, Kat. Nr. 122 (Abb.)
1992 Berlin, Brücke-Mus.: Die Brücke – Zchng., Aquarelle, Graph., Kat. Nr. 223 (Abb.)

94
Ziegelei bei Varel, 1909
Holzschnitt (Amerikanische Pappel)
Eigendruck
29,7 x 39 cm

Sammlungen:
Hamburg, Kunsthalle
London, British Museum
Tel Aviv, Kunstmuseum (Schapire-Nachlaß)

Literatur:
Schapire H 7 · Schiefler, G.: Die Inkunabeln der neuen dt. Graphik. Das graphische Jahrbuch, Darmstadt 1919 · Schiefler, G.: Meine Graphiksammlung, Hbg. 1927, S. 48 · Neue Erwerb. d. Hamburger Kunsthalle, Hbg. 1955, Nr. 522 · Wietek 1971 (Abb.) · Gordon 1974 · v. Wiese, St.: Graphik d. Expressionismus, Stuttgart 1976 (Abb.) · Carey/Griffith: The print in Germany 1880 – 1933, London 1984 (Abb.) · Rathenau 1987

Ausstellungen:
1909 Oldenburg, Herbstausst. Oldenbg. Künstlerbund
1910 Dresden, Gal. Arnold: KG Brücke, Kat. Nr. 75
1922 Oldenburg, Vereinig. f. junge Kunst: Dangaster Künstler im Lappan
1957 Oldenburg, Kat. Nr. 125
1958 Essen, Kat. Nr. 229
1969 Hamburg, KSR-Graphik, Kat. Nr. 1 (Abb.)
1969 Hamburg, 167. Hauswedell-Aukt., Kat. Nr. 1 (Abb.)
1990 London, Tate Gallery: Out of the Wood, Kat. Nr. 24 (Abb.)
1993 Hamburg, Kunsthalle: Ein Jahrhundert d. Holzschnitts (Abb.)

95
Bäume in der Marsch, 1909
Holzschnitt (Linde)
Eigendruck
21 x 31,5 cm

Sammlungen:
Berlin, Brücke-Museum (mit Holzstock)
Oldenburg, Landesmuseum (Schapire-Nachlaß)

Literatur:
Schapire H 9 · Wietek 1971 (Abb.) · Rathenau 1987

Ausstellungen:
1957 Oldenburg, Kat. Nr. 127
1969 Hamburg, KSR-Graphik, Kat. Nr. 3
1983 Berlin, Brücke-Mus.: KSR-Holzstöcke, Kat. Nr. 8 (Abb.)

96
Strandkörbe, 1909
Holzschnitt (Linde)
Eigendruck
31,7 und 29,6 x 33 cm

Sammlungen:
Schleswig, Landesmuseum
Tel Aviv, Kunstmuseum (Schapire-Nachlaß)

Literatur:
Schapire H 10 · Wietek 1971 (Abb.) · Gordon 1974 · Rathenau 1987.

Ausstellungen:
1909 Oldenburg, Herbstausstllg. Old. Künstlerbund
1910 Dresden, Gal. Arnold: KG Brücke, Kat. Nr. 76
1922 Oldenburg, Vereinig. f. junge Kunst: Dangaster Künstler im Lappan
1957 Schleswig, Kat. Nr. 301
1957 Oldenburg, Kat. Nr. 128
1969 Hamburg, KSR-Graphik, Kat. Nr. 4

LEGENDEN 1909

1974 Berlin, KSR-Graphik, Kat. Nr. 27 (Abb.)
1978 Konstanz, Kunstverein: Graphik v. KSR, Kat. Nr. 2
1984 Hamburg, BATIG: KSR – Meisterwerke d. Graphik . . ., Kat. Nr. 4 (Abb.)

97
Vareler Hafen, 1909
Holzschnitt (Amerikanische Pappel)
Eigendruck
(Um 1985 Fälschungen auf dem Kunstmarkt)
29,6 x 39 cm

Sammlungen:
Bremen, Kunsthalle (Schapire-Nachlaß)
Oldenburg, Landesmuseum

Literatur:
Schapire H 11 · Schiefler, G.: Meine Graphiksammlung, Hbg. 1927, S. 48 · Wietek, G.: Dangast und die Maler der Brücke, Niederdt. Almanach, Oldenbg./Hbg. 1957 (Abb.) · Buchheim: Graphik d. dt. Expressionismus, Feldafing 1959, S. 21 (Abb.) · Wietek 1971 (Abb.) · Gordon 1974 · Jähner, H.: KG Brücke, Bln. 1984 (Abb.) · Rathenau 1987

Ausstellungen:
1909 Oldenburg, Herbstausst. Old. Künstlerbund
1910 Dresden, Gal. Arnold: KG Brücke, Kat. Nr. 74 (Abb.)
1922 Oldenburg, Vereinig. f. junge Kunst: Dangaster Künstler im Lappan
1957 Schleswig, Kat. Nr. 302 (Abb.)
1957 Oldenburg, Kat. Nr. 129 (Abb.)
1958 Essen, Kat. Nr. 230
1969 Hamburg, KSR-Graphik, Kat. Nr. 5
1974 Berlin, KSR-Graphik, Kat. Nr. 28 (Abb.)
1984 Bremen, Graph. Kab. Werner: KSR Aquarelle u. Graphik, Kat. Nr. 18 (Abb.)
1989 KSR-Retrospektive, Kat. Nr. 50 (Abb.)

98
Villa mit Turm, 1909
Holzschnitt (Amerikanische Pappel)
Eigendruck
(um 1985 Fälschungen auf dem Kunstmarkt)
39 x 29,6 cm

Sammlungen:
Stuttgart, Staatsgalerie (Schapire-Nachlaß)

Literatur:
Schapire H 12 · Wietek, G.: Dangast und die Maler der Brücke, Niederdt. Almanach, Oldenbg./Hbg. 1959 (Abb.) · Buchheim: Graphik d. dt. Expressionismus, Feldafing, 1959 (Abb.) · Wietek 1971 (Abb.) · v. Wiese, St.: Graphik d. Expressionismus, Stuttg. 1976 (Abb.) · Rathenau 1987 · Elger, D.: Expressionismus, Köln 1991, S. 66 (Abb.)

Ausstellungen:
1957 Oldenburg, Kat. Nr. 130
1958 Essen, Kat. Nr. 231
1964 Stuttgart, Staatsgal.: KSR-Graphik u. Aquarelle, Kat. Nr. 8 (Abb.)
1969 Hamburg, KSR-Graphik, Kat. Nr. 6
1974 Berlin, KSR-Graphik, Kat. Nr. 29
1989 Belgrad, Dt. Kulturzentrum: Heckel – Schmidt-Rottluff, Kat. Nr. 80 (Abb.)

LEGENDEN 1909

1989 KSR-Retrospektive, Kat. Nr. 51 (Abb.)
1992 Paris: L'Expressionisme en Allemagne, Kat. Nr. 146 (Abb.)

99
Dangaster Fischer, 1909
Holzschnitt (Teakholz)
Eigendruck
(um 1985 Fälschungen auf dem Kunstmarkt)
22 x 16 cm

Sammlungen:
Den Haag, Gemeente Museum (Schapire-Nachlaß)
Hamburg, Kunsthalle

Literatur:
Schapire H 13 · Gordon 1974 · Rathenau 1987

Ausstellungen:
1910 Dresden, Gal. Arnold: KG Brücke, Kat. Nr. 81
1957 Oldenburg, Kat. Nr. 131
1958 Essen, Kat. Nr. 232
1958 Köln, Kunstverein: Slg. Neuerburg – Holzschnitte 1890 – 1950, Kat. Nr. 124.
1976 Köln, Mus. Ludwig: Unmittelbar u. unverfälscht, Kat. Nr. 102 (Abb.)

100
Fischerkopf, 1909
Holzschnitt (Amerikanische Pappel)
Eigendruck
22,3 x 16 cm

Sammlungen:
Stuttgart, Staatsgalerie (Schapire-Nachlaß)

Literatur:
Schapire H 14 · Rathenau 1987

Ausstellungen:
1957 Oldenburg, Kat. Nr. 132
1964 Stuttgart, Staatsgal.: KSR-Graphik u. Aquarelle, Kat. Nr. 9
1969 Hamburg, KSR-Graphik, Kat. Nr. 7

101
Schloß Neustadt-Gödens, 1909
Holzschnitt (Amerikanische Pappel)
Handdruck
(um 1985 Fälschungen auf dem Kunstmarkt)
30 x 39 cm

Sammlungen:
Kiel, Kunsthalle (Schapire-Nachlaß)
Köln, Museum Ludwig

Literatur:
Schapire H 12 · Lutze, E.: Ostfriesland (Dt. Lande – dt. Kunst), München 1967, S. 48, 64 · Rathenau 1987

Ausstellungen:
1957 Oldenburg, Kat. Nr. 133
1958 Essen, Kat. Nr. 233
1969 Hamburg, 167. Hauswedell-Aukt., Kat. Nr. 2 (Abb.)

102
Herbst, 1909
Holzschnitt (Amerikanische Pappel)

Handdruck
29 x 39 cm

Sammlungen:
Oldenburg, Landesmuseum (Nachlaß Schapire)

Literatur:
Schapire H 16 · Wietek, G.: Graphik KSRs a. d. Nachlaß v. Rosa Schapire, Ber. d. Old. Mus. Gesellschaft I 1958 (Abb.) · Wietek, G.: Dangast u. die Maler d. Brücke, Niederdt. Almanach, Oldbg./Hbg. 1959 (Abb.) · Wietek 1971 · Rathenau 1987

Ausstellungen:
1957 Oldenburg, Kat. Nr. 135
1969 Hamburg, KSR-Graphik, Kat. Nr. 8 (Abb.)
1990 Vernon/Rouen/Oldenburg: Brücke, Kat. Nr. 51 (Abb.)
1992 Paris: L'Expressionisme en Allemagne, Kat. Nr. 147 (Abb.)

103
Wattenmeer, 1909
(Schiffe auf dem Schlick)
Holzschnitt (Linde)
Eigendruck
22,4 und 21,3 x 35,5 cm

Sammlungen:
Köln, Museum Ludwig (Nachlaß Schapire)
New York, Museum of Modern Art

Literatur:
Schapire H 17 · Schiefler, G.: Meine Graphik-Sammlung, Hbg. 1927, S. 48 · Gordon 1974 · Rathenau 1987

Ausstellungen:
1909 Oldenburg, Herbstausst. Old. Künstlerbund
1910 Dresden, Gal. Arnold: KG Brücke, Kat. Nr. 80
1957 Oldenburg, Kat. Nr. 135
1958 Essen, Kat. Nr. 234
1958 Köln, Kunstverein: Slg. Neuerburg – Holzschnitte 1890–1950, Kat. Nr. 125
1969 Hamburg, 167. Hauswedell-Aukt., Kat. Nr. 3
1969 Hamburg, KSR-Graphik, Kat. Nr. 9
1974 Berlin, KSR-Graphik, Kat. Nr. 30
1976 Köln, Mus. Ludwig: unmittelbar u. unverfälscht, Kat. Nr. 103 (Abb.)
1987 Frankfurt, Kunstkab.: KSR, Kat. Nr. 24 (Abb.)
1989 Berlin, 11. Grisebach-Aukt., Kat. Nr. 140 (Abb.)
1989 Köln, 639. Lempertz-Aukt., Kat. Nr. 629 (Abb.)

104
Paar, 1909
Holzschnitt (Linde)
Eigendruck
(um 1990 Fälschungen auf dem Kunstmarkt)
12,6 und 11,5 x 29,3 cm

Sammlungen:
Schleswig, Landesmuseum
Tel Aviv, Kunstmuseum (Schapire-Nachlaß)

LEGENDEN 1909

Literatur:
Schapire H 18 · Wietek 1971 (Abb.) · Rathenau 1987

Ausstellungen:
1957 Oldenburg, Kat. Nr. 136
1957 Schleswig, Kat. Nr. 303
1974 Reutlingen, Thoma-Gesellsch.: KSR-Graphik, Kat. Nr. 2 (Abb.)
1978 Konstanz, Kunstverein: Graphik von KSR, Kat. Nr. 3

105
Paar am Wald, 1909
Holzschnitt (Amerikanische Pappel)
Eigendruck
29,5 x 39 cm

Sammlungen:
Hamburg, Kunsthalle (Schapire-Nachlaß)
Berlin, Kupferstichkabinett

Literatur:
Schapire H 19 · Schiefler, G.: Meine Graphiksammlung, Hbg., 1927, S. 48 · Roters E.: KSRs Holzschnitt „Liebespaar" v. 1909, Berichte der Berliner Museen, NF, XI, 1961 (Abb.) · Wietek 1971 (Abb.) · Dückers, A.: Graphik d. Brücke im Bln. Kupferstichkabinett, Berlin 1984, Nr. 128 (Abb.) · Rathenau 1987

Ausstellungen:
1958 Essen, Kat. Nr. 235
1964 Berlin, Kupferstichkabinett: KSR-Druckgraphik, Kat. Nr. 7 (Abb.)
1964 Heidelberg, Kurpfälz. Mus.: Kunst in Dresden, Kat. Nr. 603
1964 Hamburg, 167. Hauswedell-Aukt.: KSR-Graphik, Kat. Nr. 4 (Abb.)
1974 Berlin, KSR-Graphik, Kat. Nr. 31
1984 Hamburg, BATIG: KSR – Meisterwerke d. Graphik . . ., Kat. Nr. 5
1993 Hamburg, Kunsthalle: Ein Jahrhundert d. Holzschnitts (Abb.)

106
Toilette, 1909
Holzschnitt (Linde)
Eigendruck
37 x 21 und 16,5 cm

Sammlungen:
Berlin,Kupferstichkabinett
Köln, Museum Ludwig (Schapire-Nachlaß)
Stuttgart, Staatsgalerie

Literatur:
Schapire H 20 · Wietek, G.: Maler d. Brücke, Wiesbaden 1958 (Abb. Vorzeichng.) · Gordon 1974 · Rathenau 1987

Ausstellungen:
1910 Dresden, Gal. Arnold: KG Brücke, Kat. Nr. 78 (Abb.)
1964 Stuttgart, Staatsgal.: KSR-Graphik u. Aquarelle, Kat. Nr. 11 (Abb.)
1964 Hannover, Kunstverein: KSR, Kat. Nr. 14
1976 Köln, Mus. Ludwig: unmittelbar u. unverfälscht, Kat. Nr. 104 (Abb.)
1986 Berlin, Alte Nat. Galerie: Expressionisten, Kat. Nr. 89

LEGENDEN 1909

107
Bildnis S., 1909
Holzschnitt (Amerikanische Pappel)
Eigendruck
29,9 x 19,5 cm

Sammlungen:
Hamburg, Kunsthalle
Kassel, Staatliche Museen
Stuttgart, Staatsgalerie
Tel Aviv, Kunstmuseum (Schapire-Nachlaß)

Literatur:
Schapire H 22 · Buchheim, L. G.: Brücke, Feldafing 1956 (Abb.) · Wietek 1971 (Abb.) · Wietek 1984, S. 104 · Rathenau 1987 · Herzog, H. M.: Rosa Schapire im Spiegel ihrer Darstellg. von KSR. In: Kat. Das Bildnis d. Expressionismus, KH Bielefeld S. 43 (Abb.)

Ausstellungen:
1957 Oldenburg, Kat. Nr. 138
1958 Essen, Kat. Nr. 237
1964 Stuttgart, Staatsgal.: KSR-Graphik u. Aquarelle, Kat. Nr. 10 (Abb.)
1981 Belgrad, Dt. Kulturzentrum: Graphik v. Heckel u. KSR, Kat. Nr. 83
1984 Hamburg, BATIG: KSR – Meisterwerke d. Graphik . . ., Kat. Nr. 7
1989 KSR-Retrospektive, Kat. Nr. 55 (Abb.)

108
Akt, 1909
(Sitzender Akt)
Holzschnitt (Linde)
Eigendruck
39 x 25 und 23,6 cm

Sammlungen:
Bremen, Kunsthalle
Chemnitz, Städt. Kunstsammlungen
Essen, Museum Folkwang
Hamburg, Kunsthalle
Leicester, Art Gallery
Stuttgart, Staatsgalerie
Wuppertal, v.d. Heydt-Museum

Literatur:
Schapire H 21 · Wingler, H. M.: Die Brücke (Holzschnitte), Feldafing 1954, S. 57 (Abb.) · Grohmann 1956, S. 16 (Abb.) · Buchheim: Graphik d. dt. Expressionismus, Feldafing 1959, S. 24 (Abb.) · Wietek 1971 (Abb.) · Gordon 1974 · Wiese, St. v.: Graphik d. Expressionismus, Stuttgart 1976 (Abb.) · Rathenau 1987 · Moeller, M.M.: Die Brücke – Zchng., Aquar. Druckgraphik, Stuttg./Bln. 1992, S. 21 (Abb.)

Ausstellungen:
1910 Dresden, Gal. Arnold: KG Brücke, Kat. Nr. 77 (Abb.)
1953 Leicester, Museum: KSR-Exhibition, Kat. Nr. 4
1954 Kiel, Kunsthalle: KSR, Kat. Nr. 116
1954 Berlin, Kat. Nr. 169
1957 Oldenburg, Kat. Nr. 137 (Abb.)
1957 Schleswig, Kat. Nr. 304
1958 Essen, Kat. Nr. 236
1964 Hannover, Kunstverein: KSR, Kat. Nr. 15
1964 Stuttgart, Staatsgal.: KSR-Graphik u. Aquarelle, Kat. Nr. 12
1964 Heidelbg., Kurpfälz. Mus.: Kunst in Dresden, Kat. Nr. 604

1966 Detroit, Institute of Arts: Die Brücke . . ., Kat. Nr. 86
1974 Karl-Marx-Stadt, Kat. Nr. 43
1974 Berlin, Brücke-Mus.: KSR – Das graph. Werk, Kat. Nr. 32 (Abb.)
1981 Belgrad, Dt. Kulturzentrum: Graphik v. Heckel u. KSR, Kat. Nr. 82
1984 Hamburg, BATIG: KSR – Meisterwerke d. Graphik . . ., Kat. Nr. 6
1984 Bremen, Graph. Kab. Werner: KSR – Aquar., Graphik, Kat. Nr. 19 (Abb.)
1986 Berlin, Alte Nat. Gal.: Expressionisten, Kat. Nr. 88 (Abb.)
1989 KSR-Retrospektive, Kat. Nr. 54 (Abb.)
1992 Paris: L'Expressionisme en Allemagne, Kat. Nr. 148 (Abb.)
1992 Hamburg, Kunsthalle: Ein Jahrhundert d. Holzschnitts (Abb.)

109
Bildnis H.W., 1909
Holzschnitt (Amerikanische Pappel)
Eigendruck
Nach Schapire nur ein Druck und Stock zerstört
39 x 29 cm

Sammlungen:
Amsterdam, Stedelijk Museum (Schapire-Nachlaß)
Berlin, Brücke-Museum (mit Holzstock)
Leicester, Art Gallery (Schapire-Nachlaß)

Literatur:
Schapire H 23 · Rathenau 1987

Ausstellungen:
1957 Oldenburg, Kat. Nr. 139
1953 Leicester, Museum: KSR-Exhibition, Kat. Nr. 5
1983 Berlin, Brücke-Mus.: KSR-Holzstöcke, Kat. Nr. 9 (Abb.)

110
Liebespaar, 1909
Holzschnitt (Linde)
Drucker: Fritz Voigt auf der Panpresse 1913
55 x 40,3 und 41,8 cm

Sammlungen:
Berlin, Brücke-Museum (mit Holzstock)
Berlin, Kupferstichkabinett
Bremen, Kunsthalle
Chemnitz, Städt. Kunstsammlungen
Frankfurt, Städel
Hannover, Kunstmuseum (Schapire-Nachlaß)
Wuppertal, v. d. Heydt-Museum

Literatur:
Schapire H 25 · Grohmann 1956, S. 17 (Abb.) · Buchheim: Künstlergem. Brücke, Feldafing 1956 (Abb.) · Bisanz, H.: Edvard Munch u. seine Bedeutung f. d. mitteleurop. Expressionismus, Wien 1959 (Dissertation) · Buchheim: Graph. d. dt. Expressionismus, Feldafing 1959, S. 24 (Abb.) · Roters, E.: KSRs Holzschnitt Liebespaar v. 1909, Berichte d. Bln. Museen NF, XI 1961 (Abb.) · Herbert, B.: German Expressionism, London 1983 (Abb.) · Dückers, A.: Graph. d. Brücke im Bln. Kupferstichkab., Berlin 1984, Nr. 76 (Abb.) · KSR-Werke i. Bes. d. Städt. Kstslg. Karl-Marx-Stadt (1984), S. 83 (Abb.) · Jähner, H.: KG Brücke, Bln. 1984 (Abb.) · Rathenau 1987 · Brix., K.: KSR, Kunstheftreihe „Maler u. Werk", Dresden 1987 (Abb.)

Ausstellungen:
1957 Oldenburg, Kat. Nr. 141
1963 Hannover, Kunstverein: KSR, Kat. Nr. 16
1964 Berlin, Kupferstichkabinett: KSR-Druckgraphik, Kat. Nr. 8
1964 Stuttgart, Staatsgal.: KSR Graphik u. Aquarelle, Kat. Nr. 13
1973 Baden-Baden. Gal. Wirnitzer: KSR – Holzschnitte, Kat. Nr. 1 (Abb.)
1974 Karl-Marx-Stadt, Kat. Nr. 44 (Abb.)
1974 Berlin, KSR-Graphik, Kat. Nr. 33 (Abb.)
1982 Hannover, Kunstmuseum: Brücke, Kat. Nr. 191 (Abb.)
1983 Berlin, Brücke-Mus.: KSR-Holzstöcke, Kat. Nr. 9 (Abb.)
1984 Bremen, Graph. Kab. Werner: KSR-Aquar. u. Druckgraph., Kat. Nr. 20
1986 Berlin, Alte Nationalgal.: Expressionisten, Kat. Nr. 88 (Abb.)
1989 KSR-Retrospektive, Kat. Nr. 57 (Abb.)

111
Weibliches Bildnis, 1909
Holzschnitt (Amerikanische Pappel)
Einplattendruck z.T. mit braunen Farbtupfen
Eine von Voigt gedruckte Auflage erworben vom Graph. Kabinett J. B. Neumann, Berlin
23,8 x 18 und 17,3 cm

Sammlungen:
Schleswig, Landesmuseum
Stuttgart, Staatsgalerie

Literatur:
Schapire H 24 · Gordon 1974 · Rathenau 1987

Ausstellungen:
1910 Dresden, Gal. Arnold: KG Brücke, Kat. Nr. 82
1957 Oldenburg, Kat. Nr. 140
1981 Belgrad, Dt. Kulturzentrum: Graphik v. Heckel u. KSR, Kat. Nr. 84

112
Bildnis H., 1909
(Erich Heckel)
Lithographie (Tusche auf Stein)
Handdruck der „Brückenpresse"
Jahresgabe der Brücke 1909
45 x 35,3 cm

Sammlungen:
Berlin, Brücke-Museum
Bremen, Kunsthalle
Chemnitz, Städt. Kunstsammlungen
Frankfurt, Städel
Hamburg, Kunsthalle
Hannover, Sprengelmuseum
London, British Museum
Los Angeles, County Museum
München, Staatl. Graph. Sammlung
Oldenburg, Landesmuseum
Wuppertal, v.d. Heydt-Museum

Literatur:
Schapire L 56 · Bolliger, H.: Publikationen u. Dokumente d. Brücke, Philobiblon, H. 1, 1959 (Abb.) · Wentzel, H.: Bildnisse der Brücke-Künstler voneinander, Reclam Stuttgart 1961 (Abb.) · Reed, O. P.: The R. G. Rifkind-Collection, Los Angeles 1977, S. 71, Nr. 111 (Abb.) · KSR-Werke i. Bes. d. Städt. Kstslg. Karl-Marx-Stadt (1984), S. 83 · Carey/Griffith: The print in Germany 1880–1933, London 1984, Nr. 95 a (Abb.) · Expressionismus – Kolloquium zu Ehren d. 100. Geb. von KSR, Karl-Marx-Stadt 1984, S. 39 (Abb.) · Whitford, F.: Expressionist Portraits, London 1987, S. 96 (Abb.) · Rathenau 1987

Ausstellungen:
1922 Oldenburg, Vereinig. f. junge Kunst: Dangaster Künstler im Lappan
1953 Hannover, Kestner-Mus.: Brücke-Jahresmappen, Kat. Nr. 12
1957 Schleswig, Kat. Nr. 335
1958 Bern, Klipstein u. Kornfeld, Künstlergr. Brücke – Jahresmappen, Kat. Nr. 14 (Abb.)
1963 Hannover, Kunstverein: KSR, Kat. Nr. 18 (Abb.)
1971 Köln, Wallr.-Rich.-Mus.: Maler suchen Freunde, Kat. Nr. 30 (Abb.)
1972 Bonn, Rhein. Landesmus.: Künstler d. Brücke, Kat. Nr. 234
1974 Karl-Marx-Stadt, Kat. Nr. 48
1974 Berlin, KSR-Graphik, Kat. Nr. 54
1975 Berlin, Gal. Nierendorf: KSR, Kat. Nr. 54 (Abb.)
1982 Hannover, Kunstmus.: Brücke, S. 39 u. Kat. Nr. 189 (Abb.)
1985 Oldenburg, Landesmus.: Schenkung Beyersdorff, Kat. Nr. 4 (Abb.)
1988 New York, Christies 1.11.88: Modern prints from the Neuerburg Collection, Kat. Nr. 200 (Abb.)
1989 Berlin, Brücke-Mus.: Die Jahresmappen d. Brücke, Kat. Nr. 13 (Abb.)
1989 KSR-Retrospektive, Kat. Nr. 37 (Abb.)
1990 Vernon/Rouen/Oldbg.: Brücke, S. 178 (Abb.)
1992 Paris: L'Expressionisme en Allemagne, Kat. D 15 (Abb.)

113
Sitzender Akt, 1909
Lithographie (Kreide und Tusche auf Stein)
Stein abgeschliffen
Eigendruck
40 x 32,7 cm

Sammlungen:
Frankfurt, Städel
Stuttgart, Staatsgalerie (Schapire-Nachlaß)

Literatur:
Schapire L 53 · Rathenau 1987

Ausstellungen:
1964 Stuttgart, Staatsgal.: KSR-Graphik u. Aquarelle, Kat. Nr. 14
1964 Heidelberg, Kunstverein: Kunst in Dresden, Kat. Nr. 613 (Abb.)
1981 Belgrad, Dt. Kulturzentrum: Graphik von Heckel u. KSR, Kat. Nr. 79
1989 KSR-Retrospektive, Kat. Nr. 58 (Abb.)

114
Deichdurchbruch, 1910
Öl auf Leinwand, 76 x 84 cm
Signatur: S-Rottluff 1910 unten links
Brücke-Museum Berlin

Literatur:
Grohmann 1956, S. 284 · Reidemeister, L.: Kat. d. Gemälde, Glasfenster u. Skulpturen d. Brükke-Museums Berlin 1971, Nr. 49 (Abb.) · Brix 1972 (Abb.) · Gordon 1974 · Werner, K.: KSR – 90 Jahre. Bildende Kunst 1, 1975 (Abb.) · Reidemeister, L.: Brücke-Mus.-Kat. d. Gemälde usw., Bln. 1975, Nr. 59 (Abb.) · Wietek, G.: Dangast am Jadebusen. Die Kunst 3, 1976 (Abb.) · Wietek, G. (Hg.): Deutsche Künstlerkolonien u. Künstlerorte, München 1976, S. 172 (Abb.) · Brücke-Museum: Kat. d. Gemälde usw., Berlin 1979, Kat. Nr. 96 (Abb.) · Brücke-Museum: Kat. d. Gemälde usw., Bln. 1983, Nr. 106 (Abb.) · Dube, W.-D.: Expressionismus in Wort u. Bild, Stuttg. 1983 (Abb.) · Herbert, B.: German Expressionism, London 1983 (Abb.) · Jähner, H.: Künstlergruppe Brücke, Bln. 1984 (Abb.) · Reidemeister, L.: Das Brücke-Museum, Berlin 1984, S. 85 (Abb.) · Sabarsky, S.: Malerei d. dt. Expressionismus, Stuttg. 1987, S. 404 (Abb.) · Lüttichau, M. A. v.: KG. Brücke – Dresden 1910, In.: Stationen d. Moderne – Kommentarband, Köln 1988, S. 39 · Moeller, M. M.: Das Brücke-Museum Berlin, München 1990, (Abb.) · Elger, D.: Expressionismus, Köln 1991, S. 65 (Abb.)

Ausstellungen:
1910 Dresden, Gal. Arnold: KG Brücke, Kat. Nr. 70
1952 Hannover, Kestner-Ges.: KSR, Kat. Nr. 5
1954 Kiel/Hamburg: KSR, Kat. Nr. 5
1954 Berlin, Kat. Nr. 5
1957 Oldenburg, Kat. Nr. 44
1958 Essen, Kat. Nr. 142
1963 Hannover/Essen/Ffm./Bln.: KSR, Kat. Nr. 23 (Abb.)
1967 Berlin, Brücke-Mus.: Eröffnungsausst., Kat. Nr. 8 (Abb.)
1972 Schaffhausen, Mus. Allerheiligen: Die Künstler d. Brücke, Kat. Nr. 167 (Abb.)
1972 Bonn, Rhein., Landesmus.: Die Künstler d. Brücke, Kat. Nr. 162
1973 Berlin, Brücke-Mus.: Brücke – Gem. d. Dresdener Jahre 1905–1910, Kat. Nr. 55
1974 Hamburg, KSR, Kat. Nr. 4 (Abb.)
1977 Brüssel/Antwerpen: Peintres du Brücke, Kat. Nr. 38
1978 Oslo, Munch-Mus.: Die Brücke – Edvard Munch, Kat. Nr. 5 (Abb.)
1980 New York/San Francisco: Expressionism, Kat. Nr. 180 (Abb.)
1984 Berlin, Kat. Nr. 8 (Abb.)
1984 Brüssel, Palais des Beaux-Arts: Expressionisme à Berlin, Kat. Nr. 165
1985 London, Royal Academy: German Art in the 20. Century, Kat. Nr. 21 (Abb.)
1986 Stuttgart, Staatsgal.: Dt. Kunst im 20. Jh., Kat. Nr. 20 (Abb.)
1987 Wien, Österr. Galerie: Malerei d. dt. Expressionismus, S. 404 (Abb.)
1988 Berlin, Berlinische Galerie: Stationen d. Moderne, Kat. 1/33 (Abb.)

LEGENDEN 1910

1989 KSR-Retrospektive, Kat. Nr. 63 (Abb.)
1990 Essen/Amsterdam: Vincent van Gogh u. die Moderne, S. 315 (Abb.)
1990 Emden, Kunsthalle: Meisterwerke d. Expressionismus, Kat. Nr. 19 (Abb.)
1991 Jerusalem, Israel-Museum: Die Brücke, Kat. Nr. 19
1991 Tokio, Meguro-Museum: Die Brücke, Kat. Nr. 13
1992 KSR – Der Maler, Kat. Nr. 17 (Abb.)

115
Einfahrt, 1910
Öl auf Leinwand, 76 x 84 cm
Signatur: S-Rottluff 1910 unten links
Ehem. Sammlung Rauert, Hamburg – Galerie Rudolf Hoffmann, Hamburg – Ernst Schneider
Privatbesitz

Literatur:
Chemnitzer Tageblatt 20.4.1911 · Niemeyer o.J. · Grohmann 1956, S. 283, 255 (Abb.) · Wietek 1957, Nr. 41 · Festschrift zur 10. Verleihg. d. Gr. Kunstpreises d. Landes Nordrhein-Westfalen 1962, S. 58 (Abb.) · Wietek 1984, S. 101, 167 (Abb.) · Kindlers Malerei-Lexikon 1968, S. 250 – Moeller, M. M.: Protagonist der Moderne, In. Kat. KSR – der Maler, Stuttgart 1992 (Abb.)

Ausstellungen:
1911 Chemnitz, Kunstsalon Gerstenberger: April-Ausstellung
1917 Hamburg, Kunsthalle: Werke neuerer Kunst aus Hbg. Privatbes., Kat. Nr. 144
1958 Essen, Kat. Nr. 141
1966 Paris/München: Der franz. Fauvismus u. d. dt. Frühexpresssionismus, Kat. 267 (Abb.)
1967 Düsseldorf, Kunst d. 20. Jh. aus rhein.-westf. Privatbes., Kat. Nr. 319
1969 Düsseldorf, Gal. Großhennig: KSR, Kat. S. 8 (Abb.)
1973 Berlin, Brücke-Mus.: Brücke – Gemälde d. Dresden. Jahre 1905–1910, Kat. 56 (Abb.)
1994 London, Christie's 13.10.94, Nr. 112 (Abb.)

116
Sommerlandschaft, 1910
(Sommertag – Dangaster Landschaft)
Öl auf Leinwand, 87 x 95 cm
Signatur: S. Rottluff 1910 unten links
Ehem. Dr. Sienknecht, Hamburg – Slg. Roman Norbert Ketterer, Stuttgart
Privatbesitz

Literatur:
Niemeyer o.J. · Niemeyer, W.: Der Maler KSR, Kündung 4–6, Hbg. 1920–22 · Nicht bei Grohmann 1956 · Wietek 1984, S. 104

Ausstellungen:
1919 Berlin, Gal. Ferd. Möller: KSR, Kat. 13
1920 Hannover, Kestner-Ges.: KSR, Kat. Nr. 12
1921 Hamburg, Kunstbund
1957 Oldenburg, Kat. Nr. 58
1958 Essen, Kat. Nr. 140 (Abb.)
1959 Ulm, Museum: Brücke, Verzeichnis Nr. 18
1959 Stuttgart, Staatsgalerie: Maler d. Brücke (ohne Kat.)

LEGENDEN 1910

1959 Berlin, Nationalgalerie: Triumph der Farbe, Kat. Nr. 89 (Abb.)
1959 Schaffhausen, Mus. zu Allerheiligen: Triumph der Farbe, Kat. Nr. 89 (Abb.)
1960 Bremen/Hannov./Köln: Meisterwerke d. Expressionismus, Kat. Nr. 137 (Abb.)
1964 London, Tate Gallery: Painters of the Brücke, Kat. Nr. 247

117
Haus unter Bäumen, 1910
(Haus unter Bäumen I)
Öl auf Leinwand, 84 x 77 cm
Signatur: S. Rottluff 1910 unten rechts
Staatliche Museen Berlin, Nationalgalerie

Literatur:
Grohmann 1956, S. 283, 256 (Abb.) · Wietek 1957, Nr. 43 · Kat. Neuerwerbg. d. Nationalgalerie seit 1945, Bln. 1961 (Abb.) · v. Ruthenberg/W. Heese: Nationalgalerie, Lpz. 1963 (Abb.) · Bildende Kunst H. 1, 1967 (Abb.) · Hütt, W.: Dt. Malerei u. Graph. im 20. Jh., Bln. 1969 (Abb.) · Bildheft Nationalgalerie – 20. Jahrhundert, Berlin 1969 (Abb.) · Brix 1972 (Abb.) · Jähner, H.: Künstlergruppe Brücke, Bln. 1984 (Abb.) · Brix, K.: KSR, Kunstheftreihe „Maler u. Werk", Dresden 1987 (Abb.) · Museumsinsel Berlin, Bln. 1987 (Abb.) · Zweite, A.: KSR als Mitglied d. Brücke. KSR-Retrospektive, München 1989, S. 34 (Abb.)

Ausstellungen:
1961 Berlin, Alte Nationalgalerie: Jubiläumsausstellg. z. 100-jährig. Bestehen d. Slg. (Abb.)
1966 Berlin-Ost, Staatl. Museen: Deutsche Kunst, S. 298
1974 Karl-Marx-Stadt, Kat. Nr. 49 (Abb.)

118
Bauerngarten, 1910
(Haus unter Bäumen II)
Öl auf Leinwand, 85 x 77 cm
Signatur: S. Rottluff 1910 unten links
Ehem. Dr. Seldis, Hamburg
Kunsthalle Kiel

Literatur:
Grohmann 1956, S. 284 · Kunsthalle zu Kiel: Kat. d. Gemäldegalerie, 1958, S. 142 (Abb.) · Kunsthalle zu Kiel: Kat. d. Gemälde 1973, Nr. 622 (Abb.) · Wietek 1984, S. 104, 163 (Abb.) · Kunst d. 20. Jh. in Schleswig-Holst. Museen. Lübecker Kalender 1985 (Abb.) · Kunsthalle zu Kiel: Sammlungen u. Baugeschichte 1854–1986, Hamburg 1986, S. 21, 22 (Abb.) · Seidensticker-Pelius, N.: Else Lohmann, das malerische Werk, Bielefeld 1991, S. 63 (Abb.)

Ausstellungen:
1956 Stuttgart, 25. Ketterer-Auktion, Kat. Nr. 862 (Abb.)
1957 Oldenburg, Kat. Nr. 54
1977 Kiel, Kunsthalle: Dt. Expressionisten a. d. Bes. d. Kunsthalle zu Kiel, Kat. Nr. 540 (Abb.)
1980 Budapest: Expressionizmo . . . . . Kat. Nr. 123 (Abb.)

1984 Kiel, Kunsthalle: Vom Realismus zum Expressionismus, Kat. Nr. 94 (Abb.)
1986 Stuttgart, Kunstverein: Künstler in Deutschland v. 1900–1945, Kat. S. 98 (Abb.)
1989 KSR-Retrospektive, Kat. Nr. 61 (Abb.)
1992 KSR – Der Maler, Kat. Nr. 94 (Abb.)

119
Dorfweg, 1910
(Dorfstraße)
Öl auf Leinwand, 87,5 x 95 cm
Signatur: S-Rottluff unten rechts,
mit Titel a.d. Keilrahmen
Ehem. Wilhelm Niemeyer, Hamburg
Sammlung Buchheim, Feldafing

Literatur:
Niemeyer 1911 · Grohmann 1956, S. 283 · Buchheim, L.-G.: Die Künstlergemeinschaft Brücke, Feldafing 1956 (Abb.) · Gordon 1974 · Eggum, A.: In Kat. Die Brücke – Edvard Munch, Munch-Mus. Oslo 1978, S. 34 · Wietek, G.: Wilh. Niemeyer und KSR. Nordelbingen 49, 1979 S. 116 · Wietek 1984, S. 100, 165 (Abb.)

Ausstellungen:
1911 Berlin, 4. Ausst. d. Neuen Sezession, Kat. Nr. 55
1912 Köln, Sonderbund, Kat. Nr. 491
1914 Hagen, Folkwangmus.: KSR
1952 Mannheim/Freibg./Stuttgart: KSR, Kat. Nr. 3
1954 Stuttgart, 19. Ketterer-Aukt., Kat. Nr. 1621 (Abb.)
1954 Berlin, Kat. Nr. 9
1957 Oldenburg, Kat. Nr. 59
1959 München, Haus d. Kunst: Maler d. Brücke, Kat. Nr. 72
1960 Berlin/Wien/Recklinghsn.: Berlin – Ort der Freiheit für die Kunst, Kat. Nr. 54
1963 Tokio: Der deutsche Expressionismus, Kat. Nr. 28
1966 Paris/München: Der französ. Fauvismus und der dt. Frühexpressionismus, Kat. Nr. 270 (Abb.)
1973 München/Karlsruhe: Die Künstlergruppe Brücke u. der dt. Expressionismus, Kat. Nr. 70 (Abb.)
1977 Rom: Espressionismo Tedesco – Die Brücke, Kat. Nr. 154 (Abb.)
1981 Ausstellungstournee „Expressionisten – Sammlung Buchheim“ an 22 Orten in Europa, Japan und USA, mit Katalogausgaben in 10 verschied. Sprachen, Kat. Nr. 248 (Abb.)
1990 Luzern, Kunstmuseum: Expressionisten – Sammlung Buchheim, Kat. Nr. 248 (Abb.)

120
Dorfecke, 1910
Öl auf Leinwand, 87 x 95 cm
(im ursprünglichen, vom Künstler gestalteten Rahmen)
Signatur: S-Rottluff unten links,
Titelbez. a. d. Keilrahmen
Ehem. Julius und Henny Droste, Hamburg – Dr. Schröder, Lübeck – Sammlung Neu, Buenos Aires – Hanna Bekker vom Rath, Hofheim
Brücke-Museum Berlin

Literatur:
Niemeyer o.J. Grohmann 1956, S. 283, 255 (Abb.) · Wietek 1957, Nr. 39 · Louisiana-Revy, Humlebaek/Dänemark, Oktob. 1984 (Titelbild) · Wietek 1984, S. 96, 104, 168 (Abb.)

Ausstellungen:
1917 Hamburg, Kunsthalle: Ausst. v. Werken neuerer Kunst aus Hbg. Privatbes. Kat. Nr. 137
1958 Essen, Kat. Nr. 145 (Abb.)
1962 München: Entartete Kunst, Kat. Nr. 142 (Abb.)
1962 Münster, Landesmus.: Expressionismus – Dt. Malerei 1900–1915, Kat. Nr. 35 (anschl. Bergen/Norwegen)
1963 Frankfurt, Kunstverein: Mod. Kunst aus Frankfurter Privatbesitz, Kat. Nr. 126 (Abb.)
1963 Hannover, Kunstverein: KSR, Kat. Nr. 21 (anschl. Essen, Frankfurt, Berlin)
1967 Koblenz, Mittelrhein, Landesmus.: Blauer Reiter – Brücke – Bauhaus
1968 Frankfurt, Kunstkabinett: KSR – Kat. Nr. 1 (Abb.)
1973 Berlin, Brücke-Mus.: Brücke – Gemälde d. Dresd. Jahre 1905–10, Kat. Nr. 57
1984 Höchst, Jahrhunderthalle: Slg. Hanna Bekker vom Rath, Kat. Nr. 91 (Abb.)
1987 Düsseldorf, Kunstslg. Nordrhein-Westfalen: Kunst in öffentlichen Sammlungen bis 1937, S. 156
1989 Madrid: Berliner Kunst von 1900–1933, Kat. 2/17 (Abb.)
1989 Victoria (Australien), Art Gallery: German Expressionism, Kat. S. 86
1990 Emden, Kunsthalle: Meisterwerke d. Expressionismus, Kat. Nr. 18 (Abb.)
1991 Jerusalem, Israel Museum: Die Brücke, Kat. Nr. 18

121
Gutshof in Dangast, 1910
(Grambergsche Häuser)
Öl auf Leinwand, 86,5 x 94,5 cm
Signatur: S. Rottluff unten links,
mit Titelbez. a. d. Keilrahmen
Ehem. Sammlung Robert Graetz, Berlin – Galerie des 20. Jahrhunderts, Berlin
Staatliche Museen Berlin, Nationalgalerie

Literatur:
Galerie d. 20. Jh. Berlin, Bestandskatalog, 1. Nachtr. 1954, Nr. 102 · Grohmann 1956, S. 21, 62, 282 (Abb.) · Buchheim, L. G.: Die Brücke, Feldafing 1956, S. 58, 224, 242 (Abb.) · Wietek 1957, Nr. 31 (Abb.) · Selz, P.: German Expressionist painting, Los Angeles 1957, S. 107 (Abb.) · Galerie d. 20. Jh. Berlin, Bestandskatalog, 3. Aufl. 1960, Nr. 169 · Haftmann, W.: Malerei im 20. Jh., München 1965 (Abb.) · Bestandsverz. d. Nationalgalerie – Staatl. Museen, Bln. 1968, S. 185 (Abb.) · Vogt, P.: Geschichte d. dt. Malerei im 20. Jh., Köln 1972, (Abb.) · Dube, W.-D.: Die Expressionisten, Ffm./Berlin/London 1973, S. 65 (Abb.) · Vogt, P.: Expressionismus, Köln 1978, S. 72 (Abb.) · Zweite, A.: KSR als Mitglied der Brücke, KSR-Retrospektive München 1989, S. 34 (Abb.) · Grisebach, L.: Brücke, Piperbd. München 1991, Nr. 21 (Abb.) · März, R.: Kunst in Dtschld. 1905–1937, Gemälde u. Skulpturen a. d. Slg. d. Nationalgalerie, Bln. 1992, S. 64/65 (Abb.)

Ausstellungen:
1928 Berlin, Nationalgalerie, Kat. Nr. 102
1954 Berlin, Kat. Nr. 10
1958 Essen, Kat. Nr. 143
1959 Schaffhausen/Berlin: Triumph d. Farbe, Kat. Nr. 87
1963 Hannover Kunstverein: KSR, Kat. 22
1964 London, Tate-Gallery: Painters of the Brücke, Kat. Nr. 249
1966 Paris/München: Fauvismus – Frühexpressionismus, Kat. Nr. 269
1967 Montreal, Kat. Nr. 11
1980 New York/San Francisco: Expresionism, Kat. Nr. 179 (Abb.)
1984 Berlin, Kat. Nr. 9 (Abb.)
1987 Wien, Österr. Galerie: Malerei d. dt. Expressionismus, S. 402 (Abb.)

122
Dangaster Landschaft, 1910
(Landschaft in Dangast)
Öl auf Leinwand, 76 x 84 cm
Signatur: S-Rottluff 1910 unten links,
Ehem. Julius Carl Grünhut, Hamburg – Galerie Ferdinand Möller
Stedelijk Museum Amsterdam

Literatur:
Grohmann 1956, S. 255, 283 (Abb.) · Gordon 1974 · Gerhardus, M. u. D.: Expressionismus, Freibg./Basel/Wien 1976 (Abb.) · Wietek 1984, S. 97, 169 (Abb.) · Lüttichau, M. A. v.: KG Brücke – Dresden 1910. Kat. Stationen d. Moderne, Bln. 1988, S. 95 (Abb.) · Lüttichau, M. A. v.: KG Brücke – Dresden 1910. In. Stationen d. Moderne – Kommentarband, Köln 1988, S. 39 · Elger, D.: Expressionismus, Köln 1991, S. 67 (Abb.)

Ausstellungen:
1910 Dresden, Gal. Arnold: KG Brücke, Kat. Nr. 65
1914 München, Gal. Hans Goltz: Sommerschau, Kat. Nr. 67
1917 München, Gal. Hans Goltz: KSR, Kat. 1
1954 Groningen, Kunstmuseum
1957 Oldenburg, Kat. Nr. 45 (Abb.)
1961 Humlebaek, Louisiana/Stockholm
1969 Amsterdam: Fauvisme i. d. Kunst

123
Der Besuch, 1910
Öl auf Leinwand, 76,9 x 85 cm
(im ursprünglichen, vom Künstler gestalteten Rahmen)
Signatur: S. Rottluff 1910 oben links und
Titelbez. a. d. Keilrahmen
Ehem. Anneliese Lohrisch, Chemnitz – Privatbesitz USA – Freistaat Sachsen
Städt. Kunstsammlungen Chemnitz
(Dauerleihgabe des Freistaates Sachsen)

Literatur:
Grohmann 1956, S. 283 · Wietek 1957, Nr. 50 · Brix 1972, S. 23 (Abb.) · Reidemeister, L.: Die KSR-Ausst. in K.-M.-Stadt, Brücke-Archiv 7, 1974, S. 23 · KSR-Best. Kat. Chemnitz 1993, Nr. 7 (Abb.)

Ausstellungen:
1911 Hamburg, Gal. Commeter: KSR
1974 Karl-Marx-Stadt, Kat. Nr. 51
1986 Berlin, Alte Nat. Galerie: Expressionisten, Nr. 93 (Abb.)
1992 KSR – Der Maler, Kat. Nr. 18 (Abb.)

124
Turm im Park, 1910
(Haus im Park)
Öl auf Leinwand, 76 x 84 cm
Signatur: S. Rottluff unten links,
Ehem. Dr. C. Hagemann, Frankfurt
Städel Frankfurt

Literatur:
Schenk zu Schweinsberg, E.: Die Slg. Hagemann in Frankfurt, Mus. d. Gegenwart II, 1931/32, S. 99 ff. · Grohmann 1956, S. 254, 283 (Abb.) · Wietek 1957, Nr. 37 · Städelsches Kunstinstitut Frankfurt: Verz. d. Gemälde, 1971, S. 54 · Gordon 1974

Ausstellungen:
1913 Berlin, 6. Ausst. d. Neuen Sezession, Kat. Nr. 62
1918 Hannover, Kestner-Ges.: Junge Berliner Kunst, Kat. Nr. 63
1919 Hamburg, Kunstverein: Junge Berliner Kunst
1920 Hannover, Kestner-Ges.: KSR, Kat. Nr. 13
1920 Frankfurt, Kunstsalon Ludwig Schames
1922 Oldenburg, Vereinig. f. junge Kunst: Dangaster Künstler im Lappan
1978 Leningrad, Eremitage: Dt. Malerei 1890–1918, Kat. Nr. 76 (anschl. Moskau u. Frankfurt)

125
Weißes Haus, 1910
(Landhaus)
Öl auf Leinwand, 76 x 84 cm
Signatur: S. Rottluff 1910 unten rechts,
Ehem. Klaus Gebhard, Wuppertal-Elberfeld – Uwe Lempelius, München
Privatbesitz

Literatur:
Bremer Nachrichten 13.6.1920 · Grohmann 1956, S. 255, 283 (Abb.) · Wietek 1957, Nr. 47 · Gordon 1974 · Wietek, G.: 200 Jahre Malerei im Oldenburger Land, Oldbg. 1986 (Abb.) · Salzmann, S.: KSR u. Bremen. In: KSR-Retrospektive Bremen/München 1989, S. 75

Ausstellungen:
1912 Amsterdam, Stedelijk Museum: Moderne Kunst Kring, Kat. Nr. 190
1920 Bremen, Kunsthalle: Dt. Maler d. 20. Jahrhunderts
1948 Bern, Kunsthalle: Brücke
1964 London, Tate Gallery: Painters of the Brücke, Kt. Nr. 248 (Abb.)
1984 Schleswig, Kat. Nr. 9 (Abb.)
1992 Paris: L'Expressionisme en Allemagne 1905–1914, Kat. Nr. 130 (Abb.)

LEGENDEN 1910

126
Parkweg, 1910
(Parkecke in Dangast)
Öl auf Leinwand, 84 x 76 cm
Signatur: S. Rottluff 1910 unten links
Ehem. Dr. Ventzky, Oldenburg – Marcus Kruss, Berlin
Staatsgalerie moderner Kunst München

Literatur:
Niemeyer 1911 · Neue Hamburger Zeitung 16.6.1919 · Grohmann 1956, S. 255, 283 (Abb.) · Gordon 1974 · Schuster, P.-K. (Hg.): Dokumentation zum nationalsoz. Bildersturm am Bestand d. Staatsgalerie mod. Kunst in München, München 1987, S. 51 (Abb.)

Ausstellungen:
1913 München, Gal. Hans Goltz, Kat. Nr. 138
1922 Oldenburg, Vereinig. f. junge Kunst: Dangaster Künstler im Lappan
1926 Oldenburg, Vereinig. f. junge Kunst: KSR u. G. H. Wolff, Kat. Nr. 5
1954 Berlin, Kat. Nr. 8
1957 Oldenburg, Kat. Nr. 48
1964 London, Tate Gallery: Painters of the Brücke, Kat. Nr. 250
1966 Paris/München: Der französ. Fauvismus u. der dt. Frühexpressionismus, Kat. Nr. 268 (Abb.)
1969 Düsseldorf, Gal. Großhennig: KSR, Kat. Nr. 10 (Abb.)
1989 KSR-Retrospektive, Kat. Nr. 62 (Abb.)

127
Sitzende im Grünen, 1910
Öl auf Leinwand, 83,5 x 76 cm
Unsigniert
Ehem. Viktor Peters, Leipzig
Privatbesitz

Literatur:
Nicht bei Grohmann 1956 · H. G.: KSR zum 1.12.1979. Privatdruck o. O. und o. J. (Abb.)

Ausstellungen:
1984 Schleswig, Kat. Nr. 8 (Abb.)
1989 KSR-Retrospektive, Kat. Nr. 64 (Abb.)

128
Selbstbildnis mit Einglas, 1910
(Bildnis R. – Selbstbildnis in grüner Jacke)
Öl auf Leinwand, 84 x 76,5 cm
Signatur: S-Rottluff 1910 oben links
Ehem. Slg. Ludwig und Rosy Fischer, Frankfurt – Museum Moritzburg, Halle – Galerie Ferdinand Möller
Staatliche Museen Berlin, Nationalgalerie

Literatur:
Niemeyer o.J. · Rave, P. O.: Kunstdiktatur im 3. Reich, Hbg. 1949, S. 81 · Grohmann 1956, S. 178, 283 (Abb.) · Krieger, P.: Neuerworb. Bilder d. Brücke-Maler, Jhrb. d. Staatl. Museen Bln. III, 1964/65 · Haftmann, W.: Malerei im 20. Jh., München 1965 (Abb.) · Bestandsverzeichnis Nationalgalerie – Staatl. Museen Berlin, Berlin 1968 (Abb.) · Roters, E.: Europ. Expressionisten, Gütersloh 1971 (Abb.) · Brix 1972 (Abb.) · Gordon 1974 · Herbert, B.: German Expressionism, London 1983 (Abb.) · Jähner, H.: KG Brücke, Bln. 1984 (Abb.) · Roters, E.: Galerie Ferd. Möller, Bln. 1984, S. 229 (Abb.) · Brix, K.: KSR – Der Mensch u. sein Bildnis, Bildende Kunst 12, 1984 (Abb.) · Staatl. Gal. Moritzburg Halle: Das Schicksal einer Slg. i. d. 1. Hälfte d. 20. Jh.,Halle 1985, S. 103 (Abb.) · Lüttichau, M. A. v.: Rekonstruktion d. Ausst. Entartete Kunst. Die Kunststadt München 1937, München 1987, S. 145 (Abb.) · Hüneke, A.: Die faschistische Aktion Entartete Kunst in Halle. Staatl. Galerie Moritzburg, Halle 1987, S. 47/48 (Abb.) · Tobien, F.: Die Künstlergruppe Brücke, Kirchdorf 1987, S. 77 (Abb.) · Brix, K.: KSR – Kunstheftreihe „Maler u. Werk“, Dresden 1987, S. 4 (Abb.) · Roters, E. (Hg.): Leop. Reidemeister z. Gedenken. Brükke-Archiv 15/16, Bln. 1988, S. 44 (Abb.) · Lüttichau, M. A. v.: Künstlergemeinschaft Brücke – Dresden 1910. In: Stationen d. Moderne – Kommentarband, Köln 1988, S. 39 · Thiem, G.: Dokumentation zu Leben u. Werk. KSR-Retrospekt. Münch. 1989, S. 81 (Abb.) · Expressionismus u. Exil. Die Sammlung Ludwig u. Rosy Fischer. Hsg. v. E. Heuberger, Frankfurt 1990 · Elger, D.: Expressionismus, Köln 1991, S. 68 (Abb.) · Grisebach, L.: Brücke, Piper-Bd. München 1991 Nr. 22 (Abb.) · Moeller, M. M.: Protagonist der Moderne . . . . In: Kat. KSR der Maler, Stuttgart 1992 (Abb.)

Ausstellungen:
1910 Dresden, Gal. Arnold: KG Brücke, Kat. Nr. 63 („Bildnis R.“)
1912 Amsterdam, Stedelijk Museum: Moderne Kunst Kring, Kat. Nr. 187
1917 München, Gal. Goltz: KSR, Kat. Nr. 4 („Bildnis D. S.“)
1927 Dresden, Gal. Arnold: KSR, Kat. (Abb.)
1937 München: Entartete Kunst
1939 Luzern, Gal. Fischer: Gemälde u. Plastiken mod. Meister aus dt. Museen, Kat. Nr. 123 („Bildnis R.“)
1951 Köln, Gal. Ferd. Möller: Eröffnungsausst. Die alten Meister d. modernen Kunst, Kat. Nr. 57 (Abb.)
1952 Hannover, Kestner-Ges.: KSR, Kat. Nr. 4
1954 Kiel, Kunsthalle: KSR, Kat. Nr. 7
1954 Berlin, Kat. Nr. 7
1955 Kassel, Dokumenta: Kunst d. 20. Jh., Kat. Nr. 575
1958 Essen, Kat. Nr. 19 (Abb.)
1959 Berlin/Schaffhausen: Triumph d. Farbe, Kat. Nr. 86
1963 Hannover, Kunstverein: KSR, Kat. Nr. 19 (Abb.)
1964 London, Tate Gallery: Painters of the Brücke, Kat. Nr. 246 (Abb.)
1964 Berlin: Akad. d. Künste, Kat. Nr. 19 (Abb.)
1966 Paris/München: Der französ. Fauvismus u. der dt. Frühexpressionismus, Kat. Nr. 265 (Abb.)
1972 Schaffhausen, Mus. Allerheiligen: Künstler d. Brücke, Kat. Nr. 166 (Abb.)
1972 Bonn, Rhein. Landesmus.: Die Künstler d. Brücke,Kat. Nr. 161 (Abb.)
1973 Berlin, Brücke-Mus.: Brücke – Gemälde d. Dresdener Jahre 1905–1910, Kat. 54 (Abb.)

1984 Berlin, Kat. Nr. 7 (Abb.)
1988 Berlin, Berlinische Galerie: Stationen d. Moderne (Abb.)
1991 Los Angeles/Berlin: Entartete Kunst, Kat. S. 343 (Abb.)

129
Landschaft mit Haus und Bäumen, 1910
(Dangast vor dem Gewitter)
Öl auf Leinwand, 76 x 86 cm
Signatur: S. Rottluff 1910 unten rechts
Ehem. Leonhard Hutton Galleries, New York
Privatbesitz

Literatur:
Nicht b. Grohmann 1956

Ausstellungen:
1968 New York, Leonh. Hutton Galleries: Fauves and Expressionists, Kat. Nr. 106 (Abb.)

130
Landschaft im Herbst, 1910
(Herbstlandschaft)
Öl auf Leinwand, 87,7 x 95,6 cm
Signatur: S-Rottluff 1910 unten links und mit Titel a. d. Keilrahmen
Ehem. Städt. Kunstslg. Chemnitz (1920) – Galerie Fischer, Luzern – Bernhard A. Boehmer, Güstrow – Museum der Stadt Rostock
Städt. Kunstsammlungen Chemnitz (seit 1957)

Literatur:
Niemeyer o.J. · Museum der Gegenwart 1930, S. 48 · Grohmann 1956, S. 283 u. 255 (Abb.) · Wietek 1957, Nr. 46 · Hütt, W.: Dt. Malerei u. Graphik i. 20. Jh., Bln. 1969 · Brix 1972, S. 21 (Abb.) · Gordon 1974 · Bildermappe Landschaftsmalerei a. d. Beständen d. Städt. Kunstslg. Karl-Marx-Stadt, 1981 (Farbtafel) · Brix, K.: KSRs Beziehg. zu Chemnitz. Karl-Marx-Städter Almanach 2, 1983 · KSR-Werke im Besitz d. Städt. Kunstsammlungen, Karl-Marx-Stadt o. J. (1983) (Abb.) · Jähner, H.: Künstlergruppe Brücke, Bln. 1984 (Abb.) · KSR-Best. Kat. Chemnitz 1993 Nr. 6 (Abb.)

Ausstellungen:
1912 Köln, Sonderbund, Kat. Nr. 493
1913 Berlin, 6. Ausst. d. Neuen Sezession, Kat. Nr. 64
1913 Budapest, Müveszhaz: Postimpressionistische Kunst, Kat. Nr. 200
1919 Berlin, Gal. Ferd. Möller: KSR (ohne Kat.)
1920 Chemnitz, 15. Ausst. d. Dt. Künstlerbd., Kat. Nr. 252
1927 Dresden, Gal. Ernst Arnold: KSR, Kat. 3
1929 Chemnitz, Kunsthütte: KSR
1930 Wien, Künstlerhaus, Kat. Nr. 15
1939 Luzern, Gal. Fischer: Auktion v. Gemälden u. Plastiken mod. Meister aus dt. Museen, Nr. 121
1959 Karl-Marx-Stadt, Städt. Kunstslg.: KSR, Kat. Nr. 7
1974 Karl-Marx-Stadt, Kat. Nr. 50 (Abb.)
1984 Karl-Marx-Stadt, Städt. Museen: KSR z. 100. Geb. S. 14 (Abb.)
1986 Berlin: Alte Nat. Galerie: Expressionisten, Nr. 91 (Abb.)
1989 Belgrad/Sarajevo/Zagreb: Entwicklungslinien deutscher Kunst (Ausst. d. Städt. Kunstslg. Karl-Marx-Stadt), Kat. Nr. 95
1991 Los Angeles/Berlin: Entartete Kunst, S. 169 (Abb.)
1992 KSR – Der Maler, Kat. Nr. 15 (Abb.)

131
Hafenszene, 1910
Öl auf Leinwand, 57,2 x 66,7 cm
Signatur: S-Rottluff 1910 unten links
Busch-Reisinger Museum – Harvard University, Cambridge (USA)

Literatur:
Grohmann 1956, S. 284 · Wietek 1957, Nr. 71 · Kuhn, C. L.: German Expressionism and abstract art. The Harvard Collections, Cambridge 1957 (Abb.) · Wietek, G.: Das Busch-Reisinger-Mus. in Cambridge/Mass. Die Kunst 7, 1972 (Abb.) · The Busch-Reisinger-Museum, Harvard University, New York 1980 (Abb.)

Ausstellungen:
1964 New York, Guggenheim-Museum: Van Gogh and Expressionism
1980 Washington, DC, National Gallery of Art: Busch-Reisinger-Museum. Twentieth Century Collection (anschl. Wildenstein-Gallery, New York)
1982 Frankfurt/Berlin/Düsseldorf: Dt. Kunst d. 20. Jh. a. d. Busch-Reisinger-Museum Cambridge, USA, (Abb.)

132
Apfelbäume, 1910
Öl auf Leinwand, 76,2 x 84,2 cm
Signatur: S. Rottluff unten rechts,
sowie mit Titelbez. a. d. Keilrahmen
Ehem. Dr. O. Kirchner, Gelsenkirchen – Privatsammlung Süddeutschland
Privatbesitz

Literatur:
Grohmann 1956, S. 254, 283 (Abb.) · Buchheim, L. G.: Die Brücke, Feldafing, 1956 (Abb.) · Wietek 1957, Nr. 35 (Abb.) · Eggum, A.: Brücke u. Edvard Munch. Kat. Die Brücke – Edvard Munch, Munch-Museum Oslo 1978, S. 34

Ausstellungen:
1993 Berlin, 31. Villa Grisebach-Aukt., Kat. Nr. 23 (Abb.).

133
Hullmannsche Häuser, 1910
Öl auf Leinwand, 76 x 84 cm
Signatur: S-Rottluff 1910 unten links
Verbleib unbekannt

Literatur:
Grohmann 1956, S. 283, 254 (Abb.) · Wietek 1957, Nr. 36 · Gordon 1974 · Lüttichau, M. A. v.: KG Brücke, Dresden 1910, Kat. Stationen d. Moderne, Bln. 1988, S. 95 (Abb.) · Lüttichau, M. A. v.: KG Brücke, Dresden 1910, In: Stationen d. Moderne, Kommentarband, Köln 1988, S. 39

Ausstellungen:
1910 Dresden, Gal. Arnold: KG Brücke, Kat. Nr. 66
1917 München, Gal. Hans Goltz: KSR, Kat. 12
1919 Berlin, Gal. Ferd. Möller: KSR, Kat. 12
1920 Hannover, Kestner-Ges.: KSR, Kat. Nr. 11

134
Sitzender Junge, 1910
Öl auf Leinwand, 84 x 76 cm
Signatur: S-Rottluff 1910 unten rechts
Verbleib unbekannt

Literatur:
Niemeyer o.J. · Grohmann 1956, S. 283 · Wietek 1957, Nr. 52

135
Nachmittagssonne, 1910
Öl auf Leinwand, 76 x 84 cm
Signatur: S-Rottluff unten rechts,
Verbleib unbekannt

Literatur:
Die Aktion 1. Jhrg. 1911, Sp. 52 ff. · Kieler Neueste Nachrichten 25.8.1911 · Grohmann 1956, S. 283 · Wietek 1957, Nr. 51 · Gordon 1974 · Wietek 1984, S. 79

Ausstellungen:
1911 Berlin, 3. Ausst. d. Neuen Sezession, Kat. Nr. 43
1911 Kiel, Kunsthalle: Neue Sezession Berlin
1913 Budapest, Müvezhaz: Postimpressionistische Kunst, Kat. Nr. 197
1914 Hagen, Folkwangmuseum: KSR

136
Villa in Dangast, 1910
Öl auf Leinwand, 76 x 84 cm
Signatur: S-Rottluff 1910 unten links
Ehem. Dr. Plagemann, Stettin
Verbleib unbekannt

Literatur:
Niemeyer o. J. · Grohmann 1956, S. 254, 283 (Abb.) · Wietek 1957, Nr. 34 · Gordon 1974 · Lüttichau, M. A. v.: KG Brücke, Dresden 1910, Kat. Stationen d. Moderne, Bln. 1988, S. 95 (Abb.) · Lüttichau, M. A. v.: KG Brücke – Dresden 1910. Stationen d. Moderne, Kommentarband, Köln 1988, S. 39

Ausstellungen:
1910 Dresden, Gal. Arnold: KG Brücke, Kat. Nr. 64
1912 Amsterdam, Stedelijk Museum, Moderne Kunst Kring, Kat. Nr. 189
1914 Berlin, Gal. Fritz Gurlitt (16.4. – 10.5.), Kat. Nr. 23
1917 München, Gal. Hans Goltz: KSR, Kat. 3
1919 Berlin, Freie Sezession

137
Dangaster Park, 1910
Öl auf Leinwand, 76 x 84 cm
Signatur: S. Rottluff 1910 unten links
Ehem. Privatslg. Magdeburg
Verbleib unbekannt

Literatur:
Niemeyer 1911 · Grohmann 1956, S. 255, 283 (Abb.) · Wietek 1957, Nr. 49 · Roters, E.: Gal. Ferd. Möller, Bln. 1984, S. 42

Ausstellungen:
1919 Berlin, Gal. Ferd. Möller: KSR, Kat. Nr. 11

138
Häuser im Park, 1910
Öl auf Leinwand, 76 x 84 cm
Signatur: S. Rottluff unten Mitte
Ehem. Dr. Hugo Littmann, Berlin
Verbleib unbekannt

Literatur:
Grohmann 1956, S. 173, 282 (Abb.) · Wietek 1957, Nr. 32

139
Guitarrespielerin, 1910
Öl auf Leinwand, 76 x 84 cm
Signatur: S-Rottluff oben links
Verbleib unbekannt

Literatur:
Die Aktion, 1. Jhrg. 1911, Sp. 52 ff. · Kieler Neueste Nachrichten 25.8.1911 · Grohmann 1956, S. 255, 283 (Abb.) · Wietek 1957, Nr. 40 (Abb.) · Wietek, G.: Emma Ritter u. ihr Verhältnis zur Malerei d. dt. Expressionismus,. Oldbg. Jhrb. 58, 1959 (Abb.) · Wietek, G.: Dangast u. die Maler der Brücke, Niederdt. Almanach, Oldbg-Hbg. 1959, S. 310 · Gordon 1974 · Wietek 1984, S. 33

Ausstellungen:
1911 Berlin, 3. Ausst. d. Neuen Sezession, Kat. Nr. 42 (Abb.)
1911 Kiel, Kunsthalle: Neue Sezession Berlin
1914 München, Gal. Hans Goltz: Sommerschau, Kat. Nr. 66

140
Hafen bei Ebbe, 1910
(Binnenhafen)
Öl auf Leinwand, 87 x 92 cm
Signatur: S-Rottluff 1910 unten links
Ehem. Slg. August v. d. Heydt, Elberfeld – Museum Wuppertal-Elberfeld
Bild zerstört

Literatur:
Hamburger Zeitung 5.1.1911 · Niemeyer 1911 · Heise, C. G.: Die Sammlung des Freiherrn August von der Heydt-Elberfeld, Leipzig 1918, Nr. 237 (Abb.) · Valentiner, W. R.: KSR, Junge Kunst 16, 1920 (Abb.) · Museum der Gegenwart 1930, S. 136 · Apollonio,U.: Die Brücke e la Cultura dell'Espressionismo, Venedig 1952 (Abb.) · Grohmann 1956, S. 177, 283 (Abb.) · Wietek 1957, Nr. 33 (Abb.) · Augustiny, W.: Künstler in Dangast, Hannoversche Allgemeine 31.8.63 (Abb.) · Gordon 1974 · Kunst an der Jade – Wilhelmshaven 1912–1987, Wilhelmshaven 1987 (Abb.)

Ausstellungen:
1911 Hamburg, Gal. Commeter: KSR
1911 Berlin, 4. Ausst. d. Neuen Sezession, Kat. Nr. 54
1920 Chemnitz, Kunsthütte: 15. Ausst. d. Dt. Künstlerbundes, Kat. Nr. 247

LEGENDEN 1910

141
Landschaft im Moor, 1910
Öl auf Leinwand, 76 x 84 cm
Signatur: S. Rottluff 1910 unten links
Ehem. Max Leon Flemming, Hamburg
Verbleib unbekannt

Literatur:
Hamburger Correspondent 22.10.1919 · Hamburger Nachrichten 30.10.1919 · Küppers, P. E.: Die Slg. Max Leon Flemming. Cicerone 1, 1922 · Grohmann 1956, S. 255, 283 (Abb.) · Wietek 1957, Nr. 42 · Wietek 1984, S. 97, 166 (Abb.)

Ausstellungen:
1919 Hamburg, Kunstverein: Gemälde u. Graphiken aus einer Hamburgischen Privatsammlung

142
Kühe am Deich, 1910
(Kühe am Strand)
Öl auf Leinwand, 76 x 84 cm
Signatur: S. Rottluff 1910 unten rechts
Ehem. Landesmuseum Oldenburg
(1937 beschlagnahmt)
Verbleib unbekannt

Literatur:
Oldenburger Nachrichten 25.6.1910 · Oldenburger Nachrichten 14.7.22 (Beyersdorff) · Oldenburgische Landeszeitung 10.1.1923 · Grohmann 1956, S. 273 · Wietek 1957, Nr. 38 · Wietek, G.: Dangast und die Maler der Brücke. Niederdt. Almanach, Oldenburg/Hamburg 1959, S. 314 · Keiser, H. W.: Gemäldegalerie Oldenburg, München 1967, S. 156 · Reindl. P. in Kat. Künstlergruppe Brücke im Landesmuseum Oldenburg, 1990

Ausstellungen:
1920 Chemnitz, 15. Ausst. d. Dt. Künstlerbundes. Kat. Nr. 251
1922 Oldenburg, Vereinig. f. junge Kunst: Dangaster Künstler im Lappan
1932 Hannover/Oldenburg, Vereinigung nordwestdeutscher Künstler: Jubiläumsausstellg. z. 25-jährig. Bestehen, Kat. Nr. 95

143
Park in Dangast, 1910
Kreidezeichnung, 16,5 x 21,3 cm
Signatur: S-R unten rechts
Ehem. Rosa Schapire – Marie Neurath-Reidemeister, London – Galerie Rosenbach Hannover
Privatbesitz

Literatur:
Schapire-Verz. · Schapire L 68 (Litho.) · Grohmann 1956, S. 173 u. 255 · Wietek 1984, S. 103

Ausstellungen:
1922 Oldenburg, Vereinig. f. junge Kunst: Dangaster Künstler im Lappan
1989 KSR-Retrospektive, Kat. Nr. 69 (Abb.)

144
Gutshof in Dangast, (1910)
Aquarell und Graphit, 50 x 65 cm
Signatur: S. Rottluff unten rechts, „Gutshof" rückseitig

LEGENDEN 1910

Ehem. Carl Georg Heise, Hamburg
Privatbesitz

Ausstellungen:
1920 Hannover, Kestner-Ges.: KSR – Negerkunst, Kat. Nr. 54
1963 Hamburg, Kunstverein: Meister d. Aquarells, Kat. Nr. 165 (Abb.)
1974 Hamburg, KSR, Kat. Nr. 52 (Abb.)
1975 Berlin, Brücke-Mus.: Das Aquarell der Brücke, Kat. Nr. 61
1989 KSR-Retrospektive, Kat. Nr. 65 (Abb.)

145
Landschaft mit Turm, 1910
(Landschaft in Dangast – Villa mit Turm)
Graphitzeichnung, 34 x 44 cm
Signatur: S-Rottluff 1910 unten rechts
Brücke-Museum Berlin

Ausstellungen:
1972 Schaffhausen, Mus. Allerheiligen: Künstler d. Brücke, Kat. Nr. 186
1972 Bonn, Rhein. Landesmus.: Künstler d. Brücke (a. d. Brücke-Mus.), Kat. Nr. 181
1974 Stuttgart, Staatsgal.: KSR – Die Schwarzblätter, Kat. Nr. 8 (Abb.)
1979 Braunschweig, Kunstverein: KSR, Kat. Nr. 50 (Abb.)
1980 Saarbrücken, Saarlandmus.: Künstler d. Brücke, Kat. S. 326 (Abb.)
1992 Berlin, Brücke-Mus.: Die Brücke – Zeichng., Aquarelle . . . . ., Kat. Nr. 65 (Abb.)

146
Liegender weiblicher Halbakt, um 1910/11
Rohrfederzeichnung, 34 x 42,5 cm
Signatur: S. Rottluff unten rechts
Brücke-Museum Berlin

Ausstellungen:
1992 Berlin, Brücke-Mus.: Die Brücke – Zeichng., Aquarelle, Druckgraphik, Kat. Nr. 64 (Abb.)

147
Kleine Landschaft am Wasser, 1910
Feder und Wachskreiden, 9 x 14 cm
Postkarte an Erich Heckel, Wilmersdorf
Poststempel Dresden 4.3.10
Text: „Oncken nicht geschrieben. Leipzig juryfrei? Von mir Fischerhäuser 600, Gasse 600 aus Oldenburg. Von Amiet Stilleben 500, Landschaft 700 aus Schwerin. Nölken hat 2 Sachen: Weiblicher Akt 600, Kinder im Garten 600. – Salonblatt, Heft 9 hat unter Lokalnachrichten Br. gebracht: vielumstrittene Dresdner Ausstellung".
Altonaer Museum in Hamburg

Literatur:
Wietek, G.: Gemalte Künstlerpost, München 1977, S. 40 (Abb.)

Ausstellungen:
1974 Hamburg, KSR, Kat. S. 37
1992 Hamburg/Frankfurt: Die Künstlerpostkarte, Kat. Nr. 130 (Abb.)

148
Bärtiger Fischerkopf, 1909/10
Tuschpinsel und Ölkreide, 14 x 9 cm
Postkarte an Erich Heckel, Friedenau
Poststempel Chemnitz 5.4.10
Text: „Winterlandschaft an Stelle von Landschaft. Gruss S-R".
Altonaer Museum in Hamburg
Literatur:
Schapire H 14 (1909!)
Ausstellungen:
1962 Hamburg, Postkarten, Kat. Nr. 452
1970 Hamburg, Altonaer Museum: Kunst u. Postkarte, Kat. Nr. 133
1974 Hamburg, KSR, S. 36

149
Sitzender weiblicher Akt, 1910
Tuschpinsel, 14 x 9 cm
Postkarte an Dr. A. E. Thiele, Chemnitz
Poststempel Dangast 7.5.10
Text: „Lieber Herr Dr., wieder in Dangast, Kalt. Schönsten Gruss S-R".
Städt. Kunstsammlungen Chemnitz
Literatur:
Brix, K.: KSRs Beziehg. zu Chemnitz, Karl-Marx-Städter Almanach 2, 1983 · KSR-Werke i. Bes. d. Städt. Kstslg. Karl-Marx-Stadt (1983) S. 83 · KSR-Best. Kat. Chemnitz 1993, Nr. 85 (Abb.)
Ausstellungen:
1974 Karl-Marx-Stadt, Kat. Nr. 56
1986 Berlin, Alte Nationalgalerie: Expressionisten, Kat. Nr. 385 (Abb.)
1987 Karl-Marx-Stadt, Städt. Kstslg.: KSR – Aquar., Zeichng. (Faltblatt)

150
Liegendes Mädchen, 1910
Tuschpinsel, 8,8 x 13,9 cm
Postkarte an Emmy Frisch, Friedenau
Poststempel Dangast 7.5.10
Text: „Schönsten Gruss vom kalten Dangast. Ihr S-R".
Privatbesitz
Literatur:
Schapire H 39 · Dube-Heynig, A.: E. L. Kirchner – Postkarten u. Briefe an Erich Heckel im Altonaer Museum, Köln 1984, S. 221
Ausstellungen:
1988 München, 132. Ketterer-Aukt. Nr. 1281 (Abb.)

151
Fabrikgebäude, 1910
Tuschpinsel, 9 x 14 cm
Postkarte an Dr. Elsa Hopf, Hamburg
Poststempel Varel 14.5.10
Text: „Herzlichsten Pfingstgruss Ihr S-R".
Privatbesitz
Literatur:
Schapire H 46 (Der Holzschnitt) · Rathenau 1987 (Holzschnitt) · Wietek 1984, S. 20, 99.

152
Bauernhof mit Bäumen, 1910
Tuschfeder und Ölkreiden, 9 x 14 cm
Postkarte an Martha Rauert, Wiesbaden
Poststempel Dangast 26.5.10
Text: „Sehr geehrte gnädige Frau, durch Dr. Schapire erfuhr ich Ihre Adresse und gestatte mir, Ihnen einen Gruss aus Dangast zu senden, wo es Sonne und Arbeit giebt. – Sehr ergeben Sch-Rottluff".
Privatbesitz
Literatur:
Wietek 1984, S. 65, 102 (Abb.)
Ausstellungen:
1962 Hamburg, Postkarten, Kat. Nr. 453

153
Ziegelei, 1910
Tuschpinsel und Ölkreiden, 9 x 14 cm
Postkarte an Martha Rauert, Wiesbaden
Poststempel Dangast 3.6.10
Text: „Sehr geehrte gnädige Frau, es freut mich sehr, dass Ihnen mein Gruss eine kl. Freude war. Ihren Rat, gesund zu bleiben, habe ich thörichterweise nicht befolgt; ich unterlag einer Influenza, die mich sehr zurückgebracht hat. – Oberammergau, ich glaube, dass Sie da allerdings gespannt sind. Verbindlichsten Gruss Ihr ergebenster S-Rottluff".
Privatbesitz
Literatur:
Wietek 1984, S. 65, 102 (Abb.)
Ausstellungen:
1962 Hamburg, Postkarten, Kat. Nr. 454 (Abb.)

154
Mohnblumen, 1910
Tuschfeder und Ölkreiden, 9,2 x 14 cm
Postkarte an Dr. Elsa Hopf, Hamburg
Poststempel Dangast 4.6.10
Text: „Liebe verehrte Frau Elsa H., da ich Ihnen die Blumen nicht lebend schicken kann, kommt hier ein unwürdiges Abbild als sinnvoller Gruss. Ihr ergebenster S-Rottluff".
Privatbesitz
Literatur:
Wietek 1984, S. 20, 99
Ausstellungen:
1992 Berlin, 25. Grisebach-Aukt., Kat. Nr. 182 (Abb.)

155
Gebäude einer Ziegelei, 1910
Ölkreiden, 9,3 x 14,2 cm
Postkarte an Dr. med. Ad. Thiele, Chemnitz, nachgesandt nach Brüssel
Poststempel Dangast . . 7.10
Poststempel Brüssel 18.7.10
Text: „Lieber Herr Dr., sind Sie schon in Paris gewesen, oder wirds noch? Einstweilen besten Gruss Ihr S-Rottluff.
Unbekannterweise freundlichen Gruss Dr. Rosa Schapire".
Städt. Kunstsammlungen Chemnitz
Literatur:
KSR-Werke i. Bes. d. Städt. Kstslg. Karl-Marx-Stadt, (1983) S. 83 · KSR-Best. Kat. Chemnitz 1993, Nr. 82 (Abb.)
Ausstellungen:
1974 Karl-Marx-Stadt, Kat. Nr. 53
1987 Karl-Marx-Stadt, Städt. Kstslg.: KSR – Aquar., Zeichng. (Faltblatt)

156
Zwei Mohnblüten, 1910
Ölkreiden, 14 x 9 cm
Postkarte an Dr. Elsa Hopf, Rantum auf Sylt
Poststempel 10.6.10 Dangast
Text: „Liebe verehrte Frau Elsa H., Ihnen hier nochmals einen Sommergruß vom ‚Meister', der Ihrer doch so gern gedenkt. – S-R".
Privatbesitz
Literatur:
Wietek 1984, S. 20, 99

157
Frau am Tisch, 1910
Blei, Wachskreiden, 9,3 x 14,3 cm
Postkarte an Rosa Schapire, Hamburg
Poststempel Dangast 22.6.10
Text: „Liebe Ro! Für Ihre frdl. Einladung danke ich herzl., ich wollte aber doch den Umweg nicht machen, zumal ich Sie ja bald hier wiedersehe. Herzliche Grüße Gertrud.
Schönsten Gruss S-R".
Altonaer Museum in Hamburg
Literatur:
Schapire-Verz. · Wietek, G.: Gemalte Künstlerpost, München 1977, S. 47 (Abb.) · Presler 1990, S. 63 (Abb.)
Ausstellungen:
1957 Oldenburg, Kat. Nr. 115
1970 Hamburg, Altonaer Museum: Kunst u. Postkarte, Kat. Nr. 134
1974 Hamburg, KSR Kat. S. 37
1989 KSR-Retrospektive, Kat. Nr. 72 (Abb.)
1992 Hamburg/Frankfurt: Die Künstlerpostkarte, Kat. Nr. 131

158
Am Strand gehende Frau von rückwärts, 1910
Tuschfeder und Wachskreiden, 13,9 x 9,2 cm
Postkarte an Dr. Elsa Hopf, Rantum auf Sylt
Poststempel Dangast 23.6.10
Text: „Liebe verehrte Frau Elsa, sind sie böse . . . Doch ganz Ihr S-R".
Privatbesitz
Literatur:
Wietek 1984, S. 64, 99 (Abb.)
Ausstellungen:
1992 Berlin, 25. Grisebach-Aukt., Kat. Nr. 180 (Abb.)

159
Haus zwischen Bäumen, 1910
Wachskreiden, 9,3 x 14,2 cm
Postkarte an Dr. Rosa Schapire, Hamburg
Poststempel Dangast 23.6.10
Text: „Ganz recht, auf diesen Unfug. Herzl. Gruss".
Museum Ludwig, Köln
Literatur:
Schapire-Verz. · Schapire H 54 (vgl. Holz-

schnitt) · Grohmann 1956, S. 180, 284 (vgl. Gemälde) · Wietek 1957, Nr. 118 · Presler 1990, S. 106 (Abb.)

Ausstellungen:
1962 Hamburg, Postkarten, Kat. Nr. 455
1971 Köln, Wallr.-Rich. Mus.: Maler suchen Freunde, Kat. Nr. 85
1989 KSR-Retrospektive, Kat. Nr. 77 (Abb.)
1991 Berlin, Brücke-Mus.: Expressionist. Grüsse, Kat. Nr. 44 (Abb.). Die Ausstellung wurde anschließend noch in München u. Saarbrücken gezeigt

160
Schreitende Frau am Strand, 1910
(Frau mit Hut in weiter Landschaft)
Tuschfeder und Wachskreiden, 9,3 x 14,3 cm
Postkarte an Dr. Rosa Schapire, Hamburg
Poststempel Dangast 24.6.10
Text: „Eben sagt mir Gramberg, dass Zimmer nur bis 15. Juli noch da sind, dann erst vom 15. August ab wieder. Was tun? Herzl. Gruss S-R".
Altonaer Museum in Hamburg

Literatur:
Schapire-Verz. · Wietek, G.: Gemalte Künstlerpost, München 1977, S. 50 (Abb.) · Presler 1990, S. 64 (Abb.)

Ausstellungen:
1969 Reutlingen, Thoma-Ges.: Gemalte Karten u. Briefe ....., Kat. Nr. 186
1974 Hamburg, KSR, Kat. S. 37
1989 KSR-Retrospektive, Kat. Nr. 73 (Abb.)
1992 Hamburg/Frankfurt: Die Künstlerpostkarte, Kat. Nr. 132 (Abb.)

161
Schreibendes Mädchen, 1910
(Am Tisch schlafende Frau – Frau am Tisch)
Tuschpinsel und -feder, 9 x 14 cm
Postkarte an Dr. Rosa Schapire, Hamburg
Poststempel Dangast 27.6.10
Text: „Schön, wegen des Zimmers werde ich mich umsehen. Was das freilich für'n Junge ist, ist mir unverstdl."
Brücke-Museum Berlin

Literatur:
Schapire-Verz. · Presler 1990, S. 41 (Abb.)

Ausstellungen:
1957 Oldenburg, Kat. Nr. 115
1962 Hamburg, Postkarten, Kat. Nr. 456
1967 Berlin, Brücke-Mus.: Eröffnungsausstellung, Kat. Nr. 9
1974 Stuttgart, Staatsgal.: KSR – Schwarzblätter, Kat. Nr. 7 (Abb.)
1991 Berlin, Brücke-Mus.: Expressionist. Grüsse, Kat. Nr. 45 (Abb.)
1992 Berlin, Brücke-Mus.: Die Brücke – Zeichng., Aquarelle ....., Kat. Nr. 66 (Abb.)

162
Stehendes Pferd, 1910
Tuschpinsel, 9 x 14 cm
Postkarte an Dr. Rosa Schapire, Hamburg
Poststempel Dangast 25.6.10
Text: „Ich bitte, sich in Dangast nicht zu täuschen. Bei Frau Hensel ist schon jetzt keine Ecke mehr zu haben u. Privatwohnungen giebts vom 6. – 15. Juli auch nicht – doch können wirs ja versuchen. Parkschloss aber alles stramm besetzt. Gruss S-R".
Altonaer Museum in Hamburg

Literatur:
Schapire-Verz. · Altonaer Museum in Hamburg, Jhrb. 1965: Neuerwerbungen, S. 197 (Abb.) · Wietek, G.: A. d. Slg. gem. Karten u. Briefe im AM, Hbg. 1966, Nr. 89 (Abb.) · Altonaer Museum in Hamburg, Jhrb. 1974/75. Erwerbungen 1950–1975, S. 258/59 (Abb.) · Presler 1990, S. 65 (Abb.)

Ausstellungen:
1966 Reykiavik, Isländ. Nat. Mus.: A. d. Slg. gem. Karten u. Briefe d. Altonaer Museums, Nr. 89 (Abb.)
Weitere Ausstellg. m. gleichem Katalog:
1968 Prag, Dientzenhofer-Palais
1968 Helsinki, Dt. Kulturinstitut
1968 London, Dt. Kulturinstitut
1969 Wien, Niederösterr. Landesmuseum
1971 Trondhjem/Norw., Kunstforening
1971 Cambridge (USA), Busch-Reisinger-Museum
1973 Ankara, Dt. Kulturinstitut
1973 Athen, Dt. Kulturinstitut
1973 Belgrad, Dt. Kulturinstitut
1974 Hamburg, KSR, Kat. S. 37

163
Fischerbildnis, 1910
Wachskreiden, 14,4 x 9,4 cm
Postkarte an Dr. Rosa Schapire, Hamburg
Poststempel Dangast 30.6.10
Text: „Ab 9. Juli auf 4 Wochen gemietet – von da ab wirds wohl bei Gramberg passen. Schönsten Gruss S-R."
Hamburger Kunsthalle

Literatur:
Schapire-Verz. · Jhrb. d. Hbg. Kunstslg. 5, 1960: Erwerbg. für die graph. Sammlung, S. 122/126 (Abb.) · Presler 1990, S. 87 (Abb.)

Ausstellungen:
1957 Oldenburg, Kat. Nr. 113
1957 Schleswig, Kat. Nr. 349
1964 Heidelbg., Kurpfälz. Mus.: Kunst in Dresden, Kat. Nr. 601 (Abb.)
1989 KSR-Retrospektive, Kat. Nr. 75 (Abb.)

164
Mohnblüte, 1910
Wachskreiden, 14 x 9 cm
Postkarte an Dr. Rosa Schapire, Hamburg
Poststempel Dangast 29.6.10
Text: „Bekomme vielleicht doch Wohnung vom 9. Juli an – Heute nachmittag Bescheid. S-R."
Tel Aviv Museum

Literatur:
Schapire-Verz. · Presler 1990, S. 139 (Abb.)

165
Landschaft mit Häusern und Tümpel, 1910
(Häuser in Dangast)
Wachskreiden, 9 x 14 cm
Postkarte an Dr. Gustav Schiefler, Hamburg
Poststempel Dangast 10
Text: „Lieber Herr Dir., hier giebts endlich einmal schöne Sommertage mit allem Reiz träumerischer Wärme. Es ist oft zum Malen zu schön. Hoffentlich geht's Ihnen und Ihrer Familie gut. Mit verbindlichsten Grüssen S-Rottluff"
Privatbesitz

Literatur:
Platte, H.: Gust. Schiefler – A. d. Erinnerungen v. Luise Schiefler, Hbg. 1965 (Abb.) · Schack, G.: Postkarten an Gustav Schiefler, Hamburg 1976 (Abb.)

Ausstellungen:
1991 Berlin, Brücke-Mus.: Expressionistische Grüsse, Kat. Nr. 42 (Abb.)

166
Sitzender Mann mit Hund, 1910
Wachskreiden, 14,2 x 9,3 cm
Postkarte an nicht ermittelbaren Empfänger
Poststempel Dangast 1910
Text (persönliche Grußworte) nicht im Wortlaut angegeben.
Privatbesitz

Ausstellungen:
1989 München, Ketterer-Aukt. vom 29. – 31.5., Kat. Nr. 1244 (Abb.)

167
Strandlandschaft, 1910
Wachskreiden, 9 x 14 cm
Postkarte an Dr. Elsa Hopf, Hamburg
Poststempel Dangast 5.7.10
Text: „Sehr verehrte Frau Elsa, ich hätte so gern wieder einen Gruss von Ihnen. Kommen Sie nun doch einmal hierher? Ihr ergebener S-Rottluff"
Privatbesitz

Literatur:
Wietek 1984, S. 99

168
Aus dem Dangaster Park, 1910
(Parkweg)
Tuschpinsel und Wachskreiden, 9,3 x 14,3 cm
Postkarte an Dr. Rosa Schapire, Hamburg
Poststempel Dangast 3.7.10
Text: „Commeter hat sich noch nicht gerührt. Herzl. Gruss sonst S-R"
Museum Ludwig Köln

Literatur:
Schapire-Verz. · Wietek 1957, Nr. 119 · Presler 1990, S. 108 (Abb.)

Ausstellungen:
1971 Köln, Wallr.-Rich. Mus.: Maler suchen Freunde, Kat. Nr. 86
1989 KSR-Retrospektive, Kat. Nr. 70 (Abb.)
1991 Berlin, Brücke-Mus.: Expressionist. Grüsse, Kat. Nr. 46 (Abb.)

169
Am Strand gehende Frau mit Hut, 1910
Wachskreiden, 9 x 14 cm
Postkarte an Ida Dehmel, Blankenese
Poststempel Dangast 12.7.1910

Text: „Von Herrn Schmidt-Rottluff unbekannter- und von mir wohl bekannter Weise Ihnen und Ihrem Dr. Dehmel freundliche Grüsse Rosa Schapire.
Dangast a. Nordsee 12.7.10"
Hamburger Staats- und Universitäts-Bibliothek (Dehmel-Archiv)

Literatur:
Thiem, G.: Herrn Dehmel zu eigen – KSR. Festschrift E. Trautschold, Hamburg 1965 · Wietek 1984, S. 95

Ausstellungen:
1970 Hamburg, Staats- u. Univ. Bibliothek: Ida Dehmel, Kat. Nr. 170
1984 Schleswig, Kat. Nr. 84

170
Weibliches Bildnis, 1910
(Bildnis E.)
Wachskreiden, 14 x 9 cm
Postkarte an Dr. Rosa Schapire, Hamburg
Poststempel Dangast 6.7.10
Text: „Der gefragte Besuch sehr willkommen. Herzl. Gruss S-R"
Brücke-Museum Berlin

Literatur:
Schapire-Verz. · Presler 1990, S. 42 (Abb.)

Ausstellungen:
1957 Oldenburg, Kat. Nr. 114
1962 Hamburg, Postkarten, Kat. Nr. 457
1967 Berlin, Brücke-Mus.: Eröffnungsausst., Kat. Nr. 10
1991 Berlin, Brücke-Mus.: Expressionistische Grüsse, Kat. Nr. 47 (Abb.)

171
Schnitter, 1910
(Mäher – Mähender)
Tuschfeder und Wachskreiden, 14,1 x 9,4 cm
Postkarte an Dr. Schapire, Dangast, bei Bäcker Ihnken
Poststempel Varel 21.7.10
Text: „Schönsten Gruss S-R"
Museum Ludwig Köln

Literatur:
Schapire, H. 50 (Holzschnitt) · Schapire-Verz. · Wietek, G.: Maler d. Brücke, Farb. Kartengrüsse an Rosa Schapire, Wiesbaden 1958 (Abb.) · Wietek 1984, S. 103 · Presler 1990, S. 109 (Abb.) · Buhlmann, B. E.: Die Aquarelle der 20er Jahre, Kat. KSR-Aquarelle, Brücke-Mus., Bln. 1991, S. 16 (Abb.)

Ausstellungen:
1957 Oldenburg, Kat. Nr. 117
1962 Hamburg, Postkarten, Kat. Nr. 458
1971 Köln, Wallraf-Richartz-Mus.: Maler suchen Freunde, Kat. Nr. 87
1989 KSR-Retrospektive, Kat. Nr. 76 (Abb.)
1991 Berlin, Brücke-Mus.: Expressionistische Grüsse, Kat. Nr. 48 (Abb.)

172
Bank und Haus im Park, 1910
(Dangaster Landschaft)
Wachskreiden, 14,2 x 9,4 cm

Postkarte an Dr. Elsa Hopf, Hamburg
Poststempel Dangast 15.7.10
Text: „Ihnen herzlichsten Gruss vom schönen Dangast. Ganz ergebenst S-Rottluff.
Hier ists wunderschön. Viele Grüsse Ihre Rosa Schapire"
Privatbesitz

Literatur:
Wietek 1984, S. 99

Ausstellungen:
1992 Berlin, 25. Grisebach-Aukt., Kat. Nr. 179 (Abb.)

173
Ziegelei bei Dangast, 1910
Tuschpinsel und Wachskreiden, 9,4 x 14,4 cm
Postkarte an Frau Direktor W. Hane, Blankenese
Poststempel Dangast 22.7.10
Text: „Verbindlichste Grüsse S-Rottluff.
Freundliche Grüsse aus dem schönen Dangast Ihre Rosa Schapire"
Privatbesitz

Literatur:
Wietek 1984, S. 98.

174
Bei der Erntearbeit, 1910
(Bauern auf dem Feld)
Tuschpinsel und Wachskreiden, 9,3 x 14,2 cm
Postkarte an Clara Goldschmidt, Hamburg
Poststempel Dangast 22.7.10
Text: „Schönsten Gruss, vorläufig noch unbekannter Weise S-Rottluff".
Ist's nicht frech, wenn ich mit auf diese Karte schreibe? Doch soll dies keine Antwort auf Ihren Brief sein. Herzliche Grüsse Ihre Rosa Schapire."
Privatbesitz

Literatur:
Wietek 1984, S. 97.

Ausstellungen:
1988 München, 125. Ketterer-Aukt., Kat. Nr. 1089 (Abb.)
1988 Hamburg, Gal. Westenhoff: Bestandsausst., Kat. S. 111, 112 (Abb.)

175
Weidende Pferde, 1910
Tuschpinsel und Wachskreiden, 9,2 x 14,3 cm
Postkarte an Dr. Elsa Hopf, Hamburg
Poststempel Dangast 6.8.10
Text: „Verehrte Frau Elsa, wenn Sie können, wollen und sonst Lust haben, kommen Sie doch am 13. Aug. Herzlichts grüsst Ihr S-Rottluff.
Bitte kommen Sie, Zimmer ist vorhanden. Herzlichst Ihre Rosa Schapire"
Privatbesitz

Literatur:
Wietek, 1984, S. 99

176
Kinder am Strand, 1910
Wachskreiden, 9 x 14 cm
Postkarte an Dr. Rosa Schapire, Hamburg
Poststempel Varel 20.8.10

Text: „Schönsten Dank fürs Silber. Wird allerdings in nächster Zeit nicht zur Verwendung kommen. Brückenm. 1909 geht heute ab. Herzlichsten Gruß"
Brücke-Museum Berlin

Literatur:
Schapire-Verz. · Wietek, G.: Maler d. Brücke, Farb. Kartengrüsse an Rosa Schapire, Wiesbaden 1958 (Abb.) · Presler 1990, S. 44 (Abb.)

Ausstellungen:
1962 Hamburg, Postkarten, Kat. Nr. 459
1967 Berlin, Brücke-Mus.: Eröffnungsausst., Kat. Nr. 11
1991 Berlin, Brücke-Mus.: Expressionist. Grüsse, Kat. Nr. 50 (Abb.)

177
Dächer hinter Büschen, 1910
(Häuser in Dangast – Weg und Häuser)
Wachskreiden, 9 x 14 cm
Postkarte an Dr. Gustav Schiefler, Hamburg
Poststempel Dangast 10
Text nicht zu ermitteln
Privatbesitz

Literatur:
Schack, G.: Postkarten an Gustav Schiefler, Hamburg 1976 (Abb.)

Ausstellungen:
1960 Schleswig/Hamburg: Plastik u. Kunsthandwerk v. Malern d. dt. Expressionismus, Kat. Nr. 338

178
Gelber Kutschwagen, 1910
(Pferd und Wagen)
Tuschfeder und Wachskreiden, 9 x 14 cm
Postkarte an Dr. Rosa Schapire, Hamburg
Poststempel Varel 21.8.10
Text: „Heute Brief. Bei Gramberg alles besetzt, lässt sich aber arrangieren. Erst drüben, später Post. Am Montag zu viel zu tun, als zu denken je ne crois point. Herzl. Gruss"
Leicestershire Museums

Literatur:
Schapire-Verz. · Leicestershire Museums: The Expressionist Revolution in German Art, 1978, Nr. 66 (Abb.) · Presler 1990, S. 123 (Abb.).

Ausstellungen:
1963 Leicester Museum: Watercolours and Drawings, Kat. Nr. 281

179
Haus hinter Bäumen, 1910
Wachskreiden, 9 x 14 cm
Postkarte an Dr. Rosa Schapire, Hamburg
Poststempel Dangast 17.9.10
Text: „Vorläufig schönsten Dank für den üppigen Korb. Alles andre soll bei mehr Zeit geschrieben werden. Herzlichsten Gruss S-R.
Ebenfalls vielen Dank für die schönen Tomaten. Ihre Emma Ritter"
Brücke-Museum Berlin

Literatur:
Schapire-Verz. · Wietek, G.: Dangast u. die Maler d. Brücke, Niederdt. Almanach, Oldbg./

Hbg. 1959, S. 314 · Wietek, G.: Emma Ritter u. ihr Verhältnis zur Malerei d. dt. Expressionismus, Old. Jhrb. 58, 1959, S. 16 · Wietek, G.: Gemalte Künstlerpost, München 1977, S. 77 · Presler 1990, S. 45 (Abb.)

Ausstellungen:
1962 Hamburg, Postkarten, Kat. Nr. 460
1967 Berlin, Brücke-Mus.: Eröffnungsausst., Kat. Nr. 12
1991 Berlin, Brücke-Mus.: Expressionistische Grüsse, Kat. Nr. 51 (Abb.)
1992 Berlin, Brücke-Mus.: Die Brücke – Zeichng., Aquarelle, Kat. Nr. 67 (Abb.)

180
Parkschloß in Dangast, 1910
(Häuser am Park)
Wachskreiden, 9,4 x 14,3 cm
Postkarte an Ella Kohlstedt, Berlin
Poststempel Dangast (Datum unleserlich)
Text: „Liebe grünäugige Ella, Deine Karte hat uns sehr viel Freude gemacht. Damit aber Eure Sehnsucht nicht zu gross wird, schicken wir hier einen herzlichen Gruss aus dem jetzt sehr stillen Schloss. Dein S-Rottluff.
Herzliche Grüsse G. Schmidt“
Brücke-Museum Berlin

Ausstellungen:
1991 Berlin, Brücke-Mus.: Expressionistische Grüsse, Kat. Nr. 40 (Abb.)
1992 Berlin, Brücke-Mus.· Brücke – Zeichng., Aquarelle, Kat. Nr. 68 (Abb.)

181
Einsame Kirche, 1910
Schwarze Wachskreide, 9 x 14 cm
Signatur: unten rechts S-Rottluff
Postkarte an Dr. Gustav Schiefler, Hamburg
Poststempel, Text und Verbleib der Karte nicht zu ermitteln.

Literatur:
Schack, G.: Postkarten an Gustav Schiefler, Hamburg 1976 (Abb.)

Ausstellungen:
1960 Schleswig/Hamburg: Plastik u. Kunsthandwerk v. Malern d. dt. Expressionismus, Kat. Nr. 341

182
Weg und Turmhaus, 1910
(Mühle in Dangast)
Tuschpinsel und Wachskreiden, 9 x 14 cm
Postkarte an Dr. A. E. Thiele, Kappel-Chemnitz
Poststempel Dangast 14.10.10
Text: „Besten Dank für gesandte Kritik. Freundlichen Gruss an Sie u. Familie Ihr Schmidt-Rottluff“
Städt. Kunstsammlungen Chemnitz

Literatur:
KSR – Werke i. Bes. d. Städt. Kstslg. Karl-Marx-Stadt (1983), S. 83 · KSR-Best. Kat. Chemnitz 1993, Nr. 81 (Abb.)

Ausstellungen:
1974 Karl-Marx-Stadt, Kat. Nr. 52
1986 Berlin, Alte Nat. Galerie: Expressionisten, Kat. Nr. 384 (als unbeschriftet angegeben)

LEGENDEN 1910

1987 Karl-Marx-Stadt, Städt. Kunstslg.: KSR – Aquarelle u. Zeichng. (Faltblatt)

183
Hockender Mädchenakt mit Ball, 1910
Blei und Wachskreiden
Postkarte an Dr. Gustav Schiefler, Hamburg
Poststempel, Text und Verbleib der Karte nicht zu ermitteln

Literatur:
Schack, G.: Postkarten an Gustav Schiefler, Hamburg 1976 (Abb.)

Ausstellungen:
1960 Schleswig/Hamburg: Plastik u. Kunsthandwerk v. Malern d. dt. Expressionismus, Kat. Nr. 342

184
Segelboot am Strand, 1910
Tusche und Wachskreiden, 14 x 9 cm
Postkarte an Ella Kohlstedt, Berlin
Poststempel Dangast (Datum unleserlich)
Text: „Liebe Ella, vielen Dank für Deine Karte. Da ich nächstens nach Sachsen fahre, komme ich vielleicht über Berlin; dann muss ich natürlich 'mal zukucken, ob Du noch die grünäugige Ella bist. Schönsten Gruss Dein S-R“
Brücke-Museum Berlin

Ausstellungen:
1991 Berlin, Brücke-Mus.: Expressionistische Grüsse, Kat. Nr. 41 (Abb.)
1992 Berlin, Brücke-Mus.: Die Brücke – Zeichng., Aquarelle, Kat. Nr. 69 (Abb.)

185
Rothaariges Mädchen, 1910
Wachskreiden, 14 x 9,1 cm
Postkarte für Dr. Gustav Schiefler, Hamburg
Rückseite unbeschrieben
Privatbesitz

Literatur:
Schack, G.: Postkarten an Gustav Schiefler, Hamburg, 1976 (Abb.)

Ausstellungen:
1960 Schleswig/Hamburg: Plastik u. Kunsthandwerk v. Malern d. dt. Expressionismus, Kat. Nr. 343
1989 KSR-Retrospektive, Kat. Nr. 74 (Abb.)

186
Blumenpflückende Frauen, 1910
Holzschnitt (Amerikanische Pappel)
Eigendruck
Vom Stock auch auf Postkarten gedruckt
11 x 16,9 cm

Sammlungen:
Wuppertal, v.d. Heydt-Museum (Schapire-Nachlaß)

Literatur:
Schapire H 27 · Buchheim: Graphik d. dt. Expressionismus, Feldafing 1959, S. 26 (Abb.) · Rathenau 1987

Ausstellungen:
1957 Oldenburg, Kat. Nr. 143 (Abb.)

LEGENDEN 1910

1969 Hamburg, KSR-Graphik, Kat. Nr. 10
1976 Köln, Mus. Ludwig: unmittelbar u. unverfälscht, Kat. Nr. 105 (Abb.)

187
Vier Männer, 1910
Holzschnitt (Linde)
Eigendruck
Vom Stock auch auf Postkarten gedruckt
9,7 x 15 cm

Sammlungen:
Den Haag, Gemeente Museum (Schapire-Nachlaß)

Literatur:
Schapire H 29 · Rathenau 1987

188
Frauen auf der Wiese, 1909
Holzschnitt (Amerikanische Pappel)
Eigendruck
10,9 x 17 cm

Sammlungen:
Berlin, Brücke-Museum (Schapire-Nachlaß)

Literatur:
Schapire H 28 · Rathenau 1987

Ausstellungen:
1957 Oldenburg, Kat. Nr. 144
1964 Berlin, Kupferstichkabinett: KSR-Druckgraphik, Kat. Nr. 10
1969 Hamburg, KSR-Graphik, Kat. Nr. 11 (Abb.)
1972 Wiesbaden, Städt. Mus.: Druckgraphik d. Brücke-Maler, Kat. Nr. 65 (Abb.)
1974 Berlin, KSR-Graphik, Kat. Nr. 34

189
Sonnenuntergang am Meer, 1910
Holzschnitt (Amerikanische Pappel)
Eigendruck
17 x 10,7 cm

Sammlungen:
Hamburg, Altonaer Museum (Schapire-Nachlaß)

Literatur:
Schapire H 30 · Wietek 1971 (Abb.) · Wiese, St. v.: Graphik d. Expressionismus, Stuttg. 1976 (Abb.) · Rathenau 1987

Ausstellungen:
1957 Oldenburg, Kat. Nr. 145
1969 Hamburg, KSR-Graphik, Kat. Nr. 12
1974 Reutlingen, Thoma-Gesellsch.: KSR-Graphik, Kat. Nr. 4 (Abb.)
1989 KSR-Retrospektive, Kat. Nr. 66 (Abb.)
1992 Paris: L'Expressionisme en Allemagne, Kat. Nr. 149 (Abb.)

190
Gartenbänke, 1910
Holzschnitt (Amerikanische Pappel)
Eigendruck
16,8 x 11 cm

Literatur:
Schapire H 31 · Rathenau 1987.

Ausstellungen:
1957 Oldenburg, Kat. Nr. 146

191
Junge im Matrosenanzug, 1910
Holzschnitt (Amerikanische Pappel)
Eigendruck
16,8 x 10,9 cm

Sammlungen:
Oldenburg, Landesmuseum (Schapire-Nachlaß)

Literatur:
Schapire H 32 · Wietek, G.: Graphik KSRs a. d. Nachlaß v. Rosa Schapire, Berichte d. Oldbg. Museums-Gesellschaft I, 1958 · Rathenau 1987

Ausstellungen:
1957 Oldenburg, Kat. Nr. 147

192
Pappeln, 1910
Holzschnitt (Amerikanische Pappel)
Eigendruck
32,2 und 31,7 x 38,5 cm

Sammlungen:
Frankfurt,Städel

Literatur:
Schapire H 34 · Rathenau 1987

Ausstellungen:
1957 Oldenburg, Kat. Nr. 149

193
Landschaft mit jungen Ulmen, 1910
Holzschnitt (Amerikanische Pappel)
Eigendruck
30 x 38,7 cm

Sammlungen:
Berlin, Brücke-Museum (mit Holzstock)
Hannover, Kunstmuseum

Literatur:
Schapire H 37 · Grohmann 1956, S. 256, 284 (Abb. d. Gemäldes) · Buchheim: Graphik d. dt. Expressionismus, Feldafing 1959 (Abb.) · Wietek, 1971 (Abb.) · Rathenau 1987

Ausstellungen:
1953 Hannover, Kestner-Museum: Jahresmappen d. Brücke, Kat. Nr. 51
1957 Oldenburg, Kat. Nr. 151
1982 Hannover, Kunstmuseum: Brücke, Kat. Nr. 192 (Abb.)
1983 Berlin, Brücke-Museum: KSR-Holzstöcke, Kat. Nr. 12 (Abb.)

194
Landhaus, 1910
Holzschnitt (Linde)
Eigendruck
24,3 x 31,5 cm

Sammlungen:
Berlin, Brücke-Museum (mit Holzstock)

Literatur:
Schapire H 38

Ausstellungen:
1922 Oldenburg, Vereinig. f. junge Kunst: Dangaster Künstler im Lappan
1957 Oldenburg, Kat. Nr. 152
1983 Berlin, Brücke-Museum: KSR-Holzstöcke, Kat. Nr. 13 (Abb.)

LEGENDEN 1910

195
Liegendes Mädchen, 1910
Holzschnitt (Linde)
Eigendruck
28,2 x 33,5 cm

Literatur:
Schapire H 39

Ausstellungen:
1966 Detroit, Institute of Arts: Die Brücke, Kat. Nr. 87

196
Frau am Tisch, 1910
Holzschnitt (Amerikanische Pappel)
Eigendruck
39 x 29,5 cm

Sammlungen:
Berlin, Brücke-Museum (mit Holzstock)
Frankfurt, Städel
Leicester, Art Gallery (Schapire-Nachlaß)

Literatur:
Schapire H 40 · Wietek, G.: Dr. phil. Rosa Schapire, Jhrb. d. Hbg. Kstslg. 9, 1964 (Abb.) · Catalogue to the 19. and 20. century German paintings, Leicestershire Museums 1978, Nr. 64 (Abb.) · Rathenau 1987

Ausstellungen:
1957 Oldenburg, Kat. Nr. 153
1974 Berlin, Gal. Nierendorf: Maler d. Brücke, Kat. Nr. 98 (Abb.)
1975 Berlin, Gal. Nierendorf: KSR, Kat. Nr. 14 (Abb.)
1983 Berlin, Brücke-Museum: KSR-Holzstöcke, Kat. Nr. 14 (Abb.)
1990 London, Tate Gallery: Out of the Wood, Kat. Nr. 26 (Abb.)

197
Bildnis U., 1910
Holzschnitt (Linde)
Eigendruck
28 x 22,8 cm

Sammlungen:
Bielefeld, Kunstmuseum (Schapire-Nachlaß)
Düsseldorf, Kunstmuseum
Stuttgart, Staatsgalerie

Literatur:
Schapire H 43 · Rathenau 1987

Ausstellungen:
1957 Oldenburg, Kat. Nr. 154
1957 Schleswig, Kat.-Nr. 306
1964 Stuttgart, Staatsgalerie: KSR-Graphik u. Aquarelle, Kat. Nr. 17
1974 Berlin, KSR-Graphik, Kat. Nr. 36 (Abb.)
1981 Belgrad, Dt. Kulturzentrum: Graphik von Heckel u. KSR, Kat. Nr. 85

198
Haus im Park, 1910
Holzschnitt (Amerikanische Pappel)
Stock zerstört, Einzeldrucke nach Schapire nicht vorhanden
Eigendrucke vom Stock auf Postkarten
Vom Stock gedruckt im Katalog der Brücke-Ausstellung in der Galerie Arnold, Dresden 1910

LEGENDEN 1910

17 x 11 cm
Signatur: S-R im Stock unten links

Sammlungen:
Berlin, Brücke-Museum
Chemnitz, Städt. Kunstsammlungen
Dresden, Kupferstichkabinett
Halle, Staatl. Gal. Moritzburg
Köln, Museum Ludwig
Stuttgart, Staatsgalerie

Literatur:
Schapire H 49 · Selz, P.: German Expressionist painting, Los Angeles 1957, S. 119 (Abb.) · Buchheim: Graphik d. dt. Expressionismus, Feldafing 1959, S. 19 (Abb.) · Bolliger, H.: Die Publikationen u. Dokumente d. Künstlergruppe Brücke, Philobiblon März 1959, Nr. 40 (Abb.) · Wietek 1971 (Abb.) · Wiese, St. v.: Graphik d. Expressionismus, Stuttg. 1976, S. 19 (Abb.) · Jähner, H.: KG Brücke, Bln. 1984 (Abb.) · KSR-Werke i. Bes. d. Städt. Kstslg. Karl-Marx-Stadt (1984), S. 84 (Abb.) · Rathenau 1987 · Lüttichau, M. A. v.: Künstlergemeinschaft Brücke – Dresden 1910. Stationen der Moderne, Kommentarband, Köln 1988, S. 39

Ausstellungen:
1910 Dresden, Gal.Arnold: Brücke (im Kat. v. Stock gedruckt)
1957 Oldenburg, Kat. Nr. 156 (Titelbild)
1958 Bern, Klipstein u. Kornfeld: Brücke – Jahresmappen Kat. Nr. 41/8 (Abb.)
1964 Stuttgart, Staatsgalerie: KSR – Graphik u. Aquarelle, Kat. Nr. 19
1969 Hamburg, KSR-Graphik, Kat. Nr. 13 (Titelbild)
1971 Köln, Wallr.-Rich.-Mus.: Maler suchen Freunde, Kat. Nr. 73 (Abb.)

199
Schnitter, 1910
Holzschnitt (Amerikanische Pappel)
Stock zerstört, Einzeldrucke nach Schapire nicht vorhanden
Vom Stock gedruckt im Katalog der Brücke-Ausstellung der Galerie Arnold, Dresden 1910
17 x 10,9 cm
Signatur: S-R eingeschnitten unten links

Sammlungen:
Berlin, Brücke-Museum
Chemnitz, Städt. Kunstsammlungen
Dresden, Kupferstichkabinett
Halle, Staatl. Gal. Moritzburg
Los Angeles, County Museum

Literatur:
Schapire H 50 · Myers, B. S.: Die Malerei d. Expressionismus, Köln 1957, S. 87 (Abb.) · Buchheim: Graphik d. dt. Expressionismus, Feldafing 1959, S. 18 (Abb.) · Vogt, P.: Geschichte d. dt. Malerei im 20. Jh., Köln 1972, S. 102 (Abb.) · Jähner, H.: KG Brücke, Bln. 1984 (Abb.) · KSR-Werke i. Bes. d. Städt. Kstslg. Karl-Marx-Stadt (1984), S. 84 (Abb.) · Rathenau 1987 · Thiem, G.: Dokumentation zu Leben u. Werk, KSR-Retrospektive, München 1989, S. 82 (Abb.)

Ausstellungen:
1910 Dresden, Gal. Arnold: Brücke (im Kat. v. Stock gedruckt)

1957 Oldenburg, Kat. Nr. 157
1958 Bern, Klipstein u. Kornfeld: Brücke – Jahresmappen, Kat. Nr. 41/9 (Abb.)
1969 Hamburg, KSR-Graphik, Kat. Nr. 14 (Abb.)
1974 Karl-Marx-Stadt, Kat. Nr. 57 (Abb.)

200
Häuser im Park, 1910
Holzschnitt (Amerikanische Pappel)
Nachlaßdrucke für das Brücke-Museum 1983
29,7 x 39,5 cm

Sammlungen:
Berlin, Brücke-Museum (mit Holzstock)

Literatur:
Nicht b. Schapire

Ausstellungen:
1983 Berlin, Brücke-Mus.: KSR-Holzstöcke, Kat. Nr. 16 (Abb.)

201
Aus Dangast, 1910
Lithographie (Kreide und Tusche auf Stein)
Stein abgeschliffen
Eigendruck
33,7 x 40 cm

Sammlungen:
Schleswig, Landesmuseum
Tel Aviv-Museum (Schapire-Nachlaß)

Literatur:
Schapire L 59 · Wietek 1971 (Abb.) · Rathenau 1987

Ausstellungen:
1957 Oldenburg, Kat. Nr. 201
1957 Schleswig, Kat. Nr. 337
1969 Hamburg, KSR-Graphik, Kat. Nr. 91
1974 Berlin, KSR-Graphik, Kat. Nr. 56
1978 Konstanz, Kunstverein: Graphik KSRs, Kat. Nr. 83
1984 Hamburg, BATIG: KSR – Meisterwerke d. Graphik, Kat. Nr. 67

202
Strand, 1910
Lithographie (Kreide und Tusche auf Stein)
Stein abgeschliffen
Eigendruck
33,7 x 40 cm

Sammlungen:
Hamburg, Kunsthalle (Schapire-Nachlaß)
Schleswig, Landesmuseum

Literatur:
Schapire L 60 · Buchheim: Graphik d. dt. Expressionismus, Feldafing 1959, S. 40 (Abb.) · Wietek 1971 (Abb.) · Rathenau 1987

Ausstellungen:
1957 Oldenburg, Kat. Nr. 202 (Abb.)
1969 Hamburg, KSR-Graphik, Kat. Nr. 92 (Abb.)
1974 Reutlingen, Thoma-Gesellsch.: KSR-Graphik, Kat. Nr. 78 (Abb.)
1974 Berlin, KSR-Graphik, Kat. Nr. 57

LEGENDEN 1910

203
Dangaster Park, 1910
Lithographie (Tusche und Kreide auf Stein)
Stein abgeschliffen
Eigendruck
33,7 x 39,6 cm

Sammlungen:
Berlin, Kupferstichkabinett
Den Haag, Gemeente Museum (Schapire-Nachlaß)
Frankfurt, Städel

Literatur:
Schapire L 68 · Rathenau 1987

Ausstellungen:
1957 Oldenburg, Kat. Nr. 204
1974 Karl-Marx-Stadt. Kat. Nr. 59
1986 Berlin, Alte Nationalgalerie: Expressionisten, Kat. Nr. 92 (Abb.)

204
Parkmotiv aus Dangast, 1910
Lithographie (Tusche und Kreide auf Stein)
Stein abgeschliffen
Eigendruck
39,8 x 34 cm

Sammlungen:
Frankfurt, Städel
Oldenburg, Landesmuseum

Literatur:
Schapire L 69 · Wietek, G.: Dangast und die Maler d. Brücke, Niederdt. Almanach, Old./Hbg. 1959 (Abb.) · Wietek 1971 (Abb.) · Rathenau 1987

Ausstellungen:
1957 Oldenburg, Kat. Nr. 205
1969 Hamburg, KSR-Graphik, Kat. Nr. 93

205
Sonnenuntergang am Kai, 1910
Lithographie (Tusche und Kreide auf Stein)
Stein abgeschliffen
Eigendruck
40 x 33,7 cm

Sammlungen:
Frankfurt, Städel
Leicester, Art-Gallery (Schapire-Nachlaß)

Literatur:
Schapire L 70 · Wietek 1971 (Abb.) · Catalogue to the 19. and 20. century German paintings etc., Leicestershire Museums 1978, Nr. 65 (Abb.) · Rathenau 1987

Ausstellungen:
1957 Oldenburg, Kat. Nr. 206
1969 Hamburg, KSR-Graphik, Kat. Nr. 94
1974 Berlin, KSR-Graphik, Kat. Nr. 59 (Abb.)

206
Bemalte Graphikmappe mit Aktdarstellung (1910)
Deckel aus starker Pappe mit eingestanzten Schlitzen (4 x je 3) zum Durchziehen von Bändern

LEGENDEN 1910

Mit Tuschpinsel bemalt
65 x 50 cm
Ehem. Rosa Schapire
Privatbesitz

Literatur:
Wietek, G.: Dr. phil. Rosa Schapire. Jhrb. d. Hbg. Kstslg. 9, 1964, S. 119

207
Drei Schmuckstücke für Emma Ritter, 1910
a) Runde Bügelbrosche
Messingbronze, getrieben und geätzt
Durchmesser 4,5 cm
b) Rechteckige Brosche mit gefaßtem Stein
Silber, getrieben, ziseliert und punziert
5,63 x 2,25 cm
c) Runde Silberbrosche mit Ornament
Silber, getrieben und gebörtelt
Durchmesser 5,7 cm

Privatbesitz

Literatur:
Wietek, G.: Emma Ritter u. ihr Verhältnis z. Malerei d. dt. Expressionismus. Oldbg. Jhrb. 58, 1959 I (Abb.)

Ausstellungen:
1957 Oldenburg, Kat. Nr. 232 (Abb.)

208
Runder Anhänger mit Smaragd, 1910/11
Silber getrieben und gehämmert, mit breiter Öse
Stein von je 3 Krallen gehalten
Durchmesser 4,3 cm, Höhe mit Öse 5,2 cm
Signaturstempel S. Rottluff a.d. Vorderseite unter der Öse
Privatbesitz

209
Runde Bügelbrosche, 1910
(identisch mit 207 a)
Messingbronze, getrieben, ziseliert und geätzt, rückseitig mit später angelöteter Anstecknadel
Durchmesser 4,5 cm
Signatur: S. Rottluff 10 rückseitig eingeritzt
Ehem. Emma Ritter
Privatbesitz

Literatur:
Wietek, G.: Emma Ritter u. ihr Verhältnis z. Malerei d. dt. Expressionismus, Oldbg. Jhrb. 58, 1959 I (Abb.)

Ausstellungen:
1957 Oldenburg, Kat. Nr. 231 (Abb.)

210
Vorfrühling, 1911
Öl auf Leinwand, 76 x 84 cm
Signatur: S. Rottluff 1911 unten rechts
Ehem. Slg. Gröppe/Dortmund
Museum am Ostwall, Dortmund

Literatur:
Niemeyer 1911 · Grohmann 1956, S. 256, 284 (Abb.) · Bestandskat. Kunst d. 20. Jh. im Museum am Ostwall, Dortmund 1984, S. 226 (Abb.) · Elger, D.: Expressionismus, Köln 1991, S. 70 (Abb.)

Ausstellungen:
1952 Dortmund, Mus. f. Kunst u. Kulturgesch.: Neuerwerbungen aus 6 Jahrhunderten, Kat. Nr. 58 (Abb.)
1954 Kiel/Hamburg: KSR, Kat. Nr. 9
1954 Berlin, Kat. Nr. 13
1957 Oldenburg, Kat. Nr. 67 (Abb.)
1958 Dortmund, Mus. am Ostwall: Sammlung Gröppel u. Museumsbesitz, Kat. Nr. 227 (Abb.)
1962 Münster, Landesmuseum: Expressionismus, Kat. Nr. 36 (Abb.)
1963 Hannov./Essen/Ffm./Berlin: KSR, Kat. Nr. 26 (Abb.)
1965 Marseille, Mus. Cantini: Expressionisme Allemand, Kat. Nr. 70
1968 Genf/Charleroi: L'Expressionisme Allemand, Kat. Nr. 188
1974 Hamburg, KSR, Kat. Nr. 5 (Abb.)
1978 Duisburg/Breslau: Die Künstlergruppe Brücke, Kat. Nr. 36 (Abb.)
1980 Saarbrücken, Saarlandmuseum, Künstler d. Brücke, Kat. Nr. 58 (Abb.)
1982 New Delhi, National Gallery: German Expressionist paintings, Kat. Nr. 28 (Abb.)
1989 KSR-Retrospektive, Kat. Nr. 79 (Abb.)
1992 Paris: L'Expressionisme en Allemagne, Kat. Nr. 131 (Abb.)

211
Die Lesende, 1911
Öl auf Leinwand, 76,5 x 84,5 cm
Signatur: S. Rottluff 1911 unten rechts
Ehem. Städt. Museum Erfurt – J. A. Benkert, Berlin
Privatbesitz

Literatur:
Niemeyer 1911 · Bestandskat. Städt. Museum Erfurt 1924, Nr. 122 · Apollonio, U.: Die Brücke e la Cultura dell' Espressionismo, Venedig 1952 (Abb.) · Grohmann 1956, S. 284 · Wietek 1957, Nr. 70

Ausstellungen:
1964 London, Tate Gallery: Painters of the Brücke, Kat. Nr. 253
1966 Paris/München: Franz. Fauvismus u. dt. Frühexpressionismus, Kat. Nr. 273 (Abb.)
1976 München: 17. Ketterer-Aukt., Kat. Nr. 1243 (Abb.)
1989 KSR-Retrospektive, Kat. Nr. 83 (Abb.)

212
Tannen vor weißem Haus, 1911
Öl auf Leinwand, 79 x 84,5 cm
Signatur: S. Rottluff 1911 unten rechts
Ehem. Kunstsalon Neumann, Berlin – Galerie v. Garvens, Hannover – Galerie Ferd. Möller, Berlin/Köln – Slg. Steegemann, Köln
Nationalgalerie, Staatl. Museen, Berlin

Literatur:
Niemeyer 1911 · Grohmann 1956, S. 180, 284 (Abb.) · Buchheim, L. G.: Die Brücke, Feldafing 1956 (Abb.) · Wietek 1957, Nr. 63 (Abb.) · Krieger, P.: Neuerworb. Bilder d. Brücke-Maler. Jhrb. d. Staatl. Mus. Berlin III, 1964/65 (Abb.) · Bestandsverz. der National-Galerie, Staatl. Museen Bln. 1968, S. 186 (Abb.) · Vogt, P.: Geschichte d. dt. Malerei im 20. Jh., Köln 1972 (Abb.) · Gordon 1974 · Reinhardt, G.: Die frühe Brücke, Brücke-Archiv 9/10, 1977/78, S. 180 · Roters, E.: Galerie Ferd. Möller, Bln. 1984, S. 157 (Abb.)

Ausstellungen:
1911 Berlin: 4. Ausst. d. Neuen Secession, Kat. Nr. 57
1914 Berlin, Gal. Fritz Gurlitt, Kat. Nr. 21
1958 Essen, Kat. Nr. 150 (Abb.)
1960 Berlin, Recklinghs./Wien: Berlin – Ort d. Freiheit für die Kunst, Kat. Nr. 56 (Abb.)
1964 London, Tate Gallery: Painters of the Brücke, Kat. Nr. 254 (Abb.)
1966 Paris/München: Der franz. Fauvismus u. der dt. Frühexpressionismus, Kat. Nr. 272 (Abb.)
1970 München/Paris: Europ. Expressionismus, Kat. Nr. 137 (Abb.)
1980 New York/San Francisco: Expressionism, Kat. Nr. 180 (Abb.)
1984 Berlin, Kat. Nr. 11 (Abb.)

213
Aufgehender Mond, 1911
(Rising Moon)
Öl auf Leinwand, 88,5 x 96 cm
Signatur: S. Rottluff unten rechts
Dr. Jacobsohn, Erfurt – Slg. de Goede, Israel – Buchholz Gallery Curt Valentin, New York – Morton D. May, St. Louis (USA)
Privatbesitz

Literatur:
Gosebruch, E.: KSR, Genius I, 1920 (Abb.) · Grohmann 1956, S. 181, 285 (Abb.) · Myers, B. S.: Die Malerei d. Expressionismus, Köln 1957, S. 113 (Abb.) · Wietek 1957, Nr. 82 (Abb.) · Selz, P.: German Expressionist painting, Los Angeles 1957, S. 136 (Abb.) · Gordon 1974 · Vogt, P.: Expressionismus, Köln 1978 (Abb.)

Ausstellungen:
1914 Berlin: 1. Ausst. d. Freien Sezession, Kat. Nr. 218
1919 Berlin, Gal. Ferd. Möller: KSR, Kat. 17
1920 Hannover, Kestner-Ges., KSR Kat. Nr. 17
1951 New York, Buchholz Gallery: Lehmbruck and his Contemporaries, Kat. Nr. 42 (Abb.)
1954 Milwaukee, Art Institut: German Expressionism, Kat. Nr. 54
1957 Wanderausstellg. d. Slg. Morton D. May: New York, St. Louis, Kat. Nr. 161 (Abb.)
1960 Wanderausstellg. d. Slg. Morton D. May: Denver, Los Angeles, San Diego, San Francisco, Chicago, Youngstown, Pittsburgh, Washington, Baltimore, Kansas-City, Kat. Nr. 9 (Abb.)
1963 New York, Marlborough-Gerson Galleries, Kat. Nr. 256 (Abb.)
1964 New York, Guggenheim-Mus.: van Gogh and Expressionism, Kat. Nr. 79
1964 London, Tate Gallery: Painters of the Brücke, Kat. Nr. 257
1968 Bielefeld, Kunsthalle: Dt. Expressionisten a. d. Slg. Morton D. May, Kat. Nr. 74
1970 New York, Marlborough-Gallerie: The Morton D. May Collection, Kat. Nr. 118
1980 New York/San Francisco: Expressionism, Kat. Nr. 182

214
Bildnis Rosa Schapire, 1911
(Bildnis R. Sch.)
Öl auf Leinwand, 84 x 76 cm
Signatur: S. Rottluff 1911 oben links
Brücke-Museum Berlin

Literatur:
Apollonio, U.: Die Brücke e la Cultura dell' Espressionismo, Venedig 1952 (Abb.) · Grohmann 1956, S. 179, 284 (Abb.) · Wietek, G.: Dr. phil. Rosa Schapire, Jhrb. d. Hbg. Kstslg. 9, 1964 (Abb.) · Brix 1972, Abb. 14 · Wietek, G.: Rosa Schapire u. KSR. Die Kunst 9, 1974 (Abb.) · Gordon 1974 · Reidemeister, L.: Brücke-Mus.: Kat. d. Gemälde usw., Bln. 1975, Nr. 60 (Abb.) · Brücke-Museum: Kat. d. Gemälde usw., Bln. 1979, Kat. Nr. 97 (Abb.) · Brücke-Mus.: Kat. d. Gemälde usw., Bln. 1983, Kat. Nr. 107 (Abb.) · Jähner, H.: KG Brücke, Bln. 1984 (Abb.) · Reidemeister, L.: Das Brücke-Museum, Bln. 1984, S. 90 (Abb.) · Wietek 1984, S. 172 (Abb.) · Expressionisten – Förderer u. Kritiker. Nationalgalerie d. Staatl. Museen, Bln. 1986, S. 441 (Abb.) · Tobien, F.: Die Künstlergruppe Brücke, Kirchdorf 1987, S. 80 (Abb.) · Moeller, M. M.: Das Brücke-Museum Berlin, München 1990, S. 36, 38 (Abb.) · Grisebach, L.: Brücke, Piper-Bd., München 1991, Nr. 23 (Abb.) · Elger, D.: Expressionismus, Köln 1991, S. 69 (Abb.) · Herzog, H.-M.: Rosa Schapire im Spiegel ihrer Darstellg. v. KSR. Kat. Das Bildnis d. Expressionismus, Kunsthalle Bielefeld 1992, S. 44 (Abb.) · Berliner Museumsjournal I, Jan. 1992 (Titelabb.)

Ausstellungen:
1912 Amsterdam, Stedelijk Museum: Moderne Kunst Kring, Kat. Nr. 186
1914 Hagen, Folkwangmus.: KSR
1919 Berlin, Gal. Ferd. Möller, KSR, Kat. 16
1920 Hannover, Kestner-Ges.: KSR, Kat. Nr. 16
1952 Hannover, Kestner-Ges.: KSR, Kat. Nr. 7
1952 Venedig, 26. Biennale, Kat. Nr. 64
1954 Kiel, Kunsthalle: KSR, Kat. Nr. 8
1954 Berlin, Kat. Nr. 11
1958 Essen, Kat. Nr. 149 (Abb.)
1962 Hannover, Kunstverein: Die 20er Jahre in Hannover, Kat. A 9 (Abb.)
1963 Hannover, Kunstverein: KSR, Kat. Nr. 27 (Abb.)
1964 London, Tate Gallery: Painters of the Brücke, Kat. Nr. 252 (Abb.)

1967 Berlin, Brücke-Mus.: Verz. d. zur Eröffnung ausgest. Werke, Nr. 13 (Abb.)
1972 Schaffhausen, Mus. Allerheiligen: Künstler d. Brücke, Kat. Nr. 168 (Abb.)
1972 Bonn, Rhein. Landesmuseum: Die Künstler d. Brücke, Kat. Nr. 163
1972 Brüssel/Antwerpen: Expressionsme Allemand, Kat. Nr. 60 (Abb.)
1978 Oslo, Munch-Mus.: Brücke-Munch, Kat. Nr. 6
1984 Schleswig, Kat. Nr. 11 (Abb.)
1984 Berlin, Kat. Nr. 12 (Abb.)
1985 London, Royal Academy of Arts: German Art in the 20. Century, Kat. Nr. 18 (Abb.)
1986 Stuttgart, Staatsgal.: Dt. Kunst im 20. Jh., Kat. Nr. 17 (Abb.)
1989 Madrid: Berliner Kunst 1900–1933, Kat. Nr. 2/18 (Abb.)
1989 KSR-Retrospektive, Kat. Nr. 84 (Abb.)
1990 Berlin, Brücke-Mus.: Meisterwerke, Kat. Nr. 20 (Abb.)
1990 Emden, Kunsthalle: Meisterwerke d. Expressionismus, Kat. Nr. 20 (Abb.)
1991 Jerusalem, Israel-Museum: Die Brücke, Kat. Nr. 20
1991 Tokio, Meguro Museum u. a. O.: Die Brücke, Kat. Nr. 14
1992 KSR – Der Maler, Kat. Nr. 19 (Abb.)

215
Roter Giebel, 1911
Öl auf Leinwand, 75 x 70 cm
Signatur: S. Rottluff 1911 unten links
Titelbezeichng. a. d. Keilrahmen
Brücke-Museum Berlin

Literatur:
Nicht bei Grohmann · Brücke-Mus.: Zugänge 1968, Bln. 1968, Nr. 2 (Abb.) · Brücke-Mus.: Katalog d. Gemälde usw., Bln. 1971, Nr. 61 (Abb.) · Brücke-Mus.: Kat. d. Gemälde usw. 1975, Nr. 61 (Abb.) · Brücke-Mus.: Kat. d. Gemälde usw., Bln. 1979, Nr. 98 (Abb.) · Brücke-Mus.: Kat. d. Gemälde usw. Bln. 1983, Nr. 108 (Abb.) · Tobien, F.: Die Künstlergruppe Brücke, Kirchdorf 1987, S. 79 (Abb.) · Moeller, M. M.: Das Brücke-Museum, München 1990, S. 34 (Abb.)

Ausstellungen:
1922 Berlin, Kunsthandlg. Alfred Heller
1957 Oldenburg, Kat. Nr. 65
1958 Essen, Kat. Nr. 146
1972 Schaffhausen, Mus. Allerheiligen: Die Künstler d. Brücke, Kat. Nr. 169
1972 Bonn, Rhein. Landesmus.: Die Künstler d. Brücke, Kat. Nr. 164
1974 Hamburg, KSR, Kat. Nr. 6 (Abb.)
1977 Brüssel/Antwerpen: Peintres du Brücke, Kat. Nr. 40
1978 Oslo, Munch-Mus.: Brücke-Munch, Kat. Nr. 7
1979 Braunschweig, Kunstverein: KSR, S. 22 (Abb.)
1982 Mexico: Maestras del Expressionismo, Kat. Nr. 107
1984 Berlin, Kat. Nr. 10 (Abb.)
1986 Stuttgart, Württ. Kunstverein: Künstler in Deutschland v. 1900–1945, Kat. S. 97

LEGENDEN 1911

1990 Berlin/Emden: Meisterwerke d. Expressionismus (a. d. Brücke-Mus.), Kat. Nr. 21 (Abb.)
1991 Jerusalem, Israel-Museum: Die Brücke, Kat. Nr. 21
1991 Tokio, Meguro-Mus. u. a.: Die Brücke, Kat. Nr. 15
1992 KSR – Der Maler, Kat. Nr. 20 (Abb.)

216
Landschaft mit Feldern, 1911
Öl auf Leinwand, 87 x 95 cm
Signatur: S. Rottluff 1911 unten rechts
Ehem. Folkwang-Museum Hagen – Museum Folkwang Essen
Wilhelm Lehmbruck-Museum Duisburg

Literatur:
Niemeyer 1911 · Grohmann 1956, S. 256, 284 (Abb.) · Roh, F.: Entartete Kunst, Hannover 1962, S. 164 · Wilh. Lehmbruck-Mus. Duisburg, Kat. d. Slg. II, S. 130, 1964 (Abb.) · Vogt, P.: Das Museum Folkwang Essen, Köln 1965, S. 199 · Hoff, A. u. a.: Karl Ernst Osthaus, Recklinghsn. 1971, S. 196 · Brix 1972 (Abb.) · Gordon 1974 · Salzmann, S.: Das Wilh.-Lehmbruck-Museum, Recklinghsn. 1981, S. 108 (Abb.) · Das Wilh.-Lehmbruck-Museum d. Stadt Duisburg, Duisburg 1987, S. 60 (Abb.) · Informationsblätter d. Wilh.-Lehmbruck-Museums, Duisburg 1987, S. 22 (Abb.) · Tobien, F.: Die Künstlergruppe Brücke, Kirchdorf 1987, S. 78 (Abb.) · Elger, D.: Expressionismus, Köln 1988, S. 69 (Abb.)

Ausstellungen:
1911 Berlin, 4. Ausst. d. Neuen Secession, Kat. Nr. 56 (Abb.)
1914 Hagen, Folkwangmus.: KSR
1914 Berlin, Kunstsalon Fritz Gurlitt, Kat. 29
1952 Stuttgart: 15. Ketterer-Aukt., Kat. 2496
1957 Oldenburg, Kat. Nr. 68 (Abb.)
1957 Recklinghausen, Kunsthalle: Verkannte Kunst, Kat. Nr. 180
1960 Recklinghsn./Wien/Bln.: Berlin – Ort d. Freiheit f. d. Kunst, Kat. Nr. 55
1961 Recklinghsn./Amsterdam: Polarität, Kat. Nr. 121
1962 München: Entartete Kunst, Kat. Nr. 143 (Abb.)
1963 Recklinghsn.: Gesammelt im Ruhrgebiet, Kat. Nr. 211
1964 London, Tate Gallery: Painters of the Brücke, Kat. Nr. 255
1978 Duisburg/Breslau: Künstlergruppe Brücke, Kat. Nr. 35 (Abb.)
1982 New Delhi, Nationalgalerie: German Expressionist Paintings, Kat. Nr. 27 (Abb.)
1983 Hannover, Kunstverein: Verboten – Verfolgt
1985 Bielefeld, Kunsthalle: Zur Weltsicht d.Expressionismus
1986 Stuttgart, Kunstverein: Künstler in Deutschld., Kat. S. 96 (Abb.)
1987 Düsseldorf, Kunstslg. Nordrhein-Westfalen: Kunst in öffentlichen Sammlungen bis 1937, Kat. S. 158
1989 Gotha, Schloßmus.: Gemälde a. d. Lehmbruck-Museum

LEGENDEN 1911

1990 Gent, Mus. f. Schöne Kunsten, Vlaams Expressionismus
1992 Paris: L'Expressionisme en Allemagne, Kat. Nr. 132 (Abb.)
1992 KSR – Der Maler, Kat. Nr. 22 (Abb.)

217
Landschaft mit jungen Ulmen, 1911
Öl auf Leinwand, 98 x 106 cm
Signatur: S. Rottluff 1911 unten rechts
Verbleib unbekannt

Literatur:
Grohmann 1956, S. 256, 284 (Abb.) · Wietek 1957, Nr. 64

218
Allee, 1911
Öl auf Leinwand, 87,5 x 95 cm
Signatur: S. Rottluff 1911 unten links
Zus. Signatur und Titel a. d. Keilrahmen
Ehem. Galerie Ferdinand Möller, Berlin/Köln
Oldenburger Landesmuseum (Dauerleihgabe der Stiftung Kunst und Kultur der Landessparkasse zu Oldenburg)

Literatur:
Niemeyer 1911 · Grohmann 1956, S. 256, 284 (Abb.) · Wietek 1957, Nr. 69 · Roters, E.: Gal. Ferd. Möller, Bln. 1984, S. 227

Ausstellungen:
1921 Potsdam, Orangerie: Potsdamer Kunstsommer, Kat. Nr. 126
1928 Königsberg, Städt. Kunstslg.: KSR, Kat. Nr. 6
1958 Essen, Kat. Nr. 151
1966 Köln, Domgalerie: Gedächtnisausstellg. f. Ferdinand Möller (Abb.)
1991 Hamburg, Hauswedell u. Nolte, 289. Aukt., Kat. Nr. 95 (Abb.)
1992 KSR – Der Maler, Kat. Nr. 21 (Abb.)

219
Parkweg, 1911
Öl auf Leinwand, 76 x 84 cm
Signatur: S. Rottluff 1911 unten rechts
Ehem. Wilhelm Valentiner, USA
Verbleib unbekannt

Literatur:
Grohmann 1956, S. 256, 284 (Abb.) · Wietek 1957, Nr. 66

220
Bauernhaus, 1911
(Landschaft mit rotem Bauernhaus)
Aquarell, 50 x 65 cm
Signatur: S. Rottluff 1911 unten links
Brücke-Museum Berlin

Ausstellungen:
1952 Hannover, Kestner-Gesellschaft: KSR, Kat. Nr. 47
1954 Kiel, Kunsthalle: KSR, Kat. Nr. 64
1954 Berlin, Kat. Nr. 120
1957 Oldenburg, Kat. Nr. 121
1958 Essen, Kat. Nr. 212
1967 Berlin, Brücke-Mus.: Eröffnungsausstellg., Kat. Nr. 15 (Abb.)
1972 Schaffhausen, Mus. Allerheiligen: Künstler d. Brücke, Kat. Nr. 187

1972 Bonn, Rhein. Landesmus.: Künstler d. Brücke, Kat. Nr. 182
1975 Berlin, Brücke-Mus.: Das Aquarell d. Brücke, Kat. Nr. 63
1984 Berlin, Kat. Nr. 88
1985 Soest, Morgner-Haus: KSR – 80 Aquarelle, Kat. Nr. 9
1989 KSR-Retrospektive, Kat. Nr. 81 (Abb.)
1991 KSR-Aquarelle, Kat. Nr. 13 (Abb.)
1992 Berlin, Brücke-Mus.: Die Brücke – Zchng., Aquarelle, Kat. Nr. 73 (Abb.)

221
Bauernhäuser, 1911
Aquarell über Graphit, 50 x 65 cm
Signatur: S. Rottluff 1911 unten links
Titelbez. rückseitig
Brücke-Museum Berlin

Literatur:
Grohmann 1956, S. 278 (Abb.) · Moeller, M. M.: Die Brücke . . . Zur Sonderausstellg. im Brücke-Mus.. Bln. Museumsjournal 1, 1992 (Abb.)

Ausstellungen:
1951 Stuttgart, Kunstverein: KSR, Kat. Nr. 40
1952 Hannover, Kestner-Ges.: KSR, Kat. 46
1954 Berlin, Kat. Nr. 121
1957 Oldenburg, Kat. Nr. 120
1958 Essen, Kat. Nr. 211
1967 Berlin, Brücke-Mus.: Eröffnungsausstellg., Kat. Nr. 14
1969 Stuttgart, Staatsgal.: KSR-Aquarelle . . ., Kat. Nr. 8 (Abb.)
1972 Schaffhausen, Mus. Allerheiligen: Künstler d. Brücke, Kat. Nr. 188
1972 Bonn, Rhein. Landesmus.: Künstler d. Brücke, Kat. Nr. 183
1975 Berlin, Brücke-Mus.: Das Aquarell d. Brücke, Kat. Nr. 62 (Abb.)
1979 Braunschweig, Kunstverein: KSR, Kat. Nr. 52 (Abb.)
1980 Saarbrücken, Saarland-Mus.: Künstler d. Brücke, S. 60 (Abb.)
1984 Berlin, Kat. Nr. 89 (Abb.)
1984 Würzburg, Städt. Gal.: KSR – Aqu. u. Zchng., Kat. Nr. 5
1985 Soest, Morgner-Haus: KSR – 80 Aquarelle, Kat. Nr. 10
1989 KSR-Retrospektive, Kat. Nr. 82 (Abb.)
1991 KSR-Aquarelle, Kat. Nr. 14 (Abb.)
1992 Berlin, Brücke-Mus.: Die Brücke – Zchng., Aquarelle Kat. Nr. 72 (Abb.)

222
Landschaft mit Baum und Bauernhäusern, 1911
Aquarell über Graphit, 32 x 44,5 cm
Signatur: S. Rottluff 1911 unten links
Ehem. Dr. Elsa Hopf, Hamburg
Privatbesitz

Literatur:
Wietek 1984, S. 99.

Ausstellungen:
1992 Berlin, 24. Villa Grisebach-Aukt., Kat. Nr. 21 (Abb.)

LEGENDEN 1911

223
Häuser in Dangast, 1911
Aquarell über Graphit, 32 x 45 cm
Signatur: S. Rottluff 1911 unten rechts
Ehem. Gal. Ferdinand Möller, Köln
Privatbesitz

Literatur:
Sabarsky, S.: Zeichng. u. Aquarelle d. dt. Expressionismus, Stuttg. 1990 (Abb.)

Ausstellungen:
1963 Hamburg, Kunstverein: Meister d. Aquarells, Kat. Nr. 166
1963 Hannover, Kunstverein: KSR, Kat. Nr. 30
1968 Campione, R.N. Ketterer: Mod. Kunst V, Nr. 165 (Abb.)

224
Motiv aus dem Dangaster Park, 1911
(Haus an der Straßenkurve)
Aquarell über Blei, 44,5 x 32 cm
Signatur: S. Rottluff 1911 unten rechts
Ehem. Slg. Klaus Piper, München
Privatbesitz

Literatur:
Grohmann 1956, S. 285 · Sabarsky, S.: Zeichng. u. Aquarelle d. dt. Expressionismus, Stuttg. 1990 (Abb.).

Ausstellungen:
1980 München, 156. Karl u. Faber-Aukt., Kat. Nr. 448 (Abb.)
1984 Bremen, Graph. Kab. Werner: KSR – Aquarelle u. Druckgraphik, Kat. Nr. 1 (Abb.)

225
Haus an einer Straßenecke, 1911
(Dorfecke mit Haus – Haus in der Landschaft)
Zeichnung mit Fettkreide, 34 x 43,5 cm
Signatur: S. Rottluff 1911 unten rechts
Privatbesitz

Literatur:
Niemeyer-Notizen von 1912

Ausstellungen:
1912 Berlin, Gal. Gurlitt
1964 Hamburg, 135. Hauswedell-Aukt., Kat. Nr. 339 (Abb.)
1990 Hamburg, 282. Hauswedell-Aukt., Kat. Nr. 838 (Abb.)

226
Aufgezogene Boote am Strand, 1911
(Boote)
Blei, 34,8 x 44,4 cm
Signatur: S. Rottluff 1911 unten rechts
Kupferstichkabinett Berlin

Literatur:
Wietek, G.: Gemalte Künstlerpost, München 1977, S. 70

Ausstellungen:
1992 Berlin, Staatl. Mus.: Dt. Expressionisten – Aquarelle u. Zeichng. im Bln. Kupferstichkab., Kat. Nr. 45 (Abb.)

227
Baumgruppe im Wasser, 1911
(Im Park von Rastede)

LEGENDEN 1911

Zeichnung mit Zimmermannsblei, 33,7 x 42,8 cm
Signatur: S. Rottluff 1911 unten rechts
Privatbesitz

Literatur:
Der Luftkurort Rastede, hrsg. v. Verkehrsverein, Rastede 1913 · Wietek, G.: 200 Jahre Malerei im Oldenburger Land, Oldbg. 1986, S. 136

Ausstellungen:
1963 Frankfurt, Kunstkabinett: Kat. 7, Nr. 200 (Abb.)
1967 Hamburg, Kunstverein: Meister der Zeichng., Kat. Nr. 204 (Abb.)
1974 Stuttgart, Staatsgal.: KSR – Die Schwarzblätter, Kat. Nr. 10 (Abb.)

228
Gehöft, 1911
Schwarze Kreide, 34,4 x 43,3 cm
Signatur: S. Rottluff 1911 unten rechts
1911 nochmals klein mit Blei über der Jahreszahl
Ehem. Besitz Erich Heckel
Kunsthalle Karlsruhe

229
Liegender Akt auf grünem Tuch, 1911
Tuschfeder und Wachskreiden, 14 x 9 cm
Postkarte an Dr. Elsa Hopf, Hamburg
Poststempel Hamburg 6.2.11
Text: „Das war wirkl. furchtbar nett von Ihnen, dass Sie uns die Pappen schickten. Herzlichsten Dank u. Gruss Ihr S-Rottluff"
Privatbesitz

Literatur:
Wietek 1984, S. 99

Ausstellungen:
1992 Berlin, 25. Grisebach-Aukt., Kat. Nr. 181 (Abb.)

230
Seitlich aufgestützt liegender Akt, 1911
Tuschfeder und Fettkreiden, 9 x 14 cm
Postkarte an Dr. Elsa Hopf, Hamburg
Poststempel Hamburg 21.2.11
Text: „Mit Dank quittiert. Herzlichste Grüsse zugleich Ihr S-R"
Privatbesitz

Literatur:
Wietek 1984, S. 99

231
Auf Decke liegender Akt, 1911
Wachskreiden, 9 x 14 cm
Postkarte an Dr. Elsa Hopf, Hamburg
Poststempel Chemnitz, 7.4.11
Text: „Teuerste Frau Elsa H., darf ich heute auch mal mit einer Bitte zu Ihnen kommen? Frau Emmy Stürken geb. Traun, Wandsbeck, Claudius Str., hätte gern meine sämtl. Exlibris. Würden Sie wohl ihr das Ihre zuschicken u. würden Sie auch Frau Danziger dazu veranlassen? Tausend Dank. Gruss Ihr S-Rottluff"
Privatbesitz

Literatur:
Wietek 1984, S. 99

232
Rückenakt, 1911
Fettkreiden, 9 x 14 cm
Postkarte an Anna Goldschmidt, München
Poststempel Hamburg 28.3.11
Text: „Sehr geehrtes Frl. Goldschmidt, wie konnten Sie so furchtbar rasch aus H. fortgehen. Ich hatte neulich eine kleine Atelierausstellung. Ihr Bruder war hier, sogar Fräul. Woermann – nur Sie nicht. Fräul. Schapire hat Sie auch sehr vermisst. Verbindlichsten Gruss u. ergebenst S. Rottluff"
Privatbesitz

233
Haus mit Turm, 1911
Tuschfederzeichnung, 9 x 14 cm
Postkarte an Martha Rauert, Hochkamp
Poststempel Chemnitz, 13.4.11
Text: „Sehr geehrte gnädige Frau, Ihnen und Ihrem Mann freundlichste Ostergrüsse. Leider konnte ich Ihnen nicht mehr persönl. Abschied sagen. Ihr ergebener S-Rottluff, z.Zt. Chemnitz, Weststr. 46, II."
Privatbesitz
Literatur:
Reinhardt, G.: Die frühe Brücke, Brücke-Archiv Heft 9/10, Berlin. 1977/78, S. 134 (Abb.) · Wietek 1984, S. 102, 65 (Abb.)
Ausstellungen:
1962 Hamburg, Postkarten, Kat. Nr. 461 (Abb. u. Einladungskarte zur Ausstellung)
1975 Hambg., 206. Hauswedell-Aukt., Kat. Nr. 1614 (farb. überarbeitete Einladungskarte)
1984 München, 87. Ketterer-Aukt., Kat. Nr. 1330 (farb. überarb. Einladungskarte)
1988 Bern, 199. Kornfeld-Aukt., Kat. Nr. 98 (farb. überarb. Einladungskarte)

234
Knieend aufgestützter Akt, 1911
Tuschfeder und Wachskreiden, 9,3 x 14,3 cm
Postkarte an Frau W. Hane, Blankenese
Poststempel Chemnitz, 20.4.11
Text: „Sehr geehrte gnädige Frau, Ihnen u. Ihrem Mann einen allerdings etwas verspäteten Ostergruss. Hoffentl. geht es Ihnen jetzt gut. Ich fahre nächstens wieder nach Dangast. Verbindlichst Ihr S-Rottluff z. Zt. Chemnitz, West-Str. 46, II"
Kunsthalle Emden
Literatur:
Die Meisterwerke der Sammlung Henri Nannen, Kunsthalle Emden 1993, S. 33 (Abb.)
Ausstellungen:
1975 Hamburg, Auktion Dörling

235
Zwei gelbe Häuser, 1911
Tuschfeder und Aquarell, 9,2 x 14,3 cm
Postkarte an Dr. Elsa Hopf, Schierke, Harz
Poststempel Dangast 3.6.11
Text: „Verehrte Frau E. H., werden Sie diesen Sommer mal nach Dangast kommen? Es giebt allerdings noch nichts zu sehen, da ich mich sehr mit den Dingen rumquäle. – Hat keinen Zug dies Jahr. Herzlichste Pfingstgrüsse Ihr ergeb. S-Rottluff"
Privatbesitz
Literatur:
Wietek 1984, S. 99

LEGENDEN 1911

236
Turm hinter Bäumen (1911)
Tuschfeder und Wachskreiden, 14,4 x 9,3 cm
Postkarte an Dr. Elsa Hopf, Hamburg
Poststempel Dangast 1911
Text: „Vielmals herzl. Grüsse Ihr S-Rottluff, Dangast-Nordsee"
Privatbesitz
Literatur:
Wietek 1984, S. 99

237
Weg mit gelbem Haus, 1911
Tuschfeder und Aquarell, 14,1 x 9,2 cm
Postkarte an Ella Kohlstedt, Berlin
Poststempel Dangast (Anfang Juni 1911)
Text: „Liebe Ella, das ist nun allerdings sooo schade, dass Du gerade herkommst, wenn ich weg bin. Am 8. Juli 12 Uhr nachts schwimme ich von Hamburg nach Norwegen. Vielleicht bist Du aber noch da, wenn ich wiederkomme. 5000 Pfingstgrüsse S-Rottluff. Freundl. Gruss auch an Deine Schwestern"
Brücke-Museum Berlin
Ausstellungen:
1991 Berlin, Brücke-Mus.: Expressionistische Grüsse, Kat. Nr. 53 (Abb.)
1992 Berlin, Brücke-Mus: Die Brücke-Zchng., Aquarelle . . ., Kat. Nr. 71 (Abb.)

238
Bemalte Holzkästen, 1911
Tuschfeder und Aquarell, 9,1 x 14,2 cm
Postkarte an Anna Goldschmidt, Hamburg
Poststempel Dangast 12.6.11
Text: „Liebe Frl. Goldschmidt, da Sie jetzt gewiss in Hamburg sind, freundlichste Grüsse an Sie u. freundl. Empfehlung an Ihre Eltern. – Das sind einige neue Kästen. S-Rottluff. Dangast Gr. Oldbg."
Privatbesitz

239
Mann im Boot, 1911
Blei und Wachskreiden, 9,2 x 14,3 cm
Postkarte für Rosa Schapire, Hamburg
Ohne Poststempel und Beschriftung
Signiert S-Rottluff unten rechts
Kunsthalle Hamburg
Literatur:
Schapire-Verz., Nr. 24 · Wietek, G.: Maler d. Brücke, Insel – Wiesbaden 1958 (Abb.) · Jhrb. d. Hbg. Kstslg. 5, 1960: Erwerbg. für die graph. Sammlung, S. 126 · Presler 1990, S. 89 (Abb.)
Ausstellungen:
1957 Oldenburg, Kat. Nr. 116
1962 Hamburg, Postkarten, Kat. Nr. 463
1964 London, Tate Gallery: Painters of the Brücke, Kat. Nr. 328
1989 KSR-Retrospektive, Kat. Nr. 103 (Abb.)

240
Turmhaus und Granatkörbe, 1911
Tuschfeder und Wachskreiden, 9,4 x 14,3 cm
Postkarte an Ella Kohlstedt, Berlin

LEGENDEN 1911

Poststempel Dangast (Ende August) 1911
Text: „Liebe Ella, ich bin jetzt wieder in Dangast. Wo bist Du denn u. wie geht Dir's. Herzl. Gruss, auch an Deine Schwestern u. Deine Mama. S-Rottluff"
Brücke-Museum Berlin
Ausstellungen:
1991 Berlin, Brücke-Mus.: Expressionistische Grüsse, Kat. Nr. 52 (Abb.)
1992 Berlin, Brücke-Mus: Die Brücke – Zchng., Aquarelle . . ., Kat. Nr. 70 (Abb.)

241
Segelschiffe vor der Küste (1911)
Schwarze Wachskreide, 9 x 14 cm
Postkarte für Gustav Schiefler, Hamburg
Ohne Poststempel und Beschriftung
Signiert S-Rottluff unten rechts
Privatbesitz
Literatur:
Schack, G.: Postkarten an Gustav Schiefler, Hbg. 1976 (Abb.)
Ausstellungen:
1960 Schleswig/Hamburg: Plastik u. Ksthdw. v. Malern d. dt. Expressionismus, Kat. 340
1991 Berlin, Brücke-Mus.: Expressionistische Grüsse, Kat. Nr. 43 (Abb.)

242
Boote am Strand (1911)
Tusche und Wachskreiden, 9,4 x 14,3 cm
Postkarte an Alfred Flechtheim, Düsseldorf
Poststempel Hamburg, 26.1.12
Text: „Sehr geehrter Herr Flechtheim, ich bin jetzt für einige Wochen in Hamburg. Der Niemeyer ist ein ausgezeichneter Kerl. Im März wieder in Berlin. Haben Sie N. S. gesehen? Mit bestem Gruss Ihr S. Rottluff"
Ehem. Galerie Ferdinand Möller, Köln
Altonaer Museum in Hamburg
Literatur:
Wietek, G.: A. d. Slg. gemalter Karten u. Briefe im Altonaer Museum, Hbg. 1966, Nr. 90 · Kaufmann, G./Meinz, M.: Kunst und Postkarte. Zu einer Ausst. i. Altonaer Museum, Archiv für Postgeschichte 1, 1970, S. 4 (Abb.) · Wietek, G.: Gemalte Künstlerpost, München 1977, S. 70 (Abb.) · Wietek, G.: Wilh. Niemeyer u. KSR, Nordelbingen 49, 1979 · Wietek, G.: Franz Radziwill – Wilh. Niemeyer, Oldbg. 1990, S. 202, 264 · Kat. Dt. Expressionisten, Aquar. u. Zchng., Nationalgalerie Bln. 1992, S. 139 (Abb.)
Ausstellungen:
1962 Hamburg, Postkarten, Kat. Nr. 465
1966 Reykiavik, Nat. Mus.: A. d. Slg. gemalter Karten u. Briefe d. Altonaer Museums, Nr. 90
Weitere Ausstellg. m. gleichem Katalog:
1968 Prag, Dientzenhofer-Palais
1968 London, Dt. Kulturinstitut
1969 Wien, Niederösterr. Landesmuseum
1971 Trondhjem, Kunstforening
1971 Cambridge (USA), Busch-Reisinger-Museum
1973 Ankara, Dt. Kulturinstitut
1973 Athen, Dt. Kulturinstitut

1969 Reutlingen, Thoma-Gesellschaft: Gemalte Karten u. Briefe, Kat. Nr. 187
1970 Hamburg, Altonaer Museum: Kunst u. Postkarte, Kat. Nr. 135 (Abb.)
1974 Hamburg, KSR, Kat. S. 37
1989 KSR-Retrospektive, Kat. Nr. 110 (Abb.)
1992 Hamburg, Altonaer Museum: Die Künstlerpostkarte, Kat. Nr. 133 (Abb.)

243
Ägyptischer Frauenkopf, 1911
Tuschfederzeichnung, 14,3 x 9,5 cm
Postkarte an Dr. med. Ad. E. Thiele, Chemnitz
Poststempel Dangast 9.9.11
Text: „Wundert mich sehr, gar nichts von Ihnen zu hören. Herzl. Gruss S.-Rottluff Dangast a. Nordsee Gr. Oldenbg."
Kupferstichkabinett Dresden

Literatur:
100 Werke a. d. Vermächtnis Luise u. Dr. Joh. Reiher. Kupferstichkab. d. Staatl. Kstslg. Dresden, Erwerbg. 52, Dresden 1985, Kat. Nr. 47 (bearb. v. Gertraute Lippold) · Brix, K.: KSR u. Sachsen. Sächs. Heimatblätter 6, 1986, Anm. 10

244
Boot im Kanal, 1911
Holzschnitt
Eigendruck
20,5 x 15,5 cm

Sammlungen:
Frankfurt, Städel
Schleswig, Landesmuseum

Literatur:
Schapire H 51 · Rathenau 1987

Ausstellungen:
1957 Oldenburg, Kat. Nr. 163
1961 Stuttgart, 36. Ketterer-Aukt., Kat. Nr. 1226
1969 Hamburg, KSR-Graphik, Kat. Nr. 15

245
Landschaft im Mondschein, 1911
Holzschnitt (Fichte)
Eigendruck
20,5 und 19,5 x 26 cm

Sammlungen:
Hamburg, Altonaer Museum (Schapire-Nachlaß)
Schleswig, Landesmuseum

Literatur:
Schapire H 53 · Rathenau 1987

Ausstellungen:
1957 Oldenburg, Kat. Nr. 165
1969 Hamburg, KSR-Graphik, Kat. Nr. 17
1974 Reutlingen, Thoma-Gesellsch.: KSR-Graphik, Kat. Nr. 5
1974 Berlin, Gal. Nierendorf: Maler d. Brücke, Kat. Nr. 142
1975 Berlin, Gal. Nierendorf: KSR, Kat. Nr. 7 (Abb.)

LEGENDEN 1911

246
Abend am Kanal, 1911
Holzschnitt (Linde)
Eigendruck
23,7 x 30 cm

Sammlungen:
Dresden, Kupferstichkabinett
Hamburg, Altonaer Museum
Hannover, Sprengel-Museum (Schapire-Nachlaß)
Schleswig, Landesmuseum

Literatur:
Schapire H 52 · Rathenau 1987

Ausstellungen:
1957 Oldenburg, Kat. Nr. 164
1969 Hamburg, KSR-Graphik, Kat. Nr. 16 (Abb.)
1974 Karl-Marx-Stadt, Kat. Nr. 60
1975 Berlin, Gal. Nierendorf: KSR, Kat. Nr. 8 (Abb.)
1978 Konstanz, Kunstverein: Graphik v. KSR, Kat. Nr. 5
1982 Hannover, Kunstmuseum: Brücke, Kat. Nr. 193 (Abb.)

247
Haus hinter Bäumen, 1911
Holzschnitt
Eigendruck
20,5 x 26,2 cm

Sammlungen:
Berlin, Brücke-Museum (mit Holzstock)
Frankfurt, Städel
London, British Museum
Schleswig, Landesmuseum

Literatur:
Schapire H 54 · Carey/Griffith: The print in Germany 1880–1933, London 1984, Nr. 97 (Abb.) · Rathenau 1987

Ausstellungen:
1954 Kiel, Kunsthalle: KSR, Kat. Nr. 117
1957 Oldenburg, Kat. Nr. 166
1961 Stuttgart, 36. Ketterer-Aukt., Kat. 1227
1969 Hamburg, KSR-Graphik, Kat. Nr. 18
1969 Hamburg, 167. Hauswedell-Aukt., Kat. Nr. 8 (Abb.)
1973 Baden-Baden, Gal. Wirnitzer: KSR-Holzschnitte, Kat. Nr. 2
1983 Berlin, Brücke-Mus.: KSR-Holzstöcke, Kat. Nr. 17 (Abb.)
1984 Berlin, Gal. Nierendorf: KSR, Kat. Nr. 4 (Abb.)
1984 Bremen, Graph. Kab. Werner: KSR-Aqu., Graph., Kat. Nr. 23 (Abb.)
1989 KSR-Retrospektive, Kat. Nr. 78 (Abb.)
1990 London, Tate Gallery: Out of the Woods, Kat. Nr. 28 (Abb.)

248
Dangast Dorf, 1911
Holzschnitt (Fichte)
Eigendruck
39,5 x 50 cm

Sammlungen:
Berlin, Brücke-Museum (mit Holzstock)
Frankfurt, Städel
Stuttgart, Staatsgalerie

LEGENDEN 1911

Literatur:
Schapire H 58 · Rathenau 1987

Ausstellungen:
1917 München, Gal. Hans Goltz: KSR, Kat. Nr. H2
1922 Oldenburg, Vereingigung f. junge Kunst: Dangaster Künstler im Lappan
1957 Oldenburg, Kat. Nr. 167
1964 Stuttgart, Staatsgal.: KSR-Graphik u. Aquarelle, Kat. Nr. 24
1969 Hamburg, KSR-Graphik, Kat. Nr. 19
1981 Belgrad, Dt. Kulturzentrum: Graphik v. Heckel u. KSR, Kat. Nr. 89
1983 Berlin, Brücke-Mus.: KSR-Holzstöcke, Kat. Nr. 19 (Abb.)
1989 KSR-Retrospektive, Kat. Nr. 88 (Abb.)

249
Durchblick, 1911
Holzschnitt (Fichte)
Eigendruck
39,3 x 50 cm

Sammlungen:
Essen, Museum Folkwang
Frankfurt, Städel
Schleswig, Landesmuseum

Literatur:
Schapire H 61 · Wietek 1971 (Abb.) · Rathenau 1987

Ausstellungen:
1969 Hamburg, KSR-Graphik, Kat. Nr. 21 (Abb.)
1974 Reutlingen, Thoma-Gesellsch.: KSR-Graphik, Kat. Nr. 8
1978 Konstanz, Kunstverein: Graphik KSRs, Kat. Nr. 8
1984 Hamburg, BATIG: KSR-Meisterwerke d. Graphik . . ., Kat. Nr. 12

250
Allee, 1911
Holzschnitt (Fichte)
Eigendruck
39,6 x 50 cm

Sammlungen:
Den Haag, Gemeente Museum (Schapire-Nachlaß)
Düsseldorf, Kunstmuseum
Frankfurt, Städel
Schleswig, Landesmuseum

Literatur:
Schapire H 59 · Wietek 1971 (Abb.) · Rathenau 1987

Ausstellungen:
1957 Oldenburg, Kat. Nr. 168
1969 Hamburg, KSR-Graphik, Kat. Nr. 20
1974 Reutlingen, Thoma-Ges.: KSR-Graphik, Kat. Nr. 7 (Abb.)
1978 Konstanz, Kunstverein: Graphik KSRs, Kat. Nr. 7
1984 Hamburg, BATIG: KSR-Meisterwerke d. Graphik . . ., Kat. Nr. 11

251
Weg mit Bäumen, 1911
Holzschnitt (Fichte)
Eigendruck erst 1919 (grau und schwarz)
39,3 x 50 cm

Sammlungen:
Berlin, Brücke-Museum (mit Holzstock)
Brüssel, Museum für bildende Kunst (Schapire-Nachlaß)
Düsseldorf, Städt. Kunstmuseum
Frankfurt, Städel
Hagen, Osthaus-Museum
Hamburg, Kunsthalle (Schapire-Nachlaß)
Krefeld, Kaiser-Wilhelm-Museum
Schleswig, Landesmuseum

Literatur:
Schapire H 59 · Buchheim: Graphik d. dt. Expressionismus, Feldafing 1959, S. 21 (Abb.) · Wietek 1971 (Abb.) · Brix 1972, S. 23 (Abb.) · v. Wiese, St.: Graphik d. Expressionismus, Stuttgart 1976 (Abb.) · Rathenau 1987 · Moeller, M. M.: Die Brücke – Zchng., Aqu., Druckgraph., Stuttg./Bln. 1992, S. 33 (Abb.)

Ausstellungen:
1954 Kiel, Kunsthalle: KSR, Kat. Nr. 119
1957 Oldenburg, Kat. Nr. 170 (Abb.)
1958 Essen, Kat. Nr. 242
1969 Hamburg, 167. Hauswedell-Aukt., Kat. Nr. 11 (Abb.)
1969 Hamburg, KSR-Graphik, Kat. Nr. 26 (Abb.)
1974 Reutlingen, Thoma-Ges.: KSR-Graphik, Kat. Nr. 10 (Abb.)
1983 Berlin, Brücke-Mus.: KSR-Holzstöcke, Kat. Nr. 26 (Abb.)
1984 Hamburg, BATIG: KSR-Meisterwerke d. Graphik . . ., Kat. Nr. 13 (Abb.)
1989 KSR-Retrospektive, Kat. Nr. 89 (Abb.)
1992 Paris: L'Expressionisme en Allemagne, Kat. Nr. 154 (Abb.)

252
Villa mit Turm, 1911
(Landschaft mit Turm)
Holzschnitt (Fichte)
Eigendruck erst 1919
50 x 39,4 cm

Sammlungen:
Berlin, Brücke-Museum (mit Holzstock)
Chemnitz, Städt. Kunstsammlungen
Essen, Museum Folkwang
Frankfurt, Städel
Karlsruhe, Kunsthalle (ehem.)
Köln, Museum Ludwig
Mannheim, Kunsthalle (ehem.)
Stuttgart, Staatsgalerie
Tel Aviv, Kunstmuseum (Schapire-Nachlaß)

Literatur:
Schapire H 68 · Kl. Führer durch die Hamburger Kunsthalle: KSR, Hbg. 1921 (Abb.) · Grohmann 1956, S. 25 (Abb.) · Roh, F.: Entartete Kunst, Hannover 1962 (Verz.) · Wiese, St. v.: Graphik d. Expressionismus, Stuttg. 1976, S. 19 (Abb.) · Vogt, P.: Expressionismus, Köln 1978 (Abb.) · Rathenau, 1987

Ausstellungen:
1957 Oldenburg, Kat. Nr. 169
1958 Essen, Kat. Nr. 241
1964 Stuttgart, Staatsgalerie: KSR-Graphik u. Aquarelle, Kat. Nr. 26
1969 Hamburg, KSR-Graphik, Kat. Nr. 25
1969 Hamburg, 167. Hauswedell-Aukt.: KSR-Graphik, Kat. Nr. 10 (Abb.)
1970 München/Paris: Europ. Expressionismus, Kat. Nr. 310 (Abb.) (Als „Kirche im Gebirge" bezeichnet!)
1971 Köln, Wallr.-Rich.-Mus.: Maler suchen Freunde, Kat. Nr. 116
1974 Karl-Marx-Stadt: Kat. Nr. 63
1980 New York/San Francisco: Expressionism, Kat.-Nr. 191 (Abb.)
1981 Belgrad, Dt. Kulturzentrum: Graphik v. Heckel u. KSR, Kat. Nr. 91 (Abb.)
1983 Berlin, Brücke-Mus.: KSR-Holzstöcke, Kat. Nr. 25 (Abb.)
1984 Karl-Marx-Stadt, Städt. Kunstslg.: KSR-Werke i. Eigenbes., S. 84
1984 Berlin, Gal. Nierendorf: KSR, Kat. Nr. 6
1986 Berlin, Alte Nationalgal.: Expressionisten, Kat. Nr. 94
1992 Paris: L'Expressionisme en Allemagne, Kat. Nr. 153 (Abb.)

253
Sommerlandschaft, 1911
Lithographie (Tusche und Kreide auf Stein)
Stein abgeschliffen
Eigendruck
34 x 40 cm

Sammlungen:
Frankfurt, Städel
Hamburg, Altonaer Museum (Schapire-Nachlaß)
Hamburg, Kunsthalle
Schleswig, Landesmuseum

Literatur:
Schapire L 71 · Wietek 1971 (Abb.) · Rathenau 1987

Ausstellungen:
1957 Schleswig, Kat. Nr. 339
1969 Hamburg, KSR-Graphik, Kat. Nr. 95
1974 Reutlingen, Thoma-Gesellsch.: KSR-Graphik, Kat. Nr. 80
1978 Konstanz, Kunstverein: Graphik KSRs, Kat. Nr. 87
1984 Berlin, Gal. Nierendorf: KSR, Kat. Nr. 86 (Abb.)
1984 Hamburg, BATIG: KSR-Meisterwerke d. Graphik . . ., Kat. Nr. 68

254
Mitgliedskarte für „Brücke", 1911
Dreiteiliger Holzschnitt
auf orangefarbenem Karton mit handschriftlich eingetragenem Namen
Druck Brückepresse
Akte einzeln vom Stock in „Aktion" gedruckt
Jeder Teil 16,7 x 12,7 cm

Sammlungen:
Berlin, Brücke-Museum
Chemnitz, Städt. Kunstsammlungen

Hamburg, Kunsthalle
Köln, Museum Ludwig
London, Victoria and Albert Museum (Schapire-Nachlaß)
Oldenburg, Landesmuseum
Los Angeles, County Museum

Literatur:
Schapire G 13 · Die Aktion, 6. Jhrg., H 29/30, 1916 (re. Teil v. Stock gedruckt) · Die Aktion, 6 Jhrg., H. 38/39, 1916 (li. Teil v. Stock gedruckt) · Bolliger, H.: Die Publikationen u.Dokumente d. Brücke, Philobiblon, März 1959, Nr. 32 (Abb.) · Wietek 1971 (Abb.) · Wiese, St. v.: Graphik d. Expressionismus, Stuttg. 1976 (Abb.) · Jähner, H.: KG Brücke, Bln. 1984 (Abb.) · Rathenau 1987 · Karl-Marx-Stadt, Städt. Kstslg.: KSR-Werke i. Eigenbes., 1984 (Abb.) · Thiem, G.: Dokumentation zu Leben u. Werk. KSR-Retrospektive, München, 1989, S. 82 (Abb.)

Ausstellungen:
1957 Oldenburg, Kat. Nr. 171 (Abb.)
1958 Bern, Klipstein u. Kornfeld: Brücke-Jahresmappen, Kat. Nr. 35 (Abb.)
1960 Schleswig/Hbg.: Plastik u. Ksthdw. v. Malern d. dt. Express., Kat. Nr. 347
1964 Heidelberg, Kurpfälz. Mus.: Kunst in Dresden, Kat. Nr. 607
1964 London, Tate Gallery: Painters of the Brücke, Kat. Nr. 74 (Abb.)
1971 Köln, Wallr.-Rich.-Mus.: Maler suchen Freunde, Kat. Nr. 62 (Abb.)
1972 Schaffhausen, Mus. Allerheiligen: Künstler d. Brücke, Kat. Nr. 266
1972 Bonn, Rhein. Landesmus.: Künstler d. Brücke, Kat. Nr. 255
1974 Karl-Marx-Stadt, Kat. Nr. 49
1974 Berlin, KSR-Graphik, Kat. Nr. 49
1984 Karl-Marx-Stadt, Städt. Kstslg.: Gebr.-Graphik d. Brücke, Faltblatt (Abb.)
1984 Bremen, Graph. Kab. Werner: KSR – Aqu., Graph., Kat. Nr. 25
1985 Oldenburg, Landesmus.: Schenkung Beyersdorff, Kat. Nr. 5 (Abb.)
1986 Berlin, Alte Nat.-Galerie: Expressionisten, Kat. Nr. 95
1989 Berlin, Brücke-Mus.: Die Jahresmappen d. Brücke, S. 22 (Abb.)
1989 KSR-Retrospektive, S. 82 (Abb.)
1990 Vernon/Rouen/Oldbg.: Brücke, Kat. Nr. 55 (Abb.)
1990 London, Tate Gallery: Out of the Wood, Kat. Nr. 27 (Abb.)
1992 Paris: L'Expressionisme en Allemagne, Kat. D 39 (Abb.)

255
E. R. – Briefverschlüsse für Emma Ritter, 1911
Holzschnitt, Blau, Rotbraun und Grün gedruckt
Durchmesser 3,5 cm

Literatur:
Schapire G 18 · Wietek, G.: Emma Ritter u. ihr Verhältnis z. Malerei d. dt. Expressionismus, Oldbg. Jhrb. 58, 1959, S. 16 · Rathenau 1987

Ausstellungen:
1957 Oldenburg, Kat. Nr. 175
1984 Schleswig, Kat. Nr. 166 a

256
Brücke-Bericht über 1909 und 1910, 1910
Vierteiliger Bericht mit Holzschnitten außen und gedrucktem Text innen
Holzschnittseiten je 17,1 x 8,3 cm
Sammlungen:
Berlin, Brücke-Museum
Chemnitz, Städt. Kunstsammlungen
Hamburg, Kunsthalle
Köln, Museum Ludwig
Literatur:
Schapire G 14 · Bolliger, H.: Die Publikationen u. Dokumente d. Brücke, Philobiblon März 1959, Nr. 32 (Abb.) · Jähner, H.: KG Brücke, Bln. 1984 (Abb.) · Karl-Marx-Stadt, Städt. Kunstslg.: KSR-Werke i. Eigenbes., 1984, S. 84 · Rathenau 1987
Ausstellungen:
1957 Oldenburg, Kat. Nr. 172
1958 Bern, Klipstein u. Kornfeld: Brücke-Jahresmappen, Kat. Nr. 38
1960 Schleswig/Hamburg: Plastik u. Ksthdw. v. Malern d. dt. Expressionismus, Kat. 346
1964 Heidelberg, Kurpfälz. Mus.: Kunst in Dresden, Kat. Nr. 605
1964 Stuttgart, Staatsgal.: KSR-Graphik u. Aquarelle, Kat. Nr. 27
1967 Berlin, Brücke-Mus.: Eröffnungsausstellg., Kat. Nr. 54
1971 Köln, Wallr.-Rich.-Mus.: Maler suchen Freunde, Kat. Nr. 61
1972 Schaffhausen, Mus. Allerheiligen: Künstler d. Brücke, Kat. Nr. 270
1972 Bonn, Rhein. Landesmus.: Künstler d. Brücke, Kat. Nr. 259
1974 Karl-Marx-Stadt, Kat. Nr. 65
1974 Berlin, KSR-Graphik, Kat. Nr. 48
1984 Bremen, Graph. Kab. Werner: KSR-Aqu., Graphik, Kat. Nr. 26
1984 Karl-Marx-Stadt, Städt. Kunstslg.: Gebr.-Graphik d. Brücke, Faltbl. (Abb.)
1986 Berlin, Alte Nat.-Galerie: Expressionisten, Kat. Nr. 90 (Abb.)
1989 Bern, Kornfeld u. Klipstein, Aukt. v. 21.6., Kat. Nr. 208 (Abb.)
1989 Berlin, Brücke-Mus.: Die Jahresmappen d. Brücke, S. 23 (Abb.)

257
S-R – Exlibris des Künstlers, 1911
Holzschnitt, Zweifarbendruck
9,5 x 9,5 cm
Sammlungen:
Berlin, Brücke-Museum
Literatur:
Schapire G 21 · Rathenau 1987
Ausstellungen:
1957 Oldenburg, Kat. Nr. 178
1969 Berlin, Brücke-Museum: KSR – 30 Aquarelle (Titelabb.)
1974 Berlin, KSR-Graphik, Kat. Nr. 52
1984 Schleswig, Kat. Nr. 166 a

258
R. Sch. – Briefverschlüsse für Rosa Schapire, 1911

LEGENDEN 1911

Holzschnitt, Blau, Grün, Rot und Gelb gedruckt
Durchmesser 3,8 und 3,9 cm
Sammlungen:
Berlin, Brücke-Museum
Literatur:
Schapire G 19 u. 20 · Wietek, G.: Maler d. Brücke, Insel-Wiesbaden, 1958 (Abb.) · Wietek, G.: Dr. phil. Rosa Schapire. Jhrb. d. Hbg. Kstslg. 9, 1964, S. 160 (Abb.) · Wietek 1984, S. 102 (Abb.) · Rathenau 1987
Ausstellungen:
1957 Oldenburg, Kat. Nr. 176, 177
1974 Berlin, KSR-Graphik, Kat. Nr. 51
1984 Schleswig, Kat. Nr. 166 a

259
„Schmidt-Rottluff"
Vom Briefumschlag des Künstlers, 1911
Holzschnitt
2,2 x 12,9 cm
Umschlag des Briefes Nr. 79 an Ernst Beyersdorff, Oldenburg vom 21. 7. 1913
Erstmalig mit Poststempel Dangast 21.6.1911
Literatur:
Schapire G 31 (hier 1912) · Wietek 1984, S. 56 (Abb.) · Rathenau 1987
Ausstellungen:
1957 Oldenburg, Kat. Nr. 185
1984 Schleswig, Kat. Nr. 166 a

260
Relief mit zwei weiblichen Akten, 1911
Holz, geschnitten und bemalt
19,5 x 27,8 x 1,5 cm
Signatur: Rückseitig beschriftet:
Weihnacht 1911 – S-Rottluff
Ehem. Rosa Schapire
Privatbesitz
Literatur:
Schapire-Verz. · Wietek, G.: Dr. phil. Rosa Schapire, Jhrb. d. Hbg. Kstslg. 9, 1964 (Abb.) · Brücke-Museum:· Verzeichnis der zur Eröffnung ausgestellten Werke, Berlin 1968, Nr. 49 · Wietek, G.: Rosa Schapire u. KSR. Die Kunst 9, 1974, S. 540 (Abb.) · Bilang, K.: Die Rezeption ozeanischer u. afrikanischer Kunst in der Künstlergemeinschaft Brücke u. der Exotismus in der bürgerlichen Malerei. Dissertation Greifswald 1980, S. 105, 110 · Gordon, D. E.: Dt. Expressionismus. In: Primitivismus i. d. Kunst d. 20. Jh., München 1984 (Abb.) · Wietek, G.: KSR. In: Skulptur d. Expressionismus, München 1984, S. 171 · Heusinger v. Waldegg, J.: Primitivismus u. Expressionismus. Die Kunst 2, 1987 (Abb.) · Bilang, K.: Das Gegenbild. Die Begegnung der Avantgarde mit dem Ursprünglichen, Leipzig 1989, S. 87 (Abb.)
Ausstellungen:
1964 London, Tate Gallery: Painters of the Brücke, Kat. Nr. 281 (Abb.)
1972 München, Haus d. Kunst: Weltkulturen u, moderne Kunst, Kat. Nr. 1769 (Abb.)
1980 Zürich, Kunsthaus: Reliefs
1980 Münster, Landesmuseum: Reliefs – Formprobleme zwischen Malerei u. Skulptur im 20. Jh. (Abb.)

LEGENDEN 1911

261
Relief eines bärtigen Männerkopfes, 1911
Holz, geschnitten
Ehem. Franz Hassler, Volksdorf
Verbleib unbekannt
Literatur:
Wietek, 1984, S. 98

262
Stilisierte Messingmaske, 1911
Messingblech, getrieben
24,6 x 28,8 cm
Ehem. Franz Hassler, Volksdorf – Wilhelm Niemeyer, Hamburg
Schleswig, Landesmuseum
Literatur:
Berichte d. Schlesw.-Holst. Landesmuseums 1978/79, S. 35 (Abb.) · Schlesw.-Holst. Landesmuseum: Auswahlkatalog zur Kunst des 20. Jh., 1979, Nr. 230 · Wietek, 1984, S. 98
Ausstellungen:
1960 Schleswig/Hamburg: Plastik und Kunsthandwerk von Malern des dt. Expressionismus, Kat. Nr. 286
1984 Schleswig, Kat. Nr. 167

263
Zigarettenkästchen mit Aktdarstellungen, 1911
Lindenholz, geschnitzt und mehrfarbig bemalt
Deckel mit Innenscharnieren
15 x 9 x 8 cm
Ehem. Rosa Schapire
Privatbesitz
Literatur:
Schapire, R.: Zu KSRs Ausstellung bei Commeter. Der Hamburger, Nov. 1911 · Wietek, G.: Dr. phil. Rosa Schapire. Jhrb. d. Hbg. Kunstslg. 9, 1964 (Abb.)

264
Holzkasten mit farbigem Relief, 1910/11
Fichtenholz mit eingeschnittenen, verschiedenfarbigen Feldern
12,5 x 24 x 13,8 cm
Signatur: S. Rottluff mit brauner Farbe a. d. Unterseite
Ehem. Wilhelm Niemeyer, Hamburg
Schleswig, Landesmuseum
Literatur:
Schapire, R.: Zu KSRs Ausstellung bei Commeter. Der Hamburger, Nov. 1911 · Niemeyer-Manuskript „Bemalte Kästen", 1911 · Hentzen, A.: Kunsthandwerkliche Arbeiten d. dt. Expressionisten. Festschrift f. Erich Meyer, Hamburg 1959 (Abb.) · Berichte d. Schlesw. -Holst.-Landesmus. 1978/79, S. 36 (Abb.) · Schlesw.-Holst. Landesmus.: Kunst u. Kunsthandwerk aus Eigenbesitz, Schleswig 1978, Nr. 107 (Abb.) · Schlesw.-Holst. Landesmus.: Auswahlkat. z. Kunst d. 20. Jh., 1979, Nr. 333 (Abb.) · Wietek, G.: Wilhelm Niemeyer und KSR, Nordelbingen 49, 1979, S. 14 · Wietek

1984, S. 101 · Wietek, G. (Hg.): Der Kreuzstall – Ein neues Museum für die Kunst des 20. Jahrhunderts, Neumünster 1985 (Abb.)

Ausstellungen:
1911 Hamburg, Gal. Commeter: Holzkästen von KSR
1960 Schleswig/Hamburg: Plastik u. Kunsthdw. v. Malern d. dt. Expressionismus, Kat. Nr. 290 (Abb.)
1984 Schleswig, Kat. Nr. 171

265
Hochrechteckiger Holzkasten mit farbigem Relief, 1910/11
Fichtenholz mit eingeschnittenen, verschiedenfarbigen Feldern
20,1 x 12 x 10 cm
Signatur: S. Rottluff mit brauner Farbe a. d. Unterseite
Ehem. Wilhelm Niemeyer, Hamburg
Schleswig, Landesmuseum

Literatur:
Schapire, R.: Zu KSRs Ausstellung bei Commeter. Der Hamburger, Nov. 1911 · Niemeyer-Manuskript „Bemalte Kästen" von 1911 · Niemeyer an Osthaus 29.7.1914 (Osthaus-Archiv Hagen) · Berichte d. Schlesw.-Holst.-Landesmus. 1978/79, S. 36 · Schlesw.-Holst. Landesmus.: Kunst u. Kunsthandwerk des 20. Jh. aus Eigenbesitz, Schleswig 1978, Nr. 108 · Schlesw.-Holst. Landesmus.: Auswahlkat. z. Kunst d. 20. Jh., Schleswig 1979, Nr. 334 · Wietek, G.: Wilhelm Niemeyer und KSR, Nordelbingen 49, 1979, S. 114 · Wietek 1984, S. 101

Ausstellungen:
1911 Hamburg, Gal. Commeter: Holzkästen von KSR
1960 Schleswig/Hamburg: Plastik u. Kunsthdw. v. Malern d. dt. Expressionismus, Kat. Nr. 291
1984 Schleswig, Kat. Nr. 172

266
Kubischer Holzkasten, 1911
Holz mit ornamental eingeschnittenen, farbig gefaßten Feldern
Ehem. Bes. Rosa Schapire
Verbleib unbekannt

Literatur:
Wietek, G.: Dr. phil. Rosa Schapire. Jhrb. d. Hbg. Kunstslg. 9, 1964 (Abb.)

267
Hochrechteckiger Deckelkasten mit ornamentaler Bemalung, 1911
Lindenholz mit farbiger Aussenfassung, Ornamentfelder mit vertieften Konturen
20,3 x 12 x 9,9 cm
Signatur: S. Rottluff mit brauner Farbe a. d. Unterseite
Ehem. Melitta Roosen geb. Bohlen, Hamburg, erworben in der Galerie Commeter in Hamburg 1911
Privatbesitz

LEGENDEN 1911

Literatur:
Schapire, R.: Zu Schmidt-Rottluffs Ausstellung bei Commeter. Der Hamburger, Nov. 1911 · Manuskript Niemeyer „Bemalte Kästen", 1911

268
Ornamental verzierter Holzkasten mit Scharnieren und Metallschließe (1911)
Holz, mit vertieft umrandeten und farbig bemalten Ornamentfeldern, Deckel und Vorderseite aufklappbar
14,5 x 27,5 x 22 cm
Ehem. Bes. Rosa Schapire
Privatbesitz

Literatur:
Schapire, R.: Zu KSRs Ausstellung bei Commeter. Der Hamburger, Nov. 1911 · Niemeyer-Manuskript „Bemalte Holzkästen", 1911 · Wietek, G.: Dr. phil. Rosa Schapire. Jhrb. d. Hbg. Kstslg. 9, 1964

269
Würfelförmiger Deckelkasten mit umlaufenden gelben Bändern (1911)
Holz, mit vertieft eingeschnittenen Konturen und farbig ausgemalten Feldern
15 x 15 x 15 cm
Privatbesitz

270
Holzkasten mit ornamentalen Verzierungen (1911)
Lindenholz, mit eingeschnittenen, allseitig wiederkehrenden farbigen Ornamenten
12 x 24 x 13,8 cm, Holzdicke 0,72 cm
Signatur: S. Rottluff mit brauner Farbe a. d. Unterseite
Ehem. Elsa Hopf, Hamburg
Privatbesitz

Literatur:
Schapire, R.: Zu KSRs Ausstellung bei Commeter. Der Hamburger, Nov. 1911 · Niemeyer-Manuskript „Bemalte Holzkästen", 1911 · Wietek 1984, S. 99

271
Hochrechteckiger Deckelkasten mit allseitigen Ornamentfeldern (1911)
Holz mit eingeschnittenen und bemalten Ornamentfeldern auf Wandungen und Deckel
20 x 12 x 9,7 cm
Signatur: S. Rottluff a. d. Unterseite eingeschnitten
Brücke-Museum Berlin

Literatur:
Schapire, R.: Zu KSRs Ausstellung bei Commeter. Der Hamburger, Nov. 1911 · Niemeyer-Manuskript „Bemalte Holzkästen", 1911 · Wietek, G.: KSR – Die Skulpturen. KSR-Retrospektive 1989, S. 58 (Abb.)

Ausstellungen:
1960 Schleswig/Hamburg: Plastik u. Kunsthdw. v. Malern d. dt. Expressionismus, Kat. 291
1977 Berlin, Brücke-Museum: KSR – Das nachgelassene Werk, Kat. Nr. 121 u. 34 (Abb.)
1989 KSR-Retrospektive, Kat. Nr. 87 (Abb.)

LEGENDEN 1911

272
Wandbehang aus applizierten Stoffen, 1910/11
Verschiedenfarbige Stoffteile auf dunkelgrünem Grund als abstrakt-kubistisches Motiv gestaltet (1982/83 Herstellung einer Aushang-Kopie durch Gisela Soltkahn, Hamburg)
197,5 x 140 cm
Ehem. Wilhelm Niemeyer, Hamburg
Schleswig, Landesmuseum

Literatur:
Niemeyer an Osthaus 29.7.1914 (Osthaus-Archiv Hagen) · Brief des Künstlers a. d. Verfasser v. 21.11.1969 · Berichte des Schlesw.-Holst. Landesmus. 1978/79 S. 35 (Abb.) · Wietek, G.: Wilhelm Niemeyer u. KSR, Nordelbingen 49, 1979, S. 114 · Schlesw.-Holst. Landesmus.: Auswahlkat. z. Kunst d. 20. Jh., Schleswig 1979, Nr. 331 (Abb.) · Wietek 1984, S. 201

Ausstellungen:
1960 Schleswig/Hamburg: Plastik u. Kunsthdw. v. Malern d. dt. Expressionismus, Kat. Nr. 288
1984 Schleswig, Kat. Nr. 168

273
Kissenhülle aus applizierten Stoffen, 1910/11
Verschiedenfarbig applizierte Stoffe mit beidseitig gleichem Muster
35 x 55 cm
Ehem. Wilhelm Niemeyer, Hamburg
Schleswig, Landesmuseum

Literatur:
Berichte d. Schlesw.-Holst. Landesmus. 1978/79, S. 35 · Schlesw.-Holst. Landesmuseum: Auswahlkat. z. Kunst d. 20. Jh., Schleswig 1979, Nr. 332 · Wietek, G.: Wilhelm Niemeyer u. KSR, Nordelbingen 49, 1979, S. 114 · Wietek 1984, S. 201

Ausstellungen:
1960 Schleswig/Hamburg: Plastik u. Kunsthdw. v. Malern d. dt. Expressionismus, Kat. Nr. 289 (Abb.)
1984 Schleswig, Kat. Nr. 169

274
Runder Holzanhänger mit winkelförmigen Ornamenten, 1911/12
Mahagoniholz mit beidseitig eingeschnittenem Ornament in Wulstrand, der in Anhänger ausläuft
6,2 x 4,6 x 1,2 cm
Privatbesitz

Literatur:
Sauerlandt, M.: KSR-Ausstellg. im Museum f. Kunst u. Gewerbe. Hamburger Fremdenblatt 11.6.1925 (Abb.)

Ausstellungen:
1925 Hamburg, Mus. f. Kunst u. Gew.: KSR-Kunsthandwerk (ohne Kat.)
1977 Berlin, Brücke-Mus.: KSR – Das nachgelassene Werk, Kat. Nr. 158
1982 Paderborn, Kunstverein: KSR, Kat. Nr. 18

275
Ornamentierte Messingbrosche mit abwärts gebogenem Rand, 1911
Messingbronze, gebogen und getrieben mit rückseitiger Schließe
Durchmesser 6,1 – 6,5 cm
Signatur: S. Rottluff 1911 a. d. Rückseite einziseliert
Privatbesitz

Literatur:
Sauerlandt, Max: KSR-Ausstellg. im Museum f. Kunst u. Gewerbe, Hamburger Fremdenblatt 11.6.1925 (Abb.) · Brücke-Museum: KSR – Das nachgelassene Werk, Berlin 1977, Nr. 159

Ausstellungen:
1925 Hamburg, Museum f. Kunst u. Gewerbe: KSR-Kunsthandwerk (ohne Kat.)
1960 Schleswig/Hamburg: Plastik u. Kunsthdw. v. Malern d. dt. Expressionismus, Kat. Nr. 300
1982 Paderborn, Kunstverein: KSR, Kat. Nr. 19
1984 Köln, Kunstverein: Die Dt. Werkbund-Ausst. 1914, S. 349

276
Geschnittener Bernsteinanhänger mit Ornament, um 1911
Dunkler Bernstein, geschnitten, mit zwei Aufhänge-Durchbohrungen
8,1 x 4,2 x 1,1 cm
Privatbesitz

Literatur:
Brücke-Museum: KSR – Das nachgelassene Werk, Berlin 1977, Nr. 146

Ausstellungen:
1928 Königsberg, KSR, Kat. Nr. 68 (Abb.)
1960 Schleswig/Hamburg: Plastik u. Kunsthdw. v. Malern d. dt. Expressionismus, Kat. Nr. 322
1982 Paderborn, Kunstverein: KSR, Kat. Nr. 6

277
Bronze-Brosche mit umrahmtem Ornament, um 1910
Leicht gewölbte, etwa quadratische Bronzeplatte mit ziselierten Ornamenten oder Buchstaben, die doppelt umrahmt sind. Von der Platte gehen rückseitig zwei Halterungsbänder aus
5,5 x 5,3 cm
Signatur: S. Rottluff a. d. Rückseite eingeritzt
Schleswig, Landesmuseum

Literatur:
Berichte d. Schlesw.-Holst. Landesmuseums 1978/79, S. 36 · Schleswig-Holst. Landesmuseum: Kunst d. 20. Jh., Auswahlkatalog 1979, Nr. 347

Ausstellungen:
1984 Schleswig, Kat. Nr. 186

278
Runde Silberbrosche mit Ornament, 1910/11
Silberblech mit getriebenem Ornament und Buckelrand, rückseitig Messingschließe
Durchmesser 5,8 cm

Ehem. Wilhelm Niemeyer
Schleswig, Landesmuseum

Literatur:
Berichte d. Schlesw.-Holst. Landesmuseums 1978/79, S. 36 · Schlesw.-Holst. Landesmuseum: Kunst u. Kunsthdw. d. 20. Jh., Schlesw. 1978, Nr. 117 · Schlesw.-Holst. Landesmuseum: Kunst d. 20. Jh., Auswahlkat. 1979, Nr. 335 · Wietek 1984, S. 101.

Ausstellungen:
1960 Schleswig/Hamburg: Plastik u. Kunsthandwerk v. Malern d. dt. Expressionismus, Kat. Nr. 301

279
Haus und Bäume, 1912
Öl auf Leinwand, 102 x 76 cm
Signatur: A. d. Keilrahmen: Schmidt-Rottluff – Haus und Bäume
Privatbesitz

Literatur:
Nicht b. Grohmann

Ausstellungen:
1957 Oldenburg, Kat. Nr. 76
1958 Essen, Kat. Nr. 155
1973 Frankfurt, Kunstkabinett: KSR, Kat. Nr. 1 (Abb.)
1980 München, 40. Ketterer-Aukt., Kat. Nr. 1241 (Abb.)
1984 Schleswig, Kat. Nr. 15 (Abb.)
1992 KSR – Der Maler, Kat. Nr. 28 (Abb.)

280
Georginen in Vase, 1912
(Blumen in Vase)
Öl auf Leinwand, 85 x 77 cm
Signatur: S. Rottluff 1912 unten rechts
Ehem. Kunsthalle Hamburg (1917) – Morton D. May, St. Louis (USA) – Slg. Newman, Caracas – Galerie Tannhauser, New York.
Kunsthalle Bielefeld

Literatur:
Niemeyer, W.: Der Maler KSR, Die Kündung H. 4–6, Hbg. 1920–22 · Kl. Führer d. Kunsthalle Hamburg: KSR, 1921 · Pauli, G.: Führer durch die Galerie Neuerer Meister d. Kunsthalle Hbg. 1924, S. 206 · Kat. d. Gemälde d. Kunsthalle Hbg. 1926, Nr. 1684 (2. Aufl. 1927) · Rave, P. O.: Kunstdiktatur im 3. Reich, Hbg., 1949, S. 81 · Grohmann 1956, S. 183, 285 (Abb.) · Buchheim, L. G.: Die Brücke, Feldafing 1956 (Abb.) · Wietek 1957, Nr. 74 · Hentzen, A.: Malerei d.20. Jh. in der Hbg. Kunsthalle, Hbg. 1960, S. 124 (Abb.) · Roh, F.: Entartete Kunst, Hannover 1962 (Verz.) · Wietek, G.: Dr. phil. Rosa Schapire, Jhrb. d. Hbg. Kunstslg. 9, 1964, S. 120 · Haftmann, W.: Malerei im 20. Jh. II, München 1965 (Abb.) · Kat. d. Gemälde d. Kunsthalle Bielefeld 1968, Nr. 132 (Abb.) · Kat. d. Meister d. 20. Jh. i. d. Hbg. Kunsthalle 1969, S. 147 (Abb.) · Brix 1972, S. 25 · Gordon 1974 · Jörn, R.: KSRs Georginen in Vase 1912. Erläuterungen zu Gemälden u.Plastiken d. Kunsthalle Bielefeld 1978 · Wietek 1984, S. 100, 106, 180 (Abb.) · Kat. d. Gemälde u. Skulpturen d. 20. Jh., Kunsthalle Bielefeld, 1985, Nr. 300 (Abb.) · Tobien, F.: Künstlergruppe Brücke, Kirchdorf 1987, S. 37 (Abb.) · Lüttichau, M. A. v.: Rekonstruktion d. Ausstellg. Entartete Kunst. Die Kunststadt München 1937, München 1988, S. 152 (Abb.) · Thiem, G.: KSR: 1912 – Experiment Kubismus. Städel – Jhrb. NF 13, 1991 (Abb.) · Herzog, H. M.: Rosa Schapire im Spiegel ihrer Darstellungen von KSR. Kat. Das Bildnis d. Expressionismus, Kunsthalle Bielefeld 1992 (Abb.) · Bruhns, M.: Rosa Schapire u. der Frauenbund z. Förderung dt. bildender Kunst. Avantgarde u. Publikum (Hrsg. v. H. Junge), Köln 1992, S. 274

Ausstellungen:
1912 Prag, Künstlergruppe Skupina, Kat. Nr. 88 (28.9. – 10.11.)
1913 Berlin, 26. Ausst. d. Bln. Sezession, Kat. Nr.177
1959 Caracas: Expressionismo en Alemania, Kat. Nr. 109 (Abb.)
1963 Hannover, Kunstverein: KSR, Kat. Nr. 36 (Abb.)
1964 London, Tate Gallery: Painters of the Brücke, Kat. Nr. 259 (Abb.)
1964 Hannover u. a. O.: KSR, Kat. Nr. 36 (Abb.)
1965 Marseille, Musée Cantini: Expressionisme Allemand, Kat. Nr. 71 (Abb.)
1969 Düsseldorf, Gal. Großhennig: KSR, Kat. S. 16 (Abb.)
1989 KSR-Retrospektive, Kat. Nr. 105 (Abb.)
1991 Los Angeles: Entartete Kunst, Kat. S. 343 (Abb.)
1992 KSR – Der Maler, Kat. Nr. 26 (Abb.)

281
Frauenkopf und Maske, 1912
Öl auf Leinwand
(mit eingenhändig geschnitztem Rahmen)
84 x 76 cm
Signatur: S. Rottluff 1912 unten rechts
Staatliche Kunstsammlungen Dresden, Gemäldegalerie Neue Meister

Literatur:
Grohmann 1956, S. 257, 285 (Abb.) · Wietek 1957, Nr. 78 · Brix 1972 (Abb.) · Gordon 1974 · Reidemeister, L.: Die Evangelisten von KSR u. die Sonderbund-Ausstellg. in Köln, Brükke-Archiv 8, 1976 (Abb.) · Staatl. Kunstsammlungen Dresden, Gemäldegalerie Neue Meister, 10. Aufl. 1986, S. 89 · Gemäldegalerie Dresden – Neue Meister, Dresden 1987, S. 284 · Thiem, G.: KSR 1912 – Experiment Kubismus. Städel - Jhrb. NF 13, 1991 (Abb.) · Lloyd J.: German Expressionism, London 1991, S. 60 · Gemäldegalerie Neue Meister Dresden: Vom Expressionismus zur Gegenwart, Dresden 1993, Nr. 190 (Abb.)

Ausstellungen:
1912 Prag, Künstlergruppe Skupina, Kat. Nr. 87
1914 Hagen, Folkwang-Mus.: KSR
1917 München, Gal. Hans Goltz: KSR, Kat. 8
1929 Königsberg, Städt. Kunstsammlungen: KSR, Kat. Nr. 9
1974 Karl-Marx-Stadt, Kat. Nr. 68
1987 Berlin, Altes Museum: Kunst in Berlin 1648 – 1987, Kat. Nr. H 137 (Abb.)
1992 KSR – Der Maler, Kat. Nr. 25 (Abb.)

282
Häuser am Kanal, 1912
Öl auf Leinwand, 74 x 102 cm
Signatur: S. Rottluff 1912 unten rechts
Ehem. Nationalgalerie der Staatl. Museen Berlin (Ost)
Staatl. Museen zu Berlin, Nationalgalerie

Literatur:
Sydow, E. v.: KSR. Der Cicerone X, 1918 (Abb.) · Westheim, P.: KSR – Zur Ausst. i. d. Galerie Möller, Berlin, Frankft. Ztg. Jg. XII, 1922 · Grohmann 1956, S. 286 · Wietek, 1957, Nr. 73 (Abb.) · Brix, 1972, S. 25 · Jähner, H.: Künstlergruppe Brücke, Bln. 1984 (Abb.) · Zweite, A.: KSR als Mitglied d. Brücke, Kat. KSR-Retrospektive 1989, S. 35 (Abb.) · Thiem, G.: KSR 1912 – Experiment Kubismus. Städel-Jhrb. NF 13, 1991 (Abb.) · März, R.: Kunst in Deutschld. 1905–1937, Gemälde u. Skulpturen a. d. Slg. d. Nationalgalerie, Bln. 1992 (Abb.) · Kat. d. Gemälde d. 20. Jh. in der Nat. Galerie Berlin (Ost), Bln. 1977 (Nachtrag) · Schätze der Weltkultur, Berlin (Ost), 1988 ff. (Abb.)

Ausstellungen:
1922 Berlin, Galerie Ferd. Möller
1986 Berlin, Alte Nationalgalerie: Expressionisten, Kat. Nr. 97 (Abb.)
1992 Paris: L'Expressionisme en Allemagne, Kat. Nr. 135 (Abb.)
1992 KSR – Der Maler, Kat. Nr. 27 (Abb.)

283
Villa mit Turm, 1912
Öl auf Leinwand, 85 x 76,5 cm
Signatur: S. Rottluff 1912 unten rechts
Ehem. Viktor und Hedda Peters, Leipzig
Kunsthalle Mannheim

Literatur:
Grohmann 1956, S. 285 · Wietek 1957, Nr. 80 · Kat. d. Neuerwerbg. d. Kunsthalle Mannheim, 1963, Nr. 39 (Abb.) · Haftmann, W.: Malerei im 20. Jh., München 1965 (Abb.) · Gordon 1974

Ausstellungen:
1912 Prag, Künstlergruppe Skupina (28.9. – 10.11.)
1914 Berlin, Galerie Fritz Gurlitt (16.4. – 10.5.), Kat. Nr. 23
1922 Leipzig, Kunstverein: Ausst. moderner Kunst aus Privatbesitz, Kat. Nr. 163
1951 Mannheim, Kunsthalle, KSR
1963 Mannheim, Kunsthalle, Neuerwerb. Malerei, Kat. Nr. 39 (Abb.)
1963 Hannover, Kunstverein: KSR, Kat. Nr. 37 (Abb.)
1974 Hamburg, KSR, Kat. Nr. 7 (Abb.)
1989 KSR-Retrospektive, Kat. Nr. 107 (Abb.)

284
Graue Landschaft, 1912
Öl auf Leinwand, 87 x 95 cm
Signatur: S. Rottluff 1912 unten rechts
Geschenk des Künstlers an die Hamburger Sezession
Verbleib unbekannt

Literatur:
Niemeyer o.J. · Grohmann 1956, S. 254, 285 (Abb.) · Wietek 1957, Nr. 77 · Gordon 1974 · Jaeger, R. u. Steckner, C.: Zinnober – Kunstszene Hamburg 1919 – 1933, Hamburg, 1983, S. 82 · Wietek 1984, S. 97, 182 (Abb.) · Thiem, G.: KSR – 1912. Experiment Kubismus. Städel-Jhrb. NF 13, 1991, S. 256

Ausstellungen:
1914 Berlin, Gal. Fritz Gurlitt (16.4. – 10.5.), Kat. Nr. 28
1917 München, Gal. Hans Goltz: KSR, Kat. Nr. 5
1921 Hamburg, 2. Ausst. der Hamburger Sezession

285
Watt bei Ebbe, 1912
Öl auf Leinwand, 76 x 84 cm
Signatur: S. Rottluff 1912 unten rechts
Ehem. Slg. Kurt Forberg, Düsseldorf
Privatsammlung

Literatur:
Nicht b. Grohmann – Ruhrberg, K.: Der Schlüssel zur Malerei von heute. Düsseldorf-Wien 1965 (Abb.) · Rathke, E.: Expressionismus, München 1973 (Abb.) · Gordon 1974

Ausstellungen:
1913 München, Galerie Hans Goltz: 2. Ausst. Kat. Nr. 139
1914 Berlin, Gal. Fritz Gurlitt (16.4. – 10.5.), Kat. Nr. 41
1960 Essen, Mus. Folkwang: Dem wiedereröffneten Museum Folkwang zum Gruß (Abb.)
1962 Düsseldorf, Kunstverein: 10 Jahre Gr. Kunstpreis d. Landes Nordrhein-Westfalen, Kat. Nr. 42
1964 London, Tate Gallery: Painters of the Brücke, Kat. Nr. 260
1966 Hamburg, Kunstverein: Vom Impressionismus zum Bauhaus, Meisterwerke aus dt. Privatbesitz, Kat. Nr. 75
1969 Düsseldorf, Gal. Wilh. Grosshennig: KSR (Kat. Titel)
1970 München/Paris: Europ. Expressionismus. Kat. Nr. 138 (Abb.)

286
Lektüre, 1912
Öl auf Leinwand, 84 x 76 cm
Verbleib unbekannt

Literatur:
Grohmann 1956, S. 257, 287 (Abb.) · Wietek 1957, Nr. 79 · Moeller, M. M.: Protagonist der Moderne . . . Kat. KSR – der Maler, Stuttg. 1992 (Abb.)

287
Landschaft mit Bauernhaus, 1911/12
Wachskreiden, 9,3 x 14,4 cm
Postkarte an Jack Goldschmidt, Hamburg
Poststempel Friedenau, 23.3.12
Der nur auszugsweise bekannte Text erwähnt die Schwester des Empfängers, Clara Goldschmidt, und den notwendig gewordenen Verzicht auf eine gemeinsam geplante Alsterfahrt in Hamburg.
Verbleib unbekannt

Literatur:
Feddersen, M: Zu den Innenarchitekturen von M. J. Goldschmidt, Mod. Bauformen XXVI, 12. Stuttg. 1927, S. 488 · Wietek 1984, S. 97

Ausstellungen:
1964 Düren, Leopold-Hoesch-Museum: Das expressionist. Kleinbild, Kat. Nr. 62
1964 Bern, Kornfeld u. Klipstein, 112. Auktion, Kat. Nr. 1167
1988 Düsseldorf, Gal. Ludorff: Herbstkat. 50, S. 276–277 (Abb.)
1988 Bern, Gal. Kornfeld, 199. Aukt., Kat. Nr. 97 (Abb.)
1990 Düsseldorf, Gal. Ludorff: Herbst Kat. 58, S. 116 (Abb.)

288
Foto-Postkarte mit Holzskulptur, 1912
Kartenformat 8,9 x 13,9 cm
Postkarte an Rosa Schapire, Rittergut Uhenfels, Post Seeburg/Württ.
Poststempel Varel 9.8.1912
Text: „L.R. Heute giebts nur die Postkarte mit den herzlichsten Grüssen. Ich schreibe bald ausführlich auf Deinen Brief. Deine Emma - Lulu Ritter. – Herzl. Grüsse S.R."
Privatbesitz

Literatur:
Wietek, G.: KSR. In: Skulptur d.Expressionismus, München 1984 (Wiederabdr. im Kat. KSR-Retrospektive Brem./Münch. 1989, S. 53) · Wietek, G.: Emma Ritter u. ihr Verhältnis z. Malerei d. dt. Expressionismus, Oldb. Jhrb. 58, 1959

289
Haus aus Oldenburg, 1912/13
Holzschnitt (Linde)
Panpresse 139
27,1 x 20 cm
Signatur: S-Rottluff unten rechts

Literatur:
Schapire H 107 · Wietek 1971 (Abb.) · Rathenau 1987

Ausstellungen:
1957 Oldenburg, Kat. Nr. 187
1959 Stuttgart, 34. Ketterer-Aukt., Kat. Nr. 871
1969 Hamburg, KSR-Graphik, Kat. Nr. 37
1974 Berlin, Gal. Nierendorf: Die Maler d. Brücke, Kat. Nr. 29 (Abb.)
1975 Berlin, Gal. Nierendorf: KSR, Kat. Nr. 20 (Abb.)

290
Hafen, 1912
Holzschnitt (Fichte)
mit eingedruckten grünen Farbflächen
Eigendruck
23,6 x 30 cm

Sammlungen:
Berlin, Brücke-Museum (mit Holzstock)
Kiel, Kunsthalle (Schapire-Nachlaß)
Schleswig, Landesmuseum

Literatur:
Schapire H 79 · Wietek 1971 (Abb.) · Wietek 1984 (Abb.) · Rathenau 1987

LEGENDEN 1912

Ausstellungen:
1957 Oldenburg, Kat. Nr. 312
1958 Essen, Kat. Nr. 246
1969 Hamburg, KSR-Graphik, Kat. Nr. 28 (Abb.)
1969 Hamburg, 167. Hauswedell-Aukt.: KSR-Graphik, Kat. Nr. 12 (Abb.)
1970 Ffm./Höchst: KSR-Holzschnitte u. Radierg. aus einer Privatslg., Kat. Nr. 2
1974 Reutlingen, Thoma-Ges.: KSR-Graphik, Kat. Nr. 15
1974 Berlin, KSR-Graphik, Kat. Nr. 66 (Abb.)
1978 Konstanz, Kunstverein: Graphik KSRs, Kat. Nr. 14
1983 Berlin, Brücke-Mus.: KSR-Holzstöcke 1905–30, Kat. Nr. 29 (Abb.)
1984 Schleswig, Kat. Nr. 144
1992 Berlin, Brücke-Mus.: Die Brücke – Zeichnungen, Aquarelle, Graphik, Kat. Nr. 227 (Abb.)
1992 Paris: L'Expressionisme en Allemagne, Kat. Nr. 155 (Abb.)

291
Bäume, 1912
Lithographie (Kreide auf Umdruckpapier)
Stein abgeschliffen
Panpresse
33,5 x 42,5 cm

Sammlungen:
Frankfurt, Städel
Schleswig, Landesmuseum

Literatur:
Schapire L 81 · Wietek 1971 (Abb.) · Rathenau 1987

Ausstellungen:
1957 Oldenburg, Kat. Nr. 207
1957 Schleswig, Kat. Nr. 343
1969 Hamburg, KSR-Graphik, Kat. Nr. 96 (Abb.)
1978 Konstanz, Kunstverein: Graphik KSRs, Kat. Nr. 89
1984 Hamburg, BATIG: KSR – Meisterwerke d. Graphik . . ., Kat. Nr. 71 (Abb.)

292
Landschaft mit Baum und Haus, 1912
Lithographie (Kreide auf Umdruckpapier)
Stein abgeschliffen
Panpresse Berlin
33,5 x 42,5 cm

Sammlungen:
Frankfurt, Städel
Schleswig, Landesmuseum

Literatur:
Schapire L 82 · Wietek 1971 · Rathenau 1987.

Ausstellungen:
1957 Oldenburg, Kat. Nr. 208
1969 Hamburg, KSR-Graphik, Kat. Nr. 97
1974 Reutlingen, Thoma-Ges.: KSR-Graphik, Kat. Nr. 83 (Abb.)
1978 Konstanz, Kunstverein: Graphik KSRs, Kat. Nr. 90

LEGENDEN 1912

293
Aus Dorf Dangast, 1912
Lithographie (Kreide auf Umdruckpapier)
Stein abgeschliffen
Panpresse Berlin
31 x 44,3 cm

Sammlungen:
Frankfurt, Städel
Hannover, Sprengel-Museum
Schleswig, Landesmuseum

Literatur:
Schapire L 84 · Kunst u. Künstler IX, 155 (Abb.) · Rathenau 1987

Ausstellungen:
1957 Oldenburg, Kat. Nr. 210
1969 Hamburg, KSR-Graphik, Kat. Nr. 99
1974 Reutlingen, Thoma-Ges.: KSR-Graphik, Kat. Nr. 84
1982 Hannover, Kunstmuseum: Brücke, Kat. Nr. 194 (Abb.)

294
Aus Rastede, 1912
Lithographie (Kreide auf Umdruckpapier)
Stein abgeschliffen
Panpresse Berlin
32,5 x 43,2 cm

Sammlungen:
Essen, Museum Folkwang (Schapire-Nachlaß)
Frankfurt, Städel
Schleswig, Landesmuseum

Literatur:
Schapire L 83 · Rathenau 1987

Ausstellungen:
1957 Oldenburg, Kat. Nr. 209
1969 Hamburg, KSR-Graphik, Kat. Nr. 98
1978 Konstanz, Kunstverein: Graphik KSRs, Kat. Nr. 91
1978 Duisburg/Breslau: Künstlergruppe Brücke, Kat. Nr. 85
1980 New York/San Francisco: Expressionism, Kat. Nr. 194 (Abb.)

295
Die vier Evangelisten, 1912
(Matthäus, Markus, Lukas, Johannes)
Messingblech, getrieben und farbig gefaßt,
mit Messingstiften auf Fichtenholzbretter montiert
Je 42,5 x 33 cm
Signatur: S. Rottluff und Titel jeweils rückseitig
Ehem. Viktor und Hedda Peters, Leipzig
Brücke-Museum Berlin

Literatur:
Hartlaub, G. F.: Kunst u. Religion, Leipzig 1919, S. 89 (Abb.) · Grohmann 1956, S. 240 (Abb.) · Reidemeister, L.: Die 4 Evangelisten von KSR., Brücke-Archiv 8, 1975/76 (Abb.) · Brücke-Museum: Kat. d. Gemälde, Glasfenster usw., Bln. 1983, Nr. 262–265 · Gordon, D. E.: Deutscher Expressionismus, Primitivismus in der Kunst des 20. Jh., München 1984 (Abb.) · Wietek, G.: KSR – Die Skulpturen. KSR-Retrospektive 1989, S. 54 (Abb.) · Thiem, G.: KSR – 1912. Experiment Kubismus. Städel-Jhrb. NF 13, 1991

Ausstellungen:
1918 Mannheim, Kunsthalle: Neue religiöse Kunst, Kat. Nr. 65
1989 KSR-Retrospektive, Kat. Nr. 116 (Abb.)

296
Kopfrelief eines Bärtigen, 1912
Fichtenholz, getönt, rückseitig ausgehöhlt
42,5 x 22,5 und 20 x 10 cm
Signatur: S. Rottluff rückseitig eingeschnitten
Ehem. Rosa Schapire
Privatbesitz

Literatur:
Schapire-Verz. · Wietek, 1957, Nr. 217 · Wietek, G.: Dr. phil. Rosa Schapire. Jhrb. d. Hbg. Kstslg. 9, 1964 (Abb.) · Wietek, G.: Rosa Schapire und KSR, Die Kunst 9, 1974, S. 540 (Abb.) · Wietek 1984, S. 104 · Wietek, G.· KSR – Die Skulpturen. KSR-Retrospektive 1989, S. 54 (Abb.)

Ausstellungen:
1930 Hamburg, Kunstverein: Kunst der letzten 30 Jahre aus Privatbesitz, Kat. Nr. 238 (hier 1912 datiert)

297
Holztruhe mit bemalten Feldern, 1912
Breites Holzrahmenwerk, mit eingelassenen, in abstrakten Formen bemalten Tafeln, bündigem Scharnierdeckel und Schloßbeschlag.
Farben später nachgebessert
Höhe 54 cm, Grundriß 57 x 98 cm
Signatur: S. Rottluff 1912 vorn unten rechts

LEGENDEN 1912

Ehem. Elsa Hopf, Hamburg
Privatbesitz

Literatur:
Wietek 1984, S. 99

298
Schmales Silberarmband mit Wulsträndern Um 1912
Silberreif mit gewulsteten Rändern, rundum getriebenen Buckelverzierungen und genietetem Verbindungsglied mit gerollten Endungen
Durchmesser 6,5 – 6,8 cm, Reifenhöhe 1,1 cm
Signaturstempel S. Rottluff innen
Privatbesitz

Ausstellungen:
1957 Oldenburg, Kat. Nr. 227

299
Armband aus 6 Schildplättchen, 1911/12
Messing, vergoldet und getrieben
21 x 3 cm
Signatur: Stempel S. Rottluff und Gravierungen „L.S. – 12" auf der Rückseite
Ehem. Luise Schiefler, Hamburg
Museum für Kunst und Gewerbe Hamburg (Geschenk des Künstlers 1920)

Literatur:
Schiefler, G.: Meine Graphiksammlung, Hbg. 1927, S. 49 · Grohmann 1956, S. 161 · Aus den Erinnerungen von Luise Schiefler. Aufgez. v. Hans Platte 1965, Hbg. 1965, S. 33 · Wietek, 1984, S. 104

LEGENDEN 1912

Ausstellungen:
1912 Köln, Sonderbund, Kat. Nr. 1258
1925 Hamburg, Mus. f. Kunst u. Gewerbe: KSR – Kunsthandwerk (ohne Katalog)
1957 Schleswig, Kat. Nr. 352
1960 Schleswig/Hamburg: Plastik u.Kunsthdw. v. Maler d. dt. Expressionismus, Kat. Nr. 304
1961 London: International Exhibition of Modern Jewellery 1890–1961, Kat. Nr. 703

300
Brieföffner, 1912
Messingblech, z.T. geätzt
Länge 24 cm, gr. Breite 4,2 cm
Signatur: S. Rottluff 1912
a. d. Klinge eingeritzt
Privatbesitz

NACHTRAG:

301
Um die Mittagszeit, 1907
Öl auf Leinwand, 70 x 86 cm
Signatur: S. Rottluff unten links
Ehem. Dr. Schumann, Chemnitz
Städtische Kunstsammlungen Chemnitz (seit 1994)

Literatur:
Niemeyer o. J. · Grohmann 1956, S. 282 (ohne Abb.) · Wietek 1957, Nr. 10 · KSR – Malerei und Graphik, Best. Kat. I der Sammlungen Malerei und Plastik d. Städt. Kunstslg. Chemnitz 1993, Nr. 257 (Abb.)

BIBLIOGRAPHIE

Die Zusammenstellung berücksichtigt vorrangig solche Veröffentlichungen, die mit dem Thema der vorgelegten Publikation in unmittelbarem Zusammenhang stehen. Zum Werk Schmidt-Rottluffs legte Will Grohmann 1956 in seiner dem Maler gewidmeten Monographie ein erstes Schrifttumsverzeichnis vor, das Gunther Thiem in der Folgezeit in Katalogen von ihm bearbeiteter Schmidt-Rottluff-Ausstellungen bis 1989 fortführte. Parallel hierzu erschienen Ergänzungen vor allem in den Veröffentlichungen des seit 1967 bestehenden Brücke-Museums, sowie in Arbeiten von Karl Brix und des Verfassers. Zur Oldenburgischen Kunstgeschichte findet sich weiterführende Literatur in der Publikation des Verfassers „200 Jahre Malerei im Oldenburger Land" (1986) und in José Kastlers „Heimatmalerei – Das Beispiel Oldenburg" (1988).

Die in den meisten Fällen übliche alphabetische Ordnung der Titel nach Verfassernamen und die Unterscheidung zwischen Büchern, Aufsätzen und Katalogen wurde bewußt zugunsten der chronologischen Priorität aufgegeben, um die Entwicklungsgeschichte der nur schwer nach ihren Wertigkeiten kategorisierbaren Forschungsbeiträge besser sichtbar machen zu können. Diesem Zweck dienen auch die zeitlichen Unterteilungen, mit denen zusammengehörige Publikations- und Ausstellungsabschnitte apostrophiert werden, wie die Neuansätze nach dem Ersten und Zweiten Weltkrieg, oder die auf Grohmanns Monographie von 1956 und auf die Gründung des Brücke-Museums 1967 durch neue Impulse geprägten Abschnitte. Bis zum Tode des Künstlers 1976 galten sie vor allem der Ermittlung, Bearbeitung und Darbietung des überkommenen Bestandes, ehe dieser in den Perioden danach zunehmend in größere Zusammenhänge eingebunden und durch jüngere, nicht mehr der Erlebnisgeneration angehörende Wissenschaftler unbefangener gesehen und begriffen werden konnte. Rezensionen, Graphikmappen, Zeitungsberichte, Versteigerungs- und Galeriekataloge wurden – von begründeten Ausnahmen abgesehen – nicht aufgenommen, doch sei darauf verwiesen, daß diese Einschränkungen nicht für die den jeweiligen Abbildungslegenden beigegebenen Literatur- und Ausstellungsangaben gelten. Abschlußtermin für die Ermittlung der aufgenommenen Titel war der 31. Dezember 1993.

Bis 1918

Böse, Karl Georg: Das Großherzogtum Oldenburg, Topographisch-statistische Beschreibung, Oldenburg 1863

Das Nordseebad Dangast bei Varel, Varel (1884)

Führer durch das Nordseebad Dangast und seine Umgebung. Woerl's Reisehandbücher Würzburg-Wien (1891)

Jahresberichte der Vereinigung Nordwestdeutscher Künstler, Bremen 1907 ff.

Kataloge der Ausstellungen des Oldenburger Kunstvereins im Augusteum, Oldenburg ab 1907

Verzeichnisse der Mitglieder des Oldenburger Künstlerbundes, Oldenburg 1908 ff.

Katalog Sonderausstellung E. Heckel-Dangast und Schmidt-Rottluff-Dangastermoor, Augusteum, Oldenburg 1908

Zeitschrift für Bildende Kunst, Berlin, Jg. 19, (1908)

Niemeyer, Wilhelm: Malerische Impressionen und koloristischer Rhythmus. Denkschrift des Sonderbundes, Düsseldorf, 1910. (Ergänzt durch sein Vorwort zu „Katalog der Ausstellung des Sonderbundes westdeutscher Kunstfreunde und Künstler", Düsseldorf 1910)

Katalog Ausstellung K.G. Brücke, Galerie Arnold, Dresden 1910

Kataloge der Neuen Sezession Berlin, 1910–1914

Der Sturm. Wochenschrift für Kultur und Künste. Hrsg. von Herwarth Walden. Berlin 1910–1928 (Schmidt-Rottluffs illustrative Beteiligung von 1911 an)

Schapire, Rosa: Zu Schmidt-Rottluffs Ausstellung bei Commeter, Der Hamburger I, Hamburg 1911

Vinnen, Carl: Protest deutscher Künstler, Quo usque tandem, Jena 1911

Die Aktion. Wochenschrift für Politik, Literatur, Kunst. Hrsg. von Franz Pfemfert, Berlin, 1911–1924. (Schmidt-Rottluffs Holzschnitte von 1912 an, Sonderheft Schmidt-Rottluff 1915)

Katalog Ausstellung Künstlergruppe Brücke, Kunstsalon Fritz Gurlitt Berlin und – mit einer Variante – Galerie Commeter Hamburg, Oldenburg 1912 (Druck Ad. Littmann Oldenburg)

Rump, Ernst: Lexikon der bildenden Künstler Hamburgs, Altonas und der näheren Umgebung, Hamburg, 1912

Katalog der Internationalen Kunstausstellung des Sonderbundes Westdeutscher Kunstfreunde und Künstler zu Cöln, Cöln 1912

Das neue Programm (Antwort auf eine Rundfrage über künstlerische Programme mit Beteiligung Schmidt-Rottluffs), Kunst und Künstler, Jg. 12, Berlin 1914

Fechter, Paul: Der Expressionismus, München 1914

Behne, Adolf: Deutsche Expressionisten. Der Sturm 5, 1914

Katalog Sonderausstellung Schmidt-Rottluff, Galerie Neue Kunst Hans Goltz, München 1917 (Einführung Rosa Schapire)

Coellen, Ludwig: Karl Schmidt-Rottluff, Das Kunstblatt 1, 1917

Walden, Herwarth: Einblick in Kunst – Expressionismus, Futurismus, Kubismus, Berlin 1917

Das Kunstblatt. Monatsschrift. Hrsg. von Paul Westheim, Weimar/Berlin 1917–1933

Sydow, Eckart von: Schmidt-Rottluff, Der Cicerone, Jg. 10, Leipzig 1918

Heise, Carl-Georg: Die Sammlung des Freiherrn August von der Heydt, Elberfeld. Ausgewählte Werke der Kunst der Gegenwart, Leipzig 1918

1919–1945

Katalog-Faltblatt Sonderausstellung Schmidt-Rottluff, Galerie Ferdinand Möller, Berlin 1919

Hildebrandt, Hans: Der Expressionismus in der Malerei, Stuttgart 1919

Hausenstein, Wilhelm: Über Expressionismus in der Malerei, Berlin 1919

Ja! Stimmen des Arbeitsrates für Kunst in Berlin. Verlag Photographische Gesellschaft, Berlin-Charlottenburg 1919

Joel, Theodor Hans (Hrsg): Das Graphische Jahrbuch. Darmstadt, 1919 (Enthält u.a. von Gustav Schiefler: „Die Inkunabeln der neuen deutschen Graphik" und von Rosa Schapire: „Schmidt-Rottluff als Graphiker")

Genius. Zeitschrift für Werdende und Alte Kunst. Hrsg. von C. G. Heise und H. Mardersteig, Leipzig, 1919–1921

Niemeyer, Wilhelm: Vom Wesen und Wandel der Plastik, Genius, Jg. 1, München 1919

Schapire, Rosa: Schmidt-Rottluffs religiöse Holzschnitte, Die Rote Erde, Jg. 1, Hamburg 1919

Westheim, Paul: Die Welt als Vorstellung, Potsdam–Berlin 1919

Katalog Schmidt-Rottluff – Negerkunst, Kestner-Gesellschaft, Hannover 1920 (Bearb. P. E. Küppers)

Glaser, Curt: Die neue Graphik. Kunst und Künstler, Jg. 18, Berlin 1920. (Anläßlich der Ausstellung von Neuerwerbungen im Berliner Kupferstichkabinett)

Scheffler, Karl: Karl Schmidt-Rottluff, Kunst und Künstler, Jg. 18, Berlin 1920

Gosebruch, Ernst: Schmidt-Rottluff, Genius, Jg. 2, München 1920

Hartlaub, Gustav: Die neue deutsche Graphik (Tribüne der Kunst und Zeit, Nr. 14), Berlin 1920

Pfister, Kurt: Deutsche Graphik der Gegenwart, Leipzig 1920

Sydow, Eckart von: Die deutsche expressionistische Kultur und Malerei, Berlin 1920

Valentiner, Wilhelm R.: Schmidt-Rottluff, Junge Kunst 16, Leipzig 1920, (wieder abgedruckt im Jahrbuch der jungen Kunst, Jg. 1, 1920 und in Der Cicerone, Jg. 12, Leipzig 1920)

Katalog Munch und die Künstler der Brücke, Kunsthalle Bremen 1920

Justi, Ludwig: Neue Kunst – Ein Führer zu den Gemälden der sogenannten Expressionisten in der National-Galerie, Berlin 1921

Deri, Max: Die neue Malerei (Sechs Vorträge), Leipzig, 1921

Dirksen, Victor: Karl Schmidt-Rottluff (Kleine Führer der Kunsthalle Nr. 21), Hamburg 1921

Kuhn, Alfred: Die neuere Plastik, München 1921

Kündung – Eine Zeitschrift für Kunst, hrsg. von Wilhelm Niemeyer und Rosa Schapire, Hamburg 1920–1921 (Holzschnitte und Initialen von Schmidt-Rottluff)

Niemeyer, Wilhelm: Der Maler Karl Schmidt-Rottluff, Ein Vortrag im Kunstbund vor Werken des Künstlers aus den Jahren 1905–1920, Kündung, Hamburg 1921

Westheim, Paul: Das Holzschnittbuch, Potsdam 1921

Der Ziehbrunnen – Oldenburger Blätter für Theater, Literatur und bildende Kunst. Hrsg. von Renato Mordo, Jakob Stöcker, Martin Venzky, Oldenburg 1921

Glaser, Curt: Die Graphik der Neuzeit, Berlin 1923

Passarge, Walter: Junge Kunst in Erfurt, Der Cicerone Jg. 15, Leipzig 1923

Schmidt, Paul F.: Kunst der Gegenwart, Potsdam 1923

Westheim, Paul: Für und Wider – Kritische Anmerkungen zur Kunst der Gegenwart, Potsdam 1923

Hildebrandt, Hans: Die Kunst des 19. und 20. Jahrhunderts, Potsdam 1924

Pauli, Gustav: Führer durch die Galerie der Kunsthalle zu Hamburg – Die Neueren Meister, Hamburg 1924

Schapire, Rosa: Karl-Schmidt-Rottluffs Graphisches Werk, Berlin 1924

Hamann, Richard: Die deutsche Malerei vom Rokoko bis zum Expressionismus, Leipzig und Berlin 1925

Landau, Rom: Der unbestechliche Minos – Kritik an der Zeitkunst, Hamburg 1925

Niemeyer, Wilhelm: Zur Geschichte der malerischen Form – Erlesene Gemälde aus der Leihausstellung aus Hamburgischem Privatbesitz in der Kunsthalle, Hamburg 1925

Sauerlandt, Max: Karl Schmidt-Rottluff-Ausstellung im Museum für Kunst und Gewerbe, Hamburger Fremdenblatt 11.6.1925

Katalog Schmidt-Rottluff – G.H. Wolff, Vereinigung für junge Kunst, Oldenburg 1926

Einstein, Carl: Die Kunst des 20. Jahrhunderts. Berlin 1926 (2. Auflage 1928, 3. Auflage 1931)

Heise, Carl-Georg: Besprechung von Rosa Schapire, Karl Schmidt-Rottluffs Graphisches Werk bis 1923, Kunst und Künstler, Jg. 24, 1926 und Jg. 25, Berlin 1927

Scheffler, Karl: Geschichte der europäischen Malerei vom Impressionismus bis zur Gegenwart, Berlin 1927

Katalog Karl Schmidt-Rottluff, Galerie Ernst Arnold, Dresden 1927 (Einführung Will Grohmann)

Schiefler, Gustav: Meine Graphik-Sammlung, Hamburger Gesellschaft der Bücherfreunde, Hamburg 1927. (Ergänzt und herausgegeben von Gerhard Schack, Hamburg 1974)

Katalog Europäische Kunst der Gegenwart, Hamburger Kunstverein, Hamburg 1927 (Mit Beitrag von Wilhelm Niemeyer: Impressionismus und Nachimpressionismus in Deutschland)

Katalog Karl Schmidt-Rottluff, Städtische Kunstsammlungen und Kunstverein Königsberg 1928 (Bearb. Alfred Rohde)

Trüper, Hellmut: Die norddeutsche Landschaft in der Kunst – ihr Bild und ihre Seele, Hannover 1928

Katalog Karl Schmidt-Rottluff, Kunsthütte Chemnitz 1929 (Umschlagentwurf vom Künstler, Einführung Rosa Schapire)

Katalog Karl Schmidt-Rottluff, Provinzialmuseum Hannover 1930

Sauerlandt, Max: Holzbildwerke von Kirchner, Heckel und Schmidt-Rottluff im Hamburgischen Museum für Kunst und Gewerbe, Museum der Gegenwart, Jg. 1, Berlin 1930–1931

Katalog Kunst der letzten 30 Jahre aus Hamburger Privatbesitz, Kunstverein Hamburg 1930

Katalog 25 Jahre Oldenburger Künstlerbund, Oldenburg 1930 (Vorwort W. v. Busch)

Schumacher, Fritz: Aus der Vorgeschichte der Brücke, Der Kreis 9, Hamburg 1932

Katalog Jubiläumsausstellung 25 Jahre Vereinigung Nordwestdeutscher Künstler, Hannover/Oldenburg 1932

Read, Herbert: Art Now, London 1933 / New York 1934

Sauerlandt, Max: Die Kunst der letzten 30 Jahre, Berlin 1935 (Neuauflage Hamburg 1948)

Grohmann, Will: Schmidt-Rottluff. Thieme-Beckers Allgemeines Lexikon der bildenden Künstler. Band XXX. Leipzig, 1936 (Ausführliche Bibliographie)

Willrich, Wolfgang: Säuberung des Kunsttempels, eine kunstpolitische Kampfschrift, Berlin 1937

Führer durch die Ausstellung Entartete Kunst, Berlin 1937, (Nachdruck Köln 1988 bearb. Mario Andreas von Lüttichau)

Dresler, Adolf: Deutsche Kunst und Entartete Kunst, München 1938

Goldwater, Robert S.: Primitivism in Modern Painting, New York und London 1938

Grohmann, Will: L'Art contemporain en Allemagne, Cahiers d'Art Jg. 13, Paris 1938

Valentiner, Wilhelm R.: Expressionism and Abstract Painting, Art Quarterly Jg. 4, Detroit 1941

1946–1955

Hartlaub, Gustav F.: Die Graphik des Expressionismus in Deutschland, Stuttgart 1947

Jannasch, Adolf: Schmidt-Rottluffs Wandlung, Bildende Kunst, Jg. 1, Berlin 1947

Lorck, Carl von: Expressionismus, Lübeck 1947

Schmidt, Paul F.: Blütezeit der Dresdner Brücke. Aussaat, Jg. 1, Lorch-Stuttgart 1947

Töwe, Christian: Karl Schmidt-Rottluff. Aussaat, Jg. 1, Lorch-Stuttgart 1947

Nemitz, Fritz: Deutsche Malerei der Gegenwart, München 1948

Kröner, Karl: Karl Schmidt-Rottluff (Heftreihe Künstler unserer Zeit), Berlin 1948

Ahlers-Hestermann, Friedrich: Pause vor dem dritten Akt, Berlin 1949

Blaschke, Friedrich: Karl Schmidt-Rottluff als Aquarellist, Die Kunst und das schöne Heim. Jg. 47, München 1949

Rave, Paul Ortwin: Kunst-Diktatur im Dritten Reich, Hamburg 1949

Friesland – Ein Heimatbuch, Jever 1950 (Darin von K. H. Bredendiek: Die Malerei)

Katalog Karl-Schmidt-Rottluff, Mannheim/Freiburg/Stuttgart 1951 (Bearb. Walter Passarge)

Apollonio, Umbro: Die Brücke e la Cultura dell' Espressionismo, Venice 1952

Katalog Karl Schmidt-Rottluff, Kestner-Gesellschaft Hannover 1952 (Bearb. Alfred Hentzen)

Röthel, H. K.: Über die Künstlergruppe Brücke, Die Kunst und das schöne Heim, Jg. 50, München 1952

Schmidt, Paul F.: Geschichte der modernen Malerei, Stuttgart 1952 (4. Auflage 1954)

Katalog Brücke-Jahresmappen, Kestner-Museum Hannover 1953 (Bearb. Christel Mosel)

Katalog Schmidt-Rottluff-Exhibition – Graphik works and Stone Carvings, Leicester Museums & Art Gallery 1953

Schmidt, Paul F.: Lebenslauf. Als Manuskript gedruckt o.O. und Datum (1953)

Grote, Ludwig: Deutsche Kunst im zwanzigsten Jahrhundert, München 1954 (Erweiterter Katalog der Luzerner Ausstellung 1953)

Haftmann, Werner: Malerei im 20. Jahrhundert, München 1954

Katalog Karl Schmidt-Rottluff zum 70. Geburtstag, Kunsthalle Kiel 1954 (Bearb. Klaus Leonhardi)

Katalog Karl Schmidt-Rottluff zum 70. Geburtstag, Berliner Festwochen 1954 (Bearb. Adolf Jannasch)

Wingler, Hans M.: Die Brücke – Holzschnitte von Kirchner, Heckel, Schmidt-Rottluff u.a., Feldafing 1954

Katalog Karl Schmidt-Rottluff – Das graphische Werk und Aquarelle von 1908–1924, Galerie Ferdinand Möller, Köln 1954

Leonhardi, Klaus: Karl Schmidt-Rottluff zum 70. Geburtstag, Das Kunstwerk VII, Baden-Baden 1954/55

Göpel, Erhard: Deutsche Holzschnitte des XX. Jahrhunderts, Wiesbaden 1955

Neue Erwerbungen der Hamburger Kunsthalle 1945–1955, Hamburg 1955

1956–1966

Grohmann, Will: Karl Schmidt-Rottluff, Stuttgart 1956 (mit Werkverzeichnis der Gemälde und Bibliographie bis 1954)

Buchheim, Lothar-Günther: Die Künstlergemeinschaft Brücke, Feldafing 1956

Wietek, Gerhard: Oldenburger Land, Deutsche Lande – deutsche Kunst, München 1956 (2. Aufl. 1974)

Myers, Bernard S.: Die Malerei des Expressionismus, Köln 1957

Katalog Europa 1907, Stedelijk Museum Amsterdam 1957

Platte, Hans: Die Kunst des 20. Jahrhunderts (Band 2 Malerei), München 1957

Selz, Peter: German Expressionist Painting, Berkeley/Los Angeles 1957

Katalog Graphik der Brücke 1905–1913, Schleswig-Holsteinisches Landesmuseum, Schleswig 1957 (Bearb. Martin Urban)

Stoermer, Curt: Begegnung mit Karl Schmidt-Rottluff, Der Wagen – Ein lübeckisches Jahrbuch 1957

Thiem, Gunther: Schmidt-Rottluffs Aquarelle, Die Kunst und das schöne Heim 56,1, München 1957

Katalog Maler der Brücke in Dangast von 1907–1912, Oldenburger Kunstverein 1957 (Bearb. Gerhard Wietek)

Frentz, Hans: Brücke im Krieg – Der Maler Schmidt-Rottluff und seine Gefährten, Die Furche Nr. 14, Wien 5.4.1958

Katalog Brücke 1905–1913, eine Künstlergemeinschaft des Expressionismus, Museum Folkwang Essen 1958 (Bearb. Heinz Köhn und Martin Urban)

Wietek, Gerhard: Maler der Brücke – Farbige Kartengrüße an Rosa Schapire von Erich Heckel, Ernst Ludwig Kirchner, Max Pechstein, Karl Schmidt-Rottluff, Wiesbaden 1958

Katalog Brücke-Jahresmappen 1906–1912, Klipstein und Kornfeld, Bern 1958 (Bearb. Hans Bolliger und E.W. Kornfeld)

Wietek, Gerhard: Graphik Schmidt-Rottluffs aus dem Nachlaß von Dr. Rosa Schapire, Berichte der Oldenburger Museumsgesellschaft I, Oldenburg 1958

Vollmer, Hans: Allgemeines Lexikon der bildenden Künstler des 20. Jahrhunderts, Band 4, Leipzig 1958

Buchheim, Lothar-Günther: Graphik des deutschen Expressionismus, Feldafing 1959

Katalog Professor Karl-Schmidt-Rottluff – Ehrenbürger von Karl-Marx-Stadt, Karl-Marx-Stadt 1959

Hentzen, Alfred: Kunsthandwerkliche Arbeiten der deutschen Expressionisten, Festschrift Erich Meyer, Hamburg 1959

Bolliger, Hans: Die Publikationen und Dokumente der Künstlergruppe Brücke, Philobiblon, Hamburg 1959

Katalog Triumph der Farbe, Schaffhausen/Berlin 1959 (Bearb. L. Reidemeister und A. Grote)

Wietek, Gerhard: Emma Ritter und ihr Verhältnis zur Malerei des deutschen Expressionismus, Oldenburger Jahrbuch 58, Oldenburg 1959

Wietek, Gerhard: Dangast und die Maler der Brücke, Niederdeutscher Almanach Gesicht und Gleichnis, hrsg. von Waldemar Augustiny, Oldenburg 1959

Müller-Wulckow, Walter: Die Sammlungsbestände des Landesmuseums und Neuerwerbungen 1921–1951. Berichte der Oldenburgischen Museumsgesellschaft II, 1959 (Nach Manuskript eines Lichtbildervortrags am 8.12.1959 anläßlich des 50jährigen Bestehens von Oldenburger Museumsgesellschaft und Galerieverein)

Katalog Plastik und Kunsthandwerk von Malern des deutschen Expressionismus, Schleswig-Holsteinisches Landesmuseum Schleswig/Museum für Kunst und Gewerbe Hamburg 1960 (Bearb. Martin Urban)

Roters, Eberhard: Beiträge zur Geschichte der Künstlergruppe „Brücke" in den Jahren 1905–1907, Jahrbuch der Berliner Museen II, 1960

Pechstein, Max: Erinnerungen (hrsg. von L. Reidemeister), Wiesbaden 1960

Roters, Eberhard: Karl Schmidt-Rottluffs Holzschnitt „Liebespaar" von 1909, Berliner Museen N. F. XI, H. 1, Berlin 1961

Wentzel, Hans: Bildnisse der Brücke-Künstler voneinander, Stuttgart 1961

Wietek, Gerhard: Die bildende Kunst Oldenburgs seit 1786. Festschrift der Landessparkasse zu Oldenburg, Oldenburg 1961 (hrsg. von Carl Haase und Gerhard Wietek)

Katalog Bemalte Postkarten und Briefe deutscher Künstler, Altonaer Museum, Hamburg 1962. (Bearb. Gerhard Wietek)

Wietek, Gerhard: Bemalte Postkarten und Briefe deutscher Künstler. Ansprache im Wilhelm-Busch-Museum am 14.10.1962, Jahrbuch der Wilhem-Busch-Gesellschaft 1962/63

Katalog Emma Ritter, Galerie Wendtorf Oldenburg, 1962 (Vorwort Gerhard Wietek)

Wietek, Gerhard: Karl Schmidt-Rottluff – Bilder aus Nidden 1913, Stuttgart 1963

Thiem, Gunther: Karl-Schmidt-Rottluff-Aquarelle und Zeichnungen, München 1963

Schreiner, Ludwig: Malerei und Bildhauerkunst. Oldenburgische Heimatpflege der Oldenburg-Stiftung, Jever 1963

Katalog Karl Schmidt-Rottluff – Gemälde, Aquarelle, Graphik. Hannover/Essen/Frankfurt/Berlin 1963/64 (Bearb. Gunther Thiem)

Ekhard, Armgard: Karl Schmidt-Rottluff zum 80. Geburtstag. Berichte der Oldenburgischen Museumsgesellschaft VI, 1963/64

Katalog Karl Schmidt-Rottluff – Gemälde, Aquarelle, Graphik. Staatsgalerie Stuttgart 1964 (Bearb. Gunther Thiem)

Rathenau, Ernest: Karl Schmidt-Rottluff – Das graphische Werk seit 1923, New York 1964

Katalog Painters of the Brücke, Tate Gallery London 1964 (Mit Beiträgen von Will Grohmann und Martin Urban)

Katalog Karl Schmidt-Rottluff - Druckgraphik, Kupferstichkabinett Berlin Dahlem 1964 (Bearb. Dierk Stemmler)

Wietek, Gerhard: Dr. phil. Rosa Schapire. Jahrbuch der Hamburger Kunstsammlungen 9, 1964

Dube, Annemarie und Wolf-Dieter: Erich Heckel – Das graphische Werk, 2 Bände, New York 1964/65

Schiefler, Gustav: Aus den Erinnerungen von Luise Schiefler. Aufgezeichnet von Hans Platte, Hamburg 1965

Thiem, Gunther: Herrn Dehmel zu eigen – Schmidt-Rottluff Hamburg 1911. Festschrift für Eduard Trautscholdt, Hamburg 1965

Vogt, Paul: Erich Heckel, Recklinghausen 1965 (mit Oeuvre-Verzeichnis der Gemälde, Wandmalerei und Plastik)

Wietek, Gerhard: In Schleswig-Holstein gemalte Postkarten und Briefe deutscher Künstler, Nordelbingen 34, Heide 1965

Katalog Der französische Fauvismus und der deutsche Frühexpressionismus, München/Paris 1966 (Einführungen Bernard Dorival und Leopold Reidemeister)

Schapire, Rosa: Karl Schmidt-Rottluffs graphisches Werk bis 1923, New York 1966 (Photomechanischer Nachdruck)

Katalog Aus der Sammlung gemalter Karten und Briefe deutscher Künstler im Altonaer Museum in Hamburg, Wanderausstellung deutscher Goethe-Institute 1966 (Einführung Gerhard Wietek)

Stubbe, Wolf: Erwerbungen für die graphische Sammlung der Hamburger Kunsthalle in den Jahren 1964 und 1965, Jahrbuch der Hamburger Kunstsammlungen 11, 1966

Hofmann, Werner: Grundlagen der modernen Kunst, Stuttgart 1966

1967–1976

Brücke-Museum: Verzeichnis der zur Eröffnung ausgestellten Werke, Berlin 1967 (Einführung Leopold Reidemeister)

Nolde, Emil: Jahre der Kämpfe 1902–1914, Köln 1967 (2. Auflage)

Nolde, Emil: Briefe 1894–1926, hrsg. von Max Sauerlandt, Hamburg 1967 (2. Auflage)

Keiser, Herbert Wolfgang: Gemäldegalerie Oldenburg, München 1967

Künnemann, Christian: Meer und Mensch am Jadebusen – Kulturgeschichtliche Bilder, Oldenburg 1968

Brücke-Archiv Heft 1–14, Organ des Brücke-Museums, Berlin 1968–1984 (hrsg. von Leopold Reidemeister)

Weichardt, Jürgen: 125 Jahre Oldenburger Kunstverein – Beiträge zu seiner Geschichte, Oldenburg 1968

Roh, Franz: Geschichte der deutschen Kunst von 1900 bis zur Gegenwart, München 1968

Schieckel, Harald: Mitteldeutsche im Lande Oldenburg, Oldenburger Jahrbuch 67, 1968

Eckhardt, Ferdinand: Walter Gramatté und die Maler der Brücke, Brücke-Archiv 2/3, 1968/69

Krüger, Günter: Fritz Bleyl – Beiträge zum Werden und Zusammenschluß der Künstlergruppe Brücke, Brücke-Archiv 2/3, 1968/69

Wietek, Gerhard: Der finnische Maler Axel Gallén Kallela als Mitglied der Brücke, Brücke-Archiv 2/3, 1968/69

Auktionskatalog Karl Schmidt-Rottluff – Holzschnitte, Lithographien, Radierungen der Jahre 1905–1954, Auktionshaus Dr. Ernst Hauswedell Hamburg vom 2.–5.5.1969

Katalog Sonderausstellung Schmidt-Rottluff, Galerie Wilhelm Großhennig, Düsseldorf 1969 (Einführung Paul Vogt)

Katalog der Meister des 20. Jahrhunderts in der Hamburger Kunsthalle (Bearb. von Helga Hofmann und Janni Müller-Hauck), Hamburg 1969

Katalog Karl Schmidt-Rottluff – Graphik aus Norddeutschland, Altonaer Museum in Hamburg 1969 (Bearb. Gerhard Wietek)

Wietek, Gerhard: Die Landschaftsgalerie und die Ostsee-Abteilung des Altonaer Museums, Jahrbuch Altonaer Museum in Hamburg 7, 1969

Heydorn, Volker Detlef: Die Landschaftsgalerie im Altonaer Museum. Jahrbuch Altonaer Museum in Hamburg 7, 1969

Katalog Karl Schmidt-Rottluff – Aquarelle, Farbstift- und Tuschpinselblätter, Staatliche graphische Sammlung Stuttgart 1969 (Bearb. Gunther Thiem)

Katalog Gemalte Karten und Briefe deutscher Künstler. Eine Ausstellung des Altonaer Museums bei der Hans Thoma-Gesellschaft in Reutlingen, 1969 (Einführung Gerhard Wietek)

Katalog Europäischer Expressionismus, München/Paris 1970 (Bearb. J. Leymarie, P. Vogt, J. F. Wijsenbeek)

Katalog Ida Dehmel 1870–1942, Staats- und Universitätsbibliothek Hamburg 1970

Katalog Kunst und Postkarte. Altonaer Museum, Hamburg 1970 (Einführung Gerhard Wietek, Bearb. Gerhard Kaufmann, Manfred Meinz)

Spielmann, Heinz (Hrsg.): Max Sauerlandt - Ausgewählte Schriften, 2 Bände, Hamburg 1971–1974

Wietek, Gerhard: Maler sehen Blankenese und die Elbe. Hamburg 1971

Roters, Eberhard: Europäische Expressionisten, Gütersloh 1971

Wietek, Gerhard: Schmidt-Rottluff Graphik, München 1971

Katalog Maler suchen Freunde. Jahresmappen, Plakate u.a. werbende Graphik der Künstlergruppe Brücke, Wallraf-Richartz-Museum Köln 1971 (Bearb. Hans Albert Peters)

Perkins, G. C.: Expressionismus – eine Bibliographie zeitgenössischer Dokumente 1910–1925, Zürich 1971

Karl-Ernst Osthaus – Leben und Werk (Hrsg. von Herta Hesse-Frielinghaus, August Hoff und weiteren Autoren), Recklinghausen 1971

Brix, Karl: Karl Schmidt-Rottluff, Leipzig 1972

Katalog Künstler der Brücke in Berlin 1908–1914, Brücke-Museum Berlin 1972 (Einführung Leopold Reidemeister)

Altmeier, Werner: Die bildende Kunst des deutschen Expressionismus im Spiegel der Buchpublikationen (Dissertation), Saarbrücken 1972

Vogt, Paul: Geschichte der deutschen Malerei im 20. Jahrhundert, Köln 1972

Wietek, Gerhard: Das Busch-Reisinger Museum in Cambridge/Mass. – eine Sammlung deutscher Kunst in Amerika, Kunst und das schöne Heim 7, München 1972

Katalog Künstler der Brücke – Gemälde der Dresdener Jahre 1905–1910, Brücke-Museum Berlin 1973 (Bearb. Leopold Reidemeister)

Dube, Wolf-Dieter: Die Expressionisten, Frankfurt/Berlin/Wien 1973

Katalog Karl Schmidt-Rottluff – Ölbilder und Druckgraphik, Frankfurter Kunstkabinett Hanna Bekker vom Rath, Frankfurt 1973

Wentzel, Hans: Rezension von Gerhard Wietek: Schmidt-Rottluff-Graphik. Das Münster XXVI, Freiburg 1973

Wietek, Gerhard, Gemälde Schmidt-Rottluffs in der Landschaftsgalerie des Altonaer Museums. Jahrbuch Altonaer Museum in Hamburg 11, 1973

Katalog Die Künstlergruppe Brücke und der deutsche Expressionismus. Sammlung Buchheim I. Städtische Galerie München 1973. (Bearb. von Wolf-Dieter Dube und H. Pée)

Spielmann, Heinz: Erwerbungen des Museums für Kunst und Gewerbe 1965–1973. Jahrbuch der Hamburger Kunstsammlungen 19, 1974

Wietek, Gerhard: Rosa Schapire und Karl Schmidt-Rottluff, Die Kunst 9, München 1974

Reidemeister, Leopold: Die Schmidt-Rottluff-Ausstellung in Karl-Marx-Stadt und ein Besuch in Rottluff, Brücke-Archiv 7, 1974

Werenskiold, Marit: Die Brücke und Edvard Munch. Zeitschrift des deutschen Vereins für Kunstwissenschaft XXVIII, Berlin 1974

Katalog Karl Schmidt-Rottluff – Das graphische Werk, Brücke-Museum Berlin 1974 (Bearb. Ludwig Reidemeister)

Wietek, Gerhard: Karl Schmidt-Rottluff und Hamburg (Sonderdruck des Vortrages zur Eröffnung der Schmidt-Rottluff-Ausstellung in Hamburg am 13. Juni 1974)

Katalog Karl Schmidt-Rottluff – Die Schwarzblätter, Staatsgalerie Stuttgart 1974 (Bearb. Gunther Thiem)

Richter, Horst: Geschichte der Malerei im 20. Jahrhundert – Stile und Künstler, Köln 1974

Gordon, Donald E.: Modern Art Exhibitions, München 1974

Katalog Schmidt-Rottluff zum 90. Geburtstag – Gemälde und Aquarelle, Altonaer Museum in Hamburg und BAT-Hamburg 1974 (Bearb. Gerhard Wietek und Christine Knupp)

Katalog Schmidt-Rottluff – Malerei und Graphik aus sieben Jahrzehnten, Städt. Kunstsammlung Karl-Marx-Stadt 1974 (Bearb. Karl Brix)

Katalog Karl Schmidt-Rottluff – Graphik der Jahre 1906–1921, Hans-Thoma-Gesellschaft Reutlingen 1974 (Beiträge von Alfred Hagenlocher und Gerhard Wietek)

Heydorn, Volker Detlef: Maler in Hamburg 1886– 1945, 4 Bände, Hamburg 1974–1977 (Vorwort Gerhard Wietek)

Katalog Karl Schmidt-Rottluff, Kunstblätter der Galerie Nierendorf 34, Berlin 1975 (Einführung Gerhard Wietek)

Katalog Das Aquarell der Brücke, Brücke-Museum Berlin 1975 (Bearb. Leopold Reidemeister)

Werner, Klaus: Karl Schmidt-Rottluff – 90 Jahre. In: Bildende Kunst XXIII, Heft 1, Berlin 1975

Lang, Lothar: Expressionistische Buchillustration in Deutschland 1907–1927, Leipzig 1975

Heinemeyer, Elfriede: Künstlerische Bestrebungen in Oldenburg um 1900. Oldenburg um 1900, Oldenburg 1975

Katalog der Gemälde, Glasfenster und Skulpturen des Brücke-Museums, Berlin 1975 (Bearb. Leopold Reidemeister)

Reidemeister, Leopold: Die vier Evangelisten von Karl Schmidt-Rottluff und die Sonderbundausstellung in Köln 1912, Brücke-Archiv 8, Berlin 1975/76

Katalog Unmittelbar und unverfälscht – Frühe Graphik des Expressionismus, Museum Ludwig Köln 1976 (Bearb. Hella Robels und Dieter Ronte)

Schack, Gerhard: Postkarten an Gustav Schiefler (Für Karl Schmidt-Rottluff zum 90. Geburtstag), Hamburg 1976

Dube, Wolf-Dieter: Die Kunst, derselbe zu bleiben. Die Zeit Nr. 35 vom 20.8.1976

Kinkel, Hans: Kunstgebirge von immenser Größe und eigentümlicher Schönheit. Zum Tode von Karl Schmidt-Rottluff, Die Kunst 9, München 1976

Wiese, Stephan von: Graphik des Expressionismus, Stuttgart 1976

Wietek, Gerhard (Hrsg.): Deutsche Künstlerkolonien und Künstlerorte, München 1976 (Mit Beiträgen mehrerer Autoren u.a. von Gerhard Wietek: Dangast am Jadebusen)

Wietek, Gerhard: Expressionistische Landschaften im Altonaer Museum in Hamburg, Die Kunst 9, München 1976

1977 – 1984

Katalog Deutsche Expressionisten aus dem Besitz der Kunsthalle zu Kiel, Kiel 1977 (Bearb. Johann Schlick)

Reed, Jr., Orrel P.: German Expressionist Art – The Robert Gore Rifkind Collection, Los Angeles 1977

Wietek, Gerhard; Gemalte Künstlerpost – Karten und Briefe deutscher Künstler aus dem 20. Jahrhundert, München 1977

Katalog Karl Schmidt-Rottluff – Das nachgelassene Werk seit den zwanziger Jahren, Brücke-Museum, Berlin 1977 (Hrsg. von Leopold Reidemeister)

Reinhardt, Georg: Die frühe Brücke. Beiträge zur Geschichte und zum Werk der Dresdner Künstlergruppe „Brücke“ der Jahre 1905–1908, Brücke-Archiv 9/10, Berlin 1977/78

Katalog Schmidt-Rottluff-Graphik, Kunstverein Konstanz 1978 (Einführung Gerhard Wietek)

Katalog Die Brücke – Edvard Munch, Munch-Museet Oslo 1978 (Bearb. Arne Eggum und Sissel Biörnstad)

Katalog The Expressionist Revolution in German Art 1871–1933, Leicestershire Museums 1978 (Bearb. Alisdair Hirshelwood und Barry Herbert)

Katalog Karl Schmidt-Rottluff – Gemälde, Aquarelle, Graphik aus Privatsammlungen, Lippische Gesellschaft für Kunst Detmold 1978 (Bearb. Gerhard Peters)

Vogt, Paul: Expressionismus – Deutsche Malerei zwischen 1905 und 1920, Köln 1978

Katalog Kunst des 20. Jahrhunderts im Schleswig-Holsteinischen Landesmuseum, Schleswig 1979 (Einführung Gerhard Wietek, Bearbeitung von Paul Zubek)

Katalog Karl Schmidt-Rottluff – Werke 1905– 1961, Kunstverein Braunschweig 1979 (Mit Beiträgen von Ludwig Reidemeister, Carl Heinz Kliemann und Jürgen Schilling)

Wietek, Gerhard: Wilhelm Niemeyer und Karl Schmidt-Rottluff, Nordelbingen 49, Heide 1979

Wietek, Gerhard: Die Sammlung zeitgenössischer Kunst im Schleswig-Holsteinischen Landesmuseum, Die Kunst 4, München 1979

Katalog Karl Schmidt-Rottluff – Ölbilder, Aquarelle, Galerie Westenhoff Lübeck 1979 (Vorwort Gerhard Wietek)

Warnke, Martin: Künstler, Kunsthistoriker, Museen, Luzern/Ffm. 1979

Wietek, Gerhard: Georg Tappert 1880–1957 – Ein Wegbereiter der Moderne, München 1980

Brinkmann, Richard: Internationale Forschung zu einem internationalen Phänomen, Stuttgart 1980

Katalog E.L. Kirchner – Dokumente, Aschaffenburg 1980 (Bearb. Karlheinz Gabler)

Katalog Künstler der Brücke, Moderne Galerie des Saarland-Museums Saarbrücken 1980 (Bearb. Georg W. Költzsch, Lorenz Dittmann, Erika Költzsch)

Campbell, Joan: Der Deutsche Werkbund 1907–1934, Stuttgart 1981 (Originalausgabe „The German Werkbund“ Princeton 1978)

Katalog Erich Heckel – Karl Schmidt-Rottluff. Expressionistische Graphik, Deutsches Kulturzentrum Belgrad 1981 (Bearb. Gunther Thiem)

Vogt, Paul (Hrsg.): Deutscher Expressionismus 1905–1920, München 1981 (Erweiterte deutsche Ausgabe des Katalogs der Ausstellung in New York und San Francisco 1980/81)

Lüpke, Gerd/Hinck, Willy: Varel – Stadt zwischen Land und Meer, Varel 1981

Paret, Peter: Die Berliner Sezession, Berlin 1981

Werenskiold, Marit: Ekspresjonisme – begrebets opprinnelse og forwandling, Oslo 1981

Janssen, Wilhelm: Städtebauliche Entwicklungsgeschichte von Varel, Oldenburg 1982

Wietek, Gerhard: So sammeln wir – Schleswig-Holsteinisches Landesmuseum Schloß Gottorf in Schleswig, Die Kunst 7, München 1982

Katalog Die Künstlergruppe Brücke. Verzeichnis der Bestände im Kunstmuseum Hannover, Hannover 1982 (Bearb. Bernhard Holeczek u .a.)

Jaeger, Roland/Steckner, Cornelius: Zinnober – Kunstszene Hamburg 1919–1933, Hamburg 1983

Herbert, Barry: German Expressionism – Die Brücke and Der Blaue Reiter, London 1983

Katalog Verfolgt und Verführt – Kunst unterm Hakenkreuz in Hamburg 1933–1945, Hamburg 1983 (Hamburger Kunsthalle und Museumspädagogischer Dienst Hamburg in Zusammenarbeit mit dem Museum für Kunst und Gewerbe)

Brix, Karl: Karl Schmidt-Rottluffs Beziehungen zu Chemnitz und zu Karl-Marx-Stadt, Karl-Marx-Städter-Almanach 2, 1983

Katalog der Gemälde, Glasfenster und Skulpturen des Brücke-Museums, Berlin 1983 (Bearb. Leopold Reidemeister und Eva Seidel-Kalies)

Wietek, Gerhard: Begegnungen mit Kunst und Künstlern, Neumünster 1983

Katalog Erich Heckel und sein Kreis – Dokumente, Stuttgart/Zürich 1983 (Bearb. Karlheinz Gabler)

Katalog German Expressionist Sculpture, Los Angeles County Museum of Art 1983, Buchausgabe München 1984 (Mit Beiträgen zahlreicher Autoren, u.a. Gerhard Wietek über Schmidt-Rottluff)

Dube-Heynig, Annemarie: Ernst Ludwig Kirchner – Postkarten und Briefe an Erich Heckel im Altonaer Museum in Hamburg, Köln/Campione 1984

Katalog Die Deutsche Werkbund-Ausstellung Cöln 1914, Kölnischer Kunstverein Köln 1984 (Mit Beiträgen zahlreicher Mitarbeiter)

Katalog Karl Schmidt-Rottluff – Gemälde und Aquarelle. Ausstellungen zum 100. Geburtstag des Künstlers, Brücke-Museum Berlin 1984

Katalog Karl Schmidt-Rottluff zum 100. Geburtstag, Schleswig-Holsteinisches Landesmuseum Schleswig 1984 (Bearb. Martin Angerer)

Werenskiold, Marit: The Concept of Expressionism. Origin and Metarmorphoses. Oslo/Norway 1984

Jähner, Horst: Künstlergruppe Brücke, Berlin 1984

Roters, Eberhard: Galerie Ferdinand Möller – Breslau-Berlin-Köln 1971–1956. Ein Beitrag zur Geschichte der Kunst und der Kunstgeschichte im 20. Jahrhundert, Berlin 1984.

Moeller, Magdalena M: Der Sonderbund – Seine Voraussetzungen und Anfänge in Düsseldorf, Köln 1984

Expressionismus. Materialien des Kolloquiums der Sektion Kunstwissenschaft des VBK-DDR zu Ehren des 100. Geburtstages von Karl Schmidt-Rottluff, Karl-Marx-Stadt 1984 (Mit Beiträgen mehrerer Teilnehmer)

Wietek, Gerhard: Zum 100. Geburtstag von Karl Schmidt-Rottluff, Die Kunst 6, München 1984

Katalog Karl Schmidt-Rottluff – Aquarelle und Zeichnungen, Städtische Galerie Würzburg 1984 (Bearb. Heinrich Ragaller)

Katalog Karl Schmidt-Rottluff – Holzschnitte, Lithographien, Radierungen, Galerie Nierendorf Berlin 1984 (Bearb. Florian Karsch)

Katalog Karl Schmidt-Rottluff – Meisterwerke der Graphik aus Hamburger Sammlungen, BATIG Hamburg 1984 (Bearb. Gerhard Wietek)

Katalog Karl Schmidt-Rottluff – Aquarelle, Druckgraphik, Graphisches Kabinett Wolfgang Werner, Bremen 1984

Brix, Karl: Karl Schmidt-Rottluff – Der Mensch und sein Bildnis. Bildende Kunst 12, Berlin 1984

Wietek, Gerhard: Lovis Corinth und Karl Schmidt-Rottluff. Zehn Jahre Lovis-Corinth-Preis der Künstlergilde, Galerie der Stadt Esslingen 1984

Katalog Karl Schmidt-Rottluff – Malerei, Graphik. Werke im Besitz der Städtischen Kunstsammlung Karl-Marx-Stadt 1984 (Bearb. Karl Brix)

Rubin, William (Hrsg.): Primitivismus in der Kunst des 20. Jahrhunderts, München 1984 (Mit Beiträgen zahlreicher Autoren u.a. von Gordon, Donald E.: Deutscher Expressionismus)

Wietek, Gerhard: Schmidt-Rottluff in Hamburg und Schleswig-Holstein, Neumünster 1984

Katalog The Print in Germany 1880–1933, British Museum London 1984 (Bearb. P. Carey und A. Griffith)

1985 – 1989

Symposium Skandinavien und der deutsche Expressionismus. Referate und Diskussionsbeiträge des 3. Gottorfer Gesprächs im Schleswig-Holsteinischen Landesmuseum, Schleswig 1985 (hrsg. von Gerhard Wietek)

Wietek Gerhard (Hrsg.): Der Kreuzstall – Ein neues Museum für die Kunst des 20. Jahrhunderts, Neumünster 1985 (Mit Beiträgen weiterer Mitarbeiter)

Katalog Graphische Meisterwerke aus dem Schlewig-Holsteinischen Landesmuseum, Schleswig 1985 (Vorwort Gerhard Wietek, Bearbeitung Christian Rathke)

Brix, Karl: Karl Schmidt-Rottluff und der Kunsthandel in seiner Heimatstadt. Katalog Künstler ehren Karl Schmidt-Rottluff zum 100. Geburtstag, Galerie Schmidt-Rottluff – Staatlicher Kunsthandel der DDR, Karl-Marx-Stadt 1985

Schiefler, Gustav: Eine Hamburgische Kulturgeschichte 1890–1920, Hamburg 1985

Katalog Der Holzstock als Kunstwerk – Holzstöcke Karl Schmidt-Rottluffs von 1905–1930. Eine Schenkung des Künstlers von 1975 an das Brücke-Museum, Brücke-Museum Berlin 1985 (Bearb. Leopold Reidemeister)

Raabe, Paul: Die Autoren und Bücher des literarischen Expressionismus, Stuttgart 1985

Wietek, Gerhard: Expressionistische Maler als Gäste in Schleswig-Holstein, Schleswig-Holstein Kulturjournal 1, Rendsburg 1985

Katalog-Faltblatt Karl Schmidt-Rottluff – 80 Aquarelle aus dem Brücke-Museum, Wilhelm-Morgner-Haus Soest 1985 (Einführung Leopold Reidemeister)

Schenkung Ernst und Hanneliese Beyersdorff – eine Oldenburger Sammlung. Hrsg. und bearb. von Peter Reindl. Kataloge des Landesmuseums Oldenburg Band 3, 1985

Katalog German Art in the 20th Century – Painting and Sculpture, London/Stuttgart 1985/86

Krüger, Günter: Die Rolle von Brücke und Blauem Reiter beim Durchbruch zur Moderne in Deutschland, Katalog Der blaue Reiter, Kunstmuseum Bern 1986

Meyer, Elisabeth: Ellenserdammersiel 1802–1867, Zetel 1986

Wietek, Gerhard: 200 Jahre Malerei im Oldenburger Land, Oldenburg 1986

Brix, Karl: Karl Schmidt-Rottluff und Sachsen, Sächsische Heimatblätter 6 , Dresden 1986

Katalog Expressionisten – Die Avantgarde in Deutschland 1905–1920, Nationalgalerie und Kupferstichkabinett der Staatlichen Museen zu Berlin (Ost) 1986 (Mit Beiträgen zahlreicher Mitarbeiter)

Katalog Malerei des deutschen Expressionismus, Österreichische Galerie Wien 1987 (hrsg. von Serge Sabarsky und Ralph Jentsch mit Beiträgen mehrerer Mitarbeiter u.a. Gerhard Wietek über Schmidt-Rottluff)

Tobien, Felicitas: Die Künstlergruppe Brücke, Kirchdorf/Inn 1987

Katalog-Faltblatt Karl Schmidt-Rottluff – Aquarelle und Tuschpinselzeichnungen, Graphisches Kabinett der Städt. Kunstsammlungen Karl-Marx-Stadt 1987

Kunst an der Jade. Wilhelmshaven 1912–1987, hrsg. vom Verein der Kunstfreunde für Wilhelmshaven 1987

Rathenau, Ernest: Tafelband zu Rosa Schapire: Karl Schmidt-Rottluff – Das graphische Werk bis 1923, New York/Stuttgart 1987

Eckhardt, A./Schmidt, H. (Hrsg.): Geschichte des Landes Oldenburg, Oldenburgische Landschaft Oldenburg 1987 (Mit Beiträgen zahlreicher Mitarbeiter)

Heinemeyer, Elfriede: Denkmale der bildenden Kunst. In: Geschichte des Landes Oldenburg, hrsg. von A. Eckhardt und H. Schmidt, Oldenburg 1987

Brix, Karl: Karl Schmidt-Rottluff (Kunstheftreihe Maler und Werk), Dresden 1987

Urban, Martin: Emil Nolde – Werkverzeichnis der Gemälde Band 1, London/New York/München 1987

Katalog Die Kunststadt München 1937. Nationalsozialismus und Entartete Kunst. Hrsg. von Peter-Klaus Schuster, mit Beiträgen weiterer Autoren, München 1987

Katalog 40 Jahre Frankfurter Kunstkabinett Hanna Bekker vom Rath mit Jubiläumsausstellung Karl Schmidt-Rottluff, Frankfurt 1987 (Bearb. Joachim Küppers)

Whitford, Frank: Expressionist Portraits, London 1987

Kastler, José, Heimatmalerei – Das Beispiel Oldenburg. Oldenburger Studien Band 31, (zugleich Univ. Dissertat. Marburg 1986), Oldenbug 1988

Krüger, Günter: Das druckgraphische Werk Max Pechsteins, Tökendorf 1988

Deuter, Jörg: Oldenburg – ein norddeutsches Stadtbild, Oldenburg 1988

Katalog Stationen der Moderne – Die bedeutendsten Kunstausstellungen des 20. Jahrhunderts in Deutschland, Berlinische Galerie, Berlin 1988 (Mit Beiträgen zahlreicher Autoren)

Roters, Eberhard (Hrsg.): Stationen der Moderne. Kataloge epochaler Kunstausstellungen in Deutschland 1910–1962. Kommentarband zu den Nachdrucken der 10 Ausstellungskataloge, Köln 1988. (Darin Mario-Andreas von Lüttichau: Künstlergemeinschaft Brücke, Dresden 1910)

Katalog Schmidt-Rottluff-Retrospektive, Bremen und München 1989. (Hrsg. von Gunther Thiem und Armin Zweite mit Beiträgen weiterer Mitarbeiter)

Thiem, Gunther: Dokumentation zu Leben und Werk Schmidt-Rottluffs, Katalog Schmidt-Rottluff-Retrospektive, München 1989

Salzmann, Siegfried: Schmidt-Rottluff und Bremen, im Katalog Schmidt-Rottluff-Retrospektive, München 1989

Gerlinger, Hermann: Schmidt-Rottluff und „Der Prinz von Theben", im Katalog Schmidt-Rottluff-Retrospektive, München 1989

Zweite, Armin: „Das Erleben transzendentaler Dinge im Irdischen" – Schmidt-Rottluff als Mitglied der Brücke, im Katalog Schmidt-Rottluff-Retrospektive, München 1989

Gäßler, Ewald: Schmidt-Rottluff, der Kunstsammler Francksen und der Oldenburger Künstlerbund, im Katalog Schmidt-Rottluff-Retrospektive, München 1989

Katalog Die Jahresmappen der Brücke 1906– 1912, Brücke-Museum Berlin 1989 (Hrsg. Magdalena M. Moeller mit Beiträgen von Hans Bolliger, Andrea Firmenich und Stephan v. Wiese)

Bilang, Karla: Das Gegenbild – Die Begegnung der Avantgarde mit dem Ursprünglichen, Leipzig 1989

1990–1993

Kuck, Wilhelm: Die Straßen von Varel und ihre Geschichte, Varel 1990 (2. Auflage 1991)

Kunst des Zwanzigsten Jahrhunderts. Propyläen-Kunstgeschichte, Berlin 1990 (Hrsg. Giulio Carlo Argan, mit Beiträgen zahlreicher Mitarbeiter u.a. von M. Schneckenberger: Der deutsche Expressionismus)

Ernst-Ludwig Kirchner und Gustav Schiefler – Briefwechsel 1910–1938, Stuttgart/Zürich 1990 (Bearbeitung Wolfgang Henze in Verbindung mit Annemarie Dube-Heynig und Magdalena Kraemer-Noble)

Moeller, Magdalena M.: Das Brücke-Museum Berlin, München 1990

Katalog Out of the Wood, Tate Gallery Liverpool 1990 (Bearb. Penelope Curtis)

Wietek, Gerhard: Franz Radziwill – Wilhelm Niemeyer. Dokumente einer Freundschaft, Oldenburg 1990

Katalog Vincent van Gogh und die Moderne 1890–1914, Museum Folkwang Essen/Van Gogh-Museum Amsterdam 1990 (Mit Beiträgen zahlreicher Mitarbeiter)

Katalog „Die Künstlergruppe Brücke" – Druckgraphik, Zeichnungen und Aquarelle aus dem Landesmuseum Oldenburg. Ausstellung im Rahmen des deutsch-französischen Kulturaustausches mit Texten in französisch und deutsch. Oldenburg 1990 (Bearb. und hrsg. von Peter Reindl)

Wietek, Gerhard: Franz Radziwill – Wilhelm Niemeyer. Ein Briefwechsel als Lektion für den Herausgeber, Festschrift der Freien Akademie der Künste, Hamburg 1990

Sabarsky, Serge: Zeichnungen und Aquarelle des deutschen Expressionismus, Stuttgart 1990

Bibliography of German Expressionism. Catalogue of the Library of the Robert Gore Rifkind Center for German Expressionist Studies at the Los Angeles County Museum of Art, Boston 1990

Presler, Gerd: Brücke an Dr. Rosa Schapire, Elztal-Dallau 1990

Katalog Entartete Kunst – Das Schicksal der Avantgarde im Nazi-Deutschland, Los Angeles u.a.O. 1991/92 (Hrsg. Stephanie Barron mit Beiträgen weiterer Mitarbeiter)

Henneberg, Jörg Michael: Georg und Therese von der Vring – Zur Rezeption des Expressionismus in Oldenburg, Oldenburger Jahrbuch 91, 1991

Lloyd, Jill: German Expressionism – Primitivism and Modernity, London 1991

Ellger, Dietmar: Expressionismus – Eine deutsche Kunstrevolution, Köln 1991

Katalog Expressionistische Grüsse – Künstlerpostkarten der Brücke und des Blauen Reiter, Brücke-Museum Berlin 1991 (Hrsg. Magdalena M. Moeller mit Beiträgen von Andrea Firmenich, Ernst-Gerhard Güse und Andreas Hüneke)

Riedel, Karl Veit: Zwei Jahrhunderte Seebadewesen in Deutschland. Schriftenreihe der Forschungsgemeinschaft für Meeresheilkunde Heft 16, Norderney 1991

Katalog Karl Schmidt-Rottluff – Aquarelle, Brücke-Museum Berlin 1991 (Hrsg. Magdalena M. Moeller mit Beiträgen von Britta E. Buhlmann, Eberhard Roters, Hans-Werner Schmidt)

Thiem, Gunther: Karl Schmidt-Rottluff – Experiment Kubismus, Städel-Jahrbuch 13, Frankfurt a.M. 1991

Hohl, Hanna:. Die Brücke in der Hamburger Kunsthalle, Hamburg 1991

Brühl, Georg: Die Cassirers – Streiter für den Impressionismus, Leipzig 1991

Grisebach, Lucius: Brücke – Aufbruch der Moderne in Dresden und Berlin, Serie Piper, München 1991

Bengen/Wördemann: Badeleben – Zur Geschichte der Seebäder in Friesland, Oldenburg 1992. (Begleitband zur gleichnamigen Ausstellung im Schloßmuseum Jever)

Katalog Karl Schmidt-Rottluff – Der Maler, Stuttgart 1992 (Hrsg. von Magdalena M. Moeller und Hans-Werner Schmidt mit Beiträgen weiterer Mitarbeiter)

Stöver, Krimhild: Jan Oeltjen 1880– 1968. Ein Malerleben zwischen Oldenburg und Slowenien, Bremen 1992

Asche, Kurt: Peter Behrens und die Oldenburger Ausstellung 1905, Berlin 1992

Junge, Henrike (Hrsg.). Avantgarde und Publikum, Köln 1992 (mit Beiträgen zahlreicher Autoren)

Reindl, Peter: Ernst Beyersdorff und die Vereinigung für junge Kunst in Oldenburg. In: Avantgarde und Publikum Köln 1992

Bruhns, Maike: Rosa Schapire und der Frauenbund zur Förderung deutscher bildenden Kunst. In: Avantgarde und Publikum Köln 1992

Kampf, Indina: Gustav Schiefler, der programmatische Dilettant. In: Avantgarde und Publikum Köln 1992

Katalog O Mensch! – Das Bildnis des Expressionismus, Kunsthalle Bielefeld 1992 (Hrsg. Jutta Hülsewig -Johnen mit Beiträgen weiterer Mitarbeiter u.a. Hans Michael Herzog: Rosa Schapire im Spiegel ihrer Darstellungen von Karl Schmidt-Rottluff)

Katalog Die Künstlerpostkarte von den Anfängen bis zur Gegenwart, Altonaer Museum in Hamburg 1992 (Hrsg. Bärbel Hedinger mit Beiträgen weiterer Mitarbeiter)

Katalog Figures du Moderne 1905–1914 – L'Expressionisme en Allemagne, Musée d'Art Moderne de la Ville de Paris 1992 (Vorwort Suzanne Pagé mit Beiträgen weiterer Mitarbeiter)

Juppe, Gabriele/Pfalzer, Stephan: Der Verein „Kunsthütte" zu Chemnitz, Mitteilungen des Chemnitzer Geschichtsvereins 62, NF 1, Chemnitz 1992

Katalog Deutsche Expressionisten – Aquarelle und Zeichnungen im Berliner Kupferstichkabinett, Staatliche Museen zu Berlin 1992 (Mit Beiträgen mehrerer Mitarbeiter und Katalogbearbeitung von Eugen Blume und Roland März)

Katalog Die Brücke – Zeichnungen, Aquarelle, Druckgraphik, Brücke-Museum Berlin 1992 (Bearb. Magdalena M. Moeller, Evmarie Schmitt)

Katalog Adolf Georg Niesmann – Gemälde, Aquarelle, Zeichnungen 1920–1970, Stadtmuseum Oldenburg 1992 (Hrsg. Ewald Gäßler mit Beiträgen von Johann Denker und Jörg Michael Henneberg)

Biographisches Handbuch zur Geschichte des Landes Oldenburg. Im Auftrag der Oldenburgischen Landschaft hrsg. von Hans Friedl, Wolfgang Günther, Hilke Günther-Arndt, Heinrich Schmidt, Oldenburg 1992

Gäßler, Ewald: Landschaftsmalerei um 1900 – Worpswede und Oldenburg, Mitteilungsblatt der Oldenburgischen Landschaft 78, Oldenburg 1993

Washton-Long, Rose Carol: German Expressionism. Documents from the End of the Wilhelmine Empire to the Rise of National Socialism, New York 1993

Katalog Jan Oeltjen 1880–1968 – Ein Maler zwischen Jaderberg und Ptuj, Oldenburg 1993. (Hrsg. aus Anlaß des 150jährigen Bestehens des Oldenburger Kunstvereins mit Beiträgen von Ruth Irmgard Dalinghaus, Peter Reindl und Jürgen Weichardt)

Henneberg, Jörg Michael: Rund um den Lappan – Das Wahrzeichen der Stadt Oldenburg und die Hofkunsthandlung Oncken. Der Oldenburgische Hauskalender 1994, Oldenburg 1993

Karl Schmidt-Rottluff – Malerei und Graphik, Bestandskatalog I der Städtischen Kunstsammlungen Chemnitz, Chemnitz 1993 (Hrsg. von Susanne Anna mit Beiträgen weiterer Mitarbeiter)

REGISTER

Das ausführliche, jedoch keine Vollständigkeit anstrebende Register erfaßt Namen, Orte und für das Buchthema relevante Begriffe. Ausgenommen sind die Literaturhinweise zur Einführung und in den Anmerkungen zu den Briefen, die Texte der Bildlegenden und die Bibliographie. Hierbei bleiben vorkommende Bildtitel und folgende, häufig erscheinende Bezeichnungen unberücksichtigt: Brücke, Dangast, Dangastermoor, Expressionismus sowie Land und Stadt Oldenburg.

Foto-Nachweis Bildtafeln

Altonaer Museum, Hamburg 20, 30, 38, 80, 81, 94, 112, 147, 148, 160, 189, 233, 242. – Stedelijk Museum Amsterdam 122. – Berliner Kupferstichkabinett, Staatliche Museen 226. – Berliner National-Galerie, Staatliche Museen 21, 121, 128, 212, 283. – Herbert Boswank, Dresden 243. – Brücke-Museum Berlin 34, 51, 53, 57, 58, 60, 61, 63, 64, 65, 68, 75, 76, 109, 114, 120, 145, 146, 180, 184, 194, 200, 215, 220, 221, 237, 240, 295. – Busch-Reisinger-Museum, Cambridge/U.S.A. 131. – Städtische Kunstsammlungen Chemnitz 11, 28, 29, 77, 123, 130, 149, 155, 182, 269, 301. – Christie's London 45. – Staatliche Kunstsammlungen Dresden 281. – Wilhelm Lehmbruck-Museum Duisburg 216. – Ursula Edelmann, Frankfurt a. M. 151, 156, 175, 230, 231, 235, 236. – Kunsthalle Emden 234. – Bernt Federau, Hamburg 66, 70. – Museum Folkwang Essen 6. – Emy Frisch 10, 27, 44, 133, 134, 135, 136, 137, 138, 139, 140, 141, 217, 284, 286. – Grisebach-Auktionen, Berlin 52, 132, 154, 158, 172, 222, 229. – Grohmann-Nachlaß, Staatsgalerie Stuttgart 219. – Galleria Henze, Campione 9. – Hamburger Kunsthalle 37, 91, 105, 107. – Museum für Kunst und Gewerbe, Hamburg 299. – Hamburger Staats- und Universitäts-Bibliothek 169. – Hauswedell & Nolte-Auktionen Hamburg 218, 225. – Foto Hübner, Weiden 4. – Leonard Hutton Galleries, New York 43, 59. 129. – Karlsruher Kunsthalle 228. – Kunsthalle Mannheim 283. – Galerie Wolfgang Ketterer, München 150, 166, 211. – Kieler Kunsthalle 118. – Joachim Laube 274, 275, 276. – Galerie Ludorff, Düsseldorf 287. – Franz Marcus, Odense 232, 238. – Staatliche Graphische Sammlung München 49. – Neurath, New York 263, 268, 296. – Oldenburger Landesmuseum 22, 26, 82, 95, 142. – Oldenburger Stadtmuseum 39. – Pelikan-Werke, Hannover 56. – Peter Pohl 71, 73. – Schleswig-Holsteinisches Landesmuseum 1, 3, 7, 12, 13, 14, 15, 17, 18, 19, 25, 31, 32, 46, 69, 93, 96, 104, 111, 125, 127, 144, 201, 202, 214, 244, 245, 246, 249, 250, 251, 253, 262, 264, 265, 270, 272, 273, 277, 278, 291, 292, 293, 294. – Spencer A. Samuels, New York 72. – Jürgen Spiler, Dortmund 210. – Sprengel-Museum, Hannover 54. – Städel Frankfurt 35, 36, 92, 110, 124, 192, 193, 196, 203, 204, 205, 248, 252. – Tel Aviv Museum 85, 164. – Todd-White & Son, London, 267. – Thyssen-Bornemisza-Collection 5, 50. – Galerie Utermann, Dortmund 279. – Museum des 20. Jahrhunderts, Wien 23. – Gerhard Wietek 2, 16, 24, 33, 43, 47, 62, 78, 79, 83, 84, 86, 87, 88, 89, 97, 101, 103, 116, 119, 126, 152, 153, 157, 159, 161, 162, 163, 167, 168, 170, 171, 176, 178, 179, 198, 207, 247, 259. – Foto Wöltje, Oldenburg 206, 208 , 209, 255, 257, 258, 288, 290, 298, 300 sowie sämtliche Reproduktionen.

Die Landessparkasse zu Oldenburg hat 1986 aus Anlaß ihres zweihundertjährigen Jubiläums die Stiftung Kunst und Kultur errichtet und damit ihrer Kulturförderung einen institutionellen Rahmen gegeben.

Die Stiftung hat es sich zur Aufgabe gemacht, die Kunst und Kultur im Oldenburger Land zu unterstützen und auf diese Weise einen wesentlichen Beitrag für ihre Fortentwicklung und Erforschung zu leisten.

Stiftungsschwerpunkte sind die darstellende und die bildende Kunst mit ihren Einrichtungen sowie die Bereiche Musik und Literatur, ferner die Erhaltung und Förderung herausragender Kulturwerte im Geschäftsgebiet der Landessparkasse zu Oldenburg.

Dieses Buch wurde gesetzt in der Linotype-Garamond und gedruckt auf Zanders Ikonorex spezialmatt.
Herstellung Buchdruckerei Hugo Prull GmbH & Co. KG
26121 Oldenburg (Oldb).

Die Deutsche Bibliothek – CIP-Einheitsaufnahme
Wietek, Gerhard:
Schmidt-Rottluff : Oldenburger Jahre 1907 – 1912 / Gerhard Wietek.
Hrsg. von der Stiftung Kunst und Kultur der Landessparkasse zu Oldenburg. – Mainz : von Zabern, 1995
ISBN 3-8053-1795-6
NE:
Schmidt-Rottluff, Karl [Ill.]